齐陵街道志

QILINGJIEDAOZHI

《齐陵街道志》编纂委员会　编

方志出版社
Publishing House of Local Records

图书在版编目（CIP）数据

齐陵街道志 / 齐陵街道志编纂委员会编. -- 北京 ：
方志出版社，2019.4
ISBN 978-7-5144-3751-5

Ⅰ. ①齐… Ⅱ. ①齐… Ⅲ. ①区（城市）—地方志—淄
博 Ⅳ. ①K295.25

中国版本图书馆CIP数据核字(2019)第091723号

齐陵街道志

编　　者：齐陵街道志编纂委员会
责任编辑：张　颢
出 版 人：冀祥德
出 版 者：方志出版社
地址　北京市朝阳区潘家园东里9号（国家方志馆4层）
邮编　100021
网址　http://www.fzph.org
发　　行：方志出版社图书经销中心
电话（010）67110500
经　　销：各地新华书店
印　　刷：山东麦德森文化传媒有限公司（0531）82666659
开　　本：889×1194　　1/16
印　　张：50.5
字　　数：1501千字
版　　次：2019年4月第1版　　2019年4月第1次印刷
印　　数：0001～5000册
ISBN　978-7-5144-3751-5　　**定价**：688.00元

齐陵街道志编纂委员会

主　　任： 张　涛

副 主 任： 刘瑞卿　路庆锋

委　　员： 曹国华　朱东良　刘晓兵　李　楠　郑　峰　陈　涛　赵　阳　王士强　王文萍　崔永军　王　刚

齐陵街道志编审人员

主　　审： 刘瑞卿

副 主 审： 路庆锋　曹国华　朱东良

主　　编： 孙荣华　刘冰祥

副 主 编： 刘继林　周文江

编　　辑： 高新民　李明光　刘洪旭　刘长胜　吕淑湘

编　　务： 刘　燕　田兆胜

凡　例

一、本志以马克思主义、毛泽东思想、邓小平理论、“三个代表”重要思想、科学发展观、习近平新时代中国特色社会主义思想为指导，坚持辩证唯物主义、历史唯物主义的观点和实事求是的思想路线，略古详今，突出时代特点与地方特色，全面准确记述齐陵街道自然和社会的历史与现状，力求做到思想性、科学性、资料性相统一。

二、本志贯穿古今，上不立限，因事而异，记事追溯至事物发端，下限至2017年底。志首、篇题页及背面照片突破断限。

三、本志记述范围为2017年底齐陵街道行政区域。齐陵街道称谓和隶属多变，政区、机关、村庄名称采用当时称谓。“境内、域内、境域”指现辖区内，“省、市、区（县）”指“山东省、淄博市、临淄区（县）”。

四、本志由概述、大事记、专志、人物、荣誉和附录等组成。志前设概述、大事记，中设专志，末设人物、荣誉、附录。大事记采用编年体。专志分类以事业为主，兼顾现代社会分工，篇下加无题概述，篇结构分为章、节、目，根据需要增加子目及次子目。

五、本志采用述、记、志、传、图、表、录等体例，以志为主。除志首、篇首图片外，随文另附图片，以期图文并茂。

六、本志人物篇以收录正面人物、本籍人物为主，兼收对齐陵影响较大的客籍人物和个别反面人物。坚持生不立传原则，对有贡献的在世人物，采用以事系人方法记入相关篇章。

七、本志资料录自历史文献、档案和口碑资料，均已核实整理，不再注明出处。统计数据以市、区统计部门公布的为准，统计部门未统计的，采用相关业务部门提供的数据。

八、本志采用公元纪年，出现历史纪年的，加注公元纪年。“新中国成立前（后）”指“中华人民共和国成立前（后）”。年月日公历用阿拉伯数字，农历用汉字数字。

九、本志采用规范的语体文记述，力求准确、简明、朴实、流畅。标点符号、数字使用按2011年国家质量监督检验检疫总局和国家标准化管理委员会联合公布的《标点符号用法》《出版物上数字用法》执行。计量单位按国务院1984年颁布的《关于在我国统一实行计量单位的命令》和1990年国务院批准的《关于改革全国土地面积计量单位的通知》执行，历史上使用的计量单位名称照实记载，有换算值者，用括号注明其换算值。

序

《齐陵街道志》经编纂人员辛勤劳作、精心编写，即将付梓问世。这是齐陵街道人民政治文化生活中的一件大事，可喜可贺！

齐陵区位得天独厚、优势明显，西北接临淄城区，东南与青州市接壤，自古便是“交通要塞”“临淄东门”；齐陵历史源远流长、文化璀璨，自后李文化始，纵贯商周秦汉、宋元明清，至今8000余年，祖祖辈辈繁衍生息，留下了宝贵的精神财富、文化遗产；齐陵境内文物浩繁、古迹林立，古齐八景中的“牛山春雨”“龙池秋月”“淄江垂钓”及天齐渊、齐王陵、稷山汉墓等遗址遗迹星罗棋布，可谓一步一风景、一处一传说。齐陵街道作为齐文化创新传承示范区核心区主阵地之一，近年来紧紧围绕全区“一带两翼四极十点”战略布局，深入推进文化产业、旅游业融合发展，培育壮大文旅、养老、研学、影视、商贸业态，“生态、文化、休闲、宜居”魅力新齐陵已成为临淄东部的一片秀美风景。

《齐陵街道志》结构严谨、内容翔实，真实还原了齐陵历史风貌，客观记录了齐陵社会发展进程，全面反映了齐陵人民勤劳奋进、包容智慧的精神品质，为大家了解齐陵、读懂齐陵提供了良好载体。

温故而知新，读史而晓今。《齐陵街道志》逢盛世付梓，旨在帮助我们以历史为镜鉴，知成败、明得失，更好地继往开来、砥砺前行。希望齐陵街道广大干部群众在习近平新时代中国特色社会主义思想的指引下，在区委、区政府的坚强领导下，继续保持昂扬向上的精神状态，秉承勇于担当的工作作风，凝心聚力、奋发有为，在建设“家敦民富、大气精美”现代化临淄的进程中，奋力谱写大美齐陵新篇章！

是为序。

中共临淄区委书记 　　临淄区人民政府区长

2018年10月

序

第一部全面反映齐陵街道历史与现状的《齐陵街道志》即将出版，这是齐陵街道文化建设取得的又一重要成果，为读者全面了解齐陵街道的历史和现状，人文和沿革，提供了全面、完整、准确、翔实的资料。

修志明古而知今。齐陵街道历史悠久，境内后李遗址反映出新石器时代居民已过着以原始农业经济为基础的定居生活。秦始皇帝、汉武帝曾到境内天齐渊游览祭祀，祈求国泰民安。田齐王陵被誉为“东方金字塔”。到此游览的历代文人雅士对齐陵的名胜古迹无不赞美备至。

新中国成立后，特别是改革开放以来，齐陵人民沐浴着新时代的春风，各项事业焕发勃勃生机，逐渐形成了机械加工、环境科技、文化旅游等主导产业，走上了经济快速发展、社会和谐稳定、人民安居乐业的康庄大道。2000年，齐陵镇被淄博市政府批准为市级中心镇，镇中心纳入临淄城区规划。2003年，齐陵镇改为齐陵街道。2011—2013年，先后两次被山东省旅游局评为省级旅游强乡镇，授予好客山东·最美乡村和最佳休闲乡镇两项荣誉。

齐陵街道以改革创新为引领，攻坚克难，砥砺奋进，打造了南部景区、中部宜居新城区、北部电商农业区三大功能片区。相继启动天齐渊森林公园、蹴鞠公园、国际足球学校、少儿齐文化研学基地、管子文化产业园等大型文旅项目；建设御泉湾、东郡·璟园、奥林匹克花园、淄河新村等规模居住区，配套完善水、电、暖、气、路等公共基础服务设施；实施电商农业工程，开展1012行动，打造了忆当年、乐采等10大农产品基地，成立农产品供配中心，打通农产品线上线下销售渠道，实现农业精准种植、精准管理、精准销售。

修志资政且利民。志书客观真实记录了齐陵经济社会发展、美俗淳风、英杰人物，充分肯定人民群众在创造历史中的作用，体现了以生产力和生产关系变革与发展为主线的编纂思想，在资政、教化、存史等方面具有重要意义。在未来发展中，引导全街道上下以史为鉴、臧否抉择，在习近平新时代中国特色社会主义思想指引下，以建设“生态、文化、休闲、宜居”齐陵为目标，促进各项事业健康快速发展。

中共齐陵街道工委书记 张涛　　　**齐陵街道办事处主任** 刘瑞卿

2018年10月

领导关怀

中共中央政治局委员、国务院副总理吴邦国（右一）在中共中央政治局委员、山东省委书记吴官正（右三）陪同下参观临淄中国古车博物馆　（1997 年 摄）

全国政协副主席钱伟长（前左三）参观临淄中国古车博物馆并题词　（1997 年 摄）

中共中央委员毛致用（右二）参观临淄中国古车博物馆　　（1996 年 摄）

文化部部长孙家正（右三）参观临淄中国古车博物馆并题词　　（1999 年 摄）

中共中央政治局委员、中国社会科学院院长李铁映（左五）参观临淄中国古车博物馆

（2001 年 摄）

全国政协委员、国务院扶贫开发领导小组专家咨询委员会主任范小建（左二）到齐陵街道调研“精准扶贫＋养老”项目

（2017 年 摄）

中国农业大学人文与发展学院副院长左停（右四）带领国务院扶贫办发展中心专家组到齐陵街道“扶贫＋养老项目”基地调研（2016 年摄）

省长赵志浩（左三）参观临淄中国古车博物馆并题词“历史瑰宝”（1994 年摄）

省委政策研究室副主任王侠（前右二）到齐陵街道调研乡村文化旅游工作 （2016 年 摄）

省政协副主席、山东师范大学副校长王志民（右二）考察管仲纪念馆 （2017 年 摄）

市委书记刘慧晏（前右）到齐陵街道考察　　（2009 年 摄）

市委书记周清利（左三）到齐陵街道宋家村统一播种作业现场调研　　（2012 年 摄）

市委书记王浩（右一）到齐陵街道调研重点项目建设情况　（2017 年摄）

市长周连华（左二）考察齐陵街道重点项目　（2017 年摄）

市委副书记于海田（左三）到齐陵街道考察旅游工作　（2016 年 摄）

市委常委、组织部部长高庆波（右二）考察齐陵街道建设项目　（2017 年 摄）

副市长刘荣喜（前排左二）到齐陵街道后李村考察气代煤工作。齐陵街道党工委书记张涛（前排左一）介绍情况　　（2017 年摄）

区委书记、区人大常委会主任唐福泉（右二）到美陵公司调研　　（2006 年摄）

区委书记、区人大常委会主任毕荣青（右三）考察齐陵街道驻佛村“五化”工程 （2011 年 摄）

区委书记宋振波（左二）到齐陵街道调研 （2016 年 摄）

区委副书记、区长白平和（左一）到淄博柳店炉业公司调研　　（2016 年 摄）

意大利海智专家考察忆当年农业发展有限公司　　（2017 年 摄）

工农业发展

2007 年度国家农业综合开发优质粮食生产基地项目　　（2008 年 摄）

农业部蔬菜标准化生产基地　　（2014 年 摄）

庚源晨奶牛场大型沼气池　　（2014 年 摄）

忆当年农业发展有限公司水肥一体化基地　　（2017 年 摄）

柳店韭菜种植生产基地　　（2017年摄）

山东齐御牧业股份有限公司特产黑土猪　　（2017年摄）

齐陵宏丰家禽养殖场　　（2017 年 摄）

山东美陵集团　　（2017 年 摄）

山东美陵汽车零部件智能加工中心 （2017 年 摄）

淄博柳店炉业有限公司 （2017 年 摄）

生态文化旅游

太公湖　（2017年摄）

牛山　（2017年摄）

天齐渊森林公园 （2017 年 摄）

马莲台 （2017 年 摄）

四王冢　（2017年摄）

管仲纪念馆　（2017年摄）

临淄中国古车博物馆　（2017 年摄）

足球学校　（2017 年摄）

蹴鞠小镇 （2018 年 摄）

齐王路 （2017 年 摄）

美丽的生态环境 （2017年摄）

山东省少儿齐文化研学基地（花舞世界效果图） （2017年摄）

村镇靓影

奥林匹克花园 （2016年摄）

御泉湾 （2016年摄）

东郡璟园　　　　（2016 年 摄）

莲台山庄　　　　（2016 年 摄）

淄河新村　　（2016年摄）

颐康养生院　　（2017年摄）

薛家村幸福院　　　　（2017 年摄）

刘营村党群服务中心　　　　（2017 年摄）

和谐社会

齐陵街道举行首届“齐陵好人”颁奖仪式 （2014 年摄）

齐陵卫生院在齐家终村为老年人免费查体 （2016 年摄）

齐陵街道与驻地部队举办篮球联谊活动　（2016 年 摄）

牛山庙会　（2017 年 摄）

齐陵派出所民警对辖区网吧突击夜查　　（2017 年 摄）

齐陵街道人力资源和社会保障所服务大厅　　（2017 年 摄）

齐陵街道中心幼儿园庆六一文艺汇演　　（2017 年 摄）

齐陵街道举办"拥抱自然 风采齐陵""齐兴杯"健步走大赛　　（2017 年 摄）

齐陵街道“九九重阳节 欢乐满大院”文艺汇演暨王齐村幸福院启用仪式 （2017年摄）

齐陵街道2017年庆七·一文艺汇演 （2017年摄）

志书编纂

《齐陵街道志》编纂工作动员部署大会 （2017 年 摄）

《齐陵街道志》编纂委员会成员合影 （2018 年 摄）

前排（左起）：朱东良　巩　飞　张　涛　刘瑞卿　路庆锋　曹国华

后排（左起）：王　刚　郑　峰　王文萍　陈　涛　刘晓兵　王士强　崔永军　李　楠　边赛赛

《齐陵街道志》编辑人员合影　（2018年摄）
前排（左起）：吕淑湘　刘冰祥　孙荣华　高新民
后排（左起）：周文江　李明光　刘继林　刘洪旭　刘长胜

《齐陵街道志》编辑在通稿　（2018年摄）

《齐陵街道志》评审会参加人员合影 （2018 年 摄）

前排（左起）：路庆锋 刘华武 郭延志 张 涛 毕建国 徐 杰 梁小明 巩 飞

后排（左起）：周文江 刘洪旭 刘冰祥 孙荣华 赵 航 刘继林 刘长胜 高新民 吕淑湘

《齐陵街道志》稿评审会 （2018 年 摄）

齐陵街道政区图

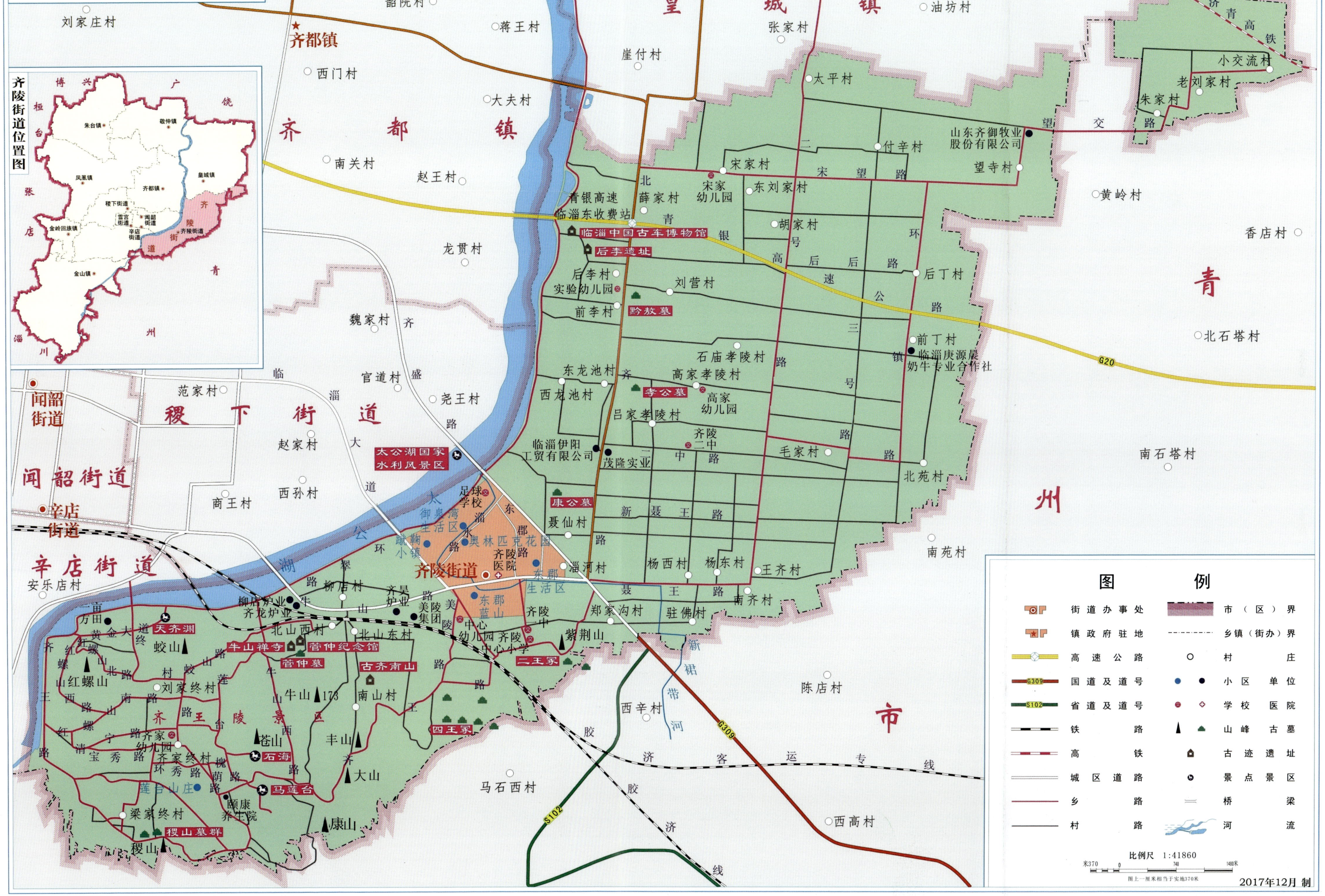

齐陵街道位置图
博兴
广饶
桓台
张店
淄川
青州
朱台镇
敬仲镇
凤凰镇
皇城镇
齐都镇
稷下街道
雪宫街道
闻韶街道
金岭回族镇
辛店街道
齐陵街道
金山镇
皇城镇
齐都镇
稷下街道
闻韶街道
辛店街道
青州市
齐都镇
刘家庄村
韶院村
蒋王村
西门村
大夫村
南关村
赵王村
龙贯村
魏家村
官道村
尧王村
范家村
赵家村
西孙村
商王村
安乐店村
油坊村
张家村
崖付村
太平村
小交流村
老刘家村
朱家村
付辛村
山东齐御牧业股份有限公司
望寺村
黄岭村
香店村
宋家村
宋家幼儿园
东刘家村
薛家村
青银高速临淄东收费站
临淄中国古车博物馆
后李遗址
胡家村
后李村
实验幼儿园
刘营村
前李村
黔敖墓
后丁村
前丁村
临淄庚源晨奶牛专业合作社
北石塔村
石庙孝陵村
高家孝陵村
东龙池村
西龙池村
李公墓
高家幼儿园
吕家孝陵村
齐陵二中
临淄伊阳工贸有限公司
茂隆实业
毛家村
北苑村
南石塔村
太公湖国家水利风景区
足球学校
太御泉湾生活区
康公墓
聂仙村
奥林匹克花园
齐陵医院
蹴鞠小镇
齐陵街道
东郡生活区
淄河村
杨西村
杨东村
王齐村
南苑村
南齐村
柳店村
柳店炉业
齐龙炉业
齐昊炉业
美陵集团
东郡蓝山
中心幼儿园
齐陵中心小学
齐陵一中
郑家沟村
驻佛村
紫荆山
二王冢
陈店村
西辛村
北山西村
北山东村
牛山禅寺
管仲纪念馆
管仲墓
古齐南山
天齐渊
蛟山
方田
红螺山
刘家终村
牛山173
南山村
四王冢
齐家幼儿园
齐家终村
苍山
石海
丰山
大山
莲台山庄
马莲台
颐康养生院
梁家终村
稷山墓群
稷山
康山
马石西村
西高村
齐王陵景区
胶济客运专线
胶济线
新淄河
G20
G309
S102
图例
街道办事处
镇政府驻地
高速公路
国道及道号
省道及道号
铁路
高铁
城区道路
乡路
村路
市（区）界
乡镇（街办）界
村庄
小区 单位
学校 医院
山峰 古墓
古迹遗址
景点景区
桥梁
河流
比例尺 1:41860
图上一厘米相当于实地370米
2017年12月 制

目　录

第四篇 农 业

第五篇 工 业

第六篇　商 贸

第七篇　生态文化旅游

第八篇　城乡建设

第九篇　交通 邮电

第十篇　财税 金融

第十一篇　统计 审计

第十二篇　政党 群团

第十三篇　政权 政协

第十四篇　军　事

第十五篇　政　法

第十六篇　民　政

第十七篇　劳动与社会保障

第十八篇　教　育

第十九篇 文 化

第二十篇 科学技术

第二十一篇 卫生 体育

第二十二篇　社会生活

人　物

荣　誉

附　录

· 概述 ·

临淄区齐陵街道位置图

2017 年齐陵街道经济资料

- 生产总值：200767 万元
- 粮食总产量：22777 吨
- 瓜菜总产量：155243 吨
- 水果总产量：2175 吨
- 规模以上工业总产值：287977 万元
- 规模以上工业主营业务收入：265955 万元
- 规模以上工业高新技术产值：249312 万元
- 固定资产投资：224999 万元
- 社会消费品零售总额：50752 万元

胶济铁路淄河大桥　（2017年摄）

一

齐陵街道位于淄博市临淄区东部，是临淄区的东大门。驻地淄河村，距临淄区政府机关驻地6.7千米。东南两面与青州市接壤，西临淄河、太公湖，与辛店街道、稷下街道、齐都镇隔河相望，北与皇城镇毗连。因境内坐落着被誉为“东方金字塔”的田齐王陵而得名。

齐陵为齐文化发祥地之一。物华天宝，人杰地灵。早在8500年前境内便有先民生活聚居，繁衍生息。自周朝姜太公封齐建国始，历经朝代变迁，齐陵多隶于临淄县。汉代王莽时期，临淄县改为齐陵县。新中国成立后，区划几经更动，时分时合，析出析入。1958年实行政社合一，由孝陵乡、淄河乡合并成立齐陵人民公社。1984年建立齐陵镇。2003年12月1日改建为齐陵街道。2017年，街道辖43个自然村，设37个行政村，1个社区，居民10403户，33637人，总面积56.17平方千米。

街道位于鲁中山区北缘，南部低山丘陵，自然风光优美。牛山耸立，稷山、康山、丰山、大山连绵，街道办事处驻地南郊有鼎足山。管仲纪念馆坐落牛山北麓。母亲河——淄河沿西境而东北流入齐都、皇城镇境内，太公湖紧邻街道办背面，景色绮丽。山区、半山区、平原衔接，峰峦起伏。依山傍水，风景如画，具有独特的人文地理景观。北部系冲积平原。属暖温带大陆性季风气候，受季风影响，气候变化有明显季节性。年平均气温13.2℃，年平均降水量618.7毫米。地下水源蕴藏丰富，水质为锶型深层天然矿泉水，是临淄重要水源地之一，主供临淄城区及多个镇、街道、村（社区）生活用水。

胶济铁路、牛山路、临淄大道、309国道、青银高速公路、济青高铁横贯境内东西，环湖路、北齐路、二号路等公路纵穿南北，北部新建高速公路互通立交。境内道路纵横交错，交通发达，是中原通往胶东半岛的战略要津。

二

齐陵素有风水宝地之称，自古西有淄河，东有女水（裙带河），早期先民依两河而居，不断创造着文明历史。秦皇汉武祭天处——天齐渊及“牛山春雨”“龙池秋月”“淄江垂钓”等景观分布境内。田齐王陵号称“东方金字塔”，犹如座座山峰，巍巍壮观。后李官庄大型殉车马坑，淄河店战国墓地，同为1990年全国十大考古发现之一。在发现后李文化遗址和薛家文化遗址后，境内陆续发现春秋战国时期文化遗址10处，汉代文化遗址12处，隋唐文化遗址1处。国家重点文物保护单位有田齐王陵、后李文化遗址、临淄墓群，其中，临淄墓群中境内有名人墓7座、其他古墓14座；省级文物保护单位有稷山汉墓、薛家庄遗址；市级文物保护单位天齐渊遗址、双龙桥、淄河铁路桥；区级文物保护单位有前李遗址、蒙古族碑等14个。一座座山梁，一道道沟壑，一片片原野，一处处景观，无不记载着千古辉煌历史。

一方水土孕育着世代生活在这里的人民，涌现出许多名人志士和优秀人才。近代，西方列强及日本侵略者入侵中国，修铁路、建车站、筑碉堡、修炮楼，肆意掠夺资源，奴役镇压人民，帝国主义的侵略行径激起齐陵人民的强烈抗争，反抗压迫，抵御侵略，为民族独立解放事业不惜牺牲宝贵生命。齐家终村共产党员李曦晨投笔从戎，

马莲台　（2017年摄）

受鲁东工委指示，赴临淄西关小学，发展组织，与李人凤、陈梅川、崔栋生等人建立起临淄地区共产党领导的第一支部队——临淄青年抗日志愿军训团。随之，八路军第三支队十团特务大队、胶济大队第一中队等人民武装相继建立，活跃于胶济铁路南侧山区和北部平原战场，许多齐陵儿女血洒战场，惨死于日本侵略者、国民党反动派的屠刀下。在抗日战争、解放战争和抗美援朝战争中，齐陵先后有99名优秀儿女为国捐躯，他们的名字将永载史册。新中国成立后，齐陵人民包括在齐陵工作过的党政干部和工作人员，在各行各业发挥着聪明才智，奉献了青春和力量，还有活跃于祖国各地各条战线上的齐陵骄子同为家乡增光添彩。

三

境内农业生产活动起源于原始社会。后李文化遗址发现的蚌刀、蚌镰、石镰、石斧等农具，表明先民在这片土地上从事农牧业生产活动，是迄今在中国北方发现最早的新石器文化遗址之一。春秋战国时期，先民发展冶铁，制造铁制农具，从事种粮、植桑、养蚕纺织、畜牧养殖等，推动了农业发展。在漫长的封建社会里，朝代更迭，社会发展缓慢。鸦片战争至抗日战争，外国列强入侵，致使国家支离破碎，民不聊生，农业生产遭到严重破坏。新中国成立后，经过土地改革、农业合作化、人民公社化生产关系调整，农业生产得到空前发展。1959—1961年，“左倾”错误影响和严重的自然灾害，滞缓了农业的正常发展。1961年起，贯彻中共中央“调整、巩固、充实、提高”的八字方针，大力落实“三级所有，队为基础”的人民公社经济管理体制，农业生产转入正常轨道。文化大革命期间，农业内部结构失调。中共十一届三中全会后，农村实行经济体制改革，全面推行家庭联产承包责任制的生产形式，农、林、牧、副全面发展，农业结构得到合理调整。随着农村改革的进一步深入，以家庭经营为主的统一经营和分散经营相结合的双层经营体制不断完善，农村社会化服务体系逐步建立健全。20世纪90年代，实施科技兴农战略，进一步调整优化农业结构，大力发展粮食、林果蔬菜、畜牧生产为主的四大支柱产业。1998年，被淄博市畜牧局命名为“淄博市禽蛋生产第一镇”。进入21世纪后，先后实施农业综合开发及土地治理项目、小农水示范建设工程等，水利设施、农田林网、农田道路、山区小流域治理等农业整体发展水平得到全面提升。深化农村经济体制改革，稳步推进土地流转，农民经济收入提高。2017年，粮田面积调整至1442.93公顷，粮食总产达2.28万吨；果园面积55.32公顷，果品总产达2175吨；瓜菜面积扩大到1548.8公顷，瓜菜总产达15.52万吨，其中新式高温大棚发展1246个，农民人均收入22815元。

境内工业发端较早，后李文化遗址出土的新石器时代早期陶器和骨器，佐证先民已发明手工制陶业。原始社会晚期，齐陵的先民就开始养蚕织帛，经春秋战国至隋唐时期，冶铁、养蚕纺织

皓首桑榆事农桑　（2016年摄）

美陵公司中频熔化感应电炉　（2016年摄）

已发展成较为发达的产业。西方帝国主义列强及日本侵华战争，造成工业生产严重滞后。新中国成立后，工业经济得到重视，形成各种私营作坊，集体工副业发展较快，奠定了工业发展基础。改革开放后，境内社办工业逐步发展，队办工业、个体工业逐步兴起。1979年，社队工副业单位比1973年增加39个，工副业总产值由1973年的108万元发展到469万元。20世纪80年代起，镇办工业蓬勃发展。磷肥生产等化工产品、饲料加工、面粉加工、石料开采、运输和砖瓦生产、水泥生产等建材业开始向“高、大、外”战略发展，以美陵公司为龙头，相继建成化工配件、塑料加工、精细化工、饮料食品、新型建材、高档纸箱加工等几十家工业企业，形成了以镇村集体工业为主、个体经营为辅的工业体系。1997年，对镇村企业实施改制，个体私营工业进入快速发展时期。2000年，全镇个体私营业户达1389户，产品扩至化工设备、紧固件、空调风机、精细化工、矿泉水等品种。借助城区东扩和旅游区开发等优势，实施项目带动战略，优化产业结构，实现工业环保、创新发展。2017年，完成工业总产值28.8亿元，主营业务收入26.6亿元，实现利税2.09亿元。

齐陵商业贸易久远。春秋战国时期，优越的地理位置和通衢大道、使淄河店驿站周边商业兴隆。元明时期兴起的牛山庙会、紫荆山庙会、王家齐陵庙会、龙池庙会、高家孝陵庙会及王家齐陵、淄河店集市商贾云集。抗日战争时期齐陵庙会停止，商贸日渐萧条。新中国成立后，商业有了较快发展。通过对资本主义工商业的社会主义改造，建立起社会主义统一市场。20世纪80年代，实行改革开放，计划经济转向市场经济。以社会主义市场经济为导向，积极稳妥地进行管理体制改革，逐步建立起开放型、多渠道、少环节的商品流通体制。20世纪90年代，取消计划商品，放开市场，各种商业机构涌现，商品市场更加活跃、繁荣。供销合作商业退出商业服务业国有资本，实行国有存量资产有偿转让，企业实行股份制改革。至2017年，境内有营业执照个体工商户993户，私营企业38家，农民专业合作社56个。全街道实现社会消费品零售总额5.08亿元。

齐陵生态文化旅游与生态观光农业同步发展。临淄区委、区政府城区东扩战略的实施，齐陵风景旅游区的开发建设，淄河流域内生态综合提升，营造了齐陵发展生态文化旅游区的良好环境。齐陵街道紧紧把握发展机遇，适时提出建设“绿色生态齐陵”的战略构想，努力打造齐陵

太公湖夜景　（2017年摄）

淄河生态文化旅游区、齐王陵生态文化旅游区、健康宜居新城和生态观光农业。实施红螺山、南部矿山、马莲台山庄、齐王陵四大保护工程。着力建设三大国家级蔬菜标准园和六大休闲采摘基地。实现了生态观光与资源保护相互协调，产业发展与经济建设同步推进，旅游产业和农村升级同步发展。2015 年，齐陵街道被山东省精神文明建设委员会表彰为“2015 年度省级文明单位”。

四

政法、财税、金融、邮电信息、城建交通、社会保障助推齐陵经济腾飞。政法部门在新中国成立后为保卫革命新生政权和社会主义建设做出积极贡献。社会主义建设时期，在维护铁路交通、国防工程建设和社会治安工作中，多项措施并举，保障了境内人民生命财产、国家财产、军事设施、文物古迹及旅游景点安全。在长期工作中，始终将维护社会稳定工作放在首位，大力实施普法宣传，不断强化社会治安综合治理，严厉打击刑事犯罪和经济犯罪，全力做好域内控、防、管、建、教等工作。至 2017 年，全街道 38 个村居全部建立健全社会治安综合治理办公室，制度更加规范和完善，法治观念深入人心。

财政根据不同时期实行不同的财政政策，以确保地方政府机关正常运行。抗日战争时期，本着“量出为入”的原则，按需筹集粮款。新中国成立后，实行统收统支财政体制，地方收入全部上缴，支出据实报销。税收以征农业税为主。1980 年，财政体制改革，实行“划分收支，分级包干”管理体制。1983 年，实行利改税。1994 年执行中央新税制，实行分税制财税管理体制。2002 年农村实施费税改革，取消“三提五统”，大力支持和促进民营经济发展，积极培植税源。后实施对粮农、农机购置等补贴政策，有力巩固了农业基础地位。金融保险业快速发展，农村信用合作社发展为农村商业银行，域内银行、保险代办网点遍布。

邮政始于明嘉靖三年，在淄河店设驿铺。民国时期在淄河店设分柜。新中国成立后，邮电通信逐步发展，20 世纪 60 年代，淄河店邮电支局成为省级标准化邮电支局。20 世纪 90 年代，开通程控电话。进入 21 世纪，多家快递公司落户运营。至 2017 年，广电、电信、移动、联通等网络信号实现全覆盖。有线电视、手机等普及，数字生活成为新时尚。

道路通畅是齐陵特有的地理优势。春秋战国时期，其大道东出齐国都城经淄河店去益都。秦汉时期改建为驰道。清末修建胶济铁路，并在淄河店建立火车站。民国初，境内有官道 1 条、驿路 2 条，是临淄地区唯有的两条驿路。新中国成立后，道路交通有了较大改善。309 国道、102 省道几经改造拓宽。20 世纪 60 年代建成北齐路。80 年代修建多条镇路。进入 21 世纪，实现村村通公路，并相继建成旅游路、美陵路和东郡路。2015 年，济青高铁开工建设。至 2017 年，共有干线公路 3 条，铁路两条，区级公路 3 条，镇级公路 22 条，村级公路 30 余条，且农村大街小巷全部硬化。境内客运线路 6 条，各类运输车辆 1700 余辆。

镇村建设步伐加快，面貌欣欣向荣。20 世纪 70 年代，公社机关迁至现址后，驻地建设纳入规划，新农村建设有规划地进行。80 年代后，齐陵几经编制镇村建设规划。2000 年被批准为“市级中心镇”。随着临淄城区东扩战略的实施，城镇建设速度加快，规模迅速扩大，并带动村庄建设。新农村建设重点实施“五化”工程，村村实现“硬化、绿化、亮化、美化、净化”，面貌焕然一新。至 2017 年，初步建成以机关、学校、卫生等企事业单位及淄水社区为主体的街道中心

济青高速临淄东收费站（2018 年摄）

区，面积达 140 公顷。城乡建设为建筑与房地产业的发展注入活力，境内共有注册建筑企业 2 家、房地产企业 4 家，从业人员 2000 余人。

社会保障事业健康发展。进入 21 世纪后，开始实行新型农村合作医疗。2008 年实行新型农村社会养老保险。坚持“全覆盖、保基本、有弹性、可持续”原则，对参保居民按属地管理，实行社会统筹与个人账户相结合，与家庭养老、社会救助等其他社会保障措施相配套的居民养老保险制度，后新增城镇养老保险。2013 年改为城乡居民养老保险。城乡居民基本医疗保险采取个人缴费和财政补助相结合。至 2017 年，全街道城乡居民养老保险参保人数 10527 人，城乡居民基本医疗保险参保人数达 27008 人。

五

齐陵历史文化悠久。后李文化遗址含新石器时代早期遗存、新石器时代中期的北辛文化遗存、周代遗存、西汉至明清时期遗存。在一期遗存中有灰坑、墓葬、烧灶、房址、陶窑等，出土遗物有陶器和骨器，距今约 8500—7500 年；二期遗存距今约 7000 年左右，出土遗物有陶器类、石器类和骨器类。薛家庄遗址属大汶口文化，距今约 5000 年左右，先民以农耕为主，家畜饲养较发达。出土典型器物为觚形器。齐王陵墓、贤相名士之墓，封土高大，气势巍峨，淄河店战国墓地、稷山汉代墓群等遗址古迹分布于境内。在近代文化中，境内发展有柳子戏、扽腔戏、昆曲、吕剧、京剧等戏班。新中国成立后，文化事业得以发展，由小喇叭到电影队、电影院，定点放映与巡回放映相结合，丰富了群众文化生活，农村建起青年民兵之家。改革开放后，文艺队伍迅速扩大，文化活动丰富多彩。至 2017 年，全街道村居建有文体小广场，拥有文艺表演队，30 余个村建设高标准书屋，20 个村配备移动影库，10 余个村建起乡村大舞台，文化活动日趋活跃。

齐陵教育源远流长。春秋战国时期的稷下学风影响至今。民国时期，学校教育有所发展。1921 年有国民学校 25 所。日本侵华战争给教育事业造成严重破坏。新中国成立后，教育事业进入发展时期。至 20 世纪 70 年代初，建立小学 40 所，普及五年教育。中共十一届三中全会后，教育投入不断加大。实施合班并校，整合教育资源，中小学全面实施九年制义务教育。职业、成人教育内容和形式也有了新突破。90 年代，完成镇村校改任务。幼儿教育加强了规范化建设。1998 年争创为幼儿教育示范镇。进行教育创新体系实验、新基础教育实验和基础教育课程改革实验。2000 年，争创为淄博市义务教育示范镇。加快教育信息化建设，学校、幼儿园接入互联网，中小学建成校园网，信息技术与学科教育有效整合。2011 年后，加快推进教育现代化，推进高效课堂建设和教科研工作，实行教师分级聘任制。2017 年，实施校园改造提升工程。学前教育、义务教育、社区教育协调发展，齐陵进入全新的现代化教育时期。全街道共有中学 2 所、小学 2 所、幼儿园 5 所，其中民办幼儿园 1 所，幼儿入园率 100%，中小学在校生 1807 人，入学率 100%，教职工 218 人。

科技事业与经济同步发展。新中国成立后，科技队伍由小到大，逐渐形成较为完整的宣传、研发和推广体系。1978 年全国科技大会后，先后实施星火计划、火炬计划，高新科技快速发展。1993 年，齐陵镇被市政府评为科技进步先进乡镇。在长期的农业生产中，农田水利科技、秸秆还田利用、水肥一体化技术得到广泛推广应用，

蹴鞠小镇 （2017 年 摄）

有力促进了农村经济的发展。2008 年，山东美陵公司被确认为国家高新技术企业，院士工作站、博士后创新实践基地相继建立。农业种植新品种、新技术、新方法等大量引进推广应用。

境内体育事业健康发展。20 世纪五六十年代，一些新兴体育项目在农村、学校逐渐发展。“两操（眼保健操、课间操）、两课（体育课、运动训练课）、两活动（课外活动、运动竞赛活动）”纳入教学常规，体育师资力量配备日趋合理。80 年代起，按照争创“省级体育乡镇”的要求，全面落实《全民健身计划纲要》，体育设施建设步伐加快，老中青少年积极参与，呈现全民开展健身体育活动局面。1990 年，被省政府授予“省级体育先进乡镇”荣誉称号。2017 年，建成蹴鞠小镇和国际足球学校，为体育事业提供了高端发展平台。

卫生事业有了长足发展。域内历史上出现过多名民间医家，为医学的研究、传承和发展发挥了重要作用。新中国成立后，相继建立多处联合诊所，推行新法接生和防治各种传染病。20 世纪 50 年代末，成立齐陵卫生院。后各大队相继建立卫生室，由上级卫生部门培训大批“赤脚医生”，工作在农村第一线。并普遍推行农村合作医疗制度。进入 80 年代后，卫生组织逐步健全，加大卫生设施投入，医疗防疫体系进一步完善。2017 年，有卫生院 1 所，卫生室 31 个，医疗卫生人员 89 人。计划生育工作取得显著成绩，落实人口政策，实现计划生育与社会经济同步发展。

回顾历史，灿烂而辉煌。先民们生活聚居在这片土地上，神奇地创造了地区文明历史，为后代留下文化瑰宝。新中国成立后，新的社会制度极大解放了生产力。齐陵人民在历届党委、政府正确领导下，认真贯彻落实党的路线、方针、政策，充分发扬自力更生、艰苦奋斗的优良传统，从当地实际情况出发，励精图治、艰苦创业，经历了土地改革、农业合作化、人民公社化和家庭联产承包责任制四次农村土地产权制度变革，社会经济和各项社会事业取得可喜成果。1952 年，农民年人均占有粮食 130 余千克。1985 年，全镇总收入 2513 万元，人均纯收入 573 元。2017 年，全街道生产总值 20.08 亿元，居民人均可支配收入 22815 元。瞻望未来，前程似锦。在新的历史时期，齐陵人民将在党工委、办事处正确领导下，深入贯彻落实中共十九大精神，以建设“生态、文化、休闲、宜居”齐陵为目标，加快齐文化旅游开发、环保型工业、现代物流、生态观光农业建设，把齐陵建设成更加富裕和谐文明、更加美丽、更具魅力的现代化文化新城！

·大事记·

中共中央政治局委员、全国人大常委会副委员长田纪云（后排左三）参观临淄中国古车博物馆并题词

（1994 年　摄）

全国人大常委会原副委员长廖汉生参观临淄中国古车博物馆并题词　　（1995 年 摄）

市委书记张建国（左三）陪同中纪委领导参观临淄中国古车博物馆　　（2003 年 摄）

氏族公社

约前 6500—约前 5500 年

后李文化时期。境内原始农业和畜牧业已经形成，出现陶器、骨角蚌器、石器，使用竖式陶窑烧制红陶、红褐陶、黑褐陶和黄褐陶。房址为半地穴式。墓葬有小型土坑竖穴式和土坑竖穴侧室等形制。遗址范围内后李官庄、宋家庄等出土过新石器时代的陶器。

约前 5500—约前 4400 年

北辛文化时期。境内陶器主要有夹砂陶和泥质陶，以鼎为主要炊器，石器、骨器磨制精致。房址为半地穴式。墓葬为土坑竖穴式。

约前 4400—约前 2500 年

大汶口文化时期。境内生产工具以磨制石器为主，陶器以彩陶为主，骨器、蚌器制作精致。

约前 2500—约前 2070 年

龙山文化时期。境内有以鸟为图腾的爽鸠氏部落聚居。生产生活工具有较发达的磨制钻孔石器及黑、红、白质陶器，能制作夹砂陶鬲和精细陶杯。

夏　商

约前 2070—前 1046 年

境域东夷部落聚居，建有方国。使用器物有鬲、罐、簋等。

周

武王二年（前 1045 年）

太公姜尚建立齐国，齐陵境域属齐国。

庄王十二年（前 685 年）

齐桓公即位。管仲为相，辅佐齐桓公 40 年，改革齐政，以“尊王攘夷”号令诸侯，齐桓公成为春秋五霸之首。管仲墓位于境内牛山北麓。

安王二十三年（前 379 年）

康公贷去世。其墓在境内聂仙村西。

慎靓王元年（前 320 年）

齐威王去世。其墓为境内南部四王冢西起第一座。

赧王十四年（前 301 年）

齐宣王去世。其墓为境内南部四王冢西起第二座。

赧王三十一年（前 284 年）

燕将乐毅攻陷齐国城池 70 余座，境域属燕 5 年。齐湣王在莒被杀。其墓为境内南部四王冢西起第三座。

赧王三十六年（前 279 年）

田单复齐，境域复归齐国。

赧王五十年（前 265 年）

齐襄王去世。其墓为境内南部四王冢西起第四座。

秦

始皇帝二十八年（前 219 年）

秦始皇帝东巡到临淄，祭祀天齐渊。

汉

文帝元年（前 179 年）

五月八日　齐陵境内发生 6 级地震，震中烈度 7 度。山崩塌，水溢出。

元鼎六年（前 111 年）

汉武帝东巡，祭祀境内天齐渊。

天齐渊遗址　（2014 年摄）

太初三年（前 102 年）

一月　汉武帝东巡，到境内祭祀天齐渊。

本始四年（前 70 年）

六月一日　昌乐地震，波及境内，山石崩裂，大水溃出。

初元二年（前 47 年）

二月二十日、九月十一日　齐陵境内两次发生 5 级地震，震中烈度均为 6 度。

建昭二年（前 37 年）

十二月二十一日　临淄、益都间发生 4 级地震，震中烈度 5 度。境内出现大雪，雪深 5 尺，树折屋坏。

新始建国元年（9 年）

王莽改临淄县为齐陵县。

建武元年（25 年）

光武帝改齐陵县为临淄县，齐陵境域属临淄县。

建武三年（27 年）

耿弇军在淄河两岸击溃张步军 20 余万。

晋

永嘉六年（312 年）

位于境内鼎足山的齐桓公墓被盗掘，发现被遗弃的几十张蚕箔装盛的金蚕及珍珠串饰的国君葬衣、玉匣、彩色丝绸、兵器等，及多具殉人。

建兴三年（315 年）

青州刺史曹嶷命人挖掘管仲墓。

太宁元年（323 年）

境域划入后赵。

永和十二年（356 年）

前燕大都督慕容恪在淄水打败晋将段龛。境域属前燕。

南燕建平二年（401 年）

临淄秀才晏谟陪同南燕皇帝慕容德游览境内鼎足山、牛山等地。

鼎足山上二王冢　（2014 年摄）

东晋元兴三年（404 年）

二月二十十七日　齐陵境域东发生 4 级地震，震中烈度 5 度。

东晋义熙元年（405 年）

九月　地震，女水竭。

十二月　齐陵东发圭 4.5 级地震，震中烈度 5 度。

东晋义熙四年（408 年）

十二月四日　临淄辛店境内发生 5 级地震，震中烈度 6 度。“天齐（渊）水涌，井水溢，女水竭，河齐冻合而渑水不冰。”

南北朝

北魏兴安元年（452年）

八月　临淄发生3级地震，震中烈度4度。

北魏永平元年（508年）

九月　青州地震，境内殷殷有声。次年正月又震。

北齐天保七年（556年）

十一月　废临淄县入高阳县，境域改属高阳县。

隋

开皇十六年（596年）

撤高阳县，复置临淄县，境域随属。

大业六年（610年）

境域大涝。

大业八年（612年）

境域大旱、大饥。

唐

仪凤元年（676年）

境域大水。

开元二十五年（737年）

淄河水溢。

天宝四年（745年）

李白游览境内牛山。

永贞元年（805年）

六月　飞蝗蔽天，旬日不息，所至草木叶尽。

开成四年（839年）

秋　大水淹没民房及庄稼。

宋

大中祥符元年至二年（1008—1009年）

连续两年大水。

大中祥符六年（1013年）

三月　青州地震，波及境内。

大中祥符九年（1016年）

六月　飞蝗“弥复郊野，食民田殆尽”。

九月　飞蝗无所得食，“赴海死”。

建炎三年（1129年）

大旱，大饥，人相食。

金明昌二年（1191年）

秋　大旱，大饥。

金大安二年（1210年）

春大旱，六月霪雨。大饥，粮价暴涨。

蒙古至元二年至十年（1265—1273年）

连年饥荒。

蒙古至元三年（1266年）

临淄并入益都县，境域随属。

元

至元十五年（1278年）

复置临淄县，境域随属。

至正六年（1346年）

二月二十二日　临淄召口附近发生5.5级地震，震中烈度6度，余震7天乃止。波及境内。

是年　僧住、忽都、囊加歹主持刻立蒙古族

碑，记述刘营村蒙古族族系和落籍经过。

至正七年（1347 年）

三月十八日 金岭镇发生 5.5 级地震，震中烈度 7 度。波及境内。

六月九日 临淄辛店附近发生 3.5 级地震，震中烈度 4 度。波及境内。

至正八年（1348 年）

三月大旱，八月大降冰雹，雹大如杯。

至正十九年（1359 年）

五月 发生蝗灾，草木树叶被吃净。大饥，人相食。

明

洪武元年（1368 年）

益都府改为青州府。境域属青州府。

洪武二年（1369 年）

明太祖朱元璋令从冀州（今河北省一带）枣强县、山西洪洞县迁民入临淄，官府给耕牛、种子，免征三年租税。

景泰七年（1456 年）

秋 境域大水。

嘉靖四十四年（1565 年）

境域分属青州府临淄县敬信乡和端智乡。

隆庆二年（1568 年）

七月 暴雨，顷刻水深数尺，人畜淹没较多。

崇祯十四年（1641 年）

鼠灾，庄稼受害严重。

清

顺治七年（1650 年）

六月 临淄县发生 4 级地震，震中烈度 5 度。

康熙二年（1663 年）

知县杨端本改天齐渊为瑞泉，当地人将泉称为“杨公泉”。

康熙六年（1667 年）

夏 大降冰雹。

秋 大雨，淄水涨满，水涨至临淄城东门。

康熙七年（1668 年）

六月十七日 郯城 8.5 级地震，波及境内，声音如雷，民居墙倒屋塌，人畜有死伤。

康熙十年（1671 年）

境内淄河店设立社学。

康熙四十三年（1704 年）

王士禛（王渔洋）《香祖笔记》卷十，考证严子陵钓台位置，认为钓台在临淄县城东南十里淄水附近，“传是子陵古迹”。

康熙四十五年（1706 年）

临淄知县王坤祚刻龙泉寺康熙御笔碑立于龙池东侧。

康熙五十八年（1719 年）

青州知府陶锦在天齐渊建管鲍祠，祀管仲和鲍叔牙。

乾隆二年（1737 年）

知县邵嗣尧改称天齐渊为丰水。

乾隆五十年至五十二年（1785—1787 年）

境内连续三年大旱、大饥。

道光元年（1821 年）

秋 境内大疫。

咸丰六年至九年(1856—1859年)

境内连续四年大旱。

咸丰十一年(1861年)

二月十九日 南捻军越青石关进周村，破金岭镇东去，在淄河店全歼驻守此地的旗兵及益都乡团。

同治十年（1871年）

境内柳店双龙桥建成。

光绪二年(1876年)

自正月旱，至闰五月二十七日始雨。至1878年连续大旱。临淄大饥，境内多有饿死者。

光绪三年(1877年)

春 大灾荒。麦熟后，因骤得饱食，境内多有撑死者。

光绪十四年(1888年)

五月四日 渤海湾发生7.5级地震，波及境内。“地震声自北来，河水激荡，墙壁倾斜，家具相撞有声。”

秋 大雨，瘟疫流行。

光绪十六年(1890年)

五月 大雨成灾，庄稼被淹。灾民四处求生，流入山西、陕西等地为多。

光绪十七年(1891年)

立夏之后，小麦遇霜害枯死，再生新株，仍能成熟。

光绪二十七年(1901年)

七月 临淄废除以岁试取武童。

是年 西龙池村苑华芳在北京同仁医院实习西医2年回籍行医，为临淄县第一位西医。

光绪三十年(1904年)

六月 始建于光绪二十五年（1899年）的胶济铁路全线通车。境内淄河店车站为四等站。

是年 临淄废除科举制。

光绪三十四年（1908年)

七月二十三日 暴雨，淄水横溢，毁地堰、庄稼、树木、房屋等，伤人畜较多。

是年 境内吕家孝陵设立民立高等小学，刘家庄、薛家庄设立初等小学。

宣统元年(1909年)

四月二十六日 降冰雹厚约1尺，砸毁小麦。

宣统三年(1911年)

一月一日 大雨，水深没胫，邻里间不能登门拜年。

中华民国

1912年

中华民国废府、州。境域隶属胶东道临淄县。

1917年

春 大旱，小麦歉收，一斗（约16千克）小麦十千文钱（折合银元一元多）。秋又大旱，小麦出苗不到半数。

是年 境内应募华工赴欧洲支援协约国作战。至第一次世界大战结束后回国。

1919年

10月 县邮政局升为二等局，设淄河店等4处分柜。

1921年

1月 大雪厚1米，多人因陷入井、沟而伤亡。

1926年

12月11日 大雪厚1.5米，积雪50天。

1928年

5月3日 日军借口保护日侨利益，在济南制造“五三”惨案。侵驻淄河店车站日军肆意抢掠附近村民财物。

7月5日 日本商人小林盗运龙泉寺北魏丈

八佛、菩萨像和石碑至淄河店车站，企图劫往日本。因被群众发现未敢启运。后将其中两个菩萨头凿下盗走。

1929 年

3 月 2 日 益都驻军窦宝璋部与益都城西各村民团红枪会冲突，焚烧 20 余村，淄河店车站电线被击断。

1930 年

5 月 1 日 降雹，大如鸡蛋，砸毁房屋多处，麦季歉收。

7 月 14 日 晋军阎锡山部沿胶济铁路东追韩复榘军进入临淄境。两军隔淄河激战月余，境内百姓横遭涂炭。

是年 临淄县废社改区，齐陵境域分属二区和三区。

是年 青岛四方机车厂厂长栾宝德用专列把丈八佛、菩萨像身及石碑运至青岛，放置在厂旁四方公园内。

1931 年

5 月 齐家终村李曦晨在省立第四师范学校求学时加入中国共产党，是境内最早的共产党员。

是年 境内前丁官庄王存业在临淄县城里办起第一家照相馆。

1934 年

10 月 石庙孝陵村于秀兰（祖籍皇城镇张家庄）于省立第四师范上学期间，在十八届华北运动会上蝉联四届运动会女子 100 米、200 米冠军，被誉为山东“女中三杰”之一。

1935 年

“益成祥”花边庄大量生产花边“青州府花边大套”，全县加工户 5000 余家，境内多有加工者。

1936 年

春 石庙孝陵于秀兰在全国田径运动会上获女子 100 米第一名。

6 月 胶济铁路淄河大桥改建工程竣工。

胶济铁路改建淄河大桥通车纪念　　（1936 年摄）

夏 县政府令各村丈量所有土地，将各户土地每地块插一长方形木牌，牌上注明户主姓名，四邻户主姓名，长横两阔杆尺数及地亩数（大亩），所有地块均填具清册上报县政府，称为“土地陈报”。

是年 临淄县第二小学校长李人凤与师生 337 人捐资刻立崔光中墓碑，记述教师崔光中事迹，立于境内聂仙庄东。

1937 年

10 月 境域隶属中共鲁东工委临淄县二区和三区。

10 月 共产党员李曦晨、李清贵与县教育界进步人士李人凤、陈梅川、崔栋生等组建临淄青年学生抗日志愿军训团，计 120 人。

1938 年

3 月中旬至 4 月 中国军队发起台儿庄会战。淄博抗日武装破坏了淄河至益都之间的铁路，一度攻占淄河店车站。

5—6 月 临淄抗日游击队三大队对淄河店站至普通站间铁路三次破袭，毙伤日伪军 30 余人。

是年 境内柳店淄河漫水桥建成。

1939 年

3 月 八路军山东人民抗日游击第三支队十团在民兵配合下，破袭金岭镇至益都铁路，一夜炸毁日军火车 3 列、涵洞数个，拆走部分路轨，胶济铁路运输瘫痪月余。

10 月 建立益（都）寿（光）临（淄）广（饶）

四县边区行政办事处，临淄二区境内村庄划归四县边区行政办事处。

1940 年

4月 益寿临广四县边区行政办事处撤销，境域复归临淄县二区。

6月5日 中共清河地委机关报《群众报》专题报道临淄县县长陈梅川（化名崔广居）施政事迹，成为清河地区县政建设榜样。

1941 年

4月17日 凌晨，国民党地方武装徐振中部勾结日伪军，制造望寺庄惨案。钟志秀等6名党员干部惨遭杀害。

1942 年

2月 益寿临广四县边区行政办事处二次建立，临淄二区复归四县边区行政办事处。

春 境内久旱不雨，春荒严重，饿死多人。

7月 境内受到寒流袭击，高粱、玉米、黄烟等受冻无收，造成大饥荒。

1945 年

8月18日 抗日武装胶济大队第一中队在淄河店建立。

8月23日 渤海军区七师、县大队、四边特务大队解放临淄县城。次日占领淄河店车站。

1946 年

1月 中共临淄县委组织工作队在二区、四区、五区发动群众，开展减租减息试点。

1月 济南至淄河店间每天开行客货混合列车各1对。

5月 境内广泛开展反奸诉苦和租减息运动。

6月25日 国民党第八军从潍县沿胶济铁路向西进犯解放区，占据临淄县城。

7月5日 渤海、鲁中部队对国民党第八军进行反击，先后收复益都、临淄县城、淄河店。

10月 临淄县各区改以地名命名，齐陵境内村庄分属龙池区和牛山区。

12月 国民党军徐振中部在二区抓丁500余名，编入国民党七十三军。

1947 年

2月24日 莱芜战役后，徐振中部东逃昌乐。中共临淄县委、县人民政府机关进驻县城，在全县开展土地改革和参军支前工作。

是年 齐陵境内开始组织季节性、临时性农业生产互助组。

是年 临淄县政府在淄河店设立稽征站，负责齐陵境内税务征收。

1948 年

秋 临淄县政府在境内宋家庄设立临淄县第六完全小学。

12月 临淄县公安局设立淄河派出所。

是年 县政府发布《通告》，禁止种植罂粟、吸毒和贩卖毒品。

1949 年

8月2日 益都县人民政府在阳河村召开益都、寿光、临淄、广饶四县1.5万余人参加的群众大会，公审枪决原国民党山东保安第六旅旅长兼临淄县县长徐振中。

中华人民共和国

1949 年

12月20日 临淄县中国人民胜利折实公债推销委员会成立，首先在工商业集中的牛山、城关两区推销胜利折实公债。

1950 年

6月 县第六完全小学建立境内第一支中国少年儿童队。

9月25日 县政府将区名称由地名改为数字称谓。牛山区为三区，龙池区为六区。

11月 境内开展土地改革和土改复查运动。

11月 淄河派出所撤销。

是年 县防治黑热病领导小组成立，对境内黑热病进行药物综合防治。

1951 年

春 县卫生部门对境内公民普遍注射霍乱、鼠疫疫苗，普种牛痘。

5 月 1 日 组织参加全县游行，抗议美帝国主义侵略朝鲜。

12 月 土地改革结束，颁发土地房产所有证，划定阶级成分。

是年 大规模开展镇反运动。

1952 年

1 月 县委、县政府成立防疫委员会。在全县开展以防御美国使用细菌武器为重点的爱国卫生运动。

3 月 在工商业中开展“反行贿、反偷税漏税、反盗骗国家财产、反偷工减料、反盗窃国家经济情报”的“五反”运动。历时 4 个月。

1953 年

5 月 9 日 境内大面积降雹，小麦减产 30%，烟苗受损。

5 月 新中国成立后，临淄首次物资交流会在齐陵等 13 个集镇举办，成交额 42.5 万元。

7 月 20 日 临淄县由淄博专区划归昌潍专区。境域随属。

8 月 31 日 淄河店降急雨 5～6 分钟，冲毁大面积地瓜田。

11 月 5 日 贯彻执行县委《关于实行粮食计划收购与计划供应的通知》，取消粮食自由市场，由国家粮食部门统一购销。

是年 境内北山小学附设幼稚班，境内学前教育开始。

是年 临淄税务机构合并，设淄河税务检查组和齐陵征收组。

1954 年

4 月 为便于农民粮食调剂，齐陵集市建立国家粮食市场。

5 月 境内各乡召开第一届人民代表大会，选举产生乡政府乡长、副乡长。

10 月 临淄县齐陵粮食管理所在高家孝陵村成立。

1955 年

3 月 1 日 贯彻执行国务院命令开始发行新人民币，同时回收旧人民币（新币 1 元等于旧人民币 1 万元），新版人民币开始在境内流通。

11 月 13 日 县辖区复改以地名称谓。六区改称龙池区。

冬 开展改造落后村和社会镇反运动。

1956 年

1 月 《中华人民共和国兵役法（草案）》实施，境内首次征集义务制新兵。

6 月 撤销龙池区，将所辖丁望、齐陵、孝陵、宋家等乡并入五路区；淄河乡划归孙娄区。

9 月 后李官庄阎冠五作为山东省中兽医代表参加全国民间兽医座谈会。

11 月 五路区召开人民代表大会（为境内第二届区人民代表大会），选举产生区政府区长、副区长。

是年 农村实行对鳏、寡、孤、独户由集体保吃、保住、保穿、保医疗、保殡葬的“五保”制度。

1957 年

1—2 月 1 月，临淄县委在五路区搞并乡试点。2 月，五路区所辖的宋家、丁望、孝陵、齐陵等 4 个乡合并成立孝陵乡，为县直辖乡，乡政府设于高家孝陵。

3 月 刘家终村建成三级扬水站，引温泉水上山。

7 月 6—19 日 连续阴雨，全县降水平均达 209.3 毫米，造成境内东部洼地积水成灾，房屋塌坏多处。

7 月 党政机关、文教卫生等部门开展反右派斗争。

9 月 在淄河店开办民办初级中学。

10 月 测流天齐渊日涌水达 6.9 万立方米。

1958 年

2 月 1 日 县委、县人委召开“除四害”（苍蝇、蚊子、老鼠、麻雀）誓师大会，境内村庄积极响应，开展“除四害”突击活动。

2月28日 临淄县撤区建乡，境域南部建淄河乡，乡政府设于淄河店，所辖村庄从孙娄区划归。

3月11日 境内组织民工参加博兴县打渔张引黄灌溉工程建设。

4月 孝陵乡、淄河乡分别召开人民代表大会（为第三届乡人民代表大会），选举产生乡政府乡长、副乡长。

8月 贯彻中共中央政治局扩大会议精神，掀起“大跃进”和农村人民公社化运动。

9月28日 成立齐陵人民公社联合机械制修厂。

9月 临淄县下属行政建制实行政社合一的组织形式，撤销孝陵乡、淄河乡，组建齐陵人民公社，社址在杨家齐陵。

9月 “土法上马”大炼钢铁，次年春停办。

10月 齐陵人民公社随临淄县并入益都县。

是年 境内小学改为共产主义小学。

1959年

2月 响应益都县委召开的全县五级干部会议精神，澄清对人民公社管理体制的模糊认识，明确政策，分清责任。

春 在高家孝陵成立公社农业中学。

3月29日 益都县委调整人民公社管理体制，在公社管委会统一领导下，实行三级（公社管委会、生产大队、生产队）所有、分级管理。允许社员适度经营家庭副业。

6月10日至8月10日 益都县动员青壮年550名，去吉林省蛟河舒兰煤矿工作，其中齐陵公社40名。

秋 济青公路原临淄境内路段改铺矿渣石路面，晴雨通车。

1960年

春 齐陵公社党委成立10人的文教委员会。

3月30日 响应益都县委安排好人民生活的紧急通知精神，对群众食堂逐个检查，对社员生活情况分析排队，节约用粮，安排好人民生活。

4月12日 齐陵公社在北山大队召开幼儿学习汉语拼音现场会。

6—8月 齐陵公社支边青壮年20名及南齐陵整户社员50户，去吉林省临江林业局塔河林场和大川林场、抚松县漫江农场工作和安家落户。

秋 在淄河店东南隅建立益都县第十七中学。

10月 益都县委号召全县人民以生产救灾为中心，大量采集可食野生植物，积极开展救灾活动。

12月 齐陵公社第四届人民代表大会召开，选举产生公社管理委员会社长、副社长。

是年 公社进入新中国成立以来最困难的时期，把生产自救作为压倒一切的头等大事

1961年

3月1日 阎冠五被中国军事医学科学院聘为学术委员会委员。

春 纠正“浮夸风”“共产风”的错误，允许社员种自留地和开荒种植。

10月10日 国务院批准恢复临淄县制，齐陵公社随属。

1962年

6月 临淄县市场物价管理委员会增设齐陵市场管理所。

10月 齐陵公社社址由杨家齐陵迁至淄河店。

1963年

1月 在齐陵、皇城两公社境内搜集到国民党空投传单1000余张。

3月5日 齐陵公社中小学师生和人民群众首次广泛开展向雷锋同志学习的活动。

3月 齐陵公社广播管理站设立，是临淄县广播站在公社建立的第一个广播管理站。

4月1—3日 中共齐陵公社第一次代表大会在公社会议室召开。出席会议代表69名。

4月 齐陵公社召开第五届人民代表大会，选举产生公社管理委员会社长、副社长。

11月 齐陵公社义和大队恢复发展生产成绩显著，党支部书记刘溶源出席华东局在上海召

开的农业先进集体代表会。

1964 年

7 月　齐陵公社为全县试点单位进行第二次人口普查，全社共有 4978 户，24176 人。

8 月 1 日　境内遭受风灾。降水量达 175 毫米，又加前期雨水饱和，境域东部、北部大面积积水 20 厘米～ 30 厘米，倒墙塌房无数，受灾面积 30 余平方千米。

冬　县委派驻工作组进村，开展社会主义教育运动。

是年　全面开展“农业学大寨”运动，进行农田水利基本建设。

1965 年

5 月　临淄县第三中学学生杨淑兰（今齐陵街道太平村人）获全国中学生运动会少年女子标枪第一名。

9 月　临淄县第一个公社广播放大站齐陵公社广播站建成。

9 月　临淄县公安局淄河派出所重建。

12 月　齐陵公社召开第六届人民代表大会，选举产生公社管理委员会社长、副社长。

冬　山东省文物工作队与北京大学考古专业师生，在淄河两岸进行文物调查时发现后李遗址、薛家遗址。

1966 年

7 月 15 日　淄河出现大洪峰，流量达 2030 立方米 / 秒，冲毁柳店淄河漫水桥 80 米，死亡多人。

8 月　临淄中小学相继组织“红卫兵”“红小兵”“破四旧”（旧思想、旧文化、旧风俗、旧习惯）“立四新”（新思想、新文化、新风俗、新习惯），文化大革命开始。

11 月　受文化大革命干扰影响，公社自行烧毁室藏档案。

12 月　齐陵公社各部门、各系统“红卫兵”组织相继建立。

1967 年

3 月　齐陵人民公社革命委员会成立。

8 月　齐陵变电站建成送电。

1968 年

9 月 30 日　临淄农机修造厂工人吕国仁（今吕家孝陵村人）作为全国工农兵模范代表，在北京人民大会堂受到毛泽东、周恩来等党和国家领导人接见。10 月 1 日，参加国庆观礼。

9 月　工人宣传队、贫下中农宣传队（贫管会）进驻学校。

11 月 14 日　县革委决定将公办小学下放到生产大队，中学体制下放，教师回原籍。

1969 年

7 月 18 日　渤海发生 7.4 级地震，波及境内，部分房屋倒塌。

12 月 16 日　临淄县划归淄博市。1970 年 1 月 1 日，正式以临淄区名义对外办公。齐陵公社更名为临淄区齐陵公社。

1970 年

2 月 19 日　按上级部署，公社开展以“打击反革命、反贪污盗窃、反投机倒把、反铺张浪费”为内容的“一打三反”运动。

5 月　公社、各大队相继成立革命委员会党的核心领导小组。下半年，全公社开展整党建党工作。

7 月　齐陵公社开办合作医疗，各大队卫生员称“赤脚医生”。

9 月 25 日　反动会道门“龙天大会九官坛”道首张凤池被依法处决。

是年　青岛知识青年 30 余人到境内插队，安排在望寺、南山、宋家等大队。

1971 年

2 月 22—24 日　中共齐陵公社第二次代表大会在公社会议室召开。出席会议代表 127 名。

5 月　齐陵公社召开第二次贫下中农代表大会，出席会议代表 169 名。选举产生齐陵公社贫下中农代表委员会。

5 月　齐陵公社召开妇女代表大会，出席会议代表 185 名。选举产生新一届妇女联合会。

11 月　公社党委向党员干部传达中共中央

关于林彪叛国事件的文件，开展批判林彪反革命集团罪行的活动。

1972 年

3 月　齐陵公社对农田进行深翻整平，划方整畦，首次实行田、林、路、渠、井统一规划建设。

4 月 26 日　遭受雹灾，齐陵公社后丁官庄 3335 平方米中药材全被砸毁。

1973 年

1 月 22—24 日　中共齐陵公社第三次代表大会在公社会议室召开，出席大会代表 162 名。

1974 年

3 月　境内群井汇流工程开工建设。

7 月 1 日　胶济铁路下行线淄河特大桥动工兴建。1975 年 1 月 31 日，淄河铁路特大桥建成，桥长 606.24 米。时为淄博市境内最长的铁路桥。

7 月 1 日至 8 月 15 日　降水 690 毫米，发生严重涝灾，境内大面积黄烟绝产，地瓜减产 30%，受灾面积 30 平方千米。

1975 年

10 月　公社党委、革委会在吕家大队召开全社治滩压沙造田动员大会。

12 月　王潍公路淄河大桥建成，时为淄博市最长的公路桥。

是年　博山陶瓷厂 494 名知识青年开始分批到齐陵公社插队。

1976 年

1 月 8 日　中共中央副主席、国务院总理、政协全国委员会主席周恩来逝世。全公社干部群众举行悼念活动。

1 月　齐陵公社文化站建立。

6 月底　王家齐陵王一、王二、王三大队合并为王齐大队。

7 月 1 日　高东、高西大队合并为高家大队。

7 月 28 日　唐山发生 7.8 级地震，波及境内，全公社采取各种措施防震。

9 月 9 日　中共中央主席、中央军委主席毛泽东逝世。9 月 18 日，党政军民近万人在吕家联中操场冒雨集会沉痛悼念。

10 月 22 日　党政军民集会庆祝粉碎江青反革命集团。24 日，收听收看首都百万军民参加的庆祝粉碎江青反革命集团大会实况。

12 月　公社武装部组建胶济铁路淄河大桥民兵守护分队，全日制担负淄河大桥守护任务。

1977 年

11 月　淄河中学收归区属，改为临淄区第十中学。

11 月　包括境内多处齐国古墓的“临淄墓群”被山东省革委会公布为省级重点文物保护单位。

是年　齐陵与路山两公社女子电影放映队代表淄博市出席山东省电影工作会议。

1978 年

驻佛大队被省林业局命名为省级林业建设模范村。

1979 年

1 月 18—20 日　齐陵公社召开第八届人民代表大会，出席代表 254 名。

3—4 月　根据中共中央文件精神，公社革委会对地主、富农分子全部摘帽。

4 月　省、市民族工作部门经调查认定刘营大队村民蒙古族籍。

7 月 25 日　区委、区革委召开计划生育动员大会，提出“一对夫妇只生一个孩子”的号召。

12 月　刘营大队团支部书记刘志敏出席山东省第五届青年联合会代表大会。

1980 年

1 月　公社落实区委、区革委三级干部会议精神，贯彻中共中央《关于进一步加强和完善农业生产责任制的几个问题的通知》。

5 月 16 日　经省政府批准，确认刘营大队的 176 户 744 人为蒙古族后裔。

7 月 6 日　境内雹灾，玉米苗受损，部分水果被砸落，受灾面积 20 平方千米。

8 月 8—9 日　中共齐陵公社第四次代表大会在公社会议室召开。出席大会代表 120 名。

是年 临淄区林业站在驻佛大队做小麦单收单打试验，受到林网保护的增产 17.7%，千粒重增加 3.1%。农田林网化对农田高产稳产起到较好作用。

1981 年

1 月 15—16 日 齐陵公社召开第九届人民代表大会。出席代表 80 名。

3 月 9 日 区委、区政府召开大会，号召广泛开展“五讲”（讲文明、讲礼貌、讲卫生、讲秩序、讲道德）“四美”（心灵美、语言美、行为美、环境美）活动。

春 市水利局在齐陵公社建中、新胜大队召开喷灌现场会议，总结推广经验。

5 月 区人大常委会组织人大代表到后丁大队、宋家大队考察多种经营情况，在全区多种经营会议上推广。

10 月 刘营党支部书记刘玉德参加国家民委组织的全国少数民族参观团系列参观活动。

是年 胡家小学率先进行校舍改建，被评为山东省校舍改造先进单位。

1982 年

1 月 恢复临淄区公安分局齐陵派出所。

3 月 全公社开展第一个文明礼貌月活动。

3 月 齐陵电影院营业。

7 月 1 日 进行第三次人口普查，全公社共有 7350 户，31811 人。

8 月 齐陵公社成立科学技术协会。

11 月 9 日 境内遭受暴风、雨雪、冰凌灾害，停电数日。树木多有折断，有的房屋压损，损失巨大。

12 月 17 日 全公社开始推行以“大包干”为主要形式的联产承包责任制。

1983 年

5 月 23 日 成立临淄区个体劳动者协会齐陵分会。

9 月 发现稷山汉代洞石墓一座，属“稷山洞石墓群”。出土微型鎏金编钟、铜鼎、鎏金熊足饰及石磬等精美文物。

是年 齐家终村被国家绿化委员会表彰为全

稷山碑记（2017 年 摄）

国绿化工作明星村。

是年 作为临淄区试点单位，齐陵派出所配合临淄公安分局，开展历时三年的严厉打击刑事犯罪活动。

1984 年

4 月 齐陵撤销公社建制，组建齐陵镇。

5 月 19—21 日 齐陵镇召开第十届人民代表大会。出席代表 82 名。

7 月 稷山洞石墓群、苍山寺北魏石佛被公布为市级重点文物保护单位。

8 月 1—2 日 中共齐陵镇第五次代表大会在齐陵影剧院召开。出席会议代表 120 名。

8 月 2—3 日 区政协组织工业科技组委员，邀请市属以上企业部分高级工程师、工程师共 19 人，考察齐陵镇办企业。

11 月 区政协邀请齐鲁石化公司的部分工程技术人员与齐陵镇办企业负责人举行技术咨询协作座谈会。

是年 山东省文物考古研究所考证二王冢是战国时期田齐第二代国君齐侯剡和第三代国君桓公午之墓。

1985 年

春 苍山寺北魏石佛移入临淄石刻艺术陈列馆。

4 月 进行第二次全国工业普查。境内有镇办企业 6 个，职工 448 人。

5 月 淄博市财政局在齐陵镇搞财政改革试点，试行“核定收支、超收分成、超支不补、节余留用”体制。

7月10—11日　团市委在齐家终村召开“学创”（学邵庄、赶邵庄，创建邵庄式先进团支部）活动现场会，总结、交流经验。

8月　区政协文教工作组成员和教育界部分委员，考察齐陵镇联中、中心小学与临淄十中。

1986年

5月　区人大组织部分市、区人大代表考察齐陵镇及齐陵镇中学。

10月　成立齐陵镇党校、电教室。

是年　山东省社会治安综合治理经验交流会在齐陵镇召开，有5个地市的代表到境内参观。

1987年

2月26—27日　齐陵镇召开第十一届人民代表大会。出席代表67名。

3月　齐陵司法所成立。

5月23日　境内遭受风雹灾害，冰雹直径最大15毫米，全镇直接经济损失940万元。

7月28—29月　中共齐陵镇第六次代表大会在镇会议室召开。出席大会代表113名。

9月　镇属中小学教师首次进行职务评审和聘任。

10月　市政协组织有关科技工作者考察齐陵镇立体农业模式。

11月　齐陵人民法庭设立。

1988年

1月13日　田齐王陵被国务院公布为全国重点文物保护单位。

3月25日　刘营村刘会荣出席第七届山东省人民代表大会第一次会议。

3月30日　境内石庙孝陵遗址、薛家遗址、马莲台碑、牛山碑、李世光墓、终军墓被公布为区级重点文物保护单位。

6月1—2日　境内北部发生雹灾，冰雹直径5毫米～10毫米，小麦水果蔬菜严重受损，受灾面积10余平方千米。

6月19日　省人大常委会副主任许森到齐陵镇刘营村考察。

1989年

4月　临淄十中移交齐陵镇，更名为齐陵镇第二中学。

11月10—11日　齐陵镇举办第五届农民运动会。

1990年

2月18—20日　齐陵镇召开第十二届人民代表大会。出席代表66名。

4月19—20日　中共齐陵镇第七次代表大会在镇会议室召开。出席大会代表131名。

6月初　在济青高速公路路基勘探过程中，在境内后李官庄发掘一处大型春秋时期车马坑。被列为1990年全国十大考古发现之一。

6月　根据省政府在全省设置统一的道路检查站的通知和市政府的决定，临淄区设立齐陵检查站。

7月1日　进行第四次人口普查。全镇共有8619户，32394人。

12月　刘营蒙古族村被国家民族事务委员会表彰为全国民族团结进步先进集体。

是年　在淄河店墓地发掘战国二号墓，出土仿铜陶礼器和铜、石乐器。铜器、陶器百余件，独辕马车20余辆。被列为1990年全国十大考古发现之一。

1991年

5—6月　境内两次发生雹灾，受灾面积1200余公顷，粮食减产800吨，各类经济作物损失465万元。

6月　临淄区精神病防治院在齐陵镇卫生院成立。

10月　齐陵教委创办全国首家乡镇级学生月报《齐陵习作》。

12月　临淄交警大队设立齐陵交通警察中队。

1992年

6月20日　后李遗址、稷山墓群被省政府公布为省级重点文物保护单位。

12月10日　境内工业企业开始推行全员劳

动合同制。

1993 年

1 月 5—7 日 齐陵镇召开第十三届人民代表大会。出席代表 66 名。

4 月 中共齐陵镇第八次代表大会在镇会议室召开。出席代表 91 名。

1994 年

1 月 1 日 309 国道淄河大桥收费处建成并投入使用。

9 月 7 日 全国人大常委会副委员长李沛瑶参观临淄中国古车博物馆并题词“春秋车马，国之瑰宝”。

9 月 8 日 省委副书记、副省长李春亭参观临淄中国古车博物馆并题词“车萃马魂”。

9 月 9 日 临淄中国古车博物馆建成开放。

9 月 17 日 全国政协副主席邓兆祥带领全国政协考察团 70 余人参观临淄中国古车博物馆并题词留念。

9 月 20 日 省长赵志浩参观临淄中国古车博物馆并题词“历史瑰宝”。

10 月 22 日 全国政协副主席谷牧参观临淄中国古车博物馆并题词。

11 月 2 日 中共中央政治局委员、全国人大常委会副委员长田纪云参观临淄中国古车博物馆并题词。

11 月上旬 淄博市重点工程之一 309 国道临淄与青州交界处至辛店路段改建工程竣工通车。

是年 齐陵镇成人教育中心学校被认定为山东省规范化乡镇成人教育中心学校。

是年 在王齐村和小交流村进行大棚蔬菜滴灌试点。省委副书记、副省长李春亭和市委书记杜祥荣等省市领导到试点村考察，提出指导意见。

1995 年

3 月 齐家终村被全国造林绿化委员会命名为全国造林绿化千佳村。

4 月 16 日 全国人大常委会原副委员长廖汉生参观临淄中国古车博物馆并题词。

是年 吕家孝陵村无偿提供土地 3.24 公顷建设齐陵二中新校。

1996 年

1 月 6—7 日 齐陵镇召开第十四届人民代表大会。出席代表 60 名。

1 月 16—17 日 中共齐陵镇第九次代表大会在镇会议室召开。出席代表 128 名。

5 月 15 日 临淄太极拳学会齐陵分会成立。

5 月 18 日 国家旅游局局长刘毅考察临淄中国古车博物馆。

6 月 13 日 境内遭受大风、冰雹袭击，镇政府积极组织受灾群众开展生产自救。

7 月 8 日 国家文物局局长张文彬考察临淄中国古车博物馆。

11 月 齐陵二中迁入吕家孝陵村东新址。

1997 年

1 月 境内进行第一次农业普查。有居民 8584 户，30188 人。

临淄中国古车博物馆 （1994 年摄）

2月19日 邓小平逝世。人民以不同形式悼念。25日，各界干部、群众和学生收听、收看邓小平追悼大会实况。

8月28日 境内出现10级大风，伴有暴雨，降水量达117毫米，造成巨大经济损失。

10月5日 全国政协副主席钱伟长参观临淄中国古车博物馆并题词。

11月9日 中共中央政治局委员、国务院副总理吴邦国参观临淄中国古车博物馆并题词。

1998年

5月 韩国国家文物局局长郑文教率团参观考察临淄中国古车博物馆和田齐王陵等齐国重要古迹和出土文物。

9月 临淄中国古车博物馆被国家旅游局、共青团中央评为“全国青年文明号”。

12月 齐陵镇卫生院被卫生部评为“爱婴卫生院”。

是年 齐陵镇被淄博市畜牧局命名为“禽蛋生产第一镇”。

是年 牛山被淄博市政府公布为“地质地貌景观保护区”。

是年 全区护林防火及冬季造林现场会在齐陵镇召开。

是年 境内成立淄博广城绿色庄园有限公司，成为山东第一个现代化育苗工厂。

1999年

1月9日 文化部部长孙家正参观临淄中国古车博物馆并题词。

1月17—18日 齐陵镇召开第十五届人民代表大会。出席代表61名。

3月11日 中共齐陵镇第十次代表大会在镇会议室举行。出席代表119名。

4月 各村村委会与所有农户签订土地使用期30年不变的合同，发放《土地承包经营权证》。

2000年

11月1日 进行第五次人口普查。全镇共有居民9343户，31029人。

12月 齐陵镇开展“三个代表”重要思想学习教育活动。

是年 齐陵镇争创为淄博市义务教育示范镇。

是年 齐陵镇被淄博市政府批准为市级中心镇。

2001年

6月5日 中央政治局委员，中国社会科学院院长李铁映参观临淄中国古车博物馆。

10月1日 太公湖一期工程开工。

10月4日 辽宁省人大常委会主任王怀远参观天齐渊和临淄中国古车博物馆。

11月1日 境内村级“三个代表”学教活动全面展开。

12月19日 中共齐陵镇第十一次代表大会在镇政府会议室举行。出席代表115名。

2002年

1月12—13日 齐陵镇召开第十六届人民代表大会。出席代表61名。

4月25日 出现严重霜冻，地面最低温度-2.7℃，全镇经济损失800余万元。

4月 农村税费改革工作全面展开。“三提五统”改征农业税。

5月29日 境内南部景区第一条高标准硬化道路、柳店漫水桥至马莲台的旅游专线竣工。

6月 齐陵镇齐宏源畜牧有限公司生产的“日月康”牌鸡蛋被国家标准化管理委员会评为无公害名牌产品。

8月 山东省临淄区齐陵动物卫生监督检查站成立，是淄博市唯一的动物卫生监督检查站。

是年 上海同济城市规划设计院、临淄区建设委员会共同制定《临淄齐国故城风景名胜区田齐王陵区规划》，是国内第一个开发利用齐文化的总体规划。

2003年

4月4日 临淄区在牛山脚下举行管仲纪念馆、中国宰相馆建设工程奠基仪式。

4月15日 齐陵镇全面开展非典型性肺炎防治工作。年内，齐陵镇被市委、市政府表彰为全市“非典”防治工作先进乡镇。

9月24日 齐陵镇召开第一次工会代表大

会，出席会议代表42名。

11月19日 境内新建胶济铁路双线特大铁路桥开工。

12月1日 临淄区对行政区进行调整，撤销齐陵镇，成立齐陵街道。

12月6日 省政协副主席、山东师范大学副校长、齐鲁文化研究中心主任王志民考察管仲纪念馆、中国宰相馆建设情况。

是年 齐陵街道成立田齐王陵风景区管理委员会，制定《关于加快齐陵旅游发展的意见》。完成田齐王陵风景区引水上山工程。

是年 投资120万元建成齐陵二中学生公寓楼。

2004年

4月15日 日本驻华特命全权大使阿南惟茂参观管仲墓。

6月22日 凌晨2时，境内遭受暴雨、冰雹袭击，农作物受灾严重。

6月28日 区委、区政府参加在苏州召开的第二十八届世界遗产大会——自然与人文景观博览会。田齐王陵遗址等齐文化内容在会上展示。

8月24日 三峡库区重庆市开县第二批移民12户51人，分别安排在境内高家孝陵、后丁和望寺村。

8月27日 韩国晋州姜氏中央宗会会长姜显松一行参观临淄中国古车博物馆。

9月16日 管仲纪念馆、中国宰相馆建成开馆。全国政协副主席、中国致公党中央主席罗豪才出席开幕式，并参观临淄中国古车博物馆。

10月22日 贯穿境内的309国道临淄段被命名为临淄大道。

10月24—25日 由韩国博约会成员组成的560人韩国旅行团到淄博旅游，参观临淄中国古车博物馆等景点。是淄博有史以来接待的最大境外旅游团队。

11月3日 全国人大农业与农村委员会副主任委员李春亭参观临淄中国古车博物馆、管仲纪念馆。

12月11日 309国道淄河大桥收费处由淄河村西迁到临淄区与青州市交界处。

是年 投资134万元建成齐陵一中学生公寓楼。

2005年

2月 齐陵街道被市委、市政府授予高致病性禽流感防治工作先进单位称号。

7月 齐陵街道党工委召开保持共产党员先进性教育活动第一批总结和第二批动员大会。

9月8日 省人大常委会原副主任马仲才到管仲纪念馆考察齐文化开发利用情况。

9月 贯穿境内胶济铁路临淄段电气化改造工程竣工。

12月 齐陵街道党工委召开第三批保持共产党员先进性教育活动动员大会。

冬 境内淄河村、吕家村、奥林匹克花园小区3口深水井出现自涌现象。12月16日，省地震预报研究中心和市地震局现场调查，确定水井自流为正常水文地质现象，不是地震异常。

是年 齐陵街道成立马莲台风景区办公室，组建临淄餐饮总会马莲台餐饮分会。完成马莲台景区引水上山工程。为

管仲纪念馆 （2017年摄）

马莲台风光　　（2017 年 摄）

马莲台景区架设专业电线，完善配电室、变压器等电力设施。

2006 年

1 月　齐陵街道被市委、市政府表彰为全市防范和处理邪教工作“四无乡镇”。

2 月 1 日　齐陵街道被市委、市政府表彰为全市信访工作“三无”乡镇。

2 月 22 日　管仲纪念馆被国家旅游局评为 AAA 级旅游景点。

2 月　全区控制辍学工作现场会在齐陵二中召开，齐陵中心校和齐陵二中作典型发言。

5 月 25 日　后李遗址被国务院确定为国家级重点文物保护单位。是新石器时代各类文化遗址中，唯一以市内地名命名的文化类型。

6 月 5 日　“赶牛山庙会”被市政府列入第二批市级非物质文化遗产名录。

6 月 24 日　劳动和社会保障部副部长王东进参观临淄中国古车博物馆。

7 月　在北京召开的第七届新教育实验研讨会上，齐陵中心校被表彰为全国新教育实验先进学校。

9 月 26 日　齐陵街道被市政府表彰为淄博市实现村村通自来水乡镇。

10 月　齐陵街道第一期国家农业综合开发项目开工，项目总投资 417 万元。

12 月　田齐王陵列为“中国世界文化遗产预备名单”。

2007 年

9 月　齐陵街道新型农村合作医疗办公室成立。

9 月　“美陵”牌高效节能换热器被认定为中国名牌产品。山东美陵化工设备股份有限公司被科技部认定为国家火炬计划重点高新技术企业。

10 月　“兔巴哥”牌蛋黄派被认定为中国名牌产品。

11 月　山东兔巴哥公司被评为省级农业产业化龙头企业。

2008 年

1 月　省政府批准设立淄河淄博东营开发利用饮用水源区。淄河临淄段至 309 国道，划定为山东省水功能二级区。

5 月　管仲纪念馆设立牛山文化宗教活动场所。

6 月　齐陵街道组织广大党员干部捐款支援汶川地震灾区，交纳特殊党费 10.86 万元、捐款 61.94 万元。

国家级重点文物保护单位后李遗址　　（2017 年 摄）

10月 投资1600万元，完成7000米天齐渊供水管道铺设工程。

11月28日 齐陵街道完成人大代表选举工作，依法选举产生出席区第十六届人民代表大会的代表14名。

12月 奥林匹克花园一期完成住宅楼建设9.8万平方米，新建住宅及别墅10栋、4万平方米。淄河新村建成住宅楼4栋、2万平方米。

是年 投资26万元建设马莲台景区高标准垃圾中转站。

是年 区气象局在境内新建区域加密自动气象站，进一步提高观测小尺度天气系统能力。

省检察院检察长国家森（左四）在生态水系修复工作调研现场
（2009年摄）

2009年

3月19日 齐陵街道成立境内第一个社区委员会——淄水社区委员会。

3月 齐陵卫生院被市政府授予文明单位称号。

4月16日 齐陵街道总工会成立暨齐陵街道工会第二次代表大会召开。

6月19日 区委副书记、区长毕荣青到齐陵街道调研经济社会发展情况。到天齐渊矿泉水扩建项目工地、鲁东波纹管公司和临淄伊阳工贸有限公司调研，到宋家村查看“五化”建设情况并提出要求。要求做好马莲台风景区的管理工作。

6月29日 区委副书记、区长毕荣青走访慰问毛家村建国前农村老党员徐惠。

8月11日 区政协主席王秀荣带领部分政协委员考察全区旅游业发展情况，先后考察后李遗址和天齐渊遗址等旅游景点。

8月18日 区委书记、区人大常委会主任唐福泉先后到天齐渊遗扯、后李遗址等地，调研齐文化遗址保护和修复工作。

8月 临淄中国古车博物馆被评为国家AAAA级旅游景区。

9月30日 市委常委、副市长周连华由区委书记、区人大常委会主任唐福泉及区委副书记、区长毕荣青陪同，到齐陵考察临淄区公路重点工程建设并慰问一线建设者。

11月3日 区政协主席王秀荣带领考察组考察淄河旧村改造工程。

11月5日 区委书记、区人大常委会主任唐福泉到齐陵街道调研，要求围绕东部风景旅游区产业规划，做好农业结构调整工作。

11月8日 区委副书记、区长毕荣青到齐陵街道驻佛村调研农村“五化”工程进展情况。

11月24日 市政协副主席尚秋云到临淄区专题调研历史文化遗迹普查与保护利用情况，先后到天齐渊遗址、后李遗址、薛家遗址等地调研，区委副书记、区长毕荣青陪同调研。

12月7日 省检察院检察长国家森、省水利厅厅长杜昌文、省林业局局长贾崇福到临淄区调研生态水系修复工作，参观太公湖、后李遗址、天齐渊遗址等，对淄河综合治理工作表示肯定。市、区领导刘慧晏、陈家金、周连华、唐福泉、毕荣青等陪同。

12月17日 市委、市政府举行全市道路重点工程竣工通车庆典，并为临淄区牛山路东延（102省道辛店至青州界段）等工程撞彩。

是年 区政府硬化太公湖生态休闲公园至崖付桥1.4万米的环湖道路，形成完整的环湖观光路。

2010年

1月23日 省国土资源厅总规划师刘继宝

带领检查组，到齐陵街道实地察看农村住房与危房改造工作情况。

2月28日至3月1日 出现暴雪，雪深13厘米，压塌很多蔬菜大棚和养殖大棚，蔬菜受冻害，家禽有死亡。

3月26日 区委副书记、区长毕荣青到齐陵街道社区卫生服务中心考察国家基本药物制度实施情况。

4月 管仲纪念馆被确定为淄博市孝文化基地。

5月18日 齐陵街道前李村遗体捐献志愿者周爱敏病逝，实现临淄区第一例器官（角膜）捐献，在全市为第二例。

5月21日 区委书记、区人大常委会主任毕荣青到齐陵街道调研，强调全面优化城区东部环境。

5月26日 省发改委副主任、省医改办主任秦柯带领调研组，到齐陵社区卫生服务中心实地调研国家基本药物制度实施情况。

6月18日 区委副书记、区长宋振波调研胶济铁路齐陵段沿线路域环境整治情况，部署下一步路域环境治理工作。

7月16日 淄河铁路桥作为近代重要史迹及代表性建筑，列入淄博市第四批重点文物保护单位名录。

7月20日 区委副书记、区长宋振波到齐陵街道太公湖体育公园和伊阳工贸有限公司调研。

8月15日 区委副书记、区长宋振波到齐陵街道佳彩印务有限公司、淄博华日化工设备有限公司考察企业安全生产情况。

11月1日 进行第六次人口普查，全镇居民9693户，30662人。

11月 齐陵街道投资1950万元的“同源一网”工程供水中心主体竣工，完成北部平原23个村、2.8万米的供水管道铺设。

是年 齐陵卫生院被列入第五批中央投资项目，中央投资115万元，地方财政配套114万元，进一步加大基层卫生工作力度。

是年 第一批齐陵烈士英灵迁入临淄区烈士陵园。

2011年

2月6日 区委副书记、区长宋振波带领农业、气象、水利、林业等涉农部门负责人到齐陵街道田间地头考察小麦旱情，强调抗旱保丰收。

2月10日 区政协主席王秀荣到齐陵街道调研经济社会发展情况，到境内南部山区实地考察。

3月10日 山东理工大学副校长、《山东区域文化通览·淄博卷》学术主编张宇声带领调研组，先后到管仲纪念馆、稷山墓群、天齐渊、四王冢等地调研。

5月12日 总投资533万元的齐陵街道山区农业综合开发项目全面完成，通过市、区验收组验收。

5月16日 区委书记、区人大常委会主任毕荣青到齐陵街道调研村两委换届选举工作和重点项目建设情况。

6月5日 区委副书记、区长宋振波带队考察309国道齐陵街道段路域环境综合整治工作。

6月29日 齐陵街道举办庆祝建党90周年书画展，忆党史、颂党恩。

夏 齐陵街道投资350余万元对齐陵一中教学楼进行整体加固，新建水冲式厕所。

8月31日 成立齐陵街道人力资源和社会保障所。

9月21日 区委副书记、区长宋振波到齐陵街道淄博金日隆牧业有限公司专题调研畜牧业生产。

10月5日 在管仲纪念馆成立中华管子文化促进会。

11月11日 区政协主席王秀荣出席“走进齐陵”摄影大赛启动仪式。随后摄影爱好者到山东美陵集团、齐王陵生态旅游区、齐陵街道各村居采风。

是年 获丰蔬菜标准园被农业部确定为国家蔬菜标准园建设项目，通过省、市两级国家蔬菜标准园验收组验收。

是年 街道办事处财政对接送学生车按照新购裸车价格的50%给予补贴70余万元，给予学生乘车费50%补贴20余万元。

“走进齐陵”摄影大赛启动仪式　（2011 年 摄）

是年　区气象局在齐陵街道东刘家村建一处土壤水分自动观测站。

2012 年

3 月　齐陵街道成立齐王陵生态文化旅游区开发管理办公室。

6 月 2 日　区政府公布第三批重点文物保护单位，包括齐陵街道前李龙山文化遗址、西龙池后佛寺遗址。

6 月 28 日　齐王陵生态文化旅游区通过市级森林公园认证。齐王陵森林公园在齐陵街道挂牌成立。

6 月　齐陵街道投资 300 万元在原址改建高家幼儿园。

7 月　齐陵街道投资 200 余万元加固齐陵二中综合教学楼，整修西校区校园并改造暖气设备。

8 月 2 日 20 时至 3 日 16 时　临淄区受台风“达维”影响，出现狂风暴雨天气过程。最大风速出现在齐陵街道，达 25.9 米 / 秒，造成玉米等农作物倒伏、树木倒折。

8 月中旬至 10 月底　齐陵街道开展“万人下基层”面对面排查化解矛盾纠纷活动。

9 月 18 日　市人大常委会委员、民侨外委工作室主任吴宗乐带领调研组，到临淄区调研旅游业发展情况，先后到马莲台景区、太公湖景区等地调研。

10 月 6 日　市委书记周清利到齐陵街道宋家村统一播种作业现场、山东齐御牧业股份有限公司调研。

10 月 13 日　众得利果蔬实验基地在齐陵街道揭牌，成为临淄区第一家“十二五”国家科技支撑计划课题——果蔬农超对接供应链系统集成与应用示范项目的果蔬实验基地。

10 月 14 日　区委书记、区人大常委会主任毕荣青到齐陵街道王齐村调研选派“第一书记”工作开展情况。

10 月 22 日　区委书记、区人大常委会主任毕荣青到齐陵街道敬老院走访慰问。

10 月　蓝溪·齐民要术农博园开工建设。

11 月 2 日　区委统战部组织九三学社临淄区基层委员会部分医药卫生界社员，到齐陵街道北苑村为 200 余名老人免费健康查体。

12 月 7 日　110 千伏龙齐输变电工程投运，完成龙齐智能化变电站及智能配网建设工作。

12 月　国家文物局批复《田齐王陵（四王冢）安全防范系统工程方案》。

是年　齐陵街道投入 2200 万元高标准硬化提升旅游路，连接齐王陵风景区的自然景观与历史文化景观。

2013 年

3 月 20 日　区委书记、区人大常委会主任毕荣青到齐陵街道调研经济社会发展情况，先后到马莲台风景区、淄河土地增减挂钩项目、淄河新村和乐采国家级蔬菜标准园实地调研。

5 月 24 日　齐陵街道举行救助帮扶启动仪式，区政协主席王秀荣对齐陵街道救助帮扶行动提出要求。

7 月 5 日　国家文物局下发《关于田齐王陵总体规划编制立项的批复》。

7 月 9 日　国家文物局下发《关于后李遗址总体规划编制立项的批复》。

8 月 10—11 日　在管仲纪念馆广场举办 8264 第三届露营大会（淄博站）暨“齐御杯”2013 帐篷音乐节。

9 月 18 日　区委书记、区人大常委会主任毕荣青到齐陵街道调研众得利集团忆当年农场项目建设情况。

10 月 10 日　薛家遗址被省政府公布为第四批省级重点文物保护单位。

10 月 12 日　齐陵街道与区体育局、区直机关工委共同举办“蓝溪·古齐南山杯”健步走暨半程马拉松赛。

10月18日 齐陵街道获省旅游局授予的“好客山东最美乡村”称号，是全市唯一获此殊荣的乡镇。同时获“最佳休闲乡镇”称号。

11月9日 首届“大美齐陵·古齐南山”金秋文化摄影大赛开赛，主题是留住齐文化生态文化旅游区发展的精美瞬间。

11月19日 省委农工办副主任杨炳平带领省生态文明乡村建设督查考核组，督查齐陵街道马莲台休闲农业综合体项目。

12月10日 全区落实基本公共卫生服务项目现场会在齐陵卫生院召开。与会人员观摩齐陵卫生院基本公共卫生服务项目情况。

12月 进行第三次经济普查，查清齐陵街道法人单位196个，企业法人117个。

是年 第二批齐陵烈士英灵迁入临淄区烈士陵园。

2014年

1月 旅游路由区民政局命名为齐王路。

2月12—13日 齐陵街道举办首届“齐陵好人”颁奖仪式，对评选的“齐陵好人”进行表彰，并在各村设立光荣榜。

3月28日 齐陵街道党的群众路线教育实践活动启动，至10月底结束。

4月23日 齐陵街道实施环境异味整治百日会战。8月8日结束。

4月25日 临淄中国古车博物馆被评为全省三星级科普教育基地。

5月5日 市委常委、宣传部部长郭利民到齐陵街道北山西村、山东美陵集团考察道德工程建设、道德模范事迹宣讲、身边好人评选、民生政策宣讲和道德讲堂建设等情况。

5月30日 齐陵街道、山东美陵集团道德讲堂开讲，山东电视台《天下父母》栏目总导演、负责人吕明晰举办“孝行天下，弘扬孝道”为主题的讲座。

6月19日 全市民生政策宣讲站工作现场推进会在临淄区召开，与会人员到齐陵街道北山西村现场观摩。

7月28日 区政府下发《关于印发临淄区农村居民生活用水补贴办法的通知》，齐陵街道农村居民生活用水享受政府补贴。

7月 齐陵街道投资100余万元在原址改建宋家幼儿园。

7月 齐陵街道马莲台景区基础设施建设项目被列入淄博市区域推进战略专项切块资金项目。

8月 投资840万元新建中心幼儿园投入使用。

9月23日 齐陵街道村级公益事业建设一事一议财政奖补“美丽乡村工程”经过市验收组检查验收，获全市第一名。

10月1日 市委书记、市人大常委会主任周清利调研临淄区“三秋”生产和企业发展情况，考察齐陵街道齐民要术农博园。

10月28日 全区空气质量控制部署暨环保重点项目进展调度会召开，区委副书记、区长宋振波带队参观考察齐陵街道东郡·璟园施工现场、刘家终村红螺山集中开采区矿山复绿项目。

10月 齐陵街道人力资源和社会保障服务大厅设立。

11月17日 全市区县域科学发展现场观摩点评会与会人员到齐陵生态文化旅游区，参观考察齐民要术农博园项目。

11月18日 临淄中国古车博物馆被省社科联命名为省社会科学普及教育基地。

12月25日 市督查考核组到临淄区督查考核年度生态文明乡村建设情况，实地督查齐陵街道齐民要术农业科技博览园项目。

12月26日 临淄区2015“好客山东”贺年会暨齐王陵景区推介会启动仪式在蓝溪国际滑雪场举行。贺年会从元旦持续到元宵节。

是年 祖发蔬菜种植园完成64个高标准温室大棚建设，创成国家级蔬菜标准园。

是年 齐陵街道被评为市级民族团结进步创建活动示范单位。

是年 蓝溪·齐民要术农博园被评为省级农业旅游示范点。

2015 年

3 月 民歌《赶牛山》被列入第三批省级非物质文化遗产名录。

4 月 13 日 齐陵街道成立田齐王陵风景区旅游服务行业协会。

4 月 14 日 市委常委、区委书记毕荣青到齐陵街道调研齐文化生态旅游区建设工作。

5 月 5 日 省国土资源厅调研员林海带领省厅地质环境治理与保护项目实施情况及汛期地质灾害防治工作检查组，到齐陵街道红螺山矿山复绿项目及马莲台齐园山庄、林台山庄地质灾害点等现场检查指导工作。

5 月 6 日 齐陵街道召开乡村文明行动城乡环卫一体化“百日攻坚战”工作推进会。

5 月 16 日 首届齐陵乡村文化旅游嘉年华举行，设有环马莲台景区山地自行车骑行大赛、摄影大赛、帐篷篝火晚会等项目。

6 月 11 日 市委常委、区委书记毕荣青到齐陵街道考察宏丰家禽养殖场，调研指导“三夏”生产。

6 月 13 日 市委常委、区委书记毕荣青，区委副书记、区长宋振波带队到齐陵街道督查城乡环卫一体化工作。

6 月 18 日 省文明办副主任王少杰一行到齐陵街道督导乡村文明行动城乡环卫一体化工作。

7 月 9 日 中央深化改革督查组到临淄区督查城乡居民基本养老保险政策贯彻落实情况，到齐陵街道人社所实地考察。

7 月 29 日 市人大常委会第一副主任王顶岐带领部分市人大常委会委员到临淄区，对淄博市贯彻实施《中华人民共和国旅游法》和《山东省旅游条例》开展执法检查，对齐文化旅游融合发展工作进行调研，先后到齐陵街道齐民要术农博园、牛山游乐园等地考察。

7 月 区委、区政府公布《临淄区乡村旅游业“十二五”振兴计划》，规划齐陵街道为山水休闲小镇。

9 月 淄博市规划局公布《齐故城风景名胜区田齐王陵景区详细规划》。

9 月 在全国第十七次社科普及工作经验交流会上，临淄中国古车博物馆被命名为全国社会科学普及教育基地。

10 月 15 日 区人大常委会组织离退休老干部到齐陵街道参观考察淄河新村、东郡社区、牛山游乐园、颐康养生院。

10 月 20 日 全市乡村旅游观摩团到齐陵街道田齐王陵等景区观摩乡村旅游工作。

11 月 淄河新村建成，村民整体迁驻新村。

11 月 齐陵街道办事处驻地实现由区供热公司统一供暖。

12 月 8 日 区委书记、区人大常委会主任宋振波到齐陵医院、齐陵街道南齐村卫生室调研镇村卫生院、卫生室建设工作情况。

12 月 10 日 省社会保险事业局局长亓军带领全省电子社保建设现场会 60 余名与会人员，参观齐陵街道聂仙村人社服务中心。

12 月 24 日 辽宁省畜牧兽医局防疫处处长李玉文带领国家评审专家组，到临淄区开展胶东半岛免疫无口蹄疫区和免疫无高致病性禽流感区现场评审工作，对齐陵动物卫生监督检查站、临淄庚源晨奶牛专业合作社验收。

12 月 28 日 齐陵街道被省精神文明建设委员会评为 2015 年度省级文明单位。

是年 齐陵查拳作为传统体育项目列入第三批区级非物质文化遗产名录。

2016 年

1 月 9 日 齐陵街道召开全面推进电商农业发展动员会议。要求以“互联网 +”为动力，依托乐物网网络营销和淄博众得利有限公司等企业，发展精准农业，推进电商农业发展。

1 月 21 日 齐陵街道启动党群连心工程，实施片区、村居、基础三级网格化管理。

1 月 26 日 齐陵街道党群连心工程暨全体党员集中培训会议召开。

2 月 29 日 齐陵街道党工委书记张涛在临淄电视台介绍街道围绕“十个新突破”综合施策、全面建设生态、文化、休闲、宜居东部新城的具体做法。

3 月 11 日 齐陵街道安全生产暨生态建设工作会议召开。

齐陵街道淄河村文物捐献仪式　　(2016 年 摄)

3 月 18 日　区委书记宋振波到齐陵街道调研淄河村党群连心工程、齐陵街道农副产品电商供货基地、田齐王陵保护工程、马莲台绿化提升工程、南山矿山复绿工程、农副产品供配中心和淄博齐昊炉业有限公司、省少儿齐文化研学基地。

3 月 24 日　齐陵街道淄河村举行文物捐献仪式，将在村旧址发现的明代（或明代以前）避水兽石雕，捐献与齐文化博物院。

3 月 29 日　临淄区“春之约：玫瑰谷 • 齐都文化城 • 马莲台 • 天堂寨”旅游推介会在齐都文化城召开。

4 月 4 日　在临淄电视台“提升群众满意度 • 公开承诺”专栏，齐陵街道党工委书记张涛向社会公开承诺 2016 年度 12 项民生实事清单。

4 月 6 日　全省第三次农业普查综合试点培训会议在临淄召开，省农普办主任、省统计局副巡视员周尊考带队到试点街道——齐陵街道农业普查现场观摩考察，并召开座谈会，安排部署下一步农业普查工作。

5 月 24 日　市政府副市长李树民带队到临淄区考察中航工业爱飞客项目直升机临时起降点选址工作，考察马莲台景区的设计规划情况，听取稷山脚下及天齐渊周边空地的设计规划方案。

5 月　在山东省第八届百县篮球临淄区初赛暨 2016 年全民健身运动会篮球比赛中，齐陵街道代表队获镇（街道）组第一名。

6 月 6 日　省委政策研究室副主任王侠带领调研组到临淄区调研乡村旅游综合效应情况，到齐陵街道马莲台景区、稷山墓群实地调研。

6 月 13 日　北京泽西平代影视公司摄制电影《爱情魔法》，在齐陵街道蓝溪国际滑雪场举行开机仪式暨媒体见面会。

6 月 16 日　市委副书记于海田一行到临淄区调度文化产业项目进展情况，考察齐陵街道境内足球训练基地项目、管仲纪念馆、马莲台生态提升项目、田齐王陵安防项目和电影《爱情魔法》拍摄现场。

6 月 17 日　齐陵街道举行“两学一做”学习教育报告会，邀请区委党校副校长李山之为全体党员作报告。

6 月 20—22 日　浙江大学农业与生物技术学院党委书记、副院长赵建明与副院长华跃进带领考察组考察临淄区农业产业转型和经营模式创新工作，到齐陵街道齐御牧业、青林牧业、忆当年农场考察。

6 月 27 日　临淄电视台播发《齐陵街道：党群心连心工程之一——千名党员连万户》，街道 1068 名党员累计走访群众 9700 户。

7 月 6 日　2016 年度全国大遗址保护管理培训班在临淄开班，参加培训人员参观田齐王陵等齐文化景点。

7 月 15 日　齐陵街道召开第五次妇女代表大会，出席代表 85 名。

7 月 28 日　齐陵街道召开精准养老、救助、扶贫融合工作推进会，丰富精准养老内容，打造 15 分钟助老生活服务圈。

8 月 18 日　齐陵电商共配中心投用暨忆当年放心菜进食堂签约仪式举行，市农业局局长许子森等出席。

9 月 3 日　举办纪念红军长征胜利 80 周年暨 2016 临淄齐陵“富士杯”环马莲台自行车大奖赛。

9 月 12—13 日　省食药局食品协调处副处长蔡林洲带领检查组到临淄区检查指导“守护舌尖安全”整治行动开展情况，到齐陵顺明超市等企业检查。

9 月 20 日　齐陵街道生态齐陵建设“百日行动”动员大会召开。

9 月 22 日　市委副秘书长、扶贫办主任冯丽萍带领市考核组，到齐陵街道观摩点评“扶贫 + 养老 + 助残”项目。区委书记宋振波等陪同。

9 月 28 日　市委副书记于海田到齐陵街道

前丁村青林牧业公司，调研指导三秋生产和玉米秸秆转化利用与禁烧工作。

10月13日　中国农业大学人文与发展学院副院长左停带领国务院扶贫办发展中心专家组，到临淄区调研扶贫改革试验区工作，专家组到齐陵街道“扶贫＋养老项目”基地调研。

10月26日　山东美陵化工设备股份有限公司挂牌敲钟仪式在全国中小企业股份转让系统举行。

11月4日　淄博市炉具行业协会成立大会在齐陵街道柳店炉业公司召开。

11月6日　临淄区召开镇、街道基层党建工作现场点评会，现场观摩齐陵街道基层党建工作的特色做法并进行评议。区委书记宋振波、区委副书记田晨光等参加活动。

11月13日　临淄区科学发展现场观摩点评会召开，对齐陵街道统筹推进三大功能片区建设给予充分肯定。

12月8日　省住建厅论证组到临淄区对齐故城风景名胜区总体规划进行论证。对包括临淄中国古车博物馆、四王冢等在内的临淄齐故城风景名胜区进行考察。

12月15日　文艺电影《问道》在管仲纪念馆举行开机仪式，是山东省第一部传播道家文化的文艺电影。

12月29日　区委书记宋振波，区委副书记、区长白平和带队到齐陵街道忆当年农场考察“互联网＋”现代农业园区建设工作。

2017年

1月7日　首届电商年货节齐陵放心农产品供货基地座谈会举行，全面推进齐陵街道电商农业发展。

1月10日　国家教育行政学院家庭教育研究中心办公室主任徐碧荣一行，到齐陵街道中心小学考察家长学校阵地建设、家庭教育课程体系建设等情况。

1月10日　临淄区2017年“深入生活　扎根基层”文化下乡在齐陵街道毛家村启动。

1月21—26日　举办淄博临淄好客山东贺年会暨蓝溪国际冰雪旅游节。

2月10日　齐陵街道召开2016年度总结表彰暨2017年经济工作会议。

2月23日　齐陵街道召开全力推进违法建设治理工作会议，确保年底前完成既有违法建设治理任务。

3月9日　齐陵街道召开《齐陵街道志》编纂工作会议，动员全街道通力合作，高标准、高质量完成志书编修工作。

3月12日　区委书记宋振波到齐陵街道调研经济社会发展情况，强调以项目建设为抓手，全力争创国家级特色小镇。

3月14日　市委书记王浩考察齐陵街道山东省少儿齐文化研学基地、农业水肥一体化及马莲台生态环境综合整治三大项目。

3月19日　省扶贫办副主任邵国君到齐陵街道考察忆当年农业、齐陵街道互助式扶贫养老项目。

3月20日　市委副书记于海田到临淄区调研文化产业项目建设工作，考察足球小镇建设项目、马莲台生态环境综合整治工程项目。

3月23日　全区农业农村暨扶贫工作会议召开，齐陵街道、淄博忆当年农业发展有限公司、山东齐御牧业股份有限公司作典型发言。

3月31日　市委常委、统战部部长李明到临淄区调研工作，先后考察蹴鞠小镇建设项目、田齐王陵风景区、马莲台生态环境综合整治工程项目和管仲纪念馆。

4月11日　济宁市嘉祥县委书记周生宏，县委副书记、县长朱瑞显带队到临淄区考察学习园区发展、城市建设、文旅融合、违建治理等工作，到马莲台生态环境综合整治项目考察学习。

4月12日　全市一季度“四位一体、组群统筹、全域融合”重点项目现场观摩点评组到临淄区观摩点评，齐陵街道天齐渊森林公园项目作为临淄区重点项目接受观摩点评。

4月16日　齐陵街道小学男子、女子篮球队分别夺得由区体育局、区教育局共同主办的中小学生篮球联赛男、女小学组季军。

4月17日　桓台县委书记贾刚，县委副书记、县长边江风带领党政考察团到临淄区考察学习城市规划、项目推进、城市建设、“三违同治”等工作。实地考察齐陵街道天齐渊森林公园项目。

4月21日 齐陵街道第三届“舞动幸福，风采齐陵”广场舞大赛在薛家村幸福大舞台举行。

4月21日 安徽省界首市委书记徐会东带领党政考察团到临淄区考察学习美丽乡村建设、生态环境整治、文旅发展等工作。实地考察齐陵街道天齐渊森林公园项目。

4月21日 周村区委书记沙向东带队到临淄区考察学习，实地考察齐陵街道天齐渊森林公园等项目。

4月21日 齐陵街道举行“一村（社区）一法律顾问”签约仪式，部署“一村（社区）一法律顾问”工作。

4月25日 沂源县委书记王义朴，县委副书记、县长田晨光带队到临淄区考察学习，实地参观齐陵街道天齐渊森林公园项目。

4月28日 齐陵街道组织一季度党群连心工程观摩点评暨全体党员大会。

5月2日 齐陵街道召开党群连心工程重点工作观摩点评会议。

5月12日 齐陵街道党工委组织机关全体在职在编干部、村居负责人等102人，到临淄·齐文化廉政教育基地参观学习。

5月16日 市政府研究室副主任高乾长带领市委党校城市转型专题研讨班与会人员到临淄区调研，先后到齐陵街道蹴鞠小镇项目和天齐渊森林公园项目等地调研。

5月17日 水利部淮河水利委员会副主任王章立带领督查组到临淄区督查河长制工作，先后督查齐陵街道天齐渊森林公园淄河马莲台段、太公湖等地。

5月18日 市委常委、宣传部部长毕荣青到齐陵街道刘家终村公益性公墓考察。

5月26日 市体育局局长高义波带队到临淄区调研体育工作，实地调研齐陵街道足球小镇、足球学校建设情况。

6月14日 齐陵街道召开农产品“三产融合”暨园区综合提升座谈会。探讨突破农业发展瓶颈、实现绿色品牌提升及园区规范化生产建设、因地制宜将台湾先进模式融入辖区农业生产等工作。

6月26日 齐陵街道庆“七一”文艺汇演在淄河新村举行。

6月28日 管子后裔到临淄区就管子文化招商召开座谈会，到齐陵街道参观蹴鞠小镇项目，了解管子文化产业园建设情况。

6月30日 齐陵街道召开散乱污企业清理规范工作推进会。

7月15日 庆祝临淄世界足球起源地确认十三周年暨临淄第十届“足球起源地杯”五人制足球赛在境内蹴鞠小镇开赛。

7月19日 市旅游发展委员会主任张守君带领全市重点旅游项目建设现场观摩点评会与会人员到临淄区观摩点评，先后到马莲台景区、蹴鞠小镇等景点观摩。

7月27日 齐陵街道与驻地部队举办庆八一建军节军民联欢晚会。

7月 齐陵街道获“中国体育彩票杯”山东省第九届百县篮球临淄赛区初赛暨临淄区2017年全民健身运动会“冠军体育杯”篮球比赛镇街部门组第二名。

8月4日 国家发改委城市和小城镇中心政策研究和试点处处长王大伟带队到临淄区调研，先后到天齐渊森林公园、淄河沿岸、蹴鞠小镇等现场，了解齐陵街道水生态建设及群众居住生活情况。

8月11日 市政协调研组到临淄区就“加强文化旅游资源融合、推进全市旅游品牌建设”工作进行专题调研，先后到天齐渊森林公园、蹴鞠小镇调研。

8月19日 世界足球明星贝隆一行21人参观蹴鞠小镇。光合文旅控股股份有限公司与儒释道文化传播有限公司签署合作意向协议书。

8月23日 齐陵街道召开“鲁担·惠农贷”农业信贷担保试点工作推进会议，切实保障惠农政策落到实处。

8月31日 全国政协委员、国务院扶贫开发领导小组专家咨询委员会主任、国务院扶贫办原党组书记、主任范小建带队调研齐陵街道“扶贫+养老”项目。

8月 南山矿山复绿工程项目通过省国土资源厅验收。

9月12日 临淄蹴鞠公园落成仪式暨首届

临淄蹴鞠公园落成仪式庆典 （2017 年 摄）

帕兰王国足球主题嘉年华在齐陵街道蹴鞠小镇举行。

9 月 17 日 齐陵街道在天齐渊森林公园举办自行车骑行大赛。

9 月 19 日 副市长刘荣喜到齐陵街道后李村、前李村考察天然气使用、安装和其他能源替代煤炭情况。

9 月 21 日 省畜牧兽医局副局长刘凤军带领督查组到临淄区督查无疫区日常管理、无害化处理厂收集体系建设及畜牧项目扶贫工作，先后到齐陵动物卫生监督检查站、齐御牧业股份有限公司督查。

9 月 26 日 环保部环境与经济政策研究中心主任研究员夏光带领巡查组到临淄区调研绿色发展、转型升级相关工作，先后考察蹴鞠小镇、天齐渊森林公园等地。

9 月 帕兰蹴鞠小镇在中国体育文化博览会、中国体育旅游博览会上，获“2017 年中国体育旅游精品景区”荣誉称号。

10 月 19 日 市林业局局长祁连山带队到 102 省道绿化工程现场、天齐渊森林公园考察生态修复绿化工作。

10 月 26 日 齐陵街道举行环卫节庆祝暨表彰大会，为优秀环卫工人颁发十佳环卫工人奖。

11 月 15 日 市人大常委会副主任韩昆山带领调研组到临淄区视察林业工作情况，考察天齐渊森林公园造林现场。

11 月 17 日 区委书记宋振波，区委副书记、区长白平带领全区经济社会发展现场观摩点评会与会人员到齐陵街道观摩点评。

11 月 23 日 市委中共十九大精神宣讲团成员、市委常委、统战部部长李明到山东美陵集团作宣讲报告，区委常委、宣传部部长国爱梅主持报告会。

11 月 24 日 省委信息调研室主任王鸿喜带队到临淄区调研乡村振兴战略工作，先后到齐陵街道天齐渊森林公园、忆当年农业、蹴鞠小镇等地调研。

11 月 29 日 区委副书记、区长白平和带队考察全区重大文旅项目建设情况，先后考察齐陵街道蹴鞠小镇项目、天齐渊森林公园项目。

市委常委、统战部部长李明到山东美陵集团作宣讲报告
（2017 年 摄）

·第一篇·

建置 区划

牛山（2016年 摄）

淄河片：淄河村 柳店村 北山东村 北山西村 南山村 淄水社区

终村片：刘家终村 齐家终村 梁家终村

齐陵片：王齐村 南齐村 杨东村 杨西村 驻佛村 郑家沟村 聂仙村

孝陵片：西龙池村 东龙池村 吕家孝陵村 高家孝陵村 石庙孝陵村 毛家村 北苑村

宋家片：前李村 后李村 刘营村 薛家村 宋家村 东刘家村 胡家村 太平村

望寺片：付辛村 前丁村 后丁村 望寺村 朱家村 老刘家村 小交流村

齐陵历史悠久，境内后李文化遗址证明，早在8500年前就有先民在此聚居，繁衍生息。周代太公姜尚封齐建国，春秋战国达鼎盛时期。秦推行郡县制，始设临淄县。王莽篡权后，将临淄县改为齐陵县。隋唐至民国时期，齐陵随着历代行政区划沿革而变更，多隶于临淄县。新中国成立初期，区划几经变动，时分时合，析出或析入。至1958年9月实行政社合一，由孝陵乡、淄河乡合并成立齐陵人民公社，成现今境域。1962年10月，齐陵人民公社社址由杨家齐陵迁至淄河店村内。1974年，公社机关迁至王潍公路（309国道）北侧现址。1984年4月，改称齐陵镇。2003年12月1日，改称为齐陵街道，隶属于淄博市临淄区。

齐陵为齐文化发祥地之一，人文历史资源丰富。早期先民多聚居在境内淄河东岸及女水（俗称裙带河）沿岸。据《临淄文物志》载，域内已发现春秋战国时期文化遗址10处，汉代文化遗址12处，隋唐文化遗址1处。国家重点文物保护单位有田齐王陵、后李文化遗址、临淄墓群。其中临淄墓群中在域内有名人墓7座、其他古墓14座；省级文物保护单位有稷山汉墓、薛家庄遗址；市级文物保护单位有天齐渊遗址、双龙桥、淄河铁路桥等；区级文物保护单位有前李遗址、蒙古族碑等14个。

齐陵自古属人类宜居之处。元末，域内因战乱和瘟疫流行，先民流失较多，人烟稀少，土地大量荒芜。明洪武帝诏令山西洪洞县、冀州枣强县移民齐陵域内定居，村落渐多或扩大。在历史长河中，先民们造就了丰富的乡村文化，给世人留下多处人文景观。南北朝至清朝时期，域内村庄兴建庙宇。在民国时期，因战乱和自然剥蚀，古建筑遭到破坏。又经文化大革命，古代庙宇残存无几。新中国成立后，百业待兴，转入社会主义建设时期。特别是改革开放以来，农村经济步入快车道，新农村建设呈现出崭新的面貌。至2017年，全街道共有自然村43个，设37个行政村，1个社区。

第一章　位置　沿革

第一节　地理位置

齐陵地处鲁中山地与鲁北平原相交地带，位于临淄区东部。街道办事处驻地淄河村，距临淄区政府机关驻地6.7千米。地理坐标为北纬36°45′，东经118°25′。东南两面与青州市接壤，境内南部稷山、鼎足山之菟头山、牛首岗，为与青州市界山。西邻淄河与辛店街道、稷下街道、齐都镇隔河相望。北与皇城镇毗连。淄河为西部界河，从南部王家终村、许家终村以西入境，流经柳店、淄河、聂仙、西龙池、前李、后李各村，由薛家村西进入皇城镇、齐都镇境内。境内地势南高北低。胶济铁路、309国道、济青高速公路、在建的济青高铁横贯东西。

第二节　历史沿革

齐陵历史久远而文明。后李文化遗址位于境内北部，属新石器时代早期遗址，佐证早在8500年之前原始氏族社会就有人类在这里繁衍生息。薛家大汶口文化遗址距今有5000余年。

太古太昊伏羲氏兴起于齐地，古帝少昊之世，以鸟为图腾的爽鸠氏族部落就聚居生活在这里。虞舜至夏商时期，季萴氏、姜姓逄伯陵氏、蒲姑氏相继居住此地。

公元前周武王元年（1046年），周武王建立周朝。次年，封太公姜尚于齐地，建立周朝齐国，齐陵境域属齐国，历经姜齐三十二代国君治齐638年，田齐八代国君治齐160余年。周赧王三十一年（前284年），燕将乐毅攻陷齐国城池70余座，惟莒、即墨两城未攻下，境域属燕5年。周赧王三十六年（前279年），田单复齐，境域复归齐国。

秦始皇二十六年（前221年），秦推行郡县制，始设临淄县，属齐郡。汉高帝四年（前203年），汉帝封韩信为齐王。西汉沿用秦制。汉高帝六年（前201年），再建诸侯王国，封子刘肥为齐王，衍嗣历哀王、文王、孝王、懿王、厉王等，均治临淄，境域隶属临淄县。新始建国元年（公元9年），王莽篡权建国，齐郡改为济南郡，改临淄县为齐陵县。汉建武元年（公元25年），刘秀灭王莽，建立东汉，复称临淄县，齐陵属临淄县。

三国时期，魏设临淄县，属青州齐国（郡）。三国、西晋时期，境域均隶属临淄县。

东晋十六国时期，随临淄县先后属后赵、前燕、前秦、后秦、后燕，属青州齐郡。

南北朝时期，宋、萧齐、北魏、北齐先后皆治临淄县。556年，废临淄县入高阳县，境域改属高阳县。

隋朝初，沿北齐旧制。隋开皇十六年（596年），撤高阳县，复置临淄县，境域属临淄县。

唐朝，境域隶属临淄县。

五代十国至宋朝，沿用唐制，皆属临淄县。

蒙古至元三年（1266年），随临淄县并入益都县。蒙古至元十五年（1278年），复置临淄县，境域随属。

明朝，临淄县分4乡7店，境域分属青州府临淄县敬信乡和端智乡，敬信乡有境内交流社和宋家社，端智乡有境内淄河社；淄河店为7店之一。

清朝，属青州府临淄县敬信乡和端智乡。敬信乡辖境内交流社和宋家社；端智乡则辖境内淄河社和齐陵社。

1912年，中华民国建立，废府、州，隶属胶东道临淄县。民国初期，域内有43个自然村。1920年（民国9年），境内村庄分属东三社、东四社、东五社、东六社、东九社和南二社。1930年，临淄县废社改区，齐陵境域分属二区和三区。1937年“七七事变”后，县国民政府撤离。10月，隶属中共鲁东工委临淄县二区和三区。1938年5月，隶属中共清河特委领导下的临淄县。

1939年10月，建立益（都）、寿（光）、临（淄）、广（饶）四县边区行政办事处，临淄二区境内村庄划归四县边区行政办事处。1940年4月，益寿临广四县边区行政办事处撤销，其境域复归临淄县二区。1942年2月，益寿临广四县边区行政办事处二次建立，临淄二区复归四县边区行政办事处。1945年9月，益寿临广四县边区行政办事处撤销，二区复归临淄县管辖。1946年春，境内43个自然村属牛山区。10月，临淄县改划城关、淄东、牛山、高阳、苇河、龙池、路山7个区。龙池区政府设于高家孝陵。境内村庄分属龙池区和牛山区。

中华人民共和国建立初期，临淄县置牛山和龙池等7个区。龙池区包括齐陵、淄河、龙池、孝陵、宋家、丁望、徐姚等7乡。终村乡属牛山区。1950年5月9日，临淄县由清河专区划归淄博专区。1950年9月，区以数字命名：牛山区为三区，龙池区为六区。1953年7月20日，临淄县划归昌潍专区，境域随属。

1955年11月，区以地名命名，六区改称龙池区。三区（牛山区）改称孙娄区。1956年6月，撤销龙池区，并撤龙池乡，将所辖丁望、齐陵、孝陵、宋家等4个乡并入五路区；淄河乡划归孙娄区；徐姚乡划入古城区。1957年1月，临淄县委在五路区搞并乡试点。2月，将该区所辖宋家、丁望、孝陵、齐陵等4个乡合并成立孝陵乡，为县直辖乡，乡政府设于高家孝陵。

1958年2月，临淄县撤区建乡，境域中北部为孝陵乡（已建），南部建淄河乡，乡政府设于淄河店，终村乡、淄河乡所辖村庄从孙娄区划归。1958年9月，临淄县行政建制实行政社合一，撤销孝陵乡和淄河乡，将两乡合并成立齐陵人民公社（简称齐陵公社），社址设于杨家齐陵。1958年10月，齐陵公社随临淄县并入益都县。1961年10月10日，临淄从益都县划出，恢复临淄县，齐陵公社随属。1962年10月，公社社址由杨家齐陵迁至淄河店。

1970年1月1日，临淄县划归淄博市，改称临淄区，更名为临淄区齐陵公社。1984年4月，临淄区实行社改乡，撤销齐陵公社，改建为齐陵镇，所辖境域和隶属关系不变。

2003年12月1日，撤销齐陵镇，成立齐陵街道办事处。

第二章　境域　区划

第一节　境　域

明代，境域分属敬信乡和端智乡。境域范围：敬信乡辖宋家庄社和交流社两社，位于敬信乡南部，在崖傅庄、米家集（皇城镇张家庄）、石槽盛及蓬窠以南，淄河以东，东至益都县界；端智乡辖淄河社，该社位于端智乡东部，东与敬信乡杨家齐陵、吕家孝陵、西龙池相接。南与益都县辛庄、石羊等村接壤，西临淄河，北与仁义乡南部相连。

清代，齐陵境域属敬信乡宋家庄社、交流社；端智乡的淄河社和齐陵社。境域袭明代，无大变化。

民国时期，域内辖43个自然村，分布6个社。1930年废社改区，境域分属二区和三区。后几经区划变更。

新中国成立初期，临淄县在境内设置龙池区，辖齐陵乡、淄河乡、龙池乡、孝陵乡、宋家乡、丁望乡等。

1950年9月，龙池区改为六区，域内有齐陵乡、淄河乡、龙池乡、孝陵乡、宋家乡、丁望乡、徐姚乡。东与益都县大交流、黄家岭、后饮马、南苑庄等相邻；南与益都县三教堂、北辛庄、张家石羊、朱家石羊、马石西、冷家庄为界；西至山王庄、东王、张家庄、石鼓、范家庄；北接城关镇的龙贯庄、大夫观及皇城乡的崖付庄、张家庄、油坊、东蓬科和益都县的良孟村。

1957年2月，宋家、丁望、孝陵、齐陵4乡从五路区划出，成立县直辖乡孝陵乡。1958年2月，撤区建立淄河乡。淄河乡境域东至郑家沟，西北两面靠淄河，南与益都县村庄接壤，东北与孝陵乡毗连。孝陵乡境域，东南两面与益都县界村相接，西临淄河，北与皇城乡相连。9月，撤销淄河乡和孝陵乡，以原淄河乡和孝陵乡的行政区域合并成立齐陵公社。1984年4月撤销齐陵公社，成立齐陵镇，其境域不变。

2003年12月，撤销齐陵镇，设立齐陵街道。境域沿袭齐陵镇，辖37个行政村，43个自然村，西南东北斜长18千米，东西宽3千米，状若蚕形，面积56.17平方千米。

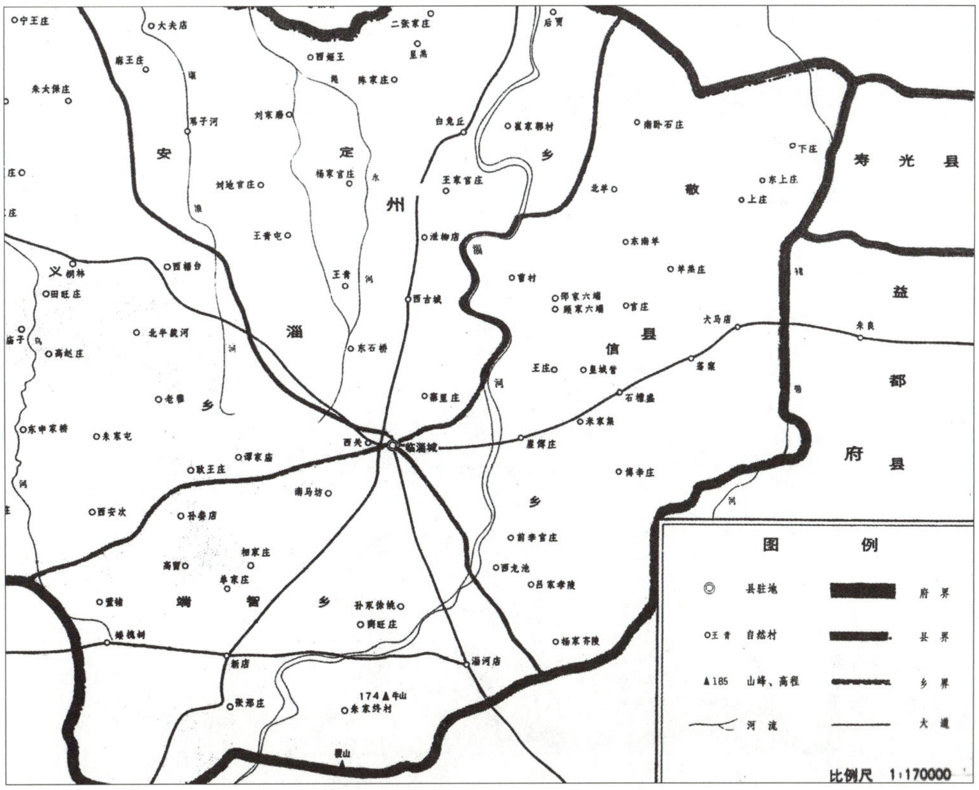

齐陵境域图（明嘉靖四十四年）

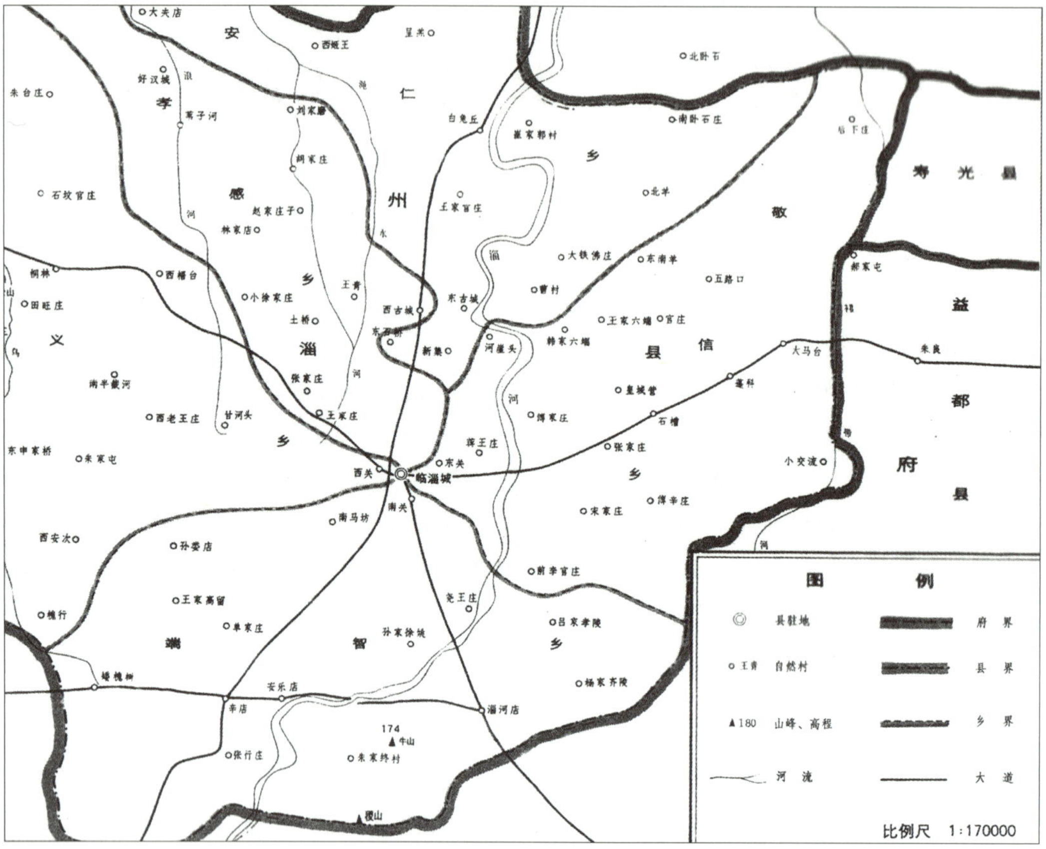

齐陵境域图（清康熙十一年）

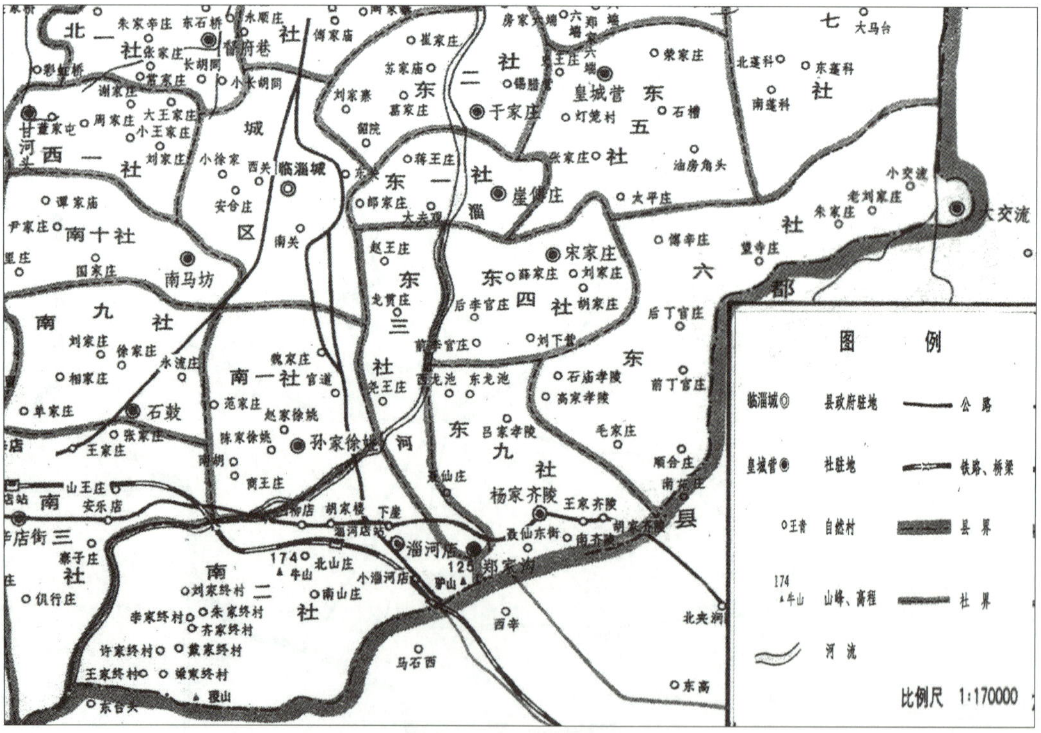

齐陵境域图（1920 年）

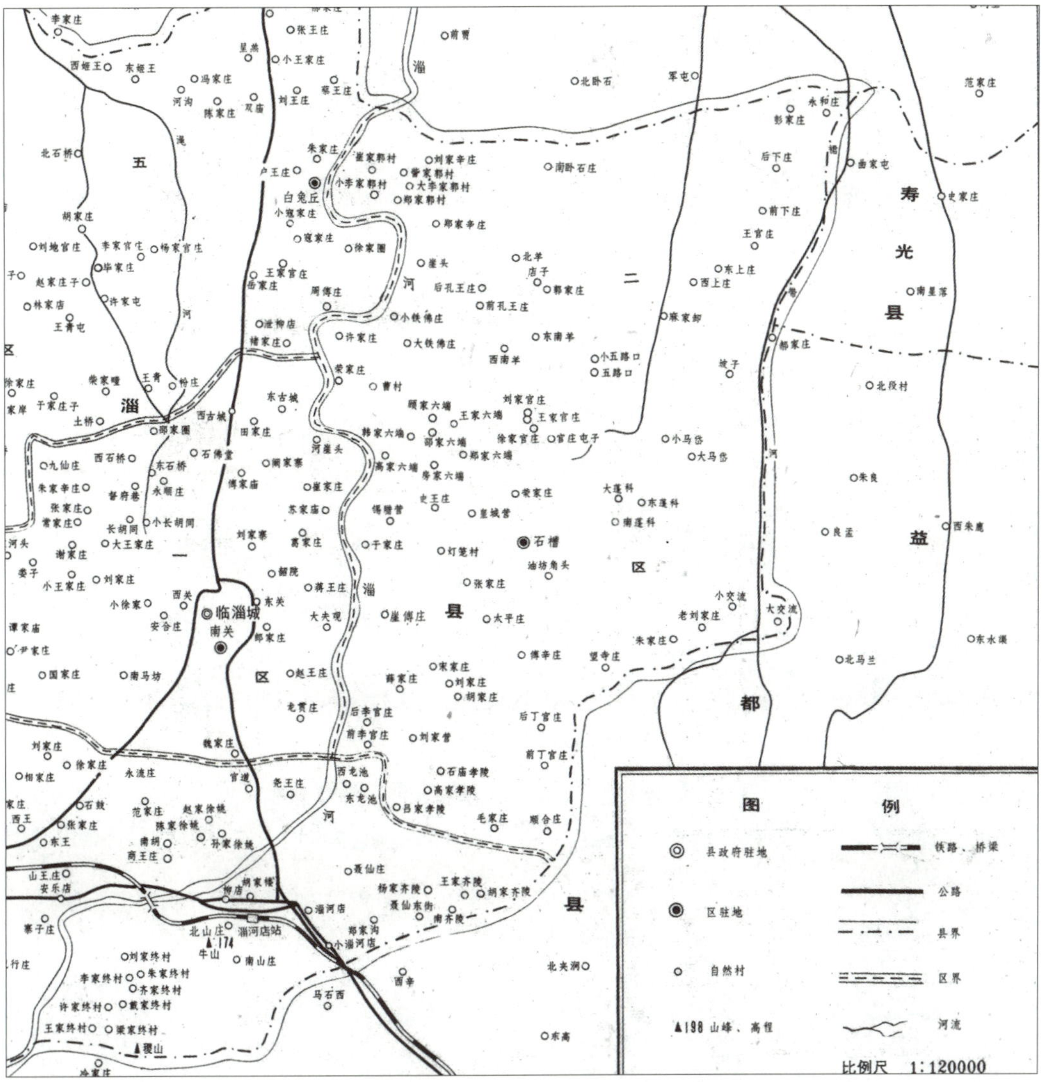

齐陵境域图（1937 年）

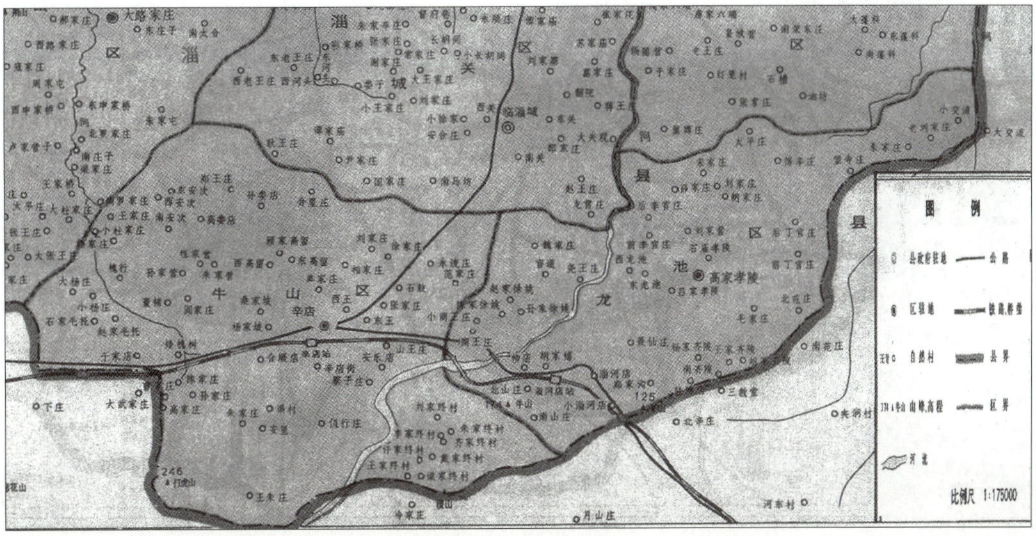

齐陵境域图（1952 年）

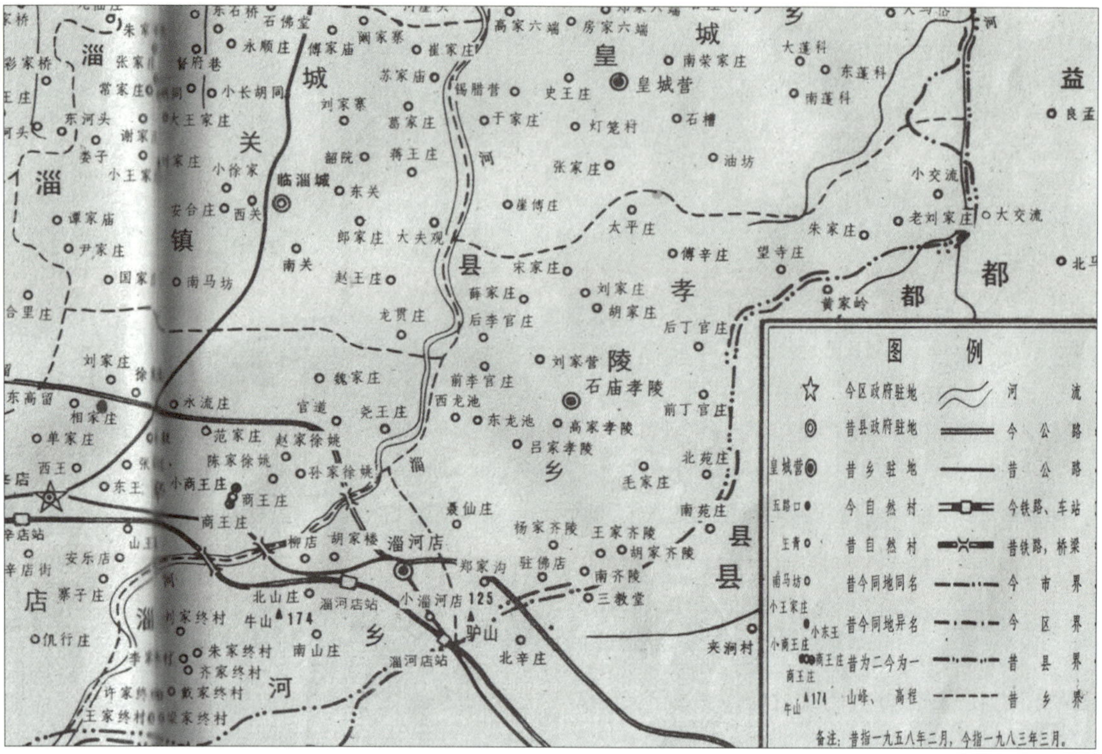

齐陵境域图（1958 年 2 月）

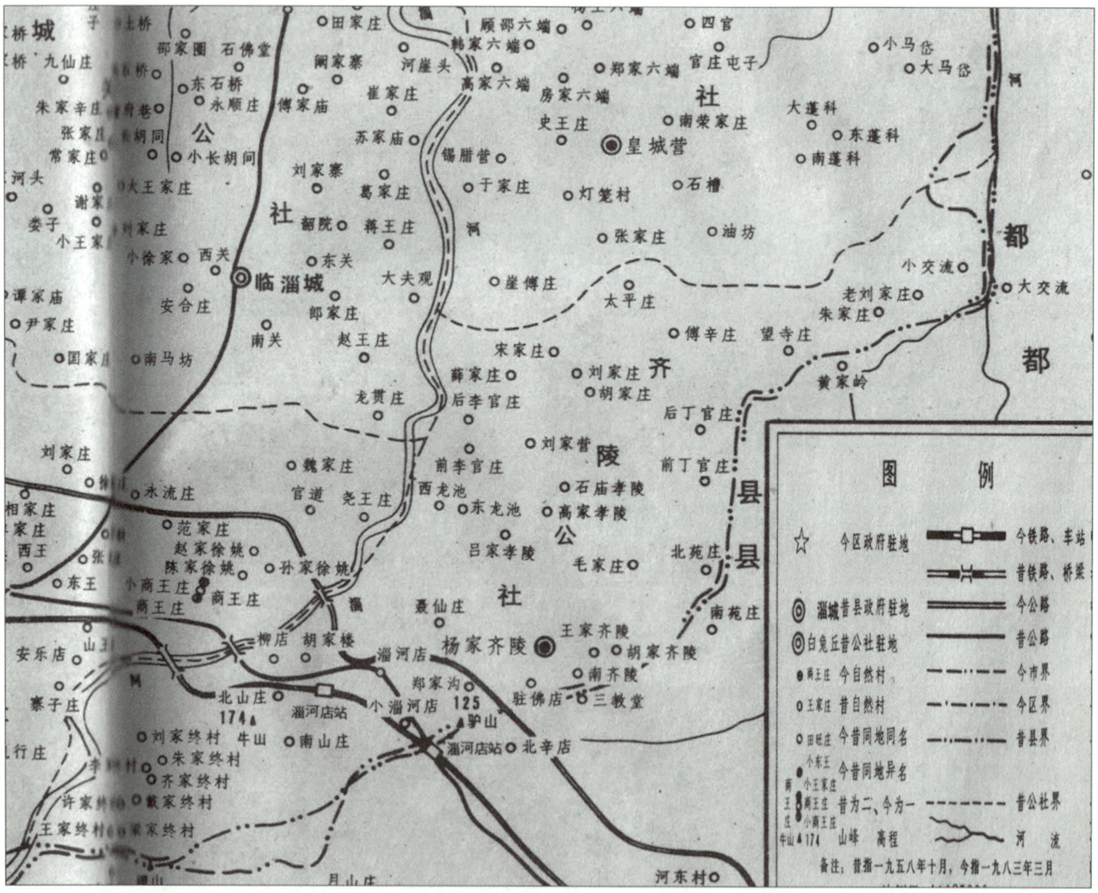

齐陵境域图（1958 年 10 月）

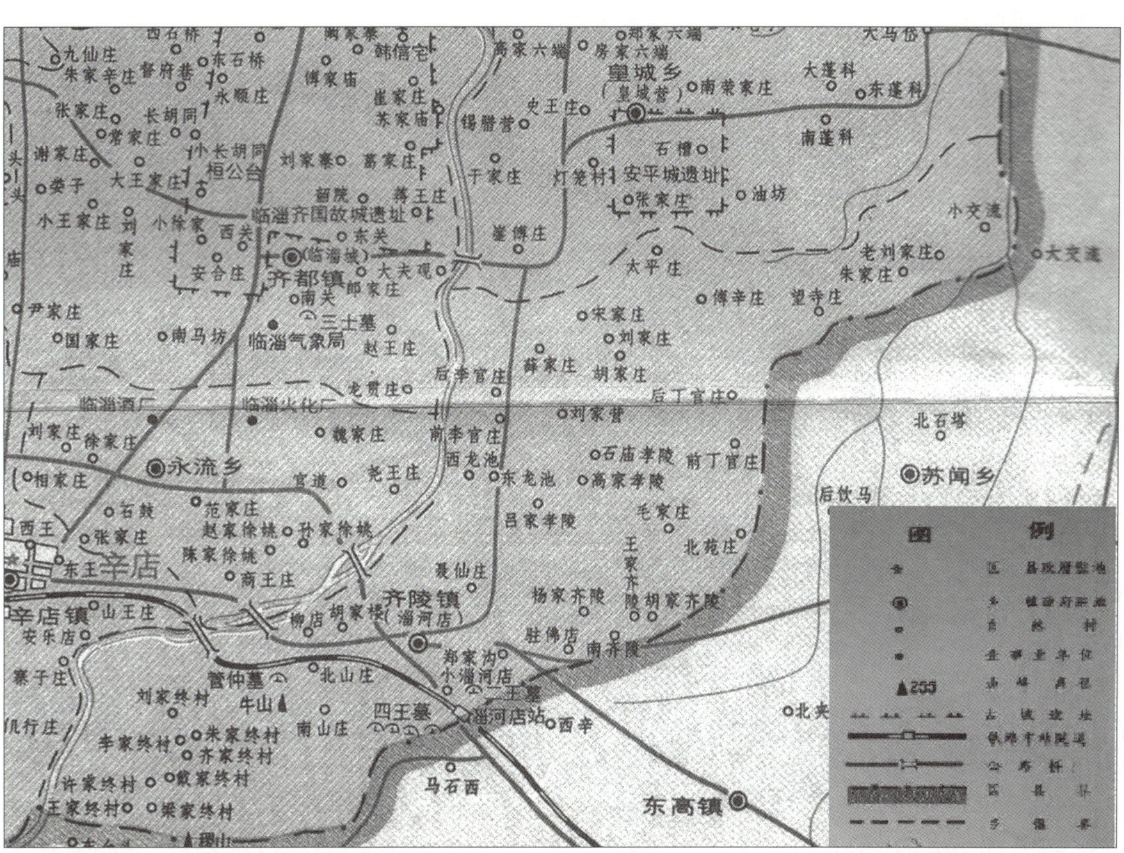

齐陵境域图（1985 年）

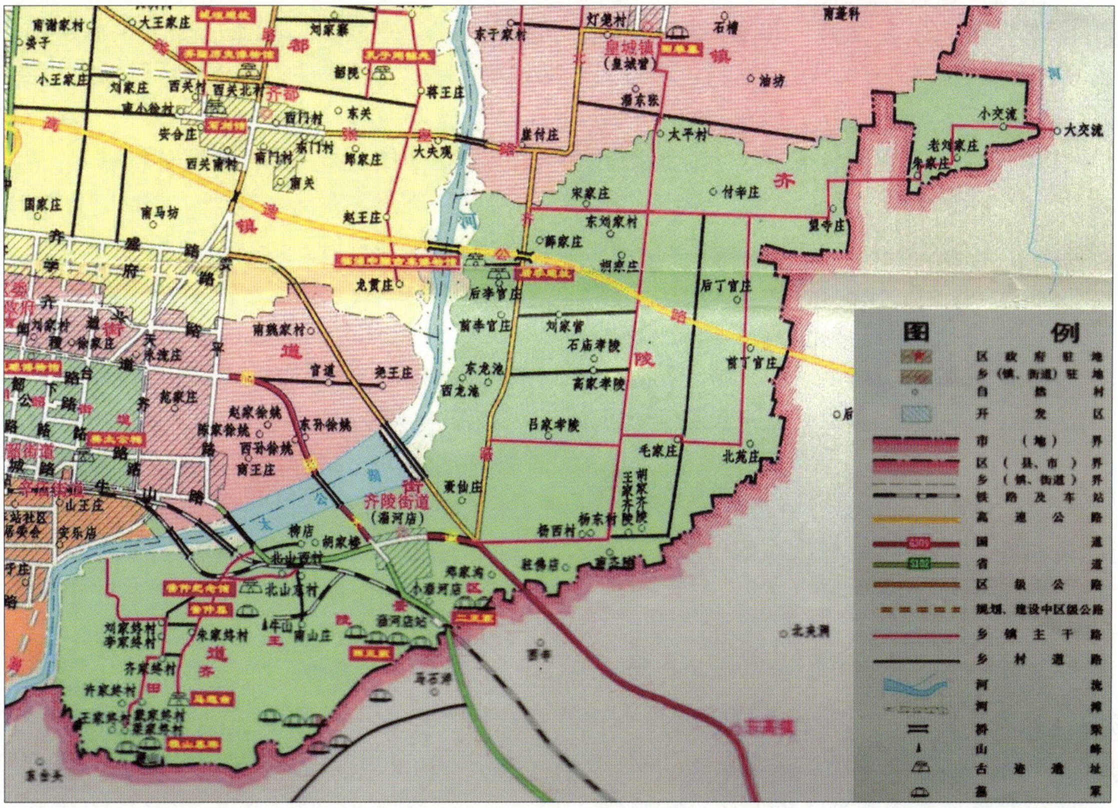

齐陵境域图（2006 年）

第二节 区 划

明朝以前，暂查无史书记载。

明嘉靖四十四年（1565 年），临淄县分 4 乡 7 店。域内村庄分属敬信乡（宋家庄社、交流社）和端智乡（淄河社），境内设淄河店。

清康熙十一年（1672 年），临淄县分 5 乡 89 社。益都县大交流村划入临淄县东六社。齐陵境域属敬信乡（宋家庄社、交流社）和端智乡（淄河社、齐陵社）。

1920 年，临淄县设城区、40 社。域内村庄分属：东三社郑家沟；东四社宋家庄、前李官庄、后李官庄、薛家庄、刘家营、胡家庄、刘家庄；东五社太平庄；东六社高家孝陵、石庙孝陵、后丁官庄、前丁官庄、毛家庄、顺合庄（今北苑庄）、付辛庄、望寺庄、朱家庄、老刘家庄、大交流（今属青州市）、小交流；东九社东龙池、西龙池、聂仙庄、吕家孝陵、杨家齐陵、南齐陵、胡家齐陵、王家齐陵、驻佛店；南二社淄河店、下崖、小淄河店、胡家楼、柳店、北山庄、南山庄、刘家终村、李家终村、朱家终村、齐家终村、戴家终村、许家终村、梁家终村、王家终村。

1930 年，临淄县废社改区，全县设 5 个区，即一区、二区、三区、四区、五区。齐陵境域分属二区和三区。吕家孝陵、高家孝陵、石庙孝陵、毛家庄、北苑庄、前李官庄、后李官庄、刘家营、薛家庄、宋家庄、刘家庄、胡家庄、太平庄、前丁官庄、后丁官庄、付辛庄、望寺庄、朱家庄、老刘家庄、小交流等村庄属二区；西龙池、东龙池、淄河店、小淄河店、郑家沟、驻佛店、聂仙庄、南齐陵、杨家齐陵、王家齐陵、胡家齐陵、柳店、胡家楼、北山庄、南山庄、刘家终村、李家终村、朱家终村、齐家终村、戴家终村、许家终村、梁家终村、王家终村属三区。

1937 年，临淄县辖一、二、三、四、五区。境内村庄分属二区和三区。吕家孝陵、高家孝陵、石庙孝陵、毛家庄、北苑庄、前李官庄、后李官庄、刘家营、薛家庄、宋家庄、刘家庄、胡家庄、太平庄、前丁官庄、后丁官庄、付辛庄、望寺庄、朱家庄、老刘家庄、小交流、隶属二区。西龙池、东龙池、聂仙庄、郑家沟、驻佛店、杨家齐陵、南齐陵、王家齐陵、胡家齐陵、淄河店、小淄河店、南山庄、北山庄、柳店、胡家楼、王家终村、许家终村、梁家终村、戴家终村、朱家终村、李家终村、齐家终村、刘家终村隶属三区。

1939 年 10 月，临淄二区划归益寿临广四边县。1940 年 4 月，二区复归临淄县。1941 年 12 月，二区划为东二区和西二区。1942 年 2 月，临淄二区又划归益寿临广四边县。6 月，东西二区又合并为二区。1945 年 8 月，临淄二区重归临淄县。

1946 年春，临淄县改划城关、皇城、牛山、苇河、高阳、路山 6 个区，境内村庄统属牛山区。是年 10 月，改划为城关、淄东、牛山、苇河、高阳、龙池、路山 7 个区，境内村庄分属龙池区和牛山区。王家终村、许家终村、梁家终村、戴家终村、朱家终村、李家终村、齐家终村、刘家终村、淄河店、小淄河店、南山庄、北山庄、柳店、胡家楼属牛山区；王家齐陵、胡家齐陵、南齐陵、杨家齐陵、聂仙庄、郑家沟、驻佛店、西龙池、东龙池、吕家孝陵、高家孝陵、石庙孝陵、毛家庄、北苑庄、前李官庄、后李官庄、刘家营、薛家庄、宋家庄、刘家庄、胡家庄、太平庄、前丁官庄、后丁官庄、付辛庄、望寺庄、朱家庄、老刘家庄、小交流属龙池区。

新中国成立初期，临淄县辖城关、淄东、牛山、高阳、苇河、龙池、路山 7 个区。1950 年 9 月，牛山区改称三区，龙池区改称六区。境内王家终村、许家终村、梁家终村、戴家终村、朱家终村、李家终村、齐家终村、刘家终村等属三区；六区辖淄河店、小淄河店、南山庄、北山庄、柳店、胡家楼、郑家沟、聂仙庄、杨家齐陵、南齐陵、驻佛店、王家齐陵、胡家齐陵、西龙池、东龙池、吕家孝陵、高家孝陵、石庙孝陵、毛家庄、北苑庄、前李官庄、后李官庄、刘家营、薛家庄、宋家庄、刘家庄、胡家庄、太平庄、前丁官庄、后丁官庄、付辛庄、望寺庄、朱家庄、老刘家庄、小交流、商王庄、小商王庄、陈家徐姚、赵家徐姚、孙家徐姚、尧王庄、官道、魏家庄等，大交流划归益都县。1952 年，临淄县 7 个区又改为以驻地命名。

1955 年 11 月，境内终村乡（梁家终村、王家终村、许家终村、戴家终村、朱家终村、李家终村、齐家终村、刘家终村）属牛山区；龙池区辖齐陵乡（王家齐陵、胡家齐陵、南齐陵、聂仙庄、驻佛店、郑家沟、杨家齐陵）、淄河乡（淄河店、小淄河店、北山庄、南山庄、柳店、胡家楼）、龙池乡（西龙池、东龙池、后李官庄、前李官庄、刘家营、薛家庄）、孝陵乡（高家孝陵、石庙孝陵、吕家孝陵、毛家庄、北苑庄）、宋家乡（宋家庄、胡家庄、刘家庄、太平庄、付辛庄）、丁望乡（前丁官庄、后丁官庄、望寺庄、朱家庄、老刘家庄、小交流）、徐姚乡（孙家徐姚、陈家徐姚、赵家徐姚、商王庄、小商王庄、尧王庄、魏家庄、官道）。

1956 年 6 月，撤销龙池区，并撤龙池乡。龙池乡所属村庄分别划入孝陵乡和宋家乡。孝陵乡、丁望乡、宋家乡、齐陵乡等并入五路区，徐姚乡划给古城区，淄河乡划入孙娄区。

1957年1月，县委在五路区搞并乡试点。2月，将五路区所辖宋家、丁望、孝陵、齐陵等 4 乡合并为孝陵乡，为县直辖乡。

1958年2月，淄河乡、终村乡从孙娄区划出，组建淄河乡。

淄河乡：淄河店、小淄河店、胡家楼、柳店、南山庄、北山庄、刘家终村、朱家终村、李家终村、齐家终村、许家终村、王家终村、戴家终村、梁家终村。

孝陵乡：前李官庄、后李官庄、刘家营、薛家庄、宋家庄、刘家庄、胡家庄、太平庄、东龙池、西龙池、吕家孝陵、高家孝陵、石庙孝陵、毛家庄、北苑庄、王家齐陵、胡家齐陵、杨家齐陵、南齐陵、驻佛店、聂仙庄、郑家沟、前丁官庄、后丁官庄、付辛庄、望寺庄、朱家庄、老刘家庄、小交流。

同年 9 月，实行政社合一，由孝陵乡、淄河乡合并成立齐陵公社。社址设在杨家齐陵。公社辖 6 个生产大队，46 个生产队。

1958 年 10 月，齐陵公社随同县治变更隶属益都县。1961 年 10 月，复属临淄县。1962 年 10 月，公社社址由杨家齐陵迁至淄河店。1970 年 1 月 1 日，隶属淄博市临淄区。辖淄河、柳店、北山东、北山西、南山、义和、建中、新胜、王一、王二、王三、南齐、杨东、杨西、驻佛、郑家沟、聂仙、西龙、东龙、吕家、高家、石庙、毛家、北苑、前李官、后李、刘营、薛家、宋家、刘家、胡家、太平、付辛、前丁、后丁、望寺、朱家、老刘家、交流等 40 个生产大队、43 个自然村。

1984 年 4 月，齐陵公社改建为齐陵镇。37 个行政村设村民委员会。

2003 年 12 月 1 日，齐陵镇改设为齐陵街道。2017 年底，齐陵街道有淄河、柳店、北山东、北山西、南山、刘家终村、齐家终村、梁家终村、王齐、南齐、杨东、杨西、驻佛、郑家沟、聂仙、西龙池、东龙池、吕家孝陵、高家孝陵、石庙孝陵、毛家、北苑、前李、后李、刘营、薛家、宋家、东刘家、胡家、太平、付辛、前丁、后丁、望寺、朱家、老刘家、小交流等村及淄水社区。辖 37 个行政村、1 个社区、43 个自然村。

第三章　村庄　社区

第一节　村　庄

淄河村

齐陵街道办事处驻地，位于临淄城区东部。东临齐盛路（309 国道），南靠胶济铁路，西接淄水社区，北毗依太公湖。临淄大道横穿境内。周代立村，因村临淄河而得名。春秋时期，齐桓公殡葬途中在此祭奠，行葬礼，而改名皇丧店。曾更名青龙街，又名淄河街，亦名淄河店。小淄河店位于淄河店东南 0.8 千米处，与淄河店合为一个行政村。

明清时期属端智乡淄河社。1920 年，属南二社。1930 年，属临淄县三区。1946 年春属牛山区。1950 年 9 月属六区。1955 年 11 月属龙池区，1956 年 6 月属孙娄区淄河乡。1958 年 2 月属淄河乡，9 月属临淄县齐陵公社，10 月属益都县齐陵公社。1961 年 10 月属临淄县齐陵公社。1970 年 1 月属淄博市临淄区齐陵公社。1984 年 4 月属齐陵镇，设淄河村村民委员会。2003 年 12 月属齐陵街道。

明嘉靖四十四年《青州府志》载："淄河店在县南十五里，系重要地，义民协同巡检官守之。"为明代七店之一。淄河店北建有南北官店，供皇宫信使或巡查官居住，北店住文官，南店住武官。北店正房 5 间，东西厢房各 3 间；南店正房 5 间，西边马棚，院北沿街 7 间门面房，装修豪华。店南建有大门一座。村南一村落，称小淄河店，建有驿站。村内南北、东西大街各 1 条，均用厚 0.4 米、宽 0.8 米、长 1.2 米～1.5 米不等的青石板铺成，路宽 5 米、总长 1500 余米，形若青龙，故又得名青龙街。昔日青龙街有百货店、布店、茶庄、药店、饭店、酒楼、茶馆、馍馍坊、马车店、铁匠铺、木匠铺、理发店等店铺林立，生意兴隆。清末，设盐点一处。抗日战争时期，张文田马车店系共产党地下联络站。新中国成立前，建成拱形洞高 4 米、宽 5 米、长 6 米的南北阁。南阁上刻"三清阁"；南阁东面是庙宇建筑，刻"准提阁"（"准提阁"供祀准提菩萨，又称千手观音，天女像，有 3 目 18 臂）大殿 3 座，院内苍松翠柏，古树参天。两阁房均刻立石碑一方。

青龙街北首的东西街系通往青州、胶东和北去寿光的交通要道。裙带河水经村东清代所建的三孔桥，缓缓流向淄河。

二王冢坐落于村东南鼎足山上。明清时期，紫荆山上有多座庙宇建筑。四王冢位于村西南，与战国二号墓、二王冢等合称田齐王陵。1988 年，国务院公布为全国重点文物保护单位。村西南有战国时期大中型墓葬 34 座，名淄河店墓地，与后李官庄大型车马坑同称 1990 年全国十大考古发现之一。现均属齐王陵旅游风景区。《临淄文物志》载：淄河店村北有周代战国遗址 1 处，面积 23.4 万平方米，称淄河店遗址。

淄河店自古系战略要地，历代有官兵驻守。始建于光绪二十五年（1899 年）的胶济铁路从淄河店南横贯东西，淄河店西建有火车站，商民来往甚多，故设警兵巡逻，淄河店车站设警局。日军占领胶济铁路和临淄后，在淄河店车站修筑据点，驻有日军和伪军分队。

1958 年 2 月，淄河乡乡公所设与淄河店。1962 年 10 月，齐陵公社机关由杨家齐陵迁至淄河店后，社直部门随之建立健全，但较分散。1974 年，公社机关迁至原 309 国道北，社直部门迁建于公社机关东西两边，今临淄大道淄河村段两侧。

1980 年 9 月，火车站改建于村东南。

淄河村集贸市场建立于民国时期，逢农历一、六日为大集，三、八日为小集，延续至今，为齐陵重要商贸集散地。

淄河新村建设自 2005 年启动，2006 年 10 月动工，至 2007 年建成 10 幢。2010 年 5 月，第一次分房。2010 年 10 月至 2014 年 11 月，建楼房 34 幢。总投资 2.75 亿元，共 1310 套。2015 年 11 月，村民整体迁居新村。"淄河舞龙"已列入临淄区非物质文化遗产名录。

2017 年，全村居民 847 户，2683 人。土地面积 391.32 公顷，其中耕地面积 96.86 公顷。主产小麦、玉米等。村内有村务服务中心、中心幼儿园、文化大院、幸福大院、卫生室、商业服务网点，水、电、暖、气、网络、消防、监控、有线电视、路灯、文体娱乐等公用设施配套齐全。姓氏有丁、于、马、王、田、边、刘、吕、孙、任、牟、李、张、陈、宋、杜、沈、芦、陆、初、

淄河新村　（2016 年摄）

周、孟、金、赵、胡、姜、贾、徐、聂、夏、黄、鲁、董、蔺、薛、魏等，刘、贾、李、孟、王、宋、魏、张、徐、任、周、胡等姓人口居多。

北山东村党群服务中心　　（2017 年 摄）

柳店村

位于齐陵街道办事处驻地西 1.7 千米处，由柳店、胡家楼两自然村合为一行政村。西、北两面淄水环绕，南临牛山路，东依临淄大道。据《郭氏族谱》载，明初立庄，因村近淄河，岸边多柳，居民沿官道以营店为业，故名柳店。村东胡家楼，因胡姓一家于明万历年间犯案，匿此建楼隐居，名胡家楼。古时，村北官道，是一条由齐国故都临淄西通济南，东去青州府治及胶东半岛的重要交通驿道。

明清时期属临淄县端智乡。1920 年属南二社。1930 年属三区。1946 年春属牛山区。1950 年 9 月属六区。1955 年 11 月属龙池区。1956 年 6 月属孙娄区。1958 年 2 月属淄河乡，9 月属临淄县齐陵公社，10 月属益都县齐陵公社。1961 年 10 月属临淄县齐陵公社。1970 年 1 月属临淄区齐陵公社。1984 年 4 月属齐陵镇，设柳店村村民委员会。2003 年 12 月属齐陵街道。

村北古柳甚多。20 世纪 70 年代末，村北柳林全部砍伐。柳店村历史遗迹主要有：双龙桥、玉皇殿、管鲍祠、赵执信题词处、严矶石遗址、姜太公垂钓处等。双龙桥始建于明代，列为淄博市重点文物保护单位。村中玉皇庙，建于明代，并附建钟楼一座，上有高约 2 米铸铁大钟。玉皇庙前有三官殿和土地庙，西有佛爷殿。管鲍祠建于清代，康熙五十八年（1719 年），青州知府陶锦将其迁至牛山西天齐渊。严矶晚钓出自《后汉书·严光传》，明朝临淄八景之一的严陵矶遗迹即在村北淄河南岸。并有姜太公钓鱼处。《临淄文物志》载，柳店村东有周代战国文化遗址一处，面积 4.2 万平方米，称柳店遗址。

柳店村大力发展节能环保产业，生产的节能采暖炉畅销山东、河北、河南、新疆、甘肃等地。2013 年 6 月“柳店韭菜”被国家工商总局认定为国家地理标志商标。

2017 年，全村居民 214 户，722 人。土地面积 63.62 公顷，其中耕地面积 10.89 公顷。主产小麦、玉米、蔬菜等。村内有村务服务中心、文化大院、卫生室、商业服务网点，水、电、网络、监控、有线电视和路灯等设施配套齐全。姓氏有王、吕、李、赵、胡、郭等姓。

柳店韭菜　　（2016 年 摄）

北山东村

位于齐陵街道办事处驻地西 1.3 千米处，牛山东北麓，坐落于齐王陵旅游风景区。明前立庄，赵、郭两姓迁于牛山东（今村东 500 米处），定名为两辛庄，别称两辛店。后迁至现址，因傍牛山又叫山庄子，又因南邻南山庄，遂改称北山庄。

明清时期属端智乡。1920 年属南二社。1930 年属三区。1946 年春属牛山区。1950 年 9 月属六区。1959 年北山庄分为两个行政村，沟东为北山二大队，沟西为北山一大队。1955 年 11 月属龙池区。1956 年 6 月划归孙娄区。1958 年 2 月属淄河乡。9 月属临淄县齐陵公社。10 月属益都县齐陵公社。1961 年 10 月属临淄县齐陵公社。1970 年 1 月属临淄区齐陵公社。1984 年 4 月属齐陵镇，设北山东村村民委员会。2003 年 12 月属齐陵街道。1987 年，被临淄区政府命名为文明村。

北山东村西傍依牛山，牛山源于姜太公等多种传说，自春秋战国即负盛名，为一方名胜，拥有“景公流涕处”等多处名胜古迹。明朝中后期在牛山上修建有二层阁、三层阁、八吒庙、老母池等，由于时代更迭和战乱，牛山原有古建筑大部被毁。明清时期牛山观音庙上的盘龙石柱、释迦牟尼莲花宝座、山门轴石坎、台阶及 1924 年刻立的“玉精明化”石碑犹存，石碑为区级文物保护单位。村西南 600 余米处有田家冢，传说为田忌墓。

在清道光晚期，郭端本、赵增考中秀才。

胶济铁路和牛山路横穿村北，在牛山路东延路以北建住宅楼一幢。土地已大部流转或征用。

2017 年，全村居民 256 户，769 人。土地面积 157.51 公顷，其中耕地面积 52.54 公顷。主产小麦、玉米及大豆等。村内有村务服务中心、文化大院、卫生室、商业服务网点等，水、电、网络、监控、有线电视、路灯等公用设施配套齐全。姓氏有王、毛、吕、李、吴、赵、胡、郭等姓。

北山西村

位于齐陵街道办事处驻地西 1.3 千米处，牛山北麓，明前立庄。1950 年，由原北山庄分立为北山西村。

明清时期属端智乡。1920 年属南二社。1930 年属三区。1946 年春属牛山区。1950 年 9 月属六区。1955 年 11 月属龙池区。1956 年 6 月属孙娄区。1958 年 2 月属淄河乡，9 月属临淄县齐陵公社，10 月属益都县齐陵公社。1961 年 10 月属临淄县齐陵公社。1970 年 1 月属临淄区齐陵公社。1984 年 4 月属齐陵镇，设北山西村村民委员会。2003 年 12 月属齐陵街道。

管仲墓位于村西侧，属全国重点文物保护临淄墓群之一。自 1998 年始，在区政府大力支持下，相继建成管仲纪念馆和中国宰相馆。并依托地理环境，根据资源特色和文化旅游需求，建成观音殿、佛爷殿、老母殿等古式庙宇建筑。成立了中华管子文化促进会，多次组织农历六月六的大型管子后裔临淄祭祖活动。牛山庙会起源于明朝时期，每年农历三月三、九月九，各会期五天，为著名庙会。已逐步开发为集文化、旅游、商贸于一体的大型民间集会，并伴有齐文化特色的蹴鞠、斗鸡、剪纸、戏曲、民间歌舞等文体活动。2006 年 6 月，“赶牛山庙会”列入市级非物质文化遗产名录。2014 年，合作建成淄博牛山民俗游乐园。9 月，被中国生态文化协会命名为全国生态文化村。12 月，被省旅游局确定为省级旅游特色村。《临淄区文物志》载，村西南有座先生墓。2015 年 3 月，民歌《赶牛山》列入第三批省级非物质文化遗产名录。民间故事《牛山的传说》列入临淄区非物质文化遗产名录。2017 年 3 月，被北京大学养生文化中心确定为“北京大学养生文化基地”。

随着文化旅游的发展和需求，40 公顷土地全部流转整合，成立淄博临淄牛山种植专业合作社，发展绿色、有机林果和农产品，实施了旅游加农业并驱新模式。

2017 年，全村居民 156 户，538 人。土地面积 97.08 公顷，其中耕地面积 29.02 公顷。村内有村务服务中心、文化大院、卫生室、商业服务

管仲纪念馆 （2013 年摄）

网点，水、电、网络、监控、有线电视、路灯等公用设施配套齐全。姓氏有王、李等。

南山村

位于齐陵街道办事处驻地西南 1.8 千米处，南与青州市月山、北王孔等村庄接壤。明代立庄，初由朱氏立庄于康山附近，名朱家庄，后刘氏迁入，庄北移，取名南两辛庄，又传称南良辛店，马氏迁入后，更名为南山庄。

明清时期属端智乡。1920 年属南二社。1930 年属三区。1946 年春属牛山区。1950 年 9 月属六区。1955 年 11 月属龙池区。1956 年 6 月属孙娄区。1958 年 2 月属淄河乡，9 月属临淄县齐陵公社，10 月属益都县齐陵公社。1961 年 10 月属临淄县齐陵公社。1970 年 1 月属临淄区齐陵公社。1984 年 4 月属齐陵镇，设南山村村民委员会。2003 年 12 月属齐陵街道。

南山村三面环山，东有石羊山（青州市），南有丰山、大山延绵至康山，西距牛山 500 米。村东、南两面坐落多座墓冢，其中村东 2 千米处有四王冢，村南东西排列三土冢，又名三郎冢。村南还有 76 号、77 号、78 号无名冢和 132 号古墓、134 号古墓、南棉花冢、北棉花冢；村东有 75 号无名冢、133 号古墓和杨树冢等。北沟、东沟、西沟、洪沟、杏树沟等五条沟壑构成一天然屏障。古树遍布境内，有柿子树 500 余棵，枣树 153 棵，景色宜人。村民中流传有南山庄、西沟皮狐掌及康山内仙景寻宝等传说。清道光年间，村民有演唱拖腔戏的习俗。《临淄文物志》载，南山村南有周代战国时期文化遗址一处，面积 3.23 万平方米，称南山遗址。

南山村柿子林　（2014 年摄）

2012 年 2 月，启动土地流转工作，至 2014 年 10 月，有 231 户自愿与村委签订土地租赁协议，流转土地 86.67 公顷，流转率为 94%，由蓝溪置业有限公司承包进行农业综合开发。

2017 年，全村居民 274 户，815 人。土地面积 193.62 公顷，其中耕地面积 75.7 公顷。主产小麦、玉米、大豆等。村内有村务服务中心、文化大院、卫生室、商业服务网点，水、电、网络、监控、有线电视、路灯等公用设施配套齐全。主要姓氏有马、吕、刘、孙、张、贾、顾等。

刘家终村

位于齐陵街道办事处驻地西南 3.8 千米处，地处牛山西麓，淄河南岸，北依盘龙山、蛟山，西至红螺山，南瞻稷山，与齐家终村接壤。刘氏于元代前立庄，因近终军墓而得名。高级社后改为义和，1980 年改称刘家终村。

明清时期属端智乡。1920 年属南二社。1930 年属三区。1946 年春属牛山区。1950 年 9 月属三区。1955 年 11 月属牛山区。1956 年 6 月属孙娄区。1958 年 2 月属淄河乡，9 月属临淄县齐陵公社。10 月属益都县齐陵公社。1961 年 10 月属临淄县齐陵公社。1970 年 1 月属临淄区齐陵公社。1984 年属齐陵镇，设刘家终村村民委员会。2003 年 12 月属齐陵街道。

村东 1.5 千米处有田横冢。田横于齐汉战争中自立为齐王，不久被汉军所破。后自杀，葬于村东康山古道旁。村东有泉子崖，村西有西水沟。风调雨顺之年和汛期，一股泉水自泉子崖流入马莲台沟底。西水沟常年流水。村西南角有一开阔地，俗称瓦碴子地。曾是一古建筑群，传说为古齐养马场，又一说为“无盐娘娘”住所。

天齐渊，亦名天齐池，又名温泉、瑞泉，位于村北蛟山北麓，淄河南岸。旧时岸边水草冬夏常青，杨柳依依，野兰怒放，鸟语花香，四季恒温，雾气缭

刘家终村新建游园　（2016 年 摄）

齐家终村党群服务中心　（2017 年 摄）

绕，为游览胜地。1956 年，在蛟山脚下建三级扬水站，有效灌溉面积达 73.33 公顷，受省水利厅、昌潍专署表彰。1976 年，温泉干涸，扬水站废弃。天齐渊遗址为市级文物保护单位。2009 年，开始实施天齐渊景观修复工程。天齐渊森林公园为淄博市 2017 年重大建设项目，位于齐王陵风景名胜区。公园一期项目主要以刘家终村为中心，打造天齐渊崖壁、一亩方田农业区、四季花谷景观大道、红螺山公园和蛟山公园五大景点。至 2017 年，天齐渊昔日景观已修复，红螺山城郊公园、蛟山郊野公园、一亩方田农业区、刘家终村民族风情街、梅花桥景观区等项目均在建设中。《临淄文物志》载，村西南有周代春秋时期文化遗址一处，面积 12 万平方米，称刘家终村遗址。

据《刘氏族谱》记载，刘氏四世祖希圣于元延祐六年（1319 年）诰授中议大夫，曾任山东东路都陆盐运使。

2017 年，全村居民 584 户，1836 人。土地面积 352.3 公顷，其中耕地 132.66 公顷。主产小麦、玉米、大豆等。村内有村务服务中心、文化大院、卫生室、商业服务网点，水、电、网络、监控、有线电视、路灯等公用设施配套齐全。姓氏有 10 余个，刘、李、张姓居多。

齐家终村

位于齐陵街道办事处驻地西南 4 千米处，由齐家终村、朱家终村、李家终村 3 个自然村组成一行政村。朱姓元代立庄；齐姓明代立庄；李姓明代立庄，举人李云甫建家庙于村，称李家庙，后复称李家终村。三村均近终军墓而得名。东依牛山西麓苍山，东接马莲台，沟西九子山（与青州市界山），西靠淄河，南面稷山，北邻刘家终村。高级社后三村合称建中，1980 年改称齐家终村。

明清时期属端智乡，1920 年属南二社。1930 年属三区。1946 年春属牛山区。新中国成立后为“三合终村”。1950 年 9 月属三区。1955 年 11 月属牛山区。1956 年 6 月属孙娄区。1958 年 2 月属淄河乡，9 月属临淄县齐陵公社，10 月属益都县齐陵公社。1961 年 10 月属临淄县齐陵公社。1970 年 1 月属临淄区齐陵公社。1984 年 4 月属齐陵镇，设齐家终村村民委员会。2003 年 12 月属齐陵街道。

新中国成立前，围村建有寨墙，主要用于防御。

马莲台属齐王陵风景名胜区景点之一。相传元朝末年，朱元璋大将常遇春、胡大海部途经终村，因马莲台四面沟壑，沟外环山，云雾缭绕，人在其中只闻其声，不见其人，使到此避难的村民幸免杀戮。清康熙年间，村民集资在马莲台上修建了观音菩萨殿和文昌阁，并于农历二月十九日举办庙会，1993 年改为公历 5 月 1 日。1950—1952 年，庙宇及多棵古树被毁。庙宇自清康熙十四年（1675 年）至光绪三十三年（1907 年）四次重修，四次刻立碑记。马莲台尚存三方石碑（其中一方折碑）和石洞，另一方石碑被毁。

北魏时期，朱家终村村东和村西建有两大寺院，村西“西寺”遗存的龟驮碑，大小与泰安岱庙的相同，四龙盘绕，1957 年被毁。“东寺”又称“苍山寺”，寺、碑早废，遗留一尊石佛造像，高 4.15 米，宽 1.9 米，厚 90 厘米，重达 10 吨，立于雕有 212 个供养人像的正方形石座上，座重 21 吨，1984 年 7 月，公布为市级文物保护单位。1985 年春，石佛被移入临淄石刻艺术陈列馆。石佛正南 150 米处立一石塔，莲花六棱塔石上刻有苍山寺及铭文，此塔于 1967 年整地时被毁。村东北角 1 棵树干直径 1.86 米、12 米的古杨于 1958 年秋被伐。村东南 700 米处（颐康养生院内）有 75 号无名冢。村南李曦晨墓为区级文物保护单位。2017 年 10 月，迁入临淄烈士陵园。

科举时期，元大德十年，朱同臣考中进士。清代，许德峻考中进士，恰因母亲病逝未受封，在当地任教，后学生为其立碑于李家终村村北，该碑及有关部门所送“明经进士”匾毁于文化大革命期间。清代，朱长法、朱云溪考中秀才。

齐家终村坐落于齐王陵风景名胜区。1985 年，被淄博市政府命名为文明村。1987 年，被省政府命名为尊师重教先进单位。1989—1992 年，村党支部连续四年被区委表彰为先进党支部。1995 年被全国造林绿化委员会命名为“全国造林绿化千佳村”，被区政府命名为村民自治高标准示范村。

2017 年，全村居民 272 户，1029 人。土地面积 227.73 公顷，其中耕地面积 73.73 公顷。主产小麦、玉米、大豆等。村内有村务服务中心、文化大院、卫生室、商业服务网点，水、电、气、暖、网络、监控、有线电视、路灯等公用设施配套齐全。姓氏有朱、许、孙、李、邵、孟等。

梁家终村

位于齐陵街道办事处驻地西南 4.9 千米处，东与青州市月山接壤，东南望稷山，西临淄水，南临青州市冷家庄、台头村，北接齐家终村。由许家终村、戴家终村、梁家终村、王家终村等 4 个自然村组成一个行政村，因近终军墓而得名。梁家终村由梁氏于明初立庄，许家终村由许氏于明初立庄，戴家终村由戴氏于明中叶立庄，王家终村由王氏于明初立庄。高级社后，四村统称新胜，1980 年改称梁家终村。

明清时期属端智乡。1920 年属南二社。1930 年属三区。1946 年春属牛山区。1950 年 9

梁家终村　（2017 年摄）

月属三区。1955 年 11 月属牛山区。1956 年 6 月属孙娄区。1958 年 2 月属淄河乡，9 月属临淄县齐陵公社，10 月属益都县齐陵公社。1961 年 10 月属临淄县齐陵公社。1970 年 1 月属临淄区齐陵公社。1984 年 4 月属齐陵镇，设梁家终村村民委员会。2003 年 12 月属齐陵街道。

终军墓位于村东约 450 米处，同属国家级文物保护单位临淄墓群。稷山位于梁家终村东南，系临淄名山之一。山上旧有后稷祠。齐宣王时山上建有孔子庙，该山又称“夫子山”。并有许多石刻造像。现山顶孔子庙周围仍有古柏数株。稷山洞石古墓群属汉代贵族石洞墓。稷山石龛造像位于山顶汉墓，两组东西并列，西侧一组上刻“孔大夫”三字。1992 年 6 月，公布为省级重点文物保护单位。

古时，村北建有老母庙宇一座，大殿三间，飞檐斗拱，古朴典雅，院内另有土地庙，苍松二株，西院茅屋三间，供看庙人居住，庙院大门前石铺台阶 15 级。村北建大门，有过街楼，砌石铺路。村南建有关帝庙，院内砌一有台阶的圆形水池，供村民洗涮和牲畜饮水。1958 年后景物全非。

明天启七年（1627 年），王应熙科举应试考中举人。家道富实，拥地二顷。村中建有东、西两楼，并建地宫，两宫相连，石材砌就，内设水井、住房。20 世纪 50 年代遗迹尚存（地宫），生产队常用此加工黄烟。

2017 年，全村居民 405 户，1323 人。土地面积 201.47 公顷，其中耕地面积 101.08 公顷。主产小麦、玉米、大豆等。村内有村务服务中心、文化大院、卫生室、商业服务网点，水、电、网络、监控、有线电视、路灯等公用设施配套齐全。姓氏有王、刘、许、闫、冷、张、赵、袁、梁等。

王齐村

姓氏村名，位于齐陵街道办事处驻地东 3.4 千米处，村南、东与青州市相连。据原村中“三官庙”铁钟铭文记载，村原名为曹家庄，后曹氏姓绝，王姓六世祖于清朝雍正年间由河崖头村迁驻，因村近田齐王陵（二王冢），故名王家齐陵。村东一自然村，由胡姓八世祖立庄，又因与王家齐陵相连，故名胡家齐陵，村庄呈东西长方形。

明朝属敬信乡，清朝属端智乡，1920 年属东九社。1930 年属三区。1946 年春属牛山区，10 月属龙池区。1950 年 9 月属六区。1955 年 11 月属龙池区。1956 年 6 月划归五路区。1957 年 2 月属孝陵乡。1958 年 9 月属临淄县齐陵公社，10 月属益都县齐陵公社。1961 年 10 月属临淄县齐陵公社。1970 年 1 月属临淄区齐陵公社。1976 年 6 月，王一大队、王二大队、王三大队合并为王齐大队。1984 年属齐陵镇，设王齐村村民委员会。2003 年 12 月属齐陵街道。

裙带河自源头流向东北驻佛、杨西、杨东、王齐、毛家、北苑、前丁、望寺东、交流等村流入小清河，20 世纪 30 年代改流淄河。

新中国成立前，村中建有三官庙，有神塑十余尊，并建有疙瘩爷庙、关爷庙。新中国成立后，三官庙、贾氏祠堂均改建为王齐小学。两村相接处建有节孝牌坊，村西北角立有贞节牌坊。大路自村中穿过，东至潍县、青岛，西至周村、济南。村内副食品店、酒店、卷烟店、盐店、典当铺、

王齐村党群服务中心　　（2017 年 摄）

赁铺、药铺等店铺林立，有著名糕点作坊益丰恒、著名菜馆德宾楼、富兴馆、金家老店和贾家车马店等。每年十月庙前举行庙会，抗日战争初期停止。2013 年，著名菜点“宫廷点心”（原名“王齐酥饺”），在齐文化旅游节烹饪比赛中，被淄博市烹饪协会命名为临淄十大名吃之一。

齐陵大集建自清朝嘉庆年间，农历每月逢二、七为集日。1997 年，建立齐陵蔬菜批发市场。

1995 年 1 月，被区政府命名为村民自治高标准示范村。2004 年，建成蛋鸡养殖专业村。2009 年，建成高标准养猪场一处。

2017 年，全村居民 470 户，1493 人。土地面积 193.12 公顷，其中耕地面积 146.04 公顷。主产小麦、玉米、蔬菜等。村内有村务服务中心、文化大院、卫生室、商业服务网点，水、电、网络、监控、有线电视、路灯等公用设施配套齐全。姓氏有王、田、刘、许、孙、李、杨、肖、吴、张、金、赵、胡、贾、徐、郭、阎、董、韩等 19 姓，贾、王、胡、李、赵、吴、徐等姓人口居多。

南齐村

位于齐陵街道办事处驻地东 3 千米处，南与青州市三教堂交界。明中叶刘顺禹立庄，初名刘顺禹庄子。据李氏祖谱载：五世祖于清嘉庆年间由益都县三教堂析居刘顺禹庄子，因刘顺禹庄子在王家齐陵以南，后改名南齐陵。明代属敬信乡。清代属端智乡。1920 年属东九社。1930 年属三区。1946 年春属牛山区，10 月属龙池区。1950 年 9 月属六区。1955 年 11 月属龙池区。1956 年 6 月属五路区。1957 年 2 月属孝陵乡。1958 年 9 月属临淄县齐陵公社，10 月属益都县齐陵公社。1961 年 10 月属临淄县齐陵公社。1970 年 1 月属临淄区齐陵公社。1984 年 4 月属齐陵镇，设南齐村村民委员会。2003 年 12 月属齐陵街道。

据传，刘顺禹是位才华出众的民间艺人，聪明伶俐，口齿清楚，擅长记忆古代历史人物。民间故事、顺口溜等。某年，临淄知县私访，路过龙兴寺，吩咐手下请民间艺人消闲，刘顺禹被传表演，身穿蓝布衣服，一会儿戏说古代历史人物。一会儿手舞足蹈，说唱民间顺口溜，一会儿讲述民间小故事。县官观后，禁不住脱下身上马褂赐

南齐村党群服务中心　（2017年摄）

给刘顺禹，刘顺禹穿在身上，谢辞县官回到家中。自此便流传县官赐褂的故事。

南齐陵50户社员到吉林省临江林业局塔河林场和大川林场，抚松县浚江农场安家落户。

2017年，全村居民175户，540人。土地面积37.81公顷，其中耕地面积25.59公顷。主产小麦、玉米、蔬菜等。村内有村务服务中心、文化大院、卫生室、商业服务网点，水、电、网络、监控、有线电视、路灯等公用设施配套齐全。姓氏有王、刘、李等。

杨东村

位于齐陵街道办事处东2.7千米处，东邻王家齐陵，南靠驻佛店。杨东村与杨西村同为一自然村，明前杨氏立庄。于田齐王陵附近，故称杨家齐陵（又称西齐陵），人民公社成立后分为杨东大队与杨西大队两个行政村。

明朝属敬信乡。清朝属端智乡。1920年属东九社。1930年属三区。1946年春属牛山区，10月属龙池区。1950年9月属六区。1955年11月属龙池区。1956年6月属五路区。1957年2月属孝陵乡。1958年9月属临淄县齐陵公社，10月属益都县齐陵公社。1961年10月属临淄县齐陵公社。1970年1月属临淄区齐陵公社。1984年4月属齐陵镇，设杨东村村民委员会。2003年12月属齐陵街道。

村北600余米偏西处有潘家坟，相传为北宋时潘仁美家族墓地。遗址坐落杨西村农田中。民国时期，杨家齐陵舞狮闻名，后舞狮技艺传承至青州市三教堂村。新中国成立前，村东有一大片

杨东村　（2017年摄）

楸树林，村西有柳树林，村南北两面有多家烟店，从事烟叶收购和销售业务。新中国成立后，烤烟一律由国家收购，黄烟店铺随之消失。

村北偏东2千米处，有灰色土冢子一座，于1969年整平土地时被夷平，至今冢址犹存。

2004年，建成蛋鸡养殖专业村。

2017年，全村居民219户，686人。土地面积101.04公顷，其中耕地面积76.72公顷。主产小麦、玉米等。村内有村务服务中心、文化大院、卫生室、商业服务网点，水、电、网络、监控、有线电视等公用设施配套齐全。姓氏有王、孙、李、张、周等，李姓人口居多。

杨西村

位于齐陵街道办事处驻地东2.5千米处。同杨东村统称为杨家齐陵，又称西齐陵。明前杨氏立庄，因近齐二王墓而得名杨家齐陵。

明朝属敬信乡。清朝属端智乡。1920年属东九社。1930年属三区。1946年春属牛山区，10月属龙池区。1950年9月属六区。1955年11月属龙池区。1956年6月属五路区。1957年2月属孝陵乡。1958年9月属临淄县齐陵公社，为人民公社驻地。10月属益都县齐陵公社。人民公社成立后，杨家齐陵分为杨西大队和杨东大队。1961年10月属临淄县齐陵公社。1962年1月，齐陵公社社址由杨家齐陵迁至淄河店。1970年1月属临淄区齐陵公社。1984年4月属齐陵镇，设杨西村村民委员会。2003年12月属齐陵街道。

村北六七百米处有潘家墓地。墓地前门有翁仲（石人）两件及石兽（石虎、石羊各两件），

杨西村（2017 年摄）

驻佛村（2017 年摄）

碑碣多已被毁，仅存两石人与石兽，存于临淄石刻艺术陈列馆。潘氏坟茔在石人后百米处，人称“油篓坟”，呈圆形。北宋时期潘杨两家相斗，潘家斗败，四散逃亡，致近村无潘姓。墓地已夷为平地。清初时期，村中有庙宇二座，民国时期拆毁，建立私塾学校，庙前湾边古杨挺拔。新中国成立后，在此址建起该村第一所公立学校。村中有一古老楸树，高十几米，4 人方能围拢，为村里人纳凉之处。村西有一座菩萨庙宇，大门里小神屋内有一护神塑像。主殿三间，重梁画栋，中间端坐如来佛祖，并伴菩萨、罗汉塑像，庙宇于 1957 年拆除。清代，李兰阶考中秀才，李殿甲考取武庠生。

2017 年，全村居民 233 户，742 人。土地面积 91.97 公顷，其中耕地面积 71 公顷。主产小麦、玉米、蔬菜等。村内有村务服务中心、文化大院、卫生室、商业服务网点，水、电、网络、监控、有线电视、路灯等公用设施配套齐全。姓氏有李、赵、韩、张、文、黄、吴、程等，李姓人口居多。

驻佛村

位于齐陵街道办事处驻地东 2.5 千米处，南与青州市西辛村接壤。明洪武年间立村，李氏兄弟由山西迁入，以营店为业，故名驻佛店。清嘉庆年间，村中曾建三官庙，改称“三义店”。后来，在村西沟中冲刷出一尊石佛，又复称驻佛店。

明朝属敬信乡。清朝属端智乡。1920 年属东九社。1930 年属三区。1946 年春属牛山区，10 月属龙池区。1950 年 9 月属六区。1955 年 11 月属龙池区。1956 年 6 月属五路区。1957 年 2 月属孝陵乡。1958 年 9 月属临淄县齐陵公社，10 月属益都县齐陵公社。1961 年 10 月属临淄县齐陵公社。1970 年 1 月属临淄区齐陵公社。1984 年 4 月属齐陵镇，设驻佛村村民委员会。2003 年 12 月属齐陵街道。

三官庙建于清嘉庆年间。位于村东南角，50 余平方米，坐北朝南，一门两窗。庙内分坐 3 尊泥塑像，中居刘玄德，左为关云长，右为张翼德，大将关平、周仓塑像分立前面。三官庙东南 20 米处修建一座高 1.6 米，长 2 米，宽 1.8 米的土地神庙。

村西 250 米处建有龙兴寺。在农业学大寨时期废墟被夷平。女水经村西流向东北方，20 世纪 30 年代改流淄河。《临淄文物志》载，驻佛店西南有汉代文化遗址一处，面积 1.45 万平方米，称驻佛店遗址。

20 世纪 70 年代中期，在农业学大寨运动中，全村 26.67 公顷粮田一季向国家贡献小麦 135 吨，创历史最高水平。在全省小麦种植工作会议上提出向“一区一县一大队”学习的号召。

2017 年，全村居民 132 户，417 人。土地面积 53.6 公顷，其中耕地面积 37.58 公顷。主产小麦、玉米、蔬菜等。村内有村务服务中心、文化大院、卫生室、商业服务网点，水、电、网络、监控、有线电视、路灯等公用设施配套齐全。李姓人口居多。

郑家沟村

位于街道办事处驻地东南 1.3 千米处。明洪武二年（1369 年）郑氏由河北枣强县迁往河南。

明末，迁此立庄，因在二王墓下有条东西长几百米的洪沟，故名郑家沟。

明清时期属端智乡。1920年属东三社。1930年属三区（后称牛山区）。1946年春属牛山区，10月属龙池区。1950年9月属六区。1955年11月属龙池区。1956年6月属五路区。1957年2月属孝陵乡。1958年9月属临淄县齐陵公社，10月属益都县齐陵公社。1961年10月属临淄县齐陵公社。1970年1月属临淄区齐陵公社。1984年4月属齐陵镇，设郑家沟村村民委员会。2003年12月属齐陵街道。

紫荆山位于村西南。清末至民国年间，山上建有雷公庙、文昌阁，院落深幽，古柏参天。每年农历四月初八至初十为紫荆山庙会。抗日战争爆发，庙会终止。

龙兴寺建于北魏年间，坐落于村东，南临女水河畔，前有春秋时期所建停灵寺，又称停灵殿、齐王殿。龙兴寺重修碑记载，北魏时在停灵寺旧址上建寺院，更名为龙兴寺。清朝初期，龙兴寺旧址建大殿三间。

清末，益临书院由益都和临淄两县集资在寺院旧址合建，因在益都县辛庄北，又称辛庄书院，民国时期改为辛庄学堂，后改为郑家沟小学。抗日战争爆发，学校停办，大殿被国民党军拆毁。

村东南菟头山系女水（又称裙带河）发源地。泉水自山坡石缝中喷涌而出，山下大小泉眼汇成2公顷水面，水深数尺，清澈见底，鱼游碧水，水鸟成群。泉水汇流由村东河道北流，后改流淄河。1974年后泉水干涸，裙带河断流。

村东北角建有菩萨殿，殿内供奉菩萨塑像。

二王冢　　(2015年摄)

民国时期，改为学校，1946年被国民党军队（红脖子）拆掉。

村庄西北200米处有一土冢，称簸箕冢子。据《临淄县志》载：簸箕冢子系王驩墓。王驩，字子敖，战国时期齐国大夫，曾任盖邑大夫、齐国右师等职，出使滕国。现无封土。

2017年，全村居民139户，451人。土地面积63.06公顷，耕地面积26.2公顷。主产小麦、玉米等。村内有村务服务中心、文化大院、卫生室、商业服务网点，水、电、网络、监控、有线电视、路灯等公用设施齐全。姓氏有王、张、郑等三姓。

聂仙村

位于齐陵街道办事处驻地东1千米处。南临309国道，北接东东池和西龙池，西依太公湖，东靠北齐路。聂氏于明代立庄。

明清时期属端智乡。1920年属东九社。1930年属三区。1946年春属牛山区，10月属龙池区。1950年9月属六区。1955年11月属龙池区。1956年6月属五路区。1957年2月属孝陵乡。1958年9月属临淄县齐陵公社，10月属益都县齐陵公社。1961年10月属临淄县齐陵公社。1970年1月属临淄区齐陵公社。1984年4月属齐陵镇，设聂仙村村民委员会。2003年12月属齐陵街道。

清咸丰十年（1860年），庄周围建土寨墙，高3米，东西南北四面各有一寨门，墙外沟深2.5米，宽5米，以作护庄之用。新中国成立后，因大量取土和年久雨水冲刷被夷为平地。清初，庄北建有土地庙一座，占地4000平方米。清朝建大殿一座，殿内塑有土地神一尊，左右护卫煞神执刀枪站立，殿前立一庙碑，20世纪60年代被毁。1918年（民国七年），神像拆除，庙宇改为小学教室，大殿于1965年拆除，原址改建为教室。庄西有一关帝庙和送生娘娘庙，南北依次坐落。庄西南角路旁建节孝碑一方，四周石栏，石碑镌刻“节孝兼慈”四个镏金大字，龙盘碑帽。庄东北角立一节孝碑，镌刻“百世流芳”，“文革”期间被毁。庄西北角450米处有封土高大的康公墓，属国家重点文物保护单位临淄墓群之一。

教师典型石碑　（2016 年摄）

庄东北角另有一方石碑，正面上书“教师典型”四个大字，三面刻有李人凤为崔光中撰写的碑文，现此碑已移至临淄历史博物馆。《临淄文物志》载，聂仙庄北有春秋遗址一处，称聂仙庄北遗址，庄西北有汉代遗址一处，称聂仙西北遗址。

烟花爆竹是聂仙村一项传统手工项目，远近闻名，如今已无人制作。花灯会流传甚远，20 世纪 60 年代前，每年农历二月二日晚，举办盛大的花灯会。1954 年，济南，青岛，潍坊等地来观赏礼花烟火的游客达二三万人。传承打鼓、舞龙、斗狮、吕剧等文化项目，传统体育项目—武术称得一绝。多名武术爱好者数次参加国家、省、市比赛，获得多枚奖牌。

1971 年 5 月 18 日，迁入安置太河移民 3 户，共 13 人。

2017 年，全村居民 447 户，1644 人。土地面积 184.06 公顷，其中耕地面积 88.13 公顷。主产小麦、玉米等。村内有村务服务中心、文化大院、卫生室、商业服务网点，水、电、网络、监控、有线电视、路灯等公用设施齐全。姓氏有王、任、李、张、陈、武、周、郑、姚、贾、徐、高、黄、崔、韩、鲍等，崔、陈、贾、任、武、周、王姓人口居多。

西龙池村

位于齐陵街道办事处驻地北 3 千米处，淄河东岸。元前立庄，原名阎家庄，苑氏迁入后，因位于龙池之西，而更名为西龙池。

明代属敬信乡。清代属端智乡。1920 年属东九社。1930 年属三区。1946 年春属牛山区，10 月属龙池区。1950 年 9 月属六区。1955 年 11 月属龙池区。1956 年 6 月属五路区。1957 年 2 月属孝陵乡。1958 年 9 月属临淄县齐陵公社，10 月属益都县齐陵公社。1961 年 10 月属临淄县齐陵公社。1970 年 1 月属临淄区齐陵公社。1984 年 4 月属齐陵镇，设西龙池村村民委员会。2003 年 12 月属齐陵街道。

龙池又称龙湾，坐落于西龙池和东龙池之间。龙池古为临淄八景之一。明嘉靖四十四年《青州府志》载：龙池为临淄一景，曰“龙池秋月”。池内有泉眼，清澈见底。东西两岸各有石砌饮水井一眼，俗称“龙眼”，水位高出池内 1 米余。龙池、里（李）湾、八角湾有许多水泉，共同组成龙池泉群。龙池于 1978 年断流，遗址尚存。龙池自古系游览胜地，文人墨客留世多首名词佳句。西南、东北、西北各有古冢一座，20 世纪六七十年代取土致古冢消失。

龙泉寺位于西龙池村北 500 米处，系临淄著

西龙池村党群服务中心　（2018 年摄）

名古寺院之一。殿宇轩昂，石佛屹立。1962 年，青岛市博物馆实地考察，寺址面积约 3 公顷。民国九年《临淄县志》载，六朝石佛在龙池龙泉寺故址。龙泉寺坐北朝南，院内前殿供奉弥勒佛塑像，东西偏殿供有八尊神仙塑像。寺院正北坐落大雄宝殿。殿内供如来佛祖、观音菩萨等塑像，殿前各矗立一尊石佛，高丈八，俗称“丈八佛”，佛旁分立菩萨石像两尊，高 3 米，大佛建造于北魏之后、北周之前（约 500—557 年），菩萨石像建于北周、北齐时期，两侧立有“龙泉志碑”“双龙丈八碑”。殿内并供小石佛若干。古有“先有龙泉寺，后有古龙池”之说。清康熙御赐诗碑和题记，捐资重修寺院人名碑至今尚存，御赐诗碑刻立于康熙四十五年（1706 年），上刻康熙帝手书李白《望天门山》诗，两碑于 1983 年收藏于临淄文物管理所，龙泉寺旧址台基仍遗存。1928 年，大佛、菩萨和双龙石碑被当地不法分子盗卖给日本商人，运抵淄河店火车站。1930 年，青岛四方机车厂将珍贵文物运至青岛。1979 年，迁至青岛市博物馆收藏。龙池西建有土地庙，村西建有天帝庙，重修之碑现存村口。

侗驸马墓位于村南百米处，有御葬石刻一组，北端稍西卧一无头大石龟，往南依次排列石人、石羊、石猪、石猴，石刻毁于“文革”初期。墓主为元朝雁南河北道达鲁花赤显祖之墓。

龙池以西即齐家花园，园内有假山、翠竹、凉亭，周围水塘遍生莲藕、芦苇。村内现存古槐一棵，高 10 余米，胸径 1.07 米。在村西淄河东岸依崖建有大小寨两座，大寨占地 2.67 公顷，小寨占地 2000 余平方米 °寨遗址尚存。《临淄文物志》载，西龙池村北有汉代遗址一处，面积 1.66 万平方米，称后佛寺遗址。

1983 年，建成蛋鸡养殖专业村。

2017 年，全村居民 243 户，836 人。土地面积 99.23 公顷，其中耕地 53.96 公顷。主产小麦、玉米、蔬菜等。村内有村务服务中心、文化大院、卫生室、商业服务网点，水、电、气、暖、网络、监控、有线电视、路灯等公用设施齐全。姓氏有于、许、李、苑、周、商等，苑、周、许姓人口居多。

东龙池村

位于齐陵街道办事处驻地北 2.6 千米处，东临北齐路。元代立村，初名侗家庄，村西南有侗驸马墓。后因庄位于龙池以东，故更名为东龙池。

明代属敬信乡。清代属端智乡。1920 年属东九社。1930 年属三区。1946 年春属牛山区，10 月属龙池区。1950 年 9 月属六区。1955 年 11 月属龙池区。1956 年 6 月属五路区。1957 年 2 月属孝陵乡。1958 年 9 月属临淄县齐陵公社，10 月属益都县齐陵公社。1961 年 10 月属临淄县齐陵公社。1970 年 1 月属临淄区齐陵公社。1984 年 4 月属齐陵镇，设东龙池村村民委员会。2003 年 12 月属齐陵街道。

龙池位于东龙池与西龙池两村之间，1958 年泉水不再流出池外，1975 年后不再喷涌。龙池北面 40 米处高台之上“天齐庙”“五龙堂”始建于元末明初。天齐庙居东，大殿 3 间，坐北朝南，与龙池东南角戏楼相对。庙内供东岳泰山天齐仁圣大帝黄飞虎等三尊泥塑像。“五龙堂”俗称龙王庙，位西偏后，大殿 5 间，内塑金、银、黑、红、青 5 尊龙王像，东西山墙绘有龙王出巡图。

东龙池村古槐 （2016 年 摄）

每逢大旱之季，四乡八村的人们便到此祈雨。“天齐庙”“五龙堂”毁于20世纪50年代。龙池东南方建有戏楼，坐南朝北。前台朱红木柱分挂对联，中间上悬“海市蜃楼”匾额。龙池庙会为每年农历六月十三至十九，延续至抗日战争初期。龙池东北方是民国时期建立的临淄县第三区龙池高等小学堂。龙池东面郁郁葱葱一片竹林，池水流经学堂前东流入竹林，又与池南溪水汇流入高家孝陵湾中。东龙池村西头街南存有古槐一棵，高约10米，胸径1.3米，为周氏祖先于明初定居后栽植，距今600余年。此树根系发达，生长旺盛，树干中间有一直径0.8米的洞。此树为吉祥树，老年人都称之为“神槐”，流传神话传说。

东龙池村紧邻北齐路，依托地理优势，大力发展商贸经济，开设了农历每月五、十大集，村东楼房、店铺林立，成为齐陵街道四大集贸市场之一。

2017年，全村居民208户，722人。土地面积74.66公顷，其中耕地面积48.73公顷。主产小麦、玉米、蔬菜等。村内有村务服务中心、文化大院、卫生室、商业服务网点，水、电、气、暖、网络、监控、有线电视、路灯等公用设施齐全。姓氏有周、相、苑等，周姓人口居多。

吕家孝陵村

位于齐陵街道办事处驻地东北3千米处，元代吕氏立庄，因靠孝公墓而得名，原名孝陵庄，后称吕家孝陵。

明代属敬信乡。清代属端智乡。1920年属东九社。1930年属二区。1946年春属牛山区，10月属龙池区。1950年9月属六区。1955年11月属龙池区。1956年6月属五路区。1957年2月属孝陵乡。1958年9月属临淄县齐陵公社，10月属益都县齐陵公社。1961年10月属临淄县齐陵公社。1970年1月属临淄区齐陵公社。1984年4月属齐陵镇，设吕家孝陵村村民委员会。2003年12月属齐陵街道。

孝公冢位于村北150米处。《齐乘》载：“五公冢，临淄东南十里，齐孝公、昭公、惠公、顷公、灵公，五坟相近。”村南、西北和村东有3个古墓遗址，其中两个已被取土成湾。

村中曾有庙宇三座。最早一座在庄中心，明中期建，供奉如来佛祖，人称佛爷庙。此庙坐西面东三间，石条地基，青色砖瓦到顶，起脊飞檐。内重梁画柱，门雕木隔扇。另建有一庙，略小于佛爷庙，内供南海观音菩萨，人称菩萨庙。此庙在民国时期拆毁改建为新式学堂，佛爷庙改成教室，并在庙院修建南北两大教室。

村西一座庙宇晚于村中庙宇200余年。据庙钟铭文记载为乾隆五十六年（1792年）修建。建筑规模大于村中庙宇一倍，人称大庙。村中各种祭奠活动在此进行。占地3000余平方米，前后两院，前为庙宇，后为僧人住宿。主殿三间，砖石结构，石条窗棂，顶盖青瓦，起脊飞檐，四梢安有钢叉兽、哈巴狗，庙脊中蹲争王神，两头各安一个螭吻。庙内重梁画栋，中间台基端坐如来佛祖，两边有菩萨、罗汉相伴。

东殿是阎王殿。阎王爷端坐正中，小鬼、判官分立左右，手持铁索和判官笔。靠北墙立三眼神，人称马王爷。西殿是忠义殿，又称三官庙，内供刘关张桃园三兄弟，关平、周仓分立两边。大殿东南角建有一钟鼓楼，古钟高1.5米，口径1米。上铸铸造时间及捐款人。在村中十字路口处还建有一座土地庙。

1947年7月，华东野战军发起临朐战役时，村中学校曾为解放军某部临时后方医院。新中国

孝公墓　（2010年摄）

成立后复为吕家孝陵小学。院内倒垂槐、国槐各一棵，植于明代中叶。国槐径粗 3 人合抱，树身腹空，1953 年被毁。倒垂槐因学校改造，1970 年春移于吕家联中西门里边，1971 年被毁。

村东南 400 米处，原有一墓地，称潘家坟，相传为北宋潘仁美家族墓地。传说北宋潘杨之争，潘家失败，为免遭剿斩，此地潘姓改为吕姓，故有潘吕一家之说。清末民初，舞龙在春节扮玩活动中享有盛名。光绪年间去临淄县衙演出时，被县长赞为“疯龙”。后扩展扭秧歌、跑旱船、踩高跷等。《临淄文物志》载，吕家孝陵北有隋唐文化遗址一处，面积 1.11 万平方米，称吕家孝陵遗址。科举时期，吕鹤翔，明代监生，隆庆元年（1567 年），任山西武乡县丞（正八品）。吕鹏翔，明代贡生，隆庆三年（1569 年），任江苏江都县丞（正八品），后迁至莱芜县。隆庆六年，吕齐渊被朝廷授“寿官”称号，时年 70 余岁。李炳符、李毓梅、李维汉、吕锦堂、吕敦朴、吕道同（清光绪年间）考中秀才。新中国成立后至今，共有大学生、硕士、博士 138 人。

齐陵二中小学部坐落于村南，齐陵二中坐落于村东。

村东为齐陵街道环保工业开发区，落户多家中小企业。建有祖发蔬菜专业合作社，占地 30.67 公顷。2004 年，建成蛋鸡养殖专业村。

2017 年，全村居民 356 户 1236 人。土地面积 167.19 公顷，其中耕地 100.63 公顷，流转土地 90%。主产小麦、玉米、蔬菜等。村内有村务服务中心、文化大院、卫生室、商业服务网点，水、电、气、暖、网络、监控、有线电视、路灯等公用设施齐全。姓氏有吕、刘、李、张、周、徐等。

高家孝陵村

位于齐陵街道办事处驻地东北 3.6 千米处。据高氏墓碑记载，高氏始祖于明万历年间自莱州府迁居齐孝公墓东立庄，得名高家孝陵。

明代属敬信乡。清代属端智乡。1920 年属东九社。1930 年属二区。1946 年春属牛山区，10 月属龙池区。1950 年 9 月属六区。1955 年 11 月属龙池区。为龙池区政府驻地。1956 年 6 月属五路区。1957 年 2 月属孝陵乡。为孝陵乡政府驻地。1958 年 9 月属临淄县齐陵公社，10 月属益都县齐陵公社。1961 年 10 月属临淄县齐陵公社。1970 年 1 月属临淄区齐陵公社。1976 年 7 月 1 日，高东大队、高西大队合并为高家大队。1984 年 4 月属齐陵镇，设高家孝陵村村民委员会。2003 年 12 月属齐陵街道。

村内西端有一大院，院内前部建有观音菩萨庙一座，清初建成。庙宇坐北面南，大门临前街，9 级台阶。庙宇大殿 3 间，砖石结构，小青瓦盖顶，三面出厦，起脊飞檐。院中十几棵古柏参天，另有国槐、毛白杨各 1 棵，胸径两人方能合抱。后院有北屋 4 间，民国时期用于学堂和村公所。

村南有一池塘，俗称庙湾，与街北观音菩萨庙相对。龙池泉水由村西顺小溪流入湾中，湾水沿前街排水沟东流，再过桥向北穿村而过。

民国初年，高家孝陵有临淄县四大庄园之一誉称。1930 年，为防土匪骚扰、护村守院，村里成立近 80 人民团，按地银集款，购枪 80 支，统一配备黑色制服。1936 年，临淄县县长冯谦光亲点该村民团到县政府操演。抗日战争爆发后，民团枪支捐献给八路军山东人民抗日游击第三支队第十团。民国时期，该村庙会为每年农历三月十一至十五日，庙会人数日达 2000 余人，庙会延续至抗日战争初期。

土改运动中，该村没收多处大宅院。1948 年始，龙池区委、区公所及孝陵乡政府一直设于村东南角大宅院中。1949 年正月，村里一次动员 7 名青年参军入伍，被龙池区委、区政府表彰为“动参模范村”。1954 年 10 月，临淄县第六

高家孝陵村党群服务中心　　（2017 年 摄）

区粮管所在村东头一大院中建立，1970年停用。

1959年春，在龙池区区政府旧址成立齐陵公社农业中学，后改称淄河中学、临淄十中、齐陵二中，1996年迁出。《临淄文物志》载，村南有汉代遗址一处，面积1.4万平方米，称高家遗址。

高家孝陵村民文化生活活跃，有锣鼓队、高跷队、秧歌队等宣传队伍。2004年8月，迁入安置三峡移民4户，共17人。

2017年，全村居民275户，945人。土地面积126.44公顷，其中耕地面积85.45公顷。主产小麦、玉米、蔬菜等。村内有村务服务中心、文化大院、卫生室、商业服务网点，水、电、气、暖、网络、监控、有线电视、路灯等公用设施齐全。姓氏有于、王、邓、冯、任、刘、陈、武、屈、孟、袁、贾、卿、高等，于、屈、高、任姓人口居多。

石庙孝陵村

位于齐陵街道办事处驻地东北4.2千米处。明初，王、苑二姓于孝公墓东偏北立村，名瑞流村，因龙池之水流经该村而得名。明代后期，在村西南修建石庙一座，瑞流村由此更名为石庙孝陵。

明代属敬信乡。清代属端智乡。1920年属东九社。1930年属二区。1946年春属牛山区，10月属龙池区。1950年9月属六区。1955年11月属龙池区。1956年6月属五路区。1957年2月属孝陵乡。1958年9月属临淄县齐陵公社，10月属益都县齐陵公社。1961年10月属临淄县齐陵公社。1970年1月属临淄区齐陵公社。1984年4月属齐陵镇，设石庙孝陵村村民委员会。2003年12月属齐陵街道。

“石庙”为一座关帝庙，坐北面南，庙顶系青石板发碹而成，弧形圆顶，庙墙均系人工加工的石料建成。石门、石窗大小相宜，石门开关自如。石窗框、棂加工细致，共有十八级台阶。20世纪50年代后期被毁。

清末年间，曾建村寨，寨墙纯土筑，高约5米、宽4米，墙外深沟，建有东、西、南三大寨门。新村规划后，随着居民住宅建设而拆除。

石庙孝陵村　（2017年摄）

石庙孝陵村民自古有烧制香炉、香牌的传统手工工艺，产品堪称当地一绝，主要销往青州、寿光、广饶等周边地区。《临淄文物志》载，村东北有龙山文化遗址一处，面积3.77万平方米，称石庙孝陵遗址，为区级文物保护单位。村南有汉代文化遗址一处，面积1万平方米，称石庙遗址。

2007年，全村居民260户，876人。土地面积114.39公顷，其中耕地面积88.46公顷。主产小麦、玉米、蔬菜等。村内有村务服务中心、文化大院、卫生室、商业服务网点，水、电、气、暖、网络、监控、有线电视、路灯等公用设施齐全。姓氏有王、吕、孙、刘、闫、李、张、苑、孟、胡、高、韩、鲁等。

毛家村

位于齐陵街道办事处驻地东北4.4千米处。明初或明前毛氏立庄，称富兴庄，因临裙带河（女水），故更名西顺合（河）庄，后复名毛家庄。

明代属敬信乡，清代属端智乡。1920年属东六社。1930年属二区。1946年春属牛山区，10月属龙池区。1950年9月属六区。1955年11月属龙池区。1956年6月属五路区。1957年2月属孝陵乡。1958年9月属临淄县齐陵公社，10月属益都县齐陵公社。1961年10月属临淄县齐陵公社。1970年1月属临淄区齐陵公社。1984年4月属齐陵镇，设毛家村村民委员会。2003年12月属齐陵街道。

明初所建一处寺院坐落于村东北500余米处，清代中期，青州一少年陈百通在此跟一位道长修炼学艺，多年修成“正果”。后人去寺空，

毛家村党群服务中心　　（2017 年 摄）

年久失修而颓废，遗址至今多有瓦砾，当地人称“瓦茬子地”。由此，又有陈百通学艺的传说。“一干四坠”之说流传至今。“干”为村中央，“坠”为村四角。时为清代，按一道长授意，为断其村东北方四五百米处一墓地风水，围绕村中、村外四角共挖大湾 5 个，遗址仍存。关帝庙建于村东北角，大殿三间，高 6 米，长 10 米，宽 6 米，砖石结构，青瓦盖顶。紫色木制门窗。支撑前檐的两根粗圆木柱，雕绘着四条龙，自下而上盘踞，翘首相望，喷珠吐玉。大殿内，关帝泥塑像居中，关平、周仓泥塑像分列两旁，东壁绘松林、西壁画仙草。庙门两边有数棵大松树，直径 1 米余，树挂一口大钟，门外一石碑。“文革”时期，殿内物被毁，改建为小学。20 世纪 70 年代庙宇拆除，建成民房。庄东北角北湾西旁有座土地庙，60 年代被毁。

毛家庄古寨建于清初，围长 934 米，高约 10 米，均用土夯实而成，墙外有壕沟。古寨门有五，正南方为总门，高 3.5 米、宽 4 米；东门高 3 米、宽 3.5 米，西门与东门、南门与北门均对称。东南方另有高 3 米、宽 2 米的小门，寨门均用实木制成。各寨门配有土枪、抬枪、五子炮等土制武器。抗日战争和解放战争期间，胶济大队一中队、特务大队、武工队和益寿临广四边县独立营等部队多次临时驻防对敌作战，庄北有条大沟，易于部队撤退。现寨墙已夷为平地。《临淄文物志》载，毛家庄北有战国及汉代文化遗址一处，面积 6.86 万平方米，称毛家庄遗址。

2017 年，全村居民 210 户，651 人。土地面积 100.61 公顷，其中耕地面积 80.83 公顷。主产小麦、玉米、蔬菜等。村内有村务服务中心、文化大院、卫生室、商业服务网点，水、电、网络、监控、有线电视、路灯等公用设施齐全。姓氏有牛、吕、朱、刘、李、杨、张、陈、郑、孟、贾、郭、常、崔、鲁等。

北苑村

位于齐陵街道办事处驻地东北 5.5 千米处。东南两面与青州市饮马村、南苑村交界。明代苑氏立庄，初名东顺合（河）庄，因前有南苑庄，故改名为北苑庄。

明代属敬信乡。清代属端智乡。1920 年属东六社。1930 年属二区。1946 年春属牛山区，10 月属龙池区。1950 年 9 月属六区。1955 年 11 月属龙池区。1956 年 6 月属五路区。1957 年 2 月属孝陵乡。1958 年 9 月属临淄县齐陵公社，10 月属益都县齐陵公社。1961 年 10 月属临淄县齐陵公社。1970 年 1 月属临淄区齐陵公社。1984 年 4 月属齐陵镇，设北苑村村民委员会。2003 年 12 月属齐陵街道。

明代，庄南头曾建有老母庙一座，庙内端坐老母塑像。并有庙碑一座，倒垂槐一棵，直径半米有余，庙宇毁于 1958 年。南柳湾子位于庄南，湾边有古柳和白杨。庄南 300 米处有一泉池，泉眼较大，泉水喷涌，流向南柳湾，顺庄东河沟流入东大湾。后干涸。《临淄文物志》载，庄西北有汉代文化遗址一处，面积 3.25 万平方米，称北苑遗址。科举时期，贾俊于清末考中秀才。

2017 年，全村居民 223 户，735 人。土地面积 131 公顷，其中耕地面积 96.53 公顷。主产小

北苑村党群服务中心　　（2017 年 摄）

麦、玉米、蔬菜等。村内有村务服务中心、文化大院、卫生室、商业服务网点，水、电、网络、监控、有线电视、路灯等公用设施齐全。姓氏有王、石、闫、李、张、陈、郑、贾、徐、郭等。

前李村

位于齐陵街道办事处驻地北 3.8 千米处。淄河东岸。元代立庄，因李氏明初落居于刘家营村蒙古族之“官田”，分居前、后两庄，前李官庄居南。

明清时期属敬信乡。1920 年属东四社。1930 年属二区。1946 年春属牛山区，10 月属龙池区。1950 年 9 月属六区。1955 年 11 月属龙池区。1956 年 6 月属五路区。1957 年 2 月属孝陵乡。1958 年 9 月属临淄县齐陵公社，10 月属益都县齐陵公社。1961 年 10 月属临淄县齐陵公社。1970 年 1 月属临淄区齐陵公社。1984 年 4 月属齐陵镇，设前李村村民委员会。2003 年 12 月属齐陵街道。

庄东 60 米处有黔敖墓，属全国重点文物保护单位临淄墓群之一。“嗟来之食”的典故出自黔敖乐善好施的故事。古时，前李官庄建有土寨，围墙夯筑，墙高 10 米，宽 5.4 米，东西各一寨门，东寨门名顺河寨，西寨门名平安寨，墙外壕沟引龙池泉水，环村流经庄西北汇入淄河。现寨无存。原庄内地下挖有地宫一处，久已坍塌。土地庙又称福德庙、伯公庙，位于庄东部、中心街北，建于元末明初，“文革”时期被拆除。《临淄文物志》载，前李官庄西南有大汶口文化遗址一处，面积 8640 平方米。称前李西南遗址。为区级文物保护单位。村西北有周代遗址一处，面积 31.5 万平方米，称前李西北遗址。周氏香油制作工艺被列入临淄区非物质文化遗产名录。

1971 年 5 月 18 日，迁入安置太河移民 3 户，共 15 人。

2017 年，全村居民 267 户，841 人。土地面积 846.5 公顷，其中耕地 63.44 公顷。主产小麦、玉米、蔬菜等。村内有村务服务中心、文化大院、卫生室、商业服务网点，水、电、气、暖、网络、监控、有线电视、路灯等公用设施齐全。姓氏有张、周、翟三姓。

后李村

位于齐陵街道办事处驻地北 4.3 千米处。淄河东岸，东临北齐路。村后即临淄中国古车博物馆和青银高速公路。元代立庄，因李氏落居于刘家营村蒙古族之“官田”，又有南北二庄相邻，该村居北，故称后李官庄。

明清时期属敬信乡。1920 年属东四社。1930 年属二区。1946 年春属牛山区，10 月属龙池区。1950 年 9 月属六区。1955 年 11 月属龙池区。1956 年 6 月属五路区。1957 年 2 月属孝陵乡。1958 年 9 月属临淄县齐陵公社，10 月属益都县齐陵公社。1961 年 10 月属临淄县齐陵公社。1970 年 1 月属临淄区齐陵公社。1984 年 4 月属齐陵镇，设后李村村民委员会。2003 年 12 月属齐陵街道。

清初，庄十字街西北角有座关帝庙，大殿三间，中间端坐关云长塑像，关平、周仓泥塑分列东西两旁。东西山墙处供绘有大将胡班、廖化

前李村党群服务中心　　（2017 年摄）

后李村　　（2017 年摄）

塑像。殿内墙上绘有“桃园三结义”“三英战吕布”“许田打猎”等壁画。关帝庙大门内东侧建一钟鼓楼，楼内悬挂一口高1.5米，直径1米的生铁铸钟，钟南并挂牛皮红色大鼓一面。院内古松十余棵，古松下石碑两块，刻有建庙时间及捐款人等。

后李文化遗址位于庄西北500米处，是目前国内北方地区发现的新石器时代早期遗址之一，距今7500—8500年。2006年5月被国务院公布为全国重点文物保护单位。村南、村西北各有大汶口文化遗址一处，面积分别为2.21万平方米、7.2万平方米。当地有东汉光武帝刘秀到淄江（淄河）的传说。

临淄中国古车博物馆坐落于后李文化遗址，位于后李官庄北。1990年5月，山东省考古工作队在后李官庄发现一处春秋时期大型车马坑，被列为1990年全国十大考古发现之一。1994年，以春秋车马坑为依托，集全国各地出土的不同类型、不同时期的车马进行复制、陈列，建成临淄中国古车博物馆，占地1.36公顷，建筑面积3600平方米，是中国第一家最完整、最系统、集考古发掘现场与文物陈列于一体的展示古车发展史的博物馆，为齐文化旅游主要景点之一。

1971年5月18日，迁入安置太河移民3户，共9人。

2017年，全村居民264户，792人。土地面积98.42公顷，其中耕地61.67公顷。主产小麦、玉米、蔬菜等。村内有村务服务中心、文化大院、卫生室、商业服务网点，水、电、气、暖、网络、监控、有线电视、路灯等公用设施齐全。姓氏有田、闫、李、赵、高、薛、郎等，闫、高、李姓人口居多。

刘营村

位于齐陵街道办事处驻地东北4千米处，系山东省唯一的蒙古族聚居村。至元八年（1271年）蒙古族人立村，因蒙古族将领“五公”留居地，初名留下营，后称刘下营、刘营、刘家营。

明清时期属敬信乡。1920年属东四社。1930年属二区。1946年春属牛山区，10月属龙池区。1950年9月属六区。1955年11月属龙池

刘家营蒙古族村标碑　　（2016年摄）

区。1956年6月属五路区。1957年2月属孝陵乡。1958年9月属临淄县齐陵公社，10月属益都县齐陵公社。1961年10月属临淄县齐陵公社。1970年1月属临淄区齐陵公社。1984年4月属齐陵镇，设刘营村村民委员会。2003年属齐陵街道。

元忽必烈统一中国后，在中原部署军役驻防，“五公”为蒙古军镇抚，系斡罗那歹氏人，驻守此处，同汉族人杂居，渐成蒙古族村落。有两块元朝墓碑尚保存完好，为区级文物保护单位。碑文记载：李璮兵变，“五公”被俘，誓死不屈，李璮十分欣赏“五公”的忠勇和气节，将其释放。元朝充实驻中原兵力，加强后勤补给，每军拨赐草场7顷以饲马练兵。根据蒙古军在驻地择偶的规定，“五公”娶汉族白氏姑娘为妻，世代繁衍。至元三十年（1293年），“五公”忠于职守，勤于军务，有战功，被擢升镇抚。后老死任上。东西邻村庄为刘家营官田。村东北角建一庙宇，称天齐庙（娘娘庙）。西南角有一座关帝庙。村四边有土坑4个，统称老湾崖。村中有明

朝古槐一棵，树龄 400 余年。民国时期四周筑有寨墙。四角有寨门，东北门上书刘家营，右边书民国二十年建；东南门名千翠门；西北门名临江门；西南门上书刘家营。老湾崖传说、一对红灯笼的传说流传至今。《临淄文物志》载，刘家营村北砖厂有战国时期遗址一处，面积 4.2 万平方米，称为刘家营遗址。

京剧与武术为该村文化传统项目，村中男女老幼喜爱，艺人刘奉山，出嗣于毛家庄刘姓，艺名“全虎”，主持创办刘家营戏班，称为刘家营子弟戏，很多剧目得以传承。

2017 年，全村居民 322 户，1059 人。土地面积 142.87 公顷，其中耕地 107.4 公顷。主产小麦、玉米和蔬菜等。盛产西红柿、西葫芦等。村内有村务服务中心、文化大院、卫生室、商业服务网点，水、电、气、暖、网络、监控、有线电视、路灯等公用设施齐全。姓氏有刘、孙、李、吴、范、赵、潘等，刘、李姓人口居多。

薛家村

位于齐陵街道办事处驻地北 5 千米处，淄河东岸。西依北齐路，南邻青银高速临淄东收费站。相传南宋时一韩姓朝官改姓雪，匿居于此，建楼曰雪家楼，故村名雪家庄。

明清时期属敬信乡，1920 年属东四社。1930 年属二区。1946 年春属牛山区，10 月属龙池区。1950 年 9 月属六区。1955 年 11 月属龙池区。1956 年 6 月属五路区。1957 年 2 月属孝陵乡。1958 年 9 月属临淄县齐陵公社，10 月属益都县齐陵公社。1961 年 10 月属临淄县齐陵公社。1970 年 1 月属临淄区齐陵公社。1984 年 4 月属齐陵镇，设薛家村村民委员会。2003 年 12 月属齐陵街道。

1965 年冬，北京大学考古系师生在薛家庄西淄河东岸考古发现大汶口文化遗址，面积 9 万平方米，称薛家庄遗址。距今约 5000 年。为省级重点文物保护单位。1973 年冬，在大汶口文化遗址上进行土地整平时，出土红陶觚和灰陶觚各 1 件，收藏于临淄区文管所。文化大革命前有庙宇 4 座，村东沟东头一座，称疙瘩庙；疙瘩庙西 50 米处有一土地庙；土地庙西、村东湾西侧有庙一座，称关帝庙，庙西偏房 7 间，西侧古松 3 棵；村西一庙宇称老母庙。四庙均毁于 1966 年前。

新中国成立前建有古寨，寨墙东西 180 余米，南北 210 余米。寨外壕沟宽 3 米余。寨墙建有东、西、南三个寨门，1952 年被拆除。村中贾家大门、张家大门，门前均垒有条石台阶。张家大门门楣处挂一“玉洁冰清”的木匾一块，1958 年时被毁。张氏公墓存墓碑载（碑碣立于清宣统二年），张氏祖十三世张宗禹，字奠川，蒙旨准受乡饮大宾，赐匾额，恩荣八品顶戴寿官之职，占皇恩三次。寿官是明清时期一种闲职官员，多为八品。需具备广施功德、乡里称颂、年龄超过 90 岁、五世同堂等条件，由地方官员奏报朝廷，皇帝恩准颁旨，颁发官带，予以褒奖。清雍正朝律为每年每县推举寿官一名。

1971 年 5 月 18 日，迁入安置太河移民 3 户，共 15 人。

薛家锣鼓兴起于 20 世纪 30 年代。1987 年被评为区级文明村。2012 年 10 月，建成临淄金阳葡萄专业合作社。

2017 年，全村居民 264 户，799 人。土地面积 109.99 公顷，其中耕地面积 74.79 公顷。主产小麦、玉米、蔬菜等。村内有村务服务中心、文化大院、卫生室、商业服务网点，水、电、气、

薛家遗址　（2016 年 摄）

暖、网络、监控、有线电视、路灯等公用设施齐全。主要姓氏为陈、贾、张、闫、苏等。

宋家村

位于齐陵街道办事处驻地东北6千米处。北齐路东侧，北临皇城镇张家、崖付村。宋氏祖于明代中叶由益都县南宋家庄迁此。始营店，后立庄，称宋家庄。

明清时期属敬信乡。1920年属东四社。1930年属二区。1946年春属牛山区，10月属龙池区。1950年9月属六区。1955年11月属龙池区。1956年6月属五路区。1957年2月属孝陵乡。1958年9月属临淄县齐陵公社，10月属益都县齐陵公社。1961年10月属临淄县齐陵公社。1970年1月属临淄区齐陵公社。1984年4月属齐陵镇，设宋家村村民委员会。2003年12月属齐陵街道。

宋家庄集市悠久，农历逢四、九为集日，旧时有牲口市、铁器市、棉布市、粮食市、山货市和铁匠、锡匠、剃头匠、说书、卖艺、拉洋片等摊场，染房、宰坊、面食业10余家。清末，设盐店一处，堪称“临淄五大集市之一”。早期，村四周夯筑有围墙，墙外挖有壕沟。东西南北四面建有寨门，大门上建有土楼，四寨门楣均安石刻门匾，西门为集义寨。村东、西、南寨外各有一处大湾，湾边柳树粗大成荫。村西有土地庙一座。村东有关帝庙，院内古树参天。村南有菩萨庙，由两个院落组成，院内有粗大的苍松翠柏，菩萨塑像端坐北院大殿中莲花宝座之上，塑像在战乱年代被毁。民国时期，菩萨庙被改建成学堂。1948年3月临淄解放后，建成临淄第六小学。村内古槐6棵，现仅存1棵，位于村东湾南侧，为明代中叶栽植，距今600余年。村北1千米处有座牌坊，高8.5米，宽10米。上镶嵌书写“圣旨”石匾，下书“旌表孝子于德與之坊”，两侧配一副对联，庄重典雅，气势恢宏。此牌坊系乾隆帝为嘉奖时任河北吴桥知县于德與政绩敕其所建，题字属大学士窦光鼐所书。牌坊正门前后各有雄雌狮1对。1966年8月被毁。

武术和京剧得以传承。《近今北方健者传》又称《拳勇见闻录》载：于传章，字芾臣，号飞堂，山东临淄人，因其善使双刀，武林中尊为“雁翎双翅于飞堂”。刀术、查拳、形意拳、太极拳及多种武术器械练得出神入化，所传弟子甚多。临淄、青州、广饶等地拳术多为于传章所传。所传该村弟子多次参加区市及全国武术比赛，获淄博市第十一届体育大会暨2014年度武术演武大会传统拳一等奖、器械二等奖。2015年4月在中国齐鲁武术邀请赛中，拳、器械均获金奖。齐陵弹腿门被列入第三批区级非物质文化遗产名录。

2012年元宵节，秧歌队、花篮队、舞狮队参加区汇演，市区电视台作专题报道。

村民多以种植、养殖为主，2012年6月成立普浩农业合作社。建立临淄乐采蔬菜标准园，为国家级蔬菜标准园。2008年被区委、区政府命名为文明村。2012年被区委、区政府命名为先进村居（社区）。2016年村党支部被区委授予先进基层服务性党组织称号。

2017年，全村居民518户，1640人。土地面积211.96公顷，其中耕地173.41公顷。主产小麦、玉米、蔬菜等。村内有村务服务中心、文

宋家村东湾老槐树　（2016年摄）

化大院、卫生室、商业服务网点，水、电、网络、监控、有线电视、路灯等公用设施齐全。姓氏有于、马、王、孙、刘、宋、吴、邵、贾、徐等，于姓人口居多。

东刘家村

位于齐陵街道办事处驻地东北 5.7 千米处。刘氏明朝立庄，故名刘家庄，行政村名东刘家村。据苏氏墓碑载，苏氏始祖于明万历五年（1527 年）由乐安县（今广饶县）桑科迁居临淄城东刘家庄。

明清时期属敬信乡。1920 年属东四社。1930 年属二区。1946 年春属牛山区，10 月属龙池区。1950 年 9 月属六区。1955 年 11 月属龙池区。1956 年 6 月属五路区。1957 年 2 月属孝陵乡。1958 年 9 月属临淄县齐陵公社，10 月属益都县齐陵公社。1961 年 10 月属临淄县齐陵公社。1970 年 1 月属临淄区齐陵公社。1984 年 4 月属齐陵镇，设东刘家村村民委员会。2003 年 12 月属齐陵街道。

《临淄文物志》载，庄东有春秋时期文化遗址一处，面积 10.26 万平方米，称刘家庄东遗址；庄东南、村南、西南各有一处汉代文化选址，面积分别为 4.84 万平方米、8000 平方米、1.66 万平方米，分别称刘家庄东南遗址、东刘家村南遗址、东刘家庄西南遗址。

2017 年，全村居民 175 户，548 人。土地面积 87.93 公顷，其中耕地面积 67.32 公顷。主产小麦、玉米、大棚蔬菜等。村内有村务服务中心、文化大院、卫生室、商业服务网点，水、电、气、暖、网络、监控、有线电视、路灯等公用设施齐全。姓氏有于、闫、李、张、苏、铁等。

胡家村

位于齐陵街道办事处驻地东北 5.5 千米处。东邻二号路，北与东刘家村相连，南近青银高速公路。明代立庄，初名徐家坊子。清康熙年间，胡氏自淄河西尧王庄迁居徐家坊子，后繁衍为大族，便改名为胡家庄。

明清时期属敬信乡。1920 年属东四社。1930 年属二区。1946 年春属牛山区，10 月属龙池区。1950 年 9 月属六区。1955 年 11 月属龙池区。1956 年 6 月属五路区。1957 年 2 月属孝陵乡。1958 年 9 月属临淄县齐陵公社，10 月属益都县齐陵公社。1961 年 10 月属临淄县齐陵公社。1970 年 1 月属临淄区齐陵公社。1984 年 4 月属齐陵镇，设胡家村村民委员会。2003 年 12 月属齐陵街道。

清朝中期，在村北修建财神庙一座，占地 2400 平方米，房屋 10 余间，有一道士常年居住，教青年习武，有 30 余名青年拜师学艺。传承有武术队、锣鼓队，1988 年在辛店汇演获二等奖。1989 年组织起花杆、跑驴等文艺宣传队伍。《临淄文物志》载，胡家庄西有汉代文化遗址一处，面积 4 万平方米，称胡家庄西遗址。

2017 年，全村居民 142 户，450 人。土地面积 76.39 公顷，其中耕地面积 57.62 公顷。主产小麦、玉米、蔬菜等。村内有村务服务中心、文化大院、卫生室、商业服务网点，水、电、气、暖、网络、监控、有线电视、路灯等公用设施齐全。姓氏有于、王、朱、李、张、岳、赵、胡、徐等。

东刘家村党群服务中心 （2017 年 摄）

胡家村党群服务中心 （2017 年 摄）

太平村

位于齐陵街道办事处驻地东北7.5千米处。东与皇城镇油坊村接壤，西与皇城镇崖付庄相接，北靠皇城镇张家村。战国时期立庄，系一古村落。明初发现庄内一座石碑，上刻“古鄌城（即战国时期安平城）南太平庄”。后称太平庄。

明清时期属敬信乡。1920年属东五社。1930年属二区。1946年春属牛山区，10月属龙池区。1950年9月属六区。1955年11月属龙池区。1956年6月属五路区。1957年2月属孝陵乡。1958年9月属临淄县齐陵公社，10月属益都县齐陵公社。1961年10月属临淄县齐陵公社。1970年1月属临淄区齐陵公社。1984年4月属齐陵镇，设太平村村民委员会。2003年12月属齐陵街道。

新中国成立前，太平庄筑有土寨，四周寨墙高三四米，外有壕沟，东南、东北、西南角各建一寨门，上书“太平庄”。西北角有菩萨庙一座，东北角寨门东有前后湾，旁坐落一土地庙，庙台西立一石碑，记载太平庄系战国时期立庄和10余姓氏等。新中国成立后，土寨失去作用，日久夷平。20世纪五六十年代庙宇拆毁。《临淄文物志》载，太平庄东北有汉代文化遗址一处，面积6万平方米，称太平庄遗址。

2014年，建成集大棚育苗、采摘、观光为一体的淄博金囤农业发展有限公司。

2017年，全村居民285户，969人。土地面积141.53公顷，其中耕地面积119.23公顷。主产小麦、玉米、蔬菜等。村内有村务服务中心、文化大院、卫生室、商业服务网点，水、电、网络、监控、有线电视等公用设施齐全。姓氏有王、乔、李、张、吴、赵等，杨、王、张姓人口居多。

付辛村

位于齐陵街道办事处驻地东北7.2千米处。北与皇城镇油坊村相接。元大德年间傅氏名新者，择居此地立庄，名傅新庄。村落位于现村西南角，由沟、洼、湾、壕穿插形成3个小部落，如同“心”之状，明代易称小心庄。傅、唐、郭、吴、翟、门、党、崔等姓氏相继无嗣或迁居，谓“小心”不祥。至清代，姓氏有增，人口昌盛，村老佥议复称傅新庄，今称付辛庄。

太平村党群服务中心　（2017年摄）

明清时期属敬信乡。1920年属东六社。1930年属二区。1946年春属牛山区，10月属龙池区。1950年9月属六区。1955年11月属龙池区。1956年6月属五路区。1957年2月属孝陵乡。1958年9月属临淄县齐陵公社，10月属益都县齐陵公社。1961年10月属临淄县齐陵公社。1970年1月属临淄区齐陵公社。1984年4月属齐陵镇，设付辛村村民委员会。2003年12月属齐陵街道。

庄南500余米处有张进古墓一处，墓地百顷，柏树千株，墓呈方形，40平方米，高10余米，墓四角立石柱为桩，其孙张宽为其立墓碑，记载张进在金朝任将军之职。其后嗣居住张家庄、白兔丘等地。20世纪70年代，墓碑被毁。村西有关帝庙，占地800余平方米，大殿三间，殿内关云长塑像居中，关平、周仓塑像分列两旁，壁墙绘“三英战吕布”等。庙堂西间前立石碑一块，

付辛村　（2017年摄）

记载建造时间等。庙内挂铸铁钟一口。大殿东侧城隍庙，西侧土地庙，院内古柏数棵，高大参天，国槐粗壮叶茂。庙山门前两棵古杨，参天蔽日。娘娘庙坐落村中，占地百余平方米，庙内位列云霄、碧霄、琼霄三位娘娘塑像。村东头有座关帝庙，建筑规模较小。庙宇、古树均毁于20世纪六七十年代。付辛村挖湾建庙传说至今流传。花边生产为传统手工项目，自民国时期至20世纪70年代，几乎家家从事花边生产。

2017年，全村居民204户，673人。土地面积104.82公顷，其中耕地面积87.25公顷。主产小麦、玉米和蔬菜等。村内有村务服务中心、文化大院、卫生室、商业服务网点，水、电、网络、监控、有线电视、路灯等公用设施齐全。姓氏有于、王、冯、刘、张、赵、荣、胡、段等。

前丁村党群服务中心　（2017年摄）

前丁村

位于齐陵街道办事处驻地东北6千米处。东与青州市接壤。元末李氏立庄于“官田”处，始称李官庄，后有丁氏迁入，明弘治元年（1488年）改名为前丁官庄。

明清时期属敬信乡。1920年属东六社。1930年属二区。1946年春属牛山区，10月属龙池区。1950年9月属六区。1955年11月属龙池区。1956年6月属五路区。1957年2月属孝陵乡。1958年9月属临淄县齐陵公社，10月属益都县齐陵公社。1961年10月属临淄县齐陵公社。1970年1月属临淄区齐陵公社。1984年4月属齐陵镇，设前丁村村民委员会。2003年12月属齐陵街道。

新中国成立前，庄里建有菩萨庙和关帝庙各一座，20世纪60年代被毁。庄内立一尊大石狮（年代不详），现存村委大院。村南有淄博临淄庚源晨奶牛专业合作社，成立于2009年。奶牛养殖户由最初14户发展到105户，拥有专业技术人员20余人。

2017年，全村居民105户，362人。土地面积64.61公顷，其中耕地面积43.91公顷。主产小麦、玉米、蔬菜等。村内有村务服务中心、文化大院、卫生室、商业服务网点，水、电、网络、监控、有线电视、路灯等公用设施齐全。姓氏有丁、于、王、刘、李、张、周、孟、贾等。

后丁村

位于齐陵街道办事处驻地东北6.4千米处。东与青州市新岭村接壤。元末丁氏立庄，又于“官田”处，故名丁官庄。后因南邻李官庄更名为前丁官庄，遂名后丁官庄。

明清时期属敬信乡。1920年属东六社。1930年属二区。1946年春属牛山区，10月属龙池区。1950年9月属六区。1955年11月属龙池区。1956年6月属五路区。1957年2月属孝陵乡。1958年9月属临淄县齐陵公社，10月属益都县齐陵公社。1961年10月属临淄县齐陵公社。1970年1月属临淄区齐陵公社。1984年4月属齐陵镇，设后丁村村民委员会。2003年12月属齐陵街道。

清末时期，家家养蚕，栽植桑树，庄东有500余米的桑叶买卖集市，生产的蚕丝远销国内外。庄内有政府建养蚕学校一所，当地招生，传授养蚕知识和文化课程。日军侵华后，逐渐萧条而终。

新中国成立前，围村建有寨墙，四面建有4个寨门。庄内西南角、中央和东北角分别有三

后丁村党群服务中心　（2017 年摄）

个相连的水塘，人称“三仓”。庄东南角有一大湾，状若元宝。湾中水明如镜，鱼翔浅底，夏日荷花，亭亭玉立。大湾北岸由巨石砌成，花墙围绕。岸上有一明代古杨，直径 2 米余，苍劲挺拔，冠状如伞。大树下置有石桌石凳，供人纳凉，于 1976 年被毁。大湾东、西、南三面绿柳成荫。古杨北 30 米处，建有一观音庙，大殿三间，殿内雕梁画栋，观音菩萨塑像居中端坐莲花盆，庙院前、两侧古松参天，遮掩殿宇。

“舞龙”远近闻名。新中国成立前后，每年春节至正月底，舞龙队远到益都（青州）县城玩耍。伴有高跷队、秧歌队、锣鼓队等。

20 世纪 70 年代，村北植松柏林，占地 1.87 公顷，成为当地一靓丽风景线。1983 年，村发展为蛋鸡养殖专业村。

2004 年 8 月，迁入安置三峡移民 4 户，共 18 人。

2017 年，全村居民 162 户，540 人。土地面积 122.41 公顷，其中耕地面积 88.65 公顷。主产小麦、玉米、蔬菜等。村内有村务服务中心、文化大院、卫生室、商业服务网点，水、电、网络、监控、有线电视、路灯等公用设施齐全。姓氏有丁、于、王、刘、张、贾、常等。

望寺村

位于齐陵街道办事处驻地东北 8.3 千米处。东与青州市黄家岭毗邻，南与青州市水坡村接壤，北与皇城镇油坊村相邻。明代孙、常两姓立庄。因村北旧有释迦寺，故名“望寺庄”。

明清时期属敬信乡。1920 年属东六社。1930 年属二区。1946 年春属牛山区，10 月属龙池区。1950 年 9 月属六区。1955 年 11 月属龙池区。1956 年 6 月属五路区。1957 年 2 月属孝陵乡。1958 年 9 月属临淄县齐陵公社，10 月属益都县齐陵公社。1961 年 10 月属临淄县齐陵公社。1970 年 1 月属临淄区齐陵公社。1984 年 4 月属齐陵镇，设望寺村村民委员会。2003 年 12 月属齐陵街道。

释迦寺位于庄东北角，距庄 50 余米，占地 1000 平方米。建于北魏时期，规模宏大，殿宇轩昂，佛像逼真，香火鼎盛。人们出临淄城东门便能望见释迦寺。大殿五间，坐北朝南，殿内释迦牟尼塑像居中。大门内院落宽敞，东西建有配房，一大铜钟悬挂西房正中。民国时期遗迹尚存。村内建有关帝庙一座。庄西南 200 余米处有泉眼一处，泉水常年喷涌入裙带河，河水经村南流向东北方。清咸丰年间，修建寨墙，寨墙建有南、西、北三个寨门，每个寨门都配有土制武器。寨墙、寨门于 20 世纪 70 年代被毁。新中国成立前后，传承编织草鞋手工技术。“望寺庄，靠河崖，老

齐御牧业　（2016 年摄）

婆孩子编草鞋”的顺口溜至今流传。

20世纪90年代，发展大棚蔬菜生产和畜牧养殖业。齐御牧业有限公司已建成集万头黑猪繁育养殖、饲料加工于一体的规模化企业。国家级获丰蔬菜标准园于2012年建成。

2004年8月，迁入安置三峡移民4户，共17人。

2017年，全村居民235户，761人。土地面积176.55公顷，其中耕地面积148.51公顷。主产小麦、玉米、蔬菜等。村内有村务服务中心、文化大院、卫生室、商业服务网点，水、电、网络、监控、有线电视、路灯等公用设施齐全。姓氏有于、王、孙、刘、李、张、孟、周、赵、钟、贾、常等，贾、刘、钟、李等姓人口居多。

朱家村

位于齐陵街道办事处驻地东北9.7千米处。南与青州市黄岭村、范家村接壤，北连皇城镇大蓬科村。清代立庄。据庄中光绪二十三年（1897年）所铸庙钟记载：此地初为益都县南宋庄宋国耕之庄田，朱姓佃户于清道光年间在此立庄定居，故名朱家庄，因西有村庄重名，又称东朱家。

清代属敬信乡。1920年属东六社。1930年属二区。1946年春属牛山区，10月属龙池区。1950年9月属六区。1955年11月属龙池区。1956年6月属五路区。1957年2月属孝陵乡。1958年9月属临淄县齐陵公社，10月属益都县齐陵公社。1961年10月属临淄县齐陵公社。1970年1月属临淄区齐陵公社。1984年4月属齐陵镇，设朱家村村民委员会。2003年12月属齐陵街道。

朱家村古槐（2017年摄）

清道光年间立庄时，庄前后各有长200米、宽30余米的前湾、后湾，村西有麻湾。据现存石碑记载：清光绪二十三年（1897年），村民30人捐款，在村东南角建关帝庙。庙前古槐一棵已得到保护，庙后学校拆除多年。

民国时期，以孙玉姜（艺名“孙六”）为代表的朱家庄京剧演唱班经常活动在青州以北、黄河以南地区。《临淄文物志》载，朱家庄北有汉代文化遗址一处，面积17.12万平方米，称朱家庄遗址。

2017年，全村居民78户，267人。土地面积54.54公顷，其中耕地面积47.84公顷。主产小麦、玉米、蔬菜等。村内有村务服务中心、文化大院、卫生室、商业服务网点，水、电、网络、监控、有线电视、路灯等公用设施齐全。姓氏有王、代、孙、刘、杨、宋、张、徐、高、商、蒙等。

老刘家村

位于齐陵街道办事处驻地东北10.6千米处。南邻青州市范家庄，北接皇城镇东蓬科村。清咸丰年间刘氏自益都县北石塔村迁此立庄，初名小刘家庄，后称老刘家庄。

明清时期属敬信乡。其中1907年（清光绪三十三年），属益都县务本乡东北约。1920年属东六社。1930年属二区。1946年春属牛山区，10月属龙池区。1950年9月属六区。1955年11月属龙池区。1956年6月属五路区。1957年2月属孝陵乡。1958年9月属临淄县齐陵公社，10月属益都县齐陵公社。1961年10月属临淄县齐陵公社。1970年1月属临淄区齐陵公社。1984年4月属齐陵镇，设老刘家村村民委员会。2003年12月属齐陵街道。

庄东系女水旧河床，女水由上游流经村东至小交流村与青州境内的织水交汇而流入小清河。遗址今呈一条洼地。《临淄文物志》载，庄西有周代春秋文化遗址一处，面积5600平方米，称老刘家遗址。

2017年，全村居民141户，486人。土地面积81.89公顷，其中耕地面积66.83公顷。主产小麦、玉米、蔬菜等。村内有村务服务中心、文

老刘家村党群服务中心 （2017 年 摄）

齐陵街道党群连心工程各村点评会在小交流村点评（2016 年 摄）

化大院、卫生室、商业服务网点，水、电、网络、监控、有线电视、路灯等公用设施齐全。姓氏有王、冯、邢、刘、潘等，刘姓人口居多。

小交流村

位于齐陵街道办事处驻地东北 11 千米处。东南两面与青州市大交流接壤，北连青州市良孟村。明万历年间，宋氏自益都县宋家老营迁此立庄。因处于女水与织水交汇处，故得名小交流村。

明清时期属敬信乡。1920 年属东六社。1930 年属二区。1946 年春属牛山区，10 月属龙池区。1950 年 9 月属六区。1955 年 11 月属龙池区。1956 年 6 月属五路区。1957 年 2 月属孝陵乡。1958 年 9 月属临淄县齐陵公社，10 月属益都县齐陵公社。1961 年 10 月属临淄县齐陵公社。1970 年 1 月属临淄区齐陵公社。1984 年 4 月属齐陵镇，设小交流村村民委员会。2003 年 12 月属齐陵街道。

清末，建庙宇一座，称七神堂。庙宇四梁八柱，气势宏伟。庙内供奉孔明、关羽、张飞、赵云、黄忠、华佗、管辂等七尊塑像。庙前两棵古杨，苍劲挺拔。同期修建围村寨墙，东西南三面建寨门，北、西门各设一炮台，寨墙南北 200 米、东西 190 米。庙宇、寨墙于 20 世纪五六十年代被毁。

2017 年，全村居民 155 户，480 人。土地面积 97.62 公顷，其中耕地面积 82.73 公顷。主产小麦、玉米、大棚蔬菜等。村内有村务服务中心、文化大院、卫生室、商业服务网点，水、电、网络、监控、有线电视、路灯等公用设施齐全。姓氏有王、田、朱、闫、李、宋、陈、荣等。

村、队名称对照表

表 1-1

<table>
<tr><th>行政村</th><th>自然村</th><th>曾用名
（初名、俗称、别称）</th><th>原生产大队</th><th>行政村</th><th>自然村</th><th>曾用名
（初名、俗称、别称）</th><th>原生产大队</th></tr>
<tr><td rowspan="3">淄河</td><td rowspan="2">淄河店</td><td rowspan="2">皇丧店、青龙街、淄河街</td><td rowspan="3">淄河</td><td>西龙池</td><td>西龙池</td><td>阎家庄</td><td>西龙</td></tr>
<tr><td>东龙池</td><td>东龙池</td><td>侗家庄</td><td>东龙</td></tr>
<tr><td>小淄河店</td><td></td><td>吕家孝陵</td><td>吕家孝陵</td><td>孝陵庄</td><td>吕家</td></tr>
<tr><td rowspan="2">柳店</td><td>柳店</td><td></td><td rowspan="2">柳店</td><td rowspan="2">高家孝陵</td><td rowspan="2">高家孝陵</td><td rowspan="2"></td><td rowspan="2">1976 年 7 月 1 日高东、高西合并为高家大队</td></tr>
<tr><td>胡家楼</td><td></td></tr>
</table>

续表 1-1

行政村	自然村	曾用名（初名、俗称、别称）	原生产大队	行政村	自然村	曾用名（初名、俗称、别称）	原生产大队
北山东	北山庄	山庄、两辛店、良辛庄、北良辛庄	北山二	石庙孝陵	石庙孝陵		石庙
北山西			北山一	毛家	毛家庄	富兴庄、西顺河庄	毛家
南山	南山庄	朱家庄、良辛庄、南良辛庄	南山	北苑	北苑庄	东顺河庄	北苑
刘家终村	刘家终村		义和	前李	前李官庄		前李
齐家终村	齐家终村		建中	后李	后李官庄		后李
	李家终村	李家庙		刘营	刘家营	留下营、刘下营	刘营
	朱家终村			薛家	薛家庄	雪家楼、薛家楼	薛家
梁家终村	梁家终村		新胜	宋家	宋家庄		宋家
	王家终村			东刘家	刘家庄		刘家
	许家终村	许家沟		胡家	胡家庄	徐家坊子	胡家
	戴家终村			太平	太平庄		太平
王齐	王家齐陵	曹家庄、中齐陵	1976 年 6 月王一、王二、王三合并为王齐大队	付辛	付辛庄	小辛庄	付辛
	胡家齐陵			前丁	前丁官庄	李官庄	前丁
南齐	南齐陵	刘顺禹庄子	南齐	后丁	后丁官庄	丁官庄	后丁
杨东	杨家齐陵	西齐陵	杨东	望寺	望寺庄		望寺
杨西			杨西	朱家	朱家庄		朱家
驻佛	驻佛店	三义店、聂仙东街、朱佛店	驻佛	老刘家	老刘家	小刘家庄	老刘家
郑家沟	郑家沟		郑家	小交流	小交流		交流
聂仙	聂仙庄		聂仙				

第二节　社　区

淄水社区属城市社区。于 2009 年 3 月成立，因近淄河（又称淄水）而得名。位于齐陵街道办事处驻地西北 1.1 千米处。东至齐盛路（309 国道），西南两面靠临淄大道，北临太公湖。设淄水社区居民委员会，辖奥林匹克花园、御泉湾、东郡璟园生活区等。

社区居民 2584 户，人口 7833 人。其中汉族 7766 人，回族 58 人，蒙古族 9 人。社区总面积 120.17 公顷。住宅楼 139 栋，商业楼 3 栋。社区内有物业管理公司 3 家，社区服务中心、卫生服务设施 3 个，银座英才幼儿园 1 所，商业服务网点、银行储蓄所，水、电、暖、气、监控、消防、网络、有线电视、路灯等公用设施齐全。

社区环境优美，交通便捷，临淄大道、国道 309 线穿境而过，66 路、73 路、84 路、200 路、237 路、252 路公交车均在此设站。

淄水社区党群服务中心　（2018 年 摄）

·第二篇·

自然环境

太公湖（2017 年 摄）

太公湖湿地　　（2017 年 摄）

齐陵原生态　　（2017 年 摄）

齐陵街道地处临淄区东部，淄河东岸，总面积56.17平方千米。地势南高北低。南部低山丘陵，属鲁中山区北边缘，北部是冲积平原。

齐陵属暖温带大陆性季风气候区，受季风影响，气候变化有明显的季节性。年平均气温13.2℃，年平均降水量618.7毫米。境内地下水蕴藏丰富，是临淄区大型水源地之一。水质为锶型深层天然矿泉水。

齐陵环境优美。临淄的母亲河——淄河从西南方向入境，沿西境蜿蜒北去。古老的河道上建有风景秀丽的太公湖和大面积水域湿地，与南部被称作“东方金字塔”的田齐王陵遥相辉映。临淄古八大景中的“牛山春雨”“淄江晚钓”及“龙池秋月”尽在境内。另有全国闻名的临淄中国古车博物馆、管仲纪念馆，正在开发建设中的天齐渊森林公园，是闻名中外的齐文化风景名胜旅游区。

第一章　地质　地貌

第一节　地　质

齐陵街道地处华北地区鲁西区背斜的东北缘与华北坳陷的交汇地带，属于新华夏构造体系第二隆起带与第二沉降带的过渡地段。从早古生代至新生代，形成了一套华北型海陆交互相沉积构造。在漫长的地质历史中，形成现在的地层展布和构造特征。

地层

主要地层有奥陶系、石炭系、二叠系、第三系、第四系沉积层。

奥陶系　奥陶纪遭受长期海浸，地壳相对稳定，奥陶纪地层厚度约800米，分布在境内南半部，出露地层自南向北依次为泥质灰岩、白云质灰岩、白砾汰灰岩，是海相碳酸盐沉积，含珠角石及笔石等动物化石，石炭纪是地质史上最早的重要成煤时期，距今约4.5亿年。

石炭系　地层厚度约140米，境内面积较小。主要分布在刘家营一带。岩性为砂岩、页岩及砂页岩互层，中间夹数层石灰岩，属海陆交互相含煤沉积。距今约2.8亿年。

二叠系　二叠纪早期与石炭纪晚期相似，晚期开始出现红色沉积，成为典型的内陆盆地环境。境内二叠纪地层厚度约430米，主要分布在宋家庄一带。岩性为杂色砂岩、页岩及砂页岩互层。属陆相碎屑沉积，距今约2.3亿年。

第四系　广泛分布于山间谷地、河川、低洼及北部平原地区，为松散的坡积、洪积物，厚度南浅北深，一般厚度为50米～133.2米，最大厚度为250米，层次多至9层。沉积物的颗粒从下往上逐渐变细，底层为砂卵石或砂砾石层，表层为黄褐色黏质砂土层。至今约200万年。

火山岩　分布于益都断裂带西侧，为中基性灰绿色致密状及角砾构造的安山岩、安山玄武岩和安山质火山角砾岩等。

断裂

境内区域性深大断裂主要有淄河断裂和益都大断裂。

淄河断裂　在境内西部与淄河平行的四条断裂组成的断裂带。宽约400米～1100米，

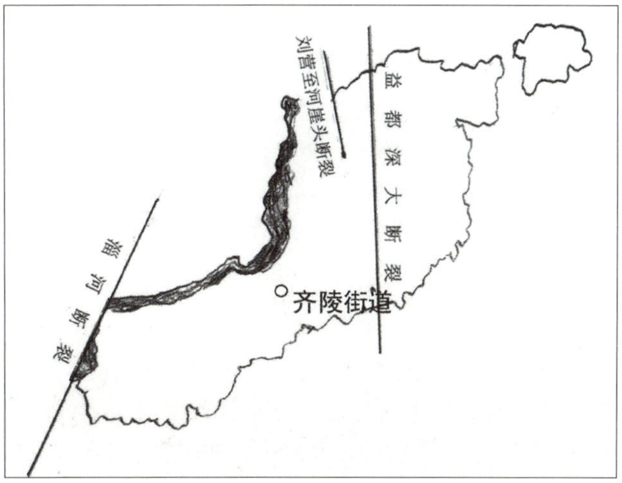

齐陵街道地质断裂示意图

垂直落差110米～400米。其中两条属不明断层，沿淄河两岸呈地堑形展布，境内长度6千米。

益都大断裂 南从青州市进入境内，经王家齐陵向北，从太平村西北去，境内长度6.5千米，断层规模大，落差为500米～1500米。属北东盘下降，南东盘上升的高角度正断层。

另外境内还有刘营村至河崖头断层和高家孝陵断层。

牛山 （2017年摄）

第二节 地 貌

特征及分布

境内地貌受地质构造和地层岩性因素及气候河流等内外应力作用的控制和人类作用的影响，地势南高北低，西高东低，由南向北逐渐变缓并向东北部倾斜。南部为低山丘陵，最高海拔216米，北部为山前倾斜平原，最低处海拔20米。淄河从西南入境，沿西境北去，流经境内12.9千米，沿河发育着河流地貌。境内总面积为56.17平方千米，分剥蚀丘陵区和冲积平原区两种地貌类型。

剥蚀丘陵区 主要分布于南部，面积13.4平方千米，占总面积的23.9%，海拔60米～216米，坡降为2.9%，其形态特征为低山、孤丘和缓岭，脉络不显。出露岩层多由奥陶系石灰岩、泥质灰岩等组成。山坡覆盖着厚薄不等的坡积及洪冲物。低山陵坡上部有石灰岩裸露，土层薄，多为非耕地，山坡发育着褐土，为宜林地带。20世纪70年代后，多垦为梯田。

冲积平原区 位于境内中部和北部，地势平坦，微有倾斜，为第四系松散沉积物覆盖。海拔在20米～60米之间，坡降为0.15%～0.2%。该地貌又分微斜平地和浅平洼地两个单元。微斜平地发育着冲积物褐土，土质肥沃，土层深厚，地下水丰富，分布在中部及沿河地带，多为高产稳产田；浅平洼地主要分布于三号路以东及东北部，为砂姜黑土，土质较好，土层较深，地下水丰富，多为丰产农田。

山丘

境内山丘，系鲁中山脉，山体均为石灰岩，海拔高度多数在100米～200米之间。山丘众多，较为著名的有牛山、稷山、紫荆山、苍山、康山等。

牛山 位于街道办事处以西1.5千米。地理坐标为北纬36°47′，东经118°20′，海拔174米。因山若卧牛故名，俯首向北，翘尾向南，蜿蜒与南面诸山相连。山北有管仲墓，西北麓蛟山脚下，即名泉天齐渊。山虽不高，却久负盛名。

《晏子春秋·谏上》有“齐景公游于牛山”的记载。《孟子·告子上》有“牛山之木常美矣”的记述。历史文化名人左思、赵执信等都有牛山记游诗文传世。明代至民国初年，山顶有宏伟的庙宇建筑，山上松柏蓊蓊郁郁，临淄八景之一的“春回牛山雨濛濛”即写此景。每年农历三月初三和九月初九，有盛大的香火庙会。1951年庙宇圮废、庙会中断。1995年，集商贸、文化、旅游于一体的牛山庙会重新恢复。1998年，淄博市人民政府将牛山及周边公布为“地质地貌景观保护区”。2008年，在牛山北麓建成牛山禅寺。

稷山 位于境内西南边陲，为临淄与青州的界山。海拔171米，地理坐标为北纬36°46′，东经118°19′。于钦所撰《齐乘》中说，山上旧有后稷祠，故名稷山。齐国古称“稷下”，齐故城有“稷门”，稷门外有“稷下学宫”，皆由稷山得名。又传齐宣王时在山上立有孔夫子庙，故又称夫子山。普山绿化，遍植松柏。1983

稷山 （2017 年摄）

年 9 月，人们在山上采石，发现汉代洞石墓一座，出土文物 70 余件，其中有精美文物——微型鎏金编钟、铜鼎、鎏金熊足饰及石磬等。之后，又在与稷山毗连的井山上发现十多处墓葬，构成了庞大的汉代洞石墓群。被文物部门称为“稷山墓群”。1984 年 7 月，稷山墓群被公布为市级重点文物保护单位。1992 年 6 月，被公布为省级重点文物保护单位。

紫荆山 位于淄河村南 1 千米，海拔 125.4 米。是历史记载的鼎足山三山之一。南有牛首山、东有菟头山，三山呈鼎足状，二王冢位于中间，呈东西排列。早年山顶建有雷公殿、文昌阁等，石垒院墙，院内古柏参天。每年农历四月初八至初十有盛大庙会。日军侵华期间遭到破坏，庙宇毁于战火，庙会从此中断。

苍山 位于牛山西南，与牛山相连，海拔 173 米。遍山松林覆盖。山西麓原有一北魏时期修建的苍山寺。寺已早废，惟存高 4.15 米、宽 1.9 米、厚 0.9 米的石佛造像一尊，已于 1985 年移至临淄石刻馆保存。

紫荆山 （2017 年摄）

康山 位于牛山以南，与牛山相连，东北与大山相接，海拔 216 米，是境内最高山峰。康山原貌山势陡峭，雄伟壮观，岩石裸露。山南端向东伸出一山脚，在三郎冢西南，与青州市交界。20 世纪 70 年代，由于工农业发展所需，大量开山采石，山顶被削平，已面目全非。2017 年，政府对矿山进行整治修复，并植树绿化。

河流

境内河流属黄河流域小清河水系。主要有淄河、女水。

淄河 也称淄水，发源于淄博市南部的泰沂山脉和鲁山北麓，经博山区、淄川区及青州市进入境内，向北经广饶县汇入小清河。流经境内长度 12.9 千米。境内河床宽度 850 米～ 1500 米，河谷横断面呈梯形，两岸不对称。昔日常年流水，1964—1976 年测流，平均年流量 3.3 立方米 / 秒。春冬两季，流水潺潺，多有鱼虾，淄鳖味美，负有盛名。历史文人用“淄江钓罢归来晚”诗句描绘出昔日淄河的自然美景。夏秋多雨季节，因上游群山巍峨，支流众多，河床落差大，行洪快，山洪暴发，水流湍急，夹带砂石顺河而下，流量最大时达 2030 立方米 / 秒，淹没良田，危害人畜。20 世纪 70 年代后，上游建成太河水库等数座水库，河水断流干涸。

2002 年 9 月，区政府投资在淄河河床上建成太公湖，长 2.5 千米，宽度 300 米～ 500 米，蓄水能力为 150 万立方米。2008 年后建成 280 余公顷湿地，成为国家 AAAA 级风景名胜地。

女水 俗称泉河子，又称裙带河，发源于二王冢东侧菟头山下。古河道流经郑家沟、驻佛村地段，再向东穿过杨西村、杨东村、王齐村、毛家村，从北苑转向前丁村，经望寺村流到交流村，与青州织水汇合，入小清河。20 世纪 30 年代，从杨西村西截流，改河道向西由淄河村北入淄河，流量为 0.3 立方米～ 1.5 立方米 / 秒。70 年代断流干涸。现在河道仍担负着南部青州市 20 余平方千米山区的客水泄洪功能。

泉池

齐陵大地，南接鲁中山区，来自山区的承压

水，源源不断地沿着岩石裂隙、节理等地层构造，北出山前自然天窗，纷纷上升出头为泉。名泉有三，为天齐渊泉群、龙池泉群、泉河头泉群。小泉若干，有终村泉、马莲台泉、牛山泉、柳店泉、下崖泉、聂仙泉等多处。

天齐渊 俗名温泉，是历史名泉。位于牛山西北的蛟山之阴，距胶济铁路大铁桥250米。据《史记·封禅书》记载，天齐渊是东方八神之一的天主神所在地。《水经注》载："水出南郊山下，谓之天齐渊，五泉并出，南北三十步，广十步……齐之为名，起于此矣"。民国《临淄县志》载："天齐渊，俗名温泉（泉水四季常温）……里老相传，泉出则岁丰……"昔日渊处，山青水秀，为游览胜地。1957年10月测流，涌水量为6.9万立方米/日，水温19℃。1975年后干涸，遗址尚存。

至2017年，在天齐渊原址建成人工喷泉，天齐渊森林公园正在建设中。

龙池 当地称龙湾，位于东龙池村与西龙池村之间。明清时期，池北岸有天齐庙、龙王庙。1924年，重修天齐庙、龙王庙碑记载："临淄城东古龙池焉。"

龙池东西宽30余米，南北长60余米，水深3米许，四周用条石垒砌而成。内有三泉，泉水汩汩而出，清澈见底，冬不结冰。泉涌池溢，从南端流出，河沟顺东龙池大街南侧流至村东大苇塘，再向东流入高家孝陵村深塘中。

池东西两岸，距岸3米许各有一石砌圆形水井，俗称龙眼，井口用整块大石凿成，井内水位比池中水位高出1米余，蹲在井口水面触手可及。每当秋高气爽，明月当空，月亮映入井水中，似沉玉盘，故有临淄八景中"秋入龙池月皎皎"的美誉。在周边方圆150余米的地面上，到处平地生泉。东西两边有四季常绿的竹园。历代官吏和文人墨客多到此游览，并留下许多诗词佳句。

1975年后，由于地下水位下降干涸。

泉河头 女水的发源地，位于郑家沟村南二王冢东侧菟头山下。大小泉眼若干，泉水从石缝中喷涌而出，汇集成2公顷水面。自古就有"湖广山前水，齐王坟后流"的传说，即指此泉。泉水流出成河即女水。1975年后泉水干涸。

湖泊 湿地

20世纪70年代，淄河上游太河水库等多座水库建成，拦蓄地表径流。又加上地下水的过度开发，水位下降，泉水停涌，致使淄河干涸。之后，由于河床上乱采砂石，倾倒垃圾，造成严重环境污染。进入21世纪后，区委、区政府对淄河滩开始规划，进行综合治理，建成太公湖和大面积湿地，改善提升了生态环境。

太公湖 投资5800万元，从2001年10月动工，在2.5千米长的河道上先后建成拦沙坝和500余米长的橡胶坝。湖全长2.5千米，宽300米～500米，水面面积100公顷，蓄水150万立方米。初引太河水库水充实湖水，之后，临淄污水处理厂的净化水和临淄城区所降雨水作常年

淄河湿地 （2017年摄）

补充。

湿地　2008年，区政府投资1.3亿元对淄河滩进行第二期综合开发，在太公湖上下游段建设四条拦河坝，境内新增水面60余公顷，湿地280余公顷，并种植荷藕、香蒲和芦苇等多种环保绿化植物。

2017年，区政府开始实施淄河水生态综合提升工程，投资15亿元对淄河临淄段湿地生态现状全面实施改造提升。

第二章　土壤　植被

第一节　土　壤

境内土壤除南部少量山前阶地外，绝大部分平原土层深厚，质地适中，土体结构良好，土壤母质多为黄土性洪积、冲积物。南部低山岭坡上的土壤母质多为坡积物，局部地段有红黏土质。东北部的浅平洼地则为湖泊沉积物。全街道土壤分为两种土类，即褐土和砂姜黑土。

褐土

俗称黄土，土壤土体深厚，熟化程度高，土体构形多为厚黏心或厚黏腰，保水保肥，通透性好，但有些土种在60厘米土层内出现黏土层，

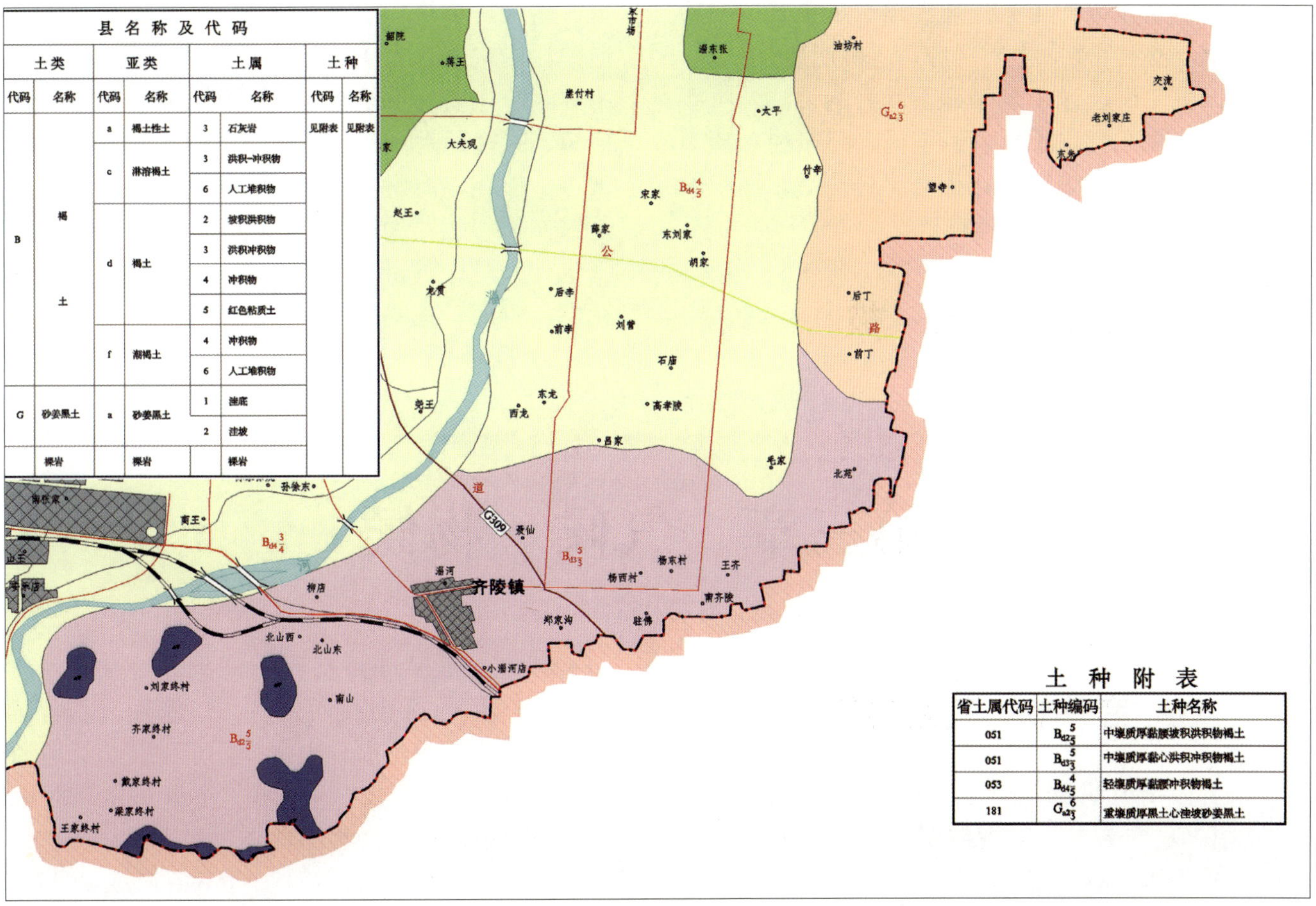

齐陵街道土壤分布图

影响作物根系下扎。境内褐土自南向北大体又分为中壤质厚黏腰坡积洪积物褐土、中壤质厚黏心洪积冲积物褐土、轻壤质厚黏腰冲积物褐土。

中壤质厚黏腰坡积洪积物褐土 主要分布在西南部和胶济铁路两侧，淄河沿岸的梁家终村、齐家终村、刘家终村、南山村、北山东村、北山西村、柳店村、淄河村及郑家沟等村一带。面积约598公顷，占农林总用地的21%。

中壤质厚黏心洪积冲积物褐土 主要分布在聂仙村以东，北至吕家孝陵，南到郑家沟、驻佛村、南齐村、王齐村，东到毛家村、北苑村以北。面积约620公顷，占农林总用地的21%。

轻壤质厚黏腰冲积物褐土 主要分布在东龙池、西龙池村以北，前李、后李、刘营、薛家、宋家、太平、东刘家、胡家等村及高家孝陵、石庙孝陵村以东，至三号路的大片区域，面积1100余公顷，占农林总用地的38%。

砂姜黑土

为重壤质厚黑土心洼坡砂姜黑土土种，又称黑黄土。表土偏黏，土质冷凉，适耕期短，有“早上黏、中午硬、过了晌午锄不动”的说法。主要分布在齐陵东部前丁村、后丁村、付辛村、望寺村、老刘家村、朱家村、小交流村一带。面积约570公顷，占农林总用地的20%。

第二节 植 被

境域属华北落叶阔叶林区，原始植被已不存在。除极少自然植被外，多系人工植被。2017年植被覆盖率为74.6%。

自然植被

分布在低山丘岭崖边、沟坡及河滩岸边。山丘崖边多为次生草本植物群落和灌木丛，主要有白草、管草、铁杆蒿、黄柏草、鬼针草、白蒿、黄蒿、艾蒿、野菊花等耐旱杂草和荆杨、酸枣、胡枝子、枸杞等落叶灌木。河滩沟坡多为羊胡子草、茅草、蒿草、节骨草、三棱草、蒲公英、苦菜子、曲曲芽、苜蓿、车前草、墩草、蒺藜、芦芽草、蛤蟆草、扫帚草、灰菜、苍耳、大蓟、小蓟等温带杂草。

人工植被

境内山丘、坡岭多为人造针叶、阔叶林。主要有侧柏、刺槐、旱柳、火炬树等。近山梯田多植柿子、枣树、山楂、苹果、桃、杏、梨等果树。无果树梯田主要种植农作物，有谷子、棉花、地瓜、玉米、大豆、绿豆、高粱等。路旁、村庄、河岸、山沟多为人工栽植的防护林、经济林和农田林网，主要有杂交杨、毛白杨、泡桐、法桐、柳树、国槐、紫叶李、枣树、苹果、石榴、葡萄、银杏、樱花、海棠、冬青等树种。平原地区大部是农作物和蔬菜大棚覆盖，主要粮食作物有小麦、玉米、大豆、谷子、地瓜等，经济作物有棉花、花生、黄烟、蔬菜、瓜果等。

第三章 气候 物候

第一节 气候特征

齐陵街道地处暖温带大陆性季风气候区，干燥度0.78～1.48，在亚湿润气候大区的指标范围。受季风影响，气候变化具有明显的季节性。在山东省农业气候区划中，属鲁中农业气候区。

春季一般从4月初开始，到5月底止，约60天。气候特征为西南风多，气温回升快，但不稳定，冷暖变化大。雨水少，蒸发量大，易春旱。民间有“春雨贵如油”和“十春九旱”之说。四月有晚霜，间有倒春寒，季末多干热风发生。

夏季一般始于6月初，止于8月底或9月初，约100天。气候特征为天气炎热，多雷阵雨、连阴雨天气。雷暴、冰雹、大风暴等灾害性天气也多出现在本季。初夏多干热风，间有干旱，7月份天气最热，平均气温为26.5℃，极端最高气温达41.7℃。夏季降水集中，降水量占全年的70%左右。

秋季一般从9月中旬到11月上旬，约60天。气候特征是气温下降，早晚和午间温差大，天高气爽，降水减少，日照充足。有些年份，10月上旬中午气温高达30℃以上，俗称“秋老虎”。有时由于较大寒潮入侵与暖湿气流交汇，造成降水降温，故有“一场秋雨一场寒”的说法。进入秋季，由于雨水迅速减少，容易发生秋旱，有些年份10月有早霜。

冬季一般始于11月上旬，终于次年3月底，约150天，是四季中最长的。因受强大的蒙古冷高压气流控制，气候干燥而寒冷，多刮北风和西北风，雨雪稀少。1月份天气最冷，平均气温-2.7℃。极端最低气温为-22.5℃。受“厄尔尼诺”现象与全球气候变暖趋势的共同影响，1989年后，冬季气温明显高于以往同期气温，此种现象称“暖冬”。

第二节　气温　气压　风

气温

境内气温，从1964年到2017年，年平均气温13.2℃，气温年度变化呈一峰两谷的特征，即低一高一低。两谷月为1月和12月，1月平均气温-2.5℃，12月平均气温为-0.1℃。一峰月是7月，平均气温26.7℃。

自1964年有气象记录以来，境内的极端最高气温为41.7℃，出现在2009年6月25日；极端最低气温为-22.5℃，出现在1970年1月4日。日最高气温≥35℃的炎热高温天气，平均每年11天；40℃以上的酷热天气只在1968年6月11日、1972年7月5日、2005年6月23日和2009年6月25日出现过。日最低气温≤-10℃的寒冷天气，平均每年23天，最多达46天。

1964—2017年齐陵街道年平均气温情况表

表2-1　　单位：℃

年份	平均气温	年份	平均气温	年份	平均气温	年份	平均气温
1964	12.2	1978	12.8	1992	13.5	2006	14.4
1965	12.9	1979	12.4	1993	13.6	2007	14.2
1966	12.8	1980	11.8	1994	14.5	2008	13.6
1967	12.5	1981	12.4	1995	13.9	2009	13.6
1968	12.9	1982	12.8	1996	13.4	2010	13.2
1969	11.5	1983	12.6	1997	14.1	2011	13.3
1970	11.8	1984	11.8	1998	14.6	2012	13.5
1971	11.9	1985	11.9	1999	14.5	2013	13.8
1972	12.0	1986	12.1	2000	13.9	2014	14.6
1973	12.5	1987	12.7	2001	14.0	2015	14.4
1974	11.9	1988	12.3	2002	14.3	2016	14.4
1975	12.7	1989	13.7	2003	13.5	2017	14.6
1976	11.6	1990	13.6	2004	13.9		
1977	12.9	1991	13.3	2005	13.3		

1964—2017 年齐陵街道极端气温时段情况表

表 2-2　　单位：℃

年份	最高气温	最低气温	年份	最高气温	最低气温	年份	最高气温	最低气温
1964	37.5	− 16.7	1982	37.1	− 15.9	2000	38.9	− 12.3
1965	39.7	− 15.3	1983	37.6	− 15.8	2001	37.8	− 14.5
1966	39.1	− 15.7	1984	35.7	− 15.8	2002	39.8	− 11.6
1967	37.7	− 18.5	1985	36.2	− 21.6	2003	37.4	− 12.1
1968	41.0	− 16.6	1986	37.3	− 17.5	2004	36.9	− 12.7
1969	39.3	− 21.4	1987	36.2	− 13.8	2005	41.0	− 12.5
1970	36.7	− 22.5	1988	38.4	− 15.3	2006	38.4	− 14.3
1971	38.0	− 17.6	1989	37.0	− 9.6	2007	38.9	− 10.3
1972	41.2	− 20.5	1990	37.4	− 15.7	2008	36.9	− 15.1
1973	36.9	− 14.2	1991	35.9	− 11.5	2009	41.7	− 12.8
1974	37.3	− 14.2	1992	39.1	− 9.0	2010	39.3	− 14.8
1975	38.3	− 12.4	1993	38.1	− 11.0	2011	37.1	− 14.4
1976	37.3	− 15.6	1994	36.9	− 11.4	2012	38.1	− 16.6
1977	37.5	− 19.0	1995	36.7	− 9.7	2013	38.5	− 15.5
1978	38	− 15.7	1996	38.3	− 13.2	2014	39.9	− 12.0
1979	36.6	− 21.6	1997	39.9	− 12.6	2015	39.4	− 11.0
1980	35.9	− 16.9	1998	37.2	− 14	2016	38.0	− 18.6
1981	39.4	− 20.0	1999	37.1	− 10.6	2017	40.9	− 10.8

气压

自有气压与风的记录以来，境内历年平均气压 1010.1 百帕。一年中，气压变化规律是上半年逐月降低，至 7 月份降至最低，下半年又逐月升高，呈“U”型典型变化。7 月份气压最低，平均 997.5 百帕；1 月份气压最高，平均 1020 百帕。一日中气压呈两高两低的周期性变化规律，一般情况下 9—10 时和 21—22 时最高和次高，15—16 时和 3—4 时最低和次低。气压还会受天气系统的影响而发生非周期性的变化。

风

境内历年的平均风速为 3.1 米 / 秒。春季最大，风速平均 3.6 米 / 秒，夏季最小，风速平均 2.5 米 / 秒，秋冬两季平均风速 2.7 米 / 秒。1964 年后出现的最大风速发生在 2012 年 8 月 3 日，受台风“达维”影响，境内极大风速达 25.9 米 / 秒。

境内风向带有明显的季节性特点。冬季受干冷的蒙古高压控制，盛行偏北气流，以刮北风或西北风为主。夏季由于西南暖湿气流和暖低压势力较强，多刮西南风和东南风。春季则是冷空气势力日趋减弱，暖空气势力日渐增强的季节，偏北风逐渐减少而西南风和东南风逐渐增多。秋季与春季相反，冷空气势力增强，暖空气势力减弱，偏北风逐渐增多而偏南风逐渐减少。资料显示，境内西南风最多，出现频率为 12%，其次为东南风，出现频率为 10%。

第三节　降水　湿度

降水

1964 年以后，境内历年平均年降水量 618.7 毫米。年最大降水量 1116.7 毫米，出现在 1964 年；年最小降水量 334.5 毫米，出现在 2006 年；年降水量≥ 700 毫米的丰水年有 15 个，年降水量不足 500 毫米的枯水年有 16 个。

一年中夏季降水量最大，约占全年降水量的 70%；冬季降水量最少，约占全年降水量的 5%；秋季降水量约占全年降水量的 18%；春季降水量约占全年降水量的 7%。月降水量 7 月份最大，平均降水量 160.1 毫米。1 月降水量最小，平均降水量 5.8 毫米。日降水量≥ 50 毫米的暴雨，每年有 2 ～ 3 天，暴雨日数最多的年份是 1974 年，出现 6 天。日最大降水量 175 毫米，出现在 1964 年 8 月 1 日。个别年份月降水量 0 毫米。

境内雨季一般从 6 月下旬开始，到 8 月下旬结束，最早 6 月上旬开始，最晚到 9 月上旬结束。雨季的平均降水量为 337.1 毫米。

1964—2017 年齐陵街道年降水量情况表

表 2-3　　单位：毫米

年份	降水量	年份	降水量	年份	降水量	年份	降水量
1964	1116.7	1978	730.7	1992	422.0	2006	334.5
1965	391.0	1979	627.1	1993	747.9	2007	577.0
1966	693.2	1980	671.1	1994	680.7	2008	665.7
1967	727.1	1981	434.9	1995	789.9	2009	591.8
1968	476.3	1982	717.9	1996	437.5	2010	639.7
1969	501.7	1983	758.4	1997	658.4	2011	675.1
1970	607.0	1984	469.3	1998	672.8	2012	459.1
1971	653.1	1985	664.6	1999	518.2	2013	820.1
1972	484.7	1986	444.9	2000	532.6	2014	366.6
1973	706.9	1987	667.6	2001	511.9	2015	650.2
1974	1066.7	1988	499.4	2002	460.3	2016	559.3
1975	512.0	1989	360.9	2003	875.5	2017	346.3
1976	715.0	1990	1018.4	2004	930.8		
1977	412.8	1991	645.7	2005	712.0		

1964—2017 年齐陵街道日最大降水量情况表

表 2-4　　单位：毫米

年份	日最大降水	年份	日最大降水	年份	日最大降水	年份	日最大降水
1964	175	1969	38.9	1974	89.8	1979	78.4
1965	65.8	1970	58.8	1975	51.7	1980	54.3
1966	88.8	1971	75.1	1976	98.5	1981	64.2
1967	117.2	1972	60.1	1977	45.8	1982	60.7
1968	54.7	1973	51.9	1978	86.5	1983	107.4

续表 2-4

年份	日最大降水	年份	日最大降水	年份	日最大降水	年份	日最大降水
1984	42.3	1993	76.6	2002	61.4	2011	12.9
1985	67.8	1994	73.6	2003	71.2	2012	78.1
1986	43.2	1995	67.4	2004	88.1	2013	129.7
1987	84.5	1996	50.7	2005	72.5	2014	44.0
1988	92.0	1997	117.2	2006	49.6	2015	50.3
1989	57.2	1998	63.6	2007	55.3	2016	54.0
1990	78.9	1999	96.0	2008	108.7	2017	20.3
1991	37.6	2000	159.3	2009	58.6		
1992	78.4	2001	45.0	2010	72.0		

1964—2017 年齐陵街道各月平均降水量及极值情况表

表 2-5　　单位：毫米

项 目	1月	2月	3月	4月	5月	6月	7月	8月	9月	10月	11月	12月
平均降水	5.8	12.3	17.4	27.3	46.6	76.5	160.1	151.2	57.5	36.1	19.3	9.0
最大降水	43.1	48.2	61.1	98.8	132.4	227.7	412.3	432.8	230.0	108.2	139.0	36.9
最小降水	0.0	0.0	0.0	1.3	2.7	3.3	36.3	13.6	1.2	0.6	0.0	0.0

湿度

境内受大陆性季风气候影响，湿度带有明显的季节性变化。既随盛行风向变化，也与降水量多少相关。冬季盛行来自内陆干冷的偏北气流，雨雪稀少，湿度最小；夏季盛行来自南方暖湿的偏南气流，又加上降水集中，是一年中湿度最大的季节；另外，秋季湿度明显大于春季。自有湿度记录以来，境内年平均相对湿度为66%。

第四节　日照　蒸发

日照

境内历年平均日照时数 2441.4 小时，年日照百分率达到 57%。自有日照记录，最大年日照时数 2831.6 小时，出现在 1965 年，日照率 64.6%，最小年日照时数 2006.6 小时，出现在 2015 年，日照率 45.8%。1981—2017 年，一年中最大月平均日照时数 255.5 小时，出现在 5 月份；最小月平均日照时数 159.8 小时，出现在 12 月份。

境内年平均太阳辐射总能量 122.7 千卡 / 平方厘米，一年中 5 月份最大，为 15.3 千卡 / 平方厘米，12 月份最小，为 5.8 千卡 / 平方厘米。

1981—2017 年齐陵街道累年各月平均日照时数

表 2-6　　单位：小时

月份	1	2	3	4	5	6	7	8	9	10	11	12
日照	162.3	165.6	210.1	237.6	255.5	223.7	190.2	197.5	187.6	188.9	168.3	159.8

蒸发

蒸发量的大小，主要影响因素是气温、风力、湿度。境内6月份蒸发量最大，平均238.6毫米；1月份蒸发量最小，为34毫米；历年平均蒸发量1780.0毫米，相当于年降水量的2.8倍。春季降水少，但蒸发量相对较大，一般为降水量的6～7倍，往往造成土壤失墒快，容易形成春旱。

第五节　物　候

植物候

木本植物　毛白杨始花期为2月下旬，盛花期3月上旬，展叶期4月上旬，下旬种子成熟，落叶期为11月中旬。榆树2月下旬发芽，3月中旬开花，11月中旬落叶。苹果树萌芽期为3月上旬，展叶期4月中旬，花开盛期4月中下旬，果实成熟在9—10月中旬，落叶期为11月下旬。枣树发芽期为4月中旬，展叶期5月上旬，开花胜期5月下旬，果实成熟期为9月中旬，叶落在10月下旬。桃树3月上旬萌芽，4月上中旬开花，11月中旬落叶。国槐于4月下旬发芽展叶，5月结花蕾，盛花期在6月中下旬，9月果实成熟，11月下旬落叶。

草本植物　仲春时节，车前子发芽，蒲公英始花。白蒿、黄蒿、大蓟、小蓟、野菊花都在3月下旬发芽。荠菜、面条菜（俗称菇扎头）、麦蒿10月中旬发芽生长，12月停止生长，次年3月上旬返青生长，4月中旬抽苔现蕾。

农作物　小麦于9月下旬至10月上旬播种，10月下旬开始分蘖至11月底，来年3月开始返青，4月中旬开始拔节，4月下旬至5月上旬抽穗扬花，下旬灌浆，6月上旬成熟。夏玉米5月底套种，6月中旬直播，7月中下旬抽穗，9月中下旬成熟。春大豆5月上旬播种，7月下旬至8月中旬为花期，9月中下旬成熟。棉花于4月下旬播种，5月上旬至6月底为苗期，7—10月开花，结蕾吐絮，11月下旬停止生长。春地瓜4月下旬至5月上旬栽秧，6月下旬块根开始膨大，10月下旬收获。

动物候

燕子清明节至，寒露后归。布谷鸟谷雨前来，白露后南去。大雁、山草鸡清明后过境北飞，霜降前后再过境南去。蝉于夏至始鸣，立秋后渐终。蜜蜂清明后出巢，霜降后入巢。蛇于春分前出洞，霜降后蛰伏。蝙蝠小满出穴，寒露后休眠。

第四章　自然资源

第一节　土地资源

境内土地资源面积56.17平方千米，由低山丘陵和山前倾斜平原两部分组成。低山丘陵面积为13.4平方千米，占土地总面积的23.9%，山前平原面积为42.77平方千米，占土地总面积的76.1%。

耕地

随着城镇乡村建房，企业、交通、旅游和农田水利等基本建设用地逐渐增多，人均占有耕地面积呈下降趋势。1957年，境内耕地面积3711.2公顷，农业人口21871人，人均占有耕地1697平方米。1965年，耕地面积为3487.33公顷，农业人口25087人，人均占有耕地1390平方米。1980年，耕地面积3220.73公顷，农业人口30136人，人均占有耕地1069平方米。2000年，耕地面积2839.6公顷，农业人口29031人，人均占有耕地978平方米。2017年，全街道耕地面积2896公顷，农业人口32268人，人均占有耕地897平方米。

林地

包括山丘、沟壑、河滩造林，道路绿化，果园，农田林网及“四旁”（村旁、路旁、水旁、宅旁）植树。1980 年为 356 公顷，森林覆盖率 6.3%。1990 年，林地面积 825 公顷，森林覆盖率 14.7%。2000 年，林地面积 814 公顷，森林覆盖率 14.5%。2010 年，林地面积 1230 公顷，森林覆盖率 21.9%。2017 年，林地面积 1726 公顷，森林覆盖率南部丘陵区 65%，北部平原区 20%。

其他用地

至 2015 年，城镇、村庄、工矿企业及风景名胜用地 787 公顷，交通运输（铁路、公路、农村道路）用地 313 公顷，水域及水利设施（河流、坑塘、滩涂、沟壑）用地 249 公顷，农用设施（配电、机房、田坎等）用地 192 公顷，合计 1541 公顷，占土地总面积的 27.43%。

第二节　水资源

地表水

大气降水　1964 年后，历年平均降水量 618.7 毫米。降水的年际变化大，丰水年降水多达 1116.7 毫米，干旱年最小年降水量仅 334.5 毫米。年内降水量分布不均，夏季降水量最大，一般占全年降水量的 70%。

大气降水除渗透地下和蒸发外，所产生的径流，除极少量的拦蓄利用外，因受地形地质等条件的限制，基本上都得不到利用。

泉河水　20 世纪 70 年代中期以前，境内多处地下水饱和后溢出地表成泉，泉水汇流成河。天齐渊泉水日涌水量达 6.9 万立方米，女水流量达 0.3 立方米 / 秒～1.5 立方米 / 秒，皆流入淄河。龙池泉水东流入高家孝陵村。另外，淄河村、刘家终村、南山等村还有多处小泉汇入淄河。1975 年后，因地下水超采，水位下降致泉源干涸。

客水　主要来自淄河上游。1975 年以前，正常年份淄河年过境流量 3.3 立方米 / 秒，全年通过总量达 1.1 亿立方米。夏季多雨季节，上游山洪暴发，河水漫桥，最大流量达 2030 立方米 / 秒，除河谷渗漏外，没有拦蓄和利用。1976 年后，淄河除太河水库溢洪和放水外，基本无水流入境内。另外还有部分客水来自境内以南青州山区。如遇汛期强降雨形成山洪，顺女水南部一带沟壑流入境内。

地下水

境内地下水蕴藏丰富，是临淄区大型水源地之一。境内地下水含水系统主要由碳酸盐岩裂隙岩溶水和第四系松散岩类孔隙水组成。

碳酸盐岩裂隙岩溶水　主要分布在南部石灰岩分布区。由于地质构造和地形条件等各种因素的共同作用，岩溶发育程度在平面分布上差别较大，富水程度也差异较大。境内南部山区地段，属地下水径流区，地下岩溶发育程度较差，富水差，局部为贫水区。裂隙岩溶水主要分布在山前隐伏灰岩区，东起青州大断裂，西至淄河断裂带，北至西龙池村，面积 11 平方千米。岩溶发育深度多在 120 米～230 米，水量丰富。根据省水文大队 1985—1986 年在齐陵群井汇流中心地和龙池南的勘探结果：储水总量 8.7 万立方米 / 日，扣除枯水期和当地农灌，有效开采量 5.4 万立方米 / 日。由于水源补给稳定、充分，丰水期与枯水期水量无大的变化，上游补给区基本无污染，是全区最好的水源地之一。2011 年成立淄博美陵天齐渊供水公司，担负对城区和多个乡镇的供水。

第四系松散岩类孔隙水　分布在王齐村至高家孝陵村以东，吕家孝陵村至东龙池、西龙池村以北，齐陵街道东部北部的大片淄河冲积扇富水区域。总面积 30 余平方千米。含水层为冲洪积沙砾石层、沙层，自南而北，随着地形逐步降低，含水层层次也自南而北逐渐增多，厚度逐渐变薄，含水介质砾度逐渐变细，富水性和单井涌

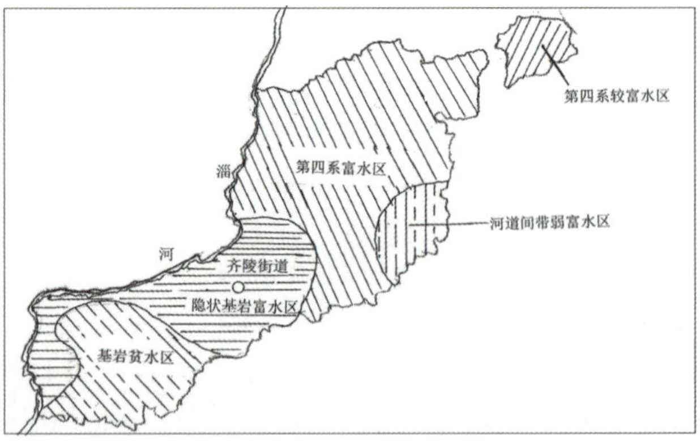

齐陵街道地下水分布图

水量逐渐减少，水头压力逐步增加，是典型的冲洪积扇水文地质特征，单井涌水量在 2000 立方米 / 日～ 5000 立方米 / 日。在原始自然生态条件下，除淄河河谷开口地带冲洪积扇首部为潜水外，绝大部分为承压水。20 世纪 70 年代以后，工农业取水大量增加，冲洪积扇上部含水量被疏干，水头压力降低，局部由承压水变为潜水。

境内东部局部区域属河道间带弱富水区。

第三节　矿产资源

石灰石矿

主要分布在胶济铁路以南的牛山、蛟山、红螺山、康山、稷山一带的大片区域及紫荆山附近。为一套浅海相化学沉积的中奥陶统灰岩，层位稳定，主要由厚层纯灰岩、薄层泥质白云灰岩、豹皮状灰岩组成，可作冶金熔剂，化工原料及建筑材料。为保护环境，20 世纪 90 年代后陆续停止开采。

河砂矿

主要分布在淄河沿岸的梁家终村、齐家终村、刘家终村及北山西、柳店、淄河、聂仙、西龙池、前李、后李、薛家等村的沿河地带。随着多年的大量开采，河道内资源已近枯竭，仅在岸边地下尚有少量，因环境治理，已禁止开采。

矿泉水矿

分布在齐陵水源地。1992 年 11 月，经地质矿产资源部矿泉水鉴定中心进行全分子验证，齐陵水源为含锶型偏硅酸矿泉水，主要有益元素为锶、钙、偏硅酸根等十几种对人体有益的微量元素。1993 年，建成天齐渊矿泉水有限公司。

第四节　动植物资源

动物资源

饲养动物　主要有牛、马、驴、骡、猪、羊、家兔、狗、猫、鸡、鸭、鹅、鸽、鹌鹑等。

野生动物　境内野生动物主要有兽类、禽类、鱼类及昆虫类等 4 类，另外还有节肢、两栖、爬行、软体及环节等类动物。

兽类。野兔、刺猬、田鼠、鼹鼠、黄鼬、狐、獾、蝙蝠、狸等。

禽类。麻雀、云雀、喜鹊、乌鸦、山鸡、斑鸠、白头翁、猫头鹰、啄木鸟、布谷鸟、山草鸡、燕子、嘀嘀水、山大头、红下颚、麦鸡子、白眼、白玉、画眉、八哥、鹦鹉、百灵、翠鸟、水鸭子、苇喳子、鹞、白鹭、鹰等。

鱼类。鲤鱼、鲫鱼、鳝鱼、青鱼、草鱼、鲢鱼、马口鱼、泥鳅、鲶鱼、金鱼等。

昆虫类。蜻蜓、螳螂、蝶、蛾、萤火虫、蝉、金龟子、斑蝥、蚂蚱、蟋蟀、蜜蜂、刺蛾、蜘蛛、蝈蝈、蜣螂、蝎子、蜈蚣、瓢虫、豆虫、蚂蝗、青虫、螟虫、蚜虫、蚂蚁、土鳖、潮虫、草鞋底、金针虫、地蚕、椿象、蛴螬、蝼蛄、苍蝇、蚊子、跳蚤、臭虫、毛毛虫、棉铃虫等。

另外节肢动物有虾、蟹等。两栖动物有青蛙、蟾蜍、乌龟、鳖等。爬行动物有壁虎、蜥蜴、蛇等。软体动物有蜗牛、螺、蛤蜊等，环节动物有蚯蚓等。

植物资源

木本植物　果树类有杏树、桃树、梨树、山楂树、苹果树、柿子树、枣树、葡萄树、核桃树、李子树、软枣树、石榴树等。其他树种有杨树、柳树、刺槐、国槐、楸树、泡梧、法桐、杂交杨、毛白杨、香椿、樗树、榆树、桑树、银杏、松柏树、火炬树、枸杞、花椒、樱花、紫叶李、冬青、木香等。野生的有酸枣、荆杨、胡枝子、枫杨、紫穗槐、楮树等。

草本植物　芦苇、茅草、莠草、香蒲、扫帚菜、苦菜子、麦蒿、曲曲芽、苋菜、灰菜、苜蓿、面条菜、蒺藜、三棱草、山草、牵牛、蓬子菜、豌豆、野菊、鬼针草等。

药物类　蒲公英、车前子、马齿苋、大蓟、小蓟、苍子、菟丝子、盘田草、艾叶、薄荷、灯芯草、蛤蟆草、黑丑、白丑、蝎子草、夏枯草、鸡丁草、半夏、远志、金银花、桔梗、黄芪、茵陈、酸枣仁、桃仁、杏仁、瓜蒌、木瓜、丝瓜络、槐米、无花果、生地、鸡冠花、大青叶、板蓝根、莲籽、元参、丹参、黄芩、连翘、白勺、芦根、小茴香、山药、苏子等100余种。

蔬菜类 白菜、菠菜、韭菜、芹菜、香菜、生菜、油菜、木耳菜、豆角、芸豆、扁豆、菜花、甘蓝、葱、圆葱、蒜、莴苣、胡萝卜、青萝卜、土豆、茄子、西葫芦、西红柿、辣椒、青椒等。

瓜类 黄瓜、甜瓜、西瓜、丝瓜、南瓜、方瓜、冬瓜、绞瓜、苦瓜、香瓜、脆瓜、银瓜、面瓜等。

观赏植物 牡丹、芍药、君子兰、一叶兰、大头兰、韭兰、兰花、海棠、杜鹃、菊花、月季、金桔、发财树、橡皮树、丁香、龟背竹、栀子、玫瑰等近百种。

粮食作物 有小麦、玉米、大豆、高粱、谷子、地瓜、黍子、绿豆、红小豆、豇豆、荞麦、芋头等。

经济作物 花生、芝麻、黄烟、蓖麻、棉花等。

第五章 自然灾害

第一节 旱 涝

旱灾

干旱历来是境内的主要自然灾害，它出现频率高，成灾范围广，造成的损失大。境内的降水多集中在夏季，冬春季节降水很少，因此70%以上的年份都会出现春旱。春旱主要影响小麦的正常返青拔节、孕穗和灌浆成熟。轻者造成减产，重者会使无水浇条件的旱田造成绝产。春旱还影响春播和果蔬的生长。发生在2000年的春旱，致使南部山区旱田小麦基本绝产。夏旱主要造成夏玉米、大豆及其他夏播作物的播种滞后，影响苗期、中期生长。秋旱主要影响玉米、大豆的后期生长，造成严重减产，同时也影响小麦的适期播种、出苗。有的年份夏旱和秋旱连续出现，也有的年份冬旱和次年的春旱、夏旱连接起来，形成重大干旱。此类大旱旱情长、灾情重，往往涉及范围广。民国9年《临淄县志》载，清光绪二年至四年(1876—1878年)连续大旱，“临淄大饥，道殣相望，死者万计。”2002年秋旱严重，旱田小麦无法按时播种贻误农时，造成缺苗弱苗。

涝灾

境内水涝灾害，主要由暴雨和连续降雨造成。多出现在七、八月份。灾害发生时，南部山区往往会造成庄稼被冲倒、冲走或塘坝溃堤，房屋倒塌，危害人畜。北部平原洼地，历史上常因平地积水，农作物受浸泡致减产、绝产和毁坏房屋家园。民国9年《临淄县志》载，清光绪十六年（1890年）“临淄大雨弥漫，田禾殆尽，人畜漂没”。1964年8月1日，降水量达175毫米，致使村村多有墙倒屋塌，加上连续降水，土壤水分饱和，南部青州山区的洪流客水袭来，境内东部大面积积水，水深20厘米～30厘米。经过挖沟排洪仍多日难以排完。黄烟绝产，玉米、地瓜大面积减产。1974年7月至8月15日，连续降水690毫米，致使境内东部大面积涝灾，农作物严重减产或绝产。据史料记载，境内特大水灾约百年一遇，大涝灾约14年一遇，中涝灾约8年一遇。在降雨同等的情况下，平原灾情要重于山丘地区。20世纪80年代后，由于地下水位降低，土壤渗水能力强，涝灾损失程度减轻。40年来，境内未发生较重的涝灾。

境内旱涝灾害发生时，往往持续几年时间。清乾隆五十年至五十二年（1785—1787年）连续三年大旱。清咸丰六年至九年(1856—1859年)，连续四年大旱。清咸丰十年（1860年）大涝。清同治二年至五年（1863—1866年），连续四年涝灾。1963—1964年，连续两年大涝。1965年大旱，2005—2006年连续大旱。旱涝灾害又有一定的交替性，有的年份表现为旱中有涝，涝中有旱，还有的年份出现春旱夏涝，晚秋又旱。

第二节　风　雹

风灾

域内风灾分为干热风灾和大风灾。

干热风　多出现在5月下旬到6月上旬，每年出现一般在6～7天，几乎年年有。它的特点是高温、干燥、风速大。轻的干热风会导致小麦水分供需失调，影响小麦正常生长，重的干热风能造成小麦青枯或逼熟，俗称“白干”死亡，严重影响小麦的产量和质量。

大风　是指风力达到7级以上的风。据资料统计，境内平均每年出现8级以上大风6天，最多年份会出现20余天。实际风力达不到8级的风也会成灾。大风多发生在春季和夏季的雷雨天气。春季多西南风，并不时与东北风交替。夏季有时先刮东南大风或西北大风，随之降暴雨，致使农作物倒伏和果树果实刮落，大棚塑料膜被损坏现象频频发生。秋冬季节，主要为西北风和北风，风力相对虽小，但有时也危害较大。

1982年11月9日，境内遭受暴风、雨雪、冰凌灾害，致使许多高低压电力线路及广播线路杆歪线断，造成全境长时间停电，蔬菜受损，大量树木折断，严重影响生产和生活，对人畜造成巨大伤害。

1997年8月28日，由于台风过境，境内出现10级大风，并伴有暴雨，降水量达117毫米，造成玉米大面积倒伏，水果大量落地，许多房屋被刮坏，造成巨大经济损失。

2012年8月3日，受台风“达维”影响，出现暴风大雨，境内极大风速25.9米/秒。玉米大面积倒伏，树木折断，对农业造成严重损失。

雹灾

境内冰雹灾害，出现频率高，受灾面积大。雹体粒径一般在5毫米～10毫米，少数可达10毫米～20毫米。据史料记载，清宣统元年（1909年）四月二十六日，临淄降雹，深1尺，小麦被砸烂。

由于受多种因素的影响，冰雹往往有特定的条状路径，齐陵境域一般不在冰雹路径内，因此受灾相对较轻。1980年7月6日，境内遭冰雹袭击，受灾面积2000余公顷。玉米蔬菜严重受损。1987年5月23日夜，遭受历史上罕见的风雹灾害，冰雹直径最大15毫米，小麦受灾面积1867公顷，西瓜受灾493公顷，果树受灾86公顷，蔬菜受灾178公顷。全镇直接经济损失940万元。1988年6月1日，境内北部发生雹灾，冰雹直径5毫米～10毫米，即将成熟的小麦严重受损，水果蔬菜也不同程度受损，受灾面积1000余公顷。

第三节　霜　冻

境内霜冻灾害多出现在秋初或春末。按正常规律，初霜一般出现在10月中旬，最早10月10日。终霜一般在4月20日。当地农谚叫“谷雨断霜”，最晚5月3日，霜期平均180天。初霜过早，除危害晚秋作物外，还会使小麦提前进入冬眠，出现弱苗，影响分蘖。终霜过晚，则危害早春作物，冻坏果树花蕾、初果及小麦、蔬菜和瓜类。严重冻害一般3～4年一遇。1942年8月，境内突然受到寒流袭击，造成高粱、玉米、黄烟等受冻无收的重大灾情。1986年5月3日，发生霜冻，正在扬花灌浆的小麦受害减产严重，揭去塑料薄膜的西瓜、黄瓜等全部冻死，受灾面积3000公顷。2002年春，因受暖冬影响，冬小麦和果树生长均比常年提前一个节气。4月25日出现严重霜冻，地面最低温度降至-2.7℃，小麦受冻害不能正常开花授粉，造成减产四成以上。果树受冻，致严重减产。全镇经济损失达800余万元。

第四节　地　震

齐陵街道地处亚欧大陆板块与太平洋板块连接的环太平洋地震带。东部在益都大断裂上，西部是淄河断裂带，中间有刘营村至齐都河崖头的断层，地壳不很稳定，地震活动较频繁。据史料记载，汉文帝元年（前179年）五月，临淄东南部（今齐陵境内）发生6级地震，山崩塌，水溢出。汉本始四年（前70年）六月一日，昌乐地震，波及临淄，山崩裂，水溢出。晋义熙四年（408年）十二月四日，临淄辛店发生5级地震，境内天齐渊水涌，井水上涨，女水枯竭，河水结冰。元至正六年（1346年）正月，益都、临淄一带地震，连续7天。元至正七年（1347年）正月，益都临淄一带地震，五月又震。清康熙七年（1668年）郯城8.5级地震，波及境内，有声如雷，墙倒屋塌，人畜有死伤。清光绪十四年（1888年）五月四日，渤海湾发生7.5级地震，波及境内。“地震声自西北来，河水激荡，墙壁倾斜，家具相撞有声。”1969年7月18日，渤海发生7.4级地震，波及境内，有房屋损坏。1976年7月28日，河北唐山发生7.8级地震，波及境内，室内灯摇碗响，有的房屋墙裂，公社号召社员在室外自搭简易防震棚，住宿多日。

齐陵街道历代重大自然灾害

汉文帝元年（前179年）五月八日，齐陵境内发生6级大地震，山崩塌，水溢出。

汉本始四年（前70年）六月一日，昌乐地震，波及境内，山石崩裂，大水喷涌而出。

汉建昭二年（前37年），大雪，深5尺。

汉元始二年（公元2年），蝗灾，百姓四处逃亡。

晋泰始四年（268年），大水。

晋泰始五年（269年），大水。

晋咸宁三年（277年）十月，大水。

晋咸宁五年（279年）三月，大旱。

晋永宁元年（301年），从夏到秋大旱。

晋大兴元年（318年）八月，蝗灾，野草庄稼尽被吃光。

晋义熙四年（408年）十二月四日，临淄辛店发生5级地震。天齐渊水涌，井水上涨，女水枯竭，河水结冰。

宋元嘉十七年（440年）八月，大水。

宋元嘉二十四年（447年），大水。

北魏承明元年（476年）四月，大风雹。

北魏太和六年（482年）七月，大水，蚜蝗危害庄稼。

北魏景明元年（500年）五月，蚜蝗危害庄稼，六月大雨雹，七月大水。

北魏永平元年（508年）九月，青州地震，境内殷殷有声。

北魏永平三年（510年）八月，蚜蝗泛滥，庄稼被吃掉三分之二。

北魏延昌二年至三年（513—514年），连年大饥。

东魏天平四年（537年）七月，降雪，庄稼受灾。

东魏元象元年（538年），大水。

北齐武平六年（575年）八月，大水。

隋大业六年（610年），大涝

隋大业八年（612年），大旱、大饥。

唐仪风元年（676年），大水。

唐永贞元年（805年）六月，飞蝗过境，遮天蔽日，十余天不停，所到之处，庄稼及草木叶皆被吃光。

唐太和三年（829年）夏，大水。

唐开成四年（839年）秋，大水淹没民房及庄稼。

宋大中祥符元年至二年（1008—1009年），连续两年大水。

宋大中祥符九年（1016年）六至九月，飞蝗漫天遍野，庄稼几乎被吃光。

宋建炎三年（1129年），大旱，大饥，出现人吃人的现象。

金明昌二年（1191年）秋，大旱，大饥。

金大安二年（1210年），春大旱，六月霪雨，大饥，粮价暴涨。

蒙古至元二年至十年（1265—1273年），连年饥荒。

元延佑六年（1319年），大水。

元至正六年（1346年）正月，益都、临淄一带地震，连续7天。

元至正七年（1347年）正月，益都、临淄一带地震，五月又震。

元至正八年（1348年），三月大旱，八月大雨雹，雹大如杯。

元至正十九年（1359年）夏，蝗虫吃光庄稼禾苗，大饥，出现人吃人的现象。

明正统六年（1441年），蝗、旱灾，大饥。

明景泰五年（1454年），大旱，麦苗枯死。

明景泰七年（1456年）秋，大水。

明弘治五年（1492年），春旱大饥。

明弘治十七年（1504年），大旱。

明正德二年（1507年）十二月，大雪数尺。

明正德四年（1509年），春夏大旱，大饥。

明正德十二年（1517年）秋，霪雨，地里禾苗庄稼被淹，鱼随处可见。

明嘉靖十二年（1533年），蝗灾，禾苗庄稼几乎被吃光。

明嘉靖十七年（1538年），旱。

明嘉靖二十年（1541年），大水。

明嘉靖二十六年（1547年），大水。

明嘉靖三十一年（1552年），大水，冬大寒。

明隆庆二年（1568年）七月，暴雨，顷刻水深几尺，淹没人畜较多。

明万历四十三年（1615年），春夏大旱大饥，出现人吃人现象，逃荒者无数。

明万历四十八年（1620年），大雨雹。

明天启六年（1626年）秋，大水。

明天启七年（1627年），大水。

明崇祯十二年（1639年），蝗、旱灾，大饥，出现人吃人现象。

明崇祯十三年（1640年），飞蝗遮天蔽日。

明崇祯十四年（1641年），鼠灾，庄稼受损严重。

清顺治元年（1644年）三月，大风。

清顺治三年（1646年）七月，大水。

清顺治六年（1649年）六月，大雨雹，平地深数尺，庄稼叶全被砸光。

清顺治九年（1652年）秋，大水。

清顺治十一年（1654年），大雨雹。

清康熙四年（1665年），夏旱，小麦颗粒无收。

清康熙六年（1667年），夏大雨雹。秋大雨，淄水涨满，水流至城东门。

清康熙七年（1668年），郯城8.5级地震，波及境内，有声如雷，墙倒屋塌，人畜有死伤。

清康熙九年（1670年），大旱，冬大雪奇寒，果树冻死。

清康熙十九年（1680年）六月，大雨雹。

清康熙三十一年（1692年），大雨雹。

清乾隆五十年至五十二年（1785—1787年），连续三年大旱。

清嘉庆元年（1796年），大水。

清嘉庆十八年（1813年），大旱。

清道光元年（1821年），大疫。

清道光十五年（1835年），大雨水。

清道光十七年（1837年），旱、水、雹灾。

清道光十八年（1838年）六月，大水。

清道光二十六年（1846年），水、旱、雹、虫灾。

清咸丰三年（1853年），水、旱、风、雹灾。

清咸丰五年（1855年），大水。

清咸丰六年（1856年），大旱。

清咸丰八年（1858年），旱、雹、虫灾。

清咸丰九年（1859年），大旱。

清同治二年至三年（1863—1864年），水、旱、风、雹、虫灾。

清同治五年（1866年），水、旱、风、虫灾。

清光绪二年（1876年），特大旱，大饥，饿死多人。

清光绪三年（1877年）春，大灾荒。麦熟后因骤得饱食撑死的人村村可见。

清光绪七年（1881年），水、旱、风、虫灾。

清光绪十二年（1886年），水、旱、风、虫灾。

清光绪十四年（1888年）五月四日，渤海湾发生7.5级地震，波及境内。“地震声自西北来，河水激荡，墙壁倾斜，家具相撞有声”。秋大雨水，瘟疫流行。

清光绪十五年（1889年）秋，大雨。

清光绪十六年（1890年）五月，大雨整月不停，庄稼被淹。灾民四处逃荒求生，有的流入山西，陕西等地。

清光绪三十四年（1908年），春夏旱。七月二十三日开始下大雨，又成涝灾。

清宣统元年（1909年）四月二十六日，降雹深1尺，砸毁小麦。

清宣统三年（1911年），正月初一大雨，水深没胫，邻居之间不能登门拜年。三月二十日大雨2小时，洼地积水1米多深。

1917年，春大旱，粮价暴涨。秋又大旱，小麦出苗不到半数。

1919年，春夏旱，蝗灾，秋瘟疫流行。

1921年1月，大雪深1米，积雪40天。

1926年12月11日，大雪，深达1.5米，积雪达50天。

1927年，全年大旱，5月降雹，大的如拳。

1930年5月1日，降雹，大的如鸡蛋，有的房屋被砸毁。麦季歉收。

1941年，雹灾。

1942年，春大旱，大饥荒，饿死多人。7月寒流突袭，高粱、玉米、黄烟等受冻无收。

1949年，涝灾，东北部洼地积水。收谷子时只能赤脚进地，用手掐谷穗。

1952年，旱，虫灾严重。

1953年5月，降雹，小麦减产30%，烟苗受损。

1957年7月6—19日，降雨209.3毫米，造成境内东部洼地积水成灾，房屋也塌坏多处。

1963年7月19日，暴雨。东部洼地受灾。

1964年8月1日，降雨175毫米，造成严重水灾。境内东部、北部大区域积水20厘米～30厘米，倒墙塌房无数。受灾面积2000余公顷。排涝沟淌清水五个月。

1965年，大旱。

1966年7月15日上午，淄河出现历史上罕见洪峰，流量达2030立方米/秒，冲毁柳店西淄河桥80米，淹死多人。

1969年7月18日，渤海发生7.4级地震，波及境内，房屋有裂塌。

1971年6月，境内降雹，受灾面积1000余公顷。

1972年，旱灾。

1974年7月1日至8月15日，降水690毫米，发生严重涝灾，大面积黄烟绝产，地瓜减产30%，受灾面积2000公顷。

1976年7月28日，河北唐山发生7.8级大地震，波及境内，公社号召社员在室外搭简易防震棚。

1978年，春旱夏涝。6月25日至7月5日连绵阴雨，全公社霉烂小麦30万千克。

1980年7月6日，雹灾，玉米苗受损，部分水果被砸脱落，受灾面积2000公顷。

1982年11月9日，遭暴风、雨、雪、冰凌灾害，大量电力线路线断杆倒，停电数日。树木多有折断，有的房屋压损，损失巨大。

1984年，春大旱，6月3日暴风雨，小麦倒伏严重。

1987年5月23日，风雹灾，西瓜、小麦、果蔬严重受损。

1988年6月1日，雹灾，小麦减产，果蔬受损。

1989年，大干旱，南部山区旱田小麦绝产。

1991年，5月14日、6月5日两次发生大风、冰雹，造成重大损失。

1997年，春旱严重，旱田小麦多有绝产，6月夏旱，致使夏玉米不能播种。8月28日，台风挟暴雨过境，大田玉米大片倒伏，房屋、树木、水果、供电设施受损严重。

2000年，3—4月重旱。8月31日暴雨，蔬菜大棚部分受损倒塌。

2002年，春大旱，4月25日晚遭霜冻，小麦，果树受冻害严重。

2004年5月16日，雹灾。11月24—25日降大雪，降水量35毫米，多个蔬菜大棚被压塌，蔬菜减产10%。

2006年，秋旱，旱田小麦不能播种。

2009年4月16日晚，遇霜冻，小麦受冻害减产。

2010年2月28日至3月1日，出现暴雪，雪深13厘米，造成多个蔬菜大棚和养殖大棚压塌，蔬菜受冻害，家禽有死亡。5月30日降冰雹，未造成大的损失。

2012年8月3日，受10号台风“达维”影响，出现暴雨大风，极大风速25.9米/秒，玉米大面积倒伏，树木折断随处可见。

·第三篇·

人口

区卫计局到齐陵街道进行基层业务培训（2018 年 摄）

齐陵街道育龄妇女免费健康查体　　（2016 年摄）

省计生协会“齐鲁圆梦行动”走进齐陵　　（2018 年摄）

境内后李遗址发掘证明，早在8500年前，原始氏族社会就有人类在此繁衍生息，是人口聚居之地。春秋战国时期，齐国国力强盛，人口繁衍较快。元朝末年，战乱频繁，人口锐减。明朝初年明诏播迁，山西省洪洞县和冀州枣强县移民陆续迁入定居，境内人口大增。

新中国成立后，人民安居乐业，人口不断增加。1957年，境内总人口21871人，平均每平方千米389.37人。1959—1961年，三年经济困难时期，人口出生率有所下降。1962年起，人民生活好转，人口数量回升。20世纪70年代，开始重视计划生育工作，提倡一对夫妇生育两个子女。1980年，开始实行独生子女政策，提倡一对夫妇生育一个子女，人口出生率得到控制。1988年，《山东省计划生育条例》颁布实施，农村独女户实行二胎政策。2013年，中共十八届三中全会决定实施"单独二孩"政策，即允许一方是独生子女的夫妇生育两个孩子，人口数量又有所回升。2016年，全面放开二胎，人口数量增长较快。2017年，总人口达33637人，平均每平方千米599人。

人口构成变化较大。境内人口自古以汉族居多，另有部分蒙古族，其他民族较少。改革开放后，婚嫁、务工等迁入人口增加，少数民族数量渐多。因生活水平、教育水平的提高，80岁以上高龄人口、大专以上高学历人口不断增加。从事纯农业劳动人口显著减少。家庭构成以一对夫妇与1个或2个未成年子女组成的小家庭为主，几代同堂的大家庭越来越少。

第一章　人口状况

第一节　人口数量

齐陵境域地处淄河东岸，有广阔的平原沃土，非常适合人类居住。西周姜太公封齐建国后，齐国国力强盛，人口繁衍较快。

元朝末年，战乱频繁，连年自然灾害，瘟疫流行，人口锐减。明朝初年明诏播迁，山西省洪洞县和冀州枣强县移民陆续迁入定居，境内人口大增。

新中国成立后，生活条件和医疗条件不断改善，人民安居乐业，人口不断增加。1957年，总人口21871人。1959—1961年经济困难时期，人口出生率有所下降。1959年、1960年、1961年总人口分别为20969人、20827人、21584人，与1958年总人口21951相比，分别减少982人、1124人和367人。自1961年起，贯彻中央"调整、巩固、充实、提高"的方针，人民生活开始好转，人口数量回升。至1966年，人口增至25721人，比1961年增加4137人，平均每年增加828人。20世纪70年代，中央提出"人口非控制不可"，开始重视计划生育工作，提倡一对夫妇生育两个子女。1980年，计划生育工作加强，鼓励一对夫妇生育一个子女，人口数量得到有效控制。1985年，总人口32083人。1986年，农村独女户实行间隔式二胎。1988年，《山东省计划生育条例》颁布实施，农村独女户全面实行二胎政策，人口数量有所回升。2013年，中共十八届三中全会决定实施"单独二孩"政策，即允许一方是独生子女的夫妇可以生育两个孩子。2015年，人口总数达到33013人。2016年1月1日，全面放开二胎，人口数量增长较快。2017年，总人口达33637人。

1957—2017 年齐陵街道人口情况统计表

表 3-1　　　　单位：户、人

年份	总户数	总人口			年份	总户数	总人口		
		合计	男	女			合计	男	女
1957	4494	21871	10641	11230	1988	7466	32408	16023	16385
1958	4580	21951	10863	11088	1989	7493	32355	16031	16324
1959	4477	20969	10137	10832	1990	8520	32551	16124	16427
1960	4652	20827	9980	10847	1991	8681	32625	16203	16422
1961	4756	21584	10598	10986	1992	8651	32292	16077	16215
1962	4917	22866	11284	11582	1993	8735	31809	15837	15972
1963	4945	23721	11719	12002	1994	8728	31590	15744	15846
1964	4986	24435	12012	12423	1995	8666	31341	15649	15692
1965	5027	25087	12352	12735	1996	8674	30850	15484	15366
1966	5144	25721	12687	13034	1997	8682	30712	15459	15253
1967	5247	26249	12947	13302	1998	8688	30641	15432	15209
1968	5316	26368	11773	14595	1999	8983	30750	15477	15273
1969	5449	27218	13416	13802	2000	9064	30754	15470	15284
1970	5581	28208	14283	13925	2001	9104	30733	15441	15292
1971	5654	28818	14333	14485	2002	9124	30703	15431	15272
1972	5755	29182	14470	14712	2003	9155	30582	15395	15187
1973	5874	29502	14694	14808	2004	9235	30695	15443	15252
1974	6024	29808	14819	14989	2005	—	30833	—	—
1975	6188	30119	14952	15167	2006	—	31012	—	—
1976	6238	30336	15010	15326	2007	—	31261	—	—
1977	6348	30734	15234	15500	2008	—	31458	—	—
1978	6297	30747	15175	15572	2009	—	31621	15861	15760
1979	6599	30935	15350	15585	2010	9700	31745	15891	15854
1980	6836	31125	15375	15750	2011	9817	31973	15962	16011
1981	7090	31494	15579	15915	2012	9904	32214	16035	16179
1982	7277	31956	15763	16193	2013	10055	32499	16154	16345
1983	7295	32156	15818	16338	2014	10151	32766	16255	16511
1984	7463	32088	15805	16283	2015	10265	33013	16327	16686
1985	7457	32083	15837	16246	2016	10337	33326	16442	16884
1986	7402	32112	15900	16212	2017	10408	33637	16595	17042
1987	7882	32216	15976	16240					

第二节　人口分布

境内先民多居住在淄河沿岸及以东区域。明朝以前，有14个自然村。明、清两代立村较多，至新中国成立，共有43个自然村。境域总面积56.17平方千米。1957年，总人口21871人，平均每平方千米389人。1970年，总人口28208人，平均每平方千米502人。2000年，第五次人口普查，标准时点2000年11月1日0时，总人口31029人，平均每平方千米552人。2006年始，奥林匹克花园、御泉湾、东郡等生活区相继建成入住，成立淄水社区。2010年，第六次人口普查，标准时点2010年11月1日0时，总人口30662人，平均每平方千米546人。2017年，总人口33637人，平均每平方千米599人。淄河村人口最多，共2683人。朱家村人口最少，共267人。淄水社区齐陵户籍人口1281人。

部分年份齐陵街道人口分布情况表

表3-2　　　　单位：户、人

村别	2000年		2010年		2017年	
	户数	人口	户数	人口	户数	人口
淄河村	727	2534	725	2357	847	2683
柳店村	178	649	214	635	214	722
北山西村	200	638	158	523	156	538
北山东村	252	759	253	722	256	769
南山村	256	789	270	734	274	815
刘家终村	494	1653	522	1600	584	1836
齐家终村	291	940	276	917	272	1029
梁家终村	402	1362	389	1238	405	1323
王齐村	467	1479	420	1333	470	1493
南齐村	170	542	173	511	175	540
杨东村	208	676	208	681	219	686
杨西村	218	725	218	725	233	742
驻佛村	120	399	127	386	132	417
郑家沟村	147	429	128	444	139	451
聂仙村	434	1509	430	1485	447	1644
西龙池村	234	772	243	762	243	836
东龙池村	177	620	189	651	208	722
吕家孝陵村	344	1185	337	1041	356	1236
高家孝陵村	274	885	273	896	275	945
石庙孝陵村	256	894	242	711	260	876
毛家村	189	636	192	629	210	651
北苑村	210	720	203	631	223	735

续表 3-2

村别	2000 年		2010 年		2017 年	
	户数	人口	户数	人口	户数	人口
后李村	229	726	234	677	264	792
前李村	232	785	222	723	267	841
刘营村	299	1004	293	1007	322	1059
薛家村	239	737	225	652	264	799
宋家村	497	1631	484	1634	518	1640
东刘家村	161	513	159	504	175	548
胡家村	129	439	140	456	142	450
太平村	266	912	288	944	285	969
付辛村	209	656	192	621	204	673
后丁村	157	529	163	528	162	540
前丁村	100	351	105	323	105	362
望寺村	223	731	224	690	235	761
朱家村	78	259	74	234	78	267
老刘家村	143	493	136	457	141	486
小交流村	133	468	134	466	155	480
淄水社区	——	——	430	1134	493	1281

第三节　人口构成

民族构成

境内居民以汉族居多，其次是蒙古族，刘营村是山东省唯一的蒙古族聚居村，其他民族人数不多。改革开放后，婚嫁、务工等迁入人口增加，少数民族数量渐多。2000 年人口普查，总人口 31029 人，其中，汉族 30279 人，占总人口的 97.58%；蒙古族 694 人，占总人口的 2.24%；其他：回族 26 人，藏族 2 人，维吾尔族 1 人，苗族 4 人，彝族 4 人，壮族 2 人，朝鲜族 3 人，满族 7 人，白族 1 人，土家族 1 人，傈僳族 1 人，拉祜族 3 人，景颇族 1 人，共 56 人，占总人口的 0.18%。2010 年人口普查，总人口 30662 人，其中，汉族 29981 人，占总人口的 97.78%；蒙古族 651 人，占总人口的 2.12%；回族 12 人，彝族 8 人，壮族 1 人，朝鲜族 1 人，满族 1 人，哈尼族 1 人，傣族 2 人，傈僳族 2 人，拉祜族 2 人，共 30 人，占总人口的 0.10%。2017 年人口统计，总人口 33637 人，其中，汉族 32714 人，占总人口 97.26%，蒙古族 850 人，占总人口 2.53%；回族 32 人，彝族 9 人，苗族 1 人，壮族 2 人，朝鲜族 7 人，满族 8 人，土家族 1 人，傣族 6 人，傈僳族 5 人，景颇族 2 人，共 73 人，占总人口的 0.22%。

性别构成

2000 年第五次人口普查，男性 15611 人，女性 15418 人，性别比为 101.25。2010 年第六次人口普查，男性 15280 人，女性 15382 人，性别比为 99.34。2017 年人口统计，男性 16595 人，女性 17042 人，性别比为 97.38。

部分年份齐陵街道人口性别构成情况表

表 3-3 单位：人

年份	总人口	男性	女性	性别比（女=100）
2000	31029	15611	15418	101.25
2010	30662	15280	15382	99.34
2011	31973	15962	16011	99.69
2012	32214	16035	16179	99.11
2013	32499	16154	16345	98.83
2014	32766	16255	16511	98.45
2015	33013	16327	16686	97.85
2016	33326	16442	16884	97.38
2017	33637	16595	17042	97.38

年龄构成

新中国成立初期，境内人口中儿童及青壮年人口占比例较大，60 岁以上人口占比例较小。20 世纪 70 年代，人口出生率得到控制，年龄结构逐渐发生变化，少年儿童人口逐渐减少，60 岁以上人口逐渐增加。2016 年，全面放开二胎。至 2017 年，少年儿童人口增长较快。

少年儿童人口 2000 年第五次人口普查，0 ～ 14 岁少年儿童 5971 人，占总人口的 19.24%；2010 年第六次人口普查，0 ～ 14 岁少年儿童 4607 人，占总人口的 15.03%；2017 年人口统计，0 ～ 17 岁少年儿童 5912 人，占总人口的 17.58%。

青壮年人口 2000 年人口普查，15 ～ 64 岁青壮年 22279 人，占总人口的 71.8%；2010 年人口普查，15 ～ 64 岁青壮年 22208 人，占总人口的 72.43%；2017 年人口统计，18 ～ 59 岁 19737 人，占总人口的 58.68%。

60 岁及以上人口 2000 年人口普查，65 岁及以上人口 2779 人，占总人口的 8.96%；2010 年人口普查，65 岁及以上人口 3847 人，占总人口的 12.55%；2017 年人口统计，60 岁及以上人口 7988 人，占总人口的 23.75%。

80 岁以上老人显著增加。2000 年第五次人口普查 403 人，占人口总数的 1.3%；2010 年第六次人口普查 732 人，占人口总数的 2.39%；2017 年人口统计，80 岁及以上人口 999 人，占总人口的 2.97%。

90 岁以上高龄老人逐渐增多。2000 年第五次人口普查 24 人，占人口总数的 0.08%；2010 年第六次人口普查 54 人，占人口总数的 0.18%；2017 年人口统计，90 岁及以上人口 93 人，占总人口的 0.28%。

100 岁及以上老人：

2011 年 2 人：石庙村，于秀兰，女，汉族，出生于 1911 年 5 月 24 日。宋家村，于桂芝，女，汉族，出生于 1911 年 6 月 6 日。

2017 年 2 人：石庙村，马英俊，女，汉族，出生于 1913 年 9 月 19 日。西龙池村，赵悦英，女，汉族，出生于 1914 年 12 月 8 日。

部分年份齐陵街道人口年龄构成情况表

表 3-4 单位：人

年龄组（岁）	2000 年				2010 年			
	人口数	男	女	年龄构成比 %	人口数	男	女	年龄构成比 %
合计	31029	15611	15418	100	310662	15280	15382	100
0	354	199	155	1.14	253	128	125	0.83
1 ～ 4	1475	751	724	4.75	1095	571	524	3.57
5 ～ 9	1776	936	840	5.72	1553	778	775	5.06

续表 3-4

年龄组（岁）	2000 年				2010 年			
	人口数	男	女	年龄构成比 %	人口数	男	女	年龄构成比 %
10 ～ 14	2366	1208	1158	7.63	1706	852	854	5.56
15 ～ 19	1841	922	919	5.93	1456	761	695	4.75
20 ～ 24	1712	881	831	5.52	1794	897	897	5.85
25 ～ 29	2287	1206	1081	7.37	1793	879	914	5.85
30 ～ 34	3243	1674	1569	10.45	1847	931	916	6.02
35 ～ 39	3263	1616	1647	10.52	2179	1136	1043	7.11
40 ～ 44	2432	1219	1213	7.84	3152	1623	1529	10.28
45 ～ 49	2783	1407	1376	8.97	3185	1560	1625	10.39
50 ～ 54	1859	965	894	5.99	2388	1180	1208	7.79
55 ～ 59	1452	752	700	4.68	2683	1349	1334	8.75
60 ～ 64	1407	697	710	4.53	1731	886	845	5.65
65 ～ 69	986	483	503	3.18	1267	642	625	4.13
70 ～ 74	864	370	494	2.79	1142	542	600	3.72
75 ～ 79	533	208	325	1.72	706	310	396	2.30
80 ～ 84	271	84	187	0.87	475	176	299	1.55
85 ～ 89	108	31	77	0.35	203	67	136	0.66
90 ～ 94	20	9	11	0.07	42	11	31	0.14
95 ～ 99	3	1	2	0.01	12	1	11	0.04
100 及 100 以上	1	—	1	0.001	—	—	—	—

文化构成

新中国成立前，境内居民文化程度很低，80% 以上属文盲。新中国成立后，发展中小学教育，办起夜校、识字班等，扫除青壮年文盲，人口文化素质有所提高。20 世纪 60 年代，村村办起小学。1964 年，小学入学率 56%。70 年代，普及小学五年教育。1988 年，国家开始实施九年义务教育。1992 年，实现义务教育达标。1993 年实现“两基”，即基本普及九年义务教育，基本扫除青壮年文盲。随着中专、大专、大学扩大招生，人口学历水平大大提高，文化结构发生显著变化。文盲半文盲人数越来越少，中专、大专及以上学历人数明显增多。2010 年人口普查，具有小学文化程度的 8542 人，占六周岁以上总人口的 29.46%。具有初中文化程度的 12793 人，占 44.16%。具有高中文化程度的 5276 人，占 18.19%。具有大专文化程度的 975 人，占 3.36%。具有本科文化程度的 336 人，占 1.16%。具有研究生文化程度的 17 人，占 0.06%。至 2017 年，除 60 岁以上老年人口中还有少数文盲、半文盲以外，60 岁以下青壮年人口文化程度基本在初中毕业以上，大专、本科、研究生学历的人数显著增加。

部分年份齐陵街道 6 周岁及以上人口受教育情况表

表 3-5 单位：人

年度	文化程度	人数	占总人数 %	男性	占总人数 %	女性	占总人数 %
2000	总人数	28717	100	14416	50.20	14301	49.84
	未上过学	2766	9.63	415	1.45	2351	8.19
	扫盲班	305	1.06	43	0.15	262	0.91
	小学	9323	32.47	4524	15.75	4799	16.71
	初中	12514	43.58	6912	24.07	5602	19.51
	高中	2815	9.80	1917	6.68	898	3.13
	中专	777	27.06	443	1.54	334	1.16
	大专	191	0.67	143	0.50	48	0.17
	本科	26	0.09	19	0.07	7	0.02
	研究生	—	—	—	—	—	—
	15 岁及以上文盲半文盲	2765	9.63	409	1.42	2356	8.21
2010	总人数	28999	100	14418	49.72	14581	50.28
	未上过学	944	3.26	174	0.60	770	2.66
	小学	8542	29.46	3524	12.15	5018	17.30
	初中	12793	44.16	6785	23.40	6008	20.72
	高中	5276	18.19	3131	10.80	2145	7.40
	大专	975	3.36	588	2.03	387	13.35
	本科	336	1.16	184	0.64	152	0.52
	研究生	17	0.06	9	0.03	8	0.03
	15 岁及以上文盲半文盲	858	2.96	121	0.42	737	2.54

家庭构成

新中国成立前，家庭规模较大，大多是三代同堂、四代同堂，也有五代同堂的大家庭，人口一般 5 人以上，多者 10 余人。

新中国成立初期，家庭规模开始向中、小型发展。1957 年，平均每户 4.87 人。20 世纪 60 年代末，随着人口增长，家庭规模又有所扩大，1969 年平均每户增至 5 人。20 世纪 80 年代，随着计划生育政策落实，人口有所减少。人们生活习俗发生变化，家庭规模逐渐变小，以一对夫妇与 1 个或 2 个未成年子女组成的小家庭为主。2017 年，平均每户 3.2 人。

部分年份齐陵街道居民家庭构成情况表

表 3-6　　单位：户

家庭户类别	2000 年		2010 年	
	户数	占总户数的比例	户数	占总户数的比例
普查总户数	9313	100	9685	100
一代户	1841	19.77	2918	30.13
二代户	5573	59.84	4541	46.89
三代户	1852	19.89	2171	22.42
四代户	47	0.51	55	0.57
五代及以上户	—	—	—	—
1 人户	518	5.56	795	8.21
2 人户	1635	17.56	2455	25.35
3 人户	3409	36.61	2901	29.95
4 人户	2309	24.79	1942	20.05
5 人户	1114	11.96	1186	12.25
6 人户	275	2.95	352	3.64
7 人户	45	0.48	41	0.42
8 人户	6	0.06	9	0.09
9 人户	2	0.02	4	0.04
10 人及以上户	—	—	—	—

行业职业构成

新中国成立前，境内人口大多从事农、林、牧、副、渔业 ，从事其它行业的人数较少。新中国成立后，各行各业迅速发展，行业结构逐渐发生变化。改革开放以后，随着房地产、交通运输、仓储物流、电信影视、批发零售、餐饮住宿、金融保险、教育卫生、体育及其它社会服务业兴起与发展，从事这些行业人数不断增多。进入国家党政机关、企事业单位人数也逐年增加。从事农、林、牧、副、渔业的人数逐年减少，且从事这些行业的多数人年龄偏大，年轻人从事农业的越来越少。至 2017 年，境内劳动力人口中，从事农业生产的大多是 50 岁以上中老年人，青壮年一般从事工厂企业、交通运输、仓储物流、教育卫生、餐饮商贸、网络信息及其他社会服务业。

2000 年齐陵街道人口行业职业构成表

表 3-7　　单位：人

分类		合计	男	女
行业	合计	1914	1045	869
	农林牧渔业	1481	748	733
	采掘业	4	2	2

续表 3-7

分类		合计	男	女
行业	制造业	188	128	60
	电力煤气及水的生产和供应业	2	2	—
	建筑业	20	20	—
	地质勘查业水利管理业	1	1	—
	交通运输、仓储及邮电通信业	84	80	4
	批发和零售贸易餐饮业	47	19	28
	金融、保险业	4	1	3
	房地产业	1	1	—
	社会服务业	25	12	13
	卫生、体育和社会福利业	14	7	7
	教育文化艺术及广播电影电视业	25	11	14
	科学研究和综合技术服务业	1	—	1
	国家机关、政党机关和社会团体	15	12	3
	其他行业	2	1	1
职业	合计	1914	1045	869
	国家机关、党群组织、企业、事业单位负责人	16	12	4
	专业技术人员	52	25	27
	办事人员和有关人员	24	18	6
	商业服务人员	78	34	44
	农林牧渔水利业生产人员	1484	752	732
	生产运输设备操作人员及有关人员	260	204	56

第四节　蒙古族

境内刘营村是山东省唯一的蒙古族聚居村。元代由蒙古族人立村。至元八年（1271 年），蒙古族将领五公留居此地，初名留下营，后因留而刘，称为刘下营，后又改称刘家营，现称刘营村。

据元代至正六年（1346 年）刘姓墓碑记载，刘家营蒙古族的先世系斡罗那歹人，是一个古老的蒙古部族。元中统三年（1262 年），元朝派军队进驻山东，斡罗那歹人军队被派往山东驻防，有一支被派驻临淄，五公就在其中。

后来五公留守此地，娶了当地汉族白氏姑娘为妻，生有 4 子。五公死后，其后世子孙在汉族聚居区生存下来，原来的几顶蒙古包，逐渐演变为刘家营村。前四世为蒙古族名字，时为元中期和末期。第五世已是明朝初年，为避免受歧视，把留下营的留字改为谐音刘姓，对外称汉族。明朝中叶，刘家营蒙古族人分 6 支，其中 3 支外迁至鲁南、益都、广饶、东北等地。明朝后期，刘家营蒙古族人已延续 8 代。1949 年，有蒙古族人口 514 人。

新中国成立后，刘家营村蒙古族与汉族融

为一体，友好相处、共同发展，其生活习惯等已与汉族无异。1977 年，淄博市委统战部和临淄区委宣传部负责民族事务的领导经调查走访，找出原砌在刘营大队门市部墙基中的两块墓碑，碑文记述了刘家营村蒙古族人的来历等。这两块石碑现保存在村史展览室。1979 年 4 月，经调查核实，省、市民族工作部门确认了刘家营村蒙古族人的族籍。1980 年，山东省政府下达文件，恢复刘营大队 176 户 744 人为蒙古族后裔。随着国家各项民族政策的落实，少数民族受到保护与照顾，蒙古族人生活越来越好，人口不断增多。至 2017 年，刘营村共有 322 户，总人口 1059 人，其中蒙古族人口 850 人。另有少数蒙古族人口因婚姻等原因分布于境内其他村庄。

第二章　人口变动

第一节　自然变动

新中国成立前，境内人口出生率较高，但由于生活水平低、医疗条件差，所以死亡率高，自然增长率低。

新中国成立后，生活条件和医疗条件不断改善，人口显著增加。1951 年，人口出生率为 31.37‰，人口自然增长率为 23.51‰。1959—1961 年经济困难时期，人口出生率下降。自 1962 年起，人民生活好转，人口数量回升。1970 年，人口出生率增至 35.74‰，死亡率 7.91‰，自然增长率上升为 27.83‰。针对人口增长过快的现状，国家开始重视计划生育工作，提倡一对夫妇生育两个子女，出生率开始下降。1976 年，出生率下降为 14.50‰，死亡率 8.34‰，自然增长率下降至 6.16‰；1980 年计划生育工作加强，鼓励一对夫妇只生一个子女，人口出生率继续下降。1985 年，出生率下降至 12.44‰，死亡率 6.98‰，自然增长率下降至 5.46‰。

1986 年，农村独女户开始实行间隔式二胎。1988 年《山东省计划生育条例》颁布实施，农村独女户全面实行二胎政策，人口出生率有所回升。1995 年，人口出生率 15.03‰，自然增长率 8.20‰。2013 年，中共十八届三中全会决定实施“单独二孩”政策，即允许一方是独生子女的夫妇生育两个孩子。2016 年 1 月 1 日，全面放开二胎，人口出生率增长较快。但由于老龄人口多，死亡率相对较高，人口自然增长率回升较慢。2017 年，人口出生率为 15.97‰，死亡率 10.41‰，自然增长率为 5.56‰。

1967—2017 齐陵街道人口自然变动情况表

表 3-8　　　　单位：人

年份	总人口	出生		死亡		自然增长	
		人数	出生率（‰）	人数	死亡率（‰）	人数	自然增长率（‰）
1967	26276	676	25.73	148	5.63	528	20.09
1968	26368	571	21.66	181	6.86	390	14.79
1969	27218	845	31.05	200	7.35	645	23.70
1970	28208	1008	35.74	223	7.91	785	27.83
1971	28818	841	29.18	257	8.92	584	20.27

续表 3-8

年份	总人口	出生		死亡		自然增长	
		人数	出生率（‰）	人数	死亡率（‰）	人数	自然增长率（‰）
1972	29182	775	26.56	274	9.39	501	17.17
1973	29502	531	18.00	216	7.32	315	10.68
1974	29808	484	16.24	207	6.94	277	9.29
1975	30119	485	16.10	228	7.57	257	8.53
1976	30336	440	14.50	253	8.34	187	6.16
1977	30734	450	14.64	233	7.58	217	7.06
1978	30747	482	15.68	198	6.44	284	9.24
1979	30935	542	17.52	203	6.56	339	10.96
1980	31125	512	16.45	211	6.78	301	9.67
1981	31494	759	24.10	247	7.84	512	16.26
1982	31956	644	20.15	191	5.98	453	14.17
1983	32156	313	9.73	191	5.94	122	3.79
1984	32088	321	10.00	227	7.07	94	2.93
1985	32083	399	12.44	224	6.98	175	5.46
1986	32112	537	16.72	212	6.60	325	10.12
1987	32216	542	16.82	206	6.39	336	10.43
1988	32408	435	13.42	237	7.31	198	6.11
1989	32355	457	14.13	189	5.84	268	8.28
1990	32551	510	15.67	239	7.34	271	8.33
1991	32625	429	13.15	199	6.10	230	7.05
1992	32292	315	9.75	240	7.43	75	2.32
1993	31809	317	9.97	218	6.85	99	3.11
1994	31590	423	13.39	215	6.81	208	6.58
1995	31341	471	15.03	214	6.83	257	8.20
1996	30850	381	12.35	188	6.09	193	6.26
1997	30712	405	13.19	197	6.41	208	6.77
1998	30641	267	8.71	235	7.67	32	1.04
1999	30750	381	12.39	218	7.09	163	5.30
2000	30754	338	10.99	221	7.19	117	3.80

续表 3-8

年份	总人口	出生		死亡		自然增长	
		人数	出生率（‰）	人数	死亡率（‰）	人数	自然增长率（‰）
2001	30735	341	11.09	226	7.35	115	3.74
2002	30703	315	10.26	213	6.94	102	3.32
2003	30582	250	8.17	242	7.91	8	0.26
2004	30695	372	12.13	214	6.97	158	5.15
2005	30833	343	11.12	237	7.69	106	3.44
2006	31012	308	9.93	213	6.86	95	3.06
2007	31261	287	9.18	202	6.46	85	2.72
2008	31458	254	8.07	194	6.17	60	1.91
2009	31621	280	8.85	268	8.48	12	0.38
2010	31745	273	8.60	276	8.69	−3	−0.09
2011	31973	250	7.86	282	8.82	−32	−1.00
2012	32214	325	10.09	286	8.88	39	1.21
2013	32499	312	9.60	267	8.22	45	1.39
2014	32766	368	11.23	240	7.32	128	3.91
2015	33013	379	11.48	244	7.39	135	4.09
2016	33326	433	12.99	202	6.06	231	6.93
2017	33637	537	15.97	350	10.41	187	5.56

第二节　机械变动

明朝初年，山西省洪洞县和冀州枣强县等地移民大批迁入，境内人口大量增加。新中国成立前，每遇灾荒，有人逃往山西、陕西、东北三省等地谋生，去东北三省者居多。新中国成立后，境内有部分青壮年被企业招工，也有部分支援边疆建设。1959 年，公社动员宋家、吕家孝陵、高家孝陵等村 40 名青壮年，去吉林蛟河舒兰煤矿工作。1960 年 6—8 月，公社动员 20 名青壮年、南齐陵 50 户 240 人整户搬迁，去吉林省塔河林场等地工作和安家落户。1967—1978 年，青岛、博山等地 200 余名知识青年，先后到境内村庄插队。至 1980 年，青岛、博山等地知青大部分批回城，部分在当地就业。1970 年、1971 年，分两批由太河水库库区迁入部分移民，共 12 户 53 人，安置在聂仙、前李、后李、薛家村。1977 年恢复高考，每年都有考生被高校录取，户口迁出。1983 年后，部分干部家属及子女农转非，被企事业单位招工，迁出人口不断增加。2004 年，重庆开县三峡库区移民迁入 12 户 51 人，安置在高家孝陵、后丁、望寺村。2006 年后，随着奥林匹克花园、御泉湾、东郡等生活区相继建成入住，迁入人口增多。2017 年，迁入人口 316 人，迁出人口 190 人。

部分年份齐陵街道人口机械变动情况表

表 3-9　　单位：人

年份	机械变动		年份	机械变动	
	迁入	迁出		迁入	迁出
1973	238	233	1996	210	872
1974	273	244	1997	243	591
1975	421	367	1998	235	376
1976	433	403	1999	218	399
1977	649	468	2000	301	408
1978	548	819	2001	86	67
1979	542	693	2002	200	332
1980	446	557	2003	206	335
1981	405	548	2004	270	315
1982	383	379	2005	284	252
1983	289	374	2006	312	232
1984	476	130	2007	94	317
1985	363	541	2009	393	242
1986	174	193	2010	360	233
1987	296	199	2011	209	72
1988	397	401	2012	165	73
1989	244	565	2013	387	152
1990	317	394	2014	387	152
1991	243	398	2015	276	160
1992	222	630	2016	433	202
1993	150	732	2017	316	190
1995	256	765			

第三节　流动人口

改革开放后，随着境内工商业、建筑业等迅速发展，暂住人口大量增加。20 世纪 90 年代，流动人口纳入管理。凡在辖区内居住 3 日以上的流动人口，需及时向派出所提交相关证明材料申报暂住登记，并申领暂住证。

2012 年，居住证制度开始实施，居住 3 日以上流动人口向派出所申报暂住登记。根据《居住证暂行条例》，登记满 6 个月可申领居住证。申领居住证需提供居民身份证原件及复印件，房产证、土地证、商品房买卖合同和发票或者劳动合同、工商营业执照、务工经商相关证明，在校学生需提供所在学校或培训机构连续就读的证明材料。居住证有效期为 1 年，每年签注一次，居住证到期前 1 个月内换领新居住证。

2017 年，辖区派出所登记的流动人口共 596 人，其中，男 487 人、女 109 人。其居住方式有自购房、租赁房屋、企业居住、工地居住 4 类。

第三章 姓 氏

第一节 姓氏构成

境内姓氏繁多。2017 年，共有姓氏 245 个，皆为单姓。其中，千人以上姓氏 8 个，百人以上姓氏 39 个，50 人以上姓氏 49 个，不足 50 人者 196 个。

二画 丁 卜 刁

三画 于 马 万

四画 王 牛 尹 孔 毛 韦 邓 文 尤 公 亓 户 车

五画 冯 代 田 石 付 边 卢 申 白 龙 艾 甘 只 史 丛 们 冉 司 左

六画 刘 吕 朱 孙 闫 许 任 邢 齐 关 牟 毕 乔 安 纪 巩 曲 成 向 延 汤 庄 池 江 考 米 朴 邬 伍 衣

七画 李 张 杨 陈 宋 吴 冷 苏 邵 杜 何 邱 肖 辛 沈 芦 陆 初 邹 贡 阿 步 迟 豆 谷 库 连 闵 杞 沙 汪 位 余

八画 周 苑 孟 郑 武 屈 房 范 金 岳 林 苗 罗 庞 宗 国 尚 拖 郎 郇 欧 单 季 练

九画 赵 胡 钟 荣 段 贺 姜 姚 相 郝 侯 柳 娄 郗 咸 禹 祝 封 骆 恰 施 香 修 彦 战

十画 贾 郭 徐 高 顾 聂 袁 耿 唐 铁 党 秦 栾 姬 倪 陶 夏 殷 卿 桑 候 晋 凌 翁 展

十一画 崔 梁 常 黄 阎 曹 商 寇 盛 康 隋 龚 扈 率 宿 盖 菊 鹿 梅

十二画 韩 鲁 董 程 谢 焦 蒋 葛 曾 傅 彭 舒 温 储 景

十三画 路 鲍 窦 訾 褚 解 慈 赖 雷 满 靳 蒙 摄 腾 詹

十四画 翟 蔺 蔡 谭 管 阚 禚 熊

十五画 潘 颜 樊 黎 穆 腾

十六画 薛 霍 冀 燕

十七画 魏 鞠 戴

第二节 姓氏分布

2017 年，境内 100 人以上姓氏 39 个，分布在境内各村庄及社区。各姓氏分布如下：

刘：4268 人。分布在刘家终村、淄河、刘营、付辛、望寺、南山、吕家孝陵、高家孝陵、前丁、后丁、毛家、王齐、南齐、梁家终村、宋家、朱家、老刘家等村。境内刘姓人口最多，其中一支为蒙古族。至元八年（1271 年），蒙古军役留居此地，初名留下营，后改称刘家营，现称刘营村，蒙古族后裔均以刘为姓。1918 年，蒙古族刘姓一支由刘营村析居朱家村。汉族刘姓一支于元代前迁居刘家终村立庄，后由刘家终村析居淄河、付辛、刘营、南山等村。一支于明朝弘治七年（1494 年），由齐都镇刘家寨迁居高家孝陵、吕家孝陵、前丁、后丁等村。一支于明初迁居青州市夹涧，清朝由夹涧迁居齐陵毛家。一支由青州市阳河迁入王齐村，后析居南齐村。一支由寿光市小张村迁居宋家村。一支由皇城镇曹村迁至齐陵付辛村。一支于 2004 年从重庆开县三峡库区迁入高家孝陵村。

李：3998 人。分布在杨东、杨西、驻佛、王齐、南齐、北山西、北山东、柳店、后李、薛家、齐家终村、刘家终村、梁家终村、吕家孝陵、毛家、石庙孝陵、北苑、刘营、东刘家、前丁、望寺、小交流等村。李姓一支于元末迁居前丁村。一支于明洪武二年（1369 年）由冀州枣强迁居临淄区单家庄，又由单家庄迁至后李。一支于明代枣强迁居李家终村，1510 年由李家终村析居北山西村、柳店村。一支于明洪武二年，由冀州枣强迁至青州辛庄，又析居三教堂，后从三教堂迁居杨东、杨西、王齐、南齐等村，又由杨东、杨西析居吕家孝陵、刘营等村。一支于明代洪武年间由山西洪洞迁居驻佛村。一支于弘治四年由枣强迁至广饶皮李村，后由皮李村迁入淄河村。一支由青州普通温庄迁入毛家村。石庙孝陵李姓分别由本区尧王、安乐店、刘家村迁入。北苑李姓由青州夹涧村迁入。望寺、东刘家李姓由薛家迁入。小交流李姓由青州大交流迁入。2004 年，部分李姓三峡库区移民，由重庆开县迁居后丁村。

王：3233 人。分布在王齐、南齐、淄河、郑家沟、聂仙、杨东、杨西、北苑、望寺、付辛、梁家终村、北山西、北山东、柳店、石庙孝陵、太平、付辛、前丁、后丁、朱家、老刘家、小交流、高家孝陵等村。一支于明朝万历年间，由青州王村庄迁至临淄孙娄村，由孙娄村迁居陈家徐姚，后由陈家徐姚迁居淄河、北山东、北山西、柳店等村。一支于清朝雍正年间由齐都河崖头村迁居王齐、郑家沟、石庙孝陵等村，后由王齐村析居杨东、杨西、南齐等村。一支于明朝迁居梁家终村。一支于清中期由齐都崖付迁居付辛、石庙孝陵等村。一支由青州王辇迁居聂仙、北苑等村。一支由青州南马关迁居北苑、朱家等村。一支由青州北辛迁居郑家沟。一支由青州青冢子迁居前丁、后丁村。一支由齐都蒋王迁居胡家村。太平村王姓分别由皇城油坊和崖付迁入。小交流王姓由桓台新城迁入。

贾：2403 人。分布在王齐、淄河、聂仙、北苑、薛家、望寺、南山、高家孝陵、前丁、后丁、毛家、南山等村。贾姓一支于明洪武二年由冀州枣强迁至青州小营村，清朝初期由小营村陆续迁居王齐、淄河、聂仙、北苑、薛家、望寺、南山、高家孝陵、前丁、后丁、毛家各村。一支于清朝乾隆年间由东阿县关山乡贾山村迁入南山村。

于：1887 人。分布在高家孝陵、宋家、东刘家、付辛、前丁、后丁、望寺等村。明洪武年间由山西洪洞迁至皇城于家庄，后由于家庄陆续迁居高家孝陵、宋家、东刘家、前丁、后丁、望寺等村。清代中期由宋家庄析居付辛村。

张：1778 人。分布在淄河、薛家、南山、梁家终村、刘家终村、王齐、杨东、杨西、吕家孝陵、石庙孝陵、北苑、毛家、聂仙、郑家沟、前李、胡家、东刘家、太平、付辛、前丁、后丁、朱家等村。张姓一支于明洪武年间由山西洪洞迁居王齐村。一支由冀州枣强迁入青州王孔，后由王孔迁居吕家孝陵村。一支于明朝迁居梁家终村、刘家终村。一支于清朝乾隆初年由桓台索镇张茅村迁入薛家村。一支于明朝迁入青州张石羊村，民国时期由青州张石羊迁居北苑、胡家、聂仙、南山等村，后由聂仙村析居郑家沟。一支由寿光迁居入东刘家村。一支由本区敬仲迁居毛家村。一支由皇城灯笼迁居后丁村、前丁村。一支由皇城张家庄迁居付辛、石庙孝陵、太平等村。付辛村张姓分三支，一支由皇城张家庄迁入，一支由滨州张友谅村迁入，另一支不详。石庙孝陵村张姓两支，一支由皇城张家庄迁入。一支由青州南辛店迁入。朱家村张姓由青州高柳镇黄家岭村迁入。

周：1706 人。分布在淄河、聂仙、东龙池、西龙池、前李、杨东、吕家孝陵等村。周姓于明朝永乐年初，由冀州枣强凤凰村迁入东龙池、前李等村。清康熙三十年（1691 年），由东龙池析居聂仙、杨东、吕家孝陵等村。淄河村周姓由青州南王孔村迁入。

吕：1183 人。分布在吕家孝陵、毛家、淄河、南山、北山东、柳店、石庙孝陵等村。明朝初期，吕姓由冀州枣强迁至临淄西关，又迁居吕家孝陵，后由吕家孝陵陆续析居毛家、淄河、南山、北山东、柳店等村。石庙孝陵村吕姓由山西早兰县迁入。

赵：747 人。分布在王齐、北山东、柳店、付辛、杨西、胡家等村。一支于明初由冀州枣强迁居临淄区范家庄一带，由范家庄一带迁入北山东、柳店，后由北山东析居付辛。一支由青州饮马村迁居杨西村。一支由青州老鸹窝村迁居王齐村。一支由齐都赵王庄迁居胡家村。

朱：743 人。分布在齐家终村、毛家、交流等村。齐家终村朱姓一支于元代迁至，另一支于 1369 年由冀州枣强迁入。毛家村朱姓于嘉庆十一年由青州王孔迁入。交流村朱姓由临淄区朱台迁入。

杨：709人。分布在王齐、太平、毛家、朱家、南山等村。杨姓一支由青州刘家沟迁入王齐村。一支由青州迁入毛家村。一支由齐都古城迁入太平村，后析居朱家村。一支于民国年间由临淄区朱台乡迁入南山村。2004年，部分杨姓三峡库区移民，由重庆开县迁入望寺村 。

孙：668人。分布在南山、石庙孝陵、杨东、宋家、齐家终村、朱家等村。孙姓一支于清朝由本区孙家徐姚迁入杨东、宋家、石庙孝陵、南山等村。石庙孝陵另一支孙姓由广饶皂户村迁入。南山另一支孙姓于清朝由临淄区孙娄乡安次村迁入。一支由青州东高迁入刘营村。一支由青州高柳镇孙家庄迁入朱家村。

崔：658人。分布在聂仙、毛家等村。明嘉靖二年（1512年），崔姓迁居临淄区敬仲王官庄。约1616年，由王官庄迁入聂仙村、毛家村。

郭：616人。分布在北山东、柳店、毛家、北苑等村。郭姓一支于明朝初年，由冀州枣强迁居临淄北高阳庄，后迁居郭家庄子，由郭家庄子又迁居临淄城南一带，由临淄城南迁居两辛庄子（北山东村），后析居柳店村。一支于1364年迁至辛店街道合顺店，1908年，由合顺店迁居毛家村。一支于明末清初由青州南河东分三批迁居北苑村。

闫：562人。分布在后李、梁家终村、北苑、东刘家、小交流、薛家等村。闫姓于明朝由山西洪洞迁居青州莲花盆村，后迁居后李村、梁家终村。清朝末年由后李村析居薛家村、北苑村。一支于清末由青州闫家屯迁居东刘家村。一支由青州水渠村迁居小交流村。

徐：553人。分布在王齐、淄河、吕家孝陵、胡家、朱家等村。一支于1754年由青州市高柳镇南石塔迁入朱家村。一支由敬仲徐家圈迁入王齐村、胡家村。一支由徐州沛县迁至老山，由老山迁谭家庙，又由谭家庙迁居吕家孝陵村。

马：543人。分布在南山、淄河等村。马姓于明初由冀州枣强迁入淄河店，清朝康熙二十六年（1717年）析居南山村。

陈：515人。分布在聂仙、薛家、毛家、北苑、小交流等村。陈姓一支于明末定居聂仙村。一支于清朝由皇城迁入薛家村。一支从诸城迁至皇城营，后迁入毛家村、北苑村。一支由青州朱鹿村迁入小交流村。一支于2004年从重庆开县三峡库区迁入望寺村。

许：422人。分布在齐家终村、梁家终村、西龙池等村。许姓一支于明朝由临淄区敬仲镇姬王村迁居梁家终村、齐家终村。

苑：402人。分布在西龙池、石庙孝陵等村。苑姓一支于明朝迁居西龙池村。一支由朱台镇姬王村迁入石庙孝陵村。

孟：342人。分布在淄河、毛家、石庙孝陵、齐家终村等村。一支由临淄区永流村迁入石庙孝陵村。毛家村孟姓由淄河村析入。齐家终村孟姓于1856年由青州市邵庄黄鹿村迁入。

胡：338人。分布在淄河、柳店、王齐、胡家、付辛、后丁等村。胡姓一支于明万历年间迁居本区姚王村。清朝中期由临淄区姚王村迁居境内胡家楼（柳店村）、淄河、王齐、胡家、付辛等村。2004年，部分胡姓三峡库区移民由重庆开县迁入后丁村。

任：334人。分布在聂仙、淄河、高家孝陵等村。任姓一支于元末明初由山东高密迁居青州北辛庄，后由北辛庄迁居聂仙庄、高家孝陵孝陵。一支于明朝洪武年间由山西洪洞县迁居寿光雷子阜，后迁居淄河村。

宋：326人。分布在淄河、小交流、朱家等村。一支由青州宋家老营迁入小交流村。一支于1740年由临淄区宋家桥迁入朱家村。

梁：316人。分布在梁家终村等村。梁姓于明洪武二年（1369年）由冀州枣强迁居青州邵庄，明末由邵庄迁居梁家终村。

高：279人。分布在高家孝陵、后李、石庙孝陵、朱家、聂仙等村。高姓一支于明万历年间由莱州迁居高家孝陵村。一支由山西洪洞迁居敬仲白兔丘，由白兔丘迁居皇城高家六端，由高家六端迁入后李、高家孝陵、石庙孝陵等村。一支由青州市高柳范家村迁入朱家村。聂仙高姓于1970年由太河库区淄川区口头公社迁入。

冯：269人。分布在付辛、老刘家等村。冯姓于清代中期由皇城大马岱村迁入付辛村、老刘家村。

郑：225人。分布在郑家沟、聂仙、毛家、北苑等村。郑姓一支于明洪武二年（1369 年）由冀州枣强迁至河南。明朝末年由河南迁居郑家沟村，后析居毛家村。一支于清朝末期由河南迁入北苑村。一支于 1760 年由范家村迁入聂仙村。

吴：195 人。分布在北山东、王齐、杨西等村。吴姓一支于 1400 年迁至临淄西关，1510 年由临淄西关迁居北山东。一支由沾化县峰台李村经寿光迁至王齐村。

冷：189 人。分布在梁家终村等村。冷姓于明朝迁居梁家终村。

丁：180 人。分布在前丁、后丁、淄河等村。丁姓于元末明初由冀州枣强迁至临淄南关，后由南关迁居前丁村、后丁村，后由前丁村、后丁村析居淄河村。

苏：176 人。分布在东刘家、薛家等村。苏姓一支由河北沙营迁居东刘家村。一支于 1971 年 5 月，因修建太河水库，由淄川区口头公社孙家庄迁居薛家村。

常：157 人。分布在望寺、毛家、后丁等村。常姓一支于明代由高阳槐树坞迁居望寺村。一支于永乐二年由河南迁居毛家村。一支由齐都镇常家村迁居后丁村。

邵：143 人。分布在齐家终村、南山等村。齐家终村邵姓于 1152 年由河南开封迁至青州邵庄西台头村，后迁居齐家终村。南山村邵姓于 20 世纪 60 年代由安徽合肥瓦铺区田铺村迁入临淄石料厂，后迁居南山村。

魏：141 人。分布在淄河等村。魏姓由寿光县魏家湾迁居淄河村。

韩：120 人。分布在杨西、石庙孝陵、聂仙等村。韩姓一支由本区梧台彩家桥迁居杨西村。一支由齐都镇龙观村迁居石庙孝陵村。一支由青州南王孔村迁居聂仙村。

顾：112 人。分布在南山等村。顾姓于清朝乾隆年间由青州府顾家庄迁入南山村。

武：108 人。分布在聂仙、高家孝陵等村。武姓一支于 1767 年由青州邵庄月山村迁居聂仙村。一支于光绪年间由青州邵庄兴旺庄迁居高家孝陵村。

钟：101 人。分布在望寺等村。钟姓于明朝中期由青州钟家庄迁居望寺村。

第四章 人口控制

第一节 管理机构

新中国成立前，境内人口无管理机构。1957 年 12 月，孝陵乡成立节育工作领导小组。1958 年，齐陵人民公社成立，改称齐陵公社节育工作领导小组。1966 年 3 月，更名为齐陵公社计划生育工作领导小组。1975 年，设计划生育专职干部。1982 年 10 月，配备专职计划生育助理员。同年，建立齐陵公社计划生育办公室。1984 年，改称为齐陵镇计划生育办公室。1993 年，乡镇机构改革，计划生育办公室和计划生育服务站合并，改称齐陵镇计划生育服务站。1997 年，计划生育办公室和计划生育服务站又分设。2003 年 12 月，改称齐陵街道计划生育办公室。

历任计划生育办公室主任：

周庆伟　杜复仁　刘福玉　魏刚泰
刘冰祥　相宝良　凌海燕　曹元合
韩会玲　刘会平

第二节 计划生育

生育管理

新中国成立前，人口生育呈自然状态。新中国成立初期，人口生育未控制。1951 年，人口出生率为 31.37‰，人口自然增长率为 23.51‰。1969 年，人口出生率 31.05‰，人口自然增长率上升为 23.70‰。高出生率、高自然增长率使人口密度增大，人均社会资源占有量减少。1970年，中共中央提出“人口非控制不可”的指示，公社将计划生育工作列入重要议事日程，加强对计划生育工作的领导，人口生育初步得到控制。1978年，全公社总人口30747人，出生482人，出生率为15.68‰，自然增长率9.24‰，计划生育率61.2%。1983年，总人口32156人，出生313人，出生率为9.73‰，自然增长率为3.79‰。

1986年，落实农村二胎生育审批和间隔生育制度。1988年7月，《山东省计划生育条例》颁布实施，计划生育实行以宣传教育为主、避孕节育为主、经常性工作为主的“三为主”法制化管理，人口生育得到有效控制。1989年，总人口32355人，已婚育龄妇女人数6487人，出生457人，男女出生性别比为129，人口出生率14.13‰，人口自然增长率8.28‰。

2004年，出现第四次人口出生高峰。出生372人，人口出生率为12.13‰，自然增长率为5.15‰，计划生育率为98.5%。2006年，出生308人，人口出生率9.93‰，自然增长率为3.06‰，计划生育率为97.7%。2010年，人口出生273人，男女出生性别比为109，合法生育率为99.0%，长效节育措施落实率为92.2%。2012年，出生325人，人口出生率10.09‰，自然增长率为1.21‰，计划生育率97.6%。

2013年11月15日，中共十八届三中全会通过《中共中央关于全面深化改革若干重大问题的决定》，“坚持计划生育的基本国策，启动实施一方是独生子女的夫妇可生育两个孩子的政策”，标志着“单独二孩”政策正式实施。2014年，出生368人，人口出生率11.23‰，自然增长率为3.91‰，计划生育率95.4%。2016年1月1日起，全面二孩政策开始施行，当年出生433人，出生率12.99‰，自然增长率为6.93‰，计划生育率99.2%。2017年，总人口33637人，已婚育龄5383人，出生537人，出生率15.97‰，自然增长率为5.56‰，出生人口性别比93，合法生育率为98.8%。

宣传教育

1957年，孝陵乡培训计划生育宣传员，印发节制生育宣传材料，进行计划生育宣传教育。1966年3月，齐陵公社成立计划生育宣传工作领导小组，各生产大队设专（兼）职计划生育宣传员，开展计划生育科学知识宣传。

1971年，公社成立计划生育宣传队（亦称工作队），坚持经常性和突击性相结合的宣传方式，指导各生产大队对计划生育工作的宣传和管理。1981年3月，开展计划生育宣传月活动，采用宣传车、标语牌、图片展览、广播、电影、幻灯和印发宣传资料等多种形式进行宣传，提倡一对夫妇只生育一个孩子。

1987年，镇计划生育协会成立后，利用人口学校开展青春期、新婚期、孕产期、育儿期、更年期教育，向育龄妇女提供优生优育、避孕节育、生殖保健、科技致富等服务。1989年，计划生育办公室利用歌舞、曲艺、游艺等文艺形式宣传《山东省计划生育条例》等法律法规和计生工作先进集体、先进人物。1998年，《山东省计划生育条例》颁布实施10周年，齐陵镇开展“宣传教育进村、婚育新风进家”宣传活动，建立起计划生育宣传一条街。

2002年8月，举办“齐陵杯”计划生育有奖征文活动。2003年6月，举办人口与计划生育法律法规知识竞赛。2004年3月8日，举办“庆三八妇女节计划生育知识竞赛”。2006年，计划生育协会以平抑第四次人口高峰和关爱女孩作为宣传教育重点，开展晚婚晚育宣传活动16次，举办培训班22期，知识讲座4次。深入开展建设新型生育文化、建设文明幸福家庭等活动，晚婚晚育、少生优生、生男生女都一样等新型生育文化深入人心。当年，有13对符合生育两孩的夫妇主动退掉两孩生育指标，终身只要一个女孩。

2010年1月，街道计生办开展公益金救助和奖励扶助金发放及宣传活动。在参加“临淄区民间艺术展演”活动中，60余名育龄妇女组成秧歌队，身披计划生育宣传绶带进行秧歌表演，宣传计划生育政策。2012年，开展冬春季宣传活动，发放宣传材料2万余份。2017年，计生办在“5•29”（计生协会会员活动日）、“7•11”（世界人口日）等重要节日，利用大集等人员密集的场所，通过张贴宣传标语、悬挂横幅、发放

齐陵镇《山东省计划生育条例》颁布实施10周年宣传活动（1998年摄）

宣传材料等方式，大力开展全面两孩政策、出生人口性别比专项治理、流动人口均等化服务和计生特殊困难家庭帮扶救助等宣传活动。

培训学习

2004年1月10日，街道召开动员大会，规定每月8号开办二胎优生优育培训班，每月20号开办新婚培训班。进行孕产期、新婚期知识培训，对街道干部、企业负责人、村干部、计生主任等进行计生知识培训。

2009年始，街道党工委、办事处对各村千分制考核中，将计划生育工作所占分值由往年的90分提高到200分。2010年初，制定村级“两室一校”扶持政策，验收合格给予1000元扶持。2012年，全街道“两室一校”均配置桌、椅、橱、床等物品。至2014年，街道举办育龄妇女、计生干部、协会会长等各类培训班60余期，培训1900余人次。2017年，计生办对村级计生主任开展两次业务培训，每月月初用以会代训的形式开展培训，重点围绕现行计划生育政策、法律、法规、计生业务知识、统计上报等工作内容，着重培养计生工作人员的政策意识、服务意识、夯实基层基础性工作。

政策激励

1988年7月，《山东省计划生育条例》颁布实施，计划生育工作纳入依法管理轨道。对独生子女户给予不同形式的奖励。1995年，计划生育系列保险工作开展，先后开办独生子女“两全”保险、“母安子福”保险和计划生育手术保险等险种，群众参保意识不断增强，计划生育社会保障体系初步建立。

2002年，《山东省人口与计划生育条例》颁布实施，终身只要一个子女的夫妇，从申请领取“独生子女父母光荣证”当月起，至子女满14周岁止，每月每人领取不少于5元的奖励。奖励费有男女双方所在单位各承担50%，户籍在境内的农村居民，乡镇人民政府负责兑现。2004年起，对符合生育二孩条件而自愿终生只要一个女孩的夫妇（无生育条件和无生育能力的除外），与村委会签订自愿终生只要一个女孩合同书，并经公证处公证，由临淄区计划生育局批准后，领取“独生子女父母优待证”，临淄区人民政府给予一次性500元的奖励，办事处给予一次性2000元的奖励。2005年，对农村部分计划生育家庭实行奖励扶助。凡夫妻双方均为农村户口，1973年后没有违反人口与计划生育法规或政策规定生育，现有一个子女或两个女孩，年满60周岁者，每人每月领取50元奖励扶助金。全街道计划生育系列保险累计投保2000余份，投保金额达10万多元，累计给付保险金9500余元。

2007年起，对符合生育二孩条件而自愿终生只要一个女孩的夫妇，临淄区人民政府给予一次性1000元的奖励，办事处给予一次性2000元的奖励。对符合《农村部分计划生育家庭奖励扶助制度》规定条件，并已被批准为奖励扶助对象的，按照每人每月60元的标准发放奖励扶助金，直到亡故为止。2008年，失独后未再生育或收养子女的夫妇，由政府给予每人每月100元的扶助金。独生子女伤残、病残并符合病残儿鉴定标准，其父母放弃再生育指标，不再生育和收养子女的，经临淄区计划生育局批准后，从批准之月起夫妻双方每人每月领取80元救助金，终身享受。2009年，对年满60周岁的农村部分计划生育家庭每月领取的奖励扶助金，提高至80元/人。2010年，根据《临淄区计划生育救助基金2010年救助方案》，街道确定8户独生子女家庭给予救助，其中对5户独生子女特困家庭，每年每户救助3600元，对另外3户家庭成员生大病的独生子女特困家庭，一次性给予每户5000元的救助。街道有239人享受农村部分计划生育家庭奖励扶助金，发放扶助金总计18.36万元。

2012年，调整山东省计划生育家庭特别救助标准，全街道有497人享受农村部分计划生育家庭奖励扶助金，25人享受计划生育特别扶助金。2014年，将失独夫妻特别扶助金标准，提高到每人每月400元，独生子女伤残的夫妻执行国家特别扶助金标准，即城镇每人每月270元，农村每人每月150元。2015年1月，将失独家庭特别扶助标准，由每人每月400元，提高到每人每月500元，独生子女伤残家庭特别扶助标准，不分城乡统一提高到每人每月400元。

2016年1月1日起，国家提倡一对夫妻生育两个子女，不再办理独生子女证，不再新发放独生子女费。在此之前出生符合条件的各项奖励政策继续执行，独生子女父母奖励费领取时间延长至子女满18周岁止。2017年，街道根据上级政策对“农村部分计划生育家庭”和“计划生育特殊家庭”开展信息核查和申报工作，并及时公示。经区计生局审批，新增347人享受农村部分计划生育家庭奖励扶助金。全街道有2077人享受农村部分计划生育家庭奖励扶助金，41人享受计划生育特别扶助金。共有11户失独或重大疾病家庭得到救助。在“5•29”“7•11”、春节、中秋节等节日期间，开展形式多样的慰问活动。发放油、蛋、米等生活物资，利用志愿者上门为失独家庭进行心理疏导、生活帮扶、生活照料，使他们从经济或情感困境中走出来。

流动人口计划生育管理

1996年，齐陵镇设立流动人口计划生育办公室，流动人口的计划生育管理纳入镇计划生育工作的管理范围。1999年1月1日，经国务院批准，国家计划生育委员会制定的《流动人口计划生育工作管理办法》颁布实施，建立健全以现居住地管理为主的流动人口计划生育管理机制，计生、公安、工商、城建、劳动等部门明确职责、齐抓共管、综合治理。2004年起，按照新时期人口与计划生育工作要求，结合实际探索出“一建、二定、三统一”的流动人口计划生育管理新举措。“一建”是在民营企业中建立计划生育组织机构；“二定”是定职责、定目标；“三统一”即企业与行政村统一管理，责任目标统一考核，流入人口与常住人口统一服务。2016年，在2个较大规模的民营企业中建立起计划生育办公室和计划生育协会，做到组织落实、人员落实、责任落实、制度落实和办公场所落实。企业计划生育办公室统一组织，为育龄妇女进行健康查体，发放避孕药具。2017年，每季度进行一次流动人口清理清查工作。该年度流入育龄妇女97人，流出育龄妇女146人。开展流动人口健康教育讲座2次，流动人口健康查体建档率80%以上。

第三节　服务与管理

晚婚晚育

新中国成立前，境内早婚早育现象严重，不少青年男女不满16岁便结婚生育。1950年，《中华人民共和国婚姻法》颁布实施，规定结婚年龄男20周岁、女18周岁，杜绝了早婚早育现象。1966年3月15日，中共临淄县委、临淄县人民委员会制定《关于当前计划生育工作意见》，要求男女青年实行晚婚晚育，将结婚年龄推迟到25周岁。1976年12月，贯彻落实淄博市革命委员会《关于提倡晚婚晚育和实行计划生育的15条规定》，晚婚年龄为男青年25周岁，女青年23周岁。1983年，齐陵公社女性初婚人数220人，其中晚婚人数150人，晚婚率68.2%。1988年，《山东省计划生育条例》颁布实施，为平抑再次出现的人口生育高峰，采取“削峰填谷”措施，将农村独女户实行二胎生育的母亲年龄，提高到32周岁以上。随着晚婚晚育政策的完善和落实，晚婚晚育率不断上升。1991年，女性初婚188人，其中23周岁以上149人，晚婚率82.32%；2000年，女性初婚193人，其中23周岁以上193人，晚婚率100%；2004年，由于结婚登记政策的调整，晚婚率和晚育率有所下降。当年，晚婚率82.8%，晚育率44%。此后，加大晚婚晚育工作宣传力度，对全街道适龄青年发放关于晚婚晚育公开信，开展计划生育晚婚晚育电影放映活动，引导群众自觉实行晚婚晚育。2006年，晚婚率88%，晚育率89%；2010年，晚婚率86%，晚育

齐陵街道计划生育政策法规宣传 （2004 年）

率 79.4%。2015 年 12 月 27 日，全国人大常委会通过修改之后的《中华人民共和国人口与计划生育法》，取消相关鼓励晚婚晚育条款，于 2016 年 1 月 1 日起开始施行。

节育措施

新中国成立初期，人口生育无计划。1957 年，开始宣传使用避孕药具。1966 年，有 2 人做了节育。1972 年，已婚有生育条件人数 3029 人，实施节育手术人数 893 人，有效节育率 62%。1978 年，已婚有生育条件人数 3447 人，实行节育措施的 2755 人。节育措施落实率 85.4%。1988 年，共实施节育措施 1584 例。1989 年，已婚育龄妇女 6487 人，落实节育及避孕措施人数 6086 人。

2000 年，已婚育龄妇女数 6942 人，实施节育措施 554 例。2005 年，对婚、育、落实节育措施人员全部建立告知档案。2009 年，育龄妇女 4503 人，落实长效避孕节育措施 4223 人，长效节育措施落实率 93.8%。

2010 年，通过实施放环有奖等措施，确保采取长效避孕节育措施的普及率，对年内采取长效避孕节育措施的育龄妇女，给予 200 元奖励，全年发放奖金、奖品合计 4 万余元。当年，已婚育龄妇女 4550 人，落实各种避孕节育措施 4204 人，长效节育措施落实率为 92.4%。2016 年，全面放开二孩后，已婚育龄妇女 5514 人，落实各种避孕节育措施 4012 人，节育措施落实率为 72.8%。2017 年，落实长效避孕节育措施 35 人，计划外怀孕采取补救措施 31 人。

技术服务

1957 年 4 月，境内 6 处联合诊所开始宣传避孕知识，对避孕药具使用进行技术指导。1963 年，公社卫生院医务人员配合公社和大队计划生育宣传员，深入各生产大队动员和指导育龄夫妇采取节育措施。1966 年“文革”开始，计划生育技术服务工作处于瘫痪状态。1971 年，公社配备专职计划生育技术人员，为育龄群众开展技术服务。1984 年 4 月起，计划生育技术服务由镇计划生育办公室实施。

1990 年，齐陵镇计划生育服务站建立，设置优生优育咨询门诊、手术室等 14 个门诊室，配备 B 超仪、微波治疗仪、乳腺透照仪、紫外线移动消毒车等设备。为方便育龄妇女就近查体和孕期保健，在齐家终村、柳店、王齐、吕家孝陵、刘营、宋家、后丁、小交流等村设立 8 个中心服务点。2003 年 12 月，改称齐陵街道计划生育服务站，隶属街道计划生育办公室。

计划生育服务站历任负责人：

钟秀英　韩会玲　张惠娟　刘会平
黄文静

育龄妇女健康查体 计划生育服务站每年都为已婚育龄妇女健康查体服务。对诊断患有妇科疾病的人员下发治疗通知书，并对患有疾病经过治疗的妇女跟踪服务。2002 年，为已婚育龄妇女健康查体 7928 人次，查出患有各类妇科疾病的 700 余例，其中 514 人得到治疗。2010 年，为已婚育龄妇女健康查体 12650 人次，查出患有各类妇科疾病的 900 余例，其中 779 人得到治疗。2016 年，为已婚育龄妇女健康查体 10026 人次。2017 年 3 月、11 月组织开展两次育龄妇女健康查体工作。配合节育措施的落实，严厉打击非法实施非医学需要的胎儿性别鉴定和选择性别人工终止妊娠行为，遏制违法多孩生育。深化宣传教育和生育全过程管理，加强对个体诊所、药店等

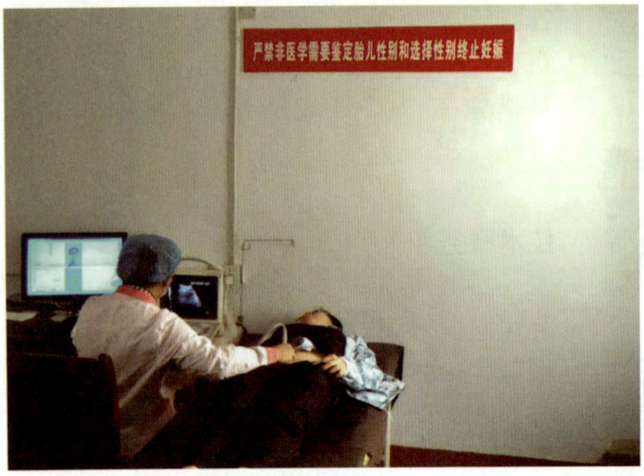

为已婚育龄妇女健康查体　（2016 年）

重要单位、重要环节的监督检查。

优生优育和孕期保健服务　计划生育服务站始终把优生咨询和孕期保健作为计划生育服务的重点。2000 年，优生咨询人数 334 人次，其中男性优生咨询 45 人次。2008 年，优生咨询人数 268 人次，其中男性优生咨询 54 人次。接受孕期保健服务 1340 人次。2000 年，接受孕期保健服务 1670 人次。2016 年，接受孕期保健服务 2565 人次，优生咨询 513 人次，其中男性优生咨询 128 人次。2017 年，免费孕前优生检查 408 人，全部建立优生优育咨询档案。

实施“出生缺陷干预工程”　2000 年始，计划生育服务站在技术服务中实施“出生缺陷干预工程”。全面普及优生知识教育，通过举办培训班和发放宣传资料，使育龄妇女掌握优生知识。2004 年，优生检测 392 人次，对有异常情况的 96 名育龄妇女全部建立优生监护档案，实行重点监护。2010 年，全面实施优生检测，凡在检测中出现阳性的妇女，建议其治疗后再怀孕；积极推广福格森、福施福营养补充剂，以补充妇女体内微量元素，避免神经管畸形婴儿出生；做好孕期保健，对检查有异常妊娠的，建议到卫生医疗机构或上级计划生育服务站检查治疗；对高危妊娠孕妇，曾有异常妊娠史的孕妇和曾生育病残婴儿经批准生育二胎的孕妇，实行重点全程监护。优生检测 304 人次，对有异常情况的 81 名育龄妇女全部建立优生监护档案，实施重点监护。2016 年，优生检测 513 人次，对有异常情况的 159 名育龄妇女全部建立优生监护档案，实行重点监护。2017 年，继续加强优生检测、监护，避免缺陷婴儿出生。

产后随访

产后随访以村级随访为主，街道、村两级随访相结合，重点人员由街道服务站随访。对在随访中发现有异常症状的，建议及时检查治疗。产后随访与新生婴儿访视同时进行。在产后 25 ～ 30 天随访时发放避孕药具，产后 42 天随访时介绍、督促落实长效节育措施。1998 年，产后随访 379 人。2002 年，产后随访 324 人。2009 年，产后随访 239 人。2016 年，产后随访 513 人次。2017 年，对产后产妇和婴儿全部做到及时随访。

·第四篇·

农 业

齐陵电商共配中心投用暨忆当年放心菜进食堂签约仪式（2016年 摄）

区委书记宋振波（左二）考察忆当年农业发展有限公司　（2016年摄）

市林业局局长祁连山（右二）到齐陵街道调研林业工作　（2017年摄）

后李文化遗址发现的原始社会晚期蚌刀、蚌镰、石镰、石斧等农具证明，至少8500年前，境内已出现农业生产活动。公元6世纪，高阳太守贾思勰所撰农学巨著《齐民要术》，其中包括齐陵一带农业生产经验的总结。在漫长的封建社会，农业生产发展缓慢。1938年，因日军入侵，民不安生，部分农民背井离乡外出逃荒，农业生产受到严重影响。

新中国成立后，消灭封建剥削制度，完成土地改革。广大农民分得土地，激发了极大的生产积极性，农业生产得到恢复和发展。后经互助组、初级社、高级社，到1958年9月成立齐陵人民公社，实现农业集体化。后因受“一大二公”“吃大锅饭”等影响，挫伤农民积极性，又遭遇自然灾害，严重影响农业生产的正常发展。1962年，贯彻中央“调整、巩固、充实、提高”八字方针，落实“三级所有，队为基础”的经济管理体制，农业生产转入正常轨道。1965年，全社粮食亩产164.4千克，比1957年粮食亩产提高1.39倍，人均299.2千克。

1966年秋至1976年“文革”期间，农业生产受到一定程度影响。但在“以粮为纲”方针指导下，各生产大队组织群众开展农田水利建设，引水上山、治山、整地改土、修路植树，实行山、水、林、田、路综合规划治理，取得一定成效。其间，粮食产量有所提高，人均占有量增加。

中共十一届三中全会后，农村经济体制改革逐步进行，全社普遍实行家庭联产承包责任制，集体土地以及经营场所全部承包到户到人。1984年，取消“三级所有，队为基础”的管理体制，全镇农业内部结构进行全方位调整，大力开展多种经营，农、林、牧、副全面发展。1986年起，随着农村改革的进一步深入，以家庭经营为基础的统一经营和分散经营相结合的双层经营体制不断完善，农村社会化服务体系逐步建立。农业、林业、农机、水利、畜牧等农口各站所服务实体从无到有，逐渐发展。1995年，对境内荒山、荒滩、古墓群全面造林绿化，通过省政府“八五”绿化达标验收。20世纪90年代，以市场经济为导向，引导农民进一步调整优化农业结构，大力发展高效农业。积极推广优良品种，增大林果面积，发展大棚蔬菜，扩大以养鸡为主的多种养殖，逐步形成以粮食、林果、蔬菜、畜牧为主的四大支柱产业。鼓励和支持联合体、个体兴建畜牧养殖小区，发展规模养殖。1998年，齐陵镇被市畜牧局确认为“淄博市禽蛋生产第一镇”。

2006年秋，先后实施农业综合开发及土地治理项目、小农水示范建设工程等开发建设，到2016年，全街道水利设施、农田林网、农田道路等农业基础设施整体得到改造提升。至2017年，粮食面积1442.93公顷，粮食总产量2.28万吨；果园面积76.67公顷，果品产量2175吨；瓜菜种植面积扩大到1548.8公顷，新式高温大棚1246个，瓜菜总产量15.52万吨。农民人均纯收入22815元，比2010年提高2.53%。结合马莲台风景区建设，南部山体全面治理，实现复绿，森林覆盖率达65%。

第一章　机　构

第一节　农业委员会

新中国成立前，境内农业无专门管理机构。20世纪70年代，公社主要采取干部驻村包片、齐抓共管的方式指导农业生产。1987年11月，成立齐陵镇农业委员会（简称农委），农业委员会设主任一人。下设农村合作经济经营管理指导站、农业技术推广站、水利水资源管理站、农机管理服务站、林业站（林路站）、畜牧兽医站、蔬菜产销服务站（原多种经营服务公司改建）。其主要任务是负责指导各村的农业生产、推广先进科学技术、创造良好的农业生产环境，促进农村经济全面健康发展。

历任农委主任：

宋玉新　路玲秀　刘继林　毕方军
李光焰　曹国华　张连刚　刘　伟
陈　涛　刘晓兵

第二节　站　所

农村合作经济经营管理指导站

1958 年，成立齐陵人民公社会计辅导站，负责对各生产大队、生产队财务人员业务指导培训、建账、编制分配方案、对各生产大队分配方案审批、各项经济指标统计等。1975 年，更名为齐陵人民公社农村合作经济经营管理指导站。1984 年，改称齐陵镇经营管理站（简称经管站），负责对农村财务管理。同年，经管站受镇政府委托，与农民签订 15 年土地承包合同。1986 年起，对各村财务实行集中办公和审计制度。对村审计合格的经济业务加盖“审计章”，并进行账务处理，编制报表。1988 年 12 月，农村通用的收付记账法改为借贷记账法，分批组织村会计参加上级业务主管部门举办的培训班，全面提高财会人员业务水平和素质。1997 年 5 月起，对农村财务实行“三笔会签制”（法人、民主理财小组、片总支书记签字）进行监督检查，每月定期张贴村财务公开榜。

2004 年，依托经管站成立农村财务代理中心，将街道 37 个行政村财务纳入统一管理，设立村管理员，对农村财务资产及会计管理和农村干部经济活动进行监督，接受经管站业务指导和日常工作的监督管理。2007 年起，按上级要求对换届村干部进行离任审计，审计各项财务收支是否真实、合法；能否及时足额入账，支出手续是否完备；能否严格履行民主理财程序，有无违规报销个人费用等问题及村干部能否按照要求完成任期内各项经济责任目标任务。2011 年 7 月，区委、区政府审核通过《齐陵街道机构改革方案》，经管站与街道财审所合并成立“齐陵街道财审经管服务中心”。同年，成立“三资委托代理服务中心”，实行村级事务“五代理”（资金、账务、资产、档案、公章）制度。2013 年，按照上级统一要求设立各村（居）独立银行账户，实行按村分管和双印鉴管控，必须在街道和村双方印鉴齐全的情况下，方可提取现金、转账支付。2014 年，按照街道办统一安排，从政府大院整体搬至“齐陵街道便民服务中心”办公。

历任站长：

梁曰云　吴振平　李法舜　崔一才
王慎忠　于道秀　朱于光　孙秀兰
刘庚利　李元博　马　彦

农业技术推广站

人民公社时期，境内只有一名农业技术干部，负责农业技术方面的工作。1963 年，成立农业技术推广站（简称农技站），人员 2 ～ 3 人，在公社大院办公，负责农业方面的新技术、新品种、新机具的引进、实验、示范、推广应用及病虫害防治等工作。1984 年 4 月，改称镇农技站。后创办实体种子站。2002 年 6 月，增加蔬菜管理及区农广校在乡镇的培训工作。2003 年 12 月，改称齐陵街道农技站。随着农业产业结构调整，业务工作扩展到农技培训、粮食保险、灾情查报、监测处置、农产品安全检测、测土与配方施肥、小麦与玉米统一供种、生物菌肥推广利用及蔬菜、粮食种植合作社管理等工作。至 2017 年，培训农业相关技术及专业技术人员 208 名，完成各种蔬菜抽检样品 3790 个，协助完成省、市、区检测机构专业样检 350 个。

历任站长：

董国书　苏长义　宋玉山　刘昭利
梁荣国

水利水资源管理站

20 世纪 60 年代，境内水利工作由县水利局一名下派驻社水利员负责。70 年代中期，公社成立水利组，按照万亩耕地配一名水利员的标准配备水利管理人员。1980 年 1 月，公社成立水利管理站，在公社院内办公。1986 年 10 月，经镇党委、政府批准，自筹资金，在齐陵路（时称大件路）南侧建设办公楼及院落，占地 2000 余平方米。1987 年 9 月，水利站迁入新址。下设钻井队、建筑工程队、农水工程队、水厂、饭店等实体。成为独立经营的自收自支单位。后改称水利水资源管理站（简称水利站），负责境内水法宣传、抗旱防汛、农田水利基本建设、对辖区内河道及水资源进行管理、保护、观测、利用，负责水利科学技术的引进、推广应用及社会化供水等工作。1996年秋后，参加淄博市小清河治理工程。2001年秋，参加淄河太公湖建设工程。

历任站长：

贾培国　刘焕森

农机管理服务站

农机管理站的前身是20世纪70年代中期的机电管理站。1976年，机电分开，成立农机管理站（简称农机站）。在公社院内办公，具体负责全社农机具的管理、部分零部件的供应及维修、年检、统计年报等工作。1987年，临淄区实行简政放权，人、财、物下放到各乡镇，允许乡镇农机站创办经营服务实体。农机站改称农机管理服务站。

1990年，经镇党委、政府批准，在聂仙村南、齐陵路北侧建起农机管理服务站，占地面积4330平方米，建筑面积812平方米，设有办公室、配件门市部、油料供应、维修车间、库房、饭店等综合服务设施。购置东方红802推土机2台、上海50拖拉机2台，有小麦联合收割机、玉米联合收获机、秸秆还田机、悬挂四铧犁、双向液压翻转犁、24片重型耙等配套机具。三夏三秋进行农田作业，其他时间开展道路运输、农机维修和承揽土方工程。1996年秋后，参加淄博市小清河治理工程，2001年秋，参加淄河太公湖建设工程。2009年1月，成立临淄齐陵农机服务专业合作社。

历任站长：

于　明　贾德三　刘洪旭　吕海刚

林业站

人民公社时期，境内林业工作由一名林业员负责。1964年，成立齐陵公社林业站，在公社大院办公。负责全社林木种植、林木资源调查、荒山荒滩绿化、森林防火、病虫害防治、退耕还林与林木确权、管护、采伐管理等工作。1984年4月，改称镇林业站。1991年6月，为提高林木和镇路管护能力，解决管林不管路、管路不管树的问题，镇党委、政府决定把林业站和公路站合并为镇林路站。2006年5月，林路站又分为林业站和公路站。林业站具体负责全街道林业工作。

历任站长：

代玉荣　李胜增　李继玉　孟繁盛

贾万亮　梁荣国（兼）　闫　山

畜牧兽医站

1964年，在区兽医站的协助下，齐陵畜牧兽医站（简称兽医站）在前李村周明光开设的一处动物门诊成立。主要为畜禽等动物防疫治病。1967年8月，迁到淄河店下崖处。后在淄河店村北、齐陵路南侧，建起2000平方米办公院落，设有门诊、药房、手术间等。1968—1980年，各大队设有防疫员，协助防疫工作，报酬由集体以工分形式补贴。1985年，国家《家禽家畜防疫条例》实施后，开始肉品检疫业务。1986年，在公社农场为齐陵乳品厂托管饲养奶牛40头。1992年4月，设立省五号病指挥部临时检查站。1993年，兽医站搬到聂仙村南农委院办公。1996年，区政府实施“放心肉”工程，建起生猪定点屠宰场，开展集中屠宰、定点检疫。2002年8月，设立山东省公路动物卫生监督检查站齐陵站。2003年，通过农业部“无规定动物疫病区项目”建设初步认定。2014年，进行“无规定动物疫病区项目”提升建设，检查站防疫屏障巩固提高。2015年，顺利通过国家“无规定动物疫病区项目”复审组的复审验收。

历任站长：

周明光　胡清华　戴永海　刘益振

代玉荣　周昌顺　刘顺和　赵淑英

宋乐明　朱文君

蔬菜产销服务站

1974年，公社党委、革委会决定组建齐陵多种经营办公室。1982年1月，以多种经营办公室为基础，成立齐陵多种经营供销公司。在公社大院办公，设经理、副经理、会计、保管、供销等工作人员。负责全社各生产大队及社直单位所需各种物资、所产各种农产品的供销。年底，公司搬到公社大院南边贸易货栈办公。1984 年，迁至路北原齐陵农村信用社院落办公。1987 年，迁至镇政府东 1000 米，齐陵路北新建院落办公。

多种经营办公室成立后，按照镇党委、政府提出的，“一种、二养、三加工、四开采”四个轮子一齐转的全面经济发展路子，制定淄河片、终村片以林果为重点，齐陵、孝陵、宋家三片以瓜菜为主，望寺片主要以粮食为主的农业发展规划。1975 年起，与齐鲁石化公司蔬菜公司签订供销合同，以薛家大队为主，宋家片大部分大队种植大白菜，建成蔬菜供应基地。1983 年，在秋菜歉收情况下，为市蔬菜公司收购大白菜 1750 吨，对稳定全市蔬菜供应起到关键作用。年底，受到区政府表彰，并奖励扶持资金 15 万元，及化肥、柴油等生产物资。

1980 年起，引导部分社员种植黄芪、桔梗等多种中药材，销往河北、安徽、广州、香港等地区药材市场，增加农民收入。为博山区池上乡创建桔梗之乡提供大力帮扶支持。推广西瓜地膜覆盖及小拱棚栽培技术，种植的西瓜提前上市 15 ～ 20 天，增加了瓜农的经济收入。

1982 年麦后，组织淄河、终村两片部分大队党支部书记和技术人员去青州、山西等地参观学习山楂栽培管理技术；秋后到烟台、青岛等地学习苹果和葡萄栽培管理技术。先后引进山西省山楂树苗、平度市大理山玫瑰香葡萄苗种植。齐家终村引进的玫瑰香葡萄一直延续种植。

1983 年，引进新型经济作物甜叶菊，请市农科所的专家来现场指导种植技术。1984 年，甜叶菊单产达 400 千克。临淄区外贸公司出口的甜叶菊 90% 产自齐陵境内。

在搞好种植业的同时，引导帮助村民养殖兔子、肉鸡、蛋鸡、貂等。引进日本大耳、青紫兰兔、安哥拉长毛兔和美国獭兔。引进蛋鸡 S200、京白 288、北京Ⅲ系等品种，支持广大村民养鸡。公社农场新上孵化设备，解决鸡苗不足问题，从“中日友好公社”和“昌平种鸡场”采购种蛋，孵化后供应养鸡户。

1990 年 2 月 16 日，镇党委、政府决定，将齐陵多种经营供销公司改建为齐陵镇蔬菜产销服务站（简称蔬菜站），实行独立核算、自负盈亏企业化管理。人财物归镇政府，业务由区蔬菜局指导管理。20 世纪 90 年代末撤销。

历任经理、站长：

郭树荣　刘溶源　任锡才　贾庆平

第二章　生产关系变革

第一节　土地改革

新中国成立前，境内一直沿袭封建社会土地所有制，大部分土地被官绅、地主、富农占有。北山庄地主、富农 5 户 11 人，占有土地 7.8 公顷，人均 0.67 公顷，贫雇农人均 0.16 公顷；王家齐陵地主、富农占有土地 43.33 公顷，占全村土地的 35%；薛家庄全村土地 130.67 公顷，108 户，457 人。其中地主 2 户，富农 5 户，占有土地 26.67 公顷，占全村土地的 22%。土地占有者可自由买卖、典当、出租等。买卖土地以契约形

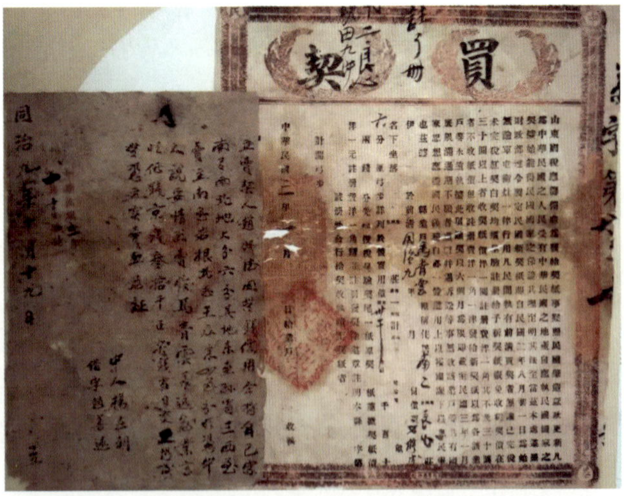

同治九年（1870 年）土地卖契、买契

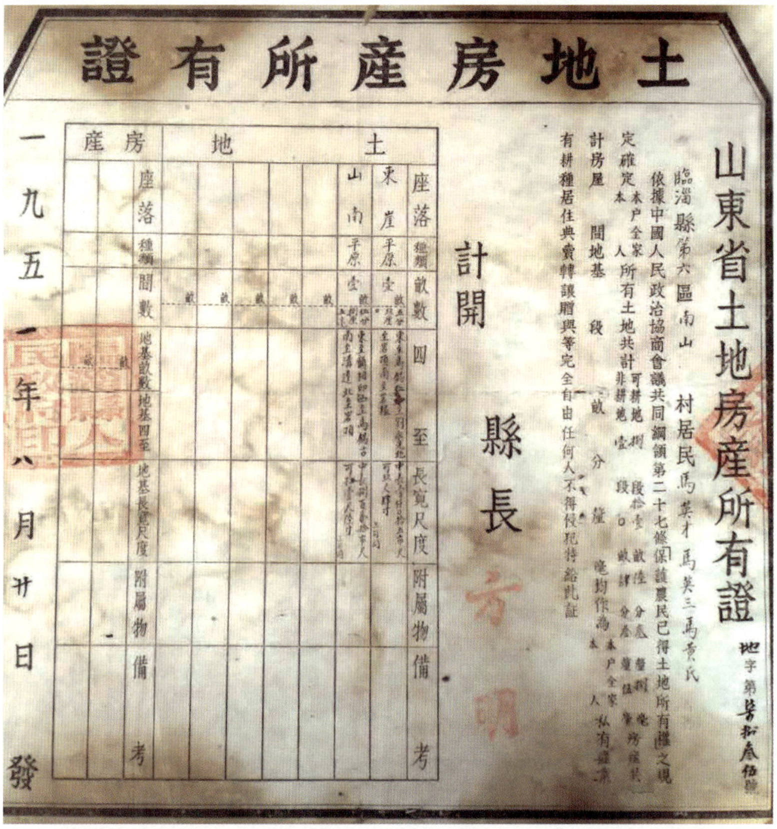
土地房產所有證

山東省土地房產所有證

臨淄縣第六區南山　村居民馬英才 馬英三 馬貴氏

依據中國人民政治協商會議共同綱領第二十七條保護農民已得土地所有權之規定確定本户全家　人所有土地共計可耕地　段　畝　分　釐，非耕地　段　畝　分　釐，計房屋　間，地基　段　畝　分　釐　毫，均作為本户全家　人私有產業，有耕種居住典賣轉讓贈與等完全自由，任何人不得侵犯，特發此証。

計開

縣長

一九五一年八月廿日發

1951 年土地房产所有证

式，固定土地所有权的转移及应缴纳税费和工本费。但广大农民人多地少，无能力购买土地耕种，生活极其贫苦，多数农民只得向地主租地耕种或借高利贷、当雇工，一年到头过着缺衣少食的困苦生活。

1947 年下半年，遵照中共中央《关于土地问题的指示》开始土地改革，没收地主、富农多余的土地，分给无地和少地的贫苦农民耕种。1948 年底，基本实现“耕者有其田”。1950 年，根据中共中央颁布的《中华人民共和国土地法》，对前段土改工作进行复查，按政策规定划阶级、定成分，确定土地权属，颁发土地证书。1951 年，土地改革全面结束，彻底废除旧的土地所有制。

第二节　农业合作社

1951 年，根据中共中央《关于农业生产互助合作社的决议（草案）》，境内广大农民开始走互助合作社道路，先以换工、变工等形式，调节劳力余缺，解决缺少生产工具困难。1952 年，各村开始建立互助组，包括季节互助组和常年互助组。1953 年 6 月，临淄县第六区七个乡（淄河乡、孝陵乡、齐陵乡、丁望乡、龙池乡、宋家乡、徐姚乡）发展季节互助组 245 个，入组 1453 户，常年互助组 120 个，入组 827 户，占总户数的 83%。10 月，吕家孝陵村李其明高小毕业，响应党的号召回到农村，在六区区委副书记毕庆春和王德明领导支持下，率先组织成立吕家孝陵农业合作社（初级社），有 18 户农民参加，共计 80 人，土地 10 公顷。李其明任社长，吕志宽任副社长，张际荣任会计，吕善记任技术员。按当时有关政策，以私有土地作股入社，耕畜、大型农具等主要生产资料作价入社，由农业社分期付款。实施统一耕种、管理、收获，社员集体劳动，按“地三劳七”比例分配。农业社方向正确、方法得当、领导得力，适应当时形势，社员干劲大、生产热情高、产量提高快，充分显示集体经济的优越性，成为典型单位。1954 年 5 月，李其明赴潍坊出席昌潍专区高小毕业生参加农业合作化运动积极分子代表会议。会议结束后，赴济南参加山东省高小毕业生农业合作化运动积极分子代表会议。

1954 年，中共中央作出《关于发展农业生产合作社的决议》，各村在互助组的基础上组建起初级农业合作社。入社农民把个人所有土地以股份形式加入，由合作社统一耕种、管理、收获，完成农业税和上交公粮后，剩余部分按入社地亩数（地四劳六或地三劳七）进行分配。1956 年春，在初级农业生产合作社的基础上，各村开始成立高级农业生产合作社。土地归集体所有，取消土地分红，规定每个社员保留少量自留地，实行自由种植，其余土地由集体统一种收管理。收入按人口和工分多少进行分配（一般按人七劳三或人六劳四）。1957 年春，打破自然村界限，普遍成立高级农业生产合作社。

1954 年 11 月临淄县第六区六乡互助组统计表

表 4-1

乡别			孝陵乡					龙池乡				宋家乡			齐陵乡	淄河乡	徐姚乡
村别			石庙孝陵		高家孝陵		吕家孝陵	后李村		前李村	刘家营	太平村		付辛村	南齐陵村	南淄河	魏家村
社名			胜利社	第二社	持久社	友好社	李其明	裕丰社	高逢和	周明堂	刘会文	赵鸿恩	张日昇	冯云华	李宗斌	孟兆见	胡长吉
户数			49	11	29	20	19	12	12	16	9	36	31	17	11	13	17
成分	贫		22	8	21	8	13	3	3	6	3	10	27	14	6	2	13
成分	中		26	3	8	12	6	9	9	10	6	26	4	3	5	11	4
成分	富		1	—	—	—	—	—	—	—	—	—	—	—	—	—	—
成分	合计		49	11	29	20	19	12	12	16	9	36	31	17	11	13	17
总地亩			750.23	156.9	164.78	153.76	253.98	156	108.8	165	127	561	434.025	314.4	99	168.3	268.603
种麦亩数	小麦		409.2	51.48	60	82.79	140.51	85.4	64.72	82.5	45	227.9	181.5	141.9	69.3	35.6	153.8
种麦亩数	大麦		69.3	38.94	30	5.7	25.08	53	8.18	23.1	4.95	60.6	49.5	19.8	3.3	71.9	111.5
人口			270	60	154	157	105	48	59	85	47	108	165	88	53	58	84
劳力	男	正	48	12	31	26	17	11	12	14	8	39	34	23	12	13	20
劳力	男	半	10	4	5	7	3	12	1	3	4	4	8	11	1	—	6
劳力	女	正	18	6	15	11	—	10	11	9	5	42	31	12	3	15	13
劳力	女	半	32	10	21	4	13	2	4	10	6	—	13	8	2	2	3
牲口	牛		23.5	7	14.5	11.5	7	3	4	7	4	6	19.5	4	5	5	8
牲口	驴		6	—	—	3	2	—	1	—	—	6	—	3	1	—	—
牲口	骡		—	—	—	1	—	—	—	—	—	2	—	—	—	—	—
牲口	马		—	—	0.5	1.5	—	3	—	—	—	8	—	—	—	—	—
农具	水车	新式	15	2.5	3	3	1	1	—	—	1	6	2	4	2	1	—
农具	水车	旧式	4	1	25	5	2	2	2	3	2	9	3	3	—	—	3
农具	耧	双	5	1	1	6	2	1	3	2	2	9	3	4	—	2	4
农具	耧	单	4	2	7	10	2	1	1	—	1	8	4	3	1	1	2
农具	犁	新式	1	—	1	—	1	2	—	—	—	2	—	—	—	1	—
农具	犁	旧式	7	2	8	8	2	2	2	3	2	11	4	2	1	2	3
农具	耙		7	2	7	8	2	4	2	3	2	11	3	2	1	2	3
农具	耘锄		20	2	12	—	5	—	6	6	2	15	15	5	2	2	2
农具	大车		5	—	—	1	—	3	—	2	—	—	—	—	—	—	—
农具	二把车		5	2	3.5	6	—	—	2	2	2	—	5	2	—	—	2
农具	小车		2	—	—	—	—	—	—	—	—	—	—	—	—	—	—
农具	胶脚		25	3	13	11	10	—	5	7	5	11	8	5	3	7	8

第三节　人民公社化

1958年9月，根据中共中央《关于农村建立人民公社的决议》，建立“政社合一”的齐陵人民公社。1959—1961年，劳动生产和核算以生产大队为单位实行“五定”（定任务、定产量、定时间、定劳力、定工具）。其间分配原则是征购第一，分配第二，个人服从集体，集体服从国家。

1962年起，贯彻中共中央《关于改变农村人民公社基本核算单位的指示》，确立公社、生产大队、生产队“三级所有，队为基础”的管理体制。在公社和生产大队的领导下，生产队占有农村主要的生产资料、土地、耕畜、农具和中小型农业机械，实行自主经营，独立核算，自负盈亏。生产的粮食完成征购任务后，留足种子、饲料和储备粮，其余为社员口粮。社员分配实行按人劳比例加照顾的办法，既保证社员的基本口粮，又照顾到四属（烈、军、工、干）及五保户、困难户的基本生活需求。

1966年，文化大革命开始，公社、大队革命委员会成立，坚持以“阶级斗争为纲”，批判“三自一包、四大自由”，收回自留地，把家庭副业当“资本主义尾巴”割掉。1975年，推行“大寨记工法”（一心为公劳动，自报公议评分），不管劳动好坏，只讲政治表现。违背按劳分配原则，导致“出工一窝蜂，干活大呼隆”和“出工不出力”的现象，严重影响农村劳动生产率提高和农业生产发展。

1978年，中共中央十一届三中全会后，本着一切从实际出发的精神，改革管理办法，逐步推行多种形式的农业生产责任制。

第四节　家庭联产承包责任制

1981年，境内根据中共中央《关于进一步加强和完善农业生产责任制几个问题的通知》，开始推行家庭联产计酬。有的生产大队粮食作物由集体统一耕种，按每户人口多少分配到户，定出产量，田间管理由各户负责。定的产量上交生产队，剩余的粮食为各户所有；有的以生产队为单位分地到户，将公粮、农业税按亩分配到户。分地时没有按土地地质好坏、产量折地，只是以数畦子的方式平均分摊到人到户。集体财产只将权把、扫帚、扬场锨和骡、马、牛、驴及马车等处理给本队社员，其他大型农机具、房屋、仓库等仍由集体统一管理。

1983年春，开始落实以家庭经营为主的联产承包责任制，土地的所有权仍然归集体，对土地及农、林、牧、副等项目承包到户，使责、权、利相结合。以家庭经营为主体，有土地以及与经营土地配套相关的多种生产资料的使用权。1984年4月，随着行政管理体制改革，撤销齐陵人民公社，改建为齐陵镇人民政府。从1988年起，开始实行“两田制”。即把土地分成两部分：一部分按人口平均划分口粮田，一部分根据农户的经营能力自愿承包，承包者向集体交纳一定数额的承包费，签订承包合同书。并允许土地合理流动，可以跨村、跨乡镇转包经营。荒山、荒滩由农户长期承包，因地制宜种植各种林木、果树等。

1998年10月，中共十五届三中全会确定把土地承包期延长至30年不变。1999年4月，各村委会与所有农户签订土地使用期30年不变的合同，发放《土地承包经营权证》。2004年，按照中共中央“三农”一号文件，全部取消农业税，对种粮农户进行直补。当年，齐陵街道按每亩粮田13元标准进行直补，促进了种粮积极性。并加强农业技术推广、良种引进，水利设施建设，农机服务、新技术新机具推广，科技创新、人才培训，农产品销售等多种形式的服务。通过实行家庭联产承包责任制，农村经济发展迅速，农业生产内部结构更趋合理。

第五节　土地流转

2007年7月1日，《中华人民共和国农业合作社法》颁布实施。2008年起，境内逐步成立各种与农业种植、蔬菜生产、林果业、畜牧养殖、苗木花卉、专业服务等相关的专业合作社。2011年，街道办事处印发《关于土地流转管理服务工作的意见》，根据各个专业合作社、种植大户性质，通过与农户协商多以租赁的方式，把农民的土地流转到合作社来。合作社对流转的土地进行合理布局、规划，投资打井、配套地下管网、修路等。改善生产条件，提高土地的产出率和经济效益。至 2017 年，全街道土地流转 656.87 公顷。

至 2017 年齐陵街道部分土地流转情况表

表 4-2 单位：公顷

土地流转单位	被流转村	流转面积	种植或类型
东方园林	梁家终村	23.4	绿化旅游开发
东方园林	刘家终村	210	绿化旅游开发
忆当年农业发展有限公司	刘家终村	20	蔬菜、瓜果
牛山生态园	北山西村	13.3	金银花、地瓜
蓝溪滑雪场	南山村	50	旅游
蓝溪古齐南山	南山村	86.67	农业生态园、采摘园
淄博旺林园艺科技有限公司	淄河村	32	苗木
祖发蔬菜种植专业合作社	吕家村	21.5	蔬菜瓜果
绿康家庭农场	吕家村	10	经济作物
普浩种植专业合作社	宋家村	93.3	蔬菜瓜果
乐采种植专业合作社	望寺村	58.6	蔬菜瓜果
齐御牧业有限公司	杨东村	17.5	苗圃
金阳种植专业合作社	薛家村	20.6	葡萄

第三章　种植业

第一节　耕作制度

耕制演变

据《齐民要术》记载，北魏时期临淄已经具有门类较为齐全的种植业。以粮食作物为主，经济作物为辅，多为一年一作。清朝时期，耕作制度逐步发展为二年三作，三年四作和一年二作的多种作物轮作制。粮食作物以谷子、高粱、大豆为主，兼有小麦，搭配黍子、绿豆等。经济作物有花生、芝麻、棉花、瓜类、蔬菜和麻类等。清末，粮食作物引进玉米、地瓜，经济作物引进烟草。

新中国成立后，境内农业生产得到较快恢复和发展，一年二作和二年三作面积逐渐扩大。20 世纪 60 年代，在总播种面积中，一年二作占 32%。二年三作占 49%。20 世纪 70 年代，耕作制度发生相应变化。到 1978 年，一年二作面积占总播面积的 58%，二年三作占总播面积 27%，一年一作占总播面积 15%。20 世纪 80 年代，通过农业内部结构调整，加快经济作物和蔬菜生产发展。大力推广套种和立体种植，扩大蔬菜和经济作物种植面积。耕作制度进一步发生变化。1999 年，一年二作面积占总播种面积的 76.5%，二年三作面积占 20.3%，一年一作面积占 3.2%。到

2017 年，粮田基本实现一年二作，蔬菜种植实现一年三作。

轮作 间作

农作物轮作历史悠久。境内禾谷类与豆类轮作较为普遍，一般为二年三作。第一年春播作物小麦、高粱或谷子，春玉米收获后播种冬小麦，次年小麦收获后接种大豆、夏谷子、夏玉米或烟草等。二年三作的轮作制度基本为两年一循环，是过去常用的一种轮作方式。20 世纪 80 年代，主要以小麦、玉米轮作，一年一循环。

间作，高低搭配、阴阳搭配。新中国成立前，此种间作的地块不多。如谷子地里种上高粱，以谷子为主；棉花地里间种芝麻，以棉花为主。新中国成立后，逐渐出现夏玉米和夏大豆间作形式，间作方式为 1 ∶ 2 或 2 ∶ 2。20 世纪 60 年代，间作方式种类逐渐增多，主要有地瓜—玉米间作、玉米—大豆间作、玉米—马铃薯间作、小麦—菠菜—油菜间作、高粱—谷子间作、高粱—春地瓜间作、春地瓜—烟草间作、西瓜—花生间作、西瓜—甘蓝间作、西瓜—玉米间作等。80 年代，间作种植更加多样化，主要有粮粮间作、粮菜间作、粮瓜间作、菜菜间作等方式。

套作 直播

套作又称套种。主要作物是麦田套种夏玉米，自 60 年代中期开始大面积推广。到 80 年代，麦田套种玉米技术基本普及，占套种面积的 95% 以上。套种期由麦收前 15 天左右，推迟到麦收前 7 ～ 10 天，更有利于培养壮苗。套种时间：中晚熟品种在 5 月 25—31 日、早熟品种在 6 月 10 日左右套种。从 2010 年起，开始推广夏玉米机械直播精播技术。小麦收获后，当天就可用拖拉机牵引悬挂式玉米精播机播种。比套种玉米苗全、苗旺，便于苗期管理，产量提高 3. 7%。到 2017 年，境内夏玉米精播直播面积占面积的 72%。

复种指数

新中国成立初期，受生产管理制度、经济条件、水浇条件等因素制约，农作物总播种面积复种指数和粮田复种指数较低。复种指数随着耕作制度的改变而相应提高。1957 年，农作物总播指数为 157%，粮田复种指数为 161%。20 世纪 70 年代，夏玉米、夏大豆种植面积大幅度增加，一年一季的春高粱、谷子、地瓜等作物面积减少。20 世纪 80 年代，随着农业内部结构调整步伐加快，经济作物面积逐年扩大，粮田复种指数迅速提高。到 1987 年，粮田复种指数为 194. 7%。至 1997 年，境内基本无冬闲粮田，农作物总播面积复种指数达 172. 6%，粮田复种指数为 196. 2%。2017 年，农作物总播面积复种指数 173. 3%，粮田复种指数为 195. 7%。

立体种植

立体种植是在间作套种的基础上，经过反复试验研究，从生产中筛选出的最佳种植模式。它科学地利用不同作物生长的时间差（生长周期）、空间差及根系分布层次，合理搭配种植，取得较高的经济效益。1991 年始，境内主要推广粮食、瓜菜、幼果园和塑料大棚四大立体种植模式。以粮为主立体种植模式主要有小麦 /（间作）越冬菜 /（套种）玉米、小麦 / 玉米 / 大豆、小麦 / 玉米 / 秋菜（大白菜、甘蓝、菜花等）、小麦 / 玉米 / 平菇等。以瓜菜为主立体种植模式有：西瓜 / 玉米 / 平菇，春菜 / 玉米 / 秋菜。幼果园立体种植模式有：果树 / 早春菜 / 小杂粮、果树 / 大豆或花生 / 秋菜、果树 / 甜瓜等。塑料大棚立体种植模式有：冬黄瓜 / 羊角椒 / 秋菜花、越冬芹菜 / 早春豆角 / 丝瓜、深冬西葫芦 / 早春茄子 / 秋延迟西红柿等。1997 年，推广以粮为主立体种植模式 573. 4 公顷，每公顷增加效益 7550 元；推广以瓜菜为主立体种植模式 246. 7 公顷，每公顷增加效益 1. 85 万元；推广塑料大棚立体种植模式 80 公顷，每公顷增加效益 2. 75 万元；推广幼果园立体种植 53. 3 公顷，每公顷增加效益 1. 18 万元。至 2017 年，各种立体种植技术的推广，促进全街道农村经济的发展，提高了农民收入。

瓜菜保护地栽培

瓜菜保护地栽培技术由来已久。战国时期利用软化栽培技术，培养出被称为“黄卷”的豆芽菜。西汉时利用土温室保护地栽培技术，在冬天栽培葱、韭菜（韭黄）等。元代利用阳畦生产韭菜（韭黄）。新中国成立后，先后出现了由低级到高级的地膜覆盖、小拱棚、土温室、冬暖棚、无立柱高温大棚等保护地栽培方式。

小拱棚 1978年起，开始采用小拱棚种植西红柿，能提前一个月上市。1985年，北部平原村大面积使用小拱棚，用于西葫芦、辣椒、甜椒、小红萝卜等多种蔬菜的栽培。至今仍广泛应用。

地膜覆盖 1979年，境内引进地膜覆盖栽培西瓜技术。采用地膜覆盖技术栽培的西瓜早上市10～15天，比露地栽培西瓜增产66%。1983年起，地膜覆盖技术广泛应用于蔬菜栽培。1989年，在淄河村进行小面积山旱田小麦垅瘠地膜覆盖技术试验，地膜覆盖具有保墒、减少水分蒸发、流失作用，通过对比产量提高31.4%。2017年，境内越冬蔬菜全部采用地膜覆盖。

阳畦 阳棚育苗 20世纪70年代后期，开始推广阳畦育苗，主要培育各种蔬菜瓜果类秧苗。推广阳畦种植生产韭菜技术。1980年，北部平原村开始培育种植西红柿、甘蓝、茄子、莴苣等蔬菜品种。可早上市一个月左右。1983年，西瓜大量采用阳畦育苗，移栽后再用小拱棚覆盖提高温度，正常情况下，每年5月中下旬就可上市。

1998年，经镇党委、政府研究决定，在镇农场成立"淄博广城绿色庄园有限公司"。投资30万美元，从韩国引进现代化、工厂化育苗棚3000平方米和育苗机械设施一套，成为山东第一处现代化育苗工厂，开创境内蔬菜工厂化育苗先河，一家一户土法育苗的方式变为历史。蔬菜种苗生产达到飞跃式发展，年培育各种蔬菜种苗上千万株，为境内菜农提供质优苗壮的多种蔬菜秧苗，既节约人力物力，又提高经济效益，促进境内蔬菜生产的进一步发展。2017年，境内阳棚育苗发展到 2处，达1.8公顷，年育苗量达上千万株。

土温室 俗称塑料大棚。1984年，从寿光引进塑料大棚种植技术，是用墙板与支架等工具，一层层用人工夯实，在建棚北边打起2米左右土墙，两山墙呈斜坡状，面积在300平方米～500平方米。里边用水泥柱支撑住南北向的竹竿，竹竿上拉紧东西向的铁丝，上边覆盖塑料薄膜，薄膜上再覆盖草毡子，起保温作用。早上出太阳后把草苫子拉起，傍晚时把草苫子放下。同年，刘营村建成塑料大棚10个，种植黄瓜，春节前上市。之后，境内多村建起土温室，用于黄瓜、西红柿、西葫芦等蔬菜种植。1985年，全镇土温室发展到177个。有的蔬菜种植户在土温室里加用地膜覆盖技术或小拱棚，提高温度，减少病害发生，使种植蔬菜提前上市。

无立柱高温大棚 1998年秋，小交流村投资120余万元，建设60个高标准无立柱大棚，达到区级示范园标准。在示范园的带动下，北部平原村建起一大批无立柱高温大棚，发展高档蔬菜种植。2005年，开始用大型挖掘机等机械施工修筑，土墙更厚，棚面积1500平方米～2000平方米。用钢架替代竹竿，用新型材料棉被覆盖替代草苫子，用卷帘机收放覆盖棉被，方便快捷，减轻劳动强度。2010年起，通过加大农业结构调整力度及土地流转等政策的落实。2017年，境内建设多个蔬菜种植专业合作社和蔬菜示范园区，高标准蔬菜大棚发展到1246个，促进各种蔬菜的发展，取得较好的经济效益和社会效益。

第二节 种植结构

民国时期，境内粮食作物主要是高粱、谷子、大豆，间有小麦、玉米、少量黍子、绿豆等杂粮。经济作物有烟草、棉花、芝麻、花生、苘麻等。粮食作物种植仍长期占绝对优势，以耐旱、耐贫瘠的杂粮为主体。

新中国成立后，种植业结构开始有较明显调整。1957年，粮食作物占总播面积84.6%，经济作物占总播面积15.4%。粮食作物以小麦、玉米为主，经济作物以烟草、棉花、瓜果、蔬菜为主。

实行家庭联产承包责任制后，境内农业生产得到长足发展。1982年，开始对农业种植结构作较大幅度调整，南部山区8个大队，以林、粮、果等经济作物为主，北部平原各大队以粮菜、药材、油料等作物为主。1986年，粮食作物占总播面积的81.1%，经济作物占18.9%。玉米播种面积大幅上升，大豆、高粱、谷子、地瓜播种面积降低，经济作物种植面积逐年扩大。20世纪

90 年代，大幅度压缩小麦、玉米等主要粮食作物种植面积，大力发展塑料大棚瓜菜种植、食用菌及经济作物生产。1993—1995 年，认真落实中央农村工作会议精神，积极稳妥地深化农村改革，对农业产业结构进行调整，粮经比例调整为 5.5 ∶ 4.5。全镇蔬菜面积由 1992 年的 1067 公顷（播亩下同）发展到 1353 公顷。产业结构趋于合理，增强了农业发展后劲。

2010 年，进一步优化调整农业产业结构，大力发展蔬菜、林果、畜牧生产。新增蔬菜种植面积 66.67 公顷，蔬菜种植面积达 1600 公顷（播亩），退耕还林 80 公顷。粮食作物占总播面积的 68.72%，瓜菜经济作物占 31.28%，粮食作物占用耕地比例降到 51.2%。2017 年，粮食作物占农作物总播面积的 52.62%，瓜菜等经济作物占 47.38%，粮食作物占用耕地面积比例降到 50.3%。其中小麦、玉米占粮食作物种植面积的 96.3%。

部分年份齐陵街道农业生产情况表

表 4-3　　单位：公顷、吨

年份	农业人口	耕地面积	粮田面积	总产量	蔬菜		瓜类	
					面积	总产	面积	总产
1957	21871	3711.20	3135.53	5141	81.93	1620	—	—
1960	20827	3546.87	2977.93	4878	242.00	2882	—	—
1965	25087	3478.33	3044.13	6879	165.90	2927	—	—
1970	28208	3378.40	2867.93	6645	—	—	—	—
1975	29290	3306.67	2738.93	7583	153.90	6424	3.27	33
1980	30136	3220.73	2547.93	14924	192.20	5650	27.07	495
1985	30255	2983.87	2223.40	15757	240.00	14609	205.33	7700
1990	31086	2928.73	1916.40	19024	398.10	18310	132.27	5340
1995	30391	2850.60	1885.60	21407	1253.47	91435	4.00	60
2000	29031	2839.60	1782.33	21143	932.30	186994	—	—
2005	29369	2790.07	1477.67	21166	2067.00	190247	—	—
2010	30456	2698.73	14614.90	22104	1600.00	160800	—	—
2015	31336	2379.39	1457.13	22831	1607.00	158687	38.00	396
2017	32268	2896	1442.93	22777	1548.80	155243	—	—

第三节　粮食生产

境内粮食作物种植历史悠久。有小麦、谷子、高粱、大豆及小杂粮。清末引种玉米、水稻、地瓜等作物。新中国成立前，受生产关系、生产力、自然条件和传统耕作方式等因素制约，粮食作物产量普遍低而不稳。新中国成立后，农业生产关系、生产条件以及耕作制度逐步改善，推动粮食生产的发展，粮食产量逐渐提高。1957 年，境内粮食总产 5141 吨，人均占有 235 千克。1962 年起，贯彻落实中共中央“调整、巩固、充实、提高”八字方针和“三级所有，队为基础”的农村经济体制，生产条件不断完善，粮食生产得到恢复和发展。1965 年，全社粮食总产 6879 吨，人均占有 274 千克。1975 年，贯彻中共中央以

“农业为基础、工业为主导”的总方针，全党动手大办农业，全社粮食总产7583吨，人均占有259千克。1983年起，随着农村家庭联产承包责任制的全面落实，大大解放了生产力，激发广大农民群众生产的积极性。1985年，全镇粮食总产达15757吨，比1975年增产8174吨。1995年，随着农业内部结构调整的深入，粮田面积缩减，粮食单产提高。粮食总产21407吨，人均占有704千克。此后，粮田面积不断压缩，瓜菜种植面积逐年扩大。2017年，全街道粮食总产2.28万吨，人均占有706千克。

小麦

自古以来小麦是境内种植的主要粮食作物之一。小麦秋种夏收，生长期八个半月。新中国成立前，种植方式多为“大宽垄”，行距在45厘米以上，群体小，缺肥少水，产量低。1957年，境内种植1081.54公顷，平均亩产72.58千克。20世纪60年代中期，开始大面积划方、深翻、整平土地，种植方式有利于小麦生长和管理。1965年，亩产86.5千克，总产达2163.40吨。70年代，普遍实行机播畦田化，水浇条件日益改善，化肥施用量逐年增加。1980年，亩产266千克，总产达6464.43吨。中共十一届三中全会后，随着农村家庭联产承包责任制的落实，每家每户田间管理精耕细作，产量进一步提高。1985年，亩产310千克，总产达6719.90吨。20世纪90年代，农业内部结构进一步调整，小麦种植面积逐年减少，但亩产提高。1998年，亩产447千克，为境内小麦亩产最高年份。2005年，小麦种植面积减少到1445.33公顷，亩产415千克。2017年，全街道小麦种植面积1350.60公顷，亩产520千克，总产达9724.32吨。

农开项目区小麦 （2008年摄）

玉米

清末传入境内，初期只有零星种植。20世纪30年代，种植遍及境内，多为春播，少量夏播。新中国成立后，玉米成为境内主要粮食作物之一。播种面积不断扩大，产量逐年提高。1957年，境内种植面积777.33公顷，单产75.8千克。20世纪70年代，普遍实行套种、合理密植，推广杂交良种，大量增施氮、磷、钾肥料，玉米产量的增长速度超过小麦。1997年，玉米亩产491千克，是1957年的6.48倍。2017年，玉米种植面积1376.27公顷，亩产619千克，总产达12778.64吨。

高粱

俗称“秫秫”，种植历史悠久，是境内主要粮食作物之一。多为春播，粮杆兼用。当地有句谚语“清明秫秫谷雨谷”，意思是“秫秫”播种时间在清明节前后。由于抗旱、抗涝能力较强，多种于山地、涝洼地。抗日战争时期，日伪军限制种植高杆作物，种植面积一度减少。新中国成立后，种植面积恢复并扩大。1957年，全社高粱种植面积113.33公顷，亩产77千克。20世纪60年代末，种植面积开始缩小。70年代初，曾推广夏播杂交高粱，产量虽高，但品质差，种植数年被淘汰。1979年，全社播种高粱面积70.06公顷，亩产112.5千克。20世纪80年代后，已少有种植。

谷子

古代称粟，种植历史悠久，是境内主要粮食作物之一。当地分春谷和夏谷，多为春谷。春谷是谷雨节气前后播种，处暑节气成熟，生长期120天，品质好，颜色黄；夏谷是小麦收获后，顶茬播种，秋熟生长期80天左右，品质较差、颜色发白。1957年，境内播种面积1156.53公顷，亩产91.1千克。1965年，种植面积减少到

389.73 公顷，单产 98.7 千克，总产 576.65 吨。后因管理困难，鸟虫害多，种植面积逐年减少。80 年代后，只有南部山区等村民少量种植。

大豆

古代称菽，《吕氏春秋·审时篇》载："小豆别名为荅，而大豆仍名为菽，故菽之称专在大豆矣。"春秋时期境内就有种植，直到 20 世纪 70 年代中期仍为主要粮油作物。大豆可春播，也可夏播。春播，即"立夏"节气后，根据墒情适时播种。夏播，即小麦收获后顶茬播种。春豆收获后，当年可种小麦。夏豆收获后也可种晚冬麦或来年春天种谷子、高粱或棉花、花生等春作物。1957 年，境内种植 432.8 公顷，亩产 46.7 千克。60 年代中期，种植面积逐年减少。80 年代，多与夏玉米间作。1985 年，全镇种植 125.33 公顷，亩产 104 千克，亩产创历年最高。2017 年，境内仍有春豆和夏豆种植，但面积不大。

部分年份齐陵街道粮食作物总产量

表 4-4　　单位：吨

年份	小麦	玉米	谷子	高粱	大豆	地瓜	杂粮
1957	1177.45	883.95	1580.70	130.95	303.20	1046.25	18.80
1960	1789.25	359.30	356.20	83.20	516.70	1750.65	23.10
1965	2163.40	1342.15	576.65	286.40	354.40	2131.25	25.25
1970	2799.10	1438.60	379.55	181.38	159.08	1678.43	8.93
1975	3138.20	2419.88	318.75	121.78	85.10	1495.10	4.40
1980	6464.43	7310.40	46.30	147.80	200.80	744.40	7.90
1985	6719.90	7839.80	95.10	329.80	195.40	561.20	16.25
1990	8732.40	9472.30	104.00	86.20	207.30	407.10	15.50
1995	9670.00	11429.00	67.00	18.00	161.00	59.00	3.00
2000	10439.00	10621.00	8.00	—	24.00	51.00	—
2005	8997.00	12042.00	6.00	—	70.00	51.00	—
2010	9799.00	12141.00	10.00	—	57.00	97.00	—
2015	10099.18	12433.25	—	—	78.54	220.00	—
2017	9724.32	12778.64	5.30	—	70.62	198.12	—

地瓜

20 世纪 30 年代，境内就有种植，有春地瓜和夏地瓜（也叫麦地瓜）之分。地瓜属耐旱作物，产量又明显高于其他粮食作物(如玉米、高粱等)，是种植面积较大的粮食作物。1957 年，境内种植 451.93 公顷，亩产 154.4 千克（瓜干，下同）。1961 年，扩大地瓜种植面积，全社种植 953.13 公顷，总产达到 2793.10 吨。地瓜为解决三年经济困难时期的人民群众生活，起到很大作用。20 世纪 60 年代中期，曾一度提倡栽种窝地瓜，产量虽高，但栽种时用种量过大，长出的地瓜品质不好，很快被淘汰。60 年代末，随着土地大面积治理和水浇条件的改善，种植面积进一步扩大。1968 年，全社种植面积最大，达 956.33 公顷，亩产 189 千克。地瓜虽好，但秋天收获后，鲜地瓜难以长期保存，须切片晒成地瓜干，瓜干在晒的过程中遇雨容易霉变烂掉。1973 年，种植 753.37 公顷，亩产 284 千克（是境内亩产最高年份），总产 3209.36 吨，人均占有 108.8 千克。之后，栽种面积逐年减少，改种其他粮食作物。至今南部山区等村民仍有少量种植。

水稻

20 世纪 60 年代，境内淄河沿岸部分村，利用淄河河水，曾小面积试种。

杂粮

主要有黍子、黍谷子、绿豆、豇豆、红小豆、荞麦、春大麦等。黍子，明清时期境内就多有种植。多为春播，多播种在闲散地及山丘薄地。亩产在 50 千克左右。因品质好，有黏性，是做年糕的主要原料粮。新中国成立后，播种面积有所增加。1962 年，全社种植 81.07 公顷，亩产 48.8 千克，总产 59.34 吨，是境内种植面积最大的年份。20 世纪 70 年代，种植面积逐渐减少。之后，少有种植。绿豆、红小豆，北魏时期即有种植，多为春播。因产量低，不便管理。80 年代，只在山旱地或在果园内间作种植。荞麦，因粮质差，正常年份一般不种植，多因麦收后遇旱、涝等灾害，播种主要粮食作物失时而播种。春大麦，也叫草大麦。新中国成立前，有小面积种植，早春播种，生长期 3 个月，产量虽高，但品质差，多在粮食歉收之年种植。20 世纪 80 年代中期，因境内付辛村麦芽厂生产麦芽所需，个别农户曾一度种植。后基本不再种植。

第四节　瓜菜生产

境内蔬菜种植历史悠久。据《齐民要术》记载，北魏时期临淄一带栽培的瓜菜有甜瓜、冬瓜、胡瓜、越瓜、茄子、瓠、芋、葵、蔓菁、菘（白菜）、芦菔（萝卜）、葱、蒜、韭菜、芥菜（辣疙瘩）、胡荽、苜蓿等 30 余种。其中，白菜、水萝卜、红萝卜和芥菜是当家菜。新中国成立初期，蔬菜由农户分散种植，品种少、产量低。从 20 世纪 60 年代至 80 年代初，各生产队留出瓜菜园地，专门种植瓜菜，一部分到集市销售，一部分按人口分给农户食用。

1981 年，齐家终村建成境内第一个玻璃温室，开始种植黄瓜等反季蔬菜。后开始使用农膜（塑料薄膜）进行蔬菜生产，由露地种植转向以塑料大棚种植蔬菜为主的保护地栽培。1983 年，实行家庭联产承包责任制，各村土地大部分按人口分配到户，留出一部分作为经济田，由社员承包经营。从此，部分农户开始在承包地或责任田里建设土温室、塑料大棚，种植各种瓜果、蔬菜，逐步形成“春提前、夏遮荫、秋延迟、冬生产”常年瓜菜生产格局。主要生产西红柿、西葫芦、黄瓜、茄子等瓜菜。1991 年，刘营村被市政府命名为西红柿生产专业村。1995 年，全镇瓜菜种植面积 1257.47 公顷，产出各种瓜菜 9.15 万吨。建立起淄河、王齐、吕家孝陵、东龙池、刘营等多个蔬菜批发市场，瓜菜生产成为齐陵农业和农村经济的一大支柱产业。

1998 年，在镇农场成立淄博广城绿色庄园有限公司，占地 16.67 公顷，投资 30 万美元，建设冬暖式蔬菜大棚 52 个。引进以色列、美国、法国等西红柿、辣椒、樱桃西红柿及红、黄、青椒等一批优良品种，带动蔬菜种植户种植生产各种名优蔬菜，品质好、产量高，深受市场欢迎。同年，小交流村投资 120 万元，建设无立柱高温蔬菜大棚 60 个，达到区级示范园标准，主要种植菜椒。2000 年，小交流村被市政府命名为青椒生产专业村。

进入 21 世纪，农业产业内部结构调整力度进一步加强，土地流转面积逐年扩大，成立多家农业园区、专业合作社、家庭农场等蔬菜种植专业组织，新建一批新式高温大棚，种植多种蔬菜。产品远销北京、上海、香港和杭州、深圳、呼和浩特、牡丹江、太原以及俄罗斯、韩国、日本等地区和国家。至 2017 年，境内有蔬菜种植园区（合作社、家庭农场）26 家，其中，国家级园区 3 个，省级合作社 2 个，市级合作社 2 个，区级合作社 8 个，总占地面积 330 多公顷，拥有各类蔬菜大棚 1500 余个。获得“三品一标”认证的绿色食品品牌 7 个，无公害蔬菜品牌 1 个，注册国家地理标志商标 1 个（柳店韭菜）。全街道蔬菜种植面积 1548.8 公顷，其中，蔬菜大棚 1747 个（普通温室大棚 501 个，高温大棚 1246 个），露地蔬菜种植面积 133.87 公顷。种植蔬菜包括西红柿、西葫芦、青椒、辣椒、甘蓝、芸豆、茄子、黄瓜、豆角、丝瓜、大葱等 40 余个品种，总产量 15.52 万吨，总收入 1.9 亿元。

蔬菜类

西红柿　20 世纪 40 年代，境内就有种植，只作庭院花卉观赏。新中国成立后，在田间种植面积增大，20 世纪 60 年代初，成为主要蔬菜品种之一。80 年代，采用保护地栽培法，单产 4000 千克～5000 千克。90 年代，多采用塑料大棚种植，单产 8000 千克左右。进入 21 世纪，开始采用先进的高温大棚，引进新品种，改进提高种植技术，单产达 10000 千克左右。2017 年，境内种植 169.33 公顷，每公顷收入 51.3 万元。

西葫芦　新中国成立初期开始种植，20 世纪 70 年代普及。80 年代中期，开始塑料大棚种植，单产 5000 千克以上，是境内种植的主要蔬菜品种之一。

白菜　栽培历史悠久，早期种植面积不大，以自食为主。新中国成立后，种植面积扩大。人民公社时期，生产队集体种植，分给社员食用，是各家各户冬春的主菜。1975 年起，成为境内主要商品蔬菜品种之一。北部平原部分大队大面积种植，直供齐鲁石化公司蔬菜公司，作为冬季生活用菜。蔬菜大棚兴起后，冬季各种蔬菜增多，白菜种植面积逐渐减少。

菠菜　种植历史悠久，是境内传统蔬菜之一。一般是秋季播种，春季上市。20 世纪 70 年代，发展成为春、秋二季种植。部分菜农为了增加收入，把秋后收获的菠菜捆成 1 千克左右的小捆，利用冬天的寒冷把它冷藏起来［当地称瓦（wà）起来］。在背阴处，用土坯垒砌成高约 50 厘米、宽约 50 厘米长度不等的洞子，利用菠菜抗冻的特性，把它放到垒砌好的洞内，外边用加上麦糠、麦穰和好的黄泥，把洞子上的土坯缝抹好，达到里外不通风、不透气，减少温度变化，保证冷藏的菠菜不坏，到春节前后取出上市销售。进入 21 世纪，利用高温大棚等新技术种植，常年有鲜菠菜供应市场。

芫荽　又称香菜。种植历史悠久。新中国成立前后，种植面积一直不大，只做调味菜。改革开放后，随着广大人民群众生活水平提高，需求增多，种植面积扩大，多为夏末秋初播种。单产 2500 千克。属越冬菜。过去冷藏方法和菠菜相同。

芹菜　种植历史悠久，多为春播。20 世纪 70 年代，少量复种，秋后窖藏（俗称地窨子），春节上市销售。20 世纪 80 年代成为主要蔬菜品种之一。1984 年起，北部平原村菜农采用塑料大棚种植，春节前后鲜芹菜上市销售。进入 21 世纪，有部分菜农利用新式冬暖大棚，一年种植二茬，单产 5000 千克以上，经济效益可观。

韭菜　种植历史悠久。北魏贾思勰《齐民要术》便有记载。早期各家各户在宅旁院内多有种植，以自食为主。新中国成立后，种植面积不断扩大，成为主要商品菜之一。境内柳店村种植的韭菜远近闻名，自古就有“柳店韭菜各一畦”的传说，曾经受到康熙皇帝推崇。2013 年，“柳店韭菜”被国家工商总局注册为“国家地理标志商标”。柳店韭菜按照传统种植工艺结合现代技术，采用优于有机蔬菜标准种植生产，种植基地 1.33 公顷，亩产有机韭菜 5 吨，总产值 200 万元。生产的有机韭菜鲜香味美，远销北京、东北及济南、青岛等省内外大中城市，深受广大消费者喜爱。

芥菜　俗称辣疙瘩。种植历史悠久，是当地主要蔬菜品种。主要用于各家各户腌制咸菜，多余部分到集市出售。新中国成立后，种植面积增大。1980 年前后，部分生产队集体种植，供应齐鲁石化公司蔬菜公司，以腌制酱菜用。至今仍有种植，直供酱菜厂或部分农户用于腌咸菜。

柳店韭菜各一畦　（2017 年摄）

菜花 20世纪60年代中期引进种植。70年代成为境内主要蔬菜品种之一，春秋二季都可种植。80年代起，利用塑料大棚常年种植，一年四季都有鲜菜花供应市场。2017年，境内种植36.67公顷，单产3500千克。

黄瓜 古时便有种植。新中国成立后，成为境内主要蔬菜品种之一。春、夏、秋三季均可种植。20世纪80年代，采用地膜覆盖和塑料大棚栽培技术，冬季也能种植，一年四季都有鲜黄瓜供应市场。

茄子 古代已有种植。新中国成立后，种植面积不断扩大，是当地主要蔬菜品种之一。20世纪80年代，单产6500千克。90年代，开始采用塑料大棚种植，春节前后上市。2017年，境内种植40公顷，单产8000千克左右。

甜椒 俗称“菜椒”。20世纪60年代，引进种植，个大肉厚，无辛辣味。70年代，成为境内主要蔬菜品种之一。80年代，单产2000千克。90年代末，引进国外新品种，应用种植新技术、新方法，产量成倍增长。2017年，境内种植21.33公顷，单产达到4000千克左右。

辣椒 古代有少量种植。民国期间普及，多在初夏栽种，秋天摘后晒干用作调料。20世纪70年代，成为境内主要蔬菜品种之一。90年代，种植面积扩大，引进国外新品种，采用冬暖式大棚种植，春节前后大量上市，市场上常年有鲜辣椒出售。

豆角 种植历史悠久。民国期间成为主要蔬菜品种之一。新中国成立后，种植面积扩大，多为春季播种。20世纪90年代末，利用塑料大棚生产反季节豆角，春节前上市销售，单产2000千克以上。

芸豆 古代有少量种植。民国期间开始普遍种植，成为当地商品菜品种之一。新中国成立后，种植面积增多。20世纪90年代末，采用塑料大棚种植芸豆，成为常年菜品。

马铃薯 俗称“土豆”“地蛋”。民国期间开始种植。新中国成立后，种植面积逐年增多。以春播为主，也可夏播。既可做菜，又当主食。20世纪60年代中期种植普及，单产3000千克左右。90年代，种植面积减少。2017年，仍有农户种植，但面积不大。

萝卜 俗称“水萝卜”。种植历史悠久，民国时期普及。新中国成立后，种植面积增大，单产4000千克左右，成为境内主要蔬菜品种之一。20世纪80年代，除满足当地需要外，部分销往外地。至2017年，部分农户仍有少量种植。

胡萝卜 种植历史悠久，一般为夏播，民国时期普及。20世纪50年代，成为境内主要蔬菜品种之一。胡萝卜既可作蔬菜，又能当主食充饥。60年代初，为应对自然灾害，境内种植面积一度增大。之后，种植面积减少。进入21世纪，随着人们生活水平提高，又成为人们喜爱的蔬菜品种。因市场需求增多，种植面积有所增加，并采用新技术种植，单产3500千克以上，市场上常年有售。

山药 种植历史悠久，民国期间种植较普遍。新中国成立后，种植面积增多。20世纪70年代，种植的山药，大部分以商品菜销售，是部分农户主要经济来源。刘营村种植山药较多。改革开放后，北部平原村出现了部分种植山药专业户，单产2600千克以上，经济效益可观。

大蒜 种植历史悠久，早期种植面积较少。新中国成立后至人民公社时期，种植面积略有增加，以生产队种植为主，分给社员食用。之后种植面积一直不大。至2017年，境内有少量种植，以自食为主，少量集市出售。

大葱 种植历史悠久，民国期间种植面积不大。新中国成立后，种植面积逐年扩大，成为主要蔬菜品种之一。改革开放后，随着农业产业内部结构调整，土地流转加快，种植面积增大。进

北苑村葱园 （2017年摄）

入 21 世纪，种植专业户、合作社增多，作为商品菜大面积种植。一部分出口到日本、韩国等国家，一部分销往国内多个省市。2017 年，境内种植 100 余公顷，单产 3000 千克以上，经济效益较好。

圆葱　俗称“洋葱”。新中国成立后，引进试种，面积不大。20 世纪 60 年代，种植面积增大。70 年代，发展成为境内主要蔬菜品种之一。至 2017 年，境内仍有种植，单产 3000 千克左右。

甘蓝　20 世纪 60 年代前引进，种植面积逐年增多，成为境内主要蔬菜品种之一。改革开放后，随着家庭联产承包责任制的实行，种植面积逐渐扩大。进入 21 世纪，境内多个种植合作社、蔬菜园区、部分菜农大面积种植，单产 4000 千克。销往全国多个大中城市。

丝瓜　古代就有种植。多种在宅旁院内、菜园地边，以自食为主。一般为春季育苗移栽，喜欢阳光、高温、高湿、大肥，结瓜到霜降。进入 21 世纪，利用面包棚在大田种植，五一前后上市；采用冬暖式高温大棚种植，春节前上市。单产 4000 千克左右，经济效益较高。

藕　种植历史悠久，春种秋收或次年春收。境内有种植，面积不大，单产 3000 千克左右。

香菇　20 世纪 70 年代初开始引进培育。1976 年，南齐大队种植面积 300 平方米，种植了五年。年产鲜香菇 1650 千克。每千克 3.6 元～4 元。除供应当地市场外，部分鲜香菇经烘干后，出口到韩国、日本等国家。

双孢菇　1998 年，镇党委、政府制定鼓励扶持政策，南部山区村引进双孢菇、花菇山洞培育技术。部分村民因地制宜开挖大洞 84 条，洞高 3 米，宽 2 米，深 40 米～ 50 米，砖砌洞口，洞口装有保温帘。另有小洞若干条。到 2000 年，培育面积达 1.04 万平方米。每年培育 3 茬，年产双孢菇、花菇 8.4 万千克，年产值 70.56 万元。

除上述种植面积较大的 27 种蔬菜外，种植面积小或零星种植的有：小白菜、小油菜、空心菜、木耳菜、金针菜、生菜、苔菜、莴苣、蒜黄、小红萝卜、南瓜、方瓜、冬瓜、佛手瓜、姜、菊芋（洋姜）、桔梗、扁豆、茼蒿、香椿等 20 余种。

瓜类

西瓜　西瓜种植历史悠久。民国期间种植遍及境内。尤以淄河沿岸村种植较集中，生产的西瓜、银瓜品质最佳。新中国成立后，种植面积逐年扩大。20 世纪 80 年代，实行家庭联产承包责任制后，大田种植面积增加。并采用地膜覆盖加小拱棚栽培技术，使种植的西瓜提前上市 15 天左右。除供应当地市场外，还销往青岛、天津、内蒙古、东北三省等地区。1989 年，是境内种植西瓜高峰年，种植面积达 219.87 公顷，总产 8285 吨。1990 年后，种植面积逐年减少。进入 21 世纪，部分瓜农利用高温大棚，引进新品种、采用新技术。种植的西瓜瓜型好、产量大、上市早、价格高。

西瓜早期品种为当地品种，有大籽西瓜、核桃纹等。20 世纪 80 年代，陆续引进推广黑皮元帅、丰收 2 号、郑杂 5 号、新红宝、琼苏等优良品种。采用药剂浸泡种子、催芽直播或育苗移栽法种植。并用高锰酸钾进行土壤处理，防止病害发生。

银瓜　银瓜以当地淄河银瓜为主，后引进弥河银瓜种植。根据其生长、结瓜特点，及时采取去顶、摸杈、留瓜等管理方法。

刘家终村淄河滩西瓜、银瓜种植

淄河流经刘家终村西边和北边，长年的冲刷淤积，形成又宽又平的淄河滩。刘家终村村民自古就有在河滩地种西瓜的传统。

新中国成立前，各家各户在河滩地里种上 200 ～ 300 棵西瓜。瓜畦宽 60 厘米，深 60 厘米左右，利用冬春季节，先将沙石挖出来，再从别处担（挑）来熟土填上，畦长不限，根据实地而定。清明节前后下种，株距 50 厘米，每户在瓜地头上挖一眼水井，西瓜从开花坐果至成熟期间，每日浇一遍水，天天如此，雨后照样浇，目的是用井水消灾压病。

新中国成立后，在农业合作化至人民公社化期间，各生产队按照以往种植西瓜的标准和程序，每年在河滩地里种上 5000 ～ 6000 棵西瓜。在每株西瓜的根后种上一棵银瓜，四个叶时打头，长出四个杈，留结四个银瓜，叫“四虎扒门”。

河滩地上顺河风强、阳光充足、昼夜温差大，淄河水质好，使用土杂肥、豆饼、棉子饼，加上精细管理，成熟的西瓜上部的皮是黑绿色，底部的皮是黄色，每个西瓜平均在 7.5 千克左右，瓜形正而美观，甜度较高。银瓜成熟后，皮白里透着黄、个又大，吃起来又甜又香又脆，深受人们喜爱。

河滩西瓜、银瓜成熟后，每个生产队装一个 40 吨的火车厢，运往青岛。经由青岛华东货栈销售，他们认真负责，从未出过差错，西瓜、银瓜销售完后，货栈扣除 3% 的管理费，余款从银行汇入。每个生产队收入 10 万元左右。

瓜是百日草，从种到收一百天。收完瓜再种上大白菜和水萝卜，一年种两茬，收入可观。1961 年，第四生产队平均每个劳动日 2.8 元。刘悦周家，一年分得现金 2000 余元。社员都说发了西瓜财。

1975 年后，因淄河断流，天齐渊泉水停喷，河滩地水位下降，西瓜种植浇水费工费力，种植面积减少。

第五节　经济作物

境内传统经济作物主要有烟草、棉花、花生、芝麻，另有黄芪、薏米、党参、沙参、桔梗、甜叶菊等部分中药材以及油菜、蓖麻、好麻、苘麻、红麻等。至今个别品种仍有少量种植。

烟草

清代就已有种植，为晒烟（靠太阳晒干），多在当地销售。对烟草种植已有打头、摸杈及促使叶厚、味美等管理技术。烤烟在民国时期引进种植，春育苗，夏移栽，秋烘烤。因烟草种管、烘烤技术要求较高，故发展缓慢。

新中国成立后，政府鼓励农民种植黄烟，在境内设立烟叶收购站。由于种植黄烟的收入高于其他农作物，推广较快。20 世纪 60 年代，是境内黄烟种植高峰时期。1958 年，种植 972.47 公顷，占总耕地面积 23%，单产 101 千克。烤烟收入成为多数生产队主要经济来源之一。1977 年，全社种植 372.93 公顷，单产达 193 千克（单产较高年份）。70 年代末，种植面积逐渐减少。80 年代末已不再种植。

黄烟种烤有四个环节。四月下旬育苗。先整好畦，把事先发好芽的烟种均匀撒到畦里，然后将半沙半土的浮土撒到畦面上，把烟种盖住，让它自然出苗生长。苗期应见干见湿，不宜太涝，预防黑胫病。小麦收获后按行距 70 厘米～ 80 厘米、株距约 60 厘米进行栽植。随生长及时锄草、松土，追施以豆饼为主的有机肥料，打头摸杈，防治蚜虫和青虫子等病虫害。后期控制好施肥和浇水，使烟叶落好黄。每个生产队建有烟屋（比一般房屋高，基本是方的），在烟屋内山墙中间、屋内地面上盘好炉头，接炉头盘好回拢火炕、烟道。在屋内墙上按 60 厘米～ 70 厘米高一层，安好木棒做横梁，横梁间距 1.4 米。把掰下的鲜烟叶，按每杆 38 ～ 40 撮，每撮 2 ～ 3 片烟叶，拴到每根长 1.6 米的烟杆上，然后从上到下挂到烟屋内横梁上。密闭烟屋后点火烘烤 5 ～ 6 天，把鲜烟叶烘烤干，每杆鲜烟叶烘烤成一市斤左右的干烟叶。卸烟也叫卸炉，卸烟前先把烟屋风道打开通风，使屋内温度降低，然后开始卸烟，一般在傍晚或晚上进行，把成百上千杆烤烟卸到生产队场院里。利用夜间温差变化，使干烟叶吸收空气中水分返潮，避免解烟时把烤好的烟叶弄断弄碎，第二天一早解烟，把烤干的烟叶从烟杆上解下来。经过潮湿后捋好抚平，然后按 1 ～ 7 级黄烟、1 ～ 5 级赤烟、1 ～ 4 级青烟、糊烟等级别进行分选，捆绑成把，装廉上垛，这些活一般都在地窖里加工完成。

棉花

北魏时期就有种植，均为春播。产的棉花多为自用，经弹花后纺线、织布等，少量到集市出售。1957 年，全社种植面积 7.07 公顷，单产皮棉 16.51 千克。1970 年，为境内种植高峰期，种植面积 12.73 公顷，单产皮棉 94.24 千克。之后逐年减少。至 2017 年，仍有零星种植。

花生

明清时期已有种植，主要在淄河滩沙土地里种植，山旱田及平原村庄粮田里也有种植，但面积都不大。1957 年，种植面积 5.27 公顷，单产花生果 26.58 千克。20 世纪 80 年代，花生种植面积有所增加，多与西瓜、果树间作。1985 年，种植面积 27.2 公顷，是境内种植面积最大年份，单产 113 千克。90 年代，北部平原村进行过小麦与花生套种实验，种植面积 6.33 公顷，单产 125.9 千克。之后，随着大棚蔬菜快速发展，花生种植面积减少。至 2017 年，仍有在果园内、山旱地等零星种植。

芝麻

多在沟头崖底、村边宅旁等闲散地种植。用于加工香油、麻汁，也是制作烧饼、糖麻花等食品的重要辅料。1957 年，全乡种植 1.27 公顷，亩产 26.32 千克。境内种植面积最大年份 1985 年，全镇种植 18.07 公顷，总产 7588 千克。至 2017 年，仍有零星种植。

中药材

境内种植黄芪、桔梗、党参、沙参、薏米、生地、半夏、白芷、白芍、大青叶、甜叶菊等 20 余种。20 世纪 70 年代，大集体时期各生产大队在果园内，生产队在村边小地块多有种植。1971 年，全社种植中药材 12.27 公顷。是各生产队主要经济来源之一。80 年代，北部平原村种植面积一度增加。1982 年，王齐大队有 30 户村民种植黄芪 6.67 公顷，每亩收入 900 余元，发了“黄芪财”，在全社掀起种“黄芪热”。1983 年，全社种植各种中药材 127.67 公顷，收入超过 100 万元。其中种植黄芪 38 公顷，收入 30 余万元。80 年代后期，因销售滞缓，种植面积迅速减少。至 2017 年，仍有少量种植黄芪、桔梗等中药材。

部分年份齐陵街道经济作物情况表

表 4-5　　　　单位：公顷、千克

年份	烟草		棉花		花生		芝麻	
	面积	总产量	面积	总产量	面积	总产量	面积	总产量
1957	856.67	707050	7.07	1750	5.27	2100	1.27	500
1960	588.60	264850	6.87	850	—	—	0.47	150
1965	615.00	936500	2.47	1100	2.53	1200	1.87	1800
1970	500.67	543850	12.73	18000	1.60	2600	5.20	4950
1975	401.67	389750	3.40	3680	0.20	470	0.33	305
1980	98.47	133668	1.00	950	1.07	2000	3.87	1247
1985	137.47	246410	11.73	6688	27.20	46104	18.07	7588
1990	—	—	6.40	6400	14.67	25900	—	—
1995	—	—	2.73	2950	9.00	17000	0.53	260
2000	—	—	0.67	1000	3.33	5000	—	—
2005	—	—	0.67	1100	3.33	5000	—	—
2010	—	—	1.33	2300	1.33	3000	—	—
2015	—	—	—	—	1.00	2700	—	—
2017	—	—	—	—	—	—	—	—

第六节　良种与技术推广

粮食作物

小麦　新中国成立之前，主要以农家常种品种选优去杂做来年种子。有芒麦、紫麦莛、一撮毛、白秃头、红秃头等。每亩（市亩）产量不足100千克。

20世纪50年代，开始引进小麦良种齐大195，抗旱抗黑穗病，但不抗倒伏，比当地品种增产15%左右。泗水38秸秆硬耐水肥，但耐冻性差，比当地品种增产10%～15%。蚰子麦秸秆矮壮抗倒伏、耐条锈病，比其他品种增产20%，为主要种植品种。1954—1969年，引进碧蚂1号、碧蚂4号，耐水肥抗锈病，比红秃头增产15%。还有抗锈病、丰产较好的济南2号、济南4号、济南8号、济南9号、矮济6号、淄选2号耐肥水，秸秆硬抗倒伏，比矮济6号增产25%，是种植面积较大的品种之一。1970—1979年，引进过红蚰包、白蚰包，抗倒伏、抗条锈病差，比矮济6号增产28%左右。此品种一直种植到80年代中期。这期间引进的还有：泰山1号、2号耐肥水、抗倒伏、抗锈病，比矮济6号分别增产29%和26%；昌乐5号耐旱，在南部山区种植。济南13粒大、千粒重高、抗倒伏、抗锈病，比淄选2号增产15%左右。山农辐63比济南13早熟3天～5天，产量略低。1983—1999年，先后引进鲁麦1号、5号、12号、14号、23号及淄农033、莱州953和晋麦21等优良品种。2000—2006年，引进推广淄麦12号、济南17号、济麦19号等品种。2008—2017年，由区农业局统一供应优质良种济麦22、山农15、山农27、山农28、临麦2号、泰农18等。

新中国成立前，当地小麦种植方式受水浇条件、肥料不足等制约，多为大宽垅。新中国成立后，推广使用双腿耧和人工镢挑沟、手撒种，宽幅密植，逐渐发展为一尺耧套播和靠播。20世纪60年代中期，开始大面积划方、深翻、整平土地，种植方式更有利于小麦生长和管理。把东西向地块改为南北向种植，增强小麦的透光性，提高光能利用率。随着水浇条件的改善，土地改浅耕为深耕，增加土杂肥和氮素化肥的使用量。后改为畦田化，用马拉播种机播8行、10行、12行等。70年代，随着农业机械化的发展和施用磷肥和犁底氨水，普遍实行畦田化，由马拉播种机换成机引播种机播种。80年代，推广精播、半精播技术，由每畦播种8行改为6行。90年代，推广秸秆还田、配方施肥、化学除草、病虫害综合防治等技术水浇田注重稳氮、增磷、补钾、补微肥。山旱田推广大沟麦、地膜覆盖等种植技术。2008年，普遍推行农业粮食生产“十统一”种植模式。2010年，推广宽幅精播技术，每畦由6行改为播种4行，每行种子入土幅宽8厘米以上。行数减少，行距扩大，有利于小麦根系生长，促进分蘖，单株健壮，群体质量好；播幅加宽，播种量相对准确，无缺苗断垅，无疙瘩苗，有利于形成合理群体，增产效果明显。至2017年，小麦宽幅精播技术已普遍使用。

齐陵街道在终村片推广山旱田免耕播种技术现场　（2009年　摄）

玉米　民国时期，境内种植的玉米有黄玉米和白玉米。白玉米产量高于黄玉米，但品质差，逐步被淘汰。新中国成立后，20世纪50年代中期至60年代末，先后引进的良种有金皇后、白马牙、双跃3号、新单1号等，以杂交品种为主。70年代起，早熟品种有鲁单 3 号、鲁原单 4 号等品种。中晚熟品种有群单 10 号、105 号及郑单 2 号等。1976 年，引进丰单 1 号，经种植试验比郑单 2 号增产 19%。1981—1990 年，以鲁玉 2 号、掖单 4 号、鲁玉 10 号、烟单 14 号等紧凑型品种为主。其中鲁玉 2 号种植时期较长，推广面积大，至 1999 年被淘汰。1991—2007 年，种植的良种有掖单 2 号、12 号、13 号及鲁玉 10 号、16 号等。紧凑型品种有郑单 958、莱农 14 号、农大 108、沈单 10 号等。2008—2017 年，由区农业局统一供种，大面积种植以鲁单 818、浚单 20、齐单 1 号、聊玉 22、天泰 55 等适应性强、成熟期适中的高产稳产品种为主。耐密型品种可种植登海 618、605、661 等。

玉米种植技术主要采用合理密植，20 世纪 70 年代前，多为春播。玉米种植密度小、产量低。1970 年后，推广合理密植、麦田套种技术，改春播为夏播，每平方米 5 株左右。80 年代，推广紧凑型品种，麦畦中间预留套种行，麦收前 7 天～ 10 天用套种耧播种，密度增加。90 年代，种植密度更趋合理，每平方米 6 ～ 8 株。进入 21 世纪，开始推广玉米小型机械精播机套种。2010 年起，开始推广“一增四改”种植技术，合理增加种植密度，一般大田每亩按 4000 ～ 4500 株留苗。改种耐密型品种，改套种为直播，直播既节省种子，又减少因小麦收获机具对玉米苗的损坏，确保苗全苗壮；改粗放用肥为配方施肥，以配方肥和控释肥为主，做到氮磷钾等肥料平衡使用，根据地力情况确定施肥量。改人工种植为机械化播种，小麦收获后用拖拉机配挂玉米精量播种机直接播种，及时快捷。适期晚收：紧凑型玉米大都具有假熟性，适当晚收，产量提高 10% 以上。

谷子 新中国成立前，当地品种有阴天旱、刀把齐、六十日还仓、梧桐白、红粘谷，老龙爪等。20 世纪 50 年代，引进的良种有燕大 811，比当地品种增产 15% ～ 20%。1953 年，引进种植华农 4 号，比当地品种增产 25% 左右。之后，引进种植平阳谷、昌潍 62、昌潍 69、柳条青、鲁谷 2 号、鲁谷 4 号等品种。种植时，谷子播种不宜太深，以表土盖住谷粒为宜。播种后以石砘碾压，出苗后及时间苗定棵。

石砘 （2017 年摄）

大豆 新中国成立后，种植的品种有大黄豆、小粒青、当年陈、牛毛黄、白花质、小金黄等。20 世纪 60 年代，先后引进红油豆，比大黄豆增产 10%。齐黄 1 号、舒兰红豆，比当地品种增产 8%。丰收黄早熟适宜夏播，单产 150 千克左右。向阳 1 号、跃进 4 号平均单产在 200 千克左右。1985 年前后，引进吉林 13、齐黄 4 号，产量略高于向阳 1 号。大豆播种以立夏节气为宜，播种不宜太深。当地有句谚语：“麦扎黄泉谷露天，豆子露着半边脸。”早期多为春播，用双腿耧 ，行距在 30 厘米以上。20 世纪 80 年代，改春播为夏播，多为麦收后与玉米间作。

高粱 新中国成立前，当地种植品种有打罗锤、竹竿青、老来白、黑葶子、黄罗伞等。1964 年，引进香高粱、抗蚜 2 号等。比当地品种增产 12% ～ 15%。1966 年起，引进鹿邑歪头、冻高粱与遗杂 5 号、7 号及沈杂 1 号、反修 19 号等。1970 年起，引进原杂 10 号、12 号、14 号，产量虽高，但品质差，很快被淘汰。一般春高粱在清明至谷雨节气播种，夏高粱在麦收后顶茬播种，行距 50 厘米，株距 35 厘米以上。出苗后及时间苗定棵。然后追肥一次，中耕锄草 2 ～ 3 遍，及时防治病虫害。

红薯 俗称地瓜。20 世纪 60 年代，引进胜利百号，比当地品种增产 30% 以上。引种的北京 553、华北 117，比胜利百号增产 15% ～ 23%。适宜山区种植的有莱州五号，瓜大、品质好、产出瓜干率高。20 世纪 80 年代，引进徐薯 18 号、济南红、烟薯 1 号等品种。种植方式，20 世纪

50—70 年代，推广室外火炕育苗技术。春地瓜立夏前后栽种，夏地瓜夏至节气前栽种。在起垅的脊背上每米栽种 3 ～ 4 棵。成活后及时锄草、翻蔓、增施磷、钾肥，地瓜耐旱怕涝，注重防涝排涝。

经济作物

烟草 新中国成立前，当地无良种。1952 年，引进小黄金、富子 47、牛津 3 号，比当地品种增产 20% 以上。1957 年，引进山东多叶、益杂 3 号等品种。1959 年，引进大耳筋、大黄金，亩产比当地品种高 45 千克。20 世纪 60—80 年代，先后引进大金星、金星 6007、乔庄多叶、中烟 14 号、G140 等品种。春烟一般在立夏节气后移栽，前期要大肥大水，见蕾打顶、摸杈，及时防治病虫害。后期要控肥控水，促使烟叶落黄，烤出好成色。70 年代，改为麦后栽植。

棉花 新中国成立前后，以斯字棉为良种。20 世纪 60 年代，引进高密 933。70—90 年代，引进徐州 1818、鲁棉 1 号、鲁棉 6 号、鲁棉 12 号等品种。90 年代，推广棉花与西瓜、大豆间作立体种植模式。

花生 当地品种主要有“一窝猴”、小花生。20 世纪 60—90 年代，引进的良种有伏花生（抗旱耐肥，适应性强）、进花 28、海花 1 号、莱农 10 号、徐州 68-4 和徐州系 1 号、鲁花 9 号、鲁花 11 号等品种。花生种植不宜重茬，要轮作换茬。80 年代，开始推广麦地套花生、地膜覆盖种植技术等。

芝麻 主要以大把杈、一条鞭、霸王鞭等当地品种为主，沿用至今。

蔬菜品种

西红柿 新中国成立初期，引进种植的有美红、粉红、济南粉红、大青皮、摩雷 33、青农 21、矮红金等品种。20 世纪 80—90 年代，引进早粉 2 号、青早红、春魁、早丰、强丰、西粉 3 号、毛粉 802、L402 及苏抗 1 号、8 号、9 号等品种。2008 年，推广的品种有宝罗塔、桃秀、爱佳、曼西纳、凯帝、科瑞斯等。至 2017 年，引进种

忆当年农业发展有限公司大棚西红柿　　（2017 年摄）

植秀丽、189 富贵、美国 4 号等大中型品种以及樱桃西红柿、千禧、粉 99 等国外新品种，具有抗病、耐运输、品质好、产量高等优点。

西葫芦 20 世纪 70—80 年代，引进种植的品种有阿尔及利亚、一窝猴、早青一代等。90 年代，引进种植法国纤手、冬玉、美国碧玉、9066 等品种。2005—2017 年，引进推广的品种有金圣绿、东丰 38、绿盛、贝丽 335 等。种植方式采用地膜覆盖，人工抹花、吊蔓、疏花疏果、去底叶等管理技术。

白菜 新中国成立前后，当地种植的品种有大包头、小包头等。20 世纪 60—90 年代，引进种植一叶丰、日本 5 号、鲁白 1 号、鲁白 2 号、山东 3 号、山东 7 号、菊花顶、天津绿、阳春等品种。进入 21 世纪，引种丰抗 70、78 及北京新 3 号等优良品种。早熟品种 6 月中旬播种，8 月下旬收获；秋晚熟品种，立秋节气育苗，处暑节气移栽，小雪节气收获。

菠菜 20 世纪 70 年代，以当地品种为主。80—90 年代，主要引种的有青岛菠菜、昌邑圆叶、诸诚刺籽及日本大叶等品种。至 2017 年，引种美国顿大叶菠菜等优良品种。春、秋、冬三季均可种植。

芹菜 20 世纪 80 年代，种植的品种有玻璃脆、天津黄苗、潍坊青苗等。此后又引进种植西芹等品种。芹菜种植分春、秋、冬三季。春季用阳棚育苗，4 月底前后移栽。秋季在 7 月底育苗，

9月上旬移栽定植。前期应遮阳保护，温度控制在18℃～23℃。越冬种植，8月份育苗，西芹要早种半月，移栽到大棚内。芹菜需大肥大水，以氮肥为主，按照长势分期追肥浇水，可分期种植，分期收获。

韭菜　当地品种有大马兰、线韭菜。20世纪70年代，引种的有寿光独根红、汉中独根红。1995年后，引种的有苔韭02、雪韭791和四季苔韭等品种。韭菜于谷雨后即可种植，采用育苗畦条播方式，浇水、下种、覆土、盖地膜，出苗后及时撤掉地膜。幼苗期浇水2～3次，结合浇水追施腐熟人粪尿，喷洒辛硫磷防虫、多菌灵防病。长至4～5片叶、10厘米高时，即可定植。定植缓苗后，因夏季气温高，应及时浇水降温。立秋后进入旺长期，水肥供应要充足。10月份停止浇水施肥，要划锄防止贪青。

菜花　属引进品种。20世纪70年代，引种的有瑞士雪球、荷兰雪球、美国雪球、日本雪山、闽选1号等品种。90年代前后，分春秋两季种植。春季用拱棚覆盖，5月份上市。秋季9月份上市。按生长期分60天、80天、百日菜花等品种。基肥主要使农家肥和三元复合肥等。

黄瓜　新中国成立前，种植品种有大把杈、一条鞭、地黄瓜。20世纪50年代，引种宁阳大刺、北京大刺、长春密刺、津研1～5号、鲁春系列等品种。80年代起，引种山东密刺、新泰密刺等品种。2017年，引种金绿4号、金绿5号、津远4号等品种。黄瓜种植应避免重茬，喜欢高温、高湿、强光照。为防重茬病害多、产量低，推广应用黑南瓜与黄瓜靠接换根技术，促其根系发达。增加有机肥和复合肥延长结果期，提高产量。

茄子　当地种植的品种有大长茄、大紫袍等。20世纪70年代，引种徐州长茄、济南长茄、七叶茄、六叶茄、鲁茄1号、天津快圆、郎高、安德列等新品种。至2017年，引种济杂1号、茄五等优良品种。种植方式多采用冬暖式大棚栽种，或谷雨断霜后立夏节气前栽种。早熟品种适当密植，双杆线吊整枝；晚熟品种宜靠接换根，行株距在70厘米×70厘米，三杆线吊整枝。宜大肥大水，及时防治螨虫、白粉虱等病虫害。

辣椒　新中国成立前，种植晒干型尖辣椒。20世纪80年代，引进种植蔬菜型辣椒，有羊角青、羊角黄、湘研1号、湘研3号等品种。后又推广淄椒1号。至2017年，引进推广喜洋洋、一诺、福娃等优良品种。

甜椒　又称菜椒。20世纪60年代，引进种植柿子型大青椒。20世纪80年代，引进种植苏门、海牛系列、北京淄花1号、北京淄花2号、中椒5号、绿塔、彩椒等。1999年起，先后引进以色列、荷兰等国家的哈维斯特、麦卡比、考曼奇、红英达、红罗丹、沙非罗、紫贵人、桔西亚等优良品种。种植采用越冬和秋延迟二种方式。越冬茬一般在8月上旬育苗，9月下旬或10月初栽植，结椒到春节后。

豆角　20世纪70年代，种植地豆角、架豆角。90年代，引进美国抗病能力强的无架豆、龙泉特长架豆角、绿领4号豇豆、特选张塘豇豆等新品种。一般在夏、秋栽培，也有利用温室大棚种植，4月下旬用阳畦育苗或6月中旬露地播种。分蔓生架豆角和矮生地豆角二种。架豆角在出苗伸蔓后及时插架、引蔓上架、防止缠绕。生长期内追肥3～4次，用氮肥促茎叶生长，也可用腐熟农家肥随水冲施，结荚期以氮、钾肥为主，防止植株早衰。

山药　种植品种有嘉祥细毛、泰安大红秧等。一年一茬，避免重茬。在秋冬或早春挖出山药沟土，经晾晒后回填。进入21世纪，种植专业户用专用机械挖沟回填。施足基肥，谷雨前后种植，出芽伸蔓后插架，随生长引蔓上架。据干旱情况浇水，不宜太涝，霜降前后收获。

马铃薯　20世纪70年代，推广种植克新1号新品种。后引种淄薯1号、鲁引1号和803脱毒薯。春播马铃薯一般把中等马铃薯切成均匀小块，保证每块有1～2个芽眼，用草木灰拌匀，防止水分流失和粘联腐烂。然后把切块种薯放背风向阳处，覆3厘米～5厘米厚土，12天左右出芽后即可播种。出苗后及时松土、施肥、浇水，收获前10天停止浇水。秋播马铃薯7月底前后种植，10月底收获。

萝卜　分春萝卜和秋萝卜。春萝卜（小红萝卜）品种有小寒萝卜、四缨萝卜、春夏萝卜等。

秋萝卜，20世纪60年代，种植的品种有淄博青皮、潍县萝卜、鲁萝卜1号、鲁萝卜2号、心里美等。

胡萝卜 品种有济南鞭杆、烟台五寸、黑田五寸、鞭杆红等。以夏播为主，当地有“头伏萝卜、末伏荞麦”的说法，意思是“头伏”这段时间得种胡萝卜。种植方式有平畦或起垅播种，出苗后及时间苗定棵。合理浇水，使土壤见干见湿有通透性；合理施肥，可用腐熟人粪尿、三元复合肥随浇水交替冲施。应及时收获，过早则产量低，晚收则肉质硬化或受冻害，一般在立冬节气收获为宜。

大蒜 品种有高脚子、嘉祥红皮、苍山大蒜。一般在秋分至寒露节气之前种植。整好畦施上有机肥或复合肥，用大镢刨一遍，使土肥混匀，整平畦面，一次浇透水。待水渗后按行距20厘米、株距16厘米左右，把发好芽的蒜瓣按压到土里，只露芽尖为宜。然后覆盖地膜压严，待苗芽长高及时破膜放苗。小雪节气前浇次越冬水，随浇水施适量尿素，封冻前用玉米秸或麦穰盖苗保温。来年返青期，去除覆盖物以利生长。之后，每20～30天追肥浇水一次，收获前一周停止浇水。蒜薹一般在小满节气前，晴天午后采收，蒜头在蒜薹采收后，15～20天内即可收获。

大葱 20世纪70年代，主要种植“鸡腿葱”，矮小长不大，很辣。80年代，引进种植章丘大葱（当地叫梧桐葱），长得粗大、葱白高，不是太辣。2010年前后，引进种植日本葱，有金箭、天光、北海道等品种。一般春播在三月下旬，葱苗长到40厘米左右时，及时插栽定植，行距75厘米左右，株距7厘米左右。生长期内每隔20天左右施肥培土一次，视干旱情况及时浇水，但不宜太涝，小雪节气前收获为宜。近几年，随着种葱专业户种植面积增大，开始用机械扶葱沟、插栽、培土、刨葱，打药用自走式喷药机和小型无人机。

甘蓝 20世纪80年代，种植品种有鲁甘蓝1号、2号等。1999年前后，推广种植8398、秋丰及中甘8号、11号和晚丰等品种。春季栽种一般在4月上旬，可与瓜类、茄果类间作。秋茬7月中旬栽种，采用遮阳网、防虫网，及时防止蚜虫和菜青虫等病虫害。中早熟品种10月收获，中晚熟品种11月中下旬收获。2000年后，甘蓝种植采用小拱棚、面包棚等保护地栽培技术，由季节性改为常年性。种植户提前与种苗公司签订种植品种、数量及供苗时间合同后，种苗公司用阳棚育苗技术育苗，按合同约定把育好的种苗送到种植户田间地头。

第七节 肥料施用

新中国成立前，种地只施农家肥。新中国成立后，随着农业生产条件的改善，科学种植知识逐渐普及，打破传统的施肥方法，由单一施用有机肥料改为有机肥和化肥同时使用。20世纪70年代末，通过对土壤普查发现，辖区内土地肥力严重不足，有机肥料偏少，氮肥缺乏，磷肥和一些微量元素严重缺乏，急需补充。根据普查结果，开始推广配方施肥、因土施肥、按需施肥。在尽量多施有机肥的基础上，增大化肥的使用量。并采取小麦高留茬、麦穰还田、玉米秸秆直接还田与过腹还田等措施，培肥地力，提高农作物产量。

有机肥

土杂肥 包括草木灰、老炕土、老屋土、磨道土、湾塘泥等。20世纪50年代前，境内农民有使用土杂肥的习惯。过去有句农谚：“生土换熟土，一亩赶三亩”，证明土杂肥有一定的肥田作用。70年代后，因重施化肥，加之土杂肥积制施用费时费力，施用减少。

圈肥 畜圈中的粪便经过堆积发酵而成的肥料。可作基肥和追肥，干鲜并施。也可晒干砸细，拌入作物种子用耧串耩地里，作基肥，促苗旺。20世纪60—70年代，各生产队普遍推行以工分换肥料的办法，以每方圈肥折多少工分，并入劳动工分，一同参加年终分配。1980年前后，农作物追肥推广圈肥与磷肥、氮素化肥混合使用。90年代，鸡鸭猪牛羊等形成集约规模养殖，提供了丰富的圈肥资源。畜禽粪发酵后主要用于瓜菜生产，牛粪用于高温大棚蔬菜和大田粮食生产。

四合一肥 即用人粪尿、牲畜粪便、土及麦穰按比例加水拌和后，堆成锥形或梯形堆，用泥密封经发酵而成。施入地里对培肥地力有较好作用。20 世纪 60 年代中期开始推广使用，80 年代后已很少使用。

饼肥豆肥　主要指豆饼、花生饼、棉籽饼、菜籽饼。在新中国成立前就使用，多用于蔬菜、瓜果基肥和追肥。20 世纪 50 年代，主要用于蔬菜栽培。70 年代，把大豆煮熟晾干或炒过，作玉米追肥和地瓜栽种基肥。80 年代后，饼肥和豆肥多用于饲料及西瓜、西红柿等瓜菜种植作基肥，以提高果蔬品质和产量。至今仍广泛使用。

绿肥　早在1400年前就已使用。《齐民要术》记载："凡美田之法，绿豆为上，小豆、胡麻次之，悉者五六月穊种，七八月犁掩杀之，为春谷田，则亩收十石，其美与蚕矢、熟粪同。"说明豆科植物是很好的绿肥。20 世纪 60—70 年代，境内利用夏季高温多雨有利条件，把杂草、苍子、篙蓬、麦糠、麦穰等铡碎，与厩肥、人尿混合拌匀堆起，顶部呈平底盆形，四周以泥密封，顶部加水沤制，月余即成。沤制绿肥对改善土壤性状结构，提高培肥地力作用明显。80 年代后，沤制绿肥减少，基本停用。

作物秸秆　境内秸秆资源丰富，秸秆施入田中有饲养牲畜过腹还田、沤制造肥还田和粉碎直接还田三种方式。1974 年开始，推行秸秆直接还田。把麦穰和切碎的玉米秸秆撒入地里，深耕翻入土中，改良土壤理化性状，提高土壤钾素含量，增加土壤有机质。20 世纪 80 年代，随着农作物机收面积的扩大，推行小麦收割时高留茬，麦糠、麦穰全撒在地里还田。90 年代，因机械化收获水平进一步提高，小麦高留茬和麦穰直接还田达到 95% 以上。2017 年，玉米秸秆还田占玉米种植面积的 83%，小麦秸秆全部还田占麦田面积的 98%。

部分年份齐陵街道化肥施用情况表

表 4-6　　　　单位：吨

年份	合计	氮肥	磷肥	钾肥	复合肥
1980	938	582	308	10	38
1982	1129	753	332	6	38
1985	931	536	163	34	198
1987	1478	927	309	35	207
1990	1972	1344	407	36	185
1992	1182	774	188	43	177
1995	1358	785	161	65	347
1997	1783	961	141	142	539
2000	1830	985	146	146	553
2003	1661	948	14	146	553
2005	1784	1268	67	137	312
2006	1105	399	203	214	289
2010	814	282	117	162	253
2013	638	233	78	79	248
2015	660	165	83	81	331
2017	—	—	—	—	—

化肥

新中国成立初期，开始使用化肥，时称肥田粉。1953年起，境内推广使用化肥。氮素化肥有硫酸铵，磷素化肥有磷酸铵。主要用于烟草和小麦追肥。20世纪60年代初，推广施用的氮素化肥有硫酸铵、硝酸铵、碳酸氢铵、硝酸钙；磷素化肥有过磷酸钙、钙镁磷；钾素化肥有硫酸钾、氯化钾。70年代初期，开始施用氨水、碳酸氢铵、尿素、氮磷钾复合肥。引进使用磷酸二铵。80年代，增施磷肥，推广三肥（有机肥、磷肥、氮肥）下地，提倡分层施肥、近根施、冲施。1998年开始，随着境内高标准温室大棚增多，大力发展绿色食品和无公害蔬菜生产，为确保各种农产品的质量，推广使用生物有机肥、生物菌肥。2005年起，境内推广测土配方施肥技术，年施配方肥600余吨。

第八节　病虫害防治

新中国成立前，境内没有对农作物病虫害监管测报组织。新中国成立后，农村基层干部负责病虫情况监管测查报告，组织群众防治。20世纪80年代，以镇农业技术推广站（农技站）、科技带头户为主体，组建起病虫测报点，以掌握病虫情况，及时防治。2009年，成立病虫害防治专业合作社，在西龙池村设立病虫监测点，对虫害发生发展24小时观察，相关情况及时上报。

农作物常见病虫害

小麦病虫害　锈病（俗称疸病），分叶锈、条锈、秆锈。多单发叶锈、条锈间隔发生，杆锈偶发。1957年，境内叶锈发病较严重，造成减产。小麦全蚀病，20世纪70年代初随种子带入，一般病情减产20%，严重年份减产50%左右。小麦白粉病、赤霉病，70年代曾多次发生。纹枯病、根腐病，90年代多发，2002年发病面积达30%。小麦黄矮病、丛矮病、黑粉病、腥黑穗病、散黑穗病等病害都能危害小麦正常生长发育，造成减产。虫害主要有蚜虫、麦秆蝇、红蜘蛛等。以蚜虫繁殖快、群体大、危害重。

玉米病虫害　大小叶斑病，20世纪60—70年代，不同程度发病。1993年，出现发病高峰，占种植面积30%以上。茎腐病，70年代新发病害。粗缩病，90年代末传入的一种新病害。另有青枯病、花叶条纹病、黑粉病等。虫害有玉米螟、玉米蚜、钻心虫、蓟马、黏虫、秋毛虫、棉铃虫、红腹灯蛾、红绿灯蛾等。其中，玉米螟、玉米蚜为常发性虫害，分布广、危害大。黏虫，90年代前常有发生，对玉米造成危害。

大豆病虫害　病害有病毒病、炭疽病等。虫害有豆天蛾、食心虫、豆青虫、棉大造桥虫、棉小造桥虫、卷叶螟、豆夹螟、豆蚜、云纹夜蛾、黄粉碟等。危害较重的有病毒病及食心虫、造桥虫、豆蚜、豆青虫等虫害。

谷子病虫害　病害有白发病、黑穗病。虫害有黏虫、粟灰螟、粟穗螟、粟茎跳甲、黍缢管蚜等。以白发病及黏虫、粟灰螟、粟穗螟等危害较为严重。

高粱病虫害　以高粱条螟、粟穗螟、高粱蚜虫和紫斑病为常发性虫病害。

地瓜病虫害　有黑斑病、黑痣病、根瘤线虫病、斜纹夜蛾、黄守瓜等。以黑斑病和线虫病较为普遍，危害严重。

烟草病虫害　病害有炭疽病、黑茎病、褐斑病、赤腥病、花叶病等。虫害有烟青虫、烟蚜、烟夜蛾等。黑茎病多在重茬和涝洼地片发生。烟青虫、烟蚜危害较重，致烤烟质量降低。

棉花病虫害　病害有棉炭疽病、黄矮病、枯萎病、黑斑病、棉立枯病等。虫害有棉铃虫、棉蚜等常发病虫害。其他还有棉夜蛾、卷叶蛾、棉盲春象、棉蓟马、棉红叶螨、棉大造桥虫、红铃虫等。

瓜类病虫害　西瓜有幼苗猝倒病，病情传播快，易引起幼苗成片死亡。西瓜枯萎病、炭疽病等危害较重。20世纪70年代前，病害相对较轻。1982年，曾发生枯萎病，危害较重。

蔬菜病虫害　常见病虫害有几十种。主要有白菜软腐病、枯萎病、霜霉病、白斑病、黑斑病、白锈病、病毒病。西红柿早疫、晚疫病及脐腐病、幼苗猝倒病。菠菜黑茎病。黄瓜炭疽病、白粉病、枯萎病、红腐病、花叶病、萎蔫病、褐斑病。茄子腐烂病、白粉虱、根结线虫、螨虫等。

其他虫害　有地老虎、金龟子、蝗虫、蝼蛄、蛴螬、大叶蝉、黑尾大叶蝉、细胸金线虫、沟金针虫、菜青虫等。分布范围广，对农作物危害较大。

防治措施

人工防治　新中国成立前后，农作物发生虫害、蝗灾时，多用人工捕捉、面筋粘、挖沟拦截、烟熏等。间接使用植物性、矿物性杀虫剂防治，费力大，效率低。

综合防治　新中国成立后，重视植物保护，贯彻“防重于治”的方针，建立健全植保机构和病虫检测体系，采取综合防治措施，推广化学农药防治技术。20世纪50—70年代，防治农作物病虫害推广使用的药物有可湿性六六六，拌成六六六毒谷、毒饵。还使用滴滴涕、西力生、粉秀宁、石硫合剂（波尔多液）、敌百虫及内吸磷（1059）、对硫磷（1605）、氧化乐果、敌敌畏等。80年代，防治农作物病虫害药物日渐增多，有一遍净、阿克泰、杀螨灵、杀毒矾、呋南丹、杜邦万灵、金雷多米尔、百菌清、甲霜灵、多效菌脂、吡虫啉等，推广甲基异硫磷拌种。2000年前后，推广小麦、玉米及蔬菜种子用种衣剂拌种。2008—2017年，种植的小麦、玉米种子统一由区农业局进行药物拌种后，供应到户。以预防为主，改进耕作制度和播种方式，采取冬耕冻晒、因地制宜、轮作换茬，选用抗病良种、合理密植、种肥分离，使用有机肥及合理使用氮、磷、钾肥。对调入调出的种子进行检疫，防止病虫传入带出。

生物防治　即以虫治虫和以鸟治虫。境内害虫天敌有很多种，据1979年调查发现，有两纲八目47科150余种。其中，麦蚜天敌30余种，玉米螟天敌20余种，棉铃虫、棉蚜虫天敌30余种，黏虫天敌20余种。青蛙、蟾蜍（癞蛤蟆）捕食蚂蚱、地老虎、蟋蟀、青虫、蝇蛾等。黄蜂专食青虫、棉铃虫、大豆造桥虫等。七星瓢虫专食蚜虫。喜鹊、燕子、麻雀、蜻蜓、螳螂等都捕食多种农作物害虫。20世纪80年代，为保护害虫天敌，推广使用农抗120、井岗霉素、增产菌苏云金杆菌（BT）类制剂等多种生物制剂，避免对环境污染，增强生物防治意识。

农田鼠害防治

20世纪70年代，鼠害仅有零星发生，危害较轻。80年代，田鼠密度增加，危害花生、地瓜、玉米、大豆等农作物。经过农业部门密切配合，大力开展对农田鼠害和各村各户鼠害的防治，农田鼠害减少，密度降低。

农田杂草防治

历史上采取拔草和锄地来铲除杂草，劳动强度大，且常因除草失时而导致农田草荒。1970年起，开始引进除草剂，并对小麦、玉米、花生、大豆、蔬菜、果园等农田进行除草试验，筛选除草剂，推动化学除草。至2017年，境内普遍使用除草剂控制杂草危害。

第四章　林果业

第一节　林业资源与分布

林木资源

街道辖区内有山有水，平原开阔，地肥水美，林业资源丰富。《孟子·告子上》就有“牛山之木常美矣”的记载。古时南部山区的牛山、蛟山、红螺山、康山、大山、稷山、紫荆山等众多山体，林木繁茂，环境优美，造就“春回牛山雨濛濛”临淄八景之一的优美景色。

境内系华北落叶阔叶林区，林业资源多为人工植被。用材树种有毛白杨、楸树、国槐、刺槐、榆树、柳树、椿树、梧桐、107杨、69杨、172杨等。经济树种主要在南部山区，有柿子、杏树、核桃、枣树、山楂、栗子、李子、桑树、石榴、苹果、桃树、梨树、葡萄、香椿、花椒等。灌木树种有紫穗槐、酸枣、荆芽、胡枝子等。山区水土保持树种有侧柏、刺槐、火炬树等。村庄、园林、厂区、旅游项目区绿化树种有银杏、雪松、合欢、垂柳、国槐、龙爪槐、法桐、樱花、紫叶李、大叶女桢、木槿、五角枫、冬青、流苏、雪萝、木瓜、小叶黄杨、月季、紫薇、紫藤、连翘、扶芳藤等乔灌木。

20世纪三四十年代，日军侵华时期，林木破坏严重。新中国成立后，从50年代起，开始植树造林，采取措施禁止乱砍滥伐林木，林木资源逐年增加。80年代，境内各种林木发展较快。1990年，经林业部门进行资源普查，境内经济林、山林、沿河林、农田林网及村庄树木等各类林地面积823.20公顷，森林覆盖率为14.7%。山区林木有针叶林和混交林。针叶林以侧柏为主，混交林以刺槐和火炬树为主。农田林网、高速路林带以107杨为主，村庄、园林、旅游项目区、厂区以绿化树种为主。2010年，林地面积达1227.53公顷，森林覆盖率21.9%。2017年，林地面积1726公顷，南部丘陵山区森林覆盖率65%，北部平原区20%。

林木分布

境内林木包括山林、经济林、沿河林、农田林网、高速路林带、速生片林、村庄植树、旅游项目区和厂区。2010年，经济林面积264.47公顷，苹果、桃、梨、杏、山楂、核桃、柿子、大枣、葡萄等，多分布于南部山区各村，葡萄分布于齐家终村、薛家等村。桃树分布于刘家终村、郑家沟、聂仙、前丁等村。梨树分布于高家孝陵、北苑、后丁等村。村庄四旁植树、园林及厂区绿化面积达60万平方米。速生林以107杨为主，分布于王齐、高家孝陵、石庙孝陵、前李等村，面积达11万平方米。后丁村有1.87万平方米柏树林。农田林网、高速路林带、街道道路以杨树为主，达15万株。至2017年，有经济林面积297公顷。

第二节 植树造林

古时，人们多自发植树，植于院内、院外、村边井旁、围村沟内、墓地等空闲地带。民国时期，政府提倡植树造林，后因连年战乱，各村树木受到严重损毁。新中国成立后，政府加强对林业生产的领导，有组织、有计划的开展植树造林。1979年，全国五届人大常委会六次会议把每年3月12日确定为“植树节”。从此，境内年年开展全民义务植树活动。1991—1995年，配合“八五”绿化达标，落实“十年绿化山东，三年绿化淄博”大规划，政府组织义务植树、雨季造林等活动，栽植各种树木100余万株。

四旁植树

新中国成立初期，政府大力号召农民在院内宅旁、村边旁、村内街旁、湾塘水旁植树。至1957年，境内43个自然村四旁植树2.6万株，村村呈现出树木繁茂、绿茵覆盖的景象。1958年，受“五风”影响，出现乱砍滥伐现象，各村树木受到不同程度破坏，严重挫伤农民植树积极性，四旁植树地块一度闲置起来。1963—1965年，临淄县人民委员会重申林业政策，本着“有利于巩固集体经济，有利于全面发展生产，有利于团结”的原则，对集体和个人林木确权发证，四旁植树恢复增多。从1974年开始，驻佛大队村庄规划完成后，结合全省林业上纲要（人均植树100株）指导精神，动员全大队各家各户，人人动手，在村内大街两旁、房屋前后、村边闲散地、路边沟坡植树绿化，在村东、村南栽植毛白杨、杂交杨小片林。到1976年，全大队以梧桐、杨树、刺槐为主，共植树6万余株。1978年，经省林业局检查验收后，被命名为省级林业建设模范村。文化大革命期间，许多生产大队将农民个人的四旁树木作价归集体，四旁植树大量减少。1981年7月至1983年12月，临淄区进行第二次林木确权发证，调动起农民四旁植树的积极性。到1985年，境内四旁植树达7万余株。20世纪90年代，富裕起来的农民大量新建、翻建住房，

齐陵街道两委成员参加义务植树劳动 （2016年摄）

村庄内空闲地减少，多数庭院地面硬化，四旁植树减少。2000年后，随着农村经济发展和农民对环保意识的增强，村庄道路、村内街巷绿化得到加强。2003年，进行第三次林木确权，四旁植树增多。2014年3月7日，区政协主席孙海青带领区政协全体机关干部到王齐村义务植树，出资2万元为该村购进200余棵优质樱花树苗。至2017年，境内四旁植树达20余万株。

荒山荒滩绿化

1954年，共青团临淄县委发动牛山周围村庄的团员、青年和学生，在牛山等山上义务劳动封山育林，绿化荒山，植树5000余棵。1964年，建中大队（齐家终村）组织群众在牛山西南面的苍山，挖鱼鳞坑植树造林20余公顷。1966年，淄河大队把自育的松树苗植于紫荆山、二王塚，生长成郁郁葱葱的松树林。

20世纪70年代初，为恢复“春回牛山雨濛濛”的盛景，区委、区政府研究决定将绿化牛山列入全区林业工作重点。由齐陵公社党委牵头组织、区农林局配合指导，于1971年8月1日在牛山西北山脚下，成立齐陵公社林场，占地1.6公顷，职工85人，自收自支，以副养林。从1971年8月至1976年10月，共计投入造林工日4.5万个，绿化荒山15公顷，栽植松树4万余株。

1982年，齐家终村组织70余人专业队，冬春组织200余人上山挖鱼鳞坑，在牛山西南荒山及沟坡栽植侧柏、刺槐等万余株。1983年，被国家绿化委员会表彰为“全国绿化工作明星村”。

1985年，区政府作出《关于搞好山区退耕还林的决定》，用三年时间，对坡度25°以上山地实施退耕还林（果）。镇党委、政府按区政府要求，加大退耕还林力度。至1988年，退耕286.67公顷，全部还林还果。

1991年秋，按照区委、区政府《关于全民动员奋战三年绿化临淄的决定》，齐陵镇成立绿化领导小组，要求镇林业站迅速调查荒山、荒滩目前实际绿化情况，摸清现状，做出详细计划。1992年3月12日植树节，区委、区政府，各部委办局，镇党委、政府及镇直各单位、镇办企业、部分师生共3000余人，参加了植树活动。绿化柳店村北淄河荒滩13.33公顷，栽植柳树、刺槐、速生杨等2万余株。

同年，结合“八五”绿化达标，绿化荒山、荒滩132.53公顷，栽植各种树木12.5万株；补植山体6座，植树5500株，全面完成造林绿化任务。1993年2月，镇林业站站长李继玉在“八五”绿化达标工作中成绩突出，被市委、市政府给予记大功奖励。齐陵镇被市委、市政府表彰为“八五”绿化达标合格单位。1995年3月，齐家终村被全国造林绿化委员会命名为“全国造林绿化千佳村”。

1996—1998年，补植山体68.70公顷，绿化滩涂23.37公顷，栽植各类树木2.6万余株。1998年，全区护林防火及冬季造林现场会在齐陵镇召开。

2002—2010年，投资1270万元，对稷山、康山、牛山、红螺山等山体进行生态修复绿化。绿化古墓7座，栽植黑松、雪松等观赏树木1.1万株，退耕还林还果120.60公顷。滩涂绿化栽植速生杨1.46万株。齐家终村、刘家终村、淄河村四王冢以北，退耕还林25.33公顷，以发展经济林为重点，栽植苹果、桃树、杏树、柿子、李子、栗子、冬枣等果树。2013年，投资200万元，在马莲台核心景区栽植苹果、梨树、核桃等高档果树2.1余万株。南部山区自然环境持续改善，为发展观光农业打下基础。

至2017年，结合南部山区农业综合开发，对红螺山、蛟山等山体及田齐王陵景区进行综合治理；对南山矿山进行治理，整治面积10.2公顷，栽植各种树木1.6万余株；在康山和牛山西南坡等山体宜林地带栽植黑松、黄栌、侧柏等13万余株，多个山体实现复绿。11月15日，市人大常委会副主任韩昆山带领调研组到临淄区调研林业工作情况，到天齐渊森林公园造林现场进行调研，听取相关工作情况汇报。

公社林场历任场长、党支部书记：

张俊亭　高登松　赵悦勤　刘建德

郭金秀　刘溶源

农田林网建设

20世纪60年代末，各生产大队开始整地划方，整修田间道路，路边挖沟防洪排涝，沟内栽植树木。70年代，随着农田水利基本建设的进行，开始有计划地营造农田防护林网。1975年，公社成立农田林网规划小组，制定山、水、林、田、路综合治理规划。1976年起，公社每年冬、春组织群众植树造林，建设农田林网。到1981年，林网化面积达到宜林网化面积89.3%。

1983年春，开始实行家庭联产承包责任制，土地承包到户，农民毁林毁路种地现象严重，农田林网遭受损坏。1984年起，对农田林网进行了恢复性建设。1988年春，临淄区绿化委员会制定下发《关于三年恢复农田林网化的规划意见》，二代林网建设在境内展开，对路、沟、树综合治理。在拓宽整修道路的同时，挖沟护路，在沟内植树，以沟护路、以沟保树。1992年，新栽、补植农田二代林网940公顷，全镇农田林网面积达2793.33公顷，基本达到“田成方、林成网，沟渠、路旁树成行”的要求。1993—1995年，全镇道路绿化植树3.3万余株，建成农田林网330个，建绿化带436千米。1996—1999年，结合黄淮海平原农业开发，重点规划宋家、望寺二片10村农田林网建设，面积866.67公顷，对林木实现合同化管理。完成道路绿化、美化配套工程10千米，农田林网绿化达11.2千米。

2002年，区政府制定《关于加快绿色通道建设的意见》，在北齐路两侧建成长4.9千米、宽30米的林带，以栽植杨树、桃树为主。2003年，实施北齐路绿色通道工程，境内段顺利通过达标验收。2004—2007年，新植补植护路林带32条，栽植树木3.5万余株。2009年，实施“二沿三环”绿化工程，完成北齐路沟两边高标准绿化提升，栽植法桐、紫叶李、速生杨2.8万株。2010年，投资570万元，完成牛山路两侧绿化工程，栽植行道树1800株，各类乔木、灌木等1.34万株，地被2.3万平方米。完成胶济铁路补植树木6500余株。2013—2015年，围绕生态提升，统一标准对30个行政村进行村庄绿化，栽植银杏、法桐等各种乔木3.7万株，紫叶李、樱花、扶芳藤、月季等4.5万余株。推进17家企业厂区绿化工作，栽植乔灌木1760棵，地被1.12万平方米。

部分年份齐陵街道林业生产情况表

表4-7　　单位：公顷、万株

年份	四旁植树数	育苗面积	造林面积	果园面积
1968	3	—	28.67	67.47
1970	10	3.53	28.80	71.47
1975	41	37.00	26.80	103.93
1980	13	16.67	18.00	97.80
1985	7	12.47	83.00	140.87
1990	9	4.33	6.80	181.60
1995	8	4.00	21.00	77.47
2000	11	1.33	2.67	53.80
2005	3	8.00	6.00	41.00
2010	5	14.67	18	35.47
2015	9	37.33	22.67	58.67
2017	12	65.33	36.67	76.67

高速路林带建设

济青（青银）高速公路齐陵段长5.2千米。1996年开始，在两侧建设防护林带，两侧各栽植幅宽15米的毛白杨林带。2001年，区政府下发《关于规划建设我区济青高速公路两侧经济林带的实施意见》，镇政府按照区政府意见要求，制定占地办法，与沿线各村对接完成占地手续。2002—2003年，济青高速公路两侧30米以内栽植乔灌木，形成雪松、紫叶李、小叶女贞等常绿林带15.58公顷；栽植幅宽30米的速生杨背景林带15.38公顷。2012—2013年，完成济青高速公路林带采伐、更新绿化工程，栽植各种乔灌木2.6万棵。

第三节　果园　花园

果园　新中国成立前，境内果树主要有杏、枣、梨、柿子、软枣、核桃、山楂、石榴、葡萄、草莓（地果）等。主要分布于南部山区刘家终村、齐家终村、梁家终村、南山庄、北山庄、淄河店一带的山坡丘岭、沟头崖底。北部平原村有枣、杏、梨、桃、石榴、花红果子、葡萄等零星分布。1957年，境内各类果树2万余株，其中树龄在百年以上的柿子、枣树等有上千棵。果品收入是南部山区农民主要经济来源之一。南山村人有个说法，“南山庄子不收杏，老婆孩子光着腚”，可见果品收入对农民家庭的重要性。

新中国成立后，果树果园有了较快发展。1958年3月，临淄县政府投资，在淄河南岸、淄河店西北淄河滩上，建成临淄县淄河园艺场，面积35公顷，主要栽植苹果和桃树。园艺场配有专业技术人员，负责剪枝、疏果、施肥、病虫害防治。果树旺盛，品质好、产量高，是临淄县主要果品供应基地之一。1989年8月，区政府将淄河园艺场划归区水泥厂管理。

20世纪60年代中期，境内多个大队在山坡、河滩或大田地里栽种苹果、桃、梨等各种果树，建成果园。1965年，宋家大队离休干部刘子浴建议村里建果园，经与村领导商量同意后，在村东北地里建起6.67公顷果园。主要栽植苹果、梨、桃、樱桃等果树3000余棵。幼树间套种中药材、地瓜、花生等。1966年起，各大队先后建起规模不等的果园（叫技术队或林业队）。后丁大队在村东南建起占地11.2公顷果园（时称林业队）。主要栽植梨树和苹果树，树间套种地瓜、花生、药材等。并且在果园内建起养猪场、养兔场、鱼塘、粮食高产试验田等。后丁大队林业队的黄梨品质上乘，产量大，远近闻名，给村集体带来较好的经济收入。20世纪70年代，境内果园面积达100余公顷。1978年，果品产量497吨。1983年，实行家庭联产承包责任制，各村果园多数承包给懂技术、会管理的个人经营，既会管理又舍得投入，果树更新、品种换代加快，取得较好的经济效益。

1984年，区政府下发《关于进一步放宽林业政策的通告》，确定林地（果园）承包期延长到15年，调动了农民种植果树的积极性，部分农民开始在责任田、承包地种植果树，果园面积不断扩大。1985年，区政府作出《关于搞好山区退耕还林的决定》，镇党委政府按照决定要求，制定办法，制定措施，到1990年，退耕还果104.67公顷，全镇果园面积达181.6公顷。1996年起，受果品价格下滑和种植大棚蔬菜经济效益相对高的双重影响，部分果农砍掉果树，改建大棚种植蔬菜，果树面积迅速减少。至1999年，全镇果园面积减少到50.40公顷，果品产量仅有832吨。

2001—2003年，果树面积开始增多，主要发展冬枣、柿子、桃树、葡萄等。在马莲台栽植部分大型柿子树、冬枣树等，初步建成柿子园、冬枣园。2012年10月，金阳葡萄专业合作社在薛家村东、村西种植葡萄26.67公顷。引进黄香密、玫瑰香、金手指拉多等多个鲜食新品种及赤霞珠、蛇龙珠、北淳、冰美人等酿酒品种，发展成集绿色采摘、生态鲜食、鲜果深加工等为一体的休闲庄园。

2013—2015年，街道办投资200万元，在马莲台核心景区栽植杏树、彩梨、枣树、苹果等高档果树2.1万株，建成杏林、彩梨、枣林大道，形成既可观赏又能创造经济价值的绿荫长廊。2017年，新建“迎霜红”桃园13.33公顷。全街道果园面积达76.67公顷，各种果品产量2175吨。

品种改良与栽培技术。20世纪80年代前，苹果种植品种有大国光、小国光、金帅、红香蕉、青香蕉、红玉、秋花皮等。1983年起，大量引进国内外优良品种，栽种面积较多的有日本红富士系列，其次为美国红星、乔纳金、玫瑰红等。桃树优良品种有白塔、北京早红、蜜桃、盘桃及冬雪密、黄金桃、迎霜红等。1995年后，引进栽种油桃系列，有曙光、早红珠、美国早红等。葡萄品种主要有巨峰、红提、黑提、玫瑰香、黄香密、绿马奶、金手指拉多等。梨优良品种有绿宝石、早酥、玛瑙梨、翡翠梨等。杏树品种有凯特杏、金太阳杏等。

早期栽种的苹果、梨、桃树，株距大、行距宽，6年左右才结果，8～10年进入盛果期。1983年起，开始引进短枝品种，推广矮化密植栽培技术。苹果、梨树、桃树栽种改为株距2米～3米，行距3米～5米。采用夏季修剪技术，栽后2年结果，4～5年进入盛果期。1984年，郑家沟、聂仙、吕家孝陵、前李、宋家、小交流等十几个村采用低产果园改造技术，扩穴松土施肥，增加浇水、喷药次数。夏季修剪，控制树势，叶面喷肥，花期、坐果喷药，防止落花落果，使低产果园普遍增产30%左右。1985年起，普遍使用植物生长调节剂，主要有萘乙酸、青霉素、石灰氮、多效唑等，喷花、喷果、喷树，控制果树长势，使其早熟。

部分年份齐陵街道果品产量情况表

表4-8　　　　单位：吨

年份	总计	苹果	梨	桃	杏	柿子	枣	山楂	葡萄
1967	74.31	0.60	—	12.40	1.00	43.00	14.10	2.70	0.51
1971	117.80	8.60	—	26.70	1.20	49.20	25.10	6.10	0.90
1975	144.50	31.00	2.00	90.00	10.00	10.00	0.75	—	0.75
1980	485.29	305.12	8.32	18.35	—	68.50	85.00	—	—
1985	527.00	371.00	36.50	3.50	—	52.50	26.00	—	37.50
1990	192.10	73.30	11.20	29.80	1.10	5.50	2.20	12.40	56.60
1995	206.00	155.00	21.00	19.00	—	1.00	1.00	5.00	4.00
2000	233.00	187.00	6.00	19.00	1.00	1.00	1.00	—	18.00
2005	243.00	198.00	6.00	19.00	1.00	—	1.00	—	18.00
2010	315.00	74.00	—	216.00	2.00	12.00	—	—	11.00
2015	732.74	248.34	75.26	223.75	—	—	—	—	185.39
2017	2175.00	721.80	225.78	671.25	—	—	—	—	556.17

花园

20世纪80年代，随着人民群众生活水平、欣赏水平的提高和家庭环境美化的需求，境内涌现出不同门类及规模不等的花园十几家，较好的有齐良园、怡园、孙家花园、稷山园、北山盆景园等，多以栽培盆景为主。另有北山西、郑家沟、吕家孝陵、高家孝陵、后丁村等多个花圃园林。

齐良园　位于梁家终村，占地4000平方米，有精品盆景100余盆，培养的桩树数百盆。主人冷传彬为临淄盆景协会顾问。从小受父辈影响，喜欢热爱盆景艺术，20世纪70年代末，开始潜心研究、创作艺术盆景。经过十几年的培育，1988年，创作的连翘盆景“翘手勾云”，获山东省盆景展铜奖。1989年，组织创办稷山盆景协会。1995年，培育的黄荆盆景“平步青云”获淄博市陶博会金奖。1999年，创作的“柽柳”“连翘”盆景入选昆明世博会山东展品暨山东省花卉盆景精品展览会优秀作品。培育的侧柏盆景“洁身自好”获山东省盆景展金奖。黄荆盆景“古柯峥嵘”获齐文化节盆景展金奖。经过几十年的努力，在临淄带出了一大批盆景艺术爱好者。2015年，冷传彬荣获淄博市文学艺术奖；2016年，获得淄博市盆景艺术家荣誉称号。

怡园　位于齐家终村，占地4700平方米，园内有大小盆景300余盆，被临淄区盆景协会确定为盆景艺术研究基地。主人李永春曾任临淄盆

齐风鼎韵　（2017 年 摄）

景协会副会长。2012 年，创作的黄荆盆景“中华五千年”获山东省盆景展金奖。2016 年，获区委组织部、区园林局等六单位举办的“英科杯”临淄区首届“花香人家”最美庭院奖。2017 年，培养的黄荆盆景“齐风鼎韵”，在第十八届中国（寿光）国际蔬菜科技博览会精品展中获得金奖。同年，黄栌盆景“树老荫更浓”，在“兆佳花卉杯”山东省盆景精品展中评为金奖。

孙家花园　位于齐陵街道办事处东 100 米、临淄大道北侧，占地 2600 平方米，主人孙玉宝。园内大小盆景 100 余盆，主要有侧柏、石榴、桂花等。2016 年，被淄博市文学艺术界联合会赏石盆景花卉艺术家协会、赏石盆景管理办公室评为淄博市优秀盆景园。

庭院花卉　2016 年，杨西村李俊川和王齐村刘效彦获区委组织部、区园林局等六单位举办的“英科杯”临淄区首届“花香人家”最美庭院奖。

至 2017 年，境内花园、花圃、园林面积已达 233.33 公顷，各类花木 665 万株。栽培的盆景、花卉有侧柏、黄荆、苹果、石榴、海棠、木瓜、冬红果、连翘、月季、丁香、玫瑰、迎春、樱花、木槿、广玉兰、白玉兰、金银花、郁金香、马兰花、蔷薇、地锦、紫藤、一串红、紫叶李、大叶女桢、小叶女桢、黄杨、红豆杉等几十种。

第四节　古树名木

境内古树名木，以国槐、侧柏、柿子树、枣树、毛白杨、楸树为多，有上千棵。因新中国成立前战乱及 20 世纪 60 年代，农村规划、通街、建房时缺乏保护意识等诸多因素，大部分被毁掉。如朱家村土地庙前古槐，付辛村关帝庙内矮国槐、大庙山门前 2 棵毛白杨，后丁村土湾边大杨树，宋家村于金福家 3 棵古槐，齐家终村寺庙内古松，淄河村内古槐、大枣树等。

2002 年，区林业局对全街道古树名木普查登记后，进行挂牌保护。古树树龄百年以上的有国槐 10 棵、侧柏 5 棵、柿子树 2 棵、枣树 2 棵及枣树片林 3 处，柿树枣树片林 1 处。

一级古树。树龄在 500 年以上的侧柏 4 棵，分布在稷山上。其中编号为 D04 的侧柏，胸径 57 厘米、树高 20 米、冠幅 10 米，长势旺盛。其他 3 棵长势一般。

二级古树。树龄在 300 ～ 499 年以上的国槐 3 棵，分布于东龙村、西龙村、望寺村。其中望

稷山侧柏　（2015 年 摄）

望寺村古槐（2015 年 摄）

寺村编号为 A034 的国槐，胸径 105 厘米、树高 8 米、树冠 7 米，枝繁叶茂。其他 2 棵长势一般。

三级古树。树龄在 100～299 年以上的 12 棵。

齐家终村枣树片林（2015 年 摄）

国槐长势良好的 2 棵，在淄河村（编号 A099）和朱家村（编号 A035）。其中朱家村这棵树龄 100 年，胸径 75 厘米、树高 7 米、树冠 7 米，长势良好；枣树长势良好的 2 棵在齐家终村（编号 A045、A046）。其中编号 A045 胸径 57 厘米、树高 15 米、树冠 10 米，长势良好。柿子树长势良好的 2 棵在齐家终村（编号 A041、A043）。其中编号 A041 胸径 40 厘米、树高 12 米、树冠 7 米。其他三级古树国槐、枣树片林、柿树枣树片林均长势一般。

2015 年，区园林局对南山村 350 棵柿子树和 130 棵枣树进行挂牌保护。境内刘营、宋家村、老刘家等村，尚有树龄达百年以上的古树未挂牌保护。

齐陵街道部分古树名木情况一览表

表 4-9

地点	树名及编号	种类及树种	树龄（年）	古树等级	树体现状			生长势	坐标	
					树高（米）	胸径（厘米）	冠幅（米）		经度	纬度
稷山	侧柏 D01	柏科侧柏	600	一级	20	48	6	一般	118° 19'44"	36° 46'07.1"
稷山	侧柏 D02	柏科侧柏	600	一级	14	49	8	一般	118° 19'43.9"	36° 46'07.1"
稷山	侧柏 D03	柏科侧柏	600	一级	14	42	8	一般	118° 19'44.1"	36° 46'07.0"
稷山	侧柏 D04	柏科侧柏	600	一级	20	57	10	强	118° 19'44.5"	36° 46'07.2"
北山西村	侧柏 A076	柏科侧柏	100	三级	3.5	30	2.5	一般	118° 20'46"	36° 47'31"
南山村	枣树片林 A078	鼠李科枣	100	三级	—	34～45	—	一般	118° 21'16"	36° 46'54"
齐家终村	枣树柿树片林 A079	鼠李科枣、柿科柿树	100	三级	—	38～50	—	一般	118° 20'17"	36° 46'41"
梁家终村	枣树柿树片林 A080	鼠李科枣、柿科柿树	100	三级	—	34～50	—	一般	118° 19'31"	36° 46'29"

续表 4-9

地点	树名及编号	种类及树种	树龄（年）	古树等级	树体现状			生长势	坐标	
					树高（米）	胸径（厘米）	冠幅（米）		经度	纬度
刘家终村	枣树片林 A081	鼠李科枣	100	三级	—	34 ~ 50	—	一般	118° 19'51"	36° 47'21"
刘家终村	枣树片林 A125 ~ 1	鼠李科枣	100	三级	—	35 ~ 50	—	良好	118° 18'16"	36° 54'35"
齐家终村	枣树 A046	鼠李科枣	100	三级	13	45	9	良好	118° 20'04"	36° 46'46"
齐家终村	枣树 A045	鼠李科枣	100	三级	15	57	10	良好	118° 20'04"	36° 46'46"
齐家终村	柿树 A043	柿科柿树	100	三级	10	38	5	良好	118° 20'04"	36° 46'43"
齐家终村	柿树 A041	柿科柿树	100	三级	12	40	7	良好	118° 20'04"	36° 46'44"
望寺村	国槐 A034	豆科国槐	300	二级	8	105	7	一般	118° 26'27"	36° 50'34"
西龙村	国槐 A036	豆科国槐	300	二级	12	107	10	旺盛	118° 22'48"	36° 49'11"
东龙村	国槐 A037	豆科国槐	300	二级	10	122	6	一般	118° 23'02"	36° 49'10"
朱家村	国槐 A035	豆科国槐	100	三级	7	75	7	良好	118° 27'22"	36° 50'50"
后李村	国槐 A039	豆科国槐	100	三级	9	70	8	一般	118° 23'07"	36° 49'54"
后李村	国槐 A040	豆科国槐	100	三级	8	59	8	一般	118° 23'06"	36° 49'53"
后李村	国槐 A098	豆科国槐	200	三级	6	51	4	一般	118° 22'06"	36° 49'55"
薛家村	国槐 A0100	豆科国槐	100	三级	8	80	8	一般	118° 22'16"	36° 53'42"
淄河村	国槐 A099	豆科国槐	200	三级	8	90	6	良好	118° 19'20"	36° 47'45"
淄河村	国槐 A038	豆科国槐	100	三级	9	73	6	一般	118° 22'15"	36° 54'48"

第五节　林果病虫害防治

林果病虫害

新中国成立初期，境内林木果树栽植面积相对较小，种类多为当地品种，病虫害较少。20 世纪 70 年代，随着林果业生产的发展，林木果树栽培面积逐年扩大，引进树木种类不断增多，工农业生产中需用木板材量增大，其他地区和国外的一些病虫害随着树木和木板材被带入境内，对林木果树的危害逐渐增多。其中分布广、危害重的病害有苗木立枯病、泡桐炭疽病、泡桐丛枝病、阔叶树白粉病、毛白杨锈病、杨柳腐烂病、枣树槐树根腐病等；果树病害有苹果、梨、桃树腐烂病、炭疽病、轮纹病；樱花、杨树、苹果树根癌病；葡萄霜霉病等。主要虫害有柳毒蛾、白杨透翅蛾、榆兰叶甲、桑天牛、光肩星天牛、大青叶蝉、刺槐小皱蝽、大袋蛾、国槐尺蠖、杨树尺蠖、刺蛾类、蚜虫类等。果树虫害还有蚜虫类、金龟子、红蜘蛛、桃小食心虫、梨小食心虫、蛀木虫、梨木虱、潜叶蛾、二斑叶螨、桃流胶等。80 年代，由于没有检疫制度，缺乏意识，致使外地及国外的病虫害被带入。如在全镇蔓延一时的大袋虫（吊死鬼），就是从国外木材中带入的，每年夏秋两季对杨树、刺槐、泡桐、榆树等叶子吃光，危害十分严重。

病虫害防治

坚持“预防为主，综合防治”和“谁管理，谁防治”的原则。采取检疫制度、生物防治、药物防治等措施，加强林木和果树管理，达到控制蔓延，减轻、消灭病虫害的目的。

检疫制度　1983 年 1 月，国务院发布《植物检疫条例》后，临淄区建立检疫制度，并设立检疫机构。境内由林业站负责检疫。不但检疫主管部门要专检，并要求负责运进竹木板材及林木产品的单位或个人自行检疫，发现病虫源迅即消灭，杜绝林木病虫带入。

药物防治 用生石灰涂刷树干基部和药物灌根，是一种用于防治林木、果树病虫害的普遍措施。1976 年，境内林网杨树溃疡病较为严重，经过刮皮涂抹生石灰水后基本治愈。在果树每年萌芽前、开花前后各喷洒一次石硫合剂，6—8 月再各喷一次，灭虫杀菌效果良好。20 世纪 90 年代，提倡提前防治，增加喷药次数，施用多菌灵、福美砷等，有效控制果树烂根病、烂皮病。用滴滴涕、六六六、敌敌畏、马拉硫磷防治蚜虫、毛虫、金龟子等。2000 年后，推广水胺硫磷、三氯杀螨醇等控制主要虫害红蜘蛛，用 1605（剧毒）农药控制梨树、桃树食心虫等。2007 年，境内发现美国白蛾（由进口木板材带入），开始发生面积不大。2008 年起，虫害面积逐年扩大。2010 年，虫害大面积发生，街道办成立 30 人的专业防治队，拨款购买 3 台大型机动高压喷雾器及药品，由林业站负责带领专防队，逐村进行防治作业，对济青高速公路两侧林带、街道二号、三号路两侧林木、速生片林重点防治。因普防率低，没有达到预期效果，虫害仍很严重。2011—2017 年，由区美国白蛾防控指挥部采取措施，三次组织用飞机喷洒药物，对境内林木进行普防，消灭了美国白蛾。区林业局在北苑村设立一处美国白蛾监测点。

齐陵街道林木主要病虫害情况表

表 4-10

病虫害名称	危害树种	危害部位	危害程度	病虫害名称	危害树种	危害部位	危害程度
毛白杨锈病	毛白杨	叶	++	梨园蚧	杨、苹果、梨	枝、果实	+++
杨黑斑病	杨树	枝干	++	桃仁峰	桃、杏树	果实	++
杨溃疡病	杨树	枝干	++	蚜虫类	苹果、桃、月季	嫩枝	+++
泡桐丛枝病	泡桐	枝叶	+++	金龟子	榆、杨、柳、苹果	枝、果实	++
根癌病	杨、樱花、苹果	根部	++	双斑锦天牛	冬青	枝干	+++
腐烂病	苹果、梨、桃	枝干、果实	+++	紫薇绒蚧	紫薇、石榴	枝	+++
轮纹病	苹果、梨、桃	枝干、果实	++	草履蚧	杨、法桐、香椿、苹果	枝	++
炭疽病	苹果、梨、桃	果实	+++	刺蛾类	枣、杨、香椿、法桐	叶	++
桃流胶病	桃树	干	++	潜叶蛾	山楂、苹果、梨	叶	++
黄花型萎缩病	桑树	枝叶	+++	大袋蛾	杨、柳、泡桐、苹果、刺槐	叶	+++
葡萄黑痘病	葡萄	叶、果实	++	杨扇舟蛾	杨树	叶	++
葡萄霜霉病	葡萄	叶、果实	+++	冠瘿病	杨、柳、槐	叶	++
枣疯病	枣树	枝叶	++	二斑叶螨	苹果、桃	叶	++
枣食心虫	枣树	果实	++	山楂红蜘蛛	山楂、苹果、樱桃	叶	++
食心虫	桃、梨、苹果	果实	+++	蝼蛄类	苹果、梨、桃、槐、苗木	根	++
介壳虫	梨树	果实	+++	串皮虫	榆、杨、柳	干	++
林木天牛	桑、杨、柳、槐、苹果、梨	枝干	++++	白杨透翅蛾	杨、柳	叶	+++
柏毛虫	侧柏	枝干	+++	黄蝇子	杨、柳、榆	叶	+++
刺槐小皱蝽	刺槐	枝	++	野蚕	桑树	叶	++
国槐尺蠖	国槐	叶	++	八八毛	杨、枣、榆、香椿、刺槐等	叶	++
凿木虫	国槐、海棠、榆	干	+++	蝉	果树和林木	枝	++

生物防治　国家法律规定禁止玩枪、架网扑鸟，境内人民群众有爱护益鸟、益虫的良好习惯。生活在当地树林及环境中的益鸟、益虫较多。益鸟有啄木鸟、喜鹊、燕子、麻雀、乌鸦、布谷鸟、斑鸠、云雀、滴滴水、白头翁、山鸡等；益虫有黄蜂、螳螂、七星瓢虫等。益鸟、益虫活跃，每年吃掉林木、果树上的大量害虫，对林木、果树起到了保护作用。

第六节　林木管理

林木确权

第一次林木确权　1963—1965 年，根据临淄县人民委员会指示，对社员和集体的林木明确权属，发给《林木所有证》。通过这次林木确权发证，纠正了 1958 年“共产风”导致的林木权属混乱。查清林业资源，四旁隙地和宜林地面积，落实境内铁路、公路两侧国有土地的林木权属，

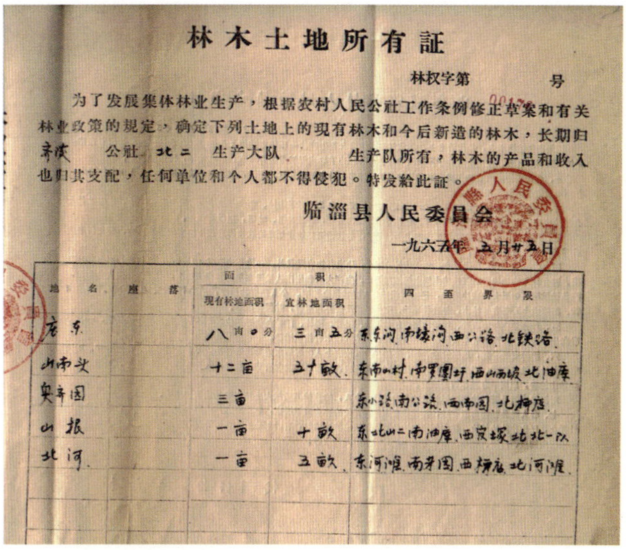

林木土地所有証

林权字第　　号

为了发展集体林业生产，根据农村人民公社工作条例修正草案和有关林业政策的规定，确定下列土地上的现有林木和今后新造的林木，长期归齐陵公社北二生产大队　　生产队所有，林木的产品和收入也归其支配，任何单位和个人都不得侵犯。特发給此証。

临淄县人民委員会

一九六五年五月廿五日

地名	座落	面积：现有林地面积	面积：宜林地面积	四至界限
店东		八亩〇分	三亩五分	东东河、南壕沟、西公路、北铁路
山南头		十二亩	五十亩	东南山村、南罗圈圩、西山南坡、北油库
奥齐园		三亩		东小路、南公路、西南园、北柳店
山根		一亩	十亩	东北山二、南油库、西安塚、北北一队
北河		一亩	五亩	东河崖、南牙园、西柳店、北河崖

临淄县人民委员会《林木土地所有证》

解决历史遗留问题，调动了集体和社员植树造林的积极性。

1965 年，北山二大队对铁路、公路两侧及集体、社员林木进行确权。临淄县人民委员会发给北山二大队铁路两侧国有土地植树《林木所有证》，规定由北山二大队负责管理，保护胶济铁路两侧林木，收益按国 7、队 3 的比例分配。必须是采伐 1 棵，补栽 1 棵。5 月 25 日，临淄县人民委员会发给北山二大队村庄周边有林木地和宜林地面积 4.23 公顷的《林木土地所有证》，规定现有林木和后植林木所有权，永归该大队所有，以后采伐收益归该队。6 月，北山二大队组织 5 人小组，将社员的宅旁、院内和村内外 1.67 公顷闲散地所有的树木登记造册，将临淄县人民委员会《林木所有证》下发到各户。北山二大队组建兼职护林队，队员 12 人，分片负责集体所有林木的栽植和管护，栽树时给队员记工分。1971 年，护林队撤销。

1966 年 11 月 3 日，临淄县人民委员会发给北山二大队《公路两侧国有土地栽植树（林）木所有证》，规定省道 102 线 128+600 至 129+200 米，长 0.6 千米路段两侧国有土地上的树木补齐、管好，收益按国 3、队 7 的比例分配。

第二次林木确权　1981 年 7 月至 1983 年 12 月，进行第二次林木确权发证工作。公社及各生产大队成立领导机构，逐户丈量宅基地，划清“四至”，清点树木，填发林权证。对集体的林木、

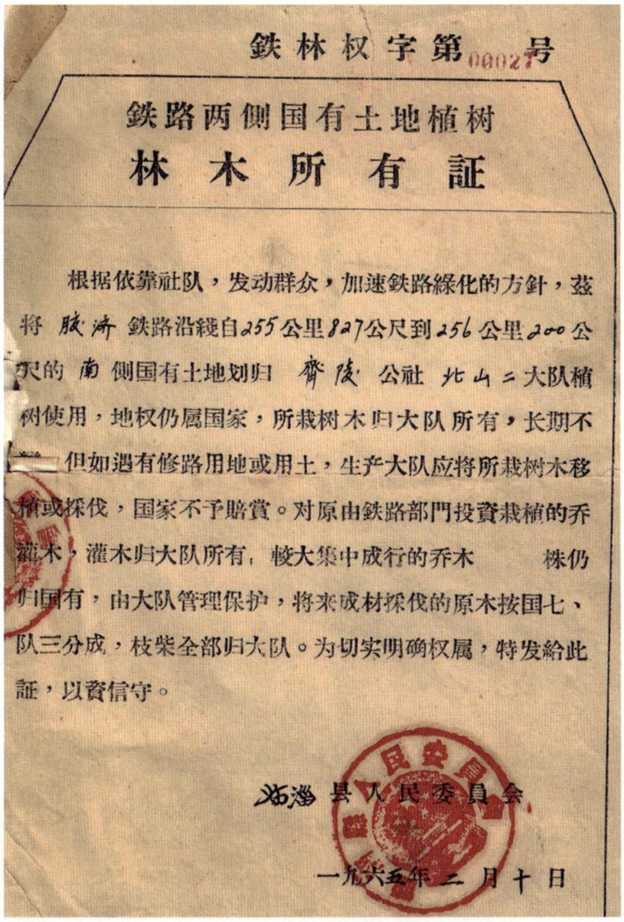

鉄林权字第 00027 号

鉄路两侧国有土地植树

林木所有証

根据依靠社队，发动群众，加速鉄路緑化的方針，玆将胶济鉄路沿綫自255公里827公尺到256公里200公尺的南侧国有土地划归齊陵公社北山二大队植树使用，地权仍属国家，所栽树木归大队所有，长期不变。但如遇有修路用地或用土，生产大队应将所栽树木移植或採伐，国家不予賠賞。对原由鉄路部門投資栽植的乔灌木，灌木归大队所有，較大集中成行的乔木　　株仍归国有，由大队管理保护，将来成材採伐的原木按国七、队三分成，枝柴全部归大队。为切实明确权属，特发給此証，以資信守。

临淄县人民委員会

一九六五年二月十日

临淄县人民委员会《林木所有证》

果园和机关、学校、企事业单位所属的林木，按政策填发林权证。经过此次林木确权发证，明确林木、果园权属，宜林地实行专业承包，促进了林业生产发展。

第三次林木确权 2003年1—12月，对境内森林、林木、林地产权进行登记、核实、确认、发证。

第四次林木确权 2010年至2011年6月，对集体林木核实、验收后，全部确权发证。

林木管护

护林组织 20世纪70年代，没有专门组织机构和人员进行管护，用人员时从各生产大队抽调或由生产大队安排。20世纪90年代，开始建立护林组织，负责境内林木的管护。至2017年，有护林员50人，由林业站负责调度安排，工资由街道统一发放。分五个组，昼夜值班、巡逻，加强对林木的管护与防火工作。街道办共投资10余万元，购置灭火机械、灭火工具、植树造林用具，立封山标志碑、固定宣传标语牌30余块。

森林防火 森林防火重点在稷山、大山、牛山、紫荆山等松树多、面积大的山上。20世纪90年代，以镇林业站为主，配备兼职防火人员，加强巡逻，注重预防。2009年3月，成立齐陵森林防火中队，防火队员8人，村居义务防火队员70人。配备森林消防指挥车、防火专用车、风力灭火机12台，防火服20套，主要扑灭火工具28件。街道主要领导任防火总指挥，成立由派出所、各工作片片长、林业站组成的防火领导小组。按照“预防为主、积极消灭”的森林防火工作方针、要求，对防火队员定期集中学习防火理论知识及技能，做到制度记脑、理论在心。建立健全24小时值班、队员管理、巡查报告、应急等制度，确保对发现火情“打早、打小、打了”。

林木采伐 1984年9月，《中华人民共和国森林法》公布实施。根据区政府有关规定，制定和实行严格的采伐审批程序，做到伐前有调查、伐中有监督、伐后有验收、更新有检查，对滥伐、盗伐现象及时依法处理。采伐审批程序：林木成材后，由林木所有权人提出申请，作出更新计划及完成时间，经林业站现场勘察、核实，公示5天后，报街道办备案批准盖章，再报区林业局行政许可科办理采伐证后，方可采伐。

第五章 畜牧业

第一节 畜禽种类

境内自古就有“务五谷则食足，育六畜则民富”之说，素有饲养畜禽的传统。牲畜类有牛、驴、骡、马，羊、猪、狗、兔；家禽类有鸡、鸭、鹅等。

牲畜

大牲畜 牛、驴、骡、马的养殖历史悠久。新中国成立前，饲养数量相对少。因在喂养时不仅食量大，还需在饲草中添加一定量的粮食作为精饲料，所以多在较富裕户饲养。新中国成立后，政府大力号召农民饲养。人民公社成立后，由各农户饲养变为生产队集体饲养，数量逐渐增加。饲养目的主要为耕地、耙地、播种、拉车、驮运等役用。大牲畜品种引进过鲁西黄牛，奶牛有荷斯坦、黑白花等。驴有鲁北黑驴。马有新疆马、蒙古马、四川马等。

羊 养殖历史悠久。南部山区农户有较好的养殖条件，也是农民传统的养殖项目。传统品种有山羊和绵羊二种。新中国成立后，曾引进饲养奶山羊、济宁青山羊、新疆细毛羊等品种。

猪 养殖历史悠久。早期主要喂养当地品种和博山黑猪，生长周期长，经济效益差，因而有“养猪为攒粪，赚钱是枉然”说法。20世纪70年代初期，各级政府大力号召发展养猪，各生产大队、生产队曾建起养猪场。引进哈尔滨白猪、金华猪

（又叫两头乌）喂养。80年代，引进品种有约克夏猪、长白、大白、杜洛克、皮特兰猪等。

兔　新中国成立前，境内养兔的不多。20世纪70年代，农户以养兔作为一项家庭副业发展起来。兔子吃野草，易喂养，好管理。一度有“家兔贵于牛”的说法。品种有日本大耳白兔、青紫兰兔、力克斯兔、安哥拉长毛兔和加利福尼亚兔等。

家禽

养殖历史悠久。早在后李文化时期，先民们就饲养家禽。新中国成立前后，多为户养，以养鸡为主，养鸭、养鹅较少。主要养殖当地花鸡和寿光大宝鸡。20世纪80年代，开始引进济南红、星杂288、来杭288、星杂579、罗曼粉、京红、海蓝灰、海蓝褐等蛋鸡品种。肉鸡品种有星布罗、双A肉鸡、艾维因、迪卡等。鸭有北京鸭、康布贝鸭等。

第二节　畜牧养殖

畜禽养殖

新中国成立前，受社会条件限制，畜牧养殖落后，数量少，无优良品种。大牲畜主要为役用，猪和羊的喂养主要为攒粪。家禽一般是放养、散养，形不成规模，收益较低。从高级农业合作社、人民公社至实行家庭联产承包责任制前，一直由集体饲养。其间，政府制定印发保护大牲畜政策，鼓励饲养，严禁宰杀大牲畜（私自宰杀会被判刑），并提倡引进改良大牲畜品种。1962年，号召大力发展养猪，为鼓励农户发展养猪分给饲料地。因地制宜饲养绵羊和家禽。积极开展畜禽疫病防治工作，促进畜牧养殖逐步发展。

1968年，宋家大队在村东北建起养猪场，养猪200余头，由各生产队以粮食换猪粪作肥料使用。1975年，贯彻中共中央〔1975〕20号文件，公社党委、革委会制定落实养猪奖励政策，养猪业迅速发展。当年，公社党委、革委会在公社农场建成养猪场，喂养规模400余头，年出栏300余头。淄河、吕家、高家、毛家、东龙、后丁等生产大队或生产队相继建成养猪场。1978年，生猪发展到1.12万头，是1974年的1.86倍。

中共十一届三中全会后，随着家庭联产承包责任制的落实，为畜牧养殖业发展创造了优越条件。畜牧养殖结构由散养型向规模型、集约型、现代化转变，相继出现多种养殖专业村、户。后丁大队第二生产队队长王登科，带领二队社员在村北地里建成养鸡场，以养肉鸡为主。1983年，鸡场由王登科承包经营管理，把喂养肉食鸡改为饲养蛋鸡，成为临淄区第一个蛋鸡养殖场。

1979—1980年，公社农场及郑家、南齐、刘营、后丁等大队建成养兔场。从国外引进安哥拉长毛兔喂养，成为全市第一个长毛兔发展基地。后丁大队通过公社收购站协调市畜牧公司，到阳信县商店公社收购站，购进优质长毛兔1000余只，在林业队果园内建种兔饲养场，为农户杂交改良长毛兔。1980年，养殖量最多的张宝山家，存栏200余只，年收入2000余元。1982年，全大队长毛兔存栏1.2万余只。被区政府评为长毛兔养殖专业村。11月，在全区三级干部会议上，大队党支部书记贾云来作典型发言。20世纪80年代末，长毛兔市场销售价格下滑，养殖户减少。1985年，全镇养殖奶牛50头，奶羊3500只，生猪1.1万头，兔子8000只。1995年，养殖大牲畜达2780头，生猪存栏5700头，家禽存养量19.80万只，其中蛋鸡存养量17.45万只。齐陵镇被省政府表彰为畜牧养殖强乡镇。

1996—1997年，建成王齐、西龙池、吕家孝陵、毛家、后丁村等养鸡专业村8个，蛋鸡存养量达到90万只。1998年，当年增加30万只，累计达到120万只。规划建设的6个养殖小区，顺利通过区农委、财委、畜牧局等部门检查验收。齐陵镇被市畜牧局确认为淄博市禽蛋生产第一镇。

2003年，以养蛋鸡为主的畜牧养殖业稳步发展，“兔八哥”奶牛场和前丁肉食牛牧场规模扩大，养殖小区不断增多，畜牧养殖向规模化、基地化、标准化、现代化发展，占地13.33公顷的畜牧园区粗具规模。2004年末，奶牛、肉食牛存栏1300余头，生猪存栏1.5万头。发展后丁、望寺、西龙池、吕家孝陵、王齐等蛋鸡养殖专业村。年外销鸡蛋1420吨。“日月康”牌鸡蛋被国家标准化委员会评为绿色无公害食品。金山畜牧公司养殖基地投资100万元的良种繁育项目投产。2009年，建成禽蛋标准化生产基地16处，生猪存栏达2.1万头，蛋鸡存养62万只，肉食鸭养殖发展到50个棚，养殖量达27万只。

2010—2013年，成立畜牧养殖专业合作社2家。建成齐御牧业、元丰鸡蛋、庚源晨奶牛场等三大养殖基地。齐御牧业是由金日隆牧业公司投资1.2亿元，建成年出栏10万头的“齐御”黑猪养殖基地。齐御黑猪肉成为省内高端猪肉品牌。被市政府表彰为淄博市农业产业化龙头企业。庚源晨奶牛场成为得益乳业第二大奶源基地。“元丰”牌鸡蛋被中国绿色食品发展中心认证为A级绿色食品。到2017年，境内畜牧养殖发展到大型奶牛场2处，存栏950头；养猪场113个，存栏2.8万头；养羊场21个，存栏3000余只；家兔饲养2户，存栏3000余只；养鸡场23个，存栏21.7万只；养殖肉食鸡场户8个，存栏4.5万余只；肉食鸭养殖场26个，存栏20万只。

部分年份齐陵街道畜牧养殖情况表

表4-11　　单位：头、匹、只

年份	大牲畜				家畜			家禽			
	牛	马	驴	骡	猪	羊	免	鸡	其中蛋鸡	鸭	鹅
1957	—	—	—	—	964	1331	1912	12622	—	—	—
1960	—	—	—	—	1281	1771	2494	4717	—	—	—
1965	792	95	161	29	6962	306	221	11640	—	—	—
1968	852	210	30	160	5240	638	—	—	—	—	—
1970	885	270	170	49	5953	1102	—	—	—	—	—
1975	662	497	182	160	9754	547	3520	23504	—	660	2092
1980	406	462	235	232	11833	1278	10504	32022	—	2410	8480
1985	208	247	281	300	9632	1741	1929	66795	64795	2751	8614
1990	614	222	410	332	16408	1842	8183	71830	68930	6085	9426
1995	2635	35	346	76	14325	2495	8970	158700	138700	17280	11520
2000	745	6	27	19	3230	921	23132	668826	551361	25628	21221
2005	1276	—	43	14	14500	1420	9000	760000	755000	19530	7765
2010	980	—	40	—	28600	1270	9035	454600	435600	92000	15000
2015	1300	—	—	—	24530	1602	—	105000	35900	58600	11600
2017	950	—	—	—	28000	3000	3000	262000	217000	200000	—

特种养殖

中共十一届三中全会后，公社党委、政府制定政策措施，鼓励农民群众发展特种养殖。

1982年，柳店大队郭宗利在公社多种经营服务公司帮助下，建成境内第一个养貂场，引进种貂28只。到1983年1月，繁育出子貂102只，销售收入5000元。1984年起，刘营、吕家孝陵、王齐、柳店等村，部分村民引进狐狸喂养繁育，增加经济收入。1985年，齐陵食品站引进麝鼠养殖，取麝香（中药）。1991—1993年，南齐村李在坤引进獭兔喂养，达500余只。

1997年，刘营村村民刘玉奎（联营）在聂仙村西北淄河滩建起养鹿场，引进饲养梅花鹿60余头，后因建设太公湖搬迁。2002年，王齐村村民吴洪彬成立力丹肉食犬养殖公司，引进肉食犬养殖，存养量高峰时达700余只。并建立“五香狗肉”加工厂，产品畅销。至2005年，因经济效益下滑，改养肉食兔，兔存栏500余只。2012年，在齐家终村东南山上，许洪柱投资建成淄博颐康梅花鹿繁育基地，引进饲养梅花鹿，自繁自育，以观赏为主。2017年，梅花鹿存栏30余头。

其他养殖

主要有鹧鸪、山鸡、鹌鹑、荷兰猪等，比较稀少。

齐御牧业

山东齐御牧业股份有限公司坐落于望寺村北，公司法人刘建光。1995年，瞄准蛋鸡养殖业，投入20余万元建起临淄区第一家万只规模蛋鸡的养殖场。1998年，蛋鸡养殖利润达到历史高峰后开始迅速回落，整个蛋鸡养殖业普遍经营困难，鸡蛋严重滞销。刘建光组织周边的养殖大户成立“齐宏源禽蛋运销合作社”，并在区政府支持下建成临淄区第一个禽蛋保鲜库。“齐宏源禽蛋运销合作社”被区政府评为“禽蛋运销大户”。1999年，投资50余万元，将蛋鸡养殖场改造成年出栏2000余头的生猪养殖场。2004年，响应政府“一村一品”产业发展规划，投资200余万元建成年产5万吨猪饲料加工厂，注册成立“金日隆牧业有限公司”，实现个体户向公司化经营的转变，初步形成饲料加工、生猪养殖一体化产业链。2007年，公司年销售额超过3000余万元，取得良好的经济效益和社会效益。2010年，公司投入500余万元扩建生猪养殖场，养殖场占地1.33公顷，年出栏5000余头，先后被省政府评为“省级种猪场”“山东省生猪标准化养殖场”。

2012年，公司投资2000余万元，将养猪场扩建成占地10公顷、年出栏2万余头的标准化种猪繁育基地。当年，完成公司股份制改革，公司更名为山东齐御牧业股份有限公司，在齐鲁股权交易中心挂牌，实现第一轮融资800余万元。成为临淄区第一家在齐鲁股权交易中心挂牌的农业股份制企业。11月，被评为“山东省农业产业化重点龙头企业”。

随着人民群众生活水平的提高，三聚氰胺事件、瘦肉精和苏丹红事件给食品安全带来负面影响，广大消费者对“绿色安全农产品”的需求日渐高涨。刘建光带领公司研发人员挖掘出具有千年历史的齐国古老御猪，传承古代养猪专家“商丘子”的养殖方略，开发出“齐御黑猪肉”“齐御土猪肉”“齐国御猪十三宝”等猪肉系列产品，凭借千年齐文化底蕴以及独具特色的御品品质，得到广大消费者认可。2016年，被市政府录入“淄博市农产品知名品牌目录”。

至2017年，公司发展成集饲料研发、良种繁育、屠宰加工于一体的生态循环农业产业化企业，注册资金增至3426.8万元。下设饲料厂、种猪繁育场、标准化养猪场、屠宰加工厂，有员工200余人，各类中高级技术与管理人员50余人。养殖场占地66.67公顷，以齐御种猪繁育场、齐御标准化养殖场为龙头，实现年出栏改良生猪10万头。饲料厂占地面积20公顷，年产6万吨全自动饲料生产线3条，膨化线1条，年产量20万吨。技术研发中心拥有动物遗传育种，动物营养研发专业人员5名，畜牧兽医、饲料加工专业人员22名。与国内多家院校合作，成功培育出具备齐国御品特色的齐御黑猪、齐御土猪，推出“齐御300”“齐御500”两种中高端黑猪肉和惠及大众的“齐御200”土猪肉，其产品经国际知名检测

山东齐御牧业股份有限公司　（2016年摄）

机构谱尼测试检验，肉品氨基酸含量较普通猪肉有明显提高，胆固醇含量明显降低。公司加盟店遍布淄博及周边地区，与省内各地区域经销商建立了良好的合作关系。

齐陵宏丰家禽养殖场

宏丰家禽养殖场（原后丁大队养鸡场），始建于1978年，后丁大队第二生产队队长王登科与临淄区外贸冷藏厂协商达成协议，发展肉食鸡养殖生产。在村北建鸡舍12间，购进鸡苗开始饲养，每批养3000只，年养四批，年终分配每人增加百元以上。

1983年，随着全面落实家庭联产承包责任制，由王登科承包养鸡场。承包后根据市场情况把饲养肉食鸡转变为饲养产蛋鸡，成为临淄区第一家蛋鸡养殖场。因当地没有规范的孵化场，便从狼牙山种鸡场购进400只蛋鸡苗试养。之后，从北京引进来航288白鸡种蛋，聘请师傅孵化后进行饲养。又引进星杂579中型褐壳蛋鸡饲养。经过精心饲养管理摸索，初步掌握了蛋鸡养殖技术，获得较好的经济效益。随后增盖鸡舍10间，建设办公、宿舍及饲料用房6间，养殖场粗具规模。

1990年，王宏接管养殖场。购进星杂579蛋鸡苗1000只，因经验不足，没有养殖成功。1991年，从临淄区种鸡场购进伊莎褐鸡苗2000只，从鸡苗到产蛋进行系统饲养管理，养殖获得成功。在原有规模上，增建鸡舍10间，配套养殖设备。当年，在全区讲文明、比科技致富活动中，王宏被区科协评为致富能手。至1994年，养殖面积扩大到3000平方米，存养量6000只。带动发展全村蛋鸡养殖户达20余户，占全村总户数的16%，存养量达到2万余只。被区政府评定为“养鸡专业村”，带动全镇蛋鸡养殖业的发展。王宏被区政府评为农村养殖状元。2002年，被临淄区委、区政府评为劳动模范。

2005年，注册“元丰”牌鸡蛋商标。2008年被中国绿色食品发展中心认定为国家A级绿色食品（标志编码LB-31-08125500A），并受到区政府3万元奖励。2009年，联合街道121家养殖户，成立临淄瑞合养殖专业合作社。合作社从鸡苗品种选定、引进、全程饲料供应、疫病防治、产品销售实行一条龙服务，达到节本增效的目的。2010年，被市政府评为“农业产业化市级重点龙头企业”，王宏被市政府评为“淄博市乡村之星”。

2013年，实现鸡粪及污水无害化处理，通过环保部门环评验收，被区政府纳入蛋鸡生产菜篮子工程。2016年，通过农业部山东半岛无疫区、缓冲区检查验收。2017年，依靠循序渐进的方式，发展到鸡舍10栋60间，其他办公等辅助用房19间，工作人员6人，兽医2人，蛋鸡存养量5万只。实现上料、饮水、消毒、通风、控温自动化，创建成山东省畜禽养殖标准化示范场。

庚源晨奶牛场

2000年成立，位于前丁村南，占地5.5公顷。有奶牛270余头，牛舍4000余平方米，4000立方米青贮池一个及青贮机等设施。2009年1月，组织14户奶牛养殖户，成立淄博临淄庚源晨奶牛专业合作社，注册资金542.3万元。合作社成立后，遵照合作社章程，坚持“质量为本，求实守信，源自社员，服务社员”的宗旨，到2012年，合作社养殖户发展到105户，专业技术人员20余人，其中，高级职称1人、中级3人、初级5人。投资200万元，新建自动化挤奶厅一座，配有瑞典产利拉伐40位并列式挤奶设备一套、60吨制冷储奶罐三台、鲜奶运输罐车一辆、100千瓦发电机组一套。为养殖户聘请山东农业大学、青岛农业大学农牧专家、教授来社指导、传授先进技

市委副书记于海田（右二）到齐陵街道前丁村青林牧业公司调研玉米秸秆青贮工作（2016年摄）

术和饲养管理知识，制定出合作社饲养管理规范。为搞好品种改良，提高奶牛质量，通过区畜牧局从北京奶牛育种中心、山东奥克斯及国外先马士、环球等引进一流冻精细管，每年为社员免费提供奶牛冻精细管800余只，改良品种奶牛300余头。每年春、秋两季对重大动物疫情进行强制防疫，每周一次对全牧场消毒，避免了重大疫情发生。

至2017年，先后投资1000余万元，建设1000平方米办公生活区，与养殖区分离，硬化路面6200平方米，新建现代化标准牛舍7500平方米，青贮池4000余立方米，300立方米粪污处理池一个，日产1000立方米沼气站一座。存栏奶牛600余头，年消耗460余公顷玉米秸秆，日产鲜奶5000千克，年产鲜奶1800余吨，成为得益乳业第二大奶源基地，年销售收入6500万元，取得较好的经济效益和社会效益。

部分年份齐陵街道肉蛋奶产量情况表

表4-12　　单位：吨

年份	肉类				蛋类			奶类	
	猪	牛	羊	兔	鸡	鸭	鹅	牛	羊
1980	38.55	—	1.60	—	2.73	—	—	—	—
1982	—	—	—	—	31.08	2.08	8.12	—	—
1985	408.59	—	—	0.57	333.98	16.51	47.38	168.00	395.44
1987	510.45	22.00	3.96	3.92	310.05	10.53	23.69	100.00	101.70
1990	742.28	65.80	17.40	12.54	413.58	36.51	56.56	4.00	77.47
1992	672.00	25.50	3.50	34.20	1000.00	30.00	60.00	50.00	79.80
1995	713.00	24.90	17.00	20.00	1364.00	104.00	69.00	62.00	27.00
1997	670.00	18.10	9.00	97.00	6493.00	9.00	20.00	—	—
2000	268.63	3.57	1.89	—	9901.66	207.97	144.27	—	—
2003	1007.34	4.89	8.62	—	9802.13	117.19	58.59	503.95	—
2005	2100.37	11.75	9.37	—	8906.58	58.59	26.71	299.60	—
2009	3585.46	57.99	11.99	25.33	3972.96	135.00	—	1339.42	—
2010	3816.00	40.00	11.00	44.00	4267.00	—	—	1750.00	—
2015	2526.84	20.86	7.99	—	2539.00	711.91	—	3725.52	—
2017	3150.00	4.00	36.00	—	3255.00	—	—	4590.00	—

第三节　疫病防治

畜禽疫病

猪瘟　又叫烂肠瘟。病原体是猪瘟滤过性病毒，一年四季都发生，以春、秋、冬三季多发，是一种很强的传染性疾病，流行广、传染快、死亡率高。1964年春，齐陵、孝陵、宋家、望寺片等多个大队发生猪瘟疫情，138头感染发病。经县、社两级兽医突击防治，疫情很快控制，但仍有27头生猪死亡。之后，每年仍有少数生猪发此病。

猪丹毒　是一种急性传染病。由病毒杆菌引起发病，主要危害3～12个月龄的生猪。夏、秋二季多发，呈地方性流行。1966年夏季，齐陵、淄河、终村三片部分大队生猪发病，感染180余头。兽医站工作人员分片包干，调动村级防疫员展开全面治疗防疫，控制住疫情，没有造成生猪死亡。

口蹄疫 是偶蹄动物牛、羊、猪共患的一种急性传染病。病原体是口蹄疫病毒，此病传播快，呈地方性流行。1964年春，境内19头牛发病，县兽医部门派来专家现场指导，公社组织由公安牵头，公社卫生院安排一名医生，兽医站工作人员全部上阵组成防疫队，对有疫情的村进行封锁、管控，对病畜进行隔离、消毒、治疗，对未发病的牛、羊、猪注射口蹄疫疫苗。几天后控制住疫情，患畜治愈，只有1头牛死亡。1978年春，部分大队70余头生猪先后发病，经兽医站工作人员和村防疫员共同突防急治，很快消灭疫情。20世纪80年代后，少有发生。1999年起，实行口蹄疫强制免疫，猪牛羊免疫率100%，没有新的疫情发生。

猪流行性感冒 此病由猪流感病毒感染引起。1980年，境内多个大队先后发现病猪950余头，死亡20余头。1981年，境内生猪发病600余头，死亡11头。之后，加强预防措施，再没有发生大的流行。

炭疽病 由炭疽杆菌引起的人、畜并患传染病。20世纪70年代前，在饲养的牛、马、羊、猪畜类中有过发生，传染很快，致死率很高。经及时隔离防治，控制住疫情。对死亡牲畜作深埋处理，以防传染。

破伤风病 由破伤风杆菌感染引起的人、畜并发病。多由驴、骡、马、猪受创伤，或阉割所致。2000年后，大牲畜大量减少，猪在阉割时都注射“破伤风抗毒素”，此病基本不再发生。

牛流感 由流感病毒感染引起的传染病。1965年、1974年、1982年，境内三次大流行，共发病250余头牛，发病期8—10月份，对农业生产造成一定影响。经兽医人员巡回防治，疫情得到控制，死亡和淘汰5头牛。

马流感 由马流感病毒感染引起的急性传染病。1974年11月至1975年4月，境内多个大队有67匹马发病，经兽医站工作人员及村防疫员精心治疗，病情得到控制。之后，此病少有发生。

雏鸡白痢病 由鸡白痢沙门氏杆菌感染引起，传染性很强。养鸡户所养雏鸡常有此病发生，没有很好的控制治疗措施，到目前仍不能完全控制。

鸡新城疫 俗称鸡瘟。由鸡新城疫病毒感染引起，是一种急性、败血性传染病，传染快、死亡率高。1980年前，多为社会散养，以户养为主，每年春秋二季进行防疫，普防密度达不到100%，每年此病仍有发生。20世纪80年代后，随着养鸡实现规模化、集约化喂养管理，按程序接种疫苗，此病得到有效控制。

禽霍乱 又名禽出血性败血病。由禽巴氏杆菌感染引起的鸡、鸭、鹅共得病。此病多在产蛋禽中发生。20世纪90年代，此病得到控制，再没有大面积发生。

高致病性禽流感 是由H5N1血清型病毒引起的，属一类动物疫病，可以直接感染人类（如杀鸡等接触）。2003—2004年，全国各地不同程度发现此病。为做好防控工作，街道办事处投资25万元构筑三级高致病禽流感防控网络，成效显著，被市委、市政府授予“高致病性禽流感防治工作先进单位”。

防治措施

新中国成立前，境内只有几个民间兽医，为个体经营，医术参差不齐，医治条件差，遇有较大动物疫病时，缺医少药，畜禽得不到及时医治，损失严重。

20世纪50年代，县成立畜禽疫病防治机构。1964年，在县疫病防治机构倡议推动下组建起齐陵兽医站，担负起境内畜禽疫病防治工作。70年代，村村设有防疫员，协助为畜禽疫病防治。2017年，有村级防疫员17人。

历届党委、政府高度重视对重大动物疫病的防控工作，每年召开两次动物疫病防控会议，投入相应人力、物力、财力，加强对重大动物疫病防控。特别是防控国家规定强制免疫的病种，兽医站及村级防疫员起到了重要作用。国家强制免疫的病种为猪、牛、羊口蹄疫，禽类高致病性禽流感，牛、羊布病，羊小反刍兽疫等，主要是采取春、秋两季集中免疫，每月定期补免方式进行相关疫苗注射。每年3月初至4月底为春季集中防疫阶段，9月初至10月底为秋季集中防疫阶段，每月10日为定期补免日。使畜禽重大疫病强制免疫做到全覆盖，免疫率达100%，有效管控各类重大动物疫病的发生。

对病死畜禽实行无害化处理。2013年起，对符合标准的死亡生猪，经街道兽医站工作人员现场监督，实施焚烧或掩埋消毒，拍照登记上报，养殖户按政策规定每头领取80元的损失补贴。2015年，符合标准的死亡生猪，由兽医站工作人员对疫病进行技术鉴定，经保险公司核实，到无害化处理场处理后进行补贴。

利用中草药治疗畜禽疫病方面，境内后李官庄闫冠五医术高超，1955年，为尼泊尔国王赠给周总理的犀牛治愈病疾，后调任军事兽医研究院任研究员，多次受到国家领导人接见。前李村周昌顺曾任齐陵兽医站站长，用中草药给畜禽治疗疫病，治愈率较高。2015年7月，被山东省中兽医研究会评为继承发扬中兽医药事业山东省首届名中兽医。

第四节　检查站

山东省临淄区齐陵动物卫生监督检查站（简称检查站），是淄博市唯一的动物卫生监督检查站。2002年8月，经山东省人民政府批准在境内设立。2004年，迁至郑家沟村北，紧邻309国道淄河大桥收费站。309国道、102省道从此通过，是半岛地区和内陆地区无规定动物疫病区安全检查的重要通道。工作人员由区畜牧局和镇兽医站工作人员组成，办公用房租赁，配备执法面包车一辆、快速检测仪、消毒机、照相机、冰柜等设备。负责对过境畜牧养殖动物猪、牛、羊、鸡、兔等的口蹄疫、高致病性禽流感、蓝耳病、牛羊布病、羊小反刍兽疫等重大疫病监督检查，强制免疫，无害化处理。2004年，为提高检疫执法的公正性、严肃性及取证方便等，检查站配置摄像机、数码相机、录音笔等。

2015年，检查站搬迁至街道办事处东、聂仙村南老农委院新建办公楼上，办公面积200余平方米。配置新桌椅、沙发、计算机、打印机、网络电话、传真机等办公设施，购置防护服、反光背心、头盔等执法防护设备。4月，检查岗亭和消毒通道进行改造升级，在消毒通道旁建设隔离观察场。对需进行无害化处理的动物及动物产品委托区动物无害化处理场统一处理，防止动物疫病传播，保障流通环节动物及动物产品安全。2016年6月，通过农业部对山东省胶东半岛免疫无口蹄疫区和免疫无高致病性禽流感区评估验收。2017年，检查、消毒车辆1150辆、检查检疫动物113.67万头（羽）、动物产品2933.9吨，均按程序进行查证验物、登记消毒，保障了境内和山东半岛地区无规动物疫病区的安全。

第六章　水　利

第一节　水利资源

齐陵街道位于临淄区东部、淄河东岸，处于鲁中山地与鲁北平原过渡地带，地势呈南高北低，南部为低山丘岭，北部为倾斜平原，属暖温带大陆型半湿润季风气候区。境内水资源主要由地表水（大气降水、泉水、客水）和地下水构成。

地表水

大气降水　境内多年平均降水量为618.7毫米，但降水年际变化大。丰水年降水量多达700毫米以上，干旱年平均降水量390毫米。1935年以后，年最大降雨量1116.7毫米（1964年），最小降雨量334.5毫米（2006年）。年内降水分布很不均匀，夏季降水占全年降水量的70%左右。

泉水 泉，是地下水饱和后，在一定压差的作用下溢出地表形成。境内有天齐渊泉群（又叫温泉）、龙池泉群及小泉若干。1975年后，因地下水超采，群泉停止喷涌。

客水 主要有淄河、裙带河（女水河，又叫泉河子）。淄河因建太河水库后断流。裙带河只在雨季时，才有客水流经。

地下水

齐陵水源地处在淄河冲积扇与弥河冲积扇结合部，属单独水文地质单元。东为益都断裂，西为淄河断裂，北至东龙池、吕家孝陵北与刘营村南断裂。南部开口，源自泰沂山脉以北石灰岩裸露区，大气降水入渗补给至水平衡循环带，在地下水的自然调蓄和动力作用下，源源不断由南向北补给山前隐伏灰岩裂隙岩溶含水层，面积约11平方千米。上覆第四系松散堆积层20米～120米，基岩含水层顶板埋深84米～181米，底板埋深185米～240米。1962年，省地矿局在杨西大队探矿时，钻出一眼自流井，水柱涌出地面高达2米以上。1966年，区井队在柳店大队西打出一眼岩石自流井，井深百米，自流水柱高4.5米，日流量1441立方米。据山东省地质局801队于1987年提交的供水水文地质勘查报告，该地区裂隙岩溶水可采量为日7.4万立方米，为一大型供水水源地。北部平原从王齐村至高家孝陵以东、东龙池至吕家孝陵以北，大面积淄河冲积扇为第四系富水区，北部平原村适于提取第四系水利用。局部隐伏四纪以下地层为二叠纪页岩结构，结构致密无富水形成，属河道间带弱富水区。

第二节 水利设施建设

水利工程

20世纪50年代，境内利用泉水、淄河河水、地下水建设多项水利工程。

扬水站 1955年冬，义和社（刘家终村）在蛟山北坡山脚下，利用天齐渊泉水建设扬水站，1957年3月竣工。建成三级扬水工程，总扬程50.5米，建设配套干渠1条、支渠2条，总长3800米。一级配套煤气机1台、二级配套1140型柴油机1台、三级配套立式锅驼机1台，将天齐渊泉水引入山旱田，改善农业生产条件。1961年，村里通电后，扬水站改配10千瓦电动机3台带动水泵扬水。1963年，改为四级扬水，总扬程达到67米。用20千瓦电动机3台，10千瓦电动机1台，配8K16型水泵，上水量每小时180立方米。1971年，进一步优化扬水设备，改为一级扬水，配75千瓦电动机1台，带动150850型水泵扬水，灌溉面积扩大到80公顷。1976年，因天齐渊泉水停涌，扬水站废止。

1963年，聂仙大队在村西北河崖边建起扬水站，修石渠1500余米，使村西、村北农田得到灌溉。同年，在公社党委领导协调支持下，西龙池、东龙池和高家、吕家多大队联合，依托淄河水建起扬水站，使用1140型柴油机提水。1965年后，改用电动机为动力提水，解决4个大队133.33公顷粮田灌溉。之后，前李大队、后李大队利用淄河水建设扬水站，扩大粮田灌溉。1973年后，因淄河河水断流，扬水站废止。

群井汇流工程 1974年3月开始建设，相继在郑家大队打机井26眼，装机338千瓦，总上水量为每小时3300立方米，建设干、支渠4400米。同年秋，提水汇流远浇，灌溉面积达400公顷，包括杨西、聂仙、南齐、王齐等大队。群井汇流工程管理机构为齐陵公社井灌站，独立核算，自负盈亏。

1976年，胜利油田在齐陵水源地上游群孔开采地下水，造成水位下降，齐陵井灌站所属群井因井浅基本报废。

1977年冬，齐陵井灌站在郑家大队东南坡打出一眼岩石井，井深228米，装14JD深井泵，每小时上水量370立方米。1978年，公社党委、革委会研究决定，建设群井汇流二期工程，先后有郑家、驻佛、杨西、王齐、吕家、高家、毛家、石庙、刘营等大队，分别在郑家、驻佛、杨西大队所属水源地打深井15眼，其中有齐陵井灌站5眼。全部安装上海产12JD-16JD深井泵，总装机功率1240千瓦，总上水量每小时4320立方米。1982年，国家投资10万元，续建干支渠3100米，北至高家大队、石庙大队，灌溉范围扩大到10个大队，有效灌溉面积610公顷。群井汇流二期工程总投资92.5万元，其中国家投资42.3万元。

1983年4月，齐陵公社井灌站改为“齐陵公社机井服务公司”，干部职工51人，设有面粉加工、水泥制管、橡胶制品、机电维修等车间。机井管理以八项经济指标核算水费，建立先交款后放水等管理制度，当年扭亏为盈，纯利润1.5万元。1984年，机井服务公司在5眼机井上，安装有线自动控制装置。公司设控制总台，各单井分设启闭终端，井泵开机或停机，由总台控制，减少人工启闭麻烦，方便各村各户灌溉用水。8月，水利站站长贾培国出席在诸城召开的省农田水利责任制座谈会，介绍了齐陵机井服务公司群井汇流管理工作经验。

龙池群井汇流工程 1989年，经镇党委、政府同意，由水利站申请市水利局，经市水利局研究同意，把市属在西龙池村南的3眼水源地试验井下放至水利站管理。配套供电线路1000米、变压器300KVA、深井泵3台、建渡槽430米，扩大灌溉面积200公顷。

水库 1960年，临淄县及企事业单位帮助建中大队在庄西沟建成小型水库1座。当时没有大型机械设备压实大坝，1964年夏季，因降雨量大，水满溃坝而报废。1971—1973年，在庄东沟内，举全大队之力，用工4000余个，搬运土石2万余方，建成库容量23万立方米水库1座。坝型土筑，因库址地下有断层渗漏，无存水。2010年，街道办修马莲台景区旅游路，将齐家终村东沟水库大坝加宽（厚），库底进行改造后，始有存水，量不大。1974年，在村南沟内建一小型水库，库容3000立方米，常年有水。同年秋，在西沟报废坝址上移50米处，建鱼塘2个，常年有水，至今鱼满塘，荷飘香。

1976年，新胜大队在东沟，建库容量16万立方米水库1座。坝型土筑，干砌石护漏水面，因汇水面积小，无存水。

引水上山工程 新中国成立后，南部山区沿淄河东岸村庄，利用山泉水、淄河河水、地下水，建成多处引水上山工程。

淄河村地处半山区，村东、村南是丘陵地貌。因此，引水上山成为淄河村人的心愿。1975年，大队干部带领群众在村北淄河滩边开挖2眼直径3米、深8米的大口井，用预制的水泥圈（每节高50厘米）固定井壁，并将水源从底部连为一体。组织社员修水渠600余米，在裙带河上架3米多高渡槽200余米，把大口井水引到村东南、紫荆山北，解决了23.33公顷农田灌溉问题。

1977年，大队投资6万元，在紫荆山南坡修建一个70立方米的储水池，将齐陵一中南一眼深井水抽到储水池内，铺设铁质地下主管道1500米，按主大街走向和村民居住布局情况，安装了12个水龙头，每天定时放水，供村民挑饮用。并为齐陵一中、中心小学安上自来水管。1986年，村两委决定对村民吃水工程进行改造提升。投资20余万元，在齐陵一中院内打深井一眼，在紫荆山西坡修建一个120立方米大储水池，把深井水抽到储水池。从储水池安装2根直径各114毫米的铁管，一根灌溉用，一根直通村内。共铺设主管道1000余米，分管道5000余米，入户管道1.2万余米。因村内高低不平，村西北角地势较高，自然压力小，村民喝不上水，经勘察在南北大街鸡市口处安装加压泵，使全村人都用上自来水。

村南有66.67公顷农田，因胶济铁路从村南

紫金山扬水站 （2017年摄）

贯穿，村东的深井水源无法引过铁路灌溉农田。1991年春节后，村两委决定在铁路南打深井，聘请水利专家找好井位，由省地质局801水文队，在村南打出一眼320米的深井。紧接着又请区水利队打了第二眼深井，井深260米，2眼深井水源丰富，解决了该片农田的灌溉。并修地下输水管道2000余米，把水引到四王冢前，使四王冢东、北面33.33公顷农田得到灌溉。为纪念淄河村人建设引水上山工程，村党支部书记贾益谦在紫荆山和四王冢上各立“紫荆（金）山扬水站”“四王冢扬水站”石碑，并作诗两首刻在石碑背面，以作纪念：

紫荆（金）山扬水站碑文：

青松美景紫金山，人造山泉碧水般。

飞瀑直下三千尺，造福淄河后人欢。

四王冢扬水站碑文：

齐王一时霸诸侯，坟前无水墓下愁。

人民自有回天力，敢叫清水陵前流。

1999年，村两委研究决定，扩建村南引水上山工程。投资30万元，在齐宣王墓（西二）前建200立方米储水池一个，在储水池南建泵房和管理用房3间，有专人昼夜值班，把输送到四王冢前的深井水，经地下管道引入储水池，从储水池埋设地下管道过洪沟（山洪冲刷形成），把洪沟西堐的13.33公顷旱田变成水浇田。同时为南山村修了一条地下水管，供南山村人、畜用水两年。

2003年，在四王冢下建扬水站1处，建500立方米调蓄水池1座、管理房6间、铺设直径160毫米PVC主管道3000余米，直径70毫米～110毫米PVC管道1700余米，装射程38米全圆喷头6支，装各种阀门12个，引水上冢，保护古墓植被。另投资9万元，采取以色列微喷技术，铺设各种管道近万米，装微喷头3000套，变频设备1台，完成4.67公顷果树微灌工程。建设口宽50厘米U型渠5000余米，村南69.33公顷的农田水渠全部实施防渗化。2008年，三夏结束，村干部群众在水利站工作人员指导下，克服阴雨连绵、高温酷暑的不利条件，完成管道铺设，建成20公顷粮田半固定式喷灌工程。

河道治理

淄河治理 境内地处淄河东岸，河道单边长12.9千米，河床宽1000余米，河道纵坡坡度大，水流湍急。太河水库建成前，主河道多次滚动，严重危害岸边农田。1975年起，区委、区政府统一规划，统一组织施工，沿河岸筑坝，缩河造地。各大队出动劳力44万余个，经过4个冬春的奋战，沿河岸筑堤坝7.9千米，压沙造地91.8公顷。2001年，实施太公湖建设工程，区工程指挥部分配齐陵镇开挖、运输主河道沙石土方3.05万立方米，一个月工期半个月全部完成。二期治理工程拆除粉石机40台，丈量土地，清点林木、果树上万株，按时完成清障任务。

裙带河治理 1997年冬，经镇党委、政府同意，由淄河村投资60余万元，对裙带河自六路口（309国道齐陵路口）至齐陵一中路河道进行治理改造。全线长760米，两边石砌岸墙4562立方米、造地2.73公顷，彻底治理309国道南侧古河道垃圾场，建成大型农贸市场及集市。

2013年，街道党工委、办事处投资115万元，在汛期前（五月底）对境内裙带河上游河道进行改造。新挖河道2.3千米，挖运土方2.75万立方米，新建生产桥8座，疏浚老河道，清理行洪障碍，彻底根治上游（青州市境内20平方千米）洪水入境给境内带来隐患。

第三节　农田灌溉

水井灌溉

境内用井水灌溉农田，历史久远。因农业灌溉条件有限，生产力落后，财力不足，挖掘土井，数量少，大部分土地浇不上水，受干旱困扰，广大农民过着靠天吃饭的日子。清末民初，农民抗旱意识增强，土砖井挖掘数量逐渐增多。富裕户挖大井用水车浇地，贫困户多联户挖小井用辘轳浇地。由于地下水源丰富，沿河地带水位10米左右，5天左右就能挖一眼土井；北部平原村水位3米～5米，2天左右挖一眼；南部山区水位较深，15～20天才能挖一眼。为防止井壁坍塌，水层部分用砖石垒砌（叫甃井），多数把井壁上部用砖石砌起来或用三合土（3∶7灰土）捶实，防止井口坍塌，便于安放水车或辘轳。至1949年，境内有土砖井1920余眼，灌溉面积占耕地面积很小部分。

新中国成立后，党和政府鼓励和扶持农民发展水利，打井抗旱。1952年后，农民逐步走上互助合作道路，发展农业生产，兴修水利的力量壮大，打井数量和质量都有很大提高。至1955年，境内共有土砖井3270眼，铁木斗子水车1224架。并开始推广使用解放式水车和手摇式水车（也叫水机子、拧不够），灌溉面积有所扩大。

20世纪50年代末，随着粮田灌溉面积扩大，地下水位不断下降，原有土砖井已不能适应农业发展需要。开始使用人力冲击钻打更深的水井，各生产大队成立青壮年打井队，确定好井位，竖起三角井架，分开班次，日夜拉钻打井，少者1个月，多则2个月打出一眼深40余米水井。安装抽水设备后，每眼井平均灌溉粮田20公顷，比土砖井灌田提高20余倍。1957年，薛家庄在西沟，用人力冲击钻打出境内第一眼机井，井深40余米，安装8寸铸铁井管，使用1140型柴油机带动离心式水泵抽水，每小时出水量80立方米，灌溉庄西、庄北30公顷粮田。1958年，全公社搞“大兵团”作战，打土排井和土连珠井，因质次井浅，不久废弃。后用人工挖大口井，井口直径3米，挖到水层后，在井内中间位置，4个人控制钻杆，井上十余人利用滑车拉动钻杆，向下用力拖出直径50厘米细口井。像这样的大口井，境内部分生产大队都有。

1961年2月，县水利局购进人力回旋钻，各生产大队开始用其钻井，固定好支架，需8人以上推动钻具（也叫推井），半月左右能成井，井深50米左右，孔径45厘米以上，安装30厘米直径的陶质井壁管。然后安装电动机、水泵抽水灌田。

1962年和1966年，山东省地质局801水文大队和县机井队分别在杨西大队西坡、柳店大队西北坡打出自流井，出水高度3米左右。1974年3月，公社党委决定打井建设“群井汇流”工程。先后打出机井26眼，全部配套提水设备，粮田灌溉面积达400公顷。同年，公社党委、革委会决定成立齐陵水利队（打井队），配备SPJ-300型钻机2台，主要为群井汇流工程打井。1976年9月，水利队并入齐陵公社农具厂。到1978年，水利队有不同型号钻机3部，职工19人。1979年9月，又从齐陵公社农机厂分出。至1982年，因农村体制改革，市场竞争等因素水利队解散。

1977年，因一期群井汇流工程井浅，胜利油田在上游群孔开采，导致水位下降，井群基本报废。同年冬，公社党委、革委会决定建设群井汇流二期工程，至1982年麦前，新打深井15眼，灌溉面积扩大。到1985年，境内有机井493眼，其中，深井52眼，配套完好机井470眼。2000年，机井达547眼，其中，深井183眼，配套完好机井545眼。2006年起，实施三期农业综合开发、土地治理工程、小农水治理示范工程。共新打机井104眼，其中深井5眼（300米以上），全部配套。2017年，境内共有机井738眼，其中深井217眼，2000余公顷农田全部实现灌溉。

水利队历任队长：贾效文　王殿臣

党支部书记：杨吉田

引水灌溉

1955—1976年，引用泉水灌溉。1963—1973年，引淄河河水灌溉，沿淄河多村建成扬水站。

节水灌溉

节水灌溉始于20世纪80年代初，先后开展喷灌、滴灌、微灌等工程。1981年3月，国家投资5.2万元，在齐家终村、梁家终村开展移动式喷灌。安装PY-120型喷灌系统6套，每套喷洒半径12米，控制面积4市亩，3～4小时喷洒一遍，相当于降雨30毫米。同年，市水利局在齐陵公社召开移动式喷灌现场会。1983年后，因农村体制改革，不再使用。

1987年10月，在胡家村实施“内衬塑料软管外护圬砼料低压输水管道”获得成功，实施结果节水36%，节电31%，节地2%。后把外护圬砼料改用3 ：7灰土，在北部平原浅井灌区1350公顷粮田内推广12余万米。1988年，该成果获得省水利厅科技成果三等奖。1989—1990年，因南部山区村地处深井灌区，上水量大，不适宜“内衬塑料软管外护圬砼料低压输水管道”项目

省委副书记、副省长李春亭(右一)考察大棚滴灌　（1994年摄）

建设，开展了“U”型防渗渠建设。由区水利局提供模具和水泥，各村自筹石子、沙子、出人工，用近二年时间，建设“U”型渠26.3万米，基本实现全镇农田灌溉防渗化。

1994年起，开展滴灌、微灌试验工程。在王齐村和小交流村进行大棚蔬菜滴灌试点，采用以色列滴灌技术，在大棚内建设高于地面的小型蓄水池，井水自然升温后，连接分布在每棵蔬菜根部的滴灌管道，以水滴状渗入根系，节水效果十分明显。既能防止冬季大棚蔬菜凉水漫灌使地温降低，对蔬菜生长造成伤害，又防止棚内湿度大易发生霉菌病害，具有减少用药或不用药、蔬菜品质好、无公害、产量高、成熟期提前等优点。同年，省委副书记、副省长李春亭和市委书记杜祥荣等领导到试点村考察，亲身进棚查看，并提出指导意见。1995年，在北部平原粮田开展半固定式喷灌工程，安装喷灌设施10套，分布于聂仙、杨东、王齐、吕家孝陵等村，喷灌面积达400余公顷。省长李春亭陪同水利部领导、专家到现场考察。

2006—2015年，境内2000公顷农田由国家投资，地方配套部分资金，全面实施农业综合开发。对农田机井、井房、井泵、管网、林田路进行综合治理提升，灌溉管道全部改为PVC管道、地下埋设，全部安装出水口，能开能闭，布局合理，实现井泵启动、关闭、计费自动化控制，农田灌溉更方便，达到节水、节电、节地及省时、省工的目的。

市水利局领导陪同水利部领导专家考察喷灌现场（1995年摄）

部分年份齐陵街道井灌配套情况表

表4-13　　单位：公顷、眼

年份	灌溉面积	土砖井	机井	其中深井	配套机电井（台/千瓦）	水车（架）
1957	1806.66	3860	3	—	3/31.63	1446
1960	1533.33	2893	10	—	21/209.98	1129
1965	1786.66	3100	24	—	75/557.58	562
1970	1854.13	310	138	4	—	—
1975	2360	—	403	—	384/5435	—
1980	2568.13	—	471	—	442/5076.41	—

续表 4-13

年份	灌溉面积	土砖井	机井	其中深井	配套机电井（台/千瓦）	水车（架）
1985	2424.27	—	493	52	470/5857.51	—
1990	2511.33	—	612	190	594/12039	—
1995	2490	—	541	183	523/4784	—
2000	2425	—	547	183	545/5770	—
2005	2550	—	575	183	574/6510	—
2010	2550	—	576	183	575/6520	—
2015	2480	—	717	198	717/8366	—
2017	2450	—	738	217	738/8681	—

第四节　抗旱　排涝　防汛

抗旱

新中国成立前，境内特大旱、大旱、偏旱时有发生，一般性旱情发生较频繁。金明昌二年（1191年）、明宣德（1433年）、明成化（1484年）、明嘉靖（1553年）、明万历（1615年）、清乾隆年间连续三年（1785—1787年）因旱灾发生大饥荒6次，出现“人相食”惨状。1942年春大旱，7月又遭遇寒流突袭，高粱、玉米、黄烟及晚秋作物受冻害绝产，发生大饥荒，树叶、树皮、草根吃光，有饿死者。

新中国成立后，出现特旱年1次（1989年）、大旱年9次、偏旱年22次。1961年春特旱，1—4月降雨26.5毫米，是常年同期降雨量的三分之一。1965年大旱，全年降雨量比正常年份少近50%。特别是1972年春夏大旱，1—7月降水不足20毫米，给春播和春苗栽种造成极大困难。面对干旱，全社人民千方百计找水源，肩挑、车推、手提，运水栽种地瓜、抗旱保苗，经过100余天的艰苦抗旱，粮食仍获得丰收，平均亩产300余千克。1977年，春大旱，夏秋特旱，7月至9月7日降雨量188.6毫米，仅为常年同期降雨量的50%。齐陵人民在公社党委领导下，以“万里千担（水）一亩田，铁肩担出丰收年”的精神，战胜旱灾，取得粮食亩产350余千克的好收成。1978年春大旱，降雨32.6毫米。公社党委、管委会组织抗旱队伍，北部多个大队和公社拖拉机站出动大、小拖拉机12台，拉水支援南部山区抗旱保苗。皇城公社组织20余人帮助南山大队挑水抗旱。粮食作物获得较好收成。1989年，自入春持续干旱，全年降雨360.9毫米，是临淄地区200年罕见的特大旱灾。水库、池塘干涸，地下水位下降5米，部分机井因水位下降而报废。面对严重旱灾，全镇干部群众奋起抗旱。虽大旱之年，因全镇各村充分利用水利设施，农作物得到及时灌溉，仍取得丰收，小麦单产294千克，玉米单产336千克。

2006年，境内又遇干旱，年降雨334.5毫米，比平均年份降雨量减少一半。虽有旱情发生，由于水利设施齐全有效，农作物得到及时灌溉，粮食获得丰收。2007—2017年，没有发生大的旱情。

排涝

境内地势呈南高北低，南部为低山丘岭，北部为倾斜平原。涝洼地主要分布在北部平原十几个村庄。民国时期，农民自发挖沟筑田、防涝排洪，但治理效果不大。

新中国成立至人民公社早期，区（乡）党委、政府组织各村对田、路、沟、渠、桥涵治理。但因治理力度小、标准低，缺乏整体统一、顾全大局意识，抵御灾害能力较差。1964年7月31日18时至8月1日8时，降雨量达175毫米，形成涝灾。王齐大队以北17个大队因排涝沟渠不畅和缺失，不能及时泄洪，农作物泡在水里，地瓜大部分被泡酸烂在地里。灾情发生后，公社领导迅速组织受灾大队干部群众一起排涝、泄洪、救灾。开挖疏通排洪干沟渠，清除排涝沟内阻碍，把洪水通过干沟渠引入大排洪沟流入河道内，经女水老河道流入小清河。大部分农作物虽经洪水浸泡减产，但还取得一定收成。从1964年秋至1965年冬，公社领导组织北部受涝灾大队干部群众，从杨西大队至望寺大队挖掘一条长9千米，上口宽8米～10米，底宽2.5米，深2.6米左右的大排洪沟（现3号路西侧）。把涝洼地块规划成每块2公顷左右不等的长方田，纵向挖成上口3米、下口1.5米、深80厘米以上防涝沟，地势低的一端挖出横向贯通的排洪干沟，地块与地块连通，与大排洪沟相连，形成完整的排洪系统。经过治理，以后几次涝灾年份，没有再发生洪水浸泡农作物现象。

1988—2006年，经过开展黄淮海平原农业开发及国家农业综合开发等多个项目工程，连续对境内农田、水利设施、林网、道路等进行综合开发治理。至2015年，所有农田全部建成旱能灌、涝能排、旱涝保收的高标准农田。

防汛

新中国成立前，境内没有防汛机构组织和人员物资配备。遇到洪涝灾害，依靠广大农民自发、自愿、互助式自救。

新中国成立后，出现过特大涝灾2次，暴雨局部（河道）成灾3次。1956年起，每年从6月5日至9月15日为重点防汛时间（称汛期）。境内淄河，遇洪水激流漩涡，隐患难预；裙带河（女水河）河道承接着上游青州市境内20余平方千米的客水入境，不确定因素很多；从杨西村至望寺村的大排洪沟，弯多、桥涵多、垃圾多，防汛形势严峻。

历届党委、政府非常重视防汛工作，并实行河长制。每年在汛期前，成立防汛指挥机构，召开防汛工作会议，部署防汛工作。主要领导任防汛总指挥，落实防汛组织、抢险车辆、施工机械，备足防汛物资，责任到村到人，实行值班制度。以沿河村为重点，重点企业成立抢险队和预备队。汛期前，组织人员对排洪沟渠进行清淤除障疏通，有效提高防汛、防洪能力。

第五节　水土保持

新中国成立前，南部山区树木少，植被覆盖率较低，大雨或发山洪时水土流失严重。新中国成立后，政府采取一系列措施，逐步控制减少水土流失现象。20世纪60年代，公社组织山区大队社员在山顶、山坡挖鱼鳞坑，植树造林，使山坡径流减小。在山洪汇集、冲刷严重的山沟内修建小型水库、拦洪塘坝、堤堰等。在山洪流经地带和洼地开挖排水沟，保证水流畅通，避免村内和田间积水。

中共十一届三中全会后，公社党委更加重视水土保持工作，选派专业人员摸清实地状况，制定出近期和长期规划，实行山、水、林、田、路综合治理。1983年10月起，开展终村片山区水土保持综合治理。范围从牛山、大山分水岭以西至淄河滩，面积4.7平方千米，建小谷坊31处、水簸箕78个，环山竹节沟7千米，旱井、旱池230个。山上栽种侧柏，沟坡栽植枣树、刺槐，宜林则林、宜果则果，林木覆盖率提高，水土流失面积减少。齐家终村成立70人的专业队，冬春季组织200余人上山，将位于牛山西南200公顷的荒山、沟坡挖坑植树，修堤筑坝。至1985年，全村营造水土保持林80公顷，建环山水渠1.6千米，修环山路18千米，减少了水土流失面积。

1989—1992年，实施终村流域综合治理开发项目。开展水土保持工程115项，其中建小堤坝4座，竹节沟1条，治理水簸箕402处，植树70余万棵，山水林田路得到综合治理。

2006年，制定南部山区小流域治理规划，开展生态齐陵水土保持工作。街道办事处委托专业设计院，现场实地勘察规划设计，实行山水林田路综合治理。对规划治理范围内的小企业、石灰窑、砖石厂、采沙场等全部取缔。在淄河村、北山西村完成引水上山、上冢工程，为田齐王陵古墓群的绿化和植被保护创造条件。

2011—2017年，投资620万元，在梁家终村、齐家终村、刘家终村、南山村等村，新打深井 4 眼，建设蓄水池 7 处，铺设引水 PVC 管道 5700 余米。新建塘坝 5 处，维修塘坝 4 处；整修马莲台沟 3 千米；新修机耕生产路 26 条，57 千米。投资 120 万元，对稷山、红螺山、蛟山等山体，进行治理修复。初步形成了四季有绿、三季有花、二季有果的自然景观。通过综合整治修复，境内水土流失现象得到控制，为美丽乡村建设、齐文化旅游打下厚实基础。

齐陵街道南部山区村水土流失分布情况

表 4-14　　单位：平方千米

村、项目	总面积	水土流失面积	占总面积
梁家终村	2.02	0.83	0.41
齐家终村	2.28	0.91	0.40
刘家终村	3.52	1.37	0.39
南山村	1.94	0.60	0.31
北山西村	0.97	0.31	0.32
北山东村	1.58	0.24	0.15
淄河村	3.91	0.86	0.22
郑家村	0.63	0.05	0.08
合　计	16.85	5.17	0.31

第六节　生活用水

境内人们生活用水，20 世纪 70 年代前，一直饮用河水或浅地表井水。用绳索拴住水桶（俗称“梢”）取水，肩挑人抬放家中水缸备用。生产、洗衣服及大牲畜用水多使用村内土湾中的积水。

1974 年 5 月，柳店大队集体投资解决群众生活用水，是全公社第一个户户通自来水的大队，淄博日报曾短文报道。

70 年代末，多数村开始在村内建成蓄水池，安装放水阀门，把机井水抽到水池内，备村民使用。部分村的村民在家中扽出 10 米左右的浅井，安装手动压力装置取水。80 年代，各村开始打深井，安装压力罐或建水塔，埋设地下输水管道通入各户，村民用上自来水，告别饮用浅地表水的历史。

1990 年，镇党委、政府投资 50 万元，在镇水利站院内打 270 米深井 1 眼，建成 20 余米高水塔一座，铺设 PVC 管道 3000 米，完成镇政府驻地及沿街两侧的企事业单位和经商户供水。

2011 年，实现“同源一网”饮水安全工程。该工程 2010 年 10 月开工建设，工程总投资 396 万元。利用天齐渊矿泉水公司场地，新建万吨储水池 1 座，加压泵房、化验室、配电室等设备用房 10 间。铺设安装主管道 51 千米，其中 PVC 管道 47 千米，过路顶管 PE 管道 4000 米。建支线加压泵 3 处、阀门井 35 个、水表池 43 个，安装智能水表 50 余块，日供水能力达到 1.2 万立方米。2011 年 6 月，建成试运行。经过二个月的试运行，各项设计指标正常合理，安全可靠。8 月，全部接通 37 个行政村生活用水管网，正式供水进村入户。让 3 万多村民和东郡、奥园、御泉湾三个生活区居民及沿街商户，喝上清澈甘甜的矿泉水。同时，向马莲台齐文化生态旅游区铺设供水专线。

第七章　农机具

第一节　传统农具

新中国成立前，农民耕、耙、扶、播、灌、锄、收割、脱粒、运输及粮草加工，全靠人力和畜力，使用简单的手工工具和畜力牵引农具来完成。

耕整农具

耕翻土地主要用镢和木辕犁。镢又称镢头，铁质，根据用途制作成大小不等、型状有异。安装到1.6米左右长（高）、大头方型、直径5厘米左右木把上，用来刨地或平整土地，至今仍广泛使用。木镶犁由铁铲、铁铧、木质镶、舵和扶手组成。耕地时人在后边握住扶手，前边用1～2头牲畜拉动，犁铲入土把新土翻起。

平整耕翻过的土地有耢和耙。耢，长方形，把蜡条或枣枝编在木质框架上制成。耙与耢形状相仿，比耢大。在木框架上按18厘米左右间距倾斜打孔，安装长30厘米以上四棱锥形铁耙齿，用畜力牵引时省力碎土整平效果好。

播种农具

主要是耧，有独腿、双腿、三腿（俗称单眼、双眼、三眼耧）三种。独腿耧宜播种行距较宽的作物，如高粱、谷子等。双腿、三腿耧适于播种小麦、大豆等密植作物。砘子（俗称砘鼓辘子），石质，有单、双两种，圆形直径30厘米左右、厚10厘米左右，中心有孔装木轴或铁轴，由人工推动或拉动。用来压实春播谷子、高粱的垄沟，起保墒作用，便于间苗定棵。

灌溉用具

主要有“辘轳”和“鸳鸯罐”、水车。辘轳头长约70厘米，直径25厘米左右，由圆辊木做成空心（绞轮），按有弯摇把，置木架上，缠上麻绳或钢丝绳，系上直径约50厘米、高约55厘米尖底筲（俗称倒筲，分木制和铁制），用来提水浇田。“鸳鸯罐”境内较少。水车是把小型水斗接成链状，用畜力拉动轮盘，靠传动齿轮改变转向，带动水斗滚翻提水浇田，效率高于辘轳、鸳鸯罐。

中耕除草农具

有锄和耘锄。锄用于除草松土保墒。锄头铁质有刃，锄钩铁质弯形，与锄头大致成45°斜角，安装到木柄（锄杠）上。有大小不同规格，小锄可用于高粱、谷子间苗，挖草培土护根，宜在密植农作物窄垅间使用。大锄用于灭茬、松土。耘锄是把大型铁制锄头朝前安装在木架上，用畜力牵引，用于中耕、灭茬、松土、除草。工效比人工锄草、灭茬提高6～8倍。耘锄于20世纪80年代被淘汰，锄至今仍广泛使用。

收割农具

主要是镰刀，铁质单边开刃，安在弯形木柄上，灵活轻便，至今仍在使用。地瓜刀（俗称擀刀），一种靠手工推拉把生地瓜，切成薄片的工具。另有“签刀子”，铁质，一边有刃，长方形约10厘米×6厘米左右，两头靠上边各有一小孔，串上攀带套在右手大拇指上，收获高粱时用来切割高粱穗，比用镰刀和剪刀切穗省工省力。至20世纪70年代末，随高粱种植面积减少而不再使用。

运输工具

清末民初使用木轮车。一人推行的单轮车称小推车，两人一前一后推行的称大车子。双轮车（俗称大车）用畜力拉动。

脱粒机及场上用具

碌碡，石质，直径30厘米左右，长约65厘米，圆形周圈有突起圆面棱，由人工拉动和畜力拉动来碾压（俗称打场）谷子、小麦和高粱等作物穗。场上用具主要有用于堆场的壮（音）耙、推耙、木杈等，用于扬场的木锨、簸箕、扇车，还有竹筢、扫帚、苫子等。

粮食加工用具

主要是石磨和石碾。磨面粉的称“旱磨”，磨煎饼糊或豆沫糊的称“水磨”。石碾用来碾碎各种粮食。“箩”用来把经过石碾碾压过的粮食细粉箩（筛）出来，有手打箩和脚蹬箩之分。

其他用具

农村日常生活中还有不少用具。切碎饲草有铡刀；棉花加工有轧车、弹花机、纺车（纺线车子）；粮食储藏有麻袋、布袋、囤、瓷瓮、苇篮、折子；计量用具有斗、升、杆秤等。

第二节　改良农具

耕翻农具

改进木辕犁的犁架和铲头，犁架改为方形铁质，铲头改为梯形，前端拖架改为铁制导向轮。与旧犁相比，有体量变小、轻便、耕地深、沟底平、牵引省力、扶犁方便等优点。20 世纪 50 年代中期，引进使用 7 寸步犁、双轮单铧犁和双轮双铧犁。铁质犁架，能控制深浅，耕地深效率高，但牵引力要大，需 2 ～ 3 头强壮畜力才能拉动。70 年代后被淘汰。

播种农具

20 世纪 50 年代末，曾推广四腿耧和五腿耧。60 年代后期，四腿、五腿耧改为“槽轮式”，加宽种子箱，缩小耧腿间距，并安有下种量和行距调整装置。一头牲畜拉动，日播种 30 余亩。70 年代，使用玉米套种点播器。80 年代推广使用玉米套种耧，金属结构，人力拉动，效率比点播器提高数倍。

灌溉用具

20 世纪 50 年代，引进解放式水车，俗称水机子，金属结构，有推拉式和手摇式两种。推拉式可用畜力拉动提水灌田。手摇式有个四条腿的架子，架子上端装有齿轮，一边一个摇把，下边联接直径 10 厘米以上薄壁铁管插入井水中，管内装有提水链条，在链条上每隔 1.2 米左右有个细于管子内径的铁质提水刮板，刮板上装有橡胶材质的密封垫。刮板与上下链条连接形成环链，能往复循环，一人或二人摇动摇把带动链条把井水提上来灌田，效率比斗子水车高。后因地下水位下降，不再使用。

中耕 施肥用具

20 世纪 50 年代末，引进使用安两个锄头的双腿耘锄，靠畜力牵引，主要用于灭茬。70 年代初使用划施氨水或尿液的施肥耧。耧斗处安装罐式容器（水桶状），在容器底部安上阀门，能控制施肥量，从阀门后边接出塑料软管插入耧腿内，耧腿入土后液肥随施入，由人力拉扶或用畜力拉动。

运输工具

20 世纪 50 年代中期，木轮车逐渐改为胶轮车（橡胶轮胎）。独轮的称“小胶脚”，双轮的称“地排车”，大牲畜拉的称“胶轮大车或马车”。

脱粒 切片用具

20 世纪 50 年代，脱粒玉米用擦子，把玉米粒擦下来。后生产出手摇玉米脱粒机替代擦床，既减轻劳动力、又安全，提高了效率。70 年代，推广使用手摇地瓜刀，日切鲜地瓜 1000 千克～ 2000 千克。

植保用具

20 世纪 50 年代，开始引进推广手摇喷雾器、喷粉器、压杆式喷雾器等。

其他用具

在改良农具中，还出现过多种半机械式农具，如绳索牵引犁、马拉收割机、手摇切菜机等，都因制作粗糙或不适于当地生产条件等原因，先后被淘汰。

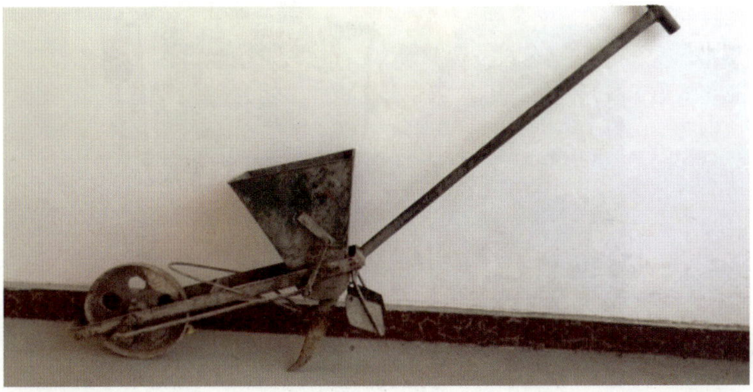

化肥耧 （2017 年摄）

播种耧 （2017 年摄）

第三节　机引农具

耕整机具

20 世纪 60 年代，机耕地由区拖拉机总站安排拖拉机来代耕。1971 年 10 月，公社拖拉机站购进拖拉机，配套三铧犁、轻四铧犁、牵引式重五铧犁、单铧深耕犁（深翻改善土壤结构及北部平原深挖黑土地茅草）、18 片圆盘耙等机具。负责全公社的秋种耕作。1974 年起，各大队逐渐购进轮式和链轨式大马力拖拉机，引进重三铧犁、重五铧犁（也叫拖犁）、轻七铧犁、悬挂重四铧犁、24 片缺口重型耙、化肥深施犁、双向翻转犁、旋耕犁（也叫旋耕机）、联合整地机、深松机等。2017 年，境内机耕面积达应耕地面积的 93%，北部平原村机耕面积达 99.6%。

播种机具

1971 年起，各生产队逐渐购进“195”小型拖拉机，引进使用悬挂式小麦播种机，逐步替代改良播种农具。1976 年后，引进推广“八行”“六行”等不同规格的小麦播种机。1985 年，引进推广精少量小麦播种机。应用最广泛、时间长的是“六行”精少量小麦播种机。2011 年起，引进推广“四行”宽幅精播机。玉米套种由使用单行盘式机动播种机，后发展为使用 35 马力以上拖拉机配套悬挂式精量直播机。至 2015 年，全街道拥有小麦精少量播种机 112 台，宽幅精播机 16 台；玉米精量直播机 27 台。蔬菜种植也用上了小型畦田播种机。

中耕 筑埂机具

20 世纪 70 年代，随着小型拖拉机的大量使用，开始引进使用四刃、六刃中耕机（俗称拉锄）。因灭茬、除草作业时容易伤苗，90 年代后，中耕机已较少使用。筑埂器于 1976 年开始引进使用，后研制出圆盘式筑埂器，结构简单、耐用、效果好，至今仍广泛使用。

灌溉机具

20 世纪 50 年代末，开始使用离心式水泵，用锅驼机和柴油机带动抽水灌溉。60 年代，随着各大队电力的普及，改用电动机带动抽水灌溉。80 年代，因地下水位降低，改用电潜泵和深井泵提水灌溉。1981 年起，开始引进推广喷灌，在南部山区梁家终村、齐家终村开展移动式喷灌。1994 年，开始推广大棚蔬菜滴灌、果树苗木微灌技术。1995 年 3 月，安装大田深井喷灌泵、设施 10 套。到 2015 年，全街道各种水泵（深井泵、潜水泵）589 台，节水灌溉类机具设施 108 套。

收获机具

70 年代末，开始引进与小型拖拉机配套的 4CW-1.4 型和 4CI-140 型麦稻割晒机。安装在拖拉机前边，把小麦秸秆割断的同时把它输送到一边，整齐地平铺在畦脊上，然后由人工捆成捆，日收割小麦 5 公顷左右。到 1985 年，全社共有 54 台，后逐步淘汰。90 年代初，开始引进与大、中型拖拉机配套的背负式全喂入小麦联合收割机。1995 年开始引进推广自走式小麦联合收割机。同年，开始引进试验与 50 马力拖拉机配套的背负式玉米联合收获机，作业时把玉米穗带皮从秸秆上摘下，输送到果穗箱，同时把秸秆切碎还田。1997 年，全镇三秋前一次购进背负式 4YW-2 型玉米联合收获机 11 台（占当年全区购置量的四分之一），区政府每台补助 5000 元。2005 年，开始引进推广自走式玉米联合收获机。2009 年起，推广背负式和自走式玉米收获机安装剥皮机，玉米收获的同时，把玉米皮剥掉撒入地里。2010 年三秋前，街道制定安装剥皮机补

玉米联合收获机　（2017 年摄）

助政策，每台补助1000元，全街道一次安装剥皮机21台。从此告别了人工剥玉米皮的历史。到2017年，全街道自走式小麦联合收割机和玉米联合收获机分别发展到115台和41台。

脱粒机具

20世纪60年代，引进使用过“MK-1100”型复式脱粒机。1974年，齐陵农具厂生产出“工农2-700”型小麦脱粒机。1976年，新胜大队引进使用过“丰收-100”大型脱粒机。70年代中后期，引进使用较广泛的是“红旗-450”型脱粒机。1975年，临淄电器厂（美陵集团）曾生产“红旗-450”型脱粒机。1984年6月，临淄石化配件厂（美陵集团）研制出“5T-350”型脱粒机，当年生产100台，因体积小、脱粒性能好、结实耐用、价格便宜，适合于联户和个体使用。1994年，全镇共有各种型号脱粒机376台。1995年起，随着小麦联合收割机的广泛使用，脱净一体的脱粒机逐渐被淘汰。2000年后，开始使用与小型拖拉机配套的玉米脱粒机，全街道共有11台。

秸秆还田 青贮机具

1980年前后，推广使用与小型拖拉机配套的秸秆切碎机，在拖拉机后边安装，作业时走走停停，靠人工抱起玉米秸秆喂入切碎，人工再把切碎的秸秆撒到地里还田，实际作业过程存在劳动强度大、安全性差等弊端，很快被淘汰。1983年起，推广甩刀式小型玉米秸秆还田机，安装在拖拉机前边，接合动力行进时靠甩刀形成的旋转风力把秸秆吸入切碎。1990年后，普遍使用50马力以上拖拉机配套甩刀式和锤爪式秸秆还田机，进行秸秆还田。到1999年全镇共有22台。2000年起，随着背负式和自走式玉米联合收获机快速发展，单独用于秸秆还田的机具越来越少。

秸秆青贮机具。1990年起，开始使用青贮铡草机。养羊和养牛的养殖户、场、公司每年都需青贮大量玉米秸秆作为饲草储备。使用较多的是肥城产93ZP-8000型大型秸秆青贮机。2014年，三秋前老刘家村村民刘金国购进一台“美诺”牌自走式大型青贮机，日作业量20公顷左右。除自己青贮需用外，还为其他养殖户提供作业。2017年，全街道共青贮玉米秸秆2万余吨。

粮食加工机具

1964年，南山大队购进一台“红旗-330”型粉碎机，用来磨面粉和草面子（草面子用于喂猪和家禽）。随着农村电力的普及，各生产大队都购进磨面机和粉碎机，把人们从推碾捣磨的艰苦繁重劳动中解放出来。70年代后，公社和部分大队及个人曾建起多个面粉厂。到2017年，境内仅存一个个体面粉厂。部分村还有碾米机、面条机、馒头机、煎饼机和榨油机。

运输机具

20世纪70年代中期，用于拖拉机牵引的挂车（俗称拖斗）逐年增多。但非农业专用，多数时间用于建筑材料（沙、石子、砖瓦、石粉、黏土）、工商业等经济运输。1995年，高峰时境内有大、小挂车354辆。之后，随经济环境的变化、市场需求改变逐年减少。90年代，农用三轮车、四轮运输车和农用汽车发展迅速。至2015年，发展到1715辆。

设施农业机具

主要有适应蔬菜大棚生产的小型田园管理机（也叫微耕整机）、微型机动喷雾器、电动卷帘机、微滴灌设施、水肥一体化设施和二氧化碳发生器等。2015年，推广3WPZ-100-3型自走式喷杆喷药机16台，小型无人喷药机2台。至2017年，境内不同型号的小型田园管理机和电动卷帘机，分别发展到208台和1576台。

第四节　农用动力机械

拖拉机

1971年，齐陵公社拖拉机站购进第一台拖拉机“东方红-28”。之后，公社拖拉机站和各生产大队、生产队相继购进链轨式东方红-75、东方红-60、东方红-54拖拉机和轮式铁牛-55及泰山系列50、25、12等多种型号拖拉机。1990年，是境内各型拖拉机最多的一年，共有606台，达6981千瓦。其中，大拖56台，2126千瓦；小拖550台，4855千瓦。90年代后，随着农业生产需求和农村经济发展的变化，小型拖拉机逐渐减少，购进的大型拖拉机逐渐增多，马力也越来越大。2016年，购进轮式拖拉机道依茨法尔1704（170马力、四驱）3台、凯特迪尔1604型2台，东方红、东风、迪敖等1504型5台。至2017年，共有各种型号拖拉机489台，自走式小麦联合收割机115台；自走式玉米联合收获机41台，农机总动力达70665千瓦。

柴油机

20世纪50年代，开始引进使用锅驼机（蒸汽式烧煤碳），1140型柴油机（单缸一边一个大轮子），启动后噪声很大，但很耐用。1970年后，大量引进使用淄博内燃机厂生产的“195”型柴油机，主要用于排灌、农副产品加工和发电动力。1979年，境内共有各种型号柴油机371台，累计3570千瓦。进入80年代，柴油机逐渐减少。

电动机

20世纪60年代，各大队用上电后开始引进，主要用于带动水泵抽井水农田灌溉。各生产队在灌溉间隙用来带动粉碎机磨面、磨饲草。1980年，境内共有电动机605台，5544千瓦。80年代，电动机使用更广泛。至2017年，共有各种规格农用电动机1042台，累计9660千瓦。

部分年份齐陵街道农用动力机械情况表

表4-15　　　　单位：万元、千瓦、台、辆

年份	机械总值	机械总动力	大型拖拉机	小型拖拉机	农田汽车	农用运输车	柴油机	电动机	小麦联合收割机	玉米联合收割机	田园管理机
1970	—	1354	—	—	—	—	58	136	—	—	—
1972	—	3598	5	1	—	—	127	393	—	—	—
1975	—	7654	13	20	—	—	295	318	—	—	—
1980	—	12577	67	115	—	—	394	605	—	—	—
1985	—	28078	58	290	147	17	233	717	—	—	—
1990	—	26745	56	550	102	64	85	866	—	—	—
1992	—	23976	51	469	84	156	82	568	—	—	—
1995	—	22247	32	323	79	196	50	556	19	—	—
1998	—	45897	94	260	227	531	12	564	78	11	—
2000	5260	49537	84	260	—	1067	37	565	81	16	12
2005	7527	85794	135	246	—	1469	11	629	41	25	23
2008	—	98616	298	172	—	1562	8	635	224	105	31
2010	10012	99620	327	107	—	1747	8	1010	84	63	31
2015	11428	115197	405	81	—	1715	8	1042	113	35	208
2017	9171	70665	420	69	—	—	8	1042	115	41	208

第五节　农机管理与跨区作业

农机管理

20 世纪 70 年代初，境内排灌机械、拖拉机多为各生产大队或生产队集体管理，没有统一的管理机构。齐陵公社集体拖拉机由公社拖拉机站经营管理。公社拖拉机站成立于 1971 年 10 月，地址在齐陵农具厂院内（美陵集团前身），设有站长、机务、会计、保管、驾驶员，其他人员根据需要而增减。时有铁牛 -55、东方红 -28 轮式拖拉机各一台。1972 年春，公社党委决定在农具厂西邻建设拖拉机站，并于下半年搬入新址。1977 年，迁至北齐路（齐陵一号路）东、吕家村西南处。至 1984 年，全站共有拖拉机 8 台（轮式 5 台、链轨式 3 台），130 汽车一辆，共计 512 马力，各种配套机具 23 台 / 套。拖拉机站实行独立计划、劳动、机务、财务管理，担负着全社各生产大队的土地耕作和多种运输任务。

农机管理站成立后，加强对境内农业机械的统一管理。20 世纪 70 年代末，随着各生产大队农业机械的增加，全镇有 7 个行政村建成农机大院，淄河、聂仙、吕家达到区级农机大院标准。中共十一届三中全会后，开始实行家庭联产承包责任制，集体机械允许租赁、转让承包经营，农户个人拥有的农业机械逐年增多。1990 年起，除正常农机管理业务外，开展了配件供应、油料供应，购置维修设备，建立维修车间，开展维修服务。1991 年，达到山东省农业机械管理局一级站标准。1992 年 5 月，被省农机局授予农机维修质量信得过单位。1993 年，被淄博市委、市政府评为文明单位。1997 年 1 月，被市农机局评为三十强乡镇站。由于在新机具、新技术推广应用，机手培训方面成绩突出，10 月，取得淄博市农机系统乡镇农机培训中心资格。负责全镇农机驾驶员、操作手及农业机械年检年审和统计年报等工作。1998 年，老刘家村发展到背负式小麦联合收割机 42 台，为淄博市唯一小麦收割机专业村，事迹在淄博日报刊登。2008 年，临淄区委、区政府在全区农业粮食生产过程中，开始实行“十统一”种植模式。农机服务按“十统一”种植模式，配备调度各生产环节作业机具，不误农时、保质保量完成各项作业。2010 年，临淄齐陵农机服务专业合作社被市农业机械管理局评为优秀农机专业合作社。

2014 年起，按照区农机局分配的深松作业面积，配备 7 台大马力拖拉机配套深松机，全部安装深松作业检测仪，卫星定位，时时监控深浅、漏松等作业情况。2017 年，在全街道 20 余个行政村进行深松作业，共完成深松作业面积 1037.33 公顷。

拖拉机站历任站长：

高森明　贾保光　郑文华　贾德三
王文昌　冯建中

跨区作业

1992 年开始，组织境内背负式大、小型小麦联合收割机，到本市淄川区商家、张店区湖田、中埠等乡镇及本区西部乡镇进行小麦机收作业。1994 年，境内小麦收获基本结束时，应平度市、乳山市农机局诚邀帮助麦收，区农机局组织小麦联合收割机，齐陵组织 5 台支援平度市、乳山市麦收。1996 年，境内三秋作业结束后，组织 16

农机检审现场　（2017 年 摄）

台上海 -50 拖拉机配套新型旋耕机，站上派出一辆五十铃大头车作服务车，去菏泽地区进行耕作服务。2003 年，齐陵农机作业队被省农机局评为省级跨区作业明星服务队。至 2006 年，麦收前后都组织小麦联合收割机进行跨区作业。先后到河南、安徽、江苏及省内青岛、潍坊等地区帮助麦收。作业项目扩展到三秋期间的玉米收获、深耕、旋耕、播种等。参加跨区作业机具 170 余台，累计作业收入 390 余万元。2010 年，部分大型机具到齐陵与青州市交界乡镇村，进行耕翻土地、扶葱沟、扶马铃薯脊背等作业。2017 年，三秋作业结束后，部分机具到潍坊市昌邑、诸城等市县进行深耕作业服务。

第八章　治山　改土

第一节　治　山

境内有牛山、稷山、康山、红螺山、蛟山、大山、紫荆山等较大山体十几座，周围有山坡、丘陵、沟头崖底，很多地块高低不平，不易耕种。20 世纪 60 年代，山区各生产大队学习莒南县历家寨和黄县下丁家村治山治水经验，开始在山坡周围、丘陵地带，整修“三合一”水平梯田，挖鱼鳞坑植树造林，建水库、修塘坝、建谷坊、修水簸箕、建旱井旱池，取得较好效果。

1964 年，中共中央发出“农业学大寨”的号召，公社党委、管委会结合南部山区各生产大队实际状况，制定治山总体规划。1966 年秋后，山区各大队开始组织劳力上山下沟，采取填沟移岭，大面积治理整合土地，将高低不平、小丘陵大土包、零星分布的山坡地，整成面积较大、齐齐整整的层层梯田。同年，淄河大队组织劳力 300 余人参战，按军事编制编为一个连，下设七个排（每排 40 余人），党支部书记贾德三任连长，实行军事化管理。从紫荆山下开始，整个工地红旗招展，毛主席语录牌插遍工地，宣传栏路边排列，广播喇叭里不断广播着挑战书、应战书、先进人物事迹及各排进度情况，极大的鼓舞着民兵的劳动干劲和热情。早操后，集体学习毛主席语录，劳动休息时背诵“老三篇”（《为人民服务》《纪念白求恩》《愚公移山》）。在“愚公移山”精神鼓舞下，很多战士推起“泰山车”，多的一天推 80 车。经过一年多奋战，搬运土石方 3 万余立方米，整平土地 6 公顷，建成 12 个大方田及紫荆山北的 3 个小方田，全部进行石砌护坡，保证新建方田水土不流失。奋战期间益都县、临淄县辛店公社等来参观学习。1978 年秋，对胶济铁路南、四王冢北、洪沟西堐上 33.33 公顷丘陵地进行治理，为把旱田变为水浇田，根据地块设计成大小不等的方田。施工中不破坏地表熟土，把高处的地表土堆放到一边，只搬动底下的生土层，最后再把堆起的熟土平铺到上面，保持原地表土土壤结构和肥力。公社发动 37 个大队组织 800 余人的支援队伍，吃住在淄河大队，与淄河大队干群共同苦干一冬天，搬运土石方 35 万立方米，整修土地 83 公顷。同时，建设配套水利设施工程。

1982 年，齐家终村党支部、管委会制定荒山治理近期和长期规划，成立 70 余人的专业队，投资 20 万元种植果树 40 公顷，建成速生林 27 公顷，水土保持林 80 公顷，修路 9 千米，建环山水渠 1600 米。经过多年艰苦治理，达到水土不流失，促进林、农、牧、副全面发展。

20 世纪 90 年代后，治山工作注重小流域治理与“四荒”开发有机结合，退耕还林（果）还草，山体治理复绿，突出生态环境建设和提高综合效益。2016—2017 年，投资 2250 万元，对红螺山、南山矿山山体进行综合整治，栽植各种乔灌树木 2.6 万株，实现山体复绿。至 2017 年，南部山区治理面积 5.7 平方千米，整修丘陵梯田 31.3 公顷，植树造林 220 公顷，建旱井旱池 370 个，塘坝 4 座，小堤坝 9 座，水簸箕 402 个，建蓄水池 10 万立方米，扩大灌溉面积 240 公顷。

第二节　改　土

深耕改土

20 世纪 50 年代前，在秋种前或开春后，农田每年耕刨一次，深度 12 厘米～ 15 厘米。新中国成立后，用畜力耕地者增多，耕深达 16 厘米左右。1956 年，成立高级农业合作社后，土地连片耕地用改良犁具，耕深 16 厘米～ 18 厘米。70 年代，以机械耕作为主，耕深在 22 厘米左右，打破原犁底层，改善土壤物理性质，提高了地力。90 年代，随着旋耕机械增多，旋耕地面积逐年扩大，旋耕深度在 16 厘米～ 18 厘米。旋耕只是把浅表层土壤耕均耕细，对种植小麦出苗有利，但不利于改善土壤理化性状，并在旋耕犁底形成板结层，厚度在 8 厘米左右，对玉米种植不利，不便深扎根，易倒伏，严重影响产量。2008 年始，区委、区政府统一部署，对全区农业粮食生产实行“十统一”。粮田全部深耕，耕深在 25 厘米左右，打破因连续多年旋耕导致土壤形成的板结层，有利于提高农作物产量。2014 年起，对粮田进行深松作业，深松 28 厘米以上，尽量不打乱土壤养分土层，增大土壤的容水量，提高土壤的透气性和含氧量，减少因年年耕翻造成土壤养分风化流失。2016 年起，提倡隔年深耕或深松，采用五年三耕二深松或二耕三深松模式，达到深耕改土目的。

整地改土

1956 年，实行农业合作化，土地连成片，为整平土地创造了有利条件。本着小动不大动的原则，进行小面积整平，以能浇水为宜。1958 年，大搞深翻地运动，打乱了土层，结果事与愿违。1964 年秋，以生产大队为单位对田、林、路、渠统一规划，以县社路为经、机耕路为纬，大面积划方整地。

1975 年，驻佛大队在不影响正常秋种的情况下，利用两个秋种期，由公社派水利组技术人员，根据实际情况按地块长 200 米以上 5‰、200 米以内 3‰的比降，侧好点、定好桩。组织大队全部劳力，利用晚上时间，用探照灯照明，以“大寨”精神，把 32 公顷土地进行整平。为夺取高产稳产，把 16 公顷土地改为方田化（每方 100 平方米左右），便于浇水、施肥、防治病虫害等。1976 年 5 月，省委秘书长李振在区委书记赵传鼎陪同下，到驻佛大队考察小麦生长情况，并随即在黄县召开的全省小麦工作会议上，提出学习“一区、一县、一队”的号召（一区临淄区，贡献小麦 1 亿斤、一县黄县全县小麦生产过长江、一队驻佛大队）。会后，全省多个市、区（县）参观团来驻佛大队参观学习。当年，驻佛大队小麦大丰收，为国家贡献小麦 27 万斤。此后，全社投入工日几十万个，实现土地成方、路林成网、井渠配套、排灌结合的目标。

1988 年起，经过实施两期黄淮海平原开发、三期国家农业综合开发、两期土地治理和小农水示范工程，至 2017 年，全街道建成旱涝保收稳产高产农田 1333.33 余公顷。

施肥改土

施肥改土是调节和培肥地力的有效措施。新中国成立前，境内土地施肥主要是农家肥。20 世纪 50 年代，提倡施用化肥、四合一肥和沤制绿肥。70 年代，开始大量使用各种化肥，因无机肥料的大量施用，导致土壤板结和元素失调。80 年代，开始采取秸秆直接还田、过腹还田及配方施肥、生物菌肥的施用等措施，强化对土地的种养结合，调节地力，提高农作物产量，实现施肥改土目的。

第三节　压沙造田

1975 年 10 月初，公社党委、革委会在吕家大队召开全社治滩压沙造田动员大会。会后，迅即成立治滩压沙造田指挥部，指挥部设于义和大队蛟山北果园内，有施工组和政工组等，把 37 个生产大队编制成 6 个营（每片为一个营）、37 个连（每个生产大队为一个连），各营设正、副营长，正、副教导员，并安排 2 名施工员，负责任务分配、质量检查等。指挥部把治滩压沙造田任务分配到各营，各营按每个生产大队劳力情况，将任务落实到各连，由各连按照指挥部的统一规划、标准、要求实施。在沿河各村展开大规模治滩压沙造田工程，整个工地红旗招展、彩旗标语牌遍布，指挥部宣传栏张贴着整体规划、施工标准、质量要求和施工方法，刊登着会战战报，大喇叭里广播各营、连的施工进度、先进人物、好人好事和播送革命歌曲。四营（孝陵营）在义和大队苹果园西部安营扎寨，睡窝棚（用木棒和玉米秸秆围建的棚子），全营干部民兵吃住在工地。其他各营连施工人员在沿河各村睡地铺、吃大锅饭，经过三个冬春的大会战，全社累计用工 54 万余个，用炸药 1.5 吨，搬运土石方 82 余万立方米，治滩压沙造田 91.8 公顷。

第九章　农业综合开发

农业综合开发始于 1988 年，国务院批准在黄淮海平原实施大规模农业综合开发。区政府成立黄淮海平原农业综合开发领导小组办公室（简称区农开办）。齐陵黄淮海平原农业综合开发工作，由镇农业委员会（简称农委）具体负责，连续实施农业综合开发多期。

第一节　规　划

1988 年，镇党委、政府按照区农开办对黄淮海农业综合开发的规划和要求，根据境内农业各方面实际状况，制定相应的农业综合开发规划和具体实施管理办法。规划以土地治理、农田基础设施建设为基本内容，包括农田道路、桥涵、林网、打井、井房建设、防渗渠、地下防渗管网，安装喷、滴、微灌节水设施等。完善基层农业服务体系，增强服务功能，配套检测仪器、设备；推广粮食、蔬菜、林果、畜禽等优良品种，建设科技示范园区，进行科技培训等，因地制宜发展优质粮食及无公害蔬菜、果品和高品质畜牧产品等高效农业。改善南部山区粮田水浇条件，扩大林果种植面积，营造良好的农业生态环境。

2006 年 10 月至 2011 年 5 月，境内完成三期农业综合开发工程。2011—2016 年，先后完成财政支农资金整合土地治理工程、旱涝保收小型农田水利建设示范县工程、二期高标准基本农田建设项目。街道规划设计按照“基地化开发、标准化生产、产业化经营、外向型发展”的要求，坚持以农田改造为中心，以水利建设与配套为重点，以林、路两网为框架，实现粮食稳产高产、农业增效农民增收的目的。

第二节　项目实施

黄淮海平原农业综合开发项目

1988—1991 年，一、二期黄淮海平原农业综合开发项目，由镇农委按照规划要求组织实施。到 1993 年，完成投资 111.75 万元，其中，各级财政资金 105.25 万元，镇政府自筹 6.5 万元。建成农田道路 22.7 千米，林网植树 3.2 万株，建设桥涵 11 座，打机井 16 眼，建井房 16 间，修防渗渠 37.4 千米。促进了境内早春拱棚蔬菜基地的发展。是年秋，顺利通过市、区黄淮海平原农业综合开发办专家组验收。

农业综合开发工程

第一期　范围西起北齐路，东至二号路（太王路），南起郑家沟、驻佛村，北至济青高速公路，涉及聂仙、杨东、吕家孝陵、前李、刘营等 11 个行政村，农户 2667 户。2006 年 10 月开工，总投资 417 万元。新打机井 7 眼、维修配套机井 105 眼；建桥涵、进地涵 224 座；安装 PVC 地下管道 60 千米，埋设地下电缆 30 千米；建设农田道路 28 千米，林网植树 4 万余株。2007 年 5 月竣工，6 月通过省、市、区三级农业开发办领导、专家验收组全面验收。8 月，国家农开办领导到

国家农业综合开发齐陵项目区　　（2008年摄）

项目区考察参观，对项目的建设标准、施工质量、管护措施高度赞扬，并拍摄专题电视片收入国家农开示范资料库。

第二期　项目区西起二号路（太王路），东至青州市边界，南起王齐村，北至宋望路。涉及北苑、高家孝陵、石庙孝陵、宋家、后丁等13个行政村，3184户。2007年10月开工，总投资620万元。新打机井29眼、修复配套机井151眼；修建桥涵375座，其中过路涵27座，进地涵348座；铺设PVC地下管道72千米，埋设地下电缆13千米；新修道路10千米，拓修道路35.5千米，村内硬化道路1.2万平方米；林网植树4.8万株，村内绿化美化植树4000余株；小麦标准生产技术示范推广666.67公顷；科技培训3000人次。2008年4月15日，全市农业综合开发流动现场会观摩齐陵项目区。该项目5月底竣工，6月份通过市农开办验收组检查验收。项目区建成后，改善农业生产条件，促进农业增效、农民增收，美化居住环境。形成“田成方、林成网、路相通、沟相连、旱能浇、涝能排”的格局。7月19日，国家农业综合开发办公室检查组到项目区实地察看，给予高度评价。

第三期　项目区位于南部山区，西起淄河东岸，东至康山，北起胶济铁路，南至青州市边界。涉及梁家终村、齐家终村、刘家终村3个行政村，8个自然村，1208户。项目区总面积866.67公顷，其中耕地面积400公顷，总投资533万元。项目建设实行工程招标制、资金公示制、项目法人制、施工监理制。2010年11月开工，建设道路26.2千米，其中旅游路7.8千米；铺设PVC地下管道21.5千米；新打机井3眼（井深300米以下），配套旧井5眼；建设输配电设施3处，输变电线路2.4千米；栽植树木1.3万株；建桥涵96座、塘坝5座；新建扬水设施5处，蓄水池4座，增加蓄水量10万立方米，扩大灌溉面积106.67公顷。12月，市农开办主任姜延海带领全市农业综合开发现场会与会人员，由副区长马克久陪同来齐陵农业综合开发项目区观摩。

财政支农资金整合土地治理工程

2011年，实施财政支农资金整合土地治理工程。项目区位于牛山、康山以东，胶济铁路以南，南至青州市边界。总耕地面积400公顷，涉及南山、淄河、郑家沟等5个行政村，农户1534户。总投资740万元，其中，财政资金545万元，街道办自筹资金195万元。2011年秋开工建设。新打机井2眼（300米以下深井），配套电潜泵3台；新建井房5间，维修井房6间，铺设PVC地下管道25千米；新建蓄水池2座，维修蓄水池1座；新建桥涵82座、修旅游道路7.89千米，机耕路14.31千米；建设道路护坡工程1处、高标准停车场2处；栽植高标准绿化林木4.9万株。2012年5月竣工，并通过市、区财政部门检查验收。同年，全市“财政支农资金治理项目”现场会在齐陵街道召开。

旱涝保收小型农田水利建设示范县工程

该工程分二期：第一期工程于2013年10月开工，位于宋望路以北，西起薛家村，东至望寺村，北至皇城镇边界。涉及宋家、太平、付辛等6个行政村，农户1647户，受益面积509.33公顷。第二期工程于2014年10月开工，涉及小交流、老刘家、朱家3个行政村，344户，受益面积204公顷。两期工程共完成水浇面积657.33公顷，安装PVC地下管道80.6千米，出水口1739个，铺设机井电缆18.1千米；新打机井26眼，更新电潜泵114台，安装阀门211个、装射频卡211套；建桥涵6座，进地涵331座；挖排水沟11.6千米；拓修生产路21.6千米，植树

3600株。累计投资1060万元。该工程采取井泵封闭地下，直接与田内地下铺设输水管道接通，保证了井泵管护安全；减少机房占地（拆除机房162间，免建26间），节省土地0.47公顷；井灌实现自动化控制，全部安装射频控制器，一卡在手井泵起动、关闭、计费管理全自动，实现高标准节水灌溉科技化。

高标准基本农田建设项目

2013—2015年，实施高标准基本农田建设项目。由市国土资源局、市财政局、市土地整理中心和临淄国土资源分局共同承担。该项目分二期实施，由街道办建设办公室监督实施，严格按照设计标准、质量要求，保质保量按期完成，顺利通过市区主管部门的检查验收。

项目一期 西起北齐路、东至青州市边界，北起济青高速公路，南至青州市边界。涉及杨西、王齐、吕家孝陵、高家孝陵、北苑等21个行政村全部或部分土地，农户4021户。总投资745.43万元，建设面积1011.38公顷。2013年10月开工。建设灌溉与排水工程，新打机井24眼，建井房43座，维修井房192座，清淤沟渠66.2千米。新建桥涵667座，其中，80涵3座、50涵15座、30涵649座，维修桥涵267座。建设道路工程，整修田间二级道路44.8千米，生产路2.5千米。建设农田林网工程，栽植乔灌树木0.403万株。2014年4月竣工。

项目二期 西起薛家村，东至青州市边界，北起皇城镇边界，南至济青高速公路。总投资180.8万元，建设面积266.68公顷。涉及宋家、胡家、后丁、付辛等7个行政村，农户1641户。2015年10月开工。建设灌溉与排水工程，新打机井13眼，建井房13座，清淤沟渠7.73千米，新建桥涵209座。建设道路工程，整修二级田间道路9.94千米，生产路1.36千米。建设农田林网工程，栽植树木2570株。2016年10月竣工。

第十章 生态农业建设

第一节 生态能源

省柴节煤炉灶推广

1970年，境内开始推广省柴灶（荣成灶）。全社各生产大队选派能工巧匠40余人，参加区能源办公室举办的推广省柴灶培训班，参观学习区里试点村的灶台样式后，开始对各生产大队每家每户灶台进行改造。样式分为无风箱式、有风箱式两种，灶台后边垒一烟囱，柴草点然后，共同点是火焰在灶膛中沿锅底旋转，然后经出烟口排出。能充分利用产生的热能，节省柴草，很受广大群众欢迎。到1980年，全社各生产大队多数农户都用上省柴灶。

1988年，开始推广使用节煤取暖炉（也叫暖气炉）。在炉膛壁和烟囱上设计有水箱，点燃炉具使水箱中凉水升温后，在温差作用下自然循环，把屋内各个散热器带热，达到取暖的目的。到2016年，随着境内柳店炉业、齐昊炉业等厂家生产出多种规格、不同样式的取暖炉，各村90%农户用上节煤高效取暖炉。2017年秋，在区委、区政府政策鼓励和街道党工委、办事处的规划安排下，齐家终村、吕家孝陵、高家孝陵、前李、刘营等12个村、2288户实现煤改气，用上洁净环保的天然气取暖和生活用气。9月19日，副市长刘荣喜到后李村、前李村实地考察天然气安装、使用和其他能源替代煤炭情况。

沼气推广

1976年，开始推广使用沼气。建中大队在小学校内建成1个沼气池，经填料发酵后，产出沼气用于学校照明和食堂炊事。1个10立方米的沼气池每年可节省燃料用煤1.2吨，煤油6千克，沤造优质肥料4吨，生产土氨水500千克。1976年9月7日，临淄区革命委员会以临革发78号文件批转齐陵公社“关于大力推广沼气的情况报告”，并要求各社加强领导，大力推广，办好沼气。

1978 年，区政府组织各公社负责人赴临沂地区考察学习使用沼气经验后，公社党委采取“以社员自办为主，国家集体扶持为辅”的政策，对建沼气池用的石灰、砖等物资由公社碳酸钙厂和砖厂按半价供应，要求大队干部带头，凡具备建设条件的每户建 1 个 10 立方米左右沼气池。采用生产队投料、生产队用肥、社员用气的办法。到 1985 年，全镇建成沼气池 260 个（其中当年新建 20 个）。正常产气的 169 个，占总数的 65%。沼气既能照明又能浇水做饭，是一种比较理想的环保型燃料。后因没有清理沼渣的专用机械设备，人工清沼渣极不方便，很不安全，没能得到很好的循环利用。

太阳能热水器 （2017 年摄）

2006—2009 年，由区农业主管部门具体负责，在境内北部平原部分村推广建设新型沼气池 668 个，每个由区财政补贴 300 元～ 500 元。并配备专用清沼渣机械设备 2 台。2014 年，庚源晨奶牛场投资 390 万元，建成日产 1000 立方米现代化沼气站 1 座，供前丁村村民生活用气。

太阳能利用

20 世纪 80 年代，境内有的农户在平房顶或房屋厦檐上，放置塑料袋或白铁桶等盛水容器，利用太阳照晒（闷晒式）加热，用于洗澡或洗刷碗筷。90 年代后，太阳能热水器由闷晒式向真空管式发展，在翻建、新建房顶和新建住宅楼上预留位置，安装太阳能热水器。至 2017 年，累计推广太阳能热水器 5900 余台。

2010 年起，街道办在聂王路、二号路（太王路）、二中路、宋望路、马莲台景区等路段，共安装太阳能路灯 445 盏，总投资 277.36 万元。2014 年起，部分农户、单位开始在房顶上安装光伏发电设备。至 2017 年，已有 63 户累计安装达 680 千瓦，均发电入网。

光伏发电 （2017 年摄）

第二节 生态农业

20 世纪 80 年代初，开始大面积植树造林，绿化荒山荒滩，推广移动式节水灌溉、农作物秸秆还田、立体种植。1993 年，临淄区被国家七部（委）确定为全国生态农业建设试点区，时间为 1994—1998 年，历时五年。

1994 年，镇党委、政府成立“临淄区生态农业建设”相应组织机构。按照区委、区政府制定的《临淄区生态农业建设总体规划》《临淄区农业生态环境管理暂行规定》《临淄区农田“三灌”工程管理办法》《关于严禁焚烧作物秸秆的通告》等具体规定和要求，制定出全镇的工作目标，措施及办法。通过召开镇村干部专题会议、举办培训班、发放宣传材料、流动宣传车等形式，让广大农民群众了解生态农业建设的具体内容和优点。共培训技术骨干160余人，培训农民2000余人次，获得《绿色证书》250人。至1998年，如期完成镇党委政府制定的植树造林绿化目标，绿化荒山87公顷，河滩造林101.43公顷。完成农田水利“三灌”工程，选取王齐和小交流村22个蔬菜大棚实施滴灌，北部平原部分村1000公顷粮田实现喷灌化。完成秸秆资源化利用目标，进一步扩大玉米秸秆还田面积，增大青贮能力。完成万亩高效立体种植开发目标，在北部部分村实施高低作物搭配、桐粮间作等立体种植技术。完成无公害农产品开发目标，大力发展无公害大棚蔬菜和以蛋鸡为主的畜牧业生产，进一步优化了农业内部结构，农业和农村经济大幅度增长。

2002年起，按照《关于对田齐王陵生态旅游区内实行退耕还林的实施方案》，以马莲台旅游路为中心，两侧视野内及四王冢北侧紧邻耕地全部实现退耕还林还果，集中发展板栗、冬枣、柿子、李子、桃、杏等高档林果。到2013年，共投资1150余万元，累计植树造林496.70公顷。对稷山、康山、牛山、紫荆山等山体进行生态修复，四王冢、二王冢及其他古墓全部进行绿化保护，对胶济铁路、牛山路、309国道、济青高速公路两侧高标准绿化。配合淄河综合开发，实施淄河生态建设工程，包括清障疏浚、河坡整理、修筑拦砂坝、以堤代路、河道绿化等，完成地形整理恢复38.69公顷，清运土石方3500立方米，栽植速生杨2.7万株，黑松、雪松等观赏树木1.1万株。

2015年起，重点打造三大农业集群。发挥获丰、乐采、祖发三大国家级蔬菜标准园的辐射作用，实行“农超对接”模式，构建产销一体化链条，打造成种植业集群；发挥齐御牧业、庚源晨奶牛场、宏丰养殖基地三大养殖企业龙头作用，实行“龙头连基地带农户”的模式，发展生态循环农业，打造养殖集群；依托马莲台休闲农业综合体、齐旺达民族产业园、蓝溪齐民要术农博园、金阳葡萄园、牛山生态观光园、忆当年等休闲采摘基地，大力发展生态农业采摘体验，打造成生态休闲采摘集群。

·第五篇·

工 业

淄博市炉具行业协会成立大会在齐陵街道柳店炉业召开（2016年 摄）

山东美陵甲醇制氢大型转换器 ф3600 160T　　（2017 年摄）

山东美陵 2-DMTO 大型立式换热器　　（2017 年摄）

齐陵街道工业历史悠久。后李文化时期即有制陶业。春秋战国时期，出现冶铜、冶铁、丝织等手工业作坊。清末民初，手工业有所发展，从业者主要从事建筑、土布纺织、缫丝和小型铸造等行业。20世纪30年代起，时局混乱，个别行业败落或停止。

新中国成立初期，形成各种私营作坊，从业者有常年性与季节性之分。1956年起，手工业户走上集体化道路。1958年开始“大炼钢铁”，次年停止生产。20世纪60—70年代，境内工业经济发展缓慢。

中共十一届三中全会后，社办企业逐步发展，建成一些生产规模较大、经济效益较好的企业。队办工业发展较快，多种形式的个体工业逐步兴起。1984年，镇、村企业30家，全镇工业总产值620万元。随着齐鲁石化公司各项工程的建设，境内相继建成化工配件、塑料加工、精细化工及新材料企业。1990年，境内企业达56家，工业总产值4070万元。1993年起，全镇开始发展外商独资和合资合作企业。1995年，镇办企业总产值5158万元，村办企业1683万元。形成以镇村集体工业为主、个体私营为辅的工业体系。

1997年，镇政府按照区委、区政府企业改革部署，对镇办、村办企业进行改制，通过重组、出售等形式，转为股份制、股份合作制等形式的私营企业，工业企业进入快速发展时期。全年全镇工业完成固定资产投入1200万元，实现销售收入9225万元，利税1300万元，利润865万元。2000年，全镇规模工业13家，产品包括化工设备、紧固件、机械、空调风机、精细化工、矿泉水、食品等。2009年始，借助城区东扩和旅游区开发等区位、环境优势，实施项目带动战略，优化产业结构，鼓励企业加大投入，工业生产实现环保、创新发展。

2017年，全街道共有规模以上工业企业12家。完成工业生产总值28.80亿元，主营业务收入26.60亿元，实现利税2.09亿元，利润1.23亿元。

第一章 机 构

第一节 经济发展办公室

新中国成立前，境内无专门工业管理结构。新中国成立初期，境内手工业店铺和作坊由县政府手工业管理部门统一管理。1958年，齐陵公社成立，由一名副社长分管工业，并设工业干事1名。1966年，齐陵手工业管理站成立，隶属于临淄县手工业管理局，其职责由齐陵修配站代行。1974年，齐陵公社多种经营办公室成立，管理全社工副业生产。1976年，公社革委会成立工业办公室，负责管理辖区工业企业。

1978年，公社成立齐陵建材管理组，对境内建材生产单位统一管理、统一结算、统一价格、统一销售。1982年1月，公社多种经营办公室改为多种经营供销公司，解决产供销矛盾，推动工副业发展。

1984年，成立齐陵镇经济委员会，下设工业公司、建材公司、多种经营供销公司，负责管理镇村工业。建材公司设爆炸物品管理站、炸药库等，负责管理全镇石料场、粉石机、砖厂、石灰场的生产和运输。1992年，镇政府成立村办企业委员会，管理村办企业和建材生产。1993年，镇经济委员会更名为经济贸易委员会。1995年6月，成立镇工业小区领导小组。2002年，镇政府进行机构改革，设立齐陵镇经济发展办公室。

2011年，街道改革机构设置和职能配置，仍称经济发展办公室。2017年，齐陵街道经济发展办公室设主任1名，副主任1名，工作人员8名，统管全街道工业，负责企业管理、统计、招商引资、安全生产等工作。

历任负责人：

张华松 陈修堂 李书林 于奎元

王能敦 路百敏 许福林 许 超

安增东　陈爱国　安增东　王云山
王义朴　刘其明　赵金川　刘　青
朱东良　王士强

第二节　安全生产监督管理办公室

新中国成立后，境内成立安全生产管理机构，加强安全管理工作，保障广大职工的生产安全和身体健康。

20 世纪 60 年代，随着工业部门结构调整，公社成立劳动保护安全管理机构，企业、车间、班组由负责生产的负责人兼管安全，形成较为系统的安全管理体系。1970 年，贯彻中共中央《关于加强安全生产的通知》，健全安全和劳动保护工作管理机构。企业设立生产班组安全员，实行安全生产责任制。1979 年，由企业生产科兼管安全生产。

1983 年，根据国家《关于加强安全生产和劳动安全监察工作的报告的通知》要求，企业成立安全生产管理委员会，车间成立安全生产领导小组，班组设兼职安全员，形成安全生产管理委员会领导生产部门和安全管理机构共同实施安全工作的管理体系。

1997 年，镇政府发挥职能部门作用，突出抓好厂长、经理负责制，加强安全教育，加强特种行业安全人员上岗培训，确保企业健康、安全运行。2002 年，根据区政府统一要求，镇政府成立安全生产委员会，下设安全生产监督管理办公室，各企业配备专、兼职安全管理人员，形成安全生产管理体系。

2011 年 8 月，调整充实街道安全生产委员会，下设办公室及 9 个专业安全生产委员会。负责研究、管理、协调安全生产问题，综合管理街道安全生产工作。2012 年 9 月，街道成立安全环保办公室。2015 年 1 月，成立大气污染防治指挥部及工作组。

2017 年 10 月，成立安全生产监督和环境保护办公室。街道安全生产委员会及大气污染防治指挥部及办公室组成人员随人事变动而调整，其工作职能不变。

第二章　工业体制

第一节　街道工业

1957 年 5 月，淄河乡公所在淄河店成立农具修配门市部，主要设备有手摇皮带车床、手摇钻、台虎钳。孝陵乡公所在高家孝陵大庙办起红炉车间和木工车间，工人 22 名。1958 年 9 月，淄河乡、孝陵乡的工业合并，成立齐陵人民公社联合机械制修厂，厂址在王家齐陵。高凤和、李廷美任厂长。租用民宅作为办公室和厂房，职工 30 人。设红炉、木工、修配、鞋业、翻砂等 5 个车间及缝纫、理发、镶牙、修鞋等 4 个组。1960 年 8 月，制修厂迁至淄河下崖，有红炉、修配、白铁 3 个车间和自行车修理门市。1968 年 9 月，更名为齐陵公社联合厂。

1970 年 6 月，联合厂更名为齐陵公社农具厂。1972 年，在农具厂增设磷肥车间。1973 年，成立齐陵公社磷肥厂。1978 年，在牛山北建立齐陵公社水泥厂，有立窑 1 座。1979 年，成立公社工艺品厂，职工 14 人，组织散户加工花边。

1980 年，农具厂更名为临淄电器厂，完成技术改造项目 15 项，主要有龙门刨床、牛头刨床、简易铣床、镗床、剪板机、行车、夹板锤等。主要生产电风扇配件、红旗 450 脱粒机、取暖铸铁炉等产品，为齐鲁石油化工公司有关厂生产塔盘、龟甲网等化工配件。同年，成立公社缸瓦厂、被服厂。全公社有社办工业有 9 个，从业 403 人，完成产值 261 万元。

1983 年，党委、政府在社办企业实行利润包干责任制，促进集体经济发展。临淄电器厂更名为临淄石油化工配件厂，年平均职工数 151 人，实现产值 183 万元，利润 21 万元，固定资产 83

万元。镇办企业实现工业总产值 305.49 万元。1984 年，镇办企业实行“一包三改（企业实行经营承包制，改干部委任制为选举、招聘或自荐，改固定工资为浮动工资，改固定工为合同工）”责任制，增加企业活力，提高经济效益，公社瓦厂、农修厂率先实行承包经营。1985 年，成立齐陵农机制修厂、临淄乳品厂。镇办企业达 6 家，从业职工 448 名，实现总产值 288.2 万元，固定资产 361.29 万元。其中，建材公司年收入 22 万元，上缴利润 15.7 万元。临淄石油化工配件厂有职工 135 人，固定资产 87.3 万元，完成工业总产值 205 万元，创利润 16.4 万元。1986 年，成立临淄防腐保温工程公司，主要面向齐鲁石化炼油厂、乙烯厂开展业务，逐步扩展到东营、青岛、龙口及安徽、甘肃等地。镇办企业达 11 家，完成产值 461.92 万元。1988 年，建成淄博草酸厂。公社磷肥厂更名为临淄国利化工厂，设磷肥、固化剂、复混肥 3 个车间，年产值 478 万元。镇办工业完成总产值 727.88 万元。

1989 年，镇办工业达 10 家，实现工业总产值 927 万元。1990 年 3 月，镇政府印发《关于加强建材业统一管理的规定》，发挥镇建材业优势，振兴全镇经济。年内，工艺品厂花边投放额 30 万元，创利润 3.2 万元。1991 年，对镇办企业进行技术改造，完成新产品开发项目 5 项，新增产值 60 万元，利税 13 万元。临淄石化配件厂连续保持省系统先进企业称号，生产的“齐陵”牌浮阀创市优产品。磷肥厂被评为区级先进企业、安全达标企业。全镇工业总产值达 1035.48 万元，比 1990 年增长 18.07%。至 1992 年，三年时间技改投资 441 万元，完成技改项目 12 项。

1993 年，淄博美陵化工设备股份有限公司投资 170 万元，新上耐腐蚀泵和轻体板两个项目。总投资 166 万元，完成美陵化工设备公司、国利化工厂、水泥厂等 4 个项目的技术改造，新增工业产值 1500 余万元。对老企业进行嫁接改造，临淄乳品厂改建成天齐渊矿泉水厂。“青州府花边”和南齐村植物元素厂巩固拓宽国内外市场，完成出口收购值 50 万元。实施科技兴工战略，年内完成科技成果推广应用 28 项，其中美陵公司与中石化洛阳工程公司研制的 T 型翅片管重沸器，与石油大学共同研制的 HTV 船型浮阀两种新产品、折流杆式换热器填补省内空白。

1994 年，镇办工业完成总产值 5308 万元，销售收入 1802 万元，利税 561 万元。1995 年，突出龙头骨干企业的技术改造和老企业的嫁接改造，镇办工业发展速度和效益有了较快提升，完成工业总产值 5158 万元，利税 550 万元。

1997—1998 年，深化企业体制改革，通过并转、重组、出售等方式，镇办工业改制为股份制、股份合作制等形式的私营企业。

1980—1985 年齐陵部分社（镇）办工业企业情况表

表 5-1　　单位：万元、万度、吨

企业名称	年度	年总产值	从业人数	产品名称	单位	全年产量	全年利润	载重汽车	年用电量	年耗煤量	年耗燃料油
电器厂	1980	155.00	165	取暖炉	个	5565	29.55	2	12.00	400	—
	1982	172.00	158			20000	15.10	9	8.30	100	20
	1983	183.00	151			5500	20.75	1	6.00	450	40
	1984	191.00	147	配件	件	205261	14.33	2	2.00	200	—
	1985	205.00	135			17700	13.46	—	—	—	—
磷肥厂	1980	29.00	38	磷肥	吨	2910	7.00	—	8.00	44	—
	1982	17.76	36			2136	4.50	2	0.87	10	12
	1983	25.00	31			2500	7.80	1	5.60	—	12

续表 5-1-1

企业名称	年度	年总产值	从业人数	产品名称	单位	全年产量	全年利润	载重汽车	年用电量	年耗煤量	年耗燃料油
磷肥厂	1984	24.00	35	磷肥	吨	2400	3.86	—	7.92	—	—
	1985	24.00	—			—	3.70	—	—	—	—
水泥厂	1980	20.00	156	水泥	吨	2950	2.00	—	40.00	400	—
	1982	25.23	130			4679	0.20	2	1.03	1000	20
	1983	32.89	130			5940	4.00	1	50.00	1710	20
	1984	36.47	100			6826	6.65	1	62.95	1250	—
	1985	37.00	—			4100	3.30	—	—	—	—
砖厂	1980	18.00	99	机砖	万块	428	4.00	—	8.00	1100	—
	1982	14.58	107			410	0.40	1	0.08	800	1
	1983	3.42	50			180	—	—	—	—	—
面粉厂	1980	14.00	56	面粉	吨	3055	5.00	1	48.00	50	—
	1982	9.72	54			1720	1.00	—	0.85	60	5
	1983	—	—			—	—	—	—	—	—
	1984	12.38	40			—	1.48	—	—	—	—
	1985	15.00	—			—	—	—	—	—	—
预制件厂	1980	5.00	12	构件	件	—	—	1	1.00	—	—
	1982	1.33	90			20515	—	2	0.21	20	12
	1983	10.50	50			—	—	—	—	—	—
	1984	14.80	—			—	1.10	—	2.00	—	—
	1985	20.00	—			—	—	—	—	—	—
石料场	1980	5.00	55	片石	立方米	8100	1.00	—	—	80	—
	1982	3.55	165			3200	1.20	1	—	100	10
	1983	12.02	140			27317	—	—	—	100	17
	1984	16.00	112			31260	0.75	—	—	30	—
	1985	20.00	—			—	1.00	—	—	—	—
工艺品厂	1982	6.94	19	花边	套	1172	0.30	—	0.03	20	1
	1983	1.48	10			610	0.20	—	—	—	—
	1984	—	—			—	—	—	—	—	—
缸瓦厂	1983	10.18	137	缸瓦	万片	45	1.30	—	8.50	1600	1
	1984	20.30	50			203	—	—	—	—	—
	1985	43.00	—			300	0.6	—	—	—	—

续表 5-1-2

企业名称	年度	年总产值	从业人数	产品名称	单位	全年产量	全年利润	载重汽车	年用电量	年耗煤量	年耗燃料油
化工厂	1980	10.00	—	碳酸钙	吨	—	1	—	2	—	—
	1984	3.69	28			130	0.50	—	3	200	—
	1985	11.00	—			—	—	—	—	—	—
橡胶厂	1980	5.00	10	三角带	条	13200	—	1	—	20	—
乳品厂	1985	9.00	—			—	1.7	—	—	—	—

第二节　村办工业

农业合作化时期，部分农业合作社成立副业组，主要有采石、采沙、烧石灰、烧砖等小型传统工业项目。1962—1963 年，建中大队建石灰窑 4 个，砖厂 2 处。1964 年，淄河大队开设一遍细机磨、榨油作坊，对外加工面粉和榨油。建中大队建立粉坊 1 处、豆腐坊 4 处。1965 年，王齐两个大队建有砖窑。高家、吕家、刘营、付辛等多数大队建有砖厂。1968—1970 年，建中大队建沙厂 1 处，石料场 1 处。1973 年，淄河大队在淄河下崖建设大跨度厂房 10 间、生产辅助房 10 间，共计 400 平方米。将集体工副业集中起来，统一生产管理，设红炉、修配、木工、缝纫、理发、车床等项目。1974 年，吕家大队建起境内第一座机制砖厂。北苑大队成立磷肥厂。1977 年，付辛大队成立面粉厂。

中共十一届三中全会后，各大队抓住机遇，加快工业发展。1979 年，吕家大队砖厂改建为临淄区第二座瓦厂。1980 年，队办工业从业 524 人，收入 22.61 万元。1984 年，村办工业有了很大发展，砖窑、石灰窑、面粉厂、修配厂、石料场不断增加，有村办石料场 7 个，砖厂 15 个，瓦厂 1 个，石灰场 10 家 28 座，沙场 6 处。运输车辆 60 余辆。外乡镇在境内设石灰场 3 家 5 座。1986 年，南部山区各村发挥当地优势，突出发展建材、运输业。齐家终村、北山西村新上年产值 50 万元的石料二级粉碎加工车间。聂仙村与乙烯签约建立年产值 100 余万元的化工厂，驻佛村新上五金厂和柳编加工厂，付辛村新上麦芽加工厂。村办企业达 38 家。有 8 个石料场，50 个采石小组，38 座石灰窑，14 个砖瓦厂，运输汽车 130 余辆，拖拉机 442 台。

1987 年，镇政府提出消灭无工业村，年内新上望寺塑料油膏厂、东龙纸箱厂、毛家塑料厂、朱家炉具厂、高家面粉厂、交流面粉厂、齐家终村新型塑料厂、刘家锅炉厂。1988 年，村办工业完成总产值 1686.87 万元。建材业总收入 1280 万元，成为村办工业的支柱产业。有开山组 121 个，粉石机 65 台，运输汽车 142 辆，拖拉机 490 台。1990 年，村办企业总产值 100 万元以上的村有 8 个，其中，齐家终村 429 万元，南山村 102 万元，淄河村 137 万元，刘营村 151 万元，付辛村 178 万元，聂仙村 189 万元，柳店村 280 万元，梁家终村 122 万元。

1992 年始，贯彻落实邓小平南巡讲话精神，以经济建设为中心，解放思想，深化企业改革，确保村办工业快速健康发展。村办企业新上项目 22 项，完成产值 4036 万元。1994 年，村办工业完成工业产值 1.1 亿元，销售收入 2450 万元，利税 717 万元。

1997—1998 年，深化企业体制改革，通过并转、重组、出售、承包等方式，村办工业改制为股份制、股份合作制等形式的私营企业。

1994 年 1 月齐陵镇村级工业企业情况表

表 5-2

单位	企业名称	单位	企业名称
淄河	临淄重钙厂、污油净化、石料场	高家孝陵	建材厂
柳店	石灰场	石庙孝陵	冰糕厂
北山东	石料场、石灰场	毛家	塑料厂
北山西	齐陵废旧金属收购站、石灰场	北苑	新齐化工厂、苗木草坪试验场、片碱厂
南山	石料场	后李	砂石场
刘家终村	石料场、淀粉厂	前李	砂石场、砖厂、钻探设备厂
齐家终村	石料场、新型塑料厂、双宏化工厂	薛家	砂石场
梁家终村	污油净化站	宋家	砖厂
王齐	砖厂、饲料厂、养鸡场	刘家	污油净化站
南齐	临淄植物元素厂	胡家	石灰场
杨东	砖厂	太平	污油净化站
驻佛	齐陵塑料制品厂	付辛	麦芽厂、吹塑厂 2 处
聂仙	临淄塑料三厂、砖厂 2 处	后丁	油脂厂
西龙池	面粉厂、纸箱厂、砂石场	老刘家	塑料厂
吕家孝陵	玻璃钢厂 2 处、面粉厂		

第三节　股份制与私营企业

境内个体私营工业历史悠久。明清至民国时期，有砖瓦、榨油、酿酒、土布纺织、编织、木工、采石、卷烟、小型铸造、香炉、草鞋、草编锅盖等手工生产。新中国成立初期，形成各种私营作坊，从业人员有常年性与季节性之分。农业合作化时期，个体私营手工业者先后建成具有集体性质的手工业合作社。20 世纪 60—70 年代，境内只有少数个体私营作坊和加工户，主要从事木器加工、红炉、土布纺织、小型建筑等传统行业。

改革开放后，党和国家对个体私营工业采取扶植政策，个体私营经济快速发展起来。20 世纪 90 年代，随着政府职能转变、市场体系健全和企业产权制度改革，企业经营机制从最初的镇、村集体直接管理生产经营，转为股份制合作制、股份制，理顺了企业与行政的关系，企业逐步成为市场主体。1990 年，柳店节能炉具厂、临淄振兴节能炉具厂成立，后分别发展为淄博柳店炉业有限公司、淄博齐龙炉业有限公司。1992 年，临淄石化配件厂与美国杜摩尔国际公司合资设立淄博美陵化工设备有限公司，后改制成立淄博美陵化工设备股份有限公司。齐昊炉具厂在境内南山村生产“南山”牌节能炉具，后发展为淄博齐昊炉业有限公司。1993 年 12 月，淄博美陵化工设备股份有限公司与青岛石油化工厂合资创立青岛琴陵石化配件有限公司。1994 年，境内建成临淄广丰食品饮料厂，生产八宝粥以及汽水、果汁等饮料。1997 年，淄博美陵化工设备股份有限公司更名为山东美陵化工设备股份有限公司（简称美陵公司）。临淄京元工贸公司成立，投资 500 万元新上化工项目。年内，引进外资 15 万美元，成立中美

美陵环境科技（淄博）有限公司 （2017年摄）

合资根林实业公司。全镇投资600万元，完成企业技改项目4项，促进产品更新换代，增加产值2000万元，利税160万元。境内个体私营工业涉及电器、化工、建材、食品及塑料加工等多个工业门类。至1998年，镇、村集体工业企业全部改制为股份制、股份合作制及个体私营企业。1999年5月，山东三明生物科技有限公司建成投产，主要产品为齐鲁三明生物肥。

2000年，全镇规模企业13家，产品包括化工设备、紧固件、空调风机、精细化工、矿泉水、食品加工、污水处理等10余个门类近百个品种。2001年6月，淄博市临淄佳彩印务有限公司成立，发展为专业印刷包装公司。2002年，淄博市临淄伊阳工贸有限公司、淄博齐顺电力器材有限公司（万达铜材）成立。“美陵”和“兔巴哥”两大品牌被确认为山东省著名商标。2003年，淄博市临淄方辰母料厂成立。加快结构调整和技术改进，增加经济总量。新上淄博中恒陶瓷色釉料和石化设备制造等7个项目，年新增产值1700余万元。引进项目8个，引资4550万元。进行16个技改项目，开发9项新产品。街道有规模工业企业13家，从业人员2765人。完成工业总产值4.11亿元，实现利润2588万元，全年固定资产投资8530万元。2004年，淄博鲁东波纹管有限公司成立，后改称淄博鲁东化工设备有限公司，主要产品为金属软管和化工配件。美陵公司、兔巴哥公司通过技术改造、设备更新、新产品研制开发、项目扩产等革新措施，经济运行质量明显提高。

2005年，加大对重点企业的扶持力度，培植扩展经济增长点。4月，淄博金诺化工设备有限公司成立，后改成淄博金诺机械装备有限公司。11月，淄博悦城机械有限公司成立。年内，20家企业投资8218万元完成技改项目，新上项目16个。全街道实现工业总产值5.53亿元，利税4406万元。美陵公司“美陵”牌获山东省名牌称号。兔巴哥公司加大品牌开发及宣传力度，在全国各地扩大销售市场和铺设销售网点。2006年，美陵公司与韩国快宝公司合资成立淄博快美环保科技有限公司。美陵公司投资2000万元完成高浓度污水处理项目，投资4000万元完成锻压技改项目。山东淄博意美达风机有限公司、淄博金永海塑料制品有限公司成立。兔巴哥公司、武峰公司、紫荆山矿泉水公司投资3200万元完成6个项目。销售收入过亿元的规模企业有3家，过1000万元的有5家。

2007年，街道完成工业总产值20.6亿元，比2006年增长45.9%；销售收入20.2亿元，增长43.39%；利税1.92亿元，增长40.38%；利润1.07亿元，增长47.44%；实现出口创汇26.4万美元。美陵公司“美陵”牌换热器及兔巴哥公司“兔巴哥”牌派类食品获中国名牌称号。

2008年，山东美陵集团进行资产重组。11月3日，淄博快美环保科技有限公司更名为美陵环境科技（淄博）有限公司。公司下辖山东美陵美力达风机有限公司、山东美陵中联环境工程有限公司、淄博市天齐渊供水有限公司、青州市美陵污水净化有限公司、天齐渊矿泉水分公司、临淄污水净化分公司、济宁美陵污水净化有限公司。主要从事污水净化、矿泉水生产销售、工业污染治理和其他环境工程、环保设备、工业自动化控制系统装置、机电设备、环保技术咨询、进出口等业务。同年，美陵公司投资400万元实施ERP信息化管理，提高企业管理水平。年内，美陵公司投资3025万元完成节能技改项目，淄博悦城机械有限公司投资1500万元完成车间改造项目，华日公司投资1200万元完成化工设备扩产项目，大运特公司投资1500万元完成集成房项目，友润公司投资910万元完成设备铸造项目，兔巴哥公司、武峰公司等投资4000余万元完成扩产改造，新增产值 3 亿元，利税 4500 万元。

2009 年，借助城区东扩，实施项目带动战略，产业结构进一步优化，为经济增长注入新的生机和活力。年内，淄博绿茵人造草有限公司成立。新增科技创新项目 6 个。鲁东波纹金属软管、龙跃公司金属材料加工和兔巴哥公司纸箱扩产等 10 个扩产改造项目陆续竣工投产，总投资 4.3 亿元，年新增产值 7 亿元，利税 1 亿元。全年实现工业总产值 31.88 亿元，比 2008 年增长 20.6%；销售收入 31.04 亿元，增长 21.2%；利税 2.93 亿元，增长 20.83%；利润 1.63 亿元，增长 20.02%。2010 年，引进山东长运集团融投资担保公司，为企业加快发展提供有力保障。6 月，山东筑高混凝土有限公司成立。

美陵汽配分公司引进的丹麦迪砂铸造生产线　（2011 年 摄）

至 2012 年，街道制定奖励扶持政策，鼓励企业加大投入，项目建设稳步推进。美陵集团汽车零部件铸造二期、淄博市临淄伊阳工贸有限公司轧钢管项目等总投资 6.25 亿元的 8 个重点工业项目进展顺利。其中，美陵集团汽车零部件铸造项目二期、淄博久丰化工设备有限公司机械加工等 4 个项目相继建成投产。美陵环境科技（淄博）公司总资产净值达 1.86 亿元，年经营收入 1.83 亿元，实现利润总额 681 万元。

部分年份规模以上工业企业经济指标情况表

表 5-3　单位：万元

年度	企业数量	生产总值	销售收入	利税	利润	工业增加值	万元增加值能耗降低率 %
2000	13	7360	7087	844	507	2627	—
2003	—	41101	—	—	2588	13696	—
2004	—	37274	34739	—	2000	19924	—
2005	12	55293	52132	4406	2456	28200	—
2006	—	84200	83600	7315	3927	42000	—
2010	17	250144	248109	32520	17704	—	—
2013	19	396711	395033	56734	31770	—	-4.65
2014	19	364346	355403	38479	25233	—	-4.78
2015	18	289355	284002	29789	20215	—	-5.47
2017	12	287977	265955	20900	12254	—	-5.77

注：规模企业标准为 2011 年前主营业收入 500 万元及以上，2011 年始为 2000 万元及以上。

2013 年，建设总投资 3.5 亿元的 7 个重点工业项目，完成投资 2.8 亿元。茂隆物流港委托天津大学和同济大学规划设计，计划投资 6.5 亿元建设城区东部最大的商贸物流中心。2014 年 6 月，淄博康盟赛斯科技发展公司成立，主要研发生产妇产检测耗材。2016 年，美陵环境公司拥有环保设备制造、矿泉水生产、污水处理、城市供水设备以及光谱检测、机械性能检测、化学成分分析、金相检测、耐腐蚀试验、微生物检测等各种研发、生产及检测设备 500 余台套。11 月 4 日，街道办事处牵头柳店炉业、齐昊炉业等成立淄博市炉具行业协会。

2017 年，推进工业供给侧结构性改革，激发工业发展新动能，推动传统产业改造升级。完成辖区 7 家化工存储企业拆除工作。茂隆高科技创业园区建设进入快速发展时期。美陵公司完成异味治理及双电源供电技术改造项目，在“新三板”成功挂牌交易。柳店、齐昊炉业联合全市 28 家炉具企业成立淄博绿动力炉具协会。做好以美陵为龙头的机械加工产业链和以柳店炉业为龙头的锅炉产业链整合工作，促进传统产业做大做强。

第四节　企业改革

新中国成立初期，境内手工业经社会主义工商改造，先后形成手工业合作社、组等经济组织。1961 年始，对企业进行整顿，企业自主权少，缺乏应有活力。

中共十一届三中全会后，贯彻中共中央“调整、改革、整顿、提高”的方针，对个体工业采取扶植政策，逐步实行自主经营的企业管理体制。1981 年，国务院相继批转《关于工业企业经营责任制若干问题的意见》《关于工业企业经营责任制若干问题的暂行规定》，企业开始具备相对独立的生产经营自主权。1982 年，改进集体企业的工资奖励和劳保福利制度，由公社工业办公室负责对社办企业职工进行工资调整，由三个档次统一调整为四个档次。1983 年，整顿企业领导班子、职工队伍、管理制度、劳动纪律、财经纪律，实行利润包干、超利润分成责任制，调动企业干部职工的生产积极性。1984 年，在全区率先为镇石料场、水泥厂、缸瓦厂及刘家终村、齐家终村、梁家终村石料场和吕家孝陵缸瓦厂职工参保意外伤害险。

1986 年 9 月，中共中央、国务院颁布《全民所有制企业厂长工作条例》，明确规定厂长是企业法人代表，在企业中处于中心地位。1988 年，全镇 61 家企业实行经济承包，理顺企业管理体系，调动了职工的生产积极性。1989 年，镇政府组织开展工业生产技术进步管理年活动，抓好技术改造项目、新产品开发。将竞争机制、风险抵押机制、自我约束及自我激励机制引入企业管理，完善经济承包责任制和全员风险抵押承包，增强厂长经理的事业心和责任感，职工树立主人翁意识，提高企业竞争能力和市场应变能力。1991 年，结合企业承包，立足搞活企业、发展生产，对企业进行全面审计，强化企业各项管理。

1992 年 11 月，成立镇、村企业股份制改革工作指导小组及办公室，根据《淄博市乡镇企业股份合作制规范化试行办法》和《临淄区乡镇企业股份制实施方案》，推进全镇企业股份制改革工作。在临淄石油化工配件厂基础上成立淄博美陵化工设备股份有限公司，成立董事会、监事会。1993 年，《中华人民共和国公司法》颁布，工业股份制改革全面推行。1994 年 2 月，在齐陵建筑公司、齐陵社会福利纸箱厂、国利化工厂等企业成立董事会、监事会。1995 年，全镇工业企业开始产权制度改革。1996 年，强化企业内部管理，推行定额成本管理，以节能降耗为目标，以科学核定定额为重点，建立健全成本管理制度，将职工的经济利益与企业的经济利益结合起来，杜绝消耗无定额、成本无核算的现象。实行定额成本管理的产品达 148 种，生产劳动定额工序 569 个。

1997 年，贯彻临淄区委、区政府“深化企业产权制度改革、运行机制改革和加快政府职能转变”的企业改革思路，坚持“产权清晰到人，权责明确到位，政府运营资本，企业自主经营”基本原则，镇政府成立企业改革领导小组，对镇办企业进行改制。本着一企一策、因企制宜的原则，对企业资产进行评估，采取股份合作制、竞价出售和零价转让等方式，做好企业产权制度改革。制定《齐陵镇关于建立和完善企业运行机制的意见》，采取减人增效及劳动、人事、分配制度改革等措施，理顺企业生产关系，提高工业经济运行质量。3月16日至4月1日，完成天齐渊矿泉水厂改制。由齐鲁乙烯供排水厂、镇政府、美陵公司组成清查小组，负责现场资产清理、登记造册、核对账目。聘请区级以上资产管理部门进行资产评估，根据评估后的净资产，签订相关协议。由山东美陵化工设备股份有限公司兼并天齐渊矿泉水厂。镇政府所属部分资产作为集体股份入股，乙烯供排水厂资产部分由美陵公司租赁使用。

年内，改革镇建筑公司管理体制，成立淄博齐宏实业公司，下设建筑公司、防腐公司、金属软管厂和新型材料厂，实行公司领导下的分厂负责制。采取兼并、租赁、出售等形式，完成国利化工厂、水泥厂、纸箱厂、齐宏公司的改制工作，理顺产权关系。其他企业也进行相应形式的改制。同时，镇政府组建公有资产经营公司，加强公有资产管理，保证公有资产保值增值。9月，全部通过临淄区改制验收小组的验收。

年内，镇政府结合村办工业企业实际情况，按照一企一策的企业改制原则，组织进行村办企业改制工作。成立领导小组和财政、审计、经委、工商、法庭、司法等部门参加的工作小组，对个人投资的假集体企业，采取“摘帽子”的办法，限期变更企业性质，对效益好的企业进行股份制合作或私营改制。村办企业全部由集体企业改制为股份制、股份合作制等形式的个体私营企业。同时，制定优惠扶持政策，大力发展个体私营经济，制定《齐陵镇关于进一步发展个体私营经济的实施意见》，先后帮扶3家个体私营骨干企业新上项目4项，投资740万元，实现产值3700万元，利税480万元。

至1998年，全镇工业由工厂制组织形式转为公司制组织形式，形成以股东代表大会为最高权力机构、董事会为决策机构、监事会为监督机构、经理层为生产经营执行机构的相互分离、相互制约、相互协调的管理体制。企业依法自主经营，照章纳税，依法破产，政府宏观调控。限额以上工业企业普遍建立与社会主义市场经济相适应的现代企业制度。

2005年，按照现代企业制度要求，指导企业健全和完善企业运行机制，健全法人治理结构，促进企业股权管理规范化。2013年，推行企业年金制度，增强企业人才竞争能力、企业自身凝聚力。加快推进工业化和信息化深度融合，深度治理大气污染，落实PM2.5国家监测标准，强力推进节能降耗，推动企业发展速度与质量效益同步跃升。2015年，落实全省“互联网+制造”电视电话会议精神，大力发展互联网经济，加快推进工业转型和提质增效。

2017年，不断推进供给侧结构性改革，规范加强企业现场管理标准化建设，聘请北大纵横管理咨询机构完成山东美陵“个性化”管理提升工作。为企业注入“互联网+”思维，加快企业电子商务步伐，重点支持电子商务平台建设，促进企业借助线上线下营销拓市场、增效益。引导传统企业通过采用新技术、新工艺、新设备，实现技改升级、绿色发展，加快向高端绿色迈进。

第三章　工业门类

第一节　机械制造

机电设备

1980年，齐陵农机厂改建为临淄电器厂，购进4台精密车床，用于加工风扇叶芯，生产300毫米民用台式电风扇，为淄博电风扇厂配套生产扇叶立柱、底座等零部件。1994年，淄博美陵化工设备股份有限公司研制出空调风机及通风机等系列产品。1995—1996年，公司研制成功5种大型外转子风机、5种型号皮带风机并投放市场。1997年，全镇机电设备工业进入提高产品技术含量、开发风机专利生产技术的新阶段。美陵公司投资200万元，开发出3种规格大号风机填补国内空白，KT系列空调风机获市科技成果奖。年增产值1000万元，利税150万元。1999年，KT6-43No7.1S空调用离心通风机获市科技成果奖。12月，“美力达”牌双速空调用离心通风机经省科学技术委员会鉴定，技术水平国内领先，多项制造技术获国家专利，产品填补国内空白。

美陵公司风机总装车间　　（2002年摄）

2002年，美陵公司投资200万元新上风机总装生产线和喷塑生产线，改造风机进风口旋压变形工艺，改进风机前期喷塑处理工艺，风机表面磷化效果好，喷涂附着力强，提高风机外观质量。淄博齐顺电力器材有限公司的纸包车间主要生产变压器内部所用的纸包线，焊壳车间主要生产变压器油箱，年产纸包线及油箱1000余吨，产值2000余万元。2004年，美陵公司投资1400余万元进行技术改造和设备更新，有29个规格的矿用隔爆型压入式对旋轴流通风机和4个规格的煤矿地面用防爆型抽出式对旋轴流通风机研制开发成功。2005年，淄博悦城机械有限公司拥有通用机械加工设备及专用自动化加工设备20台套，其中自动化数控设备4台。2006年，山东淄博意美达风机有限公司主要生产WKF系列、PKF系列空调风机产品，通过ISO9001：2000质量体系认证。美陵公司“美力达”牌空调风机被认定为山东省名牌产品。

2007年，美陵公司投资981.91万元搬迁改造风机公司锻压车间，建厂房3204平方米，新增5吨电液锤、5吨操作机及锻造装出料机等设备，生产能力达1万吨，年内生产各种风机2.36万台。公司大型无外壳风机、外转子永磁无刷直流电机调速离心通风机、轴流风机叶轮焊接规定装置等3种产品获国家实用新型专利，大型外转子后倾翼型叶片风机获国家外观设计专利。2008年，美陵公司投资3025万元的节能技改项目投产，完成K76-43No2.51、KT6-43No3.15边板工艺、导流锥加工工艺、轴流风机轮毂焊接工艺、2.8号风机降噪技术改进，开发出6种规格的矿用风机，取得FBCDZNo18/2×75安标证、防爆证、合格证，生产的空调用离心风机通过山东省名牌产品复评，煤矿地面用防爆抽出式对旋轴流通风机获山东省优秀节能成果奖，并被列入山东省重大节能技术产业化奖励资金项目。淄博悦城机械有限公司投资1500万元完成车间改造项目。

2009—2012年，美陵公司投资1500万元完成锻压技改项目。实现2.5号风机支撑安装孔由钻孔改为冲孔的工艺改进，取得风机效能标识许可证。投资40万元新上D51-800立式辗环机，实现环类锻件300毫米～3500毫米尺寸范围内全部数控操作。生产各类风机13821台。

2013年，美陵公司总投资2.3亿元的汽车零部件铸造项目投产，新上砂处理线、中频感应熔化设备、自动浇注机、制芯机等先进设备52台套，引进丹麦制造迪砂231-X垂直造型机2套，采用丹麦、美国、意大利等先进技术，主要生产汽车制动系统、排气管、缸盖、增压器等汽车零配件，年生产能力3万吨，通过德国莱茵公司TS16949：2009质量体系认证。至2017年，山东淄博意美达风机有限公司实现年产值500万元，销售额300万元。

化工设备

主要产品有压力容器、紧固件、换热器等化

工配件。

1975 年始，齐陵公社联合厂生产龟甲网等石化配件。1980 年，临淄电器厂为石化公司生产塔盘等化工配件。1982 年，开始重点研制石油化工配件产品。1987 年，石化配件厂与石油大学联合研制开发 HTV 船型浮阀塔板。1989 年，F_1Q-3B 型浮阀被评为市优产品。至 1990 年，先后进行鲍尔环模具、泡帽拉伸模具、泡罩拉伸、波纹填料、筛网板冲孔、矩鞍环和低熔合金模具等技术革新和改造，奠定模具设计制造和石化配件生产基础。1991 年，石化配件厂改造板式换热器及电镀车间生产线，新开发仪表管件项目，高强度螺栓通过省级鉴定。

1993 年，美陵公司将铸造车间改造为铆焊车间，开始小批量生产换热器。投资 33 万元引进中石化公司洛阳设计院的 T 型翅片管重沸器和折流杆式换热器技术，T 型翅片管重沸器填补国内沸腾传热设备一项空白。1994 年，铆焊车间形成年产 4000 吨压力容器的生产能力，通过一、二类压力容器生产资格审查。1995 年 2 月，取得一、二类压力容器生产许可证，压力容器成为公司的主导产品。2001 年，公司生产各类压力容器、换热器 464 台套，炼化配件 108 万件，实现销售收入 3446 万元。

2002—2004 年，美陵公司投资 1000 万元对紧固件车间进行扩产改造，新增设备 101 台套，形成年产 500 万件的能力。BVT 浮阀塔板经省科技厅鉴定达到国际先进水平，波纹管换热器填补国内空白。生产的“美陵”牌一、二类压力容器以新型、高效、耐腐蚀为发展方向，主要用于石油化工及环保工艺过程中的反应、换热分离和储存，年产量 6000 吨。产品覆盖中石化、中石油两大市场。其他各种高强度紧固件，包括双头螺栓、螺母、螺柱和汽车用高强度螺栓、螺母等产品在国内市场畅销。美陵公司成为中国北方最大的紧固件生产基地。淄博市临淄伊阳工贸有限公司生产各种规格型号的油井管螺纹保护器及其他注塑产品，符合 API 5CT 附录 I 标准及 SY/T5991-94 行业标准，被市科委评为科技创新先进单位。2005 年，淄博金诺机械装备有限公司主要制造石油化工设备及配件。“美陵”牌换热器被确认为山东名牌产品，高强度紧固件被认定为国家免检产品。

2007 年，美陵公司取得 A2 级压力容器设计资格证书。生产换热器 405 台，管束 249 台，炼化配件 22 万件，锻件 3684 吨，高强度紧固件 587 万件。“美陵”牌管壳式换热器被评为国家名牌产品。“美陵”牌高强度紧固件被评为山东省名牌产品。2008 年，美陵公司高浓度废水生物强化处理技术、耐 650℃高温高强度螺栓连接副被列为省重点技术创新项目，双壳程螺旋折流板换热器被列入国家火炬计划和省企业创新及技术进步专项引导资金项目，取得 9 项国家专利，参与 2 项紧固件国家标准的制定。自主设计开发的旋流出气高效曝气头，获国家实用新型专利，组合式高效节能换热器先后列入市科技计划项目和省科技攻关计划项目。淄博市临淄伊阳工贸有限公司通过 GB/T19001-2008IdtISO9001 ：2008 和 SGS 质量管理体系认证，投资 1630 万元完成螺纹保护器项目，产品畅销国内各大油田，出口东亚、中东和欧美等地区。2009 年，淄博鲁东化工设备有限公司完成波纹金属软管项目建设。淄博市临淄伊阳工贸有限公司投资 6000 万元完成石油套管项目。2011 年，淄博市临淄伊阳工贸有限公司投资 1.1 亿元完成石油套管二期工程，年产 600 万套，销售总值 1.2 亿元。

2012 年，美陵公司扩大化工设备生产能力，投资 509.1 万元新建铆焊车间 3960 平方米，新增生产能力 4000 吨 / 年。生产换热器 449 台，

美陵公司紧固件车间气体渗碳氮化热处理生产线（2000 年摄）

管束230台，高强度紧固件3461.1吨。“美陵”牌高效节能换热器获中国石油和化学工业知名品牌称号，被评为山东名牌产品。淄博金诺机械装备有限公司取得山东省企业产品执行标准登记证书，产品由石油化工设备及配件扩大到农机、汽车配件等领域。2015年，淄博鲁东化工设备有限公司研发设计的高效节能离心制砂机获得国家专利。2016年，淄博金诺机械装备有限公司对生产车间进行智能化改造，引进全区首台日本发那科焊接机器人，调整产品工艺流程，提高了产品质量。

2017年，淄博金诺机械装备有限公司营业额达1000余万元。山东金鹏翔重工装备有限公司生产设备有卷板机、埋弧焊机等35台，检测检验设备等12台，专业制造换热器、碳钢、不锈钢非标设备、各种塔器、容器、反应釜等化工设备，生产经营各种搪玻璃设备及配件。

炉具

境内炉具产业起步于20世纪70年代，90年代形成一定规模。1991年，淄博齐龙炉业有限公司研制出水暖炉。

2000年，齐龙炉业“齐龙”“齐凤”商标品牌被省对外知名品牌确认办公室及省经济协作信息中心授予山东省对外经济技术合作与交流知名品牌称号。2001年，齐龙炉业陆续推出DA型、DB型、EA型、EB型反烧炉等产品，减少煤炭消耗。反烧炉的碟型带水炉口和炉底侧面进风为专利技术。

2003年，淄博齐昊炉业有限公司注册“齐昊”商标。2005年，齐昊金丽王产品、燃气锅炉上市。2008年，齐昊蓝奥之星数控锅炉投产。2010年，齐昊蓝奥之星数控锅炉获中国环境保护认证产品。淄博柳店炉业有限公司通过ISO9001：2008质量体系认证。

2013年，齐昊炉业NQ12.8-1C齐昊金丽王由中国农村能源行业协会节能炉具专业委员会评为第七届中国节能炉具博览会优秀产品。2014年，齐龙炉业开发出新型气化炉，成功研发波导“集热核”技术，获中国环境保护认证产品。齐昊NQ8.0-1C红韵采暖炉及柳店炉业暖阳系列、FB系列采暖炉等获第八届中国节能炉具博览会优秀产品称号。柳店炉业为北京市减煤换煤工作提供型煤专用炉具1000台。

2015年，齐昊H100、YH100洁净煤专用采暖炉研发成功。齐昊CLSG1.4-85/60-AⅢ蓝奥之星数控环保锅炉及柳店炉业暖阳系列数控采暖炉、ZB-FC系列采暖炉等获第九届中国节能炉具博览会优秀产品称号。柳店炉业CLHS0.35数控锅炉、NQ6.9-3C炊暖两用炉入选中国农村能源行业协会节能炉具专业协会2015年节能环保炉具（锅炉）及生物质燃料成型设备推荐目录。

2016年，柳店炉业PC120炊事采暖炉（型煤）、PC150炊事采暖炉（兰煤）入选省节能环保炉具第一期推介目录。4月，柳店炉业PC、FA、效能王、暖阳、暖煦系列锅炉外观设计获国家专利。同年，齐昊炉业无烟燃烧锅炉通过北京中研华能环保监测中心监测，实现16秒无烟燃烧。齐昊H100、YH100洁净煤专用采暖炉获第十届炉博会全国兰炭专用采暖炉设计大赛创新奖、全国洁净型煤专用采暖炉推荐产品、第十届炉博会兰炭洁净型煤专用采暖炉优秀产品奖，被北京中研环能环保技术检测中心鉴定为节能环保民用采暖炉。

至2017年，齐陵街道共有炉具生产及销售企业10家。柳店炉业配合清洁型煤、兰炭等清洁燃料生产优质炉具，配合煤改气生产壁挂炉。齐昊炉业D-200外观设计荣获设计专利。齐昊H100洁净煤炭专用炉、齐昊D-200地暖专用炉、YH100洁净煤炭专用炉、无烟燃烧锅炉在第十一届炉博会上获技术创新产品、优秀产品奖项，新款齐昊燃气锅炉获创新产品奖。公司被国家

齐龙炉业系列产品　（2017年摄）

能源局确定为中华人民共和国能源行业标准炉具术语参与制定者。齐龙炉业年生产各种型号炉具20000余台，年销售额1000万元。公司产品型号有10余种，方形采暖炉主要有QL-D型、QL-DB型、QL-DA型节能王、QL-D高箱系列气化炉、QL-D气化懒汉炉等系列产品，圆形采暖炉主要有QL-E型、QL-EA型系列产品，锅炉主要有超能系列数控地暖锅炉、保温型微电脑数控变频锅炉等。

农用器具

境内家庭生活日用铁器及农机具制造起源较早。民国时期，逐步发展起红炉及翻砂业，生产铁制小农具、铸铁器及生活日用品。

新中国成立后，红炉和手工业作坊开始恢复生产，铸铁翻砂手工业作坊从事铁制小农具、铁锅及鏊子等小商品生产。20世纪50年代，境内从事红炉、白铁、五金及铸造业的人员增多，主要生产铁制小农具及烟囱、水壶等日用品。1958年，全公社以猪嘴炉为主要生产设备进行土法炼铁，次年停办。

20世纪60年代，铸造翻砂业发展较快，技术、设备、产品品种及档次都有所提高。1968年，公社联合厂主要产品有铁木小农具、煎饼鏊子、地瓜切片机、取暖炉等生产生活用具。1975年始，生产脱粒机等农业机械。1980年，临淄电器厂生产红旗450脱粒机、取暖炉。1983年，适应农村联产承包责任制后生产需求，电器厂研制生产5T-350型脱粒机。农机制修厂开发出秸秆还田机、青贮收获两用机。1995后，境内生产的小型农机具由于产量低，用量小，逐渐被外来大型农机代替。个体户手工制修锄、镰、锨、镢等小农具延续。

医疗器械

2014年6月，淄博康盟赛斯科技发展公司设十万级无菌车间，主要研发生产妇产检测耗材。在医疗器械妇科领域研发临床实用新型产品，开发出孕妇胎膜早破预警和妇科感染自测产品投放市场。至2017年，拥有“浩嘉”“浩嘉尔康”医疗器械领域注册商标。

第二节 化 工

肥料

磷肥 1972年2月，齐陵农具厂增设磷肥车间，当年生产磷肥140吨。1973年，磷肥车间从农具厂析出，成立齐陵公社磷肥厂，产量逐年提高。1974年，北苑大队成立磷肥厂，生产磷肥自用为主，部分外销。1976年停产。1980年，公社磷肥厂产磷肥2910吨，产值29万元。产品除在区内销售外，还销往广饶、博兴及高青等地。1988年，更名为临淄国利化工厂，生产磷肥600吨，产值8万元；生产复混肥330吨，产值450万元。1989年，产量1000余吨，年利润3万余元。1991年，改造搅拌机等设备，新建实验室和热化库。1999年转产。

生物菌肥 1999年5月，山东三明生物科技有限公司建成投产，主要产品为齐鲁三明生物肥。2000年，公司投资150万元，购置生产设备和检测仪器，成立微生物研究所和微生物质检中心，产品被省质量技术监督局列为山东省“打假保优”重点保护产品。2002年，年产生物菌肥5000吨，实现销售收入303.5万元。2005年转产。

草酸

1988年，镇政府投资412万元，在齐陵化工厂的厂址上建成淄博草酸厂，设计年产量1000吨。草酸厂建成后，当年试生产60余吨，产值30万元。由于市场萎缩，随即停产。1992年10月，恢复生产一周，生产16吨。后停产。

生物助剂

2001年，美陵公司高强度紧固件分公司化工车间生产各类助剂283吨。2010年3月，化工车间分离出来，设立生物助剂分公司。主要生产经营石化炼油助剂和污水生物处理剂两大系列9个品种产品，年产各类助剂840吨。2012年，公司投资123.7万元搬迁改造生产车间，购置搪玻璃反应釜、起重设备等。年完成销售收入1610.11万元，实现利润总额236.13万元。至

2017年，公司产品主要有SFJ-1防焦剂、MLJ-03A消泡剂、MLA-18B活化剂和MLJ-03C缓蚀剂。淄博悦城机械有限公司形成年产100台套催化剂设备的能力，年销售额300万元，净资产850万元，取得自主知识产权专利5项。

塑料加工

1989年，临淄新型塑料厂（齐家终村）生产的PVC波纹管列入省星火计划，填补省内空白。2003年，淄博市临淄方辰母料厂研发生产色母粒及化纤、无纺布试验设备。2006年，淄博金永海塑料制品有限公司生产的农膜功能母料，有防雾、防流滴、抗老化等特点，各种添加剂年产量3000吨，产值7000万元。

2008年，淄博市临淄方辰母料厂投资1300万元，完成色母料扩产项目。主要产品有小型纺丝机、BCF纺丝机、BCF三色丝纺丝机、FDY/POY一体机、POY纺丝机、双组份纺丝机、综合纺丝机、小型纺粘无纺布试验机、熔喷无纺布试验机、SMS试验机、过滤性能测试仪、实验加弹机、小型吹膜机、单螺杆挤出机、除尘机、粉碎机、色母粒等。为国内40余所大学提供科研设备，通过欧盟CE认证，设备出口至德国、美国、俄罗斯等10余个国家。

2009年，淄博绿茵人造草有限公司投资200余万元，与济宁天裕化纤机械有限公司研发出现代化人造草坪生产线，生产景观和运动场专用草坪丝。

2011年，淄博绿茵人造草有限公司购进先进草坪丝生产线，形成年产1000吨、产值2000万元的规模。2012年9月，公司投资200万元购进德国迪策圣尔公司的弯丝设备。11月，成为香港（法国）SWEETGRASS公司签约生产企业，使用“SG”草坪商标。12月，在法国巴黎设立办事机构，面向欧洲推广人造草坪产品。2014年，成立公司工程部，承揽足球场、门球场、篮球场、运动场等人造绿茵工程。2015年9月，投产KDK弯曲丝项目，自主研发生产免充沙足球场专用草坪。次年12月26日，在齐鲁股权交易中心挂牌成功。

2016年，淄博金永海塑料制品有限公司新增PO添加剂生产，农膜功能母料销往日本，出口额度为人民币600万元。山东齐鲁武峰塑料制品有限公司生产的塑料制品销往美国，出口额度为14万美元，折合人民币91万元。

2017年，淄博绿茵人造草有限公司自主研发生产尼龙、聚乙烯、聚丙乙烯等材质的直丝、弯曲丝、带筋异形等系列人造草。产品环保节能，可再回收利用。

第三节 电 力

齐陵供电所

1961年，益都、临淄分县，临淄成立县农业供电所，管理全县电业。1974年，成立临淄区农业供电所齐陵供电服务站，隶属区供电所，在吕家孝陵村北变电站内办公。1976年，齐陵公社成立农机电管理站。同年，机电管理分开，成立临淄农电局齐陵供电站，隶属区农业供电局。1996年，在镇政府东300米处新建供电所，占地面积2000余平方米，总建筑面积1888平方米，完善电力服务设备。1999年12月，电力系统实行农电体制改革，更名为淄博电业局临淄供电部齐陵供电所。

2017年，齐陵供电所有农电员工20人，服务1.34万客户用电。负责供电区域59.4平方千米。有10千伏线路12条118.57千米，低压线路148千米。农村四到户变压器192台，容量37595千伏安，户均2.8千伏安。客户变压器136台，容量34105千伏安。

历任所长：

李德良　张梅若　刘玉松　孙龙周
李春祥　朱建军　刘国栋

临淄齐陵供电所　（2017年摄）

齐陵变电站　　（2017 年摄）

供电

1964 年，城关变电站 10 千伏线路增长至 33 千米，延伸至齐陵境内，主要为临淄区石料场和牛山部队供电。1965 年，架设境内第一条农业电力线，向公社机关和淄河大队供电。

1967 年，在吕家孝陵村北建设变电站，占地面积 6601 平方米，为 35 千伏简易“两线一地”变电站，变压器 2 台，各 1000 千伏安，输出电压 10 千伏。1969 年，变电站扩建，有变压器 3 台，2 台各 1000 千伏安，1 台 3200 千伏安。1973 年，通电大队达到 30 个。1979 年，37 个大队全部通电，新增变压器 59 台。1980 年，农村用电量 294 万度。农用变压器 111 台，6760 千伏安。农用高压线路 42 千米，低压 112 千米。1981 年，齐陵变电站扩建，主变容量分别为 3200 千伏安、7500 千伏安。

至 1992 年，整修线路 128.7 千米，清理不标准用户 6810 个。全镇有 8141 个用电户，10 千伏线路 62.4 千米，低压线路 128.7 千米。变压器 154 台，14485 千伏安。电动机 1013 台，9559 千瓦。2002 年，全镇 100 余台变压器全部安装红外线报警装置，与派出所 110 值班室联网。

随着境内工业发展和社会用电量不断增加，齐陵电网进入巩固完善和发展阶段。至 2007 年，共安装变压器 144 台，总容量 16040 千伏安。架设高压线 58.37 千米，低压线 69.28 千米。2008 年，新增变压器 8 台，增容 1260 千伏安。架设淄河线 3.32 千米，望寺、朱家、小交流等村新架 0.4 千伏低压线 3.13 千米。2009 年，新增变压器 11 台，增容 1700 千伏安。架设 10 千伏北山至终村支线 4.06 千米，付辛、朱家、宋家、后丁等村新架 0.4 千伏低压线 2.11 千米。2010 年，新增变压器 10 台，增容 2000 千伏安。改造 10 千伏齐水线 2.94 千米，宋家至薛家支线 6.76 千米，南齐、王齐、胡家、东刘家、前李等村新架 0.4 千伏低压线 5.59 千米。2011 年，新增变压器 12 台，增容 10760 千伏安。架设 10 千伏淄河线昌宏支线 5.83 千米，改造 10 千伏高家线 2.88 千米、终村支线 3.08 千米，终村片新架低压线 4.11 千米。

为保障城区东扩与旅游区开发的电力供应，境内电网进行扩容和改造。2012 年 12 月，110 千伏龙齐输变电工程投运，占地面积 3800 平方米，主变总容量 50 兆千伏安，输出电压 10 千伏。年内新增变压器 14 台，增容 9900 千伏安。架设北山线、聂仙线、美陵线、淄新线、杨齐线、御泉线、龙池线、薛家线等 9.32 千米，改造 10 千伏齐水线 2.94 千米，宋家至薛家支线 3.76 千米，柳店线、杨西线、驻佛线、毛家线新增 0.4 千伏低压线路 3.88 千米。2013 年，新增变压器 13 台，增容 2300 千伏安。新架设 10 千伏北山线南山支线 4.49 千米，东龙池、后李、石庙、高家新增 0.4 千伏低压线路 3.63 千米。2014 年，新增变压器 14 台，增容 3600 千伏安。新架设北山线淄河南支线 3.36 千米，聂仙、北苑、薛家、后丁等村新增 0.4 千伏低压线路 3.87 千米。

2016 年，全年用电量达 5675 万千瓦时。新增变压器 6 台，增容 1200 千伏安。架设 10 千伏线路 1.5 千米。投资 987 万元，改造望寺线、淄河线、高家线、刘营线，更换为绝缘架

龙齐变电站　　（2017 年摄）

空线 39.26 千米，更换电杆 537 根。投资 2580 万元实施机井通工程，新上变压器 86 台，增容 13300 千伏安，新架设 10 千伏线路 14.5 千米，敷设 0.4 千伏电缆 91.21 千米，惠及机井 457 眼。

2017 年，投资 617 万元，改造杨东、后丁、北山东、聂仙、北山西、东龙池、梁家终村等线路。

第四节　建筑材料

砂石

境内石灰岩资源十分丰富，集中分布于南部山区。历代建房多作基石。新中国成立后，随着建设规模日益扩大，石灰岩矿及河沙的开采量逐年增加。

1952 年，临淄国营石料场建成，利用淄河河床的自然资源生产石料、沙子。1961 年，临淄石料场、青岛石灰窑厂、坊子煤矿、高密石灰窑厂在南山建立采石场，每单位 40 余人，小推车 20 余辆。采用人工打眼放炮、小推车运输方式，每天将开采的石料运到牛山专线铁路货台，装火车运送各地，每单位每月装 1～2 个车皮，每车皮 30 吨～40 吨。装车雇佣当地村民。1962 年，临淄石料场生产石子 4.12 万立方米，砂子 1.2 万立方米，产值 28.4 万元。

1965 年，淄河大队成立开山队，组成 13 个开山小组，在南山上开石。1967 年，整合为 6 个开山组，大队将 18 辆马车组成运输队，统一调度运送石料。每个小队年收入 5000 余元。1970 年，临淄区水泥厂建成投产，开采境内石灰石做原料。1971 年，建中大队石料场开始生产，每天有 100 余辆车将石料运往东营、孤岛等地。至 1975 年，皇城公社张家、西上、崖付、于家及城关公社赵王和梧台公社西老、彩家，孙娄公社石鼓等大队在南山建起石料场，其中西上、西老、彩家等大队还在南山建立石灰窑，每座日产 20 吨。1976 年撤销。

20 世纪 70 年代，南山大队 4 个生产队各有 1 个采石组。打眼放炮由人工操作，产值较低，年收入 2 万元。1980 年，公社石料场生产石子 8100 立方米，产值 5 万元。1982 年始，齐家终村、梁家终村石料场增加运输车 70 余辆，石料场进入鼎盛时期，年毛收入 90 余万元。1985 年 4 月，南山村发展到采石组 15 个，粉石机 6 台，195 型拖拉机 120 辆，钻眼机 6 台，从业人员 150 余名，年产值 135 万元。

至 1985 年，南部山区共有石料场 12 个，粉石机 35 台，属齐陵的有镇办、南山、淄河、刘家终村、齐家终村、梁家终村、北山西、北山东等 8 个石料场，另有皇城、孙娄、梧台、孙娄小刘家等 4 处外乡镇石料场。1994 年，镇建材公司组织统一给齐银水泥厂供石料，每年达 60 余万吨。石料还远销东营等地，每年外运石料达 200 万吨，石子 20 万吨。之后，南部山区各村开始使用先进设备，生产规模不断扩大。部分山体开采严重，有的山体被夷为平地。

20 世纪 90 年代末，禁止开山采石，粉石机逐渐减少。至 2004 年，境内全部取缔拆除粉石机。

石灰

境内南部山区多石灰岩，淄河滩内多卵石，烧制石灰有丰富的原材料。新中国成立后，沿袭传统方法生产石灰。石灰烧制多以淄河滩青色卵石、山区碎石为原料，石灰窑多建于淄河岸边及南部山脚下。随着建设规模的日益扩大，石灰产量逐年增加。

20 世纪 70 年代，石灰窑窑体加大，循环生产，上口投料，窑底出灰，单窑日出石灰 10 吨～15 吨。采用的石料多为南部山上开采来的石灰石。南部村庄石灰窑大都依山而建，规模较大，数量较多，成为集体经济收入的主要来源之一。北部村庄的石灰窑，从山区购买石料，运输工具大多是生产队的马车、二混子车。

1985 年，境内有石灰场 13 家，33 座石灰窑。属齐陵的有南山、北山西、北山东、柳店、淄河、刘家终村、梁家终村、胡家、聂仙、东龙池等 10 家 28 座石灰窑，另有皇城、梧台 3 家 5 座。

20 世纪 90 年代末，禁止开山采石烧石灰。至 2004 年，境内全部取缔拆除石灰窑。

砖瓦

境内建筑用砖瓦生产年代较早。砖窑为小型马蹄窑，由私人经营，燃料以木柴煤炭为主，手工木模制砖坯。土法制砖抗压强度低，仅可供平房建筑之用。

新中国成立后，多数村庄沿袭传统方法手工制作生产砖瓦，主要用于民房建筑。1965年，王齐大队两座砖窑采用人工制砖，年产量20万块，产值6万元。

随着人民生活水平提高，房屋建设中砖瓦需求量增加。但小型砖窑生产的砖瓦强度不够，不适应新建房屋要求，开始用循环窑烧制机制砖瓦。1974年，吕家大队建起境内第一座机制砖厂。部分大队也相继办起机制砖厂。1975年，公社砖厂建立。采用机械制砖，年产红砖300余万块。1979年，吕家砖厂改建为全区第二座缸瓦厂。1980年，公社砖厂产砖428万块，收入18万元。后来烧砖原料由原砖坯纯黏土，改为掺入煤渣、煤矸石、煤灰等，烧制内燃砖。生产的红砖抗压强度大，适合各种建筑物使用。1982年底，公社砖厂投资36万元转产缸瓦。1984年，镇瓦厂实行承包经营，缸瓦生产数量增大，经济效益良好。1985年产值达43万元。1991年，瓦厂改造瓦机，提高缸瓦生产质量与数量。镇防腐公司开始生产石棉瓦。1995年起，境内砖厂开始以煤灰粉、石渣、水泥等为原料生产建筑用空心砖。

1999年起，国家对机制砖类产品实行禁实禁黏政策，机制砖逐步由黏土砖发展至矿渣砖及煤粉灰渣砖，实现向新型墙体材料过渡。2006年8月，在吕家孝陵村东成立淄博隆祥建材公司，主要生产粉煤灰（砂）加气混凝土砌块、蒸压粉煤灰砖两大类产品，是国家积极推广的绿色环保新型墙体材料。蒸压粉煤灰砖被评为淄博市新型墙材节能技术产品。2011年停产。

水泥

1978年，齐陵水泥厂在原公社林场场址建成，有立窑1座，1.2米×4.5米磨机2台，使用南部山区的石灰石、黏土等原料，直接用颚破机、磨球机加工后煅烧，生产300号普通水泥。至年底试生产水泥100余吨。1980年，水泥生产趋于稳定，生产水泥3000吨。1986年，调整班子，强化管理，实现产值29.14万元，利润2.5万元。1991年，进行立窑改造，上半年生产水泥5338吨，实现销售收入75万元，利润4.6万元。1994年，更新设备，有1.5米×6.5米立窑一座，1.83米×7米磨机一台，1.5米×5.7米磨机一台，实现计算机配料，生产400号普通水泥，年产量达3万吨，产值600万元。1998年，完成体制改革，成立淄博山河水泥有限公司，后更名为淄博日强水泥有限公司。2000年，实现计算机控制的标准化、自动化生产，通过ISO9001质量体系认证，注册“山河”牌商标，生产425号普通早强水泥，扩产到年产量10万吨，产值2000万元。2002年，实现总产值1277万元，利税135万元。2007年1—9月，实现产值1000万元。2008年停产。

建筑构件

1982年，镇社会福利水泥预制件厂建立，生产各种建筑构件。1985年，齐陵玻璃纤维厂贷款15万元，用于发展建材生产。20世纪90年代，境内建起7家建筑构件工业企业，产品有楼板、檩条、水泥板、花砖、排水管、檐板、盖板等十几个品种。

混凝土

2010年6月，山东筑高混凝土有限公司成立。2011年，投资3000万元完成商混建设项目。有3个大型生产装置区，采用订单管理模式，严格按照环保要求，经营商品混凝土生产销售，年产量141万吨。

第五节　木器加工

境内木器加工业历史久远。明末清初，木工多从事家具、风箱、门窗、檩梁制作，后发展到制作畜力车、手推车及木制提水工具。工匠中技艺精湛者，能制作斗拱屋顶，在庙宇、富家大门镂空雕刻祥瑞图案。民国时期，郑家沟郑俊就是有名的“大木匠”，曾为建设益都火柴公司匠首，能在木隔扇上雕刻立体工艺“二龙戏珠”。木工从业者多以农为主，兼营木工。每到农闲季节，或自产自销，或到外乡打工，或短时受雇于本村，主要制作旧式家具、生活器具、木制农具、房屋构件等。

1952年，境内建立木业供销生产组。1957年，齐陵与召口、辛店三处合并为辛店木业社，主要产品有家具及小农具两大类。20世纪五六十年代，多数大队成立木工组，主要制作桌、椅、床等家具。1976年，王齐等大队成立木器加工厂，制作衣橱、沙发、酒柜、高低柜等日常家具。20世纪七八十年代，木制小农具产量逐渐增大。以后随着农用机械增加，木制小农具生产逐步萎缩。

20世纪90年代，杨西、北山西等村建起带锯加工点，从事木材来料加工。进入21世纪，木工工具、加工技术向现代化方向发展。外来成品家具增多，铝合金门窗使用普遍，房屋建筑木材使用量减少，木材加工、木器生产逐渐走向萎缩。

第六节　食品加工

粮油

民国时期，境内有榨油作坊多处，采用手工木榨生产，一般从外地购进大豆进行生产，对当地农户实行来料加工。前李官庄开设香油、酱油、醋、黄酒等作坊，生产规模较小。新中国成立后，榨油作坊转为村级所有，对外租赁经营。1953年11月，粮油由国家统一购销，榨油作坊全部关停。20世纪60年代，各生产大队随着供电架通，陆续开设机磨。1964年，淄河大队开设一遍细机磨，对外加工面粉。同时建立榨油作坊，使用旧式机制榨油机，年产豆油9吨，收入2.5万元。1970年，淄河大队新增2台磨面机，面粉加工量有了较大提高。1976年，付辛大队建立面粉厂。1980年，公社面粉加工厂建立，年加工能力达3055吨，生产总值14万元。1983年，东龙池成立个体面粉加工厂。之后个体私营粮油加工业增多，前李、高家、刘家终村、吕家等村庄相继建立面粉厂，采用机械加工方式生产面粉，对外加工或兑换。至2017年，尚有东龙池、前李、刘营、毛家、王齐、北山西等村开设小型机磨，对外加工小麦或杂粮。

食品

清末至民国时期，王家齐陵“宫廷点心”比较出名。新中国成立后，主要有酿造、糕点、粉坊、豆腐坊、肉食等食品加工。

1981年，石庙大队成立冰糕厂。1985年7月，境内成立全区第一家乳品企业临淄乳品厂，年内加工鲜奶12.15吨，产值8.8万元。1986年，临淄乳品厂加工鲜奶62.02吨，产值17.05万元。至1987年8月，加工鲜奶181.6吨，实现产值36.37万元。固定资产137.19万元。1993年转产。

1994年，齐陵镇小交流村王立义投资成立临淄广丰食品饮料厂，生产八宝粥以及汽水、果汁等饮料。1998年，注册“兔巴哥”商标，产品逐渐扩展到膨化食品等多个领域。2000年6月，与山东齐鲁增塑剂股份有限公司组建淄博新美食品有限公司。10月，公司研发生产的“兔巴哥”系列膨化食品，在石家庄举行的全国秋季糖酒会上展销。2001年4月，公司乳酸奶类饮品凭借“兔巴哥”商标的知名度很快占领市场。2002年10月，“兔巴哥”鲜牛奶系列产品上市，成为全区第一家大型奶制品生产企业。“兔巴哥”商标被评为山东省著名商标。蛋黄派系列、膨化系列食品通过此类食品首批安全生产许可证（QS）现场审查。2003年，投资1200万元建设“兔巴哥”奶饮料生产线项目，产品效益不断提升。2005年，投资500万元完成“妙味乳”新产品开发，产品远销山西、安徽等地市场。2007年，兔巴哥公司“兔巴哥”牌派类食品获中国名牌称号。2008年，投资3000万元完成花生奶、蛋黄派、八宝粥及膨化食品扩产。至2017年，食品加工仍是兔八哥集团公司的重要产品。

矿泉水

1993年，由齐鲁乙烯供排水厂与镇政府共同投资，在临淄乳品厂基础上，改建成天齐渊矿泉水有限公司。生产的天齐渊矿泉水在新加坡国际博览会上获银质奖。1997年，改制成立的美陵公司天齐渊矿泉水分公司，投资83万元更新改造设备，产品以600毫升瓶装水为主。年生产矿泉水1500吨，实现销售收入350万元，利税90万元。1998年，投资15万元新上一条80桶/小时桶装水自动灌装线，开始生产桶装水。2002年，投资13.8万元新上一台GCP-250

美陵环境科技（淄博）有限公司天齐渊矿泉水水处理生产线（2017 年 摄）

桶装水自动灌装线，生产能力达每小时 330 桶。2006 年，紫荆山泉水公司投资 3200 万元项目投产。2008 年，美陵公司天齐渊矿泉水分公司扩大生产规模，增加产品品种，新建二层生产车间 4224 平方米，设 500 桶／小时桶装线 1 条，8000 瓶／小时塑瓶灌装线 1 条，6000 瓶／小时玻璃瓶灌装线 1 条，生产天然矿泉水、含气功能苏打水、软化水三个系列产品。2012 年，实现销售收入 349.15 万元。

至 2017 年，公司新车间按照医药行业等级规范建设，桶装水生产线 600 桶／小时、塑料瓶装水生产线 12000 瓶／小时、玻璃瓶装水生产线 10000 瓶／小时，矿泉水水处理设备不低于 25 吨／小时，年生产能力达 30 万吨。天齐渊矿泉水成为中国营养健康城市基地倡导产品、中央电视台央视网食品频道营养健康推荐产品。公司被确定为山东省食品卫生等级 A 级单位。

第七节　纺织服装

纺织服装

境内手工纺织业起源较早，有土布纺织业户从事手工纺织兼营印染。居民着装主要靠家庭手工缝制，手工生产服装、鞋袜及帽子等。民国时期，区公所在境内后丁官庄建立养蚕学校，促进养蚕业发展。农家多自种小块棉田，摘收后经过轧花、弹花、手纺成线，再以木制织机织成粗糙、厚实的土布，供全家穿用，少量在集市上出售。

20 世纪 60 年代，实行棉、布凭票供应。仍有不少农户自纺线织布、缝制鞋帽。后随经济、生活水平不断提高，布料供应充足，家庭手工纺织逐渐停止。

1967 年 3 月，北山缝纫学校成立，为队办副业项目。1973 年秋，淄河大队创办淄河缝纫学校，促进了境内服装业发展。

1975 年，区革委会制定十年桑蚕生产规划，公社按照规划发展桑树种植、蚕茧生产。年内成立齐陵被服厂，设整批服装、零活、胶垫等三个生产车间，职工 22 人，有缝纫机 10 台，锁边机 1 台，橡胶加工炉 1 台，模具若干，加工制作全社企业的工作服、劳保手套、机器胶垫。年产值 25 万元，利润 3.5 万元。1979 年停办。至 2017 年，尚有少量服装加工者，通过设点、赶集等形式加工服装。

花边

俗称栏杆，是境内传统手工艺品。秦汉时期就能生产梭子长条花边，延续至清朝末年。此种花边用土纺线织成，先用木撑固定经线，再用缠有纬线的梭子往复穿织。制作较为粗糙，有人物、动物、花鸟、草虫等图案。因用途不同、宽窄不一、长短不限，故称梭子套、长条花边。主要用于富裕人家服装装饰。1887 年前后，梵蒂冈传教士到临淄传教，在齐陵边界青州饮马庄发展教徒。为便于传教，将棒槌花边传来，在教徒中传授编织技术。之后在社会上传播开来。1930 年，开始生产“青州府花边大套”。1937 年抗日战争爆发，花边生产中断。

新中国成立后，花边业得以复苏。1958 年，公社设花边供销点。1979 年，在聂仙大队成立公社花边厂，在宋家、王齐等大队设点。农村妇女大多在生产劳动之余加工花边。当年产值达 24 万元，创利润 3.2 万元。1981 年，花边厂迁到高家大队齐陵粮所旧址。此后投放范围逐渐扩大，质量不断提高。1990—1992 年，积极做好花边生产服务工作，巩固拓宽市场，三年完成投放额 86.15 万元。至 2017 年，境内有零星加工者。

第八节　饲料加工

至 20 世纪 70 年代初期，境内无专门从事饲料加工的产业。集体牲畜饲料由生产队机磨加工。家庭散养畜禽饲料多用餐余、糠菜，或由机磨加工。1975 年，公社在农场成立养猪场，建成饲料加工车间。

改革开放后，人民生活水平逐步提高，肉蛋需求量逐年增多。家庭养殖业扩大，逐步出现规模化养殖，饲料需求量增大。1994 年，王齐村成立饲料厂。规模较大的养殖户多从外地购进配方饲料，有的养殖户购置简易加工设备，按配方生产饲料，满足喂养畜禽需求。

2004 年，金日隆牧业有限公司成立，投资 200 余万元建起年产 5 万吨的猪饲料加工厂。深入养殖户饲养基地，推广饲料产品和养殖技术，饲料销量逐年递增。2012 年，成为山东齐御牧业股份有限公司饲料加工厂，占地面积 2 万平方米，有年产 6 万吨全自动饲料生产线三条，膨化线一条，年总产量达到 20 万吨。配备“三选”散装立筒仓、微粉机、双轴高效混合机、自动称量打包系统，实现生产过程的高效控制，降低生产成本，提升饲料产品质量，取得良好经济效益和社会效益。至 2017 年，有职工 35 人，年产值 6000 余万元。

第九节　特色加工

香炉 香牌

明清时期，石庙孝陵、高家孝陵等村就有制作香炉、香牌的传统。每年农历十一月十二日，各家各户开始挖掘黑土，用水渗透后，用木棒反复锤砸，直到细腻为止。用模型将泥块压制成型，晒干后装入自制小窑，用火烧制成红色，涂上金色颜料，制成金灿灿的香炉。畅销青州、寿光、广饶等地，是村民重要的收入来源。“文革”开始后停止。

锅盖 茅箱

自明代始，葺锅盖就是郑家沟村人的传统手艺。“郑家沟的锅盖，辛庄的菠菜”成为当地有名的顺口溜。每年秋天收完高粱后，挑选节长而直的秸秆，用镰刀破成篾子，晒干储存好。使用前，把篾子放在水塘里泡透，用刮刀刮去中间的瓤子，再晒干捆成椭圆形小捆，俗称“一握篾子”。使用时，对每一根篾子仔细修整，挑选结实干净的麦秸，男女老少动手葺锅盖、茅箱。葺锅盖一般在地窖中进行，既温暖又潮湿。锅盖大小以五印、六印、七印居多。一人一冬季一般能葺 80 余个，收入 120 余元，是平常人家半年的生活开支。20 世纪 70 年代后逐渐停止。

草鞋

明清时期，望寺庄地处涝洼，茅草多，雨天

草编锅盖（左）茅箱（右）　　（2017 年摄）

道路泥泞。村民为生活所迫，用茅草拧编草鞋。由于穿草鞋雨天不怕泥泞，还能换钱贴补家用，所以望寺庄人多编草鞋、卖草鞋，境内流传着“望寺庄靠河崖，老婆孩子编草鞋”的俗语。望寺庄的草鞋花样较多，结实耐用，誉满四里八乡。20世纪70年代逐渐停止。

第十节　其他门类

包装材料

1986年，齐陵社会福利纸箱厂成立，生产各种规格的纸箱。1994年2月，纸箱厂完成股份制改制，成立董事会、监事会，纸箱产量有了较大提高。2001年，淄博市临淄佳彩印务有限公司从事专业印刷包装、设计和生产纸类产品。2008年，公司投资1600万元完成纸箱扩产项目，新上进口高档彩印机、半自动高速切纸机及全自动覆膜机、裱胶机、模切机、糊盒机、钉箱机等30余台设备，设计印刷各种纸盒、礼品盒、不干胶标签、高档画册、说明书、商标、手提袋、合格证、吊牌、挂历、瓦楞纸箱、软包装等产品。至2017年，公司引进更新印刷设备，提高电脑制版能力，产品质量不断提升。

污水处理

美陵公司临淄污水净化分公司下属淄河污水处理厂，位于淄河太公湖北岸。2003年6月投入运营，总投资2594万元，设计日处理污水2万吨。污水处理采用水解+A/O工艺，出水水质达到或优于国家生活杂用水标准，每天为太公湖补水1万余立方米。2005年10月，工程被评为国家环境保护实用技术示范工程。至2007年，三年处理污水4436万立方米，运营收入4240.84万元。2008年，进行脱氮除磷改造，新上DCS系统。公司QBR处理高浓度有机污水的工程应用研究分获临淄区科技进步二等奖、淄博市科技进步三等奖，该技术被列为省重点技术创新项目。2010年，新增污泥浓缩池1座。2012年，进行曝气系统改造。公司被市政府授予淄博市“十一五”主要污染物总量减排目标考核突出贡献企业称号。至2017年，公司改进污水提升泵站及附属设施，提升污水处理能力。出水水质达到国家一级A标准，处理后的达标水全部排入太公湖，实现污水资源化，为临淄区城区东移、发展旅游事业提供有利条件。

采用水解+A/O工艺建设的污水处理系统　（2005年摄）

第四章　安全生产

第一节　安全生产制度

新中国成立后，安全管理制度逐渐完善。1963年，按照国务院《关于加强企业生产中安全工作的几项规定》，建立健全安全生产责任制度。1970年，落实国家《关于加强安全生产的通知》要求，以安全生产责任制为中心，明确规定厂长、车间主任、班组长的安全责任。1972年，贯彻执行省革委《关于加强安全生产的规定（试行草案）》，加强企业的安全生产管理。1978年后，随着企业管理工作的加强，先后制订安全教育、安全检查、安全监察、安全责任、防尘防毒、防治职业病、“三废”治理等制度。

1984年起，镇政府制定安全生产监督管理规章制度并付诸实施，每年进行安全教育及安全知识培训工作。1993 年，国务院下发《关于安全生产管理的通知》，安全生产工作开始纳入法制化、规范化的轨道。各企业通过放映安全电影以及录像、举办事故展览、收听录音报告等直观形象方式，广泛开展安全教育活动，不断增强企业的安全防范意识。对企业经营者、安全管理人员、特种作业人员定期进行安全生产管理知识培训与考试，做到持证上岗。

2002 年始，落实区委、区政府《临淄区安全生产目标管理考核奖惩办法》《临淄区事故和重特大事故隐患举报制度》及《临淄区安全管理责任制规定》。相继建立、完善安全生产检查、安全生产例会、安全生产奖惩、事故报告、安全宣传教育、重大事故隐患管理、安全生产工作汇报联系、安全生产管理台账等多项安全生产管理制度。

2010 年，根据区政府《区建设工程行业安全生产管理工作长效机制（试行）》《关于贯彻落实市政府关于进一步强化建筑市场管理工作的意见的实施意见》等文件精神，街道制定并实施《关于建立建筑工程安全生产管理工作长效机制的意见》，加强辖区内建筑市场管理。2012 年，落实区政府《关于进一步强化落实安全生产责任制的意见》及补充规定，进一步强化企业主体责任，抓好安全培训考核、专家技术引入服务、安全班组建设、关键作业环节管理。加大对企业作业票证使用的监督检查力度，确保企业各类安全作业票证制度落到实处。

2016 年，落实“淄博市绿动力提升工程”，制定《齐陵街道 2016 年度生态齐陵建设实施方案》《齐陵街道 2016 年度空气异味综合整治专项行动实施方案》《齐陵街道网格污染源排放清单编制工作方案》，做好大气污染防治工作。

2017 年，按照《淄博市人民政府办公厅关于印发淄博市〈京津冀及周边地区 2017 年大气污染防治工作方案〉实施细则的通知》《淄博市人民政府办公厅关于印发〈淄博市“散乱污”企业环境综合整治实施方案〉的通知》等文件要求，制定并实施《齐陵街道“散乱污”企业环境综合整治实施方案》《齐陵街道扬尘污染防治工作方案》等文件，配合各级督查组检查，倒逼企业实现转型升级、创新发展，改善辖区环境质量。

第二节　安全生产管理

新中国成立后，各企业把安全检查作为安全生产管理的重要措施和发现事故隐患、降低事故率的必要手段，逐步建立健全安全生产检查制度，进行定期、不定期或季节性检查，发现事故隐患，限期整改。20 世纪六七十年代，建立定期的安全生产检查制度，开展设备检修和安全检查。开展安全竞赛和安全生产流动红旗评比活动。

1980 年 5 月，在开展“安全月”活动中组织安全生产大检查，对各类液化气体储罐以及其他储存易燃、易爆、有毒物质的压力容器进行安全检查。1984 年 10 月，贯彻省政府《关于贯彻执行〈国务院关于加强防尘防毒工作的决定〉的通知》精神，组织检查企业防尘毒作业措施、预防职业病等情况，督促整改存在的隐患。1989 年 11 月，开展防治职业病的检查。

20 世纪 90 年代，全镇工业发展迅速，化工等行业兴起。组织对化工及油料存储等重点行业和部门实施重点监督检查，建立危险源台账，制定重点行业事故应急预案，实现安全生产监督管理联合执法。

2007 年，建立健全安全生产考核体系，完善安全生产激励约束机制。按照国家和省、市、区规定，足额提取安全费用和缴纳风险抵押金。严格落实建设工程项目安全设施三同时制度。加大安全科技成果的创新和应用，及时淘汰不具备安全生产条件的设施、设备，不断改善劳动条件，提升安全生产水平。落实重大危险源的监控和治理措施，不断完善应急救援预案，建立应急救援组织，配备必要的应急救援器材和设备并保证正常运转。6—9 月，开展劳动防护用品专项监督检查，切实加强对劳动防护用品监督管理。8—10 月，按照《临淄区人民政府办公室关于切实抓好当前全区安全生产工作》的紧急通知要求，重点检查危险化学品企业、建筑施工、特种设备等企业，落实企业现场安全管理责任制，对发现的隐患全部整改。

2008 年，认真贯彻落实国务院及省、市、区政府关于“隐患治理年”活动的安排部署，按照街道安全生产事故隐患排查治理工作实施方案，全面排查企业事故隐患，推动落实安全生产责任制和责任追究制，建立健全隐患排查治理及重大危险源监控的长效机制，组织安全生产大检查，年内检查企业30余家，查出隐患160余条，现场整改20条，限期整改140余条。依法取缔非法化工储存业户1处，清理所有储罐，恢复地面原貌。2009年，全面落实安全生产责任制，把安全责任制落实到企业、车间、班组。定期组织安全生产检查，增强企业法人的安全守法意识，从根本上防范安全事故。

2010年4月12日至5月18日，组织开展危险化学品安全生产专项治理，确保街道危险化学品生产、储存、经营、使用、运输企业从业人员安全培训率、遵章作业率均达100%，生产储存设备设施、安全设施、消防设施及器材完好运行率均达100%。9月，依法集中清理29家危险化学品非法经营单位。11月20日至次年2月，开展冬季百日安全专项整治行动，推进“打非治违”和“安全生产基层基础年”活动深入开展。2011年4—5月，开展消防安全隐患排查整治工作，排查工业、建筑及危险化学品生产经营、化学品存储等企业，切实消除火灾隐患。

2012年，科学规范生产经营全过程，开展达标创建活动，实现岗位达标、专业达标和企业达标。加强安全生产预防、管理、监控能力建设，夯实企业安全生产基础。根据《临淄区一般化工存储企业“打非治违”专项行动实施方案》要求，综合整治5家企业的28个储罐，其中取缔25个，整治提升3个。2013年起，对化工企业派驻专职安全员。2014年，全街道开展安全生产工作暨安全生产百日攻坚行动、10千伏配电室电力安全大检查、安全生产专项行动等专项检查，每月督导检查安全生产长效机制落实情况。2015年，落实《全区安全生产专项整治行动实施方案》，按照年度安全生产工作要点，开展安全生产隐患大排查、快整治、严执法集中行动，做好扬尘污染防治等工作。

2016年，“向空气异味宣战、改善环境质量”是年度生态临淄建设的重要内容。街道办事处把安全检查与空气异味综合整治结合起来，编制网格污染源排放清单，涵盖辖区各固定工业、生活污染源，污染物统计包括化学需氧量、氨氮、总氮、总磷、二氧化硫、氮氧化物、烟粉尘、挥发性有机化合物(VOCs)、固体废物(危险废物)、重金属等。构建环保大格局，开展空气异味综合整治专项行动。

2017年，积极开展安全宣传月“学规、懂规、践规”活动，强化对“散乱污”企业的环境综合整治。对机械加工、塑料加工、物流园区等涉及涂料、油墨、胶黏剂、有机溶剂等使用的情况，制定整治标准、确定整改时限、明确整改措施和责任单位，采取销号办理的方式，办理群众举报件30余件，关停取缔散乱污企业36家，治理提升62家，帮助企业办理环评、安评手续75项，新上环保设施36台。查处隐患280余条，整改率达到100%。

齐陵街道党工委书记张涛(左二)带队检查安全工作(2017年摄)

第五章　招商引资

第一节　招商措施

20 世纪 90 年代起，镇政府开始发布招商项目，通过软环境建设、举办招商引资活动，扩大招商引资成果。

1999 年，落实区委、区政府系列吸引国内外资金、发展当地经济的相关规定，对外来投资者，在用地、税收及各种行政事业性收费等方面实行优惠或减免政策。优化投资环境，为外来投资者提供良好的创业平台，突出以美陵集团为龙头的机械制造、优势炉具行业联合带动作用，拉动项目建设。

2004 年 2 月，街道办事处制定发展经济的优惠政策，鼓励各界人士为街道招商引资。规定新引进生产性企业，固定资产投资在 1000 万元以上的（含 1000 万元）、500 万～1000 万元（含 500 万元）的自投产之日起，其增值税街道财政留成部分，由街道财政按一个会计年度，一次性分别给予 100%、50% 的无偿扶持。在田齐王陵风景区内投资旅游、餐饮、娱乐等项目，固定资产投资在 100 万元以上的按实际固定资产的 2% 给予奖励，50 万～100 万元的奖励 1%。

2009 年，借助网络、新闻媒体力量，加大推介街道区位、交通、环境优势力度，组织开展行之有效的招商活动，让更多的客商落户齐陵。鼓励齐陵籍在外人士回乡投资发展，为家乡积极引资荐资。加大闲置土地、厂房的二次招商力度，提高土地利用率。2010 年，优化企业开办环境、投资建设环境、地区融资环境、企业经营环境、政府服务环境，简化办事程序，限时办结，提高办事效率。对投资规模大、科技含量高、发展前景好、财政贡献大的项目在审批事项和审批程序中给予一定协助，对行政不作为、乱作为、慢作为等损害企业的行为进行监督，保障外来投资者合法权益，营造亲商、安商、富商氛围。

2015 年，街道办事处落实区委“二次创业、科学发展”的部署要求，制定《关于加强招商引资工作促进经济发展的意见》，按照行业监管和职责划分，成立工业、农业、旅游业、基础服务业四个招商引资工作小组。召开优化营商环境座谈会，邀请山东美陵集团、山东齐御牧业股份有限公司、淄博颐康养生院等 12 家单位，广泛听取企业意见，切实把影响企业发展和项目建设的问题找深、找准、找实，共征集建议 22 条，并整改落实。对企业实行“三包”制度，形成“主要领导包规模企业、两委成员包重点企业，一般干部包小微企业”的体系，及时了解企业发展存在的问题及困难，主动帮助企业解决供电、网络、

齐陵街道党工委书记张涛（前排右一）带队到菏泽考察招商　（2016 年 摄）

道路通行等问题。实行主要领导干部挂包重大项目制度，对颐康养生院二期、牛山民俗游乐园等11个重点项目，由街道主要领导协助办理环保、质检、消防、土地等手续，让重点项目尽快落地。

2016年，落实《临淄区招商引资优惠政策（试行）》，街道按照行业类别分类，确立9个招商项目，工业有金永海、悦诚、方辰、茂隆等，农业有忆当年，文化旅游行业有东方园林、足球学校、古车博物馆、紫金文化影视公司等，分别确立责任人，成立招商引资工作组，依托生态、文化资源优势，创新方式开展招商活动。

2017年，按照淄博市《关于进一步加强招商引资工作的意见》，落实招商引资工作是区委、区政府的“一号工程”精神，街道成立招商引资办公室，梳理相应行业类别的项目，按照职责分工，各职能委办与上级部门招商小组对接好的招商项目，汇总各行业客户名单，策划产业关联度大、市场前景好的优质项目，建立招商项目库。新引进项目累计完成投资2.45亿元，续建项目累计完成投资8.75亿元。

第二节　引进项目

1993年，开始引进外资，成立合资企业。2004年，积极开展招商引资，形成引资意向22项，合同引资额1.55亿元，完成引资6550万元。2005年，招商引资额完成7000万元，完成年计划的170%。

2006年，招商引资额完成7800万元，完成年计划的190%。招商引资成为加快经济发展的重要突破口，引进麦茶及脱水蔬菜加工、设备制造、环保新型墙体材料等14个项目，总投资3亿元，其中外来资金1.6亿元。

2007年，引进南京燕山石化集团、青岛东姜实业有限公司等5个投资项目，引进外资1.1亿元，比2006年增长40%。2008年，招商引资实际完成6773万元，均为500万元以上市外项目。2009年，招商引资实际完成1.17亿元，其中500万元以上市外项目1.02亿元。美陵集团水务工程公司在新加坡上市融资，外资注入287万美元。美陵化工设备公司通过淄博股权托管中心相关核准程序，融资5000余万元。

2011年，完成招商项目4个，招商引资额2亿元，其中直接利用外资934.7万美元，进出口完成291万美元。2015年，引进山东省少儿齐文化研学基地项目，总投资15亿元。2016年，引进临淄区马莲台生态环境综合整治工程PPP项目，总投资20亿元。

2017年，中国美陵环境控股（新加坡）有限公司为美联环境科技（淄博）有限公司注资2400万美元，美联环境扩大业务规模，培育新的利润增长点。引进淄河水生态治理（齐陵段）项目，总投资3.5亿元。建设招商引资项目库，入库项目12个。其中工业项目4个：淄博茂隆民生物流枢纽综合体项目，计划投资4.43亿元，与浙江嘉兴进出口商品城洽谈合作。预制装配式建筑项目，计划投资1.2亿元，与河南国隆实业公司进行洽谈沟通。美陵中联环污泥处理技术改造项目，与深圳泓达环境科技有限公司洽谈合作。年产3万吨微生物肥料项目，积极对外招商合作。农业项目4个：水肥一体化技术及推广应用建设项目，计划投资3000万元，与江苏绿港现代农业发展有限公司洽谈合作，已引进新技术。山东贵久食品有限公司每年80万头特色生猪屠宰、肉制品加工生产线及冷链物流设施建设项目，计划投资2.26亿元。年出栏两万头生猪标准化养殖场建设项目，计划投资3360万元。大中型沼气工程项目，计划投资500万元。在积极对外招商中。文旅项目4个：大型古装剧《管子》拍摄项目，与山东三冠电影电视实业公司洽谈合作，初步达成合作意向，签订战略合作协议。齐陵影视小镇建设项目，委托淄博尚齐文化有限公司到北京、上海、浙江等地招商，已签约影视公司4家，均已在齐陵街道注册公司。管子文化产业园项目，计划投资5亿元，在与民生证券股份有限公司洽谈。牛山生态观光园项目，计划总投资5000万元，在积极对外招商。

第六章　重点企业

第一节　山东美陵集团

山东美陵集团坐落于街道办事处驻地淄河村西，北邻太公湖和奥林匹克花园。

1958年9月，淄河乡、孝陵乡工业合并，成立齐陵公社联合机械制修厂，厂址设在王家齐陵。1960年8月，迁至淄河下崖。1962年8月，改称为临淄县齐陵修配站。1967年4月迁入现址。1968年9月，更名为齐陵公社联合厂。主要产品有铁木小农具、煎饼鏊子、地瓜切片机、取暖炉等生产生活用具。1970年6月，更名为齐陵公社农具厂。1975年始，生产龟甲网等石化配件、脱粒机等农业机械。1979年8月，更名为临淄区齐陵公社农机厂。1980年1月，更名为淄博市临淄电器厂，同时启用临淄区齐陵公社石油化工配件厂名称。以生产300毫米民用台式电风扇和为淄博电风扇厂配套扇叶立柱、底座等零部件为主，兼营部分石化配件。1983年7月，更名为淄博市临淄石油化工配件厂。1985年，与齐鲁石化公司、青岛海洋大学联合发起成立山东噪声工程控制协会。

1992年8月26日，与美国杜摩尔国际公司合资设立淄博美陵化工设备有限公司。9月28日，改制设立淄博美陵化工设备股份有限公司，成立股东会、董事会、监事会等法人治理机构。1993年12月，与青岛石油化工厂合资创立青岛琴陵石化配件有限公司。1995年，实行管理机制改革，将集中统一管理改为分级管理模式，公司7个车间分别组建石化配件厂和催化剂厂。12月，在淄博市工商管理局临淄分局登记注册淄博美陵化工设备股份有限公司重型锻压厂。

1997年3月17日，经省政府审查，确认为规范股份制公司，更名为山东美陵化工设备股份有限公司。8月，经淄博市证券管理委员会批准，公司股票在淄博证券自动报价系统集中托管上柜交易。同年，公司收购临淄天齐渊矿泉水有限公司，成立山东美陵化工设备股份有限公司天齐渊矿泉水分公司。1998年9月，美陵公司通过ISO9002质量体系认证，产品覆盖压力容器、空调风机、高强度紧固件、重型锻件等领域。1999年3月28日，注册“美陵”牌、“美力达”牌商标。

2000年12月，注册成立淄博市临淄区美陵

美陵集团公司　（2017年摄）

加油站。2001年，成立山东美陵化工设备股份有限公司高强度紧固件分公司。6月，与北京中联环工程股份有限公司共同出资，成立山东美陵中联环境工程有限公司。2002年，在青岛经济技术开发区设立青岛博德化机有限公司。2003年，通过ISO9001：2000质量体系认证，覆盖公司全部产品。9月，成立淄博市天齐渊供水有限公司。10月，成立山东美陵化工设备股份有限公司临淄污水净化分公司。

2004年8月24日，山东美陵集团建立。以化工设备公司为核心企业，以风机公司、环境工程公司、博德化机公司、供水公司4个控股子公司为紧密层企业。2005年4月，成立青州市美陵污水净化有限公司。2006年4月，与韩国快宝环保有限公司合资成立淄博快美环保科技有限公司。

2008年4月，美陵集团公司成立改制领导小组，启动改制重组工作。将机械制造与环保水务两大优势产业从架构上分离。7月，在新加坡注册设立中国美陵环境控股有限公司。8月11日，中国美陵环境控股有限公司收购集团公司下属的淄博快美环保科技有限公司。8月15日至9月1日，中国美陵环境控股有限公司以淄博快美环保科技有限公司作为授权公司，先后收购美陵股份公司下属山东美陵美力达风机有限公司、山东美陵中联环境工程有限公司、淄博市天齐渊供水有限公司、青州污水净化有限公司的全部股权和矿泉水分公司、污水净化分公司两家分支机构的全部资产。集团公司下辖山东美陵化工设备股份有限公司、美陵环境科技（淄博）有限公司。山东美陵化工设备股份有限公司以机械制造业为主，主要从事一、二、三类压力容器、炼化配件、高强度紧固件生产经营等业务。美陵环境科技（淄博）有限公司主要从事污水净化、空调风机生产经营、矿泉水生产销售、环境工程、工业自动化控制系统装置及机电设备生产销售等业务。

2010年9月，成立山东齐鲁盛华房地产有限责任公司美陵分公司。11月，山东美陵中联环境工程公司被确认为国家高新技术企业。2011年，成立汽车零部件分公司。2012年，集团公司投资3235万元，完成技术改造8项。公司总资产5.13亿元，其中固定资产净值1.09亿元。“美陵”商标被国家工商总局认定为中国驰名商标。2013年，获得淄博市首届市长质量奖。被评为山东省守合同重信用企业。2014年，集团公司高效节能换热器工程技术研究中心被山东省科技厅认定为省级高效节能换热器示范工程技术研究中心。至2015年，10年共为地方财政贡献6652万元。2016年9月，美陵化工设备公司在全国股转系统（新三板）挂牌公开转让，证券简称为美陵股份。

至2017年，美陵环境科技（淄博）有限公司以存续分立方式设立美联环境科技（淄博）有限公司。美陵集团下辖山东美陵化工设备股份有限公司、美联环境科技（淄博）有限公司。发展成为临淄区重点骨干工业企业，是淄博市百强工业企业、淄博市创新型高成长50强企业，拥有授权专利105项，其中发明专利5项。

山东美陵化工设备股份有限公司辖美力达风机有限公司、博德化工机械有限公司、化工设备分公司、高强度紧固件分公司、汽车零部件分公司、生物助剂分公司。拥有铆焊、机加工、锻造、冲压、热镦、冷镦、螺纹加工以及光谱检测、机械性能测试、化学成分分析、金相检测、耐腐蚀试验和RT、UT、MT、PT无损检测等各种研发、生产及检测设备600余台套。拥有高效节能换热器1个中国名牌产品，高效节能换热器、高强度紧固件、空调风机3个山东名牌产品，2家国家高新技术企业，1家全国守合同重信用企业。致力于新型、高效节能、耐腐蚀换热设备的研究与开发，承担国家火炬项目2项。为中石化、中石油、中海油、中国化工集团等特大型炼油化工企业及地方石化企业提供了9000余台换热器产品。

美联环境科技（淄博）有限公司辖中联环境工程有限公司、淄博市天齐渊供水有限公司、淄博美联电力科技有限公司、山东新东郡置业有限公司、天齐渊矿泉水分公司、临淄污水净化站。拥有建设项目环境影响评价乙级资质、工程咨询丙级资质（生态建设和环境工程）、环境工程（水污染防治工程、大气污染防治工程）专项设计乙级资质、市政行业专业设计丙级资质、环保工程专业承包二级资质、环境污染治理（生活污水、工业废水）设施运行服务能力评价乙级资质。成为中国环境保护产业协会理事单位、中国石油和化工勘察设计协会给排水设计专业委员会委员单位、中华环保联合会会员单位，省经贸委、省环保局关于污水治理工程总承包及关键设备制造的重点支持单位。公司被授予国家高新技术企业、中国环境保护产业骨干企业、水业最具成长性工程公司、山东环保产业十大品牌、全国环境污染治理设施运营十强企业等称号。

区委副书记、区长白平和（右一）到柳店炉业调研（2016 年摄）

第二节　淄博柳店炉业有限公司

淄博柳店炉业有限公司始创于 1990 年，位于境内柳店村。主要研发生产燃煤型节能采暖炉、数控锅炉、传统型锅炉等产品，成长为山东省采暖炉制造行业的龙头企业。

柳店炉业由柳店节能炉具厂发展而成。改革开放后，开始制作第一代带烤箱的取暖炉具。20 世纪 90 年代，开始生产水暖炉具。2004 年 1 月，被淄博市工商行政管理局命名为百佳文明诚信工商户。2006 年，通过 IS09001 ：2000 质量体系认证。2007 年，被市消协、市文明办评为淄博市第七届消费者满意单位。2009 年，被评为淄博市文明诚信私（民）营企业。

2010 年，柳店炉业投资 3000 万元建设炉具扩产项目。3 月，被省消协、省文明办评为第八届山东省消费者满意单位，通过 IS09001 ：2008 质量体系认证。2011 年，被评为淄博市第八届消费者满意单位。2014 年，公司暖阳系列、FB 系列采暖炉等获第八届中国节能炉具博览会优秀产品称号。5 月，公司作为高效环保炉具生产企业代表，参加全球清洁炉灶联盟、农业部和国家发改委在北京举办的中国清洁炉灶与燃料国际研讨会，在现场展示优秀产品。为北京市减煤换煤工作提供型煤专用炉具 1000 台。

2015 年，为承德市环保炉具推广提供型煤专用环保炉具 3000 台。为承德市环保炉具补贴项目提供高效环保炉具 5000 台。4 月，暖阳系列数控采暖炉、ZB-FC 系列采暖炉等获第九届中国节能炉具博览会优秀产品称号。CLHSO. 35 数控锅炉、NQ6. 9-3C 炊暖两用炉入选中国农村能源行业协会节能炉具专业协会 2015 年节能环保炉具（锅炉）及生物质燃料成型设备推荐目录。2016 年，响应绿动力工程号召，研发生产环保产品。PC120 炊事采暖炉（型煤）、PC150 炊事采暖炉（兰煤）入选山东省节能环保炉具第一期推介目录。4 月，PC、FA、效能王、暖阳、暖煦系列锅炉外观设计获国家专利。5 月 10 日，在武城县散煤清洁化治理工作动员会期间，现场讲解柳店清洁型煤采暖炉的使用方法。

2017 年，公司退出环保专用

淄博柳店炉业有限公司　（2017 年摄）

炉具以及燃油燃气数控锅炉生产，配合清洁型煤、兰炭等清洁燃料生产优质炉具，配合煤改气生产燃气壁挂炉。1月6日，参加山东省在济宁市召开的以煤炭清洁利用及散煤治理为主题的会议，现场演示公司最新节能环保炉具效果，赢得与会人员认可。公司产品走上专业化、智能化道路。

第三节 淄博齐昊炉业有限公司

淄博齐昊炉业有限公司成立于2004年，位于齐陵路50号。公司始创于1990年，从青岛学习引进采暖炉技术，开始采暖炉研发、生产、销售、售后服务为一体的营销探索。1992年，在南山村生产“南山”牌节能炉具，开始规模化生产和销售。

1993年，公司扩大炉具生产和销售，铝合金暖气片开始纳入生产范围。1994年，公司在辛店设立办事处，拓展炉具销售渠道，采暖炉材料从铝质转变为铁质，热效率提高。1996年，扩建厂房，逐步购入100吨冲床、剪板机、折弯机、抛丸机、数控等离子切割机、数控激光切割机等先进智能、一体化制造设备。6月，注册齐陵宏达炉具厂，开始生产销售“齐陵”牌炉具，建立省内销售网络。

2000年，公司注册“齐陵”商标，注重商标保护和自主知识产权保护。新型水暖炉及暖气炉外观设计获国家专利。2003年，公司注册“齐昊”商标。2004年，公司由齐陵宏达炉具厂更名为淄博齐昊炉业有限公司，成为集市场调研、产品研发、精工制造、网络销售、售后服务为一体的综合性公司。同年，公司产品“齐昊之星”问世，水暖煤炉产品进入外观精美、注重节能和热工时代。2005年，齐昊金丽王产品、燃气锅炉上市。齐昊炉业组织举办第一届代理商订货会，成为山东卫视、河北卫视上榜品牌。

2007年，公司通过ISO9001：2008国际质量体系认证及ISO9001：2000国际质量管理体系认证。2008年，投资1100万元完成炉具新产品扩产，生产的齐昊蓝奥之星数控锅炉具有自动、智能、可视、可控的特点。2010年，蓝奥之星数控锅炉通过北京中研环能环保技术检测中心检测，获中国环境保护认证产品证书。

2012年10月，公司被评为山东省消费者信得过企业。2013年3月，NQ12.8-1C齐昊金丽王由中国农村能源行业协会节能炉具专业委员会评为第七届中国节能炉具博览会优秀产品。2014年，公司研发成功波导“集热核”技术，提高了吸热面积和热效率。获中国环境保护认证产品证书。4月，NQ8.0-1C齐昊红韵采暖炉荣获第八届节能炉具博览会优秀产品称号。2015年，齐昊H100、YH100洁净煤专用采暖炉研发成功，实现炉具行业燃料从传统煤炭向洁净煤炭的转变，对防治城乡大气污染提供产品支持。4月，CLSG1.4-85/60-AⅢ齐昊蓝奥之星数控环保锅炉获第九届节能炉具博览会优秀产品称号。

2016年，数控锅炉车间完成5S标准整理。齐昊无烟燃烧锅炉通过北京中研环能环保技术检测中心检测，实现16秒无烟燃烧。协办2016年中国农村能源协会节能炉具专委会年会。独家节能炉具技术支持的南山村成为全国“清洁能源+节能炉具”示范点单位，为全国的五家之一，山东省唯一一家。吸引淄博、济宁、滨州、潍坊、泰安等地炉具行业部门前来考察。4月，齐昊H100、YH100洁净煤专用采暖

淄博齐昊炉业有限公司 （2017年摄）

炉获第十届炉博会全国兰炭专用采暖炉设计大赛创新奖，全国洁净型煤专用采暖炉推荐产品称号，第十届炉博会兰炭、洁净型煤专用采暖炉优秀产品称号。

2017年，公司与外观设计公司合作进行D-200外观设计，并获设计专利。齐昊H100洁净煤炭专用炉、齐昊D-200地暖专用炉、齐昊YH100洁净煤炭专用炉、齐昊无烟燃烧锅炉在第十一届炉博会上获技术创新产品、优秀产品奖项。被中国农村能源行业协会节能炉具专业委员会评为公益爱心企业。新款齐昊燃气锅炉在第十一届炉博会上获创新产品奖。被国家能源局确定为中华人民共和国能源行业标准炉具术语参与制定者。

淄博山河石油化工储运有限公司办公楼　（2013年摄）

第四节　淄博山河石油化工储运有限公司

淄博山河石油化工储运有限公司由淄博市临淄区鲁华精细化工有限公司发展而来。淄博市临淄区鲁华精细化工有限公司成立于1999年，位于北齐路4号，占地面积2公顷，主要经营石油制品及销售。

2007年7月，淄博山河石油化工储运有限公司成立，坐落于齐鲁化学工业园区。占地7.34公顷，总资产7亿元。是一家集原油供应，成品油、液体化工产品经营，仓储、物流、铁路运输，成品油终端销售于一体的综合性公司。是地炼企业成品油外销、仓储专用物流配套服务中心，为山东省经信委规划确定的“十二五”成品油定点油库。

2011年3月，公司二期工程投产。2012年起，公司落实安全责任，加强安全生产培训、安全隐患排查，确保企业生产安全。

2016年，公司总库容达12万立方米，有石油化工产品储罐23个，液化石油气球罐4个，铁路专用线一条，建有现代化装卸成品油、液体化工产品等作业鹤位46个，石油、液体化工品等货物年吞吐能力达120余万吨。成长为淄博市重点民营石化企业、山东省重合同守信用单位、全国工商联石油业商会常务理事单位。12月26日，与中国石油大学（北京）、重质油国家重点实验室成立联合实验室。

2017年，公司按照产业链全面发展的战略布局，依托联合实验室的技术，使用原油定向调和生产技术，对原油进行加工生产，提高原油收率，实现年加工原油量1.1亿吨，油品贸易量100亿元，成品油储运量150万吨。

第五节　山东兔巴哥集团

山东兔巴哥集团由临淄广丰食品饮料厂发展而来。1994年，由王立义创立于齐陵境内，生产八宝粥以及汽水、果汁等饮料。1996年底，申请注册“兔巴哥”商标，产品逐渐扩展到膨化食品等多个领域。

1998年1月14日，“兔巴哥”商标被国家商标总局正式批准。“兔巴哥”系列产品畅销河北、江苏、浙江及东北等地区。2000年10月，“兔巴哥”系列膨化食品参加在石家庄举行的全国秋季糖酒会获得成功。2001年4月，“兔巴哥”系列酸奶产品上市。9月，国家工商总局商标评审委员会对美国时代华纳公司争抢商标引起的“兔巴哥”商标纠纷作出终局裁定：时代华纳公司的异议申请理由不成立，该商标维持注册。10

山东兔巴哥食品有限公司 （2017 年摄）

月，在淄博齐城农业高新技术开发区建设新厂。2002 年 4 月，“兔巴哥”商标被评为山东省著名商标。2003 年，被中国工业协会授予全国安全优质食品承诺企业称号。10 月，菏泽兔巴哥食品有限公司注册成立，兔巴哥工业园在菏泽牡丹区动工。

2004 年，公司产品获得国家同类产品首批《食品安全许可证》，成为 2004 年山东省免检产品。公司建立现代化的化验室及研发室，组建营销管理中心。10 月，被评为山东省第五届消费者满意单位。11 月，“兔巴哥”系列食品被评为中国著名品牌。2005 年，公司被评为省级守合同重信用企业、淄博市农业产业化龙头企业。

2006 年，兔巴哥集团在菏泽市开发时代·金盾花园，进入房地产开发行业。2007 年始，在菏泽先后开发建设时代·奥林花园、时代·世纪花园、现代城、华侨城、义乌小商品城、太阳城、水晶城等项目。

2010 年，在临淄开发建设棠悦项目。2011 年，成立房地产上游供应链建材公司。2012 年，利乐砖系列产品上市。2013 年，在临淄建设苗圃基地。2015 年，在张店区开发建设天悦项目。

2016 年，兔巴哥集团与颐高集团合作，在临淄区杨坡路东 309 国道南，建设淄博（临淄）颐高国际电子商务产业园，打造集大电商、大商贸、大平台三位一体的鲁中电商产业综合体。2017 年，集团成立的装饰设计公司先后在全国开设 20 余家家装工厂店，为装修用户提供设计、施工一条龙服务。山东兔巴哥集团发展成为集食品加工、住宅及商业地产开发，以及融合建材、装饰等产业链的现代化企业集团。

·第六篇·

商　贸

齐陵街道召开全面推进电商农业发展动员会议（2016 年 摄）

齐陵街道举办首届电商年货节　　（2015 年 摄）

王齐集市　　（2014 年 摄）

春秋战国时期，齐国即在淄河店设有驿站和商品交易场所。依托优越的地理位置和方便的交通条件，商业比较发达，市场繁荣。光绪三十年(1904 年)，胶济铁路通车，淄河店设火车站，促进了境内商业和服务业的发展。民国时期，由于地处官道，交通畅达，王家齐陵和淄河店集市两旁多设旅店、饭店及各种商铺。抗日战争时期，商户大多停业，商贸日渐萧条。

新中国成立后，商业得到快速发展。1951 年，先后建起 3 个联村供销社。1952 年，合并为六区供销联社。除供应农民生产、生活资料外，还负有对农村私营商业的社会主义改造任务，引导转向有利于国计民生的业务经营。1953 年，国家对私营商业实行“利用、限制、改造”政策。取消粮食自由市场，对粮油实行统购统销。1954 年，对棉花，棉布实行计划购销，私营商业逐步纳入国家计划轨道，形成以国营商业为主导，集体、个体商业并存的格局。1956 年，通过对资本主义工商业的社会主义改造，建立了社会主义统一市场。

三年经济困难时期，商业严重受挫。1962 年，党中央提出“调整、巩固、充实、提高”的方针，部分商品实行有计划的供应。文化大革命期间，集体、个体经济均受到冲击，商业受到影响。

中共十一届三中全会后，实行改革开放。以社会主义市场经济为导向，逐步形成开放型、多渠道、少环节的商品流通网络，积极稳妥进行管理体制改革。

1993 年，取消计划商品，实行放开经营，各种商业机构大量涌现，商品市场更加活跃、繁荣，消费领域开始全面拓展。个体、私营商业竞争实力得到大幅度提高，供销合作商业日渐萎缩。1997 年，供销合作商业开始全面退出商业服务业国有资本，实行国有存量资产有偿转让，企业实行股份制改造。

至 2017 年，境内有营业执照的个体工商业户 993 户。全街道实现社会消费品零售总额 5.08 亿元。

第一章　商　业

第一节　供销合作社

1956 年，根据国家对私营商业进行社会主义改造的政策，个体工商户均带资转入供销合作社，部分个体业主转为供销社职工。供销社分别在齐陵、淄河、宋家、望寺、高家孝陵、齐家终村设 6 处门市部。齐陵供销社成立生产资料供应站。1958 年始，随着管理机构的多次调整，供销合作商业所有制性质多次变更。5 月，供销合作社所有制性质由集体变为全民。齐陵供销社在王家齐陵成立中心门市部。1959 年 1 月，齐陵供销社下放给齐陵公社，其所有制由全民变为集体。7 月，改由商业局统一领导，基层供销社改称农村商店，其所有制由集体改为全民。1962 年 1 月，恢复供销社机构，所有制再次变为集体。1964 年，供销社在各生产大队设代购代销点，其资金由供销社和生产大队负责，每店 1 人，报酬由生产大队按同等劳力记工分，代销代购提成比例由供销社统一规定。1970 年 3 月，供销社恢复全民所有制。供销社按照发展经济、保障供给总方针，积极配合党委政府发展集体经济，大力支援农业生产，发展农、林、牧、副、渔。供销社派出干部，协助发展义和、聂仙、郑家沟、吕家、高家等大队果园 5 处。帮助扶持发展有望寺大队植桑养蚕，驻佛大队南竹北移，北二大队青山羊饲养及后丁大队的养鸡业生产等。

1983 年，齐陵供销社有职工 100 多人，固定资产 35 万多元，自有资金 25 万多元。设有淄河门市部、齐陵门市部、宋家门市部和终村门市部。开设饭店、旅馆、生产资料店、加油站、物资采购站。建有仓库和家属宿舍各 40 余间，拥有汽车两部。20 世纪 90 年代末，由个体租赁承包经营。

历任党支部书记：

蒋玉兴　李炳文　冯海山　李克明
魏德文　唐元同　路斗楠　路其贤
李新春　王子勤

历任主任：

李永华　徐景三　刘世贵　边士勇
李守余　路堂友　许明远　殷道友
孟庆印

生产资料供应站

新中国成立前，境内无专门机构，农业生产资料均在集市交易。新中国成立后，生产资料供应以供销社门市部为依托统一销售。供应的肥料品种有大粪干、豆饼、花生饼、肥田粉（化肥）；农药有信石、砒霜、滴滴涕、六六六粉、敌百虫等。1958 年后，经营的农机具有双轮双铧犁、七寸步犁、三齿耘锄、喷雾器、喷粉器、机动喷雾器、高压喷雾器等，小农具有杈、扒、扫帚、木锨、锄、镰、锨、镢、铁耙子等。农灌机械有铁筲、手摇水机、马拉水车等。随着地下水位的下降，农灌机具改为水泵汲水。该站又经营水泵、水管、水龙带等。由于农用机械的发展，柴油汽油、润滑油的用量急剧上升，供销社业务股在齐陵门市部设油料供应处，并负责供应化肥、农药、氨水等，为适应需要在淄河门市部建氨水池一座。

1973 年，境内设立生产资料供应站，有职工 8 人。供应方式是有计划、有指标经营，主要供应全公社 40 个大队、160 个生产小队所需农业生产资料。主要品种有化肥、农药、柴油、汽油、润滑油、农机配件、农用电器、塑料薄膜、五金交电、农灌机械等；化肥品种增加了复合肥、尿素、磷酸二氨、碳酸氢安、硝酸铵等；农药品种由原来的氧化乐果、敌敌畏、对硫磷（1605）、内吸磷（1059）等又增加速灭杀丁、敌杀死、比虫磷、拌种丰等。为满足各生产队的农机用油，在淄河生产资料站建立一处供油点。1993 年，取消粮食奖售化肥政策，农贸市场放开，生产资料实行多口经营。

历任负责人：

贾益禄　郑志孝　曹元军　孟庆印
刘玉阶

采购供应站

1963 年，齐陵公社供销合作社在农、林、牧、副、渔全面发展的方针指引下，设立采购供应站，负责农副产品的收购和废旧物资的回收。

收购的农副产品有蚕茧、棉麻、畜禽、禽蛋、皮张、羊毛、兔毛、鸡毛、鹅毛、杂骨、中药材、玉米芯、果品、瓜菜等。其中，果品种类有大枣、柿饼、核桃、山楂、杏仁、苹果、梨、桃等；瓜菜包括西瓜、地瓜、大葱、大白菜、干辣椒、萝卜、根用芥菜等。西瓜主要销往东北、青岛等地。

收购的废旧物资有废铜、废铝、废铁、破衣、旧布、旧报纸、旧书本等。采购供应站并经营木材、竹竿、苇泊、草苫子等农用物资。20 世纪 90 年代，采购供应站由个人承包，农副产品多为市场交易，废旧物品的收购逐渐被个体废品收购站（点）取代。

历任负责人：

张俊亭　周保民

第二节　粮管所

1954 年 10 月，临淄县第六区粮食管理所成立，所址设于土改后高家孝陵村一地主家院中（分前、后、东三个院落）。工作人员 4 人。1955 年增至 6 人。1958 年 10 月，随临淄县划入益都县，称益都县齐陵粮食管理所。1962 年，恢复临淄县建置，复称临淄县齐陵粮管所。1963 年，建成淄河粮站，齐陵粮所迁至淄河粮站。1969 年 12 月，临淄县划归淄博市，改称淄博市临淄县齐陵粮食管理所。1970 年，在聂仙大队北建设粮站，齐陵粮管所迁驻新址。20 世纪 90 年代，仓储能力提高，人员增加，全所职工达 19 人。2005 年 12 月，机构撤销。

历任所长：

吕仁恭　王守忠　周伯恭　崔子言
郭东汉　李秉义　张克善　迟万海
于景文　朱双营　张国亭　王学文
李树民　韩德明　刘汉兴　郑延林
苑庆凯　刘志平　王学文

粮食收购

清末至民国，粮食贸易均为私营。境内设有粮食市场的集市有齐陵集和宋家集，其中齐陵集粮市最大。主要粮食品种是小麦、大豆、谷子，高粱次之。交易货币是铜元、银元。计量单位是斗、升。1 斗为 10 升，1 斗小麦约重 32 千克。其他粮食容重各有差别。

1935 年，中华民国政府改革币制，将中国银行、中央银行、中国农业银行、中国交通银行发行的钞票定为“法币”，使用法币交易至 1938 年。

新中国成立初期，中国粮食公司张店支公司辛店办事处在辛店、西关设点收购。每年麦、秋两季新粮上市时，按合理价格委托齐陵供销社在境内集市设点购粮。所收购的粮食除运往城市外，在春季农民缺粮时，再投放市场，以平抑粮价。农民的余粮多通过集市出售。

1953 年 10 月 16 日，中共中央作出“关于实行粮食计划收购与计划供应的决议”，规定在农村向余粮户实行粮食计划收购（简称统购）的政策，对城市人民和农村缺粮户农民实行粮食计划供应（简称统销）的政策。中共临淄县委于 11 月 5 日发出通知，定于 11 月 6 日起，在全县实行粮食统购统销。1954 年，在王家齐陵、高家孝陵设粮食收购点。

1955 年，粮食实行“三定”（定产、定购、定销）政策，依据常年产量，定境内全年征购任务，规定全年每人口粮 182.5 千克。饲料粮：每头牛 130 千克，骡马每匹 150 千克，种母畜每头 300 千克，猪每头 60 千克，种母猪每头 100 千克，羊每只 1.5 千克。全县粮食“三定”征购任务共 2 万吨。其中，分配给六区 1920 吨。

1957 年，实行增产增购的粮食政策。分配给孝陵乡 1640 吨。1958 年，盲目增收储备粮，征购任务和增收储备粮占全年粮食总产的 39%，因此造成农村社员口粮、种子，饲料严重不足。三年经济困难时期，齐陵人民公社粮食大幅度减产，征购任务下调。

1965 年 10 月，中央批转国务院财贸办公室《关于稳定农民粮食负担，下苦功夫进一步做好粮食工作的意见》，粮食征购任务实行三年不变的政策。全县任务 1.45 万吨，分配给齐陵公社的任务是 1425 吨。1971 年 8 月 21 日，中共中央又发出《关于继续实行粮食征购任务一定五年的通知》，全县包购任务 1.93 万吨，分配给齐陵公社的任务是 1525 吨。1973 年，齐陵公社征购粮食 2036.6 吨。1979 年 5 月 16 日，临淄区革命委员会发出《关于调整粮食包购任务的通知》。齐陵公社粮食征购任务调为 3823.7 吨。1980 年，分配给临淄粮食征购任务 4.33 万吨，分配给齐陵公社 2500 吨。1984 年，分配给临淄粮食征购任务 4.15 万吨，分配给齐陵公社 2600 吨。1985 年，国务院下发《关于调整农村粮油购销政策和价格的通知》，从 1985 年 4 月 1 日起，取消粮食统购，改为合同定购。山东省实行合同定购的品种为小麦、稻谷、玉米。当年，分配给临淄区征购任务 3.75 万吨，区分配给齐陵镇任务 1850 吨。1987 年开始，国务院决定实行合同定购粮、油与供应化肥、柴油和预定金“三挂钩”政策。预定金政策执行到 1990 年，奖售化肥、柴油政策执行到 1993 年。从 1991 年秋粮食收购开始，将粮食合同定购改为国家定购。

2004 年起，国家全部放开粮食价格，定购任务取消，实行市场收购。

齐陵公社农民交公粮场景　（1997 年摄）

1949—2004 年齐陵境内粮食收购价格情况表

表 6-1 单位：千克 / 元

品名	单位	年份												
		1949	1954	1966	1978	1983	1985	1988	1991	1994	1997	2000	2002	2004
小麦中等	千克	0.20	0.21	0.27	0.27	0.33	0.45	0.48	0.52	1.08	1.52	1.10	1.05	1.60
玉米中等	千克	0.14	0.15	0.19	0.19	0.23	0.31	0.33	0.36	0.82	1.26	0.98	0.98	1.10

1954—1955 年齐陵境内粮点收购牌价

表 6-2 单位：50 千克 / 元

收粮点	年份	小麦	玉米	红粮	谷子	大豆	瓜干
齐陵	1954	10.25	7.20	6.90	7.00	9.55	4.30
孝陵	1955	10.00	7.20	6.90	6.90	9.55	—
淄河	1955	10.20	7.20	6.90	7.00	9.55	—

1955—1997 年齐陵粮食征购任务情况表

表 6-3 单位：吨

年份	征购任务数	年份	征购任务数
1955	1920	1978	2543.35
1957	1640	1979	3823.7
1965	1425	1980	2500
1971	1525	1984	2600
1973	2036.65	1985	1850
1974	2225.1	1989	750
1975	3938.95	1990	1581.1
1976	4125.85	1997	1655
1977	2807.65		

1985—2003 年国家定购粮价格执行表

表 6-4 单位：千克 / 元

年份	小麦	玉米	年份	小麦	玉米
1985	0.452	0.312	1995	1.08	0.82
1986	0.452	0.312	1996	1.52	1.26
1987	0.452	0.332	1997	1.52	1.26
1988	0.482	0.332	1998	1.46	1.22
1989	0.516	0.352	1999	1.26	0.92
1990	0.516	0.352	2000	1.10	0.98
1991	0.516	0.352	2001	1.10	0.98
1992	0.64	0.412	2002	1.10	0.98
1993	0.713	0.42	2003	1.10	0.98
1994	1.08	0.72			

粮食收购价格

1953 年 11 月，实行粮食统购统销政策后，粮油价格由国务院制定，地区性的粮油价格由省根据国务院规定具体确定。境内粮油统购价格根据省粮食厅规定的价格，再支付农民送粮运费。各收购粮点的价格有所差别。1954 年，小麦收购价 10.25 元 50 千克。1961 年，国务院决定将粮食统购价格提高 24.6%，统销价格不变，购销价格倒挂，亏损由国家补贴。1966 年，粮食统购价提高 17.1%，取消地区差价。除小杂粮、小油料外，小麦、秋粮都无地区购销差价。调整后的粮食统购价是（50 千克）：小麦 13.60 元，玉米 9.60 元，谷子 9.50 元，大豆 14.20 元，高粱 9.30 元，瓜干 7.70 元，谷子 10.50 元，草大麦 9.00 元，绿豆 16.50 元，红小豆 16.50 元，芝麻 31.90 元，蓖麻子 31.00 元。1979 年，粮油统销价格再次提高 21.92%，超购加价幅度提高 50%。调整后的粮油统购价（50 千克）小麦 16.70 元，玉米 11.70 元，高粱 10.90 元，谷子 11.60 元，大豆 23.00 元，瓜干 9.40 元，绿豆 27.00 元，红小豆 26.00 元，黍子 18.00 元，芝麻 58.00 元，花生果 35.00 元，蓖麻子 49.00 元。1985 年，粮食收购价格，不再执行超购加价办法，改为倒三七比例计价，即 30% 按原统购价计算，70% 按超购价计算。比例价的中等价（50 千克）：小麦 22.60 元、玉米 15.60 元、谷子 15.60 元。1989 年，再次调整粮油收购价格，实行统购和定购两个价格。千克小麦（冬花麦三等）统购价为 0.38 元，定购价为 0.52 元。每千克玉米（中等）统购价为 0.26 元，定购价为 0.35 元。1994—1995 年，实行定购价格，每千克小麦（冬花麦三等）1.08 元，玉米 0.82 元。1996 年，再次提高粮食定购价格，每千克小麦（冬花麦三等）1.26 元，每千克玉米（中等）0.92 元。2000 年，定购价与保护价执行同一价格，以三等白麦为定价标准品，每千克三等白麦 1.14 元，每千克三等混合麦、红麦收购保护价只做微调，每千克三等白麦 1.10 元，每千克三等混合麦、红麦收购保护价分别为 1.06 元、1.00 元。

粮油销售

农业人口的粮油销售 新中国成立初期，在冬春农村缺粮季节，粮油部门除将部分存粮投放市场外，还从东北等地调进高粱、玉米、大豆，按合理价格在市场上销售。1953 年 11 月，粮食实行统购统销后，取消粮食市场，禁止私人经营粮食，农村缺粮户由国家统销。1957 年，农业社社员口粮分配实行按人分等定量，即根据劳力强弱分为七等：一等每人每年口粮 250 千克；二等每人每年 215 千克；三等每人每年 185 千克；四等每人每年 165 千克；五等每人每年 135 千克；六等每人每年 90 千克；七等每人每年口粮 50 千克。

1958—1959 年，由于形势影响，粮食产量浮夸虚报，购了过头粮，虽丰产但未丰收。又加大办集体食堂，吃大锅饭，造成粮食大量浪费，使得农村严重缺粮。1960—1962 年，对农村供应统销粮。1963 年以后，通过政策调整，农业生产发展，粮食产量提高，农民统销粮逐年减少。农业人口食油不按月供应，安排少量食油销售指标。1965 年，消灭缺粮生产队。1973 年，基本消灭缺粮户。1983 年，农村实行家庭承包责任制，粮食产量逐年增长，农村家庭存粮逐年增多。1984 年，玉米获大丰收，出现自统购统销以来，国家收购价格高于市场价格的现象。

1985 年，国家取消粮食统购，改为合同定购，供应农村缺粮人口的口粮、种子、饲料及菜农统销粮的价格调整为比例价，实行购销同价。1998 年起，粮油不再有平价、议价之分，转为市场化经营。

非农业人口粮油销售 1955 年 8 月，国务院下发《市镇粮食定量供应暂行办法》，城镇非农业人口粮食计划供应逐步走上制度化。境内非农业人口的粮油供应，按劳动强度、年龄分别确定口粮标准。粮食定量：特重体力劳动者每人每月定量 26 千克（成品粮，下同），重体力劳动者每人每月定量 22 千克，轻体力劳动者每人每月定量 17 千克，脑力劳动者每人每月定量 15 千克，中学生每人每月定量 17.5 千克，职工家属每人每月定量 13.5 千克，6～9 岁每人每月定量 10.5 千克，3～5 岁每人每月定量 6.9 千克，3 岁以下的每人每月定量 3.75 千克。食油定量：国家工作人员、工人每人每月定量 250 克，家属和儿童每人每月定量 150 克。

1960 年，由于粮食歉收，国家号召节约粮食，低标准、瓜菜代。对非农业人口粮食供应标准作了下调。体力劳动和脑力劳动者每人每月下调 1.5 千克，家属每人每月下调 2 千克。食油每人每月下调 0.075 千克。1965 年，随着粮食产量的提高，对非农业人口的粮食定量标准作了上调。体力劳动者每人每月增加粮食 0.5 千克～2 千克；脑力劳动者每人每月增加 1 千克。食油每人每月增加为 250 克。1971 年，非农业人口粮食定量再一次上调，平均每人每月增加 1.1 千克。调整后的粮食每人每月定量标准：特重体力劳动者，一级 28 千克，二级 26 千克，三级 24.5 千克；

重体力劳动者，一级23千克，二级21.5千克，三级19.5千克；轻体力劳动者，一级18千克，二级17千克，三级16千克；脑力劳动者，一级16.5千克，二级15千克；中学生二级（高中）16千克，三级（初中）15千克；家属（包括10岁儿童）13.5千克，9岁的13千克，8岁的12千克，7岁的11千克，6岁的10千克，5岁的9千克，4岁的8千克，3岁的7千克，2岁的6千克，1岁的4.5千克；不满1周岁的3.5千克。食油定量每人每月250克。此标准一直沿用到1992年9月底。

1992年10月1日起，临淄区放开粮食销售价格，取消非农业人口的粮油供应，各种粮票，食油票停止流通。居民粮食供应证上的存粮继续保留，但已不执行原统销价格。仍然保留城镇非农业人员粮油供应关系。

定量人口粮食补助 定量人口除每月按定量标准用粮外，如有特殊情况口粮不足者，给予定量外的粮食补助。1962年，各项补助粮标准是：（1）出差补助，每人每天补助50克；（2）夜餐补助，县以上机关、团体、厂矿、学校的工作人员，夜间工作至12点以后，每人补助50克；（3）工厂干部下车间劳动，每月5天以上者，机关干部下农村劳动10天以上者，每人每天补助粮食100克；（4）县召开的农业人口干部会议，每人每天补助粮食不超过500克；（5）工厂雇佣的合同工按所干工种补差额。1963年，非农业人口每人每月增加500克副食补助粮。1971年，调整补助标准，出差去农村在社员家就餐的，每人每天补助650克；夜餐每人每次补助150克。农业人口的临时工每月补助标准为：特重体力劳动者，一级14.5千克，二级12.5千克，三级11千克；重体力劳动者，一级9.5千克，二级8千克，三级6千克，轻体力劳动者，一级4.5千克，二级3.5千克，三级2.5千克；脑力劳动者，一级3千克，二级1.5千克。

粮食供应品种 对非农业人口粮食供应品种主要分细粮（面粉）、粗粮（瓜干、大豆、大米等）。1955年，细粮占30%～40%。1959—1962年，每人每月只供应面粉5千克。饮食业用粮面粉占10%。1967年，对非农业人口粮食供应的品种做了调整，面粉占50%，瓜干占15%，大豆占4%，杂粮、大米占31%。饮食业用粮全部供应面粉。1972年以后，非农业人口供应的粮食品种，面粉占70%，其余为大米、大豆和杂粮。1983年以后，曾一度全部供应面粉。1992年开始，非农业人口的粮油计划供应取消。

议价粮油销售 境内议价粮油销售的品种主要有小麦、大米、小米、绿豆、红豆、花生果（仁）、芝麻、葵花籽、豆油、花生油、花生饼等。1992年10月1日粮价放开。1998年国家对主要粮食品种实行保护价收购，粮食部门经营的粮油商品不再有平价、议价之分，全部为市场化经营。由政府定价收购的定购粮和保护价粮食按照国家制定的“敞开收购、顺价销售”的原则，由粮食部门自主经营。

粮油票证

新中国成立后，山东使用的粮票仍为1949年版的省粮票，发放范围主要是享受供给制待遇的机关团体外出工作人员和部队。1953年实行粮食统购统销后，有价的粮票已不适用。1955年，国务院发布的《市镇粮食定量供应暂行办法》，山东陆续印制发行新的粮油票证。

山东省粮（油、料）票的种类与使用范围是：粮票8种，分1两、2两、4两、0.5斤、1斤、3斤、5斤、10斤。在全省范围内流通使用，出省无效。料票6种，分1斤、2斤、5斤、10斤、50斤、100斤，专供有关部门到外省、外地购买牲畜、承办运输以及马戏、驯兽、杂技团购买饲料之用。食油票5种，分1两、4两、0.5斤、1斤、2斤，作为定量人口购油凭证。

与山东省粮票流通的同时，4种全国通用粮票亦在省内流通使用，分0.5斤、1斤、3斤、5斤（1965年版）。

淄博市工种粮票7种，分1斤、2斤、3斤、4斤、5斤、8斤、10斤，只在市内流通使用。至1985年只收不发。淄博市香油票3种，分1两、2两、3两。

山东除粮、油、料票以外，尚有粮油计划供应的其他凭证，主要有城镇居民粮食供应证、工商行业用粮供应证、城镇饲料供应证、粮食供应转移证、临时供应转移证。另外曾使用过临时用粮供应证、粮票代用凭证、社来社去学生粮油供应转移证、煤矿亦工亦农轮换工粮油供应临时转移证。

1992 年 10 月起，各种粮油票证停止流通。

粮油储存

齐陵粮所于 1954 年 10 月成立时，有 7 个单位容量为 20 吨的粮库。1957 年在紧靠粮库东边又建 4 个单位容量为 125 吨的粮食仓库，库存容量达 640 吨。占地 4000 平方米。同时存在的库点有吕家、石庙、薛家、望寺、聂仙、前李、杨家齐陵、小交流等库点。各库点除接收本村粮食外，还接收临近村的粮食。每个库点容量为 20 吨～ 25 吨。

1963 年，淄河店粮站建成，建有 7 个单位容量为 250 吨的仓库，单位容量为 500 吨的粮仓 1 个。1964 年上半年齐陵粮所于搬入淄河粮站，1968 年，县粮食局在齐陵试点，在淄河粮站建有 2 个单位容量为 25 吨的砖混结构圆筒仓。并在此召开粮食系统现场会，进行推广。淄河粮站仓库总容量达到 2300 吨。建淄河粮站征用土地 8.38 公顷，粮库区占地 6.22 公顷。

为方便各生产队送交公粮，落实“深挖洞，广积粮，藏粮于民”的号召，1970 年，由国家投资，齐陵粮所在聂仙村北建粮站，到 1977 年建成 4 处单位库存容量为 250 吨的砖石结构的粮仓及相应办公生活设施。1982 年初，粮所由淄河粮站搬入聂仙粮站。高家粮站使用至 1983 年。淄河粮站于 1997 年撤销。

齐陵粮所在聂仙粮站内陆续建成 5 个 19 间总容量达 2100 吨的砖混结构仓库，将 1977 年建成 4 个 12 间总容量为 1000 吨的砖石结构仓库改建成 3 个 9 间总容量为 1000 吨砖混结构仓库。建聂仙粮站征用土地面积 14.40 公顷，库区占地 13.68 公顷。粮仓达到“四无标准”（无虫害、无霉变、无鼠雀、无事故）。

齐陵粮所从成立始，其功能随着社会的发展而发生着变化。最初的粮所任务是“统购统销”，即收购公粮和供应非农业人口粮油，同时还承担食品行业的粮油供应任务，为群众兑换粮票，销售“猪奖粮”（农民向肉食店售猪后享受的供粮指标），给村里代存储备粮。20 世纪 90 年代，仓储能力提高，粮所开始承担国家粮食储备任务。随着市场经济的发展，粮食部门在做好统购统销任务同时，开始从事食品经营。随着饲养业发展，在粮食购销方面，除完成统购统销任务外，还搞起议价经营。农村实行联产承包责任制后，粮食产量大幅度提升，粮食市场供求形式发生了很大变化。人民群众的经济收入逐年提高，原有的“统购统销”粮食模式已不适应经济发展。1990 年，国家改“粮食统一收购”为“粮食国家定购”。

齐陵粮所的油料、油品储存为“三散”（散装、散卸、散运），区粮食局大力提倡建油罐，解决“容油不用桶”。1982 年，齐陵粮所在淄河粮站、聂仙粮站建成容量 5 吨的圆形钢板储油罐。

至 2005 年 12 月粮所取消，齐陵粮所聂仙粮站拥有砖混结构粮仓 9 个 37 间，总容量 4400 吨。

第三节　食品站

新中国成立前，境内经营肉食者主要是当地屠宰户，杀猪宰羊就地卖肉。农历腊月二十前后，养猪户将自养的猪宰杀，到集市等场所出售，政府不收税，价格随行就市。另有身背肴肉盒子，走街串乡赶集卖熟肉的。

新中国成立后，国家对肉蛋禽和其他畜产品的生产、收购及销售逐步实行统一管理和经营。

1968 年，临淄县食品公司齐陵食品站建立，位于齐陵供销社西邻，有职工 16 人。其中，临时职工实行补贴工资制，按规定向生产队交纳一定现金，按同等劳力记工分。主要业务是经营猪肉、鸡蛋。对生猪实行派养、派购。站内宰杀主要供应境内，剩余生猪上调，不足部分由临淄县食品公司统一调拨，安排供应。为鼓励社员养猪积肥，实行售猪奖励办法，每售肥猪一头，奖布票 2/3 米（2 尺），每售 50 千克毛猪奖粮 12.5 千克～ 14.3 千克，出售的生猪按出肉率定价，分 1 ～ 5 级。对特别膘肥的猪，还设有特级，再加 1、2、3 等级差。

1970 年，临淄县食品公司齐陵食品站改称临淄区食品公司齐陵食品站。

1984 年，肉食市场放开，实行多渠道经营。

1987 年，齐陵食品站撤销。

历任站长：

刘继隋　宗立勋　刘云程

第四节　烟叶收购站

清代开始，境内就有黄烟种植，只晾晒不烘烤，当地销售。1916 年，由潍县引进烤烟技术，种植面积扩大，烟草作为主要经济作物大力发展。在杨家齐陵和王家齐陵由私人开设多家烟叶收购店铺，烟叶销往辛店、潍县、青岛、济南等地。20 世纪 30 年代中期，英、美等国的烟商在辛店设点收烟，进行经济掠夺。1938 年，日本烟商在辛店成立华北烟草公司，垄断临淄地区及周边各县的烟草收购业，直至抗日战争结束。

解放战争时期，辛店未设收购点。农民种植的黄烟，除土制卷烟用少量外，多到济南、青岛销售，路途遥远，交通不便，困难较多，种烟面积减少。1948 年 6 月，“大华烟草公司”在辛店设立分公司，黄烟生产得到恢复和发展。

1954 年，临淄县供销社安排齐陵供销社设烟叶代购点。验级员由县烟草公司安排专人担任，县烟草公司按收购数量支付给齐陵供销社代购费。

同年，县烟草公司组建齐陵烟叶收购站，属国营企业。地址设在王家齐陵西南角，面积 1 公顷。整个业务工作由县烟草公司管理，行政服从当地政府领导。负责境内黄烟种植、生产、技术指导与收购业务。齐陵烟叶收购站按临淄县财政经济委员会规定的价格收购黄烟，烟分四类。一类黄烟，分 1 ～ 7 等；二类赤烟，分 1 ～ 5 等；三类青烟，分 1 青～ 4 青；四类糊烟属级外品。烤烟由国家统一收购。齐陵境内种烟面积占农田面积的 30%。境内生产的烟叶，按规定到齐陵烟叶站销售。齐陵境内黄烟生产搞得好，烟叶产量高、质量好，被选为烟叶出口基地。所收购的烟叶 35% 达到出口标准，为国家换取了外汇。1958 年 10 月，称益都县齐陵烟叶收购站。1962 年 1 月，改称临淄县齐陵烟叶收购站。

1966 年，齐陵公社黄烟生产发展很快，产量大幅度提高。烟叶站的黄烟收购量显著增加。收购旺季，干部职工 40 多人日夜奋战。收购数量的增加，给收购，包装，运输等一系列工作带来巨大压力。经县烟草公司和当地政府协商，报请上级批准，1966 年春，烟叶站搬迁至淄河店火车站东，新建齐陵烟叶收购站。

20 世纪 70 年代，境内烟叶生产旺盛，是生产队收入的经济支柱。80 年代，当地黄烟生产下滑，产量大幅下降，质量上不去，生产队不再愿种黄烟。烟叶站无烟可收，完不成收购任务，企业亏损。1985 年，区烟叶公司报请省公司批准，齐陵烟叶站撤销。

历任站长：

孙耀光　王子勤　张金河　尹洪儒

鲁从志　王桂书　贾万洲　于兴汉

孙希民　王英正　钟安顺

第五节　商业网点

齐陵是淄博的东大门，与青州接壤。自古地处官道，交通方便。新中国成立前，此处就商业繁华。1923 年，后李官庄人在聂仙东开办义和煤栈。1930 年，后李官庄人在聂仙开设益民盐店。淄河店的青龙街、王家齐陵街店铺遍布，门面相连，招牌各异：百货店、布店、茶庄酒楼、饭店、旅馆、药店、马车店、馍馍坊、油坊、酒坊、豆腐坊、烟酒糖茶、糕点副食、酱油铺子、盐店、醋店、山货水产、日用杂品等老字号店铺，诊所药铺、铁匠铺、木匠铺、裁缝铺等买卖兴隆，方便过往客商。但随着时局的变化，商业贸易时好时坏。抗日战争时期较为萧条。

新中国成立后，齐陵供销社在境内共有淄河、齐陵、高家孝陵、终村、宋家、望寺六处门市部。20 世纪 60 年代，保留三处有集市的齐陵、宋家、淄河门市部。终村因地处山区，交通不便，仍保留终村门市部。经济的发展，生活的提高，四处门市部远远不能适应人民群众的生活需求。1964 年，开始在各村设立代购代销点（也称代销店）。代销点大多为一人店。主要经营烟酒糖茶、酱醋油盐、糕点副食、针线鞋袜、日用百货等生活日

淄河新村商业街　　（2017年摄）

用品，一律从供销社提货。经营人员由大队和供销社研究决定。代销员由大队记同等劳力的工分。代销点性质是为社员服务。手续费按3%～4%提取。商品损耗按0.5%计算。

中共十一届三中全会以后，实行改革开放、发展经济的政策，境内个体私营商业迅猛发展。淄河村北309国道开通后，村内沿街店铺陆续迁至公路两侧。齐陵供销社也随之迁入沿路两侧。供销社门市部和机关、宿舍设在路北侧西端，饭店、农资站、加油点设在美陵公司斜对面。供销社饭店、旅馆搬至门市部对面，建起了两层楼，内设停车场大院。1980年后，代销店转为个体经商户。

2017年，齐陵境内有37个行政村和一个社区，设集市的村庄商铺较多。其中淄河村有70余家，王齐村30余家（包括杨西村沿路），宋家村15家，龙池村25家，齐家终村6家，总共160余家。其他各村都有大小不等的小型超市和商铺，多者3～5户，小村1～2户。二号路两旁设有种子、农药、化肥店5家，生产资料店4家。另外还有饭店、小超市、家电专卖、电信网站、羊肉烧烤、医疗卫生室等。

街道驻地商业街

20世纪80年代改革开放后，309国道淄河段公路两侧的店铺相连，长1500米。生意兴隆的有春和楼、顺兴酒楼、稷下食府等酒店。个人承包的齐陵供销社门市改为几家土特产杂品店。景贞建材、海平建材、本庆建材、海天装饰、立邦装饰等装修服务。装修业带动了厨房、洁具、灯具、家装、窗帘加工等一系列店铺，形成了装修一条龙服务。随着通讯、信息化的发展，移动、联通、电信营业厅及手机专卖店发展到13家。截至2017年，沿309国道街道驻地两侧有饮食服务业25家，烟酒副食批发6家，医药店8家，婚庆照相3家，生产资料店6家，广告店3家，书画装裱店2家，电动车专卖店3家，粮油店、家具店、网吧、澡堂、五金家电、水产店、干鲜果蔬店等多家。

顺明超市

2005年3月，杨东村李顺明在齐陵政府对面开办第一家超市——顺明超市。占地面积1000平方米，员工25人。经营范围包括日用百货、烟酒糖茶、服装鞋帽、生肉熟食、蔬菜果瓜及其它农副产品等。

随着经营规模的不断扩大，顺明超市在境内及周边开办多家连锁超市。2008年8月，顺明超市龙池店开业。2013年10月，奥林匹克花园生活区顺明超市奥园店开业。同时在龙池店对面，北齐路东，设顺明超市服装商场。2014年5月，

顺明超市淄河店　　（2017年摄）

浩森超市　（2017 年 摄）

顺明超市淄河店迁至临淄大道路北齐陵政府东 200 米处。2016 年 3 月，成立淄博顺明商贸有限公司。

至 2017 年，顺明超市成为拥有 7 家综合超市、 1 家服装商场的大型商贸集团。总共占地面积 1200 平方米，共有员工 125 人。顺明超市被淄博市工商局评为消费者满意单位；千家百店无假货超市。把顺明超市定为 315 消费者维权投诉站。

浩森超市

2015 年 2 月 16 日开业，位于街道驻地淄河新村商业街，营业面积 2000 平方米，职工 22 人。本着“客户第一，诚信至上”原则，主要面向中小企业及个人提供日用百货、普通通讯器材、家用电器、文体用品、办公用品、水果蔬菜、土产杂品、食品乳制品、五金建材、服装鞋帽、儿童玩具等，年营业额近千万元。

第六节　电子商务

随着互联网和智能手机的普及，境内农村网民数量持续增多，提升了农村电商消费市场的潜力。年轻一代网上购物成为时尚，网上消费逐年增加，有的开办了网店。利用多渠道信息发布平台，实现农产品与广阔市场对接，电商农业成为大势所趋。

2016 年 1 月 9 日，齐陵街道召开“全面推进电商农业发展动员大会”，齐陵电商农业发展全面启动。齐陵街道制定实施方案以“互联网 +”为动力，依托乐购网等网络营销平台和淄博众得利集团有限公司、忆当年农业发展有限公司等农资及农产品龙头企业，大力发展农副产品和农业生产资料线上线下交易，全面推进电商农业发展，使其自动化并发挥同一社区内的相互交易、功能、聚集大量买家和卖家。立足需求导向，对合作社、电商、物流企业、农户进行精准分工，实施政府监督、“电商 + 物流 + 基地 + 农户”协同融合发展模式。

齐陵街道整合优势资源，全力打造“齐陵放心农产品”品牌。坚持以市场为导向、以消费者为中心，发挥齐御牧业、元丰、庚源晨、乐采、祖发、获丰等农业龙头示范带动作用，组织分散农户“化零为整”，建成一批规模化、标准化、智能化农副产品电商供货基地，立足“环境可测，生产可控，质量可溯，包装认证”，打造以齐御黑猪肉、柳店韭菜、元丰鸡蛋、金阳葡萄、普浩西瓜等为代表的“齐陵放心农产品”品牌；全程实施“专业、精准、贴心”服务。重点建设政策保障农业标准化生产、农产品质量安全监管、农村分拣配送、为农服务五大体系。为农民提供技术指导、质量监管、农资供给、托底销售、民生服务等“一揽子”服务。

2017 年，境内电子商务依托祖发、获丰、乐采三大国家级蔬菜标准园，利用计算机、网络技术建立齐陵农副产品在线身份信息库，实现农药、肥料等农业投入品测土配方、统一采购、统一配医，让农户享受价格优惠、方便快捷、售后贴心的服务。利用电子商务，在鲁中地区率先建设新型“放心菜篮子”服务体系，创新实施“农餐对接”“农校对接”“农社对接”“农宅对接”等惠民工程。先后与区内政府部门、企事业单位、学校餐厅食堂等近 70 家单位签订了农副产品供销协议，逐步实现了“从田地到餐桌”的全程质量安全控制，为城乡居民提供“新鲜、优质、价廉”的蔬果和“方便、快捷、周到”的服务。

第二章　饮食服务业

第一节　饮食业

饮食网点

明清至民国时期，齐陵境域地处济南府与青州府的官道，东西南北大路通达。1904 年，胶济铁路全线通车，设立淄河店火车站，更促进了齐陵境内商贸发展。官道沿路的淄河店、柳店、王家齐陵等村，村中沿街店铺林立，饭店旅馆生意兴隆。

王家齐陵有糕点作坊“益丰恒”，菜馆“德宾楼”“富兴馆”“金家老店”“贾家马车店”等。淄河店的南北官店，是特设官方驿站，北店住文官，南店住武官，店铺豪华气派。张文田的马车店，生意兴隆，是抗日战争时期中国共产党重要地下联络站。另有沿路饭店、旅馆、客栈几十家，为过往商客带来极大方便。

新中国成立后，饮食业发展迅猛。繁荣时期餐馆饭店多达 30 余家，大都是夫妻店、父子店，经营大众饭菜，服务过往商客。1956 年，国家对私营商业进行社会主义改造，大部分个体饭店停业。20 世纪 60 年代，成立供销社旅馆饭店，后撤销。20 世纪 80 年代后，境内饮食业遍布，馒头坊多处，沿街小吃兼营油条、豆汁、火烧等，酒店应运而生。淄河村附近有春和楼、復稷春、顺兴酒楼、稷山食府、博山美食城、美琳美食城、紫荆山庄等 30 多家。柳店村有赵家饭店，北山村有北山饭店、通达饭店，东龙池村有青云饭店、凯顺大酒店、宏昌饭店，前李村有齐福楼大酒店、腾源生态酒店，王齐村有茂林酒店，宋家村有于立波饭店、刘长昇饭店、刘永清饭店等。饭店根据自身特点，发挥一技之长，推出婚礼宴、生日宴、送米宴、团聚宴、升学宴等，并且车接车送，送菜上门，服务方式多样，极大方便了群众。特色菜品有清水鸡、灶台鱼、牛排、全羊、南京板鸭、重庆石锅鱼、海鲜、火锅、烧烤等。

随着旅游业的兴起，马莲台风景区陆续出现齐稷山庄、康乐园大酒店、龙泉山庄、齐源山庄、丰泽园山庄、田园山庄、林台山庄、玉诚山庄、马莲台山庄、大顺山庄、景涛山庄、怡园山庄等 43 家具有山庄风光、山村特色、山野风味的休闲型酒店，举办各种宴席业务，服务当地民众，吸引了辛店、张店、青州、广饶等地游客慕名而来品尝齐陵名吃，观光旅游。

齐陵名吃

赵家鸡　赵家烧鸡、赵家清水鸡由明朝柳店村赵氏饭馆赵氏全鸡宴中的烧全鸡和清炖全鸡继承、改良而来。赵家烧鸡选用食材严格，以当地散养公鸡和农家土鸡为主料，用 20 余味中药浸泡，结合祖传工艺与现代工艺，秘方烹制。全鸡表面金黄，皮脆肉嫩，清淡中带有浓香，回味悠长。赵家清水鸡用 20 余味名贵中药材为佐料，经文火慢炖而成。汤清而味浓，肉嫩而不腻，闻之清香扑鼻，食则味道鲜美。赵家鸡营养丰富，鸡味浓郁。2001 年 11 月，获“淄博名小吃”称号。成为临淄区唯一获此殊荣的特色美食。

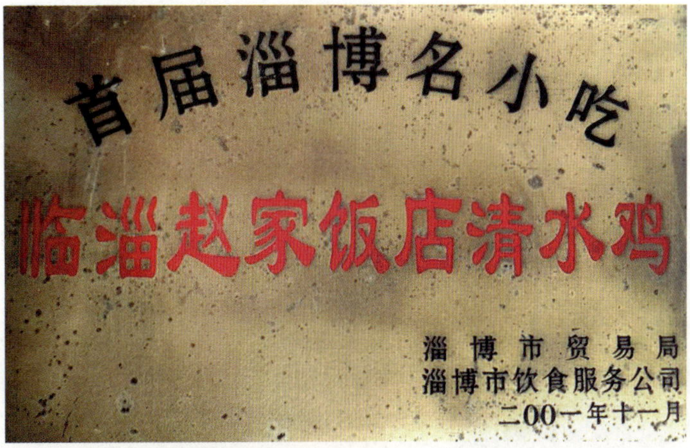

赵家清水鸡被评为淄博名小吃　　（2017 年摄）

王齐点心 王齐点心名酥饺，又称宫廷点心。已有一百余年历史，是民国时期“德宾楼”饭店的特色招牌面食，用料考究，制作独特，技术精细，烹炸火候准确。和面分油面、水面。油面用板油、面粉和面，用独特手法醒面、圈面。甜馅由白糖、冰糖、青红丝、核桃仁、杏仁等按实际需要调制而成。炸制点心需用凉油、冷锅、掌握火候。点心外皮酥薄，馅食软甜，真正的口齿留香，是境内婚宴必有菜品。

前李官庄香油 前李官庄香油其制作工艺传承至今已有四代，近百年历史，被列入临淄区非物质文化遗产名录。选用优质芝麻，经过选料、水选、烘炒、晾筛、研磨、兑浆搅油、沉淀、灌装等工序制作而成，包括香油、麻汁。

杂粮煎饼 煎饼是具有典型山东地域特色的传统食品。“煎饼卷大葱”是齐陵居民传统美食。

其制作方法清代蒲松龄《煎饼赋》中有详细描述：“溲含米豆，磨如胶饧。扒须两歧之势，鏊为鼎足之形。掬瓦盆之一勺，经火烙而滂溯。乃急手而左旋，如磨上之蚁行。黄白忽变，斯须而成。卒律葛答，乘此热铛，一翻手而覆手，作十百于俄顷，圆如望月，大如铜钲，薄似剡溪之纸，色如黄鹤之翎，此煎饼之定制也。”齐陵境内许多家农家制作方法仍与蒲松龄描述的非常相似。制作原料以玉米、小米为主。

随着老百姓生活水平的日渐提高和对健康养生意识的增强，制作煎饼的原料日益多样，使用小麦面粉、小米面、地瓜面、豆面、高粱面、玉米面等多种杂粮，外加花生、芝麻、核桃仁等辅料，按照一定比例调成糊状再进行加工，使得营养更加均衡多样。境内很多村庄出现煎饼代加工作坊。使用新式工艺烙制煎饼，比古法中使用的“铁鏊子”控制火候更加精准，煎饼口感更加细腻。一年四季家家户户多准备煎饼。

前李官庄香油制作现场　（2017 年 摄）

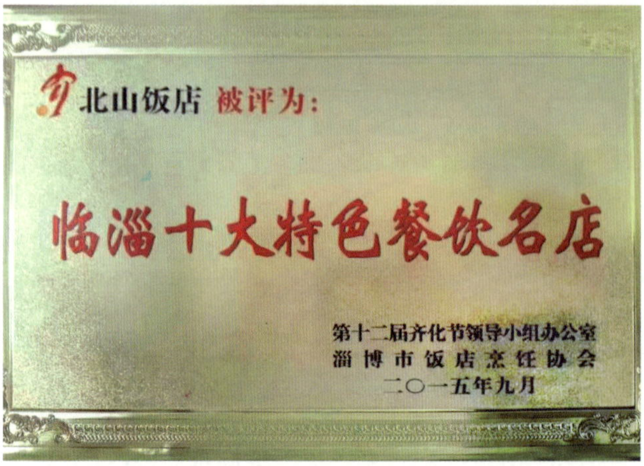

北山饭店被评为临淄十大特色餐饮名店（2017 年 摄）

瓦罐鸡 北山饭店创建于 1992 年 2 月，坐落在牛山脚下，太公湖南畔。饭店创始人李友禄继承父辈手艺，精心钻研，以北山坛子鸡为特色菜，精选散养笨鸡，文火煲汤，汤鲜味美，老少皆宜，打造品牌，成为顾客口中相传的“瓦罐鸡”。后续推出黄焖鸡、干炒鸡等一系列菜品。面点有手工杂粮馒头、杂粮煎饼等农家面食。2015 年 9 月，被淄博市饭店烹饪协会评为“临淄十大特色餐饮名店”。

至 2017 年，先后获省级三星级好客人家农家乐、市级首批双百佳文明诚信工商户、市级消费者满意单位、市级五星级文明生产经营服务单位、市级食品安全承诺单位、市级临淄十大特色餐饮名店、区级食品卫生工作先进单位等荣誉。

第二节　服务业

理发业

新中国成立前，理发艺人俗称剃头匠，都是男性。他们挑剃头担子赶集串巷，没有固定场所。剃头挑子一端是供顾客坐的梯形小方柜，方柜装有三层小拉匣，里面盛放着剃头工具；另一头是烧水的火炉，炉上放一铜盆，炉旁竖一木杆，上挂鐾刀布。剃头工具主要是剃头刀。剃头匠会按摩，剃完头为顾客拉拉胳膊，捶捶肩背，按摩头面穴位。

新中国成立后，随着时代的变迁，理发由单纯的剃光头、梳长辫，改为留分头、背头、平头。理发工具有剃头刀、木把推剪，后渐用单手推剪。

20 世纪 60 年代，许多家庭自备单手推剪，农村人相互服务。70 年代开始，境内出现专业理发店，服务人员逐渐有女性参加，渐以女性为主。公社在机关对面成立理发店，理发人员 2 ～ 3 人。服务项目相继增多。80 年代，电动推剪代替手工推剪，由单纯理发发展到吹风、烫发、染发等。女式发型有波浪式、蝴蝶式、花瓣式、童花式、刘海式、羊花式、双花式、凤凰式、菊花式、披肩式等，男性发型也开始多样化。男女染发逐渐盛行。理发设备也日趋完备。

至 2017 年，境内有理发店 35 家，增添美容、化妆、文眉、文眼线、激光祛斑、营养去皱等服务项目，兼卖各种化妆品。

摄影业

1931 年，前丁官庄人王存业，在临淄县城里办起第一家照相馆。20 世纪 70 年代后期，齐陵公社在驻地设有照相馆，项目投资约 5 万余元，馆址坐落于公社大院对面公路南侧。共有房屋 4 间，其中，营业室 2 间，员工宿舍 2 间。主要设备有版盒式座机 1 台，三角外拍机 1 台，“珠江”牌 120 照相机 2 部，后更换为 120-4A 相机 1 部，日本进口“富士”牌 135 相机 1 部。共有员工 4 人，其中馆长 1 人，工作人员 3 人。

开业初期，生意比较红火，年收入在 2 万元左右。除去人员工资和材料费，基本能够保证照相馆的正常运转。随着时代变迁，馆内设备完善。除摄影室、布景外，逐步增添闪光灯、试用遥控摄影、增加着色、放大和彩照等。

20 世纪 80 年代，个体照相业户不断增多。90 年代，随着改革开放的不断深入，企业普遍实行改制，照相馆由个人承包。境内先后出现个体照相业户 5 家，摄影、摄像、彩照、放大等设备逐步完善。2000 年后，照相业随着形势的变化、电子技术普及，逐步变成多元化服务的摄影门市。主要业务有照相、录像、刻录光盘、电子相册、团体照、生活照、复印、放大、新婚照等。新婚照相已成为摄影业的支柱产业，服务项目有婚纱摄影、新婚巨照、景区、野外选景、即时拍照、造型拍照、艺术拍照、各种化妆拍照、豪华相册、活动录像、电子艺术活动影照等。

浴池

新中国成立前，境内没有浴池。进入夏天，人们在本村水湾中或到淄河滩中游泳洗澡，有的在家中用盆洗浴。

20 世纪 70 年代，牛山部队和水泥厂的浴池开始对外开放，为当地民众服务。80 年代开始，较大村庄先后建起浴池，但条件简陋。随着太阳能热水器的普及，各家各户在房内设置洗澡间，方便洗浴。2017 年，境内有洗浴中心 10 处，条件日趋完善，设施齐全，有单间洗浴，淋浴，也有大的洗浴池，服务周到，方便群众。

维修

新中国成立前，维修服务多为铁匠、木匠、石匠、炉匠、柳编匠、磨刀匠等艺人，走街串巷，赶集下乡，招揽生意。铁匠用木脚车推着铁匠炉、风箱、锤、钳、杂铁，走村串街，无固定场地。主要维修打造镢、锄、刀、犁、耧、斧等铁制农具和生活用品。木匠背着工具箱，工具有锛、凿、锯、斧、墨斗子、木尺等，给人们制作门窗、房梁、桌子、柜子、风箱、凳子、杈把、木掀、纺线车、织布机等，走村串户维修制作。石匠背着盛有锤子、錾子、剁斧等牛皮背笼，下乡给人们打磨子，修石器。磨刀剪的艺人肩扛长凳，沿街吆喝，随时随地服务。维修瓷器的挑着担子，边走边吆喝，拉着长音，招揽生意。另有维修柳编、苇编制品的挑着材料和工具赶集下乡，专修破旧的柳编等生活用具。

新中国成立后，各种维修服务业随着经济发展而变化。1958 年，建起公社联合机械制修厂，麦秋季节为社队农民修造农机具。齐陵公社成立农机管理站后，专门管理和维修农业机械。20 世纪 70 年代，半导体收音机、挂钟、手表、缝纫机、自行车等开始进入各家各户。维修人员也相对增多。他们有的开设店铺，有的走街串巷，维修家用、农用工具器械。80年代，随着电视机、电风扇、冰箱等电器的普及，家电维修业户发展到10余家，有摩托车维修点多处。有的村庄出现小型农机配件和维修点。随着收割机、拖拉机、脱粒机、农用机动车、汽车的增多，境内农机维修、汽修厂、农机配件门市部达20家，电动车维修专卖店15家。

20世纪90年代起，随着手机、微机、电信业的发展，电子电器种类增多，家电维修成为维修业的重要组成部分。2017年，境内维修业户达30余家。

旅店业

境内旅店业兴起很早。从姜太公封齐，淄河店建驿站时，就有旅店，招徕各诸侯国的商人来齐经商。随着时代变迁和时局动荡，旅店服务业经营不稳定。

新中国成立前，淄河店、柳店、王家齐陵地处官道，旅店业较发达。王家齐陵金家老店、贾家马车店等，淄河店南北官店（皇家驿站）、张文田马车店，还有贾家店、刘家店、周家店、魏家店等10多家，这些沿街店铺都设大车门，马车、小车可出入院内，停车、住宿、就餐一体化。

新中国成立后，交通畅达，沿济青公路两侧的旅店随之兴旺。20世纪60年代前期，寿光、羊口、青州等地的农民捎着干粮，用小车上淄川、博山等地推炭，这里的大、小车店趋于活跃。烩干粮、供住宿，兼营饭菜。虽设备简陋，但很方便，深受欢迎。

60年代后期，齐陵供销社在济青公路淄河段西端南侧开设旅馆，建起两层楼和停车大院，集停车、加油、住宿、就餐为一体，年收入达10万余元。90年代旅馆实行承包经营。

2017年，在奥林匹克花园生活区，隶属于淄博崛立商贸有限公司的奥园商务宾馆开业。宾馆集住宿、餐饮、宴会、会议于一体，服务规范。

第三章　集市　庙会

第一节　集　市

明清时期，境内有齐陵、淄河、宋家、高家孝陵、望寺、齐家终村等集市。

民国时期，商品交易以集市、庙会为主要场所。村民所需要的生产用品、生活必需品和手工业者所需原材料等各种商品，包括各种牲畜、粮食、肉食、面食、禽蛋、鱼虾、青菜、瓜果、棉花、土布、鞋帽、杂品、柳编、苇编、铁器、木器、陶瓷、五金等，均通过集市、庙会进行交易。

抗日战争时期，集市冷落，望寺集、高家孝陵集消失。齐家终村集延续至20世纪50年代初。

新中国成立后，工商业逐步发展，市场出现繁荣景象。1953年，国家开始对粮食实行统购统销。1954年，对棉花实行计划供应，对部分农副产品实行定购派购，不允许统购物资进入市场交易。1958年始，集市出现萧条。1962年起，集市贸易日渐活跃，上市物资多达100多种。文化大革命期间，集市贸易受到限制。

中共十一届三中全会后，临淄区革命委员会决定恢复集市贸易，国家对农副产品和工业产品交易逐步放开，集市贸易日益繁荣。

淄河集

淄河集日为农历一、六和三、八，五天两集。淄河街里沿街店铺林立，贸易兴旺。自1968年在村北筑成王潍公路，集市贸易便迁至公路两侧。随着瓜菜批发市场的建立，大集又转至路北市场内。1997年，在309国道南重新建立大型市场，占地1.95公顷，较大摊位450处，小摊位200余处。

淄河集　（2017年摄）

齐陵集

位于街道驻地正东3.4千米处，东面和南面与青州市接壤，是两地人民共同的集市。王家齐陵东西南北大路通达。东至潍坊，青岛，西至周村，济南，南至青州，北通河北，为四方交通枢纽。集起源于清嘉庆年间，农历二、七为集日。属齐陵境内最大集市。新中国成立前，王家齐陵街内商铺林立；副食杂品店、酒店、肉铺、盐店、典当铺等行业众多。名号有益丰恒、德宾楼、富兴馆、金家老店等商贾云集。农副产品、水产、山货、生活日用品等琳琅满目。集设牲畜市、粮食市、肉鱼禽蛋市、棉花布匹市、五金杂品市、说书唱戏的书场、儿童玩具市、铁器木器市、柳编、苇编、草编市、海产鱼市、蔬菜瓜果市、木材苗木市、五金家电市、烟酒副食等。上市物品多达500多种。集市交易由牙行、经纪、斗官、称官等所把持，参与交易，收取佣金。赶集人数由季节变化和时局动荡而变化。多时达上万人。新中国成立后，齐陵集的发展经历了几起几落，集市交易由工商行政管理及集体等相关部门管理，秩序良好，日交易量增大。2000年，集市移至村北，西靠二号路。集市周边建有超市、饭店、农资店、杂货店、羊肉馆、五金家电等，经营规范。

宋家庄集

宋家庄集沿街店铺众多，集日是农历四、九。现移至村东路南。

齐家终村集

齐家终村集早期集日是农历三、八。20世纪50年代初期渐消。2002年又重新立集，集日是农历五、十。随着齐陵旅游业发展和景区的开发，集市贸易日益兴旺。

东龙池集

东龙池集在村东蔬菜批发市场基础上于2000年建立，集日是农历五、十。集市现已移至北齐路西侧的旧公路上。南北有1000余米，集日人流量多达几千人。

第二节　物资交流会

新中国成立后，按照“发展生产，繁荣经济，城乡互动，内外交流”的指导方针，以齐陵集为依托，1953年5月，由县政府举办规模庞大的物资交流大会。齐陵周边及青州、广饶、博兴、桓台、寿光、潍坊、临朐、青岛、张店、周村、济南、博山、淄川等地的手工业者、大小商贩闻讯而来。会期日人流量达万人之多。会场内外经商的棚舍，各种的摊点，推车的，挑担的数以千计，布满大街小巷。商品琳琅满目，应有尽有。会上商品种类达2000多种，日交易额几十万元。会期延续6天。各种剧团、杂技、说书、拉洋片等也参与演出。规模之大，物资之丰富，成交额之多，实属历史罕见。

1954年冬，在齐陵集举办第二次物资交流会。之后，临淄物资交流会多在城区举办。

第三节　庙　会

境内庙会始于元、明时期，盛于清代至民国时期。著名的庙会有牛山庙会、龙池庙会、紫荆山庙会、高家孝陵庙会、齐陵庙会多处。各庙会一般每年举行一次，牛山庙会每年举行两次。会期一般三至七天，多在春秋季进行。庙会上的物资因季节而异，商品繁多。庙会期间，有戏班、杂耍等文艺团体进行表演。

抗日战争爆发，大多数庙会因战乱而渐消。

20世纪80年代，牛山庙会恢复。

牛山庙会

牛山庙会起源于明代，是山东省境内著名的庙会。当地人在春耕和秋收后，都前来牛山祭山拜牛，祈祷山川神牛保佑平安和取得好收成。古有佛祖殿、玉皇殿、圣母殿、观音殿、文昌阁、龙王庙、山神庙、八仙庙、灵官庙等。每年的农历三月三和九月九，各有会期五天。牛山庙会成为集贸易、旅游、娱乐、宣传齐文化为一体的民间文化活动。庙会期间，无论远近的善男信女们心境虔诚专程前来，携带香纸供品，庙前祈福，佛前许愿，求子求财，遍地香火，场面宏大。会上交易物资多由季节变化而异：春季庙会交易物资多以盖房物料、小农具、牲畜及其他日用杂品，名吃食品等为主。而秋季庙会交易物资多是棉花、布匹、鞋帽、木器、铁器、各种农具、农副产品、土特产品等，还有外地商贩的手工艺品、书籍字画、古董玉器等。赶会期间，有戏班唱戏、杂耍卖艺的，各种文艺团体进行演出，还有民间自行组织的舞龙、舞狮、踩高跷、跑旱船、跑驴、拉洋片的、打把式卖艺的、耍猴、斗鸡等表演。由于战乱，庙会于抗日战争时期一度停止。

新中国成立后，牛山庙会逐渐恢复，规模越来越大，庙会内容较原来也发生了很大变化。赶庙会烧香拜佛、许愿还愿、占卜算卦的越来越少，而游玩、看文艺表演的越来越多，观光旅游、休闲娱乐者已成主流，从事贸易往来、交流信息的越来越多。牛山庙会已从当初单纯的朝拜山神庙活动发展成为集文化旅游、商贸交易、弘扬齐文化于一体的大型民间集会。庙会期间人们前来酬神祭祖、买卖交易。邻境的青州、广饶、淄川、张店等地的商客也纷纷前来酬神祈福，经商贸易。除了各种物资贸易外，还有象棋、拔河、斗鸡比赛、秋千表演、杂技魔术，民间歌舞团也到庙会演出助兴。庙会上市人数达4万余人。牛山庙会被列入省级非物质文化遗产项目。

牛山庙会依托牛山的自然风光，地理位置和牛山北麓的管仲墓，牛山寺、观音殿、佛爷殿，圣母殿等古式建筑群，保留了传统的庙会内涵、文化特色。为缅怀管仲的丰功伟绩，2004年，管仲纪念馆和中国宰相馆相继建成对外开放。

三月三牛山庙会　（2017年摄）

牛山周围丰富的齐文化遗存、人文景观和脍炙人口的美丽传说：如牛山来历的五个传说（金瓜打牛、姜子牙神牛带路、朱元璋秫秸叶杀牛、一牛变群牛、牛皮鼓励士战胜蚩尤）；山顶的“景公涕泪处”；管仲墓；无盐娘娘修炼处等，吸引着众多游客来此观光。

进入21世纪，牛山庙会以齐文化为内容，主要进行贸易交流、蹴鞠展演、中国象棋比赛、拔河比赛、斗鸡比赛、鸟王比赛、大型马戏表演、秋千表演、民间歌舞表演、民间戏剧展演，曲艺表演、太极拳演练、民俗展览、剪纸展览、书画展览、旅游观光、体验生活等各种文化、体育、贸易交流活动。是淄博境内乃至山东省内规模最大、最具影响力的大型庙会。

伴随着牛山庙会的发展和延续，淄河沿岸人民依托赶牛山的盛况，很早就编成民歌《赶牛山》传唱。

龙池庙会

龙池村龙湾附近庙宇多，规模大。龙湾北面有始建于元末明初的天齐庙、五龙堂，东南方有石砌的大戏楼。每逢农历六月十三到十九日为庙会期。有唱戏、耍杂技、玩魔术、拉洋片、说鼓书、各种扮玩，四乡八村的善男信女来烧香求神、许愿还愿、看戏游玩、贸易往来的人山人海，买卖摊铺摆满周边，场面宏大。周边县广饶、青州、寿光、张店等游人、客商纷纷前来赶会看龙湾。直到抗日战争末期，庙会渐消。

紫荆山庙会

俗称山子庙会，兴起于明末清初。山上庙宇多椽，前有雷公殿雄伟庄严，后有文昌阁雕梁画栋，古建筑松柏掩映，辉煌高大，此山风景秀丽，景色宜人。每年农历四月初八至初十，在此举行庙会三天。由周围临淄、益都两县的48个村庄，推选当地德高望重的人士为首，用自由乐捐的方式醵资，供庙会香火、演戏费用。庙宇前，山脚下，说书的，唱戏的，各种杂耍，各种玩艺儿竞技献彩，外加烧香拜佛的，许愿还愿的，游山玩水看热闹的，坐买坐卖的，日用百货、特色小吃、干鲜果品应有尽有。山上山下，人潮如海，热闹非凡。20世纪30年代，国内军阀混战，盗匪四起，庙宇成为土匪匿居隐身之处，官兵征剿，山寺成了废墟。抗日战争时期停会。

高家孝陵庙会

高家孝陵村西有座观音菩萨庙，曾多年举行过庙会。每年的农历三月十一至十五日，庙会历时五天。有戏班演出，买卖兴隆，商品齐全，主要是农副产品、山货、水产、日用杂品等。日集会人数达2000多人，庙会延至抗日战争初期。

齐陵庙会

王家齐陵村中间十字街口西北有一座明朝三官庙。庙门朝南，院内有两间大殿。菩萨、罗汉神像20余尊，有道士多人住持，香火旺盛。每年十月庙前举行庙会，但规模不大。抗日战争时期停会。

新中国成立前齐陵境内庙会一览表

表6-5

会名	所在地	会期（农历）	集会情形	日集会人数	主要贸易
牛山庙会	牛山	三月初三至初八，九月初九至十四	酬神、买卖	2000	
龙池庙会	龙池	六月十三至十九	酬神、演戏、买卖	3000	农具
山子庙会	淄河紫金山	四月初八至初十	酬神、演戏	4000	
高家孝陵庙会	高家孝陵	三月十一	演戏、买卖	2000	牲畜、估衣
齐陵庙会	王家齐陵	十月	演戏、买卖	2000	牲畜、估衣

第四节　瓜菜批发市场

中共十一届三中全会后，实行联产承包责任制，引导发展经济效益高的瓜菜生产。

1983年，各生产大队全面落实以家庭经营为主的联产承包责任制。境内开始经济效益高的瓜菜种植。瓜菜种植的发展，销售成为市场主流，随即政府规划引导淄河村划出部分土地，在309国道淄河段两侧建成瓜菜贸易市场，依托便利的交通条件及车流量大、人员众多的环境，广大菜农、瓜农蜂拥而来，瓜菜销售量越来越多，销售额日益增多。

1984年始，境内推广地膜覆盖和小拱棚栽培技术，大面积种植西瓜。西龙池、东龙池、吕家孝陵、高家孝陵、聂仙等村普及西瓜种植。西瓜普遍喜获丰收。但由于瓜菜批发市场达不到规模要求，种出的西瓜只好用地排车拉，小车推，自行车驮，到辛店、张店、青州、潍坊等地销售。

1986年4月，镇政府投资10万元在聂仙村南王潍公路（309国道）北建起宽80米、长600米的大型瓜菜批发市场和农贸市场，解决群众卖瓜菜难问题。由于境内所产西瓜品质好、个头大，当地西瓜、蔬菜很快名扬外地，引来济南、青岛、烟台、北京、天津、沈阳等地的广大客户。随即，政府又在市场西面建起20米宽、250米长的交易大棚，内设交易货台4行，800多个摊位。成为临淄境内规模大、影响广的瓜菜批发交易市场。

随着市场的发展，政府又在市场西部由西至东建起一排20多家商铺，经营范围包括农资供应、烟酒副食、粮油专卖、日用百货、鱼虾海鲜、饭馆餐饮等，业务形式批发零售兼营，商铺、批发市场繁荣。

瓜果蔬菜生产发展迅速，龙池、王齐等村又陆续建成瓜菜批发市场。境内北苑、宋家、望寺、刘营、吕家孝陵、朱家、付辛、小交流等村也自发形成蔬菜批发市场，蔬菜销售渠道通畅，方便菜农，促进了当地经济发展。

第四章　工商管理

第一节　管理机构

齐陵工商行政管理机构设置较早。1947年，设淄河店稽征站。1960年春，成立齐陵市场交易管理所，简称齐陵市场管理所。1962年5月9日，租借齐陵公社淄河大队民房办公，面积仅40平方米。1966年，临淄县工商行政管理局成立，齐陵市场交易管理所改为齐陵工商行政管理所。1971年，在淄河大队筹建工商所办公用房，后搬入。1986年4月，迁至齐陵镇政府东309国道北，占地面积1200平方米，建筑面积600平方米，主体建筑为二层楼房。2001年8月，齐陵工商行政管理所与皇城工商行政所合并，境内工商、集市管理划归皇城工商行政所管辖。2017年6月，重新成立临淄区工商行政管理局齐陵工商所，有工作人员4名。在齐兴建工有限公司办公楼办公。

历任所长：

马良荣　郭树荣　吕志德　钟志正
王惠利　骆永和　桑维忠　徐岗远
李国栋　王龙印　赵德强　左　辉

第二节　市场管理

集市管理

民国时期，齐陵境内大集无管理机构。集市期间，由“牙官”“斗官”“经纪”“称官”坐镇集市，参与交易收取佣金。

1953年起，国家对粮食、油料、棉花、棉布、麻、皮革、木材、钢材、烤烟、蚕丝、肉食、油脂等十二种物资实行国家统购、派购，规定在指定市场交易，限制私人经销、贩运。

1955年10月，临淄县人民委员会下达《棉花、土纱、土布的市场管理办法》，规定取缔棉花市场，不准私人收购贩运。当地所产的土纱、土布除自用外，剩余部分可在政府指定市场进行交易，但每次购买土纱不得超过0.5千克，土布不得超过50米。1957年7月，根据临淄县人民委员会的指示，开始对农副产品划为三类进行管理。一类：粮食、棉花、油脂、油料为国家统购统销物资；二类：肥猪、烤烟、大麻、桑蚕、羊毛，各种皮革、废铜、废铁、废铝、废锡、猪鬃、肠衣等，供出口的核桃、杏仁、黑瓜子、干辣椒、苹果、中药材中的全蝎、沙参等，为国家统一收购物资；三类为自由上市的物资，如农业社经营的铁业、木业、缝纫业等农副产品。1963年7月，临淄县人民委员会《关于加强集市贸易管理的布告》对市场管理政策有所放宽，规定大麻、苘麻、肥猪、羊、鸡蛋、干辣椒、芦苇等完成派购任务后，允许上市出售，价格由买、卖双方协定。文化大革命期间，限制集市贸易，不允许弃农经商。1978年1月，临淄区革命委员会转发《山东省关于加强市场管理的布告》，放宽集市管理政策，凡国家统购、派购的物资，完成任务后允许上市。

中共十一届三中全会后，工商行政管理部门逐步减少对集市贸易的限制，允许农村“四坊”（油坊、粉坊、磨坊、豆腐坊）产品进入集市贸易，农副产品市场全部开放。1983年2月，临淄区政府下发《关于进一步放宽政策，搞活管好城乡集市贸易的规定》，进一步放宽农副产品的营销政策，国营、集体、个体均可经营。规定允许贩运的商品，只要遵守国家政策法令，不限长途短途，不限经营方式，不限运输工具，可以批发或者零售。对市场其他行业，工商行政管理部门则加强管理，如禁止毒品、迷信品的买卖等，取缔测字、占卜、算命等活动。4月，国家取消棉布、棉花供应制度，棉花票、布票停止使用，棉布、棉花市场常年开放。

1985年，中共中央、国务院制定《关于进一步活跃农村经营的十项政策》，决定除个别品种外，国家不再向农民下达农副产品统购派购任务，对部分农副产品，按照不同情况，分别实行合同定购和市场收购，对肥料、农药、种子只限于农业生产资料公司和各级供销社、农业技术推广部门及肥料、农药生产企业经营。

1994年11月，对废旧金属管理做出规定，凡出境的废旧金属，须有临淄区金属市场管理领导小组核发的准运证。无准运手续的货物，查扣后交临淄区废旧公司，并对违规者立案处理。

1996年7月1日，对生猪实行“定点屠宰、集中检疫、统一纳税、分散经营”的办法，凡上市销售的猪肉必须持有定点屠宰点出示的统一票据和检疫、检验合格证，并在生猪胴体上加盖“验讫”印章。

2002年，购销合同、商标、广告纳入市场管理。2004年始，皇城工商行政管理所对流通领域商品质量加强监管力度，实施商品准入工程，商品流通企业购进商品时必须查检供货和生产单位的营业执照、生产（卫生）许可证、纸质证书等相关材料，并建立进货台账和索证票档案。

2015年始，集市设专门人员管理市场秩序。集市管理趋于规范化。每逢集日，工商管理人员及集市管理人员现场管理，及时处理买卖纠纷，震慑小偷街痞的违法行为，维护交易安全。

市场管理费

民国初期，市场管理由县署建设科及商会管理各集市，由秤、斗、牙行具体负责，收取交易金。各牙行每年四次向县署交纳交易费。农村集市多备有木杆秤、斗升等设施及秤斗役人。

新中国成立初期，工商行政管理部门在集市设服务点（亦称交易点）为群众交易服务，并收取市场管理费。收费规定：斗行按交易额的0.3%，称行0.2%，均以价计算，从量征收，由买方负担。1953年秋，改为粮食0.5%，烤烟0.3%，其他物资0.1%。1956—1961年，停收市场管理费。1962年恢复征收，收费率为：猪羊1.5%，柴草2%，大牲畜2%，山果3%，蔬菜2%。1966年9月，对收费标准作了调整，收费品种只限于粮食、油品、油料、牲畜、自行车5种。收费率按成交额计算，粮食、油品、油料、自行车为2%，牲畜为1%。1985年，市场管理费有了新规定：集市固定摊点，不分国营、集体、个体均按其占用面积每平方米收0.1元；另外，柴草、粮食、猪羊按成交额的2%收取；大牲畜按成交额的1%收取；对经营农副产品、小工业产品、花鸟虫鱼、旧货等不固定的小商贩，一律按摊点收取成交额的2%，起点为0.05%。个体工商户经营购销业的，收取营业额的0.7%，经营饮食业的收取1%，经营维修服务业的收取收入额的2%。运输业户汽车每月每个吨位收取10元，拖拉机每月每个吨位收取5元。对长途贩运农副产品的按交易额的2%收取。

2003年后，市场管理费的收取：工业品、大牲畜不超过成交额的0.8%，其他商品不超过成交额的1.6%。个体工商管理费：从事购销活动的，按营业额的0.4%～1.2%收取；从事劳务活动的，按劳务收入的0.8%收取。2008年。取消市场管理费。

个体私营经济管理

20世纪三四十年代，个体私营商户少，规模小，多为旅店、家庭作坊、杂货摊点等，均由商会管理。1950年3月，工商行政部门开始管理个体私营商业。1952年，实行对私营商业利用、限制、改造的政策。引导个体私营商业者组织起来，走社会主义道路。1954年7月，采取经销、合营、代购、代销方式，对小商小贩初步改造。1956年，私营工商业（包括农业、手工业、资本主义工商业）社会主义改造完成后，部分个体商户归供销合作社管理。工商户有所增加。到1963年，境内个体工商户有30多家，包括炸油条、馒头坊、豆腐坊、小农具产销等。1966年，取缔无证工商户，有证的加以清理整顿。文化大革命中，个体工商户全部停止营业。

中共十一届三中全会后，个体私营经济得以发展。食品作坊（豆腐、粉条、面食等）、木工、窑匠（建筑业者）、铁匠、维修业户、小商小贩等逐渐兴起。

1984年12月27日，国务院公布《关于农村个体工商业的若干规定》，广大村民只要持有所在村的证明都可以申请从事个体商业，从事多种经营的业户迅速增多。政府积极引导群众发展建筑材料加工、食品加工、农机、车辆维修等。发展起修配和饮食服务门市132个，大、中、小型砖窑、石灰窑33座，采石场86处，小型经济联合体154个。随着多种经营的逐渐发展，村民的经济收入和生活水平逐年提高。

1988年4月，全国人民代表大会通过《中华人民共和国宪法（修正案）》，确立私营经济的合法地位，明确保护私营经济的合法权益，境内个体私营经济持续发展。1993年，淄博市人民政府颁布实施《关于加快发展个体私营经济的若干规定》。2005年，工商所大力推行“数字工商”建设，建立网络化电子监管地图，所内片区划分，片区经济户口数量、监督责任人等都直观地体现在地图上，实现区域监管由抽象化到直观化的转变。2012年，境内个体业户485家，其中商店240家、饮食服务业户105家、制造加工业户70家、其他业户70多家。

至2017年，境内个体工商业户有执照户数993户。

第三节　消费者权益保护

1989年6月，临淄区消费者协会成立。同年，临淄区消费者协会齐陵分会成立，入会人员达280人。消协的主要任务是受理群众对生活消费品等方面的投诉。受理范围主要是家庭、个体和集体对生活、生产消费品方面的内容，包括消费者对购买商品质量、价格、卫生、安全、规格、计量说明、包装、商标、广告等方面的投诉，消费者对服务质量、价格等方面投诉，消费者对严重危害精神文明建设投诉。分会在每年3月15日，配合区消协开展纪念消费者权益日活动，解答消费者咨询。平时，不定期对辖区商品和服务进行监督检查。

1994年1月1日，《中华人民共和国消费者权益保护法》实施，齐陵工商行政管理所利用宣传车、张贴标语，散发传单、设投诉举报点等形式，对广大群众进行宣传教育，同时通过企业登记、市场管理以及对个体私营工商业、市场和合同、商标、广告监督管理，反对不正当竞争，开展反垄断、经济检查等业务工作，有效地保护境内广大消费者合法权益。

1997年4月20日，齐陵工商所开通尾数为315的特服电话，建立投诉举报网。2001年7月，开通12315举报电话，设立12315消费申诉举报网络，及时调解消费纠纷，快速查处侵害消费者合法权益案件，打击制造假冒伪劣商品等经济违法行为，建立高速、快捷、有力的工商行政执法机制。

2005年，深化流通领域商品质量监管，更好地维护农民消费者合法权益，解决广大消费者特别是农民消费者投诉难、维权难问题。齐陵分会在境内实施商品准入工程的基础上，探索流通流域小型商业零售单位及农村地区等薄弱环节商品质量监管的途径和方法，拓展维权框架，延伸维权触角，开展12315进村居、进旅游景点、学校和小型固定商业门店悬挂12315提示牌的“双进”工程。村（居）及单位设立“消费者权益保护联络员”一名，由村（居）委会、旅游景点和学校推荐责任心强，工作热情，有一定文化基础，熟悉业务的人员担任，经临淄工商分局统一组织业务培训并经考核合格后持证上岗。

2017年，齐陵工商所消费者权益保护协会受理消费者投诉、举报5件次，查结5件次，涉及金额8万元，挽回经济损失2.5万元，有效地维护了境内消费者合法权益。

历任会长：

吕志德　钟志正　王惠利　骆永和
桑维忠　徐岗远　李国栋　王龙印
赵德强　左　辉

·第七篇·

生态文化旅游

区委书记宋振波（左四）与外国友人到齐陵街道调研旅游工作（2016 年 摄）

四王家前美如画　　（2017 年摄）

马莲台四季花谷　　（2017 年摄）

齐陵山川秀丽，风景优美。牛山、淄河山水相依，天齐渊、龙池人文历史悠久，秦始皇、汉武帝等在东游海上和封禅泰山时，都曾到天齐渊游览祭祀。帝王将相长眠于此者甚多，田齐王陵更是被誉为“东方金字塔”。历史遗留碑刻与出土文物，陈列于省内各大博物馆。历代文人雅士对齐陵的山水风光和名胜古迹无不赞美备至。

新中国成立后，重视植树造林，取缔滥采乱伐，退耕还林，完善林业管理体系，生态进一步恢复。同时加强名胜古迹保护工作。1994 年，建成临淄中国古车博物馆，吸引众多国内外游客，田纪云、张爱萍、吴邦国等党和国家领导人到此参观并题词留念。

2000 年，齐陵镇被淄博市政府批准为市级中心镇，镇中心纳入临淄城区规划。2003 年，齐陵镇改为齐陵街道，提出建设“绿色生态齐陵”战略构想，用生态理念引领经济、社会发展。2009 年起，生态观光农业建设进入快速发展期。2011 年 12 月，齐陵街道成为全区首家被山东省旅游局表彰的省级旅游强乡镇单位。2012 年，实施《齐王陵生态文化旅游区管理规定》。高标准硬化旅游路。齐王陵生态文化旅游区通过市级森林公园认证。同年，齐陵街道再次被山东省旅游局评为省级旅游强乡镇。2013 年 10 月，获省旅游局授予的“好客山东•最美乡村”和“最佳休闲乡镇”两项荣誉。2015 年，以建设“生态、文化、休闲、宜居”齐陵为目标，制定《齐故城风景名胜区田齐王陵景区详细规划》，用高端规划引领旅游业发展。北山西村被省旅游局命名为省旅游特色村。2016 年，实现对田齐王陵全方位、立体化、无缝隙监管与保护。开始建设天齐渊森林公园一期项目。

至 2017 年，文旅产业深度融合发展取得阶段性成果。相继建设管子文化产业园、天齐渊森林公园、山东省少儿齐文化研学基地等大型旅游项目。通过定期举办帐篷音乐节、牛山庙会和马拉松赛、山地骑行赛、摄影大赛等节会活动，实现生态文化旅游区人气提升。具有齐陵特色的综合旅游区多彩画卷徐徐展开，以田齐王陵、天齐渊、马莲台风景区为核心，建设国家级森林公园；伸展生态与文化两翼，依托淄河生态文化旅游区、齐王陵生态文化旅游区，以齐王路为横轴向北延伸发展健康宜居新城，以淄河为纵轴向东延伸发展生态观光农业，交织出新型生态文化产业发展区；促进生态观光与资源保护相互协调，旅游产业和农林升级共振发展，着眼大市场，发展大旅游，培育大产业，实现生态文化旅游与经济社会建设有机融合。

第一章　机构　规划

齐陵充分利用自然、交通、区位、历史人文等方面优势，大力发展生态文化旅游业。1992 年始，根据中央以及国务院总理李鹏视察临淄时提出的“要发展齐文化，振兴淄博”指示精神，围绕区委、区政府中心工作，先后聘请北京大学、同济大学、淄博园林设计院等单位，制定一系列切实可行的开发齐文化、发展生态文化旅游的规划。

2001 年 8 月，成立齐文化旅游开发指挥部。2002 年 2 月，成立齐陵镇文化旅游指挥部。2003 年，成立田齐王陵风景区管理委员会，制定《关于加快齐陵旅游业发展的意见》。具体工作由农业办公室与终村片负责，主要进行植树绿化，保护生态环境。随着生态文化旅游区建设与发展，成立专门机构负责管理。

第一节　机　构

马莲台风景区办公室

设立于 2005 年。投资 60 万元建设马莲台风景区办公室及相关设施，负责对景区各项工作的日常管理。

齐王陵生态文化旅游区开发管理办公室

设立于 2012 年 3 月，办公地点位于齐王陵生态文化旅游区内。下设治安科、森林防火中队、业务科和办公室四个科室，具体负责齐王陵生态文化旅游区和齐王陵市级森林公园开发管理工作，加强对整个齐陵旅游景区的协调与管理，包括协调景区规划建设、资源保护利用、植树造林、护林防火，开展招商引资工作；协调上级部门与景区内村庄、经营业户关系；组织景区基础设施和公共服务设施规划与建设、维护与管理；对从业人员进行教育培训，加强安全防范、卫生安全教育，对景区各单位进行业务指导；协调环境卫生、消防安全、卫生防疫、食品卫生和工商税务等执法部门及餐饮协会工作，规范管理景区经营场所、餐饮企业；协调景区警务室治安工作，确保景区旅游安全，维持景区正常工作秩序；协调联系新闻媒体，组织编发宣传材料，开展以景区为主体形象的宣传活动。

康山林场

成立于2012年5月。隶属于齐王陵生态文化旅游区开发管理办公室，下设办公室、业务科和森林防火中队三个科室，具体负责齐王陵生态文化旅游区森林资源保护，组织实施植树造林、封山育林、退耕还林、义务植树等绿化工作，做好护林防火宣传，预防森林火灾，对林场实施动态监测。林场内重峦叠嶂，沟壑纵横，山林密布，有林地面积1267.30公顷，其中原始次生林333.5公顷、人工林933.8公顷，森林覆盖率63%。

田齐王陵风景区旅游服务行业协会

成立于2015年4月13日。召开田齐王陵风景区旅游服务行业协会成立大会，通过《田齐王陵风景区旅游服务行业协会章程》《田齐王陵风景区旅游服务行业协会自律公约》和会费提案。选举曹国华任会长，理事会常务理事5人、理事8人。有6个村居、8家企业、17家饭店以及2家养蜂户等33个商户入会。景区办公室与行业协会成员签订承诺书，引导田齐王陵风景区内从事旅游、餐饮、特殊采摘、种植等相关从业单位和个人遵守管理规定，促进旅游服务行业发展。

齐陵街道田齐王陵风景区旅游服务行业协会成立（2015年摄）

淄博紫荆文化旅游发展有限公司

成立于2016年7月8日。是临淄区鹰扬文化产业发展有限公司所属全资子公司，法人代表李舰波，注册资本2000万元，办公地点位于齐陵路93号。致力于推进“马莲台生态环境综合整治”“山东省少儿齐文化研学基地”两大PPP项目。

历任景区负责人：

曹国华　张连刚　常　民　王士强

曹国华

第二节　规　划

齐陵旅游区规划

该规划是《临淄区开发齐文化发展文物旅游业十年规划》的子规划，形成于1992年。规划中将开发齐文化、发展文物旅游业十年规划目标分为三大项，即旅游区建设、旅游景点建设、旅游景点配套设施建设和综合开发利用。临淄旅游区建设在“八五”期间形成三个旅游区，其中之一为齐陵旅游区。“九五”期间主要开发建设齐陵旅游区，1992年开始建设临淄春秋车马馆，1995年开始重建管仲祠，新建田齐王陵旅游区。

田齐王陵公园控制规划

该规划是《临淄区开发齐文化发展旅游业规划》的子规划。1994年3月，北京大学接受临淄区政府委托制定完成。包括以四王冢为主体的田齐王陵公园控制规划和以管仲墓为主体的管仲祠控制规划。规划中的田齐王陵公园分为墓区、微缩景观区和园林区三部分。墓区突出四王冢巍峨风姿，以苍松翠柏衬托，用冬青保护墓冢。微缩景观区由中外墓葬博物馆集中展示中外闻名陵墓，采用室内模型或用室外微缩景观展出。园林区种植春夏秋冬四季花卉，吸引游人观赏。管仲祠建筑分为南祠和北祠，主要展示管仲生平事迹、出土文物和学术著作，配合展出齐国其他名相生平事迹、出土文物等。

临淄齐国故城风景名胜区田齐王陵区规划

2002 年，上海同济城市规划设计院、同济大学、临淄区建设委员会，依据 2001 年《临淄齐故城风景名胜区总体规划》共同制定。规划范围：北临胶济铁路南缘，东北延伸到 309 国道，西临淄河古河道，南面与东面至行政区界，毗邻青州市。规划区（包括控制区）总面积 11 平方千米。将田齐王陵景区划分为田齐王陵、齐王苑囿、管仲文化、民俗风情、稷山汉墓等五个分区。其中，民俗风情区又分为康山寺、马莲台、石景园三个次区。并对生态保护、服务设施、道路交通、基础设施等方面作出相应规划。结合临淄及田齐王陵实际情况，充分利用风景区内各类旅游资源，深入挖掘齐文化内涵，将田齐王陵景区建设成为集观光、研学、会议等为一体的多功能、综合性国家级风景名胜区。

临淄区乡村旅游业“十二五”振兴计划

2011 年，区政府提出“十二五”期间旅游业发展以及东部风景旅游区发展的总体思路和发展目标。2012 年，确定由北方交通大学作为旅游发展总体规划编制单位。2014 年，对全区乡村旅游资源状况进行普查，筛选出 10 余个具有开发潜力的乡村旅游资源。委托北京旅游创新发展中心编制《临淄区乡村旅游发展规划》，确定“一心一带三片多点”乡村旅游发展框架。2015 年 7 月公布，由区旅游局组织实施。规划齐陵街道为山水休闲小镇，形象定位为山水相依、魅力齐陵，主导旅游产品为文化修学、郊野游憩、农业观光、养生餐饮。“一村一品”规划北山西村为乡村民俗接待区，主导旅游产品为文化修学、娱乐食宿。规划齐家终村为特色农家乐，主导旅游产品为农家餐饮、水果采摘。康乐园、忆当年生态农业综合体、齐民要术农业博览园规划为省级农业旅游示范点。北山西村、南山村规划为省级旅游特色村。牛山生态观光园、齐耕生态园、汽车营地、祖发果蔬采摘园规划为乡村旅游重点项目。齐旺达红枫园、郑家游乐园、庚源晨牧场、乐采果蔬园、获丰菜园、齐御牧业、普浩采摘园规划为乡村旅游一般项目。

齐王陵文化旅游区详细规划

该规划是《临淄齐国故城风景名胜区田齐王陵区规划》的配套延伸规划。2011 年，东南大学与南京金乌旅游咨询服务有限公司共同完成《临淄齐王陵文化旅游区项目策划》，并通过专家论证。2014 年，北京绿维创景规划院完成《齐

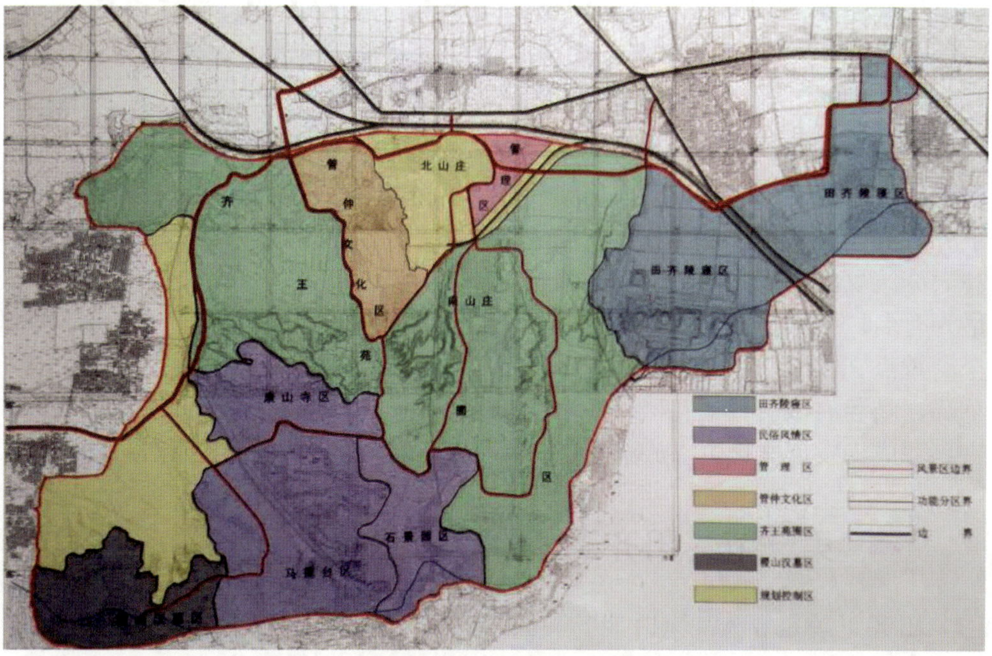

齐王陵文化旅游区详细规划

王陵国家农业公园暨中国〈齐民要术〉农业科技博览园规划》。2015年，陆续完成齐王陵寝区、管仲文化产业园区、马莲台民俗风情区、丰疆谷农场、天齐渊文化生态旅游区详细规划。9月，淄博市规划局公布《齐故城风景名胜区田齐王陵景区详细规划》，12月14日，淄博市政府（淄政字〔2015〕135号）批复同意。

临淄齐故城风景名胜区总体规划

2015年起，临淄区住建局委托中国城市建设研究院有限公司编制。规划期限为2016—2030年，近期2016—2020年，远期2020—2030年。规划中包括田齐王陵景区、淄河景区。田齐王陵景区规划面积14.2平方千米，东到二王冢东侧200米，西到淄河，南到临淄区界，北到胶济铁路，分为天齐渊游览区、牛山游览区、稷山游览区、康山游览区、四王冢游览区5个游览区。核心区域面积90公顷，包括二王冢、四王冢、稷山汉墓及管仲纪念馆周围区域。淄河景区范围为淄河河堤两侧50米～100米，面积5.5平方千米，外围保护地带为景区300米～1000米范围，面积40.6平方千米。分为淄河南段、中段、北段3个游览区。齐陵段包含于南段与中段。规划以齐文化发源地为依托，以体现和传承齐文化为主要目的，建设集遗址参观、历史探究、文化体验、生态休闲、自然观光为主要功能的省级名胜风景区。2017年，改由省规划设计研究院负责完成规划、报批，规划期限调整为2018—2035年。根据该规划，区园林局与街道办事处联合编制完成《田齐王陵景区详细规划》，正在组织专家论证中。

临淄大道城市设计

2017年8月29日，临淄规划分局受临淄区政府委托，组织召开《淄博市临淄区临淄大道城市设计》论证会。邀请山东理工大学、淄博市规划局等单位专家，进行论证并原则同意。规划临淄大道及两侧各600米左右（一个街坊）的范围用地，将临淄大道定位为：齐文化展示大道、临淄城区门户大道以及贯穿临淄城区东西的中央活力带，规划总用地面积为16.15公顷。最终发展成为临淄城区的商务大道、文化慢生活街区、活力滨水街区。齐陵段规划为置业与开发空间活动区域。

第二章　历史墓葬

临淄自周至汉繁荣兴盛千余年，众多王侯君臣死后葬于此，形成规模庞大的临淄墓群。分布于齐陵的尤为密集。墓葬整体布局规划整齐，有高大夯筑坟丘。田齐王陵、管仲墓、稷山汉墓等最为有名，与其他古墓葬一起组成临淄墓群，为全国重点文物保护单位。已发掘身份较高的贵族墓葬，随葬有成套青铜礼器、乐器和车马器等。古墓葬成为发展文化生态旅游的历史人文资源。

第一节　田齐王陵

田齐王陵是春秋战国时期齐国的六君王墓，即二王冢、四王冢，附近又有小封冢400余座，故有“齐陵”之称。其范围东至青州南辛墓群，西至刘家终村，南至青州马石西村，北至淄河村南部。被誉为“东方金字塔”。1977年，被山东省人民政府公布为省级重点文物保护单位。1988年1月13日，被国务院公布为全国重点文物保护单位。1992年秋，对田齐王陵进行大规模调查和勘探，勘探面积560余公顷，发现大、中型陪葬墓70余座，小墓300余座。10—12月，对王陵附近墓地进行勘探，发现大中型墓葬34座，其中有封土的12座。为研究田齐国君埋葬制度以及战国时期齐国的经济、社会、文化等提供了重要资料。2006年12月，被列入“中国世界文化遗产预备名单”。2013年7月5日，国家文物局下发《关于田齐王陵总体规划编制立项的批复》。

二王冢

俗称二王坟，又称齐王冢。位于郑家沟村西南500余米的鼎足山上。东汉末年，冢东女水畔有桓公祠，唐李吉甫《元和郡县志》“桓公墓东旧有祠，魏武帝所立”，“齐桓公墓在县东南二十三里鼎足山上。贞观十一年诏致祭，禁二十步内不令樵采”。二墓东西并列，方基圆顶，封土高大，气势雄伟，各有三层，逐层收缩。东西长320余米，南北宽190余米，圆坟顶高12余米。东冢较西冢矮。1983年，淄博市人民政府刻立“二王冢”石碑于郑家沟村西，以示保护。1994年，临淄区文物主管部门在墓封土四角处埋设保护界桩。2007年，在建设控制带内埋设保护界桩，重新竖立保护标志碑。

前391年，齐相田和迁康公于东海，篡权自立。前386年请为诸侯，史称田齐。至前221年秦灭齐止，历经8王。1984年，山东省文物考古研究所根据二王冢规模、形制和所处位置，联系田氏王族世系进行稽考，认为二王冢是战国时期田齐第二代国君齐侯剡和第三代国君桓公午之墓。东者是桓公墓，其土色不一，传说是诸侯送葬各进其土所致。

齐侯剡，太公和子，前384—前375年在位，为田午所杀。

桓公午，太公和子，前374年—前357年在位。其墓历代文献中多有记载，唐李吉甫《元和郡县记》、宋乐史《太平寰宇记》谓“桓公冢在鼎足山上”。《水经注》引《从征记》云“女水西有桓公冢”。《括地志》载“晋永嘉（307—312年）末，人发之，初得版，次得水银池，有气不得入。经数日，乃牵犬入中，得金蚕数十箔，珠襦、玉匣、缯彩、军器不可胜数。又以人殉葬，骸骨狼藉也。”明代王衮《景公（即桓公）冢遇雨》诗云“小店疏篱野水旁，肯容闲客暂追凉。云封枣叶连树暗，雨洗荆花溢路香。尝酒招邻拼得醉，借驴寻寺偶成忙。眼前齐景遗阡在，一体萧萧蔓草荒。”清代崔象津《桓公墓诗》云“功留北杏存三关，墓接南邻对四豪。已知饭牛歌石栏，谁从牧马问三高。中原继霸犹堪穆，竖子成名变莽操。我在圣门称五尺，也凭酒杯祭蓬蒿。”

四王冢

又名四豪冢，俗称四王坟、四辈坟、四女坟。位于淄河村南2500米处山坡上，北距胶济铁路淄河店车站1000米。东西直列，皆就山造墓，均为方基圆顶，总长700余米，宛如群峰连绵。自西向东为序：西起第一冢周长664米，高30米。第二冢与第一冢之间相距50余米，方基南面与第三冢相连，周长660米，高34米。第三冢周长500米，高22米，与第二冢相距100米。第四冢与第三冢相距100米，周长590米，高23米。由于长期雨水冲刷和耕种等原因，各冢方基、圆坟原来面积和高度已不清楚。尤其是方基北面、西起第一冢西面和第三冢东面等部位，已是沟壑连绵、坑洼不平。但各冢方基圆坟轮廓清晰。

四王冢自西向东系田齐威、宣、湣、襄四代君主之墓。1920年《临淄县志》载“齐四王墓在县南，牛山东。《齐记补遗》云：齐威、宣、湣、襄四王墓。《魏书·地形志》作四豪冢。”清代顾炎武曾撰写《齐四王冢记》进行考证。

威王，名因齐，前356—前320年在位，田齐第四代国君。以邹忌为相，田忌为将，孙膑为军师，齐国大治。经桂陵、马陵之战，大败魏军，盛极一时，为战国七雄之一。邹忌以“鼓琴”进谏，被威王赏识拜相，实行改革，国内大治的故事；淳于髡以“隐语”进谏，使威王“不飞则已，一飞冲天；不鸣则已，一鸣惊人”的故事，都发生在这一时期。

四王冢　（2012年摄）

宣王，威王子，名辟疆，前 319—前 301 年在位。齐国自田齐桓公午始，喜文学游说之士，设稷下学宫，倡导百家争鸣。宣王时稷下学宫最为兴盛，成为当时中国主要思想文化中心。

湣王，宣王子，名地，前 300—前 284 年在位。曾一时称东帝，在苏代游说下，复改称为王。国力强盛，谋划吞并周室当天子，诸侯恐惧。前 284 年，燕、秦、三晋合谋伐齐，湣王出逃至莒。楚国派淖齿领兵救齐，淖齿谋与燕分齐国之地，弑湣王。

襄王，湣王子，名法章。湣王被杀后，法章变姓名为莒太史敫家庸。前 283 年，莒人立法章为襄王。田单破燕军，尽复齐地后，迎襄王返临淄。与诸侯修好，重建稷下学宫，国力有所恢复。前 265 年卒。

1982 年 6 月，淄博市人民政府建石质标志一座，立于四墓北侧胶济铁路南，题为“四王冢”。1994 年，临淄区文物主管部门在墓封土四角处埋设保护界桩。2007 年，在建设控制带内埋设保护界桩，重新竖立保护标志碑。2008 年，投资 52 万元对四冢南坡进行环境整治。

四王冢北面坡地上，分布着 30 座陪葬墓。其中有封土的 3 座、无封土的 27 座，墓葬排列整齐，相互间无叠压打破现象。有封土的分别位于四王冢第一、三、四冢北面，皆方基圆坟。西起第一小冢与大冢相距 56 米，墓基周长 448 米，高 22 米，是三小冢中最大的，墓基西边与大冢齐，与大冢圆坟南北不相对。第二小冢与大冢相距 238 米，墓基周长 170 米，高 12 米。最东面小冢与大冢相距 164 米，与其西面小冢相距 40 米，墓基周长 267 米，高 15 米，与大冢圆坟南北相对。各小冢所处地势比大冢低，与主墓南北呼应，疑是君王侍妾陪殉之墓。四王冢和向北延伸的无名丘岗与西面的牛山、康山之间有宽广的谷地，在谷地东部和西南部山坡上，另有 8 冢分布，都是方基圆坟，大小不等。

第二节 管仲墓

管仲墓位于北山西村西，牛山北麓，胶济铁路以南，管仲纪念馆内。封土东西长 34 米，南北宽 14 米，高 13 米，面积 3359.9 平方米。呈圆顶形，四周平缓，西临沟壑，北侧陡峭。《史记·齐太公世家》引《括地志》载“管仲墓在青州临淄县南二十一里牛山上。”《太平御览》卷五百五十七引《晋书》载，西晋建兴年间（315 年），青州刺史曹嶷，命人挖掘管仲墓，出土珍宝众多。明嘉靖四十四年《青州府志》载“管仲墓在城南，牛山北麓，旧碑题：‘管子之墓’。嘉靖乙巳按察使鲍象贤立石于冢上。”康熙十二年《山东通志》载“管仲墓在临淄县南十里牛山阿。”民国九年《临淄县志》载“管夷吾墓位于辛店城东十余里，牛山北麓。”

1981 年秋，国家拨款修建砖石围墓花墙 173 米，高 2 米，大门南开。1982 年，淄博市人民政府于墓前立石碑两方，一刻管仲像，一刻“齐相管夷吾之墓”，并阴镌其简历：“管仲（—公元前 645 年）名夷吾，字仲，谥号敬，因以敬仲称之。春秋颍上人，我国古代著名政治家。少时与鲍叔牙为友，经商南阳。后由鲍叔牙荐与齐桓公，任命为卿，尊称仲父。齐国实行改革，管仲进富国强兵之策。其为政，要在富民；崇尚法治，主张罚不避亲贵；举贤选才，提倡察身能而受官。齐国遂强，桓公得以‘九合诸侯，一匡天下’，成为春秋五霸之首。据载，管仲墓在临淄南牛山之阿。”《史记》有“齐桓公以霸，九合诸侯，一匡天下，管仲之谋也”的记载。

历代文人墨客吟诗作赋、凭吊抒怀者甚多。

管仲墓　（2017 年摄）

李白“毋令管与鲍，千古独知名。”杜甫《贫交行》“君不见管鲍贫时交，此道今人弃如土。”明朝万历临淄知县毛维驺“幸脱当年车槛灾，一匡霸业为齐开。可怜三尺牛山土，千古长埋天下才。”明代鲍象贤《咏管仲》“兵车半偃息民灾，仗义尊王田垒开。自古英雄谁无死，至今疆场羡奇才。”清代崔象珏《管仲墓诗》“闲访樵夫得旧阡，牛山北麓傍丰泉。留身有待宁非智，忍耻图功可与权。三尺孤坟迷夜雨，九京陈迹锁寒烟。当时孤赵留齐邸，所恨临终不荐贤。”日本近代汉学家盐谷温凭吊管仲墓后，留下《咏管仲墓》诗“料峭趁风拂柳梢，驱驴来访古齐都。一匡霸业无寻处，青史空传鲍管交。”广为传颂。

为纪念管仲，每年农历三月三和九月九，都在管仲墓前举行盛大的庙会活动。2004年，依托管仲墓建成管仲纪念馆。

第三节　稷山汉墓

稷山汉墓位于梁家终村东南稷山之上。

1983年9月，群众在山上采石爆破时，发现汉代洞石墓一座。墓葬是在山顶垂直凿石修成，是南北向墓室的汉代贵族洞石墓。其竖穴墓道深10米，呈边长3米的正方形，南北横式门道长0.8米、宽1.10米、高1.72米，南北向墓室长3.88米、宽3.70米、高1.94米～2.10米。绕墓室上缘一周凿有安装铁钉的等距石铆孔31个，棺木已朽。据首次目击者说，当时在墓室里看到色彩鲜艳的纱帐，但很快就化作烟尘消失了。

墓室被炸开后，少数人拥入墓室，哄抢随葬器物，致使部分文物失散，后追回70余件，包括铜器、石器、器物饰件等，精美的文物有微型鎏金编钟、铜鼎、鎏金熊足饰及石磬等。其中收藏于齐国故城遗址博物馆56件，另有部分收藏于青州市博物馆。

稷山洞室墓被发现后，国家及省文物主管部门多次到现场考察，发现稷山山顶和与之相毗连的井山顶部还有多处同类型汉墓。稷山与井山的墓葬构成庞大的汉代洞石墓群，文物部门称之为“稷山洞石墓群”。1984年7月，被公布为市级文物保护单位，并立“淄博市重点文物保护单位稷山汉墓群”花岗岩石质标志碑于山的西北角。1986年，山东省文物考古研究所在山顶发掘2号、3号两座洞石墓。其中一座墓深24米，方形竖穴墓道边长5.6米，系开凿而成，葬后用巨石填平，除在2号墓8米深处发现一套排列整齐的微型车马器外，两墓未发现其他遗物。石墓群的发现，为研究西汉时期墓葬结构提供了重要资料。1992年6月20日，公布为省级重点文物保护单位，并立石质标志。2010年8—9月，建设石质围栏等安全保护设施。

第四节　淄河店墓地

淄河店墓地

位于淄河村西南，是一处战国时期墓葬。墓地东侧有一条自然冲积沟壑与田齐王陵相邻，西到牛山，南至康山、火石山，北为胶济铁路。墓地南端狭窄，宽不足200米，北部宽阔，最宽处1200余米，南北长1700余米。

山东省文物考古研究所对墓地先后进行3次发掘和1次大规模文物勘探。1990年4—11月，在墓地东北部第十九号取土场（取土建设济青高速公路）内发掘4座大型墓葬（LZM1～LZM4）、1座大型殉马坑和23座明清以后的小型墓葬。1992年10—12月，配合田齐王陵“四有”（有保护范围、标志说明、科学记录档案、有人管理）工作，对墓地进行全面调查勘探，在墓地范围内发现大、中型墓葬34座，其中有封土的12座。1993年10—12月，发掘东侧取土场（取土建设临淄水泥厂）内3座大型墓葬（LZM67、LZM80、LZM81）。2004年5—6月，配合胶济铁路电气化改造工程，发掘墓地东北角4座大型墓葬（LZM301～LZM304）。

墓地南部地势较高，分布6座有封土的大墓，位置比较集中，其中3座墓葬东西并列，是一组异穴并葬墓。从墓葬的布局分析，是一处重要的贵族家族墓地。墓地北部地势渐低，有封土的墓葬不多，发现许多无封土的大型墓葬，最大的墓室面积达1600平方米。已发现的墓葬中，两墓东西并列的有7组，形制相同，墓道方向一致，应属于战国时期异穴并葬墓，两墓墓主当属夫妻关系。

发掘的 11 座大型墓葬中，LZM304 南北两条墓道平面呈“中”字形，其余 10 座墓葬平面呈“甲”字形。LZM1 与 LZM2、LZM80 与 LZM81、LZM302 与 LZM303 东西并列，属于异穴并葬墓，其中 LZM80、LZM81 墓道北向，形制特别，这在临淄战国墓中是比较少见的。墓葬内出土陶器、铜器、玉器、水晶玛瑙器、骨器和漆木器等各类文物 700 余件。特别是 LZM2，出土文物众多。其余 9 座墓葬出土的文物数量与种类较少，墓主身份可能属于贵族最下层的士阶层。

战国二号墓

位于淄河店墓地，是拥有封土堆的“甲”字形大墓。墓口近方形，南北 16.5 米、东西 16.3 米。被《中国文物报》评为 1990 年全国十大考古发现之一。编号为 LZM2，与 LZM3 是异穴并葬夫妻墓。虽多次被盗，仍出土相当数量的仿铜陶礼器和铜、石乐器。出土铜器、陶器百余件。陶器分礼器和动物俑两类，器类有鼎、鬲、豆、壶、盘、匜、鉴、笾、簋及马、鸭等，均彩绘；漆器因盗扰及保存状况不佳而无法辨认器形。铜器有编钟；石器有两套石磬。还出土有铜带钩、水晶珠、玉环等装饰品。陶礼器组合完好，七鼎六簋配置。铜、石乐器成编相配，铜编钟 58 件，有钟、甬钟、钮钟三类五种组合，石编磬每 8 件一组，共三组 24 件。兵器有戈、矛、剑、戟、镞等，并有一件有铭铜戈，铭文为“国楚造车戈”，“国楚”即为墓主之名。依据墓葬形制以及出土器物推测，LZM2 的墓主应是名为“国楚”的齐国卿大夫等级的上层贵族。墓室内有一个长方形殉人坑，内殉 20 余辆独辀马车、12 个殉人。根据车舆结构与用途，大致分为三类：兵车（轻车）、安车、役车（栈车）。战车的轮和车体是分开放置的，共有轮 46 个、舆及辕衡的合体 22 个，细部结构清晰，在挖掘时用石膏灌注出许多原型标本，为研究古代独辀车的构造和战国车制提供了重要实物资料。墓室后外侧有一条东西长达 45 米的大型殉马坑，殉马数量达 69 匹。是已发掘的齐国大墓中保存随葬品最多的墓葬之一。是研究战国田齐政治、经济和军事状况的可贵实物资料。

第五节　其他墓葬

孝公墓

又名孝陵，亦称五公墓。位于吕家孝陵村北 150 米处。封土高 6 米，呈长平顶形，东西长 85 米，宽 55 米，总面积 4450 平方米。周围 3 个村庄以此得名孝陵村。《齐乘》载：“五公冢，临淄东南十里，齐孝公、昭公、惠公、顷公、灵公五坟相近。”《临淄县志》载：“齐五公墓在县南十里，乃孝、昭、惠、顷、灵五公是也，今未详所在。吕家孝陵村北有古墓一，或以为孝公墓，是村所由名也。然五公墓当相连属，此则巍然独立，当以阙疑为是。”因其他四墓封土早平，史书与方志未详载，不知其处。1988 年，区政府在墓东立保护标志石碑。2013 年 5 月 3 日，区政府在墓西立保护标志石碑。

孝公，桓公子，名昭。前 642—前 633 年在位，谥号孝。桓公死后，齐国大乱，孝公逃亡宋国，后在宋襄公干预下得以回国即位。

康公墓

亦名康王墓。位于聂仙村西北 450 米处，西临淄水，周边为农田。封土基本呈圆形，四面陡峭。高 11 米，直径 29.5 米，东西 32 米，南北 22 米，面积 697 平方米。康公，宣公子，名贷，姜齐最后一代君主。生于前 455 年，前 404 年即位，前 386 年，被田和逼迁于海滨。前 379 年卒，姜齐遂亡。

无亏墓

位于紫荆山北麓，南临二王冢，东距郑家沟村 200 米。封土呈圆顶形，高 5 余米，面积 1.43

无亏墓　（2013 年摄）

公顷。墓顶遍布野生低矮灌木和果树杂木。1994年，临淄区文物部门埋设保护界桩。无亏，又称无诡，又名武孟，系桓公夫人长卫姬子。桓公病卒，为易牙、竖刁等拥立为君。在位三月被杀，无谥号。《左传·僖公十八年》"宋襄公以诸侯伐齐。三月，齐人杀无亏。"此墓坐落于田齐王陵域内，是否属实待考。

黔敖墓

位于刘营村西，北齐路东侧，四周是农田。封土呈圆顶形，西坡陡峭。高11米，东西52米，南北46米，面积1998.3平方米。黔敖，春秋齐庄公时职官大夫。齐庄公与右卿崔杼之妻棠姜私通，崔杼弑庄公，黔敖因说情而被杀。他乐善好施，重义气，为历代齐人称颂。《礼记·檀弓下》载，齐国发生大饥荒，黔敖在路边准备食物，等候救济难民。看到有一饿者走来，黔敖说"嗟！来食"。饿者扬目而视说"我因不食嗟来之食，才饿得如此"。黔敖随即向他道歉。但饿者认为黔敖侮辱了他的人格，最终不食而死。"嗟来之食"典故源出于此。1988年，临淄区政府立保护标志石碑。

王驩墓

又称簸箕冢子。位于郑家沟村西北200米处。残存土台形状像簸箕，北部高3米～4米，南部高1米～2米，面积5336平方米。1977年，整大寨田时夷为平地。王驩，字子敖，齐宣王时大臣，做过盖邑（沂水县西北）大夫，后官至齐国右师（主礼之官）。孟子二次来齐（前319—前316年）推行实践他的"仁政"理论时，与之共事。《孟子》载："孟子为卿于齐，出吊于滕，王使盖大夫王驩为辅行。"孟子与王驩各任其职，两人往返千里，不谈一言。

黔敖墓　（2013年摄）

晏娥儿墓

位于郑家沟村南200米处，周围是农田，西傍二王冢，系二王冢陪葬墓。封土高10米，呈圆顶形，面积1580余平方米。晏娥儿（约前660—前643年），齐桓公妾或侍女。桓公病重时，易牙、竖刁作乱，将桓公囚禁在宫中，禁止任何人进入，只有晏娥儿偷偷前往探视，告诉桓公真相。唐代颜师古《汉书·东方朔传》注："晏娥儿。桓公病，易牙、竖刁作乱，塞宫门，筑高墙，不通人。有一妇人窬垣入，至公所。公曰：我欲食。妇人曰：吾无所得。又曰：我欲饮。妇人曰：吾无所得。公曰：何故？对曰：易牙、竖刁相与作乱，塞宫门，筑高墙，不通人，故无所得。公慨然叹出涕曰：嗟乎！圣人所见岂不远哉！若死者有知，我将何面目见仲父乎？！蒙衣袂而绝乎寿宫。晏娥儿盖以杨门之扉，触柱而死。"过去称此墓为晏娥儿墓，是因民间传说和传统文献多记载二王冢为姜齐桓公和景公之墓，晏娥儿殉桓公而死，故墓在桓公墓旁。1984年，山东省文物考古研究所考证二王冢乃田齐第二代国君齐侯剡和第三代国君桓公午之墓，故此墓是否确为晏娥儿墓，尚待考证。

终军墓

位于梁家终村东450米处，南依稷山。直径20余米，高8米，呈圆顶形。墓上多植松柏。1988年，临淄区人民政府公布为区级重点文物保护单位，在墓北侧立"终军墓"石碑。

终军（约前133—前112），字子云，济南郡杜山（今临淄区凤凰镇）人，西汉官吏。少好学，博辩能文，年十八被选为博士弟子，受武帝赏识，任为谒者给事中，擢升谏大夫。后奉命随安国少季出使南越（今两广地区），说服南越王臣服汉朝。南越丞相吕嘉不肯归附汉朝，于前112年（元鼎五年）发动叛乱，发兵攻杀南越王，他亦被杀，年仅20余岁，时人称为"终童"。留有终军弱冠请缨的历史佳话，“请缨”成为投军报国的代称。不知何故而葬此。终军墓附近的8个村庄，均以“终村”命名。

李世光墓

位于朱家终村南果园内。东临沟壑，西依大路，墓高0.6米，面积3平方米。呈圆顶形，封土较少，上面野草丛生，墓两侧栽有两棵大松树。1988年3月30日，公布为区级重点文物保护单位。2017年，迁葬于临淄烈士陵园。李世光，又名李曦晨，字梅秋，今齐家终村人。中共党员，1939年12月牺牲。著名烈士。

齐陵街道古墓情况表

表7-1

墓名	位置	高度（米）	面积（平方米）	封土情况
二王冢（田剡）	郑家沟村西南	略矮于田午墓	60800	完好
二王冢（田午）	郑家沟村西南	12		完好
四王冢（威王）	淄河村南	30	35103	完好
四王冢（宣王）	淄河村南	34	34681	完好
四王冢（湣王）	淄河村南	22	19904	完好
四王冢（襄王）	淄河村南	23	27714	完好
管仲墓	北山西村西	13	3359.9	完好
战国二号墓	淄河村西南	—	—	一般
稷山汉墓	梁家终村东南	—	—	一般
孝公墓	吕家孝陵北	6	4450	完好
康公墓	聂仙村西北	11	697	完好
无亏墓	紫荆山北麓	5	14300	一般
黔敖墓	刘营村西	11	1998.3	完好
王驩墓	郑家沟村西	3	5336	一般
晏娥儿墓	郑家沟村南	10	1580	一般
终军墓	梁家终村东	8	314	一般
李世光墓	朱家终村南	0.6	3	一般
74号无名冢	朱家终村东南	10	1683	一般
75号无名冢	南山村东	5	1192	一般
76号无名冢	南山村南	3	75.175	一般
77号无名冢	南山村南	6	2146	一般
78号无名冢	南山村	6	1299	一般
先生墓	北山西村西南	2	246	一般
梁家终村古墓	梁家终村东南	8	698	一般
南山村古墓	南山村南	11	1732.5	一般

续表 7-1

墓名	位置	高度（米）	面积（平方米）	封土情况
南山村东古墓	南山村东	4	916.39	一般
南棉花冢	南山村南	4	898	一般
北棉花冢	南山村南	4	467	一般
无名冢	齐家终村	1	13	一般
杨树冢	南山村东	—	2700	一般
无名冢	齐家终村南 1000 米	14.5	1589	完好

第三章　人文遗址

早在 8500 年前后，就有先民在境内繁衍生息。数千年文化积淀，留下了丰富的人文遗迹和历史文化遗产。在淄河东岸发现的后李遗址，是山东地区目前已知最早的新石器时代文化遗址，反映出当时居民已过着以原始农业为基础的定居生活。另有薛家大汶口文化、石庙孝陵龙山文化遗址。表明境内在几千年前就是人口稠密、生产发达的地域。天齐渊、马莲台是历史人文底蕴深厚的遗址。周代、汉代遗址也非常丰富。形成各个时期考古文化系列，成为发展旅游的文化资源。

第一节　后李遗址

后李遗址位于后李村西北 500 余米处的淄河东岸，处在一片呈半岛状外凸的二级台地上。一期遗存东西 400 米、南北 500 米，面积 20 万平方米，距今 8500—7500 年。由于河水的冲刷，遗址西、南、北三面受到严重侵蚀，形成高达 10 余米的断崖。1965 年冬，山东省文物工作队与北京大学考古专业师生，在淄河两岸进行文物调查时发现。后李文化，因首先发现于后李遗址而得名。主要分布在济南、邹平、章丘、淄博、潍坊一带，是山东地区目前已知最早的新石器时代文化遗址，出现石器、陶器、骨器和半穴式房址，反映出当时居民已过着以原始农业经济为基础的定居生活。出土陶器类型简单，圜底器较多，器物特征明显。

1988—1990 年，山东省文物考古研究所配合济青高速公路建设，对其进行 4 次发掘，开探方 179 个，揭露面积 6500 余平方米。探明遗址面积 20 万余平方米。遗址文化堆积厚度 2 米～ 5 米，划分为 12 层。自下而上的层次是：12 ～ 10 层为新石器时代早期后李文化遗存，9 层为新石器时代中期北辛文化遗存，8 ～ 6 层为周代遗存，5 ～ 3 层为西汉至明清遗存。

后李文化一期遗存中有灰坑、墓葬、烧灶、

后李遗址　（2006 年摄）

房址、陶窑等。灰坑呈圆形、椭圆形和不规则形。墓葬有小型土坑竖穴式和土坑竖穴侧室两种形制。房址为半地穴式，呈不规则圆形，地面为夯土，较为坚实。陶窑为竖式，分窑室、火膛和泄灰坑三部分。出土遗物有陶器和骨器，器形有鼎、钵、双耳罐、釜、盂、器盖及尖顶器等，其中以深腹圜底釜最为常见。陶质以夹砂陶为主，陶色以红陶、红褐陶居多，有少量黑褐陶和黄褐陶。纹饰有附加堆纹、指甲纹、压印纹和乳钉纹。骨角蚌器多为凿、匕、锥、镖、刀、镰等。有少量石器，以磨制为主，种类有锤、斧、铲、磨盘、磨棒、刮削器、尖状器等。

二期遗存年代相当于北辛文化晚期。北辛文化，因滕县北辛遗址而得名。主要分布在淄博、滨州、潍坊地区，距今7000年左右。遗存文化内涵比较单纯，时间跨度也不长。出土的代表器物有泥质陶和三足器。陶质有夹砂陶和泥质陶，泥质陶占相当大的比例，部分陶器夹蚌壳末和云母颗粒。陶色以红陶为主，灰陶和黑陶次之。主要器类有鼎、盆、钵、罐、盘、壶等，以鼎为主要炊器。石器有斧、铲、磨盘、磨棒及各种磨石，另有骨锥、蚌镰等，石骨器多通体磨光，制作精致。发现有半地穴式房址。墓葬为土坑竖穴式。

遗址中商周文化遗存发现较多，情形相当复杂。出土的鬲、罐、簋等地方特色非常浓厚，表明土著文化因素占有很大比重，另外又具有商文化、周文化因素。史载商末至西周前期，此地区分布着众多方国，后李遗址展示出该地区商、周、土著等各种文化的传承、交流及其融合过程。为研究鲁北地区新石器文化及商周等文化提供了参考，对于齐地文化的年代分期和研究具有十分重要的意义。1991年8月15日，《大众日报》对此进行专题报道。

1992年6月20日，“后李遗址”被山东省政府确定为省级重点文物保护单位。2006年5月25日，后李遗址作为新石器时期的古遗址，被国务院确定为国家级重点文物保护单位。此为新石器时代各类文化遗址中，唯一一处以市内地名命名的文化遗址，为齐国故都临淄增添了深厚文化内涵。

2009年，街道办事处协助有关部门完成后李遗址的修缮保护工作。2013年7月9日，国家文物局下发《关于后李遗址总体规划编制立项的批复》。2017年，开始规划建设后李文化考古遗址公园。

第二节　薛家遗址

薛家遗址位于薛家村西1000米的淄河东岸农田中，两条东西沟入河口之间。东临北齐路，西邻淄河，南为沟崖，北面是农田。遗址地势较高，北高南低，呈不规则形状，面积9万余平方米。

1965年冬，北京大学考古系师生在临淄实习时发现此遗址。临淄文物考古队进行试掘，出土蚌刀、蚌镰、石镰、骨器和完整的红陶觚、三足灰陶觚，以及鼎足、鬲足彩陶片、红陶片等。从遗物特征分析，属大汶口文化类型。1988年3月30日，公布为区级重点文物保护单位。2009年，街道办事处协助有关部门完成薛家遗址的修缮保护工作。2013年10月10日，公布为省级重点文物保护单位。

齐陵街道文化遗址情况表

表7-2

名称	位置	面积（万平方米）	保护情况
后李遗址	后李村西北500米	20	良好
薛家遗址	薛家村西1000米	9	良好
后李北遗址	后李村北500米	0.5	一般
后李西北遗址	后李村西北350米	7.2	一般
后李南遗址	后李村南	2.21	一般
前李西南遗址	前李村西南400米	0.864	一般

第三节　天齐渊

天齐渊，亦名天齐池，俗名温泉，曾名瑞泉、丰水。位于刘家终村北蛟山之阴，淄河岸边，在铁路桥西250米处。是临淄自古以来的名泉，历代文献多有记载。

《史记·封禅书》载：“八神将自古而有之，或曰太公以来作之。齐所以为齐，以天齐也。其祠绝莫知起时。八神：一曰天主，祠天齐，天齐渊水，居临淄南郊山下者。”说明天齐渊是东方八神之一的天主神所在地。《地理风俗志》载，齐国之所以称之为齐，因天齐渊得名。《青州府志》载，蛟山脚下，有温泉群，“平地出泉，深不可测”。《水经·淄水注》载“水出南郊山下，谓之天齐渊，五泉并出，南北三百步，广十步。……齐之为名，起于此矣。”《括地志》载“天齐池。”《齐记》载“临淄城南有天齐泉，五泉并出，有异于常，言如天之腹脐。”说泉水温度异常，在冬日也热气升腾，故被当地先民崇为“天之腹脐”。在这里祭祀天主，求福佑。《齐记补》载“（天齐）渊中浮出瓦，有‘天齐’二字。魏永平中，（渊）水溃，出木五。北齐天宝中，又出木四，皆五采，类松柏而香。”《管子·轻重丁》载“（齐桓公时）龙斗于马渎之阳，牛山之阴。”

天齐渊名称来历，说法不一。《读史方舆纪要》载“师古曰：谓其中神异如天之腹齐。《齐记补遗》引晏子曰：吾闻江深五里，海深十里，此渊殆与天齐。司马彪曰：齐回水如磨齐也。”《齐乘·卷二考证》载“天齐渊拟天然渊水，犹如齐之天渊云耳。”也有人认为是“泉出如沸，其气若蒸”，远望状与天齐。《史记·封禅书》载，秦始皇帝二十八年（前219年），秦始皇东巡，“遂东游海上，行礼祠名山大川及八神，求仙人羡门之属。”到天齐渊祭祀。《汉书·郊祀志》载，元鼎六年（前111年）及前太初三年（102年）正月，汉武帝东巡，到天齐渊祭祀。

天齐渊的泉流，有塞有通，降水少的年份断流，丰水年即畅流。当地人说，只要泉出，必得丰年。清康熙二年（1663年），知县杨端本改温泉为瑞泉，当地人为感谢他的功绩，将泉称为“杨公泉”。康熙五十八年（1719年），青州知府陶锦在天齐渊上建“管鲍祠”，祀管仲和鲍叔牙。乾隆二年（1737年），知县邵嗣尧改称为丰水。

天齐渊自古为上巳修禊之地。东汉建安七子之一徐干《齐都赋》中描述此地修禊盛况，“青阳季月，上除之良，无大无小，祓于水阳”。青阳即春季，季月即农历三月，上除即上巳，为三月上旬的一个巳日。曹魏以后，定为三月三日。水阳，即天齐渊以北，水入淄河的地方。明代张修德（明代临淄训导）临淄八景诗中，写有《温泉修禊》“温泉遥映蕊珠宫，上巳寻芳禊事同。夹岸游丝萦绣毂，隔花鸟语唤华骢。觞飞淄水明波外，客醉牛山烟树中。遮莫兰亭集胜友，何如童冠咏春风。”

天齐渊四季风光无限，夏季风景最盛。正如天齐渊龙王庙门联所言：五湖四海为帅首，九江八河听调宣。青石板上、石缝里、树荫下、草丛间，处处都有泉的踪迹。山崖石缝中一注水龙蹿出，冲在平而长的青石台阶上，溅起高高的浪花，如莲花盛开，可达2米高。滴水穿石，日久天长，在石板上冲刷出两个像鼻孔的石窝，民间戏称为“鼻泉”。在宽广的渊水中，数以万计的泛水泉汩汩作响，泉水酷似串串银白色珠链。

天齐渊记胜石刻有多处。有明万历七年县令黄策的摩崖石刻“温泉”，之后是毛维驺的诗碑。毛碑南石岩上镌有“温泉修禊”。有崇祯七年县令连元所题诗碑。清代知县杨端本与邵嗣尧等人，都曾勒石记游。清代劳之辨有《温泉诗》“三过淄河道，见泉不识泉。贤侯好游览，山水得奇缘。指我发源处，古名天齐渊。流水牛山下，齐城由

市史志办主任毕建国（前排右三）考察齐陵街道天齐渊建设项目（2017年摄）

此传。我来方杪冬，暖气夺冰坚。春风光寒谷，生意草芊芊。坐看不移时，入耳声潺湲。大泉喷玉碎，小泉吐珠圆。细鳞石罅出，造化何自然。呼童亟置茗，洗心忆昔贤。风尘婴世网，苦为俗虑牵。策马寻路去，夕阳古道边。”清代吴振棫《天齐渊诗序》“泉在牛山麓最下，奇过趵突泉，北流注于淄，与齐故城南北正相值。”

据 1957 年 10 月测流，日涌水达 6.9 万立方米。20 世纪 70 年代，淄河上游断流，当地常年超采地下水，至 1976 年，天齐渊停止喷涌。80 年代，因开山采石，天齐渊被毁。遗留有康熙五十六年（1717 年）所立《温泉颂》石碑一方，保存于临淄区文物管理所，字迹剥蚀严重，难以辨认。2009—2010 年，开始实施天齐渊景观复原工程，2017 年，天齐渊恢复性开发进入新阶段。

马莲台　（2017 年摄）

第四节　马莲台

马莲台位于齐家终村东南 500 余米处，康山西麓，地势南高北低。是一处经古代山洪冲刷而形成的黄土台地。

马莲台因黎山圣母弟子马莲仙姑居此普度众生而得名。分为东、西两峰，东为主峰。台上原有直径 40 厘米的松树 30 余棵，1950 年后被毁坏。台半崖处有一石洞，用条石砌成，高 2.5 米，宽 2 余米，深 11 余米，洞中纸灰、香灰成堆，洞壁薰成黑色，洞中有一通向台顶的出口，只能容一人攀登而上，出口上去便是马莲台，全台 300 余平方米。后来，人们为安全攀爬上险崖的神仙洞，专门修建了 75 级台阶。

“九月九，三月三，马莲台上出神仙”。明朝末年，天下大乱，兵匪四起，许多地方遭遇劫难，当地乡民多次隐匿于此，化险为夷。于是乡村父老自发捐款集资，在台上修建庙宇，立石碑记述其功德，以表感激之情。清代，台上前建有白衣殿，供奉观音菩萨，后为文昌殿，供奉文殊菩萨。一年四季香火不断，人们到这里祈求和平，保佑平安，逐渐形成庙会，会期为农历二月十九。庙宇于清康熙十四年（1675 年）重修，乾隆十二年（1747 年）、道光十四年（1834 年）、光绪三十三年（1907 年）三次新修或重修，每次均刻立碑记。“文革”期间，被生产队毁石碑 2 方，菩萨像被毁，殿宇被拆除。今人石刻有“马莲台”“曲径幽谷”“风光无限”“馨香”“仰天”等。

1988 年 3 月 30 日，临淄区人民政府公布清代的马莲台碑为区级重点保护文物单位。为此，齐家终村许洪柱、淄河村刘景明捐资刻立石碑一方。1993 年起，庙会改为 5 月 1 日。1998 年“五一”节，齐家终村召开开发古齐遗迹马莲台风景游览区剪彩大会，整修道路、石阶，搜集民间传说，许洪柱、刘景明向开发单位捐款 5000 元。

第五节　其他遗址

石庙孝陵遗址

位于石庙孝陵村东北，属于龙山文化（龙山文化因章丘龙山镇城子崖遗址而得名），距今约 4600—4000 年。出土文物以漆黑光亮的轮制黑陶和蛋壳陶为显著特征。遗址范围为东西 145 米、南北 260 米。1988 年 3 月 30 日，公布为区级重点文物保护单位。

周代文化遗址

自姜太公封齐建国，经历春秋战国时期，鼎盛天下。遗址较多，至 2017 年，发现春秋战国时期文化遗址 10 处。

至 2017 年齐陵街道周代文化遗址表

表 7-3

名称	时代	位置	面积（万平方米）	保护情况
老刘家遗址	春秋、汉	老刘家村西	0.56	一般
柳店遗址	战国	柳店村东	4.2	较好
刘家终村遗址	春秋	刘家终村西南	12	较好
南山遗址	战国	南山村南	3.23	一般
聂仙庄北遗址	春秋	聂仙村北	16.75	一般
毛家庄遗址	战国、汉	毛家村北	6.86	一般
前李西北遗址	春秋	前李村西北	31.5	一般
刘家营遗址	战国	刘营村北砖厂	4.2	一般
刘家庄东遗址	春秋	东刘家村东	10.26	一般
淄河店遗址	战国	淄河村北	23.4	一般

汉代及隋唐文化遗址

汉代延续周代齐国盛况，留下众多遗址，至 2017 年发现 12 处。东汉以后，临淄以往的辉煌已不再现，至 2017 年发现隋唐文化遗址 1 处。

至 2017 年齐陵街道汉代及隋唐文化遗址表

表 7-4

名称	时代	位置	面积（万平方米）	保护情况
太平庄遗址	汉代	太平村东北	6	一般
高家遗址	汉代	高家孝陵村南	1.4	一般
胡家庄西遗址	汉代	胡家村西	4	一般
刘家庄东南遗址	汉代	东刘家村东南	4.84	一般
东刘家村南遗址	汉代	东刘家村南	0.8	一般
石庙遗址	汉代	石庙孝陵村南	1	一般
后佛寺遗址	汉代	西龙池村北	1.66	一般
北苑遗址	汉代	北苑村西北	3.25	一般
驻佛店遗址	汉代	驻佛村西南	1.45	一般
朱家庄遗址	汉代	朱家村北	17.12	一般
东刘家庄西南遗址	汉代	东刘家村西南	1.66	较差
聂仙西北遗址	汉代	聂仙村西北	15	一般
吕家孝陵遗址	隋唐	吕家孝陵北	1.11	较差

第四章 灵秀山水

齐陵山河泉池众多。有久负盛名的牛山、鼎足山，山区沟壑纵横，林木繁茂。有临淄的母亲河淄河，沿岸风景优美。山清水秀之中蕴含着深厚的历史文化底蕴，成为发展生态文化旅游的基础和必要条件。

第一节 牛 山

牛山位于北山西村西侧，淄河流经其西北侧，北坡有管仲墓。山若卧牛，故名。俯首向北，翘尾南伸，蜿蜒与南面诸山相连，西侧沟壑纵横，西南与稷山相对峙。山体植被丰茂，山顶林木秀美，日间云气蒸腾，入夜水雾凝聚。

牛山虽不高大，却久负盛名。春秋时，齐襄公在牛山设宴款待鲁桓公。《晏子春秋·谏上》有“齐景公游于牛山”的记载。《孟子·告子上》有“牛山之木尝美矣”的描述。《后汉书·杨赐传》“虹贯牛山”。左思《齐都赋》“牛岭镇其南”。南燕建平二年（401年），临淄秀才晏谟陪同南燕皇帝慕容德到此游览。宋朝叶廷珪《海录碎事》“齐威公时白虹贯牛山。”《水经注》《括地志》对牛山均有记载。自西周至秦汉时期的王公贵族多葬于该区域，形成规模宏大的墓葬群。

历代文人墨客登临牛山，作诗文记游。三国曹植《感节赋》“唯人生之忽过，若凿石之未燿。慕牛山之哀泣，惧平仲之我笑。”晋代陆机《齐讴行》“鄙哉牛山叹，未及至人情。”唐天宝四年（745年）李白登牛山，有《古风》“景公一何愚？牛山泪相续。物苦不知足，得陇又望蜀。”《君子有所思行》“无作牛山悲，恻怆泪沾臆。”杜牧《九日齐安登高》“古往今来只如此，牛山何必泪沾衣。”清代顾炎武《齐祭器行》“牛山下涕何悲苦，岁久光华方出土。”

牛山 （2017年摄）

明代中后期，人们在山上及周边立碑建坊，山顶有牛山神祠，修建有二层阁、三层阁、老母池等，最南为八蜡庙，祭祀八种神。至民国初年，山上保存有宏伟的庙宇建筑，古柏繁茂。每逢阳春三月，春风习习，淄水泱泱，温泉汩汩，温润之气随风飘来，似薄雾，如细雨，沾衣欲湿，临淄八景之一“春回牛山雨濛濛”即此写照。

依托牛山自然风光、历史文化底蕴，自明清时期，每年农历三月三、九月九，在牛山举行盛大庙会，俗称“赶牛山”。至今有500余年的历史，从最初单纯朝拜活动演变为集文化、旅游、商贸于一体的大型民间集会。

1951年，山上原有古建筑物被损毁，庙会中断。存石碑两方，一方为《善碑题名》，民国四年（1915年）立，上刻捐资重修庙宇之人名；一方为《重修牛山庙碑》，1919年立，上刻重修庙宇等事宜。遗迹残存有明清时期牛山观音庙上的盘龙石柱、释迦牟尼像之莲花宝座、山门轴石坎、台阶及民国时期在牛山脚下设立的“玉精明化”石碑，十分珍贵。1995年，“赶牛山”恢复。1998年，牛山被淄博市人民政府公布为“地质地貌景观保护区”。

第二节 淄 河

淄河，亦称淄水，是临淄的母亲河，孕育了悠久灿烂的齐文化。

《禹贡》载“潍淄其道（导）。”《禹贡锥指》载“俗传云，禹治水功毕，土石黑，数里之中波若漆，故谓之淄水。”“淄”与“缁”（黑色）义同，淄水即黑水之意。《元和郡县志》亦载有大禹疏导淄河的传说。明代钟羽正有《淄水诗》“朔风何凛冽，冰结大河阴。匹马三齐道，孤鸿万里心。乾坤生事老，霜雪故园深。短褐从长夜，无劳叩角吟。”清朝初年青州佥事周亮工有《淄水诗》“五旬六度渡淄河，不见牛山有翠萝。莫忆闽南春夏好，枣花香胜木兰多。”

沿岸百姓在河滩开砂石沟填土，栽种西瓜，因沙滩光照时间长，昼夜温差大，所产西瓜甘甜可口，“淄河西瓜”远近闻名。自天齐渊以下，水势平缓，多鱼虾，味香而清，为淄河名产。所产淄鳖，名播四方，实为珍品。

淄河沿终村西侧流淌，蜿蜒至蛟山脚下，接纳名泉天齐渊水。环绕蛟山郊野公园与天齐渊景区。

淄河流过铁路大桥与漫水桥，绕过牛山北麓，曲折东流到柳店村。此处是淄河与东西古道相交之处，历来为兵家必争之地。由此向东，在柳店村南和淄河村东，各有烽火台遗址一处，曾有清兵驻扎。咸丰十一年（1861 年）二月中旬，南捻军越青石关进周村，破金岭镇东去，在淄河店全歼驻守此地的旗兵及益都乡团。

随流而下，过柳店严矶石遗址。嘉靖《青州府志》载“河岸有钓台，相传为子陵钓处。”清代王士祯《香祖笔记》卷十，考证严子陵钓台在县城东南十里淄水附近。相传东汉初年学者严光，曾隐居临淄，垂钓于淄河。昔日在柳店一带河岸有一巨石，人称严矶石，是“严子陵垂钓处”，并题《淄水严先生钓台诗》。《青州府志》载有明代青州府同知杨谏诗“长河一曲抱村流，谁解乘风坐石头。但使有鱼归五饵，不妨无酒博重裘。买贪烟褈囊曾废，舞破溪云兴未休。只恐幽栖成物色，一丝犹系汉金瓯。”明张修德《严矶钓晚》诗“淄水东流接钓矶，严陵曾此坐忘归。堤边杨柳抚轻吹，水面萍花映夕晖。御座星回明主梦，海天鸥下故人稀。年年月照烟波冷，绝胜云台有是非。”明代永乐临淄县令彭自勗有诗“城上笙歌今已休，城边淄水至今流。一竿独钓溪云暮，短笛闲吹村雨秋。汀鹭窥鱼惊客起，渚鸥逐伴傍人浮。日斜系艇垂杨处，借问田家有酒不？”即为写照。临淄八景中的“淄江晚钓”一景就在此处。得淄河水滋润的柳店韭菜韭香浓郁，营养丰富，自清康熙年间就有“柳店韭菜各一畦”的说法。

流过渗滤池进入太公湖。2001 年，按照治水植绿、还民生态主题，沿淄河两岸，清理河道，拓宽整平主河槽，因地制宜完善防护体系，建设两岸生态园林绿地和环湖道路，形成生态河廊风貌，使古老淄河再现清流。此处风光旖旎，宜游宜居，御泉湾、奥林匹克花园高楼林立，帕兰王国、蹴鞠小镇好评如潮。

向北流至西龙池村，河之东岸有一龙池，临淄八景之一的“龙池秋月”引人遐想。邓性《龙池秋月》诗云“风声在树叶萧萧，寒月光流兔魄娇。影落澄潭珠出浦，蛰龙惊起欲随潮。”

流经后李村，孕育出古老的后李文化和薛家大汶口文化，距今 8500 年左右，就有人类在此繁衍生息，渔猎种植。在此处发现的齐国春秋车马坑之上，建有临淄中国古车博物馆。

第三节　鼎足山

鼎足山位于淄河村东南。《临淄县志》载“菟头山在县东南十五里……乐史《太平寰宇记》并谓桓公冢在鼎足山上，是鼎足山即菟头山也。”因三山如鼎足而得名。北为紫荆山（雷公山），东为牛首岗（牛市山），南为菟头山（驴山），又名鞍子山，菟头山曾为牲口市，多经营驴者，

鼎足山之紫荆山　　（2017 年摄）

故群众习称驴山，亦名牲口山。因附近村民采石，牛首岗已夷平，驴山所余不多。二王冢坐落其间。《晋书·载记二十七》“（慕容德）北登社首山，东望鼎足，因目牛山而叹曰：‘古无不死！’怆然有终焉之志。”

紫荆山绿化较好，苍松翠柏，花草遍地，自古是名胜古迹游览胜地。《青州府志》“唐贞观中，诏致祭，禁民樵采。”清末民初，山顶上建有庙宇，前有雷公殿，后有文昌阁，东西两侧各有厢房3间。周围以石垒墙，南面正中有拔台山门。向下山坡60余米处，有坐南向北的石砌露天戏台1座。环境优雅，古柏参天，成为游人驻足之所。每年四月初八至初十为庙会，行商摊贩，云集于此。由益都、临淄两地48个村庄，推选有德望的人士为会首，用自由乐捐方式筹资，供庙会香火及演戏费用。抗战爆发后庙会停止。之后，每年四月初八有信男信女到紫荆山进香许愿。

第四节 龙 池

龙池，俗称龙湾。位于东龙池与西龙池村之间，西靠淄河，东有女水，是临淄大地上的名泉，周围还有数不清的小泉，共同组成龙池泉群。龙池是齐陵南部地下水向北运动受阻而形成的承压自流水出露点。

龙池是群泉中最大的，南北长60余米，东西宽30余米，深2.5余米，南北两岸条石垒砌，内有三泉，常年喷涌，池水清澈见底。清流出池后，穿过龙池南村路转向东，流入东龙池村东池塘，再流到高家孝陵村大湾。相传“龙池水永也流不尽，东湾水永也流不满”。

在龙池中间偏南东西两岸，各有饮水井一眼，俗称龙眼，井壁用石砌成，井口覆盖巨石穿凿1米直径圆口，专供村民饮水之用。井内水位能升至触手可及的高度，较池内水位高1米余，每年农历八月十五月光照射到井内，两井内各有一月影，“秋入龙池月皎皎”即此佳景之写照。龙池东南戏楼北侧有一池，池岸用条石砌成八角形，俗名“八角湾”，湾内有若干小泉，泉水和地面平，水清见底。龙池西面是齐家花园，花园北端有李湾，直径8米，水深3米，内有一泉，直径0.5米，深不见底，水面距地面0.5米。花园南头有一池，内有众多小泉，水面与地面平，与八角湾遥遥相对。龙池东面是一片茂盛竹林，南至村中心街，北至村北路，长120余米，宽20余米。

历代描写龙池辞赋较多。唐贞元县令张崇杰赋诗“爰有寒泉碧玉泓，天渊千古湛澄清”。宋赵明诚赋词“原水混混，绿竹猗猗”。明韩超然为之作诗“秋入龙池月皎皎”。杨谏《龙池秋月诗》“小池元向邑城东，细细时来四面风。半亩天开冰雪窖，一人方坐水晶宫。寒光已彻骊龙梦，清影聊呈玉斧功。几到阑干访奇逸，满身霜雪夜方中。”县令彭自勗诗“方池半亩白云深，明月清泉亘古今。初怪冰盘浮水面，番疑宝镜坠波心。岸迷芳草龙何在，径绕荒台客自寻。岁旱民间能致祷，一瓢大地变甘霖。”《临淄县志》编修于阶《步邓诗韵》“冰壶濯魄兴萧萧，黄叶丹枫分外娇。雨后生凉新月皎，翛然身世似乘潮。”

龙池东南40余米处有戏楼一座，坐南朝北，戏台东西15余米，南北12余米，高1.8米，条石砌成。前台有4根朱红木柱支撑，前柱上联是“长长长长猛长长长长智”，下联是“行行行行都行行行行德”，后柱上联是“传传传传古传传传传典”，下联是“调调调调时调调调调心”，横批是“海市蜃楼”。后台有3间青砖白灰垒砌房屋，长19余米，宽5余米，朝南窗3个，重梁画柱，木椽起脊，小青瓦盖顶。戏台与后台连接处，有生铁铸造V型瓦笼梁一根，既当梁又排水，重3吨。后台东西两边各有“出将”“入相”门。屋脊、屋梢、戏台四角都有装饰吻兽。1951年，龙池区公所下令拆掉，用其砖石木扩建临淄县第六完全小学校舍。

龙池庙群在戏楼北侧，始建于元末明初，历代香火兴旺。由戏台向北30米，龙池东南角，有一南向山门（庙大门），砖石结构，起脊飞梢，朱红门柱；两侧有雌雄石狮相对，青石雕制，工艺精细，高2余米；门东西两面建有红墙；进门往北是一甬路，2米宽，石铺路面。至龙池东北角有第二道门，建筑格式与大门相同，进了门，天齐庙、龙王庙两庙门并排而立。

天齐庙位于龙池北40余米处，建于一高台

上。庙阔三间，砖石木结构，重梁叠柱，飞檐起脊，筒形小瓦盖顶，正脊垂脊之上都有吻兽，飞檐四角挂有铜铃。前面是木雕隔扇，中间开门。庙内塑有东方八神，东岳王即天齐神居中。庙院内两窗下各有莲花盆一个，直径 1.3 米，高 1.2 米，精雕细刻，盆与底座精致美观。院内东西两边各有垂槐一棵。西南角有观音菩萨小庙，供求子女者进香许愿。东窗外有明孝宗重修庙碑一方，1949 年被毁。西窗外立一石碑，上刻清光绪时期山东巡抚李元华草书一诗“润静气高不偶然，古称富地本滋渊。列国浪传曾出木，明时真见花并莲。银河旋转遂通地，玉液源流实为天。江灵应为蛟龙窟，人杰应物望后先。”

五龙堂，俗称龙王庙，在天齐庙西侧稍后，共 5 间，长 20 余米，宽 10 余米。砖木石结构，起脊、起梢、飞檐，小灰筒瓦盖顶，脊梢有吻兽，梁檩均用合抱朱红木柱支撑。院内有双人合抱垂柳树两棵，遮天盖地。前面是木制隔扇门，开左中右三门。五龙堂内有金、白、蓝、黑、红五尊

20 世纪 30 年代的龙池

泥塑龙王像，正中是金龙王（老龙王）像，金面、金身、金袍，壮观威严，两边先是黑、红龙王像，再是白、蓝龙王像。东山墙处是雷公和霹雳将军像，西山墙处是闪娘娘和风婆婆像。每尊大龙王像前放有一尊相貌相同的小龙王像为替身，供远近民间信徒请去求神祈雨，过后送回。每尊龙王像上方，还有一条同样颜色的长龙，腾空盘柱，张牙舞爪，十分壮观。庙内墙上绘满龙王爷爷、龙王奶奶的神话故事。

龙池西北 500 米处，北魏时建有龙泉寺。寺院坐北朝南，最南端是 2000 平方米的广场。向北是牌坊式山门，门两侧各有大松树 1 棵。进门为占地 3000 平方米的大院，迎面为前殿，供奉弥勒佛祖。前殿后两侧偏殿供 8 尊神像。前殿后正中是用青色砖瓦建成的大雄宝殿，东西长 11 米，宽 8 米，高 7 米。龙脊虎稍，螭吻凌空，斗拱层叠，飞檐翘角。屋顶结构巧妙，内不见梁，宛如穹顶。供奉如来佛祖、观音菩萨等。殿前两旁各矗立一尊大佛，俗称“丈八佛”。大佛旁各倚立菩萨像一尊。寺院内立有“双丈八”碑与“龙泉寺记”碑。

龙池庙会，每年农历六月十三日开始，会期五天。庙会期间，戏楼上唱大戏，广场上玩杂耍，牲口市、粮食市尤为兴隆，求神烧香拜佛参观游览者络绎不绝。规模之大，一度轰动益、寿、临、广、桓、周、淄、博八县。

至 1967 年，龙池池水方不能流出池外，1978 年后不再喷涌。唯有龙池遗址尚存。

第五节　女　水

女水俗称裙带河、泉河子，发源于郑家沟村西南鼎足山下。《青州府志》载“女水，一名汝水，汉书注临淄，师尚父所封。”《水经注疏》“谓之女织河”。原河道经郑家沟、驻佛村地段过杨西、杨东、王齐村流向毛家、北苑，转向前丁、后丁，经望寺村东流至小交流村，与发源于青州的织水汇合，小交流村因此而得名。

古人把女水的流竭与政治清明、世道治乱联系在一起。《齐记补》载“女水，东海

龙女隐于此。……将还，作此水，甚有神焉。化隆则水生，政薄则津竭。”《太平御览》卷八七三载“齐人谚曰：‘世治则女水流，世乱则女水竭。’”《资治通鉴》载“汝水竭，南燕主备德恶之，俄而寝疾；北海王超请祷之，备德曰：‘人主之命，短长在天，非汝水所能也。’”《大清一统志》载“崔鸿《十六国春秋·南燕录》，慕容德建平六年女水忽暴竭，慕容超太上四年女水又竭。” 王士禛《女水诗》曰“龙女波寒夕照余，微风裙带响琼琚。洞庭社橘凋零甚，谁寄秦川柳毅书？”

在发源地河道上建有石板桥1座，名曰雪花桥，长5米，宽1.5米，高1.2米。郑家沟村东60米处河上有一石建三孔桥。北魏年间，在村东侧河畔建有龙兴寺，寺庙前身是春秋时期的停灵寺，也叫停灵殿、齐王殿，是齐桓公停灵之所。清代重修，至清末仅存大殿3间。

20世纪30年代，从杨家齐陵西侧女水古河道截流，西向淄河店东大沟，人工开挖河道1500米汇入淄河。1962年，淄河店在村东修建一道拦河坝，形成长1500余米的河道小水库，排水口安装铁丝网，在水库中放养鲤鱼、鲫鱼、草鱼等。许多学校、机关到此处组织游泳比赛，吸引不少游人驻足。1974年大涝，大坝被冲毁。

1975年，实施群井汇流工程，钻深井40余眼。胜利油田钻深井35眼向东营供水。使其发源地地下水位大幅下降，河水断流。

2013年汛后，投资115万元，整修新裙带河道东段520米。2014年，区政府将4.4千米新裙带河纳入乌河、运粮河道管理体系。2015年，实行河长制，由办事处主任刘瑞卿担任河长，具体负责落实河道管理日常工作。2016年，投入20余万元，对新裙带河西延至奥园段2.2千米河道及桥底进行清障清淤，保障行洪畅通。

第六节　其他山谷

苍山

位于朱家终村东500余米处，东接磨脐岭，整座山像伞盖一样。山头与西山坡覆盖灰黄色的黏土与碎石渣，长满杏树与枣树，20世纪50年代末逐渐枯萎。1965年，朱于贵任林业队长，带人常年在山上栽种松柏，10余年栽植上万棵，形成茂盛的苍山松林。山下旧有苍山寺，称东寺，寺内的石佛造像，于1985年春移入临淄石刻艺术馆。

东寺南150米处有一石塔，高约1.5米，名为“度照和尚石塔”。寺与塔之间有宽10余米的沟，已填平。石塔五层以上已失，下面每层为莲花石，直径1.2米。莲花石上是六棱石，直径0.5米，高0.5米。第四层六棱石上刻有“苍山寺”及铭文和两个石匠名字。铭文为“孝徒法玹、法隆，徒孙能顺、能清、能使、能觉，嘉靖元年朔月吉日立。”由此可知，此塔建于明嘉靖元年(1522年)，为苍山寺的和尚为圆寂的主持僧度照和尚所立，石匠一位张姓，一位朱姓。石塔于1967年整地时推入北面沟中，包括最下面的两个小石樽。

东寺庙宇因火灾毁于元代。元末明初，朱家终村、齐家终村、李家终村拆除废殿，在朱家终村西、李家终村东、齐家终村北盖庙，称为西寺。此庙坐南朝北，甚为壮观。两个窗口都是1.6米见方，由整块青石板雕刻，雕刻的窗棂与木制的一样，特别精美，门口也由整块石板雕成。后来，遗存下来的只有一龟驮碑，与泰安岱庙中的大小相仿，上刻四龙盘旋，保存于朱传清家中。1962年被毁。

经过多年植树造林，苍山上松柏茂密，风景优美。

康山

康山为境内最高山。位于南山村南，东北角与大山相连，南坡为搁船岭，属青州市。康山山势陡峭，不长树木，只有杂草、荆棘丛生。传说明代朱氏立庄于康山东侧“大康山窝”，名朱家庄，因“康朱”谐音“糠猪”，朱氏人丁兴旺。后有外地三位侍郎葬于康山附近，称“三郎冢”，因“郎”谐音“狼”，朱氏北迁现南山村。

1975年始，人们在康山开山采石，山体被破坏，山顶削成驼峰状，康山因此又称骆驼峰。2006年10月，在开山过程中，于康山南侧发现一大型溶洞。垂直深度约40米，直径3米，最高处20米，空间约200平方米。洞内石头千奇百怪，有很高的观赏价值。同时，洞内发现较多兽骨和原始先民生活痕迹。

2012 年 6 月，临淄区政府采取措施，制止对康山及齐王陵景区山体的无序开采，生态逐渐恢复。2016—2017 年，对包括康山在内的南山矿山进行整治复绿，改善矿区地质环境，栽种植被，整治面积达 11.2 公顷。

稷山

位于梁家终村东南，为临淄区与青州市的界山，《临淄县志》载，山阴属临淄，山阳为益都。光绪《益都县图志》载“稷山在猛山北数里，山阳为益都，阴为临淄”，并认同晋代虞喜《志林》“齐有稷山，立馆其下也，以待游士。”的说法。《齐乘》引《齐记补》“山旧有后稷祠，故名。又齐宣王尝立孔子庙，亦名孔父山也。”故稷山又称“孔父山”或“夫子山”。后稷祠在战国中期坍塌。齐国古称“稷下”，齐故城有“稷门”，门外有“稷下学宫”，皆由稷山得名。山上寺庙俱废，惟存重修后稷祠断碑一方。山上有古柏 5 株，有稷山汉墓古迹。

蛟山

古称南郊山。位于刘家终村北，东临牛山，北靠淄河，从远处看形似一条蛟龙盘卧在淄河南岸。著名的天齐渊位于其山脚下。嘉靖《山东通志》载“南郊山在临淄县南十五里，山下有天齐渊，五泉并出。”《青州府志》载“（临淄）东南十里为南郊山，山下有天齐渊。”杨守敬、熊会贞《水经注疏》载“《（大清）一统志》，南郊山在县东南十里，盖与牛山连麓而异名耳。”《读史方舆纪要》载“又有南郊山，在县东南十五里。下有天齐渊。一名南野山。”主峰海拔 121 米，属低山缓陵。东边山坡比较陡峭，其余三坡比较平缓，东西南北四面山坡各长 200 米、350 米、400 米、500 米。山的东面和北面有一片开阔平地，面积 7.8 公顷。西北面平坦地南北长 800 米，东西宽 100 米，面积 8 公顷，中有三条深浅不一的沟壑。再往西是一片广阔的农田，面积 66.7 公顷。盛产苹果、桃、柿子、红枣、西瓜等瓜果，种植的红薯品优质好，很有名气，褒称为“终村地瓜”。建设有蛟山郊野公园。

蛟山蛟龙出水　　　　（2018 年摄）

红螺山

位于刘家终村西淄河岸边。有南北两个山头，南低北高，形状像马鞍。海拔 90 米。由于历史上无序采石、挖沙、烧石灰等活动，导致红螺山山体面目全非、河道生态破坏严重。2011 年，开始对红螺山进行综合治理，取缔石灰窑厂、挖沙厂及洗沙厂等企业 10 家。2014 年，聘请省国土资源厅专家制定山体修复方案。至 2016 年，红螺山恢复原来风貌。建设有红螺山城郊公园。

丰山

又称凤凰山，古称鸑鷟岘。位于南山村南，与大山隔齐王路相对峙，是牛头水发源地。山上松柏遍布，周边柿树成荫。《青州府志》载“（临淄）南十里有鸑鷟岘，下带长涧，东北流经牛山，号曰牛头水。今失其处。”《齐乘》记载牛山时引用“白渊之《齐道记》曰，黄邱北十里有鸑鷟岘，下带长涧，东北流经牛山，山去此水八十余里（“八十余里”似有误），号曰牛头水，是齐景公所登而叹处，盖言为山浊水耳。”佐证牛头水发源于牛山附近的小山鸑鷟岘。鸑鷟岘即丰山，长涧即南山村西沟。丰山东坡向东延伸至东沟，沟壁露出大片山石，可用作取火火石，故称火石山。当地有谚语“南山庄有三宝，青青菜，茅根草，掉了火石不用找”，说明此处火石众多。

石海

位于马莲台北面山坡上。2006 年 4 月 5 日，由当地村民意外发现，进而发掘整理，暂时揭露长度200余米，面积达2000平方米，整体下窄上宽，下部不足5米，上部达60余米。站在山坡上通观整个石海，其状呈S形，遍布形态逼真的波浪石。由于长时间被水冲刷侵蚀，每块石头的棱角都比较圆滑，有的石头呈现镂空状，像海底的珊瑚，有的呈怪兽、乌龟状，形神兼备，惟妙惟肖。

沟谷

齐王陵生态文化旅游区内有7条较大的沟壑，从东向西依次是洪沟、东沟、西沟、马莲台沟、田家沟、南沟、许家沟，传说为齐王陵7条“龙脉”，均接近南北走向。沟中古树参天，植被繁茂，有松柏、柿子树、枣树、槐树、银杏等上百种林木，其中百年以上树龄的柿子树有300余棵。

沟谷内有四季风光变换的林间小路，游人深入其中，体验穿越幽谷所带来的乐趣。配合齐王陵风景区建设，规划发展“沟域经济”，首开全市沟域经济先河。在洪沟重点打造民俗文化。在东沟、西沟侧重自然风光，依托东沟独特地理环境规划建设拓展基地，开发彩弹射击、真人CS等军事题材项目。在马莲台沟突出餐饮娱乐休闲。在康山西侧沟域以健身养生为主导。沟域经济以沟域范围内的自然景观、文史遗迹和产业资源为基础，建成以特色农业、旅游观光、民俗文化、养生休闲、健身娱乐等为一体的产业带，促进经济发展、带动农民增收。

第五章　文物与保护

齐陵历史遗存与出土文物非常丰富，有稷山石龛造像、苍山寺北魏石佛、龙泉寺北魏石佛及红陶鼎、鎏金编钟等珍贵文物，多陈列于山东省考古研究所、齐文化博物院、临淄石刻艺术陈列馆、青州市博物馆、青岛市博物馆、齐国历史博物馆等馆所。

按照“保护为主，抢救第一”和“有效保护，合理利用，加强管理”文物工作方针和原则，建立专兼职文保队伍，落实防护措施，保障文物古迹和旅游景区安全。

稷山石龛造像　（2017年摄）

第一节　碑刻造像

稷山石龛造像

稷山山顶处有一方池，长5.6米，深2米。在池北壁有石龛造像两组，东西并列。西侧龛内刻一男子盘足而坐，龛外刻两侍者执笏鞠立；东侧龛内刻一女子盘足而坐，左立一侍男，右立一执扇侍女。两龛之间，有题刻“孔大夫”三字。西壁刻有尚未完工的人面两个，刻工粗糙简陋。后经考究，此处是一汉墓的竖墓道，齐地人利用墓道口石壁造像，因此造像年代不会早于汉代，为南北朝后所刻。在墓的西侧，有清康熙年间立重修夫子庙碑，1983年10月，运至青州博物馆收藏。山上存有民国六年（1917年）重修碑记一方，断为两截，上刻“宣统玖年岁次丁巳荷月中浣敬立”，说明倡导修庙之人仍存有复清思想。世纪之交，在断碑旁立起重修界碑一方，内容与断碑略同。

苍山寺北魏石佛　（2013 年摄）

苍山寺北魏石佛

苍山寺，又称东寺。位于朱家终村东 500 余米处，三面环沟，东傍苍山西麓，故称苍山寺。该寺西侧朱家终村西北，曾有一旧寺，称“西寺”，故该寺又称为“东寺”。

苍山寺相传为唐初所建，早废，碑志无存。唯存石佛造像一尊，高 4.15 米、宽 1.9 米、厚 90 厘米，佛重 10 吨，座重 21 吨。佛像赤足面南，立于雕有 212 个佛像的长方形石座上。面庞丰满，比例协调。头饰螺髻，身披通肩袈裟，内著僧祇支，胸前打结，手作施无畏与愿印，左手指有残缺。首、身原系两石拼接而成，因年代久远石榫脱出，致佛首向前倾斜，佛头与佛身风格截然不同，为唐代所换。根据造像艺术和镌刻风格，经有关专家认定，此佛为北魏时期造像。1984 年 7 月，公布为市级重点文物保护单位。为便于保护和研究，1985 年春，将石佛移于临淄石刻艺术陈列馆。

龙泉寺北魏石佛及石碑

龙泉寺位于西龙池村北，寺东有名泉龙池，为临淄著名古寺院。昔日殿宇轩昂，石佛屹立，碑碣幢幢。《临淄县志》载“六朝石佛，在龙池村龙泉寺故址”。实为两石佛，两菩萨。该批佛造像，是北魏时期佛像珍品。荷兰僧徒曾来驻足，赞誉此石佛与印度古石佛相同，欲购未成。

1928 年 5 月 1 日，日军为阻止国民革命军北伐而入侵山东，出兵济南。3 日，制造震惊中外的“五三”惨案，强行占领济南，并霸占胶济铁路两侧 10 千米地段，龙泉寺恰巧位于此范围内。7 月 5 日，高家孝陵村晚清秀才于桂林，时任龙池小学校长，将石佛菩萨造像和双龙碑盗卖给日商小林。15 日，日本人在当地不法分子协助下，劫取石佛和石碑运至淄河店车站，准备运往青岛再从海上运至日本。24 日，上海《申报》报道此事。迫于中国人民巨大舆论压力，又加上工人拒运，说“石佛不过海”，日本人未能运走石佛，仅掠走两尊菩萨头像，丈八佛、菩萨像身及石碑留在了淄河店火车站。1930 年，青岛四方机车厂厂长栾宝德用专列把该批珍贵文物运至青岛，放置在厂旁四方公园内，为两尊菩萨用水泥塑上头像，使之复臻完美。1962 年，青岛市

龙泉寺北魏石佛　（2013 年摄）

博物馆重新实地调查，查明龙泉寺遗址面积3万余平方米，两尊丈八佛原立于大殿内，居中面南并立，两尊菩萨在丈八佛的南侧，坐东面西而立。1979年7月，该批造像运往青岛市博物馆收藏。1998年9月，从大学路博物馆旧址迁移至梅岭路青岛市博物馆大厅内。至今保留着龙池人参观免费的传统。

双丈八佛造像　高丈八，俗称“丈八佛”，保存较好，仅残手部和足趾，用水泥修补过。佛高5.6米，重30吨。造像身躯前倾，头饰高髻螺发，两耳垂肩，高鼻深目，双目细长弯如新月，两眉之间有白毫相。面部表情温和自然，双目低垂，微含笑意，给人以和蔼慈祥之感。身内着僧祇衣，胸前束带结下垂，衣纹呈V形。下穿长裙。右手作施无畏印，左手作与愿印，跣足立于莲花座上。两尊石佛大小形态非常相似，又稍有不同，底座差异较大。其一底座正面分三格，中间一格正中刻一赤身力士，头顶博山炉，两侧相对各刻一罗汉，对博山炉顶礼膜拜。左右两格均刻三个浅龛，内刻立姿小像，似为供养人及供养比丘。其二底座正面也分三格，中间一格正中刻一带座背屏式佛像。两侧相对各刻一人，右侧人似僧人，单膝跪地，左侧人冕服戴冠，左右两侧均刻一浅龛，内刻坐姿小像，也似供养人与供养比丘。从两尊丈八佛造像形制判断，应为北魏孝文帝太和年间制作。

两尊菩萨造像　高3米，头部均残缺。两菩萨造型基本相似，双肩著披下垂，胸前饰项圈，腹前结僧祇衣，跣足立于莲花座上。两菩萨像手势不同，其一右手作施无畏印，左手拿环状桃形法器，底座明显低矮。其二左手作施无畏印，右手拿玉璧形法器，底座较高。两尊菩萨应为阿弥陀佛的胁持菩萨，其一为观音菩萨，其二为大势至菩萨。

“双丈八”碑　碑首半圆形，高1.6米，宽2.1米。正面正中阳刻两行文字，每行四字，篆书“双丈八碑，苏公之颂”。碑首背面两侧各刻两只蟠龙，头向下而尾部交叉于碑首上部。蟠龙中间刻一佛龛，龛内刻一佛二菩萨。中间佛像着袈裟，右手作施无畏印，左手作与愿印，戴头巾，面目秀美。佛龛右侧阴刻铭文一行：“像主苏万基妻张供养。”妇女形象的一佛二菩萨极为罕见。

龙泉寺记石碑　石碑为圆首，带底座，高2.2米，宽80厘米，厚28厘米。碑额四字“龙泉寺记”。碑文由于风雨剥蚀，风化严重，不能辨识。年代不详。

蒙古族碑

保存于刘营村委办公室内。元至正六年（1346年）由僧住、忽都、囊加歹主持刻立。碑高51厘米，宽1.06米，厚34厘米。碑文534字，记述刘营村蒙古族族系和落籍经过，保存了临淄元代蒙古族人的活动资料，具有较高的历史价值。碑文末有刻立时间与刻立人，并刻“野齐愚叟前乐安县教谕李居仁”及“益都县石匠黄义弟黄让刻”字样。1988年3月30日，被公布为区级重点文物保护单位。

1985年春，在西龙池村东南淄河岸边农田移植葡萄树时，发现双龙碑首一方，高1.35米，宽1.25米，厚35厘米，上题“困宁路达鲁花赤先茔之碑铭”。此铭佐证，该处系蒙古族一大墓地。因搬运不便，此碑仍埋于原处，以待考证。

翁仲及石兽

一组出土于杨西村北早年夷平的墓地中。翁仲2件，明代。体高2.5米，宽65厘米，厚60厘米。有方形基座，座高45厘米，长1.2米，宽1.06米。翁仲体形魁梧，头戴官帽，身着广袖长袍，其中一件手持笏板，一件手握宝剑，双脚分离，立于石座之上。同时出土石羊2件，作跪卧式，高1.26米，身长1.5米，宽60厘米。

翁仲　（2013年摄）

龙泉寺康熙御笔碑（2013 年摄）

牛山碑　（2013 年摄）

石虎 2 件，坐蹲式，身高 1.3 米，胸宽 83 厘米，体厚 50 厘米。

一组出土于刘家终村东首大道旁。翁仲 2 件，其中一件缺首，残高 1.78 米。另一件高 2.15 米，胸宽 73 厘米，厚 40 厘米。体形魁梧，头戴官帽，身着阔袖长袍，分持笏板、宝剑，站立于石座之上。同时出土石羊 2 件，作跪卧式，其一首残缺，高 1.19 米，身长 1.4 米，体厚 42 厘米。石兽 2 件，均残，残高 1.18 米，身长 1.18 米，体宽 40 厘米。

避水兽石雕

2016 年 2 月 24 日，村民在淄河村旧址发现两块石雕。3 月 24 日，区文物部门对两块石雕进行拍照勘察，初步鉴定石雕是明代或明代以前的避水兽石雕，又名蚣蝮。两块石雕大小相当，其中一块长 92 厘米，宽 73 厘米，厚 36 厘米；另一块长 87 厘米，宽 80 厘米，厚 29 厘米。石雕上各雕刻一只状如壁虎、尾似狮尾的爬行动物，头、躯干和四肢清晰可见。石雕一般用于桥梁或建筑物的排水口，寓意永避水害，长存永安。27 日，该石雕被收藏于齐文化博物院。

马莲台石碑

马莲台东沟深处存清代石碑 4 方，俱述台岭兴盛及重修经历。1988 年 3 月 30 日，被公布为区级重点文物保护单位。

马莲台碑　高 1.72 米，宽 73 厘米，厚 18 厘米，清康熙十四年（1675 年）六月十九日刻石。碑文 465 字，由淄邑乙酉科贡生刘奇芳题额，淄邑庠生刘士琴撰书，并刻捐资人姓名若干。

重修碑记　高 1.71 米，宽 64 厘米，厚 24 厘米，清乾隆十二年（1747 年）立。

外庄布施碑　高 1.56 米，宽 74 厘米，厚 26 厘米，清道光十四年（1834 年）三月立。

重修碑　高 1.2 米，宽 60 厘米，厚 23 厘米，清光绪三十三年（1907 年）十月二十日立。

龙泉寺康熙御笔碑

清康熙四十二年（1703 年），康熙皇帝南巡。到济南临时担任护驾的临淄知县衣绨龙（今河北肃宁人）侍候细致周到，故康熙皇帝赐给他亲笔书写唐诗书法一幅作为赏赐。康熙四十五年（1706 年），临淄知县王珅祚为纪念此事，将康熙这幅唐诗书法刻在碑上，立于龙池东侧。碑高 2.2 米，宽 87 厘米，厚 23 厘米。上刻康熙亲笔抄录李白诗“天门中断楚江开，碧水东流至此回。两岸青山相对出，孤帆一片日边来。”下有碑文，记述事情缘由，由博兴教谕纪之复撰文，赵氏书丹。龙泉寺石佛被盗卖后，寺院破败，仅存清康熙御笔碑和题记捐资重修寺院人名碑。两碑于 1983 年移交临淄区文物管理所收藏，后收藏于临淄石刻艺术陈列馆。

牛山石碑石刻

牛山久负盛名，在此立庙、置碑者甚多，但早已圮废，仅存雕龙柱 1 件、圈龙式莲花座 1 件、柱基石 1 件、支石 4 件，上刻花卉及钓鱼图。另有民国十三年（1924 年）碑刻一方，位于东麓，呈长方形，高 1.7 米，宽 63 厘米，厚 20 厘米，篆书阳文“玉精明化”四个大字，上书“恩泽普被应节侯，德化苍黎妙无穷，化地清清归玉府，明明乾坤喜仁风”纯阳祖师乩语，收藏于临淄石刻馆。1988年3月30日，公布为区级重点文物保护单位。

崔光中墓碑

原位于聂仙村北崔氏墓地。墓碑总高2.50米，碑身高1.70米。崔光中，字正平，聂仙村人。1934年，任临淄县第二小学教师，因教绩显著，博得广大师生、家长和社会人士赞扬和爱戴。1935年病逝。1936年，师生337人捐资为其立碑。碑文长达1624字，由时任校长李人凤撰稿，同事吴少卿书丹，字体小楷，三面刻，正面为“教师典型”四个大字，取汉隶书。该碑于“文革”期间被破坏，由郑文华用心保护下来。1992年，移至村小学院内，周围垒起花墙，四角栽植冬青。1994年，由任乐一等寻访青州市能工巧匠，配备新碑帽，修补碑的边沿，用环氧树脂等巧补刻字残缺，上油增光，使墓碑焕然一新。2006年，由临淄文物管理所移入齐国历史博物馆收藏，立于博物馆西南角。

第二节　其他文物

釜形器

新石器时代后李文化时期，炊器。夹砂红陶。1990年，出土于后李文化遗址。器高60厘米，口径35厘米。敞口，直腹，圜底，颈部饰一周凸棱，沿下有两孔。制作工艺比较原始，火候低。距今8300年左右，是山东境内目前出土的最早陶制炊器之一，具有较高的考古研究价值。

釜形器　（2013年摄）

红陶鼎

夹砂红陶。1990年，后李文化遗址出土。斜折沿，口较大，圆腹部有刮抹痕，足上部断面呈半椭圆形，下部呈凿形。通高17.4厘米，口径22.8厘米。收藏于山东省考古研究所。

陶钵

北辛文化时期，距今7000年左右。泥质红陶。1990年，出土于后李文化遗址。高25厘米。圆形，敛口，腹微鼓，小平底，沿下部饰一周红色宽带纹。

觚

大汶口文化时期，酒具，2件。1973年，出土于薛家庄大汶口文化遗址，由大队革委会主任张金祥上交临淄区文管所。其一为红陶觚，泥质红陶。口呈喇叭状，腹较直，平底，器胎很薄。高17厘米，口径11厘米。其二为灰陶觚，泥质磨光灰陶。口呈喇叭形，直腹，平底，外底部饰三个扁状足，腹饰压纹和凸弦纹。高21厘米，口径10厘米，底径7.5厘米。为目前所见最早的酒具之一，对研究中国酿酒历史具有重要价值。收藏于齐国历史博物馆。

奁形铜敦

战国时期，食器。1983年，征集于聂仙村。器体特殊，圆筒状，通体素面，盖与底均饰三环钮，盖与腹高低相同。高16.7厘米，口径16厘米。

铜镈钟

战国时期，乐器，4件。1990年，出土于淄河店墓地。形体较大，复式钮，形制纹饰相同，大小相次，钮呈双龙对峙状，头向外，口含尾，中间方形。钲中间部位素面，两侧各有界格，有凸起的圆枚3组9枚和篆带两条，饰变形蟠螭纹。通高69.1厘米～80.9厘米。收藏于山东省文物考古研究所。

铜甬钟

战国时期，乐器，两组16件，每组8件。1990年，出土于淄河店墓地。这批甬钟形制、纹饰均相同，大小相次。甬呈圆角方柱形，上细下粗，衡平。甬下有旋，环甬呈箍带状，旋上有干。钟体为合瓦式，舞至铣边有一素带骨格，两侧饰蟠螭纹，饰乳钉形枚3组9枚。高44.2厘米～74.2厘米。为研究战国晚期乐器的组合提供了物证。收藏于山东省文物考古研究所。

铜钮钟

战国时期，乐器，10件。1990年，出土于淄河店墓地。最大一件高28厘米，最小一件高13厘米。这批钮钟钟体均为扁合瓦状，形制相同，大小相次。舞平，上有环钮，铣边有棱，钲部饰蟠螭纹。由于出土墓曾经被盗，钟的数量不全，中间有缺失。收藏于山东省文物考古研究所。

鎏金编钟

西汉时期，乐器。1983年，出土于稷山汉代洞石墓，共16件，分两式，甬钟和钮钟各8件。甬钟8件，其中4件收藏于青州市博物馆。高11.7厘米～12厘米，器形相同，器表饰谷纹和矩形纹，柱形柄，中部饰半开钩环，钲部铸有符号，形体微小，通体鎏金。钮钟8件，收藏于齐国历史博物馆。高6.6厘米～12.3厘米，通体鎏金，饰漩涡纹，间饰乳钉36枚，钲部铸有文字符号，顶部饰方形钮。

鎏金编钟　（2013年摄）

鎏金铜压袖

西汉时期。1983年10月稷山汉墓出土，共4件。1987年6月，经故宫博物院专家确定为国家二级文物。圆墩形独角卧兽状，通体鎏金。压袖为2对，一对每件重610克，圆座直径6厘米、高4厘米。一对每件重425克，圆座直径5.5厘米、高4厘米。

鎏金铜豆

西汉时期，食器，2件。1983年，出土于稷山汉代洞石墓。高12.2厘米，口径13.3厘米，腹径14厘米，底径9.4厘米，柄高5.3厘米。通体鎏金。盘身较深，子母口，盖已遗失，圈足。

熊形器足

西汉时期，饰件，2件。1983年，出土于稷山汉代洞石墓。形似凶猛熊形，环眼大口，四肢肥壮，左腿跪立，右腿弯曲，双爪扶于腿上，通体鎏金。高4.5厘米，宽3.4厘米。

云纹饰件

西汉时期，饰件，2件。1983年，出土于稷山汉代洞石墓。其一，三角形云纹，中为一圆形璧与周围云纹连为一体，底部有扁形榫，构成三角形饰件，双面鎏金，长23.5厘米，宽17.4厘米。其二，中间一圆形璧，周围龙凤纹缠绕，底部两端有扁形榫，长25.5厘米，宽14.2厘米。

方筒形饰件

西汉时期，饰件。1983年，出土于稷山汉代洞石墓。正面兽首形，阔鼻环眼，额部一尖形树叶，两侧饰相对的弯角，背部饰锤揲凹纹，底一圆形孔，应是固定在器物上的饰件。

铜臼等文物

西汉时期。1987年，出土于稷山墓地。直口，直腹，圜底，璧形足，内凹，腹部饰三道凸弦纹。应为西汉时期加工药物的用具。高11.5厘米，口径10.2厘米。对研究汉代医学有较高价值。

另有出土于稷山汉墓的文物，收藏于青州市博物馆。铜鎏金凤鸟，高11.2厘米。铜鎏金镇，汉代人们席地而坐，为避免就座或起身时折卷席角，在四角放置席镇起到固定作用。铜鎏金龙形帐钩，长 13.8 厘米。铜鎏金柿蒂形铺首，直径 11.6 厘米。另有铜铺首衔环、车马器一组、铜鎏金饰件、兽面纹铜鎏金足。

宋瓷

宋代，饮食用具，一组 68 件。1978 年 12 月，于淄河店西南胶济铁路复线工程施工中发现，为宋代窖藏，盛放在白釉瓷缸中，叠放整齐，有碗、盘、碟等。碗 22 件，其中白釉碗 9 件、白釉印花碗 10 件、葵口碗 3 件。盘 28 件，其中，白釉划纹盘 1 件、白釉盘 1 件、白釉印花盘 19 件、葵口盘 4 件、黄釉盘 2 件、黑釉盘 1 件。碟 13 件，其中白釉碟 9 件、白釉印花碟 4 件。瓷瓶 1 件。带盖盒 1 件。白釉盅 2 件。白釉缸 1 件。共有 11 件收藏于淄博市博物馆。

钧窑瓶 高 27.3 厘米，口径 4.8 厘米，底径 7.5 厘米。胎体较厚。敞口，长颈，斜肩，鼓腹下垂，平底，圈足。通体施天蓝釉，釉内有细小冰裂纹，腹下部加施玫瑰斑。天蓝釉和红釉混合处有胭脂晕，内有红色耀斑。该瓶修长挺拔，清秀俊美，堪称精品。时期为北宋，国家一级文物。

黄釉瓷盘 通高 4.2 厘米，口径 22.5 厘米，底径 12.5 厘米。圆唇，敞口，浅盘，平底，圈足。内外均施青釉，釉色鲜亮。圈足有 3 个支烧痕。时期为宋代，国家一级文物。

白釉印花盘 高 3.7 厘米，口径 19.7 厘米，底径 7.1 厘米。定窑产品，通体施白釉，呈灰白色，敞口，曲壁，浅腹，平底，圈足，胎模印花纹，口沿为一周花叶纹，内壁有牡丹纹，底饰荷花，釉色的素雅与纹饰的繁茂和谐统一。时期为北宋，国家二级文物。

第三节　文物保护

新中国成立初期，建立相应的文物古迹保护组织，采取措施，保护文物古迹安全。1956 年 7 月，临淄县人民委员会下发《关于在农业生产建设中保护文物的通知》。9 月 4 日，临淄县人民委员会公布县文物保护单位（第一批），境内的黔敖墓、终军墓、齐桓公墓、五公墓、四王墓、管仲墓、稷山石龛入选。1958 年，配合全县进行文物古迹普查，建立文物保护小组，颁发文物保护责任书，树立文物保护标志碑。20 世纪 60 年代中期，山东省文物考古部门把田齐王陵规划为重点保护区，树立保护标志。1975 年，按照区革委会《关于加强文物保护工作的通知》要求，公社调整充实文物保卫组织，开展文物保护与管理工作。1976 年 11 月，市博物馆建立市文物商店，对内称流散文物组，专门负责流散文物的收购。1977 年，市文物商店在齐陵设流散文物代购站，时常派出人员进村入户，宣传文物保护政策，收购流散文物。

1981 年，省委、省政府负责人视察田齐王陵保护工作。公社成立专门文管组，按照临淄区文化局与公安局《关于加强文物保护管理的通知》要求，将田齐王陵划为绝对保护区，划定建设控制地带，在田齐王陵埋设水泥标准桩和花岗岩保护碑刻；进行实地考察、勘探、拍照，绘测，完善田齐王陵档案，建立规范化保护档案。齐陵派出所出动宣传车到各大队宣传，制止乱挖封土损坏古墓行为 14 起，拆除古迹遗址上违规建筑 41 间，停止、迁移石灰窑、砖窑。投资 2 万元，配合临淄区文化局对田齐王陵进行保护性维修，修建台阶，栽植林木，刻制石碑。由国家拨款对管仲墓进行修葺，建围墙 173 米。

1982 年，区委、区政府对在田齐王陵保护中作出贡献的先进集体和先进个人进行表彰奖励，对无视《文物保护法》，在古墓旁违法建筑行为给予严肃处理和经济处罚。土地承包到户后，齐陵派出所会同文管所与责任田内有古迹的村民签订合同，把保护措施落实到户；与村委会签订保护委托书，文管部门拨发经费，委托村委会担负监管责任。

1983 年，收缴稷山汉墓随葬器物 83 件，其中有国家一级文物石樽 1 对。1984 年，与临淄广播电视局共同开辟“临淄文物——田齐王陵”专题节目，促进田齐王陵保护工作的开展。

1986 年，调整充实镇文物管理委员会，加强对文物的保护。省文物考古研究所对稷山墓群中的 2 号、3 号墓进行保护性发掘。区人大常委会组织关于《中华人民共和国文物保护法》贯彻执行情况的调查，对稷山石墓群等20处重点文物遗址保护情况进行调查。

1988年，石庙孝陵、后李官庄、薛家庄遗址，蒙古族碑、牛山碑、马莲台碑，李世光墓入选区级重点文物保护单位名录。年内，配合济青高速公路建设，省文物考古研究所对后李遗址进行发掘，发现大汶口文化、龙山文化、岳石文化、西周等时期的墓葬、房屋、窖穴、城墙、城壕等遗迹。1990年，在后李村发现春秋大型车马坑。配合临淄文物工作队，协调工程部门采用特殊建材，在车马坑处修建函桥进行保护。1991年3月，对已发掘的后李车马坑采用河崖头殉马坑保护办法，进行防水防潮保护。对位于田齐王陵区19号取土场进行保护性发掘。

1992年，临淄区组建文物稽查大队，专门从事田齐王陵等田野文物保护管理工作。镇派出所配合加大对田齐王陵的保护力度，根据不同季节，制定相应保护措施。1993年冬，对四王冢取土场进行抢救性发掘，清理大型战国墓3座。在所有古墓、古遗址周围2米处埋设界桩和标志。1995年，无条件迁移在古墓葬、古台址100米以内所有近代坟墓。

1997年7月3日，临淄区人民政府颁布《临淄区文物保护管理实施细则》。9月17日，临淄区文化旅游局、淄博市公安局临淄分局发布《关于严厉打击挖掘、破坏古文化遗址和文物走私倒卖活动的通告》。2000年1月，镇政府调整充实文物保护工作领导小组。9月13日，临淄区人民政府发布《关于加强古遗址保护工作的通告》。2004年，管仲纪念馆落成。齐陵派出所与文管、旅游部门建立联动机制，对景区及周围环境定期开展检查，帮助景区制定防火、防盗、防破坏、防游客拥挤等安保应急措施。定期召开马莲台餐饮业主会议，进行文明经商、职业道德教育。6月8日，派出所与临淄文物稽查队在稷山汉墓抓获盗墓犯罪嫌疑人1名，缴获作案工具一宗。

2007年9月，省文化厅实地考察田齐王陵保护情况。12月，区文物管理局组织在田齐王陵保护范围内竖立保护界桩，实行退耕还林，绿化山坡地5.40公顷，植树3万余株。2009年6月24日，区刑侦大队会同齐陵派出所，将正在稷山盗墓的2名河南籍犯罪嫌疑人当场擒获。经连夜突审，破获7人盗墓团伙。

2010年，在稷山汉墓建设保护设施。投资30余万元，建设后李文化遗址和薛家遗址景观标识，对天齐渊遗址进行恢复性建设。2012年3月，由齐陵国土所、城管中队、景区办公室对马莲台景区各经营场所登记建档管理，制止违法建设行为，杜绝违章建筑。5月1日，《临淄区齐王陵文化旅游区管理规定》颁布实施。6月2日，区政府公布第三批文物保护单位，包括前李龙山文化遗址、西龙池后佛寺遗址。12月，国家文物局批复《田齐王陵（四王冢）安全防范系统工程方案》。

2013年9月，规定古文化遗址、古墓葬边界起10米内为保护范围，从保护范围边界线起100米内为建设控制带。划定二王冢、四王冢及3个有封土的小冢边界10米内为绝对保护区，二王冢周围500米、四王冢周围1500米范围内为建设控制带。稷山墓群各墓葬从边界线起10米内为绝对保护区，从绝对保护区界限起200米内为建设控制区，井山、稷山的边界划定为环境协调区。

2015年，淄博市委、市政府制定《关于着力建设文化名城的意见》，提出实施田齐王陵遗址公园建设项目。委托中国建筑设计院有限公司编制《田齐王陵总体保护规划》，经国家文物局批准，实施田齐王陵安防一期工程和淄河店二号墓保护工程。至2016年，投资734万元，修建环四王陵巡查道路1600米。在齐王陵安装高清晰、高密度立体监控系统，安装高清监控探头100余个。至2017年，建成淄河店战国二号墓1800平方米主墓及殉马坑保护区、2600平方米生态停车场、600平方米游客中心等，总占地面积3.13公顷，总投资2000万元。实现对田齐王陵及其附属墓全方位、立体化、无缝隙监管与保护。

至2017年齐陵街道各级文物保护单位一览表

表 7-5

名称	类别	年代	地址	级别	公布时间	批次
田齐王陵	古墓葬	战国	淄河村、郑家沟村	国家级	1988.1.13	第三批
后李遗址	古遗址	新石器时期—大汶口文化	后李村	国家级	2006.5.25	第六批
临淄墓群	墓群	周—汉	含管仲墓、黔敖墓、孝公墓、康公墓、无亏墓、晏娥儿墓、终军墓等及无名冢	国家级	2013.5.3	第七批
稷山墓群	古墓葬	汉	梁家终村	省级	1992.6.20	第二批
薛家遗址	古遗址	大汶口文化	薛家村	省级	2013.10.10	第四批
北魏石佛造像	石窟寺及石刻	北魏	齐家终村	市级	1984.7	第一批
天齐渊	古遗址	周	刘家终村	市级	2010.7.16	第四批
双龙桥	古建筑	明	柳店村	市级	2010.7.16	第四批
淄河铁路桥	近现代重要史迹及代表性建筑	清	刘家终村北	市级	2010.7.16	第四批
石庙孝陵遗址	古遗址	龙山文化	石庙孝陵村	区级	1988.3.30	第二批
蒙古族碑	石窟寺及石刻	元	刘营村	区级	1988.3.30	第二批
马莲台碑	石窟寺及石刻	清	朱家终村	区级	1988.3.30	第二批
牛山碑	石窟寺及石刻	清	北山西村牛山	区级	1988.3.30	第二批
李世光墓	近现代重要史迹及代表性建筑	民国	朱家终村	区级	1988.3.30	第二批
前李遗址	古遗址	龙山文化	前李村	区级	2012.6.2	第三批
后佛寺遗址	古遗址	汉	西龙池村	区级	2012.6.2	第三批

第六章　生态与保护

春秋战国时期，牛山等山体植被茂密，《孟子》有“牛山之木尝美矣”的记载。随着朝代更迭、战争频仍，植被遭到破坏。新中国成立后，大力发展水利与林网建设，生态逐渐恢复。南部山区绿树葱茏，淄河两岸鸟语花香。街道组织开展环境卫生整治活动，建设“文明一条街”，实施“二沿三环”绿化工程，开展大气污染深度治理，实施农村生态环境综合提升工程，全面开展拆除违建工作。建立环境卫生整治长效机制，创建整洁、畅通、有序、文明的旅游环境。

第一节　生态恢复

1954年，共青团临淄县委发动牛山周围村庄的团员青年和学生，义务劳动绿化荒山。1964年，建中大队在牛山西面的苍山挖鱼鳞坑，植树造林20余公顷。20世纪六七十年代，公社林场对牛山等山体进行植树绿化。1980年，北山大队在村东南方建起1.27公顷苹果园。1983年，把地处山区半山区的终村片、淄河片8个大队，划为林果建材基地，退耕还林169.08公顷。1987—1989年，退耕还林、植树造林745.04公顷。

1991年，对南部山区山、水、田、林、路综合治理，完成小流域治理面积3.7平方千米，完成育苗面积13.09公顷，造林74.7公顷，绿化荒山63.63公顷，新建果园70.04公顷，果园总面积达280.14公顷。

1993年，在淄河滩涂造林1.91公顷，补植山体2座，绿化古墓12座，育苗1.17公顷，植树1.2万株，发展果园58.23公顷。1994年，在河滩造林44.62公顷，封山造林63.63公顷，通过省“八五”绿化达标验收。1995年3月，齐家终村被全国造林绿化委员会命名为全国造林绿化千佳村。1996年，绿化山体68.7公顷，绿化滩涂63.37公顷。1997年，植树1.6万株，绿化山体13.34公顷。1998年，全区护林防火及冬季造林现场会在齐陵召开。

2002年，按照《关于对田齐王陵生态旅游区内实行退耕还林的实施方案》，以马莲台旅游路为中心，两侧视野内14.16公顷耕地全部实现退耕还林，其中，刘家终村8.34公顷、齐家终村5.82公顷。淄河村对四王冢以北紧邻耕地连片退耕还林13.34公顷，集中发展板栗、冬枣、柿子、李子、桃杏等林果。北山西村把管仲墓西北6.67公顷耕地规划建成柿子园、玫瑰园、桃园、冬枣园四个园区。2003年，在南部山区造林66.7公顷，田齐王陵区绿化面积达到93.3公顷，森林覆盖率达18.6%。7座古墓的植被绿化得到保护。2004年，争取市区林业部门支持，在二王冢、四王冢连片造林30.68公顷，南部山区实现退耕还林80.04公顷，植树1.44万株。

2005年，投资31万元，绿化南部石山及旅游路，完成田齐王陵因景植绿工作。在山区旱田植树3万株，退耕还林20.01公顷。投资20万元绿化漫水桥两侧。整个风景旅游区绿化20公顷，马莲台小流域综合治理工程通过专家认证。全年造林153公顷，森林覆盖率达到28%。2006年，继续田齐王陵因景植绿工程，补植林木2.5万株，马莲台风景旅游区绿化37公顷，对旅游路两侧视野范围内1.78平方千米土地进行绿化，构建起3600米绿色长廊。全年造林430公顷，森林覆盖率达48%。

2007年，投资120万元，修复稷山、康山、牛山、紫荆山等山体生态。实行退耕还林、退建还绿，对旅游路两侧绿化带补植、新植林木3万株，完成绿化18公顷。配合临淄区文物管理局根据省市治理田齐王陵周边环境要求，实行退耕还林还绿，绿化山坡土地5.4公顷，植树3万余株。2008年，完成以田齐王陵为主的古墓古迹绿化造林56.7公顷。

2009年，配合淄河综合开发，实施淄河生态建设工程，包括清障疏浚、河坡整理、以堤代路、筑修拦砂坝、河道绿化等项目，完成地形整理38.69公顷，清理土石方3500立方米，栽植速生杨2.7万株、黑松雪松等观赏树1.1万株。2010年，完成南部山区13.7平方千米农业综合开发项目，补植树木1500株。在北山西村管仲纪念馆高标准绿化10.67公顷，栽植樱花、银杏等1.6万株。投资570万元完成牛山路两侧绿化工程，栽植行道树、花木等1.52万株。

2011年，结合山区农业综合开发，高标准绿化旅游路，栽植紫叶李、白蜡、黑松、火炬、红枫等高规格观赏树种，在旅游路视野范围内栽植侧柏、黄栌等林木，完成山体绿化66.7公顷，形成绿色走廊。在蛟山、牛山南坡、稷山栽植侧柏、黑松14万株。对刘家终村西北的红螺山，聘请山东省国土资源厅有关专家进行勘测，制定修复方案，加强环境综合整治，取缔7家石灰窑、2家挖沙企业和1家洗沙厂。

2012年，投资200余万元，改造提升马莲台核心景区，栽植木槿等乔木1.7万株、其他乔灌木18万余株，完成顺坡绿化2公顷，栽植地被3公顷，在旅游路两侧及牛山南坡等宜林山区栽植侧柏、黑松等各类树木30万株，完成造林面积73.37公顷。6月28日，齐王陵生态文化旅游区通过市级森林公园认证。

2013年，投资138万元，在康山北坡和牛山南坡等宜林地带新栽黑松、黄栌等苗木13万株，绿化山体34公顷。投资200万元，在马莲台核心景区栽植苹果、梨树、核桃等高档果树2.1

红螺山治理效果图 （2017 年摄）

万余株。2015 年春季，在终村路栽植冬火炬、木槿、扶芳藤球、品种月季计 1720 株。

至 2016 年，投资 1250 万元综合治理红螺山，实现山体复绿。投资 1000 万元对南山矿山进行整治复绿，整治面积 11.2 公顷，栽种植被 1.6 万余株，改善矿区地质环境，消除景区安全隐患，保障游客人身安全。投资 100 万元，治理马莲台农家乐周围不稳定边坡地质环境，改善景区生态环境，提升景区整体形象。

2017 年，投资 200 万元，建设刘家终村红螺山公益性公墓墓穴 728 个，为建设红螺山与蛟山公园拓展空间。同年，做好胶济铁路沿线绿化工作，聘请专业绿化公司，采用见缝插绿、立体绿化等多种绿化方式，累计栽植乔木 2.2 万余株，灌木 4 万余株，打造高低不同、错落有致的铁路风景线。8 月，南山矿山复绿工程项目通过省国土资源厅验收。

第二节 生态保护

1965 年，北二大队组建 12 人护林队，分片负责集体所有林木的看护和栽植。20 世纪 70 年代，南部山区各大队采取措施保障林果业发展。1989 年，镇政府落实林木管护措施，完善林业管理体系。被评为淄博市林业工作先进单位。

2004 年，配合牛山路东延及管仲纪念馆开放，取缔拆除沿线 2 座粉石机和 11 座石灰窑。2005—2006 年，组织开展环境卫生整治活动，完善环境卫生综合整治长效机制，各村实现垃圾定点集中清运。2007 年，清理取缔 6 家土小企业、12 家化工存储企业、14 家石灰窑、2 家黏土砖厂、4 家沙场。查处旅游区内违法建筑、非法摊点、乱张贴、乱倒垃圾和毁坏树木等现象。

2009 年，制定《关于深度治理大气污染改善环境空气质量的实施意见》，立足于为人民群众创造整洁、畅通、有序、文明的工作和生活环境，同年 8 月 15 日前，全面完成大气污染深度治理工作任务。做好美国白蛾等疫情防控，对农业开发项目区、旅游景区等重点区域喷洒药物，确保有虫不成灾，疫情不爆发。2010 年 11 月，被评为临淄区森林防火先进单位。

2011 年，实施生态保护和核心景区营造林工程，保护现有森林资源和野生动植物资源，确保景区无森林火灾、无林木盗伐情况，维护健康生态系统。

2012 年，制定《关于建立城乡环境卫生管理工作长效机制的实施意见》，实行末位问责、奖优罚劣工作机制，加强生态环境整治。2013 年，按照计划推进“双改”（改厨、改厕）工作，景区内经营业户的“双改”工作通过省、市验收。10 月，获省旅游局授予的“好客山东·最美乡村”和“最佳休闲乡镇”两项荣誉。

2014 年 4 月，调整充实旅游区森林防火指挥部，下发《齐王陵生态文化旅游区森林防火实施办法》，有效预防和扑救森林火灾。年内，实施美丽乡村工程。利用上级一事一议财政奖补政策，投资 1494 万元，实施绿化提升、村容美化、道路整修、小型水利建设等工程，治理田齐王陵景区范围内 10 个连片村的村容村貌，清理垃圾堆 3000 处，清运各类垃圾 8200 吨，硬化道路 7.5 万平方米，绿化面积 6.5 公顷，安装道德建设宣传牌 60 余块，配备垃圾桶 548 个。9 月 23 日，通过淄博市验收组检查验收，获全市第一名。

2016 年，开展马莲台采石矿矿坑环境综合整治及基础设施建设工作，实施南部矿山复绿工程，完成红螺山治理、南山矿山复绿和马莲台地质灾害点整治三大生态修复工程，景区生态环境持续改善。9月，组织实施生态齐陵建设“百日行动”，解决生态环境问题，完成年度环境保护综合整治。

2017年，实施胶济铁路沿线整治工程，为山东省交通重点建设项目，涉及刘家终村、柳店村、淄河村、北山东村、北山西村5个行政村，全长4.7千米，整治范围235.12公顷，拆除沿线违建房屋21户，计5000平方米，关停取缔散乱污企业、畜禽养殖场24个，计1.1万平方米。

全面开展违建拆除工作。按照治理行动方案，发放宣传单页2.3万份。街道组织建环土委、国土所牵头组成入户走访小组，发动群众自发拆除、配合执法。至3月21日，在全区首批完成卫片治理工作，通过上级部门验收。4月6日，完成重点项目区违建拆除。8月8日，实现风景名胜区内禁养。8月19日，完成淄水路北沿违建拆除，涉及6个村计4万平方米。9月16日，完成柳店村拆违工作，拆除违建37户计2.7万平方米，腾空土地6.67公顷。治理淄河河道蓝线范围内违建113宗，计5.8万平方米，全面改善南部景区及淄河风景区生态环境。

第七章　文旅设施建设

进入21世纪，齐陵南部景区建设进入快速发展时期。加强旅游综合设施建设。采取系列节水措施，鼓励使用中水、节约用水，引水上山，补水下河，解决景区灌溉用水和淄河补水问题。改造美化景区供电线路。建设四通八达的交通网，加强交通集散服务。优化餐饮购物环境，推出特色餐饮购物产品，优化景区收益结构。满足游客休闲游乐与文化体验，打造资源节约型和环境友好型旅游服务区。

第一节　供　水

2003年，完成田齐王陵风景区引水上山工程。淄河村自筹资金48万元，建成扬水站两处，蓄水池一座。铺设主管道2905米、支管道4205米。购置高扬程管道泵2台。在田齐王陵上安装大型喷头8支，建U形防渗渠1590米。扩大灌溉面积60.96公顷，7座古墓植被绿化得到保护。4月，美陵公司成立淄河污水处理厂并投入使用，日处理能力达2万吨，出水质量完全达到设计标准，持续为太公湖提供补充水源。

2004—2005年，完成淄河村村南千亩农业综合节水灌溉试验示范项目建设，面积达133公顷，利用东山脚下两眼深井，引水上山，采用喷滴灌与管道灌溉、地上U型防渗相结合的节水灌溉模式，保障田齐王陵墓区30.67公顷生态环境用水和农田灌溉用水。投资200万元完成马莲台景区引水上山工程。

2011—2012年，实施山区农业综合开发项目。总投资533万元，总面积8.67平方千米，包括耕地面积334公顷。同年，结合开展“同源一网”工程，向马莲台农家乐铺设自来水专线，改造景区内农家乐饭店管网，实现“同源一网”供水，保障景区饮用水安全卫生。完成马莲台·太公湖支农资金整合土地综合整治项目，使400公顷耕地成为水浇田。该项目区位于南部山区，胶济铁路以南，淄河滩以东，其东至309国道，南至青州界限。为南部山区发展生态观光农业奠定坚实基础。

第二节　供　电

2005年，协调资金20万元，为景区架设专业电线。筹资67.6万元为景区内饭店、企业维修电线、配电室、变压器等电力设施。2011年，改造10千伏终村支线3.08千米，缩短供电半径，支持山区农业开发。配合实施山区农业综合开发项目，输变电线配套建设2.4千米。

2012年12月7日，110千伏龙齐输变电工程投运。完成龙齐智能化变电站及智能配网建设工作，加设6回10千伏出线，架设北山线、聂仙线、美陵线、御泉线、龙池线、薛家线等共9.32千米。

2015年，投资80万元，为景区6个村增加台架变压器8台，每台1600千伏安，其中北山东村、北山西村、南山村、齐家终村各1台，刘家终村、梁家终村各2台。户均容量1.75千伏安，惠及2100户。架设高低线路2.37千米。2016年，投资32万元实施机井通工程。为景区3个村增加台架变压器4台，每台500千伏安，其中刘家终村2台，北山西村、齐家终村各1台，惠及机井5眼。保障景区各村绿化、生产用水。

2017年，投资62万元改造刘家终村表箱、接户线、进户线。采用25平方毫米铜芯护套电缆到表箱，进户线采用6平方

毫米铜芯护套电线，共改造617户。投资237万元改造北山东村、北山西村、梁家终村整村用电，共637户。投资730万元，对10千伏北山线终村支线1～4杆、10千伏东环线美陵支线40～73号杆更换为电缆线路，增加环网柜7台，美化景区架空线路。

齐王路上自行车比赛　　(2017年摄)

第三节　旅游路

齐王路

又称旅游路。位于田齐王陵景区，西起莲台路，东至郑家沟村，全长13.75千米。2011年，借助山区农业综合开发和支农资金整合项目，全面打通旅游路，并进行扩修，建设停车场2处。将景区内的二王冢、紫荆山、四王冢、牛山、管仲纪念馆、康山、蛟山、天齐渊遗址、马莲台、稷山汉墓等主要景点全部连接。2012年，投入2200万元，高标准硬化旅游路，按要求规范安装各种标识牌、安全桩等设施。完成硬化提升的旅游路，成为户外一族和周边群众旅游休闲的健身路，是方便沿线村庄居民出行、生产的连村路，更是一条吸引外来客商投资、发展镇村经济的致富路。2014年1月，由区民政局命名为齐王路。

莲台路

2002年5月29日，柳店漫水桥至马莲台的旅游专线竣工，长3.2千米，总投资290万元。北起管仲墓旅游区，南到马莲台，是在南部景区修建的第一条高标准硬化道路。2003年，完成马莲台北段750米的道路建设工程，对马莲台路的保洁管护权进行招标。2014年8月，临淄区民政局命名为莲台路，北起齐王路淄河铁路桥南，贯穿马莲台风景区，南至齐王路，宽7米，全长3.3千米。

终村路

包括终村路、槐荫路、红螺山路、刘家终村西路、齐家终村西路等。2000年，申请资金120万元，对涉及8个自然村的终村路进行柏油硬化，奠定了终村各村旅游开发基础。2013年，改造终村路和莲台山庄路，总投资208万元，全长4.4千米，与旅游路相衔接，将刘家终村、齐家终村、梁家终村3个行政村、8个自然村有机连接。2014年8月，临淄区民政局命名槐荫路，北起莲台路中段，南至齐王路颐康养生院西侧，宽6米，长710米。槐荫路两侧遍植槐树，春季槐花飘香，夏季槐荫浓密。

王陵路

2015—2016年，由淄博汇通市政工程有限公司建设，总投资57.9万元，全长1600米，将威、宣、湣、襄4座王陵墓连为一体。为监控、巡查、监管和保护田齐王陵提供便利，让游客近距离瞻望四代君主陵墓的巍峨雄姿。

美陵路

城市次干道，全长1126米。2015—2016年，投资475万元，由山东盛华房地产有限公司建设。至2017年，完善设施建设，总投资达1080万元。美陵路连接齐陵生态文化旅游区与东部宜居新城，缩短临淄城区与景区的距离，为全区居民休闲健身、寻古探幽、观光采摘、休闲娱乐创造了良好条件。

其他道路

1995年，修建郑家沟村至临淄大道路。1998年，修建齐王路经南山村至牛山路东延路。至2003年，修建北山东村、北山西村至马莲台景区路。2004年，以临淄大道命名为契机，协调淄博市电业局投资60万元，为齐陵路段1.9千米安装路灯。同年，投资240万元，建设一中路、沿太公湖路及3条村路，计8.8千米。配合奥林匹克花园小区开发，建设淄水路，自临淄大道至齐盛路淄河大桥，长1250米，宽14米，为城市主干道。2008年，投资80万元，在刘家终村与安乐店之间淄河河道上建起混凝土滚水桥。2009年，建设沿湖路4200米。2011年，完成牛山路齐陵段两侧4000米护栏和80盏路灯安装。后两侧护栏改为中间护栏。2014年，建设柳店沿湖路。2017年，整体改扩建刘家终村至齐家终村、马莲台至康山路等连村路，有效改善了景区交通条件。

第四节　农家乐

农家乐多集中于马莲台风景区。

2002年8月，马莲台风景区第一家酒店老朱鸡店（后发展为田园山庄）挂牌开业。

2005年，设立马莲台风景区管理办公室，建成马莲台餐饮一条街，组建起临淄餐饮总会马莲台餐饮分会，挂牌开业餐饮休闲酒店43个，总投资达1200万元。2006年，总投资达2100万元，吸引当地群众1400人就业。

2007年，投入资金300万元，完成颐康养生院环境绿化和水、电、路等设施建设。2008年，投资26万元，建设马莲台景区高标准垃圾中转站，实现终村片各村和景区内40余家饭店垃圾定点存放和定时清运。

至2009年，建成以“马莲台”等为品牌的农家休闲山庄40余处，每日可接待游客1200余人，有效促进景区种植和招商引资发展。2011年，发展5家中高档农家乐，给予税收、土地等方面政策扶持。完善农家乐管理制度及就餐环境和污水处理等硬件设施，促进农家乐规范有序健康发展。2013年，马莲台农家乐“改厨改厕”工作通过省级验收。田园山庄被评为山东省三星级好客山东农家乐，齐源山庄被评为四星级。

2015年，优化旅游发展软环境，按照突出重点、打造亮点、培育看点工作思路，把旅游创业人员作为重点扶持对象，加大对农家乐等村民创业和休闲健身、特色食品加工等旅游小微企业的扶持力度，提供政策咨询、创业培训、项目推介、开业指导、小额担保贷款等创业服务。优化环境、筑巢引凤，吸引大量工商资本进入。形成餐饮休闲及农业观光产业集群，有祖发、蓝溪、乐采、获丰等蔬菜专业合作社4家，农家乐百余家，生态观光农业园区6个。直接解放农村劳动力2000余户，增加就业1100余人，景区群众人均增收1000余元。改变了南部山区原有耕作方式，实现农业产业化、规模化、现代化发展。同年，龙泉山庄被山东省旅游局命名为山东省好客人家四星级农家乐。

2017年，马莲台景区农家乐整合为22家，日接待能力达5000余人，年产值突破5000万元，吸收2600余名劳动力就业。成为淄博市最大的特色农家乐集群之一。实施景区“山水农家”餐饮服务业品质提升工程，统一环保要求、统一餐余处理、同源一网供水，实现规范发展和集体创收。怡景园饭店被山东省旅游发展委员会命名为山东省好客人家四星级农家乐。

第八章　生态观光农业

生态观光农业是生态文化旅游的有机组成部分。2009 年起，突出绿色主题，依托农业综合开发，结合齐文化旅游景点，完成南部山区土地流转 4 平方千米，吸引 5 家工商企业进驻发展生态观光农业，形成齐家终村、刘家终村、梁家终村、南山村、北山西村、北山东村等特色农业休闲观光旅游集群。

第一节　蓝溪·齐民要术农博园

农博园位于南山村，占地 2.33 平方千米，分为西侧和东侧两大地块。由北京绿维创景规划设计院有限公司规划设计，体现贾思勰《齐民要术》思想精髓。西侧地块为休闲游乐区域，分为温泉酒店区、四季水游乐区、集散休闲区三大功能分区。东侧地块为农业大棚种植区域，分为现代农业馆区、贾学生态会议中心区、滨湖景观区三大功能区。

农博园计划总投资 13 亿元，由山东蓝溪集团投资建设，建设有机果蔬种植区、生态修复区、核心耕作体验区，配套建设变电配电、道路、排水系统等基础设施，打造农业文化主题园。

2012 年 10 月，农博园开工建设。2014 年，被评为省级农业旅游示范点。建成的鸟巢式大棚直径 51.5 米，高 22 米，面积 2200 余平方米，用于雾化栽培蔬菜。至 2017 年，完成投资 5000 万元。建成的彩色植物快繁中心和鸟巢温室，引进植物非试管高效快繁技术，成为绿色“智能工厂”，厂区全电脑控制。建成的 6 条观光长廊，展现着现代生态农业的风采。建成的百果家庭休闲农场，分为桃李园、梨园、樱桃园、葡萄园等 7 个片区，是农博园种植区的重要组成部分。

农博园的发展，与南部山区生态保护、生态修复相结合，弘扬传统农耕文明，促进了旅游观光农业发展。

第二节　忆当年休闲农业综合体

忆当年休闲农业综合体位于刘家终村，占地 66.7 公顷，土地由刘家终村流转，为现代化生态农业园区。南临马莲台景区，北依淄河干渠，东临天齐渊遗址。由淄博众得利集团有限公司开发建设，计划投资 5000 万元，总建筑面积 10 万平方米。打造田园农场、休闲乐园、农业博览园、绿色生态园、文化养生苑等五大园区，划分为标准化种植示范区、农事体验采摘区、水上游乐垂钓区、儿童游乐区、农产品展销区、农业科技展示区、自助烹饪区、美食餐饮区、民俗文化风景区、健身养生区等十大功能区。

2013 年 8 月至 2015 年，完成投资 2300 万元，建设一期工程田园农场，占地面积 20.01 公顷。建成蔬菜种植及采摘区、瓜果种植及采摘区、林果种植及采摘区、农事体验区、农产品展销区等。配套高标准基础设施，发展优良蔬果品种，采用现代栽培模式，应用先进管理技术，种植纯天然无公害蔬果，不使用任何促进植物生长和病虫防治的化学制品。培育生态农业产业链，成为水肥一体化科技示范园区，形成生态和经济良性循环，实现生态农业可持续发展。

二期工程已完成规划，目标为加快培育生态农业产业链，因地制宜为城乡居民提供休闲娱乐场所，利用农场纯天然农产品为游客提供自助烹饪或餐饮。逐步建设成为集生态种植养殖、农事体验、观光旅游、休闲餐饮、农科教育、文化养生于一体的新型农业综合体。

第三节　丰疆谷生态农业休闲园

丰疆谷生态农业休闲园位于刘家终村东面

自然丘陵沟谷内。东起北山西村农田，南面和西面至马莲台旅游观光路，北至管仲纪念馆。丰疆谷是自然形成的地貌，地块内有三个祖辈传承下来的传统地名：大疆、里疆、南疆。三为多，多为丰，故名丰疆谷。

休闲园是山东齐疆生态农业科技有限公司发展的一二三产业融合项目。核心定位为采摘体验，发展婚庆文化、养生休闲两大主导产业，形成花谷观光、素质拓展、美食体验三大重点，围绕“高效三维农业、景观观光、消费体验”主题，打造成为淄博市及周边地区具有较大影响力的生态农业休闲目的地。

园区采取保护、恢复、修复、涵养等方式，利用现有资源，采用低碳交通、雨水收集、生态修复、有机养殖等方法，使用木质、茅草、土坯等绿色建筑材料，构建生态农业体系。

园区占地 36.69 公顷，种植有桃树、杏树、苹果、枣树、丹参、地瓜等名优农作物。划分为四区，婚庆文化区 6.67 公顷、水果采摘体验区 13.34 公顷、水果产业培育区 6.67 公顷、花卉观赏游览区 10 公顷。建设周期为 5 年，总投资 5000 万元。2017 年，开工建设婚庆文化区、游客集散中心、游客休息区，其它三个区域正在规划中。园区建成后每天可接待游客 1000 余人次，年旅游收入可达 2500 万元。

第四节　其　他

美国秋红枫林

占地 32.02 公顷，位于四王冢以北，胶济铁路以南，租用淄河村土地建设。山东齐旺达集团与淄博依林餐饮有限公司分别投资 60%、40%，合资成立淄博旺林园艺科技有限公司，总投资 1018 万元，2013 年 3 月开始建设。完善基础设施，改良土壤，打机井，铺设供水管道。从外地引进美国秋红枫小苗，在大棚内栽植培养，每期大棚扦插 20 万余株，极大降低了成本。至 2017 年，栽植成活美国秋红枫 22.6 万余株，栽植苹果、柳树、红瑞木等 30 余种树、花，计 9.5 万余株。形成独特的红枫景观。

齐耕物语教育休闲农场

占地 6.67 公顷，位于天齐渊森林公园内红螺山南麓。2017 年 6 月立项，由临淄区英地幼教集团投资建设，是临淄区少年儿童户外生态课堂。分为少年儿童活动区、农作物种植观赏区、季节蔬菜观赏区、时令水果观赏区、食育教育操作区五大板块。教育实践的主要内容是“食农教育”，让少年儿童享受从土地到餐桌的观赏、体验和感悟过程。开展多种多样的娱乐活动，学玩结合、动静结合、寓教于乐。

第九章　景区简介

齐陵是临淄区旅游景点较为集中的区域。经过多年的建设与发展，凸显生态环境优势，成为宜居宜游生态基地。以田齐王陵为代表的蕴含齐文化底蕴的景区，以马莲台为中心的生态文化景区，满足游客游览王陵风貌、参与民俗活动、体验回归自然的感觉。

第一节　临淄中国古车博物馆

临淄中国古车博物馆位于后李村北，与后李文化遗址连为一体。

1990 年 5—6 月，山东省文物考古部门在后李文化遗址发掘一处春秋时代的大型殉车马坑，被列为 1990 年全国十大考古发现之一。

1993 年，根据车马坑的历史、文物价值及其在齐文化开发研究中所占的地位，临淄区政府决定就地建馆保护。3 月 18 日，临淄中国古车博物馆筹建处成立。至 1994 年 9 月 9 日，由区政府投资 800 万元建成开放。总占地面积 1.36 公顷，总建筑面积 3600 平方米。成为当代中国首家以车马遗址与文物陈列融为一体的古车博物馆。11 月 2 日，中共中央政治局委员、全国人

临淄中国古车博物馆（2016年摄）

大常委会副委员长田纪云，国务委员张爱萍分别题写馆名。同年，反映齐文化的电视片《中华文明之光——先秦古车马》，在古车馆外景和车马复制现场拍摄。

博物馆前有一广场，广场中间耸立着高13米的圆柱，顶端斜一车轮造型，柱上是张爱萍将军的手书“临淄中国古车博物馆”。穿过广场是一座四柱三楼青石牌坊，牌坊中间镌刻着四个魏书大字“万乘一览”，左额是“车萃”，右额是“马魂”。

古车馆为仿中国传统木结构覆斗式造型，面积2300平方米，分上下两层。地上为古车陈列展厅，地下为出土春秋殉车马展厅，中间有过廊连为一体。

古车陈列厅分为三个展厅。第一展厅第一辆车为商代曲衡车，依据河南安阳郭家庄殷墟出土的资料复原。继之是西周双马驾驭的曲衡车。春秋战车是依据后李春秋殉车马复原的四马驾驭车。第二展厅首先陈列的是按照田齐王陵战国墓出土的实物资料制作的战国战车。秦车是依据秦皇陵2号铜车马仿制的实用车。汉车是一辆高级贵族所乘坐的安车和诸葛亮创制的木牛车。第三展厅首先陈列的是魏晋南北朝时期妇女乘坐的通幰长檐牛车。有西晋墓出土的双镫陶马。唐代车是举行盛大典礼时使用的辂。还有高大的辽代驼车。

展橱内陈列与车马有关的壁画，有东晋冬寿墓壁画《出行图》、顾恺之《洛神赋图》；唐代懿德太子墓壁画《陈辂图》《虢国夫人游春图》；宋代《宋大驾卤簿图》《宋人物故事图》；五代、辽、金《卓歇图》《射骑图》《文姬归汉图》；元代《元世祖出猎图》；明代《大驾卤簿图》；清代《康熙南巡图》《乾隆南巡图》和《万树园赐宴图》等，均为国家级文物画师摹本。

地下春秋殉车马展厅是后李春秋殉车马的发掘现场，位于跨度15米的高速路桥下。车马坑南北排列两排，分为两坑。其中，1号车马坑南北长31米，东西宽3.6米～4米，深1.2米～1.7米。出土车10辆，马32匹。车马配套，摆放整齐，马在车前，马首向西。车辆木头已朽，但痕迹清晰，马骨架保存完好。其中，6辆车每车4马，4辆车每车2马。车分战车、辎重车两类，战车车舆、车轮较小。1号、2号战车车轮较小，车厢较窄；中部有两辆战车车轮高大，车厢也稍宽。4号战车前有铜戈、铜矛。车身有铜构件，马身、马头有铜、角、骨、贝质饰件，马饰精美，各具特色。10号战车的车轮虽与中间两辆车的车轮大小相等，但车厢却比其大一倍。中间的战车上放置着铜矛、铜戈等兵器。战马的骨架完整，马饰精美而又各具特点：1号战车的4匹马，头饰由海贝组成梅花状图案，再由纺织物连结而成；2号战车的4匹马的头饰是用小铜珠连成的串饰；3号车则是以铜珠、铜泡为饰件；其余车辆或有或无，或简或繁，因车而别。《诗经》中有“元戎十乘，以先启行”之句。此坑中战车10辆与之相符。2号车马坑南北长7.6米，东西宽3米，深2.1米。殉马6匹，葬式与1号坑不同，是将车马拆卸开后，先殉战车，在战车之上殉战马。车马殉葬采用纵向排列方式，在国内是首次发现。根据出土器物及地层推断，当为春秋中期或略早的国王或贵族之殉葬坑。对研究春秋历史有很高的参考价值。

1994年，临淄区公路部门根据省政府意见，专门在济青高速公路上为该馆开辟出口。至1995年，投资369万元，建成北齐路至古车馆的旅游道路，长807米，宽20米，在高速路专门出口建停车场2448平方米，计145个停车位。1997年11月9日，国务院副总理吴邦国参观并题词“开发齐文化，振兴临淄经济。” 1998年9月，被国家旅游局、共青团中央评为“全国青年文明号”。2001—2002年，筹资80万元，建起1500平方米的稷下游乐园，集休闲、娱乐、餐饮、民俗展览、体育健身于一体，包括鸟语林、斗鸡、斗羊、跑马、射箭及秋千、吊环、跳床等15组参与性娱乐设施。

2009年8月，被评为国家AAAA级旅游景区。2010年2—7月，改造提升地下展厅、道路、展品、展橱。2012年9月，修复保护地下展厅马骨。2013年5月3日，获“建行杯”淄博市十大美景称号。9月，投资增添与古车有关的诗词碑刻。11月，开工建设古车博物馆游客中心。12月，获“潭溪山杯”淄博市十大景区称号。2014年4月25日，被评为山东省三星级科普教育基地。5月，被评为山东省社科教育基地。2015年9月，在全国第十七次社科普及工作经验交流会上，临淄（中国）古车博物馆被命名为全国社会科学普及教育基地。被山东省文化厅评为山东省优秀博物馆。

2017年，加快提质升级发展，依托青银高速拓宽工程，编制规划设计方案，实施车馆地下文物保护工程，建设旅游集散中心。主要规划设计项目包括：10万平方米服务设施，包含停车场、服务楼、附属房、加油站等；1.4万平方米马文化主题物博馆；跨高速人行天桥；8.6万平方米农业观光园；6万平方米房车露营地；14万平方米后李文化考古遗址公园；12万平方米游客集散中心；18万平方米田忌赛马场；6万平方米垂钓中心。打造集运动、休闲、考古、文化等融为一体的大型旅游区。

第二节　管子文化产业园

管仲纪念馆

含中国宰相馆。2000年7月13日，成立管仲纪念馆旅游开发筹建处。2003年2月28日，区委、区政府组织市区领导专家，召开管仲纪念馆规划论证会，制定由区政府投资开发规划，由区旅游局、镇政府、北山西村共同筹建开发建设班子，成立临淄管仲旅游开发有限公司，按公司化、市场化建设、经营管仲纪念馆项目。通过有偿转让方式，将管仲墓周围20.01公顷土地用于管仲旅游区开发。利用“赶牛山”传统民俗，推出田齐王陵开发区牛山游活动，吸引周边地区游客达6万人以上。

2004年9月16日，管仲纪念馆建成对外开放，总占地面积20公顷，总投资3000余万元，分为馆区和园区两部分，馆区占地面积5公顷，园区占地面积15公顷。整体设计采用中轴对称与园林分散相结合的方式。整体建筑采用挺拔、简洁的仿汉代风格造型，使其具有传统美的同时，赋予现代建筑文化气息。整体布局以管仲墓为依托，以《管子》思想为基础，以管仲生平为脉络，是中国第一个运用现代技术手段，系统展示管仲生平、《管子》思想以及中国历代名相的专题性纪念馆。

馆前广场中央矗立着中华第一相管仲雕像。进入馆区，按管仲生平脉络分为五个展厅，依次为管鲍之交、桓公拜相、管仲治齐、首霸春秋、光照千古，宏观展示中华第一名相的丰功伟绩。从第五厅走出，向左折至管仲祠，管仲祠的正前方是管仲墓。

2006年2月，被评为国家AAA级旅游景点。2008年5月，在管仲纪念馆设立牛山文化宗教活动场所。2010年4月，被评为淄博市孝文化基地。管子后裔追本怀祖，每年农历六月六都在馆内举行纪念活动。2011年重阳节，由管子后

管子后裔到管仲纪念馆祭祖（2017 年 摄）

表演、杂技马术、民间歌舞等各种文化活动到庙会助兴，开设珍奇工艺鞋收藏展及剪纸、年画展，邀请诸多民间艺术家现场表演。游人如潮，踏青登高。牛山庙会成为集贸易旅游、休闲娱乐、宣传齐文化为一体的民间活动。

2006 年 6 月 5 日，“赶牛山庙会”被市政府列入第二批市级非物质文化遗产名录。2012 年 10 月 23 日，举办首届牛山菊花节，展出菊花景观造型 20 余组，精品菊花 100 余种 1000 余盆，景区布展菊花10万盆，陪衬菊花布展5万盆。2015 年 3 月，民歌《赶牛山》被列入第三批省级非物质文化遗产名录。

裔代表倡议，联合成立中华管子文化促进会，成为研究管子思想和弘扬齐文化的良好平台。2015 年 7 月 19—21 日，举行第六届管子后裔祭祖大典暨宗亲交流活动。

2017 年，根据管仲纪念馆所在区域旅游发展现状、环境依托、资源特色、旅游市场需求及旅游接待服务要求，规划 21.68 公顷土地为四个功能区，即管子文化展示区、管子文化研究教育基地、牛山庙会祭拜区、管子文化养生度假区。根据各功能区不同主题，开发相应的旅游项目。国庆节期间，“七彩蝴蝶谷”隆重开园，让人们感受花草绚丽之美和万千彩蝶之舞。

牛山庙会

牛山庙会起源于明清时期。牛山上建有宫观庙宇，香火很盛，逐渐形成民间传统庙会。每年农历三月三和九月九起，各有六天庙会。抗日战争爆发后，庙会中止。至 20 世纪 80 年代逐渐恢复，庙会一般为三天。90 年代，随着管仲墓旅游景点的开发建设，牛山庙会规模扩大。

管仲纪念馆建成后，牛山庙会以齐文化为内容，精心策划包装，整个活动一般历时五天。人们来参加牛山庙会，或凭吊和纪念一代名相管仲，缅怀齐国先贤，或祈求平安、幸福，或踏青、游览放松心情。庙会期间进行各种物资贸易交流，举行传统的“桓公拜相”古装表演、蹴鞠表演，举办象棋、拔河、鸟王等比赛，斗鸡表演、秋千

牛山禅寺

管仲纪念馆建成对外开放后，北山西村按照禅寺总体建设规划，根据有关历史传说、民间故事、游客需求，开始建设牛山禅寺，以保护传承牛山庙会，促进经济社会发展。2008 年，筹资 200 万元，在牛山北麓，由曲阜古建工程公司建成观音殿、老母殿。在大殿北边供奉观音、普贤、文殊三尊菩萨，南边供奉送子娘娘、无生老母、泰山奶奶等神像。2010 年，筹资 80 万元在观音殿西建成佛爷殿，供奉弥勒佛祖。

牛山民俗游乐园

该园是临淄区首个综合游乐项目。由香港东孚游乐有限公司投资建设，占地 3.74 公顷，总投资 1.3 亿元。2014 年，投资 8000 万元建设一期项目。以打造“欢乐天堂”为目标，完成过山车、摩天轮、海盗船、碰碰车、太空漫步、空中飞椅、丛林飞鼠、惊险狂呼、鲨鱼岛、恐怖城、体能乐园等 15 个主题项目。2015 年 7 月对外开放，通过主题项目形式，为游客提供高品质、高标准和高质量的服务。二期为水上游乐项目，包括激流勇进、水上乐园和动物园，成为游人和儿童的乐园。

第三节　太公湖风景区

太公湖位于风景秀丽的牛山脚下，南依管仲纪念馆和马莲台自然风景旅游区，西连城区，东望田齐王陵，北邻中国古车博物馆。是国家AAAA级景区“中国古车馆·太公湖生态文化旅游区”的核心部位。

20世纪70—90年代，因河道断流、乱采砂、乱占地、乱倒垃圾等，使淄河临淄城区段河床及两岸自然环境和植被遭到严重破坏，水环境质量明显下降，严重影响两岸居民的生活质量。

进入21世纪，临淄区实施“环境立区”战略，淄河临淄城区段综合治理成为重点项目之一。2001年，开始实施淄河临淄城区段综合治理工程，总投资5800万元。整个工程以整体规划、分期实施为原则，综合考虑防洪、水源、投资、景观等各方面因素，进行高起点规划、建设、拆迁以及管理，彻底改善淄河生态环境质量，其中主河道按20年一遇防洪标准设计，两岸大堤按50年一遇防洪标准设计。10月1日开始动工，治理河道2.5千米，建成橡胶坝1处，拦砂坝2处，分水坝1处，湖中岛屿5处。2002年9月20日竣工，从太河水库引水充库。28日，举行竣工典礼。区委、区政府向社会公开征集名称，精心筛选、反复研究，将淄河综合治理形成的人工湖命名为太公湖。

太公湖上下游长2.5千米，宽300米～500米，水面面积100公顷，蓄水能力150万立方米。按照功能区划分为渗滤池、荷花池和主湖区三部分。引水充库后以临淄污水处理厂净化水作为主要补充水源。

2008年1月，经省政府批准，设立淄河淄博东营开发利用饮用水源区。淄河临淄段至309国道，划定为山东省水功能二级区。当年，区政府投资1.3亿元进行淄河二期综合开发。以治水植绿、还民生态为主题治理思路，以太公湖为中心，对上游从柳店漫水桥至南外环路，下游从太公湖橡胶坝至崖付桥下游300米处，全长8.3千米的河道进行综合整治。完成溢流堰5道、生态坝1座、堰上桥1座、漫水桥1座、湖心岛5处、暗涵5000余米、筑堤16千米，建成60.03公顷水面、287公顷生态湿地以及占地28.35公顷的太公湖生态休闲公园。绿化观光路、人行道、护坡、岛屿，种植白蜡8600株、松树2800株、柳树3200株，建成园林绿地50公顷。

两期工程累计治理淄河河道10.8千米，在淄河临淄城区段形成200公顷水面、133公顷沿河景观带，建成立体化、景观化、生态化河道长廊景观。

2009年，硬化太公湖生态休闲公园至崖付桥14千米的环湖道路，形成完整的环湖观光路。在主河道内种植芦苇、荷花等水生植物50公顷，在河堤、河岸种植各类乔木、灌木2万余株。从太河水库引水760万立方米补充水源。8月16日，水利部水利风景区评审委员会在北京召开国家水利风景区评审会，太公湖水利风景区成为第九批国家水利风景区。2011年9月11日，在太公湖畔举行中国（临淄）环太公湖马拉松邀请赛。

太公湖风景区　　（2017年摄）

2014年，临淄区政府对太公湖国家水利风景区进行深度开发，建设太公湖旅游区项目，把景区建设与周围环境相融合，把齐文化与时尚元素相融合，将太公湖国家水利风景区打造成为高品质景区。第一期水上旅游项目在“2014中国（临淄）齐文化节”期间正式运营。

至2016年，太公湖成为由生态湿地、园林绿地、生态林、经济林构成的万亩生态修复区。湖区鸟类有几十种，数量达上万只。

2017年，开始实施淄河水生态综合提升工程。规划投资15亿元，对淄河临淄段全面实施水生态综合改造提升。6月上旬，牛山路上游河段动工。年内完成环淄河道路提升改造工程、牛山路上游主河道水生态工程、牛山路上游新造湿地工程、牛山路下游现状湿地改造工程。

第四节 天齐渊森林公园

天齐渊森林公园是淄博市2017年重大项目。位于齐王陵风景名胜区，淄河以东，胶济铁路以南，涉及淄河村、北山东村、北山西村、南山村、刘家终村、齐家终村、梁家终村、郑家沟村等8个村，占地1355公顷。临淄区政府与北京东方园林股份有限公司共同组建淄博东园建设开发有限责任公司，负责整个项目的建设、运营，总投资20亿元。建设形象展示、森林运动、乡居乐活、文化田园观光、康体养生度假、齐民要术农业科普、田齐文化7大功能分区。

公园一期项目占地280公顷，投资5亿元。主要以刘家终村为中心，打造“两山一田一路一乡村”，突出田园观光、生态休闲、古迹复原主题，对马莲台路两侧及刘家终村进行开发提升，打造天齐渊崖壁、一亩方田农业区、四季花谷景观大道、红螺山公园和蛟山公园5大景点。

2016年，完成土方工程40万立方米，修建和改造道路1000米，安装水电管线1000米，完成园建基础工程1000平方米，栽植观赏乔木500株。项目建成后，把景区打造为集田园观光、生态休闲、度假养生为一体的临淄最美山野运动胜地，实现生态修复、休闲旅游、文化传承三大特色，带动旅游服务产业发展。

2017年，街道重点项目办公室与紫荆文化旅游发展有限公司推进项目手续办理、土地收储及项目建设，拆除项目区内房屋48栋、大棚36个、养殖场16个，搬迁企业6家。严格按照创建国家AAAAA级旅游景区标准，推行“绣花式工作法”，细化景区景点布局，量化景区建设进度，完善工程监管流程。7月，全国休闲标准化技术委员会和山东省标准化技术研究院相继发出邀请，天齐渊森林公园项目参与国家标准相关研究试点工作，淄博东园建设开发有限责任公司作为开发建设方，被确定为“休闲绿道服务质量规范的起草单位和起草人”，天齐渊森林公园成为休闲绿道的中国标准。

公园二期项目占地1075公顷，计划投资15亿元。突出遗迹保护开发、山地运动主题，高标准综合提升齐王陵风景名胜区生态环境，对稷山汉墓、战国二号墓、四王陵、二王陵等文化遗址进行保护性开发，对牛山、康山、稷山、丰山等山体进行整治提升。

天齐渊风景区

占地面积1公顷，总投资6000万元。对天齐渊遗址进行重修保护，利用天然崖壁，打造“上有瀑布，下有温泉”美景，恢复天齐渊昔日“五泉并涌”美丽景观。

以八祀广场、曲水流觞为旅游景观标志主题形象，打造图腾柱、东夷部落、蛟山景观果园等

天齐渊　　（2017年摄）

景点。图腾柱设在入口区中轴线两旁，用齐文化与蹴鞠元素彩绘16座铁路桥桥墩，营造东夷文化氛围。开国广场通过太公开国等故事雕塑，点明齐文化的辉煌起点。八祀广场及八神塑像，主要活化齐国开国之初由姜尚整理确定的列为齐国国家祭祀的八大神祇。东夷部落为一仿古景点，建在天齐渊东侧的两个采石坑内，大致按后李时代的文化特征模拟原始部落的生活区域。曲水流觞因东晋王羲之创造而闻名，利用天齐渊再现三月三到水边洗浴的古老民俗。蛟山景观果园在天齐渊后蛟山之上，衬托齐王阁，呼应马莲台。

结合天齐渊文化遗址，融入水景、林地等元素，营造出文化岩壁科普与自然流水瀑布景观相结合的立面展示区。成为先齐文化的集中展示地、民俗活动的主要展演地、远古祭祀天地神祇的影视拍摄外景地。融合场地内片岩、雾森、中心块石等景观元素，营造出与天对话的场景氛围，形成宁静、神秘、视线向上的祭天空间。

红螺山城郊公园

占地面积55.03公顷，投资1.2亿元。对红螺山进行高标准生态修复，盘活森林资源，打造树冠廊桥、童话木屋、原始部落、红螺山湿地、乡村动物园等景点，建设城市居民康体养生乐园，推动文旅产业加快发展。2017年，配合公园建设，清明之前完成红螺山、蛟山坟墓搬迁。

红螺山栈道　（2017年摄）

一亩方田黄金大道　（2017年摄）

蛟山郊野公园

占地面积26.81公顷，投资3000万元。按照生态优先、彰显郊野特色、适应游憩活动原则，对蛟山进行全面修复，铺设休闲步道，建设健身游园，打造居民户外休闲胜地，成为居民运动健身休闲场所。

一亩方田农业区

占地面积30.02公顷，投资6000万元。划分一亩见方条块，开展休闲观光农业种植，打造农业体验区、采摘区、观光区、种植区、试验区及婚纱摄影区等功能区域，成为游客赏花、摘果，感受农事、体验农趣的理想场所。

刘家终村民宿风情街

占地6.67公顷，计划总投资1亿元。位于马莲台项目区刘家终村北部，西临红螺山，东望蛟山，俯瞰一亩方田，地理位置得天独厚。建筑风格融入大量齐文化元素，建成仿古建筑群落，注入多种业态，为马莲台及周边地区提供餐饮、娱乐、民宿和工艺商品等特色服务。

梅花桥景观区

当地人称胶济铁路淄河铁桥为梅花桥。1899—1904年，由德国人修筑，南桥头有炮楼两座。2006年，胶济铁路电气化改造后，淄河铁桥停止使用。2010年，淄河铁桥作为近代重要史迹及代表性建筑，列入淄博市第四批重点文物保护单位名录。站在天齐渊望去，大桥飞架南北，时光穿越百年。观旧桥，回顾西方列强侵略中国的历史；看新桥，展望祖国繁荣富强的未来。成为一处重要的爱国主义教育基地。

第五节　山东省少儿齐文化研学基地

山东省少儿齐文化研学基地，是以齐文化教育为核心，以科技类、社会类、艺术类教育为补充，将教育与实践结合、与体育结合、与拓展娱乐结合的少儿素质教育示范基地，包括足球学院、足球主题公园、少儿齐文化研学基地、延展区四大功能区域。由淄博帕兰文化旅游有限公司建设，总投资15.5亿元，其中帕兰王国投资8.06亿元，足球学校投资1.2亿元，蹴鞠小镇投资2.2亿元，土地费用4.04亿元。总占地面积139.4公顷。

帕兰王国

位于柳店村以东、临淄大道以西、淄河以南，牛山路东延路以北。建设用地11.28公顷，其余为景观用地范围。规划建设帕兰小镇、探奇领地、自然学院、齐城记忆、帕兰优品、室内外非动力馆、鸟语林、花舞世界、风情驿站、花漾营地、帕兰部落、湿地乐园等景点，配套建设道路、停车场及绿地等项目。

基地以青少年素质教育作为主要功能，依托齐文化资源、绿色资源，引入主题文化体验、自然教育、户外运动拓展等元素，形成知名的“研学游”品牌，打造寓教于乐型的少儿游学基地。

项目达产后，提供1500余人就业机会。促进生态文化旅游业发展，使产业结构趋于合理和适应市场需求，带动运输业、商业、餐饮业、娱乐业等相关行业发展。增加公共绿地面积，改善城市生态环境，提升环境质量，给市民提供优美舒适的休闲娱乐场所，促进精神文明和物质文明建设双丰收。

蹴鞠小镇

西邻临淄大道，北侧为淄河水域，南侧为淄水路，紧邻奥林匹克花园和御泉湾住宅小区。2016年10月开工建设。占地面积26.41公顷，建设有105米×68米标准足球场1个、50米×35米5人制足球场5个、花式足球场1个、亲子足球场2个、水上足球场1个、齐风蹴鞠场1个、沙滩足球场2个、儿童蹴鞠场2个及花漾剧场，配套35栋木屋供市民休闲娱乐，建成各类植物园、帕兰乐活部落群、足球体验馆、足球互动馆，配套建设道路、停车场及绿地。定期举办足球沙龙、沙滩音乐节等系列活动，承办各类足球赛事，为居民提供集体育运动、休闲娱乐于一体的活动场所，让居民在活动中感悟足球魅力，体验活动乐趣。提升临淄足球起源地的社会影响力。

齐文化旅游节期间各级领导参观蹴鞠小镇（2017年摄）

2017年9月12—17日，举办为期6天的“蹴鞠小镇　荣耀前行”首届帕兰王国足球主题嘉年华暨临淄蹴鞠小镇落成仪式庆典。同月，帕兰蹴鞠小镇在中国体育文化博览会、中国体育旅游博览会上，获得“2017年中国体育旅游精品景区”荣誉称号。

国际足球学校

位于御泉湾小区东侧，北临淄河，东临国道309（高架），南临淄水路。2016年9月开工建设，占地面积5公顷。建设容纳650人教学楼1座，占地面积1044.96平方米，建筑面积6269.76平方米。宿舍楼1座，占地面积1089.92平方米，建筑面积6571.20平方米。生活楼1座，占地面积 1130.76 平方米，建筑面积 1614.60 平方米。体育器材管理用房 1 座，建筑面积 2085.50 平方米。以及风雨操场 1 个、标准足球场 1 个，配套建设道路、停车场及绿地。足球学校投用后，培养专业足球教练员、裁判员及 11 ～ 17 岁青少年足球运动员，并与德国拜仁、英国曼联等国际知名足球俱乐部合作，为学员提供专业化、标准化、系统化教学服务。

2017 年 8 月 19 日上午，足球明星贝隆一行 21 人参观蹴鞠小镇。在贝隆见证下，光合文旅控股股份有限公司与儒释道文化传播有限公司签署合作意向协议书，合作足球文化建设，向国外足球培训学校及俱乐部输送足球人才，为学校培养更多优秀足球运动员，指导并组织足球竞赛活动。

第六节　其他景区

田齐王陵风景区

景区位于田齐王陵保护区，属于天齐渊森林公园二期开发项目。规划以田齐王陵为文化地理标志，以中华金字塔、战国齐王陵为旅游主题形象，打造全国规模最大的战国时期王陵群，主要包括四王冢、二王冢、战国二号墓、兵学长廊、田齐王陵植物雕塑。

兵学长廊区　位于战国二号墓前方，在 800 余米长的沟壑内，利用浮雕、群雕、线刻等方式，集中展示齐国 800 余年所经历的典型战事和重要兵家、著名谋略。该能区建成后，以战国时期齐国王陵群的名义，争取列入世界遗产名录。

王陵景观区　规划投资 6500 万元。通过神道广场和道路规划安排旅游线，游客通过参观、瞻仰，感受体验古代王侯陵墓宏伟气势。王陵墓冢 200 米范围内为绝对保护区，不规划建筑和种植高大乔木，其它范围内规划控制建设，保证遗迹不受破坏。战国二号墓按 1990 年考古成果中所描述的墓室格局及陪葬车马等图片复原现场，将其作为连接四王陵与兵学长廊、二王陵的一个景点。

神道广场区　规划投资 5000 万元。通过仿古雕塑、地雕、碑刻、牌坊、石柱等人文景观，整合疏林缓坡自然景观，满足游客游览观赏需要。四王陵及二王陵均设神道，神道不进保护区，于缓冲区及保护区交界处，设置祭台一座，另用小品雕塑表现 6 位齐王的相关事迹。

服务功能区　规划投资 3000 万元。建设游客驻足休息场所，提供旅游服务，包括景区管理、治安、医疗急救、卫生等管理设施，提供交通信息、旅游景点信息、游客休闲等服务。陈列出土或复古文物，向游客介绍春秋战国时期的历史背景及民俗文化。

历史文化区　规划投资 6000 万元。以博物馆形式展示大量的文物和文献数据，陈列模型、沙盘及照片等。全面介绍齐国的政治、经济、文化、艺术、科技、军事和礼俗，以及齐国的建立、发展、兴盛与衰亡史。

马莲台休闲娱乐区

马莲台与牛山、稷山相连，与淄水相拥。在台上眺望四方，东南两面层峦起伏，古柏苍劲挺拔，西北两面高楼耸立，铁桥飞架。自然风光优美，地形地貌原始，幽谷高台险峻雄奇，沟谷丘壑古树参天，山石裸露似波涛起伏。阳春百花飘香，盛夏清风送爽，金秋硕果满枝，寒冬不显荒凉。其自然美与现代美相互交融，使人心旷神怡，浮想联翩。

马莲台休闲娱乐区以马莲台遗址为文化地理识别标志，以都市休闲为特色，以春秋美食城为旅游景观标志，包括马莲台碑亭、文昌阁、观音院、乐游谷、莲台书院、莲台酒店、齐民客栈、春秋美食城、五公湖、苍山禅寺等景点。是天齐渊森林公园的有机组成部分。

马莲台碑亭主要为保护四块清朝碑刻。文昌阁和观音院，主要纪念文昌帝君张亚子化身为稷山居士，观音菩萨化身为麻脸老妪，于明朝末年帮助村民百姓躲避战乱故事。乐游谷为大型游乐场，包括摩天轮、过山车等大型现代游乐设施，以及蹴鞠等齐国古代游乐项目和齐地民间儿童游乐项目，建成全省最大的亲子乐园。莲台书院主要创造有别于当代教育的旅游教育场所，游客可在此读书、听讲座。莲台酒店为高规格旅游酒店。齐民客栈定位为中低档旅游住宿消费。春秋美食城突出地方特色，统一规划设计，招商经营。五公湖建在马莲台沿路地段，自北而南分别为荀公（荀子）湖、武公（武训）湖、薛公（薛凤祚）湖、颜公（颜之推）湖、左公（左思）湖。苍山禅寺再现北魏古寺风貌。该功能区建成后，成为齐王陵文化旅游区的宗教文化活动、休闲娱乐、美食住宿和商务度假中心。

2016 年 9 月，开始实施马莲台生态环境综合整治工程。建设 8 处人工湿地，总面积 30.95 公顷，修复矿山 3.86 平方千米，建设生态缓冲带 21.8 千米、沿河雨污分排工程 10.9 千米。至 2017 年，突出田园风光，建设四季花谷景观大道。搭建木栈道 3800 米，建设旱溪 3 万平方米，进行景石堆砌、卵石铺设和绿化栽植，为市民休闲旅游提供新景观。

蓝溪·国际滑雪场

蓝溪国际滑雪场位于南山村，总面积 5.34 公顷。由山东蓝溪置业发展有限公司建设，总投资 3000 万元。2014 年 12 月 27 日正式投入运营。该滑雪场风景优美，设施先进，成为省内功能区最大、魔毯最长、配套设施完善的山地滑雪场。

雪场建有中级雪道 500 米，初级雪道 400 米以及雪圈道和戏雪区，可同时容纳 2000 余人滑雪，雪道宽度、坡度均达到国家标准，另外有平地缓冲区 150 米，保证滑雪安全。滑雪场引进

蓝溪·国际滑雪场 （2016 年摄）

国际领先的迪马克造雪机 5 台、两条 300 米输送魔毯、雪地坦克车 5 辆、雪圈 300 个、1500 套法国金鸡滑雪板以及哈士奇 195 压雪车。设有 5000 平方米多功能会所，内设休闲吧、儿童娱乐区、咖啡吧等。

2015 年，投资 200 万元，增建溜索、室内儿童乐园等游乐项目，至年底全面开放运营。

2017 年 1 月 21—26 日，举办淄博临淄好客山东贺年会暨蓝溪国际冰雪旅游节。全面推出景区优惠大酬宾、蓝溪冰雪旅游节、魅力临淄摄影大赛、年货大集、草莓采摘季、石佛寺祈福等 10 余项丰富多彩的旅游活动，针对部分人群推出优惠政策。举行冰雪演艺、民俗表演、相亲大会、摄影大赛、冰啤狂欢、孝子年会、千人雪仗、雪人大赛等一系列活动。

·第八篇·

城乡建设

区委书记宋振波（前排一）带队点评齐陵街道淄河新村工作（2016 年 摄）

环保部领导考察齐陵街道胡家村气代煤工作　（2017 年 摄）

齐陵街道召开第二十二个环卫工人节庆祝表彰大会　（2016 年 摄）

新中国成立初期，区、乡办公机构利用农村民房办公，基础设施简陋。人民公社成立后，公社机关驻杨家齐陵村民房。1962年10月，公社社址由杨家齐陵迁至淄河店。随着经济和社会事业的发展，社直部门逐步扩大。1974年，公社机关由淄河村里迁至现址。公社驻地建设逐步纳入规划。农村建设有规划地向新农村发展。20世纪80年代后，齐陵几经编制镇村建设规划。2000年被淄博市政府批准为市级中心镇。依托城区东移，城镇规划趋于完善，建设规模迅速扩大。并带动了村庄建设。至2017年，初步建成以机关、学校、卫生等企事业部门及淄水社区为主体的街道中心区，面积达140公顷。

城乡建设促进了建筑业的发展，建筑施工逐步实现机械化，2017年，全街道建筑从业人员2000余人。建筑企业总资产1.43亿元，完成建安总产值1.83亿元。

齐陵街道坚持环境综合治理与生态环境保护并重的原则，采取一系列措施，加大人力、财力、物力投入和综合治理力度，有效打造和保护齐陵生态环境，全力建设南部风景名胜旅游区、中部宜人居住区和北部生态农业区，着力推动齐陵美丽乡村建设。

第一章　规　划

第一节　街道规划

20世纪60年代以前，境内建设无规划。1962年10月，齐陵公社社址由杨家齐陵村迁址淄河店，对公社驻地、社直部门、社办企业、境内道路等多次进行局部规划，但未作整体规划。1984年4月，齐陵社改镇后，城镇建设步伐明显加快。1995年，编制齐陵小城镇建设规划。2000年被市政府批准为“市级中心镇”。

淄博市临淄区齐陵镇总体规划

2002年，齐陵镇政府委托淄博市设计研究院，测绘编制《淄博市临淄区齐陵镇总体规划》。规划分近期（2001—2010年）、远期（2010—2020年）。远期规划分总体规划和专项规划两部分。

总体规划　至2020年镇区居住人口2.28万人，城镇建设用地300.9公顷。镇区规划为一心、两带、三片。即以镇区为公共中心。在临淄大道两侧建设行政机关、文化娱乐、商业服务设施，将该区建设成为齐陵经济、行政、文化中心；建设以临淄大道、北齐路为主线的建设带；建设镇中综合片区，南部综合片区和沿河居住片区，通过临淄大道和北齐路连为一体。行政管理用地规划置于齐陵镇办公中心原址，主要布置政府及其职能部门；同时，在居住区中心部，规划次一级行政管理机构，规划占地1.6公顷。

专项规划　齐陵域内教育机构整合，将齐陵一中、齐陵二中建立九年一贯制学校，设中学25个班，小学35个班，规划教育行政用地6.3公顷。实施校园改造提升工程。计划2017年投资2亿元，利用三年时间，建设一中教学楼2幢、综合楼1幢、实验楼1幢、运动场1个，建设小学综合教学楼1幢，2700平方米食堂餐厅1座，对教学楼、实验楼升级改造；齐陵二中建设3000平方米小学综合教学楼1幢，2700平方米食堂餐厅1座，中小学教学楼、实验楼升级改造。建设镇区文化中心，在片区中部规划次一级文化、体育活动中心；结合中小学进行设置，规划文体、科技用地1.7公顷。在保留区精神病院的前提下，扩大卫生院规模，规划医疗保健用地1.7公顷。

街道办事处驻地的商业用房进行改造，在北齐路以西、龙池社区以南新建商业中心。规划商业和金融用地50.8公顷。增加110千伏变压器一座，原有镇域供电线路，除局部调整外，基本维持原线路布局不变。居民点外110千伏电路以架空裸线为主，其他外围社区内部线路，以架空绝缘线为主，沿主要道路布设。保留扩建镇区邮电局，增加东部及北部服务点。

生产设施用地集中布置，以镇区东北部产业园现状为基础，统一安排一类用地，依托现有工业园区，规划工业用地 51.8 公顷。在镇区北部，北齐路东侧，横二路以北，集中规划仓储设施用地 44.3 公顷。

规划公路主干网和生产生活道路。公路主干网“四纵六横”。横路自南向北依次为临淄大道、309 国道、聂王路、二中路、毛北路、宋望路；纵路自西向东依次为北齐路、二号路、三号路、四号路，同时规划旅游路和沿湖路。农村生产生活道路取直拓宽，将砂石路面逐步改建成混凝土路面。排水采取不完全“雨污分流”体制。雨水利用明渠和道路边沟，就近排入周边农田沟内，最终排入淄河。污水采取“分线处理”。村庄污水不设管道排放，采用沼气或三格式化粪池等进行无害化处理，最后用作农作物肥料。镇区污水沿主管道，进入污水厂进行无害化处理。采取统一供热，自临淄城区诚意燃气公司管网，沿临淄大道接入天然气，在镇区北齐路以东，横二路以北，设置燃气调压站，服务镇区及周边区域。

齐陵街道驻地规划

2008 年，委托天津大学规划院编制《齐陵街道驻地规划》，设计规划东郡璟园、蓝山项目，总建筑面积 45 万平方米。

旅游区规划

齐陵旅游区规划 该规划属《临淄区开发齐文化发展文物旅游业十年规划》子规划，编制于 1992 年。将开发齐文化，发展文物旅游业十年规划目标分为三大项，即旅游区建设、旅游景点建设、综合开发利用。

田齐王陵公园控制规划 该规划属《临淄区开发齐文化发展旅游业规划》子规划。1994 年 3 月，临淄区政府委托北京大学制定，区政府两次组织专家评审定稿。包括以四王冢为主体的田齐王陵公园控制规划和以管仲墓为主体的管仲祠控制规划。

临淄齐国故城风景名胜区田齐王陵区规划 2002 年，上海同济城市规划设计院、同济大学、临淄区建设委员会，依据 2001 年《临淄齐故城风景名胜区总体规划》共同制定，是国内第一个开发利用齐文化的总体规划。范围北临胶济铁路，东北延伸到 309 国道，西临淄河古河道，南面与东面至行政区界，毗邻青州市。规划区（包括控制区）总面积 11 平方千米。

临淄区乡村旅游业“十二五”振兴计划 2012 年，确定北方交通大学为旅游发展总体规划编制单位。2014 年，对全区乡村旅游资源状况进行普查，筛选出 10 余个具有开发潜力的乡村旅游资源。委托北京旅游创新发展中心编制《临淄区乡村旅游发展规划》，确定“一心一带三片多点”乡村旅游发展框架。2015 年 7 月公布。规划齐陵街道为山水休闲小镇。

齐王陵文化旅游区详细规划 该规划属《临淄齐国故城风景名胜区田齐王陵区规划》的配套延伸规划。2015 年 9 月，淄博市规划局公布《齐故城风景名胜区田齐王陵景区详细规划》，12 月 14 日，淄博市政府（淄政字〔2015〕135 号）批复同意，之后严格按照规划确定的范围、内容和功能区划组织实施，突出齐文化特色，打造生态景区、绿色景区、文化景区。

临淄齐故城风景名胜区总体规划 临淄区住建局委托中国城市建设研究院有限公司编制。规划期限为 2016—2030 年，近期 2016—2020 年，远期 2020—2030 年。规划中包括田齐王陵景区、淄河景区。2017 年规划期限调整为 2018—2035 年。

临淄大道城市设计 2017 年 8 月 29 日，临淄区政府委托临淄规划分局，组织召开《淄博市临淄区临淄大道城市设计》论证会。邀请山东理工大学、淄博市规划局、淄博市城乡规划研究和编制管理办公室等单位专家，听取编制单位方案汇报、审阅规划成果，原则同意通过论证。规划临淄大道及两侧各 600 米左右（一个街坊）的范围用地，形成“两轴、一环、四心、六节点、三片区”的功能结构。齐陵段为“六节点”之一。

第二节 村庄规划

新中国成立初期，齐陵域内农村新建房屋少。

有建房农户，多在土改时确权的自己宅院内，或闲置场园、树园子内翻建或新建。人民公社成立后少数急需者，须经生产大队批准，在集体坡地、湾崖、沟边等非可耕地建房。境内村庄缺少统一规划，农户根据自身条件建成的新房，与原有宅基大小不一，位置交错，民房长短、宽窄、高矮不一，宅院坐落方向因道路、地势各不相同。村内道路弯曲、宽窄不等，极不利于交通和排水。20 世纪 60 年代，农村人口急剧增长，住房需求加大，各大队把农村宅基地规划，摆上议事日程。

1964 年，吕家大队为临淄首批试点单位之一，领导班子着手新农村的规划和建设。刘家营、石庙、聂仙、高家、毛家、杨东等大队视情积极展开新农村建设规划工作。齐陵公社依照临淄县政府规定，对农村宅院占地面积作出规定，新建宅基地占地面积控制在 256 平方米（16 米 ×16 米）以内。主房为北屋，所有北屋后墙必须在同一条直线上。根据道路和地势，可以选择主街走向；主街宽度一般不超过 10 米，主街两边可规划若干辅街，辅街宽度一般控制在 4 米～ 6 米；主街和辅街一般由小巷（胡同）连结，宽度 3 米～ 4 米。毛家大队对全村进行统一规划。村中建设一条宽 8 米的南北主街。在主街东部建设一条宽 4 米的辅街。建设宽 6 米的东西大街 5 条。宅基地东西宽 16.2 米，南北长 16.7 米。住宅按“公盖私住”要求，建正房北屋三间，东西长 10 米，屋宽 4.8 米，西屋两间，栏棚一间，大门一间。北屋檐高控制在 2.8 米，采用木门、木窗、木梁。街道两旁由集体统一栽种杨树，产权归集体。至 80 年代，全公社各大队完成农村宅基地规划工作。

1984 年，齐陵镇新农村建设目标整体推进。区政府为齐陵培训 6 名新农村建设技术人员，完成全镇 36 个村庄规划。1985 年，毛家村对村庄建设重新规划，对宅基地和街巷作了调整。宅基地东西仍为 16.2 米，南北为 14.7 米，南北户中间各建一条宽 4 米的东西小巷（即东西大街之间各建一条小巷）。至 1990 年，随着农村经济的快速发展，农户住房绝大多数得到改造，由土木结构改建成砖混结构。2000 年，淄博市城乡建委在淄河村试点，规划设计新式农村居住群，一期建 24 户。2005 年，经省、市、区政府批准，淄河村旧村改造项目启动，淄河村以土地增减挂钩的方式进行新村建设。

第三节　社区规划

随着临淄城区东移战略的实施，成立以街道驻地为中心的居住区——淄水社区。社区包括奥林匹克花园、御泉湾、东郡等生活区。

奥林匹克花园

位于齐陵街道驻地。2004 年，由山东裕华发展有限公司与北京中体产业集团股份有限公司合作开发。规划占地 34.87 公顷，总建筑面积 35 万平方米。设计建筑有多层住宅、联排别墅、高层住宅、公建商业等。小区规划建设幼儿园、母婴护理中心、大型商超、医疗服务、银行网点等。项目分四期开发。2005 年 3 月至 2016 年 5 月，1 ～ 3 期建成，建筑面积 24.6 万平方米。

御泉湾

位于齐陵街道驻地。由加拿大 CDG 公司规划设计、淄博建筑设计院建筑设计。占地 45.69 公顷，总建筑面积 20 万平方米，包括 47 栋双拼别墅、19 栋联排别墅、9 栋花园洋房及体育公园等配套设施。绿地率 44%，属宜居高档生活区。

东郡

位于齐陵街道驻地。工程项目分两期。一期璟园居民区。淄博华艺建筑设计有限公司规划设计，规划用地 39.61 公顷，包括建设用地 34.61 公顷。建住宅楼 42 栋，建筑面积 31.18 万平方米，商业服务业建筑面积 5.51 万平方米，幼儿园建筑面积 3600 平方米。绿地率 35.33%。居住人口 5300 人以上。二期蓝山区，总建筑面积 60 万平方米，整体绿化率 40%。核心部分为蓝山别墅组团，建筑面积约 45 万平方米，大部分为别墅，搭配有少量花园电梯楼房。规划有 16 万平方米的苗圃，配套乒乓球、羽毛球场等健身器材。

山东省少儿齐文化研学基地

为齐陵街道“齐文化传承创新示范区”。

位于齐陵街道驻地。项目由淄博帕兰文化旅游有限公司设计。主要包括国际足球学校、蹴鞠小镇、少儿齐文化研学基地三大功能区，概算投资15.5亿元。少儿齐文化研学基地项目规划投资8.06亿元，规划占地面积107.85公顷，建设用地11.28公顷。一期占地39公顷，其余为景观用地。主要建设帕兰小镇、探奇领地、自然学院、齐城记忆、帕兰优品、室内外非动力馆、鸟语林、花舞世界、风情驿站、花漾营地、帕兰部落、湿地乐园及建设道路、停车场、绿地等配套设施。

蹴鞠小镇

规划投资2.2亿元，占地26.41公顷，主要建设105米×68米标准足球场1个、50米×35米5人制足球场5个、花式足球场1个，亲子足球场2个，水上足球场1个，齐风蹴鞠场1个、沙滩足球场2个，儿童足球场2个，花漾剧场、各类植物园、帕兰乐活动群落建设、足球体验馆、足球互动馆及道路、停车场、绿地等基本配套设施，项目从2016年开工建设。

足球学校

规划投资1.2亿元，占地面积50公顷，建设容纳650人的教学楼1座（占地约1045平方米；建筑面积6269.76平方米），综合生活楼1座（占地面积1130.76平方米，建筑面积1614.60平方米），体育器材管理用房1座（占地面积2085.5平方米，建筑面积2085平方米），风雨操场1个，标准足球场1个，配套建筑道路、停车场及绿地建设。项目于2016年9月开工，预计2019年8月竣工。

第四节　其他规划

马莲台生态环境综合整治工程

工程由北京东园公司规划设计，包括生态保护与修复工程、污染综合整治工程、堤防工程等。其中，建设人工湿地8处，总面积30.95公顷；矿山修复385.5公顷；生态缓冲带21.8千米。规划设计敷设雨水收集管道总长度6.2千米，检查井208个；生态节流沟总长度26.9千米，堤防总长度5.3千米。

齐文化开发配套工程

根据规划，建设天齐渊森林公园，项目位于田齐王陵风景区，牛山以西，占地1355公顷，计划投资20亿元，采取生态修复、康体运动、文化衍生、系统开发、原生态设计策略，打造集环境保护、旅游观光、休闲娱乐于一体的生态森林公园。工程分两期，计划五年完成。其中，一期占地280公顷，工程期2016年9月至2018年8月，计划投资5亿元。以刘家终村为中心，打造“两山一田一路一乡村”。二期工程2018年7月至2020年6月，投资15亿元，占地1075公顷，对田齐王陵景区进行高生态环境综合提升。一、二期工程占地涉及刘家终村、齐家终村、梁家终村、南山村、北山东村、北山西村、淄河村、郑家村等8个行政村。建成集田园观光、生态休闲、度假养生为一体，带动当地旅游发展。

淄河水生态环境综合提升工程，淄河临淄段全长23.3千米，全面实施生态综合改造提升，主要建设滨河道路31.3千米，新建、改建景观桥、湿地及生态景观、配套设施等，总投资15亿元。

管子文化产业园

位于牛山北麓北山西村，占地21.68公顷，项目计划投资8亿元。主要以管仲纪念馆为依托，恢复牛山禅寺盛景、整合管子文化、宗教文化和民俗文化等资源，打造民俗文化产业园。

淄河沿街商住综合体建设工程

项目位于淄河新村以南，是淄河旧村改造配套工程。预计投资6000万元，占地22.03公顷，建筑面积2.68万平方米，主要建设商住楼5栋及配套设施。其中住宅面积1.27万平方米，商业建筑面积1.02万平方米，地下储藏室建筑面积3950平方米，室外地上停车位100余个，商铺38户，居住76户。至2017年，已完成立项、征地、规划等手续，计划2018年3月开工建设。

第二章　公共建设

第一节　公共设施

街道机关建设

新中国成立前，境内中共领导的区、乡机构处于秘密和半公开状态，无固定办公地点。新中国成立后，区、乡机关办公场所仍居民房。1957年2月，建立孝陵直辖乡。1958年2月，建立淄河乡。孝陵乡、淄河乡办公地点仍设在高家孝陵、淄河店民房中，办公设施简陋。1958年9月，成立齐陵人民公社，公社机关驻杨家齐陵村。共分东、西两个办公场所。东办公区设在杨齐小学，土坯房13间，140余平方米。西办公区为公社党委和综合办公区，砖瓦结构四合院，共约150平方米。1962年10月，公社机关迁至淄河店。主办公区在淄河南北大街东淄河小学，办公用房400平方米，附属办公室位于北面200米处原淄河乡公所旧址。1967年，在主办公区建成面积约190平方米大会议室一个。1974年，公社机关由村内迁至现街道办事处地址，占地约7500平方米，建有砖瓦平房10排。90年代初由砖瓦结构翻建为平顶房，占地面积未变。

齐陵街道办事处　　（2017年摄）

企事业单位建设

1958年9月后，在齐陵人民公社驻地附近王家齐陵，先后建起砖瓦结构的烟叶收购站、联合厂、供销社、卫生所、小学及幼儿园等企事业单位办公用房及宿舍，在淄河店建立邮电所、中学等。公社机关迁入淄河店后，供销社、信用社、烟叶收购站、修配站等单位相继移迁公社机关驻地，新建办公场所。20世纪六七十年代，先后建立粮管所、工商所、税务所、医院、兽医站、邮电局、煤站、变电站、供电站、联合厂、拖拉机站、井灌站、面粉厂、磷肥厂、砖瓦厂、碳酸钙厂、石料厂、草酸厂、乳品厂、花边社、电影院、纸箱厂、防腐公司、建材公司、炸药库、林场及多种经营办公室、蔬菜站、水利站、公路站、农机站、农技推广站等社直单位及企业，根据需要纷纷建起规模不等的基础办公设施，在高家、吕家、石庙、望寺、聂仙、前李、杨西、小交流等大队改建粮食库点。各村小学、村办联中校舍得到扩建和改造。

20世纪八九十年代，镇直单位及部分企业陆续建起砖混结构楼房。开展义务教育达标，新建小学校舍225间，新建一中校舍及教学楼，建筑面积1.06万平方米，二中教学楼建筑面积3248平方米。齐陵粮管所新址建仓库37间，库区占地9120平方米。水利站建二层办公楼和三层综合楼。卫生院翻扩建综合门诊楼、精神病院楼和宿舍楼，建筑总面积4618平方米。农村商业银行齐陵支行翻建成二层办公楼，建筑面积967平方米。政府投资在后丁村建成敬老院一所。齐陵供电所新建砖混三层办公楼，建筑面积1718平方米。交警中队、大桥收费处、交通稽查大队、齐陵法庭、工商所、税务所、邮电局等单位翻建成二层以上办公楼，提升办公条件。山东美陵公司及工业园区规模不断扩大，基建项目逐年增多。

2000年后，翻建和扩建小学校舍、一中学生宿舍楼。新建二中实验楼，建筑面积1753平方米。建二中食堂、职工宿舍、学生宿舍楼，建筑面积2160平方米。2006年，随着309国道境内改线，淄河大桥收费处、交警中队迁址新建办公楼。

2013年，新建齐陵中心幼儿园，建筑面积2800平方米。2014年，卫生院门诊综合楼改扩建，建筑面积6200平方米。2015年，齐陵二中新建塑胶运动场及附属设施。2016年，农商银行齐陵支行新建营业楼、档案楼，建筑面积分别为1527平方米、1432平方米。

其他建设

济青高速公路改扩建暨临淄东互通立交工程于2017年开工建设。济青高速公路齐陵段5.2千米征地拆迁，涉及薛家、后李、前李、胡家、东刘家、刘营、前丁、后丁8个行政村、613户村民、45公顷土地，包括树木257户、大棚79户（136个），青苗155户，简易房16户，其他附属物43户，住宅34户。至2017年底，完成项目内所有住宅、树木、大棚、青苗、简易房及其他地上附属物的评估、拆迁等工作。其中后李、薛家安置区已在建设，临淄东互通立交、两跨立交主体建设完成。

第二节　村庄建设

集体建设

新中国成立前，域内村庄公共建筑主要有庙宇、祠堂、学校、水井、磨坊、碾坊等。新中国成立后，村级组织有简易办公室和民兵队部。人民公社化后，各队修建粮食、生产资料仓库、烤烟房、饲养处、场棚等。各生产大队修建办公场所、机井房、扬水站、机磨。1964年，农村用电逐步推广，各大队陆续建立变压器屋。同时，以生产大队或自然村为单位，建起幼儿园（育红班）和半工半读小学。1966年，各大队相继建立卫生室、缝纫组，个别大队建立代购代销点。1973年起，义和、吕家、毛家、后丁、小交流、淄河、聂仙等大队相继建成知青大院。

1978年，淄河大队在村外建起工业用房15间。1980年前后，宋家、吕家、建中、淄河、聂仙大队建成农机大院。1992年，淄河村依靠地理优势，在309国道南旁建起二层办公楼。1994年，后丁村、齐家终村建起两层办公楼。

2006年，投资140万元，为望寺、付辛等17个村维修吃水井和供水管道等设施。投资98万元，解决齐家终村、梁家终村、刘家终村、南山、北山西五个村1140户的吃水问题。另外，争取水利部门支持，无偿为刘营、北苑、毛家、前李等四个村新打吃水井。投资200万元，共为8个村改造吃水管线，7个村安装路灯，为石庙孝陵等5个村新打吃水井，扶持吕家孝陵和高家孝陵村务中心建设等。大部分村庄生活环境得到显著改善。2008年，支持小交流、望寺等村大力发展农村沼气，共建沼气池409个。

2009年，共投入176万元，加大农村基础设施建设，使宋家、驻佛等14个村，实现“五化”工程（即农村硬化、亮化、绿化、美化、净化），北山东、柳店等10个村实现户户通。当年新增农村硬化面积9万平方米，村级主要道路全面硬化的村达34个；王齐、太平等14个村新安照明灯467盏。2010年，以齐陵片郑家沟、驻佛、杨西、杨东、王齐、南齐和孝陵片吕家孝陵、高家孝陵、东龙池、西龙池、石庙孝陵等村为重点，建成连片示范点。新安路灯110盏，电子监控设备22套，并完成牛山路齐陵段两侧4000米隔护栏和80盏路灯的安装。2011年，投资356.58万元，完成37个村的“同源一网”供水工程。投资1950万元，完成天齐渊供水中心建设和郑家沟等五个村1354户卫生改厕。

2015年，借助旧村改造，淄河村建成村民文化中心。同年，薛家村、淄河村各投入10万元，建成“幸福院”。随着“五化”工程在农村的落实和美丽乡村建设，村村街道全部硬化，并实现村内街道与交通网络主次干道连接。

随着农村经济不断发展壮大，各村和社区，全部建成供村（居）民休闲健身公共活动场地，安置大中型活动器械。至 2017 年底，全街道共配备健身器材 369 件（套），建成篮球场 25 个，乒乓球室 21 个。

住宅建设

1949 年前，农村宅基地私有，由于贫富差别较大，人们居住的房屋，也有很大差别。富户建房布局结构讲究，有四合院，坐北朝南，东南大门，墙基全部用条石砌成，青砖墙体，梁杈、檩条、门窗等全部用较好木材做成，小青瓦盖顶。经济条件略好的，门口门窗用青砖镶嵌，房檐房梢三层砖，跨度 4 米，使用七檩以上，麦草盖顶。经济条件较差的家庭墙基 3 ～ 5 层砖，墙体全部土坯垒成，屋檐梢用木橛子，木梁、木叉、木檩，每间五根檩条。房顶材料用高粱秸做成叉子或箔、麦穰、麦草或脊瓦。

新中国成立初期，住宅建设沿用旧式。1965 年后，民房建造水平逐年提高。房基开始大量使用石材，最高至窗台，砖檐砖梢、砖镶窗口、门口开始流行。1967 年秋，毛家大队开始公盖私住。村里成立专业建筑队、木工组、砖厂，将全村社员树木收归集体，记入社员“往来账”，由村里统一调配使用。新砖房建成后，由村领导集体研究，根据缓急，无偿分给社员居住。由于砖房成本太高，建设周期长，超出当时生产大队集体经济承受能力，不利于规划落实。便将砖房改为以砖石为基础的土坯房，由生产队成立专业打墼队。1968 年春，全村 3 个生产队每队为 3 户盖了新房，共 9 户社员住进新房。秋天，每个生产队建成 2 户新房，共 6 户。1969 年春，建设速度加快，每个队一年建成 9 户新房。1979 年，全大队 139 户全部住上新房。毛家村依靠集体力量，旧貌变新颜，成了远近闻名的村庄建设模范大队。

20 世纪 60 年代民居　（2009 年摄）

1970 年以后，屋顶逐渐用自制水泥瓦、缸瓦取代麦草。采用木门、木窗，门外加装风门子，风门子与窗户都贴窗户纸。20 世纪 70 年代后，窗户纸逐渐被玻璃所代替。

在毛家、吕家、刘营等大队的带动下，至 1980 年，各大队完成第一轮规划建设目标，建立了社会主义新农村雏形。

20 世纪 80 年代，农村建房由土木结构转为为砖瓦结构。窗口、门口逐步变大，室内采光越来越好，檐头由 2.8 米左右提至 3.3 米以上，屋的宽度增至 5 米多；农村建房开始流行北屋出厦，水泥檩条、过木等钢筋水泥预制品成为建房主要材料。人们在宅基地上，建设单排向阳出厦北屋的户较多。室内地面由水泥或红砖铺地变成使用瓷砖。室内除安排客厅、居室以外，很多家庭在室内建有厨房。90 年代前后，锁皮厅较为流行。人们在建房时，建成北屋五间，两头各一间向前伸出两米左右，中间三间留有 2 米左右阳台，民间称锁皮厅。2000 年后，淄博市城乡建委在淄河村试点，规划设计一款美观实用、节省土地的农村新式建筑，户均占地 170 平方米，主体建筑上下两层，270 余平方米，室内设厨房、客厅、多个居室、卫生间、车库等，一期共建 24 户。2004 年，经上级验收合格，全部发证入住。2006 年经政府批准，淄河村启动土地增减挂钩整体旧村改造工程。

街道把新农村建设工作纳入对村级领导班子考核。制定《齐陵街道建设社会主义新农村实施方案》《齐陵街道 2006 年度新农村建设目标责任制考核细则》，与各村鉴定目标考核责任书。2012 年，高标准完成 30 个村的绿化和 17 家企业的庭院绿化，共栽种北海道黄杨、樱花等高端树木 4.76 万株，种植地被 44 万平方米。2013 年，推进乡村生态文明建设，新栽植、补植各类乔木 4.7 万棵，灌木 2.8 万棵，地被 9.5 万平方米，实现村庄街道、主次干道、济青高速、马莲台景区绿化全覆盖。

至2017年，农村居民住房大都翻建或新建为一层半砖混瓦房或二层、三层楼房。扎实推进“气代煤”工程，已入户安装2200户。聂仙、吕家孝陵、东龙池、西龙池、高家孝陵、前李、后李、宋家、薛家、刘营等村先行实施天然气代煤取暖，政府对气代煤农户实行每户6900元补贴。根据政策，燃气管网和户内燃气设施所需资金，财政按每户3000元标准补贴，企业不再向用户收取费用。此外，对于购买燃气壁挂炉，按照买价最高70%补助。气价每一用户每立方米补贴1元，最高按每户补贴1200立方计。困难群体由民政部门认证，统筹组织费用。电代煤补贴政策，参照气代煤政策执行。个别条件不成熟，不能实现气代煤、电代煤取暖的单位和个人，政府拿出资金进行补贴，统一供应，低排放煤炭，确保冬季取暖达到上级规定指标。

奥林匹克花园一角　（2017年摄）

第三节　新村建设

淄河村位于齐陵街道驻地。至2004年，全村共有630户、2030人，耕地面积341.3公顷，村庄占地44.3公顷，占耕地面积13%，其中村中空心面积17.72公顷，占村庄面积40%。

2005年初，淄博市规划设计局编制《临淄区齐陵街道驻地建设性详细规划》，含淄河新村确址和其他相关事项。新村确址于临淄大道以北、奥林匹克花园以东，外环路以西，占地总面积11.27公顷，总建筑面积17.24万平方米，采用淄博市土地增减挂钩置换办法先拆后建。

村里成立旧村改造指挥部，指挥部下设宣传、评估、拆除、验收、分房、监督等专门小组。评估小组由临淄区派出专业人员按省定标准，对全村旧房进行评估作价，张榜公布。规定村民自行拆除旧房，并将地上附属物清理干净，交验收小组验收，凭验收合格证到分房小组结算差价，依缴款顺序参与选房。

淄河新村鸟瞰图　（2017年摄）

2006年秋，新村建设工程启动，整个工程分三期，共投入资金2.75亿元，建成不同户型居民楼34栋、1310套，建筑面积17.24万平方米。2014年春，村民安置工作结束。

新村建成入住后，对环境进行美化和绿化，配置体育健身器材等基础设施，整合卫生室等医疗保健资源，建设幸福院，配备物业管理、保洁和安保等人员，楼区监控实现全覆盖。2016年，全村由热力公司统一供暖。

第四节　社区建设

奥林匹克花园

分四期开发建设。一期工程2005年3月至2006年12月，建成多层住宅楼23栋746户、联排别墅10户、沿街商业用房3800余平方米。二期工程2007年3月至2010年12月，共建成多层住宅楼16栋512户、联排别墅10栋、91户，沿街商业用房3800余平方米；三期工程2011年12月至2016年4月，共建成多层住宅楼9栋336户、小高层住宅楼4栋286户、沿街商业及公建1.5万平方米。四期工程在规划设计中。

御泉湾一角　（2017 年摄）

东郡一角　（2017 年摄）

小区配备多个健身广场、漫步机、压腿器、腰背按摩器、扭腰器、上肢牵引器、单双杠、秋千、乒乓球台等健身器材60余件，设立儿童滑梯2处、室内活动室1处，建有标准篮球场。

御泉湾

2012 年 9 月至 2013 年底，完成投资 5.2 亿元，占总投资 80.1%，一期项目主体完成。二期建设 2014 年全部竣工。该项目由加拿大 CDG 设计机构进行整体方案及绿化设计，以高绿化率和精品绿化工程为亮点。

东郡璟园

分三期建设。一期 2014 年 2 月至 2015 年 1 月，2015 年 7 月交房，一期 13 栋、348 套；二期 2016 年 3 月至 2017 年 3 月，2017 年 5 月交房，二期 13 栋、378 套；三期 2017 年 3 月至 2018 年 3 月，三期 16 栋、428 套。该项目规划建设住宅楼 42 栋，共建设住房 1154 套，总建筑面积 15.71 万平方米（其中一期建筑面积 4.82 万平方米，二期建筑面积 4.88 万平方米，三期建筑面积 6.01 万平方米），户型分别有 90 平方米～180 平方米不等。一、二期入住率已达 70%，三期正在施工中。

莲台山庄别墅

位于马莲台风景区腹地，项目由淄博市规划设计院规划设计，由山东新达工程设计有限公司建筑设计，金世孚置业有限公司投资建设。占地 3.38 公顷，楼房 19 栋，建筑面积 3.66 万平方米。2011 年动工，2014 年投入使用。

莲台养生养老院

位于莲台别墅小区北邻。2016 年 8 月立项，规划面积 4.36 公顷，建设多层楼房 18 栋，建筑总面积 7.33 万平方米。2017 年 3 月动工。有老年住宅 11 栋，综合服务楼 1 栋，内配老年大学、老年活动中心、养生功能厅、中医调理室等多项服务设施。属住建部和民政部节能、环保、绿色住宅试点单位。

第三章　管　理

第一节　机　构

新中国成立初期，境内未设土地、建设和环境保护管理机构。农业合作化时期，企事业单位征用土地，由乡政府批报，乡文书代管。1958 年，人民公社化后，公社管委集体研究，由一名副社长兼管。1980 年后，随着村、镇两级集体建设用地和农村村民住房用地需求的增加，镇、村（居）办小型企业的兴起和废弃物的超标排放，环境污染日趋严重，政府逐步重视土地管理和环境保护工作。1985年，镇政府设土地管理员。1988年，成立土地管理站及镇村建设办公室，负责土地征用的报批及镇村建设工作。1990年，改设土地管理所。1993年8月，成立齐陵镇建设环保土地委员会，由一名副镇长兼任主任，下设土地管理、镇村建设、环境保护等机构。2002年6月，属齐陵镇经济发展办公室下设单位。2003年12月，齐陵街道设建设环保土地委员会。2006年3月，街道土地管理所改由淄博市国土资源局临淄分局直接领导。

建设环保土地委员会历任主任：

徐炳忠　徐玉春　陈奉亭　曹国华

陈　涛

土地管理历任负责人：

李金国　李　毅　郑志顺　孙荣华

魏传信　刘宪勇　宗学斌　曹东营

张汉忠　孙　明

第二节　用地管理

用地审批

新中国成立前，土地私有，农户凭地契确认归属。农户根据需要，自由耕种或典当、买卖，无须审批。20世纪50年代中期，农民以自己的土地和其他大型劳动工具，以入股的形式加入农业生产合作社，1956年农业合作化后，土地属农村集体所有。行政、企事业单位和私人建设用地，须报县以上人民政府审批。1965年，齐陵公社根据临淄县人民委员会指示，作出《关于社员一律不准占用耕地盖房的决定》，严禁任何单位向农村购买、租赁或变相买卖土地，严格控制用地面积，严格控制征地、划拨土地手续。规定征用非耕地1.33万平方米（20市亩）以下，由公社报临淄县人民委员会审批；1.33万平方米（20市亩）以上，报昌潍地区专员公署审批。1971年6月，淄博市革命委员会规定，征用非耕地1.33万平方米（20市亩）以下，由淄博市革命委员会审批，1.33万平方米（20市亩）及以上，报经山东省革命委员会审批。1981年以后，征用6667平方米（10市亩）以下，由淄博市人民政府审批，6667平方米（10亩）及以上，由山东省人民政府批准，并规定土地被征用后，超过一年不按规定使用者，由公社报临淄区人民政府批准后收回。齐陵公社制定政策，严格控制农村建房用地。农户申请建房，须向所在生产大队提出申请，生产大队根据公社分配的年度建房指标，视申请人具体需求急缓，先安排村内废旧宅基、闲园等空闲地。后安排其他非可耕地，由生产大队统一到公社办理用地审批手续。

1984年后，建房用地审批手续更加严格。农民建房，首先向村委会提出书面申请，村委会审核同意，报镇土管所批准，并报临淄区土管局备查；单位建设用地要事先向土地管理部门申请用地指标，填写《申请用地报告书》，经实地考察，由用地单位与被征地单位签订协议书，按山东省规定的征地用地权限逐级报批。严格执行国家土地政策，严格执行基本农田“五不准”。即：不准占用基本农田进行植树造林、发展林果业和搞林粮间作以及超标准建设农田林网；不准在基本农田内挖塘养鱼、建设用于畜禽养殖以及其他严重破坏耕作层的生产经营活动；不准占用基本农田进行绿色通道和绿化隔离带建设；不准以退耕还林为名，违犯土地利用总体规划，减少基本农田面积；除法律规定的国家重点建设项目除外，不准非农建设占用基本农田。

至2017年，齐陵街道建设环保土地委员会积极协调有关部门，对村庄、道路、房屋建设及其他规划建设用地的报批、土地增减、变更、用途变化及各企事业单位用地报批、济青高铁建设及济青高速扩建等国家重点项目的建设以及街道地籍调查等，严格依法依规办事，负责境内土地的监督管理。

用地补偿

新中国成立前，土地私有，建设用地的买卖、租赁、典当价格不一，一般根据当时行情，由中间人对买卖双方进行沟通，订立契约或文书。交易以货币形式为主。如遇灾荒年景，也有以小麦、大豆、谷子等计价者。1953年，中央人民政府政务院颁布《国家建设征用地办法》，凡建设用地按国家规定对征用土地进行补偿。1986年，《中华人民共和国土地管理法》颁布，省、市、区相继制定一系列实施细则，齐陵镇根据上级政府有关政策，具体规定建设征地单位和个人须向被征地村或个人支付土地补偿费、安置补助费、地面附着物补偿费和青苗补偿费。

据山东省实施办法规定、征用城市规划区范围内的耕地（含园地、鱼塘、藕塘）土地补偿标准为该耕地被征用前3年平均年产值的8～10倍；征用规划区范围外的耕地，土地补偿费标准为邻近一般耕地前3年平均年产值的6～8倍；征用林地、牧草地、苇塘、水面等农用地，土地补偿费标准为邻近一般耕地前3年平均年产值的5～6倍；征用乡（镇）村公共设施或者公益事业、乡镇企业和农村村民住宅占用的集体所有土地，土地补偿费标准为邻近一般耕地前3年平均产值的5～7倍；征用未利用地，土地补偿标准为邻近一般耕地前3年平均产值的3倍。

征用土地的安置补助费按下列标准执行，其安置补助费按照需要安置的农业人口数计算。需要安置的农业人口数，按照被征用的耕地数量，除以征地前被征用单位平均每人占有耕地的数量计算。每一个需要安置的农业人口的安置补助费标准为该耕地数量乘以征地前3年平均产值的6倍。但是每公顷被征用耕地的安置补助费，最高不得超过被征用前3年平均年产值的15倍。征用林地、牧草地、苇塘、水面以及农民集体所有的建设用地，每一个需要安置的农业人口的安置补助费标准为邻近一般耕地前3年平均年产值的4倍。但是每公顷被征用土地的安置补助费最高不得超过一般耕地前3年平均产值的10倍。

被征用土地上的附着物和青苗补偿费，按下列标准执行：青苗补偿费按一季作物产值计算；被征用土地上的树木凡有条件移栽的付给移栽人工费和树苗损失费；不能移栽的予以作价赔偿；被征用土地上的建筑物、构筑物等附着物，可按有关规定给予折价补偿，或者给予新建同等数量和质量的附着物。在征地期间，突击栽种的树木、青苗和抢建的建筑物构筑物不宜补偿。在非法占用土地上建设的建筑物和其他设施，不予补偿。征用土地的费用应当自征地补偿、安置方案批准之日起3个月内，由市县人民政府从同级财政专户中全额拨付。被征用土地的单位不得在法律、法规规定的补偿、补偿费以外提出其他附加条件。

随着社会发展，国家于2017年又颁布征地补偿新政。征用耕地补偿新标准规定：旱田平均每亩补偿5.3万元，水田平均每亩补偿9万元，菜田平均每亩补偿15万元。征用农田补偿标准，旱田平均每亩补偿5.8万元，水田平均每亩补偿9.9万元，菜田平均每亩补偿15.6万元；征用林地及其他农用地平均每亩补偿13.8万元。征用工矿建设用地、村民住宅、道路等集体建设用地，平均每亩补偿13.6万元。征用空闲地、荒山、荒地、荒滩、荒沟和未利用地，平均每亩补偿2.1万元。

第三节　宅基地管理

新中国成立前，土地及宅基地私有，村民建房没有统一规定。在农业合作化后，宅基地属集体所有。农民只保留宅基地无偿使用权。由于未实施统一规划，村民闲置院落仍属个人占用，极少数急需建房户大都在自己闲置的院子上建设。20世纪60年代，有些大队开始新农村规划与建设。农村土地逐步实行集体管理。80年代初，全社各大队完成新农村规划，对宅基地实行集体统一管理。由于农村人口的增多，村庄建设规模不断扩大，社员凡需新建房屋时，由大队革委会按区政府规定的有关大队规划标准进行确定和丈量。若在原宅基地上翻建，同样按区政府关于农村社员建房用地标准实施。1990年，临淄区人民政府公布《临淄区农村宅基地有偿使用试行办法》，规定农村每户宅基地使用标准为200平方米，标准以内按每平方米每年收取有偿使用费0.2元，超出部分按每年每平方米2元标准收取使用费。政府成立专门机构，组织各村逐户核实，按临淄区政府规定的有关收费标准收取。1998年，取消宅基地使用费。

随着城市化建设加快，农村人口大量流向城区，农村出现大量空置房。2017年，国家制定农村房屋管理新规，下列情形的房屋将被收回：

房主去世，且无房屋合法继承人的房屋，如农村五保户的房屋；非农村集体组织成员继承的农房，宅基不能继承，予以收回。但在此地基上的农房可以继承，不予收回。在不修缮的前提下，在农房倒塌之前属于继承人，倒塌之后予以收回；进城落户农民的房屋。除自愿放弃宅基地外，仍拥有农村房屋所有权，但不允许翻修。房屋一经倒塌，宅基地予以收回；建筑面积超标的农户，超出部分，予以收回；农村房屋实行一户一宅，一户多宅的农房。除非合法继承和正常分户，多出的住宅予以收回；未在宅基地规划区内建造的房屋予以收回；农村宅基地不可自由买卖，城镇居民不可购买农村住房，城镇居民违规购买的农村房屋，一经查实，予以收回；长期闲置导致倒塌的农村房屋，三年之内没有修复，予以收回；在空闲和荒废的宅基上翻建的农房，一经发现，予以收回；已经获得农房拆迁补偿和安置的，一律收回。

第四节　环卫治理

齐陵旅游资源丰富，也是全市重要水源地。各届政府历来重视环境保护工作，连续14年共制定印发70余个文件，专项整治环境污染。2003年始，投资20万元，在淄河村建起全镇第一个垃圾中转站。投资2.6万元，在16个村建立垃圾池32个，26个村落实了保洁员。投资6000元统一购置垃圾清扫车19辆及配套清扫工具。2004年，对牛山路段粉碎机2处，石灰窑11处进行清理拆除。2005年，对环保硬件投资达35万元。同时对309国道齐陵段和北齐路环境卫生实行重点整治，被区政府表彰为环卫工作红旗先进单位。

2006年，对辖区卫生进行综合治理。37个行政村全部实现垃圾定点集中清运。辖区内6家小企业、12家化工存储企业、2家黏土砖厂、4家沙场清理取缔。2008年，完成9个村、长7.2千米的淄河清障工作。对人民路段、北齐路、309国道等重点道路沿线进行集中整治。配合国土局、城市执法局等执法部门，查处乱搭乱建30余起。投资26万元，在马莲台景区新建高标准垃圾中转站一个，解决终村50余家餐饮店、各村生活垃圾的存放和清运。统一添置垃圾专用车61辆，村庄、道路垃圾处理实现日产日清。

2009年，对辖区内道路两侧及村庄周围乱搭乱建、占道经营、移动广告牌、建筑垃圾、白色污染、违章建筑等展开综合整治。成立100余人的专业清理队伍，各村出动人员900余人次，各种机械40台，车辆90余辆，共拆除违章建筑22宗，取缔占路摊点、占路经营25户，规范整理街道260条，清运垃圾万余吨，夯实平整路边沟4000余米。在此基础上，又对农村环境卫生进行3次集中整治，共清理广告牌等非公路标志172块，拆除违章建筑98户，清运垃圾3600吨，出动人工2000人次。整理边沟1.2万米。东龙池垃圾中转站建成投入使用。2010年，清理垃圾430处，完成新修309国道齐陵路段两侧绿化清障2.5万平方米，取缔非法洗车点5处。

2012年，对所有村居和19.5千米镇级道路进行综合治理。招保洁员132名。完成东外环拓宽改造齐陵段长度4.9千米，拆除大棚197个、商铺178家、违章乱建企业5家。2013年，实施裙带河治理，投资120万元，新开挖河道2.3千米。全街道38个村、社区，全面清理柴草堆、土堆、垃圾堆7400余处，清理垃圾8300余吨，

齐陵街道终村垃圾中转站　（2009年摄）

清理悬挂标语牌320块。在全市“城市环卫一体化”测评中，齐陵获全市第一的好成绩。2015—2016年，全街道22个村3479户改厕工作全部完成。

2017年，按照《“散乱污”企业环境综合整治实施方案》和各级督导检查要求，积极做好“散乱污”企业整治和环保督导迎检工作，配合各级督查组检查企业200余次，办理群众举报30余件，关停取缔乱污企业36家，治理提升62家，帮助企业办理环评、安评手续75项，新上环保设施36台，对工业园内机械加工、物流运输、塑料制品、包装印刷四大类19家企业进行提升，关停8家，拆除简易彩钢结构厂房2.5万平方米。为保护重点项目区、水源地、淄河河道蓝线区、土地卫片治理区以及奥园规模居住区，累计拆除违建287宗，计1.31万平方米。扎实推进“气代煤”工程，入户安装2200户。将环境治理与空气异味治理相结合，对养殖场下发通知书，签订整改承诺书，对照畜禽养殖户整治清单、整治标准、展开整治，实行销号管理。经验收达标养殖户151家。实现了齐王陵保护区、马莲台风景区、淄河流域、城区水源保护地禁养区的有效管控。对扬尘采取设置扬尘治理公示牌、督促建筑工地，严格落实洒水、覆盖、硬化、冲洗、绿化围档等防尘措施。针对道路扬尘污染，定期清洗公共设施，整治各种卫生死角，对道路绿化带、树木及绿化区，实施定期冲洗，减少植被积尘。加强道路清扫、洒水作业，消除二次扬尘污染。建筑垃圾、渣土必须密闭运输。沙石场，必须采取密闭遮盖，并不定时进行洒水。街道安排相关部门组成专门队伍，对辖区内餐饮业及企业危险废物进行排查，全面掌握企业的固、液体危险废物的年产生量流向和综合利用等情况，建立完整数据库，实行信息化管理。

第四章　建筑与房地产业

第一节　建筑业概况

境内建筑业历史悠久，历代不乏能工巧匠，进行庙宇、祠堂、民房的建设与修缮。农业合作化至人民公社化时期，由生产大队或生产队安排工匠人员为农户修建，全部手工操作。农村集体所需的饲养棚、碾棚、场园棚、仓库、烤烟房、大队办公室、水渠等公用设施，则由生产队组织社员建设和维修。部分生产大队或生产队组建副业队对外承接民建工程。20世纪70年代，有20多个生产大队成立专业建筑队，从事建筑业的人数达500余人。1975年，公社组成30余人的建筑队，建筑业人员逐年增多。20世纪80年代，施工设备由传统的手工操作，逐步向半机械化发展。90年代起，境内建筑队伍发展到30余家，有的属村办，大部分属个体组织的建筑队。建筑施工实现机械化，建筑管理逐渐规范化，经营范围不断扩大。2017年，境内达到二级资质建筑企业2家，总资产1.43亿元，固定资产458万元，年创建安总产值1.83亿元，实现利税930万元。

第二节　建筑设备

新中国成立初期，建筑施工沿用传统手工工具，设备简陋。打地基用块石或碌碡制作的夯；拌灰用锨、镢、爪勾等；运石料、土坯、砖、瓦、土、灰等建筑材料均用木车运送；提泥用布兜，脚手架用木棒和麻绳。木工工具有锯、斧、锛、合尺、刨子、墨斗、锤、钻等；瓦工工具有瓦刀、线坠、桄板、工程线、竹尺或木尺等。

20世纪60年代，施工工具，逐步更新。建筑材料使用绳索、滑轮吊装。70年代，匠工改用钢卷尺、皮卷尺，水平仪等，脚手架改用木制脚手架。80年代，模板改用钢管、竹板、钢架板、钢模板。搅拌砂浆、制作门窗、加工材料等用机具代替人力。传统用的扁担、抬筐、独轮车、双轮车等由拖拉机、汽车、翻斗车、钢制井字架和龙门架、钢丝绳、自动卷扬机以及起重机所代替，建筑施工逐步实现机械化。施工设施发生巨大变化，普遍使用水准仪和挖掘机、打夯机、混凝土搅拌机、平板震动器、震动棒、切割机、电焊机、磨光机、喷涂抹灰机、砂浆输送泵、混凝土输送泵车、塔吊、汽车吊及各式电锯、电钻、电锤、弯管机、割丝机、平抛机、开榫机、打铆机、调直机、喷油机、砂轮机、气泵、喷雾器等。90年代后，各种机械不断更新升级。

2009—2017年，建筑企业先后购置各型号塔式起重机35台、装载机10台、淋灰机41台、切割机26台、钢筋弯曲机41台、自动泵43台、振动器68台、风镐30台、施工车辆5辆以及全站仪、经纬仪、环保降尘喷雾器、自动冲洗平台、混凝土输送泵、混凝土搅拌机、砂浆搅拌机、电焊机、自动泵、张拉机、射钉枪、砂轮机、激光测距仪、回弹仪、水准仪、精光测距仪等160台（套），建筑机械原值568.9万元。

第三节　建筑企业

齐陵镇建筑公司

1975年，齐陵公社组成30余人建筑队，参加三干渠建设，主要负责砌石工作。同年，齐陵公社在南山成立石料厂，安排建筑队建造石木结构职工宿舍、办公室、仓库及伙房、围墙等配套设施。办公地点临时借用公社卫生院旧址，房子12间。建筑队设材料、技术、财务等专职人员，队伍发展至80余人。建筑工具有镐、锨、瓦刀、锤、水平尺等。1976年，建筑业发展较快，建筑队分成3个队，每队骨干施工人员30余人。分别承接齐陵石料厂、新拖拉机站、区磷肥厂施工任务。办公地点搬迁至电器厂西邻老拖拉机站，材料库、办公室等用房15间。建筑队逐步添置电夯之类小型电动设备。下半年，建筑队有了突破性进展，承接胜利油田机修厂施工任务，新购水准仪、搅拌机、卷扬机、小型运输拖拉机、简易起重设备（俗称抱杆）等。每年上交公社2万～3万元，齐陵公社建筑队成为全区实力较强的公社建筑队之一。齐陵公社建筑队被编为临淄区建筑公司第六工区。1984年，企业改组，更名为齐陵公社建筑公司，相继参加齐鲁乙烯工程建设、临淄水泥厂搬迁、塑编厂建设、管线部队营房建设等应急性建设，有力支援地方重点建设和国防建设。全公司员工达240人，其中工程技术人员20余人，新添置大型塔吊5台，生产车辆4部，其他施工机械一应俱全，齐陵镇跻身于临淄区建筑强乡镇行列。

1990年末，公司职工人数达250人（其中工人220人），固定资产原值154万元，净值99万元，上缴税金12万元。当年完成总产值352万元，施工面积1.61万平方米，其中开工6144平方米，竣工面积1.29万平方米。1991年10月，企业资质由原来的四级升为三级。此后，建设临淄中国古车博物馆重点项目和齐陵一中、二中教学楼、齐陵卫生院门诊楼等。

齐陵建筑公司（队）历任负责人：

李继胜　吕志太　孙庆光　王书贤

马希平　王书贤

山东齐陵建筑工程有限公司　（2017年摄）

山东齐陵建筑工程有限公司

1998年，齐陵建筑公司完成改制，组建齐陵建筑工程有限公司。企业资质为二级。

1998年改制初期，注册资金200万元，年建安产值2895万元，年实现利税95万元，公司总资产3672万元。2013年9月新建办公楼，坐落在齐陵镇区中心，建筑面积2100平方米。2016年，公司注册资金2008万元，建安产值达9754万元。实现利税354万元，总资产9698万元，年末工人数950人。2017年，公司总资产6321万，固定资产190万元，年建安产值9441万，完成利税30万元。公司发展成为集地产投资开发、基础建筑施工、道路施工养护为一体的综合性开发公司。公司董事长兼总经理王书贤。

山东齐陵建筑工程有限公司承建500万元以上工程情况表

表8-1

工程名称	建筑面积（平方米）	结构	建设投资（万元）	竣工时间	质量等级
裕鑫花园2号、8号综合楼工程	6142	砖混结构	578.94	2008.2.15	合格
淄博奥林匹克花园33号、38号、39号住宅楼	9091	砖混结构	581.81	2009.3.11	市级优质结构
中金新村6号、7号住宅楼	9890	砖混结构	655.9	2009.4.10	合格
中金新村老年公寓	7200	砖混结构	527.22	2009.4.10	合格
朱台花园小区一期工程	16862	砖混结构	1117.2	2010.9.24	合格
淄博奥林匹克花园35号、36号住宅楼	8572	砖混结构	607.16	2010.12.10	合格
临淄区朱台花园小区二期	30244	砖混结构	2523.59	2011.4.16	合格
临淄区稷下街道办小杨村5号、6号住宅楼	300	砖混结构	765.8	2012.1.16	合格
盛世豪庭二期11号、16号住宅楼	8405	框架剪力墙	1009.68	2013.8.4	市级优质结构
山东东大一诺威新材料有限公司12万吨/年聚氨酯产品搬迁改建	5050	砖混结构	504.64	2013.9.20	合格
山东齐陵建筑工程有限公司办公楼	2100	框架结构	510	2013.9.26	合格
临淄区淄河村二期工程11号多层住宅楼	7130	砖混结构	819	2013.9.30	合格
临淄区淄河村二期工程1号、5号、2号多层住宅楼	12822	砖混结构	1309	2013.9.30	合格
临淄区齐鲁化学工业区经十路东片区D组团15号、16号、20号、21号、22号	19152	砖混结构	2807.9	2013.11.14	合格
合里新村还迁工程6号、11号楼及车库	15446	复合剪力墙结构	3750.	2013.11.30	合格
盛世豪庭地下车库工程	15959	框架结构	1433.21	2014.1.10	合格
临淄区淄河村二期工程1号、2号、3号高层住宅楼	24907	CL墙体结构	3110	2014.4.30	合格
临淄区永安花园A1—A5号、Z1号住宅楼工程	33381	砖混结构	2770.62	2014.5.6	合格
香江汇园小区1号—7号住宅楼工程	23978	1—5号砖混结构，6—7号剪力	3827.39	2014.5.21	合格
山东英科环保再生资源股份有限公司	19865	门式钢梁结构	690.92	2014.7.18	合格

续表 8-1

工程名称	建筑面积（平方米）	结构	建设投资（万元）	竣工时间	质量等级
南金村生活新区 2 号、4 号、6 号住宅楼及地下车库	27283	剪力墙结构	2653.13	2014.12.6	合格
合顺·孔雀城 46 号、48 号、49 号住宅楼	14485	剪力墙结构	2172.72	2015.3.20	合格
齐都镇谭家村 1 号—5 号住宅楼	17202	砖混结构	1857.6	2015.8.27	合格
庆贤楼	6600	框架结构	1353	2015.8.29	合格
玫瑰园限价房及地下车库工程	16586	框架结构	2385.01	2015.12.31	合格
临淄区稷下街道办大杨树村	41297	砖混结构	6611.14	2016.8.12	合格
绿茵·名宇桂花园 8 号、9 号住宅楼工程	31356	剪力墙结构	3465.23	2016.9.18	合格
临淄区华福园 1 号商住楼工程	26015	剪力墙结构	3075.32	2016.11.23	市级优质结构
合里新村 6 号、11 号楼及车库	20820	剪力墙结构	3750.	2016.11.30	市级优质结构
临淄区绿茵·假日风景棚户区改造项目	2239	框剪结构	3106.08	2017.12.31	市级优质结构
临淄区朱台镇中心社区朱北旧村改造工程	37114	砖混结构	4287.89	在建	合格
金山镇南于家村旧村改造工程 B2 号—B4 号住宅楼工程二标段	10168	3 号剪力墙结构，4 号砖混结构	1592.38	2017.12.30	合格

淄博齐兴建工有限公司

成立于 1993 年 9 月，使用原工商所办公楼，2014 年 10 月迁于齐陵街道办事处西邻。是集建筑施工、水电暖安装、装饰、装修为一体的综合性施工企业，属国家工民建总承包二级企业资质。

淄博齐兴建工有限公司　（2017 年摄）

公司原名淄博市临淄区齐兴建筑安装工程公司，属淄博市临淄区房屋开发公司下属的建筑企业丁级资质。2001 年 3 月，公司成立淄博市临淄区鑫宝建材厂。2002 年，公司原办公地址占地总面积 4758 平方米。8 月，晋级国家工民建三级资质企业。公司职工 360 人，注册资金 600 万元，工程产值 2000 万元。2007 年，产值达 5000 万元。2012 年 8 月，晋级国家工民建总承包二级企业，更名为淄博齐兴建工有限公司。2014 年 10 月，新建英伦式办公楼 1 栋，属框架结构，建筑面积 3000 平方米。建筑层数为 5 层，地上四层，地下一层。

2017 年，在办公楼后面建设职工宿舍楼，建筑面积 4372.3 平方米，属砖混结构，建筑层数为 6 层，解决老职工住房问题。公司有职工 880 人，具有多年施工经验专业人员 580 人，专业技术人员 158 人，下设十个职能科室，十二个项目部，分公司有专业铁路维修公司、公路养护公司、牛山庄园生态园林公司、天天向上文化传媒公司、装饰公司。公司注册资金2000万元，拥有资产8000多万元，年均完成建安产值8900万元，完成利税900万元，工程创优率达95%，工程合格率达100%，公司发展成为集建筑施工、水电暖安装、装饰装修一体的综合性有限公司。公司董事长兼总经理王颖。

淄博齐兴建工有限公司承建500万元以上工程情况表

表8-2

承建工程名称	建筑面积（平方米）	结构	建设投资（万元）	竣工时间	质量标准
山东美陵公司新扩建	4000	钢混	4000	2009.4	合格
污水处理厂	—	钢混	4000	2016.8	合格
309国道淄河大桥收费处	40000	砼	4300	2004.10	合格
菏泽兔八哥新建工程	—	钢混	6000	2008.9	合格
淄河新村一至三期	55000	砖混	7800	2016.5	合格
晋园食府工程	4000	砖混	500	2015.8	合格
美陵分公司办公楼	7000	框架	2368	2014.10	合格
淄博民通热力分公司控制中心大楼	7730.32	框架	1023.65	2016.11.3	合格
临淄发电厂鹏翔大厦内外装饰装修工程	12000	框剪	2000	2016.6	合格
寿光市公路公寓住宅楼	25836.4	框剪	2600	2010.1.15	合格
瑞泉阳光3号住宅楼	5438	砖混	706	2008.10	优良
奥林匹克花园61号、62号住宅楼工程	8500	砖混	1105	2011.12.31	合格
齐陵第二中学教学楼加固及厕所、体育器材室重建工程	3591	砖混	502	2012.12.27	合格
山东万海双涵化工设备有限公司车间办公楼	办公楼2800 车间3200	框架钢混	745	2014.10	合格
临淄区凤凰镇西郝家村1号、2号、11号住宅楼及1号商业楼工程	12124	砖混	1820	2016.7.26	合格
东郡·璟园29号住宅楼	4944.67	砖混	745	2016.11.28	合格

第四节　房地产业

淄博奥林匹克花园置业有限公司

公司成立于2004年，是山东裕华发展有限公司旗下的全资房地产开发公司。为国家房地产开发四级资质企业，注册资本2000万元。公司秉承“质量第一、信誉第一、用户至上”的企业宗旨，致力于打造“生活舒适、环境优美、配套设施完善”的健康居住社区，努力为社会创造更多品质优良、功能完善、理念先进的高品质社区。先后获得地方纳税百强企业、重合同守信用、生产管理先进单位、统计工作先进单位等荣誉称号。

2005年，开发建设淄博奥林匹克花园项目，项目已完成三期建设，总占地面积34.87公顷，规划总建筑面积35万平方米，绿化率37%以上。项目开发产品有多层住宅50余栋、小高层住宅4栋、联排别墅100余套、沿街配套商业房2.26

万平方米，小区配套大型幼儿园 4000 平方米、高档母婴护理中心月子房 80 余间，配套大型超市、医疗门诊、餐饮服务、银行网点等便民服务设施，2016 年底建成。社区内配有多个健身广场，设漫步机、压腿器、腰背按摩器、扭腰器、上肢牵引器、单双杠、跷跷板、秋千、乒乓球台等健身器材 60 余件，设儿童滑梯 2 处，室内活动室 1 处，建有 1 个标准篮球场地。

山东德誉隆基置业发展有限公司

公司坐落于临淄区齐兴路 116 号，成立于 2009 年 9 月 21 日，注册资本 5000 万元。有员工 100 余人。公司自成立以来，依靠团结和信誉，秉承科学、稳健、积极进取的经营作风，艰苦奋斗、科学管理，企业不断壮大，形成集人才优势、地缘优势、资本优势于一体的企业实体。

公司精心建设"太公湖•御泉湾"项目和"太公湖体育公园"配套项目。"太公湖 • 御泉湾"项目地处太公湖东岸，总面积 17 万平米，公司本着做"品质地产、品牌地产、良心地产"的理念，聘请国际著名团队加拿大 CDG 公司担纲设计，将意大利风格建筑与园林景观完美融合，人与自然和谐共生。项目多次获省市媒体和权威部门颁发的"城市贡献奖""年度最具影响力楼盘""淄博最具品牌价值房地产项目"等奖项。

山东新东郡置业有限公司

公司是美陵环境科技（淄博）有限公司下辖的子公司。2010 年 9 月，山东美陵集团公司通过考察，引进二级房地产开发企业—山东齐鲁盛华房地产有限责任公司，合作设立山东齐鲁盛华房地产有限责任公司美陵分公司。2015 年 9 月，山东齐鲁盛华房地产有限责任公司美陵分公司更名为山东齐鲁盛华房地产有限责任公司东郡分公司。

2016 年 12 月，经双方协商，合作成立独立经营的山东新东郡置业有限公司，公司注册资金 2000 万元，美陵环境科技（淄博）有限公司占 51% 股权，山东齐鲁盛华房地产有限责任公司占 49% 股权。在淄河村改造工程，累计建设住宅楼 21 栋，建筑面积约 10.5 万平方米。

淄博金世孚置业有限公司

公司是集房地产开发、销售为一体的综合性企业。位于淄博市临淄区齐陵街道齐家终村南侧，始建于 2010 年 10 月 26 日，注册资本 1800 万元。公司始终奉行"诚信求实、厚德载物"的宗旨，坚持"和谐、务实、创新、高效"的企业精神，以市场为导向，以质量为根本，以社会满意为标准，努力实践诚信为本的经营理念。公司下设办公室、开发部、工程部、财务部、销售部。现有高级管理人员 5 名、会计师 3 名、经济师 2 名、统计师 2 名、建筑工程师 6 名、助理工程师 2 名。

公司开发莲台山庄项目，位于临淄区齐陵齐家终村南侧（马莲台风景区内）占地面积 3.38 万平方米，建筑面积 3.36 万平方米。建筑突出北方民居传统风格，以灰白相间线条和板块为主，配以古铜色栏杆、铜门，木质院墙，自然淳朴的水系，点缀在青山绿丛之间，突显建筑的古朴、典雅。因地制宜突出山区特色，小区环境形成树、果、花、草合理搭配，水、景、石相互辉映的怡人景观。大型壁画、大门砖雕、景石、警句名言等形式突出小区以和谐、诚信、孝义为主题的传统文化。

·第九篇·

交通　邮电

胶济铁路淄河铁桥（2017 年 摄）

临淄大道淄河大桥　　（2017 年摄）

青银高速临淄东互通立交　　（2018 年摄）

春秋战国时期，临淄境内主要大道有5条，其中一条大道经淄河店东去益都。秦汉时期该条道路改建为驰道。清朝末年，开始修建胶济铁路，1904年6月开通，淄河店设火车站。清末民初，境内官道一条，驿路两条，乃临淄地区唯有的两条驿路。

新中国成立后，道路交通有了较快发展。境内309国道、102省道横贯东西。20世纪60年代，区级公路北齐路建成通车。80年代，北齐路拓宽并改建为沥青路面，修建多条镇级、村级沙石路。进入21世纪后，道路交通迅速发展。在公路建设中，沙石路改造为沥青路或混凝土路，实现村村通公路。并相继修建了旅游路、美陵路和东郡路。2006年，胶济铁路实现电气化改造。2015年始，济青高铁开工建设，齐陵街道率先完成征地拆迁工作。至2017年，境内共有干线公路3条，铁路2条，区级公路3条，镇级公路21条，村级道路30余条，各村大街小巷全部硬化为混凝土路面。境内桥涵有公路桥8座、铁路桥2座、涵洞14处。

客货运输发展迅速。1964年始，购进机动运输车，后各种运输车辆不断增加。1971年开通客车。2006年，实现村村通客车。2015年，境内共有各类运输车1715辆。至2017年，境内客运线路6条，出租车遍布城乡，40%左右的家庭拥有家用轿车。境内设有交通稽查大队、交警中队、淄河大桥收费站、公路站等机构，负责交通管理及公路养护。

境内邮政始于明嘉靖三年（1524年），在淄河店设驿铺。1919年1月，中华邮局在淄河店设分柜。解放战争时期，设淄河邮务所。新中国成立后，邮电通信逐步发展。1952年，设立淄河店邮政代办所。1957年，改为淄河店邮电所。1962年12月，升级为淄河店邮电支局。办理信函、包裹、汇兑、报刊发行、储蓄、电信等业务，是省级标准化邮电支局。1998年，邮电分营改为淄河邮政支局和电信支局。2003年，电信支局更名为山东通信公司淄博分公司齐陵营业部。2008年，网通公司与中国联通公司合并，改称中国联通。9月，设立临淄电信齐陵营业厅。

至2017年，境内有4家网络公司运营。广电、移动、电信、联通4家公司网络信号覆盖全境。

第一章 道 路

第一节 古 道

自武王封姜尚于齐，建都营丘（今临淄区齐都镇），至春秋战国时，“临淄之途，车毂击、人肩摩”，成为东方名都。临淄境内主要大道有5条，其中一条由齐国都城往南，沿淄河西岸经尧王庄，过淄河，经淄河店，东去益都。秦汉时期，该条大道改建为驰道。

晋永嘉五年（311年），青州治所由临淄城徙广固城（今青州城西）后，横贯省内的东西大道移至临淄南境，从长山（今属滨州市邹平县）进入临淄金岭镇，经境内柳店、淄河店等，去广固城。

明朝，沿袭晋代大道。大道称驿道，也称“官道”，沿道设服务性驿站或铺，淄河店设铺。

清末民初，境内只有一条济南至潍县的官道。驿路有两条，一条由淄河店至广饶，另一条由淄河店至益都县杨家庄。

第二节 公 路

干线公路

境内有3条干线公路通过，其中国道2条，省道1条。

荣兰路 荣成至兰州。1970年前，名为济青路，后更名为王潍路。途经淄河店、聂仙庄、郑家沟。1973年12月，中国石化齐鲁石油化工公司进口30万吨化肥装置的大件运输，省交通厅投资建设淄河店至郑家沟段，路基宽12米，

新309国道齐陵段 （2017年摄）

属二级公路，1976年通车。1986年改称为荣兰路，编号为G309，也称309国道。1991年3月16日开始，省交通厅投资3683万元，按一级路标准拓宽改造，并于1993年10月在淄河大桥南头设立收费站，1994年11月，完成境内路段。2003年，309国道改道，改为从郑家沟村向西北经聂仙村，跨越淄河与309线城区段衔接，2004年，建成通车。同年，收费站由淄河大桥南头移至郑家沟村北临淄与青州交界处。

青银高速公路 1993年12月建成通车，称济青高速公路。境内长5.2千米，途经后李、薛家、胡家、前丁、后丁等村。有特大公路桥一座，在后李村西北，跨越淄河。路宽23米，沥青路面，双向四车道，中间有3米宽隔离带，日均车流量3000辆。具有行车速度快、通行能力强、立体交叉、全线封闭、中央分隔、分道行驶、控制出入的特点。2002年，公路两侧各辟30米宽的绿化带。2016年下半年，青银高速公路山东段拓宽改造，由双向4车道拓宽为双向8车道，是山东省重点建设项目。齐陵项目区全长5.2千米，包括临淄东互通立交桥，涉及薛家、后李、前李、胡家、东刘家、刘营、前丁、后丁8个行政村，613户，45.02公顷土地。至2017年下半年，拆迁安置工作完成，年底大桥主体建设完成。

青银高速公路齐陵段 （2017年摄）

济青路 济南至青岛。为横贯山东的东西大道，编号S102，称102省道。1936年，由山东省国民政府修建。路面宽10米，泥土路面。1959年，铺为矿渣石路面。1967年始，铺筑沥青或渣油路面，以灰土为基础，1970年，全线完成，路面宽7米，达四级公路标准。1978年，因王潍公路改线北移，该路遂改名为王潍公路复线。1988年，更名为济青路。齐陵段从城区牛山路至淄河村东南青州界，途经柳店、北山西、北山东、淄河村等村庄。2005年，客运专线开辟，淄河村火车站撤销，该道淄河村至青州段废弃，102省道从临淄与青州交界处并入309国道。2009年，区交通局对牛山路至淄河村段进行加宽改造，后该路段改称牛山路。

区级公路

区级公路境内有3条，北齐路、临淄大道、淄水路。

北齐路 齐陵街道政府驻地309国道至广饶县北卧石。1964年建成通车，沙土路面，境内长4.9千米，宽6米。1985年，改铺沥青路面。1997年，按国家二级路标准拓宽改造，路面宽15米。2011年，拓宽改造，路面宽40米，双向8车道，中间有5米宽绿化隔离带，公路两侧各有20余米宽绿化带。

临淄大道 太公湖淄河大桥至街道办事处驻地东309国道六路口。该路段原属309国道，2003年309国道改道后，成为区级公路，称齐陵路，长2400米，宽31米。2004年安装路灯。

北齐路齐陵段　　（2017 年 摄）

2009 年临淄大道东延，该路段又改造提升，改称临淄大道。此路段是横穿街道办事处驻地的一条重要道路，路两侧有政府机关、医院、银行、学校、商铺、集市、居民生活区等，是全街道经济文化中心。2016 年，路中间设隔离护栏，并禁止大货车通行。

淄水路　临淄大道至齐盛路淄河大桥，为城市主干道。修建于 2004 年，长 1250 米，宽 14 米。途径奥林匹克花园、御泉湾两个生活区，称奥园路。2014 年 11 月，由区民政局正式命名为淄水路。

镇、村级公路

1997—2017 年，共修建镇级公路 21 条，总里程 88.6 千米。修建村级公路 31 条，总里程 31 千米。路面类型为水泥混凝土或沥青。

临淄大道齐陵段　　（2017 年 摄）

齐陵街道镇级公路统计表

表 9-1　　单位：千米

序号	路线名称	里程	路面类型	修建年份	备注
1	环镇路	5	沥青	2003	镇路
2	一中路	0.8	水泥	2004	镇路
3	东外环—终村路（终村路）	4.2	沥青、水泥	2004—2014	镇路
4	二中路	1.9	水泥	2005	镇路
5	聂仙—王齐路	1.9	沥青	2010	镇路
6	宋望路	4.4	沥青	2011	镇路
7	望交路	4.2	沥青	2011	镇路
8	二号路	6.4	沥青	2011	镇路
9	北山—齐陵景区路（景区路）	3.1	水泥	2012	镇路
10	齐王路（旅游路）	13.75	沥青	2012	镇路
11	美陵路	1.2	沥青	2015—2017	城市次干道
12	东郡路	0.9	沥青	2016—2017	城市次干道
13	淄水北路	1.2	沥青	2017	城市次干道
14	杨西—吕家	1.58	水泥	2017	镇路
15	杨东—吕家	1.22	水泥	2017	镇路

续表 9-1

序号	路线名称	里程	路面类型	修建年份	备注
16	刘家终村—齐家终村	0.26	水泥	2017	镇路
17	马莲台—康山路	0.64	水泥	2017	镇路
18	终村路—红螺山	0.7	沥青	2017	镇路
19	蛟山路	1.1	沥青	2017	镇路
20	天齐渊—红螺山	1.6	沥青	2017	镇路
21	红螺山—渣土场	0.8	沥青	2017	镇路

齐陵街道村级公路统计表

表 9-2　　单位：千米

序号	路线名称	里程	路面类型	修建年份	备注
1	北山东—北山西—齐陵旅游路	1.2	水泥	1997—2003	村路
2	齐王路—南山—牛山路东延	1.7	沥青	1998	村路
3	二号路—吕家	1.3	水泥	2002—2006	村路
4	北齐路—西龙—东龙—北齐路	1.9	水泥	2003	村路
5	北齐路—高家孝陵	1.8	水泥	2003—2007	村路
6	郑家沟—309 国道	0.5	水泥	2005	村路
7	王齐—青州南苑	1.3	水泥	2005	村路
8	北齐路—石庙	1.8	水泥	2005—2013	村路
9	309 国道—聂仙—北齐路	0.5	水泥	2006	村路
10	聂王路—驻佛	0.4	水泥	2006	村路
11	宋望路—付辛—太平	2.1	水泥	2006	村路
12	二号路—东刘家	0.6	水泥	2006	村路
13	北齐路—刘营	1.8	水泥	2006	村路
14	二号路—胡家—东刘家—宋家	1.6	水泥	2006—2009	村路
15	前李村碑—太公湖路	1	水泥	2010	村路
16	北齐路—薛家	1	水泥	2013	村路
17	槐荫路	0.7	沥青	2013	村路
18	旅游路—终村路（刘家终村）	0.5	水泥	2014	村路
19	齐家终村—莲台山庄景区	0.5	水泥	2014	村路
20	红螺山路	1.2	沥青	2014	村路
21	刘家终村—齐王路	0.9	沥青	2014	村路
22	齐家终村—齐王路	1.6	沥青	2014	村路

续表 9-2

序号	路线名称	里程	路面类型	修建年份	备注
23	齐家终村南湿地	0.7	沥青	2014	村路
24	齐家终村西湿地	0.8	沥青	2014	村路
25	柳店沿湖路	0.7	沥青	2014	村路
26	后李路	0.5	沥青	2015	村路
27	吕家—高家孝陵	0.8	水泥	2015	村路
28	北苑东路	0.5	沥青	2015	村路
29	北苑—南苑路	0.3	沥青	2016	村路
30	毛家—二号路	0.8	沥青	2016	村路

第三节　铁　路

胶济铁路

青岛至济南。从青州与临淄交界处进入境内，横贯齐陵南部，途径淄河、北山东、北山西、刘家终村等村，跨越淄河出境。清光绪二十五年（1899 年）6 月，胶济铁路由德国在青岛设立的山东铁路分公司修筑，1904 年 6 月开通，淄河店西南设火车站。1914 年，铁路被日本侵占，1923 年收归国有。抗日战争暴发后，日本再次侵占胶济铁路，直至 1945 年 8 月，中国重新接管胶济铁路。1949 年 6 月 2 日，由人民政府修复后通车。

1960 年，胶济铁路双线开始建设，因故几度中断。1966 年，随着胜利油田的开发，进一步加重客货运输压力。1974 年，淄河店站以西先后修筑部分路基和桥涵，缓解胶济铁路压力。齐鲁石化第二化肥厂上马后，为解决进口特大件设备的运输，又修筑淄河站至辛店间的绕行线与淄河下行线特大铁路桥。1975 年夏，胶济铁路双线再度停建，1978 年全面复工，并作为国家重点项目加快建设速度。1980 年，淄河火车站改建于村东南。1983 年底，各站区间先后竣工通车。

齐陵境内电气化胶济铁路　　（2017 年 摄）

1985 年 2 月 15 日，胶济铁路快车全部改为内燃机牵引。1997 年 4 月 1 日，客运列车运行提速，由 60 千米～70 千米 / 小时提高到 90 千米～100 千米 / 小时。1998 年 10 月 21 日，客运列车再次调图提速，达 120 千米 / 小时。

2003 年 11 月，胶济铁路全线进行电气化改造，修建新淄河双线特大铁路桥，淄河火车站撤销。2006 年 9 月 8 日，工程全面竣工，成为省内第一条电气化铁路。2007 年 4 月 18 日，青岛至济南间动车组开始运行，列车最高时速超过 250 千米。2008 年 12 月 20 日，客运专线全线贯通，胶济铁路进入“高速时代”。

济青高铁

2015 年下半年，济青高速铁路开工建设。此为全国第一条由地方控股的高速铁路，是国家“四纵四横”快速铁路网太青客专的重要组成部分，也是山东快速铁路网的“脊梁骨”项目。济青高铁境内路段长 1465 米，途经老刘家、小交流两个村。占地 2.79 公顷，其中水浇地 2.74 公顷，农村道路 580.29 平方米，涵洞 2 座，蔬菜大棚

14 户 17 个，小拱棚 5 个，青苗 31 户 8971.15 平方米。

2015 年 12 月，街道办制订完善的拆迁方案，认真做好企业和群众工作，依法依规开展征地拆迁。2016 年 3 月，拆迁工作全面完成，成为济青高铁全线第一个全面完成拆迁任务的乡镇(街道)。

济青高铁计划 2018 年底开通，时速达 350 千米 / 小时。

第四节 桥 涵

公路桥

新中国成立前，境内因处交通要道，河道和泄洪沟上多建石板桥或砖台石拱桥。随着道路的建设与变迁，古桥仅存 2 座，即柳店双龙桥和淄河三孔桥。20 世纪 30 年代，修建淄河漫水桥 1 座。新中国成立后，修筑公路桥 5 座，大桥 1 座、特大桥 2 座、互通立交桥 1 座、中型泄洪道桥 1 座。

柳店双龙桥 位于柳店村内，是一座石拱桥，为明代所建，迄今已有 500 多年历史。民国《临淄县志》载，清代同治十年（1871 年），临淄知县范继安率众重修。2010 年 7 月，公布为市级文物保护单位。

双龙桥呈东西走向，三孔，单孔跨径 2.29 米，矢高 1.08 米 ，桥宽 5.2 米，主跨 10.8 米，总长 28.8 米。全部用大块青石建成，最大石块长 1.2 米，宽 0.58 米，高 0.65 米，重约 1.2 吨。桥面两侧用高 0.42 米、宽 0.27 米的长条青石做护栏，桥北侧最大一块有 2.5 米长。桥面全部用长 2 米、宽 1 米、厚 0.25 米的青石铺成。2000 年村内道路硬化，在桥面铺了一层 0.2 米厚的混凝土，桥面青石被混凝土覆盖。

柳店双龙桥 （2017 年 摄）

淄河三孔桥 （2017 年 摄）

明清时期，双龙桥处于交通要道。向东去往府治青州和胶东半岛，向西直通省府济南，为车马行人提供交通便利。桥两侧夏日绿树浓荫，风光宜人，往来客商常常在桥畔歇脚，顾盼流连。清代博山籍进士赵执信年少时到青州府考秀才路过此地，在双龙桥驻足休憩，看到雾气朦胧的牛山和水波粼粼的淄河美景，留下了“细风吹雾白难收，沙引清淄入地流。绿树连阴村雨暗，牛山何处见全牛”的诗句 。后来由于气候及其它多种原因，河水逐渐减少，桥下淤积严重，桥身有一半埋于地下，1936 年，因修建王潍公路，交通要道迁至柳店村南，双龙桥失去往日的繁忙，成为乡村道路桥。

淄河三孔桥 明清时期，淄河店“青龙街”北首的东西街，是济南通往青州、潍坊、寿光及胶东的要道。明朝末年，为方便交通，在东沟上建造了一座三孔石头桥。桥长 20 米，宽 4.5 米，高 5 米，每个桥孔宽 2 米，高 2.5 米。桥孔东面（迎水面）上方雕刻一龙头，桥两边栏杆上有精致石雕，中间 2 个朝天吼，两边是石光头、八面方头、狮子头，南北对称，西北角的狮子脚下按一小狮子。引桥两边用长 1 米多、宽 0.8 米、厚 0.4 米的大石头砌成，呈锯齿状。是一座非常坚固的石桥。

来往于济南潍坊间的行人，推车挑担路过此处，都要在三孔桥边大柳树下石头上歇脚乘凉。三孔桥更是淄河店人们休闲娱乐的好去处。夏天人们劳动回来，在桥边洗涮干净，纳凉休息。

后来由于环境的改变，桥下流水早已不复存在。随着村庄的搬迁，三孔桥也失去往日的繁华，

淄河漫水桥 （2017年摄）

新309国道淄河特大桥 （2017年摄）

桥面及四周长满野草，但依稀能看出往日的风貌。

淄河漫水桥 位于柳店村西北，又名柳店漫水桥。修建于1938年，是淄博市最长的漫水桥，省道济青路由此通过。桥分为4组，由西向东分组为17孔、8孔、25孔、25孔，共75孔，跨径均3米，共225米。两首与桥组之间修砌漫水路面5段，长751米。整个工程总长976米。1966年7月15日曾遭洪水冲毁，后又历经数次水毁修复改建。至1970年，漫水桥组成5组，由西向东分别为17孔、7孔、23孔、10孔（因沿河岸造田，东首堵塞两孔）、25孔（其25孔全部堵塞，仅露桥面），计82孔，299.3米。1991年3月至8月，省公路局投资82万元改建，对1～4组采用石砌墩台钢盘混凝土板，在其上游依原桥进行加宽。其中，1～3组原宽4米，加宽至12米；第4组原宽7米，加宽至13米。加宽部分跨径均6米。桥东端25孔，因埋于地下未改建。桥头及桥组之间连接的漫水路面相应加宽。2009年，区交通局对该桥进行加宽，右侧加宽至19米，最大跨度改为11米，桥面两侧各有1.2米宽人行道，石立柱间铁链相连，保证人车安全。2016年，桥两头设立限行杆和减速带，限高2.6米。现为牛山路段，桥体完整。

临淄大道淄河大桥 （2017年摄）

临淄大道淄河大桥 位于淄河村西北，系大型桥。原为309国道桥，因309国道改线，淄河大桥随此段道路一并交于临淄区管理。该桥于1975年12月建成使用，为钢筋混凝土拱形桥。长441.42米，宽9米，高8米，两边人行道各宽0.75米。13孔，每孔跨径30米，有台2个，墩12个，工程造价180万元，时为淄博市最长的公路桥梁。1980年，安全通过360吨重大件平板挂车。1992年，山东省公路局投资848万元改建，新建大桥与老桥并排形成上下单行桥。全长439.79米，采用13孔30米钢架拱结构，共计54根直径1.5米的灌注桩，4个承台，10道系梁，468块微弯板，364块悬壁板，22块腹孔板，共用钢材450吨，浇注混凝土7000余立方米。1994年6月建成。后经过数次整修加固。2015年进行整修，加厚路面，两侧的人行道及水泥栏杆改为大理石材质。在两端设立限行杆，禁止大型车辆通行。现桥体完好。

新309国道淄河特大桥 新309国道齐陵段跨越淄河，建有特大桥一座，位于聂仙村西北。中桥位置桩号k401+558，桥跨组合为20*3；大桥位置桩号为k402+147，桥跨组合为20*25，梁桥均为混凝土箱梁桥。由淄博市公路管理局负责修建，于2004年10月修建完成。在309国道发挥着重要作用。2017年底，设限高杆，禁止大货车通行。

青银高速公路淄河特大桥 1992年11月建成。位于后李村西北，中心里程125.25千米，全长546.96米。该桥为预应力混凝土T型梁，跨径30米，18孔，桥高12.5米，桥宽为2×11米，中为绿化分隔带，路面为沥青混凝土。

临淄东互通立交桥 为青银高速公路互通立交桥。位于后李村东北，薛家村西南。被交路为北齐路。互通立交形式为AA形双喇叭，主线济青高速下穿被交路，匝道上跨主线及被交路。中心桩号K219+117.354，互通区范围K217+850～K219+200，长1.35千米。2016年6月开工，总造价1.05亿元。2017年底，大桥主体已建成，与原北齐路跨高速路立交桥连为一体。

该互通立交桥包括两区（收费站管理区、职工生活服务区）、两高架（跨北齐路高架桥、跨青银高速高架桥）、七车道（东营方向加速车道、济南方向加减速车道、青岛方向加减速车道和收费站上下加减速车道）。该桥的建设，保障交通运行通畅，提高土地利用率，提升城市美观程度。

东风桥 位于淄河村，街道办事处西侧50米。东风桥原是泄洪道上的一座简易石板桥，修建原309国道时，重建为石拱桥，并定名为东风桥。桥长20余米，与原309国道同宽。现桥体完好。

铁路桥

胶济铁路淄河大铁桥（上行） 俗称梅花桥，位于胶济铁路淄河店站至临淄站之间。全长458.4米，中心里程为247.26千米。10墩，11孔。其中，9孔每孔跨径41.22米，2孔每孔跨径36.2米，系铆焊上桁桥。1899年由德国人设计兴建，1902年建成。初期设计为轴重13吨轻便桁梁，U型桥台，尖端形桥墩，工字钢桩基，混凝土墩台，块石镶面承台。1935年8月至1936年5月，将桥墩台及承垫石更换为钢筋混凝土帽石，原轻便钢梁更换为总量1620吨的古柏式E—50级钢梁，桥面铺设43千克/米钢轨，是胶济铁路上最大的钢桁梁桥。这座大铁桥连同胶济铁路，见证了外国列强的侵略和中华民族抵御外辱、奋起抗争、走向解放的历史过程。

胶济铁路淄河大铁桥 （1905年摄）

电气化胶济铁路淄河双线特大桥 （2017年摄）

1975年1月，下游600米处特大桥建成后，该桥只作为上行线使用。2005年9月，新双线特大桥建成后不再使用此桥。2010年7月，公布为市级文物保护单位，并树立石质标志。

胶济铁路淄河特大桥（下行） 位于上行线淄河铁路桥下游约600米处，中心里程为246.66千米，1974年7月1日动工，1975年1月31日建成。大桥为18孔预应力钢筋混凝土预制钣梁，桥孔跨度为31.7米，梁跨度为32.7米，桥台基础为T型基础，台身为T型桥台，台身顶帽宽6米。1至17号桥墩为圆型沉井基础，圆端型墩身。桥面为直线，平坡。全桥长606.24米，荷载为中—26级，是胶济铁路惟一的铁路特大桥。1975年5月25日和7月31日两次顺利通过运输大型化工机械的专用列车。2005年9月，新双线特大桥建成后此桥停止使用。至2017年，此大桥已拆除。

胶济铁路淄河双线特大桥 2003年11月，为适应胶济铁路客运专线和电气化改造的需要，淄河双线特大桥开始建设。2005年9月建成并投入使用。该桥位于临淄站东端双绕地段，为双线22孔32米后张法预应力钢筋混凝土桥梁。起止里程分别为DK246+224.23和DK246+964.91，中心里程为DK246+594。左线长740.68米，右线长740.02米。采用C20钢筋混凝土钻孔桩，桩径1.25米，桩长40米～50米。T型桥台，双线圆端形实体墩，墩高6.5米～8米，台高分别为8.89米、10.39米。工程由中铁二局集团有限公司承建。2005年9月，ZH—7标段临淄段由淄博工务段接管使用。

涵洞

境内涵洞是随着道路的修筑而建造，共有涵洞 14 处。济青高速公路有涵洞 8 处，其中 5 处较大，2 处跨越进村路，3 处跨越镇级 2 号、3 号、4 号路。另有 3 处较小涵洞为泄洪道；胶济铁路有涵洞 6 处，其中 3 处较大，2 处跨越旅游路，1 处跨越进村路。3 处较小涵洞皆为泄洪道。

第二章　交通运输

第一节　运输工具

人力车

常用人力车有手推车、地排车、自行车、三轮车等。

手推车　从清朝至新中国成立初期，交通工具落后，货物运输除肩挑、畜驮外，还出现了木制独轮人力车。中间只有一个车轮，一般需一个人推动，既可坐人，又可载物。不论平原或山地，在狭窄的道路上都可使用，比人挑畜驮，运输能力大了几倍，一般可载 150 千克。20 世纪 50—60 年代，木轮改为胶轮，而且轴承化，较前轻便了许多，载货量 200 余千克。因其体型比木轮车小，故称为“小车子”。1963 年，全公社拥有胶轮小推车 1430 辆，仅淄河大队就拥有 96 辆。1990 年后，此车逐渐被淘汰。

地排车　20 世纪 50 年代一种人力运输工具。由手推车的独轮改为双轮，后推改为前拉，比手推车省力，装货方便，载货量多，一般载重 500 千克左右。90 年代后期，随着三轮车及其它车辆的出现，地排车逐渐消失。

自行车　20 世纪 30 年代，被称为“洋车子”的自行车出现。新中国成立后，自行车数量渐增。1963 年，境内有 500 余户拥有自行车，仅淄河大队就有 48 户。20 世纪 80 年代，自行车成为群众普遍使用的交通运输工具。1983 年，境内每百户拥有 104 辆。后来品种逐渐增多，2000 年后，出现变速车、山地车、赛车等新车型以及各种品牌电动车，更加轻便、快速，深受人们喜爱。

三轮车　由自行车改制而成，分载客三轮和载货三轮。载客三轮一般可载 1 ～ 2 人，多的可载 4 人。载货三轮一般可载重 250 余千克。电动三轮是 1984 年后出现的新车型，一般载重 100 千克，特别为老年人看重。各型三轮车均具有轻便灵巧、使用方便的特点，是居民常用的交通运输工具。

畜力车

畜力车主要有马车、驴车、牛车等，在不同的历史时期，在农业生产和交通运输方面发挥了重要作用。

马车　后李古车博物馆展出的春秋战国时期的马车，采用系驾法，用四匹马拉。采用此种方

手推车　（2000 年摄）

大金鹿自行车　（2017 年摄）

春秋战国时期用于作战的马车（2017 年摄）

清末民初时期马车（2017 年摄）

式驾驭的古车，马疾车轻，性能好，速度快，常用来打仗。几千年间，造车技术不断创新，不断改进，成为陆地交通最重要的运输工具。清末民初，境内民间多用马拉大车运输。马车为木制双轮上辅以铁瓦，由一马驾辕，一马或两马、三马拉套。新中国成立前，境内共有铁轮大车 13 辆。1950 年后，木车轮逐渐改为胶轮。1958 年，人民公社成立后，部分大队或生产队拥有马车，成为交通运输的主力。1963 年，全公社有马车 22 辆。1980 年后，马车多为农户自用。逐渐出现“二混子车”，只有一马或一骡驾辕，搞短途运输。20 世纪 90 年代，随着机动车的广泛使用，马车逐渐消失。

驴车 1970 年后，人力地排车逐步改为由驴驾辕的畜力地排车，并有较大发展。1980 年后，驴车参加经营性运输，主要运煤、运粮等。随着机动车增多而逐渐减少。部分农户作为辅助运输工具，90 年代末逐渐消失。

牛车 明清时期，牛车是许多农户常用的运输工具之一，多用于运送土杂肥或庄稼，有时也用于载人。新中国成立后，牛车渐少，逐渐被其他车辆代替。

机动车

主要有汽车、拖拉机、摩托车等。

汽车 1932 年，境内始有汽车运输，但发展缓慢，战争年代一度停运。1976 年，公社农具厂组装解放牌汽车一辆。1979 年，购进第一辆上海 130 汽车，4 缸，75 马力。1980 年，购进跃进 GJ130 汽车 1 辆，6 缸，75 马力。1980 年后专业运输汽车迅速发展。1985 年，发展到 130 辆。之后，居民购买实用的农用汽车搞运输，汽车数量大增。至 2015 年底，发展到 1715 辆。其中，农用车 1333 辆。

拖拉机 1971 年，公社拖拉机站购进第一台拖拉机“东方红 -28”。1972 年，境内拥有大型拖拉机 5 台，小型拖拉机 1 台。1978 年后，各类拖拉机迅速增加，尤以 8.8 千瓦（12 马力）拖拉机最多。1985 年，有大中小型拖拉机 442 辆。1990 年又增加 290 辆。2000 年后，随着专业运输汽车和农用汽车迅速增加，专业运输的拖拉机越来越少。

摩托车 摩托车出现于 1983 年，车型为重庆产“嘉陵”牌两轮摩托车。尔后，发展迅速，品牌不断增多，并出现三轮摩托车。2000 年前后，摩托车已基本普及。后随着各种汽车及电动车出现，摩托车数量逐渐减少。

第二节 公路运输

客运

民国时期，自行车传入境内。但境内多用驴、马等牲畜载人，后来以马车或驴车载人。新中国成立后，自行车数量逐渐增多，至 20 世纪 80 年代，成为居民重要代步工具。

客运班车始于 1971 年。6 路公交车从张店至淄河店，票价 0.55 元。1976 年，辛店至南卧石 28 路公共汽车开通，途径淄河、聂仙、龙池、前李、后李、刘营、薛家等大队。2006 年，实现村村通客车，境内客运线有 66 路、73 路、84 路。随着城市大公交的发展，2010 年 1 月 6 日，237 路公交车开通。2010 年 12 月 24 日，200 路公交车开通。2016 年 2 月 6 日，252 路公交车开通。至此，境内客运线路达 6 条。2017 年 1 月，客运班车全部改为全新电动公交车运营。

境内公共交通线路及站点

73路： 辛店—刘辛，1993年开通。途经站

66 路全新电动公交车　　（2017 年 摄）

点：北山、美陵公司、齐陵办事处、天齐渊矿泉水、聂仙、吕家孝陵、东龙池、前李、刘营、后李（中国古车博物馆）、薛家、宋家。

66路：辛店—后下，1996年开通。途经站点：北山、美陵公司、齐陵办事处、天齐渊矿泉水厂、杨齐、王齐、毛家、高家孝陵、石庙孝陵、后丁、胡家、东刘家、太平。

84路：辛店—小交流，1997年开通。途经站点：太公湖、淄河、聂仙、吕家孝陵、毛家、北苑、前丁、后丁、付辛、望寺、朱家、老刘家、小交流。

237 路：奥林匹克花园—辛店，2010 年 1 月 6 日开通。上车投币，票价 1 元，全程 14.5 千米。该线路是临淄区第二条集约化经营的无人售票大公交线路。站点：御泉湾、奥林匹克花园。

200 路：奥林匹克花园—张店义乌—周村，2010 年 12 月 24 日开通。2012 年 1 月，200 路调整为奥林匹克花园—张店义乌。票价 4 元，后调整为 6 元。至 2015 年，200 路每天 12 台班车、45 个车次，运行间隔 30 分钟，高峰期 20 分钟，运行时间 75 分钟，单程 42 千米。途经站点：御泉湾、奥林匹克花园。

252 路：奥林匹克花园—辛店，2016 年 2 月 6 日开通。上车投币，票价 1 元。途经站点：御泉湾、奥林匹克花园、美陵公司、北山、柳店。

出租车

出现于 20 世纪 90 年代。最初为微型车，车型有拉达、菲亚特等，后来出现天津大发等面包车。1985 年，齐家终村从上海购进 5 辆小型菲亚特和两辆天津产 12 座面包车，成立建中出租车公司。90 年代后期，出租车型以夏利轿车和面包车为主。2000 年后，新增桑塔纳和捷达等轿车，面包车逐步退出出租市场。2010 年后，出租车型多升级为新款桑塔纳和捷达轿车。2015 年，随着智能手机的普及，出现打车软件，人们出行更加方便。至 2017 年，出租车遍布城乡。

家用轿车

2000 年前后开始出现，之后逐年增多。至 2017 年，境内 40% 家庭已拥有轿车。

货运

明清时期，境内运输量较少，多依靠人力、畜力运输。1904 年，胶济铁路建成通车，货物进出多依靠铁路，境内只有货物流通的短途运输。新中国成立后，国民经济发展加快，货物运输量逐年增多。运输实行“统一货源、统一运价、统一调配”的管理办法，一定程度上限制交通运输的发展。

中共十一届三中全会后，放开运输市场，交通运输逐渐活跃。建立多渠道少环节货物流通体制，个体运输业迅速发展。1971 年，建中大队（齐家终村）建起石料厂，每天运石料车辆达 30 辆左右，将石料运往孤岛东营等地。1982 年，建中大队购置 5 辆运输车，个人购置 10 余辆，加上外村的车辆，共 50 余辆运输车组成车队，常年运送石料，一直持续到 1992 年。之后，个体运输车辆迅速发展，运输市场竞争激烈，货运量显著增加。1995 年起，各种货物运输专用车辆大量出现。至 2015 年，境内共有各类运输车 1715 辆。

货运车辆　　（2017 年 摄）

第三节 铁路运输

1904 年胶济铁路建成通车，境内设立淄河店火车站，开始有了铁路运输。站址在淄河店西南，胶济铁路 242+700 米，离济南站 138 千米，离青岛站 255 千米。有两条铁轨和一条铁路叉子，双轨供两侧火车交错通行，铁路叉子供火车停靠装卸货物，为四等站。隶属济南铁路局青岛铁路分局。

抗日战争时期，日本侵占胶济铁路。胶济铁路特务大队大队长马功臣率领部队与日军斗智斗勇，为清河根据地筹集武器钱物，打通胶济铁路南北通道，并数次破坏铁轨，切断日军物资供应，有力打击了日伪军。

1951 年，为支援抗美援朝前线，修建从淄河火车站至淄河滩的专用铁路线，从淄河滩运送石子、沙子去朝鲜建铁路。共 10 个装车货位，淄河店占 4 个，北山、柳店、尧王占 6 个。淄河店组织 500 多人筛沙子、选石子，保证按时运往朝鲜战场。

1980 年 9 月，站址东迁。客运方面办理旅客乘降、行李包裹托运等。货运方面办理整车货物发到。设客运站台 2 个，货台 1 个，货仓 1 座，货场 1 个，正线 2 条，专线 1 条，站线 3 条。日客车 1.5 对，货车 4 对。年送达客 10000 人，年发货 1500 吨，年达货 3800 吨。2002 年，房屋 167 平方米，站台 300 米，面积 1500 平方米。货场总面积 1.59 万平方米。货物仓库每座 309 平方米，货物站台每座 1800 平方米，货物装卸线 1 条，全长 540 米，有效长 440 米，一次堆货能力 833 吨，年办理货运量 9 万吨。年内发送旅客 549 人，发送货物 21.6 万吨，客货运输收入 942 万元。

2004 年 8 月，因胶济铁路电气化改造和提速需要，淄河店火车站撤销，11 月 1 日停办客货运业务。2006 年全部封闭。

第三章 运输管理

第一节 机 构

交通稽查大队

按照省交通厅统一规划，1988 年，区交通局在齐陵设置山东省临淄区第十九号交通检查站。站址设在 309 国道齐陵段（淄河村）路南侧，占地 2000 平方米，建有二层楼一栋，700 平方米。1993 年，因 309 国道拓宽，办公楼拆除。迁址到路北侧，占地面积 1900 平方米，建有三层办公楼一幢，以及食堂、车库、取暖锅炉房等配套设施，总建筑面积 1200 平方米。1996 年 11 月，由省政府批准改为临淄区交通稽查大队，被区政府升格为副科级事业单位，有稽查人员 21 人，其中公路分局派稽查人员 6 人，设有三个稽查中队。

交通稽查大队多次被镇人大代表评议为“群众满意单位”称号；被区委、区政府授予“区级文明单位”称号；获得“全省交通稽查工作先进单位”称号。

2009 年 10 月交通稽查大队迁离。

历任负责人：

孙玉宝　胡建民　孙玉宝　常承国

齐陵交警中队

淄博市公安局交通警察支队临淄大队齐陵中队（简称齐陵交警中队）。建于 1982 年，队址设在淄河村西美陵集团东邻，共有干警 5 名。2008 年迁至郑家沟北临淄收费站以西路北。2017 年，共有员工 26 人。其中，民警 7 人，协警 10 人，协勤 2 人，协管 7 人。辖区面积 85 平方千米，辖区居民 13 万余人。主要职责是确保道路安全、畅通、有序，打击道路上的违法行为，宣传道路交通常识和预防重特大交通事故，简易

齐陵交警坚守执勤岗位　（2017 年 摄）

交通事故的处理，辖区内危险品企业车辆和校车监督，重要节日和活动的警卫、安保，处理车辆违章。

2011 年 1 月，被淄博市公安局交通警察支队评为“全市公安交通管理工作先进单位”。

历任负责人：

尹传申　王相发　信怀先　孙庆章
王会军　尹传申　王玉成　何立国
车金刚（主持工作）

收费站

淄博市公路管理局淄河大桥收费站，简称淄河大桥收费站，位于郑家沟村北 309 国道临淄与青州交界处。隶属于淄博市公路管理局，正科级事业单位。筹建于 1993 年 10 月，原址为齐陵路 60 号（淄河大桥南头），于 1994 年 1 月 1 日正式收费。主要职责是依法收取 309 国道临淄至张店段的车辆通行费。收费性质为行政事业性收费，所收通行费上解省交通厅，实行专户储存，并交省财政厅专户管理，用于归还该段道路的贷款和集资。

1998 年，被山东省人事厅、山东省交通厅授予“山东省交通系统先进单位”称号；1999 年 5 月，被全国创建青年文明号活动组委会授予“全国青年文明号”称号；2001 年，被山东省精神文明建设委员会授予“省级文明单位”称号。

2004 年 10 月，因国道 309 改线迁至现址。设办公室、业务科、财务科、监控室等科室和 4 个收费中队。现有事业编制人员 23 人，其中在职在岗 20 人（正科级 1 人，副科级 2 人），退休 3 人（正科级 1 人）；合同制人员 52 人，劳务派遣人员 16 人。

淄河大桥收费站连续 19 年保持了“国家级青年文明号”，连续 17 年保持了“省级文明收费站”等荣誉。2010 年被淄博市交通局工会授

淄河大桥收费站　（2017 年 摄）

予“工人先锋号”称号；2012 年被山东省交通运输厅公路局授予“文明收费站”称号。

收费站历任负责人：

孙振亭　王明坤　燕士吉　朱建华
刘海燕　张之永　张敬涛

公路站

1976 年，公社成立公路站，站长 1 人，工作人员 1 人，负责社路的养护与管理，养护人员 30 ~ 40 人，由各大队选派，公路站统一管理。1991 年，公路站与林业站合并，称为林路站，站长 1 人，副站长 1 人。2006 年，林路站又分为林业站和公路站，公路站设站长 1 人，工作人员 1 人。

历任负责人：

刘青松　李光业　于学文　郑文华
王振忠　刘炳立　李继玉　孟凡胜
刘昭利　马　敬

第二节　公路养护

新中国成立前，境内道路养护靠征集农民劳役。1949 年以后，公路养护实行民工建勤政策，由附近乡村出民工，国家给予补助。

1976 年，公社成立公路站，公路养护实行统一管理。负责的主要道路有：南北路 1 号、2 号、3 号、4 号路；东西路聂仙—王齐、吕家—北苑、龙池—前丁、后李—后丁、宋家—望寺、望寺—交流等。实行分段包干，负责清扫整修路面、清理杂草、维护路基、整理路沟、管理树木等。人员待遇由生产队记一个劳力工分，公路站每天补贴 1 角钱，后来增加到每天 2 角，又增加到 4 角。

1980 年起，加大养护力度，待遇实行工资制，每人每月 30 元，后增加到 36 元。至 1984 年路况明显好转。1986—1990 年，继续执行民工建勤政策，国道、省道等养护实行工人与建勤代表相结合，一般区镇公路实行民工建勤与专业养护队伍相结合的组织形式。1990 年后，运输车辆增多，吨位增大，路基路面破坏严重，公路养护工作重点放在路基补强、路面保平上。1999 年后，加强全面养护。2002 年，境内干线公路好路率 82.3%，区路好路率 86.7% 以上。2006—2013 年，镇级路的养护方式是每人 1 千米责任到人，各自对负责的路段进行定期养护，工资每月 150 元，后来每月增加到 300 元。2011 年，对年久失修、坑洼不平的宋望路、望交路进行改造提升，总投资 637 万元，修建为符合标准的沥青混凝土结构。

2014 年 12 月，街道办事处制定《齐陵街道办事处农村公路养护管理办法》，对养护管理和路政管理提出具体要求，并制订监督检查和奖励惩罚的具体办法。规定路基及时整修，路肩、边坡密实稳定、平顺、美观，边沟无杂草、垃圾；路面及时清扫，保持洁净、无杂物，路面病害随时发现，及时处理；桥涵排水畅通，构部件无破损；公路两侧树木无缺株断垄，每年两次涂白；施工产生的垃圾及时外运，不得出现施工扬尘。

齐陵街道养护人员维护路基　（2017 年 摄）

村级路由各村保洁员养护，大村配备 5 ～ 6 名，小村 2 ～ 4 名，全街道 37 个村、1 个社区共配备保洁人员 98 名。工资由街道财政统一管理，保洁员每人每月 350 元。镇环卫所定期检查，及时通报排名。无侵占公路、边沟、路堤、边坡等行为，无擅自开设路口及砍伐树木行为，无违章建筑、违章作业、堆放杂物等行为，无摆摊设点、马路市场等违法行为。街道公路站负责协助区交通行政主管部门或公路管理机构实施路政管理。养路费建立专户，专款专用严禁挤占和挪用。在区财政每年每千米 3500 元补助的基础上，街道再按每年每千米 10000 元筹措配套资金，并列入年度财政预算，按检查验收结果，按季度及时拨付到养护单位，以确保养护工作正常运行。

2015 年 3 月，淄博锦绣韬环境服务有限公司通过招标以每年 126 万获得镇级路、村级路、连村路路面保洁及绿化养护工作。2016 年 7 月，在公开招标中以 380 万元中标，负责全街道村居及镇级路路面保洁、绿化养护，并负责 37 个村生活垃圾清运工作。公司接手后对保洁员进行全面培训，月工资 700 元～ 1500 元不等。购置 40 辆电动三轮垃圾车，并购置电动巡检车、洒水车、打药车、装载机、挖掘机、挂桶垃圾车、吸粪车、翻斗车等车辆。为每辆车安装 GPS 定位系统，便于管理。对街道划分为 3 个区，即南区、中区和北区，每个区配备一名管理员和一辆电动巡逻车，每个管理员下面配备 6 ～ 8 个小组长。制定规章制度和考核细则，管理员每天巡检一次，公司每周检查一次，检查结果跟工资挂钩。

2017 年，招聘环卫工 170 余名，专业技术人员 20 余名，配置大小机械及车辆 20 余辆，下半年，办事处为保洁队伍配备专业的洗扫车辆，提高工作效率，减轻保洁员劳动强度。建立垃圾处理长效机制，实现垃圾日产日清。对镇路 014 号和 002 号进行整体改造提升。投资 450 万元对杨西—吕家、杨东—吕家、刘家终村—齐家终村、马莲台—康山路、高家幼儿园道路等 5 条连村路进行整体改扩建。2 号路—毛家、2 号路—石庙、北苑—宋望路做沥青罩面，进一步改善了交通条件。

第三节　货运管理

1975 年，设立交通运输管理所，负责辖区内交通运输业管理，宣传执行道路运输管理政策及法规，引导运输经营者依法经营、诚实信用、公平竞争。管理运输市场，及时足额征收各项交通规费。及时掌握货物流量、流向，为辖区内经济发展提供运力保障。

1982 年设立交警中队，主要负责维护交通秩序，纠正、处理交通违法行为，维护公路治安秩序，预防和打击公路上发生的违法犯罪行为，查缉逃犯及其他犯罪嫌疑人，制止乱停乱放、乱设站卡等妨碍道路交通安全的行为。接受报警，救助人身财产安全受到侵犯或者处于其它危难情形的公民等。对辖区内国道、省道及交通流量较大的重点路段，每天至少巡查一次，主要检查公路交通秩序状况，有无违章占道、交通堵塞，特别是超载、超员、无牌无证等严重交通违法行为的整治情况。巡查执勤民警警容风纪是否严整、指挥手势是否规范、纠正违法行为是否文明、巡逻警车是否按照规定时间、路线进行执勤。向当地群众、驾驶员了解交警执法的看法和意见，了解当前道路交通管理工作中存在的问题。

1988 年设立 19 号交通检查站。1991 年 5 月，与交通运输管理所合并，改称交通稽查大队。其职责为贯彻落实国家法律法规和主管部门的方

齐陵交警检查货运车辆　　（2017 年摄）

针、政策、规定。依法查处违反运政管理、偷漏国家税费的违法行为。打击欺行霸市、垄断货源、扰乱运输市场秩序的违法行为，净化运输市场。依法对客运超员、货运超限违法行为进行查处，确保道路运输安全。

第四章　邮电　网络

第一节　邮　政

机构

明嘉靖三年（1524 年），在金岭设邮驿，临淄城南设总铺，淄河店设驿铺，负责传递官府文书、物品，接待过往官员等。1896 年，驿铺撤销。民国八年（1919 年）1 月，在县城设立中华邮局，淄河店设分柜，此为境内最早的通信机构。1938 年，因日军入侵而撤销。1946 年 6 月，国民党第八军占据临淄县城，在县城设临淄县中华邮局，淄河店设邮务所。1948 年 3 月，临淄全境解放，邮局由人民邮政接管。1952 年，设立淄河店邮政代办所。1957 年，经省邮电管理局核定改为淄河店邮电所。1962 年 12 月，晋升为淄河店邮电支局，在村内租用 2 间民房开展业务。支局共有职工 19 人，其中支局长 1 人，办公室主任 1 人，邮电营业 5 人，投递 3 人，线务 4 人，其他 5 人。1967 年，新建 3 间砖瓦房，50 平方米。

随着业务的发展变化，支局数次搬迁。1976 年，迁至淄河大队东北部 309 国道以南，建营业室、话务室等 5 间，97 平方米，装有磁石交换机一台，50 门，职工宿舍四间，77 平方米。1992 年，迁至村西北部 309 国道以北，原工商管理所旧址，建 3 层半框架结构程控电话楼 600 平方米，油机室、附房 125 平方米，支局用地及建设投资由齐陵镇政府负担。1998 年 9 月邮电分营，改为邮政局和电信公司。2003 年，邮政局迁至街道办事处西 300 米路北，原交通管理站。2015 年，迁址至淄河新村南侧。

淄河店邮电局　（1980 年摄）

业务

淄河邮电支局成立时，服务面积为 56.17 平方千米，43 个自然村，单位 107 个。办理业务主要有信函、包裹、汇兑、报刊发行、电信等。

新中国成立初期，各类进出口邮件量较少，邮件主要靠人力投递。1950 年后，负责投递信函、报刊、印刷品、包裹、汇单兼征订报刊等，邮件量增多。开始用自行车投递，投递方式是邮件通过火车运递到淄河店火车站，邮电支局每天到火车站接发邮件 1 次。1988 年开始，由区邮电局分发到淄河店及其它邮电支局，支局把邮件按村庄、单位分好后，邮递员利用摩托车或自行车投递。

20 世纪 80 年代后期，支局开办邮政储蓄业务。1993 年，开办集邮业务。1993 年 12 月，安装程控电话 1000 门。1996 年 6 月，扩装 1000 门。新设寻呼机站 1 个，配有五十铃汽车一部，是省级标准化邮电支局。完成业务收入 199.64 万元。1997 年，完成业务总量 293.33 万元，完成业务收入 262.72 万元。2003 年，汇兑实现全国联网，并启动物流配送工作。另外，特快专递、代收话费等业务广泛开展。

2017 年，支局有职工 7 人，业务范围主要

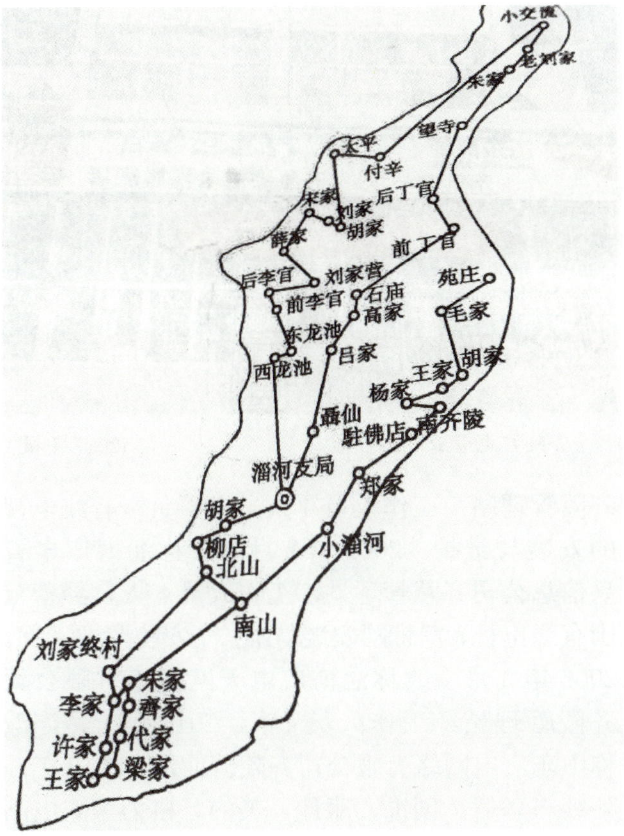

淄河邮电支局投递线路图

是邮政业务和存款储蓄业务。邮政业务包括国内和国际邮件寄递，报刊、图书等出版物发行，邮票发行，邮政汇兑，邮政金融，邮政速递，邮政物流，电子商务，各类邮政代理业务及国家规定开办的其它业务。存款储蓄业务完成2亿元。

淄河店邮电支局历任负责人：

邢福祥　张相功　韩德孝　周元唐
张曰仁　高光业　徐长恩　黄玉堂
边英富　黄玉堂　刘兴荣　陈　效
朱东武　张建光　赵书利　谢海燕
徐连国　崔连玉　董　萍　张素玉
唐丹红　单　萍

第二节　电　信

机构

1933年，淄河店开通电话。1946年，设立淄河店邮务所。1957年，改为淄河店邮电所，开通电报业务。1998年9月，邮电局分为邮政支局和电信支局。1999年10月，固网和移网分营，电信支局与移动通信分离。2003年，电信支局更名为山东通信公司淄博分公司齐陵营业部。2008年9月，设立临淄电信齐陵营业厅。

历任负责人：

朱东武　张建光　王红燕

设备

1931年，山东省建设厅以各县政府、县党部，各乡、镇、区公所等，在行政区均需直接联系，特令各机关在办公室装设电话。1933年，县电话事务所换装西门子50门磁石式交换机1台，电话通达淄河店，电话专供县政府、县党部，各乡、镇、区公所使用，所需费用全部由县建设科拨付。1934年，县电话事务所接通东齐陵（今王齐）电话。1941年，日警备队在城里设警备电话站，装磁石式日式交换机2台，电话通达淄河店。

1951年7月，临淄县电话站归口县政府管理，临淄县农村只有供地方政府专用的电话，经费由地方政府开支，不对社会开放，称为“地方电信”。1952年10月13日，中央财经委员会发布《地方电信统一管理方案》，确定县以下的地方电信成为地方国营农村电话，对社会开放经营。农村电话实行地方政府与邮电部门双重管理，地方政府负责计划财务，邮电部门负责技术服务。农村电话的收费标准由县政府自行规定，经营盈亏由地方政府负责。

1958年，公社、大队集资发展集体电话，增加服务网点。促进邮电通信事业发展，改变农村通信落后面貌。3月，县邮电局增30门农话交换机1台，淄河店邮电所装设电话交换机。县城至淄河店为支局所交换点。淄河至齐陵、孝陵为2个国营交换点。县间农话电路有淄河店至益都县普通。实现乡乡通电话。

1973年12月，临淄邮、电两局合并，电信分局由城里迁往辛店，淄河支局开通单路TSJ—303型载波8端，通达地点：辛店至淄河店邮电支局。1975年，农村电话中继线：辛店至淄河杆路长度3千米，全部为水泥杆路，线条长度8对千米。1976年，淄河支局迁至淄河村东北部309国道以南，建营业室、话务室等5间，97平方米，装磁石交换机1台，50门，职工宿舍4间，77平方米。同年6月，齐陵公社实现队队通电话，经验在全区推广。1977年，淄河店支局换装朝阳产50门落地式磁石交换机1台，原交换机拆除调出。1982年，根据省局文件通知，拆除淄河至益都县普通杆路长度2千米。

1992年，建3层半框架结构程控电话楼600平方米，油机室、附房125平方米。1993年12月，淄河邮电支局开通EWSD数字程控交换机，境内电话交换全部实现程控化。磁石交换机被淘汰。同年，农话中继线为至淄河店杆路长度6千米，电缆长度7皮长千米。1993年12月，安装程控电话1000门。1996年6月，淄河支局交换设备进行二次扩容，新增容量920门。同年，淄河支局完成五期管道、线路及至终村扩容工程。安装程控电话1000门。1997年5月，安装武汉产GD/MF340HL—Ⅲ型传输设备。9月，五期农话二次扩容，增容量920门。

随着通信技术的进步和当地电话网的发展，农村电话自动化、数字化逐步提高，农话、市话和长话的性质差别逐步缩小。1998年3月，新建老刘家村SIEMENS设备1处。4月，在东龙池新建远端模块局1处，设备容量432门。5月，在后丁村、宋家村各建远端模块局1处，设备容量304门。9月30日，交换设备六期扩容，增容量832门。

1999年10月，固网和移网分营，电信与移动通信分离。2002年，电信公司改为网通公司。2008年10月，网通公司与中国联通公司合并，改为中国联合网络通信有限公司，简称中国联通。至2017年，随着网络兴起、移动电话普及，固话用户越来越少，固定电话大部分被移动电话取代。

第三节 信息网络

进入21世纪，信息网络迅速发展。至2017年，境内有广电、移动、电信、联通四家网络公司运营，网络信号覆盖全境。

广电

2001年，区广播电视局在齐陵政府院内设齐陵管理站，工作人员4人，主要负责有线电视的安装与维护。2002年2月，改称淄博广电青鸟信息公司齐陵管理站，工作人员6人，经营范围有线电视、宽带网安装与维护、安防监控工程。2006年3月，改称淄博广电天网视讯有限公司齐陵管理站，工作人员4人。2010年1月，改称山东广电网络有限公司齐陵营业厅。2012年，陆续与海信、创维、康佳、美的、格力等家电品牌合作销售家电。2015年，营业厅迁至街道办事处东100米路北。2017年，有员工6人，其中，站长1人，客户经理4人，营业员1人。服务全街道37个村、3个生活区（奥林匹克花园、御泉湾、东郡）。

齐陵广电营业厅 (2017年摄)

至2017年，在网电视用户达5000余户，宽带用户2400余户，辖区内所有村庄实现光缆全覆盖，有线数字电视村村通，形成有线数字电视网络一张网。充分利用网络稽查功能，定期对有线广播电视传输进行稽查，有力打击和防范邪教组织的传播，净化广播电视传播环境。

历任负责人：

何　斌　王书森　齐小勇　刘玉洲
朱　东　孙连友

移动

2002年3月，设立中国移动临淄移动公司齐陵营业厅，位于街道办事处东100米路南。有员工4人，负责齐陵街道37个行政村、1个社区及企事业单位的移动通信及有线宽带服务。主要经营移动电话、移动数据、相关信息服务等。

齐陵移动营业厅　(2017 年摄)

营业厅设立之初，性质为自建外包模式，主要为境内手机用户提供缴费、补卡、变更业务等基本功能。2003 年 3 月，临淄移动决定变被动服务为主动营销，营业厅改为自建自营模式。公司统一招聘员工，统一培训、考核，统一服装、统一服务规范，提高服务的规范性与标准化。落实“沟通从心开始”服务理念，落实 5S 管理、服务 100、首问负责制等措施，严格工作流程，规范客户投诉受理、处理流程等，使服务更加规范标准，发展到全街道 2G 语音信号无缝覆盖。在语音通信的基础上加大移动手机上网技术革新，推出 2.5 代 EDGE 网络通信技术，提高手机移动上网速率。

2008 年，开始发展第 3 代 TD—LTE 移动通信技术，为广大移动客户提供高速上网业务，引领进入真正的 3G 生活。为各村办理乡亲网业务，实现村与村之间网内通话。2013 年开通 4G 网络，后陆续推出 4G+、VOLTE 高清语音等业务。12 月，中国移动正式获得固网宽带牌照，陆续推出“和 TV”“和目”等互联网应用。2014 年 11 月，移动宽带开始发展。移动营业厅历经单一手机业务、移动通信、有线宽带、IMS 固话、移动互联网、移动数据专线等，正式进入全业务运营时代。2016 年，获“淄博移动优秀乡镇经营部”“乡镇明星营业厅”称号。

至 2017 年，移动手机用户 2 万余户、移动 4G 用户 1 万余户，有线光宽带用户近 4000 户，客户占比达到 85%，境内村庄移动宽带全部覆盖。

历任负责人：

贾云清　孙光香　马荣华

齐陵电信营业厅　(2017 年摄)

电信

2008 年 9 月，临淄电信齐陵营业厅设立，地址位于街道办驻地东侧。营业厅主要以移动业务为主，经营 133、153 号段发展。2010 年，对整个齐陵街道进行固网投资，宽带网络覆盖全街道各村庄及社区。实现端口覆盖 12854 个。电信移动号段有 133、153、180、181、189、199。电信公司响应国家提速降费号召，宽带速率由起初的 10 兆提高到 100 兆。

2014 年 12 月，临淄电信公司调整全区营业厅布局，临时关停齐陵营业厅。2017 年，临淄电信公司重新设立齐陵营业厅，地址位于街道办驻地东 300 米路南，配备员工 3 人。

实行移动网、宽带网两网并行运营，移动网年收入 45 万元，宽带网年收入 60 万元。从 10 月 1 号开始全面取消国内长途漫游。至 11 月底，移动网用户 586 户，宽带网用户 1386 户。为临淄区电信公司达标营业厅。

营业厅负责人：张洪波

联通

2008 年 10 月，网通公司与中国联通公司合并，改为中国联合网络通信有限公司，简称中国

齐陵联通营业厅　　（2017年摄）

联通。中国联通公司淄博分公司在境内设齐陵营业厅，位于街道办事处西邻，齐陵路61号。主营宽带网络、移动网络（3G、4G）、IPTV、ICT、IDC、网络电视、物联网、大数据等业务。有职工5人，固话用户1000部，宽带用2000户，手机用户3000部。

2016年，在全街道“无盲区”展开“光网城市”建设，新建光纤端口5000个，布放光纤1000余波长千米，高质量满足全网5000客户语音、互联网、IPTV电视“一条光纤、三网融合”的智慧家庭需要。

历任负责人：

孙　平　李文亮　崔成武　王延军

·第十篇·

财税　金融

齐陵街道财审所（2017年 摄）

农商银行齐陵支行服务厅　　　　（2017 年摄）

邮政储蓄服务厅　　　　（2017 年摄）

抗日战争时期，抗日民主政府本着“量出为入”的原则，按需筹集粮款，收入全部上缴，支出由上级拨付。新中国成立后，实行统收统支的财政体制，收入全部上缴，支出据实报销。财政收入分为固定收入、固定比例分成收入、调剂收入三类。收入项目和分成比例一年一定。中共十一届三中全会后，实行“利改税”。1980年，财政体制改革，实行“划分收支，分级包干”的管理体制（称“分灶吃饭”）。1985年实行“划分税种，核定收支，分级包干”的管理体制。1998年全面推行分税制，实行“定额上缴、比例递增、收入返还”财政体制。2002年始，按照“取之于民，用之于民”原则，强化财政支出管理，制定、完善一系列财政管理办法。至2017年，规范预算外资金的收取、上缴与管理，建立社会保障资金管理制度，对支农资金实行专设账簿、专户储存、专门核算。采取“以奖代投”方式，实行重点项目财政监督制度，规范财政基本建设资金拨付、使用监管制度。

清代，沿明制“一条鞭法”。民国时期，除沿用清制外，新开征名目繁多的地方杂捐杂费。开设国家税和地方税捐两大类。抗日战争时期，抗日民主政府实行采用累进税制。1948年，改按负担地亩和累进税两种方法计算征收。

新中国成立后，政务院1950年颁布《全国税政实施细则》，统一全国税政，建立新的税制。1958年8月，对工商税制进行改革，简化税制。1966年，全国试行工商税。1973年，进一步简化税制。1983年，对国营企业实行第一步利改税。1984年10月，实行第二次利改税，执行总额分成的财税体制。1994年，执行中央新税制，实行分税制财税管理体制，各税划分为中央税、共享税、地方税。1998年，全面推行税制改革。2002年，所得税划为共享税。在农村全面实行税费改革，取消“三提五统”和屠宰税，改征农业税、农业税附加。大力支持和促进民营经济发展，积极培植税源，强化征管。

东周时期，齐国都城临淄即开始铸行刀币。1954年，境内成立了终村、淄河、齐陵、孝陵、宋家、望寺6处信用合作社。1971年，6处信用社合并为齐陵人民公社信用合作社。1986年，淄河邮政局开设储蓄业务。1996年，境内开办保险业。2010年，齐陵信用社更名为临淄农商银行齐陵支行。

第一章 财 政

第一节 机 构

清代，临淄县署设户房，主要征收田赋。

民国时期，国家与地方实行财政分治，境内无专门财政管理机构。各村有专门征收“粮银”的人员，称“地方”。由“地方”到各户催讨，然后由“地方”将所征收款直接送县财政管理部门。

1939年7月，临淄县抗日民主政府成立，县政府设财粮科，区公所设财粮所，乡设财粮员。同年10月，淄河以东地区划归益寿临广四边县，财粮征收由四边县粮秣科担任。

1941年7月，抗日斗争形势恶化，抗日民主政府及群众救亡组织转入地下活动，敌占区各村停止向抗日民主政府缴纳粮款。

1946年8月，国民党县政府设财政科，并设统筹委员会，一切军需及杂支等项由区、乡、村按地银摊派。

1948年3月，临淄地区解放，龙池区、牛山区区公所设财粮助理员。

1949年，财粮助理员改称财经助理员。1958年，成立人民公社后，县改革财政管理，部分财政管理下放给人民公社，建立起公社财政。1959年，县收回公社财政权。公社仍保留财粮助理员。1984年，镇政府设财粮助理员，负责乡镇财政经费管理，并协助上级主管部门做好粮食征购工作。

1985年5月，淄博市财政局在齐陵镇搞试点，齐陵镇财政所成立。设所长、总预算会计、单位会计、出纳员、农业税收专管员、乡镇企业财务专门管理员等。

2003年12月，撤销齐陵镇，设立齐陵街道办事处，齐陵镇财政所改名为齐陵街道财政所。

2011年7月，齐陵街道机构改革，成立财审经管服务中心（挂财政审计所牌子）。

历任财粮助理员：

张崇道　于传真　石光明

历任财政所所长：

赵悦发　李继刚　刘冰祥　陈　涛

第二节　财政体制

民国以前，国家实行中央政府大一统的财政体制，无中央和地方财政之分。1935年7月，国民政府颁布《财政收支系统法》，将财政体制由过去中央与省二级制改为中央、省、县三级制，提高地方政府的地位。1946年7月，南京政府修正公布《财政收支系统法》，确立中央、省、县三级财政体制。中国共产党领导的革命根据地财政，由于长期处在战争与农村环境，曾实行过分区而治，以及大部集中、小部机动的财政体制，便于对敌斗争，支援前线。

新中国成立后，实行统收统支、高度集中的财政管理体制。即地方收入集中于中央，地方支出由中央统一审核，逐级拨付，地方财政收入与支出之间基本不发生关系。1953年，实行中央、省、县三级管理体制。财政收入分为固定收入、固定比例分成、收入和调节收入三类，收入项目和分成比例一年一定。分成收入归县，支出由省核定。预算拨款严禁超支和挪用。1955年，开始征收"地方自筹经费"，收入全部归县，支出由县安排。

1958年10月，临淄并入益都县，试行新的财政管理体制，实行"计划包干、地区调剂、总额分成、一年一变"的办法，另有上级财政增拨专款作为补助。1960年受自然灾害影响，一度出现财政赤字。1962年1月，益都、临淄分县。临淄县恢复"总额分成"办法，由昌潍专署按照收支比数核定分成比例。1966年后，实行收支两条线，收入全部上缴，支出核定指标，结余归县。1970年，临淄县划归淄博市后改为临淄区，实行"定收定支，支出结余归区、超收另给分成"的财政管理体制，"地方自筹收入"全部归市，支出由市安排。1972年改为"收入上缴，支出包干"。1974年又改为"定收定支、超收分成"。1978年改"超收分成"为"增收分成"。1980年以前，临淄区实行计划经济财政预算制度。齐陵实行改革开放和经济制度管理体制，即通常所说的"分灶吃饭"的财政管理体制。主要是把收入分成固定收入、固定比例分成收入和调剂收入，实行分类分成，地方财政在划定的收支范围内多收可以多支，少收则少支，自求平衡。此次改革在体制上由"一灶吃饭"改为"分灶吃饭"，财力分配由过去的"条条"为主改为"块块"为主，收支划分和比例分成由"一年一定"改为"五年一定"。

1988年，区财政局在齐陵镇进行乡镇金库试点。实现一级政府一级财政，一级财政一级金库，使乡镇能够及时准确掌握收支进度，便利资金调剂，进一步发挥乡镇财政作用，调动政府当家理财的积极性。同时制定财力目标管理和百分制考核办法，实行百分制考核，奖励与财政总收入挂钩。基本形成一级财政对农村经济发挥着重要作用。乡镇财政的着眼点，由原来的乡镇"统收统支"转到"自我发展，自求平衡"的机制上来。确定乡镇"增长分成""超收分成"和"总额分成加补贴"的三种财政管理体制，即对财政收入任务在50万元以下的乡镇实行"超收分成"，对财政收入任务超过50万元的乡镇实行"增长分成"。齐陵镇实行"总额分成加定补"的财政管理体制。

1997年3月，区政府制定《关于实行分税制财政体制的决定》，对乡镇、街道实行"划分税种、核定收支、定额上解、超收全留、三年不变"的财政体制。地方财政收入按税种划分为区级收入、街道收入和共享收入。根据镇收入基数和支出基数确定上解基数。收入基数大于支出基数部分为上解基数，支出基数大于收入基数部分为补贴数。

2000 年，区政府实行“划分税收范围、核定收支基数、上解比例递增、补贴比例递减，财力目标管理”的分税体制。

2005 年，根据农村税费改革后收支格局的变化，按照支出责任与财力水平相适应的原则，合理确定区与街道的事权范围和财力分配结构，调整规范街道的财政管理体制。

2007 年，按照“财权与事权相匹配，标准收支，均衡发展与激励并重，有利征管，简便易行”的原则，实施新一轮区乡财政体制改革。

2012 年起，结合街道实际，在不同的历史时期分别制定了相应的财政管理体制，合理划分收入范围和支出责任，优化财力分配结构，逐步理顺财政分配关系，充分调动发展地方经济的积极性，逐步完善公共财政体系建设，积极推动公共服务均等化进程，提高财政保障能力，建立公平合理、科学规范的收入分配机制，促进经济社会稳定、协调、健康发展。

第三节　财政收入

民国前，境内财政收入由国家统一征收，以地丁银为主，兼有土贡、杂办及少数杂税，银以两计算。地丁银征收皆有定数，一般不变。地银根据土质优劣分等，一大亩（2000 平方米）折银（老十六两一斤）2 钱 3 分到 2 钱 3 分 6 厘（1 钱约等于 3.125 克）。丁银按年龄，年满 16 岁为丁，每丁折银 3 钱 5 分。

民国初期，财政收入分国家财政收入和地方财政收入。国家财政收入仍沿袭清末之银两计算征收。1914 年（民国三年）改征银元。除地丁银外，尚有租课、田赋附加税、田赋契税、杂税等项。地方财政收入无定数，一般随地丁银核收，每银一两加附捐 300 文（旧币）。

抗日战争、解放战争时期，财政收入以实物为主，量出为入，且多少不定。

1993—2017 年齐陵街道财政收入表

表 10-1　　　　单位：万元

年度	收入	年度	收入
1993	123.00	2006	1005.03
1994	127.60	2007	1159.49
1995	121.20	2008	1557.80
1996	116.80	2009	2128.51
1997	126.50	2010	2784.91
1998	151.60	2011	3465.02
1999	192.70	2012	4759.17
2000	316.00	2013	6941.36
2001	806.00	2014	4939.68
2002	834.00	2015	5126.81
2003	813.00	2016	4990.38
2004	972.00	2017	7271.77
2005	778.00		

新中国成立后，财政收入分财政预算收入和地方自筹收入。财政预算收入以农业税为主。随着国家工商业的恢复和发展，以及税务征管的加强，工商税收在财政收入中所占比重逐年增长，农业税收所占比重相应降低。1950年，农业税收入占财政总收入的61%，工商税收入占37%。1955年，开始征收地方自筹经费（亦称地方附加或预算外资金）。农业税附加为8%，1956年为20%，1962年为8.5%，营业税、所得税、附加按税额的1%征收。1964年开征社会主义教育经费。1970年后，随着社（队）企业的发展，财政收入大幅度增加，工业、企业的税收成为财政收入的主要来源。1987年，境内又增加耕地占用税。1988年增加农林特产税。1990年，教育费附加纳入预算管理。

1994年，中央全面推行分税制财政体制改革，将增值税划为共享税种，地方分成比例为25%，并核定两税基数，增量部分地方分成30%。

2002年，中央将所得税划为共享税。2003年，党中央、国务院实施农村税费改革，取消统筹费和屠宰费等。统筹费指“三提五统”（“三提”指村提留，即村公益金、村公积金、村管理费；“五统”即植树造林、防风抢险、教育、公路建设和其他），取消“三提五统”改征农业税。

2012年起，以街道周围地域的旅游优势为依托，按照规模合理、层次完善、布局科学的原则，不断扩大街道地域旅游规模，加快无污染工业和特色农业的发展，带动全街道国民经济全面发展。丰富的自然资源和良好的地理环境为街道经济发展提供有利条件，奠定财政收入大幅度增长的基础。

至2017年，齐陵财政收入7271.77万元。

第四节　财政支出

民国时期，境内无财政机构，经费按其来源分省款和地方款。地方官员薪俸及公费开支均由县署按标准统一拨付。抗日战争和解放战争时期，根据地和解放区的军政人员均实行低微的供给制。支出以实物为主，支出项目、办法、范围和标准均按统一规定执行。

新中国成立后至1952年，财政以管理支出事项为重点，一切支出均由上级按统一标准拨付。1953年，实行预算管理，分预算内和预算外支出，国家人员及军队的一切供应，都由上级按标准拨付。有收入的事业单位实行以收抵支，差额由财政补平。1992年，首次增加科技三项经费。1994年起，工资变动较大，个人工资稳步增加，财政支出亦稳步增长。街道财政支出范围主要包括农业、生态旅游业、文体广播事业费、教育经费、医疗经费、抚恤和社会福利救济，行政管理费等专项支出及其他支出，每项又分若干小项。

2005年，投资478万元硬化了二中、吕家孝陵等13条长度为13.27千米的道路。投资20万元为马莲台景区架设专用电线，筹资67.6万元为16个村维修了电线、配电室、变压器等电力设施。投资140万元为宋家、太平、刘营等17个村维修吃水井、水管等供水设施；投资65.85万元为9个村维修村办公室等办公设施。全年用于街道公益事业及基础设施建设的总投资达到1100万元。

2006年，投资210万元对王齐、郑家沟、聂仙等5个村硬化道路8.5千米，在主街道安装了路灯。投资140万元为望寺、付辛等17个村维修了吃水井、水管等供水设施。投资70万元为16个村维修配电室、新上变压器等电力设施。投资98万元解决了梁家终村、齐家终村、刘家终村、南山、北山西等5个村1140户村民的吃水问题。投资16万元改善敬老院生活居住条件，新上价值近万元的11种老年体育健身器材。投资5万元建设老年洗浴中心。

2007—2008年，投入200万元，新建高家孝陵、吕家孝陵、聂仙等3个村务中心，新硬化道路2.1千米，8个村改造吃水管线，7个村安装路灯，4个村新上变压器，石庙孝陵等5个村新打吃水井。投资30万元实施了卫生院改貌和太平等3个村的卫生室改扩建。完成新农合筹资21万元。落实各项计生奖励、扶持救助资金21万元，投入计生服务设施建设13万元。为幼儿教师全部办理了养老保险。发放优抚金80万元，落实最低生活保障金10万余元，发放救助资金

7 万余元，为 200 多位老人办理老年优待证，按时发放养老金 21 万元。推进“一池三改”工程，完成沼气池建设 409 个。投资 36 万元对牛山路齐陵段和街道 2 号路、宋望路、聂王路进行修补。投资 26 万元在马莲台景区新建高标准垃圾中转站一处。

2009—2010 年，投资 356 万元实施“五化”工程，全街道村级主街道全面硬化的村达到 34 个。王齐、太平等 14 个村新安路灯 467 盏。北山东、柳店等 6 个村新建篮球场等文体设施，南齐、宋家等 9 个村新建或整修了村务中心，监控设备覆盖 38 个村（社区）。投资 570 万元完成牛山路两侧绿化。投资 50 万元更新齐陵一中、二中教室多媒体终端。对街道敬老院老人每人每月提高生活补助 100 元，扶持改造农村危房 84 户。

1993—2017 年齐陵街道财政支出表

表 10-2 单位：万元

年度	支出	年度	支出
1993	168.60	2006	932.15
1994	298.60	2007	1203.15
1995	241.10	2008	1489.76
1996	346.00	2009	1779.72
1997	456.20	2010	2226.91
1998	491.40	2011	2596.88
1999	650.50	2012	3620.60
2000	877.00	2013	4817.87
2001	1291.00	2014	7727.38
2002	1482.00	2015	4385.29
2003	622.00	2016	3939.74
2004	915.00	2017	4941.03
2005	807.20		

2011 年，加强以保障和改善民生为重点的社会建设。投资 380 余万元用于校园安保和校舍改造。投资 37 万元落实发展幼儿教育。投资 229 万元完成社区卫生服务中心建设。投资 356.58 万元完成 37 个村的“同源一网”供水工程。投资 1950 万元完成天齐渊供水中心建设。投资 60 余万元改造便民服务中心和计生服务中心。投资 615 万元的宋望路扩改造工程全面完工。毛家等 12 个村硬化道路 11.13 万平方米。完成郑家沟等 5 个村 1354 户卫生改厕。完成危房改造 14 户。

2012 年，完成高速路林带采伐更新及绿化工作，完成生态环境综合提升工程，对旅游路进行高标准硬化提升。支出 3430 万元。2013 年，全部兑现公开承诺的裙带河治理等为民 10 件实事，完成村居社会保障服务中心建设、农村劳动力转移就业、居民养老保险等重大项目，教育、卫生、扶贫工作成效突出。完成民生事业支出 1987 万元，占街道财政总支出的 50.1%。

2015—2016 年，实施红螺山治理、南山矿山复绿、马莲台景区山体修复、齐王陵安防系统四大保护工程。发挥龙头企业在农业发展中的引领示范带动作用，打造种植业、养殖业、休闲采摘三大农业集群。扶持科技含量高、市场竞争力强的科技型、环保型、外向型企业。城乡面貌呈现新变化，改造淄河村、镇直部门、街道三个综合服务中心，建设美陵路、东郡路、一中路三条城市次干道，新建6处污水处理站，实现供热管线过淄河，城镇基础设施日益完善。建成便民服务大厅，设置18个服务窗口，实行一站式服务，突出抓好养老、卫生、教育三大服务重点。财政累计支出8325余万元。

2017年，实施天齐渊森林公园、少儿齐文化研学基地两大市重大项目，以重点项目为抓手，推动文旅产业实现新发展。建成水肥一体化科技示范园200公顷，带动周边完成推广333公顷。关停取缔、治理提升“散乱污”企业，加快推进齐陵工业园提升。推动新城建设、民生事业发展，提升20个村级党群服务中心，实施精准养老扶贫新模式，87户贫困户实现脱贫。投入380万元提升城乡环卫一体化管理。财政累计支出4941余万元。

第五节　公债　国债

公债

清光绪二十年（1894年），清政府首次发行公债。民国时期，北洋军阀政府发行“六九公债”和“四一公债”。国民党政府发行“二五库券”和“复兴公债”。但历届旧政府由于无法控制物价飞涨，所发行的公债悉数还本付息到期能够兑付者甚少。

新中国成立后，为筹集资金支援社会主义经济建设，国家向国内发行公债。

1950年，国家首次发行人民胜利折实公债。公债的募集和还本付息均以实物计算标准。其计算单位称“分”，每“分”所含实物折大米3千克，面粉750克，白细布1.33米，煤8千克。发行对象主要是工商业者、工人、农民、公职人员等，不分配任务，可自愿认购。

1954—1958年，每年发行一次国家经济建设折实公债，公债的募集和还本付息以人民币为计算单位。1954年—1957年的公债均自次年起，每年9月30日付息一次。1958年的公债利息是在归还本金时一次付清，不计复息。

国库券票样

国债

是中央政府向投资者出具的承诺在一定时期支付利息和到期偿还本金的债权债务凭证。1981年起发行多期。1999年，按财政部要求，地方财政部门停止发行各种国债。

国库券　是国债的一种，分为记名和不记名。国库券属不记名国债，像钞票那样，上面写有国库券的面值，也可以像钞票那样流通转让。1981年，国家财政部开始发行国库券。国库券以人民币为计算单位。面额为10元、100元、1000元3种。分为可上市国库券、记账式国库券、贴现式国库券等类别。发行的对象主要是县以上国营企业、集体企业、企业主管部门、机关团体、事业单位及城乡公民。单位购买年息为4%，个人购买年息8%，（以后每年都有变动），在归还本金时一次付清，不计复息。发行后第六年，一次抽签，确出每年兑付本息的国库券号码，分5年还清。

1986—1988年，国库券发行对象先后增加个体工商户、私营企业。实行到期一次还本付息。1989年，国家调整债务结构，将国库券发行的对象的范围缩小到城乡居民和个体工商户。1991年国家对大部分国库券试行承购包销方式，逐步采用市场推销的办法，并放开国债流通市场。1995年，国库券发行市场化，财政部门不分配任务，单位和个人自愿认购，试行一级自营商承购包销的方式。1995—1998年，国家向全社会公开发行凭证式和记账式国库券，凭证式国库券可以记账，可以挂失，不上市流通。记账式国库券发行结束后即可上市流通。

特种国债　1989—1991年，国家为筹集经济建设资金，向经济效益和条件较好的企事业单位和资金管理机构发行特种国债。特种国债本金偿还期为5年，年利率为15%。

特种定向国债　1993年，国家为筹集经济建设资金，加强社会保险基金的投资管理，向养老保险基金及其他社会保险基金等管理机构，发行特种定向国债，期限为5年，年利率为13.96%。

第六节　财政财务管理

行政事业财务管理

新中国成立初期，行政事业单位实行供给制财政，即“财政核定预算，实报实销，年终结余收回财政”的管理办法，由国家统收统支。行政事业经费以实物为主，以货币为辅。基层事业单位的人员工资、公务费等经费按标准提供预算，报上级主管部门批准后拨付，月末或年终由当地财粮助理员编报支出决算表，随同原始凭证向临淄县财政科结算。1953年，按临淄县对行政事业单位实行“全额预算管理”，即“费用包干，结余留用，超支不补”的办法，就是按部门的人员编制和上年开支基数以及本年发展情况核定预算，按月拨款，按月报账；对有收入的事业单位实行“差额预算管理”，以收抵支，财政补差。1962年，齐陵开始控制社会集团购买力，对企业、行政事业单位等社会集团用公款购买消费品实行控制。1978年，齐陵财政改变长期以来“统收统支”的经费管理模式，开始对行政事业单位实行“预算包干，结余留用，节支有奖”的管理办法。

中共十一届三中全会以后，农村经济快速发展，来自农村的财政收入和用于农村的财政资金大幅增加。1985年，齐陵财政贯彻全国文教行政财务工作会议的精神，压缩行政经费，重点是禁止滥发奖金、补贴、实物，压缩修缮费、会议费等。同时建立经济责任制，健全定额管理制度。1986年，区政府把属于乡镇的收支下放给乡镇。财政收入范围包括：农业税、工商税、农业特产税、耕地占用税、契税和其他收入。支出范围包括：农业、农林、水利、农机、畜牧、文化、教育、卫生、广播、计划生育事业费、公费医疗经费、社会救济抚恤事业费、行政管理费、城市维护费和其他支出。境内财政预算方案经镇人民代表大会审议通过，并报临淄区财政局备案，然后实施。1988年，开展“双增双节”运动，本着建立自我约束机制，提高资金使用效益的原则，对行政事业单位实行“经费包干，节支节编有奖，超支超编有罚”的办法。

1989年，齐陵财政对行政机关单位实行“经费包干，超支不补，结余留用”的办法，单位对自己的经费心中有数，开支时严格控制，精打细算，把钱花到急需的地方。1990年，推行经费包干办法，对行政事业单位实行“定编、定员、定额”管理，对会议费、燃修费、取暖费等公务费采取总额控制、分项使用的办法。1997年，按照区财政《事业单位财务规则》和《行政单位财务规则》，取消全额和自收自支3种预算方式，将单位一切收支纳入单位预算，实行“统收统支，定额（定向）补助，节余留用，超支不补”的管理办法。对各预算单位的办公费、差旅费、会务费、招待费、设备设施维护费等公用经费，按人头核定基数，超支自负。1998年，开始实行收支统管和“零基预算”，将行政事业单位各项收入全部纳入单位预算，在编制预算时不再实行基数增长，实行“定编、定额、定标准”的办法。1999年，按照《临淄区行政事业单位收支统管暂行办法》，实行“定收定支，收支挂钩，收入上缴，支出下拨，超收奖励，短收倒扣，超支不补，节余留用”的管理体制。2000年起，实行财政综合预算，由收入预算、支出预算、项目预算、政府采购预算4个部分组成。2006年，财政结算中心的单位经费实行了网络化管理，及时录入计划指标，与各单位进行电话沟通落实，在保证网络运行的情况下保证各单位的经费报销需求。2012年，行政事业财务管理实行“四个确保”：确保义务教育阶段中小学公用经费的足额安排和教育支出的法定增长；确保年度学校部门预算批复下达到校，预算经费实现财政国库集中支付统一管理；确保公检法部门中央公共安全转移支付资金按上级要求使用、公用经费达到省规定的标准；确保教科文普通高中生国家助学金补贴、中等职业学校贫困学生及涉农专业学生免学费、贫困寄宿生补贴、低保幼儿政策助学金、农村部分计生家庭奖励及计生家庭奖扶补贴，计生救助金等惠民资金的全面落实。控制公务用车购置，控制出国考察和国内经贸考察，控制行政政法和教科文单位经费追加事项。强化部门预算的事前监督和事后跟踪问效，强化部门经费预算执行、专项资金的使用管理。保证了部门预算及专项资金支出顺利执行。

农村财务管理

农业合作化时期，农村财务管理内容主要有培训农村会计，帮助合作社建账、清账、结账，按照社章规定清理结算入社、并社转社工作中遗留的财务问题。

1962年，贯彻落实“六十条”，人民公社设专职会计，受县会计辅导室指导，对各生产大队，生产队财会人员进行清账、结账，编制分配方案，分配报表等会计业务进行指导培训。

1984年，开始独立列编，成立乡镇经营管理站，简称经管站。同年实行农村土地承包，经管站受乡镇政府委托，组织签订15年农村土地承包合同书。并发放土地承包经营权证书。针对农村承包合同管理、农民负担资金管理，及时组织农村会计进行培训。

1986年起，农村财务进行集中办公和审计制度，对各村上期发生的经济业务，逐一审查，对合法、真实、手续完备的加盖“审计章”，做好审计记录，并对审计合格的经济业务进行财务处理，编制会计报表。

1988年12月，对农村会计制度进行改革，由农村通用的收付记账法改为借贷记账法。1996年，对会计基础理论、会计科目、经济业务、核算方法、会计报表等进行改革，经管站组织农村会计参加上级主管部门组织的各种业务培训，全面提高农村财会人员业务素质。

1997年起，对全镇农村财务实行“双代管”。1998年，《村民委员会组织法》实施后，使代管工作依法进行，纳入法制化轨道，使村级财务管理权与使用权相分离。普遍实行村务公开和民主管理制度，着重做好以下工作：规范财务公开的内容、时间、方式和程序，要求农村财务公开内容全面、详细、完整；公开时间要及时，公开方式可以多种形式，以公开栏为主；公开程序要规范，公开的内容须经民主理财小组审核通过。实行民主理财，成立民主理财小组，村级财务在报销之前，必须经民主理财小组审核同意，签字盖章。实行民主决策制度，凡关系集体经济组织各成员切身利益的重要财务事项，必须经村民大会或村民代表大会讨论通过，依照相关法律法规规定的程序进行民主决策。

1999年，农村集体财务管理进入依法管理轨道，普遍加强农村财务管理制度建设，建立健全村级财务预决算、现金银行存款管理、债务债权管理、资产台账、财务开支审批、会计人员管理等财务内部控制制度，使农村财务管理有章可循。

2004年，推动农村会计委托代理工作规范化发展，加强制度建设，健全内部管理监督机制，规范代理服务工作流程；加强代理资金管理，资金支取实行“双印鉴”管理，确保代理资金安全，提高会计基础工作规范化水平，提高会计工作质量。严格财务开支审批手续，加强票据管理，实行财务公开，接受群众监督。

2011年起，落实区政府《关于在全区农村进一步加强村务公开民主管理工作的意见》《临淄区村务公开目录》，对村级组织的资金、账务、资产、档案、公章实行由街道集中代为管理的制度，明确村级事务民主决策、农村财务收支记账及公开、村务公开、村民会议或村民代表会议等工作程序。

第二章　税　务

第一节　机　构

清末至民国时期，境内未设专门税务机构。临淄县财政科设户房管田赋，设工房办理契税及其他税务。

抗日战争时期，1938年临淄二区成立抗日动员委员会（简称动委会），负责为抗日部队（十团）筹粮筹款。1939年，临淄县抗日民主政府成立后，县政府设财政科，二区、三区区公所设财粮股，无专门税务机构。

1946年冬，临淄县政府设白免丘工商事务所。1947年在淄河店设立稽征站，负责临淄二区和三区的税务征收业务。1948年秋，淄河稽征站撤销，设宋家庄（二区）税务所，办公机构驻西南羊村（今属皇城镇）。1953年，原在西南羊办公的宋家庄税务所，迁往五路口村，改称五路口税务所。同年7月20日，临淄县归属昌潍专区。设淄河税务检查组和齐陵征收组。1956年，撤销淄河检查组。1958年，税务财政合并，称临淄县财政局，基层税务所并入人民公社财政科。1961年设齐陵税务所。1962年1月，临淄从益都划出，仍称临淄县税务局，下设齐陵税务所。1984年3月，财政税务机构分设，称临淄区税务局，仍设齐陵税务所。

1994年8月28日，淄博市临淄区地方税务局成立，齐陵镇的地方税收由淄博市临淄区地方税务局齐陵税务所负责。

1997年1月，乡镇税务所撤销，设立国税、地税征收分局。齐陵镇税收由淄博市临淄区国家税务局皇城分局、淄博市临淄区地方税务局皇城分局负责。

2002年10月，淄博市临淄区国家税务局皇城征收分局更名为淄博市国税局临淄分局皇城征收分局。淄博市临淄区地方税务局皇城征收分局更名为淄博市地税局临淄分局皇城征收分局。

2006年1月，皇城征收分局合并入齐都征收分局，齐陵街道税收由齐都征收分局负责。

2008年，根据《关于调整基层税务机构设置的批复》（鲁编办〔2008〕98号），淄博市地税局临淄分局齐都征收分局更名为淄博市地方税务局临淄分局齐都中心税务所。境内房地产业、建筑业的税收管理由齐鲁化学工业区中心税务所负责。

历任分局（所）负责人：

齐陵税务所：

牛俊德　丁秀章　房德洪　张方泉

耿佃祥

地税分局：

李圣俊　王光才　边存珠　马景涛

王光才　崔超博　朱允之　崔成玉

国税分局：

张敦梅　刘　富　战云水　肖　勇

张敦梅　王炳利　崔东刚　秦　涛

齐化中心税务所：

胡晓慧　马景涛

第二节　税　收

税费沿革

赋税是田赋和捐税的总称。赋，旧指农业税，叫田赋。历史上农民种地所缴纳的田赋叫“封粮”，也称封皇粮。公元前11世纪，姜尚推行“井田制”，以耕地数量为依据征收赋税。随着统治机构的扩大和费用增加，历代政府除地丁、田赋外，先后开征户籍税、人头税、财产税、即算缗、告缗、市税、酒税、盐税、军赋徭役等税。明万历九年（1581年），实行一条鞭赋税改革，贡、役、杂税归一。清初，差、役、杂、派复起，政府丁银难征。清康熙五十一年（1712年），发布“承平日久，生齿日繁。嗣后滋生户口，毋庸更出丁钱，即以本年丁数为定额”诏书后，民众赋税有所减轻。清雍正四年（1726年），实行“摊丁入亩”，由户房负责征缴。税种有课程税、牛驴税、杂税、田房契税、当税五种。至清朝末年，税收以田赋为主，杂税种类减少。

民国初期，沿袭旧制，后征银改为银元计算：即一两银改征国家税1.80元，附加地方税0.4元。1913—1918年，先后开征印花税、牲畜税、屠宰税、油税4种。国税税种有课程税、印花税、酒税、烟丝税、烟叶税、烟酒牌照税、牛驴税、屠宰税、牙行税、油榨税10种。地方捐有地丁附捐、行业捐、集市捐等18种。1924年，张宗昌统治山东，每两银征银8元。1928年后，又改为每两银征银4元，仍由户房征收大粮（田赋）。

1938年，日军侵占临淄后，除田赋、杂税沿袭民国政府制外，各种苛捐达70余种。1943年，每两银按当地市价，改征法币2000元～5000元。1944年，伪保安团王砚田设“税务局”，除征田赋和附捐外，粮钱兼收，法随人定，横征暴敛，境内人民苦不堪言。

抗战期间，临淄县抗日民主政府财政科设专人负责税务，在区域内实行统制贸易，推行合理负担，采用累进税制，税种有田赋（公粮）、出入境货物税、产销税、屠宰税、印花税、交易税和临时商业税等。凡军用品及粮、棉、油、土布等生活必需品严禁出境，入境免税或减税。奢侈品及迷信品禁止入境或课以重税。小本经营免税。公粮（农业税）按户、按土地等级，定额征收。解放战争时期，人民政府按负担地亩和累进税两种办法计算征收。

1950年，政务院颁布《关于统一全国税政的决定》和《全国税收实施细则》，统一全国税收，并建立新的税制。全国开征的税种共14个。境内开征的税种有：工商业税、货物税、盐税、存款利息等所得税、印花税、牲畜交易税、屠宰税、车船牌照税8种。

1953年，税收试行商品流通税，简化货物税，修订工商业税，以适应多种经济成分并存、多种税多次征的复税制，同时实行公私区别对待，繁简不同的征收管理制度。1958年，统一农业税，实行地区差别税率。1973年，税制改革，简化税制，取消税务登记照证戳记。1984年，推行利改税和全面改革工商税制度。1987年，开征耕地占用税，同时试征农林特产税，1989年正式开征。1994年，实行分税管理体制，根据事权与财权相结合的原则，将税种划分为中央税、共享税、地方税。

2004年以后，境内征收的税种，国税有主要有增值税、消费税、个人所得税。地税税种有：营业税、资源税、文化事业建设费、企业所得税、个人所得税、房产税、城镇土地使用税、车船使用税、印花税、城市维护建设税、教育费附加、土地增值税。2016年开始，营业税改为增值税。

农税

农业税 农业税是国家向一切从事农业生产，有农业收入的单位或个人征收的一种税。清代，田赋和劳役合一，摊丁入亩，按亩征收。民国初期，田赋仍沿袭清制。1914年，改征银元。1939年，临淄抗日民主政府成立后，按地亩征粮。1949年，根据土地优劣评定等级征粮。

新中国成立后，农业税的征收，1952年以前征收实物，1953年实行比例税率，每人扣除50千克常年免征额，其余按20%税率计征。1954年，执行“种多少地，纳多少粮，依率计征，依法减免，增产不增税”的政策，调动了农民的生产积极性。采取征、购一起入库，按先征后购的原则分别结算。1958年，以标准粮折算金额计算征收，标准粮价为：每千克0.20元，平均税率17.15%；1961—1966年，每千克0.232元，平均税率16.95%；1967年，每千克调至0.254元，平均税率10.62%；1979—1984年，每千克0.30元，平均税率10.79%。1985年，由原来征收粮食改为亦可以款代粮，其标准粮价按近年收购“加价”部分的70%，平均部分的30%比例计算，每千克折款0.40元，平均税率10.78%。1989年调整为每千克0.45元。1990年后，计税常产和标准粮价格虽有变动，但税率都保持在10.76%以下。2002年，每千克标准粮1.10元，税率6%。2005年，取消农业税。

农业特产税 1987年试征收，征收对象主要是水产养殖类、林果类。水产养殖业按5%计征，林果类税率除苹果为15%外，其他均为10%计征。果用瓜类（西瓜）按计税收入的10%定产定收，每亩计税常产1000千克，每千克价格0.28元（全市统一价格），再扣除原负担的农业税，每亩西瓜的纳税额为20元。1995年征收4万元，2000年，塑料棚蔬菜收入征收农业特产税，税率5%。2002年起，取消农业特产税。

耕地占用税 临淄区自1987年4月开始征收耕地占用税。纳税分五等，每平方米一等7.50元，二等6.50元，三等5.10元，四等3.70元，五等3.00元。齐陵按四等税额征收。1994年，耕地占用税率调整，调整后的标准为每平方米一等10元，二等8元，三等6.50元，四等5元，齐陵执行三等税率标准。

契税

原称田房契税，是政府对土地、房屋买卖、典当按契价征收的税。买卖，典当双方订立的契约（俗称“文书”）称“白契”，向官方纳税后加盖官印的称“红契”。红契为田房所有权的法律根据。

清末至民国初期，契税按契价定额征收。1915年，政府按比例征收，买契2%，典契1%。

新中国成立后，政务院于1950年3月颁布《契税暂行条例》。境内从1952年开始征收契税。凡土地房屋的买卖、典当、赠予、交换，均由当事人双方订立契约，由承受人纳税。买卖按契价的6%，典当按契价的3%，赠予按现价的6%缴纳契税。机关、学校、部队、党派及受国家补助的企业、团体、事业单位和合作社免纳。1956年，农业合作化后，土地归集体所有，不准进行买卖，田房契税停止征收。1990年税率为：买契税按买价的6%征收，典契税按典价的3%征收，赠予契税按现价的6%征收。1997年7月起，买契税率由原来的6%改为3%，对个人购买的自用住房减半征收。

1993—2017年齐陵街道税收情况表

表10-3 单位：万元

年份	农税	工商税	农业特产税	年份	农税	工商税	农业特产税
1993	33.36	81.87	—	2006	—	867.47	—
1994	48.90	70.20	4.00	2007	—	1166.00	—
1995	48.90	49.90	4.00	2008	—	1555.43	—
1996	66.90	43.20	4.00	2009	—	2128.51	—
1997	76.10	44.90	—	2010	—	2220.65	—
1998	79.30	72.30	—	2011	—	2789.10	—
1999	64.00	122.50	—	2012	—	4185.35	—
2000	64.00	120.00	—	2013	—	6052.43	—
2001	53.00	554.00	—	2014	—	9027.51	—
2002	170.00	344.00	—	2015	—	5407.50	—
2003	210.00	383.00	—	2016	—	4027.49	—
2004	81.00	612.00	—	2017	—	3117.92	—
2005	—	779.96	—				

工商各税

清代，境内征收的税种有课程税、牛驴税、牙杂税、当税等。民国期间，征收的有课程税、印花税、牲畜税、屠宰税、油税、酒税、烟丝税、烟叶税、牌照税、屠宰税捐、牲畜税捐、牛肉捐、炭捐、烟叶捐、油坊捐、席行捐、水磨捐等。

抗日战争时期，抗日民主政府不向小本经营的商贩及日用杂货铺征收税金。日伪占领区，由日伪政府收税。

解放战争时期，人民政府只征收货物税、产销税、屠宰税、交易税。对出入境货物（以解放区为界，流出为出境，流入为入境），分别采取许可、奖励、限制、禁止的办法，对奢侈品和迷信品严禁入境。

新中国成立后，政务院于1950年颁布《全国税政实施细则》，统一全国税政，建立新的税制。之后，陆续开征的税种有个人所得税、资源税、城建税、城镇土地使用税、营业税、企业所得税、土地增值税、文化事业建设费、建筑税、产品税、增值税、车辆购置税、燃油税等。

第三节　税费改革

农村税费改革，是党中央，国务院从战略高度出发，为加强农业和农村工作做出的重大决策，是一项顺民心、得民意的德政之举，是从根本上减轻农民负担，使农民负担走上法制化、规范化的治本之策，是关系农村经济发展的重大改革。2000年3月，中共中央国务院发出《关于进行农村税费改革试点工作的通知》，就农村税费改革的主要内容进一步明确。境内农村税费改革的主要内容是：“三取消，两调整，一改革”。“三取消”是指取消乡统筹和农村教育集资等专门向农民征收的行政事业性收费和政府性基金集资；取消屠宰税；取消统一规定的劳动积累工和义务工。“两调整”是指调整现行农业税政策和调整农业特产税政策。“一改革”是指改革现行农村提留征收使用办法。在推进农村税费改革过程中，充分利用广播电视、报刊杂志、各种会议和群众喜闻乐见的方式，广泛宣传《农村税费改革宣传提纲》，把政策传达到每个村、户，做到家喻户晓，增加政策和工作的透明度。坚持责任到位、宣传到位、力量到位、政策到位，工作作风到位，得到基层干部群众的理解支持。坚持务实负责的态度，认真对待群众反映的问题，农村税费改革涉及千家万户，每一分地、每一斤粮、每一分钱都关系农民的切身利益，对群众反映的问题，认真对待、迅速处理；属于政策不明的，耐心解释详细说明；属于工作疏漏的，分清责任坚决纠正，

税费改革进一步明确农民的权利和义务，规范农业税征管行为，提高征管工作透明度，从源头上遏制不正之风的滋生，从制度上促进农村基层的党风廉政建设。把村干部从催款催粮中解脱出来，减少基层干部与群众利益的摩擦和矛盾，使他们有更多的精力为农民服务，密切干群关系，维护农村社会的稳定。

第三章　金　融

第一节　机　构

钱庄 当铺

新中国成立前，境内就有私人开办的钱庄、当铺，经营存款、贷款业务，调剂农、工、商各业之间的资金余缺，抗日战争时期，钱庄、当铺多停业。

信用社

中国传统的合作思想起源于战国时期的井田制度。隋唐时期出现的合会可以看作是合作社组织的雏形。北宋王安石变法之后，合会一分为二，经过官方改造逐渐演变为官方的田利局、贷款局；保留民间的俗称“讲会”“聚会”“邀会”等。

新中国成立初期，党和政府始终把信用社作为帮助农民摆脱旧的信贷关系，打击高利贷剥削，

山东临淄农村商业银行齐陵营业楼　（2017 年 摄）

构建社会主义新型借贷关系的重要方式。1953 年，根据中共中央《关于发展农业生产合作社的决议》，信用社在国有经济领导下，致力于帮助农村群众逐步摆脱高利贷剥削，发展农村储蓄和低利贷款，为农村生产服务，促进农村生产互助合作的发展。1954 年，中国人民银行临淄县支行在齐陵境内终村、淄河、孝陵、齐陵、宋家、望寺六个片设代办员。主要承担代理银行发放农贷和救济款的任务，扶持农业生产，发展农村经济。

1971 年，成立齐陵人民公社信用合作社。各片仍设一名代办员。中共十一届三中全会以来，随着农村联产承包责任制的推行，齐陵信用社在农业银行的领导下，在经营管理体制改革中，结合整顿工作，恢复和健全规章制度，实行工作重点的转移，恢复“三铁”声誉，全面支持农民、农业和农村经济发展。1980 年，中共中央明确指出在恢复信用社“三性”（组织上的群众性，管理上的民主性，业务经营上的灵活性）的基础上，完善信用社内部经营机制，进一步增强信用社的活力，建立健全和改革各项管理制度。同年 7 月，中国农业银行临淄区支行恢复建制后，信用社划归农行，开始推动信用社全面改革，完善和加强信用社内部管理制度建设。1984 年，根据国务院批转中国农业银行《关于改革信用合作社管理体制的报告》通知精神，改革步伐进一步加快，把信用社办成群众性的合作金融组织。1986 年，根据农行总行《关于进一步完善信用社经济责任制的意见》，实行“全面考核各项经济指标计奖”的责任制。1987 年，信用社引入竞争机制，试行储蓄所、信用社承包，调动广大职工的工作热情，促进各项业务的发展。

1989—1994 年，信用社在农业银行领导管理下，实行资产负债比例管理，改革财务会计管理制度，强化经营管理等措施，使各项管理工作实现规范化。1994 年 4 月，农村信用合作社与农行分开办公。12 月，农村信用合作社联合社（简称农信联社）成立，境内信用社为农信联社的辖属机构。仍隶属于淄博市临淄区农业银行支行管理。1996 年，行、社“脱钩”后，在中国人民银行管理和农村金融体制改革领导小组办公室的领导下，卓有成效地按合作制原则规范信用社和联社，配合政府清理整顿和收购农村合作基金会，信用社归并农村信用联社管理。

2002 年，农信联社对辖属机构进行整合。2010 年 12 月 30 日，齐陵信用社更名为临淄农商银行齐陵支行。主要业务有存款、贷款、国内结算、个人储蓄业务；票据等支付结算业务；代理其他银行金融业务；代理收付款项；买卖政府债券；代理发行、兑付、承销政府债券；办理中国人民银行批准的其他业务。2016 年齐陵支行被授予“支持地方发展工作先进单位”。

齐陵信用社历任负责人

潘桂书　张长忠　谢民康　岳长增
刘永忠　李承东　连承忠　宗树连
路相吉　郭爱民　宋玉泉　杨振军
刘　军　赵有镇　钟玉春

邮政储蓄

1986 年 9 月，临淄区邮政局设储蓄科。同

中国邮政储蓄银行齐陵营业楼　　（2017 年 摄）

年，齐陵邮政支局开办邮政储蓄业务，业务人员 8 人。多数村设邮政储蓄代办员。2013 年，村邮政储蓄代办员取消。

历任负责人：

赵书利　徐连国　张素玉　唐丹红
单　萍

保险业务

中国太平洋财产保险股份有限公司淄博市临淄支公司，1996 年，成立齐陵保险营销服务部。中国太平洋人寿保险股份有限公司淄博市临淄支公司，2002 年公司内设个险部，个险部在齐陵设有农村网点。

第二节　金融业务

储蓄

储蓄存款　新中国成立后，人民政府鼓励储蓄存款。境内金融业务面向企事业单位、个体工商户及个人办理人民币存款、贷款、结算、票据承兑、贴现、小额质押贷款业务，代理发行金融债务，代理兑付、销售政府债券，代理收付款项及保险业务等。储蓄的对象和性质发生了根本的变化。境内信用合作社，储蓄种类有折实储蓄、双保储蓄、活期储蓄、定期定额储蓄、有奖储蓄等。随着改革开放、经济搞活政策的落实，工业、农业、商业全面发展，人民的经济收入快速增长，生活不断提高，积蓄逐渐增多。储蓄存款业务随之活跃起来。齐陵境内银行开办的储蓄种类有：整存整取定期储蓄；零存整取定期储蓄；存本取息定期储蓄；整存零取定期储蓄；活期储蓄；定活两便储蓄；自动转存储蓄；个人外币储蓄存款（定期、活期）。

折实储蓄　新中国成立初期，物价不稳。政府为保障人民利益，将一斤（十六两一斤）（500 克）白面，一尺（1/3 米）白布，一两（31.25 克）花生油的价格，合计为一个折实单位。根据人民银行当时挂牌的折实单位进行存、取。1952 年 6 月停办。

双保储蓄　1950 年，境内开办保值保本储蓄（简称双保储蓄）业务。即物价上涨时，按物价折实付给存款本息；物价下跌时，按原存金额付给存款本息。1952 年停办。

定期定额有奖储蓄　随着物价的稳定，1952 年 6 月，停办折实储蓄和双保储蓄，全部实行货币储蓄。分定期、活期两种。1954 年，为鼓励农民向国家交售余粮，银行还曾一度开办过优待售粮特种储蓄。

20 世纪 60—70 年代，储蓄业务较少。1988 年 9 月 10 日至 1991 年 12 月 1 日开办保值储蓄。2000 年开办教育储蓄（一年、三年、六年）等

2017 年，齐陵信用社存款余额 7.2 亿元。邮政储蓄 2 亿元。

贷款

高利贷　1937 年七七事变前，农村主要是钱庄放高利贷。抗日战争时期，钱庄大多停业，只有少数富户继续放高利贷。高利贷利息最重，自 3 分起至 10 分（30% 到 100%）不等，贷款有一月、三月、半年、一年不等。主要有三种形式：一是放粮，春天借粮一斗秋天还粮二斗；二是抵押贷款，用土地、房屋或劳动力做抵押；三是“驴打滚”，把利息纳入本金计算。

信贷　新中国成立初期，贷款主要面向手工

业、商业和农业。以支持手工业恢复生产，商业扩大物资交流，帮助农民解决买种子、肥料、耕畜、农具，维持生活的急需。农业合作化期间，农村信贷的重点转向农业生产合作社和常年互助组，对群众生产、生活密切相关的工、副业户给予扶持。1956 年，对加入生产合作社交纳股金有困难的农民发放贫农合作基金贷款。并对农业生产合作社发放贷款。同年，在完成对私营企业社会主义改造后，工商信贷贷款纳入国营企业信贷范围。

1958 年，人民公社成立后，农村贷款对象主要是生产大队及少数经营工副业生产的生产大队，对农村社员只发放专项贷款。

1963 年，国务院对农村贷款和工商贷款进行整顿。加强资金管理，紧缩信贷资金。对确有困难的生产队和社员进行了减免。以后，认真贯彻“自力更生为主，国家支援为辅”“有借有还，到期归还”等政策，使农村贷款和工商信贷逐步恢复到正常轨道。

文化大革命期间，农业贷款管理发放出现混乱，使农业信贷资金被经济条件差的生产队集中占用，不能按期归还，不少贷款被挪用或呆滞，不能发挥应有的效益。银行的经营自主权和监督职能被削弱，工商贷款再次被放松，造成贷款松弛，资金周转缓慢。

2010—2017 年齐陵信用社存、贷款情况统计表

表 10-4　　单位：万元

年份	年末存款余额	年末贷款余额
2010	34205	23152
2011	38708	23918
2012	45029	21245
2013	54458	19925
2014	56844	24577
2015	56843	23412
2016	74073	22360
2017	72088	24466

中共十一届三中全会后，农村信贷走上正规。信贷工作贯彻“区别对待，择优扶持”的原则，恢复贷款的差别和利率。流动资金贷款转向重点支持农村工副业和镇企业的发展，解决市场的供求矛盾。农业贷款由过去主要支持农村社队的粮食生产，转向支持各种形式的家庭联产承包责任制，支持农、林、牧、副业的多种经济全面发展。对购置固定资产和各种技改的资金需求，由财政拨款的方式转向拨改贷，开始进入商业性金融业务的规范化经营。由支持农业，转为支持农、工、商业的生产、分配、流通、消费等综合经营，增大了贷款规模，增加扶持农户家庭副业、种植养殖业、运输业和购置大型农业机械等贷款项目。对社队、乡镇集体企业，按照“区别对待，择优扶持”的原则，重点转向村办企业、私营企业及个体工商业贷款，贷款需求量逐年增长。至 2017 年底，齐陵农村商行发放各种贷款余额 2.45 亿元。

第三节　货　币

古代货币

据史书记载及考古发现，历史上境内流通的货币种类繁多。先后有贝币、齐刀币、半两钱、五铢钱、镒化方孔圆钱、燕刀币、燕宝钱、通宝钱、大明宝钞及明清年代的方孔制钱。民国五年（1916 年）前后，制钱在市面上停止流通，代之以铜元、银元，后相继出现纸币。

贝币流通于夏、商及西周时期。以朋为计算单位，五贝为一串，两串为一朋。贝币质料有自然海贝，也有珧、蚌、骨、石、陶、铜等质料的仿制贝。齐刀币是春秋战国时期齐国铸造和流通的主要货币。主要有“齐之法化”，“节（即）墨之法化”“安阳法化”“齐法化”“莒邦之法化”“谭邦法化”“齐建邦立长法化”等 7 种。一刀币可购粟 250.3 斤（战国衡制，约等于今衡制 57.7 千克），可购食盐 22.59 斤（战国衡制，约等于今衡制 5.2 千克）镒六化、镒四化、镒二化等镒化方孔圆钱于战国末期流通。燕刀币于公元前 284 年至前 279 年燕国占据境内时流通。半两钱流通于秦始皇帝二十六年（公元前 221 年）至汉元狩五年（公元

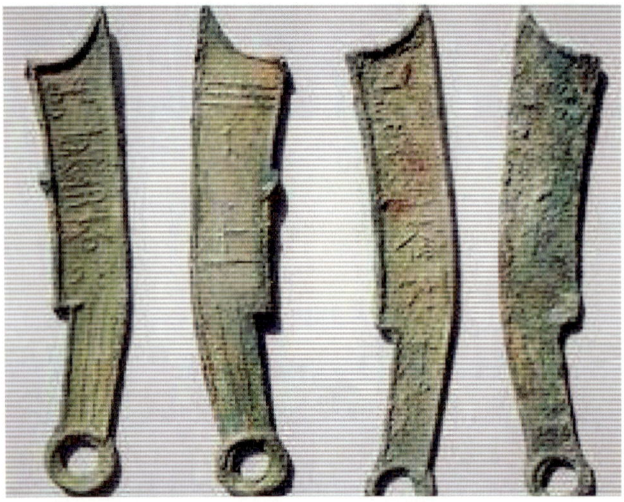

齐国刀币

前 118 年）。五铢钱从汉元鼎五年（公元前 112 年）至唐武德四年（621 年）在境内流通达 700 余年。此后至清朝，通宝钱流通 1300 余年。

境内流通的通宝钱版别颇多。常见的有唐朝的“开元通宝”“大唐通宝”“唐国通宝”，宋代的“太平通宝”“淳化元宝”“至道通宝”“崇宁通宝”“大观通宝”“政和通宝”“宣和通宝”，元代的“至正通宝”明朝的“永乐通宝”清朝的“康熙通宝”“乾隆通宝”“嘉庆通宝”“咸丰通宝”“宣统通宝”及农民政权发行的“大顺通宝”“永昌通宝”等。

无孔铜元于清光绪二十六年（1900 年）至 20 世纪 30 年代流通境内，面文分大清、光绪、宣统三种。面值有大铜元和小铜元两种。大铜元上铸有阳文“当制钱二十文”字样，小铜元上铸有阳文“当制钱十文”字样。即一枚大铜元的币值可抵二十枚方孔制钱，一枚小铜元可抵十枚方孔制钱。

民国货币

民国初期，齐陵境内流通的货币有银块、银元宝、银元（壹元）、银角（壹角、贰角、伍角）、银分（伍分）、铜元等硬币及数种纸币。银元有袁世凯头像、孙中山头像及盘龙、站鹰等银元数种，铜钱有大、中、小和有孔、无孔等多种。纸币主要是流通山东管钱局发行的“官票”。1921 年，又有中央银行、中国银行、中国交通银行发行的票面为拾元、伍元、壹元、伍角、贰角、壹角的纸币开始在市面上流通。1932 年，境内流通的货币本位币有钞票和银元两种，辅币有角票、钱票和大铜元三种。钞票以省库券最多。中央、中国、中国交通三家银行的钞票次之。角票和枚票以平市管钱局发行的最多。农村小交易以大铜元最通用。银元一枚折合大铜元 220 枚。

1935 年，国民政府实行货币改革，颁布“法币”策令，将中央银行、中国银行、中国交通银行、中国农业银行发行的钞票定为“法币”，同时禁止银元、铜元等金属货币在市面上流通。国民党山东省政府设立的“民生银行”“山东省平市管钱局”均印制和发行纸币。民生银行的纸币票面为壹角、贰角；山东省平市管钱局的纸币，票面为 50 枚（壹角）100 枚（贰角）两种。此两种纸币与法币同时在市面上流通。1938 年，日军侵占临淄后，除中央银行、中国交通银行的钞票继续在市面上流通外，民生银行和山东平市管钱局的钞票停止流通。后法币也逐步停止流通。日伪时期物价飞涨，市场上曾一度实行以物易物的交易形式，主要以小麦、大豆作为交换本位，来换取所需日常生活用品，例如：4 千克小麦换 500 克猪肉，500 克小米换 10 个鸡蛋，6 千克高粱换一顶帽子等。大宗物品的交易和土地房屋的典当，也以粮食为主。

20 世纪 30 年代，境内曾出现部分商号自行印制的土杂钞票（称“乡票子”）在市场上流通。1937 年前后，是乡票子在市场上流通的鼎盛时期。有的商号资金雄厚，群众持该商号发行的纸币可以兑换中央银行、中国交通银行的纸币或银元，在群众中有较高的信誉；但也有不少商号出的票子到了群众手中便成为废纸，既不能花出去，也不能兑换；更有甚者，个别投机取巧之徒，虽无商号店铺，也出票子进行诈骗，因之造成市场混乱，群众深受其害。1941 年，此种“乡票子”即在市场上停止使用。到 1948 年秋，国民党政府发行的纸币在境内终止使用。

附：日伪货币 1938 年，华北日伪政府发行“中国联合准备银行”纸币，简称“联银币”亦称“准备币”，1939 年起在境内流通。1945 年 8 月，日本投降后停止使用。国民党政府以“法币”1 元比 5 元的比值收回。

人民币

第四套人民币

1939年7月，临淄县抗日民主政府成立后，北海银行发行的北海币（抗日民主政府银行发行的钞票）在境内流通。1940年7月，北海银行清河区分行在临淄二区许家庄的秘密地道里建立印刷所，印制“益寿临广四县边区流通辅币”，面值为壹角，贰角，伍角3种。后环境恶化，印刷所迁往广北根据地。

1948年12月1日，中国人民银行开始发行人民币，北海币仍按固定比值（1 ∶ 100）与人民币同时在市面上流通，国家对北海币只收回不再发行。

中华人民共和国成立后，中国人民银行发行的人民币定为国家唯一流通的货币。

第一套人民币共有1元、5元、10元、20元、50元、100元、200元、500元、1000元、5000元、10000元、50000元，12种券别，（62个版别）在境内流通。其中10000元和50000元两种券别的人民币于1955年4月1日停止流通，50000元及以下各种券别于1955年5月10日停止流通。

第二套人民币纸币于1955年3月1日开始在境内流通，共有1分、2分、5分、1角、2角、5角、1元、2元、3元、5元、10元等11种券别，（分13个版别）。1957年12月1日发行的1分、2分、5分铝镁合金硬币开始流通境内。1964年4月15日，苏联代印的3元，紫黄色5元、10元3种“苏三币”停止流通。1角、2角、5角、1元、2元，棕黄色5元纸币，于1999年1月1日境内停止流通。

第三套人民币纸币1角、2角、5角、1元、2元、5元、10元于1962年4月15日陆续在境内流通。铜锌合金硬币1角、2角、5角和铜镍合金1元于1980年4月15日开始在境内流通。2000年7月1日，第三套人民币纸币，硬币停止流通。

第四套人民币纸币1角、2角、5角、1元、2元、5元、10元、50元、100元共9种券别，分14个版别1987年4月27日开始在境内流通。硬币1角（铜镁合金）、5角（铜锌合金）、1元（钢锌合金）于1992年6月1日在境内市场流通。

第五套人民币纸币有100元、50元、20元、10元、5元、硬币1元（钢芯镀镍）、5角（钢锌合金镀铜）、1角（铝合金）8种券别于1999年10月1日开始在境内陆续流通。

到2017年，共有3套人民币（13个券别，31个版别）同时在境内流通，即第二套人民币1分、2分、5分版纸币及硬币；第四套人民币1角、2角、5角、1元（3个版别），2元（2个版别），5元、10元、50元（2个版别）纸币和1角、5角、1元硬币；第五套人民币纸币5元、10元、20元、50元、100元和硬币1角、5角、1元。

纪念币

是有特定纪念意义的货币。1984年10月起，中国人民银行发行普通纪念币，至2002年底共有47套59枚纪念币在境内流通。中国人民银行限量发行。至2017年，在境内发行的纪念币有金属流通纪念币、纪念钞及金、银纪念币。按题材分有珍稀野生动物、中国生肖、重大纪念、中国古代科技发明发现、中国传统文化、中国佛教艺术及民族吉祥物、体育运动等十几种。因发行数额有限，多被爱好者收藏，市面少有流通。

外汇兑换券

新中国成立后，由中国银行发行的针对特定使用对象和一定流通领域使用的流通货币。1980

年4月1日至1994年1月1日，发行有79版和88版两个版别，100元、50元、10元、5元、1角5种券别。1995年1月1日停止流通使用。1996年6月30日停止兑换。

侨汇券

1980年12月，国务院颁布《中华人民共和国外汇管理暂行条例》，允许居民收入的外汇可按一定比例留存。1982年，居民在用外币兑换人民币时，能得到国家优待配给的相对数额的“华侨物资供应券”，即侨汇券。凭侨汇券可到国内仅有的侨汇商店购买香烟、酒、家电等紧俏商品。面值有5元、10元、50元、100元之分。侨汇券分为粮食券、煤券、副食券、工业品券等4个品种。1991年后，随着国家经济的发展，烟、酒、家电等不再属于紧俏商品，许多客户在办理外币兑换业务之后，改收人民币或外汇券，不再收侨汇券。

·第十一篇·

统计 审计

齐陵街道召开村级审计进点会（2017 年 摄）

齐陵街道第六次人口普查培训　　（2010 年 摄）

省统计局到美陵公司检查工作　　（2016 年 摄）

新中国成立后，境内设统计工作机构。统计工作涵盖农业、工业、商业、基本建设、交通运输、邮电、劳资、金融、保险、文教、人口、民生、个体经济等各个方面。统计工作反映当时社会经济、人民生活基本状况，为党委、政府制定计划和规划提供第一手资料。

1986年起成立审计所。审计工作的范围包括街道财政、村级财务、事业单位财务、集体企业财务、街道村级干部经济责任、涉农专项资金等。通过审计，强化财务管理、防弊堵漏，保证党和国家在农村的经济政策、法令和制度贯彻落实。

第一章　统　计

第一节　机　构

新中国成立前，境内无专门统计机构和人员。新中国成立初期，境内统计工作由区、乡文书负责。人民公社成立以后，齐陵公社设专职统计员。1984年，齐陵镇成立统计信息委员会，兼管日常统计工作。1991年，成立临淄区统计局齐陵统计站。1993年机构改革，统计站撤销，设专职统计员。2003年12月，成立齐陵街道统计所，编制3人。

历任负责人：

边友义　尹欣欣　刘顺和　李仁安

吕晓丽　张惠娟　王　娟

第二节　统计调查

新中国成立初期，境内统计工作主要是对私营手工业、农业、人口、耕地面积、粮食产量、粮食征购、税收等进行调查、统计。随着经济的发展，统计项目逐步增加。1958年大跃进时期，统计数字严重失实。1961年起，贯彻全国统计工作会议精神，对统计工作进行整顿。1965年，按临淄县统计部门的统一部署，对1949—1965年国民经济统计资料进行整顿核实，建立落实统计制度和审核制度。文化大革命期间，集中统一的统计制度被削弱，很多原始统计资料缺失。

1978年起，各项制度逐步完善，统计工作走向正规。1985年始，统计的主要项目农业方面有农村社会总产值、农业经济总收入、农业总产值、净产值、耕地面积、农民人均收入、农田基本建设情况等。工业方面有工业总产值、净产值和主要财务指标等。商业方面有社会商品零售额、农副产品收购量、商业部门购销存量总值等。另有基本建设、交通运输、邮电、劳动工资、财政金融、保险、文化教育、卫生、科技、计划生育、人口、人民生活及个体私营经济等。自2011年年报和2012年定期报表起，按照区统一要求，实施一套表网上直报制度。内容涵盖全街道工业、农业、建筑业、批发和零售业、住宿和餐饮业、房地产开发经营等国民经济行业，以及科技、劳动工资、能源等各个方面。

人口普查

1953年，根据政务院的指示，结合全国普选，国家统计局协同有关部门进行第一次全国人口调查。调查的标准时间是1953年6月30日24时。调查内容为姓名、性别、年龄、民族、与户主关系、本户住址等6项，历时6个月。

1964年，全国进行第二次人口普查，普查的标准时间是1964年6月30日24时。普查项目除保留第一次普查项目以外，新增了文化程度、本人成分、职业3项。同时对1964年上半年出生、死亡、迁出、迁入人口进行核实登记。齐陵公社为全县试点单位，公社党委副书记王兆辉分工主管普查工作，组成360人的普查队伍。按照国家规定7月1日0时开始登记，查清全公社有40个大队153个小队，另加公社机关、企业、学校等36个集体单位；全社共有4978户，24176人（男11946人、女12230人）；

非农业人口 571 人，农业人口 23605 人。其中，12 岁以下不在校人口 6584 人，占总人口 27.2%，不识字的 7716 人，占总人口 31.9%；初识字的 1093 人，占总人口 4.5%；初小文化程度 4816 人，占总人口 19.9%；高小 3151 人，占总人口 13%；初中 660 人，占总人口 2.7%；高中 150 人、大学 6 人。1964 年 1 月 1 日至 6 月底，出生 591 人、死亡 226 人、迁出 165 人、迁入 167 人。齐陵公社被评为临淄县人口普查先进单位。

1982 年，全国进行第三次人口普查，普查的标准时间是 1982 年 6 月 30 日 24 时。普查项目共 19 项。除按人填写 13 项外，另有按户填写：户类（家庭户或集体户）、本户住址、本户人数、本户 1981 年出生死亡人数、有无常住户口已外出一年以上人数等六项，人口普查全部资料，用电子计算机处理。齐陵公社对第三次人口普查非常重视，1981 年底着手准备，对户口进行全面整顿，建立普查机构，选调培训普查人员，开展试点工作。普查结果：齐陵公社共有 7350 户，31811 人（男 15642 人、女 16169 人）。1981 人口变动情况：出生 706 人（男 340 人、女 366 人），死亡 233 人（男 128 人、女 105 人）。文化程度：大学毕业 11 人、大学肄业或在校 1 人、高中 2212 人、初中 7173 人、小学 11489 人、初识字 6692 人。

1990 年，全国进行第四次人口普查，普查的标准时间是 1990 年 6 月 30 日 24 时。普查表共有 21 项。按户填表的 6 项，按人填报 15 项。普查结果：全镇共有 8619 户，其中，家庭户 8601 户，集体户 18 户。总人口 32394 人（男 16104 人，女 16290 人）；农业户口 30890 人，非农业人口 1504 人。占人口前三位的民族：汉族 31688 人，蒙古族 700 人，回族 6 人。文化程度：大学本科 10 人、大学专科 40 人、中专 252 人、高中 2395 人、初中 10091 人、小学 12，283 人、小学以下 4588 人。在校生情况：大专 5 人、中专 17 人、高中 222 人、初中 1208 人、小学 3954 人。在业人数 20580 人（男 10645 人、女 9935 人），不在业人数 4330 人（男 1626 人、女 2704 人）。1989 年出生人数 688 人（男 249 人、女 209 人），死亡 243 人（男 192 人、女 151 人）。1990 年每千人拥有文化程度人口：大学 1.54 人、高中 81.62 人、初中 311.57 人、小学 379.36 人。

2000 年，全国进行第五次人口普查，调查的标准时间是 2000 年 10 月 24 日 0 时，普查项目由第四次人口普查时的 21 项，增加到 80 多项，并把普查和抽样调查结果合起来，分为短表和长表两种。普查结果：全镇共有居民 9343 户、人口 31029 人（男 15611 人、女 15418 人）。常住人口中，家庭户 30852 人，集体户 177 人。齐陵镇户口 30829 人（男 15451 人、女 15378 人）。外出半年以上 1260 人（男 609 人、女 651 人）。农业户口 29004 人，非农业户口 1941 人。1999 年 11 月至 2000 年 10 月，出生 357 人（男 201 人、女 156 人），死亡 218 人（男 114 人、女 104 人）；外来人口 1460 人（男 769 人、女 691 人）。人口占前三位的民族：汉族 30279 人（男 15169 人、女 15110 人），蒙古族 694 人（男 424 人、女 270 人），回族 26 人（男 10 人、女 16 人）。

2010 年，全国进行第六次人口普查，普查的标准时间是 2010 年 11 月 1 日零时。普查结果：境内居民户数 9693 户、总人口 30662 人（男 15280 人、女 15382 人）。其中，家庭户 9685 户、30613 人，占街道人口的 99.8%。共有 11 个民族，占人口前三位的民族：汉族 29981 人、蒙古族 651 人、回族 12 人。文化程度较上次普查有较大提升，小学以上文化程度 27939 人，其中，初中 12793 人，高中 5276 人，大学专科 975 人，本科 336 人，研究生及以上 17 人。

工业普查

1950 年，临淄县进行第一次工业普查，齐陵境内无工矿企业，故没有统计数字。

1985 年，境内开始进行第二次工业普查，对镇独立核算工业的产、供、销、人、财、物六个方面进行全面调查。调查结果：1981 年，齐陵公社有临淄电器厂、齐陵磷肥厂、齐陵砖厂、齐陵水泥厂、齐陵面粉厂、齐陵农机修造厂、齐陵石料厂、齐陵橡胶厂、齐陵预制厂等社办企业 9 个，全年产值 220.29 万元，年末就业 599 人，年末固定资产原值193.29万元，全年利润22.4万元。1985年，齐陵镇有临淄电器厂、齐陵农机制修厂、齐陵磷肥厂，齐陵水泥厂，齐陵缸瓦厂、齐陵乳品厂等镇办企业6个，职工448人，固定资产361.29万元，工业产值288.2万元，利润13.3万元。

1996年上半年，境内进行第三次工业普查，普查时期指标是1995年全年情况，时点指标是1995年底。普查的基本任务是查清工业资产底数、镇企业和三资的资产构成、主要工业产品产量、生产能力资源配置、市场容量和供需平衡状况，查清工业生产设备拥有量和工艺装备拥有量，查清工业产品成本及盈利状况。当年镇办企业全年产值计划7400万元，实际完成5158万元，完成计划的69.7%，比1994年增长20.9%，利税551.28万元，利润303.3万元。村及以下企业共92个，全年产值实际完成1683万元，销售收入1523.8万元，税金总额150.7万元。从业人数684人。

2000年，境内进行私营企业基本情况调查。全镇有经营单位1389个，其中，私营有限责任公司4个，私营股份有限公司4个，私营合股企业3个，私营独资企业2个，个体工商户51个，经营户1128个（有证261个，无证867个）。从业人员2349人；资产总额43673千元；固定资产34356千元；注册资金3385千元；营业收入125863千元；利润30273千元；营业税金1551千元；增加值61540千元。

2000年齐陵街道个体私营经济主要指标

表11-1　　单位：千元

类别	企业个数	从业人员（人）		资产总额	固定资产	注册资金	营业收入		利润	营业税金	实交税金	增加值
		总人数	男				合计	500万以上				
工业	80	732	620	18815	13753	2968	77248	—	6759	1279	1279	31275
建筑业	1	20	10	30	25	—	100	—	15	—	—	25
仓储运输	842	890	870	16903	16196	—	33138	—	20134	—	—	26522
批零餐饮	136	240	111	2641	1482	338	5148	—	1554	219	219	1850
社会服务业	50	60	32	480	312	69	657	—	371	50	50	425
其他	4	5	2	2	35	20	10	—	100	45	3	3

经济普查

第一次、第二次经济普查资料缺失。

第三次普查标准时间点为2013年12月31日，时期资料为2013年度。对象是齐陵街道第二、第三产业全部法人单位、产业活动单位和个体工商户。普查主要内容包括单位基本属性、从业人员、财务情况、生产经营情况、生产能力等。普查结果：齐陵街道法人单位196个，其中农林牧副渔11个、制造业52个、建筑业10个、批零业18个、交通运输业和邮政业14个、住宿餐饮业2个、房地产业1个、租赁和服务业3个、科研和技术服务业2个、水利环境和公共设施管理业1个，居民服务修理业和其他服务业1个、教育2个、卫生和社会工作29个、文化体育娱乐7个、公共管理和社会组织43个、企业法人个数117个。从业人员6789人（女1652人）。大型企业1个，从业人数1051人（女320人）。小微企业113个，从业人数4831人（女992人）。营业收入380363万元，营业税金及附加2955万元，资产总计166076万元。实收资本36057万元。个体经营户有证户173户、从业625人，无证照经营户1811户、从业人数4365人。

基本单位普查

1996年1月29日，国务院下发《关于开展全国基本单位普查》的通知。1996年下半年，配合临淄区统计局进行境内第一次基本单位普查，普查的内容包括基本单位的经济类型、所属行业、从业人员、企业规模、营业状况等。普查的标准时间是1996年12月31日。普查结果：境内共有国家政党机关和社会团体17个，企业（不含村级以下）28个，基层群众组织107个。

2001年11月1日，境内进行第二次基本单位普查，普查内容除国家规定的内容外，增加个体工商户基本情况登记。

据淄博市经济普查资料，2013年底，齐陵街道共有法人单位196个，从业人数8142人。企业法人117个，从业人数6789人。事业单位4个，从业人数501人。机关1个，从业人数129人。社会团体3个，从业人数75人。民办非企业单位6个，从业人数274人。居委会1个，从业人数3人。村委会37个，从业人数308人。其他机构27个，从业人数66人。

农业普查

1997年，第一次农业普查。标准时点是1996年12月31日，时期资料是1996年度资料。经查，齐陵镇共有37个村委会，37个村通自来水和有线电话。农村户数8584个、人口30188人。劳动人口17190人，劳龄内上学797人，丧失劳动力312人，劳龄外劳动者844人。从事农、林、牧、渔12727人（农业10782人），工业劳动力1140人，建筑业833人，交通运输、仓储、邮电、物流业1188人，批零、餐饮业360人，其他行业840人，外出合同工378人。年初实有耕地2850.6公顷，当年减少9.53公顷（国家基建用地），年末实有耕地2841.07公顷。农村用电量1300万千瓦、农用薄膜436吨、耗农用柴油318吨、农药20吨。年末农机总动力23258千瓦。农作物播种总面积74455亩，粮食总产量21409吨。

2007年，第二次农业普查。时间节点是2006年12月31日，时期资料是2006年资料。经查，自来水受益村37个，通电话村37个（7542户）。共有农户8848户，总人口29526人。乡村劳动力资源20075人，劳动年龄内人口19216人，劳动年龄内上学800人，丧失劳动能力450人，不足或者超龄劳动者1309人。农村用电7328万千瓦，使用农膜97吨、农用柴油1303吨、农药17吨。农机原值7753万元、总动力87890千瓦。年初耕地2790.06公顷，年末耕地2790.06公顷。总播种面积4641.93公顷，总产23010吨，单产525公斤。

2017年，第三次农业普查。标准时间点是2016年12月31日，时期资料是2016年资料。经查，齐陵农村总户数9603户，总人口31235人（男15378人、女15857人）。劳力资源数27770人，农业从业人员16900人（男8770人、女8130人）。37个行政村实现同源一网供水，有线电视和宽带全覆盖。全年化肥使用量2810.215吨、农用薄膜539.553吨、农用柴油158.2吨、农药38.234吨、农业用电584.394万度。农作物总播面积4718.06公顷，土地流转面积23.33公顷，参与流转户数210户。

城乡一体化住户调查

按照上级统一部署，自1987年开始，每年进行一次农村住户抽样调查，调查的范围是境内不同生活水平典型住户。抽取齐家终村、北山西村各10户不同生活水平家庭，随时记录各自所有的现金日记账，汇总后上报。

1%人口抽样调查

1982年起，每年调查一次。调查内容为抽取1%住户基本情况和个人的年龄、性别、民族、受教育程度、就业情况、迁移情况、社会保障、婚姻、生育、死亡、工作出行等情况的基本信息采集并上报。逢“0”“5”年份与全国人口普查结合进行。调查时点为每年11月1日零时，调查登记时间为每年11月1—15日。2013—2017年，北山西村、杨东村、宋家村、淄河村先后参与该项抽样调查。

第三节　统计服务

新中国成立后，齐陵及时、准确地为上级统计部门提供大量综合性和专业性的统计资料，为各级领导决策提供科学依据。1967 年，为临淄县统计局编写《1949—1965 年临淄县国民经济统计资料》提供有关数据。1970 年，为《临淄区 1970 年地方工业产品不变价格资料》提供相关资料。至 2017 年，配合区统计局先后进行临淄区第三、四、五、六次人口普查；两次工业普查；历次农业普查；为临淄区《国民经济统计资料》《临淄统计年鉴》《经济普查资料》的编纂提供翔实资料。

第二章　审　计

第一节　机　构

公社化以后，农村财务审计与管理由公社专职会计辅导员负责。1984 年起，由齐陵镇经管站负责。1986 年，根据区编办统一要求，组建齐陵镇人民政府审计所。后与镇财政所合并成立齐陵镇财审所。

2003 年 12 月后，改称齐陵街道财审所。相关审计工作，确定审计对象后，由审计、财政、经管、纪检等部门组成临时班子进行。审计结束，形成审计报告，报送授托人。

历任所长：

李法舜　赵忠孝　朱于光　刘冰祥

陈　涛

第二节　审计监督

齐陵街道（镇）审计机构的主要任务是依照审计、财经法律法规对农村经济组织及所属企事业单位的财务财政收支、资产负债状况及相关经济活动的真实性、合法性和效益性进行独立监督和评价。运用审计手段，保证党和国家在农村的经济政策、法令和制度的贯彻落实、揭露违法违纪、营私舞弊和损失浪费行为，维护农民合法权益、保持农村社会稳定、促进农村经济发展。审计主要工作内容：镇、街道财政审计；村级财务审计；镇办企业审计；镇、街道事业单位的财务审计；镇、街道干部经济责任审计，涉农专项资金审计，镇、街道环境审计等。2012 年始，接受区审计局交办的审计项目和街道办事处交办的道路建设、乡村建设、垃圾清运、学校建设等工程审计项目。

2014 年，街道办事处下发《关于开展村干部任期和离职经济责任审计的通知》，对村居委会干部任期和离任经济责任进行审计。审计人员及受委托第三方对被审计单位任期内总收入和总支出情况、账面收支情况、债权债务情况，有无存在举债问题、有无利用职权长期占用集体资金问题、有无私分集体财产问题及村居生产经营和建设项目，进行全面审计。得出审计结论，及时报告授权单位。

2016 年，齐陵街道办事处，就区纪委“关于齐陵街道办事处在审计和巡查中发现的有关问题”进行自查，召集当事人和分管领导进行复核，制定整改意见。

至 2017 年，完成区审计局下达的审计任务和政府交给的审计项目共 43 项，完成审计额 10378.9 万元，审定值 8852.9 万元，审减 1526 万元。接受街道办事处交办的境内道路改扩建工程、美丽乡村建设工程、乡村连片建设工程、城乡一体化积存垃圾清理工程、自来水改造工程、学校及幼儿园建设改造工程等共计 38 个审计项目，提报审计值 7398.12 万元，最后审定值为 6039.84 万元，裁减 1358.28 万元。

第三节 农村财务审计与管理

公社化以后，农村财务的审计与管理，由公社专职会计辅导员负责。对各大队会计进行业务指导，帮助各生产队制定预决算方案；审核各生产队的决算、账目，以保证党在农村的经济政策得以贯彻执行。

1984 年起，农村财务审计与管理由农村合作经济管理站（简称经管站）负责。1986 年，审计所负责境内各行政村会计的培训、业务指导以及集体财务的检查、审计和农村干部离任审计工作。

1997 年，齐陵经管站对农村财务实行双代管（即代管账簿、现金）。1998 年起，突出抓好“五项制度”（村务公开和民主管理制度、一事一议筹资筹劳制度、村干部述职述廉制度、村级干部任期和离任经济责任审计制度、村居干部党风廉政义务监督员制度）的建立和落实，依法对全镇农村经济债券债务进行清欠。成立齐陵镇“五项制度”实施领导小组，实行党委、政府、人大、政协成员包村负责制。制定下发《关于进一步落实五项制度的实施意见》，并成立督导组，督促各村落实。全镇 37 个行政村全部按要求选举产生村民代表，民主选举产生民主理财小组、民主监督小组，强化各村财务制度的落实。村内开支要经村民代表大会讨论，法人签字把关，民主理财小组全体签名，片总支书记签字。

2011 年，齐陵街道下发《关于齐陵街道村级事物五代理制度》文件，对全街道 37 个村统一实行“五代理”（代理资金、账务、财产、档案、公章），强化对村级事务的监管，推动民主决策、民主管理的有效落实，保障集体财产安全，维护村民利益。

·第十二篇·

政党 群团

齐陵街道党群连心工程暨全体党员集中培训会议在临淄会堂召开（2016 年 摄）

齐陵街道召开"两学一做"学习教育工作会议　　（2016 年 摄）

全区党建点评会与会人员在齐陵街道聂仙村点评　　（2016 年 摄）

齐陵是临淄境内最早建立党组织的地区之一。20世纪30年代，境内就有进步知识分子和爱国人士传播马克思主义，为齐陵建立党基层组织奠定基础。1938年5月，临淄二区分区委建立后，党组织很快在许多村庄建立发展起来，领导人民群众开展抗日救国斗争，配合人民抗日武装经过八年艰苦奋战，迎来抗日战争的胜利。解放战争时期，带领齐陵人民在参军参战、支援前线、土地改革、清匪肃特等各项工作中，做出了巨大贡献。新中国成立后，党的各级组织日益健全，党员队伍逐步发展壮大。中国共产党成为领导齐陵人民在政治、经济、文化等各领域实现全面振兴的核心力量。

在中国共产党的领导下，农民、青年、妇女、儿童等群众团体从抗日战争时期就纷纷建立，在各个历史时期都发挥了积极作用。

第一章　中国共产党齐陵街道地方组织

第一节　党组织建立与发展

齐陵是临淄境内最早建立党组织的地区之一。20世纪30年代起，境内就有思想进步的知识分子和爱国人士传播马克思主义，为齐陵建立党的基层组织奠定基础。1931年5月， 在山东省第四师范学校求学的齐家终村人李曦晨，加入中国共产党，是齐陵境内最早的共产党员。曾任中共益都县委青年部部长，第四师范支部书记。1932年8月，任中共益都临时县委书记。1933年3月，因叛徒出卖被捕，关押在济南监狱。在狱中他领导难友坚持不懈地开展反抗和斗争。1937年10月出狱后，受党组织派遣到临淄组建抗日武装，在西关小学与进步人士李人凤、陈梅川等人，组建临淄青年学生抗日志愿军训团。陈梅川，原名陈德良，曾化名崔广居，今齐陵街道薛家村人，次年4月加入中国共产党。

1938上半年，中共清河特委派李云鹤、杨涤生到临淄恢复重建党组织。5月，中共临淄二区分区委在大马岱一带建立，是临淄地区最早的区党组织，属清河特委领导。境内北部20个村归二区管辖。区委建立后，开始到各村发展党员，建立党的组织和抗日救亡群众团体。同年，二区党组织派王呈云到境内毛家村发展3名党员，建立党支部，设立联络员。不久，王呈云又在北苑村发展7名党员，建立了党支部。党组织还派人在付辛村发展多名党员，并建立党支部。后丁村在八路军山东人民抗日游击支队任职的共产党员王庆云，回村秘密发展3名党员。1938—1939年，区委在望寺村发展了钟志秀等9名党员，钟志秀任党支部书记。在朱家村发展刘振绪等4名党员，刘振绪任党支部书记。

1939年10月，中共益（都）寿（光）临（淄）广（饶）四边县委建立，临淄县二区划归四边县管辖。1940年4月，益寿临广四边县撤销，二区复归临淄县。同月，中共临淄县三区分区委建立，境内南部23村归三区管辖。

1941年2月，临淄县独立营营长王砚田叛变投敌，在全县各地大肆屠杀、残害共产党员和革命干部，强迫共产党员自首。国民党徐振中部与日伪同流合污，残酷杀害党员干部及其家属，制造白色恐怖，党组织遭到严重破坏，领导机关被迫转移外地。5月，徐振中部勾结日伪，制造骇人听闻的望寺惨案。党支部书记、农救会指导员钟志秀、农救会长贾树棻、妇救会长等6名党员干部惨遭杀害。12月，二区划分为东二区和西二区。境内北部20村属西二区管辖。1942年4月，益寿临广四边县第二次建立，东二区、西二区又划归四边县。6月，东二区、西二区又合并为二区，重新建立二区分区委。1943年，朱家村党支部书记刘振绪被徐振中部杀害。党的工作进入最艰难时期。1945年8月，益寿临广四边县撤销，二区分区委重归临淄县委领导。

境内党组织的建立发展，正是处在抗日战争最困难的相持阶段，党组织在带领各抗日团体和广大人民群众进行艰苦抗战的同时，为八路军清河游击支队和当地抗日武装输送大批抗日有生力量，有210余名革命热血青年奔赴抗日战场。从抗日战争到解放战争，境内有60余名战士加入党组织，其中27人为中国革命献出了年轻生命。

1946年，二区改称龙池区，三区改称牛山区。1947年，随着农村土地改革运动的开展，各村相继发展积极分子入党，但由于人数较少，大部分村未建党支部。由龙池区委和牛山区委直接领导。

新中国成立后，有计划有步骤地在贫苦农民出身的积极分子中发展党员，结合民主政权建设，在境内淄河、齐陵、孝陵、龙池、宋家、丁望、终村、徐姚等8个乡建立乡党支部，设乡支部书记（亦称指导员）。1951年始，根据中共中央《关于整顿党的基层组织的决定》，开展整风运动。1956年6月，撤销龙池区委，并入五路区委。到年底，境内党员发展到150余人，10个村建立党支部。1957年1月，撤销五路区委，境内北部建立孝陵乡党委。1958年2月，南部建立淄河乡党委。9月，撤销孝陵乡党委、淄河乡党委，建立中共齐陵人民公社委员会。各级党组织认真贯彻执行中国共产党第八次代表大会确定的建党路线，党的组织建设稳步发展。1963年4月，中共齐陵人民公社第一次代表大会召开，至1965年，齐陵公社有党委1个，党支部34个，党员271人。

1966年，文化大革命开始，各级党组织受到不同程度的冲击，领导干部受批判，党的组织生活被迫停止，公社党委和基层支部处于瘫痪状态。

1970年春，公社及大队相继成立党核心领导小组，负责开展党的工作。7月至12月，按照临淄区统一部署，在全公社进行整党建党工作。到1971年1月，全公社40个大队全部建立党支部。2月，中共齐陵公社第二次代表大会召开，选举产生中共齐陵公社委员会。社直各部门、企业单位通过整顿都建立了党支部。至年底，全公社有党委1个，党支部45个，党员452人。

中共十一届三中全会以后，各级党组织认真贯彻全会确定的路线、方针、政策，把工作重点转移到社会主义现代化建设上来。经过拨乱反正，肃清极“左”思想影响，加强党的思想建设和组织建设。遵照党的干部队伍“革命化、年轻化、知识化、专业化”方针和德才兼备标准，调整充实基层领导班子。在发展党员工作中，严格贯彻“坚持标准、保证质量、改善结构、慎重发展”的方针。做到有计划、有措施、手续完备，对发展对象认真培训、考察，保证党员质量，党员年龄、知识结构更趋合理。2004年，通过在全街道开展“三级联创”和强基工程，整顿软、弱、涣散党组织，对基层支部成员进行全面轮训。4月，中共山东美陵公司委员会成立。

中共十八大以后，认真贯彻执行党中央关于改进工作作风，密切联系群众的八项规定、六条禁令，加强了反腐倡廉工作力度。通过深入开展党的群众路线教育实践活动和“两学一做”学习教育，加强基层党组织战斗堡垒作用，进一步夯实党在农村执政根基。至2017年，全街道有党委2个，党总支2个，基层支部55个，党员1672人。

1959—2017年齐陵街道部分年份党组织情况表

表12-1

年份	党员数（人）					支部数（个）	总支数（个）	党委数（个）
	合计	正式	预备	男	女			
1959	212	141	71	190	22	25	2	1
1960	238	157	81	211	27	26	2	1
1961	254	188	66	—	—	36	1	1
1962	265	234	31	237	28	36	—	1
1963	277	237	40	248	29	35	—	1

续表 12-1

年份	党员数（人）					支部数（个）	总支数（个）	党委数（个）
	合计	正式	预备	男	女			
1964	281	240	41	252	29	35	—	1
1965	271	261	10	245	26	34	—	1
1971	452	—	—	408	44	45	—	1
1977	699	697	2	626	73	60	2	1
1980	739	716	23	673	66	53	1	1
1981	743	728	15	693	50	53	1	1
1982	768	736	32	706	62	54	1	1
1985	831	785	46	777	54	48	1	1
1986	866	830	36	807	59	54	1	1
1987	891	865	26	830	61	52	1	1
1989	951	921	30	899	52	56	1	1
1990	967	947	20	916	51	56	2	1
1992	1005	978	27	954	51	54	2	1
1993	1025	1001	24	972	53	54	4	1
1996	1074	1036	38	1009	65	54	4	1
1999	1152	1125	27	1071	81	47	4	1
2003	1270	1242	28	1168	102	50	2	1
2004	1278	1249	29	1171	107	49	1	2
2016	1653	1631	22	1340	313	56	2	2
2017	1672	1639	33	1352	320	55	2	2

第二节 组织机构

1938 年 5 月，中共二区分区委在大马岱一带建立，设书记 1 人，组织委员 1 人。10 月，中共临淄县委在二区郑家辛庄建立，属清河特委领导。1939 年 10 月，益寿临广四边县成立，临淄二区划归四边县管辖。1940 年 4 月，益寿临广四边县撤销，二区复归临淄县。同月，中共临淄县三区分区委建立，设书记 1 人，组织委员、宣传委员各 1 人。1941 年 12 月，二区划分为东二区和西二区，境内 20 村属西二区。1942 年 2 月，益寿临广四边县第二次建立，东二区、西二区又划归四边县管辖。6 月，东二区、西二区合并为二区。1945 年 8 月，益寿临广四边县撤销，二区分区委重归临淄县委领导。

1946 年 10 月，二区分区委撤销，境内北部建立中共龙池区委，设书记、副书记、委员职务。三区分区委改称中共牛山区委，设书记、副书记、委员职务。

新中国成立后，1950 年 6 月，牛山区所辖淄河乡划归龙池区。9 月，龙池区改称临淄县第六区。1955 年复称龙池区。中共龙池区（第六区）委设书记，副书记，委员多名。龙池区所辖龙池乡、孝陵乡、宋家乡、丁望乡、齐陵乡、淄河乡、徐姚乡建立乡党支部，设支部书记（时称乡指导员），因各村党员数量较少，只有少数村有党支部。1956年6月，撤销龙池区委，并入中共五路区委。设第一书记、书记，副书记多名，并设立组织和宣传委员。淄河乡划入孙娄区，徐姚乡划入古城区。

1957年1月，撤销五路区委，在境内组建孝陵乡党委。1958年2月，淄河乡和终村乡从孙娄区划归境内，组建淄河乡党委，均设乡党委书记和委员。9月，撤销淄河乡党委和孝陵乡党委，建立中共齐陵人民公社委员会。设第一书记、书记、副书记多名，同时设立组织、宣传、监察委员。10月，临淄县并入益都县，时称中共益都县齐陵人民公社委员会。1961年12月，恢复临淄县制，称中共临淄县齐陵人民公社委员会。

1966年文化大革命开始后，党的组织活动被迫停止。1970年5月，成立齐陵公社革命委员会党的核心领导小组，设组长、副组长、成员等职，行使党的领导机构权力。1971年2月，中共齐陵公社委员会重新建立。设书记、副书记、常委、组织委员、宣传委员等职。建立团委、妇联。1977年后，组织机构逐步健全。相继增设监察、统战、党委办公室、信访、老干部办公室及党校等机构。

1984年4月，改称中共齐陵镇委员会。1987年7月，设立中共齐陵镇纪律检查委员会，由书记和两名委员组成。1989年，党委、政府办公室合并为党政办公室。1993年，贯彻执行《临淄区乡镇（街道）党政机构改革实施意见》，采取党委、政府领导下的委办负责制，镇党委政府设立党政办公室，镇党委设纪律检查委员会、组织、宣传、统战和团委、妇联等机构。

2003年12月，撤销齐陵镇党委，建立中共临淄区齐陵街道工作委员会。设纪律检查工作委员会，党政办公室，组织、宣传、统战等机构。

历任党政办主任：

李　刚　刘继林　张树学　王义朴
赵清栋　李光焰　国爱梅　赵金川
刘　青　薄　刚　高　晋　路庆锋

1938—2017年齐陵街道历任党组织负责人情况表

表12-2

机构名称	职务	姓名	任职时间	备注
中共临淄县二区分区委	书记	刘梅斋	1938.5—1939.3	1938年5月建立
		李玉轩	1939.3—1940.5	
		杨三友	1940.5—1940.10	
		于连东	1940.10—1941.7	
		于干（兼）	1941.7—1941.12	
西二区分区委	书记	刘保文	1941.12—1942.5	1941年12月，二区划为东二区和西二区，同时撤销二区分区委
二区分区委	书记	李华村	1942.7—1944.7	1942年6月，东二区、西二区又合并为二区重新建立二区分区委
		霍慎斋	1944.7—1945.8	
中共临淄县三区分区委	书记	贾淑芹	1940.4—1941.2	1940年4月建立
		于新兰	1942年任职	
中共临淄县第二区委员会	书记	常荣斋	1945.8—1945.12	
		王仲华	1946.3—1946.10	
中共临淄县第三区委员会	书记	王仲华	1945.8—1946.3	
		常荣斋	1946.1—1946.10	

续表 12-2-1

机构名称	职务	姓名	任职时间	备注
中共临淄县龙池区委员会	书记	孙聚奎	1946.12—1949.9	1946 年 10 月，第二区划为龙池区和淄东区
	副书记	王玉普	1948—1949.3	
中共临淄县牛山区委员会	书记	常荣斋	1946.10—1948.7	1946 年 10 月第三区改为牛山区
		张维贤	1948.7—1949	
	副书记	焦鸣国	1947 年任职	
中共临淄县龙池区（第六区）委员会	书记	孙聚奎	1949.10—1950.1	1950 年 6 月淄河乡从牛山区划出，划归龙池区。9 月龙池区改称第六区。1955 年 11 月复称龙池区
		徐树德	1952.12—1953.5	
		冯天义	1954.1—1954.8	
		张鹏仞	1954.8—1956.6	
	副书记	徐树德	1950.4—1952.12	
		毕庆春	1953.1—1956.1	
		张鹏仞	1954.4—1954.8	
中共临淄县五路区委员会	第一书记	李丕显（兼）	1957.3—1958.2	1956 年 6 月，撤销淄东区委、龙池区委建立五路区委
	书记	张鹏仞	1956.6—1956.10	
		胡书梅	1956.10—1957.3	
	副书记	隋连升	1956.6—1958.2	
		高兰训	1956.6—1958.2	
		王茂德	1956.6—1958.2	
中共临淄县孝陵乡委员会	书记	高兰训	1957.2—1958.9	1957 年 2 月，撤销五路区委，建立孝陵乡党委。1958 年 2 月，组建淄河乡党委
中共临淄县淄河乡委员会	书记	徐芳园	1958.2—1958.9	
中共齐陵人民公社委员会	第一书记	高兰训	1958.10—1961.12	1958 年 9 月，撤销孝陵乡党委、淄河乡党委，建立中共齐陵人民公社委员会。1958 年 10 月至 1961 年 12 月，临淄县并入益都县
	书记	吴承凡（女）	1958.10—1960.7	
		李振声	1960.7—1961.12	
	副书记	吴洪吉	1958.10—1959.7	
		李宝瑞	1958.10—1961.7	
		王耀东	1959.7—1961.12	
		李振声	1959.7—1960.7	
		丁润富	1959.7—1961.12	
		王永臣	1959.7—1961.12	
		桑吾省	1959.7—1960.7	
		王素兰（女）	1959.12—1961.12	
		刘益振	1960.7—1961.12	

续表 12-2-2

机构名称	职务	姓名	任职时间	备注
中共齐陵人民公社委员会	副书记	王兆辉	1960.7—1961.12	
		高森明	1960.7—1961.9	
中共齐陵人民公社委员会	书记	高兰训	1962.1—1963.10	
		侯祖武	1963.10—1964.9	
		齐洪武	1964.10— ?	
中共齐陵人民公社委员会	副书记	王耀东	1962.1—1963.3	
		丁润富	1962.1—1962.12	
		王永臣	1962.1—1963.4	
		王兆辉	1962.1—1965.9	
		刘益振	1962.1—1963.10	
		侯祖武	1962.3—1963.10	
		龙连尧	1963.10—1964.2	
		陈广修	1964.2 —?	
		李光新	1964.8—?	
		高克昌	1965.9—?	
中共齐陵人民公社委员会	书记	王兰桥	1971.3—1975.3	1971 年 2 月，公社召开党代会选举产生了中共齐陵公社第二届委员会，同时撤销公社革委会党的核心领导小组
		孙兆锦	1975.3—1981.10	
		眢学贵	1981.10—1984.4	
	副书记	陈修堂	1971.3—1980.7	
		于志义	1971.3—1975.10	
		任锡恩	1975.10—1981.11	
		贾志亮	1976.4—1978.12	
		高峰岭	1976.4—1982.9	
		于志功	1980.12—1983.5	
		眢学贵	1980.1—1981.10	
		李一新	1981.11—1984.4	
		于奎元	1981.12—1984.4	
		胡春友	1983.5—1984.4	

续表 12-2-3

机构名称	职务	姓名	任职时间	备注
中共齐陵镇委员会	书记	昝学贵	1984.4—1986.7	
		李在彪	1986.7—1987.7	
		崔东岳	1987.7—1988.8	
		李在彪	1988.8—1989.11	
		张连河	1989.11—1990.11	
		董尊福	1990.11—1991.9	
		刘长江	1991.9—1995.3	
		李胜联	1995.3—1998.1	
		陈德诚	1998.1—2001.12	
		李文远	2001.12—2003.7	
		邵　民	2003.7—2003.12	
中共齐陵镇委员会	副书记	阎春梅	1984.4—1987.3	
		胡春友	1984.4—1987.7	
		王铭寿	1984.4—1987.7	
		房守德	1987.3—1989.1	
		张连河	1987.7—1989.11	
		韩兴柱	1988.8—1992.4	
		路百敏	1989.2—1990.4	
		刘建勤	1989.4 起短期挂职	
		郗继玉	1989.11—1991.10	
		夏玉增	1990.11 起短期挂职	
		张树学	1991.9—1998.4	
		李胜联	1991.10—1995.3	
		王令民	1992.5—1995.3	
		马克久	1993.12—1995.11	
		路玲秀	1995.1—1998.3	
		刘效华	1995.1—1999.7	
		王新荣	1995.3—1997.5	
		李悦诚	1995 起短期挂职	
		王云山	1995—1997.12	
		宋爱国	1997—1998.3	
		徐继国	1997.5 起短期挂职	

续表 12-2-4

机构名称	职务	姓名	任职时间	备注
中共齐陵镇委员会	副书记	玉义朴	1997.12—2002.8	
		赵清栋	1998.3—1999.11	
		纪明林	1998.3—1999.11	
		朱永为	1999.11—2001	
		罗　锋	2000.11 起短期挂职	
		李光焰	2001—2003.12	
		刘其明	2002.8— 2003.12	
		国爱梅	2003.2— 2003.12	
中共齐陵街道工作委员会	书记	邵　民	2003.12—2011.1	
		张成刚	2011.1— 2015.9	
		张　涛	2015.9—	
	副书记	刘其明	2003.12—2005.3	
		李光焰	2003.12—2005.3	
		国爱梅	2003.2—2007.11	
		李洪波	2005.3—2008.9	
		赵金川	2005.3—2010.7	
		刘　青	2007.11—2011.11	
		张成刚	2010.7—2011.1	
		王俊涛	2011.1—2011.11	
		张　涛	2011.11—2015.9	
		薄　刚	2011.11—2015.9	
		刘瑞卿	2015.9—	
		高　晋	2015.9—2016.12	
		路庆锋	2016.12—	

区辖乡党支部书记（指导员）：

淄河乡：孟兆科　任锡才

齐陵乡：王维汉

孝陵乡：刘永禄

龙池乡：刘永信

宋家乡：于全福

丁望乡：高志明

终村乡：王法庆　朱乐山

齐陵街道各村（大队）历任党支部书记情况表

表 12-3

党组织名称	姓名	任职时间
淄河村党支部	任锡才	1957—1958.6
	贾德三	1958.6—1975.10
	贾益谦	1975.10—1996.10
	宋乐善	1996.10—1997.8
	刘景明	1997.8—1999.10
	刘清林	1999.10—2005.6
	胡春成	2005.6—2011.10
	刘清林	2011.10—2016.5
	刘春雷	2016.5—
柳店村党支部	吕成林	1958—1964
	郭金秀	1964—1970
	赵廷章	1970.3—1986.10
	赵传业	1986.10—1999
	赵伟勋	1999—2000
	王俊芬	2001—2005.5
	郭宗志	2005.5—2007.10
	孙荣华（代）	2011.4—2014.10
	刘　志（代）	2014.11—2016.11
	曹国华（代）	2016.11—2017.11
	郭宗显	2017.12—
北山东村党支部	郭士孝	1958—1963. 春
	赵悦忠	1963. 春—1964.8
	王振邦	1964.8—1976.9
	赵华春	1976.9—1980.11
	郭士林	1980.12—1990.10
	赵悦庆	1990.10—1994.10
	郭士林	1994.11—2000.7
	王振华	2000.7—2005.9
	张世忠	2005.10—2006.9（第一书记）
	赵悦光	2006.10—2017.12
	王秀平	2017.12—

续表 12-3-1

党组织名称	姓名	任职时间
北山西村党支部（1971 年前与北山东村一个党支部）	王廷兰	1971.1—1993.6
	王长年	1993.10—1998.8
	王砚平	1998.8—
南山村党支部	马桂林	1950—1956
	马洪玉	1957—1967
	刘庆昌	1967—1973
	刘德利	1973—1980.11
	孙宝玉	1980.12—1981.6
	刘德利	1981.7—1990.12
	顾传荣	1990.12—1992.1
	马宝贵	1992.2—1992.6
	马秀刚	1992.7—1992.10
	张春令	1993.1—1994.7
	顾春生	1996—1997
	马福源	1998—2000
	孙荣华（代）	2008.3—2011.3
	李建波（代）	2011.3—2013
	马福军	2013—
刘家终村党支部	刘溶源	1956.6—1967.3
	刘溶源	1971.3—1974.4
	刘育周	1974.4—1980.3
	刘福玉	1980.3—1982.6
	刘育周	1982.6—1984.8
	刘同智	1984.8—1986.9
	刘荆玉	1986.9—1991.7
	李荣国	1991.7—1993.10
	刘庆堂	1993.10—1996.4
	刘焕江	1996.4—1998.11
	刘金岭	1998.11—1999.9
	刘昭利	2001.4—2002.4
	刘建章	2002.4—2007.4

续表 12-3-2

党组织名称	姓名	任职时间
刘家终村党支部	刘庆国	2007.4—2011.4
	刘宪华	2011.4—
齐家终村党支部	李云甫	1956—1959
	许东礼	1960—1969
	朱传森	1970—1981
	许洪柱	1981—1985
齐家企业党支部	许洪柱	1985—1992
齐家终村党支部	李永春	1985—2000.3
齐家党总支	许洪柱（书记）	1988—1994
齐家党总支	李永春（副书记）	1988—1994
齐家终村党支部	许向荣	2000.3—2002.4
	许俊年	2002.5—2004.11
	朱晓光	2004.12—2014.12
	许韶年	2014.12—2017.12
	李　华	2017.12—
梁家终村党支部	许新然	1958.1—1958.8
	许广财	1958.9—1966.9
	许广财	1968.11—1975.4
	许维友	1975.5—1977.10
	许广财	1977.11—1979.12
	梁继海	1979.12—1981.11
	冷传斌	1981.12—1986.11
	梁继海	1986.12—1989.11
	梁继汉	1989.12—1993.10
	梁继江	1996.4—1999.10
	许维农	1999.10—2001.12
	王学明	2004.12—2007.10
	冷传礼	2010.4—2017.12
	张金凤	2017.12—
王齐一大队党支部	王传恩	1971—1976.6

续表 12-3-3

党组织名称	姓名	任职时间
王齐二大队党支部	赵传贵	1971—1974
	贾继明	1975—1976.6
王齐三大队党支部	张华松	1962—1964
	贾永义	1965—1966
	徐宗义	1971—1974
	贾永义	1974—1976
王齐村党支部（1976 年 6 月由王齐三个大队党支部合并成立）	贾继明	1976.6—1979.5
	王习同	1979.6—1986.6
	贾继良	1986.7—1994.8
	王传功	1994.8—1998.3
	阎学礼	1998.4—1999
	贾培吉	2000—2004
	徐学礼	2005.1—2005.4
	王传功	2005.5—2011.4
	王传功	2014.4—
南齐村党支部	李淑臣	1971.3—1974.12
	李鸿祥	1975.1—1975.6
	李成海	1975.7—1997.6
	李在坤	1997.7—2007.9
	李复文	2007.10—2017.12
	李在坤	2017.12—
杨东村党支部	张玉兰	1971.1—1978.11
	孙德明	1978.11—1986.6
	李世涛	1986.6—1988.10
	李俊昌	1988.10—1990.10
	李得舜	1990.10—1992.8
	王明礼	1992.8—1993.3
	李晓生	1993.3—1998.8
	李俊昌	1998.8—2001.3
	李得舜	2001.3—2004.10
	李文才	2004.10—2007.3

续表 12-3-4

党组织名称	姓名	任职时间
杨东村党支部	李建军	2007.3—2011.3
	李文才	2011.3—2014.11
	李建军	2014.11—
杨西村党支部	李守纲	1958.1—1965.12
	李景清	1966.1—1970.12
	李冠才	1971.1—1973.9
	张端正	1973.9—1975.7
	李世永	1975.7—1978.9
	李冠才	1978.9—1986.12
	李新立	1987.1—1997.4
	李冠才	1997.10—1998.4
	李守奎	1999.1—2005.11
	李世本	2005.12—2006.5
	李守生	2006.6—2007.11
	李世本	2007.12—2008.1
	李守奎	2008.2—2011.4
	路维俊（代）	2011.4—2012.11
	李　杰	2012.12—
驻佛村党支部	李宝田	1962—1970.8
	李继玉	1970.8—1990.12
	李继胜	1990.12—1993.7
	李法武	1993.7—1999.11
	李继富	2000.1—2003.6
	李玉光	2004.10—2016.8
	李美玲	2016.9—2017.12
	李玉福	2017.12—
郑家沟村党支部	张大本	1950.1—1964.12
	王洪昌	1965.1—1968.12
	王保祥	1969.1—1972.1
	王连友	1972.1—1974.1
	王佃本（代）	1974.1—1975.8

续表 12-3-5

党组织名称	姓名	任职时间
郑家沟村党支部	郑志顺	1975.8—1990.7
	郑春明	1990.7—1998.7
	郑福全	1998.7—2002.7
	郑福兴	2002.7—2005.7
	王玉刚	2005.7—2017.12
	袁爱军	2017.12—
聂仙村党支部	崔一洲	1961.1—1964.6
	郑文华	1964.7—1974.2
	任凤书	1974.3—1989.5
	崔春田	1989.5—1993.4
	崔光春	1993.4—1996.5
	陈金光	1996.6—1998.4
	任凤国	1998.5—1998.6
	崔凤鸣	1998.7—2000.6
	任凤国	2000.7—2004.9
	王延忠	2004.10—2010.9
	徐仁洲（代）	2010.10—2012.12
	崔云坛	2013.1—2014.10
	崔永海	2014.11—2017.12
	崔云坛	2017.12—
西龙池村党支部	于复荣	1949—1963
	苑德新	1964—1972.1
	苑兰亭	1972.2—1975.7
	苑凤华	1975.8—1981.3
	苑天亮	1981.4—1987.7
	苑林义	1987.8—1991.7
	苑凤华	1991.8—2007.10
	许炳田	2007.11—2014.7
	周忠杰	2014.8—
东龙池村党支部	周树檀	1958—1969
	周承义	1970.12—1975.5

续表 12-3-6

党组织名称	姓名	任职时间
东龙池村党支部	周景瑞	1975.5—1990.5
	周敦尧	1990.5—1993.3
	周承良	1993.3—2000
	周庆华	2000—2002
	周洪昌	2002—2012
	周　杰	2012—2013
	周　军	2013—
吕家孝陵村党支部	李保春	1947—1949
	吕连昌	1949—1954
	李其明	1955.5—1974.8
	吕孟祥	1974.8—1989.2
	徐新国	1989.2—1990.2
	吕光辉	1990.2—1990.10
	臧洪臣（代）	1990.10—1992.2
	李刚（代）	1992.2—1992.9
	吕孟海	1992.9—1994.8
	吕少志	1994.8—1997.3
	周敦杰	1997.3—2003.3
	吕永刚	2003.4—2006.4
	吕永新	2006.4—2017.12
	李来元	2017.12—
高东大队党支部	刘永禄	1958.1—1959.7
	于　明	1959.8—1960.12
	刘永禄	1961.1—1964.12
	于　明	1965.1—1970.12
	屈志广	1971.1—1975.5
	高新民	1975.6—1976.6
高西大队党支部	于景舜	1958.1—1971.1
	于兰芳	1971.2—1976.6
高家孝陵村党支部（1976 年 7 月 1 日由高东、高西党支部合并成立）	高新民	1976.7—1989.10

续表 12-3-7

党组织名称	姓名	任职时间
高家孝陵村党支部（1976年7月1日由高东、高西党支部合并而成）	刘福春	1989.10—2004.11
	于月明	2004.12—2012.4
	屈连奎	2017.12—
石庙孝陵村党支部	孙庆光	1961.6—1964.6
	李文远	1964.6—1966.8
	吕永平	1966.8—1974.8
	孙庆光	1974.8—1980.8
	孟繁胜	1980.8—1987.8
	孙海燕	1987.8—1994.4
	孙连光	1994.4—1997.4
	王俊德	1997.4—1998.4
	李高升	1998.4—2005.4
	鲁效良	2017.12—
毛家村党支部	杨连顺	1956.2—1962
	郭树荣	1962—1975.7
	崔连昌	1975.7—1978.9
	张兆庆	1978.9—1981.9
	杨连顺	1981.9—1984.8
	刘继林	1984.8—1988.8
	张兆庆	1988.8—1990.8
	郭庆来	1990.8—1992.3
	郭树荣	1992.3—1993.9
	张兆庆	1993.9—1995.9
	杨维成	1995.9—1996.7
	杨维林	1996.7—2000.8
	杨维信	2000.8—2001.10
	张　军	2001.10—2004.12
	吕福吉	2004.12—2005.7
	贾允花	2005.7—2011.4
	吕振刚	2011.4—2017.11
	张　军	2017.11—

续表 12-3-8

党组织名称	姓名	任职时间
北苑村党支部	郭德昌	1959—1974
	郭月英	1975—1985
	郭金福	1986—1996
	郭金峰	1996—2004
	贾梅军	2011.4—
后李村党支部	闫桂生	1959—1967.9
	高尚贤	1971.8—1974.9
	闫桂生	1974.10—1975.7
	闫滨美	1975.7—1978.6
	闫学忠	1978.7—1981.9
	高尚贤	1981.10—1983.6
	高尚仁	1983.7—1995.8
	闫冠三	1995.9—2001.10
	闫福玉	2001.11—2005.8
	阎　震	2005.9—2012.12
	闫顺三	2013.1—2015.1
	闫洪国	2017.12—
前李村党支部	周锡明	1958—1963
	周昌荣	1964—1969
	周和清	1970—1984 .10
	周华清	1984.10—1999.4
	周海松	1999.4—2004.10
	周保贵	2005. 10—2008. 4
	周孟成	2017.12—
刘营村党支部	刘相仁	1956—1967
	刘云光	1968—1971
	刘相仁	1972—1975.3
	刘玉德	1975.3—1993.3
	刘　军	1993.3—2007.11
	刘　新	2007.11—2014.10
	代景强（代）	

续表 12-3-9

党组织名称	姓名	任职时间
刘营村党支部	赵玉娟（代）	
	刘庚利（代）	
	刘玉胜	2017.12—
薛家村党支部	贾万箱	1962.2—1964.5
	张来若	1964.5—1975.12
	张金祥	1976.1—1984.6
	苏成林	1984.6—1994.5
	张兆贤	1994.5—1995.7
	孙宝忠（代）	1995.7—1995.10
	贾聚昌	1995.10—1996.2
	贾志同	1996.2—1996.8
	贾万亮	1996.8—2005.3
	贾杰昌	2005.3—2007.10
	张国强	2007.10—2011.4
	周景阳	2011.4—2014.11
	张兆建	2014.11—2017.12
	胡绣凤	2017.12—
宋家村党支部	于荣胜	1956.7—1958
	刘兴汉	1958—1959
	于公元	1959—1968
	于昌元	1968—1970
	于文功	1970—1973
	于学文	1973—1982
	于德荣	1982—1986
	于炳林	1986.9—1988.8
	于洪胜	1988.8—2000.3
	于新生	2002.4—2005.4
	于文海	2005.4—2008.4
	于新军	2008.4—2011.4
	于泗明	2011.4—

续表 12-3-10

党组织名称	姓名	任职时间
东刘家党支部	李广业	1958—1972.10
	张克太	1972.10—1975.12
	张文奎	1976.1—2005
	崔丽丽	2017.12—
胡家村党支部	张金山	1970.1—1970.3
	徐洪昌	1970.3—1993.2
	张金玉	1993.2—1997.6
	张金国	1997.6—2000.8
	张金山	2000.8—2005.3
	王永宝	2017.12—
太平村党支部	张曰公	1956—1959
	王立仁	1959—1960
	张曰公	1961—1964
	杨兆伦	1965—1968
	杨维安	1970—1971
	杨吉田	1971—1976
	王泮湘	1976—1981
	杨兆贵	1981—1986
	张景富	1987—1988
	杨兆贵	1989—2001
	杨绍平	2002—2004
	杨兆利	2005—2010
	杨洪国	2017.12—
付辛村党支部	刘建德	1960—1969
	冯云华	1969.7—1972.6
	赵玉梅	1972.7—1973
	刘建德	1974—1981
	于长清	1981—1986
	王华商	1987—1989
	刘兴文	1990—1992
	王华商	1993—1998

续表 12-3-11

党组织名称	姓名	任职时间
付辛村党支部	刘长华	1999—2000
	刘兴文	2001—2002
	刘兴军	2003—2004
	刘贞堂	2008.8—2010
	刘雪祥	2017.12—
后丁村党支部	丁学林	1957—1960
	张孝仁（前丁）	1960.10—1961
	常洪志	1961—1966
	于振海	1970—1972
	刘炳伟	1972—1980
	贾云来	1980—1986
	贾立业	1986—1988
	刘炳东	1988—1991
	贾立业	1991—2011
	贾立忠	2011—
前丁村党支部（1961 年前与后丁村一个支部）	张孝仁	1960.10—1967.4
	王玉芳	1967.4—1976.4
	王炳禄	1976.4—1983.12
	王玉祥	1983.12—1996.6
	王炳立	1996.6—2004.4
	王万杰	2004.4—2007.11
	王炳义	2007.11—2011.4
	刘志杰	2011.4—
望寺村党支部	钟志秀	1939—1941
	于友仁	1951—1952
	钟志仁	1952—1954
	刘万祥	1954—1958
	刘金海	1958—1959
	贾致邦	1959—1965
	刘万祥	1966—1981

续表 12-3-12

党组织名称	姓名	任职时间
望寺村党支部	于炳周	1981—1989
	贾春福	1989—1995
	贾茂训	1995—1996
	贾致文	1996　1998
	贾春福	1998—2000
	刘万军	2000—2007
	贾茂超	2007.10—
朱家村党支部	刘振绪	1939—1941
	杨志敏	1963—1974
	徐传建	1975—1985
	张新民	1986—1998.6
	王正明	1998.6—
老刘家村党支部	刘学礼	1963—1967
	刘万禄	1971— 1978
	刘青松	1978— 1987
	刘金山	1987— 1998
	刘金铭	1998—1999
	冯春光	1999—2014
	刘万江	2014—
小交流村党支部	王春溪	1971— 1980
	宋玉新	1981— 1983
	宋玉山	1984— 2004
	李春庆	2005—2007
	王新同	2008—
淄水社区党支部	孙家明	2009.3—

第三节　党代会

第一次代表大会

1963 年 4 月 1—3 日，中共齐陵人民公社第一次代表大会在公社会议室召开。出席会议代表 69 人。高兰训代表党委作工作报告。报告提出根据中共中央八届十中全会精神，加强执政党建设，巩固集体经济，发展农业生产，高举三面红旗，艰苦奋斗、自力更生，争取更大成绩。大会选举产生了中共齐陵人民公社第一届委员会。选出出席临淄县第二届党代会的代表。大会一致通过《中共齐陵人民公社第一次代表大会决议》。

第二次代表大会

1971 年 2 月 22—24 日，中共齐陵人民公社第二次代表大会在公社会议室召开。出席会议代表 127 名。王兰桥代表中共齐陵人民公社革命委员会核心领导小组向大会作《高举毛泽东思想伟大红旗，誓作执行和捍卫毛主席无产阶级革命路线的带头人》的工作报告。大会选举产生了中共齐陵人民公社第二届委员会。大会审议并通过王兰桥所作报告的决议。

第三次代表大会

1973 年 1 月 22—24 日，中共齐陵人民公社第三次代表大会在公社会议室召开，出席大会代表 162 名。王兰桥代表中共齐陵公社第二届委员会向大会作《高举毛泽东思想伟大红旗，狠抓批修整风，提高党的战斗力，进一步巩固和发展集体经济》的工作报告。大会选举产生中共齐陵人民公社第三届委员会。大会审议通过王兰桥所作的工作报告。

第四次代表大会

1980 年 8 月 8—9 日，中共齐陵人民公社第四次代表大会在公社会议室召开。出席大会的代表 120 名。孙兆锦代表中共齐陵人民公社第三届委员会向大会作《切实加强和改善党的领导，为实现社会主义四个现代化而奋斗》的工作报告。选举产生中共齐陵人民公社第四届委员会。审议通过孙兆锦向大会所作的工作报告。

第五次代表大会

1984 年 8 月 1—2 日，中共齐陵镇第五次代表大会在齐陵影剧院召开。出席会议的代表 120 名。大会审议通过昝学贵代表中共齐陵镇第四届委员会向大会所作的《振奋精神，锐意改革，全面开创齐陵镇工作的新局面》的工作报告。大会选举产生中共齐陵镇第五届委员会。选出出席临淄区第五次党代会代表 15 名。

第六次代表大会

1987 年 7 月 28—29 日，中共齐陵镇第六次代表大会在镇会议室召开。出席大会的代表 113 名。大会审议通过崔东岳代表中共齐陵镇第五届委员会向大会作的工作报告。选举产生中共齐陵镇第六届委员会。

第七次代表大会

1990 年 4 月 19—20 日，中共齐陵镇第七次代表大会在镇会议室召开。出席大会代表 131 名。大会审议通过张连河代表中共齐陵镇第六届委员会向大会所作《认清形势，振奋精神，为建设文明发达的齐陵而奋斗》工作报告，审议通过臧洪臣代表上届纪律检查委员会向大会所作的工作报告。大会选举产生中共齐陵镇第七届委员会和中共齐陵镇纪律检查委员会。选出出席中共临淄区第七次代表大会的代表。

第八次代表大会

1993 年 4 月，中共齐陵镇第八次代表大会召开。出席大会代表 91 名。大会审议通过刘长江代表中共齐陵镇第七届委员会向大会所作工作报告和常青代表上届纪律检查委员会向大会所作报告。大会选举产生中共齐陵镇第八届委员会和中共齐陵镇纪律检查委员会。

第九次代表大会

1996 年 1 月 16—17 日，中共齐陵镇第九次代表大会在镇会议室召开。出席代表大会 128 名，大会审议通过李胜联代表中共齐陵镇第八届委员会向大会所作《立足实际，锐意进取，努力把齐陵建设成现代化新城镇》工作报告和王志臣代表中共齐陵镇纪律检查委员会向大会所作报告。大会选举产生中共齐陵镇第九届委员会和中共齐陵镇纪律检查委员会。

第十次代表大会

1999 年 3 月 11 日，中共齐陵镇第十次代表大会在镇会议室举行。出席大会代表 119 名。大会审议通过陈德诚代表中共齐陵镇第九届委员会向大会所作《团结拼搏，艰苦奋斗，全面开创齐陵工作新局面》的报告和徐树学代表中共齐陵镇纪律检查委员会向大会所作报告。大会选举产生中共齐陵镇第十届委员会和中共齐陵镇纪律检查委员会。

中共齐陵镇第十一次代表大会代表合影（2001 年摄）

第十一次代表大会

2001 年 12 月 19 日，中共齐陵镇第十一次代表大会在镇政府会议室举行。出席大会代表 115 名。大会审议通过李文远代表中共齐陵镇第十届委员会向大会所作报告和刘其明代表中共齐陵镇纪律检查委员会向大会所作报告。大会选举产生中共齐陵镇第十一届委员会和中共齐陵镇纪律检查委员会。

第四节　纪律检查

机构

1953 年，中共临淄县纪律检查委员会建立后，中共第六区委员会设纪检委员。1956 年 4 月，临淄县纪律检查委员会改称中共临淄县监察委员会，六区区委也相应设立监察委员。

文化大革命时期，党的纪律监察工作中断。

1976 年，中共齐陵公社委员会复设监察委员。1979 年 7 月，中共临淄区纪律检查委员会成立，公社党委改设纪律检查委员。1987 年 7 月，建立中共齐陵镇纪律检查委员会，设书记 1 人，委员 2 人。2001 年 12 月始，齐陵镇纪委书记由一名党委副书记兼任，2012 年，恢复设专职纪工委书记。2013 年 12 月，增设一名副书记。

历任监察委员：

张希纯　郭树荣

历任纪委书记：

刘方明　张云山　臧洪臣　常　青
王志臣　徐树学　刘其明　李光焰
国爱梅　刘　青　王文萍　崔永军
赵　阳　李　楠

查处违法违纪案件

新中国成立后，围绕党的中心工作，对违反党纪的党员干部和党员执行党的纪律。1962—1965 年，按照“实事求是、弄清是非、增强团结”的精神，为在 1959 年反右倾斗争中被错误批判和处理的党员干部进行甄别平反。

1966 年，文化大革命开始，党的纪律检查工作被迫停止。

1978 年后，围绕中共十一届三中全会的路线、方针、政策，开展新时期党的纪律检查工作。根据中央指示精神，认真复查历史遗留问题，特别在反右倾斗争中，被错误批判处理的 30 名党员干部尚未平反纠正或平反纠正不彻底的，进行了彻底平反纠正，恢复政治名誉。

1986 年，重点是整顿纪律，端正党风。着力解决影响党风政风的突出问题，通过专项清查、财务整顿、资产审计、治理“三乱”等多种渠道排查线索，全镇查出动用公款请客送礼计 7789 元，全部清退；挪用拖欠公款 30040 元，全部归还；多占宅基地 605 平方米，全部退出；占用集体财务 257 件，全部退出；承包合同未兑现欠款 29450 元，全部清退。受到组织处理党员 2 名，问题已查清暂时不予登记党员 37 名。

1987—1999 年，镇纪委共查处党内违纪违法案件 11 起，处分党员 13 人。其中开除党籍 3 人，党内留党察看一年 2 人，党内严重警告 7 人，党内警告处分 1 人。由于重视和加强人民来信来访工作，认真受理群众举报，及时发现重大案件线索，2000—2012 年，共查处党内违纪案件 30 起，处理党员 32 人。其中，开除党籍 13 人，留党察看二年 3 人，留党察看一年 1 人，撤销党内职务 3 人，党内严重警告 6 人，党内警告 5 人，免于处分 1 人。党的十八大后，严格落实中央八项规定，加强惩治腐败力度。2013—2017 年，共查处党内违纪违法案件 29 起，处理党员 29 人，其中，开除党籍 16 人，留党察看二年 1 人，党内严重警告 7 人，党内警告处分 5 人。

党风廉政建设

1980年，贯彻执行《关于党内政治生活若干准则》，针对党风方面存在的突出问题，重点检查治理违反规定、用公款请客送礼和巧立名目侵吞国家、集体财产的歪风。1982年，结合打击经济领域犯罪活动，重点检查乱发奖金、物品和农村党员干部强占宅基地及乱伐树木等违纪违法事件。

1986—1989年，按照区委“一天也不放松地抓整党和端正党风工作”的要求，对机关和基层党组织进行作风整顿。通过查思想、查工作、查作风、查纪律，推进廉政建设，纠正以权谋私、权钱交易、公款吃喝、有令不行、有禁不止等各种不正之风，着力解决影响党风政风的突出问题。1991年，加强党风廉政建设，党委政府制定有关机关来人接待费用、陪餐人员及派餐管理手续和机关车辆使用管理制度、出发补助、用电等多项制度规定。1997年，在全镇党员干部中认真组织学理论、学党章、学《中国共产党党员领导干部廉洁从政若干准则（实行）》活动。大力开展以“三讲”（讲学习、讲政治、讲正气）“三为”（为党增光、为国出力、为民造福）为主要内容的党性、党风、党纪教育，增强政治上的坚定性和道德上的纯洁性。认真按照《中国共产党党员领导干部廉洁从政若干准则》，加强和完善自我约束机制，进一步纠正部门和行业不正之风。2008年，坚持标本兼治、综合治理、惩防并举、注重预防的方针，突出加强党风廉政教育，规范民主决策程序，完善三资（农村集体资金、资产、资源）管理办法，深化三务（农村村务、财务、党务）公开制度，逐步建立健全党风廉政建设长效机制。

2013年始，认真贯彻落实中央八项规定精神，大力选树典型，充分发挥正面引导作用，积极创建农村基层党风廉政建设示范村。认真落实村居主要负责人廉政承诺制度，组织开展村干部勤廉双述、村民质询和民主评议活动。设立村居调解委员会，党组织设立纪检委员，为深入推进基层党风廉政建设提供组织保证。严格执行三项制度，即村级重大事项民主决策制度，村委监督委员会和村级经济责任审计监督制度，加强对农村基层干部的监督。为加强组织领导，落实工作责任，街道成立工作领导小组，具体负责该项工作的组织协调、监督检查。3月，在广大党员干部中围绕“守纪律、讲规矩”主题，开展“五个一”廉政教育活动。即上一堂廉政党课，组织开展一次警示教育，排查一次岗位廉政风险，组织开展一次案例剖析，组织一次党纪法规学习。结合实际，找出不足，积极整改。

2015年8—9月，区委党风廉政建设第一巡查组对齐陵街道进行专项巡视。针对巡察组反馈的巡察意见，街道领导班子认真研究，制定《齐陵街道党风廉政建设问题整改方案》，严格落实党风廉政建设党工委主体责任和纪工委监督责任，进一步明确街道党工委书记履行“第一责任人”的领导责任，明确班子成员履行“一岗双责”分管职责。党工委书记同街道56个党支部签订《党风廉政建设主体责任书》，明确责任落实情况。同时完善廉政谈话制度，制定《党政领导班子成员廉政谈话实施细则》。为进一步抓好“两个责任”的落实，将党风廉政建设和反腐败工作纳入街道经济社会发展和党的建设总体布局进行同部署、同落实、同检查、同考核，制定《齐陵街道党工委关于落实党风廉政建设党工委主体责任的意见》，制定《齐陵街道纪工委落实党风廉政建设监督责任实施细则》。加强对纪检监察工作的领导，履行执纪监督问责职能，不断把党风廉政建设和反腐败斗争推向深入。

2016—2017年，开展“两学一做”学习教育活动，结合学习《中国共产党章程》《中国共产党廉洁自律准则》《中国共产党纪律处分条例》，严格落实中央八项规定精神，加强公车使用管理，严格三公经费使用情况报备制度，规范公务接待。街道财审所进一步加强对三公经费的审计监督，清查收缴违规发放的各类奖金补贴。规范完善个人有关报告事项，建立干部诚信档案。坚持用制度管权、管事、管人，建立健全不敢腐的惩戒机制、不能腐的防范机制、不想腐的保障机制，真正使制度成为规范党员干部的“紧箍咒”和高压线。

第五节　组织工作

1938年5月，中共临淄二区分区委建立后，党组织很快在境内开始秘密发展党员。至1939年，在毛家、北苑、望寺、后丁、付辛、朱家等村发展党员30余名，并建立党支部。

1941年，临淄县独立营营长王砚田叛变投敌后，党的各级组织遭到严重破坏，又加上国民党反革命武装势力徐振中部对革命力量的围剿破坏，党的领导机关被迫转移外地，许多共产党员被强迫自首，有的被杀，有的逃到外地，也有的参加了党领导的抗日武装。在最困难时期，1942年2月，上级党组织恢复益寿临广四边县。6月，东二区和西二区合并为二区，重新建立中共二区分区委。抗日战争后期形势有所好转，党的基层组织得到恢复发展。经过解放战争和农村土改运动的锻炼，一大批积极分子被吸收入党。到1949年底，境内有党员60余名。

1950年1月，按照中共山东分局的指示，基层党组织全部公开，进行关于党章党纲的宣传教育和组织建设。结合民主建政，在境内8个乡建立乡党支部。1951年11月，按照中共中央《关于整顿党的基层组织的决定》开展整党运动，着重对党员进行党章教育，对不够党员条件和混入党内的阶级异己分子、蜕化变质分子，区别不同情况分别做出处理，纯洁党的组织。

1953年，贯彻全国组织工作会议确定的“动员全党从组织上保证过渡时期总路线的贯彻执行，保证国家第一个五年计划顺利实现，不断巩固和扩大党组织，提高党员政治水平，提高党的战斗力”组织工作精神，全面开展学习、宣传、贯彻党在过渡时期总路线活动。至1956年底，境内党员发展到160名。

1961年，贯彻中共八届九中全会提出的“调整、巩固、充实、提高”方针，对在“大跃进”运动中受到错误处分的党员进行甄别平反。1962年10月，贯彻全国组织工作会议精神，按照“党必须管党”的指示，重视加强党的自身建设，特别是基层组织建设和落实党的民主集中制。建立健全支部学习制度、联系群众制度、批评和自我批评制度。到1965年底，全公社党支部34个，党员271名。

1966年，文化大革命开始，党政机关处于瘫痪状态，党的活动被迫停止，党的组织建设遭到严重挫折。1970年5月，公社、大队相继成立革命委员会党的核心领导小组。下半年在全公社开展整党建党工作，至1971年1月底，全社基层党支部全部重新建立，2月下旬，召开中共齐陵公社第二次代表大会，建立中共齐陵公社委员会。各级党组织活动恢复正常。1975年，公社党委按照“革命化、年轻化、知识化”要求，通过举办学习班，发展党员52名，其中43名充实进支部班子。至1980年，发展党员93名。

1980年始，根据中央指示精神，公社党委组成落实政策班子，认真复查历史遗留问题，对30名在历次运动中受处分的党员干部，经过细致实事求是地进行复查，对受到错误处理的给予平反、纠正。20余名在文化大革命中靠边站的老干部安排了适当工作。1981—1984年，发展党员52名。

1986年10月，成立齐陵镇党校、电教室，各村建立党员活动室。农村基层班子建设作为党建工作重点。1987年，镇党委制定《加强党的民主集中制的几项规定》和《关于加强党的建设落实党风责任制的规定》，对党员干部工作作风提出了明确要求。1989年11—12月，对党的基层组织进行全面整顿，重点解决思想上坚持四项基本原则不牢固，政治上同党中央保持高度不一致，作风上解决有令不行有禁不止，以权谋私，脱离群众、弄虚作假等不正之风，组织上解决软、懒、散问题，清除党内腐败分子，保持党员队伍纯洁性。

1995年11月，按照全国、省、市农村基层组织建设工作会议提出的要求，全面加强以党支部为核心的农村基层组织建设。镇党委制定《关于加强农村基层组织建设实施方案》，党委书记作为基层建设的直接责任人，镇两委成员包建联系村，选派工作队进村帮助做好农村班子整顿工作，配齐配好村级班子，做好后进村班子的转化，增强基层组织战斗力。制定镇党委抓村级组织建设责任制和工作考核细则，由镇农村基层组织建设领导小组定期对直接责任人责任目标完成情况进行考核。

1998—1999年，重点在农村建立完善党建工作体系，突出落实“五项制度”，成立督导队具体负责检查督促各村落实情况。2000年，增强发展党员社会公开度和透明度，开始试行发展党员公示制。2005年，开展学习实践“三个代表”重要思想为主要内容的保持共产党员先进性教育活动。2008年，“三级联创”活动进一步深化，继续搞好“五个好”街道党工委、“五个好”村党组织和“五个好”群众满意站所的争创工作，党的基层组织建设进一步加强。组织党员开展一帮一结对帮扶困难群众、困难学生活动，并建立长效帮扶机制。组织广大党员为汶川地震灾区群众捐款，交纳特殊党费10.86万元。2009年，以党的十七大精神为指导，全面贯彻落实科学发展观，在全街道建立由80名党员参加的志愿者队伍，深入开展“党在我心中、服务促和谐”为主题的党员志愿者活动。2010年，在继续开展争创“五个好”党组织的同时，开展争做“五带头”党员活动，即带头学习提高、带头争创佳绩、带头服务群众、带头遵纪守法、带头弘扬正气。党工委通过集中培训，利用党建网络和远程教育培训，每月一次党员活动日学习，提高党员干部素质。开展自我评价、群众评价、民主测评、干部考评及组织核定四评一定工作，进行考核监督。在换届选举之前，发现和培植人才资源，打破行业、身份、地域限制，从农村致富能人、科技能手、复员军人、外出务工青年中，把政治素质好、带富能力强、化解矛盾能力强、对农民有感情、群众拥护的优秀党员选拔到村支部书记岗位上来，并抓好支部书记后备人才培养。

2011年，根据省、市区委组织部的要求，在全街道非公有制企业和社会组织中，通过开展“两新”组织“扩覆盖集中行动”，建立和完善“两新”组织党建工作的领导体制和工作机制，实现有群众的地方就有党的工作覆盖，有党员的地方就有党组织覆盖。

2014—2015年，街道领导班子和村居党组织深入开展党的群众路线教育活动。领导班子带头开展群众路线教育学习，带头征求社会各界的意见，开展个别谈话和民主评议，认真撰写检查材料。利用民主生活会，查摆问题，开展批评与自我批评，通过整改落实建章立制。对所辖村党组织，根据排查情况，对软弱涣散党组织进行集中整顿。班子不健全的立即配齐，对支部书记空缺的全部选配到位，不能胜任的尽快调整，暂时没有合适人选的选派“第一书记”兼任。在区委对村支部书记进行集中轮训的基础上，街道对全体党员进行集中轮训。通过党课辅导、集中学习、专题辅导、案例教学和专题讨论，认真查摆问题，组织生活会开展批评和自我批评，通过整改解决突出问题，以增强党组织的凝聚力和战斗力。

2016—2017年，深入开展“两学一做”学习教育，切实把全面从严治党落实到每个支部、每名党员，党工委在全街道开展“六个清查”行动，即清查党员不按时交纳党费情况，清查党员不按规定参加组织生活情况，清查党员不完成党组织分配任务情况，清查党员违纪违法情况，清查党员参教信教情况，清查党组织生活不规范性支出情况。同时下发《关于进一步严格党费收交工作的通知》。在清查行动中，树立一批模范典型、表彰一批优秀党员、警诫一批后进党员、处置一批不合格党员。建立健全党员档案规范化管理、党员教育常态化开展、党员清理严格化推进的制度化链条，形成奖优惩劣的长效机制。基层党组织每年在党员大会、党务公开栏公布一次党费收缴管理情况。对不按时交纳党费的党员，党组织督促其立即补交，并及时进行批评教育。对无正当理由6个月以上未交纳党费的按自行脱党处理。街道党工委每年对各党支部收缴党费情况进行检查，对违规收缴和管理党费的通报批评，情节严重的追究相关人员责任。

历任组织委员：

刘益振　王桂书　张云阶　于奎元
刘方明　李　刚　王志臣　徐树学
尹兆东　孙荣华　张旭东　朱东良
刘宪红　曹元合　常　民　刘　伟
郑　峰

第六节　宣传工作

抗日战争时期，向广大人民进行全面抗战宣传。解放战争时期，围绕“动员一切力量，推翻蒋家王朝，解放全中国”的战斗任务，动员人民群众努力生产，支援前线，夺取解放战争的胜利。1947年，结合土改运动开展以三查（查阶级，查思想，查作风）、三整（整顿组织，整顿思想，整顿作风）为内容的整风运动宣传。1948年齐陵解放后，开展生产救灾、支援前线的宣传。

新中国成立后，开展恢复经济、发展生产和抗美援朝、镇压反革命、土地改革“三大运动”的宣传。1952年，重点围绕开展“三反”（反贪污，反浪费，反官僚主义）“五反”（反行贿，反偷税漏税，反盗窃国家资产，反偷工减料，反盗窃国家经济情报）运动进行宣传。1953年，宣传“三个反对”（反对官僚主义、反对命令主义和反对违法乱纪）、粮食统购统销政策、婚姻法和过渡时期的总路线。1957年，学习宣传毛泽东《关于正确处理人民内部矛盾的问题》，开展整风“反右”斗争。1958年始，重点宣传“鼓足干劲，力争上游，多快好省地建设社会主义”总路线、大跃进、人民公社“三面红旗”。1962年，配合纠正“左”的错误，宣传批判“五风”（共产风、浮夸风、强迫命令风、生产瞎指挥风、干部特殊化风）和贯彻“调整、巩固、充实、提高”八字方针。1963年，响应毛泽东主席号召，利用多种形式，广泛开展宣传向雷锋同志学习的活动。1964年，重点宣传全面开展社会主义教育运动。

文化大革命开始后，由于受“左”的错误影响，学习宣传活动偏离正确轨道。1974—1975年，开展“批林批孔”“农业学大寨”“工业学大庆”的宣传。1976—1978年，宣传工作以揭批“四人帮”反革命集团为主。

中共十一届三中全会以后，宣传工作的重点转向党在新时期路线、方针、政策。围绕实践是检验真理的唯一标准和以家庭联产承包责任制为主要内容的农村改革等，利用上党课、听报告宣传邓小平理论。1983—1984年，学习宣传新宪法和中共中央《关于经济体制改革的决定》。1989—1990年，围绕稳定政治、稳定经济、稳定社会，开展坚持四项基本原则、坚持改革开放、反对资产阶级自由化以及治理经济环境、整顿经济秩序的宣传教育。开展“学党章、正党风”学习教育和“学雷锋做奉献”活动宣传。1990年，被市级以上报刊采用的稿件15篇，被区级广播电视报刊采用43篇。1991年，开展纪念建党70周年宣传教育活动，开展以反和平演变奔小康为主要内容的农村社会主义思想教育活动，宣传社会主义制度优越性，坚定农村干部群众坚持以经济建设为中心、坚持社会主义道路的信念。

1992—1994年，学习宣传邓小平南巡重要谈话和中共十四届三中全会精神，大力开展“抓住机遇，加快发展”大讨论。党委制定宣传思想工作意见，组建宣传报道组。1995年，开展以爱国主义教育为主题的纪念抗日战争胜利50周年宣传教育活动。组织学习党章、牢记宗旨、增强党性、廉洁自律的大讨论。1999—2003年，开展讲学习、讲政治、讲正气三讲教育，学习宣传中共十六大精神和“三个代表”重要思想。2004—2005年，按照区委、区政府建设“文明临淄”、创建文明城市的要求，街道制定《关于建设“文明齐陵”创建“文明街道”工作实施意见》，通过广泛宣传发动，创建工作扎实有效地推进。2006年，开展“全面落实科学发展观，加快构建和谐社会”学习活动月，广泛开展以“八荣八耻”为主要内容的社会主义荣辱观宣传教育。2009年，广泛开展齐文化廉政教育和庆祝建国60周年宣传活动，加强防控邪教的宣传力度。

2011年，纪念建党90周年，街道举办“生态齐陵、宜居新城”优秀书画作品展和“唱响红歌献给党”演唱会。2014年，深入开展党的群众路线教育活动，同时广泛宣传倡导时代新风，发扬传统美德，开展“齐陵好人评选”活动，通过广泛宣传发动，最终评出5类道德典型96名，好婆婆23名，好儿媳22名，好儿女15名，好村民20名，好邻居16名。2015年，推进党群连心工程向纵深发展的同时，通过自学、集体学习、巡回宣传、上党课等形式，在全体党员中开展“学党章党规、学系列讲话，做合格党员”的学习教育活动。利用新闻媒体、开设专栏宣传报道关于学习教育的进展情况和取得的成效。宣传街道踏踏实实为群众办的十件好事。及时刊发言论评论，形成正确导向。同时利用正反两面典型，用身边的事教育身边的人，为开展学习教育活动营造良好舆论氛围。

2016—2017 年，围绕街道党的建设、政治工作、经济社会发展、生态建设、文化、卫生、旅游等方面，做了大量的宣传报道工作。党的十九大召开后，宣传十九大提出的治国理政新理念、新战略、习近平新时代中国特色社会主义思想和新修改的党章、宪法。至 2017 年底，被各级新闻媒体采用稿件 181 篇。其中大众日报、省电视台等省级新闻媒体采用 44 篇，新华网、中国旅游报等国家新闻媒体采用 19 篇。

历任宣传委员：

刘益振　郑家善　路百发　吴凤楼
孙永祥　燕兴俊　毕方军　李光焰
孙荣华　于红梅　张旭东　朱东良
刘宪红　曹元合　常　民　刘冰祥
崔永军　郑　峰　李　楠　郑　峰

第七节　统战工作

抗日战争和解放战争时期，开展统战宣传和争取民心工作，团结一切可以团结的力量夺取战争胜利。新中国成立后，党和政府高度重视充分发挥党外人士的积极作用，团结教育无党派人士、宗教界人士、工商界人士共同走社会主义道路。历届人大代表选举中非党代表占有一定比例。1957 年反右倾运动后，统战工作受到影响。文化大革命期间，一些统战对象受到不公正对待。1978 年后，统战工作得到重视和加强。党委设一名委员分管此项工作，负责贯彻落实党在统一战线工作中的有关方针政策。统战领域拓宽，统战对象扩大到十个方面，主要包括私营企业主、个体工商户、三胞（台胞、港澳同胞、海外侨胞）眷属、非党知识分子、民主党派、少数民族、信教群众等。按照临淄区委统战部提出的“四大工程”（“一十百”民心工程、大联合带动工程、大团结带动工程、环境带动工程），为个体企业和个体工商业的发展排忧解难，大力支持，推动了齐陵经济发展。

1980 年，为错划的右派分子和 135 名“四类分子”摘掉帽子，对 30 件申诉有关阶级成分的来信来访进行调查处理，对其中错划的 12 户进行纠正。落实了教师和科技知识分子政策。同时，按照中央规定，对全公社 27 名台属落实有关政策。有 2 人被推荐为区政协委员。对台胞、侨胞 10 余人次回乡探亲和其眷属出境探亲提供帮助。

境内宗教主要有佛教、天主教、基督教。文化大革命期间，宗教活动被迫停止。1980 年后，积极贯彻宗教信仰自由政策，宗教活动恢复正常。确定家庭聚会活动场所，教育教会组织独立自主办教会，信教爱国守法，鼓励他们积极参加社会主义建设和各项公益活动。

党的各项民族政策逐步得到落实。1981 年 10 月，刘营蒙古族村党支部书记刘玉德出席国家民委组织的全国少数民族参观团系列参观活动。1988—1990 年，刘营村分别被省政府、市政府和国家民族事务委员会授予全省、全市和全国民族团结进步先进集体荣誉。2002 年，被中共淄博市委宣传部、统战部、市民政局、民族宗教事务局联合授予全市民族团结进步模范村光荣称号。2010 年，被区委、区政府授予平安和谐红旗村。改革开放后，全村有 14 人先后担任省、市、区人大代表、政协委员。

2017 年，全街道有个体工商业户 993 户，私营企业 38 家。有少数民族 800 余人。共有信教群众 218 人，其中，佛教 11 人，天主教 14 人，基督教 193 人。有刘营、聂仙、北苑、北山西等村宗教活动场所 4 处。

第八节　党员教育

自 1938 年境内建立党组织至解放战争时期，党员教育多以党小组或党支部为单位秘密进行。主要是学习马列主义和党的纲领、路线、方针、政策，开展批评和自我批评，使党员树立起共产主义理想，增强救国救民的革命斗志。1947 年冬，龙池区委和牛山区委结合土地改革开展整风运动，重点对农村党组织进行“三查三整”。通过整风学习，纯洁党的组织，坚定革命意志，推动土改工作深入开展。新中国成立后，党员教育趋于正常化、制度化，党员会、周末生活会、“三会一课”等制度逐渐形成。

1951 年 11 月至 1954 年，根据县委指示，六区区委对境内乡、村党支部，100 余名党员进行整党整风教育整顿，着重对党员进行党章教育，对不够党员条件的消极落后分子、混入党内的阶级异己分子、蜕化变质分子，区别不同情况，分别进行处理。

1957 年 8 月至 1958 年 9 月，根据中共中央关于整风运动的指示，在境内党组织中开展以正确处理人民内部矛盾为主题的整风运动。以反对官僚主义、宗派主义和主观主义为内容，发动广大群众、干部向党组织提出批评和建议，帮助党整风。

文化大革命开始，党的组织生活停止。1970 年下半年，在全公社党员中开展整党建党工作。重点通过开展学习教育，提高对党的认识，坚定共产主义信念，恢复和发扬党的光荣革命传统，振奋精神，继续革命。到 1971 年 2 月，各基层支部和党委全部恢复成立，党的生活转向正常。由党委成员带队，基层支部书记分期进区党校学习。支部成员和入党积极分子分批参加公社党委举办的学习班，接受教育。

1980 年 3 月，公社党委用 20 天时间，集中系统地对全体党员分批进行学习培训。重点学习《党的基础知识》和《关于党的政治生活若干准则》。教育党员坚持党的四项基本原则，坚持经济建设为中心，加速实现四个现代化是全党的中心任务。1982—1983 年，举办党的十二大文件学习班，有 700 余名党员分期参加学习培训。

1986 年，成立镇党校，党委书记兼校长，各支部建起党员活动室。进行二、三批农村基层支部整党。主要学习《党员必读》《十一届三中全会以来的重要文献简编》《邓小平文选》等，通过开展批评和自我批评，促进党风好转。1987 年 5 月 1 日至 8 月 21 日，开展《新时期共产党员如何发挥先锋模范作用》大讨论。开办党校 7 期，共学习文章 36 篇、13 个讨论题，52 个支部、1 个总支的 866 名党员，参加学习讨论，受到深刻教育。

1989—1990 年，重点落实“三会一课一日”制度。开展“学党章、正党风”教育活动，开办党校 6 期。建立基层电教组织，播放教育片 15 部次。1992 年始，重点学习中共中央转发的邓小平南巡讲话和党的十四大及十四届三中、四中全会精神，强化党性教育、宗旨教育和特色理论教育。

1995 年，利用镇党校、片分校，组织全体党员开展“学习党章、牢记宗旨、增强党性、廉洁自律”的大学习、大讨论活动。1997 年，在全体党员干部中开展以讲学习、提高理论水平和业务水平，讲政治、提高党性觉悟，讲正气、提高党的凝聚力和战斗力为主要内容的党性、党风主题教育。

1998 年 3—12 月，按照区委关于认真抓好党员教育的总体部署，结合齐陵镇实际情况，先后进行《邓小平理论纲要》，九届全国人大一次会议《政府工作报告》《中国共产党纪律处分条例（试行）》《党章》《社会主义市场经济知识》，十五大报告第二部分《面向新世纪的中国共产党》《廉政准则》《农村实用致富技术》等 13 个方面内容的培训。

1999 年，进一步推动全镇党员电化教育工作，各支部均设立电教站，配齐电教所需设备及工作人员。继续开展以“讲学习，讲政治，讲正气”为主要内容的党性党风教育。2001 年，开展“三个代表”重要思想学习教育活动，组织骨干力量组成宣讲队伍，分片包村进行宣讲。

2005 年，开展以实践“三个代表”重要思想为主要内容的保持共产党员先进性教育活动。分两批进行，每批半年时间，覆盖全街道所有党组织，使每个党员都能参加活动，受到教育。2006 年，在全机关开展“全面落实科学发展观，加快构建和谐社会”学习月活动。2008—2012 年，深入开展党的十七大文献学习教育和农村“三级联创”活动，以党员现代远程教育为载体，采取集中培训和个人自学相结合的办法，提高党组织的创造力，凝聚力和战斗力。街道举办齐文化廉政教育展，展出 66 件思想层次高、艺术性强的

齐陵街道"两学一做"工作部署推进会（2017 年 摄）

作品。组织党员干部参观焦裕禄先进事迹展览，加强以廉政建设、惩治和预防腐败为重点的党纪法规教育和廉洁自律教育。

2014 年 4—9 月，全街道深入开展党的群众路线教育实践活动。组织党员干部，以党的十八大和十八届三中全会精神为指导，深入学习贯彻习近平系列重要讲话和视察山东重要讲话精神，牢牢把握"照镜子、正衣冠、洗洗澡、治治病"的总要求，以为民务实清廉为主题，落实中央八项规定和《党政机关厉行节约反对浪费条例》《农村基层干部廉洁履行职责若干规定(试行)》等规定，突出作风建设，坚持领导带头，层层示范，坚持正面教育为主，教育与实践并重，坚持开展批评和自我批评；坚持求真务实，讲求实效；坚决反对形式主义、官僚主义、享乐主义和奢靡之风，着力解决人民群众反应强烈的突出问题。2015 年 3 月，在全体党员中开展"守纪律、讲规矩"廉政主题教育。重点开展"五个一"活动：上一堂廉政党课，组织进行一次警示教育，排查一次岗位廉政风险，组织开展一次案例剖析，组织一次党纪法规学习。教育引导党员干部牢固树立纪律和规矩意识，进一步增强党性修养。

2016—2017 年，按照中央，省市区委的部署，在全街道村、社区党员中开展"学党章党规、学系列讲话，做合格党员"的"两学一做"学习教育活动。以党支部为基本单位，以"三会一课"等党的组织生活为基本形式，突出经常性教育的特点，组织党员通读《中国共产党章程》，明确做合格党员的标准和条件。学习《中国共产党廉洁自律准则》《中国共产党纪律处分条例》《中国共产党党员权利保障条例》等，引导党员牢记党规党纪，牢记党的优良传统和作风。通过学习习近平系列重要讲话，深刻领会党中央治国理政新理念、新思想、新战略的基本内容，组织党员学习十九大文献，学习贯彻习近平新时代中国特色社会主义思想，使全体党员增强政治意识、大局意识、核心意识、看齐意识，做讲政治、有信念、讲规矩、有纪律、讲道德、有品行、讲奉献、有作为的合格党员。

第九节　党员干部管理

1938 年，境内党组织建立后，二区分区委即注重对农村党员干部教育和培养。1947 年，随着农村土地改革运动全面展开，从各项工作涌现的积极分子中发展党员、培养基层干部，建立和巩固人民新政权，成为区委的重要工作。1951 年开展的整党运动，主要是对党员进行党章和党的基本知识教育，纯洁党的组织，提高党员干部的素质。

1953 年始，区委加强在农业合作化运动中的政治思想工作，培养选拔大批党员干部，成为农业合作化运动的骨干和中坚力量，并经常对党员干部进行政治、理论和文化方面的教育培养，提高党员干部素质，增强带领广大群众发展农村经济、坚持社会主义道路的信心和决心。1957 年，农业合作化运动中，组织党员干部学习《关于正确处理人民内部矛盾的问题》，开始党内整风。1962 年，纠正"左"的错误，批判各级党员干部工作中存在的"五风"问题。1975 年始，党委每年都举办学习班，对党员干部进行学习培训。

中共十一届三中全会以后，有计划地落实党的政策和平反冤假错案工作。对受处分的党员干部进行复查，对受到错误处理的给予平反纠正。对 20 名在文化大革命中靠边站的老干部安排了适当工作。1980 年始，党员干部管理趋于正规化。1986 年，按照区委基本实现党风根本好转的要求，镇党校开办两期，对全镇 150 余名支部成员进行培训。制定机关和党支部工作制度，七一前走访农村老党员、退休老干部，宣传党的路线方针政策，通报全镇基本情况，征求对党委工作的意见和建议。

1989 年，加强对党员干部的管理，狠抓“三会一课一日”制度落实，并注重对外出党员和预备党员的管理。同时制定反腐倡廉规定和村以上干部建私房申报制度。11 月 29 日至 12 月 1 日，对全镇支部成员进行三天培训学习，教育党员干部坚持四项基本原则，在思想上、政治上同党中央保持高度一致。对 8 个存在软散问题的基层班子进行调整充实。

齐陵街道党群连心工程各村点评会　　（2016 年 摄）

1990 年 4 月，整顿机关作风，进行查思想、查工作、查作风、查纪律。通过查摆问题，研究整改措施，修订和完善各项规章制度。教育党员干部牢固树立群众观念，始终坚持全心全意为人民服务。推进廉政建设，纠正以权谋私、权钱交易等不正之风。加强纪律观念，行动上自觉同党中央保持一致。进一步发挥党组织战斗堡垒作用和先锋模范作用。

1993 年始，实行“党委工作目标责任制”“村级干部任期目标责任制”和“党员年度目标责任制”，党委与基层党支部签订党建工作责任书，制定和完善党建工作考核细则。1995 年，制定农村组织管理八项制度。村支部实行制度上墙，坚持每天考勤点名制度和碰头制度。镇两委成员包建联系村，因材施教，分类指导，按“五好”要求，做好对后进班子的转化工作。

2000 年始，在全镇农村党员干部中实施“素质工程”，进一步提高农村党员干部队伍的素质。按照中央组织部《关于加强农村干部队伍建设的意见》要求，坚持干部“四化”方针和德才兼备原则，充分利用镇党校、片分校和电化教育网络，分别对镇、村干部和党员、村民小组长、民主理财小组成员，每年集中培训 5 天以上，对党员实行量化管理。形成一支在政治上、业务上都能适应新形势、新任务要求的农村党员干部队伍。

2003—2005 年，开展三级联创活动，实施“一十百”工程和农村党员干部富民示范工程，从党委自身建设入手，加强农村基层组织建设。坚持“两推一选”制度，先后对 7 个村支部进行换届和调整充实，完善各项工作制度，深化农村工作规范，加强农村干部培训，不断深化政务、村务公开，推行财务集中核算制度，农村财务和资产管理实行代理制。各村银行账号设置、资金收付、资金结算、会计核算、会计档案管理做到了“五统一”。2006 年，对街道内流动党员进行摸底排查，制定对流动党员管理的实施办法。2008 年，扎实推进反腐倡廉工作，进一步健全村级科学民主决策程序，推行“驻村指导员”制度，村民会议和村民代表会议，党工委、办事处派员参加。完善农村三资（集体资金、资产、资源）管理制度，深化三务（村务、财务、党务）公开制度。年底，街道党工委、办事处对各村党风廉政情况进行全面检查，检查情况纳入村级年度目标责任制考核。2009 年，深入开展学习实践科学发展观活动，通过请进来、走出去等形式，组织 37 个村的支部书记、村主任到稷下南安村、寿光等农村建设先进单位学习发展经验。街道创新开办“生态齐陵论坛”，结合每个阶段的重点工作，每次选一个大家关注的主题，通过交流、辩论，谈体会、讲观点，达到相互提高。以建立党员“五承诺”机制和百名党员先锋岗创建为载体，深入开展争先创优活动。2010 年，党工委以街道党校为主阵地，1—3 月举办了 7 期培训班，对村支书、村主任、两委成员等 297 名党员干部进行培训。建立起科学有效的管理机制，完善村干部岗位目标责任制，全面推行村官承诺、群众评诺制度。

2011 年，党工委制定《齐陵街道村干部和党员队伍管理规定》（试行），明确村级干部选举任用的主要标准、基本条件、选拔渠道和范围、选拔方式、干部职数，实行村“两委”主职干部任职回避和后备干部制度，规定村级干部的培训职责、教育培训内容和培训方式。落实对村级干部的监督管理和报酬待遇。

2015 年，根据区委党风廉政建设第一巡察组向街道党工委反馈的巡视意见，党工委及时对查摆出的问题逐条进行分析，找准问题症结，深刻剖析问题存在的根源，制定具体整改措施，建立整改台账，明确整改完成时限，落实到具体责任人，并做好建章立制工作。在抓好整改的同时，强化制度落实。

2016 年，街道党工委，办事处为深入贯彻落实党的十八大和十八届三中、四中、五中、六中全会精神，在全街道范围内实施党群连心工程。坚持“党委领导、政府负责、党员参与”的原则，把为民、利民、便民作为党群连心工程的根本出发点和落脚点，坚持管理服务相统一。在全街道划分为三级网格：片区网格—村居网格—基础网格，基础网格下设联络员，充分发挥互联网、手机通讯等现代科技手段，织密“党群联系”“微信通讯”和“电子地图”三张网，梳理党员结构，畅通交流平台。以“网格化走访、网格化代办、网格化服务”为重点，扩大宣传范围，实现党员管理和街道日常工作有机融合，切实做到社情民意全掌握，为民服务全方位，社会管理全覆盖，实现党员管理和街道日常工作有机结合。街道全体党员干部本着“践行两学一做，铸就党群连心，打造齐陵气质”的核心目标，以“说干就干，干就干好”为中心思想，搭建起“千名党员连万户群众”的党群网络，开展夜读夜访、代办服务、党群连心会议等活动，增强全体党员的党性锻炼和充分发挥先锋模范作用，推动全街道各项工作的顺利开展。

2017 年，街道党工委，纪工委针对在党风廉政建设责任制考核中发现的问题，认真分析研究，制定整改措施。同 56 个党支部签订《党风廉政建设主体责任书》，明确责任落实情况。制定《党政领导班子成员廉政谈话实施细则》，明确党政班子成员谈话、约谈的内容、对象、分工及程序。同时不断加强督促和检查，确保党风廉政建设落到实处。

第十节　信访工作

新中国成立后，党和政府十分重视人民来信来访。一般由区公所民政助理和文书受理此项工作。1958 年人民公社成立后，信访工作由党委秘书、管委文书和民政助理员负责。1979 年始，进入拨乱反正、自上而下层层落实各项政策时期，公社成立以党委书记任组长，公社革委副主任任副组长，党委秘书、革委文书、司法助理及公安员等参加的信访领导小组，下设办公室，各工作片成立以片长为主的五人信访小组，每村由支部书记及调解委员等组成 3 人小组，重点对文化大革命期间和历史遗留下来的问题进行调查处理。到 1981 年，共受理信访案件 123 起，其中，来信 79 起，来访 44 起。通过反复认真地走访调查，对受过党纪、政纪处分的党员干部，实事求是地进行了复查处理。对申诉阶级成分信访户，实事求是进行纠正。落实部分教师和科技知识分子政策。1984—1985 年，受理人民来信 38 件，来访 88 起，均当年结案。1986 年，受理来信 2 件，来访 12 件次，有 35 个大队年内无信访案件。是年 7 月，党委书记在全区落实知识分子政策会议上作了典型发言。

1991 年，镇政府成立联合信访办公室。由党政办公室、纪委、司法等多部门抽调人员组成。建立健全《信访工作职责》《接待来访群众制度》等四项制度规定，各工作片设立信访联络站，村村设立信访民事调解员，形成镇片村三级信访网络。对人民群众来信来访反映的问题，根据不同情况，采取分级负责，归口办理。

2005 年，国务院新修订的《信访条例》颁布，推动信访工作向法制化建设迈出重要一步。党工委及时举办村两委负责人、纪检委员和街道干部培训班，学习新修订的《信访条例》，结合工作实际，分析、探讨在新形势下如何处理农村信访问题和维护农村稳定的措施。2007 年，开展“信访问题集中解决日”活动，集中力量排查化解一批矛盾纠纷，维护社会稳定。2008 年，为确保北京奥运会成功举办和改革开放 30 周年纪念活动顺利进行，街道开展了党工委书记大接访活动。切实把基层信访问题解决在萌芽状态，化解在初始阶段。通过提前公示，街道党工委书记、办事处主任每周至少一天公开接访，每个工作日安排1名党政领导班子成员公开接访。疑难复杂问题领导干部亲自包案。党工委书记、各村各单位主要负责人是大接访活动的“第一负责人”。切实做到小事不出村、企业、单位，大事不出街道。

2012年8月中旬到10月底，全街道开展“万人下基层”、面对面排查化解矛盾纠纷活动。机关干部每人走访村居（企业）不少于1个，走访家庭不少于5家，与群众面对面全面了解掌握群众所思所盼和存在的突出矛盾，集中解决涉及群众切身利益的问题，集中化解影响社会稳定的矛盾纠纷和不安定因素，解决重点疑难信访案件，整治治安突出问题，为党的十八大胜利召开创造更加和谐稳定的社会环境。2013—2015年，共接待信访群众424起，化解矛盾纠纷318起。

2016年，街道成立矛盾纠纷多元化解工作领导小组，主要领导任组长，工青妇组织和所有站所负责人为成员，设立办公室，具体抓矛盾纠纷的多元调解、协调、调度等综合性工作。全年接访群众214起，化解矛盾纠纷165起，处理中央巡视组案件4起。2017年，处理信访案件184起，其中网上办理26起，办结132起。

历任信访助理：

于相禹　崔松田　王爱花　刘宪红

于道秀　赵　阳　路维俊

第二章　群众团体

第一节　农民组织

农会

1940年，临淄县和二区农民抗日救国会成立后，在境内望寺村、毛家村、聂仙村等村带领下，各村先后建立起农民抗日救国会（简称农救会）。其主要活动是在县各界抗日救国联合会的带领下，开展敌后斗争。1945年日军投降后，农救会改称农会。1951年，农会组织撤销。

贫下中农协会

1965年，在农村社会主义教育运动基础上，成立齐陵公社贫下中农协会（简称贫协）。李炳义任贫协主席。各大队建立贫协委员会，设贫协主任，各生产队建立贫协小组，设组长。贫协组织对广大社员群众进行阶级教育，并参政议政，负责监督、参与清查生产大队和小队的财务管理工作。1971年5月，齐陵公社召开第二次贫下中农代表大会，出席会议代表169名，陈修堂代表齐陵公社贫下中农协会向代表大会作工作报告。大会选举产生齐陵公社贫下中农代表委员会（简称贫代会）。陈修堂当选贫代会主任。至1973年，发展贫代会会员608户，1322人。1977年12月，齐陵公社召开第三次贫下中农代表大会，杜学勤当选齐陵公社贫协主任。1979年4月，贫协组织撤销。

齐陵公社第三届贫协全委合影　　（1977年摄）

第二节　工人组织

工会

1953年，境内成立教育工会。工会成立互助基金会，帮助解决教职工的实际困难。1957年，供销社成立工会组织。文化大革命期间，工会组织受到冲击，活动停止。1987年，教育系统工会组织重新恢复。同年8月20日，临淄石油化工配件厂（山东美陵公司前身）召开工会成立大会，选举产生厂工会委员会。厂工会分二级设置，厂工会设工会主席一人，车间、科室设工会小组。随之，齐陵供销合作社、齐陵卫生院、镇水泥厂等相继恢复、成立工会组织。

1990年后，随着境内企业的快速发展，职工数量不断增加。按照全国总工会“哪里有职工哪里就有工会组织”的指示，积极在新建企业中成立工会组织，工会队伍不断壮大。

2003年9月24日，齐陵镇召开第一次工会代表大会，出席会议代表42名，大会选出齐陵镇第一届工会委员会和第一届经费审查委员会，国爱梅当选工会委员会主席。全镇下属19个基层工会，共有会员2600余人。2007年，齐陵街道工会被市总工会评为淄博市模范街道工会。

2009年4月16日，齐陵街道总工会成立暨齐陵街道工会第二次代表大会召开。李仁安代表齐陵街道工会向大会作报告，会议选举产生齐陵街道总工会委员会和经费审查委员会、女职工委员会，李仁安当选总工会主席。总工会下属基层工会28个，会员3000余人。2012年，齐陵街道总工会被市总工会授予淄博市模范街道工会荣誉称号。

随着经济改革不断深化，非公有制企业迅速发展，通过积极吸收会员，入会率不断提高，基层工会建设日益巩固加强。至2017年底，基层工会发展到30个，会员4500余人。

主要工作

企业工会主要是配合党在各个时期的中心任务，组织职工积极投身社会主义革命和建设，维护职工的合法权益，参加企业的民主管理。20世纪五六十年代，重点开展增产节约、技术革新、劳动竞赛等活动。平时，组织职工开展文化、体育活动。改革开放后，实施送温暖工程，关心弱势群体，稳定职工队伍，帮扶贫困职工，为困难学生捐资助学。中心校工会重视对教师进行师德教育，打造高素质教师队伍，组织深化“爱与责任”主题教育和开展“学生最喜欢的教师”评选活动。为困难教师职工送温暖，献爱心，为离退休教师订刊物，组织离退休教师观光一日游，喜看齐陵的发展新貌等活动。并为70岁、80岁离退休老教师祝贺生日等。

2017年，总工会广泛宣传工会法律法规，宣传工会工作典型，进一步提高社会各界、企业负责人和广大职工对工会的认识。街道总工会督促山东美陵公司、淄博柳店炉业公司、山东齐鲁武峰塑料制品有限公司等22家企业单位签订集体合同、工资专项协议、女职工专项合同、劳动安全卫生专项协议。与山东美陵公司、山东武峰公司、淄博柳店炉业公司等企业单独进行工资集体协商，其余19家建会企业进行区域工资集体协商，使建会企业工资集体协商建制率达100%。

齐陵镇召开第一次工会代表大会　（2003年摄）

齐陵街道妇女第五次大会　（2016 年 摄）

第三节　妇女组织

妇联

1939 年，中共益、寿、临、广四边县委在临淄二区建立妇女抗日救国会（简称妇救会）设正、副会长。同年，境内付辛、望寺、毛家、聂仙等村率先成立妇救会组织，设妇救会长。之后，有些村还成立抗日救亡组织姊妹团。1950 年，临淄县第六区召开妇女代表大会，建立妇女联合会。1958 年 9 月，改称齐陵公社妇女联合会，简称妇联，设妇联主任。1971 年 5 月，齐陵公社召开妇女代表大会，全社出席会议代表 185 名，陈秀英代表公社妇联向大会作报告，大会选出新一届妇女联合会，陈秀英当选妇联主任。村级设立妇代会，设一名妇女主任。1984 年，改称齐陵镇妇联。1996 年，妇联主任改称妇联主席，至 2017 年，全街道共有村居基层妇代会 38 个，企事业单位妇委会 8 个。

主要工作

抗日战争时期，妇救会、姊妹团主要是组织和动员妇女为抗日武装供应给养、做军鞋、缝补军衣、站岗放哨、为八路军传送情报等。1939 年，付辛村妇救会主任刘宋氏被国民党徐振中部抓走，在宋家庄东沟被杀害。1941 年 4 月 17 日凌晨，发生了骇人听闻的望寺惨案。国民党徐振中部勾结日伪武装夜袭望寺村，将全村 6 名党员和革命干部杀害，其中就有妇救会主任李于氏和姊妹团团长于友美。解放战争时期，妇女组织发动妇女锄奸反霸、发展生产、拥军支前、慰问伤病员。

新中国成立后，各级妇女组织带领广大妇女走出家门，参加扫盲识字班，宣传新颁布的婚姻法等各项社会活动，到农业合作化，妇女由起初的辅助劳力逐渐成为各行各业的半边天。

改革开放后，广大妇女发扬自尊、自信、自立、自强的精神，充分发挥自己的智慧和才能，广开致富门路，大力发展多种经营。积极参与精神文明建设、争创“五好家庭”“三八红旗手”等各项社会活动。1986 年，全镇评选出“五好家庭”1550 户，“好媳妇”“好婆婆”850 名。1989 年，在全镇妇女中开展“学文化、学技术、比成绩、比贡献”双学双比竞赛活动。举办“绿证”（农民技术资格的通俗称法）和实用技术培训班，使一大批妇女掌握 1 ～ 2 项实用技术，成为巾帼科技致富带头人。

1991 年，镇党委研究在农村基层班子中妇女参政的必要性，通过选拔培训，妇女干部进入村两委的村由上届的 2 个上升为 33 个。有 6 个村妇代会通过了区妇联“红旗妇代会”达标验收。通过评选，“五好家庭”达到了总户数的 55%。

2004 年起，街道妇联带领各级妇女组织，把维护妇女儿童权益作为工作的出发点和落脚点。组成宣讲团，通过广播、联席会议、入户走访等多种形式，宣传《中华人民共和国婚姻法》《中华人民共和国未成年人保护法》知识，联合街道司法所开展法律援助宣传活动，发动妇女走上街头发放法律援助政策宣传材料，讲解援助受理案件事例，公布法律援助热线。鼓励广大女性知法、懂法，用法律维护自己的合法权益。在经济建设和社会发展第一线，从农业综合开发到绿化、环保、卫生、旅游、工程建设等方面，妇女已成为各项工作的重要力量。在精神文明创建活动中，广大妇女踊跃参与“四德工程”建设，开展评选“齐陵好人”“最美家风”等系列活动。一大批高素质、有觉悟、有爱心的妇女骨干和女共产党员赢得了群众的口碑。在为地震灾区和白血病患儿募捐活动中，广大妇女干部奔走倡议，带头献爱心。38个村居都有一支常年活跃的女性文体活动队伍，每年三八妇女节、春节等节日，组织展演或竞赛活动。2015年，街道妇联、文化站举办首届舞动幸福广场舞大赛，参赛队伍26支，300余人。

2016年7月15日，齐陵街道召开第五次妇女代表大会，各村居、企业，街道机关和各部门的85名妇女代表齐聚一堂，共商妇女工作发展大计。街道妇联主席于晓静向大会作工作报告，街道党工委和区妇联领导出席开幕式。同年，全街道评选出“好婆婆”“好儿媳”“好邻居”等五个奖项728名模范人物。

2017年3月7日，在“三八”国际劳动妇女节来临之际，街道妇联、文化站联合举办庆三八“拥抱自然风采齐陵”“齐兴杯”健步走大赛，全长7.2千米。辖区内各村居、部门、牛山部队等600余人参加活动。区政府领导、部队首长及区文化局、旅游局、体育局、广电局和区妇联领导应邀出席开幕式，会议由街道党工委书记张涛主持，办事处主任刘瑞卿致辞并讲话。

历任妇联主任：

龙池区：张志清

淄河乡：秦兰英

孝陵乡：赵玉兰

齐陵街道（公社、镇）：

李保明　朱秀荣　边素贞　黄冠军

陈秀英　刘彩云　孙海青　郭爱青

王爱花　崔　娜　杨杰（副主席主持工作）

于晓静

第四节　青年组织

1938年，临淄县成立青年抗日救国会。1939年，境内部分村成立青年抗日救国会小组，在村党支部的领导下，发动青年参加抗日救国活动。境内数十名爱国有志青年陆续奔赴抗日救亡第一线。1941年4月发生望寺惨案，望寺村青年抗日救国会负责人李凤彩遇难。抗战胜利后，临淄县青年抗日救国会改称青年联合会。

1950年，青年团临淄县第六区委员会成立。之后，区内各村和临淄县第六小学（宋家小学前身）开始发展团员，建立团支部。1957年5月，中国新民主主义青年团第三次全国代表大会决定，将中国新民主主义青年团改称中国共产主义青年团，共青团组织得到较快发展。至1962年，全公社40个大队全部建立共青团组织，连同机关、中心校、企业、社直部门共有团支部45个，团员300余人。

文化大革命期间，共青团组织一度停止活动。1971年春，杨西大队优秀共青团员李爱芹在生产队储藏井窖里拿地瓜种时，井窖塌方。危急时刻她将生的希望留给别人，自己献出宝贵生命。团区委领导参加为其召开的追悼会，并号召全区团员青年向她学习。中共十一届三中全会后，共青团组织有了较快发展，各级团组织带领广大青年“学雷锋、树新风”，学张海迪等先进人物，开展“五讲四美三热爱”，争当四有（有理想、有道德、有文化、有纪律）新人活动，激发了广大团员青年奋发向上的进取精神。每个村都建立了青年民兵之家，方便团员青年开展政治、文化活动。铁路大桥守桥分队被评为省级青年民兵之家，北山西、驻佛、刘营等大队被评为市级青年民兵之家。1979年12月和1980年、刘营大队团支部书记刘志敏分别出席山东省第五届青年联合会代表大会和淄博市青年联合会五届一次会议。

齐家终村地处境内南部山区，有三个自然村，团支部有团员40名，5个团小组。1980年，团支部书记李永春带领全大队120名团员青年，在党支部的领导支持下，为改变山区贫困面貌，组成治山专业队，通过5年艰苦奋战，修建盘山公路8千米，栽植各种果树70余公顷，绿化荒山66.7公顷，还义务为淄博市40个后进村培养果树技术员40余名，并无偿为其提供葡萄苗10万株。与博山区东白石村、板石村团支部结为共同致富对子。同年，参加团省委在平邑召开的扶贫工作会议。1985年齐家终村分别被共青团中央和国家绿化委员会评为全国林业先进单位，支援西北沙漠绿化先进单位。同年，成立团总支，李永春当选团总支书记，李永春被评为“山东省第三次新长征突击手”。1986年当选共青团山

齐家终村团总支被共青团山东省委评为青年之家（1995 年摄）

东省委委员，参加团省委在薛城召开的扶贫工作会议。团市委、市电视台到齐家终村录制电视片《我们村里的年轻人》，在中央电视台新闻栏目播放。1987 年 10 月，刘家终村共青团员李华春在齐家终村石料场奋勇救人救火，不幸遇难，被共青团临淄区委追授优秀青年和模范团员。1988 年，共青团山东省委向全省团组织发出“学邵庄（济宁市）、赶齐家（终村）”的号召。1995 年，齐家终村被全国绿化委员会评为“全国造林绿化千佳村”，齐家终村团总支被共青团山东省委授予省级“青年之家”。1997 年，刘营村团支部书记刘福春出席山东省青年联合会代表大会。

20 世纪 90 年代，齐陵团委每年在五四青年节期间，组织团员青年举办文体活动，进行健身长跑、乒乓球、篮球、象棋、山地自行车、健步走等大赛，并经常邀请牛山部队和兄弟街道共

齐陵一中团总支组织团员开展交通安全志愿服务活动（2016 年摄）

同参加活动。2006 年被团区委评为红旗团委。2012 年齐陵一中团支部被团市委授予“淄博市五四红旗团支部”称号。

2015 年，团工委紧紧围绕服务青年、着力加强和改进青少年社会工作专业人才队伍建设，凝聚各方资源，扎实推进青少年权益保护工作专业化建设，净化网吧。结合街道扶贫工作，团工委与扶贫办形成合力，结对帮扶 40 组，涵盖 90 余名留守儿童。在扶困助学活动中以政府救助为主，开展 2 次捐款活动，投入 2 万余元及物资对 29 名困难家庭孩子实施救助。同年，街道团工委被团区委评为红旗团委，团工委书记刘燕被共青团山东省委评为优秀团干部。

2016 年五四青年节期间，齐陵一中、二中团总支组织团员上团课、学团章、重温入团誓词，参观党史纪念馆。一中团总支利用假期组织团员、学生成立学雷锋志愿服务队，到社区开展宣传和实践文明、卫生及交通安全法规等活动。2017 年街道团工委按区团委的部署，完成团员青年信息录入，及时更新相应模块内容，上传青年活动 20 余次，精彩分享 50 余次，基层感悟 20 余篇。

历任团委书记：

龙池区：张聘三　李增仁　常素云（女）

淄河乡：任锡才

孝陵乡：无正职

齐陵街道（公社、镇）：

任锡才　刘学贤　石文兰　崔万昌

高峰岭　胡春友　陈　军　宋玉峰

贾福勇　刘冰祥　刘宪红　贾志勤

乔佩佩　谭文婷　吕晓丽　刘　燕

常　晨

第五节　少儿组织

抗日战争时期，境内大部分村庄建立儿童团组织，主要是协助站岗放哨，传送情报，配合各抗日团体进行革命活动。1945 年 7 月，担任毛家、北苑两个村儿童团长的毛家村张云亮（其母是村妇救会主任），惨遭匪兵杀害，年仅 12 岁。

1950 年 6 月，临淄县第六小学建立境内第一支中国少年儿童队，由儿童自愿报名，合乎条

齐陵街道中心小学举行向国旗敬礼活动　　（2017 年 摄）

件吸收入队，并从教师中聘任辅导员。1953 年 6 月，中国少年儿童队改称中国少年先锋队。根据《中国少年先锋队章程》，少先队的主要任务和活动内容：帮助儿童好好学习，遵守纪律，争取获得优良成绩和丰富的科学知识，领导儿童开展各种文体娱乐活动，组织参加力所能及的社会公益劳动，对儿童进行政治思想教育，培养具有共产主义的道德品质、热爱劳动和为公众服务的精神。在学校团组织的领导下，设大队、中队、小队，从教师和高年级团员中聘请辅导员。此后，少先队很快在境内各村小学中发展起来，绝大部分在校学生都戴上了红领巾。少先队主要以“五爱”（爱祖国、爱人民、爱科学、爱劳动、爱护公共财物）为中心内容开展思想教育，并组织儿童参加拥军优属，爱国卫生运动等活动。1958 年始，共青团组织结合党的政治任务，向儿童进行社会主义教育，带领儿童参加力所能及的生产劳动和社会活动。1960 年，开展学习刘文学，做毛主席的好孩子的教育活动。1963 年，开展向学雷锋学习的活动，成立各种学雷锋活动小组，好人好事不断涌现。1965 年，为配合社会主义教育运动，对少先队员的教育以阶级教育为主，请老党员、老贫农、老工人讲家史、村史、厂史，开展“与父母比童年”活动，学习毛主席著作，学做革命事业接班人。

文化大革命期间，少先队组织改为红小兵组织。红小兵参加“学工、学农、学军”活动。1978 年 10 月，共青团十届一中全会颁布《中国少年先锋队队章》，中小学恢复少先队组织，并设立兼职辅导员，公社设总辅导员。活动内容主要有“学雷锋树新风创三好”“五讲四美三热爱”等，学校设立“红领巾监督岗”“五讲四美宣传站”，并到街头宣传。还经常开展革命传统教育，每年清明节到烈士陵园扫墓。

1989 年，全镇少先队员广泛开展学习赖宁活动。1990 年始，成立红领巾理事会，以爱国主义教育为主要内容，广泛开展“爱党、爱国、爱军”教育，“近代史、现代史、国情”教育，“人民利益高于一切”教育，“争做精神文明小标兵”活动。1993 年，深入开展以落实“跨世纪中国少年雄鹰行动”为目标的少先队技能达标活动。引导少先队员文明自律，学会服务、学会创造、追求真知，全面提高素质。开展手拉手互助活动，进一步升华少先队员的优秀品格。加强少先队基础建设，社会化程度进一步提高。2007 年 4 月，齐陵一中少先队在团中央少年部、全国少工委、中国少年报社、中国学生报社联合举办的全国中小学生“知荣明耻学做人”挑战擂台赛中获优秀组织奖。2007 年 12 月，在全国少工委组织的创建和谐校园知识竞赛中获优秀组织单位荣誉。每年六一儿童节都组织文艺会演，热情歌颂敬爱的党和伟大祖国，感恩教师的教育培养。2017 年，组织少先队参观北海银行进行革命传统教育，到敬老院进行慰问和文艺演出。中心小学还编写了《齐文化体验式校外德育》课程。带领少年到二王冢、四王冢、文化博物院进行校外实践活动。春节期间，到敬老院进行“剪纸送孤老”慰问，到东郡社区开展“环保迎新春，剪纸送祝福”和“我向习爷爷说句心里话”活动。年末，全街道共有少先队员组织 3 个大队、27 个中队，少先队员 1075 人。

历任总辅导员：

周效堂　刘国昌　王立军　闫桂华
王　威　路国秀　周莲香　许方芹
郝占峰

·第十三篇·

政权 政协

齐陵街道领导班子合影（2018 年 摄）

齐陵街道领导班子合影　　（2008 年 摄）

齐陵街道领导班子合影　　（2011 年 摄）

新中国成立初期，齐陵境内设龙池区，终村乡属牛山区。龙池区设区公所，行政负责人称区长、副区长，由县政府直接任命。龙池区设齐陵、淄河、龙池、孝陵、宋家、丁望、徐姚7个乡公所，行政负责人称乡长、副乡长，由乡人民代表大会选举产生。1953年，临淄县划归昌潍地区，1957年2月，宋家乡、丁望乡、孝陵乡、齐陵乡合并为孝陵乡，为县直辖乡。1958年2月，临淄县撤销区建制，淄河乡、终村乡合并建立淄河乡，境内建有孝陵乡公所和淄河乡公所。同年9月，淄河乡和孝陵乡合并为齐陵人民公社，管理机构称齐陵人民公社管理委员会，设社长、副社长，由同级人民代表大会选举产生。文化大革命期间，成立齐陵人民公社革命委员会，设革委会主任、副主任。1983年，公社革委会改为公社管委会。1984年，撤销公社建制，建立齐陵镇人民政府。设镇长、副镇长，由同级人民代表大会选举产生。2003年12月，撤销镇建制，设立齐陵街道办事处。办事处主任、副主任由区人民政府派遣，基层组织村（居）民委员会，由村（居）民选举产生。

根据国家颁布的法律法规，县以下区、乡未设人大工作机构，县人民代表活动由区、乡首席代表负责。1986年8月，齐陵设人大联络组，并设联络组长，人大代表的组织、活动则由联络组长负责，后由镇人大工作机构负责。齐陵镇（公社）人民代表大会，自1950年至2002年1月共召开16届人民代表大会。2003年建立齐陵街道后，不再召开本级人民代表大会。驻齐陵街道区及区级以上人大代表的组织、活动由街道人大工委负责。

1986年11月，政协工作机构成立后，负责驻齐陵镇、区及区级以上政协委员各种活动的组织、保障工作。

第一章　权力机构

第一节　机　构

1949年9月，中国人民政治协商会议制定了《中国人民政治协商会议共同纲领》。12月，政务院颁布《省、市、县各界人民代表会议组织通则》。1950年12月，颁布《山东省乡（行政村）人民代表会议组织通则》。1951年4月，颁布《山东省乡人民代表会议试行组织条例》。1953年颁布第一部《选举法》。依据以上五部法律法规，县以下区、乡未设专门的人大工作机构。组织参加各届人民代表会议及代表活动由区政府负责。县人民代表的组织形式、活动方式按区、乡区域划分代表组，由首席代表负责组织。境内首席代表由区长、乡长、副乡长担任。

1954年，依据国家法律法规，境内全面开展乡级普选工作，召开人民代表大会，每届任期二年。至1966年，代表的组织、活动仍由首席代表负责。文化大革命十年中，齐陵公社人民代表大会中断举行。

1978年3月，五届全国人民代表大会第一次会议通过“新宪法”，限定革命委员会只是政府机构，是人民代表大会的执行机关。但仍规定农村人民公社的人民代表大会和革命委员会是基层政权组织，又是集体经济的领导机构。

1979年7月，五届全国人民代表大会第二次会议通过修正后的《中华人民共和国地方各级人民代表大会和地方各级人民政府组织法》，对在乡镇人民公社设人大专职工作机构没有明确规定。齐陵公社人民代表大会仍由公社革委会负责，仍设首席代表组织代表参加各种活动。

1982年12月，根据第五届全国人民代表大会第五次会议修改后的《中华人民共和国地方各级人民代表大会和地方各级人民政府组织法》规定，乡镇人民代表大会任期由原来的二年改为三年。1986年8月，中共临淄区委决定，乡镇设人大联络员。齐陵镇设人大联络组，负责人称联络组长。1988年7月，齐陵镇人大联络组改称齐陵镇人大工作室，并设齐陵镇人大主席团，常务主席兼人大工作室主任。1989 年 4 月，乡镇人大工作室改称人大代表工作室，负责人称人大代表工作室主任。

1990 年 11 月，淄博市人大常委会下发淄人办发〔1990〕61 号文件，规定乡镇设人大主席团、主席团办公室，负责人称专职常务主席，兼办公室主任。

1993 年 8 月，临淄区委、区政府下发《关于乡镇管理体制改革的实施方案》，规定“乡镇人民代表大会不设专门办事机构，不配专职人员，闭会期间由乡镇党委书记兼任常务主席”。乡镇人大的日常工作由乡镇党政办公室负责办理。1994 年 6 月，恢复乡镇人大专职工作机构，重新设人大主席团专职常务主席。

1995 年 2 月，第八届全国人大常委会第十二次会议新修订的《中华人民共和国地方各级人民代表大会和地方各级人民政府组织法》第十四条规定：“乡、民族乡、镇的人民代表大会设主席，并可设副主席 1 ～ 2 人。主席、副主席由本级人民代表大会代表中选出，任期同本级人民代表大会任期相同”。齐陵镇人民代表大会设主席、副主席。

2003 年 12 月，齐陵镇建制撤销，设立齐陵街道办事处。2004 年 3 月，齐陵街道人大代表联络室改称临淄区人大常委会齐陵街道工作委员会。负责人称齐陵街道工作委员会主任、副主任，由临淄区人大常委会任命。

齐陵公社出席临淄县（区）人代会首席代表情况表

表 13-1

届别	召开时间	机构名称	职务	姓名
县各一	1950.2	代表组	首席代表	孟宪太
县各二	1951.2	代表组	首席代表	邵华清
县各三	1952.3	代表组	首席代表	刘永信
县各四	1953.4	代表组	首席代表	刘永信
第一届	1954.5	代表组	首席代表	高志明
第二届	1956.11	代表组	首席代表	高森明
第三届	1958.2	代表组	首席代表	桑吾省　丁润富
第四届	1960.12	代表组	首席代表	高森明
第五届	1963.4	代表组	首席代表	姜志明
第六届	1965.12	代表组	首席代表	王德明
第七届	文革十年，人民代表大会中断举行，成立革命委员会			
第八届	1979.1	代表组	首席代表	孙兆锦
第九届	1981.1	代表组	首席代表	任锡恩

说明：表中的“界别”所列县各一、县各二、县各三、县各四是临淄县各届人民代表大会一至四届的简称；第一至 XX 届是指临淄区（县）人民代表大会届别的简称。

齐陵镇人大组织机构沿革情况表

表 13-2

届别	机构名称	职务	姓名	任职时间
第十届	代表组	首席代表	闫春梅	1984.5—1986.7
		联络员	张树贵	1986.8—1986.11
	人大联络组	组长	张树贵	1986.11—1987.2
第十一届	人大联络组 人大主席团 人大代表工作室	组长 常务主席 主任	徐炳忠	1987.2—1990.2
第十二届	人大代表工作室 人大主席团	主任 专职常务主席	徐炳忠	1992.2—1993.1
第十三届	人大主席团	专职常务主席	徐炳忠	1993.1—1993.3
		常务主席	刘长江	1993.3—1994.6
		专职常务主席	苏凤臣	1993.3—1993.8
		专职常务主席	王金清	1994.7—1996.1
第十四届	人民代表大会	主席	王金清	1996.1—1999.1
		副主席	曹家福	1996.1—1999.1
第十五届	人民代表大会	主席	王金清	1999.1—2002.1
		副主席	曹家福	1999.1—2002.1
第十六届	人民代表大会	主席	李文远	2002.1—2003.7
		主席	邵　民	2003.7—2003.12
		副主席	张玉杰	2001.1—2003.12

齐陵街道人大机构情况简表

表 13-3

机构名称	职务	姓名	任职时间
人大代表联络室	主　任	邵　民	2003.12—2004.3
	副主任	张玉杰	2003.12—2004.3
街道人大工委	主　任	邵　民	2004.3—2011.1
		张成刚	2011.1—2015.9
		张　涛	2015.9—2016.1
		张连刚	2016.2—2016.8
		曹国华	2016.12—
	副主任	张玉杰	2004.3—2010.7
		孙荣华	2010.7—2015.9
		张连刚	2015.10—2016.2

第二节　人民代表大会

第一届人民代表大会

1954 年 5 月，在县选举委员会指导下，六区 7 个乡相继召开第一届人民代表大会。分别听取乡长对前段工作总结，贯彻落实粮食统购统销政策情况、发展农村互助组合作社情况的报告。会议选举出各乡乡长，选举产生出席县各界人民代表大会代表。

第二届人民代表大会

1956 年 11 月，五路区召开第二届人民代表大会。大会选举徐依萍为区长，李振声、齐英三、牟升奎、李元平、李翠荣为副区长，同时选举产生出席县第二届人民代表大会代表。

第三届人民代表大会

1958 年 4 月，孝陵乡、淄河乡分别召开人民代表大会。延续代表会召开次数，称此次会议为第三届人民代表大会。孝陵乡选举桑吾省为乡长，李元平、任修智为副乡长。淄河乡选举于润富为乡长，王兆辉、李太三为副乡长。两乡选举产生出席县第三届人民代表大会代表。

第四届人民代表大会

1960 年 12 月，齐陵公社第四届人民代表大会在公社驻地杨家齐陵召开。大会选举高森明为社长，李元平、徐治国、王兆辉、田志成、苏连吉、高志明为副社长。同时选举产生县人民代表大会代表。

第五届人民代表大会

1963 年 4 月，齐陵公社召开第五届人民代表大会。大会应到代表 124 人，实到代表 122 人。会议听取社长姜志明所作的《齐陵公社管委会工作报告》。会议学习《中共中央关于农村工作中若干问题的决定（草案）》和《中共中央关于进一步巩固人民公社集体经济发展农业生产的决定》。会议选举姜志明为齐陵公社社长，高森明、李元平、高志明、卢思福、王永臣、崔英伟、苏连吉为副社长。第二次会议补选刘益振为副社长。

第六届人民代表大会

1965 年 12 月，齐陵公社召开第六届人民代表大会。大会应到代表 171 人，实到代表 168 人。会议听取社长王德明所作的《齐陵公社政府工作情况和今冬明春工作任务的报告》。会议选举王德明为齐陵公社社长，王桂书、杜学勤为副社长。第二次会议补选崔万昌、李俊友为副社长。

第七届人民代表大会

文化大革命时期，地方各级人民代表大会和各级人民委员会被“三结合”（群众代表、干部代表、军队代表）革命委员会所取代。1967 年 3 月，齐陵人民公社革命委员会成立，人民代表活动停止。根据中共山东省委关于在文化大革命中建立革命委员会是一届政权的指示，齐陵公社革命委员会列为第七届人民代表大会。

第八届人民代表大会

1979 年 1 月 18—20 日，齐陵公社召开第八届人民代表大会，此次大会为“文革”后恢复人大组织后的首次人民代表大会。大会应到代表 267 人，实到 254 人。会议审议通过孙兆锦所作的《齐陵公社革命委员会工作报告》，并作出《关于齐陵公社革命委员会工作报告的决议》《齐陵公社革委会关于转变作风问题的决议》。选举孙兆锦为齐陵公社革委会主任，陈修堂、任锡恩、朱文洲、郭树荣、韩志静为革委会副主任。二次会议补选陈修堂为革委主任，三次会议补选任锡恩为齐陵公社革委会主任。

第九届人民代表大会

1981 年 1 月 15—16 日，齐陵公社召开第九届人民代表大会。大会应到代表 82 人，实到代表 80 人。会议审议并通过任锡恩所作的《齐陵公社革命委员会工作报告》《齐陵公社第九届人民代表大会第一次会议代表资格审查报告》。作出《关于齐陵公社革命委员会工作报告的决议》。选举任锡恩为管委会主任，朱文洲、郭树荣、李书林、张树贵为管委会副主任。二次会议补选李一新为管委会主任；三次会议补选徐炳忠、侯宗祥为管委会副主任。

第十届人民代表大会

1984 年 5 月 19—21 日，齐陵镇召开第十届人民代表大会。大会应到代表 85 人，实到代表 82 人。会议审议并通过闫春梅所作的《齐陵公社管委会工作报告》，审议通过《齐陵公社第十届人民代表大会第一次会议代表资格审查报告》。作出《关于齐陵公社管委会工作报告的决议》。选举闫春梅为齐陵镇镇长，徐炳忠、郑春清、张爱英为副镇长。三次会议补选宋玉新为副镇长。

第十一届人民代表大会

1987 年 2 月 26—27 日，齐陵镇召开第十一届人民代表大会。大会应到代表 70 人，实到 67 人。会议审议并通过房守德所作《齐陵镇政府工作报告》，审议通过《齐陵镇 1987 年国民经济和社会发展规划》《齐陵镇 1987 年财政预算报告》《齐陵镇政府集资议案报告》。作出《关于齐陵镇政府工作报告的决议》《关于齐陵镇政府 1987 年国民经济和社会发展规划的决议》《关于齐陵镇政府 1987 年财政预算报告的决议》《关于齐陵镇政府集资议案的决议》。选举房守德为齐陵镇镇长，张爱英、宋玉新为副镇长。

第十二届人民代表大会

1990 年 2 月 18—20 日，齐陵镇召开第十二届人民代表大会。大会应到 69 人，实到 66 人。大会审议通过韩兴柱所作的《齐陵镇政府工作报告》，审议通过《1989 年财政预算执行情况和 1990 年财政预算报告》《政府集资议案报告》。作出《关于齐陵镇政府报告的决议》《关于 1989 年财政预算执行情况和 1990 年财政预算报告的决议》《关于政府集资议案报告的决议》《关于为全镇人民办五件实事议案的决议》《关于齐陵镇镇规民约的决议》。选举徐炳忠为齐陵镇人大主任、韩兴柱为齐陵镇政府镇长，王能敦、宋玉新、张爱英、王凤舞（科技）为副镇长。二次会议补选刘素梅为副镇长；四次会议补选李胜联为镇长，陈爱国、路玲秀为副镇长。

第十三届人民代表大会

1993 年 1 月 5—7 日，齐陵镇召开第十三届人民代表大会。大会应到代表 70 人，实到 66 人。会议审议通过李胜联所作《齐陵镇政府工作报告》，审议通过《1992 年财政预算执行情况和 1993 年财政预算报告》《1992 年统筹费提取和使用方案的报告》《关于集资修二号路议案的报告》徐炳忠所作《人大主席团工作报告》。作出《关于齐陵镇政府工作报告的决议》《关于 1992 年财政预算执行情况及 1993 年财政预算报告的决议》《关于 1992 年统筹费提取和使用情况及 1993 年统筹费提取和使用方案报告的决议》《关于集资修二号路议案报告的决议》。会议选举徐炳忠为人大专职常务主席，李胜联为镇长，刘素梅、陈爱国、路玲秀、毕方军、牛献君（科技）为副镇长。二次会议补选刘长江为人大常务主席；三次会议补选王金清为人大专职常务主席，安增东为副镇长；四次会议补选王新荣为镇长、徐玉春为副镇长。

第十四届人民代表大会

1996 年 1 月 6—7 日，齐陵镇召开第十四届人民代表大会。大会应到代表 60 人，实到 60 人。大会审议通过王新荣所作《齐陵镇政府工作报告》，审议通过《1995 年财政预算执行情况和 1996 年财政预算方案的报告》《1995 年统筹费提取和使用情况及 1996 年统筹费提取和使用方案的报告》、王金清所作《齐陵镇人大主席团工作报告》。作出《关于齐陵镇政府工作报告的决议》。《关于 1995 年财政预算执行情况和 1996 年财政预算方案的决议》《1995 年统筹费提取和使用情况及 1996 年统筹费提取和使用报告的决议》十四届一次会议选举王金清为人大主席、曹家福为副主席，选举王新荣为齐陵镇镇长，刘素梅、毕方军、徐玉春、张文建为副镇长。第三次会议补选路龄秀为镇长、李光焰为副镇长；四次会议补选王爱花为副镇长。五次会议补选纪明林为镇长。

第十五届人民代表大会

1999 年 1 月 17—18 日，齐陵镇召开第十五届人民代表大会。大会应到代表 61 人，实到 61 人。会议审议通过纪明林所作《齐陵镇政府工作报告》、王金清所作《齐陵镇人大主席团工作报告》审议通过《1998 年财政预算执行情况和 1999 年财政预算的报告》。《1998 年统筹费提取和使用情况及 1999 年统筹费提取和使用方案的报告》，作出《关于齐陵镇政府工作报告的决议》《关于齐陵镇人大主席团报告的决议》《关于 1998 年统筹费提取和使用情况及 1999 年统筹费提取和使用方案的决议》《关于 1998 年财政预算执行情况和 1999 年财政预算报告的决议》。会议选举王金清为人大主席、曹家福为副主席。选举纪明林为镇长，李光焰、王爱花、陈奉亭、曹国华为副镇长，第二次会议补选朱永为为镇长；四次会议补选赵金川为副镇长。

第十六届人民代表大会

2002 年 1 月 12—13 日，齐陵镇召开第十六届人民代表大会。大会应到代表 61 人，实到 61 人。会议审议通过王义朴所作《齐陵镇政府工作报告》李文远所作《齐陵镇人大主席团工作报告》，审议通过《2001 年统筹费提取和使用情况及 2002 年统筹费提取和使用方案的报告》《2001 年财政预算执行情况和 2002 年财政预算草案的报告》。作出《关于齐陵镇政府报告的决议》《关于齐陵镇人大主席团工作报告的决议》《关于 2001 年统筹费提取和 2002 年统筹费提取和使用方案的决议》《关于 2001 年财政预算执行情况及 2002 年财政预算报告的决议》。十六届一次会议选举李文远为齐陵镇人大主席，张玉杰为副主席。选举王义朴为镇长，王爱花、陈奉亭、曹国华、赵金川、张连刚为副镇长。二次会议补选刘其明为镇长；三次会议补选邵民为人大主席。

出席各级各届人民代表大会代表

第一届

龙池区：

李尧臣　孟宪太　朱士彦　贾万福
闫冠五　陈学文　陈象禄　杨録贤
王好仁　王忠孝　闫永祥　孙连兴
刘永禄　李金春　李兰香　周玉英
朱传尧　刘万春

第二届

六区：陈象禄　邵华清　高景周　张若贵
王好仁　闫永祥

第三届

六区：崔俊义　刘敬先　崔洪立　车祥云
张蔚堂　于复荣　刘永信　周考文
周洪书　周志明　陈西三　刘银平
常红智　贾竹泉　高景周　于鉴秋
郭光恩　李尧臣　柳安兰　贾之金
毛洪海　马保善　李方美　孙耀光
孔秀云　张秀荣　孟兆和　李元丰

第四届

缺档案资料

出席临淄县（区）人民代表大会代表

临淄县第一届人民代表大会代表

吕志宽　高景周　孟兆科　孟秀英
高志明　刘云光　贾竹泉　孙聚奎
崔秀英　朱长荣　许东礼　赵洪恩
刘银平　李尧臣　车祥云

临淄县第二届人民代表大会代表

缺档案资料

临淄县第三届人民代表大会代表

孝陵乡

桑吾省　赵学曾　刘云光　高志明
吕志宽　李瑞梅　赵洪恩　李桐茂
贾竹泉　贾凤美　孟秀英　崔秀英
于福荣　崔一学　李守长

淄河乡

许东礼　朱长荣　马洪玉　贾德三
李启钧　李同成　丁润富　秦兰英

临淄县第四届人民代表大会代表

齐陵公社

高森明　高兰训　许东礼　朱传荣
贾德三　李启钧　高志明　贾竹泉
贾凤美　孟秀英　崔秀英　李福元

临淄县第五届人民代表大会代表

齐陵公社

姜志明　高森明　高志明　肖和盛
李心贵　徐树德　贾竹泉　李明轩
赵腾云　孟秀英　边素贞　高兰训
朱长荣　贾德三　李福元　李美兰
孟庆贵　袁素美　刘善柱　赵玉梅
贾万箱　孙炳光　刘云渠　李淑臣

临淄县第六届人民代表大会代表

齐陵公社

李明轩　王善堂　栾开银　肖和盛
李心贵　贾竹泉　徐树德　高兰训
王德明　贾万箱　孟庆贵　李美兰
贾云英　李金明　杨秀真　吕桂英
赵玉梅　孙炳光　李福元　刘云渠
刘善柱　李淑臣　贾德三　郑文华
吕志宽　许东礼

文化大革命期间，人民代表大会中断举行，成立革命委员会。

临淄区第八届人民代表大会代表

齐陵公社

贾益谦　刘玉兰　崔秀荣　王习同
张国太　李宝兰　吕友来　王春溪
朱传森　贾庆平　张金祥　吕孟吉
高新民　刘玉德　刘金荣　徐　惠
吕全孝　赵玉兰　周和清

临淄区第九届人民代表大会代表

齐陵公社

徐美荣　刘会荣　周和清　任锡恩
张国太　朱传森　赵廷章　刘景洲
钟秀英　吕孟吉　许洪娟　任凤书
于方英　刘万祥

临淄区第十届人民代表大会代表

齐陵镇

周和清　吕孟吉　徐美荣　程桂香
贾月美　刘景洲　赵玉松　郑志顺
陈象顺　闫春梅　许福昌　吕桂兰
刘云渠

临淄区第十一届人民代表大会代表

齐陵镇

房守德　郑志顺　赵玉松　陈象顺
王心富　周和清　刘云渠　吕树文
周敦尧　赵玉兰

临淄区第十二届人民代表大会代表

齐陵镇

韩兴柱　李永春　李兰芬　周和清
赵玉松　刘效华　郑志顺　陈象顺
周敦尧　李秀兰　刘云渠

临淄区第十三届人民代表大会代表

齐陵镇

李胜联　徐炳忠　李金明　宋林美
苑立国　刘效华　刘福春　刘玉文
张文奎　王忠和　李永春

临淄区第十四届人民代表大会代表

齐陵镇

王金清　刘效华　李永春　李惠琴
刘海英　王文婷　贾福平　崔一海
宋玉山

临淄区第十五届人民代表大会代表

齐陵镇

刘其明　张玉杰　刘全章　许　丽
刘效华　崔一海　刘清林　贾立业
王文婷　贾金英

临淄区第十六届人民代表大会代表

齐陵街道

邵　民　孙荣华　张玉杰　赵　颖
李春祥　朱晓光　徐少玲　王传功
于曰明　刘洪云　李双玲　刘效华
刘建光

临淄区第十七届人民代表大会代表

齐陵街道

刘效华　刘清林　张　涛　张连刚
刘英梅　赵秋英　吕学玲　王新同
冷传礼　邱谋东　刘　军　孙树明
张成刚　孙荣华　许炳田

临淄区第十八届人民代表大会代表

齐陵街道

于泗明　王春燕　刘玉云　刘宪华
刘春雷　刘清玲　崔永海　曹国华
张　涛　周　军　周金秀

出席山东省人民代表大会代表

第六届山东省人民代表大会代表

刘相仁 蒙古族 刘营村

第七届山东省人民代表大会代表

刘会荣 蒙古族 刘营村

出席淄博市人民代表大会代表

淄博市第七届人民代表大会代表

刘玉兰 汉族 义和大队团支部书记
刘玉德 蒙古族 刘营大队党支部书记
张国太 汉族 新胜大队大队长
张金祥 汉族 薛家大队党支部书记

淄博市第八届人民代表大会代表

许洪娟 汉族 王齐大队妇代会主任
张国太 汉族 新胜大队大队长
刘玉德 蒙古族 刘营大队党支部书记

淄博市第九届人民代表大会代表

刘玉德 蒙古族 刘营村党支部书记
周莲香 汉族 王齐小学教师

淄博市第十届人民代表大会代表

刘长江 汉族 镇党委书记
刘玉德 蒙古族 刘营村党支部书记

淄博市第十一届人民代表大会代表

刘洪亮 蒙古族 刘营村
刘效华 汉族 山东美陵公司董事长

淄博市第十二届人民代表大会代表

刘效华 汉族 山东美陵公司董事长

淄博市第十三届人民代表大会代表

刘效华 汉族 山东美陵公司董事长

淄博市第十四届人民代表大会代表

刘建光 汉族 山东齐御牧业

淄博市第十五届人民代表大会代表

赵克强 汉族 山东美陵公司总经理
刘建光 汉族 山东齐御牧业
胡永利 汉族 淄博忆当年农业

齐陵公社（镇）人大代表

齐陵公社人代会第五届当选代表（1963 年 4 月）

杨兆钦 王立仁 李炳义 王玉臻 刘多桢
张宝山 刘炳恒 刘炳伟 常安祥 于世文
贾洪祥 刘清海 高志明 赵玉梅 张玉芬
邢士伦 刘清松 王春桂 徐光学 周志礼
周树堂 苑林富 苑春祥 苑志成 苑耀宗
杨连顺 郑保民 杨维汉 高景周 张希纯
于景舜 吕桂英 吕志宽 吕孟春 孙炳光
王俊卿 吕永平 贾竹泉 贾宝光 郭德昌
贾云英 徐国禄 胡清海 贾如义 徐治国
王保三 刘淑经 贾之玉 贾德三 孟宪太
王德明 高森明 于景文 李美兰 郭士聪
黄冠军 吕成林 赵永志 王文著 马玉楠
吕秀英 顾传德 马志正 代新田 张国千
冷芝田 冷桂香 梁传松 王宪太 王焕然
朱玉贵 朱长荣 代玉荣 刘溶源 刘育周
李太三 孟庆贵 郑文华 崔光普 贾效文
岳一山 高克昌 杜学勤 崔云霞 崔一洲
胡汉方 闫桂森 王习同 孙耀光 郑志良
王连友 王连喜 王桂书 李宝田 李培方
李桂臣 李洪祥 李宜宽 李福元 李成洲
李景曾 李景清 闫克江 闫桂生 铁增吉
苏连茹 周景堂 周锡山 贾万箱 张武科
刘云从 刘云渠 刘化昌 孙爱令 徐洪昌
张云升 于修元 于海成 于德永 于俊元
于连杰 王玉堂 孙佃安 袁素美

齐陵公社人代会第六届当选代表（1965 年 12 月）

高森明 王德明 王桂书 于景文 代玉荣
郭安泽 李宝森 杨保职 石文兰 齐洪武
张希纯 高志明 栾开银 张之升 徐洪昌
于连杰 于德永 于俊元 于兴旺 于海成
于良元 于修元 孙佃安 孙秀凤 王玉堂
贾万箱 张武科 贾万清 闫秀荣 闫克江
闫桂生 周景堂 周锡山 周振荣 铁增吉
苏连如 苏德欣 李凤仙 孙爱玲 刘云从
刘化昌 刘云渠 李太三 刘善柱 刘玉周
刘溶源 刘华美 王焕然 王太三 梁传松
代新田 张国千 冷芝田 冷桂英 许东礼
朱长荣 朱于贵 朱秀华 郑三友 孟庆贵
崔光普 崔云鹤 任凤岐 贾效文 郑文华

刘锦章　李淑臣　李鸿祥　李福元　李美英
李洪本　李宜宽　李景清　李成洲　李景增
李秀芸　郑志良　王连喜　王连友　胡汉芳
贾增梅　王习同　闫桂森　贾永义　李延福
徐秀香　董家福　李月英　李培芳　李保田
吕秀英　马玉楠　顾传德　马志正　李毓林
王文著　刘曰英　吕成林　赵永志　李美兰
王振江　郭士聪　孟宪太　聂欣儒　宋玉芝
贾德三　胡清海　贾如意　徐治国　徐国禄
王保三　李桂兰　刘淑经　李金明　冯大田
赵玉梅　张淄洪　张玉芬　刘炳伟　张宝山
贾荣兴　刘炳恒　王长贵　王新民　杨桂田
杨兆欣　杨秀英　王立仁　王玉臻　刘多桢
徐广学　刘清海　贾洪祥　常安祥　于友士
邢士伦　刘青松　李梅五　吕志宽　吕书俊
吕孟春　吕兰英　郑保民　杨维汉　杨连顺
周树荣　周成文　周志礼　于景舜　吕桂英
贾云英　贾竹泉　郭德昌　贾宝光　吕永平
孙炳光　王俊卿　鲁秀凤　高景周　于春英
赵秀美　苑志成　苑春祥　苑林富　苑旭宗
李炳义　黄冠军　孙耀光　高克昌　岳一山
杜学勤

齐陵公社人代会第八届当选代表（1979 年 1 月）

刘兴元　高峰岭　陈修堂　李书林　孙维友
胡春友　韩志静　任锡恩　杜学勤　郭树荣
朱文洲　孙兆锦　贾志亮　刘彩云　刘凤岭
唐元同　于月英　贾德三　赵传爱　于美俊
王荣春　张安吉　周昌顺　李金科　潘桂书
宗立勋　于景文　张玉若　郑文华　胡凤美
吕树春　杨桂田　杨连顺　郭金秀　李美芳
任凤花　胡清玉　李继圣　徐曰明　孙海友
张春令　李凤林　王新杰　李振伦　马福荣
吕国栋　朱秀美　刘淑贞　刘长明　王惠利
贾培华　闫广凤　王习礼　贾焕文　苑志端
冷春水　许广才　刘兴洪　王学文　刘志英
梁继海　许俊祥　梁传泉　朱传森　许洪柱
李秀英　朱传富　朱长礼　朱传贤　孙明香
刘育周　刘芝田　张福梅　李桂春　刘玉兰
李太三　刘玉堂　刘同德　刘长信　刘永源
马洪玉　马桂林　刘德利　刘德荣　吕秀英
郑秀英　王廷兰　李玉林　李怀仁　赵华春
吕文昌　邢桂兰　吕春喜　郭士聪　郭光泽
赵廷章　吕成林　李月美　崔淑贞　周爱玲
孟兆科　任　刚　孟凡萍　刘家顺　魏疏槐
冯展花　贾益谦　李桂英　徐治国　贾传海
王树芬　任凤书　陈文庆　崔秀荣　崔凤玲
贾长清　贾文森　李锡美　崔一洲　李德顺
李美兰　李守绪　李德约　孙德明　李秀美
李冠才　张端正　王景荣　李成洲　贾继明
吴汉春　王习同　苏象英　徐景章　贾美苓
贾培虎　徐学惠　贾培文　王子俭　王德新
李金祥　李成海　李保田　李继玉　李宝兰
李永圣　王砚照　王保贵　赵美英　郑志顺
苑志芹　苑兰亭　周法友　周怀寿　苑凤华
周玉庆　周景瑞　周爱美　周世民　吕多贤
吕孟祥　李秀兰　刘秀莲　吕国文　吕孟吉
吕书学　孙庆光　孙炳光　吕克信　吕克明
李秋云　孟凡胜　高新民　于兰芳　崔秀英
屈效孟　于景友　刘永禄　崔连昌　李桂兰
崔长委　徐　惠　郭月英　贾立言　贾天传
贾汉松　郭继云　李庆荣　张鲁书　赵兰英
董国书　闫学忠　周文清　周和清　李美兰
周芝德　周海良　贾志梅　贾万箱　闫明香
张金祥　贾志同　杨兆贵　王泮湘　王素兰
杨录浩　杨兆顺　杨录林　杨金花　徐俊德
孙爱玲　刘云光　刘春章　刘化仁　刘洪章
刘佃章　刘洪仁　刘培华　刘玉德　张佐书
刘凤鸣　苏清源　张文奎　徐美荣　王好仁
徐洪昌　朱清福　于光胜　刘玉森　李秀真
李文英　于功元　刘全春　于文彬　刘金荣
于德荣　于学文　李凤生　钟志平　李同茂
刘素兰　赵玉兰　刘万祥　李月兰　徐传建
张云峰　张月来　冯云华　冯义田　刘修德
刘建德　潘桂香　王新国　王春溪　宋执农
刘青松　王金桂　赵成春　于芳英　于振海
王玉祥　王炳禄　刘炳伟　王凤香　王学林

齐陵公社人代会第九届当选代表（1981 年 1 月）

董国书　刘彩云　王佃华　姜胜亭　张树贵
胡春友　李书林　朱文洲　任锡恩　徐若政
郭树荣　付丰三　任凤国　于景文　李守余

张春令　李金科　贾益谦　宋乐禹　王奎英
马福圣　马志正　王廷兰　赵廷章　孟宪芹
于德荣　于学文　于文彬　李庆荣　赵立英
徐美荣　苏清源　周海文　周兰花　王书贤
杨兆贵　刘云光　徐俊德　刘会荣　张金祥
贾志顺　王河清　冷传彬　朱秋玉　许洪柱
刘汉福　刘　刚　刘会香　刘玉周　苑兰亭
苑凤华　徐　惠　李秀兰　吕国士　贾保信
郭月英　周敦东　刘福春　于兰芳　李振东
吕永平　李洪本　贾秀兰　李世永　李守严
李保兰　冯兆鸾　王传会　郑志顺　任美英
崔光春　王玉奇　王凤香　胡秀英　刘万祥
刘建德　徐久香　孙光明　刘兴盛　王春溪

齐陵镇人代会第十一届当选代表（1987年2月）

王习同　贾洪文　王佃华　孙德明　刘彩云
李守平　李家庆　王砚照　胡春友　任永琴
崔光春　李在彪　李复厚　王廷兰　贾益谦
刘景明　王乐美　李美玉　任贵芬　郭宗钦
宋玉新　刘玉桐　刘焕斋　马秀美　王学书
张长溪　朱传森　刘宪刚　刘　奉　王令福
徐炳忠　徐三友　李振东　张爱英　吕书奎
胡美芳　吕良友　周志善　王汉升　周怀珍
房守德　刘　军　于世太　周志会　铁继顺
张金国　张金祥　于文彬　于胜祥　于光胜
闫明香　闫明三　闫秋香　刘平昌　杨维森
杨效寿　赵玉梅　王玉奇　贾云朋　贾福永
宋玉京　王正阶　刘金铭　刘秀丽　许福林
刘　奇　殷道友　李金科　王向阳　张树贵
潘桂书　张方泉　吕志德　陈　刚　朱双营
周昌顺　王洪友

齐陵镇人代会第十二届当选代表（1990年2月）

王正阶　宋玉山　刘兴路　张敦仁　刘炳银
周怀珍　胡梅芳　李百平　王丽萍　张兆庆
周敦明　刘福春　臧洪臣　苏成林　闫明香
孙爱国　闫树贞　周志会　铁继顺　杨兆贵
杨维忠　刘玉文　刘相海　于文彬　于洪胜
于光胜　张金国　苏凤臣　贾益谦　刘和平
魏明春　赵明山　任桂芳　王连弼　朱爱云
刘素梅　刘宪刚　朱于杰　王学书　梁继汉
刘福堂　刘荆玉　刘玉桐　毕方军　崔春田
孙希英　王延照　李家庆　孙清明　李在坤
李洪朋　贾洪文　闫学礼　王能敦　吕树文
王明阳　安增东　李金科　董尊福　张树贵
韩兴柱　徐炳忠　王延升　吴凤楼　郗继玉
宋玉新　王玉祥　贾光茂

齐陵镇人代会第十三届当选代表（1993年1月）

李金科　刘长江　赵悦发　王爱花　王金清
赵来顺　崔一海　吕孟林　李建华　朱于杰
陈爱国　安增东　许　明　刘金岭　刘魁玉
梁继汉　冷传彬　贾益谦　王令民　刘和平
魏明春　赵松山　朱爱云　马素兰　王廷佐
李在坤　马克久　常　青　顾传花　李守来
王传功　李家庆　徐红娟　王勋昌　周怀英
孙希英　周敦明　李胜联　刘素梅　任修光
李全军　程桂香　贾允花　李秀兰　吕孟吉
苑庆增　徐洪昌　路玲秀　于光胜　孙振礼
齐新文　铁继顺　贾志顺　刘相海　刘福春
周志亮　高尚仁　王书圃　杨兆贵　毕方军
苏凤臣　刘冰祥　贾志文　王正明　刘金山
刘贞堂　刘海菊　贾立业　宋玉山　吴洪海

齐陵镇人代会第十四届当选代表（1996年1月）

梁吉春　王心富　朱于杰　朱秀玲　刘庆堂
刘传政　贾益谦　魏明春　赵松光　王长年
赵松山　刘德永　李素萍　崔光春　陈象祯
王传功　徐学礼　李成海　李士升　李法武
贾金英　李月香　王文婷　吕少志　贾允花
贾允山　周承良　李全军　孙爱国　王全仁
刘　军　刘相海　周志亮　铁继顺　张云献
于洪胜　齐新文　张宝军　贾茂利　王华商
李春梅　杨美菊　刘金山　丁　军　贾立业
王新荣　曹家福　路玲秀　贾培国　赵淑英
李胜联　刘效华　赵伟勋　耿佃祥　徐继国
崔一海　刘宪红　王金清　赵悦发　王爱花
王景华

齐陵镇人代会第十五届当选代表（1999年1月）

陈德诚　纪明林　赵清栋　王金清　曹家福
孙玉宝　崔一海　刘效华　刘洪旭　王景华

李继刚　朱枭杰　刘宪红　刘金岭　刘西周
孙福清　朱秀玲　梁继顺　王心富　刘景明
魏明春　赵卫升　李友民　郭士林　邵永亮
贾玉森　金洪亮　李在坤　李法武　李金明
李国友　李素萍　武云秀　陈文科　周承良
王文婷　吕军昌　李百平　刘福春　孙立昌
贾允花　郭金锋　周海文　孙爱国　刘　军
刘相海　贾新华　于洪胜　齐新文　张文奎
张云献　张九祥　赵振芳　贾茂超　王炳立
贾立业　赵春兰　李春梅　刘金铭　刘建凤
张兆文

齐陵镇人代会第十六届当选代表（2002年1月）

王砚平　朱晓光　刘清林　吕玉梅　郭宗志
孟庆臻　顾传书　冷翠云　刘玉臣　李洪春
张国孝　刘志英　王金清　李在坤　李继富
李云华　李守奎　郑建生　商翠云　崔春光
徐学礼　周秀芳　崔一海　周莲香　刘其明
刘福春　周敦杰　李百平　李高升　贾允花
郭金锋　苑凤华　刘秀丽　王义朴　孙玉宝
张兆文　刘洪旭　张玉杰　刘　军　刘洪芸
周海松　孙爱国　贾万亮　于新生　于绳祥
张文奎　张云献　张九祥　李文远　宋玉山
贾立业　宋林美　刘丰年　刘兴文　李春梅
冯春光　刘万军　李光焰　刘效华　刘冰祥
贾志勤

第三节　人大工作

齐陵街道（镇、公社）人大组织机构，依法组织本级人大代表和区及以上各级人大驻齐陵代表，认真行使宪法赋予的权利和人民代表应尽的义务，在各个历史阶段积极完成区（县）人大常委会部署的任务，积极配合齐陵街道（镇、公社）党委中心工作，对政府部门开展评议、提出合理化意见和建议，多次组织人大代表进行视察调查，对重要工作进行有效监督，促进工作开展。

评议工作

组织辖区内的各级人大代表评议有关职能部门的工作，是一种行之有效的监督形式。

1994年12月1—20日，根据区人大常委统一部署，经齐陵镇党委同意，齐陵镇人大主席团制定方案，组织镇人大代表49人，分六个小组，历时10天，对与群众生产、生活关系密切的派出所、法庭、司法所、工商所、（国、地）税务所、粮管所、交通管理所、信用社、供电站、供销社、卫生院等12个单位进行评议。本次评议通过召开动员大会、被评议单位负责人汇报工作、组织参评代表学习文件、走访选民等，全面了解参评单位的工作状况和在人民群众中的满意程度，找出工作中存在的问题，指出努力的方向。使被评议单位受到很大触动，起到促进工作、密切代表与选民关系、锻炼提高代表参政议政能力的效果。

1995年8月9—29日。经党委同意，齐陵镇人大主席团制定方案，组织镇人大代表43人，分6个组，本着既要镇委办都要有参评单位、又要与区人大所评区属单位一致的原则，确定水利站、计生服务站、土地管理站、民政办四个单位为参评单位。经过代表们认真走访、听取汇报、查阅资料等工作和客观评议、打分，计生服务站、土管站、水利站、民政办依次获得信任单位。

1996年8月13日至9月5日，经齐陵镇党委批准，报区人大常委会同意，齐陵镇人大主席团组织镇人大代表33名，并邀请驻齐陵区人大代表4人，分五个组，对区邮电局淄河支局、镇农业机械管理站、镇农业技术推广站、镇林路站进行评议。经过人大主席团的精心操作，区、镇两级人大代表的积极参与评议活动，领导重视、组织严密、征求意见广泛、评议客观公正，评议结果符合参评单位客观实际。信任单位依次是：农业机械管理站、区邮电局淄河支局。基本信任单位依次是：农业技术推广站、齐陵镇林路站。

根据区人大常委会关于1997年度乡镇人大评议工作的实施意见，经镇党委批准，镇人大主席团组织实施对镇卫生院、民政办、信用社、教委四个部门进行评议。评议活动自6月28日至9月5日，历时70天。参评代表：区代表4名，镇代表32名，共划分五个参评小组，共召开座谈会11次，走访调查16个单位涉及612人次，发放征求意见书615份。经客观公正评议，镇民政事务办公室、镇教育委员会、镇卫生院、齐陵农村信用社四个单位均被评为“最佳部门”。

1998 年后，每年对部分镇直部门进行一次民主评议工作，收到了较好的效果。齐陵街道成立后，街道工作委员会按照区人大常委会工作部署，每年初制定工作计划，组织境内区及区以上人大代表评议区直部门，并对办事处所属委、办、站、所工作进行民主评议，提出问题和整改意见，促进了有关部门工作的开展。

2017 年，根据区人大常委会办公室下发的“关于征求人大代表对市直被评议部门意见建议的通知”要求，围绕市司法局、市林业局、市旅游发展委员会、市安全生产监督管理局、市物价局、市公用事业管理局被评议部门的职能和工作实际，采取集中组织代表调研、召开座谈会、走访群众等形式，广泛深入了解群众的意见和建议，提出了改进和加强工作的建议。

提案

镇人代会期间，代表提出部分提案。

1990 年 2 月 18 日，在齐陵镇第十二届人民代表大会上，王延升等代表提出建设齐陵镇第一中学综合教学楼的提案。镇政府做出规划，组织实施。至 1992 年，综合教学楼建成投入使用。同时，修建人工湖、凉亭、假山，硬化路面，绿化校园，建设标准实验室，扩建操场修建炉渣跑道。按标准配备图书和教学仪器。提升了学校的办学条件。

1993 年 1 月 5 日，在齐陵镇第十三届人民代表大会上，崔一海等代表提出改建齐陵镇第二中学的提案。镇政府做出规划，组织实施。至 1996 年 11 月，新校建成投入使用。刘素梅等代表提出改扩建齐陵卫生院门诊楼的提案。镇政府做出规划，组织实施。至 1996 年，建成门诊楼和精神病房楼。

1996 年 1 月 6 日，在齐陵镇第十四届人民代表大会上，王金清、崔一海等代表提出建设教师宿舍楼的提案。镇政府做出规划。至 1997 年，建成 2 幢教师宿舍楼，解决 70 户教师住房问题。毕方军等代表提出加快建设养鸡专业村的提案。镇政府做出规划，解决了有关场地、水电、道路等方面的问题。在本次人代会上，代表向镇政府提出拓宽、硬化二号路、宋望路专项集资的提案，镇政府认真做出安排，加快组织实施。

2003 年 12 月，成立齐陵街道办事处后，不再召开人民代表大会。辖区内区人大代表参加区人代会期间向大会提出的部分建议，均由相关部门做出答复和落实。在临淄区第十七届人代会二次会议上，代表联名提出的第 5 号“加大土地流转扶持力度”、第 8 号“尽快开通 84 路公交线路”、第 18 号及第 48 号“加大田齐王陵景区建设扶持力度”、第 52 号及第 88 号“加快实施临淄南外环齐陵段改线工程”、第 60 号“扶持实施田齐王陵生态旅游区旅游路硬化”、第 70 号“加快建设东部新城统一供热系统”、第 78 号“调整东外环两侧土地利用规划”的建议。在第三次会议上，代表提出“在齐陵街道驻地建设高标准、大规模公共商业区”、第 88 号“关于 237 路公交车改线”、第 92 号“实施南外环改线工程”的建议。在第四次会议上，代表提出第 7 号“关于对畜牧养殖业用地进行规范”、第 34 号“尽快在东部城区规划建设污水处理厂”、第 90 号“关于进一步强化太公湖环境治理”的建议。

至 2017 年，在历届区人代会期间，齐陵人大工委依法组织代表提出多项建议和意见，为建设绿色生态齐陵建言献策。

视察 调查

组织人大代表进行视察和调查，是发挥人民代表作用的一条重要途径。1981 年，区人大常委会制定了人民代表视察制度，每年组织代表视察 4～5 次。1987 年，区第十届人大常委会做出了《关于视察和调查的规定》，把组织代表视察、调查作为重要内容，从而使人大代表的视察调查工作达到了规范化、制度化。镇人大将经济和社会事业发展中的重大问题及群众普遍关心的“热点”问题作为视察调查的主要内容。视察调查深入基层，深入群众，看现场、听汇报、访群众，总结经验，发现问题，提出建议。视察调查后，写出报告，提出建议和意见，转交政府及有关部门认真处理。

1981 年 5 月，组织人大代表对全公社多种经营发展情况进行视察和调查。通过召开座谈会、走访群众家庭等形式，实地调查各生产大队发展多种经营情况，总结了后丁大队、宋家大队等典型经验，在公社多种经营会议上进行推广，促进了全公社多种经营工作的发展。

1982 年 4 月，到刘家终村、齐家终村、梁家终村等大队视察植树造林情况。8 月，到各生产大队对养兔、养蚕、养鱼、养貂、养猪及种植蔬菜、香菇的个体户进行调查。1983 年 6 月，视察境内集贸市场和物价管理情况。8 月，到齐陵卫生院、各中小学视察文教、卫生工作。1985 年 9 月，对镇企业的改革和生产经营管理情况进行调查，对于调查中发现的问题，及时向镇政府反映情况，并为发展镇企业提出了建设性意见。

1986 年，组织关于《中华人民共和国文物保护法》贯彻执行情况的调查，对田齐王陵、稷山石墓群等重点文物遗址保护情况进行调查。5 月，组织人大代表到镇中学就全镇教育工作情况进行视察。视察的内容有《义务教育法》的执行情况，师资概况，适龄儿童入学率情况，中小学生辍学情况，对教学计划的执行情况及教育经费的征收情况等。视察中，代表认真听取了学校工作汇报，召开了教师座谈会、学生座谈会、部分家长座谈会。针对存在的问题，代表们提出了意见和建议，进一步促进了教育工作。

1987 年 12 月，组织人大代表对农村贯彻《中华人民共和国婚姻法》情况进行视察，推动新婚姻法在农村的深入贯彻实施。1988 年，对《中华人民共和国义务教育法》贯彻执行情况进行调查，走访境内中小学校，调查中小学生辍学的原因，主要有学习成绩差，失去信心、重眼前利益而弃学、家庭缺劳动力、认为读书无用等原因。建议减轻学生过重课业负担、研究制定措施，控制中小学生辍学。

1989 年 8 月，组织关于药品管理情况的调查，实地察看了齐陵卫生院及村卫生室。1990 年 8 月，组织对境内交通道路建设和运输管理情况进行调查。10 月，组织关于环境保护工作情况的调查。1992 年 5 月，组织代表对市场建设和管理情况进行全面视察，召开座谈会，提出搞好市场总体规划，理顺管理体制，提高综合管理水平等建议。1993 年 10 月，就国务院《农民承担费用和劳务管理条例》和《山东省农民负担管理条例》的贯彻落实，组织人大代表进村入户视察和走访。提出发展壮大集体经济，理顺资金管理体制，用足用好义务工、积累工等建议。

1994 年 4 月，组织代表对全镇林业工作情况进行视察，到重点村实地察看了山区绿化、道路林网、挖坑育苗等方面的工作，提出加大林木管护措施等建议。1995 年 10 月，组织关于贯彻执行《中华人民共和国水法》及农田“三灌”（喷灌、滴灌、微灌）工作情况的调查，提出加强喷灌工程使用管理，确保工程效益，积极探索解决工程设计和实施中的问题等意见和建议。

1997 年，镇人大主席团针对《关于实行齐陵镇院所“一体化”管理规定》的落实情况，进行专题调研。3 月 25—28 日，镇人大主席团组织镇、区两级人大代表共 10 人，对高家孝陵、宋家、望寺、齐家终村、北山、王齐、后丁七个卫生所进行了调研。针对发现的问题，齐陵卫生院做出专门说明和解释。并由人大主席团进行汇总，书面报告镇两委，有效解决了齐陵镇实行院所“一体化”管理后出现的新问题。4 月 8—9 日，人大主席团组织人大代表 6 人，对王齐蔬菜、蛋禽批发市场运作情况，进行专题调研。对于运作状况及对当地经济的拉动情况、急需解决的问题作了认真研究，提出解决问题的具体指导意见和建议。同年 5 月 17 日，镇人大主席团组织镇人大代表 6 人，对 1997 年镇统筹集资和使用情况进行调研，写出调研报告供领导参考决策。8 月 5 日，针对淄河、北山东两村群众反映国利化工厂废硫酸对农田的污染问题，人大主席团组织人大代表亲临现场，找出污染源头，与厂方共同制定整改方案，最终妥善解决了群众关注的热点问题。11 月 5 日，镇人大主席团组织部分人大代表协同职能部门工作人员，对原齐陵水泥厂、淄博国利化工厂、齐陵纸箱厂三家镇办企业连年亏损问题，进行视察、调研。通过听、看、访的形式找出三个企业存在的实际问题，为政府提供了切实可行的解决方案。

2000 年 4—5 月，组织关于“三五”普法规划、《中共中央国务院关于深化教育改革，全面推进素质教育的决定》贯彻实施情况的调查。至 2003 年，先后组织《中华人民共和国环境保护法》贯彻实施、骨干企业发展、林业工作、教育现代化建设情况的调查，提出相关意见和建议。

2010 年 11 月 23—25 日，组织 13 名区十六届人大代表和 7 名区十届政协委员进行集中视察。首先听取了街道经济社会发展情况汇报，然后视察了郑家沟、杨西、驻佛、杨东、王齐等村五化工程建设情况；街道绿色蔬菜示范基地建设情况，重点视察了望寺村获丰蔬菜示范区、北苑村的京苑蔬菜示范园区和吕家的祖发蔬菜示范园区建设情况；农业综合开发，重点视察了南部山区 866.67 公顷农业综合开发项目建设情况。代表、委员提出了多条意见和建议。

2012 年，根据街道人大工委年度工作计划，4 月份组织区人大代表调查生态综合提升工程的进展情况，并听取了新农办工作情况汇报。6 月份对山区支农资金整合土地治理工作实施及都市农业发展项目的进展情况开展调查，实地考察村庄绿化、美化工程的完成情况，并听取农业办工作汇报。8 月份第三次人大工委例会期间，组织代表实地视察张皇路拓宽改造、淄河旧村改造土地增减挂钩项目，并听取了建设办工作汇报。11 月份组织代表对马莲台景区道路环境综合提升工程和旅游路两侧特色农业开发项目的进展情况进行调查，并听取了景区办工作汇报。

2015 年 12 月 28 日，组织区十七届人大代表集中视察了街道经济社会发展情况，听取了党工委副书记高晋关于街道 2015 年经济社会发展情况的通报。视察了牛山游乐园、莲台山庄、颐康养生院、齐民要术农博园、田齐王陵安防广场、馨月母婴护理中心、太公湖、御泉湾二期项目、东郡•璟园，并沿途参观淄河新村、万鹏机械办公楼、二中路和齐陵二中等项目。代表对街道抓项目、促发展、惠民生等方面的工作给予肯定和赞扬，同时对街道经济社会发展情况提出意见和建议。

2017 年 10 月，街道人大、政协联合组织驻齐陵街道人大代表、政协委员，对蹴鞠小镇、马莲台景区两个项目建设情况进行了视察，对街道经济社会发展情况提出意见和建议。

第二章　行政机构

第一节　区（直辖乡）公所

民国初期，临淄县辖城区、四十社，共 356 村。齐陵境内东六社高家孝陵、石庙孝陵、后丁官庄、前丁官庄、毛家庄、顺合庄、付辛庄、望寺庄、朱家庄、老刘家庄、小交流；南二社有淄河店、下崖、小淄河店、胡家楼、柳店、北山庄、南山庄、刘家终村、朱家终村、戴家终村、许家终村、梁家终村、王家终村、齐家终村、李家终村；东九社有东龙池、西龙池、聂仙庄、吕家孝陵、杨家齐陵、南齐陵、胡家齐陵、王家齐陵、驻佛店；东三社有郑家沟、东四社有宋家庄、前李官庄，后李官庄、薛家庄、刘家营、胡家庄、刘家庄；东五社有太平庄。1937 年，齐陵域内各村分属二区、三区管辖。战时区政府无固定办公地点。1939 年 7 月，建立二区区公所。1941 年 12 月，二区划分为东二区和西二区，同时成立东二区区公所和西二区区公所。1942 年 6 月，东西二区又合并为二区。重新成立二区区公所。属益寿临广四边县管辖。1945 年 9 月，中共渤海区党委决定撤销益寿临

临淄县孝陵乡人民政府印　（2017 年 摄）

广四边县，临淄二区重新划归临淄县管辖。1946年1月，二区和三区在临淄县政府统一领导下，成立乡级民主政权。8月，国民党山东保安第六旅重新占领临淄，全境再次沦为敌占区。1946年春，境内村庄统属牛山区。二区划分为淄东区和龙池区，同时建立龙池区区公所，境内村庄分属龙池区和牛山区。

中华人民共和国成立后，临淄县辖城关、淄东、牛山、高阳、苇河、龙池、路山七个区，齐陵境内43个自然村，仍属龙池区、牛山区管辖，设终村、淄河、丁望、齐陵、孝陵、宋家等六处乡公所。1950年9月，龙池区改称六区、牛山区改称三区。1955年11月，区以地名命名，六区区公所改称龙池区区公所。1956年6月，县辖区划调整，撤销龙池区。将所辖的丁望、齐陵、孝陵、宋家等四乡并入五路区，淄河乡划归孙娄区，徐姚乡划入古城区。1957年1月，临淄县委在五路区搞并乡试点。2月，将五路区所辖的丁望乡、宋家乡、孝陵乡、齐陵乡合并为孝陵乡，为县直辖乡，乡公所设于高家孝陵。1958年2月，境内又建立淄河乡，乡公所设于淄河店。1958年9月，淄河乡、孝陵乡撤销，合并组建齐陵人民公社。

区公所历任区长、副区长情况表

表13-4

机构	职务	姓名	任职时间
二区区公所	区长	刘绍九	1939.7—1940.10
		张闵斋	1940.10—1941.12
西二区区公所	区长	张闵斋	1941.12—1942.6
二区区公所	区长	张闵斋	1942.6—1945.8
二区区公所	区长	王晓钟	1945.8—1946.3
		张　雨	1946.3—1946.10
	副区长	赵书桥	1946.2—1946.10
三区区公所	区长	孟兆宽	1939.7—1941.3
		刘子云	1945.8—1945.11
		孙铁夫	1945.11—1946.8
	副区长	周汉卿	1945.9—1950
		张云亭	1946.1—1946.8
		祁克正	1946.8—1946.12
龙池区区公所	区长	张　雨	1946.12—1948.3
		谢润生	1948.3—1949.3
		刘化明	1949.5—1953.11
		徐依萍	1953.12—1956.6
	副区长	孟宪太	1948.12—1950.4
		刘仙洲	1949.8—
		王万祥	1952—1956.6
		牟升奎	1954.3—1956.6

续表 13-4

机构	职务	姓名	任职时间
牛山区区公所	区长	常荣斋(兼)	1947.1—1948.7
		崔乐善	1948.8—1949.9
		刘斗南	1954—1956.6
	副区长	祁克正	1946.10—1946.12
		范杰民	1947.1—1947.7
		杨三仲	1948.3—1948.7
		张炳昌	1948—1949
		于子久	1950.3—1952.
		张本晋	1950.12—1951.12
		齐英三	1951—1956.6
		袁德亭	1952—1946.6
		孙学泽	1954.10—1956.6
五路区区公所	区长	徐依萍	1956.6—1958.2
	副区长	李振声	1956.6—1958.2
		齐英三	1956.6—1958.2
		牟升奎	1956.6—1958.2
		李元平	1956.6—1958.2
		李翠荣	1956.6—1958.2
孙娄区区公所	区长	马文升	1956.6—1958.2
	副区长	袁德亭	1956.6—1958.2
		宋文举	1956.6—1958.2

第二节　乡公所

1949年12月，政务院颁布《省、市、县各界人民代表会议组织通则》，规定在不具备召开县、乡人民代表大会的条件下，由县召开各界代表会议，代行人民代表大会职权。临淄县第一届各界人民代表会议第一次会议于1950年2月26日召开。至1953年4月19日共召开四届。境内各乡乡长，由县政府直接任命。1954年5月，根据内务部《关于健全乡政府组织的指示》，境内各乡相继召开第一届人民代表大会，选举产生乡级政府，又称乡公所。乡公所设乡长、副乡长。1958年2月，全县行政区划整合。境内北部村庄属孝陵乡管辖，南部村庄属淄河乡管辖。

1958年前各乡乡长情况表

表13-5

机构名称	职务	姓名
淄河乡公所	乡长	贾礼堂　任锡才
终村乡公所	乡长	朱长康　许洪程　朱传印　许维伦
齐陵乡公所	乡长	王连友　王维汉
孝陵乡公所	乡长	李宝坤　吕景坦
龙池乡公所	乡长	周敦荣
宋家乡公所	乡长	于凤芝
丁望乡公所	乡长	刘万祥

孝陵乡、淄河乡乡长、副乡长情况表

表13-6

机构名称	职务	姓名	任职时间
淄河乡公所	乡长	丁润富	1958.2—1958.9
	副乡长	王兆辉	1958.2—1958.9
		李太三	1958.2—1958.9
孝陵乡公所	乡长	桑吾省	1958.2—1958.9
	副乡长	李元平	1958.2—1958.9
		任修智	1958.2—1958.9

第三节　人民公社

1958年9月，实行“政社合一”的管理体制，撤销孝陵乡和淄河乡，成立齐陵人民公社，驻地杨家齐陵。公社管理机构称齐陵人民公社管理委员会（简称齐陵公社管委会），下设农业、工业、林业、文教、人武、民政、治安、财粮等办事机构。同时全社分为终村、淄河、齐陵、孝陵、宋家、望寺等六个管理区（片）。公社实行军事化体制。公社设团、片设营、农业生产合作社设连。1959年3月，公社管委会下设农业生产办公室、工业交通办公室、财政领导小组、文教卫生科技委员会、生活福利委员会、计划委员会。生产大队设大队长、副大队长、民兵连长、妇女队长等职。1962年10月，齐陵公社机关迁至淄河店。公社机关干部20余人。同年，正式实行公社、生产大队、生产队三级所有制，生产队为基本核算单位，独立核算。

1966年，文化大革命开始。公社党政机关受到冲击，1967年3月，成立“三结合”“齐陵公社革命委员会”领导班子。革命委员会设主任、副主任，下设革委办公室、人武、民政、农业、林业、文教、统计等部门。各生产大队、社直部门均成立相应的领导机构。1970年，建立党的核心领导小组，实现党的“一元化”领导。1976年，齐陵公社成立新一届革命委员会。下设革委会办公室、农业、工业、副业、林业、民政、统计、文教、卫生、治安、人武、财粮等职能部门。1983年，公社革委会改称公社管委会。1984年4月，齐陵公社改称齐陵镇人民政府。

齐陵人民公社历任负责人情况表

表 13-7

机构名称	职务	姓名	任职时间
齐陵公社管委会	社长	桑吾省	1958.9—1959.12
		高森明	1959.12—1961.9
		姜志明	1961.9—1965.4
		王德明	1965.4—1967
	副社长	李元平	1958.9—1963.6
		张华松	1958.9—1960.7
		徐治国	1958.9—1961.12
		王兆辉	1958.9—1961.12
		田志成	1960.3—1961.12
		苏连吉	1960.3—1963.6
		高志明	1960.3—1963.6
		王永臣	1960.3—1963.4
		卢思福	1960.10—?
		崔英伟	1960.10—1963.6
		高森明	1961.9—?
		王桂书	1963.6 任职
		刘益振	1963.6—1965.5
		杜学勤	1964.11 任职
		崔万昌	1966.5 任职
		李俊友	1966.8 任职
齐陵公社革委会	主任	陈广修	1967.3—1967.7
		张春槐	1968.3—1970.5
		王法庆	1970.5—1971.3
		王兰桥	1971.3—1975.3
		孙兆锦	1975.3—1979.5

续表 13-7

机构名称	职务	姓名	任职时间
齐陵公社革委会	主任	陈修堂	1979.5—1980.7
		任锡恩	1980.7—1981.11
		李一新	1981.11—1984.5
	副主任	张春槐	1967.3—1968.3
		王树芬	1968.3—1969.12
		李光新	1968.3—1970.5
		丁志义	1969.12—1976.10
		陈广修	1969.12—1971.5
		陈修堂	1973.1—1979.5
		高森明	1973.1—1975.3
		任锡恩	1976.10—1980.7
		朱文洲	1978.8—1981.12
		郭树荣	1979.1—1984.5
		韩志静	1979.1—1980.4
		李书林	1981.1—1984.12
		张树贵	1981.1—1984.5
		徐炳忠	1982.2—1984.5
		侯宗祥	1983.2—1984.5

第四节　镇政府

1984 年 4 月，全区进行机构改革，齐陵人民公社管委会改建为齐陵镇人民政府。镇政府设政府办公室、经委、农委、民政、财政、司法所、水利站、农机站、林业站、统计站、计划生育办公室、教育委员会、文化站、科协等部门。1989 年，设党政办公室。

1993 年 8 月，中共临淄区委、区政府对乡镇管理体制进行改革，实行党委、政府领导下的委办负责制，齐陵镇政府机关下设党政办公室、农业委员会、经济贸易委员会、建设环保土地委员会、社会事务委员会、科教文卫委员会六个部门。取消经委、科协两部门。其工作纳入党政办公室统一管理，政府人员编制控制在 30 余人。

2003 年 12 月，撤销齐陵镇建制，设立齐陵街道。

齐陵镇政府镇长、副镇长任职情况表

表 13-8

职务	姓名	任职时间
镇长	闫春梅	1984.5—1987.3
	房守德	1987.3—1989.1
	张连河	1989.1—1990.3
	韩兴柱	1990.3—1992.4
	李胜联	1992.4—1995.3
	王新荣	1995.3—1997.5
	路玲秀	1997.5—1998.3
	纪明林	1998.3—2000.1
	朱永为	2000.1—2002.2
	王义朴	2002.2—2003.2
	刘其明	2003.2—2003.12
副镇长	郑春清	1984.5—1986.4
	张爱英	1984.5—1990.11
	宋玉新	1986.8—1992.5
	王能敦	1988.10—1992.10
	王凤舞（科技）	1990.2—?
	刘素梅	1990.11—1997.12
	陈爱国	1992.5—1994.6
	路玲秀	1993.1—1995.1
	毕方军	1993.1—1998.11
	牛献君	1992.9—1994.7
	安增东	1994.6—1996
	徐玉春	1995.1—1997.5
	李光焰	1993.8—1997.10
	王爱花	1997.12—2003.12
	陈奉亭	1999.1—2003.12
	曹国华	1999.1—2003.12
	赵金川	2003.1—2003.12
	张连刚	2003.1—2003.12

第五节　街道办事处

2003 年 12 月，齐陵政府改称齐陵街道办事处。

2011 年 7 月，街道办事处根据临淄区委，区政府临发〔2011〕17 号文件精神，对街道机构设置进行综合改革。街道设置党政办公室、经济发展办公室、社会事务办公室、建设环保办公室四个办事机构，行政编制人员 31 名。另设 5 个财政拨款事业机构，分别是农业综合服务中心、财审经管服务中心、计生文体服务中心、民生保障服务中心和安全生产监督管理站。齐陵街道财政拨款事业编制总额 39 名。

齐陵街道办事处历任主任、副主任任职情况表

表 13-9

职务	姓名	任职时间
主任	刘其明	2003.12—2005.3
	李洪波	2005.3—2008.9
	赵金川	2008.9—2010.7
	张成刚	2010.8—2011.1
	王俊涛	2011.1—2011.11
	张　涛	2011.11—2015.9
	刘瑞卿	2015.9—
副主任	王爱花	2003.12—2004.2
	陈奉亭（科技）	2003.12—2009.3
	曹国华	2003.12—2009.3
	赵金川（科技）	2003.12—2005.3
	张连刚	2003.12—2015.9
	孙荣华	2004.2—2010.7
	张旭东	2005.3—2006.3
	张洪锦	2006.3—2011.11
	朱东良	2006.3—2016.12
	刘宪红	2010.7—2013.7
	曹元合	2013.7—2016.12
	王士强	2011.11—
	王文萍	2013.7—
	刘　伟	2015.9—2016.1
	刘晓兵	2016.12—
	王　刚	2016.12—
	崔永军	2016.12—

第六节　村级组织

生产大队与生产队

1953年，境内开始成立初级社，负责人称初级社长，并设会计、保管员。至1957年，普遍成立了农业高级合作社，负责人称高级社社长。1958年9月，人民公社成立，一般一个村为一个生产队，下设生产组。村负责人称队长或连长。1959年，改称生产大队，大队主要负责人称大队长。生产组改为生产队。1962年10月，人民公社实行公社、生产大队、生产队三级所有。生产队是基本核算单位管理组织形式。

三级组织中，生产大队的重要事务由生产大队社员代表大会决定。社员代表大会每年改选一次。生产大队成员任期一年，可以连选连任，如果不称职，可以由社员代表大会随时罢免。生产大队管理委员会在人民公社管理委员会指导下管理本大队范围内各生产队的生产和行政工作。

生产队范围内的土地、山林、水面等归生产队集体所有，不经县级以上政府审查批准，任何单位和个人都不得占用。生产队范围内的劳动力，由生产队支配，公社或大队向生产队调用劳力，必须征得生产队同意；生产队有权制定养殖、生产计划，有权自主决定经营管理和收益分配。

1967年，公社领导机构称为革命委员会，各村行政组织称为大队革委会，行政主要负责人称为大队革命委员会（简称革委会）主任。1981年，村行政组织改称大队，负责人称大队长。

村民委员会

1984年4月，齐陵公社改为镇建制，各村成立村民委员会，行政主要负责人称村民委员会主任。1998年，中华人民共和国《村民委员会组织法》修订并实施。村民委员会成员由村民直接选举产生。2003年12月，镇建制改为街道办事处，村行政机构为村民委员会，行政负责人仍称村委会主任。

社区居民委员会

社区居民委员会，简称居委会、社区居委会。即城镇居民的自治组织。根据社区居委会组织法规定，社区居委会是居民自我管理、自我教育、自我服务的基层群众性组织。居委会成员由居民、或居民小组推举的代表选举产生，一般由3～7人组成。

新中国成立至1958年村负责人情况表

表13-10

村名	负责人姓名
淄河店	于向芝　李来义　宋玉芝　贾之成　贾之金　贾德三　李芳梅　朱佃祥　李鹤梅　刘继信　魏华堂　徐治国
柳店	郭金俭　郭广恩　郭金铭　郭广亮
北山庄	吕春玲　郭士昌　赵英春
南山庄	孙宝宏　马洪玉
刘家终村	刘泌源
齐家终村	李云甫
梁家终村	梁乐春　许春桐　王树壇　许春堂

续表 13-10

村名	负责人姓名
王家齐陵	胡玉昌　赵　君　张华松
杨家齐陵	李景山　李福元　李乘舟
郑家沟	王连宝　王连友
聂仙庄	朱星文　郑文华　陈崇文　陈书田　崔云霞　崔云祥
西龙池	苑春田　苑仁福
东龙池	周树檀
吕家孝陵	吕保春　吕善交　李其明
高家孝陵	于洪业　高景尧　于洪儒　于祥吉　高原本
毛家庄	杨连顺
北苑庄	贾宝堂　郭德昌　贾立言
前李官庄	周文明
后李官庄	高凤和　闫克湘
刘家营	李继唐
薛家庄	贾万箱　张来若
宋家庄	于凤芝　于振海　于荣胜　于才元　王志行　于同海　于连杰
刘家庄	苏德高　张作书　王荣昌　铁增吉
胡家庄	王好仁
太平庄	杨禄翰　赵洪恩　张曰公
付辛庄	冯云栋　刘致和　刘培云　刘建德　冯云华
前丁官庄	刘永祥　王玉真
后丁官庄	王永昌　贾振宗
望寺庄	刘金华　李同茂
朱家庄	徐文学　杨益功　宋允忠
老刘家	刘学孟　刘兴业　邢士伦
小交流	田尚连　李志新　朱德荣　王春溪

1958—2017 年齐陵街道村（居）历任行政负责人任职情况表

表 13-11

单位名称	姓名	任职时间
淄河村	徐治国	1958.6—1967.3
	王树芬	1967.3—1971.5
	徐治国	1971.5—1984.10
	魏传智	1984.10—1990.3
	宋乐善	1990.3—1997.8
	徐峰洲	1998.10—2004.10
	胡春成	2004.10—2012.10
	刘清林	2012.11—2014.5
柳店村	吕成林	1958—1964
	郭金秀	1964—1970
	赵廷章	1970—1980.1
	赵传业	1980.1—1986.10
	郭广玉	1986.10—1987.10
	郭宗扬	1987.10—1988.10
	赵松山	1988.10—1993.4
	郭宗钦	1993.4—1996.10
	郭宗正	1996.10—1999.10
	郭　健	1999.10—2002.4
	郭宗志	2002.4—2007.10
	郭广强	2007.10—2011.4
	郭广路	2011.4—2014.11
	李爱霞	2014.11—2018.1
	郭宗显	2018.1—
北山东村	李毓新	1958.9—1963.9
	郭士聪	1963.10—1977.8
	赵悦庆	1977.8—1984.9
	郭树松	1984.9—1987.9
	赵兴旺	1987.10—1990.10
	赵麦春	1990.10—1993.12
	郭士林	1994.1—1997.12

续表 13-11-1

单位名称	姓名	任职时间
北山东村	李富宾	1998.3—2004.12
	赵悦光	2004.12—2017.12
	王秀平	2017.12—
北山西村	王克永	1963—1964.10
	李乐彦	1965—1966
	李悦江	1967—1968
	李怀成	1968—1970
	李乐彦	1970—1978
	李长存	1978—1987
	李怀勇	1987—1990
	王世忠	1990.3—1992.3
	李友民（代）	1993.6—1996.6
	李友民	1996.6—2002.4
	王长松	2002.4—2004.12
	王砚平	2004.12—
南山村	马洪玉	1958—1959.6
	刘庆昌	1959.6—1961.2
	马玉楠	1961.3—1978.
	马宝贵	1978—1980
	马志正	1981—1989
	马兴德	1990—1992
	顾春生	1993.3—1996.3
	刘德勇	1996.3—1999.3
	马福军	2001.3—2007.3
	马　宁	2008.3—2011.3
	马希亮	2011.3—2014.11
	马庆德	2014.11—
刘家终村	刘泌源	1957.3—1967.8
	刘芝田	1967.8—1980.12
	刘育周	1981.1—1982.6
	刘株荣	1982.6—1984.8

续表 13-11-2

单位名称	姓名	任职时间
刘家终村	刘荆玉	1984.8—1986.9
	刘玉桐	1986.9—1991.8
	刘深源	1991.8—1992.10
	刘金岭	1992.10—1993.12
	刘玉桐	1994.1—1996.9
	刘同刚	1999.11—2001.4
	刘建章	2002.4—2007.10
	刘庆国	2007.10—2011.4
	刘宪华	2011.4—
齐家终村	朱长丰	1959—1962
	李云甫	1962.1—1966.1
	许洪柱	1966.1—1982.1
	朱传禄	1982.1—1990.1
	朱于杰	1990.3—1999.4
	朱于水	1999.4—1999.12
	许福荣	2000.4—2004.12
	朱晓光	2004.12—2014.11
	许绍年	2014.11—
梁家终村	王焕然	1966.10—1986.11
	冷传彬	1989.12—1993.10
	梁继永	1993.11—1996.4
	梁继江	1996.9—1999.10
	张国孝	1999.10—2001.12
	张国太	2001.12—2004.12
	冷传礼	2007.10—2014.4
	王林清	2014.4—2015.6
	张金凤	2015.7—
王齐一	王习勋	1958—1959
	贾洪祥	1960—1964
	王传恩	1965—1971
	王习同	1971—1976

续表 13-11-3

单位名称	姓名	任职时间
王齐二	贾培德	1958—1961
	贾继书	1962—1964
	赵传贵	1965—1967
	贾培学	1968—1969
	赵传贵	1970—1971
	贾继明	1972—1974
	胡善堂	1975—1976
王齐三	张华松	1958—1961
	杨德斋	1962—1964
	贾永义	1964—1967
	杨德斋	1967—1969
	贾永义	1970—1976
王齐村	王习同	1976—1980
	贾洪文	1981—1989
	贾培虎	1990—1992
	王传功	1992—1993
	闫学礼	1993.8—1995.10
	贾玉森	1995.11—1998.10
	徐学礼	1998.11—2005.4
	王传功	2005.5—2011.4
	吴洪民	2011.5—2014.11
	王传功	2014.12—
南齐村	李淑臣	1959.10—1965.11
	李在林	1965.12—1967.8
	李成海	1967.9—1968.9
	王文亭	1968.10—1969.10
	李淑臣	1970.11—1971.2
	李成海	1971.3—1975.3
	李振荣	1975.4—1979.3
	王子俭	1979.4—1987.3
	李海祥	1987.4—1989.9

续表 13-11-4

单位名称	姓名	任职时间
南齐村	李在坤	1989.10—2002.3
	李复厚	2002.4—2004.4
	李在坤	2004.4—2007.12
	李复文	2007.12—2017.12
	李宗华	2017.12—
杨东村	李守常	1958.10—1961.10
	李守福	1961.10—1962.10
	李守绪	1962.10—1967.7
	李培忠	1967.7—1968.8
杨东村	孙德明	1968.9—1978.11
	李洪本	1978.11—1986.10
	李德顺	1986.10—1988.10
	李德奎	1988.10—1990.10
	李德顺	1990.10—1993.3
	周志杰	1993.3—1998.3
	李世禄	1998.8—2001.3
	李福全	2001.3—2004.10
	周志杰	2004.10—2007.3
	李建军	2007.3—2011.3
	李文才	2011.3—2014.11
	李建军	2014.11—
杨西村	李景汤	1958.9—1963.6
	李守平	1962.10—1971.3
	李世顺	1971.3—1973.9
	李守平	1973.9—1978.5
	李世永	1978.5—1984.5
	李守平	1984.6—1987.8
	李世永	1987.9—1993.5
	李鸿祥	1993.5—1996.9
	李守奎	1997.5—1999.1
	李守顺	1999.2—2001.6

续表 13-11-5

单位名称	姓名	任职时间
杨西村	李守生	2002.4—2005.10
	李世本	2005.11—2006.8
	李世本	2007.12—2008.7
	李　杰	2011.4—
驻佛村	李法武	1973—1992
	李玉明	1992—2002
	李玉光	2002—
郑家沟村	王佃栋	1958—1961
	王连友	1961—1967
	郑汝南	1967—1969
	王连友	1969—1974
	王砚照	1975—1998
	王玉刚	1998—
聂仙村	郑文华	1958.2—1960.12
	陈书田	1958.2—1960.12
	崔云祥	1958.2—1960.12
	郑文华	1961.1—1964.12
	崔云霞	1965.1—1974.12
	崔光春	1975.1—1996.12
	陈金光	1997.1—1998.12
	崔凤鸣	1999.1—2000.2
	武云秀	2000.3—2001.12
	崔凤鸣	2002.2—2003.12
	王延忠	2004.1—2010.12
	崔云坛	2011.1—2014.11
	崔永海	2014.12—
西龙池村	苑志高	1960—1965
	苑得新	1972—1975
	苑天亮	1975.8—1981.3
	苑兰亭	1981.4—1987.7
	周怀珍	1987.8—1991.7

续表 13-11-6

单位名称	姓名	任职时间
西龙池村	苑天亮	1991.8—1996.3
	苑庆华	1996.4—1999.9
	苑振东	1999.10—2004.4
	苑凤华	2004.4—2007.9
	许炳田	2007.10—2014.7
	周忠杰	2014.8—
东龙池村	周承富	1958—1961
	周树棠	1961—1969
	周敦东	1975.5—1981.3
	周敦尧	1981.3—1990.5
	周承良	1990—1993
	周文辉	1993—1999
	周洪昌	1999—2012
	周　杰	2012—2014
	周　军	2014—
吕家孝陵村	吕志宽	1958.9—1966.10
	吕孟林	1966.10—1975.8
	吕多贤	1975.8—1990.2
	李百平	1990.2—1991.4
	吕志远	1991.4—1992.6
	吕少志	1992.6—1994.7
	周敦杰	1994.7—1997.8
	徐　良	1997.8—2003.9
	吕永刚	2003.9—2006.9
	吕永新	2006.9—
高东	于　明	1958.1—1959.7
	于汉亭	1959.8—1964.12
	刘永信	1965.1—1970.12
	高新民	1970.12—1975.5
高西	于克昌	1958.1—1966.11
	武振玉	1966.12—1971.11

续表 13-11-7

单位名称	姓名	任职时间
高西	于景顺	1971.11—1976.6
高家孝陵村	于兰芳	1976.7—1986.12
	高继海	1986.12—2002.3
	于曰明	2002.4—2004.11
	屈连飞	2011—2017.12
石庙孝陵村	吕永平	1966.8—1974.6
	孙炳光	1974.6—1978.8
	吕永平	1978.8—1980.8
	孟繁胜	1980.8—1987.8
石庙孝陵村	李振东	1987.8—
	李全军	1987.8—1990.3
	孙连光	1990.3—1996.3
	李高升	1996.3—2002.4
	王　宏	2002.4—2007.10
	孙兴刚	2007.10—2011.4
	孙延杰	2011.4—
毛家村	崔连昌	1962—1967
	张兆庆	1967.3—1971.3
	杨维林	1971.3—1972.4
	崔连昌	1972.4—1975.6
	杨维林	1975.6—1978.8
	吕春圃	1978.8—1980.8
	杨维成	1980.8—1981.3
	杨维林	1981.3—1984.9
	杨维成	1984.9—1990.9
	朱明新	1990.9—1991.9
	杨维功	1991.9—1992.9
	张兆庆	1992.9—1993.9
	吕良顺	1993.9—1995.8
	杨维林	1995.8—1996.9
	杨维成	1996.9—2000.8

续表 13-11-8

单位名称	姓名	任职时间
毛家村	吕洪德	2000.8—2002.3
	杨忠军	2002.3—2004
	吕福吉	2004.12—2005.7
	贾允花	2005.7—2011.4
	吕振刚	2011.4—2017.11
	崔　振	2017.11—
北苑村	贾立言	1956—1974
	王汉升	1984—1987
	贾学孟	1999—2004
	贾宝学	2005—2010
	贾梅军	2010—
前李村	周和清	1964—1970
	周锡明	1971—1976
	周海文	1977—2002.4
	周保贵	2002.4—2008.4
	周效顺	2008.4—2011.4
	周保元	2011.4—2013.11
	周孟成	2014.11—
后李村	高尚贤	1958—1967.9
	闫学信	1967.10—1971.12
	高登松	1972.1—1972.1
	李庆荣	1974.4—1978.6
	高尚贤	1978.7—1978.12
	高尚仁	1979.1—1983.6
	高登忠	1983.7—1989.9
	高登贵	1992.9—1995.8
	闫福玉	1995.9—2001.9
	闫　震	2001.10—2014.9
	闫洪国	2014.10—
刘营村	李继堂	1958—1966
	刘会荣	1984.3—1987.3

续表 13-11-9

单位名称	姓名	任职时间
刘营村	刘顺和	1987.3—1990.3
	刘　军	1990.3—1993.3
	刘福春	1993.3—1999.3
	刘玉文	1999.3—2002.3
	刘建华	2002.3—2004.12
	刘　军	2004.12—2007.11
	刘　新	2007.11—2014.10
	苏美兰	2014.10—
薛家村	张来若	1958.1—1963.12
	张金祥	1964.1—1976.1
	张信若	1976.1—1980.3
	贾万甲	1980.3—1984.6
	贾万勋	1984.6—1994.5
	贾万明	1994.5—1996.11
	贾万甲	1996.11—2002.11
	贾杰昌	2002.11—2007.10
	张国强	2007.10—2011.4
	周景阳	2011.4—2014.11
	张兆健	2014.11—
宋家村	于才元	1958—1958.9
	孙明山	1958.10—1962
	于海成	1962—1964
	于文功	1964—1966
	于学文	1966—1972
	于德荣	1972—1981
	于洪胜	1981—1985.4
	于光胜	1985.4—1994.4
	于文海	1994.4—2008.4
	于新军	2008.4—2011.4
	于泗明	2011.4—
东刘家村	苏连茹	1968—1985

续表 13-11-10

单位名称	姓名	任职时间
东刘家村	张克太	1985—1989
	铁继顺	1989—2002.3
	于良传	2002.4—2004.11
	李兴忠	2004.12—2007.10
	苏宝庆	2007.11—2014.10
	崔丽丽	2014.11—
胡家村	王好仁	1958—1964
	张洪兰	1964—1966
	徐洪昌	1966—1967
	朱清福	1976.8—1979.8
	赵希贤	1979.8—1986.3
	张金玉	1986.3—1993.4
	王永宝	1993.4—1996.4
	岳福祥	1996.4—1999.4
	张富国	1999.4—2002.8
	徐国勇（代）	2002.8—2004.11
	王永涛	2004.11—2007.11
	徐国勇	2007.11—2017.12
	徐永昌	2017.12
太平村	赵洪恩	1958—1959
	杨桂田	1959—1968
	杨芝田	1968—1970
	杨桂田	1970—1976
	杨兆贵	1976—1981
	杨维忠	1981—1987
	杨维森	1987—1989
	杨维忠	1989—1998
	杨绍平	1999—2001
	杨维刚	2002—2004
	杨兆利	2005—2010
	王勇生	2011—2013

续表 13-11-11

单位名称	姓名	任职时间
太平村	赵秋英	2013—2014
	杨兆宽	2015—
付辛村	冯云华	1958—1959.7
	刘建德	1959.8—1960
	赵玉梅	1960—1966
	冯云光	1967—1969
	赵玉梅	1970—1971
	冯云华	1972—1985
	王华商	1986—1987
	刘兴文	1987—1989
	冯美田	1990—1992
	冯吉田	1993—1995
	冯美田	1996—2001
	刘延昌	2002—2004
	刘贞堂	2005—2007
	王　坤	2008—2014
	刘雪祥	2015—
前丁村	王玉真	1959—1964.3
	王荣业	1964.3—1971.3
	刘多祯	1971.3—1987.3
	王广武	1987.3—1993.3
	王万杰	1993.3—1996.4
	刘永顺	1996.4—2002.4
	王万杰	2002.4—2007.11
	王炳义	2007.11—2011.4
	刘志杰	2011.4—
后丁村	刘炳伟	1962—1966
	丁学林	1966—1967
	刘炳立	1968—1970
	王友三	1978—1980
	王登科	1980—1984

续表 13-11-12

单位名称	姓名	任职时间
后丁村	刘炳东	1984—1986
	王登科	1986—1987
	刘炳东	1987—1991
	贾立业	1991—2005
	贾立忠	2005—
望寺村	李同茂	1958.9—1960
	李凤石	1960—1962
	贾振兴	1963—1966
	赵来荣	1966—1969
	李同文	1969—1972
	贾光茂	1972—1975
	于炳周	1975—1981
	李凤生	1981—1984
	李同武	1984—1987
	李凤生	1987—1990
	李同武	1990—1993
	贾志文	1993—1996
	贾茂训	1996—1999
	刘春堂	1999—2002
	贾茂年	2003.3—2004.11
	刘万军	2004.11—2007.10
	贾茂超	2007.10—2017.12
朱家村	徐文学	1961—1966
	孙光福	1967—1968
	刘振兴	1969—1977
	张新民	1978—1985
	徐传建	1986—1999
	刘全利	2000—2005
	王正明	2006—2010
	王正阶	2011—2014
	王正明	2014—

续表 13-11-13

单位名称	姓名	任职时间
老刘家村	邢士伦	1958—1960
	刘学礼	1960—1966
	刘清松	1966—1972
	刘万禄	1972—1976
	刘兴胜	1976—1989
	刘兴禄	1989—1998
	刘金铭	1998—1999
	刘俊宝	1999—2005
	冯春光	2005—2014
	刘万江	2014—
小交流村	王春溪	1958—1980
	朱德明	1981—1985
	宋玉文	1986—1998
	王锡明	1999—2001
	王锡智	2002—2004
	李春庆	2005—2007
	王新同	2008—
淄水社区	刘美凤	2015—2017.12
	孙家明	2017.12—

第三章　政　协

第一节　机　构

1986 年 11 月，根据临办发〔1986〕27 号文件精神，齐陵镇设置政协联络组，组长由党委副书记兼任。1988 年 11 月，按照临发〔1988〕56 号文件要求，齐陵镇政协联络组设专职组长（副乡级）一名。1989 年 10 月，齐陵镇政协联络组改为齐陵镇政协工作室，设副主任 1 人。1993 年 9 月，乡镇政协工作室撤销。1994 年 7 月，齐陵镇恢复政协工作室。1996 年 1 月，区编委下发〔1996〕2 号文件，确定乡镇政协工作室为正科级单位。1998 年 11 月 30 日，根据临机编〔1998〕17 号文件精神，齐陵镇政协工作室定名为中国人民政治协商会议临淄区齐陵镇工作委员会。工作委员会设副主任 1 人。2001 年 11 月，根据区委指示，中国人民政治协商会议临淄区齐陵镇工作委员会建制撤销。

2009 年 1 月，成立齐陵街道政协工作室，设主任 1 名，兼政协联络室主任。

齐陵街道（镇）政协历任负责人情况表

表 13-12

职务	姓名	任职时间
联络组长、工作室副主任	张树贵	1988.11—1991.8
工作室副主任	燕兴俊	1991.9—1993.9
工作室副主任	王金清	1992—1993.9
工作室副主任、工作委员会主任	苏凤臣	1994.7—2001.11
政协工作室主任、联络室主任	曹国华	2009.1—2016.12
政协工作室主任、政协联络室主任	朱东良	2016.12—

驻齐陵各级各届政协委员

表 13-13

届别	区政协委员	市政协委员	省政协委员
第一届	刘云光　刘溶源　刘炳林		
第二届	朱于杰　许洪柱　刘炳林　闫锡纯　钟秀英　丁丛林　任凤云		
第三届	任凤云　许洪柱　闫锡纯　刘炳林　朱于杰		
第四届	许洪柱　钟秀英　李士新　闫锡纯　于春祥　刘炳林　李在彪		
第五届	刘玉德　周莲香　刘　军　钟秀英　孙明义　王金清　王新荣		
第六届	王立义　刘福春　刘景明	刘　军	
第七届	王砚平　刘　军	刘　军	刘玉德
第八届	刘爱芸　王砚平　崔民红		刘福春
第九届	赵克强　刘美兰　刘淑萍　王立义　于建军		刘　军
第十届	刘美兰　刘淑萍　胡　平　赵继亮　郭　彦	刘　新	
第十一届		刘　新	

第二节　主要工作

视察调查

齐陵镇成立政协联络组后，按照政协章程和区政协工作部署，陆续开展参政议政和调查研究工作。20 世纪 80 年代改革开放初期，农村各种形式的生产承包责任制逐步实行，激发农业了生产活力。以种养为主的多种经营生产蓬勃发展。蛋鸡饲养规模迅速扩大，针对面临的各种问题，政协联络组组织镇内 6 名政协委员深入蛋鸡养殖重点村座谈了解村情、户情，探讨解决规模发展的路子，以及养殖场扩建的场地、水电、道路等问题，形成可行的解决方案，为党委政府领导决策提供依据。

至 1992 年，齐陵教育实施合班并校，整合教育资源配置，实现九年义务教育达标。在实施过程中，政协工作室组织镇内 8 名区政协委员深入 2 处中学和 6 处小学调查，采取集体座谈和个别走访等形式，了解义务教育达标中遇到的硬件和软件问题，为党委、政府提供参考意见。

1995 年，齐陵镇政协工作室组织部分镇内区政协委员对敬老院进行了视察，并为“五保”老人健康查体。

2000 年，组织境内区政协委员对境内蔬菜大棚发展情况进行调研，同部分村和科技示范园负责人进行座谈，听取蔬菜大棚发展情况汇报。通过座谈讨论，发现规模不大、蔬菜价格不稳等问题，提出逐步建立规模棚区，开拓蔬菜销售市场等建议。

2010 年，随着文化旅游业的发展，田齐王陵名胜风景区游人增多，环保问题迫在眉睫，政协工作室及时组织境内区级政协委员对境内餐饮业进行视察。针对发现的问题，分别提出改进意见，确保景区良好的生态环境。

提案工作

齐陵政协工作室认真组织境内区政协委员 z 作风提案工作。2003 年 1 月，委员王砚平在第七届临淄区政协会议上提出“关于加快管仲旅游区开发建设”的提案于 4 月 20 日得到答复。对田齐王陵规划，管仲纪念馆等设施建设起到积极地推动作用。2014 年 1 月 3 日，刘美兰提案《让“齐文化”飘香全世界》，提议宣传媒体全方位启动，宣传齐文化。《让报警器给“煤气中毒”报警》提案，提议政府关注取暖季节，家庭燃煤造成的煤气中毒问题，解决家庭一氧化碳中毒的民用小型报警器。《让节能减排走向基层农户》，提议政府制定政策，支持清洁炉具的研发和生产，支持清洁煤炭的推广。

2016 年，根据淄博市政协工作安排，街道政协工作室为市政协社情民意直报点。周文江为市政协社情民意特邀信息员。2017 年 1 月委员刘淑平提出“刘营村蒙古风情园建设”的提案。

文史资料

1988 年 11 月，齐陵镇成立政协联络组后，历届政协工作室十分重视文史资料征集编写工作，组织“文史资料征集员”根据区政协文史委年初安排的文史资料征集计划，认真撰写文史资料，及时完成征集任务。2016 年，区政协部署《临淄乡村记忆》文稿撰写工作。齐陵街道政协联络室具体负责，在有关村庄提供基础资料的基础上，由刘继林、周文江对《山水如画的刘家终村》《淄河店》《齐家终村》《文化底蕴深厚的柳店村》《南山村》《牛山沧桑话北山》《聂仙村纪事》《秋入龙池月皎皎》《吕家孝陵》《刘家营蒙古族村》《后李官庄》《望寺庄》《薛家庄史话》《谈古话今驻佛店》等文稿，进行整理修改和补充，以图文形式深入发掘了境内人文历史和村庄变迁。

主要文史资料一览表

表 13-14

篇目	撰稿人
对西关小学的回忆	王升甫
刘营蒙族的历史与现状	刘炳林
紫金山	王连友
女水与晏娥儿	王连友
龙泉寺石佛被盗卖调查纪实	周怀远
著名中兽医闫东铭	刘炳林　周和清
引水上山的带头人——刘溶源	王金清　王连友　任乐一
网球皇后刘香谷	阎锡纯　周怀远
蒙古族村话今昔	刘玉德　刘相海

续表 13-14

篇目	撰稿人
威震日军汉奸的马功臣	任乐一　王连友　苏凤臣
刘家终村爱国青年除奸夺枪纪实	刘长明　朱人同
日军在刘家终村的暴行	朱人同　刘长明
革命战士冯云庆同志二三事	周文江　赵金川　刘庚利
革命战士任乐春南征北战事迹略	贾晓红
记临淄县第一届人民代表李尧臣二三事	曹国华　周文江　王金清　刘继林
秋入龙池月皎皎	曹国华　周文江　王金清　刘继林
农业合作化的带头人——李其明	周怀远　吕多见　任乐一　苏凤臣
崔光中墓碑保护纪实	任乐一　吕多见
马莲台保护纪实	苏凤臣　任乐一　刘长明　朱于杰
在上甘岭战役中与黄继光烈士并肩战斗的邵长炳	苏凤臣　任乐一　吕多见　刘长明
抗美援朝一等功臣贾汉武	于维廉　任乐一　苏凤臣
山东体坛“女中三杰”之一于秀兰	任乐一　于维廉
齐陵镇群井汇流工程纪实	任乐一　苏凤臣　于维廉
体坛名将杨淑兰	黄振民
访革命老战士马英文同志	曹国华　刘庚利　顾墨生　周文江
日伪时期的淄河店火车站	李皎明

·第十四篇·

军　事

齐陵街道民兵组织整顿点验大会（2016 年 摄）

齐陵街道基干民兵组织整顿点验大会　　（2014 年 摄）

齐陵街道基干民兵点验大会　　（2008 年 摄）

公元前1045年，太公姜尚封于齐地，建立周代齐国，都治营丘，齐陵便为横贯齐域东西交通的咽喉要地，明代，在淄河店设驿站和铺、警局。至清代，临淄境内的两条驿路均起于淄河店。

自古属兵家必争之地。历史上境内发生过多次战事。既有封建统治阶级安邦定国之战，又有群雄争霸之争，农民起义军战事也多有发生。

1904年，西方列强把侵略触角伸向齐鲁内地，德国修建胶济铁路，修火车站于淄河店西。日军侵占山东后，在淄河火车站修建据点和炮楼，并在淄河铁桥（俗称梅花桥）两端建有碉堡和岗楼，均有日军重兵驻守。

1937年10月，共产党员李曦晨（齐家终村），受鲁东工委指示，同爱国人士李人凤、陈梅川（薛家村）、崔栋生等人组建临淄青年学生抗日志愿军训团，建立起临淄地区共产党领导的第一支人民军队。抗战初期，八路军第三支队十团特务大队、胶济大队第一中队等人民武装相继建立，活跃于胶济铁路两侧及北部平原战场，充分运用游击战、运动战等战略战术，有力地打击消灭敌人。

在抗日战争、解放战争中，广大民兵参军参战、支援前线、配合部队作战，扒火车、掀铁轨、炸桥梁，协助清剿匪特。新中国成立后，担负着治安保卫、工农业生产、战备执勤，国家重大工程建设任务，涌现出许多可歌可泣的英雄人物和模范事迹。

新中国成立后，境内按照国家不同时期的兵役法规，动员和征集兵力补充部队。1955年7月30日，第一届全国人民代表大会第二次会议通过《中华人民共和国兵役法》。以义务兵兵役制度取代志愿兵兵役制度。1978年，第五届全国人民代表大会常务委员会通过《关于兵役制度的决定》，实行义务兵与志愿兵相结合的兵员补充制度。1984年5月31日，颁布新兵役法，实行以义务兵为主体的义务兵与志愿兵相结合，民兵与预备役相结合的兵役制度。1985年10月24日，国务院、中央军委发布《征兵工作条例》。《中华人民共和国兵役法》经过三次修改。在抗日战争、解放战争、抗美援朝和社会主义建设时期，99名优秀儿女英勇捐躯，为全国解放和保家卫国和平事业做出了重要贡献。

第一章　机　构

新中国成立后，齐陵民兵的领导体制，实行由地方党委和军事系统双重领导制度。人民武装部（简称人武部），既隶属于军事系统，又是同级地方党委的军事部。民兵的政治委员、教导员、指导员由同级党委（支部）书记兼任。有关民兵建设方针、原则等，由地方党委讨论决定，经人民武装委员会组织各部门力量贯彻执行，作战指挥与日常工作，由人民武装部门具体实施。齐陵民兵自创建，领导体制几经变化，但在地方党委统一领导下，实行双重领导的制度，发挥人民武装委员会的作用等基本原则未变，并日臻完善。

第一节　人民武装委员会

1942年2月5日，山东省战时工作推行委员会在《修正山东省人民武装抗日自卫团暂行条例》中规定，在主任区（军区）、专员区（军分区）、县（市）、区、村（行政村），各级设人民武装抗日自卫委员会（简称武委会）。在山东军区武委会的领导下，由下而上逐级召开人民武装代表大会，用民主选举的方法，建立区以上各级武委会。10月，益寿临广四县边区行政办事处设武委会，后二区设武委会。

1945年8月，益寿临广四县边区行政办事处撤销，二区复归临淄县。解放战争时期，抗日自卫委员会改称人民武装委员会（简称武委会）。武委会成为在党委领导下负责协调各方面力量，贯彻落实党委关于民兵建设的方针、政策的机构。

新中国成立后，武委会制度作为领导民兵建设的传统继承下来。1952年12月4日，中共中央决定："在人民革命军事委员会下建立各级人民武装委员会。区委及地方支部，均须吸收有关部门的主要干部，组成各该级人民武装委员会，主任由同级党委书记兼任之。"1953年5月，淄博专区临淄县六区党委结合普选建立六区武委会，区人武部成为其办事机关。7月20日，临淄县划归昌潍专区，机构随属。

第二节 人民武装部

在抗日战争、解放战争时期，基层未设武装部，1941年，临淄二区设一名武装助理员，区武装随区机关一起活动。1949年10月，牛山区（辖境内终村乡）成立牛山区人武部，龙池区（辖齐陵乡、淄河乡、龙池乡、孝陵乡、宋家乡、丁望乡）成立龙池区人武部。1950年9月，区以数字命名，分别改为三区（牛山区）人武部、六区（龙池区）人武部。

1950年春，中央军委指示："自军区至县、区成立人民武装部，归军区系统。在目前领导民兵、协助复员工作，将来过渡为兵役动员机构。"区人武部列入淄博军分区编制序列。1952年5月，临淄县推行民兵制，各乡建立民兵大队部，设大队长和政治指导员各一名。1954年10月，撤销三区、六区人武部，设一名武装助理员。1957年2月，临淄县设孝陵乡（直辖乡），设武装助理员一名。1958年2月，改建淄河乡，设立一名武装助理员。同年春，撤区并乡，区武装助理员改任乡民兵大队长。7月，划归昌潍军分区。9月，成立齐陵公社人武部。10月，并入益都县，改称益都县齐陵公社人武部。1961年12月，恢复临淄县制，仍称临淄县齐陵公社人武部。1969年12月，划入淄博市，改称临淄区齐陵公社人武部。

1984年5月，改称齐陵镇人武部。

2003年12月1日，撤销齐陵镇人武部，改称齐陵街道人武部。

乡民兵大队长：

孝陵乡：辛跃友

淄河乡：李保森

历任人武部部长：

龙池区（六区）人武部部长：

王竹滨　陈登瀛　梁增华

牛山区（三区、孙娄区）人武部部长：

杨玉江　龙连尧

齐陵公社人武部部长：

李保森　张春槐　孙维友

齐陵镇人武部部长：

王令福　苏凤臣　王万光　张文建

张玉杰　孙荣华

齐陵街道人武部部长：

孙荣华　张旭东　朱东良　刘宪红

曹元合　刘冰祥　刘　伟　陈　涛

郑　峰

第二章 驻军 兵役

自周朝齐国始，齐陵境域在军事上即为战略要地，各代均有军兵驻守。1928年5月，日军制造济南"五三"惨案后，沿胶济铁路向东扩张，1938年9月，日军建立淄河据点，重兵驻守，为日军重要据点。同期，由共产党员李曦晨、李人凤、陈梅川等组织建立第一支抗日武装——临淄县青年学生抗日志愿军训团，其后，境内相继建立胶济大队第一中队和八路军山东人民抗日游击大队第三支队第十团特务大队，协同主力部队数次破袭胶济铁路运输线，不断打击日伪军，建立渤海军区通往鲁中的地下交通线。解放战争期间，国民党军重点驻守胶济铁路沿线据点。新中国成立后，济南军区数支部队长期驻扎境内。

历史上齐陵历经多种兵役制度。新中国成立后，齐陵历届党委政府认真贯彻落实《中华人民共和国兵役法》《关于兵役制度的决定》和第二部《兵役法》《征兵工作条例》《民兵工作条例》《中华人民共和国兵役法修正案(草案)的决议》

等法律法规，兵役登记和兵员征集工作成绩显著。

第一节　明　军

淄河店属临淄四处要隘之一（淄河店、石槽城、白兔丘、六天务）。《青州府志》载：明代青州府置一府一州十七县，设二卫、十一所、十三个巡检司，淄河店巡检司属其一，为临淄县境唯一一处巡检司，驻扎巡检官 1 人，并由义民协防。巡检官领马快 7 名，步队民壮 80 名分防。

第二节　清　军

清朝时期，青州府于临淄县设县汛，担任要塞守备，受青州营管制。雍正元年（1723 年），青州营派驻临淄把总一人，外委把总 1 人，马兵 7 人，步兵 35 人，淄河店驻防马兵、步兵多名。清代在淄河店东和柳店村南均筑有烽火台，有清军驻防。清咸丰十一年（1861 年），临淄县始办团练，又称乡团、乡勇，与清军协防。清宣统二年（1910 年）清军尽撤。乡团随之消亡。

第三节　民国地方武装

临淄县警备队

民国建立后，始建临淄县警备队，为临淄县公署所辖武装。1918 年，县警备队扩大到 200 余人。李兴隆任警备队总队长兼教练员。下辖 4 个中队，第一、二分队司游辑，第三、四分队驻乡防。临淄县警备队在境内淄河店驻一分队。1928 年，警备队一度解散。1930 年，又重新建立临淄县警备队。朱全义任大队长，编制最多达 700 余人。其一部继续驻防淄河店。1933 年解体。

联庄会

韩复榘任山东省政府主席期间，仿效清末办团练之法，扩充实力。1934 年初，以省主席名义令全省各地建立联庄会，并颁布《山东省各县联庄会暂行规定》。临淄县设分会，县长兼任分会大队长，大队设 3 个中队，中队长由驻军师军官队学员中委派。二区、三区均组建联庄会。区设中队，中队长由区长兼任，设专职副职。联庄会会员（壮丁）按经济情况分配名额，每千亩地出一名壮丁，地主、乡绅雇人顶替。境内以村为单位编班或排。会员年龄规定 20 ～ 40 岁。根据年龄分为常备会员、续备会员和后备会员 3 种。常备丁统一发放一定限量的年响，续备丁和后备丁在集训或执行任务时，适量发给膳费。联庄会主要任务是防匪护村，在协助剿匪中发挥过重要作用。1937 年“七七”事变后，联庄会终止。

第四节　国民党军

国民党山东保安第六旅

1938 年春，徐振中纠合 20 余人组成武装团伙，投靠族弟徐琳为首的国民党特务第一大队。徐振中任一中队队长。不久，投靠国民党第五战区游击队第二十支队司令候耀亭。1939 年，徐纠集数股小武装组成益北抗日游击大队，后率部投靠国民党山东保安十五旅张景月。1940 年 4 月，接受共产党领导，所部编为八路军山东纵队第三支队十团一营，徐任营长，9 月叛变，复投靠张景月部任营长。10 月 9 日，八路军三支队副司令员杨国夫率部讨伐，在臧台围歼徐振中部，徐仅率 40 余人逃出，继续流窜于益都北部和临淄东部各村，大肆强征壮丁，扩充武装。1941 年冬，被张景月升任为二团团长兼临淄县县长。日本投降后，徐振中被国民党山东省政府任命为益寿临广四县边区警备司令兼临淄县县长。1946 年 7 月，徐率部占据临淄城。然后，徐部竭力抽兵抓丁，扩充部队至千余人。1947 年，兵员增至 3000 余人，被国民党山东省政府改编为“山东保安第六旅”。2 月 24 日凌晨，徐振中部弃临淄城逃往昌乐。此后，数次袭扰占据临淄城。1948 年 3 月 11 日，华东野战军兵团在胶济铁路西段战役打响后，盘踞临淄县城的徐振中部于 14 日再次弃城逃往昌乐，至此，临淄全境解放，徐部在昌乐大部被歼。9 月，徐振中部在解放济南战役中被全歼。

国民党军第七十三军一三九师

1946 年 9 月，国民党第七十三军一三九师五七九团进驻聂仙庄，团长王某，团部设在一陈姓农户家，营部分别设在一贾姓和一陈姓农户家。进驻前，由第五七八团张本候带领所属部队在庄周围修筑工事，加筑寨墙，墙外挖掘许多深3米、直径1.5米的梅花坑，逐坑埋设削尖的木桩十余根，尖朝上，伪装成暗坑。为修防御工事，村里的树木基本伐光，并征抢周围村庄的树木和木棒。第五七七团则从皇城、太平庄一带抢劫马、驴、骡等大牲畜，以备运输军用物资，1947年底全部撤走。

国民党第八军

1946年，国民党调集重兵进攻山东，企图寻机与山东野战军主力部队决战，国民党第八军（俗称顽八军）尾追谭震林部，途经齐陵境内，进驻聂仙等村，期间，谭震林部已北渡黄河，该军短期驻扎后撤离。

国民党第十二军

1948年，国民党第十二军即吴化文部，又称“红脖子”，解放潍县战役打响后，奉命东进支援潍县国民党守军，途中进驻境内聂仙等村庄。

国民党军罪行

1939年夏，付辛庄妇救会会长刘宋氏经常在破烟屋、闲园或菜窖召集进步妇女秘密开会，宣传抗日救国道理，收集敌人活动情况，给八路军传送情报，使敌人恨之入骨。一天上午，刘宋氏在本村张氏家族一丧事帮忙，突然被国民党地方顽军徐振中部抓走。下午在宋家庄东沟被砍头。

1940年秋，付辛庄冯云庆之弟冯云成和堂兄冯云甫到大马岱村打铁，特务告密，被敌人抓到一处破庙，误认堂兄冯云甫为八路军冯云庆，将其砍下头颅、开膛破肚，将头塞进肚子，残忍至极，冯云成被打昏。

1941年4月17日凌晨，流窜于益都北部和临淄东部的国民党保安残余武装徐振中一部突入望寺庄内，抓捕并残酷杀害农救会指导员钟志秀、农救会会长贾树棻、村长常景山、妇救会主任李于氏、姊妹团团长于友美、青年团团长李风彩等六名村干部，并从大交流（今属青州市）押来一名革命干部，将其押往村南裙带河南面贾氏墓地以西，活活被砍去头颅，制造了震惊益寿临广等县的望寺庄惨案。

1942年6月24日黎明，伪二区区长尹长庚，绰号“尹结巴子”，带领国民党山东保安十五旅二团徐振中部突然包围付辛庄八路军干部冯云庆家，将其妻及不满周岁的儿子残忍杀害于家中。

1943年，朱家庄党支部书记刘振绪被国民党军徐振中部杀害于西南坡，牺牲时年仅23岁。同村徐继世因其子徐儒学参加八路军而被徐振中部杀害。

1943年10月，孝陵乡乡长张本直（毛家村）被国民党军徐振中部杀害。同被杀害的有共产党地下联络员赵连合（今辛店街道和顺店，原称半边店子）。

1945年7月，毛家庄、北苑庄两村儿童团团长张云亮（系张本直之子）被匪兵杀害于青州市邵庄镇王辇村西1千米处的黑山口，年仅12岁。

1945年，王家齐陵村李延寿参加革命队伍，经常秘密潜伏本村，组织群众参加抗日活动，动员弟弟李延堂出任村长。1947年，因坏人告密，李延堂被国民党军徐振中部抓住，捆在村十字路口庙前的槐树上，活活被刺12刺刀，牺牲时年仅27岁。徐振中占领益寿临广四县边区及临淄县期间，后丁官庄刘炳刚被抓当兵，趁敌人不备逃走。二次被抓后，他带着机枪投奔八路军，第三次被徐部抓去杀害，被杀害的还有王文楷、刘炳尊、常林春。

1946年2月某日，区委及区小队到大交流宿营，被敌人突然包围，当晚11时突围，战士李冠五被俘惨遭杀害。8月，在宋家庄秘密集会的淄东武工队被徐振中部包围，武工队队员王习诰不幸中弹牺牲。被敌人割下头颅吊在柳店的桑树上。1947年农历正月十五日，国民党军一部到付辛村抓丁，抓走青壮年30多人，并抢走骡马、驴等10余头。

1948年8月，100余名还乡团突然包围付辛庄冯云庆家，其家属在邻居帮助下躲藏起来，逃过一难，家中之物被砸，鸡猪等洗劫一空。同年，聂仙庄农救会会长陈崇引等3人不幸被捕，国民党军将其活埋。其中一男一女不知何村何姓名。

第五节　日伪军

日本侵略军

1928年5月3日，日本帝国主义借口保护日侨利益，制造了济南“五·三”惨案，并沿胶济铁路向东扩侵，强行侵驻辛店、淄河店火车站，对附近村庄大肆抢掠。

1938年9月，日军侵占临淄城后，小林部分驻辛店、淄河店据点，直属驻张店坂田部。属临淄七处据点之重要据点。淄河店据点设在淄河店火车站西侧，据点建有炮楼，分上下两层，下层是车库，上层供瞭望，有防御用的枪炮射击孔，西北角建有营房，自西向东依次排列票房（两间）、办公室、伙房、澡堂等。车站守军有一个排36人，白天由一个班轮流执勤，晚上则全部驻守车站。武器配备：每个班歪把子机枪1挺、小炮1门、三八大盖10支。早期驻守日军军官谷口，后调为曾山。另外，还有8人的警务队，由地方汉奸充任，其中，7人负责治安保卫，1人充当日军翻译，负责日常联络。

1943年8月，日军第五十九师团独立警备第二十旅团第六十五大队大队长佐藤昌治所部两个中队驻普通（今属青州市）和淄河大桥，淄河大桥南端沿铁路西旁修筑有碉堡，北头有岗楼。1945年8月15日，日本宣布无条件投降，驻据点日军撤往张店。

淄河大铁桥碉堡　（2013年摄）

伪临淄县警备队

1940年，日军网罗地方兵痞、流氓、无业游民300余人，在临淄县城组建县警备队。伪县长邱旭东兼任大队长，宋鹏任副大队长，日本军人比田任顾问。1941年扩大到5个中队，计600人，有长短枪566支，小炮2门，设据点13处。1943年扩充到11个中队，约1000余人，在境内安设2处据点，北部安设宋家庄据点，驻守一个分队，30多人；南部据点安设在淄河店车站，驻日军20余人和伪军一个分队。日本投降后，被国民党收编为临淄县保安队。1948年3月，临淄解放时，被中国人民解放军鲁中部队和县独立营全歼。

日军罪行

日军占领期间，纠集伪军、汉奸残酷屠杀共产党员、抗日人士及群众，制造无数起惨无人道的血案，对齐陵人民犯下滔天罪行。

1939年7月，人民抗日武装某部战士苑风尚、许登堂、徐荣昌在淄河店被日军抓到淄河店火车站据点，让狼狗活活咬死。同年，一小队日军牵着两只狼狗到后李官庄要钱收粮，把“膏药旗”挂在关帝庙前的大杨树上，路中央架起机关枪，由于村里早得情报，将妇孺老幼及粮食等藏入地道，青壮年带着牲畜躲进村北密林，才免遭血洗，鬼子进村人物两空，气得放火烧了高家房屋。

日军占领山东后，为保护胶济铁路运输线，在淄河两头修碉堡筑岗楼设哨所，常驻日伪军警卫。刘家终村因近铁路，日军逼迫该村每夜派6～9人到近村地段执勤守夜，为其巡护铁路。并每天安排10余人分别到淄河车站日军据点和桥北头哨所负责打水、劈柴、运煤等。刘家终村先后有70余人被日军以莫须有罪名绑架到淄河车站或桥北哨所，施以非刑拷打，有20余人被灌过凉水，逼得家人靠卖仅有的粮食保释。45岁的村民刘光林去徐姚村走亲戚，被日军当活靶子打死。乳名石头的青年去桥头哨所听差，被日军误认马功臣特务大队队员，绑在木桩上，先让狼狗撕咬，后用刺刀捅死。

1939年春天，驻淄河店火车站日军到淄河店找刘姓村长筹款要粮。遇到村民刘以堂逼其带路。越过村长家、村公所，未找到人。日军发现刘以堂故意放走村长，将其关进日军火车站据点，后被杀害。

驻淄河店火车站日军经常到附近村庄抓人抢东西，骚扰百姓、糟蹋妇女，人们看到日军便四处逃跑躲藏。日军便认为是“马猴子”（八路军），抓到便被枪杀或活埋在淄河滩上。淄河店村民刘佃陛去南坡干活回家，路过火车站被发现后抓住，押到铁路南一墓地，用铁丝套住脖子，吊死在松树上。

胶济大队在张石羊西铁路埋放炸药，炸翻从淄河店车站开往普通车站的一列火车。淄河火车站据点的日军看到火光、听到巨响，马上纠集兵力乘坐铁皮巡逻车赶到现场，此时炸车的队伍已安全撤离。日军便到张石羊村（今属青州市）抓人。得到消息的张石羊村人全部逃光。四处放火，烧光了村子。在以后的三年时间里，张石羊村被日军放火烧了三次，成为无人村。

1939年某日夜，八路军山东人民抗日游击队三支队十团特务队队长马功臣，率领特务队员护送八路军首长去鲁中，伪军巡守人员未敢阻拦，顺利通过铁路。天亮后，车站日军得到消息，纠集一个排兵力沿雪后脚印向南追赶，追到邵庄(属青州市）附近，抓住返回的向导聂仙庄王三拷打折磨后枪杀。

1940年，特务大队在淄河店北店打死日军和汉奸后，驻淄河店和辛店据点的日伪军，在一早晨突然包围淄河店，抓走108人押往辛店火车站据点，分别关在黑屋子和大地窖中，不给吃喝，受尽折磨，几经交涉，众人方得脱险。冬，日军调集兵力对山东抗日根据地进行残酷的扫荡清剿。特务队分队长刘云秀率所部十团特务队队员突围，身体泡在芦苇荡水中被冻伤，后隐于刘家营家中养伤。1941年，通敌分子告密，石槽据点日伪军周桂庆部将其家包围，刘云秀被枪杀于家门。三个子女中，一个被日伪军活活摔死，另一孩子在敌人搜捕时，家人捂其嘴而窒息。其弟因为抗日队伍传递情报遭枪杀。其兄被捕关押，后被地下党组织营救出狱。

第六节　人民军队

临淄青年学生抗日志愿军训团

1937年10月，临淄青年学生抗日志愿军训团成立，是临淄地区第一支共产党领导的抗日人民武装。由共产党员李曦晨（齐家终村）与同学李人凤、陈梅川（薛家村）、崔栋生等人在临淄西关小学共同创建。计120人，编为2个中队6个班。1938年1月5日，在矮槐树村东伏击沿胶济铁路东犯的日军。蓝衣社分子王尚志与国民党党痞李笑文以“国民党鲁北地区第三游击区司令部”名义，统一整编临淄的部队。李人凤、李曦晨等执行党的统战政策，团结抗日，保存革命力量，同意将军训团改编为国民革命军冀鲁别动纵队第二梯队三大队，李人凤任大队长。1月30日，三大队接受广饶县中共党组织的要求，解除驻广饶县延家集的土匪武装，缴获枪支40余支，队伍迅速扩大。中共鲁东工委派工委负责人杨涤生参加三大队的领导工作，加强对三大队的领导，中共广饶县委遵照鲁东工委的指示，派共产党员、进步青年参加三大队。4月，三大队建立政治处，杨涤生任政治处主任，李曦晨任副主任，岳拙元任组织股长。此后，部队相继建立一小型兵工厂、被服厂、医院等后勤机关。5月，中共益都县委、临朐县委创建的十支队与三大队合编。十支队副司令刘斗辰任三大队副大队长。至6月，三大队由2个中队发展到11个中队，共1500余人。第一中队，原军训团一中队，队长王翰西；第二中队，原军训团二中队，队长吕乙亭；第三中队，由石羊乡乡长李墨轩组建，并任队长；第四中队，由五区区中队改编，队长耿兰亭；第五中队，由李吉亭、龙池乡乡长李德亭和徐协五等人在宋家庄一带组建，李吉亭任队长；第六中队，由铁路护路队组成，队长曹瞻孔；第七中队，由梧台乡乡长于德亭组建，并任队长；第八中队，由南卧石区立小学校长李海帆组建，并任队长；特务中队，队长任圣符；炮兵中队，队长訾梅村。由中共益都县委组建的第十支队，根据清河特委指示并入三大队，其中两个中队暂保留原来的番号，即第一中队队长杜吉甫；第二中队队长衣洪志（衣新之）。之后，第二中队与第七中队合并，由衣洪志任队长。

1938 年 7 月 7 日，八路军山东人民抗日游击第三支队副司令员杨国夫在临淄城北寇家庄召开整编大会，将三大队整编为“八路军山东人民抗日游击第三支队第十团”，任命李人凤为团长，陈兴为政治委员，刘斗辰为副团长，李曦晨为政治处主任，之后许云轩任副团长，罗文华任政治委员。十团辖 3 个营，每营辖 3 个连，另有炮兵连，特务连各 1 个，共计 11 个连队。一营营长王翰西，政治教导员吴祝存；二营营长陈梅川，政治教导员崔栋生；三营营长李墨轩，政治教导员赵子谦；特务连连长王立庠；炮兵连连长訾梅村。十团共 1800 多人，成为三支队的主力团之一。

1939 年 3 月，八路军山东人民抗日游击第三支队第十团改称八路军山东纵队第三支队第十团。10 月，第三支队集中在胶济铁路南淄河流域整训（亦称二期整训）。按八路军山东纵队整军计划，十团以原来的 3 个营 9 个连合编为八路军山东纵队第三支队基干二营。营长谭祖本，教导员孙正。营辖第五、六、七、八共计 4 个连；十团特务连编入支队特务连。李人凤升任支队副司令员。三支队其他团编为第一、第三营。1940 年冬，第三支队改编为八路军山东纵队第三旅。基干二营编为第三旅第八团。抗日战争结束后，原三支队十团部队，绝大多数编入人民解放军第七师，奉命开往东北后，又编入人民解放军第六纵队第四十三军。

八路军山东纵队第三支队十团特务大队

1938 年秋建立，称益（都）临（淄）边区募集委员会（又称特工队），由马功臣任主任、特工队队长。1940 年，第三支队特工队扩编为特务大队，共 80 余人。清河军区任命马功臣为特务大队大队长。特务大队主要活动在淄河店车站至普通车站之间，胶济铁路沿线一带，在较短时间内，打通和建立了南入山区、北伸二区郑家辛庄一带淄河东岸村庄的南北地下交通线，设计击毙淄河店火车站日伪据点伪分队长，极大的震慑了日伪军和敌伪人员。特务大队深入敌占区，发动群众，打击敌人，使淄河车站至普通车站一线的日伪军闻风丧胆，震慑瓦解了伪乡长、村长。护送各级首长越过胶济铁路线、运送各种紧缺军用物资，为支援部队作战提供了保障。

胶济大队第一中队

1940 年 12 月，山东纵队一旅二团在蒙阴黄庄重新组建胶济大队，辖 3 个中队，1 个短枪班，150 余人，主要活动于胶济铁路沿线及齐陵境内。1940 年 12 月至 1944 年 10 月，于淞江、刘子祥、魏宽厚、荣敦亮、马升九、李厚才先后任胶济大队大队长；张慧源、杨勇、王恩绪、魏怀忠、李镜远先后任胶济大队政治教导员。

1945 年 8 月 18 日，渤海军区第五军分区（原清东军分区），奉命组建胶济大队。由陈凤久任大队长，李玉轩任政治委员。初设 2 个中队。10 月，中共渤海区党委调整充实胶济大队，张店武工队、周村武工队，改编为胶济大队第三、第四中队。全队 400 余人，后由何凤池任大队长，陈凤久任政治委员，耿子安任副大队长，李玉轩任副政治委员。下辖 4 个中队。主要活动在从济南以东至潍坊以西胶济铁路沿线。第一中队，队长孟昭宽、政治指导员郑俊斋，驻淄河店，活动于益都车站至淄河店车站一带；第二中队，队长杨铁山，政治指导员赵群，活动于益都以东地区；第三中队，队长耿子安，政治指导员李晓光，活动于张博线上；第四中队，队长樊树楠，政治指导员赵梅村，活动于周村以西地区。一中队初期发展 30 余人，分为 3 个分队。第一分队长张克吉，第二分队长李新正，第三分队长王岱海。至 12 月底，发展到 120 余人。所属 3 个分队改为 4 个排。一排排长赵风亭，二排排长张克吉，三排排长王岱海，四排排长张子真。同时，一中队建立了党支部，郑俊斋任支部书记。1946 年 3 月，胶济大队改由鲁中军区四师指挥。一、二中队合并为一中队，三、四中队合并为三中队。是年 7—8 月，胶济大队从一、三中队抽调干部先后组建淄东（活动在淄河东）、普通、青州、铁山、张店 5 个武工队。1947 年 3 月，一中队改编为益寿县独立营第一连，辖 3 个排，吴法全任连长，郑俊斋任政治指导员，李修德任副连长，赵群任副政治指导员。1949年初，升编为中国人民解放军华东野战军渤海纵队九十四师二八一团三营。随军南下后，编入第三野战军第二十七师。

益寿临广四边县独立营

1942年2月组建，营长李伯钧，政治教导员陈瑛，共200余人。经常活动于胶济铁路北临淄二区。7月升编为清东独立团。

四边县特务大队第一中队

1942年8月，益寿临广四边县特务大队在大彭家庄（今属青州市）建立。陈景三任大队长，陈瑛任政治指导员，下设3个中队，第一中队队长陈汉三，政治指导员霍慎斋，队员20人，主要活动于临淄二区，南至胶济铁路。1945年，发展到100余人。9月，改编为益寿县独立营第三连。

胶济大队淄东武工队

1946年秋，胶济大队第一中队抽调骨干组建胶济大队淄东武工队，又称淄河武工队，王岱海任队长，唐道村任指导员。主要活动在淄河以东，胶济铁路以北地区。1947年2月，在郑家六端与敌发生战斗，武工队队长王岱海及郑同修、李广成、荣锡义等7名战士壮烈牺牲。淄东武工队建立后，曾多次袭击徐振中等国民党顽军抢粮队。后该部编入渤海新编第七师，解放战争后期，编入华东野战军第十纵队，后编入中国人民解放军第二十八军。

新中国成立后，中国人民解放军有两三支部队长期或临时驻防齐陵境内。

第七节　兵　役

明清民国时期兵役制

明朝主要实行卫所制兵役制度。兵籍可世袭。

清朝绿营兵实行世兵制，多就地招募，一人在伍，全家被编入军籍，父母在伍，子弟为余丁，父死由子弟替补，世代为兵，入伍后不能自由退出，一朝应募，终身为兵营服务，以兵为业，也称“世业兵制”。

清末，新军以募兵制为主。

预备役制自清末民初开始实施，系模仿外国预备役，仅是纸上规定，基本没有实现。

北洋政府实行征兵制度。1913年7月，北洋政府仿照外国征兵章程，先后拟定《征兵法》《征兵事务条例》《暂行陆军募兵条例》《征兵局服务条例》《征兵总局条例草案》《征募局编制令》等兵役法规。境内兵役征集隶属临淄征集区（团征集区），团征兵长由团区司令官和县知事充任，管理团征兵区内征兵事务。

1914年7月至1916年7月，两年中驻外省北洋政府军在境内招募士兵达五次之多。

国民政府时期，实行募兵制。军营直接到县招募新兵。1933年6月17日，南京国民政府颁布第一部兵役法，自1936年3月1日起施行。

1943年3月15日，颁布第二部《兵役法》。抗日战争胜利后，国民党为适应其发动全面内战的需要，于1946年10月公布施行第三部《兵役法》。除《兵役法》外，国民政府发布过为推行兵役法的法规、条例、纲要、办法等230余种。

1936年以前，役政工作由县保安部队、地方政府承办。1936年底，国民政府开始改募兵制为征兵制。县设征兵事务处。国民党山东省主席韩复榘没有完全按《兵役法》依户籍壮丁多少作征兵依据，而是依占有土地多少作为征兵依据。家有地15亩～20亩的出一兵。占有土地较多的地主富农，多用钱或土地雇人顶替，自己当兵的很少。“七七”事变后，国民党政府打着抗日救亡的旗号，多次在境内招募青年参加军队，解决部队兵员需要。1940年，国民党消极抗日，推行反共政策，兵力减员较大。为应付危机，扩大兵员，增加作战力量，6月29日，国民政府颁布《妨害兵役治罪条例》，推行征兵制，由省政府派出大批兵役教官，对乡、镇、保等骨干普遍进行训练，实行国民兵训练。饬令将“联庄会”改为“抗日自卫团”。抗日战争胜利后，在役政方面，国民党政府主要是组训自卫队（国民兵）、还乡团、商团等群众武装和收编伪军以扩充军队。

1941年2月，原临淄县独立营营长王砚田迫胁部分战士投敌叛变革命，被日军编为“剿共建国军临淄县保安团”，王砚田任团长。期间，除按人口摊派的办法抽丁外，还大量强行抓丁，扩充军队。同年冬，徐振中任国民党山东保安 15 旅 2 团团长（张景月部）兼临淄县长后，在境内强令征集、疯狂抓丁。1947 年农历正月十五，徐振中部到付辛村一次抓走青壮年 30 人。

1948 年 12 月，国民政府国防部发布《戡乱期间征兵要则》，要求从省、县到乡、镇、保，层层按人口比例分配名额，如数征集、逐级上送。为适应战时急需，准许先征集后进行身体检查和身家调查。对绥靖区实行强迫征集或武装强征。乡、镇、保长为完成征募任务，不择手段，强令征集。甚至采取抓、拉、捆、绑壮丁的办法，强行运往部队。1948 年，国民党军徐振中部占领临淄期间，在临淄境内就强行抓丁 300 余人。1949 年 2 月，国民政府颁发《戡乱期间志愿兵招募实施办法》，规定募集 40 人以上者任排长，140 人以上者任连长，募兵 4 ～ 5 个连者任营长，3 个营以上者任团长。

志愿兵役制

齐陵人民在抗日战争、解放战争时期至新中国成立初期，实行志愿兵役制，在不同时期，为夺取革命战争的胜利发挥了重要作用。

1948 年，华东局《关于动员参军的指示》规定：不分民族、信仰、阶级出身，凡身无残疾，有志于革命战争的青壮年公民，都可以根据部队的需要自愿参军入伍。服役年龄在 16 ～ 40 岁之间，政治上无问题，身体比较强壮为合格。流氓、兵痞、特务、惯匪、反动地主富农（一贯破坏土改，反对共产党、解放军与民主政府，或曾经被剥夺公民权而未恢复者）、有恶劣嗜好犯罪行为者，一律不要。地富子弟或出身地主家庭的青年知识分子，经过审查可予以接受。经过考验确已放弃其反动阶级立场，而愿献身人民解放事业的地富分子，亦不予拒绝，以保持人民军队政治上的纯洁与巩固。志愿兵服役时间，取决于战争的需要和兵员的具体情况。抗日战争、解放战争和抗美援朝战争时期，齐陵有 600 余名青年入伍参军。

义务兵役制

1955 年 7 月 30 日，第一届全国人民代表大会第二次会议，正式审议通过《中华人民共和国兵役法》。《兵役法》规定以义务兵役制取代志愿兵役制。随着形势的发展变化，适应国防建设指导思想实行战略性转变的要求，1978 年，第五届全国人民代表大会常务委员会第一次会议通过《关于兵役制度的决定》，实行义务兵与志愿兵相结合的兵员补充制度。1984 年 5 月 31 日，第六届全国人民代表大会第二次会议通过公布第二部《兵役法》（下称新《兵役法》），新《兵役法》实行以义务兵为主体的义务兵与志愿兵相结合，民兵与预备役相结合的兵役制度。1985 年 10 月 24 日，国务院、中央军委发布《征兵工作条例》。从 1956 年至 2017 年，齐陵境内每年都有适龄青年应征入伍。

预备役制

1956 年后，齐陵按兵役法规定，对辖区内预备役人员进行登记，“文革”期间一度中断。1980 年后恢复。

历年兵役登记工作，齐陵历届党委、政府及早部署，认真组织，全力做好兵役登记。采取召开党员、村民代表会议、喇叭广播、各村张贴兵役登记通告、驻村指导员入户走访等形式，大力宣传兵役登记及征兵政策。以电话、入户、书面下发兵役登记通知等方式，号召广大适龄青年自觉履行兵役登记义务。并以村为单位抽调人员对每个适龄青年的身体及家庭情况逐一摸底，择优挑选预征对象。街道设置兵役登记站，对在规定时间内不能到现场登记的青年，采取父母代登或街道人员入户登记的方法，确保兵役登记不漏登、不错登，为兵员征集提供可靠依据。2010—2017 年，境内共有 153 人应征入伍。

2010—2017 年齐陵街道适龄青年入伍情况表

表 14-1

年份	人数	年份	人数
2010	17	2014	13
2011	18	2015	23
2012	20	2016	24
2013	24	2017	14

第三章 民 兵

齐陵民兵产生于抗日战争时期，成长壮大于战火纷飞的年代。由共产党领导和组织的齐陵民兵从自卫团、青抗先（青年抗日先锋队）、基干队、游击小组发展起来，逐渐壮大，成为人民抗日武装力量中的重要组成部分。在解放战争中，齐陵民兵参军参战，支援前线，担负后方勤务，配合部队作战，清剿匪特，为人民解放事业作出了重要贡献。新中国成立后，在剿匪、治安保卫、工农业生产、战备执勤、完成急、难、险、重等国家重大工程建设中发挥了主力军作用；在带头致富和“两个文明”建设中发挥了先锋模范作用。民兵建设在文化大革命期间受到严重影响。中共十一届三中全会后，按照党中央、国务院、中央军委指示，三次对民兵工作进行整顿，实行民兵与预备役相结合，建立应急分队。齐陵民兵从战争年代起，坚持和发扬劳武结合的优良传统，逐步发展成为一支组织健全、训练有素、作风优良的人民武装力量。

第一节 组织建设

1937年“七七”事变，日本发动全面侵华战争。1938年1月入侵临淄，很快占领齐陵和胶济铁路线。国民党县长冯谦光弃城逃跑。中共鲁东工委大力发动群众，在临淄二区、三区等地创建抗日武装，开展敌后游击战争。人民群众积极响应中国共产党关于“打鬼子、反汉奸、防土匪、保家乡”的号召，纷纷组织起来进行抗日斗争。春季，基干自卫团、普通自卫团等民兵组织相继建立，乡设基干民兵队长。民兵的主要任务宣传抗日救国道理、维护社会治安、防盗窃、惩治汉奸、传送情报、扒铁路、割电线，为抗日人民武装运输物资等，协助部队打击日伪军及其汉奸的侵扰。1938年5月，建立二区区委，并建立抗日武装。10月，中共清河地委根据战争形势的发展，决定建立四边县委、四边行政办事处。辖区其中有临淄二区和三区的部分村庄。1940年春，境内部分村庄建立党支部和乡村政权。境内民兵组织发展到31个，民兵达935人，各种枪支690余支，主要是土制武器。此时，广大民兵抗战热情空前高涨，挖公路、炸桥梁。4月，中共清河地委为发展这一大好形势，撤销四边县。

1941年初，皖南事变，日军实施“强化治安运动”，加紧对抗日根据地“扫荡”，国民党顽固派高唱“曲线救国”，投降日军，制造多起惨案。临淄县独立营长王砚田叛变投敌。四边军民处于敌伪顽错综复杂的三角斗争中，战斗频繁，斗争更加残酷。同年9月，日军纠集伪李青山、王砚田、孟祝三、苗思久等部4000余人，对四边地区连续进行一个月的轮番“扫荡”，遍及50多个村庄，造成空前大浩劫。期间，敌伪几百人的“扫荡”，几乎不断。1942年2月，清河区党委决定重建四边县委、行政办事处，加强四县边区的对敌斗争。9月，中共山东分局、山东军区决定，将人民武装中的骨干组织青年抗日先锋队、基干队、游击小组统一编为民兵，其余组织编为自卫团。

1943年2月5日，山东省战时工作推行委员会公布《修正山东省人民武装抗日自卫团条例》，将参加自卫团的条件修改为：“凡年满十六岁以上五十岁以下的男女公民，不分民族、信仰、阶级，均应登记编为本团团员。”青年抗日自卫团由16～23岁男子组成。基干自卫团和游击小组由24～35岁男子组成。9月1日，根据山东省战工会、山东军区颁布的《修改山东军区人民武装抗日自卫团暂行条例》，将自卫团改称为临淄县人民武装抗日自卫团，各村自卫团改称为自卫队。

1945年1月7日，山东军区发出减轻人民负担、控制部队扩大，大量发展民兵的指示。6

月19日，山东分局发出《关于大量发展与加强整训民兵的指示》后，境内村庄参加民兵的热情更加高涨。8月，日本投降后，民兵组织开始壮大，各村相继建立自卫团。男16～35岁、女16～25岁的青年统一编入民兵队，并将精明强干、政治可靠的民兵编为基干民兵队，设队长、副队长、配备武器。自卫团发展到40个，民兵2420余人，拥有各种枪支1261支。9月1日，中共中央华东局作出《关于目前人民武装工作的决定》，要求以区为单位编成大队，配合部队作战。在"保家保田"的号召下，龙池区、牛山区淄河以东民兵积极参加土改运动，1947年春，国民党军队重点进攻山东解放区时，龙池区民兵组织一度遭受严重破坏。4月5日，山东军区发出《为普遍掀起人民武装运动而斗争的训令》，要求各地在五、六月份，必须抓紧时机，配合减租减息，增加工资，武装保卫夏收，武装保卫家乡，突击发展民兵，务期在六月底基本上完成任务。据此，二区和三区淄河以东村庄迅即掀起突击发展民兵运动。夏季，开展反蚕食斗争。10月10日，根据山东省战工会《山东人民武装抗日自卫团组织条例》，撤销区团部，建立区武委会。人民解放军开始反攻，民兵组织迅速发展壮大。随着战争发展的需要、二区民兵纷纷组成支前民兵担架队、挑子连、运输队、民工营。至1949年9月，龙池区、牛山区淄河以东村庄发展民兵2480余人。

1951—1952年，党中央、政务院、中央军委颁发《中华人民共和国民兵组织暂行条例》等一系列重要文件。按照民兵组织暂行条例要求，区、乡党委建立武装委员会，区建立人民武装。1952年，各乡设立民兵大队部，民主选举乡队干部，设大队长和指导员各一名，对适龄青壮年进行登记，推行普遍民兵制。10月，龙池区各乡及牛山区的终村乡进行民兵入队仪式，连村建成基干民兵联防队，民兵组织得到很大发展。1953年春，集中力量进行民兵组训工作，将18～40岁的男性公民编入民兵，把过去在农村自愿参加民兵的原则改变为普通的民兵制度。8月，龙池区、牛山区的终村乡普通民兵有2447人，其中龙池区编为3个中队，32个分队。基干民兵428人。

1954年10月，各区人民武装部撤销，只设1名武装助理员。1955—1957年，进行预备役登记工作。将中国人民解放军复员、转业的18～40岁的军士和兵；年满18～30岁的男性公民和有专门技术的女性公民，普遍登记，分别编为第一类和第二类预备役。各村建立民兵连。

根据中央有关指示，1958年2月开始，孝陵乡、淄河乡进行民兵、预备役合二为一的整组工作。9月，撤区并乡，区武装助理员改任乡民兵大队长。9月29日，毛泽东发表《对新华社记者的谈话》，提出要大办民兵师，在全国范围内把能拿武器的男女公民武装起来，实行全民皆兵。规定在农村以人民公社为单位建立民兵组织。人民公社建立人民武装部，配备专职武装干部。随之，齐陵公社建立人民武装部。

1961年12月，中共中央、国务院颁发《民兵工作条例》，恢复各级人民武装委员会。1962年6月，毛泽东作"民兵工作要做到组织落实，政治落实，军事落实"的指示。齐陵公社以条例为依据，又一次整顿民兵组织。1964年9月，齐陵公社成立民兵团。辖6个营，40个连。基干民兵4707人，普通民兵4108人。粉碎"四人帮"后，落实全国民兵工作会议精神，恢复各级人民武装委员会和地方党委书记兼任同级人武部门第一政委的制度，健全双重领导，使民兵建设重新走上健康发展的道路。1970年，齐陵公社成立民兵营，党委书记任教导员，由人武部长任营长。

1976年12月底，组建胶济铁路淄河大桥民兵守桥分队，编制18人。1977年1月15日接防。根据铁道路、公安部、总参谋部《关于调整铁路桥梁、隧道守护标准的通知》精神，民兵守桥分队于1985年7月撤销。刘学孟、孙兴农先后任队长。

1978年后，按有关规定对民兵组织进行调整改革，民兵数量减少，质量明显提高。生产大队普遍建立民兵组织，公社组建基干营，基干民兵占总人口的2.34%，其中女基干民兵占基干民兵总数的8%。

1981年，中共中央〔1981〕11号文件提出"减少数量、讲求实效、抓好重点、打好基础"的方针。根据民兵组织调整方案，对民兵组织进行全面调整和整顿。缩小民兵组建范围，调整民兵年龄，简化民兵组织层次。保留基干民兵和普通民兵，取消武装基干民兵。普通男性民兵年龄由原规定 16 ～ 45 岁改为 18 ～ 35 岁；基干民兵年龄改为 18 ～ 25 岁，由退出现役的士兵和经过训练的人员及选定参加军事训练的人员组成。女性公民只编基干民兵。基层民兵干部的配备，政治干部（教导员和指导员）分别由同级党委书记和党支部书记兼任，营级军事干部由乡镇长、武装部长兼任，农村民兵连长由村专职人员或村主任兼任，配备专职的连排副职干部。通过调整全社共建 43 个民兵连，161 个排，民兵共计 4687 人。基干民兵 12 个班。党支部书记任指导员、连长参加党支部班子的有 34 名，占 79%；副支书兼任连长的 5 人，调整后民兵比 1980 年减少 3.87%，基干民兵减少 15.5%。

1997 年后，中共中央、国务院、中央军委下发《关于深化民兵工作调整改革的意见》，再次对民兵组织建设进行全面的调整和整顿。齐陵镇人武部在新的民兵组织调整中，不断深化改革，进一步调整和优化民兵组织布局。在种类结构上，按照“编为用、建为战”的原则，突出加强民兵应急分队建设。农村以政府驻地为中心，以适应农村生产，统筹规划民兵组织。2008 年 3 月，按照《山东省后备力量建设发展“十一五”规划》要求，落实“战建一致，精干管用”的原则，紧贴担负任务实际，合理调整布局，规范组建秩序，对民兵组织进行整顿，在点验中获得好评。2011 年 7 月，齐陵街道人武部正规化达标工作通过临淄区人武部检查验收。2013 年，被淄博市、淄博军分区表彰为“全市民兵基层组织建设”先进单位。

第二节　军事训练

抗日战争时期，民兵训练主要是根据对敌斗争的需要，以步兵训练为主，利用参战间隙，采取劳武结合的方式进行。民兵小队长由县大队、区中队代训，民兵中队长由军分区轮训。训练课目主要是以射击、投弹、爆破技术训练为主，战术训练为辅，贯彻战教结合的原则，教练员多以“能者为师”，采取以老带新、互相学习、分散训练的方法，教会民兵熟悉手中武器和执行战斗勤务。解放战争时期，民兵训练以射击、投弹、爆破训练为主，战术训练为辅，坚持战教结合的原则。在民兵中普遍开展群众性大练兵运动，重点是民兵干部和编入子弟兵团的民兵。民兵干部由县、区分期分批集中训练。民兵和自卫队员由村自卫团组织训练。在参战支前时，开展“执行什么任务进行什么训练，遇到什么问题组织什么练习”的活动，使担任配合作战、押送俘虏、抢救伤员、运送粮弹的民兵和自卫队员，提高军事素质，完成作战和支前任务。

1950 年始，根据“政治教育为主、军事训练为辅”的方针，在农村进行普及军事知识训练。利用冬闲季节，采取小型就地分散的方法，对民兵进行射击、投弹和利用地形地物等军事训练。1952 年，牛山区终村乡、龙池区淄河乡、齐陵乡、孝陵乡、宋家乡、丁望乡、徐姚乡设立训练站，组织民兵分批分期训练。1958 年，齐陵公社积极响应全民皆兵的号召，在全社范围内掀起民兵训练高潮。1960 年，因灾荒严重，训练停止。1962 年，东南沿海形势紧张，中共中央、中央军委指示加强战备，恢复民兵训练。总参谋部做出在民兵中开展神枪手活动和组织民兵参加比武的决定，1964

胶济线淄河铁路大桥民兵守护分队　　（1981 年摄）

年10月11日至25日，在昌潍专区召开全省民兵比武大会。由齐陵公社部分基干民兵组成的临淄县代表队参加了汇报表演，受到党政军领导的高度评价和赞扬。此后，陆续参加了地区、县举行的中小型比武会。齐陵公社广泛开展群众性练兵活动，组织民兵比武表演6次，参加比武表演的民兵240余人。群众练兵运动在全社兴起，民兵建设出现大好局面。

淄河大队民兵连开展民兵刺杀训练　（1978年摄）

1966年，文化大革命开始，民兵训练一度中断。1969年，苏联军队挑起“珍宝岛”事件，毛泽东提出“要准备打仗”的指示，1970年恢复民兵训练。训练人员以基干民兵为主，训练内容除射击、投弹和利用地形地物等课目外，突出“三打”（打坦克、打飞机、打伞兵）“三防”（防原子、防化学、防细菌）训练。总参谋部先后颁发1973—1975年和1977—1978年民兵军事训练两个《纲要》，全社民兵训练进入有计划、有重点的技术、战术基础训练时期。根据《纲要》的规定和要求，把民兵干部训练摆到突出位置，民兵干部每年参加区人武部安排的10～15天的集中训练；公社人武部每年集中安排7～10天，进行排级干部和教练员训练。八年时间累计训练连级民兵干部296人次、排级干部和教练员1030人次。至1982年，经军分区和人武部培训的各类会讲、会做、会教、会做思想工作的“四会”教练员15人，健全了公社教练员队伍。民兵训练采取适当集中与小型分散相结合的方法，着重对民兵干部和武装基干民兵进行技术战术培训。武装基干民兵采取公社集中训练，每年训练120余人，并对训练内容、方法进行大胆改革，使训练人员、时间、内容得到较好的落实，训练质量明显提高。

20世纪80年代初期，民兵军事训练进行全面调整改革。缩短训练周期，减少训练时间，训练周期由4年改为2年，每年训练时间由15～20天减少为15天；参训人员减少；精简了训练内容，基干民兵由原来的26项减为17项，去掉一些难度大、要求高的内容；改革了训练方法，农村由过去集中与分散相结合的训练方式改由公社人武部组织集中训练。1982年，民兵军事训练由过去劳武结合、小型就地分散和以公社为单位小型集中的方法，改为区人武部统一集中到民兵训练基地进行，实行分批轮训的方法，较好的解决分散训练中教练员、器材、场地、食宿保障等困难问题，保证了民兵军事训练质量。

2005年3月，人武部干事相保良参加全市专武干部为期10天的普训，并经考核选拔参加10天封闭强化训练。4月，在淄博军分区组织的全市专职武装干部军事业务比武中，取得个人总分第一名，受到军分区表彰。2017年，民兵训练任务、训练内容、训练重点等由区人武部集中组织实施。

齐陵镇基干民兵在齐家终村靶场射击训练（1991年摄）

第三节　政治工作

抗日战争时期，境内党组织、各抗日团体，向广大民众广泛开展“打鬼子、保家乡”宣传教育。组织群众建立抗日救国会、农会、妇救会等抗日群众团体，扩大抗日统一战线，组织发展自卫队、抗日自卫团等抗日武装。1938年1月5日，日军侵占临淄，并相继组建伪县政府、伪县警备队及其特务组织，多次进行“扫荡”。1941年，临淄县独立营营长王砚田叛变投降日军，设立“自首处”。3月21日，日军推行第一次“强化治安运动”，疯狂“扫荡”“蚕食”抗日根据地，境内全部沦为敌占区，日伪军施以种种酷刑和残杀手段，威胁利诱干部、共产党员自首。惨无人道地杀害党、政、军干部、抗日群众组织负责人及其家属。面对残酷的斗争形势，在民兵中进行革命英雄主义教育和民族气节教育，激发广大民兵树立誓死保国民族气节和革命英雄主义思想。从1941年4月，转入游击区。区、乡、村干部及党员开展整风运动，对人民武装的重要性和游击战争的战略地位有了新的认识。1943年夏至1945年上半年，从加强教育入手，结合减租减息运动，对人民武装进行了四次比较系统的教育整顿和组织发展工作。利用办学习班、上政治课和反“扫荡”前后的思想动员，教育广大民兵认清日本军国主义的侵略本质，教育民兵咬紧牙关，渡过困难，储蓄力量，长期坚持游击战争，准备将来的反攻；教育民兵学习游击战术，提高杀敌本领；教育民兵执行俘虏政策，用政治攻势瓦解伪军。通过教育整顿，民兵的政治觉悟有了明显提高，为彻底粉碎敌人的“扫荡”“封锁”和“蚕食”，配合部队攻势作战和大反攻打下思想基础。

抗战后期，根据山东军区关于民兵、自卫队不准违犯政府法令及上级命令，不准沟通敌寇、汉奸、土匪及一切反革命势力，不准损坏与盗卖武器弹药，不准向敌人暴露抗日根据地的指示，针对不同阶级和不同内容，运用政治课和反“扫荡”前的思想动员达到教育目的，使广大民兵在艰苦复杂的军事斗争中，团结一致、不怕苦、不怕死，不贪财、不畏难、服从命令，作战时沉着、坚定、灵活、机智勇敢，要求民兵遵守战场纪律，爱护群众利益，执行俘虏政策，反对资助敌人。并适时宣扬革命队伍中的英雄事迹。

解放战争时期的政治教育，主要是进行保卫抗战胜利果实、保卫解放区教育。各级党组织和人武部门根据上级党组织和军事机关的指示，开展以革命战争反对反革命战争的思想转变教育，从思想上和组织上做好准备，随时迎击国民党军队的进攻。1946年6月，国民党军队进攻解放区，同时到处纠集“还乡团”，支持地主阶级反攻倒算。此时，各级党组织和人武部门采用“反蒋诉苦”的教育形式，密切联系实际，摆事实、讲道理，提高民兵和人民群众的政治觉悟，激发“反蒋保田”的决心。1947年，国民党军队重点进攻山东。龙池区、牛山区淄河以东成为游击区，广大民兵在党组织和人武部门的领导下，坚持与国民党特务、“还乡团”、反攻倒算的地主阶级展开不懈的斗争。号召民兵以决死精神，坚持斗争。1948年，人民解放军战略反攻开始，号召广大民兵和人民群众支援解放军，打到“蒋管区”去，解放全中国。普遍对民兵进行支前、警备、生产三大任务的教育；持续深入地进行阶级教育和形势任务教育，组织民兵和人民群众广泛开展“抗日战争胜利了，为什么还要打仗？为谁扛枪、为谁打仗？怎样才能过安稳日子”的大讨论。使其克服麻痹思想和恐惧心理，认清以蒋介石为代表的国民党反动本质，为反击国民党军队进攻、保卫抗战胜利果实做好思想准备。

新中国成立后，进入社会主义革命和建设时期，龙池区主要是进行党的路线、方针、政策、国防观念和光荣传统教育。实行普通民兵兵役制，先后对民兵进行民兵条例、宪法、兵役法教育。1951年11月5日，中国人民解放军总政治部《关于民兵政治工作的指示》指出，“加强对民兵的军事、政治教育，使民兵从思想上、政治上、组织上进一步提高起来”。20世纪50年代初期，针对帝国主义入侵朝鲜、支持蒋介石反攻大陆、对中国构成威胁等国际国内形势，在民兵中普遍进行抗美援朝、保家卫国的教育，并做好反特防特教育，激发广大民兵仇恨、蔑视美帝国主义，以实际行动支援抗美援朝战争。1953年，在民兵组织中广泛深入地进行总路线教育。根据毛泽东主席指示，在民兵中进行爱国主义和人民英雄主义教育，批判怕死、怕困难、无斗志的可耻落后思想，提高斗志，发扬爱国主义和人民英雄主义精神。

1958 年 8 月 29 日，中共中央作出《关于民兵问题的决定》。9 月始，全社普遍进行“全民皆兵”“大办民兵师”教育，进一步提高民兵的国防观念。1959 年，在民兵中进行以“我为人人，人人为我”为主要内容的共产主义教育。同时，大力开展“五好”（即生产好、学习好、治安好、团结好、遵守政策法令好）竞赛评比运动。1962 年 6 月，按照毛泽东主席提出的民兵工作要做到“组织落实、政治落实、军事落实”，进行“三落实”教育。此时，台湾当局企图在美帝国主义支持下窜犯东南沿海地区。总参谋部、总政治部联合下发《关于当前民兵战备工作的指示》。齐陵公社在民兵中进行紧急战备教育，开展声讨美蒋反动派罪行的群众运动。20 世纪 70 年代，根据美苏争霸危及世界和平的国际形势，对广大民兵继续进行国防教育，端正在和平时期加强民兵建设重大意义的认识，克服认为“太平盛世”只顾生产、不要民兵的片面思想。文化大革命期间，民兵工作受到干扰，民兵政治教育不能正常进行。

1978 年，总政治部召开民兵政治工作座谈会，主要研究部署揭批“四人帮”反革命集团破坏民兵建设的罪行，恢复民兵光荣传统的教育，提出了民兵教育每年不少于 30 个小时的要求。公社党委和人武部对民兵政治教育进行了改进。在教育分工上，针对民兵既是民又是兵的特点，实行“有分有合，分合结合”的方法。将党的路线、方针、政策教育，思想教育和遵纪守法教育等内容列入全民教育，由公社党委统一组织实施。国防观念、人民战争思想、民兵性质任务、形势战备、爱国主义、革命英雄主义等教育内容由公社人武部组织实施。中共十一届三中全会后，加强新形势下的民兵政治工作，改变了民兵政治教育“不上路”的状况，一月一堂政治课，一支教育骨干队伍，一个青年民兵之家的工作逐步得到落实。1980 年，开展创建青年民兵之家活动，全社各民兵连均办起青年民兵之家。

1985 年，中共中央提出民兵、预备役要适当减少数量，提高质量的要求，民兵数量大大减少。针对新形势，镇党委、人武部围绕经济建设大局对民兵的政治教育作了适当调整。全民性教育主要进行党的路线、方针、政策以及形势任务和国家法律法令教育等；民兵教育主要以爱国主义为核心进行国防教育。突出“兵”的特点，帮助民兵了解国防的历史和现状，正确看待国际形势的发展变化，增强国家安全意识，居安思危，始终保持高度的战备观念；进行马克思列宁主义、毛泽东思想和邓小平建设有中国特色社会主义基本理论教育。帮助民兵掌握马克思列宁主义的主场、观点、方法，从根本上提高民兵的思想政治觉悟和理论水平，提高认识问题和解决问题的能力；进行党的路线、方针、政策和形势任务教育，保证民兵思想上、政治上同党中央保持高度一致，增加对革命事业的责任心，积极投身于社会主义现代化建设中去；进行以共产主义思想为核心的社会主义精神文明教育，培养民兵牢固树立共产主义理想、观念和道德情操，树立共产主义人生观，自觉抵制和克服资产阶级腐蚀思想和文化侵蚀，正确对待和处理现实生活遇到的各种问题；进行法制和纪律教育，使民兵自觉遵守国家的宪法、法律法规，维护国家、人民利益及个人的合法利益，积极同违法乱纪行为作斗争，严格执行民兵的各种纪律规定，维护民兵组织的集中统一；进行爱国主义和革命英雄主义教育，培养民兵的民族自尊心和自信心，热爱祖国、热爱中国共产党、热爱人民，自觉发扬邓小平倡导的“五种革命精神”和江泽民提出的“六十四字”创业精神，向英雄模范人物学习，艰苦奋斗，争先创优，自觉为保卫祖国、建设祖国作贡献；进行依法服兵役教育，教育民兵积极参加兵役登记，积极报名应征，认真履行“三大任务”，自觉按照民兵应当做到的八条内容规范自己的言行，争当好民兵；进行民兵革命光荣传统教育。使广大民兵保持革命本色、牢记民兵的宗旨，全心全意为人民服务，忠实履行民兵职责，努力完成任务。同时还广泛开展“向雷锋同志学习”和学习毛主席著作、做勤劳致富带头人活动，进行“五讲、四美、三热爱”教育。根据国际国内形势对民兵进行随机教育，进行学理论、学雷锋、反对资产阶级自由化，反对精神污染教育，使广大民兵树立坚定的政治立场，旗帜鲜明地反对资产阶级自由化。

1994 年，纪念新兵役法实施 10 周年，对民兵进行国防教育和开展国防知识竞赛活动。1997 年，结合香港回归和庆祝建军 70 周年，对民兵进行爱党、爱军、爱社会主义祖国和形势战备教育。1999 年，对民兵进行庆祝澳门回归和庆祝中华人民共和国成立 50 周年及形势战备教育。2000 年，对广大干部和民兵进行“三个代表”教育，深刻理解其重要思想的内涵，忠实地实践“三个代表”重要理论，全心全意为人民服务。对民兵进行了反对邪教组织的教育，使民兵思想统一到党和人民利益立场上，与邪教组织作坚决斗争。2005 年 11 月，在保持共产党员先进性教育活动中，街道党工委、人武部对民兵进行宗旨教育、科学发展观、构建和谐社会及以“二十字”为主要内容的建设社会主义新农村教育。

2011 年后，以形势任务、光荣传统、积极做好军事斗争准备和为全面建设小康社会贡献力量为主要内容，认真开展普通民兵“两课”、基干民兵“四课”和参训民兵的政治教育，提高全体民兵、预备役人员的政治觉悟。重点对党员干部、民兵预备役人员和在校学生进行国防教育，组织开展了“国防教育宣传日”活动，增强干部群众国防意识和国防观念。

第四节　民兵作用

抗日战争和解放战争期间，境内民兵在中国共产党领导下，积极行动起来，有组织的站岗放哨、侦破敌情、传送情报、除奸防特、支援前线、建立地下交通线、运输物资、维护社会治安和配合人民武装破袭铁路，打击消灭敌人等。在解放战争中，齐陵民兵、民工纷纷涌入支前大军，参战支前，组成“挑子队”“担架队”“小车队”等，长途跋涉，不畏艰难，不怕牺牲，参加了解放潍县、济南、鲁南、徐州、淮海、渡江、宁沪等重大战役，运送粮弹，抢救伤员，看押俘虏等，充分显示了人民武装的巨大力量，为新中国的建立做出了突出贡献。新中国成立后，按照《民兵工作条例》，积极参加社会主义革命和社会主义建设，坚持战备执勤，维护社会治安；配合公安，惩治罪犯；积极参加生产建设，发挥骨干带头作用；开展带头创建文明村活动，促进社会的综合治理，充分发挥了生力军和突击队的作用。

参军参战

抗日战争和解放战争中，境内民兵积极参军参战，配合部队开展敌后游击战争，反“扫荡”、反“蚕食”、反“封锁”。根据其分散性、群众性、地方性的特点，遵循避强击弱、避实击虚及速打、速决、速走和走、打、散、躲互相联系等战术原则，运用“麻雀战”“地雷战”“联防战”等多种战法，积极有效地打击敌人。

1937 年 10 月，李曦晨出狱后，首先去寿光县与中共鲁东工委取得联系，然后赶到临淄西关小学找到同学李人凤、陈梅川、崔栋生等人，多方策划，组织创建临淄县青年学生抗日志愿军训团，极大鼓舞了人民群众的抗日热情。齐陵民兵纷纷加入人民子弟兵部队行列。随后，八路军山东人民抗日游击三支队第十团特务大队、益寿临广四边县特务大队第一中队、益寿临广四边县独立营、渤海军区第 5 军分区胶济大队相继建立，齐陵民兵参军参战热情空前高涨，有 210 余人参加抗日武装，配合部队和单独作战。在 1946 年春、1948 年和 1949 年 2 月三次大参军运动中，境内共有 280 余名青年踊跃报名参军。

1938 年 9 月，日军侵占临淄城后，企图越过淄河东侵。后李自卫团抬枪队（土制重武器）戟垛食（土造短枪）短枪队，配合主力部队在崖付庄西沟英勇阻击日军的东犯。1939 年 3 月，三支队十团发起东起益都西至金岭镇胶济铁路线大破袭，境内 40 余个抗日自卫团参战，抬枪队配合主力部队阻击淄河店车站、普通车站据点的日伪军，掩护自卫团拆运钢轨、道钉。大量的钢轨由民兵夜里运到二区北部十团根据地，来不及运走的掩埋在二区南部村庄，淄河滩芦苇中、刘营等村都曾藏匿过来不及运走的钢轨。此役，一夜之间，炸毁日军火车 3 列，拆走大批钢轨，若干涵洞被炸毁，使日军在胶济线上的运输瘫痪一月之久。

保卫根据地

抗日战争时期，日伪军除对根据地进行大规模“扫荡”“蚕食”外，还派遣特务，或从根据地物色奸细，刺探情报，发展特务组织，进行反动宣传，利用会道门和迷信团体造谣惑众，进行各种破坏活动。境内民兵站岗放哨、盘查可疑人员、封锁交通、实施戒严、护村守寨、锄奸肃特等，同敌人展开各种形式的斗争，保卫了抗日革命根据地。

抗日战争胜利后，龙池区六个乡和终村乡(牛山区）民兵均建立联防队，先后四次配合部队及县公安部门，开展大规模清剿匪特行动，对保卫和巩固新生人民政权起到了重要作用。1945 年 8 月，临淄城第一次解放后，在临淄县武装部的统一组织下，发动民兵 220 余人，配合部队及公安部门对潜藏的王砚田、徐振中残部匪特进行大规模清剿，打击了土匪、特务的嚣张气焰。1946 年 11 月，在临淄县清剿匪特指挥部的领导下，龙池区大队、乡武装中队，各村民兵组织成立联防，参加县武装部组织的清剿牛山附近匪特行动。莱芜战役结束后，临淄县成立剿特委员会，龙池区各乡民兵、终村乡（牛山区）民兵积极配合部队及公安部门，对临淄东部、东南部与益都边沿地区的武装匪特，展开大规模清剿。1947 年 4 月，中共华东局社会部成立临淄、益都、淄川、桓台四县联合剿匪指挥部。龙池区组织 100 余名民兵配合部队和公安部门，历时 3 个月，对潜藏的徐振中、王砚田残部匪特展开声势浩大的大清剿，保证了土地改革工作的顺利进行。

战备执勤

境内民兵担负着守护重要目标的艰巨任务，保障交通、通讯线路畅通和军事仓库等重要目标的安全。1950 年，铁路沿线各村成立护路委员会，组织民兵分段护路，开展群众性护路活动。1951 年，胶济铁路护路民兵达 100 余名。北山民兵连并担负着护仓重要设施任务。1976 年 12 月底，组建胶济铁路淄河大桥民兵守护分队，全日制担负起淄河大桥守护任务。20 世纪 70 年代，推广邹县路社联防经验，护路工作增强。后几经调整，逐步向减少数量、提高质量、落实措施、完善制度发展。淄河大队、北山二大队民兵连坚持劳武结合，带着敌情战备执勤，共抓扣可疑分子 30 余人。特别在“三夏”“三秋”期间，各村民兵连组织大批民兵护坡、护场、防火、防盗，保卫着生产的顺利进行和人民生命财产的安全。

维护社会治安

新中国成立后，齐陵民兵积极配合公安部门，在宣传法制、教育改造违法犯罪分子、制止封建迷信、赌博、偷盗活动，掌握治安动向、提供线索、协助破案，执行巡逻任务、设卡堵截、追捕看押罪犯等活动中，起到了十分重要的作用。1951 年，在镇压反革命运动中，全区大部分民兵都参加逮捕、追捕、看管押送罪犯的工作。1953 年后，随着社会治安形势的好转，敌特活动由公开转入隐蔽。民兵对敌斗争的方式，由公开站岗放哨改为“分片包干，秘密监视”。20 世纪 60 年代初，活动在齐陵北部一带的反革命集团“中国国民党军政治部”，自称“军政指挥部部长兼苏、鲁、豫、皖地下派遣军司令”的刘子云（又名刘思君），数次组织反革命集团成员在刘家营、崖付等村外设伏，企图杀害齐陵公社公安员，夺取枪支，阴谋屡未得逞。1961 年 11 月 6 日，齐陵民兵配合益都县公安机关，迅速破获这一反革命集团，其成员全部落入法网。1977—1980 年期间，民兵多次参加区域性治安清查，协助公安部门破获多起案件。

1962 年，佛爷道坛主张凤池（青州市水坡村人）利用边界相邻的便利，在齐陵北部几个村庄，秘密发展道徒，后逐渐发展到城关、梧台一带，以神药治病、祭祀宅子为幌子，发展道徒，组织“龙天大会九宫坛”。文化大革命期间，其复辟活动迅速蔓延至临淄、益都、博兴三县的 14 个公社 58 个大队和部分企事业单位，设坛主 23 名，并制定纲领，阴谋在淄河两岸秘密组织武装暴动。1969 年，公社基干民兵配合公安机关一举破获这一危害最大的反动会道门组织。

生产建设

抗日战争时期，广大民兵战胜困难，坚持抗日斗争，把武装保卫生产和积极参加生产结合起来，以民兵组织为基础，成立生产变工队，带着武器参加生产劳动，一手拿枪，一手拿锄头，一面生产，一面战斗。解放战争中，大批民兵和青壮年参军、参战、支前，劳力不足，后方生产任务困难。齐陵民兵贯彻劳武结合的方针，开展大规模生产运动。1946 年下半年土地改革后，广大民兵分得土地，生产热情高涨，不仅在变工队内与广大群众开展劳动互助，而且承担起为烈军属代耕和帮助支前民兵、民工家庭生产。1948 年，灾情十分严重，广大民兵积极响应华东局和山东省政府关于“不饿死一个人，不荒掉一亩地”的号召，克服困难，一面保卫生产，一面生产救灾支援前线。

新中国成立后，境内民兵一面练兵习武，维护社会治安和做好麦、秋收保卫等工作，一面参加劳动，搞好生产。1953 年，六区民兵有 2200 余人参加互助组。在农田基本建设中，各村根据不同任务，组成各种专业队，常年治理。1958 年秋，齐陵公社 6 个民兵营组织各村组建打井队 58 个，参加民兵 870 人，共打井 215 眼，扩大水浇田面积 300 公顷。1975 年 10 月至 1977 年，公社组织全社农田基本建设大会战，在近 5 千米淄河南岸，南起梁家终村，东至淄河大队北的沙滩上压沙造田，孝陵营（四营）随公社指挥部在义和大队苹果园内安营扎寨。一营、二营、三营、五营、六营分驻沿河各村。全社 6 个民兵营、37 个民兵连、出动民兵 1800 余名，小推车 1200 余辆，马车 118 辆，195 拖拉机 120 辆，用工 54 万余个，修建堤坝 7.9 千米，搬运土石方 82 万立方米，压沙造田 91.8 公顷。1978 年，在四王冢以北整修梯田，改造农田、平整土地 20 余公顷，山区民兵长期治山造林。建中大队修坝蓄水，义和大队修建三级扬水站，淄河村打井修渠，扩大粮田水浇面积。全社大队有工程，广大民兵积极投身于山水林田路综合治理，生态环境不断提升优化。

重大工程建设

民兵是国家重点建设工程的骨干力量。1958 年 3 月，孝陵、淄河乡派出 150 余名民兵参加打渔张引黄灌溉工程建设，历时 110 天，圆满完成任务。1959 年，组织 210 余名民兵参加寿光县大家洼羊口盐场工程建设。同年秋至 1960 年春，齐陵 1200 余名民兵参加临朐县冶源水库建设。1965 年，210 余名民兵参加广饶至辛店段修筑公路工程。1967 年，组建 230 余人的民兵营，前往德州地区参加海河水系治理工程。1968 年 4 月，组建齐陵民兵营，有 230 余人参加修筑黄河大堤。1969 年，由 680 余名民兵组成的齐陵民兵营赴寿光县疏浚塔河河道。

修筑辛大铁路（临淄辛店至泰安大石家）工程是山东省 70 年代的一项重点工程，工程自 1970 年 4 月开工至 1971 年 6 月竣工。根据上级部署，公社积极组织力量支援三线建设，组织大批民兵参加辛大铁路建设。第一期工程，齐陵营 850 余名民兵苦战 7 个月提前完成铁石至刘征段分配的铁路修筑任务，10 月底结束。第二期工程从 1970 年 11 月至 1971 年 2 月，有千余名民兵参加，完成由源泉北山北侧至南博山邀兔崖段铁路路基、桥涵及隧道的修建。

1971 年夏，公社组织 100 余名民兵组成齐陵民兵营赴胜利油田（刁口）参加公路建设。1971—1976 年，公社先后分批调集 3200 余名民兵参加胜利炼油厂至白兔丘地下排污水道和油、气管道工程、淄河新公路大桥、大型水利工程——太河水库大坝修筑工程及太河水库三干渠、王滩公路、崖付水泥桥、胶济铁路复线、小清河清淤等重点工程建设。在历次重大工程建设中，齐陵民兵充分发扬“一不怕苦、二不怕死”的精神，坚持质量第一，勇于争先，多次受到工程建设指挥部的表彰。

中共十一届三中全会后，在农村经济体制改革中，广大民兵大胆改革，主动承包，勤劳致富，带动群众落实农村经济政策。各村普遍建立起“民兵青年之家”，并以此为阵地，开设群众急需的科技课，向民兵和群众讲授农副业生产知识，带头学科学、用科学，在科技活动中，涌现出大批民兵“科研迷”“技术通”“土专家”和能工巧匠，有力地促进农村经济发展。1982 年后，从民兵工作的特点出发，在全社开展民兵带动创建文明村活动。民兵带头制定和执行村规民约，促进社会综合治理。通过“带建”活动，广大民兵助人为乐，拾金不昧，爱国家、爱集体的好人好事不断涌现，对社会风气的好转产生了良好影响。积极治理脏乱差，创造环境美。人武部门和民兵连把治理脏乱差作为“带建”突破口，在全民文明礼貌月和重要节日前，广泛发动民兵进行清理街道卫生等活动，绿化、净化、美化环境，改变了村容厂貌。

第四章 战 事

商周时期，群雄争霸，战争不息，近代鸦片战争以来，境内发生过多次性质不同的战事，其中有农民阶级反抗清朝封建统治的农民起义，有统治集团之间争权夺权的军阀混战。境内军民八年浴血奋战，英勇抗击日本侵略军，进行反抗国民党反动统治的人民解放战争，推翻蒋家王朝，建立了新中国。

第一节 古代战事

商军淄河之战

帝乙十五年（前1087年），东夷人联合东方各小国，向商东部边境发动进攻。帝乙重整军队进行反击，两军交锋后，东夷人惨遭重创，很快被击溃，商军全力追击，一直追到齐邑（临淄区境）淄河东部，双方发生激战，最终商军歼灭东夷残余部队，次年三月班师。

姜太公筑坝水淹莱军

姜太公在被册封为齐侯之后，东行上任。地处营丘之东的莱国听说姜尚来营丘任齐侯的消息后，觉得对自己是一个威胁，便想趁其立足未稳之际，占据营丘，阻挠姜太公的建国计划，于是莱侯便带兵向营丘进犯。

彼时的姜尚距离营丘尚有几十里地，闻听莱军进逼消息后，立刻派先遣部队赶往营丘，自己带另一部分部队火速赶往营丘，并在营丘以东的淄河上游10余里处筑坝蓄水，以烟火为号，待莱军渡河时水淹莱军。

当莱侯抵近营丘时，以为姜尚尚未抵达，莱侯即命部队进攻营丘，而莱军在渡过淄河一半时，营丘东南淄河岸边点起狼烟，上游兵士破坝，大水顺势卷走部分莱军，随后姜尚命部队开始进攻，将莱侯部队一举击溃，并生擒莱侯。

慕容恪与段龛淄水之战

晋穆帝永和十二年（356年）初，燕王派大司马慕容恪引兵渡过黄河，向青州进攻，以夺取山东腹地。青州刺史段龛率兵3万出战，在临淄城东南淄水（今临淄区东淄河）展开激战，被慕容恪击败，数千人投降，段龛只好退往广固（今临淄区东、青州市西北）固守，向东晋求援。东晋命徐州刺史荀羡出兵救援，但当行之琅琊（今胶南）时，惧燕兵强悍而停军不进。慕容恪见状遂进军包围广固城。10月，城中粮薪断绝，段龛率军出战，不敌燕军而全军覆没，段龛被迫投降，齐郡县随归属前燕。

捻军激战牛山北淄河岸

清咸丰十一年（1861年）2月中旬，僧格林沁率兵追赶镇压捻军，南捻军穿过青石关（今博山区）进军临淄，知县张逢壬闻讯，调集各乡团练，由徐行修、朱季方带领，于金岭镇以南阻击。捻军激战4天，杀死徐行修、朱季方及各团练团长10余人，乡勇400余人，团练溃散。然后捻军兵分两路，一路向铁山进军，一路东进。青州驻防旗兵协领恒祥为讨好僧格林沁，主动出兵淄河，截击捻军。东路捻军在牛山北淄河东岸与淄河店驻守旗兵和前来增援的青州旗兵发生激战，旗兵佐领恒善丧命，500余名青州与淄河店驻防旗兵及益都乡团全部被歼。

第二节 民国时期战事

窦民相争

1929年3月2日，益都驻军窦宝璋部与城西各村民团、红枪会发生冲突，焚烧20余村。战至淄河东部，淄河店车站电线被击断，双方各有伤亡。

南北军之战

1930年4月，冯玉祥、阎锡山、李宗仁组织讨蒋联军，发起一场反对蒋介石的战争，史称“中原大战”。阎锡山任中华民国陆海空军总司令，冯玉祥、李宗仁为副司令，组织四个方面军。其中晋军为第三方面军由阎锡山统领，担任山东境内津浦、胶济两线作战任务。晋军入鲁作战的部队，由阎锡山亲自指挥，以傅作义为第四路军总指挥，辖第十军、第四军、第八军、第九军、第十五军及炮兵3个团。蒋介石投入作战的部队编为4个集团军，任命韩复榘为第一军团总指挥。第一集团军辖第二十军、第二十一军、第二十九师及1个手枪旅，担负整个山东的防务。

5月上旬，晋军进入山东境内，韩军三面受敌，于6月25日放弃济南，沿胶济线东撤，总部移驻潍县。晋军攻占济南后，阎锡山又令张荫梧第二路军入鲁，沿胶济线向东追击。韩复榘令各部转移至淄河东岸布防，晋军追至淄河西岸。当地人称“南北军”。（南军指韩复榘军队，蒋介石系。北军指阎锡山军队，带签袖章，上绣“主张公道”四个白字）两军在淄河两岸摆下战场，北军司令部驻临淄城。期间，双方抢筑工事，韩军在淄河东岸胶济铁路北抢粮、抢物、抓人、砍树挖沟、修战壕，老百姓的屋门大部被拆去修筑工事。两军对峙月余，时常发生炮击枪战，双方均有伤亡，并殃及全境。蒋介石为扭转战局，急从陇海、平汉线和广东后方调集6个师兵力，并从青岛海运1个师，支援韩复榘作战。8月7日南军反攻，以第二十九师沿铁路线向西挺进。下旬，晋军回晋、察两省。

第三节　抗日战争时期战事

攻占淄河店车站

1938年3月中旬至4月，中国军队为抵抗日军进攻，发起台儿庄会战。配合这次会战，临淄境内第三游击大队等抗日武装破袭淄河至益都之间的铁路，一度攻占淄河店车站。

淄河东岸截击战

1938年9月，日伪军从临淄县城出发，企图越过淄河东犯二区，八路军山东人民抗日游击第三支队第十团在淄河东岸设伏，在阻击战中，后李村自卫团抬枪队和“戟垛食”短枪队，协助参战部队英勇抗击东犯之敌，战斗激烈，日伪军无法越过淄河，无奈撤回临淄城里。

反封锁

1938年，日军占领临淄后，对抗日根据地构成初步的分割封锁。1939年起，日军扩大点、线占领，实行“囚笼”政策。1941—1942年，日伪军加紧进行残酷的“扫荡”和“蚕食”，对根据地的封锁更加严酷，日军以铁路、公路为重点，沿线密布据点，分兵守备、构筑封锁体系，以保护其交通线。敌依据封锁线，严禁工业品，特别是军火原料及药品进入抗日根据地，使八路军和各根据地之间的联系造成巨大困难。

1939年3月，八路军山东人民抗日游击第三支队十团成立特务队，马功臣为特务队队长。1940年3月，中央军委指示“各兵团应积极向封锁线游击，并指派专门部队担负各区间之联系。”反封锁斗争，是在主要交通线两侧建立秘密交通线，保持各根据地之间的联系。7月，成立胶济大队，清河军区任命马功臣为特务大队大队长。主要在淄河店火车站至普通火车站铁路线两侧一带开展敌后工作。初期，在淄河店击毙车站伪分队队长马树寰，驯服新任赵姓分队长，很快打通并建立南北交通线，并在淄河沿岸及铁路南北，发动群众，打击敌人，筹集各种军用物资供应抗日前线部队。地下交通线的建立，打通了渤海至鲁中、鲁南交通线。二区地下交通线由淄河沿线村庄淄河店、聂仙庄、西龙池、前李官庄、后李官庄、崖付庄、锡腊、曹村、崖头，至郑辛十团的后勤机关驻地，全长达20余千米，打破了日伪军的经济和交通封锁。特务大队负责各级首长的过往护送，组织民兵夜袭铁路拆运钢轨，组织军用物资的运送。军用物资由各村抗日自卫团采用多种形式秘密转运，后李官庄自卫团团长李西成、副团长闫志智率领6名民兵骨干多次完成转运任务。转运的紧缺军用物资有洋布、洋线、电线、铁板、螺钉、铁轨、药品、制作弹药材料等。

攻打淄河店

1938年4月，三大队以5个中队的兵力攻打侵驻淄河店车站日军。战斗打响后，驻青州日军紧急增援，行至辛庄（今属青州市），被三大队部分兵力阻击于辛庄，毙伤日军多人。最后，三大队为避免伤亡，保存力量，撤出战斗。

激战辛庄

1938年5月，临淄抗日游击队三大队对淄河店至普通之间的胶济铁路段进行大破袭。第三中队小队长徐继章（今皇城镇东南羊人）、战士陈玉森（今皇城镇皇城营人）壮烈牺牲。6月某日夜，三大队以四个中队的兵力在淄河店车站至普通车站的胶济铁路线展开破袭战，两站日伪驻军紧急出动，汇集于破拆段辛庄一带，三大队及各村民兵一面同日军展开激战，一面掩护民兵运走破拆的铁轨、道钉等，战斗持续1个多小时，毙伤日军数人，大队长李人凤在指挥战斗中负伤。

铁路破袭战

1939年3月某日夜，三支队十团发起自金陵镇至益都段胶济铁路破袭战。根据作战部署，东西两翼连队负责埋地雷，炸列车；中间连队负责包围日伪军设在辛店、淄河店、普通车站的据点，掩护自卫团拆运钢轨。境内各村自卫团纷纷参加战斗，同参战部队一起，埋地雷，炸军列，毁桥梁，拆铁轨，大批铁轨、甲板和道钉一同被运走，或运离铁路线埋藏起来，此战一夜之间，日军火车、桥涵被炸，大段铁轨被拆走，日军在胶济铁路的运输瘫痪达一月之久。

击毙日军汉奸

八路军山东纵队第三支队第十团三名队员奉命执行任务，路过淄河店，在淄河店北店吃饭。两名日军、一个汉奸和前李官庄村长也进店准备吃饭。十团队员眼疾手快，除一名日军逃跑外，其他三人全部被击毙。

夜袭火车站

1940年，日军加紧对战略物资实行封锁，枪支弹药、电话机等十分短缺。特务大队大队长马功臣化装侦查得知，淄河店火车站铁路扳道房内有电话机。一天夜里，马功臣带二名队员直扑扳道房。这时，火车即将开来，趁扳道员李发玉出扳道房扳道岔之机，马功臣闪身进房，车站保卫人员赵雪莹急于摸枪被打死。马功臣三人拆下电话机后撤离火车站。

第四节　解放战争时期战事

胶济铁路西段反击战

济南、潍县地区之间国民党军在王耀武统一指挥下，对胶济路西段开始进攻。1946年6月23日，国民党军第八军由谭家坊西犯，第九十六、第十二、第七十三军等部由济南东犯，山东军区即以鲁中军区统一指挥第四、第九师及沂山、泰山军分区武装，于益都至博山沿线利用山头、河流等有利地形，节节阻击。东线之敌国民党军第八军在山东军区第四师及军分区武装的强烈阻击下，缓慢进入到益都西临淄东部沿线，激战于淄河沿岸，顽第八军伤亡300余人。至7月5日，东西国民党军会合于张店、周村。后继续南犯，9月占领淄川城，11月占领博山城。遵照华东局、山东军区指示，山东军区部队在胶济铁路西段和淄川、博山、张店外围展开大规模保卫战，共毙伤敌军1100人，击落敌机一架，收复临淄城和辛店、淄河店等地。

大闹德宾楼

1946年，临淄县伪警备队队员在王家齐陵菜馆“德宾楼”寻衅闹事，正值益寿临广独立营便衣队在该村活动，两军相遇“德宾楼”发生战斗，馆主徐宗圣手使铁钩协助独立营便衣队袭击伪警备队。后被编成地方戏曲“大闹德宾楼”，在潍县以东解放区广为流传。

齐陵伏击战

1947年8月，益寿临广独立营第一连在王家齐陵村东、村北设伏，袭击了到齐陵一带扫荡的“保垦还乡团”，击毙4人，击伤多人，独立营受伤5人。“保垦还乡团”于当晚趁夜将敌尸体运走。

毛家庄战斗

1947年10月某日，根据情报，国民党军徐振中部预谋抢劫毛家庄一带村庄，益寿县独立营一连提前将主力埋伏在寨南面墙内。次日早八时许，徐振中部未出现，而驻聂仙庄的国民党第七十三军三四百人一路向东北方开来，行进到毛家庄西南五道口处，炮兵向庄内开始打炮，在寨墙外一发炮弹炸响，寨墙内落入二发，其中一发哑炮。敌军继续向该村逼近，战斗随即打响，敌人机枪不停的射击，独立营一连指战员凭借坚固的寨墙，居高向敌人猛烈还击，枪声响成一片，敌伤亡数人，战斗持续四五十分钟，独立营一连一名战士腿部中弹负伤，一名群众被敌弹击中死亡。由于敌我力量悬殊，为防止敌军包抄，一连指战员背着伤员顺庄东北大沟安全撤离。

北苑庄伏击战

1947年11月某日，益都县还乡团西窜临淄二区南部齐陵境内抢粮劫物，祸害百姓。益寿县独立营接到情报后，即令活动于益（都）临（淄）边境的特务营一连设伏于北苑庄一带，还乡团进入伏击圈后，一连指战员集中火力射击，激战1个多小时，全歼益都县还乡团1个中队，计53人，缴获机枪一挺，长短枪50余支。

夜袭聂仙庄据点

1946年9月至1947年12月期间，国民党军整编第七十三军一九三师五七九团驻守聂仙庄，尹长庚（绰号“尹结巴子”）被国民党顽军徐振中委任为二区区长，区公所设在该村，尹长庚胞弟尹德新任伪区中队队长，尹兄弟二人与国民党顽军串通一气，抓人抢粮，杀人劫物，罪行累累。1947年12月某夜，县独立营一连配合二、六区中队攻入聂仙庄国民党军据点，救出被抓群众80多人，随即撤退。

淄河阻击战

1948年4月2日，山东兵团发起潍县战役。济南、青岛国民党军调集整编第七十三师、整编第七十五师、整编第八十四师、整编第六十四师、整编第三十五师及第五十七旅共11个旅的兵力，东西会援，策应潍县驻军。西线由王耀武亲率整编第七十三师、八十四师、七十五师共3个整编师，于16日开始东援，沿胶济线东进，在华野第七纵队、第十三纵队一部和渤海军区部队的节节阻击下，到21日进至临淄境内淄河西岸。国民党军企图以淄河火车站和淄河店一带为桥头堡，向北、东方向进攻。华野部队和渤海军区部队将敌三个整编师阻击于益都以西、临淄以南地区。在淄河东岸淄河店、聂仙庄、薛家庄、宋家庄、太平庄、崖付庄（皇城镇）、张家庄（皇城镇）一线抢修工事，设立阵地。

渤海军区一部在薛家庄西、庄南华野七纵、渤海军区部队设立前沿阵地阻击，延缓国民党军进攻，战斗期间，国民党飞机对庄西南阵地进行疯狂扫射，并在前李官庄东侧古墓上架起迫击炮，对薛家庄解放军阵地实施炮击，掩护其部由南向北进攻，阻击部队充分利用薛家庄围墙，英勇还击，战斗异常激烈，部队撤退到胡家庄一线，王耀武部一部兵力攻入薛家庄，被刘家庄、胡家庄一带的东线部队阻击两天半，王耀武部在胡家村西沟丢下了三具尸体。阻击战中，薛家庄2名群众（1男1女）被敌弹炸死，敌人抓走2人（后1人半路逃回），抢走毛驴2头，打死1头。淄河阻击战，歼敌3200余人，潍县被攻克后，敌西线援军王耀武率残部于5月初撤回。

·第十五篇·

政　法

齐陵街道三年禁毒人民战争动员部署会议（2017 年　摄）

齐陵派出所举行警民恳谈会　　　　（2016 年摄）

齐陵司法所到淄河大集开展司法宣传　　　　（2010 年摄）

1948年12月，临淄县公安局在境内设全县第一个派出所，称淄河派出所。在上级公安机关与当地党委、政府领导下，派出所为保卫革命政权、镇压反革命、保卫土地改革、清除积弊恶习等做出了贡献。

在社会主义建设时期，派出所在维护社会治安及铁路、公路建设、国防工程施工秩序等工作中，采取多项治安措施，确保境内人民生命财产和国家财产、军事设施及军用物资的安全，保障了境内文物古迹和旅游景点安全。

中共十一届三中全会后，公安工作重点转移到保卫和服务经济建设上来，在全体干警中推行岗位责任制，把维护社会稳定工作放在首位，积极开展同各类犯罪分子的斗争，全力做好城乡控、防、管、建、教等五项工作。

1983年，成立齐陵司法办公室。1987年，设立齐陵人民法庭，管辖境内的民事审判工作。3月，司法办公室改称齐陵司法所。1990年，司法所设立法律服务所。司法部门紧紧围绕党委、政府的中心工作，广泛宣传法律知识，努力维护社会和谐稳定，调处民事纠纷，化解社会矛盾，公正审判民事、经济等案件，维护了社会的长治久安、正常的生产和生活秩序。

第一章　公　安

第一节　机　构

1939年10月，境内二区设锄奸干事。1941年4月，锄奸干事改称特派员。1946年7月，龙池区、牛山区设公安特派员。1948年3月，特派员撤销。12月，临淄县公安局在境内设全县第一个派出所，称淄河派出所，设在淄河店。1950年11月撤销后，设特派员。1965年9月，重设淄河派出所。1969年11月，再次撤销。由一名公安干警主持工作。1982年1月，恢复派出所建制，改称齐陵派出所。1985年，立三等功一次。1986年，被市政府评为文明单位。1991年，被省公安厅评为颁发居民身份证先进单位，被团市委、市公安局评为青年文明号。2007年2月，由股级升格为正科级单位，所址位于现齐陵街道办事处驻地。

齐陵派出所负责人（特派员）情况表

表15-1

单位	职务	姓名	任职时间
龙池区	特派员	陈福堂	1946.2—1948.3
淄河派出所	所长	朱树梓	1948.12—1950.3
		崔建元	1950.3—1950.11
龙池区	特派员	冯宝德	1950.11—1954.6
		崔义斋	1954.6—1955.4
		王长吉	1955.4—1957.1
孝陵乡	特派员	王长吉	1957.1—1958.9
齐陵公社	特派员	王长吉	1958.9—1958.10
		王延丰	1962.1—1965.9

续表 15-1

单位	职务	姓名	任职时间
淄河派出所	所长	曹仕元	1965.9—1969.12
齐陵公社	特派员	姜秋海	1971.4—1982.1
齐陵派出所	所长	冯中礼	1983.3—1983.10
		李宗森	1983.10—1984.5
		徐三友	1984.5—1992.7
		张云亭	1992.7—1995.3
		徐继国	1995.3—1998.6
		张兆文	1998.7—2003.12
		罗公勋	2003.12—2009.7
		许金路	2009.7—2013.8
		于长安	2013.8—
	指导员	马德斌	1984.5—1987.9
		王敦歧	1987.9—1995.3
		朱长森	1995.12—2002.7
		罗可永	2003.12—2007.2
		张兆文	2013.8—

第二节　锄奸　反特　镇反

1938 年，日军入侵临淄后，建立伪政权，汉奸恶霸横行，欺压百姓，残害人民和革命志士。1939 年 7 月 7 日，中共临淄县委根据上级党组织关于“针对日寇侵略，国民党政府溃逃，迅速建立人民政权，组织人民进行抗日战争”的建政方针，成立临淄县抗日民主政府。当年 10 月，抗日民主政府设立司法科。临淄二区设锄奸干事，主要任务是配合地方武装和有关部门对通敌、投敌分子经教育不改者坚决镇压，秘密建立锄奸组织，维护社会治安和侦探敌伪情况，打击汉奸恶霸，除奸反特，保卫抗日民主政权，打击敌对势力。1941 年 4 月，临淄县公安局建立，区锄奸干事改称公安特派员。主要任务是秘密组织地方抗日武装，镇压顽固分子，打击汉奸恶霸。

抗日战争到解放战争时期，盘踞在临淄城的国民党徐振中部，网罗反动地主和反革命分子组成“还乡团”，残酷杀害革命志士、土改积极分子等，制造了望寺庄惨案，犯下了多起罪行。汉奸于汉文充当日本走狗，在境内残杀革命干部战士，为非作歹。尹西光、尹德新在境内聂仙庄设伪二区区公所，设立区队，依附当地土顽组织“还乡团”，到各村烧杀抢掠。为打击敌人的嚣张气焰，县、区公安人员组成武装工作队与之展开针锋相对的斗争。

1946 年春，人民群众在党的领导下，反奸诉苦，镇压了罪大恶极的汉奸于汉文、王树仁等。1949 年 8 月 2 日，益寿县人民政府在阳河村召开 15000 人参加的群众大会，公审国民党山东保安第六旅旅长兼临淄县县长徐振中，会后将其就地枪决。1953 年，公安人员将潜逃东北的尹西光（尹结巴子）缉拿归案，10 月在皇城营东门外将其处决。1955 年，社会主义改造逐步深入，境内残余反革命分子破坏活动又有所抬头。自 8

月 24 日至 11 月 23 日，配合临淄县公安部门连续组织 3 次规模较大的搜捕行动。在党的政策感召下，境内有 15 名反革命分子投案自首。根据中共中央“可捕可不捕的不捕，可判可不判的不判，可杀可不杀的不杀”的原则，分别进行了处理。

1956 年 2 月，根据上级指示，在机关、学校等单位开展肃清暗藏的反革命分子运动（简称“肃反”）。通过个人交代、群众揭发、内查外调，对 12 人进行审查，按照中央“首恶者必办，协从者不问”和“坦白从宽，抗拒者从严，立功赎罪，立大功受奖”的政策，根据其罪恶轻重和认罪态度好坏，分别给予定案处理。同年，临淄县人民政府将潜逃于济南市西郊的尹德新抓获归案，8 月在宋家庄西依法处决。

第三节　取缔反动会道门

新中国成立前后，境内就有反动会道门活动。会道门组织宣传唯心思想，吸收道徒，并以神论欺骗教徒，骗取钱财，有的违法乱纪，扰乱社会和生产秩序，破坏家庭，有的与反动势力相互勾结，相互利用，造谣破坏，煽动对新政权的不满，配合反动势力残害人民，进行反革命破坏活动，是社会上的大毒瘤。

一贯道是最反动的会道门。该道供奉祖师弥勒佛。一村设坛的叫坛主。坛主家设佛堂，正中悬挂一张纸写的牌位，其道首称点传师，多为反动分子，利用迷信造谣惑众，骗取财物。新中国成立后，被人民政府取缔。

圣贤道亦称好好道，是反动会道门之一。1921 年传入境内，到 1930 年有道徒近 60 人。道徒多为老年人和妇女。是一封建迷信组织，道首讲道收徒，欺骗群众，收敛财物，攻击人民政权，扰乱社会治安。聚会活动多在晚间进行。新中国成立后，被人民政府取缔。

佛爷道坛主张凤池是益都县高柳镇水波村人。1946 年入“佛爷道”。1948 年为坛主，曾三次被判刑，两次被拘留。1962 年起，张凤池纠合历史反革命分子和现行反革命分子 57 人为骨干，组织现行反革命集团“龙天大会九宫坛”，以“神法”看病为名，招兵买马，发展道徒。活动在临淄、益都、寿光、博兴等县。境内后丁、刘家、胡家、石庙等大队曾是他活动地点。多次组织秘密集会，四处散布战争恐怖谣言，破坏战备，刺探军情和监狱设施，盼望国民党反攻大陆，妄想变天，夺取政权。1970 年初，其反动罪行曾在齐陵公社展出以教育群众。9 月 25 日，临淄区公安机关军事管制小组在临淄工人俱乐部召开 15000 人参加的公判大会，会后将其押赴淄河滩刑场枪决。

安清道义会也叫青帮、三番子。民国初期传入境内。1941 年，王砚田叛变投敌，因其为青帮之首，有的汉奸以青帮名义投靠王砚田，借以拉帮结伙，组织势力，活动盛行。新中国成立后被取缔。

1994—2017 年，齐陵派出所在党委、政府领导下，加大对邪教组织打击力度，有效地扼制邪教组织的发展。境内邪教组织已基本绝迹。

第四节　“四类分子”监改

新中国成立后，依照华东军政委员会《关于管制反革命分子试行办法》，将有罪恶和坚持反动立场的地主分子、富农分子、反革命分子、坏分子（简称“四类分子”），交群众监督，实行劳动改造，对于改造好的摘掉帽子，给予公民权。1952 年 7 月，临淄县龙池区（六区）依照公安部《管制反革命分子暂行办法》之规定，对“四类分子”的管制工作作了普查，纠正了法律手续不全和基层干部各自为政擅自宣布管制的行为。1954 年，结合基层普选进行评审，六区对 48 名改造好的“四类分子”依法解除管制，给予公民选举权。

1956 年，根据《全国农业发展纲要》中的有关规定，对境内的地主、富农、反革命分子和其他坏分子全面进行评审，表现好的被吸收加入农业合作社，给予公民权，表现一般的作为候补社员，表现不好的继续监督劳动改造。

1958 年后，齐陵公社进一步整顿监改组织，规定对“四类分子”每年一次全面评审，对表现好的报呈临淄县公安局批准摘帽，表现差的指出不足，给以出路，继续监改。文化大革命期间，基层治保组织混乱，对“四类分子”监管趋向扩大化。1979 年 3 月，齐陵人民公社革命委员会遵照中共中央《关于地主、富农摘帽问题和地、富子女成分问题的决定》，各生产大队成立评议小组，经过宣传发动、群众评议、审批公布、检查验收四个阶段，至 4 月 26 日，齐陵公社对“四类分子”评审摘帽工作基本结束，85% 以上的“四类分子”摘帽。地主、富农出身的子女，全部改变成分。1983 年 6 月，根据上级指示，对 135 名地主、富农分子全部摘掉帽子，解除管制，给以公民权。

第五节　禁毒　禁赌　扫黄

禁毒

清朝中期，境内有种植罂粟者。有些富家子弟，闲散无业人员及不法之徒存在吸食鸦片（大烟）现象，且吸而有瘾，不能自拔。1943 年，伪王砚田部在皇城营安下据点，强迫附近村庄至齐陵境内农民推广罂粟种植。同年，省战工会、省参议会颁布《禁毒治罪暂行条例》规定制造或运输毒品者处死刑；贩卖毒品者处死刑或无期徒刑；意图营利为他人施打吗啡或供人服用者处死刑或无期徒刑。《禁烟治罪暂行条例》规定，为制造鸦片栽种罂粟者处死刑、无期徒刑、十年以上有期徒刑。境内种植罂粟者基本绝迹。

1948 年，在临淄县公安局统一部署下，境内再次开展禁烟肃毒运动：对吸毒人员进行教育，拒不改正者依法处理；尤其对贩毒者坚决打击。新中国成立后，人民政府大力宣传吸毒的危害，并发动群众禁烟肃毒。公安机关对染有吸毒恶习者登记教育，使其自觉交出毒品毒具，迫使坚决忌烟。对教育不改者，没收其毒品毒具，依法惩处。对参与贩毒牟利者，予以严厉打击。1950 年 2 月 14 日，中共临淄县委、县政府发出《关于严格禁止种植鸦片烟苗的通知》，对已种植者，勒令拔除，改种庄稼；屡禁不听者，依法严惩。

2014 年，成立社会戒毒康复工作领导小组，进一步加强对吸毒人员的管理，切实落实戒毒治疗，康复指导，就业安置，救助服务措施，减少毒品的社会危害，维护境内的社会和谐稳定。2017 年，加强对公民的防毒、禁毒教育，树立“珍爱生命、远离毒品”的意识。

禁赌

新中国成立前，一些无赖、赌徒就以设场开局为业，聚众诱赌，坐享其成，谋取钱财。众多赌徒，嗜赌成瘾，造成倾家荡产、妻离子散、家破人亡的惨状。更有甚者，沦为盗贼，行凶抢劫，犯罪入狱。境内赌博的主要形式有：打麻将、推牌九、抽签、押宝、掷骰子等十多种。清咸丰十年（1860 年），临淄知县张逢壬下达禁赌令，境内禁赌。1943 年，省战工会颁布《关于赌博罪的训令》规定：对赌博者一律处千元以下罚金，赌具没收；以赌为常业（设局）者，除判徒刑外，并处五千元以下罚金。严禁赌博行为，取得明显效果。1949 年，临淄县公安部门通令禁赌，赌风渐止。

新中国成立后，人民政府在群众中倡导新风，开展扫盲、文艺活动、夜校学习等，堵塞赌博等歪门邪道。公安机关发布禁止赌博的通告，各村治保员积极配合公安特派员查赌局、抓赌徒，轻者教育，重者处罚，赌风渐止。20 世纪 80 年代，赌博现象再次出现，严重地危害社会风气、腐蚀

齐陵街道禁毒铲毒再动员再部署推进会　　（2017 年 摄）

人们的健康思想。齐陵派出所根据上级指示，严厉打击赌博活动，加大处罚力度，及时查获、处理，遏制了赌博歪风。

扫黄

20世纪80年代起，随着对外开放，走私、进口、复制和播放淫秽录音、录像及其他淫秽物品等违法犯罪活动明显增加。境内有个别不法之徒进行走私、贩卖、复制和播放黄色录音录像及其他淫秽物品的违法活动。1982年，境内曾有因看淫秽录像而引发青少年犯罪。1983年，公社遵照省公安厅《关于广泛发动群众深入开展查禁淫秽物品的联合通知》精神，由宣传部门、派出所、工商行政管理所、广播站等组成扫黄打非领导小组，召开有关会议，宣讲查禁规定，宣讲淫秽物品之危害，教育广大群众不看、不留、不传淫秽物品。查收黄色歌曲录音带8盘，淫秽录像带15盘，非法出版物数10本，查封黄色录音、录像营业点1处。

1985年4月，根据国务院《关于查禁淫秽物品的规定》，针对境内交通方便，路边饭店、旅馆多的情况，派出所依法进行集中整顿。查封非法经营饭店6家。给依法经营户发放《公共场所安全审查合格证》。帮助他们建立健全各项规章制度，预防卖淫嫖娼案件的发生。

第六节　枪支与危险物品管理

新中国成立后，淄河派出所按照上级指示，对境内散存在社会上和个人手中的枪支、弹药等进行清理、收缴。按照中华人民共和国《枪支管理办法》，对非军事系列的手枪、步枪、散弹枪、冲锋枪、麻醉动物的注射枪以及发射金属弹丸的气枪等，进行清理登记。1962年1月，对境内小口经步枪进行登记，建立保管、使用和领发制度。1982—1983年，对境内的气枪、射击运动枪、猎枪发放枪证。

1991年，派出所对全镇6处爆炸物品使用单位，制定岗位责任制，建立档案，培训70名爆破员；协同建材爆炸物品管理处，经常深入到6个使用爆炸物品的单位，700多个石窝进行检查，发现问题，当场及时解决消除隐患。收缴散存在社会上的散炸药75公斤，雷管20余枚。对炸药库进行不定期的检查，对用药单位和个人进行安全教育，坚决杜绝乱放、乱购、乱存的现象，严格防止炸药流入作案分子手中。对违犯爆炸物品管理的，一经发现，严肃处理。

1994年，派出所对境内的民用枪支进行调查摸底，建立档案。同年9月，查获非法炸药10公斤，雷管7枚。1996年10月，按照新《枪支管理法》的规定，对社会上的民用枪支进行收缴，年内收缴各类非法枪支80余支。

2005年，加强对烟花爆竹的管理。境内经营烟花爆竹者必须由派出所开具证明，报请临淄区公安分局审批签证后，方允许经销。2006年，经营烟花爆竹，必须由街道安全生产监督管理站审查、区安全生产监督管理局批准。每年春节期间，派出所加大力度对烟花爆竹市场进行管理，规定销售地点（离开集市人多的偏远地带），采取防范措施，随时巡查，常抓不懈，保证安全。

2013年，齐陵街道办印发“关于对液化气等易燃易爆品专项治理”的意见，在境内开展对液化气、煤气等易燃易爆品的专项治理。

2017年，加强禁燃禁放工作的安全管理，禁止燃放大型焰火；依法查处非法生产、销售、储存、运输、邮寄、燃放烟花爆竹的刑事、行政案件，对违反规定的违法违规燃放烟花爆竹行为从严从重处罚。禁燃禁放工作取得显著效果。

第七节　打击刑事犯罪

新中国成立初期，齐陵公安机关打击刑事犯罪工作的重点是一切反革命分子和各种危害经济建设，危害社会主义改造、危害国家秩序的违法分子。

1983年，作为临淄区试点单位，齐陵派出所配合临淄公安分局，开展历时三年的严厉打击刑事犯罪的斗争（简称“严打”）。

1990年下半年，进行小区域专项治理，境内刑事案件明显下降。区公安局立案24起，全部侦破，破案率 100%。派出所立案 57 起，破案 50 起，破案率 88%；破积案 58 起，抓获犯罪分子 17 人，依法逮捕 12 人，缴获赃物、赃款折合 3 万余元。至 1991 年，派出所摧毁犯罪团伙 13 个 42 人，逮捕 67 人，治安拘留 130 人，为国家和集体挽回经济损失 20 余万元。

1993 年，立案 24 起，破获 22 起，破案率 91.7%。抓获违法犯罪分子 62 人，依法逮捕 49 人，收缴赃款赃物折款 30 余万元。1994 年，齐陵派出所坚持严打方针，积极开展反盗窃专项斗争。挖出盗窃团伙 5 个，破获境内盗窃案件 10 余起，价值 20 余万元。

1996 年，境内开展第二次“严打”斗争，镇政府成立“严打”领导小组，派出所密切配合，在广大人民群众服务大力支持下，严打斗争取得阶段性胜利。

2001 年，境内开展第三次“严打”斗争。派出所干警先后开展“打黑除恶”“打流反扒”“追缉逃犯”“打击两抢”等专项斗争。2002 年 3 月 8 日至 6 月 13 日，按照临淄区公安分局的统一部署，派出所干警积极参与“百日会战”。2015 年，查处行政案件 37 起，其中行政处罚 17 起，调解 20 起，行政拘留 19 人。全年共抓获犯罪嫌疑人 23 人，其中逃犯 12 人，破获刑事案件 40 余起。2016 年，共立刑事案件 54 起，治安行政案件 121 起。对照立案标准，应当立案的全部立案。所立 54 起刑事案件中，盗窃案件 45 起，诈骗案件 8 起（电信、电话诈骗 6 起）。所立 121 起治安案件中，盗窃案件 65 起，诈骗案件 9 起（电信、电话诈骗 5 起）。全年共抓获犯罪嫌疑人 18 人，破获刑事案件 21 起，查处行政案件 23 起，行政拘留 9 人，罚款 6 人，调解 14 起，当场调解案件 47 起。

2017 年，共立刑事案件 82 起，治安行政案件 85 起。对照立案标准，应当立案的全部立案。所立 82 起刑事案件中，盗窃案 60 起，占 73.1%，诈骗案 12 起，占 14.6%。所立 85 起行政案件中，盗窃案 38 起，占 44.7%。全年共抓获犯罪嫌疑人 16 人，破获刑事案件 17 起，查处行政案件 25 起，行政拘留 6 人，罚款 3 人，调解 17 起，当场调解案件 29 起。

第八节　户籍管理

常住人口管理

明清时期，官府为了抽壮丁、征收人头税，只记丁口（成年人）。实行保甲制，无专职户口管理机构。民国时期，户口管理沿用明、清时期的保甲制度，以一户为单位，户设户长；十户为甲，甲设甲长；十甲为保，保设保长。日伪统治时期沿用保甲制。

中华人民共和国成立后，户籍管理逐步规范化、制度化。1951 年开始，人民政府逐村逐户进行登记，建立户口册簿，制定迁出、迁入、出生、死亡、婚嫁、收养、人口年报等制度。1956 年 4 月，农村户口登记、统计工作由民政部门负责。境内的户籍由乡文书具体管理。1958 年，《中华人民共和国户口登记条例》颁布后，户籍由人民公社和生产大队两级管理。1978 年，户籍管理的各项制度逐步健全。1985 年，户籍由派出所管理。设立户籍室、户籍管理员，健全户籍档案。户籍登记实行以居住为主的原则。

1995 年 5 月，齐陵派出所实现人口信息微机管理，以现代化微机办公取代传统的手工操作模式。1996 年 5 月，区公安分局与派出所两级户籍联网，7 月，实现淄博市公安局、临淄分局、基层派出所三级户口信息微机联网。至 2017 年底，齐陵街道常驻人口共有 10403 户，33637 人，其中，男 16595 人，女 17042 人。

身份证管理

1984 年 4 月，国家颁发《中华人民共和国居民身份证试行条例》，开始在全国实行居民身份证制度。1987 年 6 月，齐陵派出所根据上级部署，成立办理居民身份证领导小组和工作班子，各村建立组织联络小组，此项工作历时 1 年半，至 1988 年底，完成居民身份证工作，发证率 95% 以上。2005 年 11 月 28 日起，派出所根据上级规定，开始换发第二代居民身份证。到 2006 年底，境内换证率达 96%。2016 年，办理各类户口手续 3585 人次。2017 年，办理各类户口手续 3600 余人次。

暂住人口管理

1957 年，县公安局开始在城区建立暂住人口申报制度，规定城区居民家中来客，居住 3 天以上者由户主或亲属当日到户口登记机关申报临时户口。居住人走后，声明注销暂时户口。暂住人口居住期限一般不得超过三个月。居住城镇的外来建筑队、运输队、包工队等必须持单位证明到户口登记机关申报暂住户口，注明暂住时间。旅馆设立旅客登记制度，旅客住宿持单位介绍信方可入住。

中共十一届三中全会以后，随着改革开放的深入和市场经济发展，境内暂住人口增加。派出所加大管理力度，从抓租赁房屋登记做起，采取系列暂住人口管理措施，健全、完善流动登记管理制度，提高了暂住人口的办证率。

2011 年，实发暂住证 976 人。2015 年，办理居住证 194 人次。2016 年，实发暂住证 1092 人，办理居住证 276 人。2017 年，办理居住证 133 人次。

第九节　重点单位与文物保卫

铁路护路保卫

胶济铁路横贯境内，地形复杂，是胶济线重点保卫地段。

1948 年，临淄县全境解放，铁路护路保卫工作列入公安机关的议事日程。1949 年春，淄河派出所在沿线 8 个村庄成立 8 个护路小组，划分界限，分段保卫，由民警、民兵队长、治保主任带队沿线巡逻。9 月某夜，在淄河大桥东 700 米处，数名匪特爬上路基，企图实施破坏活动。巡逻人员随即开枪射击，匪特仓皇逃窜，避免了一起重大破坏活动。1950 年，县公安局派一个武装班，驻守淄河铁路大铁桥，淄河派出所公安员积极协防，在淄河店设盘查站，严查可疑人员，保障铁路交通安全。同年秋，美军大举侵朝，敌特分子趁机煽动破坏，公安民警会同当地党政干部分驻沿线各村，发动群众，护路护桥，维护了铁路沿线的社会治安秩序和大桥的安全。

1972 年夏，柬埔寨国王西哈努克亲王乘专列去青岛。齐陵公社以公安干警为主，组织 100 余名干部、民兵上路巡逻，淄河大桥加岗加哨，沿线道口、桥涵专人守护。全体警卫人员严守纪律，落实措施，保证了齐陵路段的绝对安全。

1975 年，临淄公安分局成立整顿铁路沿线治安秩序办公室，齐陵公社成立护路护桥领导小组，在沿线村庄建立路社联防组织，在重点路段、桥梁、涵洞处建立护路房 6 处，每处设 4 名护路员，昼夜值班巡逻，制止了多起扒车、盗窃案件。

中共十一届三中全会后，警卫工作增多，护桥护路任务加重，齐陵派出所在临淄公安分局统一安排下，制定多种预案，实行定人、定点、定责任的护路警卫责任制，护路工作逐步规范化。派出所积极争取政府的支持，主动与路方和沿线村沟通，合理解决护路人员的报酬待遇，使护路保卫由义务转向职业化。

20 世纪 80 年代，多次完成重大活动的警卫任务，保障列车安全通行。

1993 年，派出所与各护路员签订责任书，定期检查落实情况，促使护路人员增强护路意识，保证铁路安全。1997 年，调整了两处护路房的护路员，加强管理，严格要求，年内完成了目标责任。1998 年，一号护路房被山东省综治委评为“全省铁路护路联防先进单位”。2000 年，临淄公安分局与铁路沿线各村居、企事业单位签订爱路护路责任书。齐陵派出所认真开展“爱路护路宣传月”活动，深入村居、企事业单位进行宣传，提高全民护路意识。年内，一号护路房被市综治委评为“安全文明路段”，1 名同志被评为“五好护路员”。

2003 年，胶济铁路修建电气化复线，境内沿线部分居民住宅需要拆迁。派出所积极配合街道与拆迁户签订协议，确保铁路按期施工。2013 年起，护路工作不再由派出所负责。

文物景点保卫

齐陵是临淄文物古迹较多的地区。新中国成立初期，齐陵建立相应的文物古迹保护组织，采取措施，保护了文物古迹的安全。1975 年，齐陵配备了管理人员。1978 年，齐陵镇调整充实文物保卫组织。1981 年，公安机关与文化部门联合发布《关于文物古迹保护管理的通知》，齐陵派出所把文物古迹保卫工作纳入重要议事日程，出动宣传车到各村宣传通告，对辖区内古迹进行普查，制止乱挖封土损坏古墓的行为14起，拆除在古迹遗止上违规建筑24间，猪圈17间。1982年，土地承包后，派出所会同文管所与责任田内有古迹的村民签订合同，把保护措施落实到户。与村委签订保护委托书，文管部门拨发经费，委托村委担负监护责任。派出所与文管所组建了8人专职巡逻队，昼夜分班巡守。三层防护网的建立，发挥了重要作用。同年7月，巡查人员夜间巡逻时，发现一古墓有挖掘痕迹，派出所立即组织6名干警赶赴现场，架网守候，至天明未见盗贼行动。经勘查在古墓右侧挖有横向6米、竖深10米的盗洞，决定夜间继续守候。晚12时许，4名盗贼再次下洞继续挖掘时，被守候民警一举抓获。1983年9月，部分村民在稷山开山采石，炸出汉代洞石古墓一座，墓中随葬器物多件被采石村民哄抢，梁家终村干部及时报告齐陵派出所。派出所全体干警火速赶到现场，当场收缴随葬器物70余件。被村民拿回家的，民警登门做工作，也悉数追回。此次共为国家收回文物83件，其中有国家一级文物石樽一对。区政府通报表彰了齐陵派出所。《山东法制报》、淄博电视台予以报道。1984年，派出所积极宣传文物保护法等

九月九牛山庙会期间派出所干警执勤（2014年摄）

法规，运用典型事例、展板、广播、报纸进行宣传教育，增强了群众保护文物古迹的自觉性。

20世纪90年代，临淄中国古车博物馆建成开放；2004年，管仲纪念馆落成；临淄举办首届国际齐文化旅游节，国内外游客倍增。至2017年，共举办14届。为保护旅游景点和游客安全，齐陵派出所主动与文管、旅游部门联系，定期召开联席会议，建立起互动机制。对景区内部、周围环境定期开展检查，帮助景区制定防火、防盗、防破坏、防游客拥挤等安保应急措施。每逢节假日，全所民警全力以赴，定岗位、定责任，确保旅游秩序和游客安全。旅游业带动了餐饮业和其他服务业的发展，派出所定期召开业主会议，进行文明经商、职业道德教育，旅游景区没有发生任何案件和安全事故。

第十节　社会治安综合治理

解放战争时期，境内民兵为支援解放战争，搞好土地改革和地方治安，在党的领导下，几个村联合组成治安联防队，积极配合武工队支援前线，抓捕匪特，维护社会治安。1951年，辖区内各村纷纷建立治安保卫小组。1954年，乡政府成立治安保卫委员会。1956年，各农业合作社均有治安保卫人员。至1957年，组织规模较大的清查、镇压反革命行动。清查出反革命分子、反动会道门道首、坏分子若干，依法进行了处理。1962年11月27日，公安部下达《治安保卫工作委员会工作细则》，境内建立治安保卫委员会43个，治保人员153人。1962年，集中打击抢劫、偷盗和破坏生产的坏分子。1965年前后，盘踞台湾的蒋匪见反攻大陆的梦想难以实现，于是利用氢气球等在境内撒下了许多反动传单，蛊惑人心，扰乱治安。派出所及时组织各生产队、各单位积极收缴，消除其反面影响。1970年秋，齐陵公社40个生产大队均恢复了治保会，治保人员达185人。各生产大队、社办企业逐步实行治安保卫责任制。

1985年初，根据中共临淄区委〔1984〕23号文件要求，齐陵镇建立社会治安综合治理小组。镇党委、政府主要负责人分别任组长、副组

长，派出所、法庭、司法所、团委、妇联等单位主要负责人担任领导小组成员，设社会治安综合治理办公室，做到人员、任务、报酬、奖罚四落实，逐级签订合同，制定奖罚细则，定期检查落实，严明奖罚制度，固定巡逻人员误工补贴办法，保证社会治安综合治理各项具体措施的落实。境内治安状况良好。1986 年，全省社会治安综合治理经验交流会在齐陵镇召开，并推广齐陵的综治做法，随后有五地市的代表到境内参观学习。1989 年，综治办全面落实“打、防、管、建、教”的治理方针，实行社会治安综合治理领导责任制。

1991 年，社会治安综合治理领导小组制定并实施《村民自治规范管理办法》，组织动员辖区内各村、各部门开展法治宣传。加强对失足青少年和两劳人员的帮助、挽救。修订、完善“村规民约”，更广泛地开展“五讲四美三热爱”活动，深入开展普法教育活动，开展评选“文明单位”“五好家庭”“先进个人”的活动，从社会的各个方面齐抓共管、共同努力，使得社会治安工作深入人心，形成上下一条线、纵横一盘棋的良好格局。同年，各村、各单位普遍成立 3 ～ 5 人的治安巡逻小组。全镇共有 247 名人员组成了联防巡逻网。年内刑事案件 24 起，破案率 97%，一般案件 19 起，自破 16 起，自破率达 84.2%。1995 年，境内社会治安综合治理取得破案 26 起，治安 44 起，摧毁犯罪团伙 4 个，抓捕逃犯 12 人的战果。境内刑事案件、治安案件案发率及各种治安灾害事故明显减少，治安形势进一步好转。

1997 年，齐陵镇党委、政府调整充实社会治安综合治理领导班子，配备专职工作人员，同时各村进一步建立健全治保、调解、普法、帮教、巡逻“五位一体”的综合治理机制。境内综合治理工作认真贯彻中央、省、市、区政法工作会议精神，以维护社会稳定为重点，化解各类矛盾，严厉打击严重刑事犯罪活动，深入开展“安全村”创建活动，加强基层民主法制建设，加大社会治安防范管理力度，达到治安秩序好、群众安全系数高的目标。

1999 年，结合村委换届，适时对村的治保、调解、普法、帮教、联防“五位一体”的社会治安综合治理办公室进行充实调整。2001 年，进一步落实对于发生严重危害社会稳定重大问题的单位实行领导责任查究制，强化各部门抓社会治安综合治理工作的责任。境内建立治保、调解、普法、巡逻、帮教、信访、暂住人口、反邪教等于一体的综合治理办公室，建立镇、村矛盾纠纷排查调处制度，先后开展“严打”和不同内容的专项整治斗争，保障境内社会稳定。2002 年，齐陵镇党委、政府制定下发《关于搞好社会治安综合治理工作的实施意见》和《社会治安综合治理工作目标及考核标准》，与各村、各单位签订《社会治安综合治理责任书》，做到小事不出村、大事不出片，矛盾不上交。开展“安全文明村”“安全文明单位”创建活动。落实社会治安综合治理领导责任制、社会治安综合治理年度目标责任制，检查考核、矛盾纠纷四级排查调处及巡逻管理等制度。2005 年，街道党工委重新调整街道综合治理组织网络，设立齐陵街道综合治理中心、片综合治理服务站、村综合治理工作站三级组织网络，同时在企业和各中小学设立综合治理工作服务站。切实加强社会治安、综合治理，及时化解各类矛盾，确保社会政治稳定。

2006 年，立足构建社会主义和谐社会，以健全平安建设的长效机制为着力点，继续深化“平安齐陵”建设。以街道、工作片、村居三级综治组织网络为主体的综治组织更加健全完善。广泛

齐陵派出所民警在齐陵一中组织举办防伤害演习　（2015 年 摄）

齐陵派出所举行警民恳谈会 （2016 年 摄）

深入开展“平安单位”“平安企业”“平安家庭”等创建活动，治安秩序良好。积极推进反邪教警示教育“进乡村、进社区、进学校、进家庭”，广大群众识别和抵制邪教的能力进一步提高。扎实做好涉法涉诉上访问题处理工作，坚持案件处理与说服教育、生活救助、就业安置相结合，防止形成新的涉法涉诉上访。先后配合开展“春季严打”、打击“两抢一盗”“打黑除恶”等一系列集中行动和专项斗争，有力地打击了各类违法犯罪活动。严密治安管理，严厉打击“黄赌毒”等违法犯罪，强化日常监督检查，消除了各类治安隐患。基本实现小事不出村、大事不出镇、矛盾不上交的目标。

2008 年，紧密结合社会主义新农村建设，深入开展“平安和谐红旗村居、企业、学校、家庭”创建活动，创建质量进一步提高，健全社会治安综合治理和维护稳定实绩档案。深入开展治理社会治安夏季综合整治、农村社会治安秩序集中整治、校园及周边环境综合治理等专项整治活动，维护了良好的治安秩序。加速技防、人防、心防建设，群众参与社会治安的积极性和自保自护能力不断提高，建立“蛛网式”科技防控体系。做好北京奥运会、中共十七届三中全会等重大活动、重要会议的安全保卫工作，扎实做好防范和处理邪教工作，深入推进反邪教警示教育。扎实开展“法律五进”集中推进年活动，加强农村、社区、企业、学校、行业依法治理，广大群众法制意识进一步增强。

2009—2010 年，创新构建街道综治中心、党员服务中心、便民服务中心、农村财务代理中心和维稳办公室，推进固本强基维稳工程。做好建国 60 周年庆典活动、第十一届全运会、第二十二届省运会、亚青赛等重大活动、重要会议的安全保卫工作。利用赶大集、集中宣传周、反邪教形势报告会、反邪教进校园等多种形式开展反邪教警示教育，进一步激发广大人民群众参与防范和处理邪教工作的自觉性和积极性，实现“四无”目标。坚持街道、部门每月一排查，村居每周一排查，实行领导干部公开接访、带案下访、机关干部驻村办公、民情信箱、基层工作周等工作制度，实现了矛盾纠纷排查调处的制度化、经常化。深入开展矛盾纠纷集中排查“百日行动”和“走千企、访万户、知民情、解民忧”等集中活动，层层建立维护稳定例会、综治委联席会议，实行各级领导包案解决突出不稳定因素制度，妥善化解矛盾纠纷和不稳定因素。

2011 年，健全领导班子成员“一岗双责”、领导包案、片总支负责制等长效机制，强化维稳责任追究和矛盾排查、处结力度，及时组织干部进村入户，排查各类矛盾，全部化解处理。加大社会治安防范硬件建设力度，实施社会治安电子监控入村工程，实现村内监控全覆盖。2013 年，全面加强基层规范化建设，实行党政统一领导，分管书记具体协调，相关委办各负其责、齐抓共管、整体联动工作机制。开展“矛盾纠纷大排查大化解、社情民意大调查大落实”活动，做到挨门逐户不落访、重点对象深入访、带着问题专题访、见缝插针个别访、弱势群体慰问访、共性问题集中访等“六必访”，家庭情况必问、收入状

齐陵派出所民警在辖区巡逻 （2016 年 摄）

况必问、实际困难必问、意见建议必问、富民强村信息必问、对村“两委”期望和要求必问等“六必问”，实现了面对面、零距离为群众排忧解难。以开展深化“打黑恶、反盗抢”安民行动、“抓五严、创双优”暨夏秋严打整治行动及破案攻坚会战为主线，不断加大打击刑事犯罪力度，始终保持对各类刑事犯罪的主动进攻态势。开展道路交通整治、环保综合整治、金融秩序整治、安全生产综合整治等四大专项行动，取得显著成效。突出抓好校园安全保卫和校车安全督导工作，保障校园和师生安全。

2014—2015 年，加强村（社区）群众工作信息员、信访基层联络员、民调协管员和治安志愿者巡逻队员队伍建设，完善综治工作网络。按照区委区政府《关于进一步创新社会治理深化平安临淄建设的意见》，深化平安齐陵建设，建立周调度、月例会、分析研判、督查督办、情况报告等工作制度，形成了职责明确、协调一致、规范有序的工作机制。在街道办事处驻地设立宣传一条街，各村（社区）设立宣传栏和宣传牌，做到多层次、全方位、全覆盖。把矛盾纠纷排查化解活动作为维护稳定、倾听民声的源头性措施来抓，实现由被动保稳定到主动促稳定的转变，由事后化解到事前防范的转变，营造良好信访秩序。

2016—2017 年，把加强综治队伍建设作为重要政治任务，以开展“三严三实”教育实践活动为总抓手，深入推进思想政治、业务素能、作风纪律和执法规范化建设，提升队伍整体素质。扎实推进综治网格化管理、信息化建设、社区化建设三大综治工程建设，深化推动综治“平安建设”和社区矫正、社区禁毒工作，进一步加强普法教育以及特殊群体帮教，培养基层群防群治能力。深入开展矛盾纠纷排查化解活动，化解不安定因素，营造和谐稳定的社会环境。

第二章　审　判

第一节　机　构

1984 年 9 月，境内设立辛店人民法庭驻齐陵接待站，有工作人员 2 名。1987 年 11 月，设立齐陵人民法庭，是审理民商事案件的审判机构，位于齐陵镇政府驻地，管辖境内的民事审判工作。2001 年 1 月，合署至辛店人民法庭办公。

历任负责人：

朱军起　耿芳亮

第二节　民事审判

20 世纪 40 年代，境内没有专门民商事审判机构，审判权由县长执掌。

1944 年 4 月，渤海行政公署制定《渤海区区村调解委员会暂行组织条例》，规定区村设立调解委员会，民事纠纷由区、乡、村调解处理。50 年代，境内民事审判工作由县法院负责，以调解为主。

20 世纪 60 年代至 80 年代初期，民事纠纷由公社处理，审判工作由临淄县（区）司法机关负责。至 1985 年，境内长期得不到解决的民事、经济纠纷全部处理完毕，为镇办、村办企业追回欠款 65 万元。1986 年，为镇办、村办企业追回欠款 250 余万元。1987 年 11 月，齐陵法庭设立后，境内民事审判工作由齐陵法庭负责。对农村承包合同进行理顺，对长期拖欠的三角债进行了清理，为集体收回欠款 200 余万元。1990 年，为石庙孝陵追回欠款 5 万元。全年为村集体收回欠款 150 余万元。

1991 年起，实行公开审判，以庭审调查为主，以当事人举证为主，以发挥合议庭作用为主。聘任法庭陪审员，提高了办案质量和效率。所办案件事实清楚，适用法律政策得当，结案率达 100%，调解率 97%，执行率 98%，全年无积案。齐陵法庭两次荣立集体三等功。

至 1992 年，齐陵法庭送法上门，为镇中小学讲法制课4场次，受教育3000人次。为镇办企业讲法制课30场次，受教育1000人次。到各村讲法律课200余场次，受教育上万人次。

2001年1月，齐陵法庭撤销，境内民事案件由辛店法庭审理。

1988—2000年齐陵法庭审结民事案件统计表

表15-2　　单位：件

年份	总结案	婚姻	赡养	抚养	债务	赔偿	买卖	借贷	继承	合伙	劳动报酬	租赁	加工承揽	财产	侵占	宅基	相邻关系	其他
1988	100	5	4	1	39	2	4	25	1	—	—	—	—	—	16	2	—	1
1989	43	4	—	—	14	12	4	3	—	—	—	—	—	—	2	—	—	4
1990	46	10	1	—	11	10	—	10	4	—	—	—	—	—	—	—	—	—
1991	42	11	1	1	1	8	6	3	3	4	—	—	—	3	—	1	—	—
1992	25	5	—	—	10	1	1	3	—	2	—	—	—	3	—	—	—	—
1993	82	11	1	—	65	1	1	—	1	—	—	1	1	—	—	—	—	—
1994	39	9	3	—	16	2	3	1	2	1	—	—	—	—	2	—	—	—
1995	46	13	4	—	13	7	1	1	1	—	2	1	—	—	3	—	—	—
1996	41	10	4	—	6	3	—	—	—	—	2	1	7	4	4	—	—	—
1997	61	16	2	—	—	12	20	2	—	1	2	2	1	—	3	—	—	—
1998	165	16	1	—	120	4	17	3	—	—	—	1	1	—	2	—	—	—
1999	76	22	4	—	9	10	9	11	—	6	3	1	1	—	—	—	—	—
2000	163	54	14	2	7	19	25	28	—	3	1	3	3	1	—	1	1	1

1988—2000年齐陵法庭申结经济案件统计表

表15-3　　单位：件

年份	总结案	购销	借款	欠款	承包	运输	建筑安装
1988	50	1	—	37	12	—	—
1989	35	4	5	12	14	—	—
1990	61	9	—	—	46	—	6
1991	64	13	—	—	43	—	8
1992	79	7	2	—	67	3	—
1993	101	37	8	14	42	—	—
1994	158	24	—	9	115	8	2
1995	108	36	28	10	22	9	3
1996	151	56	27	11	47	5	5

续表 15-3

年份	总结案	购销	借款	欠款	承包	运输	建筑安装
1997	97	19	20	48	3	7	—
1998	135	2	13	17	103	—	—
1999	153	6	4	40	100	—	3
2000	75	3	2	33	32	—	5

第三章　司法行政

第一节　机　构

1986 年，齐陵镇成立司法办公室，设司法助理员 1 人。1989 年 3 月，齐陵司法所成立，工作人员 1～2 人。1990 年，设立法律服务所。根据司法所承担的工作职能增多，1995 年 3 月，成立临淄公证处齐陵公证室，办公室设在司法所。2000 年 10 月 10 日，成立齐陵镇司法调解中心，由司法所、法庭、派出所、计生办、土管所、民政、审计所、经管站、法律服务所等部门主要负责人组成。下设工作室，设主任 1 人，副主任 1 人，工作人员 4 人。2013 年，按照政策新招 1 名政法专项编制人员，充实司法队伍建设。

2014 年，统一司法所外观标志牌，设置司法所“四室一厅”（所长室、社区矫正室、宣告室、安置帮教室、调解厅），全面提升规范司法所工作流程、规章制度、工作纪律等政务公开公示内容。2015 年，招 1 名政法专项编制人员。2017 年，齐陵司法所设所长 1 名，工作人员 2 名，承担日常工作职能。

历任负责人：

付丰三　于立佳　杜修文　于文成

赵国明　贾志勤

淄博市司法局党委委员、工会主席杨金海（右二）考察齐陵司法所规范化建设工作（2014 年摄）

第二节　法制宣传

1986—1990 年，实施第一个五年普法规划。建立健全齐陵镇普法领导小组，制定相应的普法工作实施方案。先后举办法律知识培训班 6 期，接受教育的干部群众达 3000 人次，重点培训《中华人民共和国宪法》《中华人民共和国村民委员会组织法》《中华人民共和国民法通则》《中华人民共和国农业法》及《中华人民共和国土地管理法》等法律法规。司法所充分利用农村集市开展法律宣传，实行现场解答、法律咨询，印发法律材料 3000 余份。

1991—1995 年，“二五”普法期间，司法所发放普法知识读本 5000 余册，举办各种法律知识培训班 5 期，接受培训的干部群众达 3500 人次。进一步增强辖区干部群众学法、懂法和用法的氛围，按期完成了“二五”普法规划任务。

1996—2000 年，“三五”普法期间，司法所按照普法规划成立普法工作领导小组，制定印发《齐陵“三五”普法工作实施方案》。利用举办培训班、张贴标语、悬挂横幅等多种形式进行广泛宣传，重点宣传与群众生产生活密切相关的法律法规。举办法律知识培训班 5 期、张贴标语 1000 余份，利用集市、村民会议等形式散发法治宣传材料 5000 余份，使辖区机关干部、企业职工、学校师生和农村群众的法律意识得到提升。

2001—2005 年，“四五”普法期间，司法所加大普法工作力度，围绕平安齐陵建设，从齐陵实际出发，着眼于不同层次普法对象的接受能力，有针对性的、有重点的进行宣传法律知识。围绕“非典”“禽流感”等突发性事件，重点宣传《中华人民共和国传染病防治法》《突发公共卫生事件应急条例》等法律法规，受教育群众达 1.9 万人。“四五”普法提高了干部群众的法制观念、法律素质和法制意识。

2006—2010 年，“五五”普法期间，司法所把普法教育工作纳入重要议事日程，定期研究部署，做到有部署、有检查、有总结。党委政府制定普法实施意见，调整充实普法领导班子，组织机关工作人员、企事业单位管理人员、村两委会成员深入学习宪法和国家法律法规。突出抓好宪法和国家基本法律法规的宣传，着力提高公民的宪法意识。举办法律知识培训班 6 期，发放各类法律知识宣传材料 5000 余份。

齐陵司法所在齐陵集开展第四个国家宪法日宣传活动（2017 年摄）

2011 年起，“六五”普法期间，司法所围绕深入开展法制宣传教育，以提高全民法律素质和社会法治化管理水平为目标，认真总结 20 多年的全民普法成功经验。按照“六五”普法规划，广泛深入地开展法制宣传教育，深入开展促进经济社会发展，增强全社会的法律意识和法制观念，深入“法律进社区”活动。“六五”普法期间，组织举办法律知识培训班 6 期，到淄河集、齐陵集、龙池集、宋家集等发放新颁布的《人民调解法》等法律宣传材料 6000 余份。2015 年，组织全街道村两委成员参加的普法考试，参与率及合格率 100%。2016 年 12 月，制定“七五”普法规划，按照要求，深入推进“七五”普法工作。

第三节　民事调解

新中国成立前，境内农村无民事调解机构。村民之间发生土地、婚姻、继承、借贷、轻微伤害等民事纠纷事件，一般由村长或村中有影响力有威望的人调解处理。新中国成立初期，一般的民事纠纷由当事人族长配合村长调解处理，调解不成的由区（乡）行政负责人调解处理。人民公社成立后，公社、大队调解组织接受调处大量的民事纠纷，化解矛盾，保障人民正常的工作秩序、生产秩序和生活秩序。公社管委会和大队管委会分别设立调解委员会。公社调解主任一般由民政助理兼任，大队调解主任一般由治保主任兼任。公社、大队调解委员会成员由作风正派、办事公道、工作负责的人担任。

20 世纪 80 年代，随着国家法律法规的健全与完善，民事调解工作做到有法可依，依法调解，调解工作步入法治化、规范化轨道。建立了齐陵司法所及镇、工作片、村三级调解组织工作网络，发挥人民调解维护社会稳定的第一道防线作用。同时，司法所每年组织一次调解员培训班，不断提高广大调解人员的业务水平，调解老人赡养、土地承包等纠纷 10 余起。

2011 年，参与张皇路拆迁、薛家立交桥建设等重点工程的调解。2014 年 12 月，调解一起煤气中毒死亡纠纷案件，达成赔

广饶县司法局到齐陵学习一村（社区）一法律顾问工作　（2017 年 摄）

偿协议。2016 年 4 月，调解一起老人赡养纠纷案，避免老人赡养纠纷矛盾的进一步激化。10 月，成功调解征地拆迁补偿纠纷案。

至 2017 年，齐陵街道辖区内 38 个调委会，累计调解各类矛盾纠纷 530 余件，调解成功率达到 97.5%。在安置帮教方面发挥了防控作用，安置率达 89%，帮教率达 97%。

第四节　法律服务

1989 年，齐陵司法所成立后，下设法律服务站。发挥法律服务职能，采取多种形式开展法律服务工作，解答刑事、经济、民事、行政等方面的法律咨询，应聘担当村居、企业的法律顾问，代理参加各种民事、经济、行政诉讼活动，为当事人出具法律意见书、法律声明书、法律咨询书和起草、审查、修改各种合同协议，协助办理公证事项，主持调解多种纠纷。

1998 年 9 月，临淄区司法局“148”法律服务专线设立。12 月，齐陵镇法律服务所开通“148 法律服务专线”，建立健全服务工作制度。1999 年，处理民事纠纷 24 件。2000 年，将 3 月 16 日确定为“148 法律服务专线”宣传日。此后，每年 3 月 16 日开展“148”法律服务专线宣传日活动，发放宣传材料，宣传“148”法律服务热线的快捷作用，实现法律服务进农家。

2017 年 3 月，境内部署“一村（社区）一法律顾问”工作。4 月 21 日，举行“一村（社区）一法律顾问”签约仪式，同时在街道辖区正式实施，形成人员到位，规章制度健全，运转协调，法律全覆盖的法律服务模式。聘请山东大地人律师事务所、齐陵法律服务所、山东全正律师事务所、山东华宇轩律师事务所、山东翼齐律师事务所的 13 位律师及法律工作者分别担任 38 村（居）的法律顾问，为村（居）管理提供法律专业意见，为群众提供法律咨询和法律援助，开展法治宣传，参与人民调解，确保为基层提供优质高效的法律服务。至年底，司法所代理诉讼事务 489 件，代写法律文书 463 份，解答法律咨询 1263 人次，审查修订合同 560 件，代理非诉讼法律事务 160 件。

第五节　社区矫正管理

社区矫正是一项重要的非监禁刑罚执行制

齐陵街道刘家终村法律服务室　（2017 年 摄）

度，是宽严相济刑事政策在刑罚执行方面的重要体现。社区矫正管理就是对两劳释放人员和监外执行犯的管理。社区矫正管理的重点是公安派出所管理的监外服刑人员，国家从2003年开始社区矫正试点工作，2005年扩大试点，2009年全面试行。

社区矫正管理工作的职能是指导管理人民调解工作；参与调解疑难复杂民事纠纷；承担社会矫正工作，组织开展对社区服刑人员的管理、教育和帮助；开展刑事解释人员的安置帮教；组织开展法制宣传教育工作；组织开展基层依法治理工作；处理矛盾纠纷，为党委政府提供法律意见和建议。

2012年8月13日，齐陵街道司法所接收管理第一名社区矫正假释人员。从此，齐陵司法所全面展开此项工作。2013年11月，中共十八届三中全会通过《中共中央关于全面深化改革若干重大问题的决定》，明确提出要健全社区矫正制度。依据《社区矫正实施办法》，矫正管理被判处管制、被宣告缓刑、被暂予监外执行和被裁定假释的人员。日常管理包括接受、宣告、纳入日常管理、解矫等。具体包括手机定位、每周进行电话汇报、每月上交思想汇报，参加司法所组织的公益劳动和教育学习，规定矫正期间不允许外出临淄区外。每年都集中进行警示教育学习，提高矫正对象的法律意识，预防重新犯罪。至2017年，齐陵司法所发挥社区矫正工作监督功能，累计接受罪犯103名，按期解除71名。

·第十六篇·

民 政

区委副书记宋振波考察齐陵敬老院（2009 年 摄）

省扶贫开发领导小组办公室副主任邵国君（左三）考察齐陵街道扶贫工作　（2017 年 摄）

齐陵街道召开居家养老服务工作推进会　（2017 年 摄）

民政起源于古代社会及半殖民地半封建社会，深化于社会主义社会。由于生产力和社会的发展，民政工作随之发生变化。

新民主主义时期，中国共产党领导的革命运动蓬勃发展，革命根据地和解放区民政工作广泛。1939 年 7 月，临淄县抗日民主政府设立民政科，二区区公所设立民政助理员，负责民政工作，动员群众参军参战、拥军优属等。新中国成立初期，区、乡民政工作围绕党的中心工作，在政权建设、土地改革等方面开展大量工作。社会主义改造时期，民政工作转向优抚安置、救济救灾等重点工作。

20 世纪 80 年代，境内一直设有民政助理员，负责优抚安置、救济救灾、社会福利等工作。随着社会快速发展，基层政权建设、婚姻登记管理及殡葬改革等多项事务纳入民政工作。1984 年始，设立民政办公室，配备民政助手，协助民政助理做好民政工作。在新的历史时期，街道（镇）、村居两级在社会行政管理、基层政权和基层民主建设、支持军队建设和国防建设、社会保障等方面齐心协力，创新发展，取得显著成绩。

第一章　机　构

抗日战争爆发前，境内无专门民政机构。1939 年，临淄县抗日民主政府设民政科，二区设民政助理员，各村民政工作由村干部或农救会工作人员负责。主要是动员群众参军参战，拥军优属等。

新中国成立后，区公所设民政助理员，各乡民政工作由乡支部书记和乡长代管，村里设优抚小组。1958 年，齐陵人民公社成立后，设民政助理员，各管理区（工作片）设民政负责人，各生产大队由一名委员分管民政工作。文化大革命时期，民政工作由公社革命委员会安排人员负责。

1976 年，公社恢复设立民政助理，各工作片民政工作由片长兼任。1984 年，齐陵镇设立民政办公室，民政助理主持民政工作。民政办公室主要负责复退军人安置、各类优抚、社会救济及敬老院工作等。各村民政工作由 1 名村委会成员负责。1985 年，增加办理婚姻登记。下半年民政片长撤销，增设 1 名民政助手。1993 年，齐陵镇成立残疾人联合会，2004 年，齐陵街道成立后，民政办公室设主任 1 名，办事员 2～3 名，同时兼负残联工作。2010 年 3 月，淄博市残疾人联合会公开招聘选拔的齐陵街道残疾人专职干事正式上岗。

齐陵历任民政负责人：

岳一山　于世太　王景华　徐仁洲
吕晓丽　李　俊

第二章　优抚　安置

第一节　拥军　优属

拥军

抗日战争时期，抗日民主政府成立后，将拥军作为一项重要任务，组织群众为人民军队加工军粮，为过往人民军队烧水备饭，组织妇女为军队做军鞋、送给养和慰问品。为胶济大队提供吃饭住宿、安全掩护，出动民兵协助扒铁路、运钢轨等。从抗日战争、解放战争到抗美援朝战争，有 600 余名齐陵优秀儿女奔赴战场。仅宋家村就有 42 名青年参军入伍。在解放临朐和潍县战役中，淄河村出动了 50 余人的担架队。

1951 年抗美援朝初期，朝鲜前线急需砂石等

街道办事处举办军地篮球友谊赛　（2016 年摄）

建筑材料，需要新修从淄河火车站到淄河滩的铁路支线，在淄河滩修建 10 个装车货位。当地群众积极响应，淄河村出动男女劳力 500 余人，北山村出动 130 余人，柳店村出动 100 余人，当时的口号是“要人有人，要钱有钱，要物有物”。争时间、抢速度，大干苦干 40 天，胜利完成任务。同年，在政府号召为抗美援朝捐献飞机大炮活动中，杨家齐陵李尧臣一次就捐款 200 万元（旧币）轰动全县。1951—1952 年，牛山部队筹建营房，北山村村民主动提供 50 余间民房和大量生活用品供部队需用，经常给部队送蔬菜、水果以示慰问。1959—1961 年三年生活困难时期，朱家大队无偿划出 2 公顷耕地给牛山部队做农场，种植粮食蔬菜改善部队生活。20 世纪 70 年代，公社党委从公社农场划给部队 2 公顷土地种植粮食。直到改革开放后部队不再需要方退回。1974 年，济南军区某部拉练驻扎齐陵期间，十几个村的干部群众将自己住的正房、床炕腾出给子弟兵使用，晚上与官兵们搞联欢活动。1989 年，镇政府在牛山部队设立警务室，协助部队做好工程施工。2012 年始，街道办事处安排环卫公司为部队定时清运垃圾。

每年“八一”前夕，历届党委、政府都对驻军进行走访慰问。团委经常与部队官兵举办体育竞赛活动，拥军成为齐陵人民的光荣传统。

优属

抗日战争和解放战争时期，党组织秘密对困难烈军属给予物资救济，并采取适当方法保护他们的生命安全。新中国成立后，区政府和乡公所每逢集会或看戏等重大活动，均设烈军属光荣席，以示对烈军属的尊敬。春节时，村干部组织人员敲锣打鼓给烈军属挂光荣牌、送年货表示慰问。各村按照政府规定，对家庭缺少劳力和无劳力的烈军属实行代耕、代种、代收；对孤老烈军属给予社会救济；每年定期召开烈军属、伤残、复员、退伍军人代表大会或积极分子会议。

1956 年农村合作化以后，实行优待工分。对无劳力或缺乏劳力的烈军属、革命残废军人、带病回乡复员军人实行“三定”（定优待标准、定自干工、定优待工）。优待工分由生产队补助，统一参加分配。保证优抚对象的收入相当于或略高于一般社员平均水平。

1981 年，农村实行家庭联产承包责任制，对应征入伍的义务兵家属实行优待，优待标准为一个整劳力全年所得的三分之二。1983 年起，改为现金优待，由大队统一提取和兑现。1985 年，将春季评定优待改为结合征兵定优待，把以村为单位提取优待金，改为由镇统一标准、统一提留、统一兑现，使优待制度更为完善。1991 年 3 月，区政府发布第二号令《临淄区优抚对象抚恤优待办法》。明确规定抚恤、优待的标准和办法。1999 年 3 月制定《临淄区优待金统筹兑现方案》，对城镇户口的义务兵优待金发放实行区政府统一筹集、统一发放，优待标准随着人均收入的增加而提高。

2003 年 1 月 1 日起，执行“三属”抚恤标准自然增长机制。烈属及因公牺牲军人家属，农业户口的每月 270 元，非农业户口的 313.5 元；病故军人家属，农业户口的每月 265 元，非农业户口的 308.5 元。同时规定孤老人员在上述标准基础上增加 15 元。2007 年 8 月 1 日起，烈属和因公牺牲军人遗属的补助标准不再统一。烈属，农业户口的每月 422 元，城镇户口的每月 534.5 元；因公牺牲军人遗属，农业户口的每月 407 元，城镇户口的每月 519.5 元；病故军人遗属，农业户口的每月 397 元，城镇户口的每月 509.5 元。2016 年 10 月 1 日起，“三属”标准取消农业、城镇户口的区别，烈士遗属每季度 5257.5 元，因公牺牲军人家属每季度 4512.5 元，因病牺牲军人家属每季度 4245 元。

每年及时更新完善优抚工作台账，按时发放优抚对象优待金。为更好贯彻落实省委省政府关于做好退役士兵安置和权益保障工作的文件精神，对1978—2015年冬季选择在淄博市安置工作的退役士兵进行登记，共完成登记56人，并做好人员分类，根据政策，对不同人员进行相应的政策落实。同时对优抚对象进行健康查体，并积极做好烈士褒扬工作。

义务兵家属优待金标准

表16-1 单位：元/年

时间	城镇户口	农业户口
2009—2011		7200
2012	13535.5	13535.5
2013	15423.1	15423.1
2014	17328.3	17328.3
2015	19338	19338
2016	19338	19338
2017	19787	19787

第二节 国家抚恤

牺牲 病故抚恤

抚恤人员包括牺牲、病故的现役军人、人民警察、国家机关工作人员和参战的民兵、民工。

革命战争年代无统一抚恤标准。新中国成立后，中央人民政府内务部于1950年12月制定优抚条例，统一抚恤标准。抚恤粮：牺牲者家属为250千克～600千克，病故为225千克～450千克。1952年做了调整。1953年1月，抚恤粮改为抚恤金。牺牲者为140万元～550万元，病故为110万元～410万元（均为旧币）。1955年、1979年又进行两次调整。1980年8月，将牺牲、病故两种抚恤标准改为烈士、因公牺牲、病故三种抚恤标准。烈士为800元～1000元；因公牺牲、病故仍按1979年2月的规定执行。1984年4月，抚恤标准烈士为2000元～2400元，参战民兵、民工比照班长、战士级发给，国家职工按照有关规定比照相当职级发给。

1986年7月10日起，提高因公牺牲和病故人员的一次性抚恤标准。经批准为革命烈士的军人和其他人员，生前有工资收入的，按其牺牲时40个月工资计发；生前无工资收入，或工资低于军队23级正排职干部工资标准的，按牺牲时军队二十三级正排职干部的40个月工资计发。因公牺牲人员按牺牲是的20个月工资计发，病故人员按其病故时的10个月工资计发。根据抚恤条例，从1952年开始，对战争年代牺牲、病故人员进行追恤。

2004年10月1日，调整标准：烈士，80个月工资；因公牺牲，40个月工资；病故，20个月工资。月工资或者津贴低于排职少尉军官工资标准的，按照排职少尉军官工资标准发给其遗属一次性抚恤金。2011年8月1日，进一步修改，沿用至今。标准是：烈士和因公牺牲的，为上一年度全国城镇居民人均可支配收入的20倍加本人40个月工资；病故的，为上一年度全国城镇居民人均可支配收入的2倍加本人40个月的工资。月工资或津贴低于排职少尉军官工资标准的，按照排职少尉军官工资标准计算。

残废抚恤

抚恤对象是在战争年代和社会主义建设时期，因战、因公负伤致残的革命军人、民兵、民工和革命工作人员被评为残废等级者。

残废等级 抗日战争时期，残废军人分为一、二、三、四等，解放战争时期分一、二、三等。1950年12月，政务院批准颁布《革命残废军人优待抚恤暂行条例》，统一革命残废军人评残条件和残废等级，分为四等（特等、一等、二等、三等）六级（特等、一等、二等甲、二等乙、三等甲、三等乙）。1951年10月，据此条例，对残废军人进行复查、评级、换发新证。1962年、1972年再次进行评残换证，对部分残情发生变化的残废军人做了检评调整。1981年，换新证，未检评残废等级。1990年，又换发新证。

2004年，印发《军人抚恤优待条例》，残疾等级根据劳动功能障碍程度和生活自理障碍程度确定，由重到轻分为一级至十级。因战、因公致残，残疾等级被评定为一级至十级的，享受抚恤；因病致残，残疾等级被评定为一级至六级的，享受抚恤。2005年，根据国务院和中央军委颁发的《军人抚恤优待条例》，按临淄区统一部署，进行换发革命伤残人员证件工作，同时对新旧残疾等级套改。新旧残疾等级对应关系：特等套改一级，一等套改三级，二等甲套改五级，二等乙套改六级，三等甲套改七级，三等乙套改八级。

2017年，全街道共有残疾军人14名。

抚恤标准 1943年，全年残废金标准：一等300元，二等200元，三等100元，四等50元（均系旧币）。1946年，一等残废军人供给生活全部；二等残废军人按一等的半数供给；三等残废军人只发残废金（相当17.5千克猪肉）。新中国成立后，执行全国规定的统一标准。随着国民经济的发展，多次提高抚恤标准。1950年，残废抚恤粮为40千克～750千克。1952年，调整为75千克～1400千克。1953年改为发现金，标准为16元～390元（折算后）。1955年，改为20元～420元。1965年，对原规定的在乡三等以上革命残废军人，由一次性抚恤改为长期抚恤，不分因战、因公，三等甲级每人每年补助30元，三等乙级每人每年补助24元。1978年1月，在乡残废抚恤金调整为80元～520元。1982年1月，在职残废金调整为36元～92元。1984年7月1日，在职、在乡残废抚恤金调整为56元～570元。残废金每年分上半年和下半年两期凭证发放，每期发全年应领数的一半。1988—2004年，随着人民生活水平的不断提高，又做过多次调整。2004年10月1日起，伤残军人取消在乡与在职之分，执行统一的抚恤金标准。同时，对分散安置的一级至四级残疾军人发给护理费。残疾军人的抚恤金标准参照全国职工平均工资水平确定，实行自然增长机制。

2017年10月1日起，临淄区提高残疾军人（含伤残人民警察、伤残国家机关工作人员、伤残民兵民工）的残疾抚恤金、烈属（含因公牺牲军人遗属、病故军人遗属）的定期抚恤金。

其他待遇

二等以上革命残废人员实行公费医疗，三等革命伤残人员实行医疗保障。在乡特等、一等残废军人由国家供应粮油、副食品。残废军人伤口复发治疗所需费用，由所在单位或民政部门报销。革命残废人员乘坐火车、轮船和长途汽车按半价购票。1979年，对在乡革命残废人员发给副食品价格补贴，特等、一等每人每月5元，二等每人每月3元，三等每人每月2元。1980年，对生活不能自理的特等、一等革命残废人员增加了护理费待遇，其标准相当于当地一个普通工人的工资。1984年，对在乡革命残废人员每月发给生活补助费，特等、一等12元，二等6元，三等4元；对二等乙级及以上伤残军人的医疗费用实行医疗保险，实报实销；三等伤残军人和老复员军人的医疗费，实行医疗保障，按医疗保障办法的规定报销；为三等伤残军人和复员军人办理了重点优抚对象医疗保障手册，解决优抚对象医疗难问题。1988年9月16日，国务院颁布《军人抚恤条例》，革命残废人员改为革命伤残人员。在乡革命伤残人员改领伤残抚恤金，在职革命伤残人员改领伤残保健金。1991年3月，临淄区政府印发《临淄区优抚对象抚恤办法》，规定1954年10月31日前入伍，领取伤残抚恤的三等革命残废军人、带病回乡复员人员，因病所需医疗费由卫生部门报销60%。

烈属、因公牺牲军人遗属、病故军人遗属定期抚恤金标准表

（2016年10月1日起执行）

表16-2　　单位：元/年

标准类别	烈属			因公牺牲军人遗属			病故军人遗属		
户口性质	原标准	提高部分	现标准	原标准	提高部分	现标准	原标准	提高部分	现标准
城镇	19120	1910	21030	16410	1640	18050	15440	1540	16980
农村	14610	6420	21030	13850	4200	18050	13270	3710	16980

在乡革命伤残人员抚恤金标准表

（2003年1月1日起执行）

表16-3　　单位：元/年

	伤残等级	伤残性质	现标准	提高标准	护理费(特一等)及生活补贴	执行标准
在乡	特等	因战	9771	977	4842	15590
		因公	9771	977	4842	15590
	一等	因战	8882	888	4002	13772
		因公	8145	815	4002	12962
		因病	7776	778	4002	12556
	二等甲级	因战	4905	497	60	5462
		因公	4536	460	60	5056
		因病	4167	423	60	4650
	二等乙级	因战	3499	356	60	3915
		因公	3130	319	60	3509
		因病	2762	283	60	3105
	三等甲级	因战	2153	226	102	2481
		因公	1785	189	102	2076
	三等乙级	因战	1655	176	102	1933
		因公	1655	176	102	1933
在职	特等	因战	1800	180	0	1980
		因公	1770	177	0	1947
	一等	因战	1440	144	0	1584
		因公	1400	140	0	1540
		因病	1390	139	0	1529
	二等甲级	因战	690	69	0	759
		因公	670	67	0	737
		因病	650	65	0	715
	二等乙级	因战	580	58	0	638
		因公	560	56	0	616
		因病	550	55	0	605
	三等甲级	因战	440	44	0	484
		因公	420	42	0	462
	三等乙级	因战	370	37	0	407
		因公	360	36	0	396

残疾军人、伤残人民警察、伤残国家机关工作人员、伤残民兵民工残疾抚恤金标准表
（2016 年 10 月 1 日起执行）

表 16-4　　　　单位：元 / 年

残疾等级	残疾性质	原抚恤标准	提高部分	执行标准
一级	因战	60210	6020	66230
一级	因公	58310	5830	64140
	因病	56400	5640	62040
二级	因战	54490	5450	59940
	因公	51620	5160	56780
	因病	49690	4970	54660
三级	因战	47810	4780	52590
	因公	44930	4490	49420
	因病	42080	4210	46290
四级	因战	39180	3920	43100
	因公	35370	3540	38910
	因病	32500	3250	35750
五级	因战	30610	3060	33670
	因公	26760	2680	29440
	因病	24850	2490	27340
六级	因战	23920	2390	26310
	因公	22630	2260	24890
	因病	19120	1910	21030
七级	因战	18170	1820	19990
	因公	16260	1630	17890
八级	因战	11470	1150	12620
	因公	10500	1050	11550
九级	因战	9530	950	10480
	因公	7650	770	8420
十级	因战	6690	670	7360
	因公	6526	650	7176

第三节　国家补助

国家补助分临时补助和定期定量补助。

临时补助

抗日战争时期，县抗日民主政府对生活贫困的烈、军属都给予必要的粮、款救济，使其生活有所保障。新中国成立后，政府每年都拨出优抚专款，给予烈、军属临时补助，以解决其吃饭、穿衣、治病，维修房屋等方面的临时困难和烈士子女入学费用。根据不同时期实际情况，在补助金使用上有所侧重。1949 年后的三年国民经济恢复时期，重点帮助优抚对象解决生产资金缺乏问题。1956 年、1957 年扶持优抚对象参加农业生产合作社。农村实行联产承包责任制后，转向扶持优抚对象发展专业生产，劳动致富。

2010 年，临淄区印发《临淄区优抚对象临时救助办法》，对区内抚恤定补优抚对象、现役军人家属等，对因突发性事件、重大疾病等不可抗拒因素造成的临时生活困难的优抚对象，进行临时救助，救助标准为：因自然灾害或其他突发性不可抗拒因素，导致特殊困难的家庭视情给予不少于 2000 元的补助；因子女上学造成基本生活困难的家庭，根据家庭收入和学费实际支出情况给予不少于 1000 元的补助；冬季取暖有特殊困难的，经个人申请，所在乡镇（街道）或单位审核，区民政部门确认后，给予 600 元取暖补助（已享受市民政局给予取暖补助的孤老优抚对象除外）。政府认为需救助的其他特殊困难人员，视具体情况确定救助金额。2016 年，全街道接受临时救助 7 人，共计 15000 元。

定期定量补助

1958 年始，国家对孤、老、病、残的烈属、复员军人实行定期定量补助。农村每人每月 2 元～ 4 元，城镇每人每月 4 元～ 6 元。1980 年，放宽补助条件，提高补助标准，烈士的父母、配偶和带病回乡生活特别困难的复员退伍军人，均享受定期定量补助。补助标准农村每人每月 6 元～ 10 元，城镇每人每月 10 元～ 15 元。1983 年，对孤老烈属、孤老复员军人的补助标准又做了调整，在原补助基础上每人每月增加 5 元。1985 年，根据上级部署，对原享受定期定量补助的烈属和牺牲、病故军人家属，改为国家定期抚恤。1988 年，再次放宽补助条件，对 1954 年 10 月 31 日前参军的在乡复员军人均实行定期补助，并对补助标准多次做了调整。2007 年 8 月 1 日起，给符合享受生活补助标准的参战退役人员、涉核退役人员发放生活补助金，每人每月 100 元。2010 年，增长为每人每月 200 元。此后，每年 10 月 1 日起进行调整，至 2017 年，每人每月增至 500 元。

2012 年，根据民政部、财政部《关于给部分烈士子女发放定期生活补助的通知》（民发〔2012〕27 号）和民政部办公厅、财政部办公厅《关于落实给部分烈士子女发放定期生活补助政策的实施意见》（民办发〔2012〕3 号），自 2011 年 7 月 1 日起，给部分烈士子女和建国前错杀后平反的人员子女发放定期生活补助。政策实施对象的人员范围为，18 周岁以前没有享受过定期抚恤金待遇且年满 60 周岁、无退休金或城镇职工基本养老保险的烈士子女（含错杀被平反人员子女）。2011 年满 60 周岁的，从当年 7 月 1 日起享受补助；2012 年及以后满 60 周岁的，从当年 1 月 1 日起享受补助。2014 年始，每年 10 月 1 日起调整提高补助标准，每人每月发放补助标准为：2011—2013 年 130 元，2014 年 200 元，2015 年 300 元，2016 年 340 元，2017 年 390 元。至 2017 年，烈士子女（含错杀被平反人员子女）共 9 人享受生活补助，补助金由区民政局发放。

2017 年 10 月 1 日起，临淄区调整补助标准。按照《军人抚恤优待条例》规定，提高在乡老复员军人的生活补助标准。中央财政在现行补助标准的基础上，每人每月增加 100 元。调整后的在乡老复员军人生活补助标准：抗战时期入伍的每人每年不低于 15400 元，其他时期入伍的每人每年不低于 14900 元。按照每人每月不低于 500 元，不高于十级残疾军人抚恤金标准的原则，调整带病回乡退伍军人生活补助标准，每人每月提高标准不低于 50 元。提高在农村和城镇无工作单位且家庭生活困难的参战退役人员生活补助标准，每人每月提高 50 元，达到每人每月 550 元。对不符合评残和享受带病回乡退伍军人生活补助条件，但患病或生活困难的农村和城镇无工作单位的原 8023 部队退役人员，以及其他参加核试验军队退役人员（含参与铀矿开采军队退役人员）提高生活补助标准，每人每月提高 50 元，达到每人每月 550 元。对居住在农村的和城镇无工作单位、18 周岁之前没有享受过定期抚恤金待遇且年满 60 周岁的烈士子女（含建国前错杀后被平反人员的子女）提高生活补助标准。中央财政在现行补助标准的基础上，每人每月增加 50 元，达到 390 元。对从 1954 年 11 月 1 日试行义务兵役制后至《退役士兵安置条例》实施前入伍、年龄在 60 周岁以上（含 60 周岁）、未享受到国家定期抚恤补助的农村籍退役士兵提高老年生活补助标准，每服一年义务兵役每人每月提高 5 元，达到每服一年义务兵役每人每月补助 30 元。

国家定期定量补助标准表

（2016 年 10 月 1 日起执行）

表 16-5

项目	类别	单位	原标准	提高部分	现标准
在乡老复员军人	抗日战争	元 / 年	12040	1200	13240
	解放战争时期及建国后		11540	1200	12740
带病回乡退伍军人	城镇户口	元 / 月	543.5	40	583.5
	农村户口		520	40	560
参战、涉核退役人员	参战退役人员		460	40	500
	涉核退役人员		460	40	500
60 周岁退役士兵		元 / 月、每服一年义务兵	20	5	25
60 周岁烈士子女		元 / 月	300	40	340

一级至四级残疾军人护理费标准表

（2016 年 1 月 1 日起执行）

表 16-6　　单位：元 / 年

伤残等级	残疾性质	2015 年全区职工年平均工资	比例	年护理费标准
一级	因战	51445	0.5	25722.5
	因公	51445	0.5	25722.5
一级	因病	51445	0.3	15433.5
二级	因战	51445	0.5	25722.5
	因公	51445	0.5	25722.5
	因病	51445	0.3	15433.5
三级	因战	51445	0.4	20578
	因公	51445	0.4	20578
	因病	51445	0.3	15433.5
四级	因战	51445	0.4	20578
	因公	51445	0.4	20578
	因病	51445	0.3	15433.5

第四节　军人安置

抗日战争及解放战争时期，从八路军、解放军中复员退伍的军人，由区乡人民政府安置，一般回原籍参加农业生产。

新中国成立后，1950 年起，根据中央军委和政务院决定，中国人民解放军开始办理志愿兵复员。

抗美援朝战争胜利后，大量军人复员安置，本着“原籍安置”和“行业归口”的原则，回农村参加农业生产的复员军人由区、乡、村逐级负责，帮助解决耕地、住房及婚姻医疗等方面的实际问题，鼓励他们发扬革命军人优良传统，积极参加农业生产。

1955年，志愿兵役制改为义务兵役制。从1958年起，每年都有一批义务兵退伍，依据《国务院关于处理义务兵退伍的暂行规定》，遵照从哪里来回哪里去的原则，对回农村安置的，从扶持生产入手，解决他们在生产、生活中的实际困难，使其尽快勤劳致富。

20世纪70年代起，面向社会招工时，根据复员、退伍军人个人专长和能力，实行优先招聘或专招退伍军人。2000—2017年，临淄区民政局共安置齐陵退伍军人14名，其中，事业单位4名，国有企业1名，集体企业3名，民营企业6名。多年来，先后有多名退伍军人担任过基层干部和乡镇企业骨干，他们为齐陵的经济社会发展做出了突出贡献。

第三章 救灾 救济

第一节 生产救灾

境内自然灾害，多以旱涝、风雹为重。大灾之年，历任官府常减免赋税田租，放粮赈济。清康熙四年（1665年）“夏旱，麦无收，青州佥事周亮工，奉命来临淄赈济，蠲免田赋”。清康熙九年（1670年），“临淄大旱，发粟赈济。”民国初年，临淄县公署每年从地方经常预算收入中拿出1%，作为救灾资金，对灾民进行救济。1935—1936年，黄河泛滥成灾，境内村庄按照民国政府安排安置灾民，为灾民捐衣捐物捐粮，帮助灾民度过荒年。民国后期，国民政府腐败，对灾民救助不力。

新中国成立初期，由于长期的战乱破坏和频繁的自然灾害，给人民生产、生活带来很大困难。境内区委、区公所在县委领导下，带领广大人民群众从发展生产入手，积极进行抗灾救灾。1954年开始组建农业合作社，每逢灾情严重，政府及时帮助合作社办理无息贷款，进行生产救灾、解决困难，巩固发展集体经济。1959—1961年三年经济困难时期，国家发放救济粮、救济款，调入甜菜、干菜等代食品。下放自留地，发动群众生产自救。

1964年8月1日，因连降暴雨，造成大面积涝灾，公社发动广大干部社员冒雨挖沟排洪抗涝，尽量降低农业损失，保证秋收秋种的正常进行。1987年5月23日，境内大面积遭受冰雹袭击，致使小麦受灾1866.67公顷，西瓜受灾493.33公顷，果树受灾86公顷，蔬菜受灾178公顷，造成经济损失940万余万元。区政府立即调拨一批化肥、柴油和良种等物资，按灾情分配各村，帮助村民生产自救。1989年，遭遇特大旱灾，南部山区部分村庄粮食作物基本绝产，党委政府全力以赴组织抗旱救灾，帮助受灾群众发展生产，同时动员全镇人民捐献粮食6.3吨、资金1980元，支援受灾严重的梁家终村、刘家终村和南山村。1991年5—6月，境内两次发生雹灾，受灾面积1200余公顷，粮食减产80万千克，各类经济作物损失465万元。灾情发生后，镇政府组织力量及时进行查实，第一次发放救济款3350元，之后区政府拨款数万元，帮助村民开展生产自救，恢复生产。1997年8月28日，台风挟暴雨过境，风力达10级，降水110多毫米，造成玉米大面积严重倒伏，蔬菜大棚和林果严重受损。灾情发生后，广大村民迅速开展生产自救，修复大棚，招扶玉米，区政府下拨救灾款帮助救灾。2012年8月3日，受10号台风“达维”影响，出现暴雨大风，玉米大面积倒伏，村民积极抗灾自救，由于政府投资已购买保险，保险公司都一一做了勘查赔偿。

第二节 临时 定期救济

临时救济 清朝末年至民国初期，临淄县公

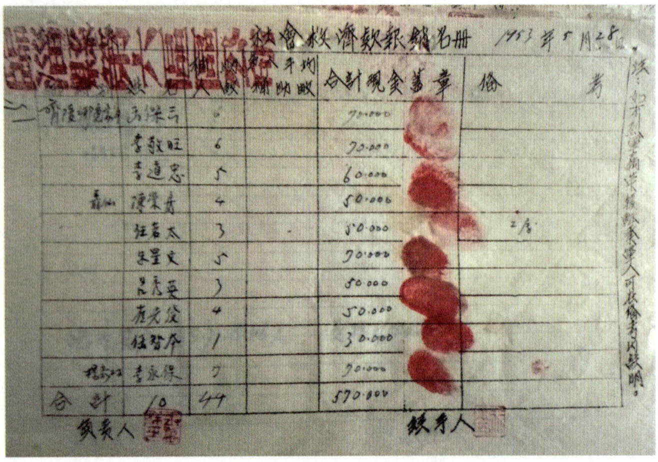
社会救济款报销名册 1953年5月28日

人数	合计现金
6	70.000
6	70.000
5	60.000
4	50.000
3	50.000
5	70.000
3	50.000
4	50.000
1	30.000
7	70.000
合计 44	570.000

1953 年 5 月 28 日第六区社会救济款报销名册

署设有养济院和救济委员会，于每年春节前后救济贫民。所需经费，政府支付一部分，其余多为临时募捐和义田的租金收入。1919 年，义田租金改为办学经费，救济费由县政府支出。之后，国民政府日益腐败，社会救济名存实亡。

新中国成立后，党和政府十分重视社会救济工作。救济对象有灾民、难民、贫民和无依无靠的孤老残幼等。政府除发放救济粮、救济款外，结合土地改革，帮助无地无房的贫民和无业游民安家，使他们的生活得到保障。

1953 年春，境内小麦发生病虫害，造成严重减产。至 5 月 28 日，临淄县第六区区公所对所辖淄河乡、孝陵乡、龙池乡、齐陵乡、徐姚乡、宋家乡、丁望乡贫困村民分三期共发放救济款 2200 万元（旧币），共救济 299 户，1101 人。其中，第一期 66 户、229 人，400 万元；第二期 120 户、356 人，900 万元；第三期 113 户、516 人，900 万元。

农业合作化以后，救济对象由集体照顾和帮助。特别对鳏、寡、孤、独等无劳力和丧失劳动能力的病残贫困户，进行贴补工分，使其分配略低于平均数口粮，以保障基本生活。每年冬春季，政府分批安排救助款、救济粮、救济布和衣物等。1985 年后，根据上级规定，对贫困户实行定期救济和临时救济。各级政府的救助力度不断加大。有自救能力的困难户，经过国家救济和集体扶持，生活逐渐好转脱贫。

2006 年，街道加快社会救助体系建设，提高救助水平，广筹救助基金，开展“慈心一日捐”活动，共捐款 21.49 万元，用以全街道的临时救助，解决困难群众难题。2012 年，全街道确定 56 户生活特别困难户，在定期发放救助物资的基础上，街道按每户每季度 200 元的标准发放“齐陵爱心券”，特困群众凭爱心券到指定的“爱心超市”购买自己需用商品。对全街道居民实施大病救助，全年发放各种救助资金 105 万元。

2014—2015 年，共投资 42 万元为 39 户困难群众进行危房改造。其中新建 10 户，修建 29 户。投入 16 万元，对患大病的群众进行救助。对 424 户困难家庭进行“一户一策”救助帮扶。

2017 年，贯彻落实《临淄区临时救助办法》，对因火灾、交通事故、重病、溺水、人身伤害、见义勇为等原因，导致基本生活暂时出现严重困难的家庭进行临时救助，对 16 户家庭救助金额 54000 元。街道将农村最困难群众纳入财政供养。累计为 5 名孤儿或事实无人抚养的儿童办理孤儿救助手续，每人每月发放 720 元，为孤儿的生活学习提供保障。

2012—2017 年齐陵街道大病救助、临时救助情况表

表 16-7

年份	大病救助		临时救助	
	户数	金额（元）	户数	金额（元）
2012	54	361680	—	—
2013	35	73700	—	—
2014	27	142480	24	23000
2015	109	327359	10	29000
2016	63	173331	35	76145
2017	30	64363.71	16	54000

定期救济

1985 年，中共临淄区委、区政府对常年有病、主要劳力痴呆缺乏自救能力的贫困户实行定期定量救济。每户凡有痴呆、病残 1 人者，每月救济 8 元，2 人者 13 元，3 人者 18 元。

1994 年，提高定期救济金额。1996 年下半年，实行农村最低生活保障制度，定期救济工作结束。

第三节　扶　贫

扶贫工作从1980年开始。扶贫的对象主要是由于缺乏劳力、资金、技术或因天灾人祸等因素造成生产、生活困难的家庭。对此困难家庭，坚持以集体帮助为主，国家扶持为辅的办法，动员社会各方面的力量，从财力、物力和技术等多渠道扶持困难户发展农副业生产和多种经营，使其从根本上早日摆脱贫困，走上勤劳致富的道路。

1988—1990年，镇政府投入资金8万元，扶持困难户121户。经过政府在资金、技术等多方面的帮扶，脱贫82户。1991—1992年，发放扶贫资金11.97万元。1993—1995年，三年投入资金10.5万元，通过镇村通力帮扶，80%以上实现脱贫。

2013年，扎实开展困难群众救助帮扶，以“不让一个困难家庭掉队”为目标，街道开展“合力救助帮扶，增进民生福祉”活动，成立领导小组，明确12个部门、23家企业作为帮扶包建单位，对街道38个村居实现全覆盖帮扶。通过逐户走访调查摸底，共确定434户困难群众作为帮扶对象，其中，低保户222户、五保户38户、低保边缘家庭户174户，坚持“因户制宜，一户一策”的原则，制定有针对性的帮扶措施，变“输血式”帮扶为“造血式”帮扶。各工作片和村及时准确掌握困难群众的动态变化，形成救助长效机制。同时，扎实开展以“齐陵爱心券”“爱心一元钱”“爱心救助金”“爱心志愿服务队”“爱心服务卡”“爱心服务车”为内容的“六爱”工程。境内19家企业捐救助基金36万元，街道财政拨出资金20万元，落实帮扶资金61.3万元。11个区直部门、13家企业帮扶包建单位共落实帮扶物资16.7万元。发放“齐陵爱心券”1120张，“爱心服务卡”434张，出动“爱心服务车”50余台次，开展志愿服务活动11次，举行“爱心一元钱”募捐活动37次。为56户特困户每季度提供基本生活物资保障。帮助12名困难群众实现就业。为在校学生减免课本费、乘坐校车费、免费提供作业本、桶装矿泉水。为16名新入学的低保家庭大学生、残疾人大学生或父母为残疾人的大学生，每人给予3000元一次性补助。

2016年11月，街道实施精准养老、精准扶贫创新项目工程，采用政府购买方式，凡户籍在齐陵，且长期生活在齐陵的贫困户、低保户、分散供养的“五保户”、失独家庭、重点优抚对象中70周岁以上的老人以及建国前的老党员、百岁老人实施居家养老，为贫困家庭提供就业机会，按每照顾一位自理老人90元/月，不能自理和半自理老人130元/月的标准给予补助，通过免费家政业务培训，家政公司与贫困户签订《扶贫就业协议书》，保证每位护工年增收5000元以上。有15名从贫困家庭走出来的家庭妇女，通过为本村（辖区）老人提供服务的形式摆脱了贫困。“扶贫+养老”项目形成精准扶贫和养老工作相结合的互助式养老脱贫新路径，实现贫困人口足不出村上岗就业，老龄人足不出户居家养老。“精准扶贫+养老”项目先后迎接国务院扶贫办发展中心、省市扶贫办实地考察、调研。先后被新华网、《大众日报》等主流媒体宣传报道。并实施电商扶贫、党员帮扶、土地流转扶贫、旅游扶贫、新型农业经营主体扶贫等多种扶贫措施。按照《淄博市贫困退出验收办法》和《临淄区贫困退出实施方案》的要求，通过村两委和驻村工作队民主评议、初选名单公示、街道抽查审核等程序，对全街道208户贫困户进行认定，经第三方评估验收，208户贫困户年人均纯收入超过4000元，均已实现“两不愁，三保障”脱贫要求。

2017年，精准养老扩大到60周岁以上老人，且不在无偿服务和低偿服务范围而有服务需求的人。在38个村居吸纳有意从事养老服务的村民依托养老服务公司开展服务活动，在达到精准养老的同时，做到精准扶贫、精准脱贫。

区政协主席孙海青（右二）到齐陵街道走访慰问（2016年 摄）

第四章 社会福利

第一节 五保供养

农村“五保”老人供养，有分散供养和集中供养两种模式。

分散供养

1956年开始，对农村孤寡老人和病残社员，根据群众的生活习惯和农村经济状况，实行分散供养。由生产队保吃、保穿、保住，保医、保葬的“五保”供养政策，使其不低于一般社员的生活水平，也有的生产队派人帮他们料理生活。农村实行联产承包责任制后，按一般群众的标准给予口粮，以细粮为主。冬天给予取暖煤，医疗费由村委会报销，并适当给予零花钱。1989年始，“五保”经费实施统筹。1991年，分散供养的47名“五保”老人，每人每年生活费500元。1995年以后，每人每年生活费提高到1200元。2013年，全街道散居“五保”老人共有11人，每人每月生活标准不低于215元。每季度发放一次，冬季供应取暖煤1吨。2016年，街道制定居家养老服务工作方案，对分散供养的“五保”户，由街道财政出资，为其购买无偿服务，服务内容包括为老年人提供助餐、助浴、助急、助医、护理、心理咨询等服务。2017年，分散供养有9人，供养标准为每人每年5900元，另外每人每月零花钱15元，医疗费由街道财政承担。

集中供养

1985年，镇政府把老淄河火车站北原建材公司接待处改建成齐陵镇敬老院，入住“五保”老人5名，配备工作人员2人。1987年，敬老院迁至聂仙村原小学，“五保”老人增至8名，生活费每人每年500元。1989年，“五保”经费开始实行统筹。1991年，完成“五保”统筹经费29500元。集中供养的共有10人，每人每年生活费600元。敬老院利用自身有利条件，开展以副补院，工作人员自己种菜、养猪，增加经济收入1200元，提高“五保”老人的生活水平。

1995年，镇政府投资12万元，将敬老院由聂仙村迁至后丁村。敬老院由原后丁小学改建而成，占地5600平方米，房屋32间，有宿舍、餐厅、娱乐室等。2005年，新建浴室，安装太阳能热水器和冬季供热设施。增添文化、娱乐、健身器材等一系列设备，每人每年生活费1800元。2009年，敬老院迁至齐家终村颐康养生院，每人每月生活费提高100元。

2013年，街道集中供养“五保”老人27人。2017年，集中供养23人，生活补助标准为每人每年13800元，另外每人每月15元零花钱，医药费由街道财政承担。每年春节、老人节等节日期间，街道领导和民政工作人员到敬老院走访慰问、赠送节日礼物。

历任院长：

张金祥　吕友善　任凤书　王长城
宋玉山

齐陵街道党工委副书记路庆锋（左三）走访敬老院五保老人（2017年摄）

第二节 老年人优待

1991年开始，为60岁以上老年人办理淄博市《老年人优待证》，1998年，办理山东省《老年人优待证》。持此证可享受市、区各级政府制定的老年人优待政策。农村70岁以上老年人，免征新增农业税及附加，不承担出资义务，免交乡村公益事业金，不承担筹劳任务，凡税费改革前不承担“三提五统”的，改革后不交纳乡村公益事业金。老年人合法权益受侵害提起公诉时，法院要优先受理、优先审理，依法裁定先予执行；对交纳诉讼费有困难的，可以缓交、减交或免交。确需获得律师帮助时，司法等有关部门应给予法律援助。

2002年8月，临淄区人民政府印发《临淄区人民政府关于优待老年人有关规定的通知》，规定百岁老人市财政每人每月给予生活补贴100元，90至99岁的高龄老人，区财政每人每月给予生活补贴30元。2009年9月，临淄区人民政府下发《临淄区人民政府关于提高老年人长寿补贴标准的批复》，将90至99岁老年人的长寿补贴标准由30元／人／月提高至60元／人／月。由区财政补贴百岁以上老年人120元／人／月。当年，农村60岁以上老年人开始领取新型农村社会养老保险。每年为全街道村居60岁以上老年人进行一次免费查体。街道出资实施“银龄工程”，每年为60至80岁的老年人购买银龄安康保险，以提高老年人抗风险能力，减轻老年人负担。

齐陵街道组织卫生院为老年人查体　　（2015年摄）

2015年，投资10余万元，为街道684名80岁以上老人配备一键通手机，让老年人足不出户乐享优质服务。区民政局将老年证办理工作下放至街道后，街道派专人在服务大厅为60岁以上老人办理老年证。2016年3月，临淄区委常委会议确定将全区80至89周岁老年人纳入高龄津贴发放范围，放发标准每人每月30元，第四季度全街道有840人享受津贴。90至99岁老年人高龄津贴由原来的每人每月60元提高到每人每月90元，全街道有100老人享受津贴。百岁以上老年人高龄津贴由原来每人每月120元提高到每人每月150元，全街道有2人享受津贴。高龄津贴由区财政拨付，由街道做好高龄老人的调查统计、信息核实及汇总上报工作，通过银行卡发放。

2017年，为进一步推进街道养老服务社会化进程，满足老年人专业化、多样化的居家养老服务要求，在前期“精准养老＋扶贫”模式基础上，通过政策扶持和引导，采取无偿、低偿、有偿服务相结合的方式，在政府、企业、村居和家庭之间搭建起居家养老服务平台，构建“一中心一站点一队伍”居家养老服务网络，服务内容主要包括为老年人提供助餐、助浴、助洁、助急、助医、护理、心理咨询等服务。同时按照“集体筹一点、个人掏一点、政府补一点、社会捐一点”的原则，积极推进农村幸福院建设，为农村老人提供日间休息、休闲娱乐等综合性日间照料服务的公益性活动场所，让非五保老人实现老有所养、老有所乐。到年底，淄河村幸福院、薛家村幸福院已投入使用，齐家终村幸福院和王齐村幸福院已建成。

第四季度，全街道享受高龄津贴的老人，80—89周岁914人，90—99周岁109人，百岁老人2人。

第三节 残疾人保障

1982年，齐陵公社办起社会福利水泥预制件厂。1986年，齐陵镇建成社会福利纸箱厂。共安排12名残疾人就业，保障他们的生活。对从事个体生产、商业、服务业的残疾人，根据上级政策，在办证、交税等方面都予以优惠或免除。

1993年，齐陵镇成立残疾人联合会，按《中华人民共和国残疾人保障法》，具体负责残疾人员在康复、教育、劳动就业、文化生活、福利、法律服务等方面的工作。2010年3月1日，淄博市残疾人联合会公开招聘选拔的齐陵街道残疾人专职干事正式上岗。2011年7月1日，《临淄区贫困残疾人生活救助办法》施行。救助低保重度残疾人每人每月300元、低保轻度残疾人每人每月200元、低保边缘残疾人每人每月100元。2011年11月，在区民政局和区残联大力支持下，齐陵卫生院成立“临淄温馨阳光家园”，旨在对全区重性精神残疾人实行多元化、专业化托养服务。

2012年7—8月，齐陵街道残联按照省残联组织开展的“走千家、访万户、察实情、摸实底”大调研活动的统一部署和要求，圆满完成持证残疾人状况调查工作。辖区500余名持证残疾人全部填写《山东残疾人基础信息登记表》，完成《山东省残疾人状况调查系统》微机录入。同年，聂仙村建立一处残疾人康复服务站。2013年，齐陵卫生院临淄温馨阳光家园加大对精神残疾人的托养服务力度，对低保精神病人实行免费住院治疗，圆满完成全区精神残疾人员的托养工作，被市残联表彰为优秀残疾人托养机构。

2014年9月5日，四川长虹公司联合临淄区残联开展“家电助残工程”系列活动。辖区所有持证残疾人均发放了爱心助残卡，补贴额度300元～1000元不等，家电种类包括：电视机、空调、冰箱、洗衣机等。举办“家电助残”捐赠仪式，贫困残疾人刘宪海免费获赠洗衣机1台。同年，王齐村新建一处残疾人社区康复（指导）站。2015年初，街道残联利用1个月时间，圆满完成全国残疾人基本服务状况和需求专项调查及残疾人基础信息数据采集系统的微机录入工作。街道被区残工委表彰为残疾人专项调查工作先进单位。6—8月，为辖区3户贫困残疾人家庭实施无障碍改造。10月21日，齐家终村一户实施无障碍改造的贫困残疾人家庭作为观摩点之一，迎接全市残疾人工作科学发展点评。12月，齐家终村新建一处残疾人社区康复（指导）站。2015年，街道与147名低保、残疾人签订护理补贴协议书，根据不同程度，每人每月补贴100元、200元、300元，改进低保、残疾人生活质量。

市残联党组书记、理事长刘平（右二）带队调研齐家终村残疾人无障碍改造户情况（2015年摄）

2016年1月13日，省残疾人福利基金会，省烟草公司共同开展“责任烟草、温馨安居”工程，为辖区3户贫困残疾人家庭发放救助物资，每户电视机1台、被子2床、褥子1床、枕头1个。7月1日，《临淄区人民政府关于全面建立困难残疾人生活补贴和重度残疾人护理补贴制度的实施意见》施行。对困难残疾人生活补贴标准为每人每月200元，重度残疾人护理补贴为每人每月100元。同年，齐陵街道确定“精准扶贫＋养老、助残”计划。通过政府购买服务方式，根据不同情况对残疾人实行无偿或低偿服务。10月20日，山东省民政厅、财政厅和山东省残联共同印发《关于将重度听力言语和多重残疾人纳入重度残疾人护理补贴发放范围的通知》，自2017年1月1日起，将符合条件的一、二级听力、言语和多重残疾人纳入重度残疾人护理补贴发放范围，辖区共有384名持证残疾人从中受益。2017年，发放轮椅、拐杖、助行器等辅助器具40余件（套），为2名残疾人安装假肢，为2名新入学的贫困残疾人家庭大学生申请3000元／人的学费补助；为2名考取驾照的残疾人申请办理1000元／人的驾驶技能培训补贴。至年底，街道共有持证残疾人690名，享受困难残疾人生活补贴和重度残疾人护理补贴的403名。

第四节 最低生活保障

农村低保

农村最低生活保障线是为贫困农民维持基本生活而制定的，是保障农民基本生活的最后一道防线。1996年7月，齐陵镇执行临淄区《关于实施农村最低生活保障线制度的意见》（临政发〔1996〕83号）文件，最低生活保障线，按年人均纯收入650元的标准实行差额补助。具有本辖区常住农业人口、人均收入低于650元的农民为保障对象。农村最低生活保障金由区、镇、村三级按25%、30%、45%的比例负担。农村最低生活保障线随着物价指数变化和农民人均收入的增长进行调整。1999年调整为700元，所需资金负担的比例调整为30%、30%、40%；2004年调整为区、街道各项负担50%，村级不再负担。保障对象、保障金额实行动态管理，每年一次审查调整。到2017年1月1日，农村居民最低生活标准提高到每人每年4300元。

城市低保

1997年，建立城市最低生活保障制度，保障线标准为每人每月100元，1999年7月1日起，提高到每人每月143元，实行差额补助。对城市低保对象实行动态管理，2016年10月1日，城市最低生活保障提高到每人每月500元。

齐陵街道部分年份低保执行标准

表16-8

开始执行时间	农村标准	城市标准
1997—2002	700元/人•年	143元/人•月
2003.7.1	700元/人•年	160元/人•月
2004.11.1	700元/人•年	190元/人•月
2006.1.1	700元/人•年	220元/人•月
2007.3.1	1000元/人•年	246元/人•月
2008.10.1	1200元/人•年	246元/人•月
2009.10.1	1400元/人•年	261元/人•月
2010.10.1	1600元/人•年	316元/人•月
2011.10.1	1800元/人•年	316元/人•月
2012.1.1	2400元/人•年	316元/人•月
2012.10.1	2400元/人•年	370元/人•月
2013.1.1	2600元/人•年	370元/人•月
2013.10.1	2600元/人•年	420元/人•月
2014.10.1	2880元/人•年	450元/人•月
2015	3150元/人•年	450元/人•月
2016.6.1	3560元/人•年	450元/人•月
2016.10.1	3560元/人•年	500元/人•月
2017.1.1	4300元/人•年	500元/人•月

2009—2017年齐陵街道低保发放表

表16-9

时间		农村			城市		
年份	季度	户数	人数	金额（元）	户数	人数	金额（元）
2009	—	—	—	—	3	6	18642.00
2010	一季度	184	502	125272.50	3	6	22620.00
	二季度	184	502	125272.50			
	三季度	184	502	125272.50			
	四季度	234	654	194316.00			

续表 16-9

时间		农村			城市		
年份	季度	户数	人数	金额（元）	户数	人数	金额（元）
2011	一季度	256	725	248456.50	5	9	30578.00
	二季度	268	754	220401.50			
	三季度	266	748	215956.50			
	四季度	266	748	218376.50			
2012	一季度	267	750	406346.50	5	9	32486.00
	二季度	266	741	249663.50			
	三季度	282	786	594991.00			
	四季度	285	783	375238.50			
2013	一季度	284	779	529298.41	5	9	24110.00
	二季度	222	599	327444.41			
	三季度	211	569	300848.55			
	四季度	206	549	278288.40			
2014	一季度	211	539	262302.97	1	1	5436.00
	二季度	156	334	234087.40			
	三季度	169	350	164054.11			
	四季度	167	345	167528.86			
2015	一季度	174	348	192435.32	1	1	7914.80
	二季度	182	356	194018.66			
	三季度	181	351	193123.31			
	四季度	190	363	238572.74			
2016	一季度	191	357	219013.42	2	3	15996.80
	二季度	189	352	211728.33			
	三季度	190	344	253437.91			
	四季度	197	350	241854.53			
2017	一季度	197	334	235134.37	3	5	23687.80
	二季度	190	332	223718.34			
	三季度	202	352	391080.77			
	四季度	196	333	292625.29			

第五节　婚丧管理与改革

婚姻管理与改革

新中国成立前，无婚姻登记制度。1950年，《中国人民共和国婚姻法》颁布，开始实行婚姻登记。结婚登记、离婚、复婚登记手续都由县民政科主管，由区公所办理。1955年6月1日，中央内务部正式公布《婚姻登记办法》，凡符合婚姻登记规定，则准予登记，并发给结婚证书。凡双方自愿离婚，或一方虽不愿离婚但感情已破裂，而另一方坚持离婚者均准予离婚，并发给离婚证书。12月，婚姻登记改为乡政府办理。1958年由公社管委会办理。1985年7月1日，开始由镇民政助理负责办理。1997年5月，成立“临淄区人民政府婚姻登记处”，负责全区的婚姻登记管理工作。

婚姻登记包括结婚登记、离婚登记、复婚登记。男女双方自愿结婚或离婚，必须到一方户口所在地的婚姻登记机关提出申请。申请结婚时，应提供户口证明、居民身份证，所在单位出具的《婚姻状况证明》，填写申请结婚登记表；申请离婚时应出具所在单位的介绍信，填写离婚申请表。婚姻登记机关对申请结婚的，主要审查是否自主自愿，是否达到法定的婚龄，有无属于禁止结婚的血缘关系和不准结婚的疾病等；对申请离婚的，要审查离婚原因，是否双方自愿，双方对子女抚养和财产的处理，是否达成协议。未达成协议或一方坚持离婚者，则转法院处理。经审查，对符合婚姻法律法规规定条件的，准予结婚或离婚，并发给结婚证或离婚证；对于不符合婚姻法律法规规定的，不予登记；对离过婚的，应当注销其离婚证。当事人从取得结婚证或离婚证起，即确立或解除夫妻关系。

新婚姻法的实施，结束了旧社会遗留的包办、买卖、强迫婚姻的旧俗。使广大妇女在恋爱婚姻问题上得到自由解放，还打破陈旧的传统观念，男子到女子家落户不得受歧视。

在结婚礼俗上，过去时兴大操大办，讲排场、摆阔气，造成铺张浪费。随着改革的不断深化，广大群众自觉响应上级号召，婚事新办、文明从简已成新风尚。

丧葬管理与改革

20世纪60年代前，每个村各家族都有茔地。有的老年人生前就找风水先生选址修寿坟。60年代后，改革封建迷信的殡葬习俗，丧事办理倡导简朴、节约，提倡开追悼会和以生产大队为单位建立公墓，修寿坟现象消失。70年代开始推行火化，至1976年，火化率达100%。80年代，各村都成立红白理事会，倡导“厚养薄葬”“丧事从简”，许多封建陋习得以改革。

齐陵街道刘家终村公墓　（2017年摄）

2010年以后，农村殡葬改革进一步加快。街道严格按照《关于进一步深化民俗改革，推进村居公益性公墓建设的实施意见》，开展丧事简办、厚养薄葬、破除迷信的民俗改革，积极引导推进村居公益性公墓建设。37个村制定有关红白公事《村规民约》，并严格执行。至2017年底，东龙池村、南山村、刘家终村已完成公墓建设。

第五章 支边 移民

第一节 支 边

1956年，境内组织宋家村、高家孝陵等村6名木工技术人员赴宁夏支援边疆建设。

1959年6—8月，临淄7个公社共动员550名青壮年去吉林省蛟河、舒兰煤矿工作，其中齐陵公社宋家大队、吕家大队、高东大队、刘营大队等去了40名。

1960年6—8月，公社动员20名青壮年和南齐大队50户240名社员，去吉林省临江林业局塔河林场和大川林场、抚松县漫江农场工作和安家落户。

第二节 移 民

1970年，修建太河水库，部分库区居民迁至齐陵公社安家落户。聂仙大队安置3户14人。1971年，前李大队安置3户15人，后李大队安置3户9人，薛家大队安置3户15人。按照“原拆原建、国家扶持、集体协助”原则，由集体帮工帮助移民修建新房。每人平均占有住房0.73间，每间房屋由国家补助160元，木材0.22立方米。另外每户补助88元，建厨房和栏圈。

2004年8月24日，接收重庆三峡移民12户51人。分别安排在高家孝陵村4户17人，后丁村4户17人，望寺村4户17人。政府本着迁得出、稳得住、逐步能致富的要求，提前对三峡移民住房按照农村较高住房标准进行庭院建设，配备生产、生活设施和生活物资。专门为移民划出离村近、土质好的水浇田，并安排人辅导耕种。

·第十七篇·

劳动与社会保障

齐陵街道养老医疗保险集中征缴工作会议（2015年 摄）

齐陵街道召开新型农村养老保险动员大会　　（2009 年 摄）

齐陵街道举办劳动力转移计算机培训　　（2012 年 摄）

新中国成立前，境内劳动者与雇主为自由雇佣关系。没有统一劳动管理机构。1958年，人民公社成立后，公社党委、政府按照区劳动部门招工要求，安排招工就业。1970年开始，城市知识青年上山下乡，青岛、博山部分知识青年到境内插队落户。至1980年，知青全部安排就业。

1993年，齐陵镇劳动站成立，负责境内劳动关系协调、管理、服务、劳动就业安置和培训等。2004年，开始实行新型农村合作医疗（简称新农合）。2005年7月，劳动站更名为劳动保障管理所。2007年9月，成立齐陵街道新型农村合作医疗办公室。2008年，开始实行新型农村社会养老保险。2011年，新增城镇居民养老保险。5月，劳动保障管理所更名为人力资源和社会保障所。2013年，新型农村养老保险与城镇居民养老保险合并为城乡居民养老保险。政府引导居民普遍参保，对参保居民实行属地管理，建立个人缴费、集体补助、政府补贴相结合的居民养老保险制度，实行社会统筹与个人账户相结合的办法，保障居民老年基本生活。2014年，新农合与城镇居民医疗保险，合并为城乡居民基本医疗保险。采取个人缴费和财政补助相结合的办法，城乡居民按当年缴费标准缴费，享受当年城乡居民基本医疗保险待遇。2017年，城乡居民养老保险参保人数10527人，城乡居民基本医疗保险参保人数27008人。

第一章　劳　动

第一节　机　构

1993年前，境内无专门劳动管理机构，劳动就业工作由区劳动部门统一管理。1993年8月10日，齐陵镇劳动站成立。主要负责境内劳动关系协调、管理、服务、劳动就业安置和培训等。2005年7月，劳动站更名为劳动保障管理所，工作人员5人。2011年5月，劳动保障管理所更名为人力资源和社会保障所，工作人员7人。2014年开始，招工就业工作陆续下放到街道人社所，此项工作主要包括办理失业登记（发放就业创业证）、办理招工手续、职工保险缴费三大项。

历任负责人：

李仁安　王淑华　韩会玲　杨　杰

第二节　招工与就业

劳动站成立前，招工就业工作由区劳动部门统一管理。公社党委、政府把区劳动部门安排的招工名额，分配到各工作片，由各工作片安排到各大队。1975年，按照临淄区革命委员会文件，招工三次。第一次为石油化工总厂招收男性职工1人；第二次为区属集体所有制单位招收职工，其中从两年以上下乡知识青年中招9名，从复退军人中招2名，为临淄煤矿招亦公亦农工5名；第三次为区属集体单位招普装工2名，其中女性1名。

劳动站成立后，协助区劳动部门做好境内招工就业工作。2014年初，办理失业登记（办理发放就业创业证）下放至街道人社所。7月，办理招工劳动合同签订手续下放至街道人社所。年内办理失业登记430人，办理招工劳动合同签订手续131人。2015年，办理失业登记444人，办理招工劳动合同签订手续326人；2016年，办理失业登记464人，办理招工劳动合同签订手续102人。

2017年3月，办理职工保险收费业务下放至街道人社所，采取到人社所大厅现场刷卡和网上代扣两种方式缴费。街道辖区正常缴纳保险的单位51家，共计缴费人数1489人。另外办理企业保险缴费和增减员业务77次，办理总人数508人。完成辖区7200余人居民养老保险资格认证，新增单位、个体工商户退休17人，街道共有退休人员648人，退休人员认证全部完成，核查率99%。社会化管理工作扎实推进，企业退休人员建档率100%，丧葬费申领94人。社保卡制卡申请273张，补换卡76张，发放临时卡53张。收取大病报销材料54份，总费用101.39万元。办理居民医疗保险补缴费316人次，办理新生儿参保244人次。辖区内企业完成劳动合同备案，完成新订招工266人，续订130人，解除终止181人。加强劳动保障监督检查，及时查处重大违法案件，处理纠纷9件，投诉结案率98%。

街道人社所宣传就业创业政策，提供小额贴息担保贷款，对就业困难人员进行认定，促进辖区内人员就业，至2017年底，为5名有创业资金需求人员申请小额担保贷款，组织6家企业吸纳就业困难人员21人。发布辖区企业用工招聘信息21次，困难就业人员认定16人。录入个人求职96人，职业指导96人，新增就业人数214人，就业转失业人员再就业98人，困难群体就业26人，办理《就业创业证》379人，失业金领取46人。

第三节　知识青年上山下乡

20世纪70年代，国家动员城市知识青年上山下乡，到农村插队落户。1970年，青岛知识青年30余人到境内插队，安排在望寺、南山、宋家等大队。1975年起，博山陶瓷厂知识青年494名分两批到齐陵公社插队。第一批知青安排在望寺、吕家、义和（刘家终村）、宋家、石庙等大队，其中，石庙大队18人，宋家大队16人。1976年9月，博山陶瓷厂第二批知青分别安排在淄河、毛家、杨东、驻佛、后丁、南山、望寺、义和等大队，其中，毛家大队20人，义和大队40人。另有少数祖籍是齐陵的回乡知青，安排在原籍所在大队。插队知识青年经费由国家拨发，1973年后下乡的，不论回原籍落户，还是到农村集体插队，平均每人500元，包括建房费、生活费、用具费、医疗费、学习材料费等。接收知青各大队建起知识青年安置点，称知青点，供知识青年居住生活，并为知青购置农具、家具和学习材料等。下乡知青口粮，未参加生产队收益分配前由粮食部门供应，每人每月成品粮22.5千克，食油0.25千克，有劳动收益后，随生产队分配。

公社及各相关大队重视知识青年工作，涌现出一批知青先进单位和先进个人。1975年，区召开知识青年代表大会，齐陵公社有30名知识青年参加。1978年10月，中共中央、国务院对知识青年下乡政策进行调整，下乡知青分批回城或就地安排工作。至1980年，境内知识青年全部回城或在当地就业。

插队知青与当地乡亲建立了深厚感情。吕家孝陵、石庙孝陵、宋家、交流等村的知青多次回乡探亲。1994年，宋家村原插队知青回村探望，与乡亲们共话家常，并与部分乡亲合影留念。2005年，石庙村原插队知青回村，为村内修路捐款1万余元。

第二章　工资　福利

第一节　工　资

新中国成立前，劳动者受私营业主雇佣，工资待遇由雇主决定。新中国成立后，社办企业职工实行工资制，企业按工种、岗位确定不同等级工资标准。工资标准由公社党委制定，其改革与调整由公社党委确定。1958年开始，企业实行计时工资制。即每月按实际工作时间和本人基础工资额计算工资。其工资50%支付给职工，另50%支付给职工所在生产队，生产队给职工记同等劳力工分，参加生产队粮食等收入分配。

1980 年，取消 50% 工资交队记工的规定，改为全部工资制。1984 年，随着改革开放不断深入，职工工资分配开始体现多劳多得原则，实行工资总额与经济效益挂钩的分配方式，即百元利润工资含量，改变了计时工资分配方法。1989 年，工资分配既体现多劳多得又照顾工龄和技能，实行职工工资 40% 按基础工资分配，60% 按计件和岗位计算的方法。1992 年，企业改制后，实施内部三项制度改革，工资分配管理更加体现效率优先原则。1995 年，职工工资分配 30% 按基础工资计算，70% 按计件和岗位计算。各级管理人员工资按规定职务系数计算。2000 年，对后勤管理人员实行定编、定岗，推行岗位责任工资。2004 年始，对专业技术人员实行结构工资制。

1959—2017 年美陵公司职工工资情况表

表 17-1

年份	年人均工资（元）	年份	年人均工资（元）	年份	年人均工资（元）	年份	年人均工资（元）
1959	172	1974	420	1989	2071	2004	13656
1960	185	1975	395	1990	2622	2005	14743
1961	231	1976	386	1991	3835	2006	18576
1962	317	1977	411	1992	3389	2007	21212
1963	291	1978	455	1993	3487	2008	19765
1964	404	1979	406	1994	4063	2009	24215
1965	405	1980	490	1995	4685	2010	24875
1966	290	1981	542	1996	6008	2011	31023
1967	319	1982	518	1997	6701	2012	35016
1968	430	1983	565	1998	7850	2013	42253
1969	367	1984	797	1999	7142	2014	49580
1970	349	1985	1018	2000	7085	2015	50971
1971	339	1986	1313	2001	8208	2016	52314
1972	360	1987	1556	2002	7437	2017	57479
1973	435	1988	1862	2003	9272		

第二节 福 利

奖励

自1986年起，企业建立各项激励机制。考勤奖，职工月出勤20天以上每人每月奖金8元。2003年调整为10元。2006年该项奖取消。年终奖，根据企业效益，年终进行民主评议，分1、2、3级对全员进行奖励。2007年改为按年终综合考核分数计奖。

补贴

各类补贴包括生活补贴、冬季取暖补贴、差旅补贴等。

生活补贴 1966年，企业对固定工每月补贴4.5元。1971年，对亦公亦农工人执行每人每月2.25元的生活补助标准。1980年，生活补助标准调整为固定工每人每月7元，亦公亦农工人每人每月2.5元。1983年，根据公社工业办公室规定，社办工业企业单位经济指标承包后，干部、职工福利待遇一律取消，至此，各项补助停发。1994年，企业根据淄劳字〔1994〕第7号文件精神，对统招统分的大中专毕业生职工，执行男每人每月91元，女每人每月93元的补助标准。1998年，其他职工每人每月补助45元。2003年，对补助标准进行调整，调整为大中专毕业生职工每人每月男115元，女117元。其他职工每人每月男80元，女82元。

冬季取暖补贴 1970年，执行每人7.5元/年补贴标准。1980年，每人12.5元/年。1982—1996年，每人每年补助取暖煤500千克。2003年，每人300元/年。2004—2006年，每人400元/年。2007年，每人500元/年。

差旅补贴 1966年，根据上级有关部门规定，出差伙食补助标准本市范围每人0.2元/日，出市范围每人0.4元/日。1971年，出差伙食补助标准本市范围每人0.25元/日，出市范围每人0.5元/日，通宵乘车满5小时以上，未购卧铺票的，每人0.5元/日。1981年，补助标准本市范围改为每人0.8元/日。1988年10月，外出一类地区每人3.5元/日，二类地区每人4元/日，三类地区每人6元/日。2004年，出差伙食补助实行包干，在外住宿每人50元/日，出市范围每人5元/日，本市范围取消。2006年，出差伙食补助在外住宿的，改为每人60元/日，出差乘坐火车硬座8小时以上按票价50%补助。

劳动保险

1994年开始，企业为职工办理养老保险、医疗保险、工伤保险、职工生育保险、失业保险和一次性养老补助。

养老保险 1994年8月开始，每年为符合条件的老职工办理养老保险。1999年12月，为劳动合同制工人在区劳动社会保险处办理养老保险，建立《职工养老保险手册》和个人账户，并一次性补缴养老金。养老保险费由企业和劳动合同制工人按比例共同缴纳。职工达到国家规定退休年龄，即男年满60周岁，女年满50周岁，可按规定按月领取退休金。企业为职工办理退休手续，转为社会化管理。

医疗保险 2004年7月，企业参加临淄区医疗保险社会统筹，缴费率由区社会劳动保险事业分处按照企业上年度工资总额确定基数，集体缴纳7%，个人缴纳2%，个人缴纳部分从个人工资中扣除。

工伤保险 2005年7月，根据劳动部《企业职工工伤保险试行办法》和市政府第12号令《淄博市企业职工工伤保险管理办法的规定》，企业参加淄博市工伤保险社会统筹。工伤保险缴费率，由区社会劳动保险事业分处按照企业上年度工资总额确定基数，1%由企业按月上交，职工个人不缴费。

职工生育保险 2006年4月，在区社会劳动保险事业分处为企业职工办理生育保险。生育保险费由企业按上年度工资总额0.7%的比例缴纳，职工个人不缴纳生育保险费。

失业保险 2008年7月，企业为职工增加缴纳失业保险。

一次性养老补助 2011年1月，企业为职工增加缴纳一次性养老补助。

劳动保护

1972年前，根据上级关于劳动保护有关规定，每年向职工发放工作服和特殊工种劳动保护用品。从1972年开始，企业建立劳保护品和保健费发放制度，根据岗位工种和工作场合不同，确定发放标准，按时发放。1992年，为着装整齐，提高企业形象，制作带有企业标志的工作服。截至2017年，劳保护品有工作服、劳保皮鞋、安全帽、各类手套、各种口罩、防护眼镜、隔离衣等。

职工保健　1972年起，企业对从事高温作业岗位，每年7、8、9三个月，每人每日给予0.2元补贴。1982年起，对从事有毒有害工作岗位职工，给予每人每日0.25元补贴。1995年，对从事高温作业岗位职工，每年7、8、9三个月，每人每月32元补贴。对从事有毒有害工作岗位的职工，每人每月21元补贴。从事放射工作职工，每人每月42元补贴。2003年，对保健费发放范围及标准做出新规定，对从事高温作业职工，每年7、8、9三个月，享受高温作业保健补贴，标准为每个工作日1.3元。对从事有毒有害工作岗位职工，每人每工作日1.2元补贴，不满10个工作日每月10元。从事放射工作职工，每人每工作日1.6元补贴，并每年体检一次。

女职工保健　1989年1月，企业成立女职工劳动保护领导小组。同年9月，制定《女职工劳动保护暂行规定》。1999—2007年，对女职工育产假作详细规定。女职工产假期为90天，难产增加15天，多胞胎每增加一胎增加15天。产后女扎增加21天，怀孕不到4个月流产，根据医院出具的证明，产假为15～30天。对产、休假基本工资和各种福利待遇按规定照发。

第三章　社会保障

第一节　机　构

2011年8月31日，根据区人力资源和社会保障局部署，成立齐陵街道人力资源和社会保障所。服务对象为辖区居民、用人单位。具体负责政策咨询、来访接待、人才就业服务、社会保障、劳动关系、调解仲裁、劳动监察等业务，办公地点设在街道便民服务中心。专职工作人员4名，经费由街道财政全额负担。2014年初，人社工作部分业务下放到街道人社所。10月，设立人力资源和社会保障服务大厅。

历任所长：

王淑华　韩会玲　杨　杰

第二节　设施建设

2014年，人力资源和社会保障所标准化服务大厅投入使用，面积300平方米。其中，档案室30平方米，劳动人事争议调解室30平方米，所长室、监察工作室30平方米。部门设置劳动监察中队、劳动人事争议调解所等。窗口设置劳动监察、调解仲裁、养老保险、医疗保险、就业服务、劳动关系、人才服务、政策咨询等。

齐陵街道社会管理服务中心　（2017年摄）

第三节　养老保险

2008年，开始实行新型农村社会养老保险，当年适龄参保率达到95%以上。2011年，又新增城镇居民养老保险，参保率达到90%以上。2013年，新型农村养老保险与城镇居民养老保险合并，更名为城乡居民养老保险。2017年，完成辖区7200余人居民养老保险资格认证。新增单位、个体工商户退休17人，街道共有退休人员648人，退休人员认证全部完成，核查率99%；企业退休人员建档率100%。丧葬费申领94人。社保卡制卡申请273张，补换卡76张，发放临时卡53张。

参保范围

年满16周岁（不含在校学生），未参加其他社会养老保险的居民，可以在户籍地参加居民养老保险。

基金筹集

居民养老保险基金由个人缴费、集体补助和其他资助、政府补贴构成。

个人缴费

参加居民养老保险的居民应当按规定缴纳养老保险费。缴费标准全市统一设为每年100元、300元、500元、600元、800元、1000元、1500元、2000元、2500元、3000元、4000元、5000元12个档次。其中，100元档次只适用于重度残疾人等缴费困难群体的最低选择。除100元档次外，参保人自主选择缴费档次，按年缴费，多缴多得。个人年缴费额不得超过最高缴费档次。市政府根据省政府规定适时调整缴费标准。

集体补助及其他资助　有条件的村（居）集体应当对本村（居）居民参保缴费给予补助，补助标准由村（居）民委员会民主确定。鼓励其他经济组织、社会公益组织、个人为参保人缴费提供资助。集体补助及其他经济组织、社会公益组织、个人的资助额之和不得超过最高缴费档次。

政府补贴　政府对符合领取条件的参保人全额支付居民养老保险基础养老金。中央和省财政按照统一确定的基础养老金65元的标准给予40%补助，市财政给予每人每月9元补助，剩余部分由区政府承担。区政府对参保人缴费给予适当补贴：缴费100元补贴30元，缴费300元补贴40元，缴费500元补贴50元，缴费600元补贴60元，缴费800元补贴70元，缴费1000元补贴80元，缴费1500元补贴100元，缴费2000元补贴110元，缴费2500元补贴120元，缴费3000元补贴130元，缴费4000元补贴140元，缴费5000元补贴150元。对重度残疾人等缴费困难群体，区政府为其代缴部分或全部最低标准养老保险费。

建立个人账户

人力资源社会保障部门为每个参保人建立终身记录的养老保险个人账户。个人缴费，集体补助及其他经济组织、社会公益组织、个人对参保人缴费提供的资助，以及政府对参保人的缴费补贴全部记入个人账户，其中缴费补贴在个人账户中要单独记录。个人账户储存额目前每年参考中国人民银行公布的金融机构人民币一年期存款利率计息。

养老金待遇

居民养老保险养老金待遇由基础养老金与个人账户养老金两部分组成，支付终身。

基础养老金　淄博市基础养老金最低标准为每人每月65元。市政府根据省政府的规定适时调整居民养老保险基础养老金最低标准。

对缴费超过15年的居民，每多缴1年，基础养老金加发3%。对独生子女伤残、死亡家庭和农村独女户夫妻，符合领取条件的给予计划生育补助。其中，对独生子女伤残和农村独女户家庭夫妻，补助标准为本人月基础养老金实际计发额的100%，对独生子女死亡家庭夫妻，补助标准为本人月基础养老金实际计发额的200%。复退军人按服役年限每服役1年（不满1年按1年计）基础养老金加发3%。提高和加发部分资金由区政府承担。

个人账户养老金　个人账户养老金月计发标准为个人账户全部储存额除以139（与现行职工基本养老保险个人账户养老金计发系数相同）。参保人死亡，个人账户资金余额，除缴费补贴外，依法继承；缴费补贴余额用于继续支付其他参保人养老金。

居民养老保险养老金待遇，领取人自死亡次月起停止发放养老金。相关人员在待遇领取人死亡后，30日内办理居民养老保险注销登记的，一次性发给丧葬补助金，标准为800元。

养老保险待遇领取条件

年满60周岁、按规定参保、未享受国家规定的其他养老保险待遇的居民，可以按月领取养老金。新农保和城居保制度实施时已年满60周岁老年人不用缴费，按月领取基础养老金；45周岁以上（不含45周岁）的，应按年缴费，累计缴费年限不少于实际年龄到60周岁的剩余年数，允许补缴，但补缴后累计缴费年限不得超过15年；45周岁以下（含45周岁）的，应按年缴费，累计缴费年限不少于15年。补缴部分政府不给予缴费补贴。

2008—2017年齐陵街道养老保险参保情况表

表17-2

年份	参保人数	保费金额（元）	领取人数
2008	11682	1273338.00	4155
2009	8995	3924820.00	4355
2010	9492	4783200.00	4565
2011	10238	5017180.00	4765
2012	9906	4904900.00	4965
2013	11361	5754950.00	5265
2014	11300	5354000.00	5682
2015	11034	5553900.00	6220
2016	11434	5768800.00	6653
2017	10527	5807870.00	7266

第四节　医疗保险

2004年，开始实行新型农村合作医疗。2007年9月，成立齐陵街道新型农村合作医疗办公室，负责人1名，工作人员1名，由区卫生部门分管。负责新型合作医疗资金个人筹资与参合信息的整理；本街道参合农民非联网医院住院费用收集与初审，大病补偿款发放；公示新型合作医疗基金缴纳和享受情况；新型合作医疗有关证、表、册、卡填写、送审、校验及管理发放，做好档案管理工作；对定点医疗机构监督和管理，审核报销材料，发放报销款；处理本街道新型合作医疗日常事务，定期向区新型合作医疗办公室汇报工作情况，解答参加新型合作医疗参保对象的咨询，完成任务并接受检查指导。2013年底，新型合作医疗办公室人员、数据资料、档案等整体移交到人力资源和社会保障所。

2014年，新型农村合作医疗与城镇居民医疗保险，合并为城乡居民基本医疗保险，参保范围为职工基本医疗保险制度覆盖范围外的城乡居民，以家庭户为单位参保。

城乡居民基本医疗保险，筹资采取个人缴费和财政补助相结合的办法。缴费标准，学生和儿童（18周岁及以下人员）个人缴费标准为每人每年80元。成年城乡居民个人缴费标准为每人每年200元。新生儿父（母）参加本市基本医疗保险的，新生儿出生当年不缴费，办理参保登记手续后，享受当年城乡居民基本医疗保险待遇。享受城乡最低生活保障的居民、农村五保供养对象、抚恤定补优抚对象、重度残疾人（指经残联认定的残疾等级达到1级或2级的残疾人）、计生补助户，个人不缴费，由政府财政按规定予以代缴。每年缴费期为上年的10月1日至12月 31日。逾期缴费的不享受政府财政补助部分，所有费用由个人全部承担。

医疗待遇，在一个年度内，门诊医疗费用起付标准为50元，参保人本年度内门诊统筹基金最高支付限额城乡居民为900元。住院报销，在市内住院一个年度内首次住院起付标准分别为：老年居民和一般居民一级医院100元，二级医院300元，三级医院700元。中小学阶段学生和少年儿童首次住院起付标准统一为100元。在一个年度内第二次住院起付标准减半，第三次住院取消起付线。起付标准以上部分，实行基本药物制度的一级医院（社区卫生服务中心、镇卫生院）报销比例为85%，其他一级医院报销比例为75%，二级医院报销比例为70%，三级医院报销比例为55%。城乡居民基本医疗保险最高支付限额为20万元。

2015年，缴费标准与大病保险数额做了调整。学生和儿童个人缴费标准为每人每年100元，成年城乡居民个人缴费标准为每人每年220元。2016年缴费标准，学生和儿童个人缴费标准为每人每年120元。成年城乡居民个人缴费标准为每人每年220元。一个医疗年度内，大病保险每人最高给予30万元补偿。2017年缴费标准，学生和儿童个人缴费标准为每人每年150元。成年城乡居民个人缴费标准为每人每年250元。一个医疗年度内，大病保险每人最高给予30万元补偿。当年收取大病报销材料54份，总费用101.3878万元，办理居民医疗保险补缴费316人次，办理新生儿参保244人次。

部分年度齐陵街道新农合筹资及补偿情况表

表17-3

年度	个人筹资（元）	各级财政补助（元）	门诊补偿最高比例（%）	住院补偿最高比例（%）	最高补偿额（万元）	分娩产妇定额补偿（元）
2007	10	—	20	40	1.5	—
2008	20	—	30	60	5	200
2009	20	80以上	30	60	10	400
2010	30	100以上	30	65	15	800
2011	40	120以上	30	70	15	800
2012	60	—	45	85	15	800
2013	80	—	50	90	15	1500

2004—2017 年度齐陵街道医疗保险缴费情况表

表 17-4

年度	参合总人数	个人缴款（元）	各级财政补助（元）	资助人数	参合率	年度补偿情况（元）
2004	24410	10	—	—	82.40%	—
2005	22146	10	—	—	76.90%	—
2006	18890	10	—	—	65.60%	—
2007	21711	10	46	—	75.90%	—
2008	26141	20	71	789	100%	220.1
2009	26904	20	84.4	1056	100%	254.7
2010	28328	30	103.8	1040	100%	324.1
2011	28483	40	200	1235	100%	—
2012	28588	60	—	1459	—	640.4
2013	28631	80	—	—	—	—
2014	26310	200	320	—	—	320
2015	27089	220	380	—	—	—
2016	26894	220	420	—	—	—
2017	27008	250	450	—	—	—

第五节　银龄安康保险

“银龄安康工程”是省政府老龄办统一部署，为广大老年人提供综合意外保障的一项社会惠民工程。投保年龄在 50 ～ 80 周岁，身体健康的老人均可参加。保险期为 1 年，每份 20 元，1 份起保，每人限投 5 份。最高赔付金额为：意外伤害身故，最高赔付每份 10000 元；高度残疾，最高赔付每份 10000 元；意外医疗，最高赔付每份 2000 元。

2013 年，街道为 5043 名（60 ～ 80 周岁）老年人投保，每人 1 份（10 元），共有 21 人获得理赔，赔偿金额 41687.84 元。

2014 年，街道（60 ～ 80 周岁）老人共计 5436 人，为其每人购买 1 份（10 元）保险，共计投资 54360 元。

2015 年，街道（60 ～ 80 周岁）老人共计 6029 人，为每人出资 10 元，为 32 名五保老人每人出资 10 元，办理了银龄安康保险，共计投资 60610 元。

2016 年，街道（60 ～ 80 周岁）老人共计

7440人，为每人出资10元，为34名五保老人每人出资50元，办理了银龄安康保险，共计投资76100元。至年底，共理赔53起，理赔金额达71151.54元。

2017年，街道（60～80周岁）老人共计7322人，为其每人出资20元，为33名五保老人出资50元，办理银龄安康保险，共计投资148090元。

·第十八篇·

教 育

区委副书记、区长宋振波（前右二）考察齐陵中心小学（2012 年 摄）

区委书记、区人大常委会主任毕荣青（右二）带队点评齐陵街道中心幼儿园（2014 年 摄）

区委副书记、区长白平和（左四）考察齐陵一中 （2017 年 摄）

境内教育源远流长。春秋战国时期，齐地形成好学重教之风，稷下学宫兼容并包的开明性与百家争鸣的开放性，影响深远。

科举时期，境内教育以文社、书院和私塾为主。康熙十年（1671年），淄河店设立社学。清末，在郑家沟成立益临书院。各村均设私塾，王齐村有4处，聂仙村有3处，采取家族式教学，由家族长者执教，教育本族子孙，以教授《三字经》《百家姓》等识字用教材及“四书五经”等儒家经典为主。光绪二十七年（1901年）停岁试武童。1903年改书院为学堂。1904年停岁试文童，科举制即废。

民国时期，学堂改称学校，1921年，有国民学校25所。抗日战争爆发后，部分村庄兴办私塾，主要进行识字教育。解放战争时期，学校时办时停。1948年齐陵解放，新生人民政权培训教师，开始恢复整顿小学教育。

新中国成立后，对成年人进行有步骤的分期扫盲和思想教育。1953年，开始发展学前教育。1959-1961年国民经济困难时期，学校教育处于勉强维持状态。1962年，经过调整压缩学校规模，学校教育渐趋稳定。20世纪70年代初期，全公社有40所小学，其中6所联中戴帽办初中。开始普及小学五年教育。

中共十一届三中全会后，教育投入不断加大，基础教育快速发展。1992年，实施合班并校，整合教育资源配置，年满6周岁儿童全部入学，实现九年义务教育达标。1995年，实现“基本普及九年义务教育，基本扫除青壮年文盲”的“两基”目标，并通过复评。1998年，成功争创幼儿教育示范镇。中小学进行教育创新体系实验、新基础教育实验和基础教育课程改革实验。进行教育人事制度改革，实行校长负责制、教师聘任制和结构工资制。2000年，争创为淄博市义务教育示范镇。连续五年镇人大代表评议中心校为“人民代表评议最佳部门”。至2008年，加快教育信息化建设步伐，加强信息技术与学科教学整合。把制止辍学工作纳入对村和学校年度工作考核。落实“减负”规定，取消一切形式的节假日补课，实施精细化管理。2010—2016年，强化校园安全工作，配齐安保设施，配备专业保安。加快推进教育现代化，推进高效课堂建设和教科研工作，实现学校间与教师间课堂教学改革均衡发展。

2017年，实施校园改造提升工程，利用三年时间，完成齐陵一中、齐陵二中九年一贯制校舍改建。全街道共有学校、幼儿园10所。其中，普惠性幼儿园4所，在园幼儿475名，幼儿教师55名；民办幼儿园1所。小学2所，在校生841名，教职工87名。初中2所，在校生966名，教职工131名。社区教育中心1所。学前教育、义务教育、社区教育协调发展，进入全新的现代化教育时期。

第一章　机　构

第一节　行政机构

清末至民国初期，境内无专门教育行政机构，学务由县视学和劝学员负责。1939年7月，临淄县抗日民主政府设教育科，各区设文教助理员。1945年，临淄县人民政府设教育科。二区与三区设文教助理员，恢复开展小学教育。文教助理在区公所办公。

新中国成立后，设文教助理员1人，具体管理小学、民校工作，协助县文教科对教师进行管理。1952年，增设扫盲校长1人，并配备扫盲辅导员。1954年，设文教委员。1956年，撤销文教助理员，设中心完小校长，管理小学行政业务工作。为加强扫盲工作，扫盲校长增为2人，1958年复减为1人，负责农民业余教育。1962年，公社设中心校长1人，在中心完小办公，扫盲校长1人，在公社机关办公。

1970 年，成立教育组，设教育干部（1973 年称教育助理）1 人，配备会计、教研员，管理联中、小学、幼儿园行政业务工作。1982 年，教育组改称中心校，教育助理改称中心校长。

1984 年 4 月，齐陵公社中心校改称齐陵镇中心校。1994 年，成立教育委员会，设教委主任 1 人，成教校长、幼教辅导员、会计、出纳各 1 人，教育工会 1 人，教研室 4 人，具体负责教育行政和业务工作。

2002 年 6 月，教育委员会改称中心学校，办公地点在齐陵一中校内。设校长 1 人，成立办公室、教研室、成教、工会、计财科、幼教办公室，全面管理中小学、幼儿园工作。

2017 年，进行机构改革，设校长 1 人，设办公室、教研室、社区教育中心、工会、计财科、幼教办公室、督导室，全面管理中小学、幼儿园工作。

1945—2017 年齐陵街道教育行政机构历任负责人一览表

表 18-1

姓名	籍贯	职务	任职时间
崔来友	北羊乡南卧石村	二区文教助理	1945.9—1946.7
于立孝	齐都镇西关村	三区文教助理	1945.9—1946.7
郭洪翚	朱台镇北高阳村	牛山区文教助理	1946.9—1949
刘贵卿	付辛村	龙池区文教助理	1949—1955
孙镜海	高阳乡王庄村	齐陵公社中心校长	1955—1962
杨保职	寿光	齐陵公社中心校长	1962—1965.7
闫学仁	后李村	齐陵公社文教助理	1965.7—1975.7
刘兴元	梁家终村	齐陵镇教育组长	1971.7—1985.5
王延升	齐都镇蒋王村	齐陵镇教育组长	1985.5—1991.8
崔一海	聂仙村	齐陵镇教委主任	1991.8—2003.10
于春祥	宋家村	齐陵街道中心校长	2003.10—2005.8
孙树明	梧台镇	齐陵街道中心校长	2005.8—2016.8
许跃刚	敬仲镇	齐陵街道中心校长	2016.8—

第二节　业务机构

新中国成立初期，无专门教学研究机构，教研工作由县文教科直接负责，以视导检查为主要形式，分片组织观摩课。1970 年，公社教育组开始配备兼职教研员，负责指导教师学习教学大纲、研究教材，组织公开课。

1985 年 1 月，成立教研室，隶属中心校管理，办公地点设在淄河村内镇中心小学，教研员 3 人，负责日常教学工作。1988 年，教研员负责中小学教学研究与管理工作，并管理中小学学籍。1992 年，办公地点随中心小学迁至淄河村东紫荆山下。

1998 年，设教研室主任 1 人，教研员 3 人。负责开展教学研究，指导教师业务学习、教学基本功训练，组织公开课和观摩课，进行期中抽测和期末考试。2000 年后，主要负责小学教学研究工作。

2003 年，通过竞争上岗方式，配备教研室主任 1 人，教研员 2 人。指导落实教学大纲与教学计划，对教学工作进行检查、指导和评估，进行教研教改管理，落实教研课题与教改项目，对教学质量进行检测，规范教学档案管理。

2017 年，教研室设主任 1 人，教研员 2 人。负责中小学教育教学与教师管理工作。

历任主任：

任修礼　崔一海　于春祥　刘宪刚

路国秀　吕少山　桑秀芬

第二章　学前教育

第一节　概　况

齐陵境内学前教育始于 1953 年，北山小学附设幼稚班 1 个。条件较好的农业生产合作社，开办季节性农忙托儿所。1958 年，各生产队办起幼儿园，入园幼儿数大增，但许多园所很快停办。

1960 年春，掀起办园热潮，全公社有 3 ～ 6 岁幼儿 2467 名，入园率 95% 以上，对 114 名教养员普训 1 ～ 2 遍。1972 年，淄河大队办起“育红班”，幼儿 18 名，教师 2 名。之后，各大队纷纷办起规模不等的“育红班”。1977 年，“育红班”改称幼儿园。1980—1984 年，有 24 个大队办起幼儿园。

1985 年，幼儿园由小学附设向单门独院的正规化幼儿园过渡。1986 年，幼儿园有 33 所，淄河幼儿园、前后李幼儿园、高家幼儿园为市一类幼儿园。1988 年，一类幼儿园实现“五化”，即净化、绿化、美化、儿童化、教育化。1990 年，各村办园率达 100%，4 ～ 6 岁幼儿入园率达 98%。

1991 年，托幼工作由妇联主管转交教委主管。1992 年，开始合并规模较小园所，进行资源整合。淄河幼儿园更名为中心幼儿园。1997 年，科学设置幼儿园布局，加快规范化建设。有幼儿园 28 所，在园幼儿 708 名，教师 50 名。对 11 所幼儿园进行提档升级。

1998 年，加快园所建设与合班并园工作，北山东、北山西与柳店幼儿园合并为牛山幼儿园，撤并南齐幼儿园，全镇保留 24 所，重新进行登记注册和类别评估。争创为幼儿教育示范镇。1999 年，撤并南山、王齐、毛家、吕家、龙池、石庙、刘营、薛家幼儿园，合并为 16 所。前后李幼儿园更名为实验幼儿园，争创为市级示范幼儿园。2000 年，撤并聂仙、郑家、后丁幼儿园，太平幼儿园改为宋家幼儿园分园。

2001 年，中心幼儿园通过淄博市示范园验收。幼儿园合并为 11 所，其中，市级示范园 3 所，一类园 5 所。2004 年，幼儿园合并为 8 所，在园幼儿 804 名，入园率 100%。

2009 年 5 月，望寺幼儿园合并于宋家幼儿园。2010 年 8 月，牛山幼儿园合并于中心幼儿园。同时做好闲置园产管理，整合幼教资源。

2011 年，对幼儿园及流动幼儿实行电子档案管理，实现园藉管理电子系统化。2015 年，建设宋家、实验、齐家幼儿园食堂，设施达标投入使用。2016 年 3 月，杨齐幼儿园合并于高家幼儿园。 9 月，齐家幼儿园改为中心幼儿园的分园。

2017 年，有 4 所幼儿园，即中心幼儿园、高家幼儿园、实验幼儿园、宋家幼儿园。其中省级示范园 1 所，市级示范园 3 所，全部达到普惠园标准，均被评为淄博市第二批数字化幼儿园。

历任辅导员：

孙桂兰　许兰芸　周莲香　许方芹

桑秀芬

1997 年齐陵镇幼儿园情况一览表

表 18-2　　单位：平方米、人

园名	园址	建园时间	占地面积	建筑面积	幼儿	教师	保育员	园长	类别
中心幼儿园	淄河村	1978	3700	632	83	5	1	刘振奎	市一类
柳店幼儿园	柳店村	1978	460	42	6	1	—	张秋菊	市三类
北山东幼儿园	北山东村	1980	560	90	32	1	—	赵连玲	市一类
北山西幼儿园	北山西村	1984	800	45	18	1	—	李其红	市三类
南山幼儿园	南山村	1983	830	56	19	1	—	李玉梅	市三类
牛山幼儿园	北山东村	1980	560	120	23	2	—	赵连珍	市二类
刘家幼儿园	刘家终村	1989	980	194	36	3	—	许　明	市三类
梁家幼儿园	梁家终村	1980	2288	449	38	2	—	许　丽	市三类
齐家幼儿园	齐家终村	1982	1600	290	28	2	—	许爱芹	市二类
王齐幼儿园	王齐村	1981	360	108	36	2	—	贾学纲	市三类
南齐幼儿园	南齐村	1990	400	36	12	1	—	李春平	市二类
杨齐幼儿园	杨东村	1978	5200	280	42	3	—	胡美霞	市一类
郑家幼儿园	郑家村	1982	900	72	8	1	—	李瑞美	市三类
聂仙幼儿园	聂仙村	1980	1409	120	30	2	—	任永芹	市三类
龙池幼儿园	东龙池村	1978	2800	150	27	2	—	周俊莲	市三类
吕家幼儿园	吕家孝陵村	1978	224	54	20	1	—	吕小霞	市三类
高家幼儿园	高家孝陵村	1978	3200	732	29	1	—	于爱荣	市三类
石庙幼儿园	石庙孝陵村	1981	3500	200	20	2	—	孟华菊	市三类
毛家幼儿园	毛家村	1985	1000	36	9	1	—	杨桂英	市三类
北苑幼儿园	北苑村	1991	250	144	13	1	—	贾秀萍	市三类
前后李幼儿园	后李村	1982	1200	500	35	3	—	周广萍	市二类
刘营幼儿园	刘营村	1983	800	250	21	2	—	于存美	市三类
薛家幼儿园	薛家村	1983	1000	56	17	1	—	张红梅	市三类
宋家幼儿园	宋家村	1978	640	144	35	3	—	于　连	市二类
太平幼儿园	太平村	1980	458	140	14	1	—	杨秀俊	市三类
后丁幼儿园	后丁村	1981	326	54	12	1	—	李秀红	市三类
望寺幼儿园	望寺村	1980	550	126	18	1	—	冯　蕊	市三类
老刘家幼儿园	老刘家村	1981	2200	278	27	3	—	刘美英	市二类

1998—2017 年齐陵街道幼儿园基本情况表

表 18-3　　单位：处、人

年份	数量	幼儿	教师	市示范	市一类	市二类	市三类
1998	24	793	48	—	6	3	15
1999	16	992	50	—	7	3	6
2000	12	964	43	—	7	3	2
2001	11	1092	49	3	5	2	1
2002	8	761	41	1	7	—	—
2003	8	804	41	1	7	—	—
2004	8	804	44	1	7	—	—
2005	8	941	44	3	5	—	—
2006	8	841	45	3	3	2	—
2007	8	774	50	2	3	3	—
2008	8	662	40	1	2	4	1
2009	7	617	39	2	2	3	—
2010	6	630	43	2	1	2	1
2011	6	580	43	2	1	2	1
2012	6	534	42	2	1	2	1
2013	6	583	47	3	2	1	—
2014	6	496	39	3	3	—	—
2015	6	504	43	4	1	1	—
2016	4	500	46	4	—	—	—
2017	4	475	55	4	—	—	—

第二节　教育管理

教育

1953—1959 年，各村农忙托儿所多以“看孩子”为主，间或给幼儿“拉呱”、唱歌谣、儿歌或歌曲，教学不正规。1960 年，公社党委成立 10 人的文教委员会，设 6 个管理区，以文教大队长为主组成文教领导小组。每个管理区设 1 个经验传授站，由本学区中心小学辅导重点园教师业务。师生自制 2 万余件玩具。加强劳动教育，师生共植树 2000 余棵，种植蓖麻 8 万棵。适应全民学习汉语拼音形势，加强汉语拼音教学，以幼儿学习发音为主，用色纸和纸壳做成教学卡片，随时随地引导幼儿进行发音练习。4 月 12 日，在北山庄召开学习汉语拼音现场会，小朋友进行拼音认读，说普通话、写 100 以内数字、计数 20 以内加减法，引发家长积极参与。

1972 年，“育红班”开始选学毛主席语录，选用小学低年级课本为教材。1980 年，幼儿园设语言、计算、常识、体育、美术、音乐等 6 门课程，开始使用北京幼儿园教材。在教学上多采用直观、启发式教学法，也采用贴纸板教学、幻灯教学。1984 年开始，按山东省教研室《幼儿园教育内容安排意见》教学。

1986 年 8 月，开办幼儿家长学校。1987 年，托幼工作列入镇精神文明发展规划和镇党委政府目标责任制。1992 年，对 28 所基本符合条件的幼儿园，上报临淄区教委登记注册与类别评估，统一收费标准，统一规定园所物质环境。1994 年，配合区教委对幼儿教师队伍全面考核整顿。1998 年 10 月，启动幼儿教育示范乡镇争创工作，对幼儿园的管理体制、人员编制、收费管理等作出硬性规定。开展幼儿园良好环境评比活动，使幼儿园环境做到美化、绿化、儿童化、教育化。1999 年，举办为期 15 天的风琴、舞蹈培训班，提高幼儿教师整体能力。在“跨世纪小英才”“未来之星”评选竞赛活动中，共有 11 人次在区级评选中获奖，其中 4 人获一等奖，8 人参加市级竞赛获奖，其中 3 人获一等奖。

齐陵街道中心幼儿园开展科学小发现活动　（2016 年摄）

2000 年，组织开展优质课评选活动，推荐 5 名教师参加区级评选，3 名说课成绩进入全区前十名。6 月，在淄博市幼儿良好环境创设评比活动中，高家幼儿园获一等奖，中心幼儿园和实验幼儿园获二等奖，杨齐幼儿园获三等奖。在淄博市“新世纪童星”评选活动中，12 名幼儿参加区级评选，9 名参加市级评选，全部获奖。

2001 年，继续加强常规管理，达到一日作息时间有序化、活动正常化和幼儿教师行为规范化。开展“八个一”活动及“八个一”延伸、扩展活动，即：每个幼儿一个皮球、一个沙包、一根跳绳、一盒彩笔、一把剪刀、一盒积木、一盒棋、一块泥，把活动融入教学过程。至 2002 年，3 ～ 6 周岁幼儿入园率 100%。为中心幼儿园配备微机，尝试开设英语，运用多媒体、VCD、微机等现代化设施进行英语教学。扩展“十三个一”活动，在“八个一”活动基础上，增加一根线、一块布、一根棍、一个呼啦圈、一个易拉罐。让幼儿在玩中学，在学中玩。在淄博市幼儿园良好教育环境比赛中，实验幼儿园获一等奖。在淄博市示范园和教育初步现代化幼儿园验收中，高家幼儿园被评为市级示范园。

2003 年 7 月，组织园长与教师参加全区培训。2004 年，开展“爱孩子、赛妈妈”活动，举行幼儿教师演讲比赛，开展“十佳”教师评选，强化幼儿教师爱岗敬业意识和无私奉献精神。2005 年 7 月，组织幼儿教师到临淄二中参加培训班，提高业务素质。

2006 年，开展教师教材达标活动，激发教师钻研业务的积极性。在全区举行的幼儿才艺大赛中获乡镇排名第一的好成绩，有 5 名幼儿获淄博市百佳幼儿之星称号，在临淄区幼儿园环境创设活动中，4 所幼儿园分获一、二、三等奖。连续五年被评为全区幼教工作先进单位。

2007 年，实行园长竞争上岗和园长负责制。实施家园共育工程，联合开展幼儿发展状况评价，召开膳食营养研讨会，组织膳食营养日开放活动。2008 年，采取多种措施防控“手足口病”，在早晨入园、午餐后、起床后、离园前进行 4 次检查，不遗漏一例疑似病例，保证传染病及时得到控制。

2009 年，向家长展示 4 次教学活动，扩大幼儿教育在社会的影响，调动家长送子女入园积极性。2010 年，利用家园互动方式与家长沟通，听取家长意见和建议，让家长参与幼教工作。开展园本教研，采取同课异构、课例研讨、说课、观摩研讨等形式，加强健康教育、区角活动、创造性游戏和美术教育。

2011 年，实行“幼儿助学教育券”制度，常住户口在齐陵的入园幼儿，每人每学期补贴 100 元。保教质量进一步提高，中心幼儿园、高家幼儿园被表彰为临淄区先进幼儿园。2012 年，开展家庭教育培训工作，与家长进行多种形式沟通交流。暑假期间，组织参加全区幼儿园专家教学观摩交流会。至 2014 年，完成高家幼儿园和实验幼儿园校舍改扩建。2015 年，举办园所开放日，邀请家长参与园所教育活动，中心幼儿园开展科学小发现与趣味沙池游戏活动，高家、实验、宋家幼儿园户外活动多样化，激发探究欲望、求知欲望，促进家园共育。

2017 年，实行教师合同聘任制。结合区教育局幼儿教师技能大赛后期工作，对幼儿教师进行弹琴、舞蹈、讲故事等技能培训，培训结果纳入对园长的年度考核。结合区域活动及园所文化提升，组织园长及骨干教师外出参观学习，提升办园理念。把每周五定为教科研日和园本培训日。开展好“十三个一”及区域化学习活动。建立微信群，把孩子学习、生活、游戏等表现，随时反馈给家长，让家长及时了解孩子在园表现。

教师

1953—1965 年，农村季节性农忙托儿所保教人员由大队选派，以中老年妇女居多。20 世纪 70 年代，“育红班”教师由大队选派，开始注重年龄、文化程度和业务专长。

1982—1986 年，加强培训幼儿教师工作，组织参加函授、电大学习。新聘任教师文化程度较高、能歌善舞、热爱托幼事业，保证教师队伍相对稳定。

1992 年，对幼儿教师进行资格审定，颁发资格证书并持证上岗。1994 年，对幼儿教师进行考核整顿，将不合格的进行调整、辞退，将合格教师按考核成绩分成一、二、三级，由区教委签发等级证书，持证上岗，实行镇区两级管理。鼓励教师参加专业函授学习，毕业 23 人。1995 年，幼儿教师工资实行统筹，并按等级发放。

1999 年，共有幼儿教师 43 名，学历达标率 97%。2000 年 8 月，实行幼儿教师定编定员、竞争上岗、末位淘汰，工资与工作绩效挂钩，共聘任教师 42 名，待岗 1 名，新增 4 名。配合淄博市教育局认定幼儿教师资格，持证率达 100%。6 人被评为临淄区优秀教师，2 人被临淄区政府表彰为“拔尖人才”。

2004 年，有幼儿教师 44 名，其中，有幼师资格证书的 43 名，取得和正在进修学前教育大专学历 42 名。2010 年，鼓励幼教工作人员参加培训，取得中专学历 8 人，大专学历 3 人。

2017 年，新招聘幼儿教师 4 名。全街道共有幼儿教师 55 名，其中，有资格证书的 34 名，取得和正在进修学前教育大专学历的 38 名，学历达标率 100%。

第三节　幼儿园简介

齐陵街道中心幼儿园

位于淄河村，成立于 1978 年 8 月，时称淄河幼儿园。占地面积 200 余平方米。幼儿 70 名，教学班 2 个，教师 2 名。1985 年，迁入村内粮仓大院，占地面积 400 余平方米，教学班 3 个，幼儿 100 名，教师 4 名。

1992 年，改称中心幼儿园，迁入淄河小学原址。教学班 3 个，幼儿 120 名，教师 4 名。1994 年，突出美育特色，指导幼儿画简笔画、水墨画，做剪纸、泥工，在淄博市水墨画比赛中获一等奖。2000 年，投资 20 余万元，购置微机、

齐陵街道中心幼儿园　　（2016 年摄）

电视机、大中型玩教具，建设多媒体教室，实现教育初步现代化。2004年6月，被淄博市卫生局评为绿色文明家园。2006年，在临淄区环境创设中获一等奖。2008年，被评为区级示范园。2009年，被评为市级示范园。2010年，有4个班级，幼儿89名，教职工8名。多方筹资25万元，更新幼儿生活用品和卫生设备，添置电脑、打印机、电视机等现代化设施。校园绿化面积1700平方米。

2014年8月，投资840万元在美陵公司东邻新建中心幼儿园，按照英伦建筑风格设计，为框架结构的欧式建筑，占地面积4600平方米，建筑面积2800平方米，容纳6个教学班180名幼儿。配备有活动室、餐厅、寝室和活动场地，创建为市级示范园。2014年，公开选聘12名具有幼师资格的教师，竞聘公办教师任园长。有教学班6个，幼儿138名。完成省级认定工作。2016年，通过省级示范园验收。

2017年，有教师29名，幼儿259名。幼儿园更新走廊文化中的成语故事、蹴鞠活动、经典小故事、京剧脸谱等布艺手工。开展教师教育活动公开课，进行舞蹈、钢琴弹唱、绘画等技能比赛。合理安排幼儿一日活动，保证幼儿每天2小时户外活动时间，开展花球操、踢毽子、打陀螺、蹴鞠、跳房子等体育活动。举行节日庆祝活动，举办集体生日、跨班级自助餐、故事比赛、运动会等，让幼儿获得更多发展机会。

历任园长：

刘振奎　孟凡芹　郑丽萍　许方芹
王雪莹　于秀凤　许方芹　魏　娟

齐陵街道高家幼儿园

位于高家孝陵村，成立于1978年9月，初为高家孝陵村育红班。设施简陋，有2间教室，1名教师。1994年，高家小学并入吕家小学后，幼儿园搬入小学内，教学条件得到改善，相继配备滑梯、积木等玩教具。

1999年5月，吕家和石庙村幼儿园并入，教师增至5名，幼儿60余名。其间，高家孝陵、吕家孝陵、石庙孝陵村委共同出资修缮房屋、硬化路面等，办学条件进一步改善。

齐陵街道高家幼儿园特色活动快乐腰鼓　（2016年摄）

2001年，搬迁到齐陵二中旧址。东龙池、西龙池、北苑、毛家、前丁、后丁等村幼儿园陆续并入，教师增至10名，幼儿240名。多次被评为区级先进单位，幼儿在市区各类活动竞赛中多次获奖。

2012年6月，街道办事处投资300万元在原址进行改建，建筑面积1425平方米，绿化面积3100平方米，新建改建活动室、休息室、盥洗室、独立餐厅、多功能活动室，实现网络终端进教室。户外活动平台和操场充足安全，配套新型滑梯、蹦床、攀登架、荡船等游戏器械。2015年7月，被评为市级示范园。2016年3月，杨齐幼儿园并入。覆盖14个村。

2017年，有教师12名，幼儿120名。班班安装电脑连接网络电视，更换网络监控系统，食堂设施达明厨亮灶标准，对800平方米房顶进行全面防水处理。在齐陵街道庆七一活动中，全体教师排舞《最炫中国梦》和大班56名幼儿组成的欢快腰鼓《中国范儿》同台演出，尽显幼教风采。

历任园长：

于爱荣　徐少玲

齐陵街道实验幼儿园

位于前李、后李村之间，始建于1992年9月，时称前后李幼儿园，与前后李小学在一个校园内。占地面积4800平方米，有2个班2名教师，覆盖4个村。1996年，有3个教学班，幼儿50余名，教师3名。

1999年，刘营、薛家幼儿园并入，更名为

齐陵街道实验幼儿园园所新貌　（2017 年 摄）

第二中心幼儿园，同年又更名为实验幼儿园。有大班 1 个，中班、小班各 2 个，幼儿 130 余名，教师 8 名。2002 年 10 月，获淄博市幼儿园良好教育环境创设评比一等奖。2004 年 2 月，被评为区级示范园。同年被评为市级示范园。2006 年 7 月，获全区幼儿园育人环境评比二等奖。

2013 年，街道办事处投资改建。设有科学发现室、图书资料室、多功能室等，配备电视机、饮水机、风琴钢琴、衣帽橱、鞋橱等保教设施。2014 年开设幼儿食堂，中班大班幼儿在园就餐。2016 年，认定为普惠性幼儿园。以“游戏”园本课程“粘贴”为特色，开发幼儿智力，陶冶幼儿情操，促进幼儿全面发展。

2017 年，有教师 7 名，幼儿 41 名。幼儿园强化安全卫生工作，定期开展防火及溺水安全演练。提供营养均衡的膳食，开展式多样的户外体育活动，增强幼儿体质。做好家园联系，利用家长会、开放日、公开信、微信、面谈、电话等各种形式与家长沟通交流，促进各项工作开展。

历任园长：

周广平　于　莲　徐少玲　张红梅

王　倩　王　霞

齐陵街道宋家幼儿园

位于宋家村，始建于 1978 年。占地面积 3500 平方米，覆盖宋家、东刘家、胡家、太平、付辛、望寺、朱家、老刘家、小交流等村。9 个村以前都有幼儿园，与小学合设。东刘家、胡家、老刘家、太平、付辛、小交流幼儿园，始建于 1984 年，朱家幼儿园始建于 1986 年，望寺幼儿园始建于 1978 年。东刘家、胡家幼儿园于 1998

齐陵街道宋家幼儿园展示玉米皮作品　（2017 年 摄）

年并入，太平、付辛、望寺、朱家、老刘家、小交流幼儿园于 2009 年 5 月并入。

幼儿园在室内外环境布置上亲近大自然，利用农村特有资源和材料，让幼儿发现美、创造美。

1995 年，宋家村幼儿于婷婷，获淄博市故事大王称号。2001—2005 年，先后有 3 名幼儿获“三玉杯”儿童才艺之星称号。

2014 年暑假，街道办事处投资 100 余万元在原址改造校舍，建筑面积达 900 平方米，户外活动平台和操场充足安全，各班配备电脑，实现网络终端进教室，为幼儿创设愉悦、宽松成长环境。2015 年 12 月，被评为市级示范园。

2017 年，有教师 7 名，幼儿 55 名。幼儿园在教学活动和环境创设上创新，走廊装饰玉米皮、棉花壳编成的长辫，墙壁用玉米皮、玉米秆、贝壳、苹果包装网、火柴杆等制作的平面图画装饰，培养幼儿热爱家乡、热爱大自然的情感。

历任园长：

于　莲　张秋兰　刘清玲　于鸿燕

银座·英才幼儿园奥林匹克花园分园

位于奥林匹克花园，由淄河村胡春成投资创办的民办幼儿园。占地面积 7600 平方米，建筑面积 4000 余平方米，运动场地 2000 余平方米。按山东省十佳幼儿园标准建设配备，是银座幼教集团淄博市第一家直管园。2010 年 5 月 23 日开园。

至 2012 年，先后被评为全国先进民办幼儿园、临淄区诚信单位、淄博市示范园、山东省示范园、淄博市幼教先进单位。2013 年 6 月，被北京学前教育杂志社确定为幼儿教师专业技能培训基地。2014 年 2 月，获临淄区玩教具比赛一等奖。

2015 年，在临淄区人民会堂举行五年园庆系列活动。2016 年，被评为全国微课比赛优秀组织单位。12 月，被淄博市民办幼儿园协会推荐为理事单位，被北京乐蓓儿国际音乐律动教育总部授权为二级示范园。

2017 年，有教职工 50 余名，13 个教学班，11 个功能室，幼儿 300 余名。

至 2017 年齐陵街道撤并幼儿园基本情况表

表 18-4

幼儿园名称	位置	建立时间	撤并时间	合并至园所
淄河幼儿园	淄河村	1978.8	1992	中心幼儿园
柳店幼儿园	柳店村	1984.3	2005.3	牛山幼儿园
南北山幼儿园	北山东村	1985.8	1997.9	牛山幼儿园
牛山幼儿园	北山东村	1997.10	2010.8	中心幼儿园
刘家幼儿园	刘家终村	1984	1999	齐家幼儿园
齐家幼儿园	齐家终村	1982	2016	中心幼儿园
梁家幼儿园	梁家终村	1979	2007	齐家幼儿园
王齐幼儿园	王齐村	1977.8	1997	杨齐幼儿园
南齐幼儿园	南齐村	1980.2	1998	杨齐幼儿园
杨东幼儿园	杨东村	1982.9	1992.9	杨齐幼儿园
杨西幼儿园	杨西村	1982.9	1992.9	杨齐幼儿园
杨齐幼儿园	杨东村	1992.9	2016.3	高家幼儿园
驻佛幼儿园	住佛村	1982.9	1992.9	杨齐幼儿园
郑家幼儿园	郑家沟村	1985.3	1999.6	中心幼儿园
聂仙幼儿园	聂仙村	1975.3	1999.11	中心幼儿园
西龙池幼儿园	西龙池村	1984.8	1992.8	东龙池幼儿园
东龙池幼儿园	东龙池村	1975.7	1999.12	高家幼儿园
吕家幼儿园	吕家孝陵村	1978.9	1999	高家幼儿园
石庙幼儿园	石庙孝陵村	1978	1999.5	高家幼儿园
毛家幼儿园	毛家村	1983.9	1999.4	北苑幼儿园
北苑幼儿园	北苑村	1991.3	2004.9	高家幼儿园
前李幼儿园	前李村	1975	1992	前后李幼儿园
后李幼儿园	后李村	1979	1992	前后李幼儿园
前后李幼儿园	后李村	1992	1999.6	实验幼儿园
刘营幼儿园	刘营村	1975	1999.6	实验幼儿园

续表 18-4

幼儿园名称	位置	建立时间	撤并时间	合并至园所
薛家幼儿园	薛家村	1983.3	1999.6	实验幼儿园
刘家幼儿园	东刘家村	1984	1988	宋家幼儿园
胡家幼儿园	胡家村	1984	1988	宋家幼儿园
太平幼儿园	太平村	1984	2009.5	宋家幼儿园
付辛幼儿园	付辛村	1984	2009.5	宋家幼儿园
后丁幼儿园	后丁村	1985.9	1999.9	高家幼儿园
前丁幼儿园	前丁村	1985.9	1989.9	后丁幼儿园
望寺幼儿园	望寺村	1978	2009.5	宋家幼儿园
朱家幼儿园	朱家村	1986	2009.5	宋家幼儿园
老刘家幼儿园	老刘家村	1984	2009.5	宋家幼儿园
小交流幼儿园	小交流村	1984	2009.5	宋家幼儿园

第三章　小学教育

第一节　概　况

清光绪戊申年（1908 年），吕家孝陵有民立高等小学 1 所，刘家庄、薛家庄各有初等小学 1 所。清宣统年间，望寺庄设初等小学堂。民国时期，学堂改称学校。至 1921 年，较大村庄均设立国民学校，共 25 所。1930 年，临淄县三区区立小学有 2 所，一所是龙池小学，3 个教学班，学生 120 名，教职工 4 名。一所是淄河小学，3 个教学班，学生 110 名，教职工 4 名。

1938 年，日军侵入临淄，小学被迫停办。1943 年，北山村设小学堂，教室 3 间，学生 25 名，1944 年停办。

1948 年秋，临淄县人民政府恢复小学教育，在宋家村设立临淄县第六完全小学。至新中国成立前，有学校 19 所，教学班 23 个，学生 1005 名。1949 年，北山庄成立初级小学，教室 5 间，教师 2 名，至 1953 年，学生一至四年级。1956 年，有学校 27 所，学生 2259 名。1963 年，有学校 31 所，教学班 76 个，学生 2846 名。1964 年 5 月，入学儿童 2552 名，入学率 56%。1968 年春，王齐小学开始加招初中班（小学戴帽初中）。11 月，县革委会决定公办小学下放生产大队办，教师回原籍。1969 年，国家与地方推行小学不出村、中学不出片，各村都兴办学校。1971 年，共有 40 所小学，适龄儿童入学 3872 名，宋家片、淄河片普及五年教育。1979 年，撤销小学戴帽初中班，合并部分小学，布局趋于合理。

1991 年，开始实施素质教育。1992 年，齐陵镇印发《关于全镇小学合校并点工作的意见》，由教委统筹安排，将四年级学生合并到片小学，小学逐步合并。至 1996 年，各片保留完全小学 1 所，简易小学 2 所，全镇共 18 所，76 个班，学生 2380 名，教师 138 名。

1997 年，撤并教学点 4 处。1998 年，撤并教学点8处，保留6所完全小学，保障学生受完义务教育。1999年，齐家小学争创为临淄区规范化学校。2000年，继续实施“班级无差生”工程，建立特困生档案，切实减轻学生课业负担，争创为淄博市义务教育示范镇，中心小学争创为淄博市规范化学校。

2004年9月，完成合校并点工作，宋家小学、望寺小学三至五年级并入齐陵二中小学部，吕家小学整建制并入齐陵二中，齐家小学四、五年级并入中心小学。园区教育格局初步形成。

2005年，街道制定《制止中小学生辍学管理规定》，把制止辍学工作纳入对村和学校工作考核。适龄儿童入学率达100%，在校生巩固率达100%，困难学生全部随班就读。王齐小学三至五年级合并于中心小学。2007年8月，望寺小学合并于齐陵二中小学部。2010年8月，王齐教学点合并于中心小学。同时做好闲置校产管理，有效保障学校安全。2013年8月，宋家小学合并于齐陵二中小学部，2014年2月，齐家小学合并于中心小学。教育资源得到整体优化。

2017年，齐陵街道2所小学有教师87名，教学班22个，学生841名，入学率100%。

1910—1921年齐陵境内国民学校一览表

表18-5

学校名称	成立时间	校长姓名
望寺庄国民学校	宣统二年（1910年）正月	贾梦莲
龙池国民学校	民国元年（1912年）5月	苑凤池
刘家终村国民学校	1912年10月	刘　玉
柳店子国民学校	1913年1月	郭文堂
付辛庄国民学校	1913年2月	张崇德
宋家庄国民学校	1913年9月	刘来庭
吕家孝陵国民学校	1913年11月	李维翰
郑家沟国民学校	1915年6月	王锡庚
前丁官庄国民学校	1915年6月	刘　琏
刘家庄国民学校	1916年3月	李宝琳
聂仙庄国民学校	1917年1月	崔一岚
胡家庄国民学校	1918年8月	王士俊
齐家终村国民学校	1920年2月	朱世彦
朱家庄子国民学校	1920年3月	曹家明
薛家庄国民学校	1920年3月	贾致恭
高家孝陵国民学校	1920年4月	韩志平
王家齐陵国民学校	1920年4月	王中和
杨家齐陵国民学校	1920年4月	李凤仪
太平庄子国民学校	1920年4月	杨方城
刘家营国民学校	1920年4月	刘维城
毛家庄国民学校	1920年5月	崔宪章

续表 18-5

学校名称	成立时间	校长姓名
后丁官庄国民学校	1920 年 5 月	刘寅清
高家孝陵国民学校	1921 年 2 月	于民欣
后李官庄国民学校	1921 年 3 月	闫九章
梁家庄国民学校	1921 年 3 月	徐良珉

1993—2017 年齐陵街道小学基本情况表

表 18-6　　单位：处、人

年份	学校	班级	毕业生	招生	在校生	教职工	教师
1993	23	95	679	597	2808	148	144
1995	18	60	456	419	2187	143	143
1996	18	76	362	482	2380	138	138
1997	14	72	453	448	2425	122	115
1998	6	55	562	314	2189	127	121
1999	6	55	446	272	1955	150	139
2000	6	52	440	297	1800	140	138
2001	6	49	478	403	1710	114	108
2002	6	52	366	408	1664	112	112
2003	6	50	242	378	1654	107	107
2004	6	45	228	332	1726	99	99
2005	6	43	249	348	1681	90	90
2006	6	46	393	298	1753	110	110
2007	5	43	408	277	1607	106	106
2008	5	40	368	355	1526	120	117
2009	5	39	322	287	1482	110	108
2010	5	37	347	272	1395	84	82
2011	4	37	288	294	1409	82	82
2012	4	37	277	256	1365	81	81
2013	2	28	277	207	1266	70	70
2014	2	28	260	184	1155	65	65
2015	2	27	280	166	1121	67	67
2016	2	26	278	165	1053	70	70
2017	2	22	209	148	841	87	87

第二节　教学管理

学制

清光绪二十九年（1903年），清政府“癸卯学制”规定，初等教育共9年，初等小学堂修业5年，高等小学堂修业4年。

1912年，执行初等教育7年，初级小学修业4年，高级小学修业3年。1922年，颁布“壬戌学制”，执行初等教育6年，分初级小学4年，高级小学2年。

抗日战争时期，抗日民主小学执行“二二二制”，初小2年，中小2年，高小2年。

新中国成立后，沿用“四二”制。1951年10月，改为五年一贯制。1953年停止五年一贯制，恢复“四二”制。1969年，改为五年一贯制，实行春季始业。1974年8月，改为秋季始业。沿用至今。

课程

1903年，《奏定学堂章程》规定，初等小学堂设修身、读经讲经、中国文学、算术、历史、地理、格致、体操，手工、国画为随意科。高等小学堂设修身、读经讲经、中国文学、算术、历史、地理、格致、图画、体操，因地制宜设手工、农业、商业等科。

1912年，国民政府《小学校令》规定，初等小学设修身、国文、算术、手工、图画、唱歌、体操，女生加缝纫课。高等小学增设英语、中国历史、地理、理科、农业、商业课，因地制宜加设英语、农业，女生加缝纫课。1915年，《国民学校令》规定，初等小学课程不变，高等小学恢复读经一科，女生缝纫改为家事科。1922年，废止读经、修身课，国文改为国语（改文言文为白话文）。初等小学设国语、算术、社会（公民、卫生、地理、历史）、自然（自然、园艺）、工用艺术、形象艺术和体育。高等小学设国语、算术、社会、公民、卫生、地理、历史、自然、园艺、工用艺术、形象艺术、音乐、体育。1928年，增加三民主义、党义、童子军三科。初等小学设置三民主义、公民、国语、算术、历史、地理、卫生、自然、乐歌、体育、党义、童子军、图画、手工，高级小学在初小基础上增加职业科。1933年，高、初小学课程简化，均设公民训练、卫生、体育、国语、社会、自然、算术、劳作、美术、音乐10科，授课时数不同。1936年，取消卫生科，初小社会、自然合并为常识科，自四年级起加珠算科。

抗日战争期间，少数坚持开课学校一般设国语、算术、唱歌、体育等科。有的教师采用抗日民主政府教育科编订的课本。

抗战胜利后，小学教育恢复，初小设国语、算术、常识、唱游、美术。高小设国语、算术、地理、中国历史、自然、政常、体育、音乐、美术。

新中国成立后，教育部规定初小设国语、算术、音乐、体育、美术5科。高小除开设以上科目外，增设政治、自然、地理、历史4科。1952年，改国语、美术为语文、图画，语文包括阅读、说话、作文、语法和习字。1955年，增设手工劳动课。1957年，各年级增设周会，五、六年级增设农业常识课。1958年，增设劳动课。1963年，各年级增设周会。初小设语文、数学、体育、音乐、图画、手工。高年级增设地理、历史、自然、生产常识。四年级以上学生每年劳动半个月。1965年，废止手工课，高年级地理、历史、自然、生产常识合并为常识科。各年级均设政治课，每周1～2节。

文化大革命初期，每天第一节为“天天读”，语文、政治合并为政语，体育改为军体，音乐、美术合并为“革命文艺”。1969年，实行五年制，设政治、语文、数学、常识、体育、音乐、美术。1971年，文化课设语文、数学、政治、常识、音乐、体育、美术课。

1978年，执行教育部小学教学计划，设语文、数学、自然、常识、音乐、体育、美术、政治课。1981年，政治课改为思想品德课，恢复地理、历史课。

1993年秋，执行国家教委九年义务教育小学段课程计划，课程分学科类课程和活动类课程。学科类课程设思想品德、语文、数学、自然、社会、音乐、美术、体育、劳动共9科。一至五年级周课时总量分别为31、31、34、34、34课时，其中包括活动类课时5节。1994年起，连续三年尝试开设英语课，但未按正式课程设置，主要是培养小学生学习兴趣和口语会话交际能力。1995年，实行5天工作制后，周课时总量一至五年级分别调整为28、29、30、30、30课时。

1999年，临淄建立教育创新体系实验区，小学一至三年级开设创造活动课，四五年级开设创造发明技法课。

2002年，根据《国务院关于基础教育改革与发展的决定》和《基础教育课程改革纲要》设置义务教育阶段课程。小学阶段以综合课程为主，一至三年级设置品德与生活、语文、数学、体育、艺术、外语（三年级），四五年级设品德与社会、语文、数学、外语、综合实践活动、体育、艺术。各小学从三年级起正式开设英语课。

2004年，义务教育阶段课程设语文、数学、外语、思品与社会、科学、艺术、体育、计算机、地方课程。

2012年，山东省对教育部印发的义务教育课程设置及比例作细化与调整，设品德与生活（低年级）、品德与社会（高年级）、科学、语文、外语、数学、体育、艺术（美术、音乐）、地方课程、学校课程、信息技术。每周总课时数一至二年级26节，三至五年级30节。

2017年秋季，增设中华优秀传统文化教育课程，以培育学生对中华优秀传统文化的亲切感为重点，将中华传统文化细化落实到小学学习的进程中，形成系统化学习机制，将传统文化切实传承下去和发扬起来。

教学

清末，沿用死记硬背注入式，教师口讲指画，照本宣科，读、讲、背、写为主要形式。

民国时期，提倡启发式教学法。稍后，开始学习欧美教学方法，部分教师注意教法研究，根据学生水平分组授课，多数教师仍沿用注入式。20世纪30年代中期，加强教学管理，低年级多用讨论式或问答式，高年级采用自学辅导式，注意启发学习积极性。

抗战时期，强调启发诱导和联系实际，注重课堂讲授和反复练习。1946年，实行民主教学路线，以“教学做合一”方式组织课堂教学和社教活动，参与做群众工作。

新中国成立后，贯彻全国教育工作会议精神，改革教学内容和教学方法，采用启发式教学，尝试理论联系实际，改革死记硬背的注入式，改变教师的家长制作风，废除体罚，实行民主教学，开展国语、算术、自然学科和复式教学改革活动。临淄区第六小学每学期进行一次口头作文，提高了学生学习兴趣。

1954年，学习苏联教学体系，推行“组织教学、检查复习、讲授新课、巩固练习、布置作业”五大教学环节，综合运用讲读法、谈话法、问答法。教学形成一定规范，但出现过教条主义倾向。1956年，按照算术语文教学大纲，加强基础知识教学和基本技能训练（简称“双基”），同时贯穿思想教育。

1958年，课堂教学强调实际操作和实地观察，学生边劳动边学习，影响到文化知识学习。1963年，贯彻《小学暂行工作条例》，实施以教学为主原则，“双基”教学得到进一步加强。1965年，课堂教学要求“少而精”，运用“启发式”，贯彻因材施教原则。

文化大革命期间，强调以阶级斗争为主课，以社会为课堂，实行“开门办学”，以现场教学代替课堂教学，以干代学，违背教学规律。

1977年，重新贯彻以教学为主原则，开展教材教法研究。1978年始，开展制作教具活动，加强直观教学，逐步引入幻灯、录音、录像等电化教学手段。1981年，语文教学推广北京实验小学霍懋征讲读教学法，数学推广“发现法”教学。1983年，提倡集体备课，学习推广目标教学，实行单元把关制，落实单元达标测试与反馈指导，有机渗透思想教育。数学教学推广愉快教学、纲要信号法教学，开展目标教学和三算结合新教学法实验。1985年，开展评选学科带头人、教学新秀和评选优质课等系列活动，并形成制度。1989年，在语文教学中进行系列说话、写读训练，开展小学语文能力整体发展改革实验。

1992年，开展三年为一周期的教学基本功系列训练达标和竞赛活动。至1995年，广泛应用暗示教学法与纲要信号教学法，推广复式班教学经验。中心小学的艺术教育、王齐小学的大阅读活动，取得初步成绩。

2001 年，开展“新基础教育”推广性、发展性实验。2002 年 8 月，建立镇、学校、教科室三级课改管理机制，组成新课程改革专题科研群体，制定《齐陵镇小学新课程改革评价办法》，实行校长负责制，每月组织一次专题研讨活动，定期召开课改座谈会，及时了解情况，总结分析课改实验结果。

齐陵街道中心小学教师利用多媒体授课　（2016 年 摄）

2003 年，加快教育信息化建设，加强信息技术与学科教学整合。规定新生入学、转学、借读、休学办法，依法保障适龄儿童受完九年义务教育。齐家小学创市级规范化学校，中心小学、王齐小学获临淄区教学质量奖，12 月，中心小学被评为淄博市绿色文明家园。2004 年，评选“十佳”教师、教学能手、教学新秀，搭建教师成长平台。2005 年，中心校获临淄区教学质量奖、主题队会优秀组织奖，被评为临淄区少先队工作先进集体。

2006 年，创新课堂教学模式，统一定制黑板，学生划分课堂学习小组，按年级、村划分课余学习小组。2007 年，落实市区“减负”规定，保障小学生在校时间不超过 6 小时，睡眠时间不少于 10 小时，取消一切形式的节假日补课。

2008 年，突出教学中心，进行备课改革，建立备课资源库，加强集体备课，倡导个性化备课。改革作业设置，注重总结性作业和预习性作业，引导学生进行自主学习、合作学习和探究学习。将美育渗透到教育教学活动中，举办艺术节，进行合唱、韵律操、课本剧等比赛。指导参加各种科技竞赛和奥运主题活动，组织参观淄博市“航天科技展”。落实大阅读周、月、季计划，把大阅读活动列入考评与语文教师工作考核。中心小学评为临淄区教学工作先进单位。

2010 年，实践新课程“自主、合作、探究”素质教育理念，落实生本教育理念，依托“新授课、复习课、讲评课”三课型，围绕课堂“自学—互动—反馈”，贯穿“学生自主学习”主线，确立“三环自主”课堂创新模式。积极开展阳光体育运动，确保学生每天锻炼 1 小时，普及乒乓球、足球和太极拳教学。2011 年，开发民间美术与线描校本课程，建成线描与民间美术专题网站及全国第一个齐文化图片素材库。教师王栋获山东省美术教师技能全能大赛一等奖。

2013 年，落实学思结合、知行统一、因材施教原则，深化教学方式、学习方式改革，和备课、作业改革。中心小学对教师上课、辅导实行每节必查，教师的集体备课、课时教案由学校领导干部（简称校干）把关签字，开展教学常规展评，评选优秀教案和优秀作业。组织骨干教师编写悦动课堂“三字经”，辅助学生养成良好学习习惯。齐陵二中小学部完善“五环学本”高效课堂模式，规范教师上课、小组合作。领导班子带头上研讨课，骨干教师带头上示范课，实施全员授课过关、教研组捆绑式课堂评价，开展课堂教学分批达标活动。

2015—2016 年，培养学生学习主动性，教会学生学习，营造创新教育氛围，让不同层次学生学有所得，实现街道各校间和教师间课堂教学改革的均衡发展。引进由北京大学教育学院“快课盒子”及平板电脑，进行“一对一”精准有效教学。

2017 年，学校按照国家课程标准要求和计划开齐课程，开足课时。成立项目研究工作小组，组建项目研究共同体，建立项目管理工作机制。

考试

清末至民国时期，小学考试一般有月考、期考、学年考、毕业考和升学考五种。按甲、乙、丙、丁或优秀、良好、及格、不及格等记录成绩。后来确立百分制记分法，按分数划分等次。高级小学招生采用考试选拔制度，由招生学校依据考生成绩择优录取。抗日战争前夕，执行过毕业会考制度。

新中国成立初期，一般有学期、学年、毕业和升学考试，闭卷考核，沿用百分制记分法，60分为及格。1954—1958年，采用五级制记分法，5分为优等，4分为良好，3分为及格，2分及以下为劣等。强调平日记分与期中、期末平均对待。采取闭卷考试，以德、智、体全面发展标准评定优劣。学生学期考试成绩按名次在村大街或校门外张榜公布。学校按就近入学原则招生，一年级新生只举行简单口试，其他年级经正式考试及格者方得插班或升学。曾实行过“跳级”制度，每学年成绩前三名学生，隔级进入高年级学习。20世纪60年代，废止五级记分法，恢复百分制记分法。

文化大革命后期，推行开卷考试，升学采用推荐和选拔相结合的办法。

1977年，恢复闭卷考试，恢复招生考试择优录取，考试次数增多。有时举行全区、全公社统一命题考试，以此衡量学校和教师教学成绩，导致片面追求升学率。为此，区教育局严格控制考试次数，凡属考查类学科，不得统一组织考试。

1986年，《中华人民共和国义务教育法》规定，整个小学阶段只举行毕业会考，试题由区或市统一命制，考试范围只限语文、数学两科。语文、数学考试合格，思想品德考查合格，体育达标，便允许毕业并升入初中，不另举行毕业升学考试。其他年级每学期统一举行期终考试。每单元结束，教师可随堂测试。1992年始，初中实行划片招生，取消小学升初中考试，学生就近入学。

1999年后，考试取消百分制，实行等级制。依据《临淄区小学语文、数学考试等级评定办法》，期末考试由临淄区教研室统一命题，实行“分项命题、等级评价、综合评定”考评办法，使小学等级制评价规范合理，便于操作。

2004年，实行义务教育阶段考试记分办法，分语文、数学、英语、综合进行考试，各科满分为100分。2007年，落实减负规定，期中、期末考试取消全区统考。

2010年，考试内容分为2种。学科单元考试，由教师或教研组命题，也可由学生自主命题，每单元可进行一次检测，实行无分数评价。期中、期末考试由学校组织实施，考试成绩以等级形式呈现。不得以任何方式按成绩给学生排队并公布名次，不得以学生考试成绩作为评价或奖惩教师和学生的主要标准。

2016—2017年，全面落实免试就近入学制度，按家庭居住地、户口所在地实施划片，一律免试就近入学。中心校负责组织审核入学证件及资格。

第三节　德育工作

新中国成立前，主要进行时事政策教育，与教学工作同步进行。

新中国成立初期，逐步建立思想政治教育工作制度，实行班主任工作制度，建立起共青团与少先队组织，按计划进行时事政策教育、革命人生观教育和以“五爱”（爱祖国、爱人民、爱劳动、爱科学、爱护公共财物）为主要内容的道德品质教育。规模较大学校每天师生到校后进行升国旗仪式，随后召开“朝会”，由校长或教导主任讲话，向师生进行思想道德教育，宣传国内外大事。1950年，向学生进行“抗美援朝，保家卫国”教育。

1954年，突出劳动教育，各小学制定劳动计划，加强学生“一颗红心，两种准备”教育。1955年，落实教育部《小学生守则》，鼓励学生执行“守则”，争做全面发展的“三好”（思想好、学习好、身体好）学生。1958年秋，参加“大炼钢铁”“战三秋”突击劳动。1959—1962年，围绕生产救灾进行思想教育，学习南泥湾精神，教育学生正视暂时经济困难。1962年，进行以阶级斗争为主要内容的教育，组织学生访贫访苦，访“三史”（家史、村史、厂史），写“三史”，听取忆苦思甜报告，开展“与父母比童年”

活动。1963 年，开展学雷锋活动，学习雷锋日记，成立学雷锋小组，争做好人好事。1964 年，学习毛主席著作，写“红色日记”，理论联系实际，改造世界观。“文革”期间，政治课应有作用被各种运动所替代。

1979 年，小学四、五年级开设政治课。1981 年，改为思想品德课，贯彻执行学生守则，开展“五爱”教育和共产主义道德教育，学雷锋争“三好”，开展“五讲四美”活动，1983 年，增加“三热爱”教育内容，进行热爱祖国、热爱社会主义、热爱中国共产党教育。1985 年，开展“祖国在我心中，战士在我心中”教育活动，激发爱国主义思想感情。1986 年，陆续开展“学雷锋”“学赖宁”等系列活动，引导学生德智体全面发展。

1991 年，设政教处分管德育工作。开展“两史一情”（近代史、现代史、国情）教育。结合庆祝建党 70 周年，进行坚持四项基本原则教育。1992 年，成立家长学校，按照省定标准考核学生思想品德。1993 年，开展“雷锋在我班、在我校”活动，突出德育时效性，强化少先队与班主任工作。1994 年，落实《临淄区小学生礼仪常规》，加强学生养成教育。1995 年，学习《临淄区法制教育读本》，使学生学法、知法、懂法、守法，增强学生法制观念和自我保护能力。1996 年，开展“迎接香港回归祖国”读书竞赛活动，对学生进行爱国主义和传统教育。

1997 年，开展爱祖国、爱家乡、爱学校、爱家庭系列活动，依托“三延伸”教育，立足学校主阵地，向家庭、社会、未来延伸。1999 年，实施班级无差生工程、校园文化建设精品工程、延伸教育工程，用名人画像、格言箴句装点校园。2000 年，政教处改名为德育处，选配法制副校长，加强学生自我管理。2002 年，开展“整体构建学校德育体系发展性、推广性”研究。2003 年，进行养成教育，确定学生每日、每周、每月必做，落实《小学生守则》《小学生日常行为规范》，以课堂教学为载体，推动德育与学科教学有机结合。

2006 年，坚持德育活动序列性，落实养成教育积分和全员育人制度。开展践行社会主义荣辱观教育活动、“融入生活、感悟人生、享受成长快乐”德育实践活动、“珍爱生命、健康成长”生命教育活动、“好书伴我成长”读书活动，举办“班班有歌声、唱健康童谣”校园文化艺术节、学生素质展演等文体活动。

2007 年，健全全员育人机制，促使学生成为自我教育主体。突出日常行为规范教育，采用学生自评、小组互评、家长帮评、教师总评方法，做好每月一次学生日常行为规范量化考评。开展每日登记评分、每月评奖“流动红旗”和每学期评选“文明班级”的活动，营造“为生者自律、为师者勤管”的氛围，杜绝学生进入网吧的现象。组织开展孝敬父母书信写作比赛活动，培养学生的感恩意识。

2008 年，构建家庭、学校、社会一体化教育体系，加强家长学校管理，丰富家长学校活动，提高家庭教育水平。结合奥运年，开展“情系奥运，文明礼仪伴我行”系列活动。11 月，中心小学被评为淄博市优秀家长学校。2009 年，完善德育导师制，关注弱势学生，开展一月一活动，让主题教育序列化，利用重要节日、纪念日、入队、宣誓等教育资源，开展形式多样的教育活动。完善学生成长档案，做好学生综合素质评价。

2010 年，做好学科德育渗透，发挥课堂主渠道作用，使知识教学与思想教育有机结合，开展与学科课程相衔接的德育实践活动，把德育寓于教育教学过程始终。推进校园文化建设，加强班级文化建设，以创建文明学校、书香校园、绿色学校为抓手，不断提升学校文化底蕴，把校园文化建设引向深入。12 月，中心小学被表彰为全国优秀文学社团。

2011 年，推广“五心向阳”德育特色。把好选拔关、培训关、考核关，加强班主任选聘、任用和管理，使校园绿化、美化、净化与校园文化相结合，建设班级、宿舍、食堂、走廊、墙壁文化，突出情感交往、心灵熏陶、完善人格的人文环境建设。加强爱国主义教育、心理健康教育、社会责任感教育和爱心教育。中心小学先后被评为临淄区少先队工作红旗单位、德育教学全国优秀组织单位，成为淄博市中小学心理健康研究会会员学校。

齐陵街道中心小学学生自主发展点评（2017 年 摄）

2014 年，围绕学校、家庭、社会重要环节，组建完善的德育管理网络。中心小学做好“养成良好习惯，成就幸福人生”主题教育活动，培育学生写字、读书、礼仪等良好习惯，在临淄区德育干部论坛上作了典型经验介绍，11 月，成功承办全区德育工作现场会。

2015 年，落实“立德树人”根本任务，完善活动形式，指导学生写好感想，引导学生在日常学习生活中学会自律、自省，养成良好道德品质。齐陵二中小学部强化“一礼三心”阳光德育品牌建设，形成全员育人体系。中心小学完善“四维德育体系”，开发“悦行德育课程”，挖掘齐文化人文景观德育资源，将体验式校外德育实践模式与社会主义核心价值观相结合，与中华优秀传统文化相结合，开发出《齐文化体验式校外德育》系列课程，开启体验式校外德育实践模式。2016 年，在区委宣传部等 10 部门联合开展的“桓公台•夕阳红”杯“临淄孝星”评选表彰活动中，中心小学教师刘春田被评为临淄区十大孝星。

2017 年，学校融合学生发展的核心素养，结合齐陵地域特色，开发人文底蕴、科学精神、责任担当和健康生活等育人资源，形成“四季育人”实践教育课程体系，培养学生在传统文化等方面的素养。先后组织学生到二王冢、四王冢、齐文化博物院、美陵集团矿泉水公司、太公湖、烈士陵园、临淄青少年科技馆等实践基地开展德育主题教育活动。

第四节　学校简介

齐陵街道中心小学

成立于 1930 年，时称淄河小学。1949 年，校址在淄河村任家大院，教师 5 名，学生一至四年级 130 余名。1954 年，学生一至五年级 160 余名。1958 年，改为共产主义小学，覆盖淄河、南山、北山、柳店等大队，利用学校周围民房做教室，有教学班 18 个，教师 32 名。高年级学生在附近农户家住宿，学校统一安排就餐。1962 年，临淄区第五中学撤并，高年级学生迁入中学校址，低年级学生在原校。

1968 年，改名为淄河联中。附设初中班，招收第一届初中生，学生来自淄河、南山、北山、柳店等大队。贫下中农代表开始管理学校。1969 年，招收第二届初中生，郑家大队学生归入淄河联中。

1974 年，淄河联中把小学分离出来。小学全部搬入原公社院内，成立齐陵镇淄河小学。

1985 年 11 月，改名为齐陵镇中心小学，选

齐陵街道中心小学设计效果图（2017 年 摄）

调有经验的教师到校任教，以后每年接收1名师范毕业生到校任教。每年组织教师外出学习，先后到博山、周村等地听课学习，学以致用，为全镇教师举行公开课。1986年，新建办公室3间、伙房2间、宿舍3间。1987年，新建厕所8间，增添篮球架、双杠、攀登架等设施。1988年，成立军乐队，购置大铜鼓2面、小鼓4面、军号20支，聘请专业教师指导，连续四年在临淄区“六一”文艺会演中表演优秀节目。1991年，建立自然实验室，有6组实验台，根据淄博市标准配齐仪器，通过淄博市教育局检查验收。

1992年，学校搬迁至淄河村东紫荆山下。2001年，被山东省教研室评为二十一世纪中小学音乐教学整体改革实验学校。

2003年，更名为齐陵街道中心小学，有教职工29名，学生420名，教学班12个，覆盖淄河片、齐陵片、终村片共15个村。9月，获临淄区教学质量奖，成为临淄区小公民道德建设示范基地。

2005年8月，王齐小学、齐家学校三至五年级并入。2007年，筹资6000元购置口风琴等艺术器材，加强艺术教师培养培训。组建器乐队、舞蹈队、书法组、绘画组等活动小组，组员100余名，在全国“双龙杯”书画展中，25名获特金奖，61名获金奖，63名获得银奖，被评为优秀组织单位。2008年9月，被评为临淄区教学工作先进单位，11月，被评为淄博市优秀家长学校。2009年，被评为淄博市规范化学校。

2010年，构建“三环自主”高效课堂，建立教学过程评价体系，完善学生评教、家长评教长效机制，落实学生自主精神和主体地位。被评为临淄区书香校园建设先进学校。2012年6月，获淄博市第五届“智力七巧板”比赛优秀组织奖。

2013年，落实减负增效，培养学生能力，加强学法指导，注重对问题教学的研究。11月，承办临淄区理想课堂改革现场观摩会。2014年3月，齐家小学一二年学生并入。8月，被评为全国新教育优秀实验学校，秋季，承办临淄区德育工作学生行为习惯现场会。2015年10月，被评为淄博市依法治校示范校。2016年10月，承办全区德育干部论坛及家庭教育现场会，为全区青年教师培训会提供现场示范课。11月25日，承办临淄区德育工作论坛暨家庭教育工作现场会，全区学校近200名德育干部参加会议。获临淄区第十八届中小学生百灵艺术节优秀组织奖，学校艺术工作获全区同类学校第一名。

2017年，开始按规划改建校园。1月，被评为临淄区家庭教育示范学校。10日，国家教育行政学院家庭教育研究中心办公室主任徐碧荣一行，到校实地考察家长学校阵地建设、家庭教育课程体系建设等物化成果。3月，被评为全国家长实验学校。当年，有10个教学班，学生410名，教师39名。

历任校长：

苏连科　高景周　徐连茹　闫学仁
苑志端　徐若政　刘长明　于克勤
于好文　黄振民　李皎明　张英才
崔春增　杨国清　王炳锋　冯晓朋

齐陵街道第二中学小学部

成立于2003年9月。吕家小学四五年级、宋家小学与望寺小学五年级并入，共4个教学班（五年级3个，四年级1个），学生150余名，设级部主任管理。2004年9月，吕家小学全部、宋家小学与望寺小学三四年级并入，齐陵二中成为九年一贯制学校。小学部由分管副校长管理。

2006—2008年，连续三年被评为临淄区教学工作先进单位。2008年，扎实开展大课间活动，学生体质明显增强，学生近视率下降为18.18%。

2010年7月，按照学校标准化建设，安装教室投影媒体，购置音乐、美术、体育器械。至2012年，先后获临淄区中小学生鼓号操展演农村小学组第一名、素质教育先进单位、理想课堂建设先进单位、书香校园建设先进单位、艺体工作先进单位、小学生男子篮球比赛第三名等荣誉称号。投资8万余元整修西校区校园并改造暖气设备。2013年10月，投资6万余元硬化西校区活动场地1000余平方米。年内，获临淄区平安校园建设先进单位、书香校园建设先进单位、淄博市中小学生交通安全宣传活动优秀组织奖等荣誉称号，被评为全国校园文学社团活动优秀学校、

齐陵街道二中小学部设计效果图　（2017 年 摄）

2015 年，成立校级、班级足球队，定期进行班级足球联赛，做到辅导教师、时间、地点、人员、场地、器材六保障。从 10 月开始，完善生态化阳光课堂，改进课堂评价方法，激发学生学习兴趣，锻炼学生交流、展示、质疑能力。开展“一师一优课、一课一名师”活动，深入学习实践新课程标准，推进信息技术手段的有效运用，提高课堂教学创新能力。

2016 年 7 月，水泥硬化西校区操场 1100 平方米，配套

第三届“语文报杯”全国中小学生“十佳文学社团”。1 人评为临淄区学科带头人，3 人评为区骨干教师。

2014 年，着重开展一声问候、两个轻声、三处整洁、八个自觉文明习惯活动。结合“三爱三节”主题教育，每月确定一个教育主题，开展“学习雷锋，做一个有道德的人”“少年中国梦”“社会主义核心价值观”主题教育实践活动，对学生进行感恩、责任、诚信教育及爱国主义教育，帮助学生树立正确的人生观、价值观。被评为临淄区艺体工作先进单位、平安和谐校园建设先进单位，获临淄区小学生篮球赛女子组第三名。

体育设施。创新班主任例会，定期举行班主任工作论坛，举办班主任节，开展优秀班主任评选，构建全员德育网络。邀请家长走进校园、食堂、教室、课堂，接受社会监督。在教育局组织的一次群众满意度测评中，总体满意度为 99.85%。

2017 年，选派骨干教师、骨干班主任赴南京师范大学跟岗学习。加强教师信息技术能力培训、三笔字培训、普通话培训。当年，有 12 个教学班，学生 431 名，教师 48 名。

历任分管副校长：

许俊兴　陈文生　刘国宁　王能好
韩建忠

历年齐陵街道撤并小学基本情况一览表

表 18-7

学校名称	学校基本情况	任期较长的校长或负责人
柳店小学	位于柳店村，始建于 1913 年 1 月，称国民学校。校址在村东佛爷殿东侧，有教室 8 间、办公室 2 间，一至四年级共 4 个班，学生最多时有 80 余名。北山庄学生也在此上学，1949 年后，利用佛爷殿开办为柳店小学。1996 年，合并于中心小学。	郭文堂　陈崇良　王福昌　李精忠　赵廷宝　刘玉珍　王克敏　曹培吉　于世凤　赵秀英
北山小学	位于北山东村，始建于 1943 年，校址在村北大湾北沿，教室 3 间，学生 25 名。1954 年，迁至村东街，学生一至四年级。1970 年，迁到村南，成立联办初中，教室 8 间。在北一大队（北山西村）增设 1 个小学班。1973 年，初中班停办。1996 年，合并于中心小学。	王启昌　李宗岳　郭金选　王明阳　李士信

续表 18-7-1

学校名称	学校基本情况	任期较长的校长或负责人
南山小学	位于南山村，始建于20世纪30年代。1951年，在村北庙台子西屋。学生一至四年级，1个复式班。1958年，迁到淄河共产主义小学。1959年，迁回原址。1963年，迁到临淄石料厂，教室10间，占地188平方米。1994年，合并于北山小学。	顾墨生　李宗岳　朱汉三　贺锦春　贾荣身　刘芸田　李振民　贾春松　顾玉印
刘家终村小学	位于刘家终村，始建于1912年10月，称国民学校。1948年，称义和小学。1950年，设立扫盲班。1952年，成立速成识字班。1956年，成立高级小学，1967年，贫下中农代表开始管理学校。1969年，戴帽办初中班，改名义和联中，教师12名。规模最大时，教师16名，学生200余名，教室26间。1984年，合并于齐家终村小学。	刘　玉　李云桐　刘广聚　唐家兴　刘美田　刘长明
齐家终村小学	位于齐家终村，始建于1919年2月，称国民学校。1964年，建中大队在李家终村李家庙旧址新建小学，一至四年级，学生80余名，教师2名。1954年，成立扫盲班、识字班。1965年秋，建中、义和、新胜大队在小学东邻合建农中1所，学生90余名，教师4名。1970年，合并于义和联中。1984年，小学扩建初中部，义和联中初中班迁入，小学一至五年级200余名学生，初中部初一至初三6个班，学生300余名，教师42名。1992年春，由各村村委投资，村民及社会贤达捐资1.5万元，新建二层教学楼，24间教室。1998年，初中部合并于齐陵一中。2014年2月，小学部合并于中心小学。	朱世彦　朱颜志　刘广聚　唐家兴　朱于敬　贾长富　冷忠田　许俊兴　任永生　刘春田
梁家终村小学	位于梁家终村，始建于1920年3月，称国民学校。1955—1957年，分为许戴小学、梁王小学。1963年，两校合并为许戴小学。有4个教学班90余名学生。1967年始称新胜小学。1976年9月附设初中。1978年8月初中班并入义和联中。1984年3月始，称梁家小学。有5个教学班，一至五年级，学生160余名，教师12名。1993年2月，四五年级合并于齐家小学。1997年9月，一至三年级合并于齐家小学。	徐良珉　许春堂　闫正田　李炳刚　刘兴元　顾玉印　贾培祯　王爱然　冷忠田　张长富　梁继文　展兴花
王齐小学	位于王齐村，始建于1919年4月，称国民学校。1950年，改建“三官庙”“贾氏祠堂”为校舍，教职工6名，一至四年级，学生200余名。1956年，增加高小，教师10余名，学生400余名，小学沿用原来教室，高小用南齐移民东北留下民房当教室。1968年，增加初中2个年级4个班。学生达600余名。1976年，联中合并于齐陵一中。2005年，三至五年级合并于中心小学。2010年8月，合并于中心小学。	王中和　赵　君　于桂堂　赵玉松　于世民　刘浦源　崔春增　王振民　王锡宏　周文江　周莲香
南齐小学	位于南齐村，始建于1968年。教师4名，学生80余名，一至五年级，2个复式班，一个单式班。所用课桌主要是木板桌凳，后改为水泥桌凳及木浆桌凳。1982年，合并于王齐小学。	李振民　李精忠　刘明德　贾茂林

续表 18-7-2

学校名称	学校基本情况	任期较长的校长或负责人
杨齐小学	位于杨东村，始建于 1919 年 4 月，称国民学校。1949 年，位于村庙内，教师 2 名，学生 50 余名，一至四年级。1955 年，成立民办高小一至六年级，学生 100 余名，教师 8 名。1994 年，三至五年级合并于王齐小学。1997 年，一至二年级合并于王齐小学。	李凤仪　李景阳　徐连汝　赵玉松　聂培文　李士奎　孙振祥　顾墨生　李振发　李士秀　李世武　李玉臻
驻佛小学	位于驻佛村，始建于 1961 年。1967 年，五年级学生合并于杨齐小学。规模基本保持教师 3 名，学生 60 余名。1982 年，合并于杨齐小学。	李兰英
郑家小学	位于郑家沟村，始建于 1915 年 6 月，称国民学校。由村东南古寺改建而成。1930 年后迁建于村东北角。1950 年迁到村里闲置宅院，为民办学校。1952 年改为公办。1973 年建教室、办公室 5 间。1978 年在村南建教室、办公室 5 间。教学均为复式。1983 年，合并于淄河小学。	王锡庚　王益三　王百禄　石瑞云　顾墨生　王金之　吕淑湘
聂仙小学	位于聂仙村，始建于 1917 年 1 月，称国民学校。1918 年，孙鸿运创建为初等小学，校址在村北大庙。1965 年，升级为完全小学一至六年级。1972 年春，办戴帽初中，招收第一届初中班。校址迁到村西南角。1981 年，撤销初中班。1982 年，搬迁到村东侧。1998 年，合并于中心小学。	崔一岚　陈崇良　于长贵　贾焕文　黄振民　李皎明　任永生　崔　竹
东龙小学	位于东龙池村，始建于 1955 年，校址在村中，教室 6 间，学生 30 余名，两名教师一个复式班，校长由村长兼任。1958—1962 年，校址在陈洪海宅院中，有 2 个复式班。1963 年，一、二年级搬入西龙小学，三、四年级留在东龙小学。1965 年，两村合并成立龙池小学。1980 年，在村东新盖校舍 12 间，包括一至四年级及幼儿园。1992 年，再次与西龙池村合并为龙池小学。	周树檀　周世光　周树荣　苑志端　李士信　周敦平　王桂莲
西龙小学	位于西龙池村，始建于 1955 年。校址在村中央，占地面积 400 余平方米，教室、办公室等共 5 间，教师 1 名，学生 30 余名，设 1 个大复式班。1965 年，合并于龙池小学。1980 年，分归各村。1992 年，与东龙小学合并为龙池小学。	于复荣　李士奎　苑守业　苑庆祥　周怀庆
龙池小学	位于东龙池、西龙池村之间龙池北侧，始建于 1919 年 2 月，称国民学校。学生人数少，大多是 1 名教师，1 个复式班。20 世纪 30 年代，学校位于龙池北天齐庙东侧，校门向西，曾为临淄县三区区立高等小学堂。1955 年，学校分为东、西龙池小学。1965 年，两村小学合并，两村扩建校舍，占地面积 3500 余平方米，教室、办公室等共 12 间，教职工 7 名，学生 150 余名，一至五年级。70 年代初，增设初中班（两年制），前李与后李村部分学生来校就读。1980 年分归各村。1992 年，在龙池北侧新建教室 9 间，两村小学再次合并。1994 年，四五年级合并于吕家小学。1998 年，合并于吕家小学。	苑凤池　李西明　李士奎　苑志清　苑志端　王景阳　吕国栋　孙振祥　于克勤　李士信　王桂莲　郇美玲

续表 18-7-3

学校名称	学校基本情况	任期较长的校长或负责人
吕家小学	位于吕家孝陵村，始建于 1913 年 11 月，称国民学校。早期校址在村东，学生少，多为复式班形式。1969 年，迁至村东南，占地面积 5000 余平方米，先后建起砖木结构教室、办公室、教师宿舍、伙房、仓库等 30 余间，设全日制小学班和初中班(两年制)。1976 年，增设 1 个高中班(两年制)，教学班达 20 余个，学生千余名，教职工 40 余名。1993 年，村委会集资 6 万元，村民捐资 8000 元，新建砖木结构校舍 20 间、校门 1 处、围墙 90 米，占地面积 1 公顷。孝陵学片较小村庄学生分期并入，教学班达 15 个，学生 600 余名，教职工 30 余名。2004 年，合并于齐陵二中小学部。	李维翰 崔德禹 李保春 徐若政 李振伦 徐连茹 王习礼 郑立勋 屈芳田 张英才 孙延福
高家小学	位于高家孝陵，始建于 1920 年 4 月，称国民学校。20 世纪 40 年代初，校址在村庙中，规模较小。1948 年，新建校舍 4 间，垒有围墙，学生 20 余名，1 个复式班。1983 年，集资在村南建起新校，占地面积 5000 余平方米，建教室、办公室等 18 间，一至五年级单式班，每班学生 30 余名。规模最大时，教职工 7 名，学生 160 余名。1994 年，四五年级合并于吕家小学。1997 年，合并于吕家小学。	于民欣 贾子明 于同文 李士信 贾廷重 屈芳田
石庙小学	位于石庙孝陵村，始建于民国时期。校址在村东，占地 200 余平方米，教室、办公室共 4 间，教师 1 名，学生 30 余名，1 个复式班。1950 年，迁至村西南。1992 年，村委集资、村民捐助扩建，占地 4000 平方米，教室、办公室等共 15 间。规模最大时，教职工 6 名，一至五年级，学生 200 余名。1994 年，四、五年级合并于吕家小学。1997 年，合并于吕家小学。	孙佃奎 吕永平 李精忠 张志秀 孙贵昌 苑庆祥
毛家小学	位于毛家村，始建于 1919 年 5 月，称国民学校。1952 年，以崔学忠家 3 间北屋做教室。后迁至村庙大院，学生一至四年级，复式班教学。1970 年，与北苑村成立联中，校址在村东南。1971 年，初中合并于吕家联中。小学迁至村大街南西侧，同时幼儿园并入。1994 年 8 月，合并于北苑小学。	崔宪章 崔学文 王科德 李德寿 朱秀美 李振伦 孙振祥 周法林 苑志清 苏宝友 闫宗汉
北苑小学	位于北苑村，始建于民国时期。校址在村南老母庙，1946 年停办。1953 年恢复，校舍利用地主家房子。1 名教师，复式教学。1961 年，有教师 2 名，学生 50 名。1965 年，新建教室 3 间。1968 年，有教师 4 名，学生 70 余名。1972 年，在村西新建校舍，占地 1600 平方米，办公用房 12 间。1973 年，迁入新校。有教师 4 名，学生 90 余名，一至五年级，2 个复式班，1 个单式班。1994 年，合并于王齐小学。	闫家升 闫良珍 刘宇楠 贾汉臣 李宝祯 郑立勋
后李小学	位于后李村，始建于 1920 年 3 月，称国民学校。1942 年，校址在村中央闲散民宅，教室 3 间，教师 1 名，学生 20 余名，1 个复式班。1948 年，迁至村中偏北，占地面积 1500 平方米，校舍 5 间，学生 30 余名，只设一至三年级。以后逐步招生四、五年级。最大规模时，教师 3 名，学生 60 余名。20 世纪 70 年代初，分期合并于前李小学。	闫九章 闫良田 李西成 闫金坡
前李小学	位于前李村，始建于 1947 年。校址在村西，占地 800 余平方米，教室、办公室共 3 间，教师 1 名，学生 30 余名，设 1 个复式班。规模最大时，教室 5 间，学生 40 名，教师 2 名。20 世纪 70 年代初迁至村南，占地 4000 余平方米，教室、办公室等 18 间，设一至五年级单式班。不久，后李小学分期并入。规模最大时，教职工 7 名，学生 160 余名。1992 年，合并于前后李小学。	霍桂莲 苏连贵 周效堂 周承华 苑志宽 周孟玉

续表 18-7-4

学校名称	学校基本情况	任期较长的校长或负责人
前后李小学	位于前李村东北、后李村东南，20 世纪 90 年代初，由两村合建，占地面积 6000 余平方米，教室、办公室 20 余间，设一至五年级单式班，每班学生 30 余名。1994 年，四、五年级合并于吕家小学。1998 年，合并于吕家小学。	苑志宽　周孟玉
刘营小学	位于刘营村，始建于 1919 年 4 月，称国民学校。1950 年，校址在村中央，教学班 2 个，学生 20 名。1958 年，并入宋家共产主义小学，1959 年，迁回本村。1985 年，在村东新建教室、院墙、大门。1999 年，合并于宋家小学。	刘维城　刘金山　刘洪业 刘永年　贾荣身　刘志功
薛家小学	位于薛家村，始建于 1913 年 3 月，称国民学校。1962 年，改建村南第二生产队马棚为教室，设 2 个复式班。1964 年，翻建教室 13 间，操场 1 处，占地 1200 平方米，教学班 4 个。1971—1977 年，增设初中班 2 个。1980 年，翻建砖瓦结构教室 10 间，教学班 3 个。1995 年，合并于刘营小学。	贾致恭　于和周　闫宗汉 贾重兴　李宝贞
宋家小学	位于宋家村南，始建于 1913 年 9 月，称国民学校。1948 年，成为临淄县第六完全小学，学生来自四邻及青州等地，教职工 10 余名，教学班 8 个。1968 年，改为宋家联中，成为联中和小学为一体的宋家学片学校，教职工 40 余名，小学 6 个班、教室 20 间，初中 4 个班、教室 12 间，占地面积 1200 余平方米。20 世纪 80 年代，校舍面积增加到 2500 平方米，成为花园式学校，操场移到校门南面，多次举办镇运动会。1991 年，初中合并于齐陵二中。小学仍在原址为完全小学，2004 年，三至五年级合并于齐陵二中小学部。2013 年 8 月，合并于齐陵二中小学部。	刘来庭　荣春光　苑志端 贾焕文　张兆良　崔春增 孙延福　王锡宏　高尚忠 张曰东
临淄县第六完全小学	位于宋家村。1948 年设立，校址在村南庙。1950 年始，开始招高小班，每年暑假，通过考试招收五年级 2 个班。学生共 360 余名，其中初小一至四年级各 1 个班，高小五至六年级各 2 个班。1951 年，由龙池区公所下令拆掉龙池南边戏楼，用其砖石木扩建学校教室。配合土改运动，高年级排演《白毛女》《渔夫恨》等剧目。1958 年秋，改成宋家“共产主义小学”。	于鉴秋　徐连茹　王新德 孙镜海
刘家小学	位于东刘家村，始建于 1916 年 3 月，称国民学校。1961 年，校址在村北，教室是 3 间土屋。后迁至村大街南大户院内，占地 285 平方米，教室 10 间，教师 4 名，2 个复式教学班。1974 年，迁至村西南角，占地 810 平方米，教室 9 间，学生 68 名，教师 3 名。1985 年，校址往南搬迁，新建 10 间砖瓦教室，院墙 256 米，修建厕所、大门，占地 4096 平米。1994 年，合并于宋家小学。	李宝琳　张文图　曹福凤 张克太　苏宝友　闫华光
胡家小学	位于胡家村，始建于 1918 年 8 月，称国民学校。20 世纪 50 年代后，由村东北迁至村南。1981 年，党支部书记徐洪昌带领社员率先改建校舍，被评为山东省校舍改造先进单位，会计朱清泉在山东省校舍改造现场会上作典型发言。1990 年，四五年级合并于刘家小学。1992 年，合并于宋家小学。	王士俊　徐洪昌　苏连贵 刘永年
太平小学	位于太平村，始建于 1919 年 4 月，称国民学校。1952 年，有 2 个复式班，学生 70 名，教师 2 名。1985 年，在村南新建教室 10 间，占地面积 3815 平米。2010 年，合并于宋家小学。	杨方城　王公田　陈长发 徐明经　郭世昌　张英若 张兆礼　杨守田

续表 18-7-5

学校名称	学校基本情况	任期较长的校长或负责人
付辛小学	位于付辛村，始建于 1913 年 2 月，称国民学校。1949 年，招生 20 余名，教室是村中地主房院。以后发展到一至四年级，学生三四十名，复式班教学。20 世纪 50 年代，迁至村西大庙，后建砖木教室。1991 年，迁至村南新校址。1994 年，合并于宋家小学。	刘崇德　刘培吉　郑士红 李胜增　荣敦华　郑金善 张英若　孙成文　张曰东
后丁小学	位于后丁村，始建于 1919 年 5 月，称国民学校。1948 年，招收学生 10 余名。1955 年，迁至村东。1958 年，有一至四年级，学生 30 ～ 40 名，复式班教学。1990 年，前丁、后丁两村合资建设村南新校区，教室两排 14 间，占地面积 3500 平方米。1975—1980 年，开办小型粉笔加工厂，供全镇学校使用粉笔。1995 年，被评为临淄区学校管理一级单位。1996 年，被评为淄博市学农基地建设先进单位。1997 年，合并于望寺小学。	刘寅清　贾万卷　刘炳伟 于尚信　李胜增　于长贵 贾云龙　贾庭仁　丁永芳
前丁小学	位于前丁村，始建于 1915 年 6 月，称国民学校。1953 年，校址在村办公室，教师 1 名，学生 10 余名。后来发展到一至四年级，复式班级教学。1958 年，改成半工半读式教学，学生 30 余名。1967 年，改为全日制小学，学生 30 ～ 40 名。1976 年，迁至村西南角新校址。1982 年，合并于后丁小学。	刘　琏　王振汉　孙兴仁 李振民　顾玉印　吕全富
望寺小学	位于望寺村，始建于 1910 年正月，称国民学校。1949 年，招生 20 余名。后续学生增加至 30 ～ 40 名。1965 年，成立高小。1967 年，发展到联办初中，1 个班，学生 50 余名。新校址在村西南裙带河畔，占地面积 7700 平方米，教学用房共 4 排 30 余间，形成小学、初中两个校区。20 世纪 70 年代，新校区进一步扩建。1977 年，发展到高中教育（只招生一届）。学生总计 300 余名，教师 20 余名。1980 年，小学部迁入新校区。1982 年秋，初中部合并于宋家联中。1985 年秋，全学区五年级集中到学校。1992 年，进行校舍改造、教学仪器配套、义务教育达标等工作。1991—2003 年，小学共毕业 569 名。2004 年 9 月，三至五年级合并于齐陵二中小学部。2007 年 8 月，合并于齐陵二中小学部。	贾梦莲　于乐海　徐民精 刘世仁　赵玉松　王习礼 李振伦，张永祥　王怀玺 杨兆益　王锡宏　王振民 张学明
朱家小学	位于朱家村，始建于 1919 年 3 月，称国民学校。1969 年，校址在村办公室，学生不足 10 名。以后学生增多，开始复式班教学，1979 年，合并于老刘家小学。	曹家明　孙兴仁　刘建堂 王正江
老刘家小学	位于老刘家村，始建于民国时期。校舍简陋，学生年龄参差不齐，多为复式班教学。20 世纪 50 年代，校址在村西。后来扩建校舍，在校学生增加。1967 年，成为完全小学。1979 年，朱家小学并入，学生增至 100 余名。1998 年，小交流小学并入。学校迁至村南。1995 年秋，合并于望寺小学。	刘建堂　苑志清　于建民 刘万福
小交流小学	位于小交流村，始建于解放初期。校址在村北，房屋 4 间，院落整齐，当年招生 12 名。1958 年后，校址迁至村东南角，校舍 10 间。发展到一至四年级，复式教学。1967 年，发展到一至五年级，学生 60 余名。1977 年，招初中班 1 个，次年学生毕业停办。1992 年，合并于老刘家小学。	王春林　李明田　孙成文 苏连贵　刘明德　宋执业 王锡宏

第四章　初中教育

第一节　概　况

1957年9月，孝陵乡在淄河店开办民办初级中学，校舍自筹自建，教师自聘，教师工资自定。1959年春，在高家孝陵成立公社农业中学。1960年秋，在淄河店东南隅建立益都县第十七中学。1961年，临淄、益都分县后，改称临淄县第五中学。1962年，在国民经济调整中，将临淄五中裁撤，合并于临淄一中（现淄博七中）。学校改为淄河小学高年级校舍。

1968年，各完小、高小普遍戴帽办初中。11月，县革委会决定中学体制下放，教师回原籍。1969年，大队联办中学发展迅速，公社农业中学改为普通中学，招收高中班。1971年，有初中21所，部分生产大队普及七年教育，中小学生达6196名。公社农业中学改名为淄河中学。1976年，各联中增设高中班。

1977年11月，淄河中学收归区属，改为临淄区第十中学。1979年，撤销小学戴帽初中。1989年，临淄十中移交齐陵镇，改名为齐陵镇第二中学。齐陵镇中学更名为齐陵镇第一中学。

1991年，宋家联中初中班并入齐陵二中，初中调整为齐陵一中、齐陵二中、齐家学校。1995年，党委政府决定搬迁齐陵二中，吕家孝陵村无偿提供土地3.24公顷建设新校。1996年，齐陵二中由原临淄十中校址迁至吕家孝陵村东新校址。齐家学校列为齐陵一中分校。1998年，齐家学校合并于齐陵一中，形成齐陵一中教育园区。

2000年，争创为淄博市义务教育示范镇。2003年，齐陵二中新建学生宿舍楼，成为寄宿制学校，争创为淄博市规范化学校。

2004年，吕家小学整建制并入齐陵二中，齐陵二中成为九年一贯制学校，被评为淄博市花园式单位。形成齐陵二中教育园区。齐陵一中建成学生宿舍楼，成为寄宿制学校。

2008—2009年，实施教育可持续发展策略，加速现代化设施装备。至2012年，加固齐陵一中、齐陵二中、齐家学校教学楼。建设数字化校园，以教育信息化带动教育现代化。2014年，取消学生晚自习，学生不再住校。

2017年，齐陵街道2处中学有教学班26个，学生966名，教职工131名。

1993—2017年齐陵街道中学基本情况表

表18-8　　　　单位：处、人

年份	学校	班级	毕业生	招生	在校生	教职工	教师
1993	3	30	476	690	1721	115	99
1995	3	44	473	546	1895	103	103
1996	2	34	—	465	1650	121	114
1997	2	41	651	435	2068	159	125
1998	2	38	632	548	1984	151	123
1999	2	36	597	400	1772	148	134
2000	2	36	451	401	1699	167	158

续表 18-8

年份	学校	班级	毕业生	招生	在校生	教职工	教师
2001	2	38	479	450	1661	139	130
2002	2	38	518	412	1626	140	135
2003	2	37	431	285	1518	136	132
2004	2	32	388	256	1402	129	125
2005	2	30	436	281	1237	136	133
2006	2	31	420	378	1196	131	126
2007	2	31	284	408	1323	131	128
2008	2	31	247	366	1483	144	134
2009	2	31	285	315	1468	143	134
2010	2	33	380	333	1577	130	115
2011	2	33	398	285	1301	123	110
2012	2	31	364	255	1261	121	104
2013	2	29	319	263	1131	121	118
2014	2	26	338	269	1066	122	120
2015	2	29	273	247	1042	124	122
2016	2	29	337	247	1041	134	132
2017	2	26	266	196	966	131	108

第二节　教学管理

学制

1951年10月，政务院《关于改革学制的决定》规定，初中修业年限为3年，秋季始业。1969年始，修业年限为2年。1971年，改秋季始业为春季始业。1973年8月，复改为秋季始业。1978年，恢复3年学制。

1994年，实行“五·四”学制，初中学制为4年。沿用至今。

课程

新中国成立后，按照教育部和山东省教育厅颁发课程标准及教学计划设置课程，设语文、数学（包括算术、代数、几何）、生物（包括植物、动物、生理卫生）、地理、历史、物理、化学、政治、外语、体育、音乐、美术课。1953年，历史分为中国古代史、世界古代史，地理科分为自然地理、中国地理和世界地理，取消时事政治，生理卫生改称卫生常识。1956年，语文分为汉语、文学，政治科学习政治常识，三年级增设工农业基础知识课。1958年，汉语、文学合并为语文科，政治课改为“社会主义教育”，代数、几何及三角合并为数学，历史、地理合并授课。生产劳动列入正式课程，每周2课时。数学增加珠算和簿记教学。语文、中国历史、地理分别增加乡土教材。1963年，初三增设生产知识课。

1966年5月，课程只设政治、语文、数学、工业基础知识、农业基础知识、革命文艺、军体及劳动课，政治、语文课改学毛泽东著作。1971

年，加强政治课和社会主义文化课教学。实行厂校、队校挂钩，学校开办工厂、农场，组织学生学工、学农、学军。淄河中学、望寺联中、宋家联中先后到公社农具厂学习修配、木工、白铁等工艺。义和、后丁学校办起小农场，薛家联中、望寺联中办起饲养场，淄河联中组织参加抗旱，支援农业生产。1972 年，恢复地理、历史、物理、化学课。1977 年，恢复生理卫生课。

1979 年后，使用全国统编教材，设政治、语文、数学、物理、化学、外语、 地理、 历史、生物、农业基础知识、生理卫生、体育、音乐、美术课。1981 年，取消农业基础知识课，增设法律常识课。

实行九年义务教育后，课程分学科类和活动类。学科类课程设思想政治、语文、数学、外语、历史、地理、物理、化学、生物、体育、音乐、美术、劳动技术课，活动类课程有晨会（夕会）、班团队活动、体育锻炼、科技、文娱等。1995 年，实行每周 40 小时工作制，每周学科教学时数最高为 29 课时，活动总量在 33 课时以下。

1999 年，进行教育创新试验，一、二年级设《科学史话》选修课，三年级设《创造发明原理》选修课。

2002 年，根据新课程计划，设分科与综合相结合课程。分科课程设思想品德、语文、数学、外语、科学（或物理、化学、生物）、历史与社会（或历史、地理）、体育、艺术（或音乐、美术）课。综合课程包括信息技术教育、研究性学习、社区服务与社会实践教育等。地方课程和校本课程包括齐文化读本、创造活动系列课、心理健康教育、劳动技术实践等。

2010 年，设思想品德、语文、数学、外语、科学（包括物理、化学、生物）、历史与社会（包括历史、地理）、体育、艺术（包括音乐、美术）课以及地方课程、学校课程、信息技术。每周总课时数 34 节。

2017 年秋季，增设中小学中华优秀传统文化教育课程，增强学生对中华传统美德的认知，使其形成一定的价值认同和道德实践能力。校本课程设置为一至二年级剪纸，一至三年级听说阅读，一至四年级心理健康，四年级增设法制教育和英语阅读。

教学

20 世纪 50 年代，提倡启发式教学，要求理论联系实际。学习苏联教育理论和教学方法，强调严格按教学计划授课，综合使用讲读法、讲解法、问答法及讨论法、分析法等教学方法。1958 年，师生过多参加政治活动和劳动，影响正常文化课学习及教师钻研业务的积极性。1962 年，贯彻以教学为主的指导思想，提倡加强“双基”，讲练结合。1965 年，强调减轻学习负担，贯彻“少而精”原则，提倡“启发式”教学，发扬教学民主。

文化大革命期间，大搞开门办学，提倡从劳动中学、以社会为课堂，忽视文化学习。

1976 年后，确定以教学为主原则。1978 年始，开展以幻灯机、录音机为主体的电化教学，进行语文、数学、物理、化学和外语教学改革试验。

1986 年，由重视学科教学转变到重视整体教学。1989 年，贯彻《临淄区普通中小学教师教学规范化要求》，至 1991 年，建立以目标管理为核心的教学管理体系，形成镇教研室、学校教研组立体化管理网络，实行学校领导蹲教研组包年级责任制、教师学年目标责任制和教学质量把关制。实行领导兼课、听课制度，开展教学评优和大练基本功活动。1992 年，按照临淄区教育教学基本功训练体系，开展教育教学基本功系列训练、达标与竞赛活动。经过两年训练，教师全部分批达标。

1997 年，进行校干课堂教学评优活动，组织教师观看教学录像，观摩学科带头人、教学能手示范课和公开课。结合学科特点和学生实际，开展分层次教学、语文“大阅读、大写作”和作文目标全程训练实验。齐陵一中自律教育、齐陵二中音乐美术教育成效突出。齐陵二中宗春凤在省级教学评优中获三等奖。1998 年，进行教育创新体系实验。1999 年，落实临淄区教研室“教师为主导、学生为主体、活动为主线、创新为主旨”的“四主”课堂教学理论体系和实践操作体系。2001 年，按计划组织学生到临淄区中学生劳技实践基地，进行为期一周的劳技培训，并成为年度常态工作。当年，学生升入重点高中 141 名，淄博师范大专特长班 6 名，普通中专 20 名，重点高中特长班15名，其他学校199名。齐陵二中在全区物理技能竞赛中获团体总分第一名，中心校在临淄区第六届中小学百灵艺术节中获团体第二名。至2002年，以“新基础教育”理念指导全镇教学改革。

2003年10月，开始推行“新教育实验”。2004年3月，齐陵二中获全国艺术特色单位称号。4月，《音体美报》以《为教师的专业成长提速》为题对齐陵新教育实验专题报道，专版刊登教师随笔。2005年，定为新教育执行力文化年，开展“十佳”教师、教学能手、教学新秀评选，搭建教师成长平台。2006年2月，全区控制辍学工作现场会在齐陵二中召开，中心校和齐陵二中作了典型发言。同年，中心校、齐陵一中获教育管理示范单位称号，齐陵二中获教育管理先进单位称号，齐陵一中英语中考成绩夺得全区第一名。

2007年，落实市区“减负”规定，保障中学生在校时间不超过8小时，睡眠时间不少于9小时，取消一切形式的节假日补课。学习借鉴洋思中学和杜郎口中学经验，整合外地课堂教学改革经验，实行“导学练”三案统一。齐陵一中、齐陵二中统一定制黑板，学生划分课堂学习小组，按年级、村划分课余学习小组，构建“自主—合作—探究”小组学习模式。5月，齐陵一中学生鲍峰在全国中学生化学能力竞赛中获一等奖。齐陵一中将民间艺术剪纸与齐国历史文化资源结合，开发具有齐国历史特色的校本课程并引入课堂，在临淄区齐文化旅游节期间，学校成为特邀单位展出剪纸作品。与临淄区交通部门联合，将剪纸与交通安全教育相结合，成为临淄区交通部门安全教育的亮点。

2008年，进行教师备课改革，注重总结性作业和预习性作业，做好讲普通话、写规范字普及工作。开展“学生阳光体育运动”，组织“特色文体大课间”和“四操四球一拳一泳”活动。开展古诗文、现代文、科普文、外文等大阅读活动，把学生大阅读活动列入班级与语文教师考评。齐陵一中被评为临淄区特色项目建设先进单位，齐陵二中获山东省科技制作优秀组织奖。2009年7月，齐陵一中、齐陵二中获山东省“科技点燃梦想，创新成就未来”科技大赛优秀组织奖。

2010年，落实教学常规管理，根据教学常规月考核细则，从备课、上课、作业批阅、课外辅导、自习等方面对级部教学活动进行全面监控和考核。加强校本教学研究，开展名师“名师课”、骨干教师“骨干课”、中青年教师“亮点课”、普通教师“推门课”评比活动，采取同课异构等教学方式，营造浓厚研究氛围。举行展览、参观、讲座、文艺演出、演讲、征文、演唱、书法绘画评比、周会、班团队会、劳动与实践等学生喜闻乐见的文娱实践活动，实施活动育人。齐陵一中被评为全国新教育实验先进单位，齐陵二中被中国教育教学研究会评为理想课堂建设先进单位。

2011年，探索理想课堂模式，整合信息技术与学科课程，开展“三课型”练课达标活动。落实“周月季”阅读计划，做好百种报刊进校园活动，建设书香校园。齐陵一中被评为全国新教育实验先进学校、全国作文教学先进单位，紫荆山文学院被评为全国优秀校园文学社团，《荟萃阁》被评为全国优秀校园文学社刊。全区农村英语教学现场会在齐陵一中举行，英语教研组被评为区优秀教研组，在全区教学暨德育会上作典型发言。2012年，齐陵二中英语组被评为临淄区优秀教研组。

2013年，按照学思结合、知行统一、因材施教原则，改革教学方式，加强学法指导，研究问题教学。探索艺体科技教育新方法，将学生社团建设作为推动艺体、科技教育重要载体。齐陵一中获淄博市首届中小学生器乐大赛优秀组织奖、首届全国儿童剪纸展优秀组织奖。齐陵二中获第十三届全国多媒体课件大赛优秀组织奖、山东省首届少儿书画大赛优秀组织奖，被评为淄博市校本培训示范学校、淄博市第二批科技工作示范学校。

2014年，规范作业书写，推行批后改、改后批，建立错题本，提高作业设置实效性，推进教学常规的规范管理。齐陵一中以教研组为单位统一作业本印制、批改模式，作业分层设计基础题和拓展题，供不同层次学生选择。编辑出版《即兴剪纸》，剪纸教学与齐文化资源开发相结合，完善“尚美智慧，动态高效”课改模式，承办全

齐陵一中剪纸课堂展示作品　　（2017 年摄）

区现代校本课程体系建设实验与研究第三次现场会。齐陵二中引进中国电信“班班通”云平台，建立“自学探究，当堂评价”课题研究博客，开展课堂改革网上研讨学习活动。把常规月查变为周检，蹲组领导和教研组长坚持日常巡课，教师每人每周被巡次数不低于 2 次，当堂评定成绩，当下在校园群公示。以“版话齐文化”为特色校本课程，开发出国画、沥粉画、齐文化研究等十几门校本课程。

2015 年，实现各校间和教师间课堂教学改革均衡发展。齐陵一中规范课程实施，深化课程改革，构建“尚美”特色课程体系。齐陵二中实行教研组与级部并轨管理，由级部围坐转为以学科研究中心为主的大教研组，实行教研组领导蹲组负责制，构建“阳光有效课堂”。校本课程以“版话齐文化，沥粉民族风”为特色，在第十三届齐文化旅游节上，展出版话齐国成语故事系列作品。2016 年 9 月，齐陵一中、齐陵二中均获临淄区教学工作先进单位称号。

2017 年，利用网络、多媒体等信息技术手段，创建富有齐陵特色的校园文化，丰富学校管理内涵。深入推进齐陵一中的“尚美”文化、齐陵二中的“精和”文化建设，突出教学中心，提升教师教育教学和教育科研水平，教育教学质量稳步提高。

考试

新中国成立后，考核采用百分制、闭卷考试模式，招收高小毕业生。1958 年，由县教育局统一安排招生。优先招收工农及烈士子女入学，试行保送入学办法。招生与考核沿用百分制、闭卷考试模式。1964 年，按规定进行期中、期末、学年和毕业考试，只考政治、语文、数学、外语、化学、物理等主要学科。平时考查通过课堂提问、书面作业、期中检测和实习等方式进行。

1966 年，初中停止招生，1968 年恢复，改考试录取为推荐入学。1973 年，实行大队推荐和学校文化考试相结合办法。1974 年，采取直接推荐办法招生。在校生实行开卷考试。

1977 年，恢复文化考试。1978 年，期中、期末考试成绩记入记分册，成绩及格准予升级。1981 年，报考中专由公社按分配名额预选。1986 年，升高中考试由省、市教研室命题，区教育局、教研室组织考试阅卷，协同招生学校录取。1989 年，实行毕业会考和结业考试制度：二年级进行历史、地理结业考试，三年级进行语文、数学、英语、政治、物理、化学、生物毕业会考。1992 年，取消小学升初中考试，实行划片招生、就近入学。1994 年，改为四年制后，二年级进行地理结业考试，三年级进行历史、生物结业考试，四年级进行语文、数学、英语、政治、物理、化学毕业会考。中考加试体育，将中专、高中招生指标分配到乡镇、学校，变一“挂钩”（招生名额与考试成绩挂钩）为一考多录，品学兼优学生实行保送制。1995 年，中考由省统一命题，市教育局统一阅卷录取。

1997 年，中考加试实验操作。1998 年，调整考试科目分值，语文数学各 120 分、英语 120 分（含听力测试 20 分）、物理 70 分、化学政治各 50 分、历史 40 分、地理生物体育各 30 分。1999 年，加强对学生实际知识运用能力考查，加试物理、化学、生物实验技能操作考试，分值 15 分。

2000 年，中考改革，考试科目为语文 120 分，数学 120 分，英语 120 分（含听力测试 20 分），理科（物理、化学、生物）综合科目 120 分，文科（政治、历史、地理）综合科目 100 分，体育 30 分，物理、化学、生物实验技能操作 15 分，文科综合科目实行开卷考试。艺体特长生测试认定由淄博市统一组织进行。

2001 年，淄博市在临淄区试点中考加试信息技术。信息技术考试满分 20 分，不计入总分，在同等条件下作为录取参考依据。2002 年，中考加试信息技术，考试内容以教育部《中小学信息技术课程指导纲要（试行）》为依据，根据学生获得淄博市初中信息技术等级证书记分。A 级证书计入中考总分 20 分，B 级 15 分，C 级 10 分。2003 年，将物理、化学、生物实验及英语口语、体育专项、计算机操作作为考查科目，不合格者从该科总分中扣 10 分。

2007 年，落实减负规定，期中、期末考试取消全区统考。

2010—2017 年，考试分为 3 种。学科单元考试，由教师或教研组命题，也可由学生自主命题，每单元可进行一次检测，实行无分数评价。期中、期末考试由学校组织实施，考试成绩以等级形式呈现。学业考试由临淄区教育局组织，提倡实行等级评价，分为优秀、良好、及格、待及格或 A、B、C、D 四个等级。鼓励采用开卷考试、实验操作、听力测试、辩论、情景测验、成果展示、小论文及面试答辩等多种考试、考查方式。不得以任何方式按成绩给学生排队并公布名次，不得以学生考试成绩作为评价或奖惩教师和学生的主要标准。

第三节　德育工作

1957 年，配合整风运动，加强学生思想政治教育。1958 年 9 月始，一二年级政治课系统讲授《关于教育工作指示》《教育必须与生产劳动相结合》等文件，组织参加“大炼钢铁”“战三秋”突击劳动。1962 年，在公社中心校设教师团支部。20 世纪 70—80 年代，由于初中与小学同处一个校园，中小学德育工作协同开展。

1981 年，政治课设《青少年修养》《社会发展简史》和《法律常识》，贯彻执行学生守则，引导学生德智体全面发展。

1991 年，学校设政教处，分管学生德育工作。1992 年，组织学生参加社会实践活动，绿化南部山岭，植树 3000 余棵。2000 年，齐陵一中制定实施方案，探索学生自我教育。各校选配法制副校长。镇教委被评为临淄区德育工作先进单位。2002 年，开展“一次技能展示、一次专题采访、一个调查报告、一次社会公益活动、一次汇报演出、一套摄影作品”“六个一”活动。2004—2005 年，落实《守则》《规范》，开展诚信教育、养成教育达标活动。以课堂教学为载体，推动德育与学科教学有机结合，做好“在校做个好学生，在家做个好孩子，在社会做个好公民”“新三好”教育。

2007 年，坚持养成教育，开展养成教育月活动及“感恩父母，点亮真情”系列教育活动。开展生命教育，举行“我选择，我快乐，我成长”生命教育活动，举办大型青春期教育图片展。利用国家传统节日、重大历史事件纪念日、校园艺术节、体育节、科技节等集中开展思想道德教育，举行绘画、书法、器乐等比赛，开展广播操、跳绳、游戏比赛和田径运动会，进行小制作、手抄报、贺卡制作等比赛活动。4 月，齐陵一中在团中央少年部、全国少工委、中国少年报社、中国中学生报社联合举办的全国中小学生“知荣明耻学做人”挑战擂台赛中获优秀组织奖。8 月，齐陵二中获中国少年儿童平安行动优秀组织奖。

2008 年，创新学校管理工作机制，在全区率先推行首遇责任制和教育项目管理制。按照全员参与、主动管理、责任追究要求，以项目认领和委派方式，实现学校工作组织、协调、控制和评价。齐陵一中打造“孝心教育”特色，建立安全、礼仪、剪纸、孝心故事长廊。2 月，被评为临淄区德育工作先进单位。3 月，齐陵二中被淄博市委市政府授予文明单位称号。7 月 19 日，齐陵一中在山东省中小学校园文化建设研讨暨表彰会上，被授予校园文化建设优秀单位称号。10 月，批准为淄博市积极心理健康教育实验学校。2009 年 11 月，齐陵二中在全区心理健康教育现场会上作典型发言，获临淄区德育工作先进单位称号。

2010年，构建学校年级纵向衔接，学校、社会、家庭横向沟通为主要特点的德育框架，坚持一月一个中心，形成有针对性、实效性的德育系列。开展德育研究活动，定期召开年级主任、班主任培训和经验研讨会，每学期召开一次德育经验交流会，每班推出一节对外主题班会，班主任每学期撰写一篇德育论文或成功教育案例。在学科教育教学活动中，采取谈心、交流、沟通、疏导、开办辅导班等方法，及时帮助学生解决心理障碍，加强心理健康教育。2011年，齐陵二中开展阳光德育体系建设活动，开设快乐真情卡、关爱学困生阳光行动、营造书香快乐行动、让孩子的心灵充满阳光、心理导航读本、青少年心理成长手册等“阳光”校本课程，优化心理健康教师队伍，建设“阳光小屋”心理咨询室，添置相关图书杂志和音像资料，营造师生温馨心灵港湾。齐陵一中编辑出版《感恩孝心德育读本》，“让感恩润泽学生心灵”获国家级课题研究优秀成果奖。

2012年，完善学校、家庭、社会有机统一立体教育网络，建立班级教育委员会，落实全员、全程、全方位育人，提高学校教育社会公信度。齐陵一中获全国和谐德育课题研究优秀成果一等奖，被评为全国百项校园文化建设成果优秀单位、淄博市“五四”红旗团总支。齐陵二中以养成教育为突破口，形成“一礼三心”德育特色模式，在全国校园文化系列活动“感恩书信大赛”中获优秀组织单位奖。2013年，齐陵二中教师刘昭清当选临淄区道德模范。

2014年，加强德育环境建设，加大社会参与学校德育工作力度，组建更为完善的德育管理

齐陵二中开学典礼学生宣誓　（2017年摄）

齐陵一中纪念“九一八”活动　（2016年摄）

网络。齐陵一中分年级实施系列主题感恩教育，举行“感恩之星”评选活动，上门为“感恩之星”家庭挂牌，激发家长和学生争星之心，以级部为单位建立家长QQ群，开通网上家长学校。齐陵二中把“感恩、诚信、责任”教育与每月主题活动进行融合，开设班级道德讲堂，培养学生健康心理品质。

2015年，落实立德树人，加强社会主义核心价值体系建设，使德育内容具体化。齐陵一中运用“谐美通达”管理文化，丰富学校“感恩孝心”德育教育主题，完善“尚美德育”体系。齐陵二中强化“一礼三心”阳光德育品牌建设，形成全员德育工作体系。2016年，在山东省初中数学德育优秀课例展评活动中，齐陵二中青年教师黄东代表临淄区参加比赛，获一等奖第二名。在山东省初中校本课程学科德育优秀课例展评活动中，齐陵一中乔丽执教《快乐剪纸》，获全省（农村组）一等奖第一名。

2017年，落实“让每个学生快乐成长”的办学理念，探索优秀传统文化融入家庭教育、爱国主义教育、实践育人教育、党团队建设的根本途径，使德育内容具体化，引导学生在日常学习生活中学会自律、自省，培养学生良好行为习惯、创新精神和实践能力。

第四节　学校简介

齐陵街道第一中学

位于淄河新村南紫荆山下。始建于1960年秋，时称益都县第十七中学，招收初中一年级2个班108名学生。1962年8月，合并于临淄一中（现

齐陵一中校园 （2017 年摄）

淄博市七中），学校改为淄河小学高年级。

1968 年，开始招收初中班。至 1970 年，淄河大队刘继荣、李吉祥、吕存忠作为贫下中农代表管理学校。1972 年前后，扩建教室 10 间，做水泥纸浆桌凳，办戴帽高中，由有关大队联办，改名为淄河联中。这一时期初中教学班有 10 个。1975 年 8 月，新建校舍一排，招收高中班 1 个。师生共 600 余名。1977 年，学校大办“两厂”（工厂、农场），高中部解散，初中改为三年制。1981 年，新建教室一排 9 间及综合办公室、实验室、伙房，扩修操场。1984 年 4 月，改名为齐陵镇中学，有教学班 10 个。翻修全部校舍，扩建操场。1985 年，被评为淄博市文明单位、淄博市教育质量先进单位。

1989 年 4 月，更名为齐陵镇第一中学。1992 年，镇政府拨款建起综合教学楼，建筑面积 3200 平方米。同时，修建人工湖、凉亭、假山，硬化路面，绿化校园，建设标准实验室，扩建操场修建炉渣跑道。按标准配备图书和教学仪器。通过义务教育达标验收。1993 年，实现“两基”目标。1994 年，配备语音室、微机室。12 月，被评为淄博市规范化学校。1996 年，新建荷花池、蘑菇亭。1997 年 6 月，被淄博市政府授予花园式学校称号。1998 年，被评为临淄区教育科研先进单位。2001 年，在淄博市中小学唱歌、器乐比赛中获初中组二等奖。

2003 年，更名为齐陵街道第一中学。获淄博市绿色文明家园称号。

2004 年 5—8 月，协调淄河村投资 65 万元修建一中路，成为连接齐陵一中、中心小学、中心幼儿园的中心路。被评为淄博市交通安全示范学校。6 月，投资 134 万元启动学生公寓楼建设工程。2005 年 8 月投入使用，建筑面积 2486 平方米，容纳 720 名学生住宿。2007 年，被评为淄博市文明单位、淄博市绿色学校。2008 年 8 月，学生节目《滚核桃》在淄博市百灵艺术节中获一等奖。12 月，被淄博市教育局确定为“十一五”积极心理健康教育课题实验学校。

2009 年，实施教育可持续发展战略，加速现代化设施装备建设，协调资金 11 万元建设多媒体教室，投资 25 万元升级教学设施。2010 年，打造文化建设平台，让文化浸润校园每一个角落，用文化引领师生每天的思想和行为。9 月，数学教研组和英语教研组被临淄区教育局评为先进教研组，10 月，获淄博市百灵艺术节优秀组织奖。

2011 年，街道办事处投资 350 余万元对教学楼进行整体加固，新建水冲式厕所，为淄博市校安工程现场会提供观摩现场。承办全区农村英语教学现场会。6 月，被淄博市文化局授予非物质文化剪纸传承学校称号，12 月，作为淄博市推荐的唯一一所农村学校，被评为第一批全国中小学中华优秀文化艺术传承学校。2012 年 6 月，范秀玲为班主任的“静远班”，作为农村学校唯一代表，被评为临淄区首批完美教室。8 月，获淄博市首届中小学生器乐大赛优秀组织奖，12 月，被评为淄博市文明单位。

2013 年，新建多功能教室及体育器材室，被山东省教育科学研究所确定为山东省教育科学规划重点课题“以校为本的课程资源开发”实验基地。11 月，在全区学生公寓管理工作现场会上作经验介绍。2014 年，丰富德育内容和德育方式，打造德育品牌，注重德育常规管理，加强班主任与教师培训与管理。被评为淄博市第四批数字化校园、淄博市“德艺双馨”剪纸活动特色品牌学校。2015年12月，被评为淄博市心理健康教育先进单位。2016年3月，获第十一届全国中学生作文大赛山东赛区优秀组织奖、首届全国青少年学生法治知识网络大赛优秀组织奖。

2017年，学校有教学班13个，学生507名，教职工72名，专任教师64名。区级以上教学能手5名，区骨干教师13名，区教学新秀1名，市骨干教师1名。

历任校长：

武海源　徐连茹　刘长明

李明光（主持工作）

苑志端　刘长明　赵玉松　苑立国

于胜田　路国秀　于长平　刘国宁

历任副校长：

陈建军　吕少山　杨国清　李怀玉

刘国宁　张坊庆　赵　颖

齐陵街道第二中学

创建于1959年春，称齐陵公社农业中学，校址在高家孝陵村。1968—1970年，高家大队刘永禄与任月英、刘营大队刘云光、东龙大队周树檀作为贫下中农代表管理学校。1971年，改称淄河中学。有教室12间，宿舍8间，办公室8间，高中一二年级各2个班，教职工30名。

1977年11月，学校改为区属，更名为临淄区第十中学。1982年开始，逐步停止招收高中班，改招初中班。新建教室18间、办公室10间、实验室8间，教学班扩至9个。1985年，吕家联中并入临淄十中。

1989年4月，临淄十中转交齐陵镇，改名为齐陵镇第二中学。教师21余名，学生300余名。1991年，宋家联中并入，教学班增至12个，教师40余名。至1995年，新建教室15间、实验室2间、传达室2间、厕所10间，修水泥路面100米，其他路面500米，植观赏树120棵，建假山景点1个，新打水井1眼，建水塔1座。占地面积1.76公顷，教职工52名。

1996年11月，迁至吕家孝陵村东新校址，占地3.24公顷，教学楼建筑面积3248平方米，路面硬化2233平方米，教职工60名，教学班19个。2000年，镇政府投资90万元建设实验楼，建筑面积1753平方米。2001年，新建伙房和职工宿舍。

2003年，更名为齐陵街道第二中学。街道办事处投入120万元新建学生宿舍楼，建筑面积2160平方米，成为寄宿制学校。根据学科、班级实际，教学落实“四清”：任课教师堂堂清，班主任、任课教师日日清，重点学科周周清，级部月月清。2004年，作为唯一农村中学代表，在临淄区基础教育课程论坛上作经验介绍。获淄博市绿色文明家园称号、山东省创意作文大赛优秀组织奖。

2005年，深化“三段六步”课堂教学模式，实施精品课堂工程，开展校干带头课、骨干教师示范课、普通教师研讨课系列活动。在临淄区教研室组织的校干说课、作课、评课活动中获一等奖，获山东省教育叙事征文大赛优秀组织奖。初四毕业班学生89名参加中考，73名被重点高中录取。2006年，在全国中学生奥林匹克英语大赛中有4名获奖，列全区第四名。教师王丽发明的教学用隐形黑板获国家级知识产权专利。2007年11月29日，《山东教育导报》以《潮平两岸阔　风正一帆悬》为题，专版1.2余万字，对学校“三段六步”教学改革进行详细报道，获临淄区课堂教学创新奖。

2008年，扎实开展大课间活动，学生体质

齐陵二中校园　（2016年摄）

明显增强。获临淄区女子乙组篮球第一名。科技成果《光的反射定律》演示仪获山东省评比三等奖。2009年3月，精选114种优秀刊物配备阅览室，9月，购买3000本名著充实班级图书角，征订152种报刊进阅览室，保障书香校园建设。2010年，实验室装配一新，安装17个教室投影媒体和1个多媒体教室电子白板，更新微机室40台计算机，购置音乐、美术、体育器械，完成学校标准化建设。至2011年，连续八年被评为临淄区素质教育先进单位，连续八年被评为临淄区教学质量先进单位。

2012年暑假，加固综合教学楼，新建体育器材室，重建厕所，整修车棚，拆除危险花廊，增设围墙安全设施，改造食堂操作间，修缮食堂屋顶防水。投资24万元更新教师办公微机，新购图书8583册，更新部分办公桌椅。

2013年，投资4万余元重建学校大门，投资10万元更换教学楼正面整体玻璃墙，门厅安装LED电子屏，增设高质量宣传橱窗。分三批投资20万元配备图书52248册，藏书超出山东省生均标准。投资17万元配齐所有教室、功能室多媒体设备，实现多媒体终端全覆盖。新增音乐、美术、舞蹈、史地等教室及德育展室。更新300套学生课桌椅，投资6万元按学校照明标准更新教室、功能室照明设备。被评为淄博市科技教育活动示范学校。

2014年，投资12万元购置智能取暖锅炉，保证冬季正常取暖。教师节期间，街道办事处支持29台电脑，更换教室用机。2015年，新建塑胶运动场及附属设施，改建水冲式厕所，增配食堂部分器具，更新校园文化设施、教学楼消防管道，增配安保器材和技防设备。2016年暑假，投资20余万元，改造升级炊事具，满足1000余名师生就餐需求。同年，街道办事处投资30余万元，为办公室安装27台空调，购置1台1蒸吨燃气取暖锅炉。投资20万元更新微机室50台微机。12月，被评为淄博市文明校园。

2017年，学校有教学班13个，学生459名，教职工59名，专任教师44名。区级以上教学能手5名，区骨干教师10名，区教学新秀 7名，市骨干教师1名。

历任负责人、校长：

农业中学：

赵玉松　赵洪章　苑志发　任修礼

苑志发　吕多见

淄河中学：

吕多见　张建平

临淄十中：

李奎武　于新鲁　尹燕铠　屈龙田

齐陵二中：

孙延福　张兆良　贾长富　陈建军

杨国清　王炳锋

历任副校长：

吕多见　梁继勤　杨传勋　刘兴元

于胜田　王炳锋　顾连起　郝占峰

王能好　韩建忠　李怀玉

第五章　成人教育

第一节　农民教育

民国时期，农民教育的主要形式是开办民众学校。1936年，临淄县被确定为推行民众教育实验县，县政府通令各机关一律附设民众学校，各中小学一律附设民众夜校并组织教学队，强令15～45岁失学民众入校学习，但多流于形式。规划第二区为民教区，专设宋家庄民校。区公所在后丁村建立养蚕学校，在当地招生，学习养蚕知识，至抗战爆发终止。

1946年，县人民政府提倡大办成人教育，设立午学和夜校，配合土地改革运动，进行思想教育和文化学习。1948年开始，农民教育以识字扫盲为重点，主要形式为农民夜校、妇女识字班。

新中国成立后，农民教育以冬学为主。1951—1954年，各村举办妇女识字班、男子扫盲班，学习时间一般为每年10月至次年3月，以《农民识字》《妇女识字课本》《青年夜校课本》《冬学课本》为教材，每人1本，男女学习内容不同。识字班每日小半天，扫盲班每日一晚上。以后逐步转为常年民校。1955年，配合农业合作化运动，举办记工学习班。1956年3月，成立扫盲协会。1958年，成立公社红专大学。

1959年，成立农业中学2处，招生2个班，采取半工半读、忙闲兼顾形式，冬春可整日学习，大忙季节可放假，夏秋半日学或间日学。第一农业中学在淄河大队，覆盖淄河、齐陵、终村管理区，第二农业中学在宋家大队，覆盖孝陵、宋家、望寺管理区。领导小组刘益振（党委宣传委员）、王兆辉（乡长）、赵礼修、徐登岱（公社业余教育辅导员）、孙镜海（中心校长），校长刘益振，一中副校长徐治国、赵礼修，二中副校长闫桂生、徐登岱，教师4名。学校所在队按每5名学生划给耕地667平方米，建立生产基地。学校指导学生开垦荒地荒沟种植作物，开展勤工俭学，建立适应农业的小工厂为生产服务，培养技术人才。业务方面由所在小学加强指导，密切农业中学与普通小学联系。

1964年10月，临淄县组织工读教师集中培训，各大队开展半工半读教育，半日学习，半日劳动。工读学校属各片中心学校领导，教师在晚上与公办教师一起办公，星期天到公社中心学校学习。

文化大革命开始后，工读学校、农民教育时办时停。1972年，利用学校教室开设夜校，进行脱盲教育，每天晚上学习2小时，记2工分。夜校办了三年，由教育部门对学员进行考核，能阅读报纸就算毕业，发给脱盲证书。

1973年秋，淄河缝纫学校创立，校址在原公社大院。学期为1个月，包教包会，当期学不会者，下期留校免费继续学习。第一期招生100余名，由李麟、贾长贵教裁剪理论，聂玉英指导裁剪实践。1978年，在山东省电视台做招生广告后，学员增加。1979年，每期达400余名，教师11名。至1986年停办，共培训学员万名以上。同时办起的还有北山西缝纫学校、柳店缝纫学校。

1976年后，成立农村成人教育领导机构，以扫除文盲为重点，以举办夜校为主要形式，由学校配合开展工作。1979年，经过验收，基本扫除农民青壮年文盲。随着农民文化水平提高，工作重点由学习文化为主转到学习技术为主。1981年，中央农业广播学校临淄分校成立，在齐陵设立分校，负责境内学员招生、培训和辅导工作。农业广播学校利用电台、电视台、因特网、视频光盘等现代化的传播教学形式，为农村培养实用人才。

1989年，区政府部署扫盲工作，实行“双线”承包责任制。教育内部层层签订责任状，办班与包教相结合。至1990年7月，扫盲138人，青壮年非文盲率、脱盲巩固率均达100%。1993年，通过山东省政府验收，高标准完成扫盲任务。

1994年，以成人教育中心为龙头，投资52万元，建立34所农民文化技术学校，其中12所办学条件达到领导、师资、教室、培训计划四落实，达到市级规范化学校标准。面向农业、农村、农民积极开展创造性科研工作，建起蔬菜种植及肉兔、蛋鸡养殖和玉米良种培育示范基地，组织现场会8次。创办《齐陵科技报》，每年出版6期，按农时季节做好宣传，及时向农民传递农业科技信息。1997年，举办瓜菜、果农技术培训班12场次，培训2000人次，提高农民瓜菜种植水平。

1999年，成立镇级科技联合体、镇村成人教育网络，及时解决农民生产中的疑难问题，《齐陵科技报》发放4000余份，举办培训班33期，培训4200余人次。春节期间，到各村播放“FA旱地龙”技术推广录像片。建设“绿色庄园”高科技示范园13.34万平方米，54个无立柱暖式大棚，接待参观385人次。

2000年春，因地制宜，在齐陵二中原校址创办临淄唯一一家专门利用麦穰生产食用菌的“云尔食用菌研究所”，主要为齐陵农村提供食用菌生产技术，制取菌种，指导村民发展食用菌种植。组织食用菌种植培训20期，培训学员5000余人次。全镇建成双孢菇生产洞300多条，改建旧蔬菜大棚10处，普遍种植双孢菇2茬，收入均在 2000 元以上。

2001 年，开展科技电影下乡活动，成立放影队，结合工农业生产实际，租借科教片，把科学技术送到千家万户，推广现代农业科学知识。结合学校思想政治教育为学生放映爱国主义影片，把小学劳技教育纳入业务范畴。通过淄博市政府对初步现代化乡镇成教试点单位验收。

2002 年，组织外出考察中草药桔梗的种植并推广，同时推广日本甜柿、华宝仙桃、山竹榆等果木种植。2005 年，利用明白纸、科技小报、黑板报、视频光盘、培训班等多种形式进行文化教育和实用技术推广。11 月，举办养鸡专业户培训班，加强家禽防疫，100 余养鸡专业户参加培训。2006 年 4 月，邀请临淄区畜牧局技术人员及济南畜禽病防治研究所专家，讲授高致病性禽流感防治措施。同年，成立用水协会及林路管护协会，培训 3000 人次。2007 年，开展新型农民农技教育培训，采取业余学习与集中辅导相结合方式，培训无中专学历的村“两委”干部及后备干部、农村财务管理员和民主理财小组组长。

2008 年，与农业、劳动、科技部门合作，开展阳光培训、农村剩余劳动力培训。2010 年 4 月，邀请临淄区农业局、农广校专家对 4 个村 75 名种植示范户进行农业技术培训，学习小麦玉米高产优质种植、蔬菜标准化种植、测土配方施肥、病虫害防治、秸秆生物反应堆等技术。2011 年 6 月，请临淄区农业局、科协等单位农业专家传授小麦、大棚蔬菜、畜禽养殖等技术，培训 1000 余人次，发放宣传材料 3000 余份。11 月，齐陵街道·教育中心农村劳动力转移就业家政服务培训班在驻佛村举行开班仪式，对 70 余名学员进行营养学培训。

2012 年，举办农村劳动力转移就业培训班 9 期，培训学员 500 人次，实现城镇新增就业 935 人，新增农村劳动力转移就业 900 人。2014 年，街道在村、社区、机关、企业、学校分别建立道德讲堂，发挥道德讲堂的教育作用。通过外出学习、参观和集中培训，共培养专业主持人 4 名。邀请全区道德模范先进事迹宣讲团成员、街道道德模范、齐陵好人在街道进行道德模范事迹宣讲活动，充实“学模范”流程的活动内容。开展道德讲堂活动35场，受教育群众达1000余人。1月，开展社区居民腰鼓打击方法和踩高跷表演技能培训，计 600 人次。9 月 10 日，邀请教授田秀英举办第二届中华优秀文化大讲堂，310 余名妇女干部参加培训。

齐陵街道举办妇幼保健知识培训　（2017 年 摄）

2016—2017 年，推进社区教育中心的标准化、规范化和信息化建设，落实全民终身学习活动周各项活动，举办文化活动 52 场，文艺活动培训 10 次。评选书香校园、书香家庭和百姓学习之星。社区居民每年参加各类教育培训活动总人数达常住人口的 60% 以上，农民培训率达 80% 以上，社区教育专职人员培训率达 90% 以上。

农广校历任负责人：

孙秀兰　刘昭利　梁荣国

第二节　职工教育

新中国成立后，干部职工教育主要采取以会代训方式，参加县政府组织的培训。文化大革命期间，干部职工教育时办时停。1977 年始，各企业举办各类技术业务学习班。

1985—1986 年，主要结合法制教育对职工进行思想政治教育。1988 年，镇村工业有了较大发展，举办培训班 5 期，参加培训 500 人次，培养工程技术人员 11 名。1989 年，开展“一个中心、两个基本点”教育，进行商品意识、职业道德和深化改革方面的教育。1995—1996 年，强化企业财务管理和质量管理，加强各类专业人员培训和岗位练兵，对企业中层以上干部及管理人员进行财务管理知识培训，促进企业财务管理规范化，提高经济运行质量。1997年始，有计划组织企业举办或参加各类技术业务学习班、岗位职务培训，包括厂长（经理）、生产组长、车间主任和工段长、职工等级技术教育培训；短期应急性培训和适应性岗位培训；企业管理、ISO系列质量标准全员培训；电气焊、锅炉工、司机、微机、化验等特殊工种培训；计算机应用、会计电算化、建筑、电子电器维修、汽车驾驶与维修等应用技术培训。组织参加学历培训。

2001年7月，对所有工业企业停产整顿，配合临淄区安全局培训企业法人代表，对企业职工进行安全知识培训。2004年始，鼓励机关职工参加学历学位培训。有10人陆续取得大学或研究生学历。

2005年10月，举办安全生产知识培训班，组织企业单位负责人及安全员100余人，学习安全法规及防火安全知识。

2007年，进行矿用风机知识、环境管理体系ISO14001、污水处理技术、设备操作规程、操作技能、安全生产等培训，举办车工磨工岗位技能比赛、安全知识竞赛。2008年，进行焊工培训、安全教育培训，举办车床和滚丝技术比武。组织参加临淄区公务员通用能力培训，23人参加并取得优异成绩。10—12月，机关工作人员全部参加普通话培训。年内，机关干部职工共143人次参加各级培训，达17246学时。

2009年，采取企业内部培训和外出学习等形式，进行建设工程监理、管理、环境影响评价等培训，质检人员岗位基础知识培训和化验员资格培训。对新职工进行理论基础知识培训。举办下料工、仪表组、材料改制、冷镦螺栓、搓丝、冷镦螺母、压力容器设计知识等技术比武和操作技能竞赛。当年，机关干部职工共149人次参加各级培训，达17558学时。

2010年7月，联合临淄区环保局、安全生产监督管理局、劳动和社会保障局，连续举办3期企业环境保护法律法规培训班，化工设备、污水处理、矿泉水、炉业生产、塑料加工、建筑公司等企业主要负责人及安全生产管理人员400余人接受培训。

2011年，进行质量、环境、安全体系相关知识、法律法规培训，掌握有效降低企业成本的策略与方法，强化消防知识学习及职业病防治。进行ISO/TS16949质量手册培训及ISO/TS16949-2009标准培训、地下水及生态环境影响评价培训。3月，邀请济南郑安防火技术有限公司举办消防安全知识培训，机关工作人员全部参加。5月，进行突发事件应对法培训。当年，机关及村干部586人次参加各级培训。

2012年4月，组织餐饮服务业人员食品安全培训。2014年，加强网站后台管理、职业安全健康、销售及质检等人员培训，举办滚丝技术、车工技术、下料等技术比武。

2015—2017年，组织企业对职工进行内部培训和外出培训，以质量培训、安全培训、业务技能培训、技能比武、工程建设标准培训、有关法规培训、特种作业安全培训为主，采取内部教育、外出学习、参观、考察、自学等方式，借鉴先进生产技术和管理经验，职工业务素质显著提高，促进企业的管理和发展。

第三节　社区教育中心

1989年，镇政府投资15.5万元建设并成立成人教育中心学校。校长由镇主要领导担任，专职副校长由临淄区教育局任命，设专职教师5名，招聘64名农艺师、会计师和能工巧匠任兼职教师。1993年，配合实施义务教育，扫除青壮年文盲。

1994年，镇政府成立成人教育校务委员会，具体工作由教委负责，设常务副校长1名，教务主任、总务主任各1名，有专业教师6名，兼职教师8名。学校占地面积4000平方米，建筑面积1050平方米，教室800平方米，实验实习基地6670平方米。课桌凳120套，教学仪器25件，彩电、录放机1套，安装卫星地面接收天线。经省市检查验收，被命名为山东省规范化乡镇成人教育中心学校。每年从当年初中毕业生中招收1个全日制中专班，每年从社会上招收1～2个成人中专班，教育教学采取集中辅导与自学相结合方式。同时办好各种类型的短训班。

1997年，迁至齐陵二中旧校址。设标准教室、实验室、图书室、阅览室、仪器室和录制室，功能齐全，仪器设备配套，成为教学、科研、生产经营、社会化服务、实验实习一体化的新型成人教育学校。1999 年，投资 3 万元翻新校舍。公开招聘 5 名专职教师和 10 名兼职教师，进行职业道德培训和实用技术培训。

2000 年，成立“云尔食用菌研究所”，组织农民文化技术业校。10 月，临淄区电视台专题报道齐陵成教工作。2001 年，在全区成人教育综合考评中名列第一名，食用菌种植和送科技下乡活动，被评为全区特色项目，在全区推广。连续四年被评为全区成人教育先进单位。

2002 年，按标准配备微机，建立校园网，实现网络终端进教室，成功创建淄博市初步现代化乡镇成教学校。2004 年，启动社区教育工作，成教中心向社会开放。2008 年，迁至王齐小学旧址办公。

2013 年 8 月，成教中心更名为社区教育中心。2014 年，加强社区教育工作，成立由社区居委会主任、副主任、学校校长、教导主任组成的工作小组，具体负责社区教育的管理、组织及协调工作，有效统筹社区内各种教育资源，建立社区教育网络。

至 2017 年，依托街道综合文体中心，开放多功能室、图书室、电子阅览室、书画室、棋牌室等，成为社区教育中心活动基地。4 月，获山东省传统文化进社区微视频大赛三等奖。5 月，在教育部社区教育研究培训中心组织的第二届“传统文化进社区”微视频大赛中，有 2 件作品获奖。有 9 人获临淄区百姓学习之星称号。

历任校长：

刘兴元　李皎明　许方芹　冷忠田

于胜田　陈建军　吕少山

第六章　教师队伍

第一节　师资来源

清代，书院、社学的教师由县署聘用，多是县内科甲出身的举人、贡生。私塾教师由民间或学生家长自聘，多是落第秀才或老学究。民国初期，中小学教师由校董或校长聘用，多为旧私塾先生，一部分为师范和师范讲习所毕业生。

抗日战争时期，小学教师由群众推荐和民主政府选派，来源大都是旧校教师和爱国知识分子。

新中国成立初期，教师队伍迅速扩大，有解放区原有的，有旧学校留用的，有从社会招收的，通过教育部门培训任教。1953 年后，公办教师主要由师范学校毕业分配。1958 年下半年，公社开始选用民办教师，以后逐年增多。

1968 年，推行公办教师回原籍任教政策，初、高中超常发展，教师紧缺。各大队党支部选拔出身成分好、思想觉悟高、业务能力强的人员任教，民办教师迅速增加。1971 年，教师共有 256 名，较“文革”前增加 130 名。1972 年，后李小学招代课教师 4 名。1973 年，北山小学开始招聘代课教师。至 1976 年，有民办教师 204 名。年内，对民办教师进行整顿，通过文化考试和工作考核，一部分转为公办教师，一部分留用，一部分不适于教学予以辞退，教师队伍逐步稳定。

1977 年后，师范毕业生重新成为中小学师资主要来源。1980 年，对民办教师进行整顿，部分转为公办教师，部分辞退。1985 年，对民办教师进行核编，临淄区教委统一颁发任教证书。鼓励民办教师考师范，合格毕业后转为公办教师。1992 年，在编民办教师减少至 86 名，代课教师 46 名。1993 年，中学教师 99 名，其中民办与代课教师 50 名，占 51%；小学教师 148 名，其中民办与代课教师 94 名，占 64%。

1994 年，实行教育体制改革，教师全部竞争上岗，对不适合教育工作的 3 名公办教师和 4 名民办与代课教师予以解聘或辞退。至 1995 年，共接收 94 名大中专毕业生。齐陵二中有 16 名代课教师。1997 年，有民办教师 44 名，1998 年，代课教师一次性全部辞退。至 2002 年 8 月，符合条件的民办教师全部转为公办教师。

2009—2016 年，共接收师范毕业生 41 名，其中，研究生 6 名，本科生 35 名。

2017 年，中心校有教职工 225 名。初中教职工 139 名，其中，研究生 4 名，本科 113 名，专科 22 名。小学教职工 86 名，其中，研究生 3 名，本科 68 名，专科 11 名，中师 4 名。

第二节　师资培训

新中国成立初期，主要通过“星期天学校”和举办假期培训班提高教师水平。1954 年始，开展政治理论和教育理论的系统学习，学习中国革命史、马克思列宁主义基础、政治经济学和凯洛夫、普希金教育理论。1956 年，部分教师参加临淄县举办的北京语音训练班。

中共十一届三中全会后，采取在职进修和离职学习方式，进行学历补偿教育，开展多层次多形式的师资培训。1982 年始，小学教师与幼儿教师普遍参加临淄区教师进修学校组织的中师函授学习。1986 年后，初中教师主要通过高师函授、高等教育自学考试、电视大学及“三沟通”高等师范教育等形式进行学历进修。

1992 年，鼓励教师参加卫电高师进修学习，教委报销管理费的 70% 以及考试车旅费。1995 年，规定进修合格毕业后，根据学习成绩给予 30 元～ 50 元奖励。

1996 年始，组织开展教师基本功训练活动，即：“三字（钢笔字、粉笔字、毛笔字）一话（普通话）一画（简笔画）”、教具制作与使用、小学教育活动、学科基本功训练和综合能力基本功训练。

1997 年，学校中层以上干部参加岗位培训、学历后进修和计算机学习，带动教师参加业务进修，小学取得专科以上学历的 58 名，占教师总数的 49%。利用寒暑假举办心理学、器乐、绘画、舞蹈等培训班 12 期，配合临淄区教委对幼儿教师进行钢琴、计算机、英语培训，鼓励教师参加学历进修，有 13 名教师考取学前教育大专班学习。幼儿教师学历达标率 100%。

1998 年，加强教师学历教育，积极参加第二轮教师“三沟通”培训。继续做好基本功训练，4 月完成第二批“三笔字”验收，5 月完成小学教师“简笔画”训练验收。45 周岁以下教师中学全部、小学 25% 参加微机培训学习。

1999 年，进行人事制度改革，规定男 55 周岁、女 50 周岁以下教师，必须在三年内完成学历补偿教育。加强骨干教师、新教师培训，以及学科基本功、现代教育技术培训，强化“三字一话”训练，获全区青年教师教学基本功比武团体总分第一名、全区教师素质系列比赛第二名。90% 以上教师取得计算机初级合格证书，25 名取得计算机中级合格证书。

2002 年暑假，组织进行基础教育新课程通识培训、小学一年级任课教师新教材培训。组织 45 周岁以下教师参加计算机中级培训。2003 年，组织普通话全员培训达标，持证上岗。深化教育人事制度改革，实行教师聘任制，促进教师自觉学习业务，不断提高自身业务素质。

2004 年，贯彻落实《公民道德建设实施纲要》《中小学教师职业道德规范》，落实《五不准》《十条禁令》，开展“爱与责任”主题教育活动，加强教职工师德考核。2005 年，组织新一轮全员培训，以“新理念、新课程、新技术、师德教育”为主要内容。2006 年上半年，组织小学语文、数学、英语教师培训。从暑假开始，开展中小学教师教材通识培训，有效提高教师专业素质。

2007 年，组织 35 周岁以下教师参加计算机高级培训，全部取得合格证书。继续鼓励和支持教师参加高层次学历进修和业务培训。强化学科岗位培训，开展全员网络远程研修培训和校本培训。2008 年，开展学科教师每月一期岗位培训和校本培训，教师外出学习 475 人次，41 人参加学历进修。

2009 年，实施名校长培训计划，引导校长向教育家转变。落实教师读书计划和名师培养计划，鼓励教师终身学习。课堂教学结合教材通研，开展校本培训和二次研训。完善教师成长档案，将教师成长档案与教师考核有机结合，促进教师专业化成长。2010 年，做好名师带徒工作，组织参加新教师信息技术及岗前培训，以老带新，以新促老。

2011 年，实施教师读书计划，进行教学实践创新，实行校本培训学分管理，培训内容实施模块管理。组织参加网络研训。2015 年，贯彻执行《山东省中小学教师继续教育学分管理办

齐陵街道教师暑期网络培训　（2017 年 摄）

法》，实行分层培训和集中培训，提高学科教师培训实效，引导教师专业发展。继续实行“青蓝工程”，建立名师和新教师、青年教师“传帮扶”制度，实行捆绑式考核，加快青年教师成长。

2016 年，组织德育干部和骨干班主任、骨干教师，分 2 批到南京师范大学参加培训，每批培训学习 7 天。听取教授讲座，考察名校风采，感悟教育文化。

2017 年，实施“名师、名班主任人选”培养工程，依托南京师范大学资源，以两年为周期，分批培养教师和班主任，提升师资队伍水平。成立“名师、名班主任”工作室，打造名师、名班主任队伍。确立教师发展共同体，做好班主任师徒结对工作，培养年轻班主任，储备班主任后备力量。根据年度工作计划，选派 14 名骨干教师赴南京、扬州四所学校，开展为期一周的跟岗培训学习。

2004—2017 年齐陵街道教师全员培训基本情况表

表 18-9

年度	参训教师（人）	培训内容	主管单位
2004	224	初、高中新课程培训	淄博市人社局、教育局
2005	223	教师继续教育培训	淄博市人社局、教育局
2006	236	教师继续教育培训	淄博市人社局、教育局
2007	234	教师继续教育培训	淄博市人社局、教育局
2008	251	有效教师	淄博市人社局、教育局
2009	242	现代教育理论导读	淄博市人社局、教育局
2010	197	教师专业发展导引	淄博市人社局、教育局
2011	192	现代教师素养培训	淄博市人社局、教育局
2012	185	创造适合学生的教育	淄博市人社局、教育局
2013	188	中小学教师专业标准	淄博市人社局、教育局
2014	185	专业技术人员职业发展与规划	淄博市人社局、教育局
		信息技术能力与新课标课例研究	山东省教育厅
2015	189	事业单位人事管理条例专题培训	淄博市人社局、教育局
		学科岗位培训	临淄区教育局
2016	202	美丽中国与生态文明建设	淄博市人社局、教育局
		中小学教师远程研修	山东省教育厅
		学科岗位培训	临淄区教育局
2017	218	诚信文化建设普及培训	淄博市人社局、教育局
		学科岗位培训	临淄区教育局
		互联网＋教师专业发展	山东省教育厅

第三节　职称评聘

1987年9月，中小学教师首次进行职务评审和聘任。1993年，进行第二次职称评聘，以后每年一评聘。中学高级教师由山东省中学教师职务高级评审委员会评审通过，中学一级教师和小学高级教师由淄博市中小学教师职务中级评审委员会评审通过，中学二级、三级教师和小学一级、二级教师，由临淄区中小学教师职务初级评审委员会评审通过，大中专毕业生的教师初级职务由临淄区人事局确定。1996年，中学系列评聘高级教师4名、一级24名、二级90名、三级39名。小学系列评聘高级教师54名、一级45名、二级20名。1997年开始，对通过评审的高级、中级人员实行异议期制度。

1998年9月，《淄博市专业技术职务任职资格评审推荐标准条件》确定：硬件分值必须等于、大于90（破格推荐者80），硬件分值与软件分值之和等于、大于100分者，方可推荐。修改论文、著作、奖励、优秀所占分值比例。实行“六公开监督卡”制度，即公开专业技术岗位数、任职条件、推荐办法、申报人述职、申报人评审材料、推荐人员名单，增强职改工作透明度。实行继续教育制度，继续教育学分作为晋升专业技术职务和续聘的必要条件。1999年始，达不到大专学历的教师，不再评聘为中学高级教师。

2000年9月，实行评聘分开，只要符合晋升条件，不再受岗位限制参加评审。2001年7月，首次进行专业技术人员竞争聘任工作。取消晋升高级、中级职务由下一级相应评委会的推荐程序，取消晋升专业技术职务必须取得计算机培训合格证书（50岁以上者除外）的规定。2002年，取消晋升高级教师专业知识考试。中级专业技术人员设岗比例为40%，需竞争聘任工作岗位。2004年，中学系列评聘高级教师16名、一级57名、二级62名、三级16名。小学系列评聘高级教师84名、一级17名、二级12名。2006年，通过竞争上岗，中学系列评聘高级教师15名，一级教师64名，二级教师58名，三级教师6名。小学系列共评聘高级教师62名。一级教师27名。

2007年，建立健全各项制度，搭建教师考核统一平台，在教师评先树优、晋升职务、专业技术聘任等方面，各项评选结果都做到公正、公开、透明。2008年，加强人事制度改革，教师竞争上岗采取三步走办法。实行园长竞聘制和园长负责制，推行幼儿园定编定岗和教师竞岗制。2010年，实行全员聘用制管理。2012年，将中小学分设的教师职称合二为一，统一设置为正高级、副高级、一级、二级、三级共五个等级，增加小学副高级职称比例。

2016年，实行分级聘任。明确岗位职责，实施动态管理，加强聘后考核，完善“职务能上能下，待遇能升能降”的教师职务聘任激励机制。将每个岗位参加竞聘的教师根据近三年年度综合考核成绩、任职年限、教龄进行评分排队，按名额数量确定聘任人员。共竞聘上岗224名，其中，管理岗位1名，中学技术岗位高级教师六级岗位8名、七级15名，一级教师九级岗位36名、十级22名，二级教师十一级岗位23名、十二级23名。小学技术岗位高级教师六级岗位1名、七级4名，一级教师九级岗位20名、十级12名，二级教师十一级岗位21名、十二级9名。

2017年，根据临淄区人事局对各级专业技术职务设岗情况，按照中心校制定的评聘方案，实行竞争上岗。中学评聘高级教师28名，一级教师63名，二级教师42名，三级教师2名。小学评聘高级教师5名，一级教师48名，二级教师34名。分级聘任参加竞聘上岗225人，聘用在管理八级岗位1人，中学技术岗位高级教师五级岗位5名、六级5名、七级18名，一级教师八级岗位18名、九级18名、十级26名，二级教师十一级岗位14名、十二级28名。小学技术岗位高级教师五级岗位1名、七级4名，一级教师八级岗位11名、九级14名、十级23名，二级教师十一级岗位11名、十二级23名。

2017年齐陵街道在职高级教师、一级教师名录

一、高级教师（33名）

顾连起　李怀玉　杨仲林　刘翠红　王　刚
贺方兰　耿　琪　梁　凯　胡　伟　于　梅
孙树明　吕少山　苑志恩　姚有满　周文江

桑秀芬　范秀玲　陈建军　韩金国　巩建国
郝占峰　王凤英　王树东　左芙蓉　刘宪成
于胜田　张学明　马兴堂　周文东　王炳锋
王能好　周云芳　王翠珠

二、一级教师（111 名）

许跃刚　郭立杰　陈　慧　李春华　孙培红
韩建忠　刘彩云　于爱云　赵　颖　刘玉春
席素清　张坊庆　张翠英　马　娟　张萍萍
周海燕　刘长新　刘存利　朱爱丽　刘国宁
陈新燕　于全法　王兴昌　张　磊　李灵刚
张海荣　苗文慧　张　红　赵　艳　魏俊利
王春凤　孙树英　刘滨章　安素芬　乔　丽
杨　芳　阎永生　于爱霞　冯晓朋　刘爱敏
贾志清　谭会清　崔伟波　许俊兴　刘昭清
胡效东　马荣华　王红梅　邢文靖　许方芹
邹艳梅　李晶萍　崔文亭　刘志梅　宋　超
徐奎英　徐　宁　刘相宾　李潇楠　刘　云
王　宁　贾文亮　张克孝　陈　文　冯怀宾
孙艾玲　刘爱芹　贾春利　崔俊莲　于秀凤
崔俊杰　郑秋兰　周孟玉　朱玉政　谭晓峰
李鹏武　卞玉红　王春燕　刘春田　徐春菊
李立军　孙凤华　贾锦华　乔敏辉　丛龙梅
李金枝　李建秀　周韶红　魏　娟　梁传强
苏艳玲　李凤玲　孟庆欣　荣秋香　马　鑫
刘　云　刘国文　吕卫凤　贾文忠　崔　竹
张曰东　于金海　崔春增　王洪海　阎华光
于振林　贾茂仁　于秋林　王锡宏　王汶清
郑福安

至 2017 年齐陵街道离职高级教师、一级教师名录

一、高级教师（15 名）

张永祥　于好文　梁继文　王志昌　周志杰
刘宪刚　吕兴明　李守轲　张英才　刘之光
刘福祥　苏宝友　赵美云　刘志文　李辉光

二、一级教师（130 名）

张志义　顾玉印　刘际纲　刘长明　李士奎
李振伦　贾培桢　贾廷仁　马秀章　周法林
李振民　李精忠　孙振祥　刘兴元　杨守田
于世民　周效唐　苑志发　贾廷重　任曰升
宋执业　孙兴仁　郑立勋　周敦平　张长业
贾重兴　孙成文　贾春松　王桂莲　吕全富
周承华　陈文博　贾培竹　李世武　于绳堂
石瑞云　刘汉志　李士秀　李吉祥　刘玉珍
刘溥源　孟宪学　苑志宽　李宝祯　张兆祥
王振民　杨兆义　朱传勤　刘志功　王书简
刘长胜　孙振义　刘淮源　苑庆祥　贾长富
张文图　王怀玺　李皎明　丁永芳　刘　斌
于世凤　于存祥　于金福　贾梅学　李玉良
许炳章　李本福　吕胜林　许兰芸　贾振兴
赵秀英　王洪森　张兆寿　杨维金　刘万福
王友华　展兴花　李德平　吕收仁　王金英
任永生　王继香　李玉臻　胡美玲　贾洪兰
陈文生　王秋香　周法坤　吕美村　冷忠田
张本英　孙延福　王连荣　张美兰　王秀美
贾秀英　刘玉祥　张春英　周莲香　刘爱云
贾益娥　周　爱　周秀莲　贾秋兰　马兴美
刘秀臻　王爱华　郭树娟　王　娟　吕淑湘
杨冬梅　周爱民　刘焕文　贾洪图　王习礼
李奎武　苑志清　王克敏　高尚忠　周怀远
周怀庆　刘茂发　郇美玲　贾培龙　刘明德
张兆礼　王爱然　李士信　黄振民　屈方田

第四节　教师地位

新中国成立后，教师待遇实行薪粮制。小学教师每人每月发小米 50 千克～ 75 千克。1952 年，将教师定为国家革命工作人员，教师受到社会尊重和爱戴。实行教师工资分制，供给制加津贴。1953 年，农村季节性农忙托儿所的保教人员，其待遇一般记同等劳力工分。同年 5 月，教师开始实行公费医疗制度。1956 年，实行货币工资制，公办教师工资平均每月 30 余元。1958 年后，公社农业中学和民办教师工资由公社和生产大队负担，国家发给少量补助费。1959 年，农业中学教师工资 25 元，教师口粮由本队按本人劳力等级发给，教师向本队交纳口粮现金。民办教师实行工分制，记同等劳力工分。1964 年，工读学校教师每天记 8 工分，每季度补贴 2 元钱。

1972 年，为少数教龄长、工资低的教师做过工资调整。1973 年 2 月，公社表彰淄河中学、王齐联中、交流小学为先进集体。

1977 年，国家对工作多年工资偏低的教师提高工资。1979 年 11 月起，发放班主任津贴，小学每班每月 5 元，中学 7 元。1981 年，淄博市政府为 30 年教龄的教师颁发荣誉证书，学校与教师地位逐渐提高。实行家庭联产承包责任制后，幼儿教师待遇改为工资制，由所在村根据经济情况每月支付数量不等的工资。1983 年，国务院给 25 年以上教龄的教育工作者颁发“园丁纪念章”。1984 年起，山东省政府为 30 年教龄的教师颁发荣誉证书。30 年教龄的教师退休时享受 100% 工资。

齐陵街道教师宿舍楼　（2017 年摄）

1985 年，国家规定每年 9 月 10 日为教师节。每年教师节，党和政府对为教育事业做出积极贡献的学校和教师，都给予很高的荣誉和表彰奖励。同年，教龄满 25 年或 45 周岁以上的教师办理家属“农转非”（农业户口转为非农业户口）。周怀远、刘芸田家庭祖孙三代从事教育事业，被评为临淄区优秀教育世家。受到市委、市政府综合表彰的民办教师，在同等条件下优先转为公办教师。

1987 年 10 月，规定教师工资再增加 10%。1988 年 11 月，临淄区政府表彰治安有功人员，对临淄十中校长尹燕铠与犯罪分子作斗争的先进事迹进行通报，并表彰奖励。1989 年，教师工资在普调的基础上提高 1 ～ 2 档。

1990 年 9 月，镇政府领导走访慰问建国前参加工作的老教师。实现民办教师公费医疗，发放民办教师任职资格证书。1991 年 9 月，为农村教师每人每月增加 10 元生活补贴。1993 年，镇政府制定文件，规定民办教师本人可以不承包责任田，不负担义务工和积累工，不承包责任田的民办教师，其口粮由镇粮所提供，粮价与城市户口相同。在工作上与公办教师同等对待，逐年提高民办教师工资水平，逐步实现与公办教师同工同酬。每年组织高级教师、离休教师进行一次查体。幼儿教师每月基础工资达 85 元，另有 5 元奖励工资。

1994 年，镇政府制定《关于中小学体制改革实施方案》，民办教师工资提高到每人每年 2000 元，达当地农民人均收入的 1.8 倍。幼儿教师年人均工资提高到 1200 元。1994 年始，每年拨款 80 万元用于补助农村公办教师住房建设，将民办教师工资标准调整到当地农民收入的 2.2 倍。对首次评选出的明星教师刘之光、宗春凤、王玉明，每人给予 2000 元重奖。1995 年，公办教师年平均工资达 5298 元。

1997 年，投资 210 万元建成 2 幢教师宿舍楼，解决 70 户教师住房问题。1998 年始，为农村任教教师增加一级浮动工资。1999 年 8 月，制定《关于教育人事制度改革实施方案》，全面进行人事制度改革，实行教职工聘任制、津贴分配制、低职高聘高职低聘制，实行末位待岗。当年，幼儿教师平均月工资 434 元，达人均收入的 1.86 倍。2000 年，公办教师年平均工资达 11345 元。

2002 年始，为教职工发放年终一次性奖金。8 月，实现工资上划临淄区财政并实行银行统发，按时发放取暖费。2004 年，幼儿教师工资由街道统筹，工资达到上年农民人均收入的 1.9 倍。筹措资金 48 万元，为 41 名教龄在 5 年以上的幼儿教师办理养老保险。筹措资金 576 万元，建设教师公寓楼 2 幢，解决 72 户教师住房问题。

2005 年 9 月，党工委、办事处拨款 2.4 万元，分别给予十佳教师、师德标兵、优秀教师 500 元、300 元、200 元奖励。幼儿教师工资由街道统筹管理改为从管理费列支，按季度发放，为 46 名教龄 5 年以上幼儿教师新办和续办养老保险。公办教师年平均工资达 33776 元。

2008 年 9 月，齐陵街道召开庆祝教师节大会，分别给予齐陵一中 1.1 万元、齐陵二中 1.5 万元、中心小学与齐陵二中小学部各 2000 元奖励。每两年组织全体教师进行一次查体。2010 年，筹资 8 万元，为教师生活区更新锅炉，改善教师冬季取暖条件。

齐陵街道庆祝教师节大会　　（2010 年 摄）

2012 年，教师节表彰，分别给予齐陵一中 2 万元、齐陵二中 2 万元、中心小学 1 万元、二中小学部与中心幼儿园各 5000 元奖励。奖励 4 名优秀校长各 5000 元，10 名师德标兵、10 名优秀班主任、20 名优秀教师、6 名优秀教育工作者、9 名优秀幼儿教育工作者各 600 元。弘扬广大教师和教育工作者爱岗敬业、无私奉献精神，营造尊师重教良好氛围。2013 年，开始每年组织全体教师进行一次查体。2016 年，国家为齐陵从教 30 年 160 名教师发放荣誉证书。教师节期间，投资 20 万元为两所中学更新微机室微机。年底实现教师楼集中供暖。

至2017年，全街道教师共有33人次获国家、省市党委政府综合表彰。历届党委、政府重视从教师队伍中发展中共党员，选举产生各级党代表和人大代表，推选政协委员。教师中党员有 57 人，占教师总数的 25.33%，有 4 人当选为中共临淄区党代会代表，15 人次当选临淄区（县）人民代表大会代表，1 人当选为淄博市人民代表大会代表，6 人次推选为临淄区政协委员。

至 2017 年齐陵街道获市级及以上综合表彰教师一览表

表 18-10

姓名	年度	荣誉称号	姓名	年度	荣誉称号
闫学仁	1973	山东省先进教育工作者	于胜田	1993	淄博市优秀教师
于金福	1978	淄博市优秀教师	崔春增	1993	淄博市优秀教师
吕淑英	1985	淄博市先进个人	丁永芳	1995	淄博市优秀教师
张兆良	1985	淄博市先进个人	王振民	1997	淄博市优秀教师
有令媛	1985	淄博市先进个人	张文图	1997	淄博市优秀班主任
赵玉松	1986	淄博市优秀教育工作者	崔一海	1999	淄博市优秀教育工作者
袁志同	1987	淄博市优秀教师	于胜田	2001	淄博市优秀教师
朱于敬	1987	淄博市优秀教师	路国秀	2003	淄博市优秀教师
贾培龙	1987	淄博市优秀教师	崔春增	2005	淄博市优秀教师
朱于敬	1988	山东省优秀园丁奖	李文强	2007	淄博市优秀教师
朱于敬	1989	全国教育系统劳动模范	孙建涛	2007	淄博市优秀教师
于春祥	1989	全国优秀教师	王凤英	2009	淄博市优秀教师
苑立国	1989	淄博市优秀教师	胡　伟	2011	淄博市优秀教师
许炳章	1989	淄博市优秀教师	于翠华	2011	淄博市优秀教师
刘振奎	1989	山东省优秀教师	王　娜	2012	淄博市优秀班主任
刘万福	1989	淄博市优秀班主任	范秀玲	2013	淄博市优秀教师
刘宪刚	1991	淄博市优秀教师			

至 2017 年齐陵街道当选市区党代会、人代会代表及政协委员教师一览表

表 18-11

届别	姓名	届别	姓名
中共临淄区第九次代表大会	苑立国	临淄区第十五届人民代表大会	崔一海
中共临淄区第十次代表大会	于胜田	临淄区第十五届人民代表大会	许　丽
中共临淄区第十一次代表大会	孙树明	临淄区第十六届人民代表大会	赵　颖
中共临淄区第十三次代表大会	桑秀芬	临淄区第十六届人民代表大会	徐少玲
淄博市第十届人民代表大会	周莲香	临淄区第十七届人民代表大会	孙树明
临淄县第二届各界人民代表大会	高景周	临淄区第十八届人民代表大会	王春燕
临淄县第三届各界人民代表大会	高景周	临淄区第十八届人民代表大会	刘清玲
临淄县第一届人民代表大会	高景周	政协临淄区第一届委员会委员	尹燕铠
临淄县第十届人民代表大会	赵玉松	政协临淄区第二届委员会委员	尹燕铠
临淄县第十一届人民代表大会	赵玉松	政协临淄区第三届委员会委员	尹燕铠
临淄县第十二届人民代表大会	赵玉松	政协临淄区第四届委员会委员	尹燕铠
临淄县第十三届人民代表大会	苑立国	政协临淄区第四届委员会委员	于春祥
临淄区第十四届人民代表大会	崔一海	政协临淄区第五届委员会委员	周莲香

齐陵街道离休教师情况表

表 18-12

姓名	性别	出生年月	籍贯	参加工作时间	离休时间	享受待遇职务	备注
田尚仁	男	1924.10	小交流村	1949.4	1980.12	正科	
朱人同	男	1924.11	朱家终村	1949.3	1982.1	正科	去世
贾云龙	男	1925.4	后丁村	1948.10	1980.2	正科	去世
刘炳林	男	1928.12	刘营村	1948.9	1980.10	正科	去世
郑立功	男	1929.4	郑家沟村	1948.10	1980.12	正科	去世
吕国栋	男	1929.1	吕家孝陵村	1949.6	1982.1	讲师	去世
刘会符	男	1917.12	宋家村	1948.8	1978.10	正科	去世
刘芸田	男	1915.2	刘家终村	1949.8	1980.10	正科	去世
郭金选	男	1926.6	北山东村	1949.3	1982.2	正科	去世
于克勤	男	1925.4	高家孝陵村	1948.10	1982.4	正科	去世
张英若	男	1914.7	薛家村	1949.3	1979.10	正科	去世

第五节　教育科研

20世纪五六十年代，小学教研工作以学习全县教学观摩课为主，参加普通话训练，学习借鉴复式班教学经验。1962年以前，中学教研工作属昌潍专署教研室领导。1963年暑假，组织参加临淄县初中语文、数学教研会。1976年始，组织中学教师利用假期参加临淄区语文、数学、理化等科教研会，学习新颁教学大纲，制定“双基”教学重点。每年各科举行公开课、观摩课，并举办数学、理化等科竞赛。

1978年，是实行新编教学大纲使用全国统编教材的第一年，组织小学教师参加教师备课会，学习研究新教材。1980年后，小学语文教研主要是低年级识字教学、指导作文、阅读教学，研究单元备课和一组课文备课，用“看图作文卡片”启发学生作文。小学数学教研开展“双基”教学、开发培养智力能力、复式教学研究，主要是低年级简单应用题、计算能力培养，参加教材培训会，进行小学数学竞赛。1983—1984年，中学推广上海育才中学“读读、议议、讲讲、练练”教学方法，进行“发现法”和“问题法”课堂教学改革实验。1986年始，中学教研由“分散式”研究转为“整体式”研究，人人有教研课题，校校有教改项目，及时总结交流教学研究成果。

1991年10月，创办全国首家乡镇级学生月报《齐陵习作》。至1992年，小学数学贯彻基本训练经常化、知识传授动态化、课堂练习层次化教学经验，加强农村教学工作研究。1993—1996年，中小学开展合作教学、目标教学、纲要信号、和谐教学实验及张思中外语教学法实验，组织英语教师参加口语培训。推广小学语文整体发展、小学数学三算结合教学法以及珠脑心算实验成果，推动教学方法和课堂结构的革新。1994年3月，创办《齐陵教育》，刊登教师教学心得与教研论文。朱于敬因教研成果突出被山东省政府批准为小学特级教师。

1997年，全面实施素质教育。中学参与《初中作文目标全程训练》实验。1998年5月，开始教育创新体系实验，倡导读书求知，从教育观念、办学体制、教育管理、课程结构、课堂教学、实践教育等方面创新发展。10月，全面开展中小学教师课堂教学系列达标与优化活动，按照立标、学标、达标申请、验收认定、激励优化五步进行。三年时间教师分三批达标。齐陵二中被评为临淄区教师课堂教学系列达标与优化活动先进单位，齐陵一中被评为临淄区教育科研先进单位。1999年，实行长短课时结合，小学长课每节40分钟，短课每节30分钟，为开设创造教育系列课与英语课提供课时保证。中学推行“教师为主导、学生为主体、活动为主线、创新为主旨”的“四主”课堂教学改革。2000年，小学进行作文整体（观察、表达、评改）能力发展培养实验，培养小学生作文兴趣，启发作文愿望。开展作业点评实验，评语遵循“优点＋鼓励＋启迪”的原则，突出个性与特点，语句新颖富有针对性。

2001年，引进新基础教育实验，开始探索实践新基础教育课堂模式，分学科组织说课、作课、评课研讨活动和班级活动研讨。2002年，开展中小学大阅读实验，开启基础教育课程改革。2003年10月，制定“师生共写随笔”行动方案，并在全国教育科学“十五”重点规划课题“新教育实验”开题会上作表态发言，成为江北第一家新教育实验挂牌单位。年内，120余名教师注册“新教育在线”，结合教学实践，撰写教学随笔、教育故事。采取教研课题驱动策略，小学以作文综合能力训练、数学分层次实验为主，中学以营造书香校园、师生共写随笔及计算机与课堂教学整合为主。2004年2月，于春祥随笔集《用脚做梦》在新教育文库出版。10月，举行街道教研员、学校正职参加的课堂教学大比武，开展制作一个优秀课件、写一篇优秀教学设计、写一个教育故事、上一节优质课、撰写一个教育案例“五个一”评选活动，推动教研扎实有效。

2005年3月，零缺陷质量管理理念引入教育管理。4月，营造书香校园地方实验教材《经典诵读三四五》由华夏文化出版公司出版。暑假之后，完善中小学教科室设置，配备专职教科室主任。10月，参加在江苏玉峰实验学校召开的新教育实验培训会作典型发言。12月20日，参加在吉林召开的“北国之春”新教育研讨会作典型发言。2006年，建立新教育实验工作室，构建“自主、合作、探究”课堂教学新模式，实行“限时作业”。1月，《现代教育导报》对教师随笔作专版刊登，《淄博日报》与中央教科所《教育文摘周报》对街道新教育实验作专题报道。5月，教师教育随笔集《脚印》出版。7月，在北京召开的第七届新教育实验研讨会上，中心校被表彰为全国新教育实验先进学校。

2007年，确定10月份为课堂教学改革活动月，40名骨干教师参加课堂教学大比武活动。校长、校干带头进行课堂改革实践，全体教师上公开课或观摩课，展示课改新理念、课改示范案例。落实名师培养计划，设立明星教师专项奖励。2008年2月，齐陵二中被评为临淄区课堂教学改革先进单位，获山东省创新作文大赛优秀组织奖。9月，中心小学被评为临淄区教学工作先进单位。

2009年，开展理想课堂示范月活动和理想课堂“三课型”练课达标活动。在课改主要面向中差生的同时，积极探索优等生培养途径，全面提升学生综合素质。增强问题研究意识，专题研究典型问题，把解决问题的过程，变成教学研究的过程。在临淄区教学模式评选中，齐陵一中自学探究当堂评价模式获二等奖。齐陵二中被评为山东省课题研究先进单位、临淄区理想课堂建设先进单位。

2010年，加大信息化与课堂的整合力度，鼓励教师在线交流、备课、研讨。开展每年阅读一本教育著作、确定一个研究课题、上一节观摩示范课、发表一篇学科教学论文、开展一次专业讲座活动。加强对备课组长的选拔培养、指导考核，定期组织备课组长工作例会，完善中心备课组机制，强化对备课组活动的考核和激励。齐陵一中被评为全国作文教学先进单位。7月，齐陵二中被评为临淄区书香校园建设先进单位。2012年6月，齐陵一中被评为全国新教育实验优秀学校。

2013年，实行“定期监测—发现问题—分析原因—制定措施—整改落实”工作机制，落实“校长包学校、干部包年级、班主任包班级、教师包学科、全员包质量”的管理承包责任制。推进教育科研信息化，突出学思结合、知行统一、因材施教，做好齐陵一中“交互式五环节幸福智慧课堂”、齐陵二中“四环导学阳光课堂”、中心小学“三先三育三板三导悦动课堂”建设。12月，全区小学课堂改革现场会在中心小学召开。2014年，齐陵一中剪纸课程被评为全国新教育实验十大卓越课程。

2015年，推进新基础教育实验，实现各校间和教师间课堂教学改革的均衡发展。10月，齐陵一中承办临淄区教科研工作现场会，展现学校教科研成果。中心小学促进信息技术与学科教学全面深度融合，获全区首届“一师一优课，一课一名师”优秀组织奖。2016年9月，中心校获教育管理先进单位称号，齐陵一中、二中和中心小学获教育科研先进单位称号。10月，《齐陵教育》创新版发行，及时向学校、社会传递教育教学新理念、新经验，引领学校工作健康、快速发展。

2017年，加强教育科研队伍建设，注重科研成果推广与应用。引进课程资源、实施科研培训，进一步提高科研团队素养，形成人人积极参与教科研的浓厚氛围。强化课题过程管理，加强对各级课题的立项、研究和结题指导，以课题研

齐陵一中语文组教师在研讨　　（2017年摄）

究带动教师专业化成长。有效利用菜单式培训、体验式培训、研讨式培训，不断提高培训效益。

中小学新基础教育实验进入常态期。

2003—2017年齐陵街道教师省级及以上教研课题情况表

表 18-13

课题名称	开题时间	终结期限	批准或立项机构	项目主持人	完成与获奖情况
师生共写随笔	2003.1	2006.7	全国新教育实验总课题组	于胜田	结题
营造书香校园	2003.1	2006.7	全国新教育实验总课题组	于胜田	结题
齐国历史文化资源与德育切入研究	2005.9	2007.12	陶行知研究会师范教育专业委员会、德育报社	李文强	结题、获一等奖
初中生探究性学习中实验设计能力的培养	2006.12	2008.7	山东省教研室	韩建忠	结题
初中生物实验探究能力培养的实践研究	2006.12	2008.7	山东省教研室	张翠英	结题
初中生物学科探究能力培养的实践研究	2006.12	2009.9	义务教育阶段学生实验能力培养的研究总课题组	张翠英	结题、获省一等奖
营造书香校园	2006.3	2010	全国新教育实验总课题组	许俊兴	结题、论文发表
构筑理想课堂实验研究	2006.3	2010	全国新教育实验总课题组	李素琴	结题、论文发表
四环节英语课堂教学法探索与实践	2006.6	2008.1	国家基础教育外语教育中心	胡　伟	结题
构筑理想课堂，构建零缺陷模式	2007.1	2009.11	新教育实验研究总课题组	郝占峰	结题
营造书香校园，探究有效阅读教学的实践研究	2007.1	2009.11	新教育实验研究总课题组	李文强	结题
师生共写随笔，探究随笔案例分析研究	2007.1	2009.11	新教育实验研究总课题组	贺芳兰	结题
随笔写作促进教师有效发展模式的研究	2007.1	2010.11	中央教育科学研究所	李文强	结题
提高课堂教学有效性的策略性研究	2007.2	2009.1	中央教育科学研究所	孙建涛	结题
构建理想课堂	2007.3	2009.11	新教育实验研究总课题组	韩建忠	结题
营造书香校园，师生共写随笔	2007.3	2009.11	新教育实验研究总课题组	刘长新	结题
感恩教育的探索与实践研究	2008.6	2010.6	构建和谐社会背景下的中小学校园文化研究总课题组	路国秀	结题、获国家级二等奖

续表 18-13-1

课题名称	开题时间	终结期限	批准或立项机构	项目主持人	完成与获奖情况
新课程下如何激发学生的学习动机	2008.11	2010.11	积极心理健康教育课题研究课题组	路国秀	结题
自学探究，当堂评价理想课堂模式研究	2009.1	2011.1	山东省教学研究室	桑秀芬	结题
中学生探究性阅读实验研究理论构建	2009.3	2012.3	临淄区教研室初中科	贺可红	结题
自学探究，当堂评价理想课堂模式研究	2009.5	2012.5	新教育实验与素质教育行动策略研究总课题组	桑秀芬	结题
读书·发展·评估促进教师专业发展的研究	2009.7	2010.7	新教育实验与素质教育行动策划研究总课题组	孙建涛	结题
初中生自主阅读学习策略研究	2010.5	2011.5	全国语文学习策略研究课题组	贺可红 吕淑湘	结题
如何激发学生作文兴趣	2010.5	2011.6	全国语文学习策略研究课题组	杨　芳 于爱云	结题
语文课堂有效学习策略研究	2010.5	2014.6	全国语文学习策略研究课题组	于　梅	结题
激发兴趣，让学生享受写作的快乐	2011.3	2012.3	中国教育学会中学语文教学专业委员会	路国秀 贺可红	结题
构建网络化的合作学习环境研究	2011.3	2013.12	运用现代教育技术装备促进基础教育实践教学模式的改革与创新研究总课题组	郝占峰	结题
关注师生发展构筑理想课堂模式的研究	2011.3	2013.1	新教育实验立项课题	巩建国	结题
初中生物课堂教学实效性的探究	2011.5	2013.11	山东省教学研究室	张翠英	结题
新课改环境下物理教学的综合评价	2011.5	2013.11	山东省教学研究室	陈　慧	结题
初中生物网络课程资源开发与应用的研究	2011.11	2012.11	山东省电化教育馆	刘长新	结题
提高教育技术装备应用于各学科实践教学的有效方法研究	2012.2	2013.9	教育部教学仪器研究所理科研究室	于翠华	结题
缔造完美教室	2012.4	2013.7	新教育研究院课题管理中心	于翠华	结题
农村小学生科技创新能力的培养研究	2013.1	2015.6	山东省教育科学研究所	于秀凤	论文发表、获科技辅导员荣誉称号

续表 18-13-2

课题名称	开题时间	终结期限	批准或立项机构	项目主持人	完成与获奖情况
新课程改革背景下课堂问题教学的研究	2013.2	2015.12	山东省教学研究室	李潇楠	结题
农村小学生科技创新能力的培养研究	2013.3.	2015.7	山东省教学研究室	孟庆欣	结题
中学生体育活动组织能力培养的研究	2013.4	2014.4	山东省教学研究室	刘宪成	结题
关于剪纸艺术的教学与研究	2013.4	2016.12	山东省教育科学规划领导小组办公室	刘国宁	结题
新课标下初中化学课堂小组合作学习研究	2013.5	2014.5	山东省教学研究室	王　红	结题
新课程改革背景下课堂问题教学的研究	2013.5	2017.4	山东省教学研究室	路国秀	结题
新课标下初中化学课堂小组合作学习研究	2013. 6	2016.7	山东省教育科学研究所	王　红	结题
关于剪纸校本课程开发的实践与研究	2013.12	2014.12	全国“十二五”教育科研规划重点课题中华传统文化课题组	于长平	结题
关于剪纸艺术课程资源的开发与研究	2014.4	2015.12	山东省教育科学规划领导小组办公室、山东省以校为本的课程资源开发项目中心	孙树英	结题
剪纸校本课程开发与学校特色发展的实践与研究	2015.3	2016.12	山东省教育科学规划领导办公室	孙树英	结题
构建“尚美”校园文化的实验与研究	2015.12		淄博市教育科学规划领导小组办公室	桑秀芬	未结题
隔代家庭教育的指导研究	2017		山东省教育学会	杨志伟	省重点课题
九年一贯制农村学校家长学校校本课程实施行动研究	2017		山东省教育学会	何晓佳	未结题

第七章 学校保障

第一节 经 费

清末，书院及学堂办学经费主要来源于学田租金、官款补充、地方捐款和学生交纳。私塾依靠学生交纳。民国时期，教育经费来源于地丁附捐、杂项附捐、学田租金和基金利息。解放战争期间，解放区学校一律转民办，经费由乡、村自筹。

新中国成立初期，经费主要由国家拨发。1949—1951 年，国拨教育粮，从 1952 年起拨款。从 1954 年起，实行国家拨款和地方筹措“两条腿走路”办法。1958 年后，农业中学和小学的民办教师，工资由公社和生产大队负担，国家只发少量补助费。随着国民经济发展，国家逐年增加投入，教育经费除国家拨款和地方自筹外，还有勤工俭学收入、学杂费和群众及社会集资捐资，教育经费增长加快。

1985 年始，实行“分级办学、分级管理”的体制，以财政拨款为主，辅之征收用于教育的税（费），对学生收取杂费，发展校办产业，支持集资办学和捐资助学，多渠道筹措教育经费。国务院出台规定，国家财政性教育经费支出占国民生产总值的比例要达 4%，中央和地方政府教育拨款的增长要高于财政经常性收入的增长，并使按在校学生人数平均的教育费用逐年增长，保证教师工资和学生人均公用经费逐年增长。教育经费逐年增加，1992 年达 71.8 万元。

1995 年，《中华人民共和国教育法》颁布实施，依法保障教育经费的来源和支出、增长与管理，教育经费筹措体制和管理迈上规范化、法制化轨道。1999 年 1 月，国务院提出依法保证教育经费的“三个增长”，切实增加教育的有效投入。

2002 年，减免中小学生杂费、取暖费等 6560 元。2003 年，救助特困生 21 名，救助资金 4200 元。2004 年，生均公用经费全部超过山东省规定标准。救助困难学生 31 名，减免 135 名学生杂费取暖费 8960 元。

2005 年，财政拨入预算内经费 98.9 万元，布局调整专项经费 15 万元，城市教育附加费 21 万元。免除家庭困难学生学杂费 258 人计 16309 元。

2008 年，上调公用经费拨付标准，上半年标准为小学 305 元 / 生 • 年，中学 445 元 / 生 • 年，下半年调整为小学 420 元 / 生 • 年，中学 660 元 / 生 • 年。2009 年，由农村调整为城市标准，小学 460 元 / 生 • 年，中学 720 元 / 生 • 年。

2012 年，将幼儿教育券标准提高到每人每学期 150 元，至 2016 年，提高到每人每学期 400 元。每年投入 15 万元专项资金，为中小学生免费提供桶装矿泉水和作业本。2017 年，各项经费按标准按时拨付。

1993—2017 年齐陵街道教育费附加情况表

表 18-14　　单位：万元

年度	金额	年度	金额	年度	金额
1993	96.5	1996	220.9	1999	517.86
1994	141.5	1997	251	2000	543.15
1995	153.8	1998	368	2001	594.29

续表 18-14

年度	金额	年度	金额	年度	金额
2002	685.6	2008	38.52	2014	134.36
2003	156.31	2009	76.89	2015	139.71
2004	954.05	2010	112.71	2016	111.8
2005	1110.31	2011	69.29	2017	138.93
2006	1401.09	2012	135.41		
2007	98.43	2013	138.9		

注：至 2006 年拨款数含教师工资。

第二节　校　舍

民国初期，国民学校校舍多利用庙宇、祠堂和借用民房，危房甚多。1935 年，临淄县政府提倡集资改建学校，多处小学新建校舍。

新中国成立后，小学沿用旧校舍，不少学校是“黑屋子”“土台子”，影响教学质量和学生身体健康。20 世纪五六十年代，各村对小学进行校舍改造。1981 年，胡家小学率先进行校舍改建，被评为山东省校舍改造先进单位。其他小学普遍进行校舍改造，至 1991 年，新建校舍 225 间，校舍达标率 89.6%。

1992 年，镇政府成立义务教育校舍检查小组，加快校改进程，投资 350 万元对中小学校舍进行维修和改造，新建齐陵一中综合教学楼，校舍达标率 100%。消除危房危墙等隐患，全面做好义务教育达标工作。1993 年，投资 25 万元为齐陵一中新建实验室。1994 年，投资 30 万元为齐陵一中新建校舍宿舍。

1995 年 8 月，成立齐陵二中基建领导小组，负责学校的新建工作。至 1996 年，投资 150 万元建成新校园，综合教学楼容纳 24 个教学班，师生迁入新校。

1997 年，镇政府投资 96.5 万元、社会捐资 5 万元，改建、扩建幼儿园园舍，增添内部设施。1998 年，被评为临淄区校产管理先进单位。1999 年，投资 6.5 万元整修中学教师宿舍。投入 6.3 万元整修中心小学校园。各投资 10 万元、6 万元翻建王齐小学、望寺小学校舍。投资 20 万元改建前后李、高家、北苑幼儿园。

2000 年，投资 90 万元建成齐陵二中现代化教学实验楼。筹资 70 万元，翻新与扩建小学校舍。投入 14.78 万元，翻新宋家、中心幼儿园教室。2001 年，投资 36.5 万元对幼儿园进行全面整修和设施配套。

2003 年，投资 120 万元，新建齐陵二中学生公寓楼 1 幢。2004 年，投资 134 万元建设齐陵一中学生公寓。两处学生公寓规模一致，建筑面积 5000 余平方米，容纳 1440 人住宿。年内，共改造中小学校舍 168 间。2005 年 8 月，筹措资金 6.5 万元，完成齐陵二中教学楼楼顶修缮和铝合金门窗更换，筹资 2.56 万元修缮部分幼儿园围墙、供暖设施、地面及校舍，铺设专用地下电缆。

2009 年，投入 35 余万元，按照国家标准为齐陵一中实验室配齐各类实验器材，整修实验室地面，更换高标准实验桌。教学楼南侧锈蚀钢窗全部更换为铝合金窗户，在 8 个关键部位全部安装红外线监控摄像装备。2011 年，加固齐陵一中综合教学楼 3200 平方米。

2012—2013 年，完成高家幼儿园校舍改扩建 1400 平方米，实验幼儿园校舍改扩建 800 平方米，加固齐陵二中和齐家教学楼 4000 平方米，翻建齐陵一中会议室及器材室 330 平方米。高质量完成校舍安全工程建设任务。

齐陵一中校园设计效果图　（2017 年摄）

2015 年，投资 300 万元，建成齐陵二中塑胶运动场，包括 300 米 6 直道环形跑道场地、350 平方米足球场、3 个篮球场和 2 个排球场。投资 5 万余元高标准配齐场地体育设施。投资 4 万元，由学校美术组精心设计开发，结合学校“齐文化版画”特色项目，突出“临淄的蹴鞠，世界的足球”文化特色，彩绘“蹴鞠娃”主题文化墙。投资 6 万元更新运动场南铸铁透景墙。2016 年，加大教育投入，为齐陵一中、齐陵二中、中心幼儿园更换燃气锅炉，保障学校和幼儿园冬季供暖。

2017 年，实施校园改造提升工程，投资 2 亿元，利用三年时间，完成齐陵一中九年一贯制校舍改建，包括小学部综合教学楼、中学部综合教学楼、餐厅食堂、操场扩建及塑胶化。完成齐陵二中九年一贯制校舍改建，包括小学部综合教学楼、食堂餐厅。为临淄城区向东发展预留学位，为临淄区最终解决学校班额过大问题，做出地域性贡献。

第三节　设　施

新中国成立前，教学设备简陋且短缺，课桌凳残缺不全。

新中国成立后，国家从 1953 年起，对中学仪器实行计划供应，由上级教育部门统一订购，无偿配发各校，逐步配套。小学实验仪器和教学用具、体育卫生用具和图书资料，除由国家拨款逐步购置外，多以自制为主。1978 年，临淄区教育局成立教学仪器管理站，与省、市相关机构形成教学仪器供应网络，加强教学仪器配备供应与管理。同时开展师生自制教具活动，人人动手制作教学具。

1980—1986 年，镇村联合筹资新添课桌凳 2384 套。投入 13 万元改善办学条件。1997 年，投资 28 万元为学校购置微机。1999 年，齐陵一中、齐陵二中分别投资 3 万元、2.5 万元，新购微机、图书，中心小学筹资 5.7 万元购置微机和电教器材。投资 7 万余元，为幼儿园充实教育、游乐设施。

2000 年，结合小学校舍改造，为 6 处小学添置语音、微机、电化教学等现代化教学设备及实验仪器。2002 年，小学各科仪器配备达到教育部（2000 年）理科仪器配备 I 类标准。投入 10.5 万元，增加幼儿园玩教具，购置风琴、移动黑板。投资 4.9 万元购买幼儿教师用书、挂图、磁带、图书、刊物等。

2003年，投资103万元加快教育信息化建设，争创为淄博市教育初步现代化乡镇。建成多媒体教室3个，视频会议室1个，多媒体终端进教室86个，中小学、幼儿园专任教师人手一台电脑。2004年，按标准配备小学实验室、仪器室和初中理化生各类实验室、仪器室，中小学实验教学仪器和音乐、劳技、卫生器材配备达省一类标准。2005年，完成校园网建设，在统一应用平台基础上与山东教育信息主干网和中国教育卫星宽带联通。按标准建设微机室，中小学全部开设计算机教育，班级授课达到一人一机。

2009年，加速现代化设施装备，按照《山东省普通中小学办学条件标准（试行）》标准，协调资金完成中学多媒体终端进教室，更换微机室和教师办公用机，实现电子白板、多媒体终端进教室。投资38万元为中学建设多媒体教室，投资45万元更新教学设施。投资11万元为中心小学改善基础设施和教学设备。升级换代其他小学和幼儿园教学设备。

2012年，将学校标准化建设工程与布局调整、中小学幼儿园校舍改造、教学仪器设备更新等结合，强化实验教学仪器配备、图书资料配备、教育信息化建设和探究实验室、通用技术实验室、综合实践活动室、体育卫生与艺术设备更新等工作。筹措资金46.11万元，为159名一线任课教师更换办公电脑。投资35万元新购图书2万余册、更换部分教学器材。2016年，投入40万元为中学更新微机室微机。

2017年，投入25万元建设安装250千伏安变压器，解决齐陵二中用电问题。投资7万元，为齐陵二中西校区安装16台空调，解决师生取暖问题。

齐陵一中学生在上微机课 （2016年摄）

第四节 安 全

20世纪50—80年代，学校安全工作主要是检查学生到校情况，依靠老师和值日生点名，防止学生在上课时间逃课出校。利用班会、晨会等时间，对学生进行常规安全教育。突出防溺水、防火教育。

1991年，加强《中华人民共和国义务教育法》宣传，密切学校、政府、社会纵横联系，及时预防不良现象侵蚀学校，学校建立治安综合治理机构，维护学校正常秩序。

1997年，按照国家教委规定，开展学生人身安全保险业务代理工作，减少在校师生人身伤害事故隐患，减轻学生家庭经济负担。1998年，在齐陵一中召开临淄区交通安全教育报告会，落实《关于进一步加强中小学生安全工作的意见》，推动“讲文明、树新风”交通秩序整顿活动开展，引导学生自觉遵守维护交通安全。

2000年，建立学校安全工作网络，由政教处组织落实，指导学生学习《中小学生安全教育手册》，加强食堂饮食管理，重视乘车安全，春季对体育设施普查，汛期对校舍普查，开学前对实验室等设施普查。2002年，与中小学幼儿园签订安全目标管理责任书，实行安全工作目标管理考核。开展接送学生车专项治理，对合格车辆进行统一管理。2003年8月，培训食堂从业人员，主要内容是食品安全知识、公共卫生知识和职业道德。

2004年2月6日，教育部发出《关于进一步加强学校安全工作的紧急通知》。学校和幼儿园将安全教育作为开学第一课，普遍开展师生安全及卫生防疫教育活动，牢固树立“安全第一，预防为主”思想，教育广大师生员工自觉注意公共卫生、个人卫生、饮食卫生以及交通、防火、生活安全等，增强师生安全与防病意识，防止出现各类事故。

2005 年，组织每月安全检查，全面进行安全排查整改，消除安全隐患，组织开展中小学安全宣传月系列活动、“安全在我心中”师生演讲比赛活动，健全接送学生车管理台账，协同交警中队进行道路交通安全知识培训。2007 年，加大安全检查力度，开展学校食品安全专项治理，强化接送学生车管理，统一外观标识。结合全区中小学消防科普巡回展，开展消防安全知识竞赛活动。

2009 年，开展“安全工作责任落实年”活动，强化校（园）长安全第一责任人和安全管理人员直接责任人意识，严格落实责任制和责任追究制。把安全教育纳入教学计划，做到计划、教材、教师三落实。开展“安全伴我在校园，我把安全带回家”征文比赛和安全教育“顺口溜”征集和推广活动。组织好防拥挤踩踏、消防疏散等演练。对楼房进行安全检测。严格食品准入制度和索证制度，投资 2 万余元，购买农药残留检测仪器和消毒蒸车，实行分餐制。加大对接送学生车管理力度，杜绝超员、超速、副驾驶位置和发动机平台坐学生、车门边站人等现象发生，开展“优秀学生监督小组”评选活动，为接送学生车投保承运人责任险。

2010 年，投资 50 余万元，为中小学和幼儿园安装监控设备，安装防攀爬设施，新建、改建、整修门卫室，对外窗口安装铁栅栏。每年拨付 48 万元为学校幼儿园聘请 20 名专职保安，投资 7 万元配备安全警卫器材。对校园实行封闭式管理，外来人员一律在校门口出示相关证件登记，采取外来人员由相关人员到校门领取制度。值班人员做到 24 小时不脱岗、不离岗、不怠岗，及时掌握大门周边安全情况，杜绝外来人员进校制造事端的可能。齐陵一中获临淄区平安校园建设先进单位称号。

2011 年，投资 300 余万元整体加固齐陵一中教学楼，重建厕所，均按抗震 7 级以上高标准设计、施工。对接送学生车，政府财政按照新购裸车价格的 50% 给予补贴，给予学生乘车费 50% 补贴。实施“六定两点”安全管理责任制，实行教师跟车制度，接送学生车全部安装行车监控系统，建立监控平台。强化学校食品、饮水卫生工作，做好寄宿制学生饮食安全教育，强化食堂监督管理。按照统一标准、统一外观要求，建立健全中小学幼儿园安全档案。

2012 年，街道办事处对学生乘车继续采取补贴政策，每学年达 50 万元，免费供应学生作业本和饮用水每年达 20 万元。暑假期间，投资 200 余万元加固齐陵二中教学楼，新建厕所和体育器材室，加固小学部校舍，更换铝合

在校园集中停放的接送学生车　　（2017 年摄）

金门窗、维修更换暖气管道、院墙加铁蒺藜。投资 11 万元为中学整修学生食堂，投资 21 万元为中学和中心小学整修校舍。齐陵一中、齐陵二中被评为临淄区平安校园先进单位。12 月，齐陵二中被评为淄博市交通安全示范校，中心小学获山东省防震减灾示范校称号。

2013 年，落实“一岗双责”制度，实行每周例会制度，加强应急预案和安全档案规范化建设。利用安全教育日、安全教育月、法制宣传日等时间节点，开展安全教育宣传，利用校园 QQ 群、班级黑板报、微信平台、“乐教乐学”等进行安全防范教育，利用开学第一课、国旗下讲话、主题班会、法制讲座、紧急疏散演练等进行宣传与训练。隐患整改工作做到资金、时间、人员、期限和措施五落实。2014 年 12 月 8—14 日，由街道安委会、交警中队、派出所、学校、幼儿园组成联合检查组，集中开展校车安全隐患排查和整改工作。

2015 年，配备接送学生车安全照管员 9 名，每年支出 7.56 万元。制定完善防震、防爆力、防踩踏、防食物中毒及公共卫生突发事件、火灾事故、交通应急逃生等应急预案，每周三为安全演练日，结合“512”防震减灾、“119”消防安全日，开展各类应急演练，提高学校应对突发事件能力。组织春季、秋季、冬季安全大检查，对校车、消防、食堂等专项检查 6 次，培训食堂从业人员 4 次。

2016 年，实现安全工作常态化运行。完成学校放心食堂项目配备验收。投资 1.7 万元完成幼儿园食堂配备，原材料分类分架存放，标识清晰，食堂管理制度上墙。投资 6000 元为学校、幼儿园安装电子巡更系统，巡逻制度有效落实。3 处学校更换高清摄像头，校园全方位监控。投资 8000 元新购灭火器 70 套。

2017 年，构建完善的学校安全管理责任体系，严格落实学校安全管理制度，及时排查整改各类安全隐患，建立完善的安全管理长效机制。开展丰富多彩的安全主题教育活动，4 月开展第 22 个“全国中小学生安全教育日”活动，6—9 月开展安全百日攻坚治理行动、安全教育“防溺水”专题活动、平安暑假教育活动、食品安全营养教育活动、“小手拉大手·平安六加一”交通安全宣传作品征集活动等，落实每月一次安全联合大检查及安保、校车等专项检查。

·第十九篇·

文化

淄博市中华优秀传统文化大讲堂在美陵公司举办（2014 年 摄）

齐陵街道石庙孝陵村文艺演出队表演　（2014 年摄）

齐陵街道吕家孝陵村戏剧演出　（2014 年摄）

齐陵历史悠久，文化源远流长。后李遗址是迄今为止在山东地区发现最早的新石器时代文化遗址之一，该遗址包含新石器文化、周代文化和晚期文化遗存三大阶段。从新石器时代早期到清代，首尾跨越8000余年，不仅证实齐陵文明的久远，同时昭示整个中华民族文化的丰厚和延续。分布于境内的多座齐王陵墓，是齐文化重要组成部分。封土高大、气势巍峨的二王冢、四王冢，牛山脚下的管仲墓，古车博物馆展出的古车马等，无声的诉说着齐陵这块风水宝地悠久的历史和灿烂的文化。

清朝末期，境内有柳子戏、扽腔戏等地方戏班。民国时期有昆曲剧团，也有部分村庄组织起子弟戏班唱吕剧、京剧等。新中国成立后，文化事业逐步兴盛与发展。1963年，公社广播站成立，发展有线广播。至1965年，家家户户安装了小喇叭。20世纪70年代，公社组建两支电影放映队，建成齐陵影剧院。1976年，公社文化站建立，组织文艺演出、书画展等文化活动。20世纪80年代中期，许多村庄建起青年民兵之家、图书阅览室等，电视进入居民家庭。

改革开放以后，随着经济快速发展，文化活动更加丰富多彩。20世纪90年代，许多村庄组织起锣鼓队、秧歌队、舞龙队等，村村都有文艺演出队，每年春节期间，文化站组织全镇文艺汇演，选出优秀节目和队伍，参加全区元宵节艺术展演活动。2016年，街道办事处投资建起齐陵街道综合文体中心，兼备多功能室、图书室、电子阅览室、书画室、棋牌室、体育总会等。至2017年，全街道村村都有文体小广场和文艺表演队，38个村居建成高标准农家书屋，20个村配备移动影库，15个村建起乡村大舞台，文化生活水平不断提升。

第一章　机　构

第一节　文化站

新中国成立后，临淄县设文化科，区公所设一名文教助理员主管文化工作。1958年成立齐陵人民公社后，由党委宣传委员分管文化工作。1976年1月，齐陵公社文化站建立。设站长1人。1984年4月，改称齐陵镇文化站。1997年被评为淄博市社会文化先进单位。2003年，改称为齐陵街道文化站。

历任站长：

刘文光　王传义　于文成　于增标
徐仁洲　刘庚利　贾丽霞

第二节　广播站

1963年3月，齐陵公社广播管理站成立，是临淄县建立的第一个公社广播管理站。工作人员1人，称公社广播管理员。主要任务是安装维修小喇叭，发展有线广播，同时负责为公社会议安装扩音设备等。1965年8月，工作人员增至2人。9月，购进放大器一台，建成临淄县第一个公社广播放大站—齐陵公社广播站。1979年，工作人员增加至4人。后来又增加至7人，其中在编3人。1984年，改称齐陵镇广播站。1993年，机构改革，广播站保留1名事业编制，其余为编外人员。2002年8月，广播站撤销，在编人员合并到区广播电视局。在镇政府设有线电视维修站。

历任负责人：

贾来平　李春林　王传义　王令福

第三节　放映队

1975年，公社购进16毫米放映机一台，组建第一支电影放映队，有放映员2人。1977年初，对电影队进行改组重建，放映员3人。同年，为更好地服务党的中心工作，满足广大人民群众文化生活需求，经党委研究决定，购置8.75毫米放映机一台，成立女子放映队，由4名女子放映员组成，从此，齐陵公社拥有两支电影放映队。当年，女子放映队与路山女子放映队代表淄博市参加山东省电影工作会议。20世纪80年代后期，随着电视的普及，电影观众越来越少，放映队解散。

历任负责人：

赵　津　刘万明

第四节　影剧院

1979年，在公社大院东邻建齐陵影剧院，占地600余平方米，总投资40余万元。1981年8月建成，通过消防、文化、建设等部门验收，1982年3月正式投入使用。

影剧院主体部分是舞台、银幕和观众席，可容纳1100人。还有一个可容纳200人的会议室。配备2台35毫米东风牌放映机、1台大功率柴油发电机。1984年3月，影剧院实行承包经营，由13人精简为6人，每年向政府上交2000元利润。随着改革开放不断深入，个人放像厅迅速发展，进入20世纪90年代后，电视逐步普及，电影观众日渐减少，对电影业造成很大冲击，影剧院1994年关停。

历任负责人：

朱传森　王志臣　于文成

第二章　群众文化

第一节　文化设施

新中国成立前后，境内文化设施较少，部分村庄搭建简陋的土戏台，戏剧爱好者自发购置部分乐器、服装、道具等。进入20世纪60年代，随着经济形势不断好转，部分村庄设立青年之家、图书阅览室等。1963年，公社成立广播站，有线广播通到各村，家家户户安装小喇叭。1975年，公社购置电影放映机1台，组建第一支电影放映队。同年，付辛大队集体投资购置电影放映机一部。1976年各大队陆续安装大喇叭。1977年，公社又购置电影放映机1台，成立女子放映队。1979年建设齐陵影剧院。1980年，齐家终村集体购置30余台12英寸黑白电视机。1981年，王齐、吕家、郑家、聂仙等大队集体投资，购置14英寸彩色电视机。20世纪90年代，电视逐步普及。

改革开放以后，文化设施不断增加，各村都组织起文艺演出队，购置服装、道具、锣鼓、音响等设备。1998年，薛家村购置直径2米大鼓一面，小鼓、腰鼓多面及其它器材。1999年，淄河村购置锣鼓、铙钹、两条龙以及旱船等。2006年，郑家沟村投资购置2面大鼓、10面小鼓、铜锣、铙钹及锣鼓队全套服装，并购置影碟机、音箱、话筒等音响设备。吕家孝陵、望寺、东刘家等村先后购置锣鼓、舞龙等道具，许多村庄购置旱船、腰鼓、花杆、大头娃娃等。多数村庄相继建成文化广场、文化

齐陵街道综合文体中心　（2017年摄）

大院、文体活动中心等。

2016年，街道办事处投资建成齐陵街道综合文体中心。该中心兼备多功能室、图书室、电子阅览室、书画室、棋牌室、体育总会等。阅览室藏书5000多册，杂志、报刊等100余种；多功能室配有音响组合、锣鼓、乐器等活动器材；培训室内装有投影仪、电视机、影碟机等学习设备；微机室内配有10台电脑，全部实现高速上网；活动室内设有乒乓球台、跑步机、拉力器等健身器材。对村级农家书屋和文体小广场进行升级改造，村村配备便携式拉杆音箱，为群众提供文化活动场所和设备，提升村级文体中心整体水平。至2017年，全街道村村都有文体小广场和文艺表演队，38个村居建起高标准农家书屋，制度健全，全年对群众开放，20个村配备移动影库，15个村建起乡村大舞台，文化生活水平不断提升。

第二节　文化队伍

境内自古有唱戏的传统，从清代许多村庄戏曲爱好者自发组织起戏班子，代代传承。有古装戏，也有现代戏，有国粹京剧，也有吕剧等地方戏剧。清朝自道光年间至清末，南山庄、北苑庄等有扽腔戏班子。光绪年间，刘家终村部分戏剧爱好者唱柳子戏，后又组织起京剧子弟班，每年冬天唱京剧。清末民国时期，后李官庄的戏迷组织起来，表演京剧、吕剧等。王家齐陵成立昆曲剧团。1932年冬天，东龙池村戏迷去益都请来一位刘姓师傅教戏。先从戏前打通开始学，武场有板鼓、铙钹、大锣、小锣，文场有京胡、二胡和唢呐。排演古装京戏，附近村庄的戏迷也加入进来，演员阵容强大，多时达30余人。1934年前后，刘家营村刘奉山，艺名全虎，主持创办刘家营戏班，时称“刘家营子弟戏”。宋家、王家齐陵等许多村都有唱戏队伍。抗日战争、解放战争时期，各村儿童团、姊妹团等组成文艺宣传队，扭秧歌唱新剧，宣传抗战，庆祝胜利。

新中国成立后，文化队伍发展较快。许多村庄先后成立业余演出队。1951年，淄河店自发组织扛阁队、锣鼓队、高跷队，队伍有50余人。1956年，成立小剧团，演员30多人。1958年，聂仙村文艺队成立，凑钱购买大鼓及部分服装道具，二胡、坠琴等乐器大多是爱好者个人购买，每到农闲季节就组织学唱。1963—1965年，各大队团支部都组织文艺演出队，春节期间各片组织文艺汇演。区文化馆李炳俊、李成业下乡指导并排练，培养了一批器乐爱好者。1966年，淄河大队由团支部组织成立文艺宣传队，演出吕剧等。北苑大队组织小戏班排演《沙家浜》《红嫂》等现代戏。1968年6月，公社组织起毛泽东思想宣传队，演员50余人。20世纪70年代，多数村庄组织起文艺宣传队，演出剧目《红灯记》《沙家浜》等现代京剧样板戏、新编小吕剧、表演唱等。1975年，公社成立电影放映队。1976年，公社组织文艺宣传队，到田间地头演出。

改革开放后，文化队伍更加壮大。1999年，淄河村组织起120人的锣鼓队和秧歌队。2000年，望寺村组织舞龙队。2006年，吕家孝陵舞龙队双班人马，有40多名队员，并成立锣鼓队和秧歌队，共计80余人。郑家沟成立60余人锣鼓队、秧歌队。2015年11月，文化站按照上级要求，配合文化惠民下乡演出，成立“和谐之声”艺术团，来自辖区内近100名文艺爱好者通过激烈选拔，成为艺术团首批演员。艺术团成立后，按照上级要求，每村每年不少于两场戏，每年演出80余场。2016年7月，聂仙村全体党员和部分群众组成合唱团，在村委大院举办红歌演唱会。同年，代表齐陵街道参加临淄之夏第三届《热土之歌》合唱节获一等奖。

2017年，文艺活动异彩纷呈。全街道演出队伍达30余支。村村都有文体小广场和文艺表演队，刘营村蒙古族广场舞表演，多次在区元宵节展演中获好评。淄河、吕家孝陵、聂仙、前李、后李、北苑、东龙池、毛家等村广场舞代表队非常活跃。薛家村传统锣鼓表演在齐文化节锣鼓大赛中获得第二名。元宵节期间，推选出10支优秀表演队伍参加全区文艺展演，演员达600余人。

第三节　文化活动

新中国成立前，境内文化活动多以民间自发组织为主，内容多为古装京剧、地方戏剧等，也有些民间扮玩活动。新中国成立后，文化活动多由政府部门和群众团体组织，形式包括电影、电视、戏剧、歌舞等。1958 年，聂仙村凑钱购买大鼓及部分服装道具，农闲在村内排练演出，节目有吕剧、曲艺、歌舞等。1968 年，聂仙大队文艺队与义和大队文艺队一起，参加区文化馆组织的巡回演出。6 月，公社毛泽东思想宣传队到各大队巡回演出，达 50 余场。

1976 年，公社文化站成立后，组织多种多样的文化活动。“农业学大寨”压沙造田期间，公社组织文艺宣传队，编排许多文艺节目，有戏剧、唱歌、跳舞、快板等形式，到田间地头演出多场。1983 年国庆节期间，文化站组织“齐陵镇首届书画展”，参赛作者共有 87 人，展出 10 天，观看人数达千余人。特邀淄博市和临淄区部分书画名家及作品参展，区文化局领导组织各乡镇文化站站长到现场观摩，召开现场会。

1990 年国庆节，文化站组织“第二届庆国庆书画邀请展”，市区镇三级书画作者 100 余人参展，展出书画作品 150 余幅。淄博市国画院院长曾宪国、书画院书画家齐辛民等，到现场作画祝贺。展览共 10 天。1991 年春节、元宵节期间，组织文艺汇演和民间艺术杂耍调演活动，进行高跷、龙灯、跑驴、旱船、秧歌、花杆等表演。出动 20 余辆机动车，长近 500 米的千人文艺表演队，进辛店城区表演，赴机关、学校、工厂和部队进行慰问演出多场，整个春节期间文化活动获区政府一等奖。除春节外，一年中还举办文艺汇演 3 次，文艺联欢会 2 次，中小学书画展 1 次，“七一”期间，排演幽默小品“假扮戏”在区比赛中获一等奖。国庆节期间，举办齐陵镇第三届书画展，共展出作品 100 余幅。省、市、区、镇四级作者 70 余人参加，市书画界知名人士亲临祝贺，区领导观看展出后给予高度评价。1998 年春节，宋家村排演京剧《四郎探母》，在临淄区汇演中，获一等奖。

2004 年 5 月 1 日，宋家村举办书法绘画展，展出作品 80 余幅，部分书画界知名人士到场指导，历时 3 天。2011 年 6 月 29 日，街道办举办“庆祝建党 90 周年书画展”，共展出书画作品 90 余幅，主题鲜明，内容丰富。7 月，王齐村举办第一届“齐王杯”书画展。北园村举办广场舞大赛，王齐、刘营、毛家、高家孝陵等村参加。11 月 11 日，街道办“走进齐陵”摄影大赛启动，广大摄影爱好者走进美陵集团、齐王陵生态旅游区、各村居等进行摄影采风，大赛为期 1 年。2012 年 5 月 1 日，街道举办“齐王杯”书画展，共征集作品 150 余件，形式新颖、题材多样。2013 年 8 月，在马莲台景区举办露营大会（淄博站）暨“梦想七夕夜 相约马莲台”——“齐御杯”2013 帐篷音乐节。由 8264 网络、临淄区体育局、文化出版局、广电局、齐陵街道等单位联合举办，来自全省各个地市户外驴友团参加。7 月 1 日，街道办在北苑村举办庆祝建党八十一周年文艺晚会。11 月 9 日至 12 月 25 日，举办首届“大美齐陵·古齐南山”金秋文化摄影大赛，许多反应南部山区文化生活、自然风景、人文风情的作品参赛。2014 年，西龙池村初中学生苑腾龙，在山东综艺台《我是大明星》第四季获第七名，参加中央电视台《出彩中国人》等节目，被著名歌唱家蔡国庆收为弟子。2015 年 5 月，推出“首届齐陵乡村文化旅游嘉年华”活动，举办摄影大赛、帐篷篝火晚会等，让省内外朋友领略大美齐陵。

2017 年 1 月 10 日，临淄区“深入生活 扎根基层”文化下乡活动在毛家村启动。元宵节期

齐陵街道举办首届齐陵乡村文化旅游嘉年华 （2015 年 摄）

齐陵街道“九九重阳节 欢乐大院”文艺汇演暨王齐村幸福院启用仪式（2017 年 摄）

间，全街道 10 支优秀表演队伍 600 余人，参加全区文艺展演。“三八”妇女节期间，举办“做最好的自己”礼仪培训，100 余名机关和村居妇女干部接受培训。4 月 21 日，第三届“舞动幸福 风采齐陵”广场舞大赛，在薛家村幸福大舞台举行，近 30 支代表队 300 余名广场舞爱好者参与。同时举办村居广场舞骨干、太极拳骨干、书画爱好者培训班，120 余人接受培训。母亲节前夕，街道“和谐之声”艺术团赴颐康养生院慰问演出。七一期间，聂仙村举办红歌献给党大合唱等活动。街道在淄河新村广场举办“火红七月 风采齐陵”主题联欢会，儿童舞蹈《中国范》拉开帷幕，长袖古典舞《再唱山歌给党听》、吕剧《盼发财》、对口快板儿《夸夸齐陵街道办》、旗袍走秀《水墨兰亭》轮番登场，弘扬主旋律，传播正能量。九九重阳节举办敬老孝亲系列活动。文化惠民演出每村两场，共演出 80 余场。

第四节　齐文化研究

临淄作为齐国故都，齐文化研究蔚成风气。齐陵有许多齐文化爱好者，参加临淄齐文化研究社，积极参与研究齐文化、宣讲齐文化、传播齐文化，在有关齐文化报刊杂志上发表论文、诗歌、散文等多篇。

1988 年，齐陵镇政协联络组，组织境内齐文化爱好者 30 余人，为区政协文史委编辑的《文史资料》搜集并撰写文史资料 26 篇，深入发掘境内历史古迹、传说故事、英烈模范、社会主义建设时期重要事件等。

2004—2006 年，吕洪仁在《齐文化》双月刊发表散文《齐孝公的传说》等 5 篇，诗歌《说齐陵》等 3 篇

2007 年，境内有 3 人加入临淄齐文化研究社。2011 年 11 月，区民政局与临淄齐文化研究社联合编纂《临淄地名史话》，境内 3 名社员参与该书编纂工作，另有齐文化爱好者 38 人为该书提供资料并撰文 36 篇，对境内村名由来做了比较翔实的探究与记录。

2016 年，临淄齐文化研究社齐陵分社成立，社长 1 人，社员 14 人。区政协组织编纂《临淄乡村记忆》，境内有 24 人为该书提供资料并撰文 14 篇，对本地人文历史和优良传统进行挖掘和梳理，对良好村风民俗、优秀家风家训、乡里名人善举遗闻、抗战将士英勇事迹做了搜集和记述，留下宝贵的精神财富。

齐文化研究社齐陵分社社员按时参加齐文化研究社各项活动，并积极向有关报刊投寄作品，至 2017 年，每人都有多篇论文、散文、诗歌等发表。吕国光《齐国以人为本对今天的启示》发表于《齐文化改革开放思想与实践》；《齐文化惠民思想与生态文明建设》发表于《齐文化与生态文明》；《〈管子〉廉政思想与法德并重的治国理论》发表于《齐文化廉政思想》；《树人要从小事做起》发表于《齐文化道理思想》；《铜附马御葬》等作品发表于《齐文化》杂志第四期。吕洪仁在《齐文化》杂志发表诗歌《游临淄六台感怀》等 10 余篇；散文《二王冢的故事》等 10 余篇。在《齐文化博物院月报》录选诗歌《旧景新赋》1 篇。在《临淄文化报》发表诗歌《游太公湖》等 15 篇；散文《左思写〈三都赋〉的故事》等 7 篇。在《乐享生活》发表《齐陵八景》等诗歌 6 篇，散文《女水河边的传说》等 4 篇，在《临

淄民间文化》发表《齐风景韵》等诗歌4篇，散文《吕氏祭祖记》等8篇。在《齐文化研究社论文与记实》发表散文《齐国经典故事》等20余篇。在《柳泉诗词》发表诗歌16篇。在《临淄诗词》发表诗歌35篇。有10余篇作品在各类比赛中获奖。刘长胜发表齐文化研究论文16篇，散文多篇，有关齐文化诗歌200余首。其他社员在以上刊物上都有作品发表。

第五节　文学创作

齐陵灵山秀水，历代文人墨客登临牛山、游览淄水、天齐渊、龙池等，留下许多诗文，流传后世。春秋时，《孟子·告子上》有“牛山之木尝美矣”的描述。三国曹植《感节赋》“唯人生之忽过，若凿石之未耀。慕牛山之哀泣，惧平仲之我笑。”晋代陆机《齐讴行》“鄙哉牛山叹，未及至人情。”唐天宝4年（745年），李白登牛山，作《古风》一首。明代劳之辨《温泉诗》写天齐渊“大泉喷玉碎，小泉吐珠圆。”韩超然《临淄八景》“秋入龙池月皎皎，春回牛山雨蒙蒙”“淄江钓罢归来晚”描述皆为齐陵山水。

当代齐陵文学爱好者，创作出版许多散文、小说、诗歌等文学作品。

散文

长篇报告文学《敬业之歌》，获省“五一文化奖”二等奖。作者朱兴忠，胡家村人，淄矿集团宣传科长、作家。两次获淄博市政府“宣传淄博突出贡献奖”和“五一新闻奖”。现为中国作家协会山东分会会员，中国煤炭作家协会会员。

1997年，出版《临淄商王墓地》。作者贾振国，王齐村人，淄博市博物馆原副馆长。

2001年，延边大学出版社出版散文随笔集《教坛心语》。2002年，华夏文化出版有限公司出版《走进心灵》。作者朱大可，齐家终村人，中学高级教师。

2005年1月，四川教育出版社出版散文随笔集《用脚做梦》。作者于春祥，宋家村人，中学高级教师，全国优秀教师。

2011年，北京燕山出版社出版散文随笔集《诚信实言》。作者刘同信，刘家终村人。临淄区人大常委会原副主任。

小说

长篇小说《劫难风流》《姜家太一家》《凯旋门》《竞争时代》，作者朱兴忠。其中长篇小说《竞争时代》获山东省文联、省文化厅、省工会联合颁发的“五一文化奖”一等奖和中国煤炭“乌金奖”一等奖。

1999年5月，作家出版社出版长篇小说《古都枪声》。作者刘玉德，刘家营村人。1998年8月，开始《古都枪声》的创作，历时8个月，完成24万余字的书稿。

2003年，出版中篇小说《沙漠之鱼》。作者贾玉东，王齐村人，在临淄三中上高中期间创作了该小说。

诗歌

2004年，“柳泉诗社”发展社员，境内10人入社。社员在社刊《柳泉诗词》等刊物发表作品多篇。其中《柳泉诗词》第二十集发表作品：吕国光《马莲台》等3首；吕文书《游镇门峪》1首；吕洪仁《咏石海》2首、《鹧鸪天》1首；朱时和《稷山松》1首；刘长胜《珍爱夕阳享清闲》1首；贺锦春《夕阳红》等2首；贾文林《夜宿蓬莱阁有感》1首；高新民《春游》等2首。

2013年，临淄区争创“诗词之乡”，临淄诗词楹联学会成立，齐陵成立分会，会员达40余人，其作品汇集出版《齐陵诗草》。2017年8月，《临淄当代诗歌集粹》出版，齐陵分会会员发表诗歌共计 90 余首，其中吕国光 12 首、吕洪仁 13 首、朱时和 11 首、刘长胜 11 首、贺锦春 9 首、贾文林 6 首、高新民 5 首、吕文书 5 首、李本福 8 首、孟祥民 2 首、王爱然 4 首。

第六节　民间艺术

锣鼓

境内锣鼓表演由来已久，许多村庄有锣鼓队，其中规模较大的有薛家锣鼓队、淄河锣鼓队、郑家沟锣鼓队等。

20 世纪 30 年代，薛家锣鼓就名闻四乡。新中国成立后，由于多种原因，沉寂多年，鼓谱几近失传。1977 年冬，大队又组织起 60 人的锣鼓队和高跷队，重拾鼓谱，经过学习训练，春节期间到周边村庄演出多场，并参加临淄区元宵节扮玩活动。1998 年，锣鼓队又有新发展，村集体投资购置直径 2 米大鼓一面，小鼓、腰鼓多面及其它器材，此后每年春节期间到周边村庄、企业演出，元宵节参加镇、区展演活动。2015 年，薛家锣鼓队参加第十二届齐文化节“忠诚堂”杯鼓乐大赛，获二等奖。

1999 年，淄河村购置锣鼓、铙钹、两条龙以及旱船等，组织起 120 人的锣鼓队和秧歌队。先后聘请专业师傅来教锣鼓和舞龙，鼓点以《二鼓通》为主，错落有致，引人入胜。每年春节期间都到周围各村演出，正月十五，多次入选齐陵演出队参加区元宵节文艺展演。

春节期间薛家锣鼓队到镇政府前表演　　（2013 年 摄）

2006 年，郑家沟村投资购买 2 面大鼓、10 面小鼓、6 面铜锣、铙钹等及锣鼓队、秧歌队全套服装，成立 40 余人锣鼓队和 30 余人秧歌队，请薛家锣鼓队师傅传授鼓法，经过两个冬天学习和训练，掌握了锣鼓表演技法。2006 年、2007 年春节期间，在村内及周边村庄演出多场，并应邀到青州市北辛、潘村等村演出，共演出 100 多场。元宵节活动期间，入选齐陵街道演出队参加临淄区民间艺术展演活动。

后丁、付辛、东刘家、聂仙、朱家、高家孝陵、齐家终村等许多村，都先后组织过规模不等的锣鼓队、秧歌队。

舞龙

清朝传入境内，有单龙也有双龙，各村的表演有不同特色。

清乾隆年间，吕家孝陵“疯龙”表演轰动一时。舞龙队员双班人马，有 40 多名队员，两条巨龙出场后，随着硕大圆珠上蹿下跳、左右腾飞，一会儿双龙戏珠，一会儿二龙嬉戏。云朵穿插于双龙之间，两条巨龙如腾云驾雾，伴随着铿锵激越的鼓点，由“青龙过江”“双龙过江”到“急急疯子”，鼓越打越急，龙越舞越快，最后变换成卧龙，跑云彩的带着罗帽摆出“天官赐福”4 个大字。此时场上欢声雷动，掌声一片。光绪年间，去县衙会演时，大堂旁边的小圆门，高不过 2 米，宽仅 1 米有余，大小仅仅容得下龙头。舞龙队舞到高潮时，对准小圆门舞了过去。坐在大堂上的知县不禁赞到：“真疯龙也！”，从此吕家孝陵疯龙名闻四乡。

民国时期，王家齐陵舞龙队很有特色。其中“拿卧龙”最为精彩。有一年到益都县衙演出，在县衙大堂前表演这一奇招，得到县长高度赞扬并封赏。

1999 年，淄河村舞龙队成立。舞龙队分男女两队，各持一条龙，随着鼓点的急缓，舞出“玩四门”“钻龙

付辛村舞龙表演 （2013 年 摄）

尾”“二龙戏珠”等。每年春节期间都到周围各村去演出，正月十五多次代表齐陵街道参加区元宵节文艺展演活动。同年，望寺村组织舞龙队，春节期间到周边村庄及企业演出，元宵节代表齐陵街道参加区文化展演活动，赢得观众好评。以后每年春节期间都组织演出。

付辛、后丁、东刘家、毛家等村历史上都有舞龙传统。

舞狮

境内许多村庄有舞狮传统。西龙池村舞狮中，“母狮生崽”技艺高超。2012 年，宋家舞狮队参加元宵节展演，市、区电视台做了专题报道。刘家营蒙古族村舞狮表演多次参加街道、区组织的展演活动。

元宵节宋家村舞狮表演 （2012 年 摄）

烟花

清朝末年起，聂仙村许多家庭从事烟花爆竹制作，种类繁多，每年农历二月二晚上燃放。规模最大的一次是 1953 年农历二月初二，青岛、济南、潍坊等地观众，提前一天乘车赶来观看，聂仙村各家各户都住满人。当晚燃放大鞭两万头，两响（二踢脚）若干盘，转花、起花、垛花若干，分布在不同场地燃放，罗圈、飞机解放台湾等烟花惟妙惟肖，当晚观众达万余人。聂仙村制作烟花爆竹传统代代传承，1990 年元宵节，举办一次较大规模燃放活动，在村南市场上，各种焰火、礼花燃放 30 多分钟，周边村庄群众纷纷前往观看。2000 年后，随着国家对烟花爆竹规范管理，个体家庭烟花制作因存在安全隐患，且燃放时对空气造成污染，村民响应国家号召，制作和燃放烟花爆竹活动逐渐消失。

绘画书法

境内绘画艺术起源于新石器时代，先民们在陶制器物上绘制出简单的动物及几何形纹饰。商代开始用漆作画，战国时代漆画进一步发展。不仅有各种几何形图案，而且出现了描绘建筑和人物的题材。稷山南北朝石龛

花鸟条屏　　王明西

造像，古朴简约，描绘人物较多。修造于不同年代的庙宇，雕梁画栋，各种人物、场景，栩栩如生。元末明初，修建于龙池村的五龙堂，又称龙王庙，内部塑像生动、绘画精美。正中是金、白、蓝、黑、红五尊泥塑龙王像。东山墙上是雷公和霹雳将军像，西山墙上是闪娘娘和风婆婆像。每尊龙王上方，还有一条同样颜色的长龙，腾空盘柱，张牙舞爪。四周墙上绘满龙王爷爷、龙王奶奶的神话故事。清乾隆五十六年（1791 年），吕家孝陵村建大庙，东殿为阎王殿，墙壁上绘有阴曹地府、王全进瓜、牛头马面等。西殿是忠义庙，后墙壁画为刘备西川称王、关羽刀挑红袍、千里护嫂归汉、古城会斩蔡阳、张飞夜战马超、长坂坡喝退曹兵等内容。清末及民国时期，大户人家结婚家具上绘有人物、花鸟等吉祥图案。20 世纪 70 年代，墙壁上随处可见描绘精美的领袖画像、工农兵画像等。进入 21 世纪，随着新农村建设的不断推进，各村墙壁上反映中国传统文化、农村新风尚、社会主义核心价值观等内容的壁画随处可见。

境内书法起源于春秋时期，龙池“双丈八碑”，刻立于北魏时期，元代刘家营蒙古族碑，传承了唐代柳体书法神韵，马莲台石碑为清代书法精品。牛山碑刻“玉精明化”是民国时期篆书作品。崔光中墓碑是汉隶和楷书的代表。绘画和书法艺术代代传承，流传至今。

当代，境内有许多绘画书法方面的专业和业余作者，创作出许多绘画书法作品。

20 世纪 50—60 年代，境内有名的书画家王明西（1901—1969 年），郑家沟村人，原名王耀庚，字明西，自号鼎足山人，是新中国成立初期临淄地区优秀教育工作者，擅长书法、绘画、篆刻等。1954 年，昌潍专区举行书法美术选拔赛，入选国画一幅，评为二等奖。1962 年，临淄县人民委员会举行首届书法美术展，其国画作品博得好评并获奖。王明西尚留作品有花鸟画“松鹤延年”“庭院小景”“花鸟条屏”等，亲手篆刻的图章现存 70 余枚。

20 世纪 70—80 年代，境内有许多业余书画爱好者。李仁智，杨西村人，1975 年其国画《拥军优属》在《解放军画报》发表。1982 年，连环画《两世姻缘》由山东省人民出版社出版。

20 世纪 90 年代后，学校重视美术教学，部分学生考入各级美术学院。李云涛，杨西村人，出生于 1979 年 4 月，硕士研究生，天津美术学院毕业后留校，现为天津美术学院讲师。

梅花小鸟　　李云涛

部分书画作品：

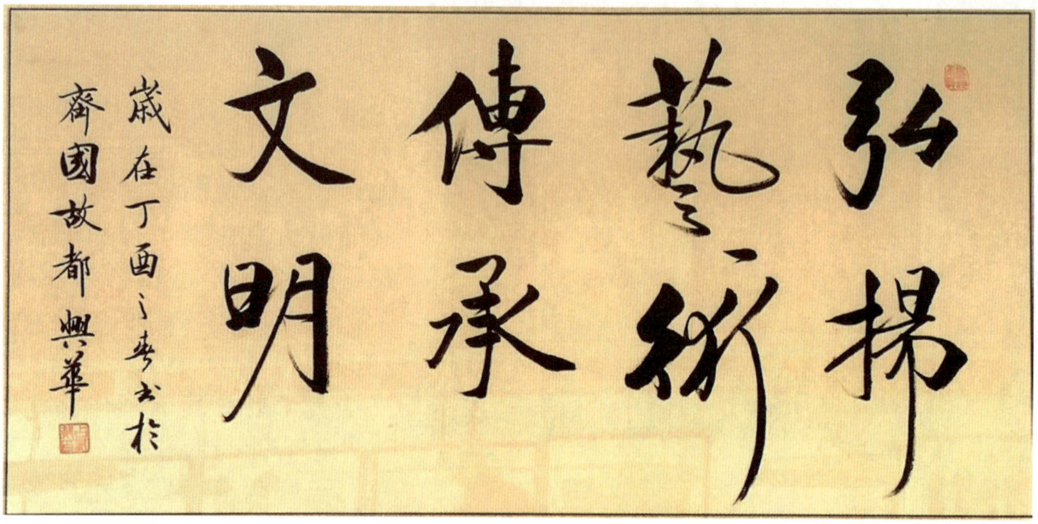

书法　　郝占峰

富贵图　　魏俊利

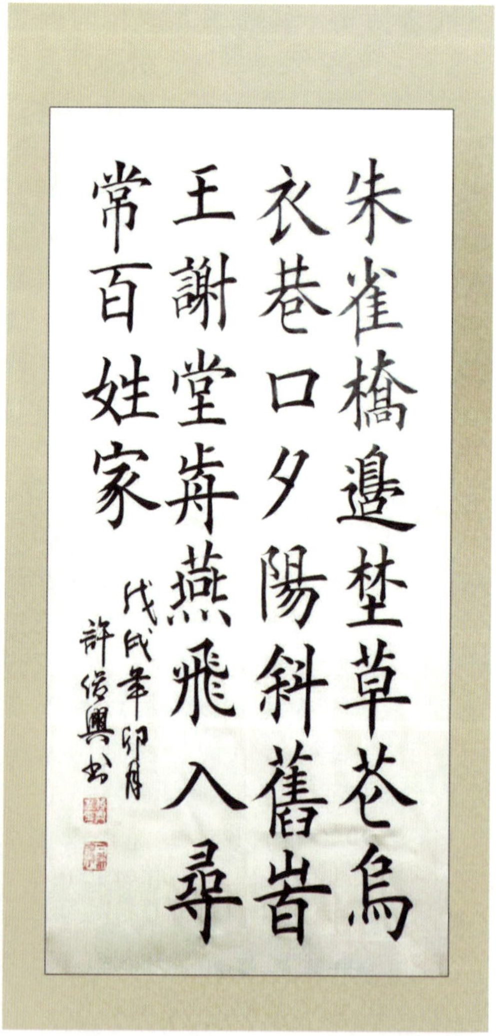

书法　　许俊兴

地平线上的妩媚　　胡清

油画　　乔丽

鞠祖　童子戏鞠图　　孙树英

沂蒙红嫂颂　　乔丽

剪纸

齐陵剪纸艺术历史悠久，明清时期，民间剪纸艺术运用范围非常广泛，灯彩花饰、扇面纹饰以及刺绣花样、鞋面花样等等，无一不是利用剪纸作为装饰再加工的。最常见的是用剪纸装饰家居、美化环境，如过年贴萝卜钱、窗花，结婚时用的双喜字等，还有结婚扎喜棚用的棚顶花，四角贴有黑色蝙蝠，顶棚中心是黑色龙凤团花，都是用剪纸来装饰的。新中国成立后，民间艺术家们创作大量表现社会主义新人新事的剪纸作品，表现各行各业新气象。劳动、体育、儿童、杂技、歌舞等，成为剪纸常见题材，民间装饰形式和内容更加丰富。

20 世纪 90 年代，齐陵将剪纸植根于学校教育，此民族传统文化得以传承和发扬。1993 年，齐陵一中开设剪纸课程，配备专业剪纸课教师，每班每周安排一节剪纸课。剪纸课教师孙树英，淄博市非物质文化遗产剪纸艺术传承人。主要剪纸作品有齐文化成语故事系列、车马系列、器皿系列、瓦当系列、临淄八景系列、校园文化系列和民俗风情系列等。2008 年 1 月 8 日，齐陵一中师生剪纸在《中国教育报》刊登，同年，学校被评为“剪纸特色项目先进学校”。2009 年，孙树英剪纸作品《鞠祖》获全国剪纸大赛辉发杯银奖，《童子蹴鞠图》获第六届淄博市文学艺术奖。2011 年 12 月，齐陵一中被教育部评为首批优秀传统文化传承学校。

齐陵中心小学把剪纸贯穿在美术教学中，剪纸艺术从小学生抓起。美术教师乔丽，山东省剪纸协会会员。其剪纸作品多次在《中国教师报》等各级报刊发表。2015 年，作品《沂蒙红嫂颂》参加“纪念抗日战争及世界反法西斯战争胜利 70 周年全国名家剪纸展”获银奖；作品《腾飞中国圆梦神州》参加“全国首届农民书画大奖赛”获奖；2016 年，“潼关杯全国剪纸邀请赛”获铜奖；2017 年 3 月，获淄博市文学艺术奖；8 月，代表山东省淄博市赴台湾参加“海峡两岸齐文化交流”。

第七节　民间文学

传说故事

“齐王埋在三山口，临淄永世不为京”

二王冢位于郑家沟村西南鼎足山上。相传齐桓公临死时，为自己选择长眠之地很费脑筋，他想把墓地选在城西愚公山（属凤凰镇境内）上，而不想葬在城南鼎足山上，因为那样的话，临淄的风脉就被压住了。桓公的五个儿子都不成器，从不按桓公意见办事，从来就是叫他上东他上西，叫他打狗他撵鸡。桓公临终前就想：我这些儿子总不听我的话，与我说的话反着做，这次，我要把话反着说。他把五个儿子叫到床前，叮嘱道：“我死后就把我葬到城南鼎足山上吧！”没想到，这次五个儿子很听话，等桓公一死，他们于是就把他葬到城南鼎足山上了。这样一来，临淄作为大国京都的风脉就被破坏了。也许是历史的巧合，临淄作为齐国国都，再也没有象桓公时期那样兴盛过。因此在当地流传有“齐王埋在三山口，临淄永世不为京”的俚语。

牛山的传说

传说一：相传公元前 26 世纪，黄帝在涿鹿大战蚩尤，屡战不胜，命令大将“神荼”“郁垒”在东海流波山，捉了一只夔（kui）牛，在淄河岸边一座山下，做了一面大战鼓，把牛头、牛骨埋在山上，以后每年夏天雨季，淄水爆发，夜间，就能听见山上牛叫，于是人们称此山为牛山。当地人春耕和秋收后，都前往祭山拜牛，祈祷神牛保佑平安和取得好收成。

传说二：牛山得名于齐国始祖姜太公。周武王灭商之后，姜太公被封于齐地营丘（今临淄）。而营丘当时又为占据胶东半岛的土著部落——莱夷觊觎已久。为了赶在当时实力强大的莱侯之前，抢占对营丘的控制权，姜太公马不停蹄，星夜兼程。由于是夜间急行军，姜太公迷了路。正在一筹莫展之际，奇迹出现了。月光下不远处一头牛，主动为姜太公带路。这头牛走啊走啊，一直把姜太公带到了淄河边，过了淄河就是营丘了。还没等大喜过望的姜太公表示感谢，这头牛突然消失，变成一座巍峨秀丽的山。姜太公为了感谢这头神牛，便把这座山命名为牛山。

传说三：在很久以前一个蒙蒙细雨的春天，有一放牧人，来此山放牛，原来牵着一头牛，放着放着成了两头、三头……成了一群，大家认为这是个放牛的好地方，因而命名为牛山。

传说四：传说朱元璋的姥姥家就是临淄，他小时候常来牛山给财主家放牛。有一天，他和小伙伴把一头牛宰杀烤熟吃了，把牛头插在山南坡，牛尾巴插在山北坡，然后回去向主人禀报，说牛钻进山里不出来了。主人将信将疑，急忙来牛山观看，果然见山南北两坡，一面是牛头，一面是牛尾巴，在北坡用力拽一拽牛尾巴，南坡的牛头竟“哞哞”的叫起来。这故事是说朱元璋是未来的皇帝，山神爷爷暗中在帮他。从那以后，牛山上建起多座庙宇，香火旺盛，逐渐形成了民间传统牛山庙会，俗称“赶牛山”，被列入山东省非物质文化遗产。

传说五：古时候徐姚有个大财主叫孙子柏，自称从北京到沂水有自己两丈宽的路，出门不踏别人家的地，以此夸耀自己田地之多。一天，他到温泉以西，见一种瓜人种了一大片西瓜，他找了一个又大又圆的西瓜，对种瓜人说：“这瓜你给我看着，我要以高价收买，暂付一半定金，待瓜熟时我自己来摘。”种瓜人从此小心看守。农历十月快到了，还不见定瓜人来。眼看天气渐冷，霜冻将至，如不快摘，瓜冻坏了岂不瞎了钱，便索性把瓜摘了。不多时孙子柏来了，见瓜已经摘下，便问：“这瓜还未熟，你怎么摘了呢？”种瓜人便把天气渐冷怕把瓜冻坏之理讲了。正说之间，由东边走来一头金牛，孙子柏一见眼都急红了，搬起西瓜向牛头砸去，转眼间这头牛就钻进了牛山，只砸下了一个牛角。孙子柏本想用西瓜砸中金牛发个大财，这一来什么也没有得到，由此传说牛山是一头金牛。又说泰山是一头羊，这牛因被打掉了一只角，一气之下便不再长了，而泰山从未受伤，一直在往上长，所以牛山就小于泰山了。

四王冢的传说

很早以前，附近村里人都很穷。遇到红白公事，都到四王冢下借东西用。烧香磕头后，闭上眼睛说明借什么东西（碟子、碗筷、凳子等），等一会儿睁开眼睛，东西就在眼前。用完后，再拿着东西去烧香磕头，闭上眼睛说归还东西并表示感谢，不一会儿东西就不见了。再后来，有人去借了东西不归还了，从此再去借东西就借不出来了。

还有一个传说，四王冢每年都开一次门，传说那是金门。有一年，一个农民在四王冢下种地，干活到很晚，刚想坐下来休息一会儿，这时听到身后有人在说话，回头一看，四王冢上一道金光，开了一道门，里面有很多人在走动，这个农民便悄悄地走了进去，里面的其他人便不见了，只看见一个人在推碾碾豆子，这个农民没有见到别的东西，便抓了一把豆子就出来了，结果回到家一看是金豆子。后来把金豆子卖了几个，买了十几亩地，这个农民家里的日子一天天好起来，从此就传开了。可是一年年过去，再没人见四王冢开门。

再后来传说有一天，一个白胡子老头来到村

里，告诉人们，谁家有十个儿子就能打开四王冢大门。淄河村有一户人家，有九个儿子一个女儿，有人给这户人家出主意，你的女婿可以顶一个儿子啊，你家不就成了十个儿子了，晚上去就能打开四王冢的门了。这户人家一想也是，就选了一个好日子，到了晚上，十个儿子便去了四王冢。在四王冢下烧香磕头，果然四王冢金闪闪的大门开了。这时，老大在前头领着刚要往里走，后头老小说话了，“姐夫我害怕，领着我”，这时，大门“刷”的关上了，从此四王冢的大门再也不开了。

马莲台的传说

马莲台坐落在终村东南的山沟密林之中。传说在明朝万历年间，青州有一个姓马名莲的村姑，因生的满脸麻子，颇受当地人歧视。她离开故土，来到终村东南山沟密林之中一土台之上立志修行，当地人称“麻脸台”。后来她修炼成半仙之体，为四方乡邻除病祛灾，人们非常感激她，尊称她为马莲台仙姑。

明朝万历神宗时期，发生兵乱，生灵涂炭，附近村民常去马莲台避难，每次都能躲过兵乱。有一次，叛乱官兵远看马莲台有人烟，便进攻马莲台。将官柳福带兵走到马莲台附近，雾气茫茫看不见路，正在此时，看见前面一穿红袢带裤的赤脚童子，在荆棘丛中玩耍。童子看到大兵，上前对柳福说，前边无路跟我来。柳福跟随童子进入一佛殿，抬头见神殿上供着菩萨，倒身便拜。童子对菩萨说，柳福已带到，请菩萨降旨。菩萨说，看柳福祖上还有阴德，并无大过。便命柳福席地而坐，令童子上饭。随后出来两个青衣女童，手提饭食过来让柳福吃。女童说，请柳将军吃“咕喳”（面疙瘩），柳福吃到嘴里就变成了“研垢”（当地俗称一种黄土石头）。随后又说请吃炒面，吃到嘴里就变成了黄土面子。柳福知道触犯了神灵，赶快下拜谢恩，说我已吃饱了。菩萨说，看他祖上阴德深厚，送他回去吧。青衣女童从他背后一推，柳福大吃一惊，转眼佛院就不见了，云消雾散，自己站在悬崖荆棘丛中。他定了定神，慢慢走下来，带兵急忙回返，再也不敢在此地逗留。

从此以后，村民们去马莲台避难，兵匪再也不敢前来追剿。

湖广山前水 齐王坟后流

二王冢东北、郑家沟村东南是女水（俗称裙带河）发源地，菟头山山坡石缝中的泉水与山脚下的大小泉眼汇成2公顷水面，水深数尺，清澈透底，冬不结冰，鱼虾嬉戏，时称女水河、泉河子等。天上的一位仙女看到后。便飘然而下，到此处观看美景。当她升回天宫时，裙子上的飘带在地上画出了一道沟壑，泉水便顺流而下，故这条河名曰裙带河。裙带河上建有一座桥，名曰雪花桥。据传此处地下水与湖广水相通，湖广大旱，此泉水干，湖广水丰，此泉喷涌。传说有一个武官，在湖广山前的湖边饮马时，不慎将马鞭掉入水中。当他来到北方，到齐桓公墓地游览时，站在雪花桥上观看裙带河发源地美景，看到泉水喷涌处喷出了一支马鞭子，赶紧捞上来一看，竟然是自己在湖广山前掉入水中的那支。有此得出了“湖广山前水 齐王坟后流”的传说。

神奇的龙湾

龙湾坐落在东龙池、西龙池两村之间，是一个南北长、东西窄的大水湾，湾底好几个大泉眼，汩汩喷涌，是少见的奇观。据说这里的水直通东海龙宫，故称“龙湾”。龙湾的水清澈见底，冬天雾气弥漫，永不封冻。龙湾东西两岸各有一眼水井，俗称“龙眼”。水面高出湾里许多，从井里打水不用井绳，直接用手提即可。每年八月十五前后，月亮照进井中又大又圆，犹如两只龙眼闪闪发亮，这便是临淄八景中所描述“秋入龙池月皎皎”的佳境。龙湾湾大水深，西边还有对称的里湾、八角湾。这些湾里有各种鱼虾，到了夏天，更是蛙鸣阵阵。但奇怪的是里湾、八角湾的青蛙下雨前后都呱呱乱叫，龙湾里的青蛙从来不叫，所以当地有句俗语“龙湾的蛤蟆不叫唤”。有了龙湾神水，龙池人都会游泳，且从没淹死过人，所以有了俗语“古龙池水清又深，自古以来淹不死人。就是有人落水中，水面漂浮永不沉”。

赶 牛 山

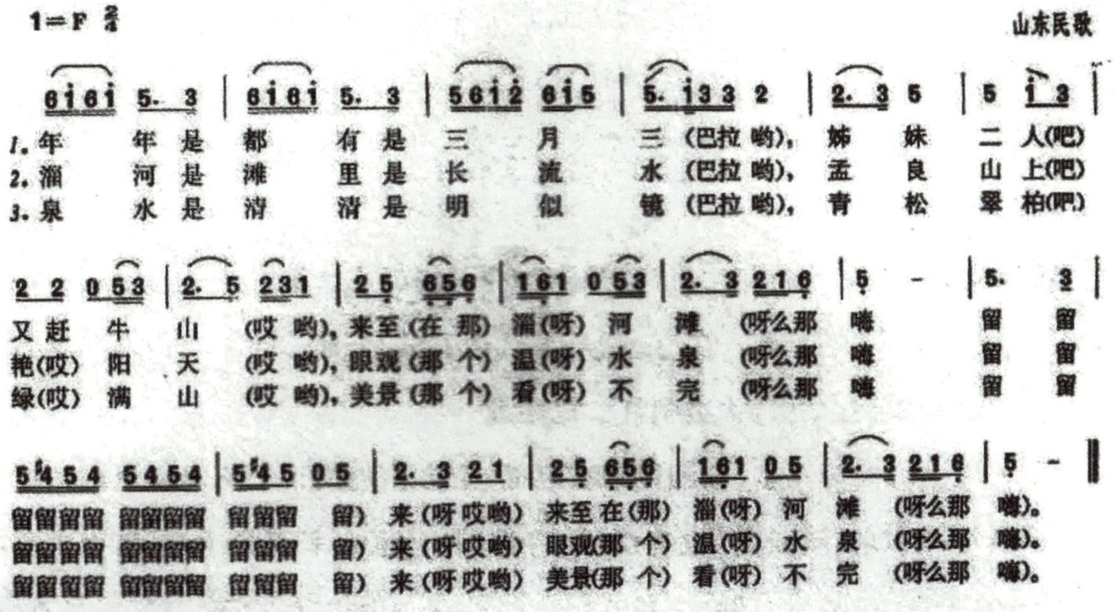

窦光鼐的场题——水皮一棍

窦光鼐（1720—1795），清代官员，著名学者，乾隆七年进士。诸城人。小时候，跟随在聂仙庄任氏家族当私塾先生的父亲，在聂仙庄住过多年，并认任氏夫人为干娘。为官后，经常回聂仙庄看望干娘及幼时伙伴，把聂仙庄当成第二故乡。窦光鼐小时候即显示出过人的才华，老百姓都说他是天上的星宿，是神仙下凡，境内有许多关于他的神奇传说。

乾隆年间，科举取士，南方士子多才人，压倒了北方的读书人。有一年，窦光鼐去江南任主考大人。到考点后，江南学子傲慢无礼，开考前一天，考生仍然说说笑笑、打打闹闹。窦主考告诫他们“准备一下功课吧”，他们却不屑一顾，傲慢的说：“考试没什么，窦主考北方人，没啥了不起，明天草草毛毛、水皮一棍就行了。”结果第二天，考场上窦主考就以“水皮一棍”为考题作文，此题却难住了江南考生。交卷后窦主考赋诗一首《水皮一棍》：“手执长竿傍碧流，一声击破楚江秋。两条玉带分还合，万颗明珠散复收。红蓼滩头惊睡鸭，白萍波上起伏鸥。早知此处无鱼钓，重整丝纶另下钩。”

窦光鼐为了教训这些江南学子，炮制出一首类似于绕口令的七言诗。因为南方人发音与北方有很大差异，读起来非常困难，称为“别蛮诗”：“馆阁居官久寄就，朝臣承宠出重城；散心萧寺寻僧叙，闲戏花轩向晓行。情切辞亲摧寸草，抛撇朋辈譬飘萍；生逢盛世识书士，蛮貊氓民慕美名。”江南学子们读不成句，非常狼狈。这首“戏作”所流露出的才情和智慧，让江南学子们敬仰和钦佩的五体投地。离开考场前，窦光鼐勉励他们要虚心读书、刻苦努力，准备下场考试。

民歌　民谣

《赶牛山》是大家熟悉的山东民歌。

民谣是流传在民间的儿歌、童谣的总称。语句简练押韵，风格朴实清新，语言口语化，是民间表达思想愿望、抒情达意的重要方式。境内流传着许多民谣。

俺就跟着八路走

叫俺扭啊俺就扭，
一扭扭到十八九。
俺娘不给俺找婆家，
俺就跟着八路走。

月嬷嬷

月嬷嬷，拾棉花，
一拾拾了个烂甜瓜。
娘咬口，爷咬口，
嬷嬷咬着孩儿那手，
孩儿啦孩儿，你别哭，
我给你买个货郎鼓，
货郎鼓上一对孩儿，
你和我打仗我和你玩儿。

老猫老猫

老猫老猫，上树偷桃。
听见狗咬，下来就跑。
跑到漫洼里，拾了个破棉袄。
你怎么不穿上啊？
有虱子呢！
怎么不叫老婆儿拿拿？
老婆儿死了呢。
你怎么不哭啊？
“我的老婆儿啊！”

山老鸹

山老鸹，尾巴长，
娶了媳妇忘了娘。
把娘背到山沟里，
把媳妇背到炕头上，
擀油饼，熬鸡汤，
“媳妇、媳妇你先尝。
你吃肉，我喝汤，
再去山沟背咱娘。”
他娘变成了金凤凰，
哧楞飞到那柳树上。
她那儿变成屎克郎，
叭哒掉在了狗屎上！

姐姐你别哭

姐姐姐姐你别哭，
你赶十八做媳妇，
红绸子轿，绿镶边，
抬起轿来忽闪闪。
进大门，压红砖，
拜天地，铺红毡。
磕头呗，咬糕呗，
枣又甜，糕又粘，
粘破牙花可不是玩！

小枣树

小枣树，耷拉枝，
上头坐着个小嫚妮。
脚又巧，手又巧，
两把剪子对着铰。
左手铰了个牡丹花，
右手铰了个灵芝草。
灵芝草上一对蛾，
扑啦扑啦过天河。
过去天河是俺家，
铺下棉条晒芝麻。
一碗芝麻两碗油，
大姐二姐梳油头。
大姐梳得光油油，
俺就梳得毛抖搂搜。
二姐穿着绸子裤，
俺就穿着一绺布。
大姐穿着绸子袄，
俺就穿着一根草。
二姐穿着绣花鞋，
俺就穿着泥碗碗。

肚子疼

肚子疼，找老能，
老能没待家，
找她姊妹仨，
姊妹仨不容过，
扎一锥子先疼着。

小白菜

小白菜，黄又黄啊，
两三岁上没了娘啊。
跟着爹爹还好过呀，
就怕爹爹找后娘啊。
找了后娘整三年那，
后娘生了个小儿郎啊。
弟弟穿着丝罗锻那，
我就穿着破衣裳啊。
弟弟吃面我吃糠啊，
弟弟吃肉我喝汤啊。
眼看后娘待他好哇，
端起碗来泪汪汪啊。
弟弟问我哭的啥呀？
碗很热来烫得慌啊。

小板凳

小板凳，一歪块，
秫秫面子包韭菜。
娘吃了去赶集，
爷吃了去编席，
嫲嫲吃了看孩子，
孩子吃了去跺泥。

小叭狗

小叭狗，戴铃铛，
嘎楞嘎楞到集上。
待吃桃，桃有毛，
待吃杏，杏又酸。
待吃果子没拿钱。

小老鼠

小老鼠，上灯台，
偷油吃，下不来，
让他猫大哥背下来。
“喵呜喵呜”猫来了，
叽里咕噜滚下来。

打夯歌

大家齐用力，夯就起得高。
姑丁上打，姑丁上敲，
夯夯打在姑丁上，
打的姑丁一样平，
打的姑丁一样高。

谚语

境内流传着许多谚语，内容涉及到社会生活的各个方面。

活到老，学到老，八十五岁还学巧。
不受苦中苦，难为人上人。
不做亏心事，不怕鬼叫门。
有志不在年高，无志空活百岁。
人在矮檐下，不得不低头。
吃不穷，喝不穷，算计不到必受穷。
有理走遍天下，无理寸步难行。
人无头不走，鸟无头不飞。
在家千日好，出门时时难。
一朝被蛇咬，十年怕井绳。
人不可貌相，海水不可斗量。
人比人该死，货比货该扔。
人过留名，雁过留声。
家有万贯莫夸富，身怀一技不算贫。
笋是嫩的好，姜是老的辣。
真人不露相，露相非真人。
孩儿不嫌娘丑，狗不嫌家贫。
咬人的狗不露齿。
人外有人，天外有天。
跑了和尚跑不了庙，脱了今日脱不了明日。
人争一口气，佛烧一柱香。
钱财如粪土，仁义值千金。
马到悬崖收缰晚，船到江心补漏迟。
燕子衔泥垒大窝。
买卖好做，伙计难轧。
推车不怕慢，就怕断了绊。
穷时帮一口，强似有时帮一斗。
宁愿饿时挪一口，不愿有时帮一斗。
书到用时方恨少，事非经过不知难。
干到老，学到老，七十八十还学巧。
十年寒窗无人问，一举成名天下知。
灯不拨不亮，理不辩不明。
兔子满山跑，最终回老窝。
不做亏心事，不怕鬼敲门。

行下春风下秋雨。
好汉不惹醉汉，强汉不打坐汉。
纸里包不住火，墙厚也透风。
无志之人常立志，有志之人立志长。
高灯可以照远，响鼓不用重锤。
钟不敲不响，脑子不用不灵。
闭门常思己过，闲谈莫论人非。
借的粮米好下锅，要的粮米下不得锅。
浇树浇根，交人交心。
话到嘴边留半句，得理也要让三分。
吃人家的嘴短，拿人家的手软。
争着不足，让着有余。
借人一驴，还人一马。
待要好，大敬小。
勿饮过量酒，不贪意外财。
一个朋友一条路，一个冤家一堵墙。
在家靠父母，出门靠朋友。
有上崖就有下坡。
吃饭穿衣量家当。
不当家不知道柴米贵。
家丑不可外扬。
玩花不如种树，玩鸟不如养鸡。
赶集没有钱，不如哄着孩子玩。
穷汉子乍富，挺腰鼓肚；
富汉子乍穷，寸步难行。
一顿省一口，一年省一斗。
勤是摇钱树，俭是聚宝盆。
笑一笑，十年少；愁一愁，白了头。
饭后百步走，活到九十九。
懒人有懒福，泥人住瓦屋。
吃饭先喝汤，强的开药方。
桃养人，杏伤人，李子园里抬死人。
好儿不种祖业地，好女不穿嫁妆衣。
南瓜甜面不在老嫩，夫妻恩爱不在丑俊。
闺女大了不可留，留来留去留成仇。
千年的大道走成河，多年的媳妇熬成婆。
儿大女大三分客。
一个女婿半个儿。
丑媳妇脱不了见婆婆。
立了春别欢喜，还有四十天的冷天气。
春打五九尾，穷人撅着嘴。
春打六九头，穷人不犯愁。
岁朝宜黑四边天，大雪纷纷是旱年。
最好立春晴一日，老夫不用力耕田。
端阳有雨是丰年，芒种闻雷美亦然。
雷止风从西边起，菜蔬园里受熬煎。
清明风南起，田禾大有收。
东风太阳红，西闪雨重重。
黑夜下大雨，白天晒干姜，
大风顺河去，休要串梨行。
一场春雨一场暖，一场秋雨一场寒。
打了春的雪，狗也撵不上。
春至寒食六十日，麦至寒食六十天。
一百五，麦离土。二月二，龙抬头。

一九二九不舒手，三九四九冻煞狗，五九六九顺河看柳，七九六十三，路上行人把衣宽，八九七十二，耕牛遍地是，九九八十一，家里做饭坡里吃。

小雪封地，大雪封河；
小雪不封地，不过三两日。
芒种三日见麦茬。
大雾不过三，过三十八天。
六月六看谷秀，七月七把谷吃。
七月十五红鼻枣，八月十五呱嗒了。
七月半，八月半，蚊子嘴，金刚钻。
七月的核桃八月的梨，九月的柿子来赶集。
八月十五云遮月，正月十五雪打灯。
交了十月节，不是刮风是下雪。
九月九不下盼十三，十三不下一冬干。
立秋十八日百草结顶。
山顶戴帽，短工睡觉。
不怕初一下，就怕初二阴。

云彩往东一阵风；云彩往南水涟涟；云彩往西水没鸡；云彩往北一阵黑。

天上有了钩钩云，不过三天雨淋淋。
日落云烧山，大雨不过三。
月嫲嫲打伞，下雨不远。
风倒八遍，不用掐算。
早看东南，晚看西北。
旱了东风不下雨；涝了东风不晴天。
旱枣涝栗子，不旱不涝收柿子。
严霜出毒日。雷雨三下晌。

东风太阳红，西闪雨重重。

燕子钻天，下一满湾。燕子低飞蛇过道，大雨不久就来到。

早晨下雨当日晴，当日不晴下到明。

开门风闭门雨，关煞门下一宿。

风灾一大片，雹子一条线。

桃花开，杏花败，榆钱飘，燕子来，柿子开花杏下来。

一亩园顶十亩田。

一年之计在于春，一日之计在于晨。

一翻二不收，三翻到了秋。

麦种黄泉谷露天，豆子露着半边脸。

人哄地皮，地哄肚皮。

人误地一时，地误人一年。

三秋不如一麦忙，三麦不如一秋长。

丰年要当歉年过，免得荒年挨饥饿。

一年的锅头两年的炕，多年的土墙比粪壮。

头伏萝卜，末伏荞麦。

第三章 广播 电影 电视

第一节 广 播

齐陵广播出现于20世纪50年代。临淄县广播站利用邮电局的电话线，将广播节目输送到境内。各村都设立一个收听点，安装一只小喇叭，播放县广播站节目。晚饭后人们都聚集到周围，收听广播。

1963年3月，公社建立广播管理站，设广播管理员1人。1965年8月，公社购买300瓦扩音器1台，工作人员增加到2人，发展有线广播。电线杆、电线全部由集体出资，各户小喇叭费用自行解决，每只小喇叭5元钱。全公社队队架设广播线，户户安装小喇叭。每天定时转播县广播站节目，内容包括新闻、戏曲、天气预报等。20世纪70年代，各大队陆续安装大喇叭，主要用于宣传上级政策、下开会通知，也用于播放新闻、戏剧、歌曲等。20世纪80年代后期，随着收音机、录音机、电视机不断增多，小喇叭逐渐失去作用。1990年前后，广播线路和小喇叭拆除，各村大喇叭继续使用。

第二节 电 影

境内电影最早出现于1951年，放映苏联无声电影《苏联集体农庄》，在第六区区公所驻地高家孝陵放映，周围十里八村群众前往观看，盛况空前。

20世纪60年代，临淄县电影队下乡巡回放映，但全县村庄众多，群众看电影机会较少。

齐陵影剧院 （1986年摄）

20世纪70年代，公社党委对电影放映工作非常重视。1975年，组建第一支电影放映队。1977年又成立女子放映队，两支放映队到各大队巡回放映露天电影。《沙家浜》《红灯记》等样板戏、《地道战》《地雷战》《苦菜花》《铁道游击队》《白毛女》《红色娘子军》《闪闪的红星》等电影是放映频率比较高的。每次放映队到村里，百姓都会相互转告，附近村庄百姓都会赶来观看，有的电影重复放映许多遍。

每场电影正式放映前要加放幻灯片，主要内容是宣传农业科技知识，放映队每年放映电影600余场，加演宣传片若干。

1979年，公社党委为繁荣经济文化，投资兴建齐陵影剧院。1982年，影剧院开业初期场面非常火爆，正值电影《牧马人》《少林寺》《庐山恋》等热播，每部片子连续放映20余场，场场爆满，观众达2万多人次。1985年，反映对越自卫反击战的电影《高山下的花环》，连续放映30多场，观众达3万余人次。20世纪80年代后期，随着电视逐步普及，电影观众逐渐减少，放映队解散，1994年影剧院关停。

进入21世纪，随着“访民情、惠民生、聚民心”工作的深入，基层工作组定期到各村放露天电影，放映设备是数字投影仪，放映内容主要是贴近群众生活的故事片和紧跟形势的科技节目。2010年后，电视、电脑、手机、互联网普及率不断提高，人们通过电视、电脑、智能手机等，看电影越来越方便。

第三节 电 视

电视出现于20世纪80年代。1980年，齐家终村实行村集体出一部分、各户出一部分资金的办法，集体购置30余台12英寸黑白电视机，此为境内最早的电视。1981年，王齐、吕家、郑家、聂仙等大队各购置14英寸彩色电视机1台。放在大队办公室，专人管理，每天晚上准时播放，本大队及周边大队群众纷纷前往观看，大队院内每天晚上观众爆满。20世纪80年代后期，彩电走进家庭，但还比较紧缺。20世纪90年代以后，电视机供应紧张局面开始缓解。到了90年代末，电视满足市场需求，敞开供应，走进千家万户。

电视信号接收方式开始是自制接收天线，天线杆子高5米～6米，调台时需人工转动天线方向。后来出现电动调整方向的天线。1997年，并入临淄区有线电视网，开始安装闭路电视。2005年，郑家沟村由集体出资，为各户统一安装数字机顶盒，成为全镇唯一“数字电视村”，在全区率先实现数字电讯覆盖全村，对此临淄电视台进行了专题报道。2010年前后，数字机顶盒升级为高清机顶盒。2015年，网络机顶盒出现。至2017年，有许多居民家庭用上网络机顶盒。

第四章 志书 族谱

第一节 史志编修

20世纪60年代，开展社会主义教育，公社举办阶级教育展览，搜集、整理、编写大量历史资料，主要内容有旧社会苦难生活、阶级敌人破坏活动、新社会大变化等。各大队召开忆苦思甜大会、办忆苦思甜展览，编写阶级斗争史资料若干。1984年、2007年，《临淄区志》两次编修，齐陵镇组织力量为区志编修搜集、报送大量材料。

2006年3月，美陵集团决定编纂《山东美陵集团志》。2006年3月筹建班子、调集人员、拟定篇目、搜集资料。2007年3月开始编写，历经2年6个月，于2008年9月完成。全书共9篇44章140节，以客观翔实的资料反映了美陵集团自1958年建厂至2007年49年 的发展历程。

2013年，《山东美陵集团志》（2008—

2013），在原有基础上补充、修改、完善，并续写2008年至2013年间发展变化情况。2017年，《山东美陵集团志》第三次编写，4月启动，年内基本完成初稿编写。全书共9篇36章134节，近20万字，客观记载了美陵集团的发展历程。计划2018年完成。

2016年3月，聂仙村“两委”决定编纂《聂仙村志》。7月成立编纂委员会，8月开始资料征集、志稿撰写。至2017年11月初稿写成。

2017年2月，齐陵街道党工委、办事处决定编纂《齐陵街道志》，成立了由党政领导参加的编纂委员会。街道办党工委书记张涛任主任，党工委副书记、街道办主任刘瑞卿、党工委副书记路庆锋任副主任，委员13人。下设办公室，编纂人员9人。3月9日，召开《齐陵街道志》编纂动员部署大会，下发编纂工作方案，全面部署编纂工作，街道党工委书记张涛做了重要讲话，对编写《齐陵街道志》提出希望和要求。市、区史志办专家对编写人员及各单位相关人员100余人进行专业培训。

《齐陵街道志》编修欣逢盛世，但由于是有史以来第一次编修，历史久远、岁月动荡，档案资料残缺不全，征集资料难度大。编委会组织人员到区相关单位查阅文献资料，对在齐陵工作过的老领导、老同志及有关人员调查走访，搜集到文字、图片、实物及口碑资料。编辑人员对资料去粗取精、去伪存真，分门别类建档立卡，按照分工根据所掌握的资料编纂成书。

《齐陵街道志》上限为齐陵有历史记载或事物发端，下限为2017年12月31日。该书全面挖掘、整理、记述齐陵辖区内各行各业历史资料，客观真实的反映齐陵社会发展历程，全面、合理、科学的反映出各项事业发展的地方特色与时代变迁，为后世留下珍贵史料。计划于2019年1月出版。

第二节　族　谱

境内立族谱始于明代，族谱中只记男不记女。此后，有些村大姓家族建祠堂或立祖碑，将先人牌位供奉于祠堂或将谱系刻于墓碑背面。清代至民国初期，境内续族谱立祖碑比较盛行。由于年代久远，又历经战乱等，大部分族谱被毁。20世纪90年代，境内许多姓氏续修族谱，多数族谱把女性写入，体现男女平等。族谱大都追溯各姓氏来源、后世分支及发展状况，在前言和后记中增添新内容，弘扬讲文明树正气、扶孤恤贫等优良传统。至2017年，境内大多数姓氏修有族谱。

刘家营蒙古族谱。1978年，刘家营村发现了原在蒙古族先人祖茔中的两块墓碑，刻立于元朝至正六年，其中一墓碑由僧住忽都所立。碑高

刘营村蒙古族族谱碑

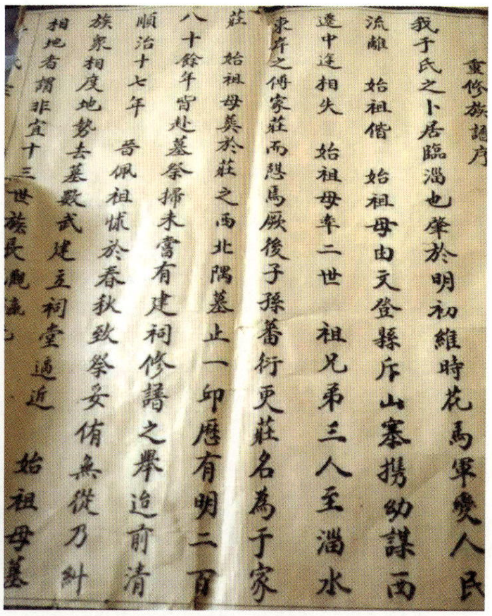

重修族譜序
我于氏之卜居臨淄也肇於明初維時花馬軍變人民流離 始祖偕 始祖母由文登縣斥山寨携幼謀而遷中途相失 始祖母率二世 祖兄弟三人至淄水東岸之傅家莊而憩焉厥後子孫蕃衍更莊名為于家莊 始祖母葬於莊之西北隅墓止一卯歷有明二百八十餘年嘗赴墓祭掃未嘗有建祠修譜之舉迨前清順治十七年 吾佩祖慨於春秋致祭妥侑無從乃糾族衆相度地勢去墓數武建立祠堂適近 始祖母墓相地者謂非宜十三世族長

宋家村于氏族谱

吕家孝陵吕氏族谱

51 厘米，宽 106 厘米，厚 34 厘米。记述了刘营村蒙古族族系和落籍经过，是境内保存最早的族谱。

宋家村于氏族谱，是境内保存至今比较古老的族谱，大部分丢失散轶，只有少部分保存至今。于氏族人于 1936 年续修。

吕氏祖谱，民国年间的续修本，毁于文革时期。1997 年冬天，由吕家孝陵村部分吕氏族人组成续谱小组，广集资料，遍访长者，进行祖谱续修。2000 年冬，续成吕家孝陵村吕姓之谱，并将祖谱更名为族谱。2002 年再次续修，吕姓分支扩展到毛家、北山、南山、淄河、柳店及齐都镇刘家寨、东门、朱台镇大柳树屯和青州南王孔 9 个村。2002 年底定稿，印刷 50 本。《吕氏族谱》前言和后记，被《中华吕姓四千年》（中国吕姓文化与齐文化）一书作者吕明强编入该书。

·第二十篇·

科学技术

临淄区干馏制生物炭示范工程（2018 年 摄）

淄博柳店炉业壁挂炉生产车间　　　　　　　　　　　　　　　　（2017年摄）

淄博广成绿色庄园有限公司工厂化育苗　　　　　　　　　　　　（2017年摄）

后李遗址出土的原始社会晚期蚌刀、蚌镰、石镰、石斧等农具证明，早在8500年前，境内先民们在农耕生产、畜禽饲养等方面，就已使用、改进生产生活等器具。春秋战国时期，已掌握中耕、除草技术，使用畜力和铁制农具耕作。北魏时期，贾思勰《齐民要术》中分别论述了农作物、蔬菜、果树的栽培，系统总结了当地劳动人民丰富的农业生产经验。明清时期，境内榨油、织布、养蚕、制丝等多种手工技术已广泛应用。

新中国成立后，科技工作者利用黑板报、广播、宣传栏等形式大力宣传工农业新品种、新知识、新技术。境内部分村利用泉水、河水及新技术设备建起扬水站，改善农业生产条件。

1978年全国科学技术大会后，境内工业新技术引进应用、研发，以美陵公司为先导，先后实施星火计划、火炬计划，高新技术快速发展。2008年，美陵公司被确认为国家高新技术企业。之后，院士工作站、博士后创新实践基地相继建立，引进利用、联合研发等科技成果逐步增多。农业种植新品种、新技术、新方法等先进技术大量引进推广应用。种植养殖设施不断改进，品种逐渐增加。1993年，齐陵镇被市政府评为科技进步先进乡镇。之后，农田水利科学技术、秸秆综合利用技术应用推广，各类种植专业合作社、科技示范园区建成，带动了农业生产全面发展。2016年起，水肥一体化技术在境内推广。

至2017年，全街道工业、农业取得各类专业技术职称560余人；区级以上科技示范园区13个，科技示范村12个，科技示范户100余个。获得市级以上科技成果奖54项，取得国家专利技术112项。

第一章　机　构

第一节　管理机构

新中国成立初期，境内未设科技工作管理机构。至1962年，公社由一名工作人员负责农业技术工作。1963年，齐陵公社农业技术推广站（简称农技站）成立，主要负责农业生产技术推广应用、优良品种选育、病虫害防治、宣传和交流农业生产先进技术及经验。1967年，农业技术推广站改称农业科学推广站，1971年撤销。1975年8月恢复，设站长及技术员，在公社院内办公。

1977年8月，中共十一大重申在20世纪末实现农业、工业、国防和科学技术现代化的奋斗目标。1982年8月，齐陵公社成立科学技术协会（简称科协），成员7人，会员55人。主要任务是开展科学技术推广普及工作、开展技术培训壮大科普队伍、开展专业性技术承包活动、开展青少年科技活动等。1984年，改称齐陵镇科协。

1990年，配备科技副镇长。5月，建立齐陵镇科技管理网络，制定全镇农业、工业等技术改造工作计划及实施办法，推广新品种、新机具、新工艺、新技术、新方法。9月，召开科协代表大会，选举产生科协主任及副主任3人、委员6人。1991年1月，根据区委、区政府要求，制定科教兴镇“八五”规划。同年，37个行政村都设一名负责科技工作的村委副主任。1999年7月，成立镇科普领导小组，设办公室主任，在镇科协办公，协调日常工作。到2017年，由街道一名副主任分管科协工作。

第二节　科技团队

从1965年起，境内成立科技组织，各生产大队相继建立农业科学实验队，也称技术队。中共十一届三中全会后，随着改革的深入和社会经济的发展，农业、工业及其他行业科研组织开始建立。1979年，美陵集团（原齐陵农具厂）将技术组改为技术科，人员由2人增至5人。到1994年，公司各类专业技术人员达52名，占职工总数的13.5%。

1981 年，农业广播学校临淄分校成立后，境内组织农业技术人员进行系统学习，提高专业能力和水平。

1990 年，根据区委、区政府要求，镇党委政府推选出一个科技示范企业：临淄石化配件厂，一个教育示范学校：齐陵一中，一个科技示范村：郑家沟村。十户科技示范户：刘营村的刘志海（五金制造）、北苑村郭金山（树苗培育）、齐家终村朱传儒（葡萄种植）、郑家沟村王连友（苹果种植）、后李村闫树东（果树管理）、吕家孝陵吕本厚（蔬菜种植）、后丁村刘维国（粮食种植）、后丁村王登科（养鸡）、王齐村李发顺（养鸡）、小交流村王锡联（种植蘑菇）。

1992 年起，农委各站所林业、水利、农机、畜牧等逐步成立相关行业协会，会员达 160 余人。1998 年，齐宏源禽蛋运销合作社成立，会员 12 户。2009 年，临淄瑞合养殖专业合作社成立，会员 121 户。2012 年，临淄庚源晨奶牛专业合作社成立，会员 14 户，注册资金 542.3 万元。2014—2015 年，借助“科普惠农示范工程”，以蔬菜种植专业合作社为平台，成立获丰、祖发农民田间学校，建成乐采、古齐南山、忆当年等科普示范基地。至 2017 年，境内有各类科技团队 19 个，会员 620 人。取得各类专业技术职称 560 余人，其中高级职称 47 人，中级职称 84 人。各类技术人员 370 余人，获得绿色证书 250 人。

第二章　科技工作

第一节　科技宣传与培训

人民公社成立后，各生产大队利用墙报、宣传画等形式开展科普宣传，以农业生产八字宪法“水、肥、土、种、密、保、工、管”为主，宣传深耕细作、种子改良、合理密植、病虫害防治等技术，改进生产工具，合理施肥、加强田间管理、间作、轮作等农作物种植技术知识。农业技术推广站成立后，除转发县科委、县农业部门的科技宣传资料外，还自选自编相关科技知识，印成宣传单发给农民学习。利用黑板报、广播等形式，宣传农业技术、良种、化肥、农药等科学知识。提高农民科学种田的自觉性，注重培养各类农业生产技术人员。

20 世纪 70 年代末，公社选派能工巧匠参加区能源部门举办的节柴灶学习班，对各生产大队改灶人员进行培训，在全社推广。

1982 年，公社科协成立后，利用电影、幻灯、广播、宣传栏、举办学习班等多种形式，大力宣传科学种田、果树林木栽培与管理、畜禽养殖等现代科技知识，让广大农民群众按照科学方法进行种、管、养。印发各种科普宣传材料 15 种，2 万余份，发放《农业实用技术》等课本 1600 余册，培训农业各方面种养人员 3000 余人次。1986 年，王齐村委聘请区农业局农技专家进村讲授大棚蔬菜种植、管理、施肥、用药等技术知识，村民 100 余人参加，全村当年新建大棚 45 个。

1991 年，镇党委、政府实施“科教兴镇”战略，37 个行政村都配备负责科技工作的村委副主任，评选出 104 名农民技术员和 263 户科技带头示范户，在全镇农业生产中充分发挥科技带头作用。1993 年，齐陵镇被市政府评为“科技进步先进乡镇”。1994 年，镇科协创办《齐陵科技报》，每年出版 6 期，根据农时季节及时向农民传递农业科技信息。至 1999 年，共举办蔬菜、瓜果、林果、畜牧养殖等各类培训班 78 期，有 1.23 万人参加，320 人获得专业等级证书。组织工农业技术骨干参加农广校、成教中心、区委党校等专科学习，500 余人获得大中专文凭。

2001 年，开展科技电影下乡活动，结合工农业生产，放映科教片宣传现代科学知识，把科学知识和技术送到千家万户。

2002 年，成人教育适应农业现代化需要，大力推广现代科技知识。镇成教中心将劳动技术教育纳入教学内容，并通过市政府对初步现代化成教试点单位的验收。2014年4月，临淄中国古车博物馆被山东省委宣传部、省社科联命名为山东省社会科学普及教育基地。

2015年5月，临淄区农广校在祖发农民田间学校举办新型农民蔬菜种植培训班，农业专家结合自己的理论和实践经验，对早春西红柿中后期管理及病虫害防治、西葫芦后期管理、大棚辣椒中后期管理、拱圆棚早春西瓜栽培管理技术做了详细的讲解示范，向学员们介绍大棚蔬菜连作障碍原因及解决措施，专业合作社及蔬菜种植大户等60余人参加培训。12月28日，区农业局在齐陵街道举办科技示范户培训班，50余个科技示范户参加了培训。专家教授向科技示范户详细讲解小麦春季管理、玉米“一增四改”技术，蔬菜标准化生产管理等新知识、新技术。分别向粮食、蔬菜种植科技示范户发放配方肥、冲施肥等。2016—2017年，街道办对节水、节肥和水肥一体化技术重点宣传推广。

第二节　科研与推广

20世纪60年代前后，主要推广良种、改良种植技术、科学使用化肥农药、改进农机具、扩大粮田灌溉等技术。中共十一大重申加快实现科学技术现代化，提出各行各业向科学技术要产量、要效益等口号。科技团队纷纷建立，在农业、工业、科教、文卫等领域开展科研及推广应用新技术、新品种、新工艺，推动了境内各个领域的全面发展。

农业科研推广

农业合作化初期，境内开始推广玉米人工授粉新技术。1955—1963年，利用泉水、淄河河水及新机械设备，建成扬水站，扩大农田灌溉面积，提高农作物产量。1965年起，各生产大队成立农业科学实验队（技术队）。各大队在果园内或划出的试验田里，开展种子试种筛选、玉米杂交制种、丰产田试验，推广示范农业科学新技术。1968—1971年，多个大队技术队及吕家联中试制成功植物生长素“九二〇”，在农作物上广泛应用，使作物产量提高，病害减少。1972年起，通过改进土地耕作方式，实行机械化作业，选用良种、合理密植，推广节水灌溉等一系列农业科技新技术，促进农业的发展。

1974年起，在水源地（郑家、驻佛、杨西等大队）、龙池井群建设群井汇流工程，扩大灌溉面积。在5眼井上采用新技术安装自动控制启闭终端，减少管理人员，方便各村户灌溉用水。1975年秋种期间，驻佛大队将16公顷粮田整平建成方田（每个100平方米左右），便于浇水、施肥、病虫害防治等，建成高产稳产田。同年，在全省三夏小麦工作会议上号召学习推广。

1980年3月，在齐家终村、梁家终村开展移动式喷灌技术，解决山区因土地不平整灌溉难问题。1981年，小交流大队堆积烤烟房技术获区科委三等奖。1982年，齐家终村引进平度大理山玫瑰香葡萄新品种及种植技术，种植40余公顷，种植成功并取得较好的经济效益，带动部分村民大面积种植。1984年，王齐村村民赵淑英引进甜叶菊种植，采用科学种植管理方式，亩产达400千克，获得较好经济效益。被区政府表彰为“科技致富能手”。1987年，齐陵水利站在胡家村实施“内衬塑料软管外护圬砼料低压输水管道”研究取得成功，后为节约成本把外护圬砼料改用3∶7灰土，在北部平原浅井灌区粮田内推广12万米。在南部深井灌区推广“U”型防渗渠26.3万米，基本解决全镇农田灌溉渠道防渗化，达到节水、节电、节地的目的。

1990年起，大量推广发展冬暖式大棚技术，西瓜沟秸秆填埋试验、旱沟麦地膜覆盖技术、良种推广、科学施肥、稀土微肥试验、玉米机械套种和密植技术、山旱田旱沟机播技术、作物秸秆青贮氨化、科学用水技术等一系列农业生产新技术。1993年，在前李村引进推广大棚秸秆生物反应堆技术试验成功，取得良好效果，在全镇广泛推广应用。同年，后丁村委与临淄区种子公司达成协议，建成全区最大小麦良种繁育基地，包括该村及宋家、前丁等村临近土地120公顷，繁种农户200余户，亩产量达480千克。引进淄博市农科院繁育品种淄选7号、9号，淄麦17号，济麦17号；淄博禾丰种子公司的山农14、24、83-2、83-5；山东省小麦研究所平度实验基地的烟1604，烟麦14、15；莱州市西由镇金海良种公司的莱州188。每年为临淄区种子公司、禾丰种子公司、境内各村、户提供优质小麦良种。

1994年，全镇科技兴农成效显著，立体种植、科学配方施肥、优良品种应用等，新成果、新技术推广应用达80%以上，农业生产走上优质低耗、高产高效的发展轨道。小交流和王齐村采用以色列技术，进行大棚蔬菜滴灌试点，省长李春亭和市委书记杜祥荣等市区领导到棚内考察。1995年，在吕家、驻佛等村安装移动式喷灌，面积达400公顷。

1998年，淄博广城绿色庄园有限公司成立，投资30万美元，引进韩国工厂化阳棚育苗技术，在镇农场建成3000平方米育苗基地，年培育各种蔬菜种苗上千万株。同年，北苑村郭金山在自己建的果园内，从绿宝石梨树芽变中，发现、选育、培养出一个新品种。该梨果型端正、长圆，果皮绿黄色，皮薄核小、肉质细嫩，香甜可口，经测定含糖量为16%。经市、区林业局专家鉴定认为，属创新品种，定名为“蜜香脆梨”。其树抗病、抗逆能力强，萌芽力高，成枝力中等，腋花芽结果性强。进入盛果期后，以短枝结果为主。树形开张而紧凑，为中早熟品种，定植后三年进入盛果期，无大小年。平均果重400余克，最大单果重600余克，亩产4000余千克，经济效益较高。

1999年，吕家孝陵村刘锋、牛振云从山东农业大学毕业后回村创业。2000年，利用齐陵二中原校址房屋，创建“云尔食用菌研究所”。区科委拨给扶持科研经费3万元。经潜心研究成功制取草菇、平菇、双孢菇、鸡腿菇、花菇等菌种，提供给村民种养，解决村民种养食用菌中遇到的问题。2001年，承包该村土地0.8公顷，建起80米长、20米宽的3个塑料大棚进行种养生产，并作为学校的食用菌实习基地。其间组织食用菌种植培训班20期，参加培训村民3000余人次。2002年4月，区委书记李同道到研究所调研指导。同年，刘峰、牛振云被评为助理农艺师，带领农民科技致富事迹刊登于《大众日报》和《淄博日报》。2003年，“云尔食用菌研究所”被淄博市菜篮子工程办公室评为全市蔬菜系统先进单位。

2004年，市科协以齐陵养殖协会为试点单位，发展民营协作、互惠互利的新型农业实体。多个养殖场户联营协作成立养殖专业合作社，实行品种引进选定、全程饲料、防疫治病、产品销售一条龙服务，达到节本增效、带动发展的目的。2005年，后丁村张美凤以科技新技术饲养蛋鸡，被区妇女联合会评为“科技致富标兵”。

2010年，开始推广小麦宽幅精播技术，其行数减少行距扩大，有利于小麦根系生长，单株健壮，群体质量好．播幅增宽，种子分布均匀，无缺苗断垄。播种量相对准确，有利于培养壮苗，构建合理群体，增产效果明显。

2011年，获丰蔬菜园在望寺村西南建立，园区规模16公顷，投资550万元，建成高标准蔬菜大棚29个，每个占地1750平方米，全部为镀锌管弦拱结构，配套电动拱梁式自动卷帘机和频振式自动供水机械设施。采用秸秆生物反应堆、有机生态无土栽培、微滴灌水肥一体化、物理生物防控病虫害等综合新技术；按照“五化”标准生产，建立产品质量追溯管理制度。12月，经过省市两级专家组验收，达到农业部确定的国家蔬菜标准园建设标准，被确认为国家级标准蔬菜园区。同年起，开始推广玉米“一增四改”种植技术。合理增加种植密度，改种耐密型品种、改套种为直播、改粗放用肥为配方施肥、改人工种植为机械化作业。

2012年10月13日，众得利果蔬实验基地在境内举行揭牌仪式，成为“十二五”国家科技支撑计划课题——果蔬农超对接供应链系统集成与应用示范项目。

2014年，结合区政府开展粮食高产创建活动，建成总面积140公顷粮食高产创建示范方1个。小麦实产每亩达455千克、玉米达652千克，通过省专家组考核验收。同年，街道办提出大力推进农业科技建设，加快农作物育种技术及新品种选育。集中突破一批节能、节水、节地、节肥、节药和循环利用的关键技术，促进农业可持续发展。

2016年起，根据省市区农业部门统一安排，重点推广水肥一体化技术。在全街道蔬菜种植专业合作社、大田蔬菜种植大户、果树苗木种植、规模化粮食作物等农业种植领域全面推广应用。2017 年，街道办根据省、市、区《关于推进节水农业和水肥一体化的意见》精神，制定出具体目标任务、技术模式、推进范围、推进措施、扶持政策等意见及办法。发挥忆当年农业发展有限公司资金、管理、技术优势，建成水肥一体化科技示范区。依托示范区成功经验，在乐采、获丰、祖发、普浩、益寿、古齐南山等农产品园区、基地推广应用 200 余公顷。采用政府购买服务方式，聘请农技专家深入田间、棚区，为水肥一体化技术实施提供全方位、精准化、专业化服务，解决农技推广“最后一公里”问题，引领齐陵农业向绿色、持久精细化迈进。

工业科技推广

境内最早工业企业是 1958 年成立的齐陵农具厂。至 20 世纪 70 年代中期，公社号召大力发展工业，各类企业逐渐增多。1980 年，全国科学技术大会召开后，各企业依靠科技进步发展的意识提高，人才培养、引进、科技创新工作得到重视。

1982 年，美陵公司研制的远红外线烤漆工艺被区科委授予科技进步三等奖，是全公社首次获奖的科技成果。1989 年 9 月，美陵公司生产的“齐陵”牌 F_1 型浮阀创市优产品，填补省内空白。1991 年，临淄新型塑料厂生产的 PVC 波纹管列入省星火计划，填补省内空白。同年，齐陵五金综合厂研制的地下防渗渠出水阀，取得国家实用新型专利。

1992 年，美陵公司引进新工艺、技术 72 项，开发新产品 9 种，完成科技革新、改造项目 14 项。当年，被区政府评为科教兴区先进集体。1994—2000 年，美陵公司研制开发的 T 型翅片重沸器、KT 系列空调用离心通风机、SFJ-1 减粘防焦剂等多项化工机械产品，均为国家重点开发项目。

2000 年，齐龙炉业“齐龙”“齐凤”商标品牌被山东省对外知名品牌确认办公室及山东省经济协作信息中心授予山东省对外经济技术合作与交流知名品牌称号。生产出 DA 型、DB 型、EA 型、EB 型反烧炉等产品，研制的反烧炉碟型带水炉口和炉底侧面进风设计技术，取得国家实用新型专利。

2001 年起，美陵公司把科技创新和技术进步作为企业发展先导。引进新技术 15 项，开发新产品 14 大系列 136 种，完成重大技术改造项目 267 项。有 31 种产品获得国家、省、市、区级 51 项科技成果奖。2003 年，被省科技厅、省民营科技促进会表彰为山东省优秀民营科技企业。2008 年，被确认为国家高新技术企业。2014 年，公司高效节能换热器工程技术研究中心被省科技厅认定为示范工程技术研究中心。同年，公司山东省院士工作站获批，公司设计中心被批准为首批市级工业设计中心。

2016 年，省人力资源与社会保障厅同意美陵公司设立省级博士后创新实践基地。淄博金诺机械装备有限公司对生产车间进行智能化改造，引进全区首台焊接机器人，调整产品工艺流程，提高产品质量。齐昊炉业有限公司研发的 NQ12.8-1c 齐昊金丽王、NQ8.0-1c 齐昊红韵、CLSG1.4-85/60-AⅢ齐昊蓝奥之星数控环保锅炉、NQ12.8-1CH100 兰炭、洁净型煤专用采暖炉分别获中国农村能源行业协会第七届至第十届中国节能炉具博览会优秀产品。NK17.5-1c 采暖炉获“兰炭专用采暖炉设计大赛”创新奖。柳店炉业有限公司研发的 ZB-N 暖阳系列数控采暖炉、CLHS 效能王Ⅱ代数控锅炉、ZB-FB 系列家用采暖炉、CLHS 数控锅炉、ZB-FC 系列家用采暖炉分别获得中国农村能源行业协会第八届、九届中国节能炉具博览会优秀产品。

2017 年，美陵公司被淄博市人民政府评定为创新型高成长企业 50 强。同年，公司通过 GB/T29490 知识产权管理体系认证。齐昊炉业被中国农村能源协会确定为清洁能源 + 节能炉具示范点，研制的 NQ12.8KWH100 清洁煤炭专用炉、NQ25.3KWD200 地暖专用炉、CLHS0.06MW 齐昊立式燃油（汽）常压热水锅炉获第十一届中国节能炉具博览会创新产品奖。被国家能源局确认为中华人民共和国能源行业标准炉具术语参与制定者。

第三节 激励措施

从20世纪80年代末开始，镇党委、政府加大对科技方面的资金投入，将科技经费列入财政预算。1991年，制定下发《依靠科技进步，促进经济发展的有关奖励规定》。1993年，又制定多项政策办法，采取多项措施，促进科技工作全面发展。

1993年秋，对蔬菜大棚利用秸秆生物反应堆技术，每个大棚奖励1000元。1999年，对南部山区村开挖山洞引进种植双孢菇、花菇等菌类，每条山洞补助500元。2010年秋，为解决玉米收获后人工剥皮随便丢弃路沟，焚烧损坏树木，污染环境等问题，鼓励安装玉米剥皮机，每台补助1000元。2013年，太平村为解决小麦、玉米收获后晾晒问题，购置烘干设备，街道办事处奖励5万元。

2014年，街道党工委、办事处多举措推动企业创新发展。加大资金扶持力度，多渠道为企业提供融资。支持引导企业开展技术创新，研发新技术、新产品、新工艺，促进科技成果转化应用，支持科技创新平台建设及企业与高校、科研院所战略合作；加大研发投入，设立技术研发中心，促进产学研结合，不断提高产品质量和市场占有率，提高企业核心竞争力；积极搭建公共技术信息服务平台，提供科技咨询、市场供求信息等各项服务。

2015年，柳店村委将柳店韭菜经逐级申报，被国家工商总局认定为地理标志商标，街道办事处奖励20万元。对境内蔬菜示范园、专业合作社，养鸡、养猪小区、场户等种养业建设发展，示范带动、环境保护等技术改进提高。对工农业方面的科研成果、发明、技术进步等按政策规定奖励扶持。

2017年，街道党工委、办事处着力推进工业供给侧改革，激发街道工业发展新动能。坚持“先生态、再生活、后生产”理念，坚决淘汰“三高一低”产业，对不符合园区功能定位的落后产能实施搬迁或转产。鼓励扶持新兴、高科技、高成长企业进驻园区，带动园区转型升级，创建成高新科技园区。

第四节 科技成果

从20世纪70年代起，党委、政府对工业、农业等行业加大科研投入，注重培养、引进科技人才，成立实验室，增加实验设施，落实激励扶持政策措施。到2017年，全街道共有129项新产品、新技术、新工艺技术列入国家、省、市、区级科技计划，获得各级政府奖励资金469万元。获得各类科技成果54项，专利技术112项。

齐陵街道科技成果集体获奖情况表

表20-1

时间	项目产品名称	承担单位	获奖称号等级	授予单位
1987	HTV船型浮阀塔盘	山东美陵集团	科技进步三等奖	科技部
1988.12	内衬塑料软管外护圬砼料低压输水管道	齐陵镇水利站	科技成果三等奖	山东省水利厅
1988.12	内衬塑料软管外护圬砼料低压输水管道	齐陵镇水利站	科技进步奖	水利部
1989.5	5T—350型脱粒机	山东美陵集团	市农业技术进步三等奖	淄博市农业技术进步基金会
1989.9	F_1型浮阀	山东美陵集团	市优产品	淄博市经济委员会
1989.9	F1Q-3B型浮阀	山东美陵集团	市优产品	淄博市经济委员会

续表 20-1-1

时间	项目产品名称	承担单位	获奖称号等级	授予单位
1991.6	F_1 型浮阀	山东美陵集团	市科学技术成果奖	淄博市科学技术委员会
1994.11	COT 催化剂	山东美陵集团	市星火计划三等奖	淄博市星火奖评审委员会
1994.12	T 型翅片管重沸器	山东美陵集团	市科学技术进步三等奖	淄博市科学技术进步奖评审委员会
1995	T 型翅片管重沸器	山东美陵集团	省乡镇企业科学技术进步一等奖	山东省乡镇企业局
1995.10	T 型翅片管重沸器	山东美陵集团	市乡镇企业科学技术进步一等奖	淄博市乡镇企业局
1997.9	“美陵”牌双头螺栓	山东美陵集团	质量保证单位	淄博市技术监督局
1997.11	KT 系列空调用离心通风机	山东美陵集团	市科学技术成果奖	淄博市科学技术委员会
1998	KT6-50 № 8.0 空调用离心通风机	山东美陵集团	国家重点新产品	科学技术部
1998.12	折流杆换热器	山东美陵集团	市科学技术进步三等奖	淄博市科学技术进步奖评审委员会
1999.11	SFJ—1 减粘防焦剂	山东美陵集团	市科学技术成果奖	淄博市科学技术委员会
1999.12	KT6-43 № 7.1S 双速空调用离心通风机	山东美陵集团	市科学技术成果奖	淄博市科学技术委员会
2000.7	KT6-43 № 7.1S 双速空调用离心通风机	山东美陵集团	市科学技术进步三等奖	淄博市科学技术进步奖评审委员会
2000.12	SFJ—1 减粘防焦剂	山东美陵集团	市优秀新产品一等奖	淄博市经济委员会
2000.12	SFJ—1 减粘防焦剂	山东美陵集团	省优秀新产品三等奖	山东省经济贸易委员会
2002	“美陵”牌钢结构用高强度大六角螺栓连接副	山东美陵集团	优秀产品奖	上海市紧固件和焊接材料技术研究所
2002	钢结构用扭剪型高强度螺栓连接副	山东美陵集团	优秀产品奖	上海市紧固件和焊接材料技术研究所
2002	石油化工专用紧固件	山东美陵集团	优秀产品奖	上海市紧固件和焊接材料技术研究所
2003.10	波纹管换热器	山东美陵集团	市科学技术进步二等奖	淄博市科学技术进步奖评审委员会
2004.9	外转子后倾翼形离心通风机	山东美陵集团	市科学技术进步二等奖	淄博市科学技术进步奖评审委员会
2005.11	螺旋波纹管换热器	山东美陵集团	市科学技术进步二等奖	淄博市科学技术进步奖评审委员会
2005.11	MLJ—03A 延迟焦化消泡剂	山东美陵集团	市科学技术进步三等奖	淄博市科学技术进步奖评审委员会
2006	钢结构用六角法兰面和大六角扭剪型高强度螺栓连接副	山东美陵集团	市科学技术进步三等奖	淄博市科学技术进步奖评审委员会

续表 20-1-2

时间	项目产品名称	承担单位	获奖称号等级	授予单位
2006	外转子永磁无刷直流电机调速离心通风机	山东美陵集团	市科学技术进步三等奖	淄博市科学技术进步奖评审委员会
2007	HAV_{TH} 浮阀塔盘	山东美陵集团	市科技进步三等奖	淄博市科学技术进步奖评审委员会
2008.6	煤矿地面用防爆抽出式对旋轴流通风机	山东美陵集团	山东省优秀节能成果	山东省人民政府
2008.8	煤矿地面用防爆抽出式对旋轴流通风机	山东美陵集团	淄博市节能优秀成果	淄博市人民政府
2009.2	QBR 技术处理高浓度有机污水的工程应用研究	山东美陵集团	淄博市科技进步三等奖	淄博市人民政府
2009.3	高温用膨胀系数近似奥氏体钢的高强度螺栓连接副	山东美陵集团	中国机械通用零部件工业协会紧固件行业自主创新优秀新产品特等奖	中国机械通用零部件工业
2009.9	钢结构用六角法兰面（大六角）扭剪型高强度螺栓连接副	山东美陵集团	山东省中小企业科技进步一等奖	山东省中小企业办公室
2009.9	双壳程螺旋折流板换热器	山东美陵集团	山东省中小企业科技进步二等奖	山东省中小企业办公室
2009.9	煤矿地面用防爆抽出式（对旋）轴流通风机	山东美陵集团	山东省中小企业科技进步二等奖	山东省中小企业办公室
2009.9	高浓度废水生物强化处理技术—QBR 工艺	山东美陵集团	山东省中小企业科技进步三等奖	山东省中小企业办公室
2009.11	SCV 高效自清洁浮阀塔盘	山东美陵集团	淄博市科技进步三等奖	淄博市人民政府
2010.5	QBF 化工有机废气高效生物处理技术	山东美陵集团	国家重点环境保护实用技术（B 类）	中国环境保护产业协会
2010.7	螺旋波纹管换热器	山东美陵集团	淄博市节能降耗优秀成果	淄博市人民政府
2010.12	SCV 高效自清洁浮阀塔盘	山东美陵集团	山东省 100 项节能减排主推技术和装备	山东省科技厅
2011.2	QBF 废气高效生物处理设备	山东美陵集团	“创意淄博”工业设计大赛“创尔沃热泵杯”机械行业分赛优秀奖	淄博市经济和信息化委员会
2013	NQ12.8-1C 齐昊金丽王	淄博齐昊炉业有限公司	第七届中国节能炉具博览会优秀产品	中国农村能源行业协会节能炉具专业委员会
2014.4	NQ8.0-1C 齐昊红韵采暖炉	淄博齐昊炉业有限公司	第八届节能炉具博览会优秀产品	中国农村能源行业协会节能炉具专业委员会
2014.4	ZB-N 暖阳系列数控采暖炉	淄博柳店炉业有限公司	优秀产品	中国农村能源行业协会
2014.4	CLHS 效能五 II 代数控锅炉	淄博柳店炉业有限公司	优秀产品	中国农村能源行业协会
2014.4	ZB-FB 系列家用采暖炉	淄博柳店炉业有限公司	优秀产品	中国农村能源行业协会

续表 20-1-3

时间	项目产品名称	承担单位	获奖称号等级	授予单位
2015.4	GLSG1.4-85/60-AIII 齐昊蓝奥之星数控环保锅炉	淄博齐昊炉业有限公司	第九届节能炉具博览会优秀产品	中国农村能源行业协会节能炉具专业委员会
2015.4	CLHS 数控锅炉	淄博柳店炉业有限公司	优秀产品	中国农村能源行业协会
2015.4	ZB-FC 系列家用采暖炉	淄博柳店炉业有限公司	优秀产品	中国农村能源行业协会
2016.4	NK17.5-1C 采暖炉	淄博齐昊炉业有限公司	"兰炭专用采暖炉设计大赛"创新奖	中国农村能源行业协会节能炉具专业委员会
2017.4	CLHS0.06MW 齐昊立式燃油（汽）常压热水锅炉	淄博齐昊炉业有限公司	第十一届中国节能炉具博览会创新产品奖	中国农村能源行业协会节能炉具专业委员会
2017.4	NQ12.8KW 烟煤无烟化燃烧采暖炉	淄博齐昊炉业有限公司	第十一届中国节能炉具博览会优秀产品	中国农村能源行业协会节能炉具专业委员会

齐陵街道集体及个人专利权情况表

表 20-2

专利权人	专利名称	专利类型	申请时间	专利号	授权时间
刘志海	出水阀	实用新型	1991.3.16	91211334.0	1992.6.17
刘洪旭	中耕作物精密播种机排种施肥机构	实用新型	1992.5.30	ZL92211986.4	1993.2.21
刘洪旭	双向犁液压控制合墒器	实用新型	2000.3.22	ZL00213788.7	2000.11.18
山东美陵集团	大型外转子后倾翼型叶片风机	外观设计	2003.3.19	ZL 03312629.1	2003.9.24
山东美陵集团	轴流风机叶轮焊接固定装置	实用新型	2006.6.20	ZL 200620085963.7	2007.6.20
山东美陵集团	焦化分馏塔高效组合塔板	实用新型	2006.6.20	ZL200620085962.2	2007.6.27
山东美陵集团	改进的浮阀塔板	实用新型	2006.6.20	ZL200620085964.1	2007.7.11
山东美陵集团	外转子永磁无刷直流电机调速离心通风机	实用新型	2006.6.20	ZL 200620085961.8	2007.7.11
山东美陵集团	锥形翅片冷凝管	实用新型	2008.7.12	ZL200820025653.5	2009.5.13
山东美陵集团	高效冷凝管	实用新型	2008.7.25	ZL200820026278.6	2009.7.1
山东美陵集团	旋流出气高效曝气头	实用新型	2008.9.13	ZL 200820188232.4	2009.7.29
山东美陵集团	非对称型双壳程换热器	实用新型	2008.9.13	ZL200820188233.9	2009.8.19
山东美陵集团	碱渣废水生物处理设备	实用新型	2008.9.26	ZL 200820172098.9	2009.7.29
山东美陵集团	高浓度废水生物净化成套设备	实用新型	2008.11.21	ZL 200820226365.6	2009.9.2
山东美陵集团	高效生物处理焦化废水装置	实用新型	2008.11.21	ZL 200820226366.0	2009.9.2
山东美陵集团	恶臭气体生物净化成套设备	实用新型	2008.11.21	ZL 200820226367.5	2009.9.30
山东美陵集团	工业有机废气生物净化成套设备	实用新型	2008.11.21	ZL 200820226368.X	2009.9.30
山东美陵集团	偏心折流板换热器	实用新型	2009.4.28	ZL200920030149.9	2010.4.28
山东美陵集团	通风机蜗壳背板联合角开缝机	实用新型	2009.5.8	ZL 200920024952.1	2010.2.3

续表 20-2-1

专利权人	专利名称	专利类型	申请时间	专利号	授权时间
山东美陵集团	矿用节能轴流通风机导流体	实用新型	2009.5.8	ZL 200920024951.7	2010.3.17
山东美陵集团	插接一体式双壳程换热器	实用新型	2009.9.22	ZL200920227152.X	2010.5.19
山东美陵集团	高浓度含酚废水处理装置	实用新型	2009.11.20	ZL 200920281619.9	2010.8.18
山东美陵集团	污水厂污泥处理装置	实用新型	2009.11.20	ZL 200920281618.4	2010.8.18
山东美陵集团	带式污泥浓缩脱水一体机	实用新型	2009.11.20	ZL 200920281616.5	2010.8.18
山东美陵集团	自调孔隙立毛氏污泥脱水机	实用新型	2009.11.20	ZL 200920281615.0	2010.8.18
山东美陵集团	处理 COD 及氨氮含量高的污水的装置	实用新型	2009.11.20	ZL 200920281617.X	2010.8.25
山东美陵集团	低速推流搅拌机	实用新型	2009.11.25	ZL 200920282079.6	2010.8.25
山东美陵集团	双倾斜折流板立式冷凝器	实用新型	2009.12.4	ZL200920280432.7	2010.8.25
山东美陵集团	安全可靠的管壳式换热器	实用新型	2010.5.11	ZL201020184950.1	2011.1.12
山东美陵集团	前向通风机叶轮边盘旋压、车胎具	实用新型	2010.5.18	ZL201020193527.8	2011.1.12
山东美陵集团	臭氧氧化工艺在焦化废水处理中的应用装置	实用新型	2011.4.29	ZL 201120133445.9	2011.9.28
山东美陵集团	化工废气生物净化装置	实用新型	2011.4.29	ZL 201120133310.2	2012.1.11
山东美陵集团	数控卧式辗环机用成型辗环装置	实用新型	2011.5.23	ZL201120165712.0	2012.1.11
山东美陵集团	加长螺栓热镦成型模具	实用新型	2011.5.23	ZL201120167525.6	2012.1.11
山东美陵集团	螺栓 R 弧冷滚压强化装置	实用新型	2011.9.20	ZL201120352479.7	2012.5.30
山东美陵集团	折面折流板换热器	实用新型	2011.9.21	ZL201120355367.7	2012.5.30
山东美陵集团	高颈台阶环形件辗环装置	实用新型	2012.4.13	ZL201220157244.7	2012.11.28
山东美陵集团	通风机进风口旋压成型装置	实用新型	2012.4.13	ZL201220153803.7	2012.11.28
山东美陵集团	防管束振动的换热器	实用新型	2012.4.20	ZL201220170935.0	2012.11.7
山东美陵集团	防管束振动的重沸器	实用新型	2012.4.20	ZL201220171947.5	2012.11.7
山东美陵集团	用于冲床上的螺栓倒缩径装置	实用新型	2012.5.14	ZL201220213439.9	2012.11.28
山东美陵集团	折流圈加工工装	实用新型	2012.5.31	ZL201220250800.5	2013.1.16
山东美陵集团	螺母热镦成型工装	实用新型	2012.8.13	ZL201220442705.5	2013.3.20
山东美陵集团	铣边机的铣削装置	实用新型	2012.9.17	ZL201220473483.3	2013.3.27
山东美陵集团	含络合铜离子废水处理系统	实用新型	2012.9.25	ZL201220494286.X	2013.4.14
山东美陵集团	纸机烘缸用吹贯蒸汽控制系统	实用新型	2012.9.25	ZL201220493151.1	2013.4.24
山东美陵集团	具有湿润剂加料器的高压喷雾装置	实用新型	2012.9.25	ZL201220493139.0	2013.4.24
山东美陵集团	含络合铜离子废水处理装置	实用新型	2012.9.25	ZL201220494824.5	2013.4.24
山东美陵集团	基于脂肪胺和脂肪酸废水处理装置	实用新型	2012.9.25	ZL201220493132.9	2013.4.24
山东美陵集团	高效射流曝气器	实用新型	2012.9.25	ZL201220494265.8	2013.4.24

续表 20-2-2

专利权人	专利名称	专利类型	申请时间	专利号	授权时间
山东美陵集团	立式碾环机用环形件辗环成型组合装置	实用新型	2013.4.7	ZL 201320167196.4	2013.9.11
山东美陵集团	用于螺柱打印的工装	实用新型	2013.5.24	ZL201320292692.2	2013.11.6
山东美陵集团	U 形管换热器管束弯管段的防震装置	实用新型	2013.6.4	ZL201320315988.1	2013.12.11
山东美陵集团	盘类铸件变径流线型浇注装置	实用新型	2013.6.8	ZL201320331313.6	2013.11.27
山东美陵集团	铸造用隔热装置	实用新型	2013.6.8	ZL201320332482.1	2013.12.4
山东美陵集团	铸造工艺	发明	2013.6.8	ZL201310228396.0	2015.4.8
山东美陵集团	卧式管壳式冷凝器	实用新型	2013.6.20	ZL201320357313.3	2014.2.12
山东美陵集团	浮头换热器管束打压装置	实用新型	2013.6.26	ZL 201320369896.1	2013.12.18
山东美陵集团	油浆蒸汽发生器	实用新型	2013.6.27	ZL201320378031.1	2014.2.12
山东美陵集团	油浆蒸汽发生器	发明	2013.6.27	ZL201310264558.6	2015.4.8
山东美陵集团	锥形翅片冷凝管的轧制装置	实用新型	2013.7.2	ZL201320390164.0	2013.12.11
山东美陵集团	锥形翅片冷凝管的轧制方法	发明	2013.7.2	ZL201310275631.X	2014.12.3
山东美陵集团	换热器管头外伸尺寸及管板倒角自检工具	实用新型	2013.7.19	ZL201320430257.1	2013.12.18
山东美陵集团	圆形工件的吊装工具	实用新型	2013.7.19	ZL201320428677.6	2013.12.18
山东美陵集团	换热器换热管束防冲装置	实用新型	2013.7.19	ZL201320430311.2	2014.3.5
山东美陵集团	SNCR 模块化氮氧化物烟气处理装置	实用新型	2013.7.22	ZL201320436481.1	2013.12.25
山东美陵集团	利用皂化废水处理二氧化硫烟气的装置	实用新型	2013.7.22	ZL201320436484.5	2013.12.25
山东美陵集团	高效节能曝气装置	实用新型	2013.11.30	ZL201320779323.6	2014.5.7
山东美陵集团	固定管板式弹簧管换热器	实用新型	2013.12.27	ZL201320877693.3	2014.6.25
山东美陵集团	铸件清理装置	实用新型	2014.2.27	ZL201420087524.4	2014.7.9
山东美陵集团	铸件清理方法及装置	发明	2014.2.27	ZL201410070022.5	2016.6.1
山东美陵集团	支架类铸件变形矫正处理装置	实用新型	2014.4.28	ZL201420213260.2	2014.12.10
山东美陵集团	前向多翼离心通风机叶轮铆合挤压装置	实用新型	2014.6.9	ZL201420304027.5	2014.10.15
山东美陵集团	螺栓螺柱下料工装	实用新型	2014.6.18	ZL201420325560.X	2014.11.26
山东美陵集团	换热管管束固定装置	实用新型	2014.6.27	ZL201420350839.3	2014.12.10
山东美陵集团	管子主传动的螺旋型强化管轧制装置	实用新型	2014.7.28	ZL201420419003.4	2014.11.26
山东美陵集团	换热管管端的切割打磨装置	实用新型	2014.7.28	ZL201420419025.0	2014.11.26
山东美陵集团	湍流强电除尘装置	实用新型	2014.11.25	ZL201420717129.X	2015.4.22
山东美陵集团	套管壳式换热器	实用新型	2014.12.18	ZL201420811391.0	2015.6.17
山东美陵集团	利用锅炉烟气余热干化造纸污泥的设备	实用新型	2014.12.29	ZL201420851288.9	2015.5.27
齐昊炉业	采暖炉（金丽王升级版）	外观设计	2015.3.28	ZL201530077733.0	2015.8.19

续表 20-2-3

专利权人	专利名称	专利类型	申请时间	专利号	授权时间
齐昊炉业	采暖炉（红韵）	外观设计	2015.3.28	ZL201530077732.6	2015.8.19
山东美陵集团	清理打磨副钳体类铸件固定装置	实用新型	2015.4.28	ZL201520264855.5	2015.8.19
山东美陵集团	焊接旋转平台	实用新型	2015.5.7	ZL201520291320.7	2015.9.16
山东美陵集团	锥形内孔环类辗环锻件用马架	实用新型	2015.6.3	ZL201520377241.8	2015.10.7
山东美陵集团	套管浮动式蒸发汽化装置	实用新型	2015.6.24	ZL201520440147.2	2015.10.28
山东美陵集团	组合式喷射折流板换热器	实用新型	2015.6.29	ZL201520452634.0	2015.11.4
山东美陵集团	汽车制动支架类铸件垂直线浇铸系统	实用新型	2015.7.13	ZL201520505906.9	2015.10.28
山东美陵集团	埋弧焊焊剂回收装置	实用新型	2015.7.8	ZL201520490022.0	2015.10.28
刘国伟	高效节能离心制砂机	实用新型	2015.7.29	201520560881.2	2016.2.24
山东美陵集团	径向列管式换热器	实用新型	2015.8.24	ZL201520643053.5	2016.2.10
山东美陵集团	螺栓螺母装配装置以及螺栓螺母装配包装系统	实用新型	2015.10.14	ZL201520794025.3	2016.4.6
山东美陵集团	污泥高压干化焚烧处理系统	实用新型	2015.12.31	ZL201521140321.8	2016.5.25
山东美陵集团	过滤式静电除尘器	实用新型	2015.12.31	ZL201521140277.0	2016.6.1
山东美陵集团	中模套内外辗制装置	实用新型	2016.5.6	ZL201620413367.0	2016.9.28
山东美陵集团	螺母半自动打钢印工装	实用新型	2016.7.4	ZL 201620701425.X	2016.11.30
山东美陵集团	无砂芯生产汽车制动钳支架型板	实用新型	2016.7.11	ZL201620722073.6	2016.11.30
山东美陵集团	汽车制动底板类铸件自动下冷铁装置	实用新型	2016.7.11	ZL 201620725880.3	2016.11.30
山东美陵集团	汽车制动底板类铸件自动下冷铁装置以及铸件加工方法	发明	2016.7.11	ZL20161053459.8	2017.11.9
山东美陵集团	滚轮架	实用新型	2016.8.19	ZL201620909659.3	2017.2.8
山东美陵集团	钢板网折流板及换热器	实用新型	2016.8.26	ZL201620954329.6	2017.4.12
山东美陵集团	湿式静电除尘器	实用新型	2016.11.30	ZL201621304282.5	2017.6.16
山东美陵集团	新型曝气装置	实用新型	2016.11.30	ZL201621304302.9	2017.6.16
山东美陵集团	一体化旋转型蓄热式燃烧装置	实用新型	2016.11.30	ZL201621304275.5	2017.6.16
山东美陵集团	曝气装置	实用新型	2017.4.26	ZL201720450980.4	2017.12.8
山东美陵集团	活性污泥过滤生化反应器	实用新型	2017.5.9	ZL 201720510523.X	2017.12.5
山东美陵集团	污泥干化处理装置	实用新型	2017.5.10	ZL201720518594.4	2017.12.26
山东美陵集团	超级双相不锈钢管束焊接气体保护装置	实用新型	2017.5.12	ZL201720537195.2	2017.12.1
山东美陵集团	支架铸件混合浇注装置	实用新型	2017.5.16	ZL201720543120.5	2017.12.8
山东美陵集团	高密度沉淀处理系统	实用新型	2017.5.19	ZL201720566000.7	2017.12.8
山东美陵集团	高效立式列管冷凝器	实用新型	2017.7.12	ZL201720846215.4	2017.12.22

·第二十一篇·

卫生 体育

齐陵卫生院开展医疗下乡活动 （2016 年 摄）

齐陵卫生院到齐陵街道中心幼儿园开展预防手足口病服务　　（2009 年 摄）

齐陵二中举办秋季运动会　　（2018 年 摄）

临淄是战国时期“齐派医学”的发祥地。受其影响，齐陵历史上出现过很多民间医人，为人民大众的健康发挥了积极作用。至1049年，境内有药房、诊所15处，医生20余人。由于历史条件的限制，旧中国卫生事业发展缓慢，许多疾病和传染病难以得到控制和有效治疗。

新中国成立后，党和政府高度重视人民健康，卫生事业得到迅速发展。1953—1955年，境内相继组建起6处联合诊所，开始推行新法接生和防治各种传染病。1959年，齐陵公社卫生院成立。1964年开始，各大队相继成立卫生室。进入20世纪80年代，卫生组织逐渐健全，增置医疗设备，医疗水平不断提高，各种传染病得到有效控制。1996年，被评为市级卫生乡镇。1998年，齐陵卫生院被卫生部评为“爱婴卫生院”。2004年，实行新型农村合作医疗。2009年，为全街道居民建立健康档案，加强对慢性病防治及孕产妇儿童的管理。2014年，农村合作医疗与城镇医保并轨，改为城镇居民医保。2016年，重新修订《齐陵街道突发公共卫生事件应急预案》，建立起政府主导、社会参与、预防为主、常备不懈、快速反应、依法处置、群专结合、科学防控的长效机制。

明清以来，受尚武传统影响，境内习武之风日渐盛行。查拳、形意拳、少林拳、太极拳及刀、剑、鞭、棍等各行习武爱好者遍及不少村庄，有的传承至今。

新中国成立后，境内体育事业得以健康发展。20世纪五六十年代，篮球、乒乓球等体育项目，很快在学校、村庄发展起来。每到冬季，人武部门组织全体基干民兵集中进行军体训练。学校体育按照《中小学体育暂行规定》将“两操、两课、两活动”纳入教学常规。体育设施建设、师资力量配备日趋规范。

1989年，按照区委区政府争创高标准“全国体育先进县”和齐陵镇争创“省级体育先进乡镇”目标，全面贯彻落实《全民健身计划纲要》，加快体育设施建设步伐，全镇体育健身活动全面开展。1990年，齐陵镇被省政府授予“省级体育先进乡镇”荣誉称号。随着农村经济发展和新农村建设中广大群众需求，至2015年，全街道各村居全部建成体育健身广场，体育设施配套齐全。2017年建设的蹴鞠小镇和国际足球学校，为齐陵体育事业提供了高端发展平台。

第一章　卫　生

第一节　机　构

行政机构

新中国成立前，境内未设专门卫生行政机构，卫生工作由县政府统一管理。新中国成立后，20世纪50年代，卫生行政工作由临淄县第六区文教助理员负责。1958年，人民公社成立，由一名副社长兼管卫生工作。1959年，公社卫生院成立后，代行卫生工作的部分职能，开展医疗、卫生防疫、妇幼保健等工作，并负责对卫生室和乡村医生的管理。1984年4月始，由一名副镇长分管。1993年8月，卫生工作由镇政府科教文卫委员会负责。2005年5月，齐陵街道办事处成立食品药品质量监督协管站。2014年，成立临淄区齐陵食品药品监督管理所，对食品药品、医疗器械的经营、使用单位进行监督管理。

医疗单位

新中国成立后，先后成立6处联合诊所。1959年成立公社卫生院。1964年始，各大队相继成立卫生室。初步形成覆盖全境的医疗卫生工作网络。

个体私营与联合诊所　新中国成立前，老百姓看病吃药，只能依靠个体医生和私营药房。到1949年，境内淄河店、北山庄、刘家终村、杨家齐陵、王家齐陵、北苑庄、宋家庄、刘家营、望寺庄、小交流等村，共有旧式中药房 14 处，西医诊所 1 处，中西医医生共 20 余人。

1953—1955 年，在县卫生科的指导帮助下，境内民间医生和私营药房自筹资金，自愿结合，组建淄河、王齐、宋家、望寺、终村、高家 6 处联合诊所。共有卫生工作人员 39 人，担负着境内广大人民群众的卫生保健和防疫工作。1970 年前后相继撤并。

新中国成立前齐陵境内药店、诊所及医生情况表

表 21-1

名称	地址	开办时间	开办人	医生姓名	停办或转走时间
种德堂药店	淄河店	清乾隆年间	任崇德	任甫田	1954 年加入联合诊所
口疮药	聂仙庄	清道光年间	任　汶	任元本	传承至今
西医诊所	西龙池	1901 年	苑华芳	苑华芳	1905 年迁博山
中医	淄河店	清朝末年	贾云安	贾思敬	1954 年加入联合诊所
徐氏膏药	淄河店	清朝末年	徐朋来	徐荣华	传承至今
中药铺	杨家齐陵	清朝末年	赵义芳	赵义芳　赵金铎	1954 年加入联合诊所
中医	王家齐陵	清朝末年	贾良时	贾良时	1942 年停医
中医	刘家终村	清末民初	李世祯	李云桐	1954 年加入联合诊所
中药铺	王家齐陵	民国初年	李方朴	李方朴	1958 年停办
中药铺	王家齐陵	民国初年	吴德亭	—	1950 年停办
中药铺	王家齐陵	民国初年	贾永宝	—	1950 年停办
中医	王家齐陵	民国初年	李培兴	李培兴	1953 年停医
中药铺	刘家营	民国初年	刘茂堂	—	1954 年合并到联合诊所
中医	刘家营	民国初年	刘义昌	刘义昌	1960 年停医
中药铺	宋家庄	民国初年	于敬秋	于敬秋	1954 年加入联合诊所
中药铺	宋家庄	民国初年	于友荣	于友荣	1954 年加入联合诊所
中药铺	宋家庄	民国初年	刘明书	刘明书	1949 年停办
中医	毛家庄	1934 年	杨世泰	杨世泰	1995 年停医
中医	望寺庄	民国中期	钟笃厚	钟笃厚	1962 年停医
中医	望寺庄	民国中期	贾致和	贾致和	传承至今
中医	小交流	民国中期	宋执清	宋执清	传承至今
中药铺	高家孝陵	1940 年	于澄浦	—	1948 年停办
西医诊所	北苑庄	1944 年	贾荣符	贾荣符	1955 年加入联合诊所
人德堂药店	北山庄	1945 年	李光临	李光临	1954 年加入联合诊所
中医	吕家孝陵	1945 年	吕善敬	吕善敬	1987 年停医
中药铺	北苑庄	1946 年	贾竹泉	贾竹泉	1955 年加入联合诊所
中药铺	朱家庄	民国末年	王世贵	王世贵	1975 年停办

20 世纪 50 年代齐陵境内联合诊所组建情况表

表 21-2　　单位：元

名称	人数	成立时间	资金	负责人	所在村	医疗性质
王齐联合诊所	5	1953	800	贾荣符	王家齐陵	中西医
终村联合诊所	5	1953	700	刘彦祥	齐家终村	中西医
宋家联合诊所	6	1954	600	于敬秋	宋家庄	中西医
淄河联合诊所	12	1954	800	李光临	淄河店	中西医
望寺联合诊所	5	1954	500	于友荣	望寺庄	中西医
高家联合诊所	6	1955	600	韩允祥	高家孝陵	中西医

齐陵卫生院

1959 年，按照山东省卫生厅关于公社建立卫生院的指示，齐陵公社在淄河联合诊所的基础上扩大组建齐陵公社卫生院，编制为集体所有制单位，院址在淄河大队。有房屋 10 间，职工 16 人，病床 16 张。设有门诊，中西医科。主要进行一般常见病的诊治、住院治疗，外科能进行简单的清创包扎。1962 年，增设防疫专职人员，具体负责全公社卫生防疫工作。1964 年，卫生院迁至现址，新建门诊平房 12 间，病房 12 间，设病床 20 张，主要科室为内科、外科、妇产科、中医科、防疫科，医院职工 26 人。外科能处理一般的清创，缝合包扎。1964 年始，卫生院为每个大队培训 1～2 名卫生员。1976 年，购进先进医疗设备 X 光机一台，进一步提高了医疗诊断水平。

1978 年，根据区卫生局意见，在市精神病院指导协助下，建立精神病科，设病床 15 张，专职精神病科医生 2 人，护士 2 人。1984 年，建设精神病房 13 间，医师增加到 3 人，护士 5 人。基本解决区内精神病人住院难的问题。同年，公社卫生院更名为齐陵镇卫生院，医院职工 32 人。1985 年和 1987 年，被评为全区卫生系统先进单位。1987 年，开设气管炎门诊。获卫生防疫工作单项第一名。1990 年，扩建精神病房，病房增至 24 间，病床 30 张，增加精神病治疗设备。1991 年 7 月 23 日，区政府批准齐陵镇卫生院加挂“临淄区精神病防治院”牌，其单位性质及隶属关系不变。至 1991 年，多次被评为区级文明和先进单位，4 次被评为市级精神病防治工作先进单位。1992 年，全院有职工 39 人，病床 80 张，其中精神病床 50 张，综合病床 30 张。1994 年，开始职业资格管理，护士考取职业证书。

1996 年 9 月，投资 76.61 万元，建成面积 1270 平方米的门诊楼。12 月，投资 158.98 万元，建成面积 2288 平方米的精神病房楼。卫生院增设检验科，对血、尿、粪便三大常规、血液流变进行检验。并重点提升外科手术水平。1998 年 10 月，投资 56.17 万元，建起面积 1660 平方米的职工宿舍楼。12 月，齐陵镇卫生院被卫生部评为“爱婴卫生院”。

2004 年，开始推行新型农村合作医疗。2006 年 5 月，被区政府表彰为新型合作医疗工

齐陵卫生院门诊楼　（2017 年摄）

临淄温馨阳光家园医务人员带领精神残疾人做操 （2017 年 摄）

作先进集体。2007 年，卫生院先后在王齐村、东龙池、齐家终村、东刘家、薛家村、太平村等村设立直属卫生室，方便群众就医。2009 年 3 月，被淄博市人民政府授予市文明单位称号。6 月，设立公共卫生科，抽调医务人员深入村庄社区，开展公共卫生服务。10 月，精神病防治院开始对全区精神残疾人办理伤残鉴定。2010 年 3 月 15 日，实行国家基本药物制度，医院药品取消加成，实行零利润销售。11 月 9 日，卫生院通过市级示范乡镇卫生院验收。

2011 年，投资 277.32 万元，扩建门诊楼 1003 平方米，改扩建病房楼 1750 平方米。9 月，医疗机构体制改革，实行定编定岗，竞争上岗。2013 年，成立胸痛中心。12 月，在市卫生局对各区县考核中，获公共卫生工作全市第二名。2014 年起，农村合作医疗与城镇医保并轨，改为城镇居民医保。2016 年 9 月 9 日，获临淄区基层岗位练兵和技能竞赛团体第一名；26 日，获淄博市基层岗位练兵和技能竞赛团体第一名；10 月 24—25 日，获山东省基层岗位练兵和技能竞赛团体第八名。2016 年，投资 70 余万元，实现区热力公司统一供暖。

2017 年，全院共有职工 50 人。其中，具有执业医师资格的 25 人，护士执业资格的 15 人，检验专业毕业 2 人。高级职称 2 人，中级职称 18 人；综合病床 40 张，年门诊量 3.5 万人次。

历任院长：

李光临　韩允祥　于锡藻　吴化忠
刘益振　李金科　孙家君　杨建民
李世新　郭方吉　李晓东　王文亮

临淄温馨阳光家园

齐陵卫生院另一职能是临淄区唯一的精神卫生防治机构，承担着全区精神卫生防治工作。精神病科设立于 1978 年，在治疗精神分裂症、狂躁症、抑郁症、癔症、神经官能症等方面有独到之处。2011 年 11 月 9 日，在卫生院原精神科基础上，申请成立“临淄温馨阳光家园”，旨在对全区重性精神残疾人实行多元化、专业化的托养服务，以帮助重性精神残疾人的治疗康复，减轻对社会和他人的危害。

建园后，不断改善硬件设施，增购服务设备，改扩建康复活动中心。园内设男女 2 个病区，开放床位 60 张。根据病人需求，设有 4 人、3 人、2 人、单间等不同病房，都安装了监控和音响系统。设有棋牌室、图书室、体育活动室、功能锻炼室、娱乐室、篮球场、乒乓球场、户外锻炼器等设施。购置各种桌台、橱柜、康复器材 20 余组件，安装餐厅空调、走廊壁扇、监控探头、饮水净化器、即热式热水器、电视、音响系统；购置床头橱、储物柜，统一免费提供病员服，餐具、卫生洁具、洗化用品；改造加固病区防盗保险门，改扩建病房增加床位，更换新被服。

医护人员先后到省、市级精神卫生专业机构进修学习，采用心理咨询、心理治疗、药物治疗、体育治疗、音乐治疗、暗示治疗、工作治疗、学习治疗、人际互动训练、社会实践等多种方法，为托养精神残疾人进行康复治疗。定期或不定期免费发放水果点心等，让在园的重性精神病人享受到家一样的温暖，尽享温馨、周到的康复服务。

温馨阳光家园年门诊接诊 6000 余人次，常年在院治疗的 40 余人次，免费门诊服药 40 余人次，对持有精神残疾证、低保证的重性精神残疾人实行免费住院治疗。切实有效的减轻病患家庭的经济负担，让患者花最少的钱，就能享受到有效、便捷、温馨的治疗康复服务。实现社会和家庭双和谐，促进全区精神卫生事业的发展，得到市残联的肯定。2013 年，被市残联表彰为优秀残疾人托养机构。

2017 年，园内有医护人员 15 人。其中中级职称 7 人，具有国家二级心理咨询师资格 5 人。

齐陵街道标准化卫生室建设（2017 年 摄）

村卫生室

1954 年，临淄县卫生科按当时标准在小交流村设立临淄县第一个村级卫生室。由外出学西医归来的宋玉桐任卫生员，结合祖传中医药理与现代西医方法，进行输液治疗，体表肿瘤切除及牙科诊治，担负着该村及周边群众的预防保健工作。

1955 年，实现农业合作化。每社设一名保健员，配备一个保健箱，装有红药水、紫药水、十滴水、仁丹、药棉、纱布等，农忙时带到田间、场院以备急用。1964 年，各大队相继成立卫生室，公社卫生院为每个大队培训 1 ～ 2 名卫生员，担负大队卫生保健和防疫工作。文化大革命期间，卫生员被称为“赤脚医生”，卫生院定期对其进行培训和指导。

1982 年，农村医疗体制转为个体经营，“赤脚医生”自负盈亏。1988 年，卫生院对 37 个卫生室进行全面整顿，有 29 个达到甲级卫生室标准，“赤脚医生”改称乡村医生。1990 年，王齐村卫生室被山东省卫生厅表彰为先进行政村卫生室。1995 年，农村甲级卫生室达到 35 处，占卫生室总数的 95%。

1997 年 5 月至 2010 年，农村卫生室实行一体化管理，乡村医生统一缴纳养老保险金。2010 年，卫生院投资 17 万元，对 17 处乡村卫生室进行改造提升，面积均达 80 平方米以上，四室分开，布局合理。同年 10 月，全部通过省级标准化卫生室验收。2013 年 8 月，区卫生局制定村卫生室一体化管理制度，实施考核细则及村卫生室绩效考核办法，对卫生室实行规范化管理，每月督导、每季度考核，及时核算卫生室收入，发放基本医疗服务补贴，卫生室工作取得长足进步和发展。

2015 年，国家对年满 60 周岁的乡村医生实行退休制度，按工龄每年 20 元的补助标准对乡村医生进行退休补贴，按月发放。2017 年，全街道共有村卫生室 31 所。

2017 年齐陵街道村卫生室情况一览表

表 21-3

序号	名 称	地 址	负责人	执业许可项目
1	北山东村卫生室	北山东村	刘　涛	预防保健、全科医疗
2	北山西村卫生室	北山西村	王延芸	预防保健、全科医疗
3	北苑村卫生室	北苑村	贾月菊	预防保健、全科医疗
4	东龙池村卫生室	东龙池村	刘　凡	预防保健、全科医疗
5	付辛村卫生室	付辛村	冯建磊	预防保健、全科医疗
6	高家孝陵村卫生室	高家孝陵村	王　玲	预防保健、全科医疗

续表 21-3

序号	名 称	地 址	负责人	执业许可项目
7	后丁村卫生室	后丁村	刘永廷	预防保健、全科医疗
8	老刘家村卫生室	老刘家村	刘海滨	预防保健、全科医疗－中医
9	梁家终村卫生室	梁家终村	代广杰	预防保健、全科医疗
10	刘家终村卫生室	刘家终村	刘玉璋	预防保健、全科医疗
11	刘营村卫生室	刘营村	刘英强	预防保健、全科医疗－中医
12	吕家孝陵村卫生室	吕家孝陵村	吕永生	预防保健、全科医疗
13	南齐村卫生室	南齐村	王成成	预防保健、全科医疗
14	南山村卫生室	南山村	刘 涛	预防保健、全科医疗
15	聂仙村卫生室	聂仙村	李宝玉	预防保健、全科医疗－中医
16	齐家终村卫生室	齐家终村	孙东琳	预防保健、全科医疗
17	前李村卫生室	前李村	霍 珍	预防保健、全科医疗
18	石庙村卫生室	石庙村	韩春玲	预防保健、全科医疗
19	宋家村卫生室	宋家村	刘 刚	预防保健、全科医疗
20	太平村卫生室	太平村	徐良明	预防保健、全科医疗
21	王齐村卫生室	王齐村	贾淑娟	预防保健、全科医疗
22	望寺村卫生室	望寺村	黄月明	预防保健、全科医疗
23	西龙池村卫生室	西龙池村	于爱兰	预防保健、全科医疗
24	小交流村卫生室	小交流村	王锡谦	预防保健、全科医疗
25	薛家村卫生室	薛家村	王秀云	预防保健、全科医疗
26	杨东村卫生室	杨东村	李 珍	预防保健、全科医疗
27	杨西村卫生室	杨西村	赵永庆	预防保健、全科医疗－中医
28	郑家村卫生室	郑家村	高慧琴	预防保健、全科医疗－中医
29	朱家村卫生室	朱家村	周秋芬	预防保健、全科医疗
30	驻佛村卫生室	驻佛村	孙丽华	预防保健、全科医疗
31	淄河村卫生室	淄河村	孟凡萍	预防保健、全科医疗

第二节 医 疗

医疗队伍

新中国成立初期，境内有中医 19 人，西医 1 人。以坐堂行医和受请入户诊治病人方式服务于民间。1953—1955 年，先后组建 6 处联合诊所，共有医生、学徒、司药 39 人。1959 年，成立齐陵公社卫生院，全院职工 16 人。1962 年，调整充实联合诊所，每所 5～7 人，并配备助产士，进村入户为产妇新法接生。1965 年，高家联合诊所合并到公社卫生院，医院职工为 26 人。

1968 年，大队卫生员被称为“赤脚医生”，全社共有赤脚医生 43 人。1978 年，卫生院设立精神病科，配专职医生 2 人，护士 2 人。至 1984 年，医生增至 3 人，护士 5 人。同年，公社卫生院改称齐陵镇卫生院，共有职工 32 人。1992 年，全院职工 39 人，其中卫生技术人员 32 人，包括主治医师 2 人、医师 10 人、药剂师 2 人、护师 2 人、医士 6 人、护士 8 人，其他卫生技术人员 2 人、行政人员 7 人。1997 年，乡村卫生室实行一体化管理，全镇乡村医生共 51 人。2013 年，与区级医院协作成立远程心电图、医学检验、胸痛中心，使患者就近即可享受到上级专家的诊疗服务。2017 年，卫生院共有职工 50 人。其中专业技术人员 50 人，包括副高级职称 2 人、中级职称 18 人、初级职称 30 人。农村卫生室 31 所，乡村医生 44 人。

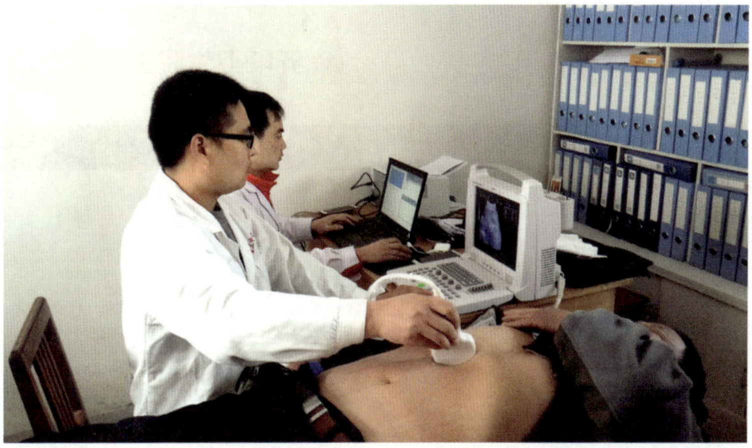

齐陵卫生院先进医疗设备　（2016 年摄）

医疗设备

20 世纪 50 年代前期，中医诊断多采用望、闻、问、切四诊法，设备只有中药橱柜、钱秤、药碾子及药杵、药臼等。西医有简单的药橱、药箱、消毒工具及简易手术刀、剪和缝合器材。1955 年后，随着诊所的不断扩展，设备有所增加。到 60 年代，各大队卫生室建立，除配备房室、橱柜、桌椅、床位外，还配有听诊器、体温表及输液设备，以后又配备了高压消毒锅等。

2010 年，建成 17 处标准化卫生室，每所卫生室统一配备病床 4 ～ 5 张，新式药橱、桌、椅、床单、被罩、氧气瓶等，2012 年后，相继配备电脑、打字机、身高体重计等，2016 年，又配备了彩电、冰箱、喷雾器等设备。

齐陵卫生院成立初期，仅有平房 10 间、病床 16 张，医疗设备简陋，只有听诊器、血压计、体温表、注射器、高压消毒锅、小型手术刀、缝合针等。1964 年，卫生院迁到现址时，有门诊 12 间、病房 12 间、病床 20 张，新添手术刀、止血钳等。1976 年，在区卫生有关部门的协调下，购进 X 光机 1 台。1981 年，购进第一台心电图机。1984 年，购置 B 超 1 台。1994 年，设检验科，添置了化验设备。对三大常规，血液流变进行检验。1996 年，新建门诊楼 1270 平方米，精神病房楼 2288 平方米。1998 年，配备麻醉机、心电监护仪、血球计数仪、尿液分析仪。2005 年，购进多参数监护仪、多功能麻醉机、十二导同步多功能心电图分析系统及脑地形图机。至 2007 年，有开放床位 40 张，另外还配备电休克治疗机、自动洗胃机、微波治疗机、生化分析仪等系列现代化设备。2011 年，扩建门诊楼 1003 平方米，改建精神病房楼 1750 平方米。申请建成“临淄温馨阳光家园”，并添置多套所需设备。2013 年 7 月，购进第一台彩超。12 月，投资 10 万元建立起标准数字化接种门诊。2015 年，投资 10 万元建成“健康小屋”自动化健康查体中心。2016 年，投资 5 万元完成“国医堂”标准化建设。10 月，区卫生局招标采购 13 万元中医设备，全部投入使用，开展中医中药、针灸、理疗、针刀、蜡疗、三伏（九）贴、中医督灸等中医特色服务，提高了中医诊疗水平。

齐陵卫生院主要医疗设备一览表

表 21-4　　　　单位：元

序号	名称	型 号	数量	购置时间	价格
1	显微镜	普通，双目	1	1991.3	1296
2	50MAX 光机	XD6-1.13	1	2003.5	20000
3	电动吸引器	TYB.DX3010.09 型膜式	2	2003.6	2560
4	脑电地形图	MECG-201	1	2005.12	26000
5	1127 资产 X 光机	XHX260A	1	2008.1	161600
6	血球仪	优利特	1	2009.3	36000
7	心电图机	中联	5	2009.8	17500
8	尿液分析仪	优利特 180	1	2011.3	18000
9	心理 CT	V6.8	1	2012.11	30000
10	全自动生化分析仪	新科卓越 400	1	2013.8	245000
11	心电监护	—	1	2014.7	15000
12	彩超机	—	1	2014.8	360000
13	中药粉碎机	180	1	2015.4	13000
14	电针仪	SDZ-11	5	2015.5	650
15	电脑中频治疗仪	XYZP-IC	1	2015.9	4200
16	TDP 治疗器	CQJ-26	8	2016.5	2880
17	中药定向透药仪	ZH-A5	1	2016.5	3980
18	电动离心机	LUB-2A	1	2016.7	7800
19	除颤仪	—	1	2016.7	25000
20	医用压缩式雾化器	AH-C10	4	2016.9	1120
21	超声波治疗仪	XY-K-CSB-I	2	2016.9	24600
22	全自动煎药机	KY8Y-2000	1	2016.9	20000
23	电脑恒温电蜡疗仪	XYL-I	1	2016.9	8250
24	智能艾蒸灸慰仪	XY-K-GJ-II	2	2016.9	34400

技术成果

清乾隆年间，淄河店任崇德创办“种德堂”（后改名崇德堂）中药铺。乾隆二十五年（1760年），潍县县令不到周岁的公子生“黑痧子”，当地先生无能为力。任崇德远道受请，通过按摩穴位、烈日曝晒、热土掩埋及药物治疗，患者转危为安。县令亲书“活天之寿”牌匾深表谢意。崇德堂第十一代传人、齐陵卫生院中医任俊符，1989年成为全国第一届肿瘤诊治研究协会会员。淄河村徐氏正骨已有 120 余年历史。传人徐国祚对骨科疾病有其独特的研究和治疗方法。“继承而不泥古，创新而不离宗”，博采各名家之长，科学配方，主药由原来的 12 味增加到 23 味，总方药由 36 味增至 66 味，研究改进熬制工艺，采用更科学无污染的绿色熬制技术，使膏药疗效更加显著。论文《徐氏正骨固定经验》被选入《中国医学创新发展》一书，徐国祚被选为中国医疗保健国际交流促进会中老年保健专业委员会传统医学骨病学科专家委员。2013 年，“徐氏正骨医术”被载入淄博市非物质文化遗产名录。淄河村贾思敬是齐陵卫生院中医外科退休老中医，出身于中医世家，四代研制专治疮疖方药，外科治疗疮疖方法独特，视患者年龄、体质、病情对秘方药量微调，通过外敷内服药物治疗，病人痛苦少、好得快，因而名扬远近。清末民初，刘家终村著名中医李世贞认真研读中医典籍，坚持内外经诊治要义结合，深入研究中药药理及相互作用，研究人体经络穴位，根据多年实践经验写成《伤寒论治》《人体经络脉理》《脾胃寒热诊治》等医稿。西龙池村苑华芳是淄博一带西医医术推行的先驱。于清光绪二十五年（1899 年）在益都“广闻书院”附设医校学西医毕业后，去北京同仁医院实习 2 年。1901 年回籍行医，为临淄最早的西医。医术高超，擅长外科手术清创缝合等。1905 年，举家迁博山大街王家胡同，办起博山第一家西医诊所——华英药房，专治外科病。成功完成博山医疗史上第一例头部重伤外科手术。民国时期，刘家终村私塾先生刘金亭，虽非中医，但喜好涉猎医书，百姓有些急诊杂症找其看病求方，常倾力帮助。因家贫无力买书，便利用借读机会，用蝇头小楷抄录医书 6 本，后人为其出版《刘金亭医抄集》6 卷。聂仙村任乐桐祖传四代秘方配制专治口腔溃疡散剂，在周边也有广泛影响。

李世贞医稿　（2017 年 摄）

1980 年冬，计划生育工作在全公社进入节育高峰期。齐陵卫生院在区医院的协助下，完成男女节育手术。1986 年，卫生院与临朐脑血管疾病防治中心联合，应用蝮蛇抗栓酶治疗脑梗死，取得较好疗效。1998 年，重点发展外科，开展阑尾炎、疝气、甲状腺、体表良性肿瘤切除等手术。结合理论与实践，在省级以上医学杂志上发表多篇论文，其中《住院精神病人猝死研究》发表于《中华临床医学杂志》，《抚育喂养方式与强迫症关系的对照研究》发表于《中华临床医药学杂志》，《三唑仑致意识障碍一例》发表于《中华误诊学杂志》。

第三节　防　疫

传染病主要防治措施

传染病防治措施主要是预防接种、消灭传染源和及时报告疫情等。

预防接种　1950 年，全县开始普种牛痘。1953 年，六区派医生参加县卫生机构举办的牛痘疫苗接种培训，并在各学校为儿童接种白喉、伤寒、霍乱等疫苗。1959 年，卫生院贯彻预防为主的方针，设立防疫组，有 2 名工作人员。1964 年，成立防疫科。1967 年，接种牛痘疫苗，普种率为78%。1976 年消灭天花。1978 年，采用“皮上划痕法”接种卡介苗，1981 年，改为“皮内接种法”预防肺结核。1979 年，实行计划免疫，对 12 岁以下儿童进行全面调查、登记、建卡，根据每年的疫苗种类，按时为适龄儿童接种并记入卡片。

1988 年，实行计划免疫保偿合同制，四苗（脊髓灰质炎疫苗、麻疹疫苗、百白破三联疫苗、卡介苗）防六病（脊髓灰质炎、麻疹、百日咳、白喉、破伤风、肺结核），单苗接种率达 90% 以上。1991 年，乙型肝炎疫苗列入国家免疫规划。1994 年 8 月，开始使用一次性注射器，一人一针一管，防止交叉感染，用后集中销毁。1995 年，四苗加流脑、乙脑纳入国家免疫规划。适龄儿童疫苗接种率达 92% 以上。

1998 年 5 月，实行“以乡镇为单位的集中式接种点接种”，卫生院设立接种门诊，每月接种 4 天，十二月龄四苗全程免疫接种率达 95.71%。1999—2001 年，部分地区发生麻疹，为适龄儿童应急接种、查漏补种麻疹疫苗。2005 年 5 月，甲肝疫苗纳入免疫规划。2009—2010 年，为相关人员接种甲流感疫苗。

2013 年 12 月，在区卫生局、疾控中心指导下，齐陵卫生院建成数字化预防接种门诊，安装疫苗接种客户端网络版。2014 年 9 月，通过省级

齐陵卫生院数字化预防接种门诊　　（2017 年 摄）

数字化门诊验收。门诊使用后，历年单苗接种率 98.5% 以上，八苗全程接种率达 95% 以上。2016 年 5 月起，实施新的脊髓灰质炎疫苗免疫规划策略，停用三价脊灰减毒活疫苗，改为二价脊灰减毒活疫苗。

消灭传染源　1952 年春，广大人民群众和学校师生积极响应政府号召，开展爱国卫生运动，清除垃圾，消灭蚊蝇。1956 年，全民掀起“除四害”（苍蝇、蚊子、老鼠、麻雀）讲卫生运动高潮。同时卫生部门开始对急性传染病人实行隔离治疗，病点进行消毒。1972 年，推广沼气池粪便发酵、无害化处理。1982 年始，卫生院每年 5 月 1 日至 10 月 31 日开设肠道门诊，实行 1 人 1 针 1 管制。1992 年，成立消毒消杀小分队，消灭蚊蝇，防控传染病流行。2003 年，“非典”流行期间，构筑严密的三级防控网络，对返乡人员进行流行病学调查，密接隔离 7 天以上，杜绝输入性病例发生。2008 年，手足口病、甲型 H1N1 流感流行，防疫人员加强对 0 ～ 7 岁儿童管理，对乡医、幼师组织多次专门培训，对密接隔离观察 7 天以上，发现患者立即送定点医院规范治疗，对重症患者采集血清及咽拭子、粪便标本，配合处理聚集性疫情。2009 年，甲流感流行时，免费为学校师生、医务工作人员和老年人接种流感疫苗。建立突发公共卫生事件应急预案，储备相应的救治防护物资。健全各项卫生监督管理制度，完成各项卫生监督及卫生保障任务。做好卫生防疫宣传，年发放宣传资料 8000 余份。严格食品从业人员查体办证程序，督促从业单位做好餐具和公共用具消毒，加强学校、幼儿园食堂管理。2016—2017 年，齐陵卫生院积极开展布病监测，做好重点人群摸底调查和血清学检测，预防布病的发生。

疫情报告　1953 年始，由联合诊所负责向县卫生科报告疫情。1959 年，公社卫生院设 2 名防疫人员。1964 年，卫生院设立防疫科，工作人员由 2 人增至 5 人，并定期接受培训，与各大队卫生员负责报告疫情。1982 年始，建立疫情报告制度。发现传染病人或疑似病人，隔离观察治疗，并立即向区卫生局、防疫站报告。管报人员每年参加区防疫站培训。1996 年后，进一步完善疫情报告制度，定期核对疫情，每周一 9 点前上报上周情况，结合旬报、月报，及时发现病人或疑似病人，就近隔离治疗，并立即向区卫生局、区疾控中心报告。2005 年 2 月开始，有专人负责疫情网络直报，传染病疫情报告率达 100%。2007 年，建立突发公共卫生事件应急预案，人员配备合理，定期组织培训，反应迅速，医院发热门诊及各检测点管理规范。

主要传染病防治

防治的传染病主要有霍乱、肝炎、麻疹、狂犬病、结核病、非典型性肺炎、高致病性禽流感、手足口病等。

霍乱　中华民国以前，多用民间处方治疗，效果不明显，霍乱病人死亡率极高。20 世纪 40 年代初，开始注射霍乱疫苗，隔离治疗霍乱病人。新中国成立后，西医诊所及联合诊所重视对肠道疾病的诊断检测，霍乱得到有效控制。1978 年，卫生院建立肠道门诊，登记就诊腹泻病人，检查粪便，发现病人或疑似病人隔离治疗，并立即向区防疫站报告。1982 年起，卫生院每年 5 月 1 日至 10 月 31 日开设肠道门诊，登记就诊腹泻病人，实行 SPA 快速诊断、大便培养和镜检，发现病人或疑似病人隔离治疗，并立即向区防疫站报告。1988 年以后，卫生院每年就诊的腹泻病人，SPA 快检率达到 80% 以上。至 2017 年，境内未发现疫情。

肝炎　20 世纪 50 年代以前，境内无肝炎病例资料记载。1964 年，有肝炎病例报告，散在发生，发病较少。1970 年，病毒性肝炎发病率上升，齐陵公社报告10例。1970—1987年，境内发生肝炎119例，发病率21.33/10万。1981年，认真执行山东省卫生厅《山东省病毒性肝炎预防方案》和《病毒性肝炎污染物消毒法》，加强对肝炎病人管理，到定点传染病医院隔离治疗。1988年，加强流行病学调查，注重对易感人群的防护和饮食、饮水、环境卫生管理及消毒消杀措施。重点对儿童、服务人员做健康体检，采用丙种球蛋白注射、被动免疫制剂和饮水消毒、服用中草药等药物预防措施。1991年起，乙肝疫苗纳入国家免疫规划，对适龄儿童接种乙肝疫苗，接种程序0、1、6月三针，对乙肝表面抗原阳性，E抗原阳性的母亲阻断治疗，预防肝炎的发生，肝炎发病率极大降低。

麻疹　新中国成立前，麻疹传染病时有发生。20世纪50年代，麻疹传染病高发，病死率高。对麻疹病人采取隔离治疗和综合性防治措施，以推迟发病，降低死亡率，控制疫情进一步扩散。1967年，麻疹疫苗推广使用。1976年4月，宋家大队发生流行麻疹。25日，区防疫站和公社卫生院对麻疹流行情况进行调查。据统计，该队发病150人，已愈70人，病重住院20人，其中死亡1人。区、社卫生防疫部门组成麻疹防治小分队进驻，开设简易病房，采取隔离、治疗、预防三就地措施，进行紧张抢救工作，疫情得到根本控制。1979年，麻疹疫苗列入计划免疫接种程序，8月龄以上儿童初种，18月龄加强接种一针，7岁、12岁各加强一针。

1985年，刘营村麻疹传染病发生3例，及时采取隔离治疗、疫苗接种、中草药预防等措施控制麻疹传染病流行。1991年后，规范接种程序，采用8月龄儿童进行疫苗初种、18月龄加强接种一针、6岁加强一针的三针免疫策略。齐陵街道麻疹疫苗接种覆盖率、及时率均达98%以上，至2017年再无麻疹传染病发生。

狂犬病　新中国成立前，狂犬病无特效预防和治疗措施，死亡率极高。1955年，狂犬病列入传染病管理。1981年，有狂犬病疫情发生，某大队一社员在夜间看守场院时被狂犬咬伤，因未作正确处理，三周后死亡。此后，加强家犬管理，给犬接种疫苗，对狂犬和未注射疫苗的家犬一律捕杀。狂犬病得到有效控制。1991年，卫生院规范狂犬病处置门诊建设，工作人员接受上级业务培训，对犬咬伤规范处理，人用狂犬疫苗接种及血清使用，继续落实“管、免、灭”综合措施，至2017年无狂犬病疫情发生。

结核病　新中国成立前，结核病患者较多。由于经济、医疗条件较差，无有效预防和治疗措施，病死率高。新中国成立后，预防和治疗工作全面展开。1961年开始为儿童接种卡介苗，以后每年春秋两季均为新生儿接种。1978年，采用“皮上划痕法”接种卡介苗，1981年改为“皮内接种法”预防结核病。5年一次轮流普种改为每年按规定年龄组接种，即新生儿6个月内初种，小学一年级学生和年满7周岁校外儿童复种。1984—1988年，全民普查、结核病人复查，对活动期、痰涂阳者规范治疗。执行“查出必治，治必彻底”和“早期、全程、适量、联合、规律”用药原则发现和治疗结核病。1993年5月，临淄区启动世界银行贷款结核病控制项目，齐陵卫生院和各村卫生室，确定专职防痨人员，完善农村防痨网，实行全程督导管理。按照每个病人的实际情况确定治疗方案，结核病得到有效控制。

非典型性肺炎　2003年，非典型性肺炎（简称“非典”）肆虐，镇党委政府遵照上级指示，高度重视“非典”防治工作，成立“非典”防治工作领导小组和指挥中心，一切工作服从“非典”防治。齐陵卫生院全院职工放弃节假日，坚守在防治“非典”第一线。镇政府投资10万元，建设发热门诊。构筑严密的三级防控网络。立即成立流行病学调查小组，对外来人员和外出归来人员进行调查，对密接者隔离7天以上，杜绝输入性病例发生。对在校学生和幼儿园儿童每天多次检查体温。同时发放消毒剂到每村每户，并大力进行“非典”知识的宣传教育，解除群众的恐惧心理。通过严防死守，全镇未发生感染患者。成为全区唯一被市委、市政府表彰为“非典防治先进乡镇”的单位。

高致病性禽流感　2004—2005年，外地有高致病性禽流感发生。齐陵是淄博禽蛋生产第一镇。街道成立以党工委书记为指挥，办事处主任等为副指挥，各片总支书记及兽医站、牛山部

队、管线部队、派出所、交警中队、卫生院、交通稽查、财政所、农办等部门负责人为成员的指挥部，设办公室，加强对该病防治工作的领导。通过严格采取多种预防措施，境内杜绝了高致病性禽流感发生。2009年，街道办事处成立甲型H1N1流感联防联控工作领导小组，党工委副书记，办事处主任为组长，办事处副主任任副组长，成员由卫生院长、中心校长及各片片长组成，下设办公室。负责贯彻落实上级关于甲型H1N1流感联防联控工作的决策和部署，指挥和协调各项工作，分析研究疫情，提出紧急应对措施。对各村各单位的防控进行指导、检查和督促，帮助解决在防控工作中遇到的实际问题。按照临淄区流感联控办工作安排，各村各单位充分利用广播喇叭、标语、横幅、发放宣传材料等方式，宣传预防知识，提高群众自我防护意识。加强对养殖专业户的自我防护，协助卫生部门加强对养殖、扑杀（屠宰）等高风险人员的检测和医学观察。医疗机构加强预检分诊工作，对发热、不明原因肺炎和流感样病例加强症状监测，特别对来自疫情发生地和有甲型H1N1流感病例接触史的流感样病例进行登记报告。一旦发现疑似患者，立即隔离，按流程转入定点医院。学校、幼儿园强化防控措施，实行晨检、午检、全日观察、缺课追踪、疫情报告等制度，严格饮食和环境卫生管理。全面落实联防联控各项措施，境内未出现高致病性禽流感病例。

手足口病　2008—2010年，手足口病流行。医院每年组织防疫人员加强对0～7岁儿童管理，发现患者及时到上级定点医院规范治疗，对密接者隔离观察7天以上，重症患者采取血清及咽拭子、粪便标本。积极做好乡医、幼儿教师、儿童家长手足口病防治知识培训，指导各村、学校、幼儿园做好消毒、消杀工作。

第四节　保　健

初级卫生保健

新中国成立前，卫生保健得不到保障。1953年起，境内陆续成立6处联合诊所，担负起了广大人民群众的医疗和预防保健任务。指导群众清除垃圾，消灭害虫，改造水井，讲究卫生。20世纪60年代，公社组织开展植树造林、改造厕所、美化环境。1990年，开始贯彻落实《临淄区实现人人享有卫生保健规划》，把“初级卫生保健十二项指标”列为政府任期目标和社会经济发展规划，初级卫生保健工作全面展开。普及卫生知识宣传，完善合作医疗保健制度，加强对妇女婴儿保健和对各种传染病的防治。

齐陵卫生院免费为60岁以上老人查体　（2016年摄）

2008年起，抽调医务人员进村入户，免费为村民建立纸质健康档案。2009年6月，卫生院成立公共卫生科，以常住居民、儿童、孕产妇、老年人慢性病为重点，建立健全居民健康档案。开展健康教育、传染病防治、预防接种、慢性病规范管理等项目为重点，开展公共卫生服务。免费为60岁以上老年人健康查体，查体项目齐全，包括体格检查、身高、体重指数、血压、血常规、血生化、尿常规、心电图、B超等项目，并及时反馈查体结果，进行相应的健康指导。同时，每年为中小学生进行一次健康查体，指导学校建立学生健康档案。为全民享有卫生保健夯实了基础。2013年12月10日，全区落实基本公共卫生服务项目现场会在齐陵卫生院召开，院长李晓东在会上做了典型发言。至2017年，政府每年安排市区医院为老年人检查眼疾并免费手术治疗。

妇幼保健

主要开展妇女病防治、新法接生、儿童保健与疾病防治等妇幼保健工作。

妇女病防治　新中国成立前，境内无妇幼保健组织。农村缺医少药，妇女病更是无医疗保障。1956年，县妇幼保健站工作人员与境内妇联组织一起宣传推行妇女“四期”（经期、孕期、产期、哺乳期）劳动保护，预防和减少妇女病发生。1961年，开展妇女子宫脱垂病普查，发现患宫颈炎、宫颈糜烂和月经病人数较多。1965年开始普治，推广使用山豆根散、宫颈丸、络酸钾、氯霉素及其他外用药，取得良好效果。1976年，齐陵卫生院设妇幼保健室，全面配合区妇保站妇女病筛查工作。1978年，区卫生局抽调妇幼卫生工作人员和赤脚医生组成妇女病查治小分队，到齐陵公社开展全面普查妇女病工作。1984年，区妇保站在齐陵开展以防癌为重点的妇女病查治工作，宫颈癌患病率为3.6/万。

1988年8月1日，开始婚前健康查体。1990年，开展“四薄、四卡”填报工作，实施母子保健手册制度。镇计生办开展育龄妇女免费查体、取放环、随访等服务。2009年，卫生院为辖区内怀孕12周之前孕妇建立早孕档案。2010年为备孕及孕妇发放叶酸预防胎儿神经管缺陷。2012年，区政府出资，由区妇保院对全区25～59岁适龄妇女进行宫颈癌、乳腺癌及妇女盆底功能障碍性疾病筛查。

新法接生　新中国成立前，主要沿用传统家庭接生法。产妇分娩时，多由民间产婆或自家人接生。因无药具器械，达不到无菌操作，以致难产、滞产、会阴撕裂、胎衣不下、产后大流血事件经常发生。20世纪40年代末，新生儿死亡率200‰，其中死于新生儿破伤风的占30%。

1955年，临淄县妇幼保健站成立后，深入农村培训一大批新法接生员，基本上达到村村有接生员，顺产不出村。1967年，公社卫生院设立妇产科，负责新法接生和妇幼保健工作。1972年，区妇幼保健站对全区接生员普遍培训一遍，齐陵公社新法接生率达97.5%，列全区第二。1975年，区妇幼保健站在全社进行新旧法接生调查，共查新生儿313名，其中，新法接生289名，

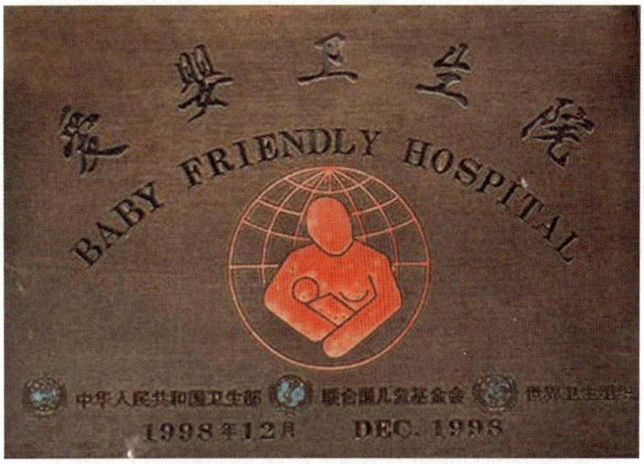

齐陵卫生院被卫生部评为爱婴卫生院　（2017年摄）

占92%，旧法接生24名，占8%，因旧法接生导致破伤风死亡3名。

1980年，实行一孩化政策。1985年，在全面实行新法接生的基础上，“两新”变“两科”，即新法接生、新法育儿变为科学接生和科学育儿，卫生院产科水平进一步提高。1986年6月起，执行临淄区卫生局《关于孕妇系统管理意见的通知》，孕妇分娩要求全部住院，按照科学接生标准，提高产科质量。1990年后，接生全部为新法接生，科学接生率逐年提高。1998年12月，镇卫生院被卫生部评为“爱婴卫生院”。2000年，随着人民生活水平提高和对医疗需求的增长，镇卫生院逐步取消新生儿接生，孕产妇查体接生全部转上级医院。

儿童保健与疾病防治　1956年起，临淄县妇联到境内指导试办农忙托儿所，由卫生部门负责培训保育员。1958年“大跃进”时，村村办起托儿所。1960年，农村生活困难，托儿所停办。1978年，贯彻预防为主的方针，公社妇联、卫生院及各卫生室，利用黑板报、宣传栏、广播等形式，宣传儿童保健科学知识，各大队开办育红班。妇幼卫生人员和赤脚医生到区妇保站参加培训。1979年，由区政府拨款为全公社2～7岁儿童免费服药驱蛔虫。蛔虫病发病率显著降低。1981年，区妇保站组织对全公社1～7岁儿童健康查体，发病率为69.31%。其中，佝偻病42.36%、砂眼17.5%、龋齿21.36%、鼻炎3.6%、气管炎1.13%、先心病1.8%。

1983年，临淄区卫生等部门在齐陵公社开

展新生儿死亡原因调查。1986年，区卫生局制定《关于加强儿童保健和系列管理工作的意见》，提出把婴儿死亡率降到25‰以下的奋斗目标，新生儿访视率达75%以上。1990年，提倡食用碘盐，为辖区学生服用碘油丸补碘，预防甲亢、地方性碘缺乏病发生。1991年，开始中小学生查体，重点对近视、龋齿、地方性甲状腺肿、砂眼等常见病提出预防措施。1992年8月，临淄区制定《区域卫生发展规划》，要求1995年婴儿死亡率下降到18‰，2000年下降到16‰。2015年寒假期间，区口腔医院免费为二年级学生进行六龄齿窝沟封闭。随着基本医疗、保健水平的大幅度提高，计划免疫的规范开展，儿童保健逐步走上正轨。

第五节 医 药

中草药

民国九年（1920年）《临淄县志》载，境内土产中草药有115种。1966年始，区药材部门先后引进桔梗、黄芪、决明子、牛膝、党参、牛蒡子、川芎、生地、半夏、沙参、红花、白菊、薏米、荆芥、大青叶、白芷、白芍、苏子、甘草、丹参等20余个品种。1975年4月，临淄区卫生局举办临淄中草药标本展览，展出分布在全区各地的中草药标本共230余种。

齐陵辖区内所产中草药与全区所产相同。现境内矿物类药物有：硝石、朴硝、滑石、白石英、赭石、硫磺等。动物类有：鸡内金、蝉蜕、蛇蜕、僵蚕、夜明砂、蚕砂、蜂蜜、蜂蜡、露蜂房、桑螵蛸、全蝎、土元、水蛭、蜗牛、地龙、刺猬皮、九香虫、蟾酥、獾油等近30种。植物类有：大蓟、小蓟、马齿苋、车前子、瓦松、半夏、白茅根、天花粉、刺蒺藜、地骨皮、生地、地锦、远志、芦根、苍耳子、茵陈、青蒿、蒲公英、牵牛、益母草、野菊花、菟丝子、狼毒、瓜蒌、柏子仁、丝瓜络、连翘、霜桑叶、桑葚、莲子、莲心、藕节、柴胡、南沙参、丹参、茜草、紫花地丁、地黄、地榆、马勃、侧柏叶、蔓荆子、酸枣仁、艾叶、桃仁、杏仁、槐米、山楂、绿豆、赤豆、无花果、月季花、冬瓜子、黑芝麻、柿霜、核桃等百余种。

1983年，全公社种植药材127.67公顷，除满足当地供应外，部分销往外地。

制药

汉魏以来，传统制药多据《雷公炮制论》《太平惠民和剂方》，有的采取疗效高、副作用小的成方，制成膏、丹、丸、散。淄河店中医外科贾思敬祖传四代研制专治疮疖散药。从1870年起，淄河店徐氏先辈就开始熬制膏药，为人们治疗跌打损伤，第四代传人徐国祚开设徐氏正骨门诊，熬制祖传膏药40余年，与其子女徐峰洲、徐景洲、徐明洲、徐凤先后创立“三益堂”“华昊堂”“明春堂”“杏林堂”堂号。淄河村“崇德堂”第十二代传人任勇、任毅创办中医骨科诊所，研发出“万灵膏”治疗跌打损伤、风湿关节炎等。聂仙村任乐桐祖传的口疮散剂、西龙池村苑天胜制作烧烫伤膏剂等，还发挥着积极的医疗作用。

20世纪70年代，各种医药短缺。1978年，公社卫生院院长李金科带领职工自制药剂狗骨针、大青叶合剂、安痛定针剂、汽水、远志合剂等，弥补药物的不足。

药品供应

新中国成立前，境内较大中药铺兼营批发，其药源多为益都、周村、济南等地。冬春季节，也有外地药农、药贩到境内推销药材。1955年临淄县药材公司成立后，药材大部分由县药材公司供应。20世纪70年代开始，提倡和推广自种、自采、自制、自用。到80年代中期，有20多个大队种植了几十种中药材，大部分供应当地使用。2000年后，临淄区陆续成立群成、泽昌、齐都等药材公司，药品采购有了选择空间。境内先后开设了6家私人药店，销售中成药、西药。2005年5月，为确保群众的用药安全，齐陵街道办事处成立食品药品质量监督协管站。2009年，成立齐陵食品药品监督管理所。2010年3月，卫生院实行国家基本药物制度，基本药物从山东省药品采购平台网上采购，由各药材公司送货。2014年，成立临淄区齐陵食品药品监督管理所。负责辖区内食品、药品及医疗器械的经营、使用单位和医疗机构的监管。

第六节 爱国卫生运动

1952年初，美军在朝鲜战场上发动细菌战。3月上中旬，美国飞机多次在山东省青岛市郊和文登地区上空撒布苍蝇、蜘蛛、蚊子、蚂蚱等细菌毒虫。从省到县及各村立即成立防疫委员会，利用多种形式，宣传反细菌战的措施及开展爱国卫生运动的意义。每10～15户组成一个防疫小组，开展大规模群众性灭蝇、灭蚊、捕鼠运动。1953年春，开展全民性爱国卫生突击月活动。1956年，开展除“四害”运动。1957年，按照县委要求，开展“八灭”（消灭鼠、雀、蚊、蝇、跳蚤、臭虫、虱子、白蛉子）“十改良”（改良厕所、牲口棚、鸡窝、粪坑、猪圈、水井、街道、厨房、住室、堆肥法）工作，男女老少齐动手，改善环境卫生。1965年，开展以“两管（管水、管粪）五改（水井、厕所、畜圈、炉灶、环境）”为中心的爱国卫生运动。各生产小队组建2～5人的积肥专业队，对每户粪便日产日清，集中起来造“四合一”（人粪尿、牛马粪、土、麦穰）肥料。组织3次全民性药物灭蚊蝇活动。

1982年3月，开展文明礼貌月活动，公社提出“文明不文明，首先看卫生”“要建文明村，先建卫生村”的口号，进行净化、美化、绿化，治理脏、乱、差。1988年，开展全民大灭鼠运动，各村设立灭鼠管理员，负责发放鼠药并进行指导检查。1991年开始，对食品卫生分级量化管理，强化卫生许可证、健康证管理，实行生熟分开，熟加工间、凉菜加工间分开，制度健全、进货有凭证，消毒设施健全，公共场所禁烟。4月，按照区政府部署进行改厕，旱厕改为卫生厕所，达到“上有棚、下有坑、前有盖、后有罐”的要求。1992年，镇政府成立消杀队，开展传染病防治、指导村级卫生消杀、消毒，抓好除“四害”等爱国卫生工作。1994年，开展无烟单位创建，张贴禁烟标志，设置禁烟区，工作人员自觉不吸烟、少吸烟，定期检查无烟蒂。1996年，齐陵镇被评为市级卫生镇。

2009年，街道成立新农村建设“五化”工程领导小组，把农村实行“五化”（硬化、亮化、绿化、净化、美化）作为村庄环境综合整治工程的主要内容，进一步统筹城乡发展，改善农村环境卫生状况，加快构筑城乡经济社会发展一体化新格局。2010年9月，经过四个月紧张施工，铺设管道56千米，与37个行政村接网，实现“同源一网”集中供水，改善全街道3万居民饮水质量。

2010年开始，为中小学生健康查体，体检数据通过《山东省中小学生健康体检系统》客户端上传，由省级数据中心进行综合分析，重点对视力低下、龋齿、肥胖等指标的评价结果，及时反馈给学校及学生家长。同时大力开展以建设无害化卫生户厕为重点的改厕工作，至2012年，共完成旱厕改造6976户，改善了农村环境和广大居民的生产生活条件。2014年，为街道住户发放控盐勺、控油壶，提倡低盐、少油、少糖、绿色饮食，预防高血压、糖尿病。2015年，全街道开展城乡环卫一体化“百日攻坚战”，重点清除各类垃圾和卫生死角，出动人工7000余人次，机械800余台次，清运积存垃圾9300余吨。建立起村居卫生保健长效机制，建立垃圾中转站3个，购置8吨压缩式垃圾运输车2台，新购生活垃圾桶1130个，配各村居保洁员103名。同年，街道通过公开招标方式，确定由淄博锦绣韬环境服务公司负责全街道38个村居及镇级路的路面保洁、绿化养护及生活垃圾清运工作。每个村庄、每条道路，都有固定保洁员，每天有管理员巡视。

2016年1月，为进一步在青少年中普及艾滋病防治知识，遏制艾滋病低龄化流行趋势，临淄区疾控中心与齐陵卫生院在齐陵一中开展艾滋病防治知识专题宣传培训，专业人员在学校报告厅对初中部300余名师生进行艾滋病防治知识培训。培训中，专业人员利用形象生动的图片及浅显易懂的语言，详细地讲解艾滋病的病理知识、传播途径、流行趋势、危害及青春期如何建立正确的性取向等，并设立宣传看板2块，发放宣传材料700余份。

2017年10月，齐陵卫生院按照“慢性病系列宣传日活动的通知”要求，突“关注中年人的中风风险”宣传主题，在淄河大集进行了脑卒中防治知识宣传咨询活动，通过制作宣传展板、免费测血压、发放宣传材料，现场回答群众提问等方式，告诉群众什么是脑卒中、脑卒中早期的临床表现及诊断标准、脑卒中病人应该注意的问题及脑卒中治疗方面的有关知识，重点给群众讲解脑卒中早期自我发现方面的一些注意事项。

第二章 体育

第一节 学校体育

体育教师

新中国成立前，境内学校无专职体育教师。新中国成立后的较长一段时间里，只有临淄县第六小学设一名专职体育教师，一般学校体育教学都由教师兼任。1980 年，学校开始配备专职体育教师。1991 年后逐年增加，至 2000 年，中小学共有专职体育教师 9 人，其中，专科学历 7 人、本科学历 2 人。2017 年，中小学共有体育教师 11 名，均为大学本科学历，达标率 100%。其中，有田径国家三级裁判 6 人，足球国家三级裁判 1 人，排球国家三级裁判 1 人，篮球国家二级裁判 3 人，足球国家二级裁判 2 人，武术国家二级裁判 1 人，摔跤国家一级裁判 1 人。

体育教学

民国时期，小学体育课每周两节，一、二年级上唱游课，三年级以上为普通操、跳绳、游戏等。新中国成立后，学校体育被列为贯彻教育方针、培养全面发展人才的一个重要课程，身体好作为评比“三好”学生的条件之一，体育教学得到进一步重视。1952 年，开始推行少年儿童广播体操。1956 年，国家颁发《体育教学大纲》，小学一、二年级设唱游课，三年级以上设体育课，每周两节。课外体育活动列入课程表，组织学生开展游戏、体操、球类、跳绳、舞蹈等。1975 年，开始推行《青少年体育锻炼标准》。1978 年，中小学全面落实新颁《体育教学大纲》，实行两课（每周两节体育课）、两操（早操、课间操）、两活动（每周两节课外体育活动）制。1982 年，国家教委、体委新颁《国家体育锻炼标准》，开展达标活动。1989 年，学校推行第七套广播体操。

1991 年，从小学高年级开始全面实行体育合格测试制度。测试每年进行一次，并填写《体育合格情况登记卡》，存入学生档案。开始在初中毕业升高中时统一加试体育。到 1996 年，中小学体育达标率达到 96%，体育合格率达 98% 以上。2000 年，《体育与健康教学大纲》颁布，此为课程标准颁布之前的过渡性大纲，提出“健康第一”指导思想，重视发挥学生的主体作用，将“体育课”改名为“体育与健康课”。每年 11 月到次年 4 月，组织中学生冬季长跑，每人每天不少于 1500 米，参加人数由最初每班男女生 20 人发展到全员参与。共有 19000 余人次参加了学校冬季长跑。

2014 年，学校落实足球进课堂方案，进一步提炼学生的足球精神。2015 年，根据教育部落实校园足球长期规划及临淄区争创全国少年足球试点区要求，街道中心校制定《关于加快发展青少年校园足球的实施意见》，落实阳光体育运动，开展特色体育大课间活动。从小学三年级开始，选拔足球特长生。从小学高年级到初中，班班有球队，周周有比赛。并组织中小学男女校级足球队参加区级比赛。2016 年 3 月始，学校安排体育教师每周三参加临淄区组织的足球教练员培训学习，提高自身的素质和教练水平。

体育竞赛

新中国成立初期，随着学校教育快速发展，学校体育竞赛活动逐年增加。临淄县第六小学、淄河小学、吕家小学开始不定期举办小型田径运动会和篮球赛，其中包括趣味运动内容。1962 年起，中心校每年组织举办春季运动会。70 年代后期，田径运动会除基本比赛项目外，还有具时代特色的投掷手榴弹、射击等项目。根据中心校安排，

齐陵二中学生冬季长跑活动　（2012 年 摄）

齐陵一中学生在蹴鞠小镇比赛　（2017 年 摄）

全镇每年举办田径运动会在一中或二中举行。运动会的竞赛项目也逐年趋向多样化。径赛主要有：100 米、200 米、400 米、800 米、1500 米、3000 米、5000 米、4×100 米接力和跨栏等项目，田赛有跳远、三级跳远、跳高、铅球、标枪、垒球等，另外还比赛篮球、足球、拔河及趣味运动等项目。平时各学校经常开展班级足球联赛和乒乓球、篮球等比赛活动。同时，每年组织参加临淄区中小学田径运动会和篮球、足球等项目单赛。

2010—2017 年齐陵街道中小学参加市、区体育比赛部分成绩表

表 21-5

时间	学校	比赛项目	名次
2010	齐陵二中	全区中小学女子篮球赛	乡镇中学第一名
	二中小学部	临淄区中小学鼓号操展赛	农村小学组第一名
2010	齐陵二中	临淄区桓公台杯中学乒乓球赛	第四名
	二中小学部	临淄区小学中长跑比赛	第五名
	齐陵二中	临淄区中小学生篮球联赛	第五名
2011	齐陵二中	临淄区中学生女子篮球比赛	第五名
	齐陵二中	临淄区中小学生篮球联赛	第五名
2012.5	二中小学部	临淄区第二届少儿健康活动大赛	一等奖
2012.6	二中小学部	临淄区小学生篮球比赛	男子组第三名
2013	齐陵二中	代表临淄区参加淄博市第十六届运动会	自行车团体总分第一名
	中心小学	临淄区中小学生篮球比赛	女子组第二名
	中心小学	临淄区中小学生足球联赛	第五名
	齐陵二中	临淄区中小学生篮球联赛	第四名
2014	中心小学	临淄区小学生男子篮球比赛	第五名
	齐陵二中	临淄区中小学生篮球联赛	第四名
2015	齐陵一中	临淄区中小学排球比赛	女子组第三名
	齐陵二中	临淄区中小学生篮球比赛	第四名
2016	齐陵一中	临淄区中小学排球比赛	女子组第四名
	中心小学	临淄区中小学校园足球联赛	女子第五名
	二中小学部	临淄区小学生篮球比赛	女子组第三名
	二中小学部	临淄区中小学校园足球联赛	体育道德风尚奖
2017	中心小学	临淄区小学生篮球比赛	男子组第三名

体育成就

1965 年，太平村学生杨淑兰在临淄三中上学期间，获全国中学生运动会少年女子标枪第一名。1972 年，刘营村学生刘英春获山东省三项运动会 400 米金牌，1974 年省十运会获 400 米、800 米、4×400 米接力三枚金牌，1974 年全国分区 15000 米通讯赛，获泰安赛区第三名。1988 年，中心小学学生魏建立被市体校选拔培养，参加第九届全运会，获举重第九名，参加山东省城运会，获举重冠军。1989 年，中心小学学生苑彩玲被市体校选拔培养，参加第十届山东省运会获跳远冠军。1993 年，齐家中学射击队代表临淄区参加市射击比赛，王玉杰获 30 发卧射冠军。1998—1999 年，聂仙村学生王健连续两年获淄博市中小学运动会举重冠军，2002 年，获第二十届山东省运动会举重 85 公斤级第一名。2001 年，聂仙村学生陈美吉获全区田径项目女子 100 米栏、400 米栏第一名；2006 年，获山东省第十二届大学生运动会女子甲组 100 米栏第一名；2008—2009 年，连续两年获山东省大学生田径锦标赛女子甲组 100 米栏第一名；在全国第八届大学生运动会上，获女子甲组 100 米栏第七名。聂仙村王宾，在临淄区运动会和淄博市青年运动会上，均获得投掷第一名的成绩。淄河村李隆奇初中毕业后，2015 年进齐鲁武校学习武术，2016 年获第三届中国南京国际跆拳道公开赛（击破）第一名，2017 年，参加“传承杯”全国大众跆拳道馆校精美赛，获个人竞技男子少年甲组 70 公斤级第一名。

至 2017 年，全街道中小学生在临淄区中小学田径运动会上，共有 48 人次获单项第一名，71 人次获单项第二名，93 人次获单项第三名。

刘英春获得的四枚金牌　　（2017 年 摄）

考入体育院校和高校体育专业的有 26 人，其中山东体育学院 2 人。

第二节　群众体育

机构　团体

新中国成立后，群众性体育活动主要由区公所和公社文教助理兼管。1971 年始，由公社教育组负责。1976 年 1 月，公社成立文化站，群众体育活动由文化站负责。1989 年 3 月，为适应临淄区创建“全国体育先进县”和齐陵镇创建“省级体育先进乡镇”需要，成立齐陵镇体育领导小组，并调整充实农民体育协会、老年体育协会、农民武术协会，成立体育教研组。1996 年 5 月，成立临淄太极拳学会齐陵分会。2012 年 8 月，成立齐陵街道乒乓球协会。2015 年 12 月，成立淄博马拉松协会太公湖大队。2016 年 11 月，成立齐陵街道体育总会，办事处主任任主席，下设办公室。

农民体育

新中国成立前，境内宋家、刘营、聂仙、王齐、淄河等村有众多习武爱好者，宋家村甚至达到“人人都会四趟弹腿”的景况。他们习练查拳、形意拳、太极拳、少林拳、蒙古摔跤以及刀、剑、鞭、棍等器械，有些传统项目传承多年，仍然是群众体育运动的主要内容之一。

新中国成立后，农村较为普遍的活动主要有象棋、军棋，夏季河湾游泳，冬季池塘溜冰。春节前后，大兴玩龙、舞狮、踩高跷、扭秧歌、舞蹈、跑旱船等文娱体育活动。20 世纪 60 年代开始普及篮球、乒乓球等球类运动。青年们自整场地，自制篮球架，用水泥板建乒乓球台，经常组织竞赛活动。各村基干民兵每年定期举行冬季训练，上操、列队、投弹、射击等。20 世纪 70 年代学大寨时期，冬季每天早晨要上操跑步。

1987 年，镇政府举办齐陵镇农民运动会，比赛项目有田径、拔河、篮球、乒乓球、象棋、扑克等。各工作片都组成代表队参加比赛，参赛的还有美陵公司、中心校、卫生院。同时还邀请了牛山部队、管线部队参加篮球比赛。比赛持续两天。1989 年 1 月，举办齐陵镇武术友好表演赛，邀请四处乡镇武术高手参加表演。2 月，举办农民篮球和乒乓球比赛。3 月 8 日，镇妇联和农民体育协会在机关球场组织拔河比赛。同月，为适应临淄区争创“全国体育先进县”和齐陵镇争创“省级体育先进乡镇”的需要，组建齐陵镇体育领导小组，党委书记任组长。同时，调整充实农民体育协会、老年体育协会、农民武术协会，成立体育教研组。11 月 10—11 日，举办齐陵镇第五届农民运动会，区五大班子及市、区体委领导到会指导，邀请牛山部队、管线部队和工地部队的代表参加开幕式。全镇 6 个工作片和经委、镇直机关组成八个代表队、550 人参加比赛，裁判员 25 名。比赛有篮球、乒乓球、射击、拔河、象棋、扑克六个项目。比赛结束举行了颁奖仪式。同年，组队参加全区举办的六个项目比赛，在十八处乡镇中成绩名列前茅。1990 年，被省政府授予省级体育先进乡镇荣誉称号。1992 年 5 月 4 日，镇团委、文化站组织男女队 30 余人，举行长跑比赛。1999 年，组织齐陵“工商杯”乒乓球邀请赛，有村、企业、单位代表队，还邀请了城区工商等部门 60 余人参加比赛。2000 年，举办庆五四“交通杯”乒乓球比赛。参加比赛有农村、学校、企业、交通、交警等 150 余人。2001 年，在美陵公司举办庆五四“美陵杯”象棋比赛，参赛人员 170 余人。2002 年，在镇机关大院举行庆五四“美陵杯”篮球赛，有机关、牛山部队、美陵公司、中心校、吕家等代表队参赛。

2003 年五四青年节，举办“交通杯”环太公湖长跑比赛，有机关、企业、学校等 200 余人参加。并聘请齐陵一中、二中体育老师担任裁判。2004—2006 年五四青年节期间，分别在齐陵二中、机关大院和美陵公司举办篮球比赛活动。刘营村从 2000 年连续 7 年在春节期间，邀请前李、后李和薛家村在本村文化大院举办乒乓球、象棋和拔河比赛，并进行颁奖。2006 年 2 月 6—9 日，为丰富机关职工春节期间文体生活，由团委、妇联、工会组织开展自行车慢赛、定位投篮、象棋、扑克、拔河、乒乓球等六项竞技活动。2010 年 4 月，临淄区第六届农民乒乓球比赛在区体育馆举行，齐陵代表队包揽女子团体前三名，并获体育道德风尚奖。2015 年，街道在马莲台举办首届齐陵乡村文化旅游和山地自行车大赛，除城区和齐陵街道部分人员参赛外，还邀请青岛、济南、邹平等地的 300 余名自行车骑行爱好者参加比赛。同年，文化站举办广场舞培训班，举行首届“舞动幸福”广场舞大赛，参赛队伍 26 支，参赛群众 300 余人。

2016 年，成立淄博马拉松协会太公湖大队，有会员 48 人。每年参加省内外全（半）程马拉松赛事 400 人（次）以上，完赛率 100%。曾获全国马拉松莱芜、滨州赛事第 9 名、第 31 名。每年参加临淄区举办的马莲台、太公湖、天堂寨竞走和穿越等比赛，是临淄区宣传马拉松运动和

淄博马拉松协会太公湖大队活动合影　（2016 年摄）

齐陵街道第三届“齐兴杯”乒乓球大赛　（2012 年 摄）

推动全民健康行动的有生力量。

2017 年 3 月，举办第三届“拥抱自然风采齐陵”“齐兴杯”健步走大赛，参加群众560余人。6 月，临淄区全民健身运动会“冠军体育杯”篮球比赛在齐都文化体育城举行，全区各镇、街道、区直部门及企业 46 个代表队的 500 余名运动员参加，齐陵街道获得镇街道部门组第二名。

老年体育

1986 年，淄河村查拳爱好者李惠明组织成立淄河武术队。练武场在村东紫荆山北坡山脚下，队员们自己动手开山凿石，平整地面。随之郑家沟、聂仙、柳店及附近青州市的辛庄、三教堂等村的武术爱好者前来参练，武术队很快发展到 30 余人。由于多数是退休职工和农村年龄较大的成员，1988 年，开始重点学习老年太极拳。随着活动影响日渐扩大，参练人数不断增多。1996 年 5 月 15 日，临淄太极拳学会齐陵分会正式成立。副镇长刘素梅兼任会长，聂仙村任乐一和淄河村孟庆友任常务副会长。同时成立紫荆山太极拳辅导站。分会不定期在辅导站举办太极拳、剑、刀及健身气功培训班。

淄河村委关心分会和太极拳辅导站的工作，投资 8000 元重修紫荆山辅导站练功场地。分上下两层，水泥花砖铺地，竖杆拉电，安装音响，建设休息场地，使练功环境更美好。分会以紫荆山辅导站为龙头，带动起周边村庄老年人参与练习太极拳的兴趣和热情。2001 年，会员发展到 78 人，建立村级辅导站 6 处。齐陵镇被淄博市太极拳学会誉为“太极拳之乡”。2003 年 1 月 9 日，中国体育报头版头篇刊登标题为“全面建设小康社会，努力发展农村体育”、副题“淄博体育工作笑望田野”的文章，报道“齐陵镇淄河村自筹资金，开山凿石，建设村民文体活动中心的经验，为全市其他农村开展活动起到了很好的示范作用”。临淄区太极拳学会会长刘芝田为紫荆山辅导站题写“太极仙境”，秘书长苏清汉撰写碑文。2004 年，齐陵太极拳分会被区老干部局等五部门表彰为推广、普及太极拳先进单位。2011 年 4 月，调整齐陵分会领导班子，由吕文书任分会长。太极拳会员不断增多。2017 年，已建村级辅导站 27 个（含青州 4 个），会员发展到 521 人。分会多次参加省，市，区各项比赛，每年农历三月三、九月九牛山庙会期间，进行展演活动，平时经常与城区分会开展联谊交流。

奥林匹克花园太极辅导站练功场　（2011 年 摄）

齐陵太极拳分会部分参赛展演情况表

表 21-6

时间	参赛展演项目名称	参赛人员	名次或荣誉
1998	淄博市太极拳展演	齐陵分会	淄博市先进集体
1999	临淄区太极拳比赛	10 人	集体三等奖
2000.12	紫荆山辅导站	—	被评为省先进活动站
2001.4	临淄区新世纪太极拳大赛	10 人	团体优秀奖
2003.9	临淄区庆国庆夕阳红拳、剑赛	刘克珍、孟庆友	第一名 第二名
2004.4	临淄区太极拳比赛	20 人	集体一等奖
2004.9	临淄第一届齐文化展演	30 人	—
2006	临淄区太极拳比赛	12 人	集体三等奖
2007	临淄区太极拳比赛	12 人	集体一等奖
2008	临淄区太极拳比赛	12 人	集体二等奖
2009	临淄区太极拳比赛	12 人	集体三等奖
2009.10	全国老年太极拳、剑比赛	刘克珍	集体获金牌、个人铜牌
2010	临淄区太极拳比赛	12 人	集体二等奖
2011	临淄区太极拳比赛	12 人	集体一等奖
2011.9	山东省（烟台）老年太极拳剑赛	吕文书	男子组第一名
2012	临淄区太极拳比赛	24 人（2 队）	集体一等奖
2012.4	临淄区赛陈式 56 拳	吕文书	一等奖
2013.4	临淄区赛陈式 49 剑	吕文书	二等奖
2014.4	临淄区赛陈式 49 剑	吕文书	二等奖
2015.4	临淄区赛武当太极剑	吕文书	第一名
2016.4	临淄区赛齐风太极刀	李天佐	一等奖
2016	临淄区太极拳比赛	24 人（2 队）	分获集体二等奖
2017.5	淄博市太极拳比赛	吕文书、宋乐侠、冷忠田、赵美玲（参加区队）	集体一等奖
2017.5	临淄区千人太极拳展演	36 人	—
2017.5	临淄区太极拳比赛	36 人（3 队）	分获二、三等奖
2017.5	临淄区赛齐风太极刀	吕文书	二等奖

民间武术

境内民间武术主要有宋家庄查拳及刘营村蒙古武术、摔跤等。

齐陵查拳 齐陵查拳拳谱主要有十二趟弹腿谱、二十四式谱等。二十四式是齐陵查拳的精华。2015 年，齐陵查拳——齐陵弹腿门，作为传统体育项目列入第三批区级非物质文化遗产名录。

齐陵查拳是清朝末年由境内宋家庄于传章（字飞堂）所传，至今已有一百多年的历史。于传章 12 岁出门习武，先学回民拳术，后跟民国武师“单刀李”李存义学形意。走遍河北沧州一带，精通十八般武艺，学会多种暗器。身法好、步伐快、刀术精良，因善使双刀，武术界称之为“雁翎双翅于飞堂”。后来回到老家传授武艺，当时益都县三教堂村、辛庄，境内的淄河店、聂仙庄、王家齐陵等村有很多弟子，宋家庄甚至达到人人都会四趟弹腿的景况。临淄、青州、广饶等地方拳术，多为于传章所授。其得意弟子于传普学查拳弹腿门，同时练习形意拳、太极拳及多种器械。耍起双刀，水泼不到身上，搏斗起来，二三十人难以近身。于传普之子于炳升自幼随父习武。民国年间，父子二人多次参加青州府、临淄县举办的武术比赛，获得银尊、双刀、单刀等实物奖励。冯谦光任临淄县长时，颁给于家书有“发扬国光”大匾。1940 年，于氏父子因拒当汉奸，与伪军打斗，于传普不幸受重伤，不治去世。抗日战争时期，王家齐陵村查拳传人徐宗圣在德宾楼饭馆配合胶济大队武工队利用擀面杖、烧火棍当双刀打败日伪军的故事被后人传为佳话。

宋家庄查拳于传章四代传人于德洪（于炳升之子）多次参加区、市及全国武术比赛。2014 年，在淄博市第十一届体育大会暨 2014 年度武术演武大会上，获传统查拳一等奖、器械二等奖。2015 年 4 月，在中国齐鲁武术邀请赛中，拳和器械均获金奖。淄河村刘沛文自幼学习查拳，1994 年入伍，曾在陕西军事防爆学校担任教官，退伍后开办武校和精武培训中心，所教学员多有获奖，2014 年，被评为齐鲁优秀武术家。聂仙村查拳高手崔一乐也是宋家庄于传章的精英弟子所传。2004 年被区武术协会聘为顾问。2015 年山东省齐鲁武术邀请赛，聂仙村查拳传人陈金光、陈象祯、任永利分获一金、一银、一铜的优异成绩。在次年“中国国际武术争霸赛”中，陈金光获中路花刀、梅花双刀两块金牌，并获省优秀教练员称号。其子陈岩已考进中国武术长拳四段，并获得 2015 年全国武术竞赛查拳、双刀两块金牌。

于德洪（前排左四）与师兄弟及部分弟子 （2015 摄）

齐陵查拳讲究先德后武，有自己的武德和门规，先学做人后学武技，入门前要考查人的品行，讲究孝敬老人、尊敬朋友、尊师爱门、遵法爱国。门规中有二十不可，不可轻师、不可淡朋、不可欠礼、不可淫邪、不可赌博等。讲究武艺十不传，即人品不端者不传、不忠不孝者不传、不知珍重者不传、借此求财者不传、市井刁滑者不传等。传承至今，齐陵查拳形成了系统完整、内容丰富、功法全面、艺理俱精的地方拳种。在青州市和临淄区齐陵街道、辛店街道、稷下街道有较多传人。

刘营蒙古族武术 刘营蒙古族村传承先辈骑马射箭、摔跤格斗的民族传统，历来多有习武爱好者。清道光年间，斡罗那歹第十五世刘振甲，自幼习武，十八般兵器样样精通，受聘益都口埠武馆教头，培育武坛弟子多名。其子刘天祥传承父辈尚武精神，武功超群，尤其双刀、弹弓更是远近闻名。青年时期赴河南嵩山少林寺，历时三年，习练武林真功。道光末年，受聘河南柳树庄一带，任武馆教头。后参加捻军抗清斗争，被推举为大刀会会长。1867 年，在反清战斗中战死。

民国初年，刘天祥侄子刘汝信，按照其叔父所遗拳谱，传承刘家营祖传拳术。刘汝信之孙盛昌、华昌、顺昌自幼苦练摔跤、射箭、扔石锁、搬石礅、举石担，操练刀枪剑戟。从 1920 年到抗日战争爆发，刘营村有三家拳房，习武者 100

刘华昌获临淄县国术比武亚军奖品银尊（2017年 摄）

余人。刘炳明、刘洪宾参加山东省国术比武，被省国术馆录取。刘洪宾后来转入省政府主席韩复榘司令部手枪旅。1926年，刘华昌15岁，被龙池高级小学聘为国术教师，在体育课和课外活动期间教授师生习武打拳。

1937年4月，刘华昌参加临淄县国术比武获亚军，获奖品银尊和临淄县各界赠送的锦旗、匾额。锦旗上书“与列强对峙，为民族增光”，匾上书“虎啸鹰扬”“御侮良才”。

改革开放后，年逾古稀的刘华昌、刘顺昌又办起武术培训班，教授村里20余名青少年练武。1984年、1985年，耄耋之年的刘华昌参加山东省少数民族武术比赛。2017年5月，刘华昌之子刘会武与刘社章开办“刘家营天骄民族武术馆”。

刘营村刘勇12岁拜刘华昌、刘顺昌为师学艺。2014年，获淄博市第十一届体育大会暨2014年度淄博演武大会“少林春秋大刀”一等奖。2015年，获全国（沂源）武术竞赛软器械九节鞭第一名。2016年4月，获中国齐鲁武术名家和优秀教练员称号。2017年4月，成立天磊蒙古族摔跤传承中心，获中国（桓台）齐鲁武术邀请赛男子成年乙组少林双刀金牌。8月，在济南市体育局举办的全国传统武术交流大会上，获蒙古族摔跤集体一等奖。现任淄博市民族体育协会副会长，中国武术四段。

第三节 设施建设

学校设施

新中国成立前，境内无体育设施。1952年，临淄县第六完全小学（宋家庄）在学校东边扩建了操场，建立境内最早的篮球场。并组织学生下淄河滩用书包背沙子建起跳高、跳远用的沙坑。1954年，淄河小学、吕家小学相继建起篮球场。1959年，齐陵农中设立篮球、排球、单杠等设施。20世纪70年代，各学区联中大部分扩建了田径运动场地，200米环形跑道、篮球、排球、乒乓球、铅球、手榴弹、单双杠相继配备，其中有些是学校师生自制。

1992年以后，按照义务教育达标要求，镇政府按义务教育标准，逐渐配备体育器材。各学校相继建起炉渣跑道、混凝土球场，并配齐了足球等体育训练器材和足球门等体育设施。从中学到小学一次性添置乒乓球台86张。中小学都新建体育器材室。2014年，全国义务教育均衡县验收，体育器材配备均100%达标。2015年，投资300万元改建齐陵二中塑胶运动场，包括300米六直道环形跑道场地；1个70米×50米的足球场，2个弧顶小足球场地和1个铅球投掷区，1个跳远沙坑的田径场；3个篮球场及2个排球场地；400平方米体育器材活动区域。此外，街道投资16.3万元，实施3个附属项目，对齐陵二中操场改造项目进行完善提升。

齐陵二中塑胶运动场（2016年 摄）

村居设施

新中国成立前，无体育设施。20 世纪五六十年代，农村实行集体化以后，热爱体育的青年们开始自己动手整理场地，自制篮球架和水泥乒乓球台，开展体育活动。进入 80 年代，球类活动在全镇广泛开展，体育设施建设发展较快，近半数村建起简易篮球场和乒乓球场地，村村办起青年民兵之家，配备象棋、军旗、羽毛球等活动器材。1988 年，美陵公司建成高标准灯光篮球场和体育展览室。同年，淄博市体委支持齐家终村在村东南建设小口径步枪射击靶场作为训练基地，培训学生射击方面的体育人才，1996 年撤销。

2003 年，淄河村在紫荆山脚下为齐陵太极拳分会紫荆山辅导站修建练功场。2012 年，街道投资为 20 多个村庄更新标准混凝土篮球场地和设施，为全街道村庄社区配备成套健身器材。郑家沟村村民张元生自筹资金建起游泳池，并办起游泳培训中心，年游泳人数 5000 余人次。2014 年，山东蓝溪置业发展有限公司在南山村投资 3000 万元，建设面积 5 万多平方米蓝溪国际滑雪场，可容纳 2000 余人滑雪、游乐锻炼。至 2017 年，全街道共有标准混凝土篮球场地 22 个，乒乓球台 21 个，各类健身器材 369 套。

城镇设施

随着临淄城区建设东延，齐陵城镇建设日新月异。至 2017 年，在山东省少儿齐文化研学基地整体规划建设中，投资 1.2 亿元的足球学校和投资 2.2 亿元的蹴鞠小镇相继建设，属全区首要体育设施。

蹴鞠小镇　（2017 年摄）

蹴鞠小镇坐落于太公湖南岸，紧邻奥林匹克花园和御泉湾住宅小区。占地面积 26.41 公顷，建有 105 米 ×68 米标准足球场 1 个、50 米 ×35 米 5 人制足球场 5 个、花式足球场 1 个、亲子足球场 2 个、水上足球场 1 个、齐风蹴鞠场 1 个、沙滩足球场 2 个、儿童蹴鞠场 2 个及足球体验馆、足球互动馆，并建有 35 栋木屋等配套设施。定期举办足球沙龙、沙滩音乐节等系列活动，承办各类足球赛事，为居民提供集体育运动、休闲娱乐于一体的活动场所。

国际足球学校位于御泉湾小区东侧，占地面积 5 公顷。建有容纳 650 人教学楼 1 座，建筑面积 6269.76 平方米。宿舍楼 1 座，建筑面积 6571.20 平方米。生活楼 1 座，建筑面积 1614.60 平方米。体育器材管理用房 1 座，建筑面积 2085.50 平方米。以及风雨操场 1 个、标准足球场 1 个，配套建设道路、停车场及绿地。足球学校培养专业足球教练员、裁判员及 11 ～ 17 岁青少年足球运动员，并与国际知名足球俱乐部合作，为学员提供专业化、标准化、系统化教学服务。

·第二十二篇·

社会生活

牛山庙会（2017 年 摄）

齐陵街道举办全民健身运动会象棋选拔赛 （2016年摄）

临淄区2016年度“深入生活 扎根基层”文化惠民公益演出在刘营村表演 （2016年摄）

境内独特的地理环境、经济条件和文化传统，孕育出独特的民风、民俗。形成了齐陵区域方言特色。齐陵人民秉承宽厚务实、变革进取、兼容开放的生活理念，摒弃愚昧、崇尚文明、与时俱进。人们生活习俗随着政治、经济条件的变化而改变；婚丧嫁娶破除旧习、倡导新风。节日、祭祀、社交习俗等传统节日倍受重视；尊老爱幼、济困扶贫、助人为乐、舍己为人等社会主义新风尚逐步深入人心；爱国家、爱集体、讲文明、讲礼貌、讲道德蔚成风气。民俗活动与社会进步、经济发展融为一体。齐陵人民秉持富强、民主、文明、和谐、自由、友善、敬业、诚信、平等、公正、法治、爱国的社会主义核心价值观，向着饮食讲营养、穿着讲品牌、居住讲宽敞、用具讲档次、交往讲礼貌、处世讲文明的生活目标步入小康。

第一章　民　俗

第一节　生活习俗

服饰

衣　周代，境内先民的服装多以麻制为主，用丝织品者占少数。汉代，境内养蚕缫丝，曾为皇宫提供丝织品制作服装。随着棉花生产的传入，境内人民开始纺棉织布，穿布衣随之普遍。至清代，士绅富户衣质多为丝绸，官员及有功名的穿官服。平民则以棉布为主。男子在家穿对襟便褂、软质裤，外出着长衫。冬季穿大襟棉袍、棉袄，下身穿大腰棉裤；也有内穿夹袄夹裤，外套马褂衩裤，或有外罩坎肩或长袍；老、少选色有暗、鲜之别，式样差异不大。妇女则穿大襟宽袖上衣，年长者袖长及指、下摆过臀，着色多以蓝、青、褐为多。富家女子通常袖不掩腕，下摆及腰，着色多为红、绿或印花，出门时罩四扇长裙。也有的在大襟下摆、袖口、裢角等处镶上花边（俗称栏杆），都是大裆裤。不管男袍女褂都是右掩襟，大腰裤，宽布带子扎腿。广大农民的衣服，多系自纺、自织、自己染色的土粗布，自家妇女缝制。男子用扎腰布（扎包）缠腰。出门经商者扎竹腰子（用多层粗布做成中空的硬腰带，用以盛钱）。有的贫困人家因缺钱买染料染布，用土法染色：有的用槐花、石榴叶、黑色湾泥沤染成土黄、土灰等色。穿衣则是缝了补，补了缝，老大穿了老二穿，老二穿了传老三。

民国时期，士绅和富户衣着多为丝织品或机织布（洋布），男子在家穿长袍、马褂，官员或经商者开始着中山装、西服。女子改为穿对襟上衣，少数女子穿旗袍。

新中国成立后，农民衣着质料大有改善，除少数人仍穿粗布以外，绝大多数穿着衣料为机织布。机关干部、教师、学生等逐渐兴起中山服和青年服，少数女青年穿列宁服，多数人仍着便衣。20 世纪 60 年代，男青年始穿“制服”，冬季时兴小大衣、大衣。衣料多为机织布，颜色以灰、青、蓝、黑为主，女青年上衣多为中式、西式对襟褂，年长者多数仍着便衣。“文革”期间，青年男女以穿绿军装为时尚，老年人以黑、青色为主。衣服质料以棉布为主，化纤为辅，款式单一，色彩单调。20 世纪 70 年代末，棉布逐渐被涤纶代替，花色品种增多。80 年代起，衣料渐为涤纶、的确良、毛呢等。中老年穿便衣者已是少数，多穿中山服、国防服、西服。冬季穿棉大衣、呢子大衣者渐多。男女老少服装整齐，款式丰富多彩。青年服式有：西服、面包服、羽绒服、学生服、运动服、港衫、夹克衫、棉猴大衣、毛领大衣、呢子大衣、风雪衣、各式毛衣或皮衣；筒裤、喇叭裤、牛仔裤、港裤、健美裤等。女青年除以上衣着外，还有的穿翻领对襟褂，夏季穿连衣裙、长裙、短裙、超短裙、筒裤、裤裙、一步裙、百褶裙、披肩、短袖衫、无袖衫、蝙蝠衫等。进入 90 年代，舒适方便的休闲服逐渐成为服装新潮流。春、夏、秋季男士多数穿白衬衣、扎外腰，衣料质量受到重视，纯棉制品受青睐。热天穿丝、麻、棉料“T恤”，天冷则穿毛、绒内衣、保暖内衣，外罩皮衣或鸭绒、面包服，既讲究美观大方，更注重舒适。进入21世纪，不论城乡男女老少，服装打扮都注重了时尚美观，着装开始注重品牌、讲究款式。

帽 清朝至民国时期，境内男子冬季多戴帽垫（当顶有疙瘩的瓜皮帽）、毡帽子（二帽头子）、三大扇、瓜皮帽。士绅富户戴狐皮帽、貂皮帽、绒帽、风帽、礼帽。农民在田间劳动多戴苇笠、草帽。新中国成立后，男子开始戴解放帽、布棉帽、遮沿帽，仍有人戴帽垫和毡帽头。20世纪60年代起，男子开始戴前进帽、八角帽、绒帽，妇女多用方巾包头。“文革”期间，男、女青年戴军帽（无帽徽）。中老年妇女印花布包头（叫手帕）。70—80年代，男子冬戴布帽、鸭舌帽、呢子帽、栽绒棉帽及皮帽、毛线织的各式便帽，夏季戴草帽、太阳帽、网眼凉帽，极少数人戴苇笠。90年代起，妇女围丝、纱、毛线等质料的方围巾、长围巾，网状围巾，也有的戴风帽、草帽、太阳帽。除少数老者外，青壮年戴帽者已少见。儿童过去戴虎头帽、狗头帽、狮子帽、兔耳帽，渐变为戴荷花帽、大盖帽、大檐帽、圆檐帽，夏季戴长檐纱帽、凉帽等。

鞋袜 清朝至民国时期，大都穿手工自做的各式布鞋、布袜。一般男子穿黑色没脸子鞋，圆口、方口或偏口鞋、老浅鞋、双楞鞋等。冬季穿单脸或双脸棉鞋，也有的穿毡靴，大多数农民穿蒲袜（用蒲草编制的草鞋）。妇女则穿尖鞋（由于妇女缠足，是小脚）、绣花鞋、凤头鞋、翘尖花鞋、绣花缎子鞋等。小孩们穿兔头鞋、猫头鞋、虎头鞋及割花鞋。20世纪五六十年代，青少年穿球鞋、解放鞋、牛皮鞋。人们穿自己纺线织的袜子（称笨袜子），也有的穿商品线袜，多数是先纳袜底、上竹跟，这样的袜子耐穿。70年代，始穿尼龙袜、腈纶袜、棉纶袜等各种化纤袜。80年代后，妇女多穿方口、圆口、松紧口鞋，后穿各式高跟皮鞋和高筒鞋、半筒鞋等，还穿旅游鞋、休闲鞋、布凉鞋、皮凉鞋等多种式样、多种质料的鞋。袜子以棉毛袜为主，妇女多穿丝袜。

首饰 清朝时期，男女皆留长发。男子前面剃光，后留发辫。男子50岁以后或者有了孙子，如果没有直系长辈，有些人开始留胡子，有八字胡（两撇胡）、三绺胡、一把胡（只留嘴巴下胡须）和络腮胡等。未婚女子辫独长辫，辫上插花，扎红头绳。婚后女子“绾纂”，纂上插花、别钗、簪等，用丝网包纂。民国时期，男子剪去发辫，大多剃为光头；女子未婚者仍保留长辫，婚后“绾纂”。新中国成立后，农民男子以剃光头为多。中青年男子开始留分头，老年人剃光头，孩童留囟毛，女孩扎两个平角小辫。未婚女子梳双辫，额前梳成“刘海”。婚后至中老年仍“绾纂”。20世纪60年代，男子光头者渐少，留分头、平头、背头者渐多。留胡须者极少，个别男青年有留胡须者。女子多剪短发，婚后“绾纂”者不见了。农家贫困女子基本无什么首饰，只有少数有条件的女子戴耳环、耳坠等。80年代始，男子发型变化不大，妇女们发型渐变，染发、烫发者居多。妇女佩戴耳环、耳坠、项链者越来越多，戴金、银、玉石手镯、胸坠者也越来越多，越来越高档。

饮食

新中国成立前，少数富户以小麦、玉米、小米、大豆等纯粮为主食，常吃炒菜，间有鱼、肉、蛋。贫困户以谷子、高粱、豆等五谷杂粮为主食，吃煎饼、窝窝头，大多为半年糠菜半年粮，很少吃炒菜，常年吃咸菜。更有甚者，沿街讨要，食不果腹，艰难度日。逢年过节，来客待人才吃点水饺、面条、馒头、烙饼之类，少有炒菜。

新中国成立后，农民生活逐步改善，仍以高粱、玉米、谷子为主食。1959—1961年三年困难时期，主食多为地瓜、胡萝卜、洋辣疙瘩等。1962年后，农民生活开始好转，渐渐以玉米代替地瓜，解决了人民的温饱问题。80年代起，境内人民主要以小麦为主食，辅以其他食品。90年代，境内居民常年以面食等为主，鸡、鱼、肉、蛋及海鲜鱼虾、干鲜果品、精品蔬菜做为辅助食品，消费水平明显提高。进入21世纪，饭菜更加多样化。饮用电热饮水机消毒灭菌后的桶装水。粗粮、素菜成为调节食品。各家各户餐具也开始讲究起来，细瓷餐具、酒具样样俱全。做饭用上

东龙池村美丽乡村建设　（2017 年摄）

高压锅、电热锅、电磁炉、电饭煲、不锈钢组合厨具、多功能微波炉等现代厨具。

自古代始，农民做饭烧柴草、树叶。20 世纪 60 年代开始，农民有的以煤代柴，有的用蜂窝煤做饭。70 年代，部分农民开始施用煤油炉（烧柴油）做饭、炒菜。80 年代，农村开始适应液化气。由原来的饮用井水变为自来水管道供水。2017 年，实施气代煤工程，12 个村用上天然气。

居住

清代至民国时期，少数士绅富户，住青砖瓦房，“拔台子大门”，正面是影壁墙，影壁墙上有用砖刻或者书写大“福”字等字样。院内厅房坐北朝南，东西两边各有三开间厢房，穿过厅房是台屋，两厢有陪房。台屋（正房）正中置八仙桌、条几、茶几等。方桌两旁是太师椅。一般长辈住正房，晚辈住厢房或陪房，佣人住耳房。都是四合院。

一般农户大多是土坯墙，麦秸盖顶，稍微富裕户多数是砖石基础、青砖镶门窗的小四合院、三合院或者单排房的院落。宅院的大门根据宅院方位而定。陪房低于正房。土墙壁多用白灰抹光，也有用灰土泥抹墙壁的。一般牲畜栏圈与厕所在一起。一般长辈住正房，晚辈住偏房。多数睡土炕，也有的睡热炕（火炕），留有烟道以备冬季烧炕取暖。

贫困户多数只有一栋正房和一间简陋的厨房。纸糊窗户，屋内黑暗。院门、栏圈等简陋，一般农户相仿。几辈人同住一屋。屋内陈设简陋，正面放一抽头桌，两旁放有木凳。吃饭用小矮桌、小板凳。粗瓷黑碗。全家人睡土炕，谷草勒的半门子挡门，仅一条破棉被而已。

20 世纪 60 年代，农家住房用乱石砌房基，后期改用型石。石高至窗台，砖镶门窗，土墙，麦秸盖顶，少数为砖檐砖稍，瓦接檐。房架为木结构，门扇、窗扇贴窗纸。60 年代中期，农村建设逐步实行“新村规划”，群众建房由大队统一规划，院落大小统一，规矩排列，街巷一致。80 年代，盖房多用砖、缸瓦、铁梁（铁钗或木钗）、水泥檩条，玻璃门窗、水泥地面（也有彩石水磨）。式样有“厦檐屋”“锁皮厅”“一头沉”（四开房间，一头突出一间）等。正房内摆设沙发、茶几、大衣橱、组合橱、高低柜、电视机、电风扇，墙上的挂钟换成石英钟、电子表。90 年代起，农村建房开始追求坚固、美观、冬暖夏凉的居住效果。开始出现平顶房或二层楼住房。瓷砖或地板铺地，内墙刮瓷或涂料。采用铝合金或塑钢门窗。装有暖气、电风扇，也有的安装空调、太阳能等现代化设施，住室宽敞明亮，舒适方便。2014 年，淄河新村建成，全体村民住上楼房。

出行

中华民国以前，没有机动交通工具，平民行路多为步行。家庭条件比较好的富户养有驴、马等牲畜，出门行路多骑驴、骑马。20 世纪 60 年代，少数村民开始骑自行车。80 年代后，自行车普及。开始出现变速车、摩托车。90 年代，出现出租车。2000 年后，面包车、轿车进入家庭。实现公交车村村通。随着电动车的出现，农村人开始由摩托车改换电动车，电动车三轮已经普及，多者有两三辆。出租车由城镇发展到农村，出门坐公交或“打的”，已经司空见惯。出行还可以乘动车、高铁、坐飞机，方便快捷。

第二节　节日习俗

传统节日

春节　辛亥革命后，农历正月初一正式定名

石庙孝陵村春节扮玩　（2016 年 摄）

为春节。节前常年在外的亲人赶回家团聚，各家各户忙着置办年货，打扫房舍，清理庭院，贴年画、春联、灶王及上坟祭祖等。旧时，除夕这天还要插松柏，挂香牌，门后摆放拦门棍子。子夜后，在院内设供桌，摆香案，敬天地神灵，供灶王，祈保全家平安。人们早起烧火（不拉风箱）下饺子，烧香上供，放鞭炮。吃完饺子便开门迎财神，开始拜年。早时拜年都是跪拜磕头，后来渐渐变成了进门行礼问好。初二开始走亲访友。新中国成立后，过节除沿旧习外，节前村干部组织给烈军属家挂光荣牌、送年货，政府发慰问信，并组织青年团员、学生帮烈军属、“五保”老人打水、扫院子，贴春联。组织党团员给烈军属、复退军人、劳动模范等拜年。90 年代，兴起电话、短信、微信拜年，开着轿车走亲戚。春节期间，各村大多组织扮玩、文艺活动。

五马日　正月初五传说是“破日”，俗以为初五以前百事禁忌，之后可破忌，俗称破五。有当天吃饺子的习俗，寓意着招财进宝。早上吃水饺、放鞭炮、烧香上供、迎财神、开市贸易的习俗，还有初五晚上打着灯笼在房前屋后、旮旮旮旮照亮驱邪，沿袭至今。

元宵节　正月十五称元宵节。当天吃过水饺，各村开始组织闹元宵，有的踩高跷、扭秧歌、跑旱船，有的舞龙，有的舞狮。到了晚上，人们成群结队去观看元宵灯火。大型焰火烟花场面宏大，光彩夺目。随着生活条件的提高和科学技术的发展，形式多样，规模不同。境内还有正月十五吃元宵的习俗。元宵也叫汤圆。

填仓日　正月二十五日。旧时，北方民间人家每到正月二十五日清晨，上年纪的人用簸箕或木锨铲上筛过的炭灰、柴草灰，在门前撒成一个个圆圆的囤圈，形似粮仓，还有的镶上花边、吉庆字样以及上粮囤的梯子，并在囤中撒以五谷或零钱，覆以甄瓦等物，谓之填仓，象征五谷丰登、财源旺盛。填仓日吃干饭、喝面汤的勤俭习俗仍旧延续着。

二月二　农历二月初二，正值“惊蛰”节气前后，下雨时可能伴有雷电，明清时期，以当天为春龙节，有二月二龙抬头的说法。人们用灶灰绕宅院撒一周，叫围宅子，也有围房屋撒如龙蛇状，名曰引钱龙。一明天，揭开囤里盖五谷钱的甄瓦，叫“二月二龙抬头，大囤满小囤流”。境内还有二月二吃蝎豆的习俗。炒蝎豆的方法是把事先用盐水浸泡的黄豆晾干，加入炒热的细沙或黄土，炒熟黄豆后筛去沙土；白面放糖擀成薄饼，切成菱形小块，文火烘干做成“萁子”，掺在蝎豆里。传说吃了“蝎豆子”一年不被蝎子蜇。当代吃的蝎豆都是集市买现成的，吃蝎豆的习俗沿持至今。其他习俗渐渐消失。

清明节　也叫清明日。清明节前两天叫“一百五”，原因是冬至到当天一百零五天。日出以前，人们都各自到祖坟添土。清明前一天称寒食。寒食节由来与介子推的故事有关。每逢清明都不举火，冷食一月，以后逐渐减至三日。“寒食节”从此流传下来。以后每年清明节踏青，并且要头戴柳条编织的柳冠或柳环。当时有民谣：“清明不戴柳，红颜成皓首。”寒食节当天，家家门上插柳枝，烧纸钱，野外祭祀，吃冷食一直流传下来，而且发展到在寒食节上坟祭祖，立碑、植树、踏青、郊游、放风筝、荡秋千、吃煮鸡蛋等习俗延续至今。新中国成立后，学校、机关等单位组织师生、干部祭扫烈士墓，进行革命传统教育。

上巳节　俗称三月三。汉代以前定为三月上旬的巳日，后来固定在夏历三月三日。传统的上巳节在农历三月的第一个巳日。境内的三月三赶牛山的习俗就是由上巳节沿传来的。

端午节　农历五月初五，俗称“五月单五”。端午节有纪念屈原之说。民众在端午节吃粽子、煮鸡蛋、门口插艾草，用艾叶洗澡、驱蚊的习俗沿袭下来。

六月六 农历六月初六，时值盛夏，小麦已入仓，境内群众旧有上坟祭祖的习俗，称“夏麦坟”。意思是麦收已完成，新粮入仓，用收获的新麦子，磨面包饺子祭祖，让先辈共享丰收的喜悦。还有“六月六”晒龙袍等谚语，当天要晾晒家中的衣物，以防汛期霉变。时当炎夏，把小麦炒熟磨成粉，加糖或枣泥，用凉开水拌着吃，俗称“吃炒面”。也有的加入少量炒面用水调成饮料喝，借以防暑降温。此俗仍延续。

七月七 农历七月初七日，也叫七夕节或双七节、乞巧节。传说牛郎织女在当天鹊桥渡天河夫妻相会。七月七晚上，年轻的姑娘和少妇出来向织女乞巧，希望自己也能像织女一样有双灵巧的手，有颗聪慧的心。

七月十五 又称中元节，俗称七月半。据说地官生日是七月十五日，称中元节，民间普遍进行祭祀活动。人们传承着以家为单位的祭祖习俗。

中秋节 又称团圆节，为农历八月十五日。时值秋季之半，故名中秋。古说“庄稼成熟曰秋”，所以中秋节的起源和农业生产有关，有庆贺一年农事收获的意义。是民间仅次于春节的第二大传统节日。周代中秋夜举行祭月活动。晋代有中秋赏月之举。唐代中秋赏月鼎盛。北宋始定八月十五为中秋节，月饼定为节日食品。南宋、明、清赏月活动盛行不衰。至今中秋节来临之际，探亲访友、聚餐庆祝者渐多。

重阳节 重阳节已有两千多年的历史。重阳节的起源，最早可推到春秋战国时期。汉代起，过重阳节的习俗渐渐流行。此后，人们每到九月初九登高、赏菊，以求避灾免祸。2012 年 12 月 28 日，全国人大常委会通过新修改的《中华人民共和国老年人权益保障法》明确每年农历九月九日为老年节。每年老年节之际，开展各种尊老、敬老、爱老、助老的活动。

十月一 农历十月初一。新中国成立前，当天地主要请雇工喝酒，酒后对雇工或辞退或续议明年合同，傍晚祭祖。新中国成立后祭祖习惯仍存，农家同时吃水饺改善生活。

腊八节 农历十二月初八日，又叫腊八日。其节俗主要是喝腊八粥、包饺子，全家团聚，自此逐渐拉开春节的序幕，年的气氛逐渐浓厚。

小年 腊月二十三，是中国民间“辞灶”的日子，人们称之为“过小年”。辞灶，是一种传统的节日习俗。传说当天灶王爷要升天向玉皇大帝汇报一家功过。辞灶便是送灶王爷起程。各家各户对这位居家之神，平日里态度虔诚而非常尊重。辞灶寄托着人们对美好生活的向往，祈求神明保佑全家新年平安、吉祥如意。傍晚置酒给灶王饯行，供糖瓜，希望“上天言好事，回宫降吉祥”。

除夕 又称“年除儿”。时值每年农历腊月的最后一天。除，即去除之意；夕，指夜晚。除夕就是辞旧迎新、一元复始、万象更新的节日。是境内最重要的传统节日之一。有除夕下午上坟祭祖的风俗，称为送年食。当天，人们贴春联、过门钱，打扫卫生，做年夜饭，包饺子，全家人吃团圆饭，是家家户户最热闹幸福的时候。年夜饭名堂很多，各有讲究。吃饺子是取新旧交替“更岁交子”的意思。又因白面饺子形状像元宝，一盘盘端上桌象征着“新年发大财，元宝滚滚来”的意思。还有的在包饺子时，放几枚硬币包进水饺，谁先吃着，就能多挣钱。过年给孩童压岁钱，体现出长辈对晚辈的关爱。春节联欢晚会是除夕夜家家户户喜爱的电视大餐，已成为新民俗、新文化。

现代节日 纪念日

元旦 又称阳历年。1949 年 9 月 27 日，第一届中国人民政治协商会议在决定建立中华人民共和国的同时，也采用世界通用的公元纪年法。元旦 1 月 1 日列为全国法定节日。

妇女节 1949 年 12 月，中央人民政府政务院规定每年的 3 月 8 日为妇女节。在妇女节前夕，开展“三八红旗手、标兵”“三八红旗集体”等评选活动，表彰妇女做出的业绩。

植树节 1979 年 2 月 23 日，在邓小平提议下，第五届全国人大常委会第六次会议决定，为鼓励全国人民植树造林，绿化祖国，改善环境，造福后代，从植树季节考虑，定 3 月 12 日为全国人民义务植树日。

国际劳动节 新中国成立后，中国政府于

1949年12月规定，每年5月1日为法定劳动节。

五四青年节 中国政府于1949年12月正式确定5月4日为中国青年节。

母亲节 现代的母亲节起源于美国，每年5月的第二个星期日为母亲节。20世纪80年代，母亲节逐渐被中国内地民众所接受。境内大多数家庭重视过母亲节，儿女们向母亲献上心爱的礼物和真诚的祝福。

儿童节 称六一国际儿童节。新中国成立后，中央人民政府政务院于1949年12月23日规定，将中国儿童节和国际儿童节统一起来。境内每到“六一”，学校都组织各种形式的活动，庆祝少年儿童的节日。

七一中国共产党成立纪念日 把七月一日作为中国共产党的诞辰纪念，是毛泽东同志于1938年5月提出来的。1941年党中央确定1921年7月的首日即7月1日作为党的生日和纪念日。

八一中国人民解放军建军节 1949年6月15日，中国人民革命军事委员会发布命令，以“八一”两字作为中国人民解放军军旗和军徽的主要标志。中华人民共和国成立后，将此纪念日改称为中国人民解放军建军节。在建军节当天，境内组织复退转军人和军属代表召开座谈会，走访革命军人，组织拥军优属活动。

教师节 1985年，第六届全国人大常委会第九次会议通过了国务院关于建立教师节的议案，确定1985年9月10日为中国第一个教师节。此后，每年教师节，齐陵教师都以不同的方式庆祝节日。党委、政府通过评选奖励、介绍经验，帮助解决工资、住房、医疗等各方面的实际困难，改善教学条件，提高了广大教师从事教育事业的积极性。

国庆节 1949年12月3日，中央人民政府第四次会议决定每年10月1日为中华人民共和国国庆日。国庆节期间，境内积极参加上级组织的大型庆典活动，欢度节日。

第三节 婚 俗

旧时，男女订婚讲求门当户对，遵凭父母之命、媒妁之言，男女当事人全无自主权。穷困人家为了生计，有的把十来岁的幼女卖给人家做童养媳，境内俗称“团圆媳妇”，到十五六岁即“上头”成婚，婚礼简单。另外，还有娃娃亲，就是从小孩时就定为夫妻的；换亲，就是因家穷或其他原因，男孩找不上媳妇，老人就把男孩的姐或妹嫁到同样情况的另一家，换回对方的姐或妹成婚；还有转换亲，三四家转换的亲事；指腹为婚，就是双方在未降生之前就定下婚约的婚姻；婚前男女双方互不见面，闺女一旦出嫁，就必须从一而终，便是俗话所说“嫁鸡随鸡，嫁狗随狗，嫁给要饭的跟着叫花子走。”家庭条件富裕或者前妻无子者还有纳妾、娶二房、三房夫人的，俗称“小老婆”，一夫多妻。还有娶“养老女婿”的。

买卖婚姻或童养媳的婚礼程序比较简单。一般“上头”（女子出嫁时绾纂）后，拜天地，入洞房。第二天同家人上坟祭祖，回家全家人吃顿团圆饭即完婚。

传统婚俗比较繁琐。从议亲到完婚，周代为六礼：即“纳采、问名、纳吉、纳证、请期、娶亲”；北宋至明代官宦贵族沿袭，而广大庶民则多将“纳采、问名”合并，“纳证、请期”合并，成为四礼；清朝仅重“纳采、娶亲”二礼，多了女家“铺房”。民国初年到新中国成立初期，结婚程序一般经过8个步骤：提亲。由男方请媒人向女家提亲，也有女家遣媒人向男方提亲的，这叫“倒提媒”。换号，也叫“请庚”。男家将定亲者的姓名、出生年月及时辰，写在红纸上，卷在高粱秆上，用红线缠绕，由媒人送交女方；女方用同样的法子将女方、出生日期转交男家。送柬。男女双方同意婚事后，选择农历双日，男家请人写“订婚书”，亦称“龙凤贴”，内写定亲人双方姓名、年龄、出生年月日、时辰、住址、家长和媒人姓名等内容，由媒人和男家主事人持“柬贴”和“压柬”钱、布料、衣物等送到女家；女家写“回柬”，送到男方。下“婚书”。男方让媒人送交女方彩礼后，将婚期和禁忌等事项写在红纸上，谓之“婚书”，也叫“婚单”“年命帖”，一式两份，把其中一份于婚前十几天送到女家。境内称送“帖子”或送“喜帖”。送嫁妆。境内叫“下奁房”。在婚前最后一个双日，女家雇抬夫，由女方的嫂子、姐妹跟随，往男家送嫁妆，并在男家把㕛房安排好。“上头”“开脸”。女方在结婚前一天，请儿女双全的“全和人”，将姑娘的辫子绾成纂，改成妇人头饰，称为“上头”，同时给新娘脸部绞汗毛、修眉毛、齐鬓角、涂脂粉等，境内称“绞脸”。迎娶。结婚吉日前一天傍晚，新郎给本族长辈行礼，喜房内“安床”。（安床多由自家哥、嫂）吉日凌晨，新人的哥嫂给新人“铺床”。娶亲队伍多是八面龙凤旗、两面清道旗、一对大红灯笼、红绿两把绸伞、两面铜锣、四名奏乐师在前开道，接着是新郎乘坐的绿轿，后面是为新娘准备的花轿。迎亲队伍到女家，新郎给岳父母叩头行礼，岳母给新郎披红戴花。新郎上轿在前，新娘身穿绂衣，头顶“蒙头红”，被抬上花轿。有新娘兄弟二人相送，称“送客”。另有两人扶轿杆紧跟在轿两旁，称“押轿”，也叫“跟轿”。途中若遇井、坟、桥、庙，要用红毡遮轿，意为辟邪。迎娶队将至男方家时，路两旁点起火堆，以挡住邪魔鬼祟。轿至门前，男方由龙、虎属相的二人在大门上方压红砖，门左右贴龙、虎两个大字，地上铺红毡或苇席。给新娘递上“下轿钱”，用传盘托“如意勾”至轿前送“如意”。一长辈人举香前导，称“领亲”，新郎紧随，新娘由两位嫁客搀扶下轿跟后，踏红毡或苇席进大门，迈过用红纸包着的“剩子”和马鞍，意为生子平安。进院后，领亲者拈香祭拜，新郎新娘在正堂前拜天地，早安排好人这时扬火烧（现在掺糖块）。程序是拜天地、拜高堂（给二老叩头），夫妻对拜，送入洞房，由新郎给新娘挑去“蒙头红”，新娘脚踩“糕托”上床，一整天不能下床，称为“坐床”或“坐床帐”。晚上，闹过喜房后，夫妻二人喝交杯酒，俗称“合婚酒”。吉日上午，男家盛宴招待女方来的“送客”。还宴请新郎的女长辈，让新娘磕头、敬酒，长辈给新娘递红包（俗称“磕头钱”）。婚后第二天，新媳妇早起给公婆扫地、扒锅灶灰。然后婆婆和好面，新媳妇擀面条，这叫婆媳“一合手”，意在搞好婆媳关系。当天，女方娘家人到男家“圆饭”。随即，新郎新娘由公爹带领上喜坟祭祖，去新郎的外祖父家拜望并上喜坟，压上红坟头纸。第三天上午，新娘由嫂子陪同到本族家给长辈磕头、认门、认亲。回门：第三天下午，女方来人接新媳妇回娘家，次日早起（不明天）返回。大礼告成。

新中国成立后，境内婚俗随时代变迁而变化。男女订亲要双方不妨不克，换柬为凭。择日结婚。男方先找人到女家讨得新人的生辰八字，称“请年命”。按其生辰、属相择定吉日。吉日择定，男方向女方送帖子。征得女方同意后，在吉日前十几天的双日“下聘礼”（境内叫“下礼”）。女方收礼，回以糕若干（按新娘年龄，每岁一对），茶碗一对，10双高粱莛，9双筷子（十停九住）。吉日前最后一个双日，女方向男方“下㕛房”，男方贴喜联挂彩绸迎接、款待来人。喜日前一天，看时辰，找新郎哥嫂“安床”，当晚必须有人（新娘的大伯）压床叫做“不空床”。新郎的大伯哥、大伯嫂（而且是原配且儿女双全的）在婚床上铺上新席一对叫做“铺床”，在席子下面放上葱、芝麻秸、豆秸、枣枝等物，边放边唱：“放上大葱，生个儿子坐朝廷；放上芝麻秸，生个儿子做大官儿；放上豆秸，生个儿子做秀才；放上枣枝儿，早生小子儿。”此俗境内仍有时兴。

20世纪50年代，多沿用旧习。多用花轿娶新娘，以后用马车、自行车迎娶。新娘一般不再戴蒙头红。“送客”随车或自己骑自行车，也有的用乐队、秧歌队作迎娶仪仗队。1958年后，曾一度提倡革命婚礼，即以锄、镰、锨、镢为嫁妆，新娘乘车或步行到婆家，举行简单婚礼程序。也有的村庄，选在“五一”或“十一”期间，举办集体婚礼。结婚典礼需由新郎、新娘、主婚人、证婚人，男方父母长辈、来宾参加。20世纪五六十年代以后的婚礼程序主要是：放鞭炮、奏喜乐、向领袖像或国旗致敬，宣读结婚证书，主婚人讲话，向父母长辈行礼，向主婚人致敬，向来宾致敬，新郎新娘相互敬礼，来宾致贺词，新人讲话等。

70年代，迎娶多用马车、拖拉机，极少富户用汽车。90年代，结婚普遍用小轿车，一般为6～12辆，外加录像车、迎宾车等。

80年代起，提倡集体结婚，一般由村共青团支部主持，领到结婚证的青年男女欢聚一堂，单位负责人主婚，举行完婚礼程序后，分发喜糖，既热闹简朴，又活泼节约。

90 年代，宴宾之风流行。一家子女结婚，邻里亲朋赠钱送物表示祝贺。主家设宴招待，少者一二十桌，多者上百桌，宴客时间长达三五天不等。待客多用方桌，长者或主客坐首席，其余按宾主、长幼依次落座。有男女不同席，父子不同席之说。喜宴中，当上第一个“大件”时，首席倡议同席人每人凑上一点钱，用红纸包裹，托端菜人传给厨师，以表示对厨师的犒赏和谢意（称赏厨）。

进入 21 世纪，出现婚庆服务公司，为婚嫁双方提供车辆、婚典等全过程、全方位的服务。婚礼程序呈现多元化特点，有的沿用旧俗，有的创新，有的新旧结合，原则上以男女两家喜好为准。境内部分经济条件较好的人家结婚典礼开始在大酒店或宾馆举行，同时宴请亲朋好友，俗称“当天忙”。大都注重新娘“过门”的时辰。有的在既定的“过门时辰”，在老家或洞房所在地举行一次“中式”结婚典礼，中午再到酒店举行结婚仪式。结婚典礼上，新郎着西装、皮鞋，新娘穿婚纱，从迎娶到婚礼结束，整个过程都请摄像师录像、照相，刻成光盘永久保存。婚宴多在饭店招待宾客，座次分主陪、副主陪、主宾、副主宾之分。主陪与副主陪对面坐，主宾坐在主陪右侧，副主宾坐在主陪左侧。其他宾客依次坐于主陪或副主陪的两侧。宴宾的档次水平因宴宾者的经济条件不同而差别较大，宴宾的形式大同小异。

新式农家喜事 （2016 年摄）

第四节 丧 俗

传统丧葬习俗

寿终 病人临危，将其由卧室移至正房临时铺设的板床上，叫“搬铺”。逝者在 50 岁以上称“寿终”，男移正房左侧谓“正寝”，女移正房右侧称“内寝”。（未成年死亡为夭折，移至侧房炕前地上）。给死者洗脸、洗脚、理发、穿寿衣（不系纽扣），口内含硬币，白纸或黄纸盖脸，身体上放一盛盐的小盘，置灵床上。头前点“长明灯”，供桌上摆面条、小米饭各一碗，筷子直插于碗内，称“倒头饭”。然后在院内西南放一大椅子（或小桌），长子手托传盘，站在上面，面向西南方向高呼，谓之“指路”。直系子女去土地庙或大路送倒头“浆水”。当天，里柜列好“报丧帖子”，派人送往逝者亲戚家报丧，大门内贴告丧牌，大门外竖“招魂宝幡”，院内扎灵棚，设供桌，摆牌位供品。子女穿孝衣、扎麻绳、戴孝帽、白布瞒鞋，拄哀杖。男跪灵棚，女坐停尸房。院中设里柜（账房），收记亲朋祭仪及管理丧事安排等。上午，孝子将死者遗体放入棺木，称“入棺”（称“小殓”）。里柜写好牌位，上写逝者姓名、年龄等，用两根新筷子支起，插在馒头（或白菜疙瘩）上，供于棺前。牌位两份，另一份供于灵棚。晚饭前（也有中午的）送“大执”，与送浆水一起，将逝者的棉袄、纸轿、纸马、纸箱、纸钱送到土地庙前或大路上。烧轿前由子、媳、女等依次夹供菜放于篓内，夹完供菜，连同牌位，放于轿内，然后齐跪于轿后。帮忙人点燃轿箱袄等后，用木棍把燃烧的轿箱等砸塌。送殡人绕轿正转三圈后，把白幔倒过来，再倒转三圈后，跪下磕头，然后哭着走回家给死者磕头，大执完毕。长子为死者净面，也叫“开光”“净五官”。亲戚朋友瞻仰遗容后，用五谷杂粮在棺盖上撒“金玉满堂”四个大字，“拂财”后入殓、镇钉。殡前，全家至哀称“参灵”，全家人一起在灵棚内吃饭，边吃边填满“下食罐”（献食罐），用锅底灰封严实。

出殡 旧时，境内殡期不一。如父母健在其子女“少亡”者，当日埋葬或隔日殡葬。老丧殡期有排三、排五、排七不等。旧社会也有半月以上的，还有的将棺材暂厝，停放一月、数月甚至数年后再葬。出殡当天，早饭前阖家致哀，称“参灵”，孝子与家丁（主持丧礼的人）等人员一起去墓地看坟（相墓）。回来后，守在灵屋内的孝女、孝妇去坟内“煎糕”，点燃豆秸、麦秸、芝麻秸，烧热鏊子烙馒头、烙豆腐，然后在坟底摆放“七星钱”，意为死者温炕。上午，孝子贤孙跪于灵棚两旁“陪灵”，并随时跪迎、跪送前来祭奠的亲朋好友；孝女、孝妇分坐灵柩两边守灵，哭迎前来吊孝的女客。邻里好友、女客用白纸包好“收头钱”给守灵孝女、孝妇。接钱后，磕头致谢。

午饭后发丧。发丧前，亲友在灵棚面向牌位，依次祭拜，孝子再面向牌位跪拜，称“辞灵”。家丁在灵前用刀背“斩缸”，抬夫抬起棺材，称“起灵”。全家孝男跪拜灵前致哀，孝女送殡者随起棺后放声大哭。抬棺者抬棺材出院门后，把棺材放置灵舆（俗称架子）上，起舆时（现在是灵车开动时），长子摔瓦，次子摔碎原放在灵前烧化纸钱的乌盆，称“摔劳盆”。后启轿上路。大轿（或灵车）经寨门或十字路口时，抬轿的停步，用杠子支轿，轿不落地（灵车停下）。此时，儿女亲家或主要客人设“迎门祭”“路祭”供品，请人行三拜九叩大礼拜奠（俗称拜祭）。拜祭后，大轿（灵车）上路，孝妇孝女脱去孝服返回，到停放棺材的地方坐一坐，谓之“抢福”。灵舆到坟地，孝男把“献食罐”“长明灯”等放入坟龛内，落棺成坟。孝子回家拿来烟酒，感谢筑坟人。安葬完毕接着墓祭。

棺材　境内旧的习俗，人死后用棺材盛殓，入土为安。所用木材多种多样，用松木做成的棺材叫“松条板”，根据用料和规格，木棺又分以下几种：“五字”板，盖厚五寸；“四五六”板，即底厚四寸，帮厚五寸，盖厚六寸；“六六”板，也叫“六六到底”，即底、帮、盖皆厚六寸；“八仙”板，共用八块木反做成的棺材；“四喜”板，即底、帮、盖各用一块木板（亦称“三独”）；“一捆杠子”是由很多木板制成一口棺材。用梧桐木做帮，枣木做底，楸木做盖，则称为“铜帮、铁底、银盖”。很多富户人还健在就做好棺材，称“寿材”。贫困人家多用“薄皮子”棺材，即用厚薄不均，只是外表平的杂木棺材。有少数穷人用秫秸箔或旧苇席将死者卷好埋葬。

坟墓　境内旧习俗以姓氏家族立墓地（称坟园）。很多富户人家，为未逝老人先修寿坟。一般是将墓穴修成一小型宅院，四壁饰以彩绘或砖刻人物、花鸟。四面石壁的叫“金井子”；以砖刻厅房楼阁于四壁的叫“四架楼子”；只有前壁后壁镶有砖刻的叫“前后楼子”。贫困人家以青砖石灰砌坟，叫“白灰条子”；也有少数用三合土（石灰、沙子、土）捶实四壁，落棺后再用三合土捶顶。极贫人家以土坑埋葬的叫“直坑子”。

谢客　殡后，丧主在当天下午或晚上，设宴邀请帮办丧事者，以示“酬劳”。第二天，孝子逐户到前来吊祭的亲戚、朋友家以示感谢慰问，称“谢客”。

拂三　在殡后第三天凌晨，孝男、孝女到坟墓烧纸、香祭拜（上坟）、添土、哭祭，叫做“拂三”。

垒七　人死后每隔七天，其子女上坟烧香纸祭拜，称垒七。一般从“一七”到“尽七”。死者有几个儿子，就不垒“几七”。

百晌　也叫“百飨”，其子女到坟墓摆供品、烧香纸及纸扎摇钱村、钱柜等，俗称“过百响”。至此，丧事方告结束。

丧葬改革

新中国成立后，破除迷信，境内葬仪简化，沿用木棺土葬。1966年起，“破四旧立四新”，除烈士墓外，其他坟墓皆夷为平地。其后，由生产大队统一规划，不分姓氏、家族，死者同葬一地，称之为“公墓”。20世纪70年代起，推行“火化”葬仪更简。废除传统殡葬仪式，提倡开追悼会。1976年，境内火化率100%。1982年，各大队开始成立红白理事会，改革丧俗。2002年11月，区文明办、民政局联合下发《关于加强殡葬管理及规范丧葬用品市场的通知》，明确提出制止丧事大操大办，杜绝披麻戴孝、扎车扎马，把殡葬管理目标作为评选文明单位的重要依据。境内开始提倡在殡仪馆与遗体告别后火化的殡葬仪式，提倡用黑袖章代替白孝衣，亲友集体鞠躬祭拜。有沿用在家出殡的殡葬仪式，出殡仪式有的安排在火化同天进行，有的安排在火化后。出殡程序大大简化：不设灵堂，不拜祭，不穿白孝服。一般午时火化，火化后直接将骨灰埋在本村公墓，留有小坟头，以备后人祭奠。境内刘家终村、东龙池等村进行丧葬习俗改革，建成新型公墓。

第五节　祝祭习俗

祝庆

家遇喜事，亲朋好友前来祝贺，祝庆方式古今有别，以喜事的不同而异。

送粥米　境内妇女生孩子后，丈夫要到岳母家报喜，岳母闻信后，准备给产妇送米和看三日，就是产妇的母亲在产妇生产后第三天，带着红糖、奶粉等食品到男方家中看望，以示对女儿的关心。同时与男方定好送米日期。一般是生后第八天、第十天或第十二天的“双日”。（因为不到8天有生人带来7日风之嫌，对幼儿健康不利）。定好日期后，娘家人及亲戚、朋友备好米、面、鸡蛋、油条、饼折条（将擀好的薄单饼折叠切成条，也叫饼折汤）、小孩衣帽、枕头、布料、毛毯、喜资（又叫看孩儿钱）等前往产妇家慰问，叫做“送粥米”。男方家要设宴招待。男方家近邻近亲也有馈赠少量的鸡蛋、油条、面条等，境内称“送月子”。

度满月　婴儿满月当天，娘家要接闺女和婴儿到家中住“满月”。按传统，婴儿在去外婆家之前，要举行“铰头”仪式（也有到外婆家后“铰头”的），即为婴儿象征性地剪落胎发。境内“铰头”必须有婴儿的舅舅在场看着。铰头时让婴儿抱一个瓢子，内盛一对馍馍，寓意婴儿以后生活有保障。当代多让婴儿抱书、笔、算盘、计算器等物，寓意婴儿长大后有学问。另外，剪一点狗毛、猫毛、驴毛、牛毛等放入瓢中，以防婴儿见了此类家畜害怕。铰完胎毛，还要象征性铰一下五官和手脚，边铰边说：“铰铰耳朵听得清，铰铰眼睛看得清，铰铰双手能抓挣，铰铰双脚步步升”等吉祥祝福的话。进入21世纪，城里有了专门为婴儿过满月服务的行业，把铰下的胎毛做成胎毛笔，将脱落的脐带封存于“水晶盒”内永久保存，为婴儿制手印和脚印等。

过百岁　婴儿出生第100天，外祖母带上面条（叫“百岁汤”）和一条缝着绒穗的裤去为婴儿祝福，“穗”“岁”谐音，叫“祝百岁”。在当天还要收集多家各种颜色的碎布头，给孩子做成“百家衣”（百衲衣），小孩穿此衣能长命百岁。亲戚朋友祝贺百岁，多送布料、“百岁锁”、银手镯、现金，主家设宴招待。

过生日　境内农村老人过生日，全家不论长幼，阖家团聚，吃水饺祝贺。20世纪70年代始，农村老人庆寿活动渐多。80年代，多有亲朋好友登门祝贺。90年代，老人祝寿时，照“全家福”留作纪念。进入21世纪，寿宴多设在宾馆或饭店，有的把整个庆寿过程录像后刻成光盘永久保存留念。

俗祭

祭天主神　齐地八神是先秦时期在今山东半岛周围地区盛行的原始宗教，也就是古代先民对天、地、日、月、阴、阳、四时及古代传说英雄蚩尤的崇拜。《史记·封禅书》记载八神：天主、地主、兵主、阴主、阳主、月主、日主、四时主。天主之祠在天齐。《齐记》载：“临淄城南有天齐（脐）泉，五泉并出，有异于常。言如天之腹齐（脐）也。”八神中天主的祭祀地选在古代齐人认为的天脐处即齐陵境内天齐渊。

八神崇拜形成在齐国初封之时，到战国末期逐渐衰落。秦汉时期，虽然史籍中有秦始皇、汉武帝到山东一带祭祀八神的记载，但那时对八神的祭祀也只是“上过则祠，去则已”。西汉以后，八神不再见史籍，齐地的八神崇拜大约消亡于东汉时期。

祭财神　境内有祭财神的习俗。“财神爷”有两位，一位是“赵公元帅（赵公明）”，原是道教信奉的财神；一位是“关羽”，众称“关老爷”。关公画像两旁对联所写“昔为汉室忠良将，今作中华福禄神”。供奉“财神爷”保佑发家致富的习俗日盛。特别是正月初八，有的进行“祭财神”活动。

祭土地神　旧时，各村都有土地庙。土地是一方之主，称“土地爷爷”。传说农历二月二是土地爷爷的生日，要备供品去土地庙祭奠。

四季祭　境内习俗每年四季都要上坟祭祖，此称“四季祭”。以农历四季为主，春季是“一百五”；夏季于六月六日前，即上夏麦坟；秋季在农历七月十五；冬季是农历十月一日。

祭物　旧俗在春节期间，除祭天、地以外，还在井台、石碾、石磨、粮囤、车辕等前摆供祭奠。新中国成立后，此俗渐废，只贴“萝卜钱”或“福”字。祭汽车、祭路始于20世纪90年代，因买汽车越来越多，为祈求平安，有了祭车、祭路活动。

第六节　社　交

新中国成立前，学生拜老师，晚辈给长辈拜年、祝寿等要行跪拜礼。平辈人见面相互抱拳拱手问好。新中国成立后，跪拜礼渐废，较普遍地行鞠躬礼或举手礼。军人、学生一律行举手礼。亲朋好友之间，不分男女，见面握手为礼或举手示意打招呼为礼。有宾客登门，主人要迎至门外，按应有的称呼问好、握手。客人若带礼品，要双手接过，客前主后入，招待烟茶时要双手奉送。待人接物首先预约，入室之前先敲门，主人未请，不可入，不请坐、不可坐；若带有雨伞等物，要留于室外或主人指定的地方。主人有事，应速退出，未见主人可留便条；旧客去时，新客应起立相送。室内摆放或珍贵之物，未经允许不可随意乱动。坐立都要讲究姿势，要自然和谐。探望病人时，应安静，应尊重医护人员的意见。但不宜久谈。

接待客人应注意，有人拜访敲门，要回答“请进”或亲自到门口相迎。客人进门，要热情接待。如果家中不够干净整齐，应做必要的简单整理，向客致歉。客人落座，敬烟敬茶用双手送到客人手中或客人右边。酷热天要给客人递扇子或开电扇、空调。正遇饭时，要诚邀客人一起进餐。如果客人来时，恰巧有急事、要事不便相陪，应先打招呼致歉，安排家人陪客，然后离开。客人坚持要走，不能勉强挽留，要送客人至门外，握手道别。

向陌生人询问，称呼对方为“先生”“师傅”。见老年人叫“大爷”“大娘”。对青壮年称“大哥”，对青年妇女称“大姐”。问姓氏称“贵姓 ”，问名字称“台甫”，问住址称“仙乡”“贵府”。请别人让路喊“借光”或“劳驾”，妨碍别人立即说“对不起”“请原谅”，求助于人说“拜托”“麻烦您”。帮人者则客气地说“没关系”“甭客气”。受到夸奖时说“过奖”“抬爱”。当离开时说“告辞”，不让送说“留步”“免送”等等。为将要出门的人送行设宴，谓之“饯行”。对回归故里或出远门归来的人设宴欢迎，称为“接风”“洗尘”。

第七节　陋习流弊

纳妾。旧时，富家大户有纳妾者，俗称“小老婆”。有的因为原配妻室不生育或无男孩，为了传宗接代而纳妾。妾在家庭中地位很低。新中国成立后，人民政府禁止纳妾，婚姻法规定一夫一妻制，此陋俗随之根除。

休妻。休妻是男子单方面离婚的办法，男方只要一纸休书就可以将女方赶出门外。

早婚。旧时，农村流行“多子多福”“早养儿早得济”的思想，早婚陋习普遍存在。男女在十五六岁就结婚。有的富户儿子十一二岁，就为其找个大七八岁或十几岁的姑娘为媳，以便早抱孙子，成就“五辈同堂”的愿望。新中国成立后，此俗废除。

童养媳。俗称“团圆媳妇”。旧时，有的贫穷人家或因子女多，家境困难，无力抚养，或因天灾人祸，无法生存，便早给幼女找个婆家“团圆”着，或将幼女卖给找不上媳妇的人家做童养媳，待到女子到一定年龄再办婚事。新中国成立后，此俗根除。

守节。旧时，已婚女子死了丈夫，要守节不得改嫁。“好女不嫁二夫，好马不配双鞍”。就连订婚后尚未出嫁而丧夫的女子也要终身不嫁，称“望门寡”，死后与丈夫合葬。守节寡妇教子成名者，立贞节牌坊；以身殉节者，为其竖“烈女”牌坊。新中国成立后，此俗根除。

冥婚。境内俗称“结阴亲”。就是为已死亡的未婚男、女寻配偶。然后由其家人依照活人的结婚仪式为其举行“婚礼”。

缠足。明清时期，女人以缠小脚为美（称“三寸金莲”）。女孩从四五岁开始，用“裹脚布”把两脚裹紧，迫使二、三、四、五脚趾头折向脚心，造成畸形变为小尖脚。缠足时，强迫趾骨变形，疼痛难忍，不能走远路，不能干重活，有人称之谓“半残废”。辛亥革命后，民国时期，禁止妇女缠足，得到广大劳动人民的拥护。新中国成立后，缠足陋习根除。

赌博。新中国成立前，境内有习赌者。赌博形式多样，分麻将、牌九、纸牌、骰子、抽签、押宝、押红、押黑等。有的以设赌局为业，见10抽一，坐享其成。有的因赌博倾家荡产、妻离子散。新中国成立后，政府明令禁赌，赌风绝迹。

吸毒。从清末开始，境内就有吸毒者。民国至抗日战争时期，政府明令禁止吸毒、贩毒，但当时官员和农村富家大户有吸毒成癖者。新中国成立后，政府严禁种植罂粟、吸毒、贩毒，对吸毒者进行登记，强迫交出烟具、毒品，并依法处理。

迷信。旧社会封建迷信活动泛滥，形式五花八门。有的为乞求全家平安，祭天地、祭灶王、拜菩萨；为使人丁兴旺、家业发达，烧香敬佛，以求子孙福禄，选墓地、看风水；为避灾避难，免除灾祸，盖房动土要避开“太岁”“三煞”；为了发财，求“财神爷”；生病长灾，请神汉、巫婆烧香许愿，驱鬼拿邪；求“观音送子”去娘娘庙烧香拴娃娃；为保孩子不生病长灾，去“送生娘娘庙”或菩萨庙许愿，换替身；为出行安全，祭拜路神；天旱则烧香求雨；修房建院，伐树、开业等都要请人看日子、择时辰；子女找对象请人算命、测八字。新中国成立后，政府大力宣传破除迷信，普及科学知识，迷信活动渐少。

禁忌。新中国成立前，境内流行的禁忌很多。建房忌“破日”，择黄道吉日动工；大门口忌冲大街、小巷、水沟、墙角、屋稍；结婚新人忌属相冲克；新婚女子忌在娘家过第一个芒种日，忌在娘家过第一个七月十五；腊月二十三必须回婆家，忌在娘家过春节；孕妇忌食兔肉，忌看出殡，忌在娘家分娩，孕妇忌进三房（产房、病房、灵房）；不出满月的产妇忌到井上提水；春节前蒸馒头裂了口，不能说“裂了”，要说“笑了”，裂口馍头忌做供品；除夕夜不能大声说话，忌拉风箱，忌用剪刀针线，忌吃药，忌吵架骂人，忌说“破、没、死、绝、光、鬼、病、输”等不吉利的字眼；忌打碎器物；五马日前忌隔门槛泼水；正月十五前不空锅；新婚夫妻正月不空床；在院内挖土时要避开“太岁”，即不能在太岁头上动土；忌正月剃头；探望病人忌下午；借药锅忌主动送还。新中国成立后，多数禁忌随着人们传统观念转变而破除。

第八节 社会新风

婚姻新风

新中国成立后，随着破除旧时代的父母包办、媒妁之言、买卖婚姻、讲求门当户对、娃娃亲、童养媳、双换亲、转换亲、指腹为婚等陈规陋俗。政务院颁布《婚姻法》，倡导男女自由恋爱，婚姻自由，男女双方自由做主；有的双方同意由中介人介绍；有的原不相识，经人从中牵线搭桥后多次接触最后订婚。经合法手续结婚。婚嫁更加趋向简便节约。男女双方持所在单位或村出具的介绍信，到政府主管部门依法进行“登记”，领取“结婚证”方为结婚。20世纪60年代开始，不坐花轿，以自行车或骑马、马车等迎娶新娘，并以生产工具（锄、镰、锨、镢）代替柜、箱、桌、厨等作为嫁妆。60年代中后期兴起集体婚礼，由大队或青年团组织，几对青年共同举行婚礼。70年代，新郎新娘向毛主席鞠躬、给父母行礼、答谢来宾后入洞房。90年代，政府提倡婚事新办，婚俗大改变。进入21世纪，结婚用轿车，请司仪主持婚礼，请摄影师摄影录像，刻录光盘，永久保存。提倡节俭、喜事新办，随礼不坐席等，提倡奉公守法，孝敬父母，争当文明新人。

文明共建

境内历来注重礼貌、文明、道德教育。1981年2月25日，全国总工会等9个群众团体联合发出开展以“五讲四美”（讲文明、讲礼貌、讲卫生、讲秩序、讲道德；心灵美、语言美、行为美、环境美）为内容的文明礼貌活动的倡议。2月28日，中共中央宣传部、教育部、文化部、卫生部、公安部联合发出《关于开展文明礼貌活动的通知》，并规定每年3月为“全国文明礼貌月”。境内广大人民响应上级号召，广泛开展“五讲四美”为内容的“文明礼貌月”活动。当年评出区级文明村4个、文明单位1个、五好家庭170户，镇级五好家庭1289户。1982年5月28日，中共中央《关于转发〈深入持久地开展“五讲四美三热爱”活动，争取社会主义精神文明建设的新胜利〉的通知》，境内各行各业讲文明礼貌，互相尊让，争做好人好事蔚然成风，社会风尚和环境卫生为之一新。

1984年，境内评出五好家庭298户，好媳妇、好婆婆1232个，精神文明单位5个，先进团员37人，两个区级文明村。1986年，评出区级文明村4个，文明单位1个，五好家庭170户。

20世纪90年代，境内开展“思想道德、法律知识、文明礼貌、科技文化、卫生保健”五个教育进家庭活动。镇政府把教育内容印成书面材料发至各家各户，由包村干部、学校师生进行宣讲。通过街头宣传、专题报告、学习专栏、图片展览、典型介绍，进行文明言行、良好习惯、尊老爱幼等诸方面的教育活动，先后开展争创五好家庭、文明家庭、十星级文明户活动和孝敬公婆的好媳妇、尊老敬老的“十佳孝星”等活动。

2014年，街道党工委、办事处开展“齐陵好人”评选活动。对评选出的23名好婆婆、22名好儿媳、15名好儿女、20名好村民、16名好邻居予以表彰通报。2017年，齐陵街道被评为区级文明单位，淄河村被评为市级文明村，刘家终村、聂仙村、东龙池村被评为区级文明村。

义捐利民

1992年，齐家终村村委投资建设教学楼，村民捐资1.5万元。1994年，镇党委、政府为境内达标改建校舍发出捐资助学倡议。领导率先带头，广大干群踊跃捐资捐物，共捐资80多万元，钢材、砖、瓦、水泥若干。1995年起，多村进行街道硬化，为填补资金不足，村民们踊跃捐资；在外地的工作人员也回村义捐，大多村将捐资人员立碑褒扬。1998年，长江、嫩江、松花江流域发生特大洪涝灾害，齐陵镇政府发动群众开展扶危济困捐助活动。捐集棉被衣服1500余件，捐资20余万元，支援灾区人民，重建家园。2008年5月，四川汶川发生8级大地震、灾情严重。境内干群踊跃捐资捐物，支援抗震救灾，重建家园，捐资上百万元。2010年5月，前李村周爱敏去世后捐献了角膜，为临淄区第一例器官（角膜）捐献，在全市为第二例。到2017年，齐陵境内到红十字会签约捐献遗体和器官者已有5人。境内干部师生为白血病患者、脑瘫患者、肾移植患者及车祸等捐资300余万元。

第二章　人民生活

第一节　收　入

新中国成立前，土地大部分集中在少数人手中，境内农民靠耕种少量土地或租种土地生活，收入低微，常年缺吃少穿，生活普遍贫困。

新中国成立后，在中国共产党的领导下，人民翻身当家做主，经过土地改革，农民分得了土地，实现耕者有其田。人们以种植高粱、谷子为主，年人均收入粮食120千克～180千克。种植黄烟、蔬菜，饲养猪、鸡，成为重要的收入来源。三年自然灾害时期，粮食严重减产，口粮严重不足。1962年，通过贯彻党中央“调整、巩固、充实、提高”方针政策，农民生活开始好转。农民人均口粮和社员的购买力都有所增加。1966年，境内农民人均口粮达150千克～180千克，年分配现金17元，基本上解决了吃饭问题。1970年，人均口粮220千克，人均分配现金18元。1977年，境内农民人均年收入扣除各项费用和集体提留，平均分配76元。

1978年后，随着农村经济体制改革的不断深入，普遍实行家庭联产承包责任制，粮食产量迅速提高，农民收入大幅度增长。1985年，境内农民人均粮食510千克，人均纯收入559元。企业实行工资总额与经济效益挂钩浮动，职工工资增长较快，年均收入1018元。

20世纪90年代，农业结构不断优化，粮食种植收入所占比重下降，蔬菜、瓜果生产及蛋鸡等养殖规模迅速扩大，成为农民收入的重要增长点。1990年，境内农民人均粮食886.7千克，比1985年增长73.86%，年人均收入889元，比1985年增长59.03%。职工人均年收入2622元。1993年起，国家连续两次提高农副产品收购价格，居民收入显著增加。1995年，农民人均收入1905元，职工人均收入4685元。1997年，镇、村企业改制，吸引农业剩余劳动力向二、三产业转移，农民收入来源向多元化发展。2000年，人均占有口粮704.77千克，人均纯收入3490元。

2004年起，国家减免农业税费，实行种粮直补，加大对农业基础设施的投入力度，提高了农民种粮积极性。农业结构不断优化，蔬菜、林果、畜牧业产值提高，农民收入连年上升，人民生活稳步提高。2005年，农民人均纯收入5548元，职工人均纯收入14743元。2017年，农民人均纯收入22815元。职工人均收入57479元。

部分年份齐陵街道农民人均纯收入情况表

表22-1　　单位：元

年份	纯收入	年份	纯收入	年份	纯收入	年份	纯收入
1966	17	1980	105	1995	1905	2009	8115
1968	20	1982	166	1997	2650	2010	9018
1970	18	1985	559	2000	3490	2012	10695
1973	70	1988	775	2003	4200	2015	17846
1975	79	1990	889	2005	5548	2017	22815
1977	76	1992	1010	2007	6760		

第二节　消　费

新中国成立前，多数家庭过着食不饱肚、衣不遮体的生活，入不敷出，消费水平极低，只能购买一些简单的生产农具、衣物和油盐酱醋等生活必需品。

新中国成立后，绝大多数农户主要是解决吃的问题，穿、住和其它消费甚微。家庭耐用消费品只有桌椅和生活必需的锅碗瓢盆。20世纪70年代，自行车很少。比较富裕家庭有收音机。

中共十一届三中全会后，随着国民经济的发展，农民的消费结构发生较大变化。食品货源、花色品种增加，副食品增多。呢绒、绸缎等高档衣料和服装显著增加，有的开始购买金银首饰等装饰品。自行车、手表、缝纫机、收音机等所谓的“四大件”逐年增多。人均住房面积有较大增长。

随着农村承包经营责任制进一步完善，镇村企业发展加快，多种经营收入增加，居民消费水平有较大幅度提高，日用消费品、文化、生活服务支出占消费支出比重上升。食品消费向着讲究营养方向发展；衣着改变了色泽单调、款式单一的状况；摩托车、三轮车、农用车、钟表等耐用消费品已普及，黑白电视机、电风扇等大量进入居民家庭。

20 世纪 90 年代，居民衣食住行及日用消费品、文化、生活服务消费水平有了进一步提高。副食消费和其它食品消费支出比重明显上升。高中档衣料、床上用品、毛线制品、运动衫裤、皮鞋球鞋等支出比重上升。沙发、大衣柜、彩电、收录机、照相机、摩托车等中高档家庭耐用品陆续进入居民家庭。居住条件明显改善，砖瓦结构、钢筋混凝土结构房屋比例增大。

进入 21 世纪，农村产业结构优化，企业快速发展，吸纳农村劳动力的能力进一步增强，农民收入稳步增长。居民生活环境和社会保障制度得到改善。消费水平有了新的提高，消费结构进一步优化，运输车辆、家用轿车增多，电动车普及。2004 年，人均生活消费支出 2700.65 元。2006 年，人均生活消费支出 3358.35 元。2015 年，人均生活消费支出 10449 元。至 2017 年，境内农村有 40% 的村民在城镇购买了楼房，购买楼房成为家庭主要的消费支出。

第三章 宗 教

第一节 佛 教

境内民众信奉佛教始于东汉，盛行于南北朝、隋、唐时期。境内的大型寺庙、石佛、观音圣像大都建于这一时期。明清时期，龙泉寺、苍山寺、龙兴寺、释迦寺等，都曾有僧人住持，香火鼎盛。淄河村、柳店村、龙池村、吕家孝陵村、高家孝陵村、北苑庄、刘营村、薛家庄、宋家庄、太平庄、付辛庄、前丁官庄、后丁官庄、望寺村等都设有佛教庙堂，佛教信徒众多。一些中老年妇女在家庭中设有神龛，供奉着菩萨、财神等。民国以后，由于战乱，佛事活动逐渐绝迹。1978 年落实宗教政策。至 2017 年，依托北山西村牛山禅寺，设立宗教活动场所，有佛教徒 11 名。

第二节 道 教

境内道教历史悠久，道教信徒尊张道陵为“天师”，奉老子李耳为教祖，称其为“太上老君”。把玉皇大帝称为“神上之神”，把历史上著名的政治家、谋略家、周代齐国的第一代国君姜子牙尊为众神之首，民间传有“姜子牙在此，诸神避让”之说。元代以后，信奉道教者颇多。道教庙观大多数村都有分布，土地庙更是村村都有。随时代变迁，庙观被毁，道士道姑还俗，道教活动渐止。但有些道教色彩的民间祭神、供奉等活动犹存。

第三节 天主教

1912 年，法国神甫廓鸿猷始至临淄传教，在境内刘营村建立第一处天主教堂，占地 2100 平方米。并于 1919 年在临淄县西门创办教会贞德初级小学。1934 年，法国神甫爱天理主持临淄教务，同时在临淄西门建立教堂，占地 4800 平方米。1946 年，中国神甫李国栋主持全县教务。新中国成立前，境内天主教受法国控制，属益都教区。1948 年，天主教活动停止。

1978 年，国家落实宗教政策，境内天主教活动逐渐有所恢复。2017 年，境内有天主教徒 14 名。

第四节 基督教

1877 年，青州基督教浸礼会派英国牧师李提摩太来临淄传教，在境内刘营村发展教徒。1924 年，改为由中国籍牧师传教，并在县城北门里建礼拜堂，仍受青州浸礼会控制。到 1940 年，信徒多随浸礼会活动。1943 年，聂仙村有信徒开始信奉基督教。

新中国成立后，教会实行“自治、自养、自传”的三自爱国方针。文化大革命期间，基督教活动被禁止。20 世纪 80 年代，北苑村设家庭聚会点，信徒 35 人。到 2017 年，境内正常活动的家庭聚会点有北苑、刘营、北山西、聂仙等 4 处，教徒 193 人。

第四章 方 言

齐陵语言基本属北方方言，非常接近普通话，与北方广大地区语言是相通的。但也有许多带有地方特色的地域性方言，有些方言词汇地方特色鲜明，在读音、声调、词汇、语法方面与普通话有差异。“喝水”读“ha 水”；“人、热、肉、然”等 r 声母读为 l 声母；东西、物件叫做“稿儿”，地盘儿、地方叫做“埝儿”；“不知道”说成“知不道”等等。因齐陵街道地处临淄东部，东边部分村庄与青州市接壤，这些村庄的方言有青州方言的特色，“吃饭”读“ci 饭或 qi 饭”等。随着普通话的推广与普及，境内方言与普通话的差距越来越小，很多方言已逐渐被普通话所取代。

第一节 语 音

声韵调

声母 境内方言零声母有舌根浊鼻音，是由舌根与软腭成阻而从鼻腔发出的声音，普通话中是没有的，在境内方言中很普遍。普通话中的开口呼零声母字“哀、癌、蔼、爱、熬、安、俺、肮、欧、恩、奥、偶”等在境内都是舌根浊鼻音的声母音，声母在读时舌根紧贴上腭根的 e。另外，普通话中的 jìn, qiàn 等，齐陵方言有时读起来是舌尖顶上牙根发出的，如：尽那头；前进等。

普通话声母 r，境内为 l。如然、燃、染、让、绕、扰、惹、热、软、壤、瓤、人、认、扔、仍、柔、肉、如、儒、入、汝、弱、荣、乳、锐等，境内没有直读音节 er，也都读 l，使得“日、二、而、耳”等同音，“然—兰”，“肉—漏”，“荣—龙”“入—路”不分。普通话中 z，境内有时读 zh，如：淄 (zī) 河读淄 (zhī) 河。

另在普通话中，声母 j, q, x 与 zh, ch, sh，往往分辨不清，把许多 zh, ch, sh 作声母的字读作 j, q, x 为声母。例如这 (zhè)—接 (jiē)，赵 (zhào)— 叫 (jiào)，吃 (chī)— 七 (qī)，啥 (shá)— 瞎 (xiā)，张 (zhāng)— 姜 (jiāng)，常 (cháng)—强 (qiáng)，上 (shàng)—向 (xiàng)，烧 (shāo)—肖 (xiāo)，升 (shēng)—兴 (xīng)，收 (shōu)—羞 (xiū)，昌 (chāng)—腔 (qiāng)，车 (chē)—切 (qiē)，晌 (shāng) 午—响 (xiāng) 午，石 (shí) 头—席 (xí) 头，柿 (shì) 子—系 (xì) 子，商 (shāng) 量—香 (xiāng) 量，粘 (zhān)—奸 (jiān)，针 (zhēn)—金 (jīn)，牛 (niú) 山—牛 (yóu) 山等等。

韵母 在普通话中，韵母 e, ei，境内差别较大。如：“格、各、隔、责、则；窄、择、摘、辄、策、测、册、侧、客、刻、克、勒、色、啬、塞、瑟、得、德”；有的 a、e 差别，如“割、喝、瞌、葛、蛤”等；还有 ei 与 ui 的差别，如：“雷，擂，蕾，磊，累，垒，类，泪”等；ei 与 ai 的差别，如“麦，迈”等。其他如：普通话中“农”读 nóng，境内读 nú；“学”普通话读“xué”，境内读“xuó”；“药”普通话读“yào”，境内读“yuò”；“解”普通话读“jié”，境内读“jiāi”；普通话“街”读“jiē”境内读“jiāi”；“摄”读“shè”，境内读“niè”；普通话“饿”读“è”，境内读“wò”等。

声调 齐陵境内方言调类、调值如下：

调类	普通话调值	方言调值	例字
阴平	55	213	诗梯衣微烟
阳平	35	53	时题移围言
上声	214	55	使体椅委眼
去声	51	31	是替意喂雁

境内方言亦有轻声，变轻声的情况大致分为 6 类。一、助词，如吧、么、着、了、得、地等；二、语缀，如巴、子、汉、厮等；三、代词宾语，

如：叫他来，请你告诉我；四、名词、代词后的方位词，如：前头，桌子上；五、重叠的动词、形容词等，如看看，轻轻，笑一笑；六、有些双音节词的后一字，如：眼睛，事情。

音变

合音变读　境内常见的合音变读有以下特点：

把“这样”说成 zhāng；把“那样，乜样”说成 niāng；把“怎么”说成 zā；把“什么”说成 shá；把“不用”说成“béng”。

境内方言中量词“个”用的很多，与数量词组合时，变得如同语气助词“啊”的读法。普通话中一些不用“个”，境内用“个”。如：一个猪（口），一个鸡（只），一个桥（座），一个学校（所），一个帽子（顶），一个炸弹（颗）等等。与数词组合时有以下情况：与“一、二、三”组合时不变读，与其他数词组合时，变读作“啊”。如：几个读“jīya”，四个读“sia”，五个读“wua”，六个读“liu wa”，七个读“qi ya”，八个读“ba ya”，九个读“jiu wa”，十个读“shi a”，二十个读“ler sha”，四十个读“si sha”等。

儿化韵　齐陵境内方言儿化韵相当多，所有韵母均能儿化，就连普通话中不儿化的词语，境内方言也有儿化。如：慢慢儿、声调儿、小孩儿、毛毛儿、看花儿、一块儿、一盘儿、小车儿、小虫儿、小辫儿、小鞋儿、小篮儿、小刀儿、小鱼儿、粉条儿、心眼儿、当官儿、画圈儿、打滚儿、打溜儿、干活儿、鸡子儿、写字儿、唱歌儿、说笑话儿、算盘珠儿、连环画儿、打稀溜儿等等。

新老异读　在境内方言中，同一个字，新读音和老读音（地方读音）之间存在差异。另外，有些单字在特定的词语中也会发生变读。举例如下：

例字	例词	本读音	变读音	例字	例词	本读音	变读音
客	客人	ke	kei	笼	灯笼	long	lou
克	克数	ke	kei	院	场院	yuan	wan
割	割草	ge	ga	核	核桃	he	huo
磕	磕头	ke	ka	淄	临淄	zi	zhi
喝	喝水	he	ha	刚	刚才	gang	jiang
哥	大哥	ge	guo	嗽	咳嗽	sou	suo
歌	唱歌	ge	guo	耕	耕地	geng	jing
瑞	祥瑞	rui	lui	葡	葡萄	pu	pe
松	松树	song	xiong	角	拐角	jiao	jia
农	农村	nong	nu	雹	雹子	bao	ba
龙	龙池	long	liong	笸	笸箩	po	bo
勺	勺子	shao	shuo	脚	手脚	jiao	juo
刮	刮脸	gua	kua	羞	害羞	xiu	xiao
团	蒲团	tuan	tan	梁	脊梁	liang	niang
刃	刀刃	ren	yin	拇	大拇指	mu	men
浓	浓茶	nong	niong	清	看不清	qing	qun
外	外甥	wai	wei	炉	香炉子	lu	lou
里	这里	li	ni	舍	邻舍家	she	shen
涂	糊涂	tu	du	壁	影壁墙	bi	bei
暖	暖和	nuan	nang	饿	挨饿	e	wo
上	放上	shang	heng	鹅	大白鹅	e	wo
下	放下	xia	ha	学	学校	xue	xuo
棉	棉花	mian	niang	药	医药	yao	yue
堆	柴堆	dui	zui	尚	和尚	shang	chang
腆	腼腆	tian	pian	踪	踪迹	zong	juong
蛄	蝼蛄	gu	gou	街	街道	jie	jiai

境内方言中，有4个音节有声无字。这四个音节是“tĕn”，动词，向前凸着：如“tĕn”着胸脯，“tĕn”着个大肚子；“èng”，答应声，表示同意；“pia”，象声词，象打巴掌的声音；“gǎo”，名词，如石头 gǎo 子。

第二节　语　法

词法

读音和表义特殊的词　境内最常见常用的地方色彩最强烈的词汇主要表现在：在、齁、乜、埝儿、稿儿等。

在：zài，作动词或介词时，变读为 dǎi。例如：你在（呆）哪里？我在（呆）家里。你在（呆）上集买啥？我在（呆）上集买稿儿。

作副词时，只能读 zài，如：班长正在写材料。

所在地。

齁：境内方言中使用率非常高，读音 hóu，意思是“别，不要，别这样”。有劝阻，禁止，提醒的意思。例如：你齁听他胡说；你齁说了；你齁惹他；你齁动。

有时候齁也当“很”讲：如齁咸；今中午的菜齁辣。

乜：读 nie，是“这、那”两个方位代词在境内方言中的指别代词。如：你靠乜些。使用“乜”，能同时指点、区分出三个方位。如：你在乜里，我在这里，他在那里。

埝儿：表示“地方”“位置”的意思。比如：“叫他占了块好埝儿”。境内在表示疑问时，在词尾加“门儿”。例如：“你待上什么埝门儿去呀？”在表示不满情绪时，在词尾加“子”。如：这是个什么破埝子！”

稿儿：境内方言中一个表义特殊的词，相当于普通话中的“东西”“物件”，是古代词语的演变。“稿（稾）”的原意是庄稼的秆子，因为庄稼的枝叶、果实都长在秆子上，所以将此引申为泛指物件、东西。例如：你拿的这个“稿儿”真好！你这是个啥“稿儿”啊？

词缀 词缀应用广泛，类化意义明显，它区别于普通话。词缀大多数读轻声，用于名词、动词后面，是齐陵境内方言的一大特点。常见的有：子、巴、气、幺、么、打、悠、楞、拉、查、索、送、厮、得、慌等。

子：境内带“子”尾的词很多，主要有以下五种类型。

一是单音节名词重叠后的后缀，用以表示细小物件。如：面面子、沫沫子、渣渣子、蛋蛋子等等。

二是作单音节名词后缀。如：凳子、碗子、瓶子、盆子、碟子、马子、画子、盖子、蛹子、虫子、扒子、杆子、秸子、穗子、叶子、枝子等。

三是作单音节名词的后缀，代替普通话中不带“子”的复合词。如：绒子（棉絮）、包子（水饺，蒸包）、麦子（小麦）、雹子（冰雹）、豆子（大豆）、帽子（帽）等。

四是做双音节名词的后缀。如：茶碗子、棒槌子、板凳子、鸡窝子、树枝子、蜜虫子、凉席子、家鸦子、裤衩子等。

五作为村名的后缀：如：老刘家庄子、毛家庄子、柳店子、付辛庄子、太平庄子、南山庄子等。

巴：作名词后缀，多指有生理缺陷的。如：嘲巴、哑巴、结巴、瘫巴、瘸吧等。

作动词后缀，表示粗略，随意的动作。如：捏巴、搓巴、择巴、撕巴、拆巴、砸巴等。

作形容词后缀，感情色彩增加。如：干巴、力巴、窄巴、紧巴、挤巴、拿巴、俊巴、瘦巴等。

幺：作动词或象声词的后缀，表现迫不得已的行为。

如： 蹬幺——乱蹬　招幺——狗痛苦的叫声　挣幺——用力挣脱　吱幺——挣扎乱叫声或吵闹声　扒幺——动物或人在水中乱扒

么：多用于动词后缀。如：估么、要么、搓么、研么、约么等。

气：气味形容词的后缀。如：臭气、臊气、腥气、捂巴子气等。有时在形容词前加“乔”字，表示强调。如：乔腥气、乔臊气、乔捂巴子气，等。

打：作动词后缀。如：摔打、扛打、撸打、背打、抱打、顶打、拉打、踢打、磕打、疵打、呱打、忽打、剁打、蹦打等。

拉：作动词后缀，境内广泛使用。如：拌拉、搅拉、划拉、摇拉、扒拉、扑拉、骑拉、崴拉、架拉、顾拉、蹀拉、梭拉、投拉、漱拉、蜜拉、驱拉、刮拉、挂拉、拧拉、哧拉、绞拉等。作名词后缀：如：嘎拉（脖嘎拉、碱嘎拉）疤拉，等。

厮：名词后缀是普通话中“子”的变读。如：秃厮、小厮、瞎厮等。

索：是手的动作组合，带轻微的贬义色彩，表现力度小。如：抠索、摸索、捏索、捻索、掖索，等。

查：动词后缀，给原词增添了轻微的贬义色彩和连续性。如：抠查、扒查、刻（kēi）查、爬查、蹀查、刮查、卡（kā）查、划查、枯（kū）查（保持慢火开锅长时间熬煮）、崴查等。

悠：也写作“游”，作动词后缀，且丰富多彩。如：搓悠、团悠、晃悠、磨悠、咕悠、忽悠、荡悠、逛悠、颤悠等。

楞：动词后缀，使动感突出。如：斜楞、侧（zhēi）楞、翅楞、铺楞等。

送：动词后缀，多带贬义色彩。如：挑送、陪送、拱送、主送、掖送、戳送、填送、昂送、哄送等。

得（dī）慌：多做感受类动词，形容词后缀，使得表达意思更强化。如：气得慌、闲得慌、急得慌、愁得慌、闷得慌、饿得慌、干得慌、撑得慌、憋得慌、呛得慌、躁得慌、热得慌、冻得慌、晒得慌、淋得慌、鼓得慌、压得慌、涨得慌、噎得慌等等。

代词　能愿动词　境内方言中，这几类词语不管从数量上还是义项上，都超过了普通话，而且丰富多彩，生动形象。

人称代词。第一人称单数、复数都常用“俺（舌根紧贴上颚的ean）”“咱”表示，第二人称单数、复数都常用“您（舌根紧贴上颚的en）”表示，代表单数或者复数由语言环境而定。举例如下：

在齐陵方言中，“俺、您”读时，舌根紧贴上颚。

1. 甲：老三，你不去赶集吗？

乙：俺不去，还得摘黄瓜呢。（第一人称单数）

2. 甲：哎，您（舌根紧贴上颚的en）这几棚茄子都长得这么好，有啥窍门儿？（第二人称复数）

乙：这是俺（舌根紧贴上颚的an）上农校才学的新技术。（第一人称复数）

3. 甲：老哥，把咱也介绍进去吧！（第一人称单数）

乙：娘（niāng）敢自好，咱嘎伙着一块儿去！（第一人称复数）

合音代词。张 zhāng，“这样”的合音，这么着，张等着做

娘 niāng，“那样，乜样”的合音，娘等着办

咋　zā，“怎么”的合音

啥　shā，“什么”的合音

能愿动词。境内方言常用“待”表示“要”的意思；常用“得（dei）”表示“必须”的意思。例如：你待做啥的？我待去超市；你得帮帮忙；这个事非得你去！

形容词　单音节形容词（用A表示）重叠后，前面加“大、精”，构成“大AA”“精AA”两种形式。也有互为反义的形容词构成对应的形式，前者表示积极意义，后者多表示消极意义。个别词构不成对应形式：如“精软软”却不能对应“大硬硬”。形容词重叠形式一般如下：

大AA式	精AA式
大粗粗	精细细儿
大高高	精矮矮儿
大深深	精浅浅儿
大厚厚	精薄薄儿
大远远	精近近儿
大宽宽	精窄窄儿
大长长	精短短儿

副词　境内程度副词“很、非常”的同义词很多，且地方色彩浓厚，生动形象。如：

岗（岗着）　—好　—香　—甜　—脆　—长
着实（实在）　—冷　—高　—厉害　—疵毛
挺　—俊　—好　—能　—聪明　—结实
快　—冷　—热　—头疼　—不得劲儿

还有一些与形容词搭配的程度副词，丰富多彩。例如：

墨黑　烘黑　乎黑　黢（qū）黑
雪白　挑白　茫白　璀蓝
焦蓝　焦绿　焦黄　焦干　焦酸
通红　忒紫　齁咸　甘甜　杠甜　杠浓
杠粘　杠糯　齁辣　崩紧　崩脆　崩硬
棒硬　锃亮　锃清　锃青　生疼
溜光　溜滑　喷香　非薄　非细　汪鲜
楞高　楞粗　楞大　楞沉　方股子热
白丁子苦　瓷油儿光　乌大拉黑
腊渣儿黄　血蛋儿红　烘大拉黑

句法

补语　境内句法与普通话句法基本相同，但也有几种较特殊。如：普通话处所补语与动词谓语间常用到介词“到”“在”等连接，但境内方言多用轻声“了（liao）”来连接。例：搁了乜里吧！掉了井里连！

普通话程度补语与谓语间常用结构助词“得”连接。凡这种情况，境内方言则一律用轻声“的（di）”。如：干的不错！打扮的挺漂亮！好的很！

把字句 在普通话中，介词“把”在句中的作用是前置宾语，表示对宾语有所处置的意思。如：他把碗打碎了。境内方言除有此用法外，还兼有介词“从”的用法，与名词或方位词构成介词词组，在句中表示动作的起始点。如：你是把城里来的？这些辣椒是才把棵上摘下来的，很新鲜。

比较句 境内经常把“不如”说成“不跟(gen)”，或“赶不上”。这与普通话中“甲不如乙”相同。如：俺不跟（赶不上）你心眼儿多。

普通话常用“甲比乙……”，境内方言则说“甲的乙……”。如：这本书强的那本书。日子一年好过的一年。

反复问句 常见的反复问句是“好不好”，“是不是”，“行不行”，“疼不疼”，“甜不甜”，“辣不辣”，“去不去”，“来不来”，“快不快”，“香不香”等肯定与否定相叠的方式，而境内方言还这样说：“好啊吧？”（啊吧合音）“是啊吧？”“快呀吧？”“香啊吧？”等等。

复句的关联词语 常见的表递进关系的关联词语有：“不但……而且……”，而境内方言则常用“不光……还……”。如：不光自家种菜，还帮助别人种菜。不光自家致富，还要帮助别人致富。

未定性选择的关联词语：常用“或者……或者……”，“要么……要么……”。境内方言则常用“要不……要不……”。

如：要不就明天去，要不就后天去，反正总得去一趟。

既定性选择的关联词语：常见的大多是“与其……不如……”，境内方言则常用“……的话……还不如……”。例如：“你去的话，还不如我去呢。”

假设关系常用“如果……就……”。境内方言则常用“要是（要不是）……的话，那就……”。如：“要是你不来的话，那就麻烦了”。“要不是你来的话，那就麻烦了。”

副词独立成句 境内方言中有许多普通话中没有的副词，甚至有的可以独立成句，直接用来回答问题。如：

求起地（仅仅）能动弹哪。

备不地（有可能）啊。（地、阿合音 dia）

大喷尼（正在）说着呢。

管得（dei）地（很应该）啊。

怨不地（原来如此）啊。

好吗声儿地（突然）。

副词“不”“很”的语序 境内个别固定组合中，“不”“很”等副词的位置与普通话不同。例如：普通话中“不知道”“手很冷”，境内方言却说：“知不道”“很手冷”。

第三节 词 语

自然现象时间节令

月嬷嬷儿 yue ma mar 月亮
月孩子天 yuehai zi tian 极其黑暗的夜晚
月明地儿 yue ming di r 月光普照大地
白呀 bei ya 白天
黑呀 hei ya 夜间
后晌 hou shang 晚上 晚饭后
今门儿 jin men r 今天
夜来 yie lai 昨天
后日 hou le r 后天
头晌 tou hang 上午
下晌 xia hang 下午
傍黑天儿 bang hei tian r 傍晚
傍明天儿 bang ming tian r 黎明
傍晌午 bang shang wu 接近中午时候
晌午歪 shang wu wai 中午过后到一点
饭时 fan shi 吃饭的时候
老饭时 lao fan shi 过了吃饭的时候
小尽 xiao jin 小月
大尽 dajin 大月
小年儿 xiao nianr 农历腊月二十三
年除儿 nian chur 除夕
大年哈（下） da nian ha 春节期间
节连儿 jie lian r 节日
一霎霎儿 yisha sha r 很短的时间
江才 jiang cai 刚才
牢数节 lao shu jie 较长一段时间
半夜尼 ban ye ni 午夜
一半天儿 yi ban tian r 几天内
早尼 zao ni 从前，很早以前
歉年 jian nian 灾荒年

打春　da chun　立春
五马日 wu ma ler 正月初五
腊八日　la ba ler　腊月初八
五月单五 wu yue dan wu 端午节
五冬六夏 wu dong liu xia 常年不断
月儿半载 yue r ban zai 半月或一月
十冬腊月 shidong la yue 严冬季节
那霎　na sha 过去
这咱　zhe zan 现在
多咱 duo zan 什么时候儿
多说节 duo shuo jie 多长时间
倒照 dao zhao 晚霞
风确连 feng que lian 预兆刮大风的日月晕
阴确连 yin que lian 预兆下大雨的日月晕
绛 jiang　彩虹
雾露　wu lu　雾
雹子 ba zi　冰雹
上冻 shang dong 结冰
冻冻 dong dong 冰块 冰
龙坠 liong zhui 房檐滴水结成的棍状冰柱
霜雪子 shuang xue zi　白色霜层
才待 cai dai 正要打算
半晌乎拉 ban shang hu la 上午或下午的中间时段
今科儿里 jin kuo r li 好不容易，难得
勺星 shuo xing 北斗星
贼星 zei xing　流星
刮拉 gua la　霹雳
云磨 yun mo 夏秋时节，骤雨将至，风逐云飞，空中发出的嗡嗡响声
麻杆子雨　ma gan zi yu　瓢泼大雨
濛星子（雨）meng xing zi 绵绵小雨
上碴　shang cha　上坡儿
下碴　xia　cha　下坡儿
地浮皮儿 di fu pi r　地面上
干狗 gan　gou　黏土岩块
坷垃　ka　la　硬土块
醭土　bu tu　尘土
沙巴拉子 sha ba la zi 冻雨
参门儿 shi men r 参星
天河　tian huo　银河
石头 gao（有音无字）子　shi tou gao zi 鹅卵石
老鸹枕头 lao gua zhen tou 小鹅卵石
泥窝　ni wo　泥泞 泥地
滓泥　zi ni　黑色的湾泥或河泥

人物称谓

爷　ye　父亲
爹　die　父亲
娘 niang　母亲
爷爷 ye ye 祖父
嬷嬷 ma ma 祖母
老爷爷 lao ye ye 曾祖父
老嬷嬷 lao ma ma 曾祖母
姥爷 dao ye　外祖父
姥娘 dao niang　外祖母
回头儿 hui tou r　再婚妇女
光棍子 guang gun zi 未结婚的成年男子或失去妻室的男子
老大闺女 lao da gui nü 未婚大龄、老龄妇女
小妮子　xiao　ni zi　小女孩儿
丫头 ya　tou 女孩，过去的丫鬟
小厮 xiao si　男孩儿
小名 xiao ming　乳名
大号 da hao 上学或成人正式的名字
双双儿 shuang shuang r 双胞胎
老婆子 lao po zi　老年女人（也称自己的妻子）
老汉子 lao han zi　老年男人（也称自己丈夫）
干爷 gan ye　干爸爸
干娘 gan niang　干妈
干儿 gan ler 后认的非亲生儿子
干闺女 gan gui nü 后认的非亲生女儿
闺女 gui nü 女儿 女孩儿
拉杆子 la gan zi 连襟
无赖悠 wu lai you 耍无赖
客家子 kei jia zi 寄居的房客
流球 liu qiou　指流氓

觅汉　mi han　长工

窑匠 yao jiang 泥瓦匠、建筑工

箍炉子 gu lu zi 炉匠、锔锅锔盆的艺人

宰把子 zai ba zi 专门宰杀牲畜的人

叫花子 jiao hua zi 乞丐

老娘婆 lao niang po 接生婆

玩把戏的 wan ba xi di 杂技演员

跑马卖械的 pao ma mai xiai di 马戏演员

玩藏掖的 wan cang yedi 魔术演员

玩撮头子的 wan zuo tou zi di 木偶表演的艺人

送信的 song xin di 邮递员、传信的

剃头的 ti tou di 理发员

聋汉　long han 聋子

瞎汉 xia han　盲人（多指男性）

瞎厮 xia si 盲人

疯汉 feng han　疯子

瘫巴 tan ba　瘫痪的人

邻舍百家 lin shen bei jia　邻居

一把联儿 yi ba lian r 年龄相近关系密切的人

傻儿瓜即 shaler gua ji 智力低下

起手 qishou 小偷　扒手

人体部位及疾病

后奔髅 hou ben lou 后脑勺

头囟子 tou xin zi 头中心稍前部位

囟毛儿 xin maor 儿童额头的垂发

馋窝子 chan wo zi 脑后窝沟

页冷盖 ye leng gai 前额、额头

页花子 ye hua zi 太阳穴

腮骨桩子 sai gu zhuang zi 颧骨

眼之毛 yan zhi mao 眼睫毛

胡咙 hu long　咽喉　嗓子

脖耳梗 bo ler geng　脖梗

掀支骨 xian zhi gu 肩胛骨

眼眉 yan mei　眉毛

眼眵 yan chi　眼屎

鼻子 bi zi　鼻涕

耳碎 ler　sui　耳屎

光油头 guang yiu tou　光头

牙花子 ya hua zi　牙龈

唾沫 tuo mo　唾液

邪涎　xie xian　口水

胯子 kua zi 腰两侧与大腿间

腋折子 ye zhe zi　小腹与大腿交界处

腚眼子 ding yan zi　肛门

脚骨拐 juo gu guai 脚踝

脚脖子 juo bo zi 脚腕

脚磨眼 juomo yan　脚鸡眼儿

脚点儿 juo dian r　足迹

使的杭 shi di hang　累，身体不舒服

疮气 chuang qi 累出来的小毛病

脾寒 pi han　疟疾

阵候儿 zhen hour 病、毛病

夹肢窝 ga chi wo　腋窝

肋肢骨 lui zhi gu 肋骨

胳膊 guo po　手臂

胳膊举子　guo poju zi 胳膊肘

手腕子 shou wan zi 手脖子

耳巴子 ler　ba zi 巴掌

大拇指头　da men zhi tou 拇指

脊梁 ji　niang　背部

部脐眼儿 bu qi yan r　肚脐

波罗盖 boluo gai　膝盖

尿泡 sui pao　膀胱

腚锤子 ding chui zi 屁股蛋

拔干 ba　gan　便秘

拉肚子 ladu zi　拉稀

心口儿疼 xin kou r teng　胃疼

打勾得儿 da gou deir　呃逆

羊羔子疯 yang gao zi feng 癫痫病

包瘫 bao tan 毛病 残疾

弱症 luo zheng　旧指男人结核病

干渴 gan kuo　渴

饥困 ji kun 饿

远远 yuan yuan 头晕

刺挠 ci nao 皮肤痒痒

细病 xi bing　旧指妇女结核病

火嘎渣 huo ga zha　结痂

跑栏 pao lan　腹泻

掉腚　diao ding　脱肛

冈子 gang zi 干活磨出的硬皮，老茧

青睁 qing zheng 青光眼

雀谷 quo gu 夜盲症

耳朵底子 ler duo di zi 中耳炎

代喷 dai pen 喷嚏

衣食起居

帽头子 mao tou zi 过去半圆形毡帽，冬天戴

帽店子 mao dian zi 过去头顶有圆疙瘩的瓜皮形单帽

围脖子 wei bo zi 围巾

裤衩子 kucha zi 短裤

扎腰带子 zhayao dai zi 腰带

兜兜 dou dou 小孩子肚兜

没脸子鞋 mulian zi xai 圆口布便鞋

老浅鞋 lao qian xai 帮底都纳 鞋口前带尖的一种布鞋

翁鞋 wong xai 棉鞋

毡翁子 zhan wong zi 用毛，绒做的棉鞋

蒲袜 pu wa 用蒲子编的冬天穿的草鞋

豆枕 dou zhen 枕头

棉花套子 niang hua tao zi 被褥，棉衣用过的棉絮

擦脸布子 ca lian bu zi 毛巾，手巾

褯子 jie zi 尿布

绒子 long zi 棉絮

棉条 mian tiao 被单，褥单，棉被抽去棉絮

铺衬子 puchen zi 破旧碎布

缉繨子 qilizi 碎布条

馍馍 mo mo 馒头

卷子 juan zi 长方形馒头

包子 bao zi 水饺 蒸包

面汤 mian tang 面条

䴺拉子 bu la zi 多菜少面拌和后蒸出来的食品

嘎渣子 ga zha zi 做粥的面子

面䴺 mian bu 避免面团相粘的干面粉

馇豆腐 cha dou fu 菜豆腐

水鲜火烧 shuixian huo shao 油煎包

歇豆子 xie dou zi 炒熟的豆子

棋子 qi zi 菱形面叶

油炸果子 you zha guo zi 油条

磨糊子 muo hu zi 摊煎饼的糊糊

饽饽子 buo buo zi 窝窝头

粘粥 nian zhu 稀饭

固渣 gu zha 面疙瘩

烀打子 hu da zi 锅贴饼子

粉糊 fen hu 淀粉

剂子 ji zi 包水饺、包子用的生面皮

引子 yin zi 酵母 发面肥

末罗子 mo luo zi 碎屑

大油 da you 猪油

饥困 ji kun 饿

糖粘儿 tang zhan r 糖葫芦

糖瓜儿 tang gua r 麦芽糖

欢喜台儿 huan xi tuan r 球状带彩的面食玩具

牙碜 ya chen 吃食物时硌牙的东西

呼浓 hu nong 蒜泥变质散发的气味

旋饼角子 xuan bing jia zi 三角形厚烙饼

就菜 jiu cai 喝酒或吃饭的菜肴

虚糕 xu gao 旧时用绿豆类面糊及菠菜等蒸制的松软食品

门档提子 men dang ti zi 大门下面的闸板，可以取下、安上

夹古道子 jia gu dao zi 两墙之间的窄道

阳沟 yang gou 墙下留的出水口

碱脚 jian juo 砖石砌的墙基

地脚 di juo 墙基

饭屋 fan wu 厨房

许棚 xu peng 纸或布扎的屋天棚，顶棚，天花板

箔障子 bo zhang zi 篱笆墙

田地 tian di 屋内地面

影背墙 ying bei jang 影壁

房屋子 fang wu zi 里间屋

门轴心 men zhuan xin 门轴

门趋脚 men qu juo 木门口的下框

蒲团 pu tan 用蒲草或玉米皮等编的圆形坐垫

齀盆子 wo pen zi 屎尿盆
栏 lan 厕所 牲畜圈
风匣 feng xia 风箱
抽头 chou tou 抽屉下能盛物的旧式桌子
柴门 zhai men 篱笆门
撑板凳 cheng ban deng 马扎
兀扎子 wu zha zi 单人坐的木凳子
旮旯儿 galan r 角落
坡尼 po ni 野外田野
合巷 huo xiang 几家共用的小巷
拱子 gong zi 大煤块
砟子 zha zi 粘土细煤加水合成的燃料也叫砟火
蒜锤子 suan chui zi 捣蒜的工具
蒜臼子 suan jiu zi 用石头或陶瓷做得捣蒜工具
擀饼轴子 gan bing zhu zi 擀面杖
阔罗头 kuo luo tou 灶堂
翻饼批子 fan bing pi zi 烙饼时翻饼的木片儿
筲 shao 水桶
辘轳 wu lu 安在井上绞起倒筲的工具
倒筲 dao shao 辘轳提水用的倒罐
茶缸子 cha gang zi 茶杯
电棒子 dian bang zi 手电筒
气管子 qi guan zi 打气筒
疙瘩耙子 ga da pa zi 整平地面、破碎土坷垃的工具
壮耙 zhuang pa 堆、摊粮食的工具
缨包子 ying bao zi 套在骡马膀子上防止拉车拉犁时受伤的保护器具
墼 ji 垒墙用的土坯
椽棚 chuan peng 建筑用的脚手架
畦脊子 qi ji zi 田垄
杠山 gang shan 屋内山墙
鼓当子 gu dang zi 旧时吹制的玻璃玩具
发钱粮 fa qian liang 过年上供时焚烧纸、黄表叫发钱粮
果当子 guo dang zi 秫秸的一节
果当穰子 guo dang lang zi 干秫秸节中的穰

席门儿 ximen r 秫秸外皮
秆草 gan cao 谷秸 谷草
拄棒 zhu bang 拐杖
掗镰子 ya lian zi 掗麦穗头或谷穗的镰
签刀子 qian dao zi 收高粱时专割高粱穗的工具
臭蛋子 chou dan zi 卫生球
黄香 huang xiang 松香
摸胡鲁鱼子 mohu lu yuzi 木鱼
夹板子 jia ban zi 套在骡马膀子上栓绳套的木棍
搭腰 da yao 系在牲口背上的皮带
肚带 du dai 系在牲口肚皮上的皮带
坐套 zuo tao 驾车时套在牲口屁股上防止后退的皮带
溜绳 liu sheng 一头拴在牲口嘴部一头握在驭者手中操纵方向的绳子
吊绊子 diao pan zi 连接在犁具上栓套的木板
牛索头 niu suo tou 牛拉东西时架在脖子上栓拉绳的三角形木架
捂眼子 wu yan zi 给牲口挡眼的用具
器木 qi mu 棺材
裹挠 guo nao 柴草碎沫
秫秸 shu jiai 高粱秸
葶子 ting zi 秫秸顶端结穗子的一节
杭盒儿 hang luo r 指儿童小玩具
回儿 lui r 笔画
债钱 zhai qian 订货时预交的定金
籰子 yue zi 缠线工具
确子 quozi 用浆糊把布片粘成多层晒干，用于做鞋的料子
趴模 pa mu 事物的雏形
拘尖子 ju juan zi 捆柴草、庄稼用的木质绳扣
窑货 yao huo 瓷器
素子 su zi 茶壶
认晰 len xi 供辨认的记号
日涡 lr wo 陀螺
茅箱子 mao xiang zi 盛放食物的草编器物
拍盖子 pei gai zi 草编锅盖

奁房 yan fang 指女方出嫁准备的结婚用品

巴棍子 ba gun zi 小短木棍

瓦碴子 wa cha zi 碎瓦片，陶片

录碡 lù zhu 打场碾场的石滚

录碡果子 lùzhu guo zi 拉录碡的框架

砘谷炉子 dung gu lu zi 耩完地后用来压地的石滚子，也叫吨子

人物动作行为

卡 ka 倒掉

跐 ci 洒

登 deng 踩着

出 chu 收获

倒 dao 复收

拽：zhuai 扔

着 zhuo 传染

馇 cha 熬、煮

扽 den 猛然用力拉

闪 shan 丢下不管 甩掉漏下

斩 zhan 往沸水里倒冷水

崴 wai 用指甲抓

讹 wo 欺负压迫

瓦 wa 冷冻

来 lai　扯 采

立 li 用手撸

梭 suo 用拳打

掇 duo 用耳巴子打

串 chuan 碾去粮食皮壳

屯 tun 用麦秸修缮房顶

押 ya 倒液体

扥 kuai 挠

方 fang 克制

朝 chao 抵挡

溻 ta 利用湿热制作

该 gai 欠

影 ying 支撑

起 qi 用体温把湿衣服慢慢烘干

除 chu 铲

绷 beng 粗针大线地缝

张 zhang 跌倒

谝 pian 夸奖

瞒 man 掩盖

阖 ha 扣

靠 kao 严格练习

撮 cuo 用力向上举

绉 zhou 掀开，揭开

斤 jin 拉扯

卷 juan 把东西卷成筒状

抉 jue 折断

抈 yue 折

投 tou 捅

拔 ba 放在凉水中降温

截 jie 割，买

抢 qiang 推

昂烟 eang yan 只冒烟不着火

昂气 eang qi 小孩淘气哭闹

纩丝 kuang si 缫丝

蜜拉 mi la 用舌唇来回舔吸

巴述 ba shu 批评 教训

母打 mu da 尝

鼓 ji 用筷子夹

欻 chua 用手快速按住

搐 chu 抽打

劙 li 划 割

锅腰子 guo yao zi 驼背的人

虾虾腰 xia xia yao 锅锅腰

摆衣裳 bai yi shang 洗衣服

收收 shou shou 藏，收藏

扒嚓 ba cha　抚养，喂养

趄着 qie zhuo 躺着

外庄　wai zhuang 不合适

划会 hua hui　想，思考

背会 bei hui 说话不在理上，愚钝

背不地 bei bu di 说不定

当不住 dang bu zhu　有可能

嘎吃 ga chi 抓人怕痒处

主送 zhu song 暗中送人钱物

护驹子 hu ju zi 袒护自家小孩儿

拧磨 ning mo 指小孩儿在怀中不安稳累人

崴快 wai kuai 侧身躺

即你 ji ni 你随便

烦恶 fan wu　讨厌，厌恶

烦气 fan 气 心烦

舞改 wu gai 修整，整理

扎裹 zha guo 修整

弄改 neng gai 修整

带里 dai li 连带

顾用 gu yong 蠕动

古初着 gu chu zhuo 身体蜷缩

兜着 dou zhuo 折起衣襟盛东西

糗鼻 qiu bi 指想干不好的事

孤对 gu dui 蹲下

郭睬 guo cai 看见，注意

瞅候 qiu hou 东张西望，围着看

撒摸 sa mo 东张西望

摸索 mo suo 抚摸

踢登 ti deng 糟蹋乱浪费

点化 dian hua 用手指指着人抖动

爽滚 shuang gun 不耐烦，往外撵

耷拉 da la 向下垂

差连 cha lian 错了

撇扯 pie che 挖苦，评说

仰嘎渣 yang ga zha 仰面跌倒

仰嘎油儿 yang ga you r 仰面朝天

不管油儿 bu guan you r 不妨碍，不顶用，没关系

夹纳着 jia na zhuo 腋下夹物

提流着 diliu zhuo 提着

都嘴 du zui 接吻，亲嘴

打坡 da po 掸去衣服上的尘屑

打滴流儿 da di liu r 手握高处物件，身体离地下垂

把骨录 ba gu lu 摔跤

撑葫芦架 cheng hu lu jia 两人抓扯摔跤

果睬 guo cai 看见，注意

掉向 diao xiang 迷失方向

糊迷 hu mi 糊涂迷路

迷糊 mi hu 不清醒

踢塌 ti ta 不利索

舒伸 shu shen 伸懒腰

糊弄 hu long 应付，当乎事儿

糊帖 hu tie 贴近，依靠

遇磨 yu mo 行动拖拉，不利索

驱拉 qu la 脚贴地皮移动物品、埋窝

战战 zhan zhan 发抖

张倒 zhang dao 跌倒，歪倒

趴趴着 pa pa zhuo 俯卧

谋量 mu liang 估摸 估计

挂拉着 gua la zhuo 惦记，挂念

本来 ben lai 原来，开始

寻思 xin si 思考，考虑

凿磨 zuo mo 仔细思考

掂量 dian liang 计划轻重，衡量

扎裹 zha guo 修理，整理；给人不方便、不中用

扎挲 zha sha 张开，蓬松开

绞裹 jiao guo 花销，开支

操扯 cao che 操心筹办

孝春 xiao chun 孝顺

说和 shuo huo 调和，调解

草鸡 cao ji 耍赖、撑不住劲

元成 yuan cheng 劝说，促成

黵 zhan 弄脏

叨念 dao nian 说话啰嗦，重复

数化 shu hua 批评教训

戳星儿 chuo xing r 做事拈轻怕重，不负责任，不正经做事

胡摆摆 hubai bai 胡乱打谱，乱要求

磕筐子 ka kuang zi 没有了

短道儿 duan dao r 截道儿的，劫路

送小饭儿 song xiao fan r 结婚当天，女方娘家村早嫁到新人村中的女人为新娘送水饺的仪式

圆饭 yuan fan 结婚时，女方长辈到男方家送吃、物的一种仪式

听墙根子 ting qiang gen zi 背后偷听

圆梦 yuan meng 解析梦境

打谱 da pu 计划，想办法

递脸子 di lian zi 演出前化妆

干够 gan gou 巴结，讨好

普拉 pu la 植物滋生蔓延

讨换 tao huan 寻找，借

摆衣裳 bai yi shang 洗衣服

养活 yang huo 生孩子；抚养，赡养

过百岁儿 guo bei sui r 庆贺小孩儿出生100天

打叵 da po 用手拍打

叵落 poluo 用手归拢或拂拭

上坡 shang po 下地

抓地 zhua di 刨地

秧地瓜 yang di gua 栽地瓜秧

送浆水 song jiang shui 人死后在出殡前为死者灵魂送路的一种旧俗

发纸马儿 fa zhi mar 大年夜烧纸敬天神

扎扎 zha zha 婴儿学步

拉饥荒 la ji huang 欠债，拉空子

拾孩子 shi hai zi 生小孩儿，分娩

下生 xia sheng 出生

抓腚 zhuading 翘屁股

打旁连 da pang lian 侧手翻

藏摸眼儿 cang mo yan r 捉迷藏

扎猛子 zha meng zi 游泳时头朝下钻到水里

开镰 kai lian 开始收割庄稼

拦穰 lan lang 复收脱粒

生书 sheng shu 锈迹，生锈

掉魂儿 diao hun r 迷信说法，人受惊吓，体内“魂”丢失

叫魂儿 jiao hun r 迷信说法，把丢失的“魂”叫回体内

跑栏 pao lan 腹泻

务对儿 wu dui r 昆虫类交配

掉腚 diao ding 脱肛

长耳朵底子 zhang ler duo dizi 患中耳炎

害眼 hai yan 患病眼

作索 zuo suo 铺张浪费

攀伴儿 pan ban r 攀比

得塞 dei sei 抖落

秃鲁 tou lou 衣物、线头散开了头

眼仔 yan zi 糟蹋人，欺负人

打嘭嘭 da peng peng 狗刨式游泳

泼茶 po cha 沏茶

欢起 huan qi 高兴

吃烟 chi yan 抽烟

为主 wei zhu 作主

告讼 gao song 说人的不是

济留 ji liu 有计划的节约着

看和着 kan huo zhuo 怎么合适怎么做

担待 dan dai 原谅，包函

坐席 zuo xi 赴宴席

待承 dai cheng 招待

顾拉 gu la 沾

捣换 dao huan 以物易物的交易

赖鸡 lai ji 耍赖

无弄 wu long 应付，蒙混

砭 bian 用脚踩踏

硇人 nao len 使人中毒

做亲 zuo qin 结亲

绞脸 jiao lian 女子结婚前用丝线绞去脸上的汗毛

持服 chi fu 小辈给长辈戴孝

拜祭 bai ji 亲友向死者祭奠的仪式

坐下处 zuo xia shu 坐牢

创 chuang 挣钱

够 gou 取高处的东西

洗光腚 xi guang ding 洗澡

打夜作 da ye zuo 熬夜工作

闯门子 chuang men zi 串门儿，含贬意

把 ba 抱着小孩使大小便

飘着脚 piao zhuo juo 踮起脚跟，脚尖着地

挂拉 gua la 挂念

拉呱儿 la guanr 讲故事聊天

唱唱儿 chang chang r 唱歌谣

免免人 mian mian len 贬低别人

竟意地 jing yi di 故意地

母量 mu liang 估摸，考虑

估摸 gu mo 估量

愦 kui 折叠

摁 en 用手掌往下压

掐算 qia suan 占卜

打母鲁 damu lu 睡一小会儿

打价儿 da jia r 讨价儿还价儿

砌 qi 订本子或包书皮；垒

打央 da yang 开玩笑，用俏皮话逗人

白文儿 bei wun r 挨批评时反驳解释

打通 da tong 开戏前打的锣鼓

过妹儿 guo mei r 超过预定界限、过头

咬扯 yao che 抓住别人过去的错处反复地说

拥 yong 推

情受 qing shou 继承财产

支使 zhi shi 摆弄别人做事，支派

好生着 hao sheng zhuo 小心谨慎

蹭 ceng 或 cang 摩擦

刹 sha 使劲捆

杀咐 sha fu 嘱咐，教训

长收气 chang shou qi 叹气

唉哼 yai heng 呻吟

架 jia 相差

串钱 chuan qian 把整钱换成零钱

拱 gong 很吃力地推

唆乎 suo hu 乱指挥

熏 xun 故意用表扬的手段使人干事

嘎 ga 单腿跳

办公事儿 ban gong shi r 操办红、白之事

信 xin 诚实不欺骗，相信

拧 磨 ning mo 不安稳不停地动

过日子 guo ler zi 度岁月，勤俭持家

让付 lang fu 让步忍让

赶眼色儿 gan yan she r 做事看别人眼色，顺人心意

拉空子 la kong zi 借债，欠债

忙活 mang huo 忙忙碌碌不得闲

咋呼 zha hu 呼喊乱叫，起哄

招承 zhao cheng 承认

找事儿 zhao shi r 故意挑事

束手不动 shu shou bu dong 懒惰，什么也不干

收市 shou shi 把所剩商品全买下；结束经营买卖

不管不顾 bu guan bu gu 不计后果随意乱行

掉嘴赖腮 diao zui lai sai 无理顶嘴反驳

赌咒示 du zhou shi 发毒誓

噱 xue 打扮特别俏皮（贬义）

应承 ying cheng 答应 承认

道三不着两 dao san bu zhuo liang 说话颠三倒四、语无伦次

胡诌扯也 hu zhou che yie 胡说八道、胡诌乱说

胡达达 hu da da 顺嘴乱说，毫无根据

听三不听四 ting san bu ting si 错听别人的话，歪曲别人话意

重言不道语 chong yan bu dao yu 说话重复絮叨

倒葫芦马转 dao hu lu ma zhuan 说了不算前后不一

二倒包 ler dao bao 重新再做，干使劲

吃饱了撑的 chi bao liou cheng di 多管闲事儿，令人厌烦做无用的事

打听 da ting 多方询问

虚和 xu huo 虚天了地儿，夸大

折多 zhe duo 虐待，折磨

带力 dai li 牵连，影响

揭条 jie tiao 拿别人的短处说人

哭穷 ku qong 向别人诉说贫穷

不长不团儿 bu chang bu tuan r 没有明确态度，无准答案

济着 ji zhuo 随意，随便

绞果 jiao guo 消费

绞馋 jiao chan 消费

鲁 lu 脑子笨

苍 cang 动物警觉性高逃避敏捷

嚼舌根子 juo she gen zi 无中生有背后造谣，到处乱说

宜量 yi liang 正合适，适宜

钻头不顾腚 zuan tou bu gu ding 做事只顾自己，不顾后果，顾此失彼

性状 情绪

囊 nang 人太多，拥挤

背 bei 听力差；偏僻的地方

暴 bao 尘土飞扬，呛人耳目

面 mian 瓜果因淀粉多而口感软噎人

蹭 ceng 小孩子顽皮好动

踹 chuai 小孩子顽皮好动

索 suo 小孩子顽皮好动

艮 gen 瓜果硬而皮难咬

即 ji 任凭

齁 hou 很，别

寇 kou 厉害，有心计

壮 zhuang 肥沃

炯 juong 故意拿架子

浪 lang 指女孩子放荡，轻佻

洌拉 lie la 液体慢滴

扎煞 zha sha　撒娇

懊换 eao hui　后悔

宜量 yi liang 正合适

宽快 kuan kuai 宽敞

窄住 zhei zhu 狭窄

铺那 pu na 铺摊着，形象臃肿

秀密 xiu mi 精致细腻

长毛 zhang mao　发霉，变质

自强 zi qiang 自以为是，脾气暴躁行事压人

扁皮 bian pi 扁状

撅连 jue lian 指边檐翘起来

在乖 zai guai 整洁条理，很技巧细心

洇 yin 滋洇，水慢慢地渗透，扩展

糨 jiang 稠

啁 zhao 方言重，说话别扭难懂

绉 zhou 转动不灵活；人性格固执，不听劝

孙 sun　人受欺负

紧衬 jin chen 利落干净

澥漓 xai li 糊状物因变质而析水

油烂 you lan 鲜物体表皮受搓伤

浆包 jiang bao 种子因充水过量而发涨变质

灰包 hui bao 成长中的高粱、谷子等果实变霉成灰

炉炸 lu zha 庄稼得病不能再长，也叫炉截

鲁阔 lu kuo 形容吃的，穿的很满意、得体，合口味

昧口 mei kou 可口，适合口味

帮寸 bang cun 自己约束自己，不做有碍别人的事

涝召 lao zhao 上重下轻，重心不稳

叶恹 ye yan 植物失水，萎缩软蔫的样子

枝生 zhi sheng 枝叶鲜亮旺盛，叶恹的植物恢复生长

劙心 li xin 烧心，胃酸过多不好受

斯淖 si nao 食物长菌毛变质

烦气 fan qi 心烦意乱

乔气 qiao qi 心烦发脾气

拿乔 na qiao 对人不满，找人的不是

欢气 huan qi 欢喜高兴

二乎 ler hu 犹豫不定

瓦鼓儿 wa gu r 委屈，冤屈

如作 lu zuo 舒服，顺心

唤烘 huan hong 晕过去又醒过来

打腰 da yao 办事作用大，有影响

苟支 gou zhi 不健康，不出息；吝啬

嘎古 ga gu 自私，小气，吝啬

叹欠 tan qian 令人可怜

嘘货 xu huo 对伤病忍耐力差，叫疼；对事物夸大其辞

愚囊 yu nang 愚笨，无能

爽着 shuang zhuo 快着快点儿做

屁松 pi song 懒散，松懈

信混 xin hun 纳闷，想不通

焦化 jiao hua 嫩果干枯脱落

舒索 shu suo 开心；无奈

拉查 la cha 粗糙，不光滑

态乎儿 tai hu r 软而有弹性

飘偏 piao pian 木板或器物变形，不周正

飘楞 piao leng 木板或器物变形不周正

挺托 ting tuo 能力强，能胜任工作，工具结实耐用，不易坏

牢巴 lao ba 老练，做事踏实

利亮 li liang 地方宽敞，无碍

滋洇 zi yin 生活过得舒适，讲究；水慢慢地渗入

整状 zheng zhuang 整体不零碎

熟化 shu hua 熟悉

煞实 sha shi 认真、能干、出效率；物件实靠

全唤 quan huan 完整，全面

活番 huo fan 灵活机动、不死板儿

滑趟 hua tang 光滑流畅，运用自如

料肖 liao xiao 不结实，容易坏

离巴 li ba 外行，不靠谱

浪摆 lang bai 过分张扬

蹦达 beng da 跳跃

狗兴 gou xing 过分调皮，闹腾

无浪 wu lang 小孩儿好闹腾，损坏物件；干事粗糙，不利索

懈晃 xiai huang 木器卯榫松动，器具摇晃不稳

走捷 zou jie 器具变形

灵头 ling tou 聪明，灵活，思维敏捷

拙古 zhuo gu 笨，办事不灵活

隆过 long guo 得空

直实 zhi shi 实在正直

光棍 guang gun 形容人八面玲珑、面像正直俏皮

起索 qi suo 湿东西慢慢变干

明快 ming kuai 光线充足，明亮宽敞

烧松 shao song 丢三落四，注意力分散，丢失物品

烧包 shao bao 自足自满忘乎所以，造成损失

尖馋 jian chan 挑食，专挑味口食物

困觉 kun jiao 睡觉

不戏 bu xi 不屑于，不喜欢

囊包 nang bao 无能，无用之人

如外 lu wai 另外

暄和 xuan huo 松软；好欺负

杀拉 sha la 盐、碱类刺激引起的疼痛；加盐或糖制作

让服 lang fu 退让，谦让

果自 guo zi 单独

蛋渴 dan kuo 由于缺少而非常希望得到某种物质的样子

打靠 da kao 长时间未吃到想吃的东西

寒见 han jian 形容身材瘦小

行行儿 xing xing r 不结实，多指布料

捣实 dao shi 调皮，捣蛋撒谎

顺溜儿 shun liu r 条理不乱，理顺

匀挺 yun ting 均匀

次毛 ci mao 不好的，孬

不糙 bu cao 挺好，不错

极好 ji hao 很好

招乎着 zhao hu zhuo 母量，底白，心里要有底儿

母量着 mu liang zhuo 考虑、底白着

绉巴 zhou ba 身体紧巴，不舒服

刨躁 pao zao 心情烦躁；身体发烧难受

面豆 mian dou 性情温和，不急躁，食物面而散

腆扯 tian che 小孩撒娇

二当 ler dang 不精明，办事呆傻

指别 zhi bie 手指，脚趾抽筋

拉磨 la mo 行动拖拉

遇磨 yu mo 行动拖拉，拖后

果账 guozhang 合算

耳巴子 ler ba zi 手掌

龌龊 wo chuo 肮脏；不干净

担板 dan ban 指原本很顺利的事出现意外而中断，受损

折手 she shou 失去有力条件

嘴碎 zui sui 吃东西无节制，随意乱吃；无节制唠叨乱说

合窑相 huo yao xiang 正合适

甭急流 beng ji liu 不着急

别瞎流 bie xia liu 别浪费，糟蹋

忒儿呼儿 teir hur 不算事从头来

躁地晃 zao di huang 无聊，烦躁

使地晃 shi di huang 很累

冈着恣儿 gang zhuo zeir 很高兴

胡说 hu hua 谎话、不着边际乱说

吊巴 diao ba 调皮、偷懒的行为

恶发 wo fa 发炎化脓

郎亢 lang kang 做活粗糙、喧大

忿带 fen dai 胖、大、满而不雅观

数头 shu tou 害怕干不好

噱台 xue tai 害怕干不好，不敢做

晕载 yun zai 害怕干不好，不敢做

震达 zhen da 颠簸

咯等 guo deng 不稳当，桌凳瘸腿发出声响

咯得儿 guo dei r 不稳当、瘸腿

逛荡 guang dang　晃动，液体在容器中晃动；随意散步

寻头 xin tou 小孩子淘气，要达到某种要求；寻无常

冈着货 gang zhuo huo 很多

将自是 jiang zi shi 仅仅，刚刚

竟意地 jing yi di 故意，存心

下意地 xia yi di 忍心

除非是 chu fei shi 非，但

杆子是 gan zi shi 肯定，就是

仰嘎渣 yang ga zha 跌倒，仰面朝天

仰嘎油儿 yang ga you r 仰面朝天

胡粘粘 hu nian nian 瞎胡闹

不拉郎 bu la lang 丢三落四，毛毛失失

一伐子 yi fa zi 流行一阵

曲强脸 qu qiang lian 脸色表现为很难受，不舒服的样子

蹀躞脸 die xie lian 面带很生气，不高兴的样子

冒尖 mao jian 装满，高出容器

攒劲 zanjing 得劲，鼓足气力

点实 dian shi 干活，做事很实在不耍奸耍滑

不得劲 bu dei jin 不舒服，别扭

出溜滑 chu liu hua 很滑

备不地 bei bu di 可能是，有可能

薄忽拉 bo hu la 稀粥状

虑徐着 lǚ xu zhuo 慢慢地，逐渐的

暄古囊 xuan gu nang 松软

不尉心 bu yu xin 不放心不踏实

差稀乎儿 cha xi hu r 差丁点儿，险些

不管乎 bu guan hu 不在乎

不管由儿 bu guan your 不要紧，不起作用

牢靠是 lao kao shi 就是，表示肯定

着落是 zhuo luo shi 就是，表示肯定

艮吃人 gen chi len 龌龊，使人恶心

二马假 ler ma jia 似醒非醒

乔声怪气 qiao sheng guai qi 说话声调怪异

乔咬怪和 qiao yao guai huo 说话不耐烦

跷二古懂 qiao lei gu dong 特殊

迭不当的 die bu dang di 没空，来不及

割收不的 ga shou bu di 舍不得

熟头么花 shu tou ma hua 似曾相识，熟悉

低头耷拉甲 di tou da la jia 情绪极度低落，抬不起头

好生着 hao sheng zhuo 加小心

咬舌子 yao she zi 吐字不清

加二五的 jia ler wu di 加小心

打得塞子 da dei sei zi 打哆嗦

跟头骨录 gen tou gulu 忙忙碌碌，很不顺当

耳耳蒙蒙 ler ler mengmeng 似乎听到

递溜撅连 di liu jue lian 不安稳

赊咧哈乎儿 she liu ha hu r 说话做事随便

憋憋古古 bie bie gugu 不善言语有话说不出来憋在心里不痛快

细流胡趟 xi liu hu tang 做事随便，不严肃

捂巴子气 wu ba zi qi 霉变的气味

二郎八蛋 ler lang ba dan 乱七八糟的样子

长长乎拉 chang chang hu la 比同类略长，不雅观

鬼儿嘎迹 gui ler gaji 耍小心眼不诚实

鬼儿嘎杂 gui ler ga za 不诚实，鬼心眼多

怎么着也中 zen ma zhuo ye zhong 怎么干都行，随便

哈打乎实 ha da hu shi 不计较，不在乎

出出马得儿 chu chu ma der 有褶皱不平整

稀不棱登 xi bu leng deng 稀疏

打直实子 da zhi shi zi 打寒战

冈着好连 gang zhuo hao lian 很好

束嘴旁腮 shu zui pang sai 撅着嘴不高兴的样子

疯疯式式 feng feng shi shi 做事冒失，不稳重

哩溜歪斜 li liu wai xie 东西放不正当，东倒西歪

脏囊巴嗤 zang nang ba chi 很肮脏另人厌

恶，很不干净

嘻溜哈乎儿 xi liu ha hu r 做事不认真、胡闹

扬风奓毛 yang fen zha mao 行为轻浮，出风头

傻儿呱几 sha ler gua ji 傻乎乎的样子

泥窝扑嚓 ni wo pu cha 道路泥泞难走

濛濛腥腥 meng meng xing xing 毛毛细雨

赶眼色儿 gan yan she r 善于察言观色，在人面前很勤快

云山雾罩 yun shan wu zhao 无边无际瞎吹呼

没上没乏 mu shang mu fa 干赶活来不休息；没早没晚，没休息时间

嗷天呜葬 eao tian wu zang 大声哭喊 故意哭闹

倒三不着两 dao san bu zhuo liang 说话颠三倒四，啰嗦

嘲声马拉彦 zhao sheng ma la yan 泛指外地口音很难听懂

湿乎子拉溻 shi hu zi la ta 湿漉漉的样子

艮耷拉哧儿的 gen dala chi r di 说话态度生硬

瘦筋子扎扎儿 shou gen zi zha zhar 形容人身体干瘦

圆油莫合仨 yuan yiu mo huo sa 不规则的圆，无角无棱

立孤量地 li gu liang di 特别突出，明显

动物 植物

野乔 ye qiao 喜鹊

洼老鸹 wa lao gua 乌鸦

家鹑子 jia chen zi 麻雀

脖 果 buo guo 鸽子

滴滴水子 di di shui zi 山雀

叫千子 jiao qian zi 云雀

小鹰子 xiao ying zi 一种体形较小的鹰

老雕 lao diao 一种体形大的鹰

苇喳喳子 wei zha zha zi 在芦苇从中生活的鸟

长尾巴郎子 chang yi ba laang zi 灰喜鹊

臊打母子 sao da mu zi 啄木鸟

光棍儿 guang gun r 布谷鸟

犸狐 ma hu 狼

皮狐子 pi hu zi 狐狸

山猫子 shan mao zi 野兔

伙子 huo zi 家兔

波罗油子 bo luo you zi 蜗牛

仓老鼠 cang lao shu 短尾巴田鼠

夜猫子 yie mao zi 猫头鹰

檐边虎子 yan bian hu zi 蝙蝠

呱呱子 gua gua zi 鸭子

水鸭子 shui ya zi 野鸭

蛤蟆蝌索子 ha ma kuo suo zi 蝌蚪

可罗猪 kuo luo zhu 未育肥的半大猪

騆猪 jong zhu 阉了的公猪

脚猪 juo zhu 种猪

骚虎 sao hu 公山羊

骟马 shan ma 去性的公马

牙狗 ya gou 公狗

牙猫 ya mao 公猫

驴骡子 lǘ luo zi 马配母驴所生

狗老鼠 gou lao shu 田鼠

蛇虫子 she chong zi 蜥蜴

蝎虎留子 xie hu liu zi 壁虎

地貔子 di pi zi 鼹鼠

地蛆 di qu 地蚕

曲蟮 qu quan 蚯蚓

疥蛤蟆（老疥） jiai ha ma 蟾蜍

蜓蜓 ting ting 蜻蜓

蚁蛘 yi yang 蚂蚁

蚂虮 ma pi 蚂蟥，水蛭

绿崴子 lǜ wai zi 一种青蛙

蛤蟆 ha ma 青蛙的统称

晃圈子 huang juan zi 母猪发情

骂栏 ma lan 舐牛发情

靠槽 kao cao 草驴发情

吊线 diao xian 母马发情

走狗子 zou gou zi 母狗发情

叫猫子 jiao mao zi 母猫发情

哨钱儿 shao qian r 体形小的一种蝉

将 jiang 动物下崽

引飞儿 yin fei r 指小鸟离窝独立谋食

登倒山 deng dao shan 一种体形大，后腿有力，全身发绿的大个儿飞蝗

瞎眼撞 xia yan chuang 铜象金龟甲

咬乖 yao guai 蝈蝈

食咬乖子 shi yao guai zi 老母咬乖

刀螂 dao lang　螳螂

屎壳郎子 shi qu lang zi 蜣郎

油蚂蚱 you ma zha 青色大个头蝗虫

山处蚰 shan chu you 天牛

扑拉锅 pu la guo 豆天蛾

臭大姐 chou da jie 椿橡

节了 jie liao　蝉

节了龟儿 jie liao gui r 蝉的幼虫

蚕妹儿 can mei r 桑蚕

土蛰子 tu zhe zi 蟋蟀

叮当 ding dang 一种地蜘蛛

长虫 chang chong 蛇

土鳖 du bie 土元

山蚂甲 shan ma jia 母中华蚱蜢

嘎大剪子 ga da jian zi 公中华蚱蜢

蝈蚤 guo zao 跳蚤

蛛蛛子 zhu zhu zi 蜘蛛

草鞋底 cao xiai di 百足虫

千根腿 qian gen tui 当地一种灰黑色多足虫

吊死鬼 diao si gui 大袋蛾

蚰蜒 you yan　形似蜈蚣的虫子

铜苍蝇 tong cang ying 大个头的绿头苍蝇

八架子 ba jia zi 一种用毛蜇人的毛虫

湿湿虫 shi shi chong 潮虫

蜜虫子 mi chong zi 蚜虫

鸡纷纷子 ji fen fen zi 鸡虱子

泥狗 ni gou　泥鳅

水担杖 shui dan zhang 水黾

干狗活 gan gou huo 樗树上的一种昆虫，遇险会假死

胡游 hu you 金龟子

毛尾虫 mao yi chong 毛毛虫

秋狗子 qou gou zi 秋毛虫

蜂子 feng zi 指黄蜂、蚂蜂等

棚棚窝 peng peng wo 蜂子窝

蝎子毒 xie zi du 蝎子尾巴的毒针

长虫皮 chang chong pi 蛇蜕

节了龟儿皮儿 jie liao gui r pir 蝉蜕

棒锤子 bang chui zi　玉米

妹子 mei zi 小麦

秫秫 shu shu 高粱

辣疙瘩 la ga da　辣菜，芥菜

红萝贝 hong luo bei 胡萝卜

水萝贝 shui luo bei 青萝卜

长虫果 chang chong guo 花生

地蛋 di dan 土豆

洋柿子 yang shi zi 西红柿，番茄

暴仗棵 bao zhang kuo 地黄

笨槐树 ben huai shu 国槐

槐当郎 huai dang lang 国槐的果实

洋槐树 yang huai shu 刺槐

扫帚菜 sao zhu cai 地肤

青青菜 qing qing cai 小蓟，大蓟

豆荚子 dou jia zi　豆角

黄花菜 huang hua cai 金针菜

稍瓜 shao gua 青脆瓜

马扎菜 ma zha cai 马齿苋

蓬子菜 peng zi cai 蓬棵的幼苗

车辙子 che zhe zi　车前草

婆婆丁 po po ding 蒲公英

光光花 guang guang hua 蜀菊

狗奶子 gou nai zi 野生枸杞

姑姑痴 gu gu chi 樗树的果实

瓜妞子 gua niu zi 瓜蔓上初结的小瓜

节骨草 jie gu cao 向荆

吊方瓜 diao fang gua 在瓜架上生长的一种南瓜

毛尾穗子 mao yi sui zi 杨树花

灰菜 hui cai 藜

人苘菜 len qing cai　苋菜

衮当 gun　dang 牛皮菜

我子 wo zi 泛指蘑菇类

家鹑子蓑衣 jia chen zi suo yi 地锦草

罗索 luo shuo 丝瓜的一种，果实起棱

苍子 cang zi 苍耳

拉拉蒿 la la hao 麦蒿

鬼棘针 gui ji zhen 鬼针草

真杏 zhen xing 一种杏仁不苦可生吃的杏

棘棵子 ji kuo zi 丛生的酸枣棵

谎花 huang hua 瓜果类开花不结果的花朵公花

打包 da bao 小麦孕穗

盘墩 pan dun 小麦分蘖

秀穗 xiu cui 小麦抽穗

下末 xia mo 瓜果成熟采摘将完

拔蔓子 ba wan zi 最后拔蔓时摘收

萝白缨子 luo bei ying zi 萝卜苗叶

棒垂子缨子 bang chui zi ying zi 玉米穗顶须

棒垂子骨头 bang chui zi gu tou 玉米穗芯

鼓粒儿 gu li r 灌浆时节，粮食开始长粒儿

地瓜花 di gua hua 大丽菊

计量方位

嘎哈儿 ga ha r 圈

户儿 hu r 种类

伏子 fu zi 份

子儿 zei r 标准

页子 ye zi 倍

亭儿 tie r 份

筒 tong 座

帮 bang 伙，群

气 qi 次

货 huo 次、遍

根 gen 张，条

打子 da zi 段

遭 zao 一个来回

兴 xing 层

座 zuo 个、口

绊儿 pan r 一段时间

撸 lu 两臂合抱的量

咋 za 怎么

半别 ban bie 半个，一半

当中间儿里 dang zhong jianr li 中间

蒲笼 pu long 簇，从

四向尼：si xiang ni 四面，周围

四至 si zhi 四界

嘟鲁 du lu 串

里头 li tou 里面

外头 wei tou 外面

眼前头 yan qian tou 面前

腚后头 ding hou tou 背后

铺子 pu zi 割倒未捆的小堆庄稼

掐：qia 双手合持的量

拃：zha 张开大拇指和中指的长度

庹：tuo 成人两臂伸直的长度

围嘎拉：wei ga la 周围

近便 jin bian 近距离方便

见 jian 每：他见天跑步

递 di 每：他递天晚来

打 da 从 ：你打哪里来呀？

漫 man 从：我漫东坡里来

赶 gan 到：赶明儿我还来

上 shang 往：你上那边靠靠

乔 qiao 很

乜个 nie guo 那个

光待 guang dai 经常

冈着货 gang zhuo huo 很多

头直上 tou zhi shang 人睡觉时头在的一端

脚头上 juo tou shang 人睡觉时脚在的一端

·人　物·

管　仲　春秋时著名政治家、军事家和经济学家，被誉为中华第一相

齐威王　光大稷下学宫，招揽天下贤士，聚徒讲学，著书立说。
齐宣王　使稷下学宫发展到历史顶峰。
终　军　汉初外交家，作为汉武帝使臣出使南越。
窦光鼐　曾为乾隆帝老师，其少年时代在聂仙村度过。
苑华芳　淄博一带西医医术推行的先驱。
李曦晨　齐陵境内第一位中共党员。临淄青年学生抗日志愿军训团的组创者、领导者之一。
闫冠五　全国著名中兽医专家。
陈梅川　临淄青年学生抗日志愿军训团组创者、领导者之一。
许子敬　曾任中国人民解放军四〇一医院院长兼党委书记。
任锡朋　曾任山东建筑工程学院党委副书记。
周振山　曾任临淄区政府区长，临淄区政协主席、党组书记，临淄区政协正县级调研员。

人物传略

管 仲（前735—前645） 名夷吾，字仲，谥号敬，颍上（今安徽省颍上县）人。春秋时著名政治家、军事家和经济学家，被誉为中华第一相。

管仲幼时家贫，在南阳经商，与齐国鲍叔牙为友。后由鲍叔牙推荐，齐桓公拜管仲为相。

管仲在政治上致力于加强君主集权，建立分司管理的中央行政机构，任命五位大臣，分别掌管外交、经济、军事、司法和监督。层层设立地方行政机构，“叁其国而伍其鄙，定民之居”，在都城内编工商为6乡，士农为15乡，兵为三军，由齐桓公、国懿仲、高傒统辖。城郊按邑、卒、乡、县、属编制，设官控制。建立地方官吏正月复事制度，由国君亲自对他们进行考核、训诫和奖惩。强化法治，建立国君最高权威，由国家控制经济命脉，平抑物价。举贤授能，建立人才选拔制度。建立自上而下的监督制度，推行乡选、官选和君选的“三选法”官吏选任制度，把既有治国牧民理论，又有实际工作能力的文人武士选拔为官，使姜太公的尊贤尚功路线有了制度保障。军事上，管仲认为，国君须“积务于兵”，兵须为“义”而战；强兵须先富国，重视武器装备建设。严格选拔和训练士兵，赏罚分明，注重“作内政而寄军令”，寓兵于民，扩大兵源。经济上，改井田之弊，在中国历史上第一个提出“相地而衰征”的赋税政策，发展农业，增加财赋收入，又即山铸钱，煮海为盐，设“轻重九府”以通财经，周济贫民，减轻税收，鼓励贸易，收到富国强兵效果。在社会保障方面实行“九惠之教”（老老、慈幼、恤孤、养疾、合独、问病、通穷、振困、接绝），安定民心，促进社会稳定。

他辅佐齐桓公40年，以“尊王攘夷”号令诸侯，使齐桓公成为春秋五霸之首。孔子曾对其弟子说，桓公九合诸侯，不以兵车，管仲之力也。前645年，管仲病危时，向齐桓公推荐为人忠厚、不耻下问、居家不忘公的隰朋为继任国相，而不同意桓公提出的竖刁、易牙和开方。

其言论见《国语·齐语》。今存《管子》76篇。其墓在今齐陵街道北山西村牛山北麓。

田因齐（前378—前320） 即齐威王，桓公午子。前356—前320年在位。以善于纳谏用能、励志图强而名著史册。

威王即位初期，日事酒色，不理政事，以致韩、魏、鲁、赵等国伐齐，出现“诸侯并伐，国人不治”局面。但他虚心纳谏，立即振作起来，接受淳于髡的进谏，下定“不飞则已，一飞冲天；不鸣则已，一鸣惊人”的决心。邹忌以“鼓琴”进谏，劝威王用贤臣、除奸佞，恤民养战，经营霸王大业。三个月后用邹忌为相，加紧整顿朝政，改革政治。

前355年，他选贤任能，安邦定国。使檀子守南城拒楚，田肦守高唐拒赵，黔夫守徐州拒燕。用种首为司寇以安境内，用田忌为司马、孙膑为军师，教兵习战，以谋征伐。他把这些人才看作比夜光珠还要珍贵的国家至宝。

前353年，威王命田忌为将，孙膑为军师，用围魏救赵计，在桂陵大败魏师。称雄东方，为战国七雄之一。前351年，“齐筑防以为长城。”

前348年，即墨（今平度县东南）大夫勤理政务，荒地得垦，人民富饶，但不善结纳威王近臣，故时有毁言谤语；阿（今阳谷县东北）大夫则相反，田地荒芜，仓库空虚，防务松弛，但威王近臣对阿大夫却日有美言。齐威王派人查得真情，立即召回二位大夫，当众给即墨大夫加封万户土地封赏，对阿大夫则处以烹刑。于是齐国朝野震动，人人不敢隐过饰非。

威王还下令全国：不论朝廷大臣、地方官吏或平民百姓，能当面提出君主过失的，得上赏；用书面指出君主过失的，得中赏；在广众中议论君王过失的，得下赏。由于广开言路，齐国大治。

前341年，齐、魏马陵之战，大败魏国，田齐国威大振。前334年，齐威王与魏惠王在徐州会盟，互相承认对方为王，史称"徐州相王"。此为齐国君主称王之始。前333年，苏秦倡议合纵以抗秦，佩燕、赵、韩、魏、齐、楚六国相印。前324年，威王任苏秦为客卿。

在位期间光大稷下学宫，招揽天下贤士，聚徒讲学，著书立说。

其墓为今齐陵街道南部四王冢最西一座。

田辟疆（？—前301） 即齐宣王，威王子。前319—前301年在位。

宣王时期励精图治，图霸称王，延续了威王余烈，使齐国始终处于与秦国分庭抗礼的地位。宣王清楚田忌离齐奔楚，是受到成侯驺忌的诬陷，他嗣位次年即为田忌恢复爵位。孟轲至齐见宣王，宣王问霸功，孟轲以仁政回答之。宣王以孟轲为客卿。宣王后名钟无艳，又名钟离春、钟无盐，即丑娘娘，相传为齐国无盐邑之女，为中国古代四大丑女之一。四十岁不得出嫁，自请见齐宣王，陈述齐国危难四点，为宣王采纳，立为王后。

宣王在尊重知识、招揽人才方面建树最大，使稷下学宫发展到历史最顶峰。《史记・田敬仲完世家》载"宣王喜文学游说之士，自如驺衍、淳于髡、田骈、接予、慎到、环渊之徒七十六人，皆赐列第，为上大夫，不治而议论。齐稷下学士复盛，且数百千人"。见于记载的著名稷下先生，还有儿说、告子、驺奭、宋钘、尹文、彭蒙、季真等人。儒家大师孟轲住稷下30余年。荀况15岁就来齐国，三为祭酒，集百家大成。学宫集中儒、墨、道、法、兵、刑、阴阳、农、杂等各家学派学人，百家争鸣，著书立说，稷下学宫进入鼎盛时期，创造了中国灿烂的先秦文化，对中国古代文化发展起到巨大推动作用，对后世影响深远。

前314年，齐宣王乘燕国内乱，遣匡章率兵大举伐燕，攻入燕都。前311年，秦相张仪游说楚、韩、齐、赵、燕五国与秦连衡，五国畏惧秦国势强均同意。前303年，齐、魏、韩三国以楚与秦盟背叛合纵，联合攻楚。

前301年，宣王去世。其墓为今齐陵街道南部四王冢西起第二座。

王　驩（生卒年不详） 字子敖，是齐宣王时期的大臣，曾做过盖邑（今沂水县西北）大夫，后官至齐国右师（主礼之官）。王驩颇得齐宣王宠信。孟子二次来齐（前319—前316年）时，曾与之共事。两人政见截然不同。《孟子・离娄上》载，孟子弟子乐正克跟随王驩来齐，受到孟子的严厉批评。《孟子・离娄下》载，王驩出席公行子之子的葬礼，孟子不向王驩行礼。《孟子・公孙丑下》载，王驩跟随孟子出吊滕文公。孟子担任此次出访的主使，王驩作为副使与孟子同行。在从齐国到滕国的来回路上，孟子不曾同他谈起出使的事情。《孟子外书・孝经》载，孟子离齐，王驩饯行，孟子赋诗以表明心志。

其墓位于今齐陵街道郑家沟村西北200米处。

田　地（？—前284） 即齐湣王，宣王子。前301—前284年在位。

湣王即位之初，孟尝君田文入秦为相。前301年，齐将匡章率领齐、魏、韩联军破楚军于垂沙（今河南省唐河县）。前298年，田文得"鸡鸣狗盗"门客之助，自秦脱归，复为齐相。前297年，孟尝君怨秦昭襄王，联合韩、魏攻秦，直抵函谷关，不敢再进而还。前296年，齐、韩、魏、赵、宋五国攻秦，至盐氏而还。

前294年，齐田甲作乱劫持湣王失败。湣王疑孟尝君欲去之，孟尝君奔薛，旋奔魏。前290年，赵与齐联师攻韩，至鲁关下。

前288年，秦昭襄王遣穰侯魏冉使齐，约与湣王同时称帝，昭襄王为西帝，湣王为东帝。湣王称东帝二月，复为王。前 285 年，湣王灭宋而骄，南割楚淮北之地，西侵魏而夺其宋地，诸侯恐惧，内外怨离。

前 284 年，燕昭王悉起燕国之兵，以乐毅为上将军，与秦、韩、魏、赵合纵攻齐，燕入临淄，魏取旧宋地，楚收淮北地。湣王逃亡到莒。楚国派淖齿领兵以助齐为名，占领齐国大片土地，淖齿被湣王拜为国相。不久，湣王被淖齿所弑。

其墓为今齐陵街道南部四王冢西起第三座。

终　军（约前 133—前 112）　字子云，济南郡杜山（今临淄区凤凰镇）人。汉初外交家。

前 115 年，终军被推荐为五经博士五弟子之一，赴京师长安。过函谷关时，守关吏卒交给他一件帛制的“繻”，终军不识为何物。当得知这是一个返回过关的凭证时，慨然掷之于地，自信地说：“大丈夫西游，终不复还。”守关吏卒为之瞠目。到长安后，终军积极上书陈述自己对国家大事的看法，汉武帝很赏识他的才能，封为谒者给事中，奉命巡视东方郡国。他手持朝廷符节，骑高头大马，再过函谷关，守关人员认出此人正是前次弃繻的青年，叹服他志远才高。前 114 年，终军成功出使匈奴。次年，在处理博士徐偃受贿案中，充分显示了机智和辩才，不久升为谏大夫。汉朝初期，南越（今广东、广西一带）同汉朝关系时好时坏。前 113 年秋，汉武帝要选择一位有才干的使臣出使南越。终军主动请求说，请陛下授我一条长缨，如果南越王不肯归顺汉朝，我就用这条长缨套着他回来。次年夏四月，终军在南越慷慨陈词，据理力争，终于使南越王答应归顺汉朝。南越丞相吕嘉反对归附，趁夜召集武士叛乱，终军在战乱中被杀，时称“终童”。

后来，终军被葬于今齐陵街道稷山北麓，附近的 8 个村庄因以“终村”为名。《汉书·艺文志》儒家有《终军》8 篇，已佚。有清马国翰等人辑本传世。

窦光鼐（1720—1795）　字元调（一说符调），号东皋，安丘县临浯乡（今安丘市临浯镇）高家庄人。曾为乾隆帝老师，与乾隆时宰相刘墉为姑表兄弟。其父为私塾先生，曾在今齐陵街道聂仙村任鹏祥家教书。窦光鼐少年时代在聂仙村度过，聂仙是他的第二故乡。

窦光鼐自幼好学，颖悟过人。乾隆元年（1736 年）中副贡，乾隆六年（1741 年）中举人，有“神童”之誉。乾隆七年（1742 年）中进士。为官 60 余年，历任翰林院庶吉士、编修、左中允、翰林院侍读、顺天府尹、福建正考官、浙江学政、吏部侍郎、礼部侍郎、会试大总裁等职。风节挺劲，无所阿附，深得乾隆帝器重。他任都察院左副都御史时，修改不当例律 100 余条。署理兵部左侍郎，奉命祭祀南海时，拒不受礼。任顺天府尹时，严惩罪犯，并顶炎夏酷暑督扑城郊蝗虫。任宗人府府丞时，曾编修皇家祖谱，后又充任《四库全书》总阅、同修。

他学问精湛，诗文宗韩杜，文词清古，并熟通经史，素有“才子”之称，深受乾隆皇帝雅重。每逢盛大典礼，便令其作词赋铭颂；御制诗文，都令他校阅。与纪昀、朱珪、翁方纲等文学名流在朝主持文运 30 年，对清代文化的发展影响颇深。其著作有《省吾斋诗稿》《省吾斋文集》等。

乾隆六十年（1795 年），任会试大总裁，因复试贡生，牵扯对满族弟子的争议被免官，以四品衔告休。同年九月十七日卒，归葬于家乡高家庄，其墓碑正面题有“文官御史祖，一代帝王师”。《清史稿》有传。

于传章（生卒年不详）　字芾臣，号飞堂，今齐陵街道宋家村人，活动于清朝末年，是齐陵查拳第一代传人。

于传章 12 岁出门习武，先学回民拳术，后跟民国武师“单刀李”李存义学形意。走遍河北沧州一带，精通十八般武艺，学会多种暗器。他身法好、步伐快、刀术精良，因善使双刀，武术界称之为“雁翎双翅于飞堂”。其事迹收入济南杨明漪著《近今北方健者传》（又称《拳勇见闻录》，初版于民国十二年）。后来回到老家传授武艺，益都县三教堂村、辛庄，临淄县的淄河店、聂仙庄、王家齐陵等村有很多弟子。临淄、青州、广饶等地方拳术，多为于传章所授。至2017年已传承六代，在齐陵街道、辛店街道、稷下街道以及青州市有较多传人，形成系统完整、内容丰富、功法全面、艺理俱精的地方拳种。

苑华芳（1871—1923）　字润斋，今齐陵街道西龙池村人。淄博一带西医先驱。

清光绪二十五年（1899年），苑华芳于青州广闻书院附属医校毕业，去北京同仁医院实习2年。光绪二十七年（1901年），回原籍齐陵行医，是临淄最早用西方医术为人治病的医生。有一天，一潍县商人前往济南，途经临淄时，忽然腹疼如绞，痛不可耐。当地人引他到苑家，登门求治，华芳让他吃下西药，一日后痊愈，病人持重金酬谢，华芳婉言谢绝。光绪三十一年（1905年），举家迁博山大街王家胡同，办起博山第一家西医诊所，即华英药房，面积约30平方米，专治外科病。同年，神头村有一人头破，伤势严重，无人敢医，遂请新开办的华英药房苑华芳医治。经他清创、缝合、包扎，10余天而愈。为博山医疗史上第一例西医外科手术。宣统二年（1910年），博山城里张姓厨师被菜刀割破肚皮，肠子流出一截，急请苑华芳医治。经清创、消毒、修复、回位、缝合，治疗20余日痊愈。从此，苑华芳西医名声远播，成为淄博一带西医医术推行的先驱。苑华芳为特别治疗需要，在华英药房设立博山第一张病床。1918年后，苑华芳又开展痔瘘、疟疾、性病的治疗业务。1923年病故。其长子苑凤芝（字瑞亭）仍继父业。1940年苑凤芝去世，华英药房停业。

崔光中（1911.6—1935.9）　字正平，今齐陵街道聂仙村人。

1933年，崔光中于山东省立第四师范毕业，先后在临淄县立闻韶小学、西关小学任教，主讲国语和历史、地理，富于创造革新。他鉴于教科书不切实用，毅然以无畏无私精神，自编自印《我们的东三省》等地理教材和历史教材共五册，选编高小二年级国语补充教材两册。为此，他牺牲星期天和寒暑假，在师生中获得广泛赞誉。他善于言教，更重身教，每天晚饭后和学生个别谈话，睡前和学生们谈一个问题，从不间断。学生从他的言行中，受到启迪和鼓励。

1935年9月11日夜，一阵急雨过后，天气骤冷。崔光中惦念几个没有棉被的穷学生，便抽出自己的棉被跑去看望。因未披外衣而着寒，第二天便得了急性肺炎。他虽发着高烧，但坚持讲课和批改作业，以致病势转重，及至转送济南齐鲁医院，已属不治。9月28日9时病逝，年仅24岁。为了纪念他，李人凤等当时临淄教育界知名人士及崔光中的学生330余人，集资为他树立镌有“教师典型”四个大字的墓碑于聂仙村东。

李曦晨（1912.1.15—1939.12.10）　原名世光，字梅秋，今齐陵街道齐家终村人。是临淄青年学生抗日志愿军训团的组创者、领导者之一。

曦晨自幼聪慧，深沉善思。1918年，入村内私塾。1923年，考入县立闻韶小学。1927年，考入县立初级中学读书，被选为学生会常务委员。1929年夏，考入省立第四师范，在进步教师马同贵（马千里）的影响下，参加四师的“左翼作家联盟”。1931年5月1日，在中共地下党指导下，组织第四师范、省立十中、师范讲习所等校学生集会，开展停止内战、团结抗日的宣传活动。同月，加入中国共产党，任中共益都县委青年部部长、四师支部书记。1932年，中共益都县委遭破坏，他担任益都县党团联合委员会书记，整顿十中党支部，成立北官营党支部，并创办秘密刊物《赤锋报》，宣传马列主义。1932年8月，任共青团益都县委宣传委员。

1933年3月3日，因叛徒告密，在益都县城新华客栈被捕。在国民党第三陆军军事法庭上，他没有暴露身份，始终以“抗日爱国无罪”答辩，法庭无更多实证，强判他五年徒刑结案，交山东高等法院看守所关押。1934年5月15日，转押山东第五监狱。在狱中，他领导全狱难友争取改善伙食和保障阅读书报权利，开展长达6天的绝食斗争并取得胜利。1936 年 8 月，国民党山东司法当局把他转到山东省政治反省院。在反省院，他继续坚持斗争，搅得反省院难以应付，又将他转押益都东关山东第四监狱。第四监狱管理人员怕出变故，把他转回反省院。国民党狱政当局看到李曦晨走到哪里，哪里就出现反抗，于是加判 5 年徒刑，采取残酷的“流押”手段，先后关押到章丘、桓台、临淄、临朐、益都等县看守所，每处看押最长不过一月，妄图以此消磨他的革命斗争意志，断绝他与省内几个大监狱难友的联系。后来山东司法当局第三次把他押回反省院，不再流押他处。

1937 年 10 月，日军逼近济南，反省院迫于国共合作、共同抗日的协定，在监狱门口贴出“谁想出狱，签个名即可”的告示，要囚犯自首出狱。李曦晨等不予理睬，力争无罪释放。又几日，反省院的训导主任王育民在逃走之前，跑来对李曦晨等三人说：“你们这三个不怕死的人啊！快走吧，什么手续也不用办了。”李曦晨和胡维鲁等三人才堂堂正正出狱。

他出狱后，首先去寿光与中共鲁东工委取得联系，然后赶回临淄西关小学找到同学李人凤、陈梅川、崔栋生等人，多方策划，于 1937 年 10 月组建临淄青年学生抗日志愿军训团。1938 年 1 月，军训团改编为国民革命军冀鲁别动纵队第二梯队第三大队。2 月 6 日，他去寿光向中共鲁东工委汇报斗争情况，请求工委为部队充实骨干力量，鲁东工委立即决定派杨涤生、岳拙元、吕乙亭等多名共产党员到临淄加入第三大队。4 月初，三大队建立政治部，杨涤生任主任，李曦晨任副主任。在党组织的领导下，李曦晨协助大队长李人凤驱逐了窃据梯队司令职务的复兴社分子王尚志。到 1938 年 6 月，三大队由 2 个中队发展到 11 个中队（连），建立了自己的兵工厂、军医院和被服厂。7 月 7 日，三大队改编为八路军山东人民抗日游击第三支队第十团，李曦晨任团政治处主任。

1939 年 9 月，李曦晨任三支队独立团政治委员。12 月 10 日，支队司令部和独立团挺进莱芜县茶叶口以北地区，与日军遭遇，李曦晨一面派兵掩护支队司令部机关转移，一面率独立团抢占西周峪西山阻击敌人。战斗打响，秘书张九功中弹负伤，李曦晨冲上去搀扶时不幸中弹牺牲，年仅 28 岁。

周洪祯（1918.7—1940）　今齐陵街道东龙池村人。他家境贫寒，兄弟较多。洪祯为人厚道，艰苦朴素，为国家赤胆忠心。

1937 年 10 月，周洪祯参加临淄青年学生抗日志愿军训团。在离别父老乡亲时立下誓言：“打不败、赶不走日本鬼，绝不回家。”参军后勤奋好学，处事果断，有勇有谋，表现顽强，富有才干与胆略。1938 年，加入中国共产党。入党后不久，担任八路军山东纵队三支队十团特务营二连副连长。一次路过该村庄东头官爷庙时，离家虽只有百米，但他只留信放至官爷庙台上。1940 年，在寿光县同日军激战中英勇牺牲，年仅 23 岁。周洪祯的誓言及事迹为部队领导所称道，按照烈士生前誓言，派专人护送其遗骨葬于皇城郑辛村。解放后，亲属家人将其遗骨移至村南大路西旁。每年清明节，村内长辈晚辈、学校师生都来扫墓祭灵。后来由临淄民政部门将烈士墓移至革命烈士陵园。

杨乐信（1890—1940.12）　又名世奄，今齐陵街道太平村人。曾任八路军清河军区后勤医院院长。

杨乐信早年在太平庄私塾读书。1917 年，国民政府在山东招募华工，他应募去欧洲支援协约国作战。1919 年 12 月回国。1920 年 4 月，在太平庄国民学校任小学教员。1926 年，在太平庄私人门诊当医生，擅长外科。1937 年，全面抗战开始，他带领妻女参加临淄青年学生抗日志愿军训团的卫生队。1938 年 8 月初，他随部队参加攻打临淄城、消灭陈瑞符部的战斗。三支队十团在郑家辛庄成立十团医院后，他任军医。1939 年，加入中国共产党。1940 年初，杨乐信调入清河军区后勤医院，先后任副院长、院长职务。同年夏，八路军山东纵队首长决定坚持和发展清河平原的游击战争，建立巩固平原根据地，杨乐信所在医院随部队转战于清河地区。12 月，在部队继续北上开辟垦区（今垦利区一带）抗日根据地的一次战斗中，杨乐信率医疗小分队随大部队征战，在广饶县码头一带和女儿为救护伤病员同时牺牲。

马功臣（1891—1941.3.13）　原名得胜，字功臣，今青州市朱家石羊村人。曾任八路军山东纵队第三支队十团特务大队队长。

马功臣幼时帮人放羊。1938年秋，参加八路军山东总队第三支队十团。1939年3月，三支队十团改称八路军山东纵队第三支队第十团，马功臣任特务队队长。在淄河店火车站一带，沿铁路线开展敌后工作。他胆大、机智、枪法好，敌人非常惧怕。他设计击毙车站伪分队队长马树寰，驯服新任赵姓分队长，很快打开工作局面，活动范围逐步扩大。1940年6月，清河军区任命马功臣为特务大队队长，吸收他加入中国共产党。他依据“合理负担”原则，在边区募粮筹款供应抗日部队，在淄河沿岸及铁路南北，争取到不少乡长和村长，使他们明为日伪办事、暗做抗日工作。此时，八路军不仅枪支弹药奇缺，就连药品纸张也极其缺乏。清河专署和八路军三支队司令部派马功臣率特务大队深入敌区，发动群众，打击敌人，筹集各种军用物资。清河军区后勤兵工厂成立后，马功臣率特务大队，夜闯铁路卸钢轨，解决兵工厂钢材不足窘况。他经常化装成商人潜入敌占区购买紧缺军用物资。1941年1月27日，马功臣等在郑家沟开会，不慎匣枪走火打伤右膝。由于药物紧缺，再加敌人疯狂“清乡”，挨户搜查，他到处躲藏，伤情日益恶化。3月13日，马功臣辞世于农家土屋中。

刘云秀（1909—1941.3）　今齐陵街道刘营村人。

1937年10月，刘云秀参加临淄青年学生抗日志愿军训团。1938年，加入中国共产党。同年秋，任临淄抗日政府二区中队中队长。1939年3月，部队改编为八路军山东纵队第三支队十团，任特务队分队长。1940年，在反击日伪军战斗中因强渡小清河冻伤，藏在家中养伤。1941年3月，由于通敌分子出卖，被驻石槽据点的日伪军枪杀于自家门口前，同时遇害的还有他的两个孩子。1978年，刘家族人在翻建老宅时，挖出地雷8颗，现存于临淄革命历史博物馆。

李守本（1919.4—1941.7）　今齐陵街道杨西村人，著名烈士。

1931年，李守本考入益都县立辛庄益临高级小学。1933年，考入省立第十中学。他与胡腾驹（可）、吕庆长（一凡）、王宗赣等10人，组织进步文学团体“土城社”。只一年，被校方以“交友不良，前途危险”而勒令退学。1937年，在郑家沟小学当教师。7月，日军发动全面侵华战争，扬言三个月内灭亡中国。李守本义愤填膺，奋笔写下“请牺书”，随即和近村小学教师崔一智、许子敬等商量如何武装抗日。10月，李人凤等组织临淄青年学生抗日志愿军训团，李守本立即前往参加。1938年6月，加入中国共产党。李守本由普通一兵到班长、排长、副连长、连指导员、营教导员。1940年10月，三支队整编为八路军山东纵队第三旅，李守本任二团一营教导员。1941年7月上旬，驻防张店、周村的日伪军集结10倍于清西独立团（由三旅二团改编）的兵力，到高苑县进行合围“扫荡”。为掩护团部和主力转移，李守本率两个连兵力在樊家林与日伪军展开血战，在战斗中英勇牺牲。

刘玉林（1921.4—1943.4）　今齐陵街道淄河村人，著名烈士。

1937年7月，他于临淄西关小学毕业后，考入济南私立育英中学。10月，日军迫近济南，学校停课，刘玉林回到家乡。1938年1月，李人凤组织领导的青年学生抗日志愿军训团进驻益都山区躲庄。刘玉林闻讯前往，加入临淄青年学生抗日志愿军训团任警卫员。12月，加入中国共产党。1941年冬，刘玉林辞去八路军山东纵队三支队副司令员李人凤警卫员职务，参加益寿临广特务大队，后任分队长。1943年4月15日，刘玉林率分队在皇城营村与日伪军遭遇，在突围中腿部负重伤。战友们要背负他，被拒绝了。他指定代理分队长，率战友突围，交代突围路线和集结地点，最后高喊：“把枪带走！”随即举起手枪，壮烈自尽，年仅20岁。

许权中（1894—1943.12.9） 今齐陵街道许家终村人，出生于今西安市临潼区交口镇权中村。曾任察哈尔民众抗日同盟军副军长。

许权中早年入三原省立甲种工业学校学习。1918年，参加于右任为总司令的靖国军，历任班长、中队长、总司令部副官、参谋、绘图科科长等职。1922年冬，入韶关云南讲武堂分校学习。毕业后，回陕西省先后任排长、连长。1924年冬后，在国民二军任副营长、营长、团长等职。1925年秋，随国民二军进驻北平，经旅长史可轩（中共党员）介绍，认识了李大钊。不久，加入中国共产党。在京西及绥远（今内蒙古自治区）攻打军阀战斗中，许权中战功显赫。1926年秋，升任国民二军旅长。9月，随冯玉祥参加国民革命军，任援陕第三路军司令员。10月，率部解除敌人对三原的包围。1927年1月，国民联军驻陕总司令部成立，许权中任政治保卫部委员兼卫队师旅长、代理师长。2月，调任西安中山军事学校学员总队长，参加培训大批军事干部。大革命失败后，同史可轩率政治保卫队与中山军校师生向北转移到富平。史可轩牺牲后，许权中被推举为总指挥。不久，部队被冯玉祥编为暂编第三旅，他任旅长。终于保存了这支革命队伍。

1928年春，中共陕西省委派刘志丹、谢子长等到第三旅加强党的领导。5月，许权中率全旅在高塘镇举行渭华起义。成立西北工农革命军，担任顾问兼骑兵分队队长。率部同敌军展开激战，于6月下旬失败。同年秋，他被派赴苏联，入莫斯科中山大学和红军大学学习。1930年夏回国，到中共中央北方局工作。不久，因叛徒出卖被捕，在狱中坚贞不屈。1932年夏，被营救出狱。1933年夏，许权中到张家口参加察哈尔民众抗日同盟军，任副军长兼十八师师长。率部参加收复多伦等地战斗，沉重打击了日军。同盟军失败后，到天津从事地下工作。1934年秋，回陕西韩城从事小学教育，开展秘密活动。1936年春，许权中因病回到临潼。一面做农活，一面积极和党联系。同年冬，许权中到西安任杨虎城部警备第二旅副旅长，参加西安事变。不久，改任第十七路军独立旅旅长。

1937年，全面抗战爆发后，他率部前往华北前线参加抗战。10月，参加忻口战役，同日军激战14昼夜，歼敌千余人。同年冬，他调任一七七师参谋长，曾兼晋东南自卫军指挥官。1938年5月，许权中率全师在永济县张营镇激战4昼夜，击退日军进攻。蒋介石知道他是共产党员后，采取明升暗降的办法，给许权中一个少将参谋的名义，而撤去旅长职务。许权中回到家乡，与临潼县长张锋伯一起开展地方民众抗日工作。

1943年，许权中去洛阳，任国民党第四集团军高级参议兼眉县万家塬垦区主任。他以生产为名， 组织两个连武装，准备建立抗日根据地。12月9日，许权中在眉县槐芽洪水沟被胡宗南预先埋伏的特务暗杀。

丁爱林（1922—1944.12） 今齐陵街道后丁村人。

丁爱林年轻时给人家扛长工。由王庆云介绍参加淄东分队，后整编为益都六大队，任班长。常在广饶北部芦苇荡中驻扎，以芦苇为屏障，出其不意打击日伪军。他作战勇敢，屡立战功。所在连部安排他到鲁南培训，他说现在打仗吃紧，愿意留下打击敌人。排长舍不得，说丁爱林打仗一个顶四五个，让他留下。1944年冬，部队不能在芦苇荡驻扎，就一面跟鬼子作战，一面向南转移。当部队转移到益都县刘家集时，在夜间被日军包围。他在突围时负伤，为掩护战友突围，英勇牺牲。

马洪贞（1919—1945.6） 今齐陵街道南山村人。曾任蒲台县大队副大队长。

1935年，马洪贞在西关小学毕业后在南山庄小学教学。1937年10月，参加临淄青年学生抗日志愿军训团。1938年1月5日，参加矮槐树伏击战。5月，加入中国共产党。他临战沉着勇敢，与同村的马惊涛、马书声被当地军民并称“三马”，均以勇敢著称。1939年3月，在“太河惨案”中，排长马洪贞在连长许子敬带领下冲出重围，成为38位幸存者之一。之后，马洪贞被安排到蒲台县大队任副大队长。他带领县大队队员在青纱帐内与日伪军迂回作战，取得一次次胜利。1945年6月的一天晚上，县大队在青纱帐开会时被一汉奸告密。日伪军包围了会场，马洪贞立即带领部分队员突围，当场牺牲了几名队员。他们边打边撤，离村子1500余米时，队伍分散开来。马洪贞被日伪军几十人围在一片棉花地里。他望着四周围上来的鬼子汉奸，举起手枪，含恨饮弹殉国。

吕孟起（1923—1948.1）　今齐陵街道吕家孝陵村人。

1943年，吕孟起经该村中共党组织负责人李冠五介绍加入中国共产党，以到各地唱戏作掩护，从事党的地下工作。1945年，加入胶济大队，任机枪班班长。1947年，编入清河军区三支队独立营，任排长。1948年1月，执行护送领导任务时，在南卧石村与徐振中部遭遇。为掩护领导和同志安全撤离，与两名战士一起，利用村头碾盘作掩体阻击敌人，毙伤敌军20余人。在战友相继牺牲和弹药耗尽时，决不投降，抱着机枪跳入村边水井中。敌军向井内连开数枪，并推入井沿砖石。烈士牺牲后，安葬于吕氏坟茔中。2010年，迁葬于临淄烈士陵园。

刘文才（1933—1953.7）　今齐陵街道毛家村人。

1951年3月，刘文才参加革命，为中国人民志愿军六十军一八一师五四二团二营五连战士，担任机枪手。3月17日，部队由河北沧县出发入朝参战，于4月5日集结于朝鲜伊川地区。4月22日，第五次战役打响。刘文才与班长吕存忠（今淄河村人）并肩战斗，坚守阵地。1953年5月13日，志愿军在三八线附近进行反击作战，发动三次大规模攻势。第三次进攻即金城战役，第六十军等志愿军部队对金城以南地区敌军阵地发起进攻。至7月16日，六十军占领预定阵地后转入防御作战，顽强阻击敌军主力的猛烈进攻。金城战役是抗美援朝战争中规模最大的阵地攻坚战，也是抗美援朝最后一次战役。战斗异常惨烈，志愿军冒着敌机轮番轰炸，多次打退敌军8个师兵力的进攻。刘文才坚守机枪阵地，沉着冷静，同战友打退敌军一次次疯狂反扑。在枪林弹雨中，吕存忠身负重伤被抢救回后方医院，刘文才壮烈牺牲。安葬于朝鲜金成川。后迁入临淄烈士陵园。

郑　俊（1877—1961）　又名殿甲，人称“大木匠”，今齐陵街道郑家沟村人。

1913—1915年，他给西辛庄小学和郑家沟小学制作课桌凳，20余年后，桌腿断了，凳撑折了，但卯榫仍完好如初。他制作的方桌，用绳拴一腿拖拽数百米不坏。1920年，益都火柴公司初建，匠工汇集100余人。郑俊破衣残帽也杂处其中。起初人们对他不屑一顾，及至身手一试，便夺众目。厂方开玩笑说：“别看棉袄穿得破，离了他，活还干不成呢！”于是任用为匠首，从此艺名远播。益都城关各名门巨宅建厅、起楼，大多聘他为匠首。1942年，柳店村新建“佛爷庙”，殿门中间木隔扇上要雕刻立体工艺“二龙戏珠”，众多匠工不敢问津。郑俊胸有成竹，着手而成，姿态逼真，栩栩如生，观者络绎，无不叹服。郑俊出身农民，深知农田操作劳苦。经他制作的犁、耙、耧和木轮推车，无不灵便适用。郑俊一生热爱木工，又以木工传家。他教会了两个弟弟和两个儿子及长孙，并收徒传艺，为临淄一门三代木工世家。1950年，郑俊作为工界代表，出席临淄县各界人民代表大会。1961年病故。

韩云祥（1903—1968）　今齐陵街道石庙孝陵村人，初中文化。

1938年2月，韩云祥在临淄县徐家圈参军，到渤海临淄县十团后方医院一所任军医。1940年4月，加入中国共产党。1941年8月，在渤海临淄县疗养院一所任所长、军医。1945年2月，在渤海军区医院三所任军医。1946年11月，任渤海军区医院四所所长。1947年12月，任渤海军区干养所所长。后到十一野战医院任所长。工作努力，积极掩护、救治伤员，有时连续几天几夜顾不得休息。1954年2月17日，获全国人民慰问人民解放军代表团奖章。曾立三等功一次，单位学习模范一次、工作模范三次。新中国成立后，一心一意工作在卫生战线。1955年，上级安排正营级干部去南京干休所疗养，韩云祥主动放弃这次机会，于10月与妻子郗云凤（时任部队医院助理军医、正排级干部）转业到临淄武装部，被派到孝陵乡卫生所任所长，郗云凤为妇产科主治医师，走村串户为群众防病治病。1957年6月18日，获三级解放勋章和三级独立自由勋章。1958年，韩云祥任齐陵公社医院第一任院长，与郗云凤一起带领全院医护人员为齐陵卫生事业做出贡献。1964年2月，因患高血压、脑血栓等病，经临淄区卫生局批准回家休养。1968年病故。

杨子华（1918—1971.6.24）　今齐陵街道太平村人。

1940年，杨子华加入中国共产党。1941年，在清河军区后勤被服厂任保管员。1942年5月，在教导营当学员。后在渤海军区鞋厂任指导员。1944年8月，任渤海军区政治处组织干事。1946年起，历任山东兵工三局指导员、教导员。1949年，历任华东党校学员、上海市电气公司军代表、西南服务团副中队长。同年12月起，历任重庆103厂军代表、厂长。1958年，任云南冶炼厂副厂长。1970年10月，在易门铜矿老厂钴矿任核心小组组长、革委会主任。1971年，在上海去世。

马惊涛（1913—1980）　原名马松林，今齐陵街道南山村人。

1932年，马惊涛师范毕业后任小学教师。1937年，参加临淄青年学生抗日志愿军训团。1938年，加入中国共产党。历任清河区抗日志愿军小队长，山东八路军三支队副连长、连长，渤海军区直属团作战参谋，抗日联军七师十九旅作战股长，东北军区六纵一师作战科长、师后勤部副部长，四野六纵一二八师后勤部政委、部长，第八预备师副师长，中央农垦部基建局副处长。获三级自由勋章和解放勋章。1960年后，历任南京江浦汤泉公社党委书记，江浦县委常委、副县长、县革委会委员、县委委员、革委会顾问。1980年2月27日病故。

闫冠五　（1892.10.8—1982）　名东铭，字冠五，今齐陵街道后李村人。全国著名中兽医专家。

闫冠五出身农村，自幼受父兄影响，16岁开始从事家畜病诊治。山东省济南工业学校毕业后，先后在龙池、南卧石等地教书。以后放弃小学教师职业，专攻牛马经，从事中兽医研究和实践。

新中国成立后，在后李官庄创办龙池区兽医联合诊所。1953年，考入济南兽医学校任教。1956年9月，作为山东省中兽医代表参加全国民间兽医座谈会。同月11日，国务院副总理邓子恢与代表合影留念。1957年2月，入伍总后勤部军马研究所。1960年12月，升任研究员。多年科学研究和教学实践，使他的足迹遍及河北、甘肃、内蒙及东北各省等广大地区。经他培养成才的中兽医科研人员遍布全国、全军。总后勤部政治部授予他二等功臣光荣称号。1961年10月1日，被特邀参加首都国庆大典观礼。1962年3月1日，被中国军事医学科学院聘为学术委员会委员。

闫冠五对传统的阴阳五行、脏象、经络等学说和四诊（望、问、闻、切）检查，八证（正、实、热、表、邪、虚、寒、里）辩证理论，进行若干验证和补正工作。他在辨证论治方面有独到见解，认为诊、断、治疗三者必须紧密配合，“无正确之诊，则无正确之断，更无正确之治疗”。他认为八证各证不是孤立的，因为畜体是有机的统一整体。他主张必须从整体观念出发，从互相制约、互相统一的角度诊断，辨证论治。他善于“望诊”，尤重“察色”。在用药方面，力主精简、味专、量大。他把辨证论治的理论、实践，由牛马而延及虎、豹、鹿、象等野生驯养动物，无不奏效。尼泊尔王国赠送中国的一只珍兽犀牛，染病不起，北京动物园中80余名专职兽医束手无策，闫冠五药到病除，受到国务院总理周恩来的当面称赞，亲手赠他精制烟具一套。后收藏于齐国历史博物馆。

1964年5月，闫冠五退休回原籍。虽年老体衰而工作不辍，昌潍地区中兽医培训班、昌潍牧校常年设有他的讲座。文化大革命期间，被诬陷为“反动学术权威”受到冲击，虽身处逆境也没有停止为邻近各村耕畜救死疗伤。中共十一届三中全会后，年近90岁的闫冠五，抱病整理积累70年实践经验的《牛症验方》54例。但壮志未竟，1982年病逝。

他的手稿《中兽医诊疗学》《痊骥验方》，经山东省农业科学院畜牧兽医研究所等单位整理出版为《闫冠五中兽医诊疗集》。

李尧臣（1898—1984.11） 名景堂，字尧臣，今齐陵街道杨西村人。

1950年2月至1951年2月，为临淄县第一届各界人民代表会议代表。1952年3月至1953年4月，为临淄县第三届各界人民代表会议代表。1954年7月至1957年1月，为临淄县第一届人民代表大会代表。

抗日战争时期，日伪猖獗，大肆搜捕屠杀共产党干部及其家属。杨家齐陵村农救会长家遭到日伪突然搜查，农救会会长慌忙逃出，家中一些没来得及带走的共产党文件被搜出。其妻被日伪抓去要砍头示众。在这危急时刻，李尧臣挺身而出，与日伪展开周旋，最终将其担保出来。解放战争时期，国民党特务抓捕杨家齐陵有志青年李明伦，敌人把他捆绑在树上。李尧臣得知后赶到现场，李明伦已被特务刺中一刀，鲜血流淌，敌人发狠要把李明伦杀头示众。李尧臣不顾个人安危出面担保，才使其免遭杀害。1951年，李尧臣看到利用村内破庙做校舍的杨家齐陵小学破烂不堪、附近许多青少年无法上学的情况，倡议改建校舍，并带头捐出自家两棵大楸树。村民们积极响应，捐物出工。在村庙庙址上修建东屋三间、南屋五间，解决杨家齐陵、驻佛店等村青少年上学问题。同年11月，全县开展支援抗美援朝捐款运动，李尧臣慷慨解囊，一次就捐款200万元（旧币）。李尧臣善于调解民事纠纷，和睦邻里。村内有一李姓兄弟俩分家，因为家里只有一口锅而发生争执，互不相让，李尧臣拿来自家的一口锅送给他们，解决了他们的分家纠纷。1984年11月病故。

陈梅川（1909.10—1985） 原名德良，曾化名崔广居，今齐陵街道薛家村人。临淄青年学生抗日志愿军训团组创者、领导者之一。

陈梅川出生于富裕农民家庭，自幼在原籍读书。1928年夏，毕业于临淄县立中学，担任过初级小学教员。1929年8月，考入山东省立第四师范学校。1933年5月毕业后，历任临淄县立白兔丘小学、闻韶小学、西关小学校长和县立初级中学庶务主任等职。全面抗战爆发后，与李曦晨、李人凤、崔栋生等一起，于1937年10月组建临淄青年学生抗日志愿军训团。1938年1月5日，军训团在辛店西矮槐树，伏击东犯日军小分队获胜。4月，加入中国共产党。7月7日，该部队改编为八路军山东人民抗日游击三支队第十团，任二营营长。8月初，参加攻打顽军陈瑞符的战斗，临淄城首次获得解放。随后参加郑家辛庄阻击战、粉碎顽军合围阴谋战等战斗。次年2月，带领二营在岳家庄伏击在辛石公路上行驶的日军汽车。之后，多次参加胶济铁路破袭战。

1939年7月，临淄县抗日民主政府成立，历任秘书科科长兼县大队长、党团书记、县委政权部长。1940年5月任县长。他创办流动训练班，培训乡村基层干部，广泛发动群众，组建群众抗日团体，宣传贯彻新的政策法令，完善巩固临淄人民政权。6月5日，中共清河地委机关报《群众报》专题报道他（崔广居县长）的施政事迹，成为清河地区县政建设榜样。1941年1月，被派到山东抗日大学一分校学习。12月，调渤海行署工作，先后任秘书主任、教育处副处长、清东办事处主任、第五专署副专员等职。1944年8月，到渤海公学（干校）任校长兼党委书记。1948年4月，任渤海行署调研室主任、秘书处长。

1950年10月，任惠民专署专员、中共惠民地委委员。1952年2月，调任济南市人民政府副市长。1953年6月，任济南市市长。1954年1月，任中共济南市委常委。12月，任中共山东省委统战部副部长兼省政协副主席。1963年3月，任山东省人民委员会副秘书长、省人民委员会办公厅党组书记。1965年12月，任鲁北水利工程指挥部指挥、党委书记。1973年8月，任山东省根治海河指挥部指挥、党的核心小组组长。1979年10月，任山东省水利厅顾问。1980年4月，任省水利厅顾问组组长。1982年12月，离职休养。1985年4月4日，在济南病故。

冯云庆（1908.10—1987） 又名冯英杰，今齐陵街道付辛村人。

1938年，冯云庆参加革命。1939年，加入中国共产党。任皇城乡地下职工会会长。1940年春，冯云庆与郭士英等化装成拣粪的，侦察两天时间，打掉徐振中部的一个特务组织。同年秋，冯云庆的堂兄冯云甫在大马岱村被敌人残忍杀害。1941年，冯云庆到垦利县，经清河军区后勤被服厂保管员杨子华介绍，到渤海行署总商管理局工作，任公务员队长。主要任务是给部队筹集粮款，保证部队供给。1942年6月24日黎明，风雨交加，一个连的徐振中部突然包围冯云庆的家，先朝家里扔手榴弹，打了几阵枪，有一颗手榴弹直接扔进了屋里。之后在院内用砍刀杀死他的妻子，不满周岁的孩子也受惊吓而亡。在以后的战争岁月里，随杨国夫部队征战，落下腰腿痛病。1945年春，接受组织安排，冯云庆回到皇城乡任乡长。1946年，任龙池区农救会主任。1946年下半年，任临淄县委管理员。1949年，任路山区民政助理员。1951年，任宋家乡乡长。农业合作化后，冯云庆回家务农。1987年春去世。

周希博（1908—1988） 又名汉卿，今齐陵街道聂仙村人，中共党员。曾任河南省二轻厅副厅长。

周希博于省立第四师范毕业后，在龙池小学任教，对学生进行深入浅出的爱国教育。1937年11月，参加临淄青年学生抗日志愿军训团。1938年1月5日，参加矮槐树对日伏击战。3月，参加淄河店至普通站的铁路破袭战。1945年9月，任临淄县三区副区长。1951年，任山东省黄河治理委员会处长。1953年，调河南省黄河治理委员会工作。1954年，任三门峡水电站供应科科长。1960年，任河南省工艺美术厂党委书记。后任河南省二轻厅副厅长。1970年离职休养。1988年12月病故。

许子敬（1906.8—1988） 原名佃钦，今齐陵街道齐家终村人。曾任中国人民解放军401医院院长兼党委书记。

1913—1924年，许子敬先后在小学、初中上学。1924年后，在刘家终村、齐陵等村任小学教员。1937年10月，参加临淄青年学生抗日志愿军训团，任小队长。1938年4月，加入中国共产党。历任八路军山东人民抗日游击第三支队十团四连副连长、连长。1939年3月下旬，是“太河惨案”中突出重围的38人之一。7月，因受重伤转入地方工作，历任临淄县抗日民主政府武装科科长、县大队教导员，清河军区参谋处处长，渤海四分区工商局局长等职。新中国建立后，先后任山东省盐务局副局长、中央盐务局生产运输处处长。1953年11月，任中华人民共和国驻苏联大使馆商务参赞处参赞、化工轻工组组长。签订中苏协议，引进拯救亿万生命的青霉素、链霉素药品及其生产技术。1956年回国后，因健康原因调中国原子能科学研究院，任中国人民解放军401医院院长兼党委书记。1988年12月21日在北京病故，安葬于北京八宝山革命公墓。

刘溶源（1928—1995） 今齐陵街道刘家终

村人。曾任齐陵公社革委会委员。

1952年，刘溶源为青岛第一建筑公司职工。1955年，回乡组办初级农业合作社，任社长。1956年，任义和高级社社长。至1957年3月，带领群众开山采石，劈崖填沟，历经千辛万苦，修建干渠1条，支渠2条，总长3800米，建成三级扬水站，总扬程50.5米，引温泉水上山。1961年，村里用上电，扬水站改配10千瓦电动机三台带动水泵提水。1963年，扬水站改为四级扬水，总扬程达到67米。水浇地面积扩大至80.04公顷。同年11月，出席华东农业先进集体代表大会，受到国务院总理周恩来接见。1995年病故。

刘玉兰（1907—1997） 字香谷，今齐陵街道淄河村人。世界著名的“网球皇后”。

刘香谷7岁在村内就读，后在临淄县城读初中。不久去济南读高中，因其积极参与爱国运动，被当局逮捕入狱一年。后由她的舅父筹资托人赎出。后考入南京中央大学。在校期间，热爱体育活动，曾多次获得网球冠军。毕业后被选为国家网球代表队队员。与云南昆明陶荣结婚。陶荣是第一期黄埔军校学生，曾任国民政府立法委员、驻英国大使馆武官。

刘香谷多次参加东南亚各国网球比赛并获得冠军，被誉为“网球皇后”。她在美国三年获得不同级别的网球冠军181项，从而被誉为“长青树”。1983年10月13日，《大众日报》第三版专题报道：高龄女子网球选手刘香谷在美国连得17个冠军。

1991年4月24日，刘香谷回家乡探亲，在北京受到全国政协等单位领导接见。回到家乡临淄时，刘香谷赠送部分工业、商业书籍资料，为振兴家乡经济贡献力量。1997年，在台湾病故。

杨玉春（1921—1997.12.21） 今齐陵街道太平村人。

1939年，杨玉春参加抗日青年救国会为通信员。1940年参军，历任临淄特务队战士，清河军区教导营班长、排长，山东第七师二十团八连副连长。1946年1月起，历任解放军二十一旅六团七连连长，十八师五十二团连长、营长。1949年11月起，历任广东军政大学十八队队长、广州军区直属七团团长。1957年6月18日，获三级独立自由勋章、三级解放勋章。1961年11月，任广东英德县人武部部长。1966年起，历任广东韶关军分区副参谋长、副司令员。1973年，任广东四军分区副司令员。1979年，任韶关市人武部部长。1982年9月离休。1988年7月15日，获中国人民解放军独立功勋荣誉章。1997年12月21日病故。

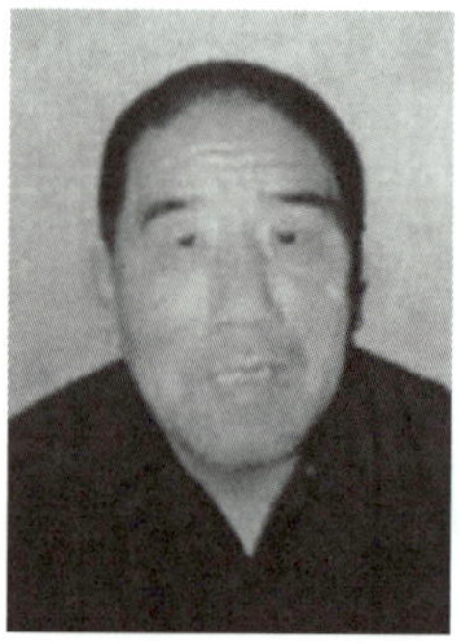

贾汉武（1934—2001.1.21） 今齐陵街道北苑村人。

1951年，贾汉武入伍为中国人民志愿军第六十军五四二团三营二连战士，开赴抗美援朝第一线。1952年春节前一天，上级命令志愿军一个排守住白雪山。敌人飞机大炮已连续三天向白雪山进行毁灭性轰炸，敌人分三路发动进攻。傍晚，志愿军战士的子弹、手榴弹都打光了，敌人冲进志愿军阵地。贾汉武甩出最后一颗手榴弹，借着烟雾滚下一个弹坑，正碰在敌人的尸体上，他抓起敌人的卡宾枪，打退了敌人的进攻，守住了白雪山阵地。志愿军党委给贾汉武记一等功一次，朝鲜民主主义人民共和国授予他一级国旗勋章。1952年8月1日，贾汉武出席在北京召开的中国人民解放军建军25周年庆典，受到朱德等党和国家领导人接见。1955年春，六十军凯旋回国，部队在安徽省宿县驻地开庆功会，会标上写着“向单兵作战英雄贾汉武学习！”当年复员后，在临淄县运输公司工作，直到退休。2001年1月21日病故。

闫曙惠（1949.11—2001.2.8） 原名闫锡三，今齐陵街道后李村人，工程师。

1972年，闫曙惠被推荐到青岛化工学院学习。1973年，加入中国共产党。1975年，分配到淄博橡胶厂工作，1977年任厂长。1987年，调入淄博塑料公司任外经科科长。被评为1988—1989年度山东省二轻系统先进工作者。1991—1992年，到美国引进塑胶管生产。1993年，任公司党委常委、纪检书记。1992—1998年，兼任淄博市监察局驻淄博市塑料工业公司监察室主任。1998年，被淄博市总工会评为“十佳女职工之友”。同年10月，任淄博市化工行业管理办公室副主任。2001年在济南病故，安葬于淄博市烈士陵园。

刘玉德（1954.12.24—2001.10.11） 今齐陵街道刘营村人，蒙古族。

1975年7月，刘玉德加入中国共产党。山东省第七届政协委员，淄博市八、九、十届人大代表，曾任临淄区文化旅游局办公室副主任。1975年起，连续18年任村党支部书记。连续两年被评为临淄区优秀共产党员、淄博市民族团结先进工作者。1981年，任全国各民族参观团代表。刘营村先后被国家民委和省、市人民政府表彰为民族团结进步先进集体。1988年开始文学创作。1990年，加入市作家协会。同年，借调到区文化旅游局从事文秘、宣传工作。1993年，被区委宣传部聘为新闻科副科长。发表各类稿件200余篇，散见于各级报刊，并多次在省、市获奖，反映临淄中国古车博物馆建设的近万字长篇通讯《万乘一览在临淄》先后在《淄博日报》《光明日报》《山东新闻图片周报》等报纸上发表。著有短篇小说《冷宴》、长篇小说《古都枪声》、专著《古都星河吟》等作品。2001年10月11日病故。

任锡朋（1924.1—2001.10.15） 今齐陵街道淄河村人。曾任山东建筑工程学院党委副书记。

1938年8月，任锡朋参加八路军山东人民抗日游击第三支队十团。1939年10月，加入中国共产党。1938年至1945年8月，历任班长、排长、连指导员等职。1945年9月后，历任北海银行渤海分行办事处主任、支行行长。新中国建立后，先后任中国人民银行山东分行科长、处长。1965年，任山东省财贸政治部办公室主任。1970年，任莱芜钢铁厂计划组组长。1974年，任山东省人民防空办公室处长。1978年12月，任中共山东建筑工程学院委员会副书记。1985年12月离职休养。2001年10月15日病故。

刘长江（1949.5—2003.2） 今临淄区金山镇人。曾任齐陵镇党委书记、临淄区人民检察院检察长、区人大常委会副主任。

1970年，刘长江参加工作。1971年，加入中国共产党。历任临淄区政府秘书，梧台乡党委副书记，永流乡党委副书记、乡长，召口乡党委书记。1991年9月至1995年2月，任齐陵镇党委书记。1995年2月，任区人民检察院检察长。在区人民检察院工作期间，克服癌症病痛折磨，带病坚持工作。在他的带动下，区检察院成为在全国、全省有一定影响的先进模范检察院。1997—2000年，连续四年被最高人民检察院和山东省人民检察院评为优秀检察官，记个人一等功两次。1998年，被评为市劳动模范。1999年，被省总工会授予“富民兴鲁”劳动奖章。2001年2月，被最高人民检察院授予全国检察系统人民满意的检察干警荣誉称号。其事迹先后在《人民日报》《检察日报》《大众日报》等30多家新闻媒体宣传报道。其中《检察日报》以《长江之歌》为题在头版头条刊发介绍他个人事迹的长篇通讯。

最高人民检察院原检察长、全国政协副主席张思卿作出批示，要求全国检察干警向他学习。市委政法委、市人民检察院和临淄区委先后作出向刘长江学习的决定。2001年2月，当选为区人大常委会副主任。2003年2月18日病故。

闫学仁（1932.4—2008） 今齐陵街道后李村人，中专文化。曾任齐陵公社党委委员，临淄四中及临淄师范校长、书记。

1951年，闫学仁参加工作，在村内小学任教。1953年，在尧王小学任教。1954年9月，到临朐师范进修学习。1956年8月，在皇城镇于家完小任教，代教导主任。1959年6月，在益都北关小学任教，代理校长。1960年6月，加入中国共产党。1961年8月，在淄河小学任教，兼任会计。1963年9月，在临淄五小（西关小学）任校长。1965年7月，任齐陵公社党委委员、文教助理，先后兼任终村片、淄河片片长。1973年，被评为山东省先进教育工作者，参加在烟台召开的全省先进教育工作者表彰大会。1975年7月，任临淄四中校长、书记。1982年1月，任临淄师范学校校长、书记。1989年起，连续四年被区委、区政府表彰为老干部工作先进个人。1992年退休，后到临淄中国古车博物馆继续发挥余热。2008年病故。

李其明（1933—2008） 今齐陵街道吕家孝陵村人。

1953年10月，李其明在临淄县第六区副书记毕庆春支持下，率先组织成立吕家孝陵农业生产合作社，有18户农民参加，共计80人，土地10公顷。1954年5月，赴潍坊出席昌潍专区高小毕业生参加农业合作化运动积极分子代表会议。会议结束后，赴济南参加山东省高小毕业生农业合作化运动积极分子代表会议。1955年1月4日，出席临淄县农业劳动模范代表大会。同年，加入中国共产党，任党支部书记。1956年，成立高级农业生产合作社，由毛家、北苑、吕家孝陵、高家孝陵、石庙孝陵、东龙池、西龙池7个村的农户组成，李其明任书记。1962年，任大队党支部书记。李其明任党支部书记20余年，带领群众打机井、修水渠、种果树、开油坊，购置汽车、拖拉机，调整土地连片耕作，规划旧房改建新村。1974年，与吕孟林带领社员建起境内第一座机制砖厂。1979年，改建为全区第二座缸瓦厂。缸瓦厂一直经营十几年，用其盈利建设村委十几间办公室，打了三口280米深机井。为促进村集体经济发展做出了重要贡献。2008年病故。

朱于敬（1954.2—2009.11） 今齐陵街道齐家终村人，中共党员，大学学历，高级教师。

1974年，朱于敬参加教育工作，先后任齐家终村学校、临淄区实验小学、临淄区实验中学校长。1983年，被吸收为淄博市小学语文学会会员、市写作协会会员。连续被评为区先进教育工作者。1987年，被评为淄博市先进教育工作者。1988年，被评为山东省优秀教师，获山东省优秀园丁奖。1989年，被评为全国教育系统劳动模范，受到江泽民、李鹏等党和国家领导人的接见。1989年4月，任区实验小学校长，筹措资金改造校舍，以全省小学部总分第一名的成绩通过省校改验收团验收。1994年7月，任区实验中学校长，学校成为中央教科所外语教改课题实验学校，全国外语特色学校理事会理事学校，并与美国伊利市西湖中学结为姊妹学校。同年，被授予山东省特级教师称号。立“建设淄博立志立功”竞赛活动一等功、二等功各一次。1998年8月，任临淄区教育局副局长。2003年1月，任临淄区教育局党委书记、副局长。3月，任临淄区教育局局长、党委书记。2005年8月，任临淄区第三中学党委书记。2009年11月病故。

郭树荣（1934.9—2010.6） 今齐陵街道毛家村人，中共党员，小学文化。

1949—1960年，他先后在昌乐县、临朐县、张店区工作。1962—1964年，在齐陵公社孝陵片工作组工作。1964—1975年，任毛家村党支部书记。带领修水渠，整平土地。1967年5月，代表公社出席山东省学习毛泽东思想积极分子大会。1968年，带领群众夺得小麦丰收，小麦单产达到225千克。1969年，全村上缴公粮5吨，被评为全区先进单位。1968—1975年，任临淄区委候补委员。1975—1981年，任公社革委会副主任兼经办主任。1982—1991年，历任齐陵、梧台、齐都、皇城工商所长。1992—1996年，任毛家村党支部书记。1994年，从临淄区工商局退休。2010年6月病故。

朱传俊（1936.5—2010.7）　今齐陵街道齐家终村人，大学学历，曾任青州市政协常委、市体协高级教练员。

1956年3月，朱传俊从淄博一中调山东体育学院运动系任排球运动员。1959年，调入北京市体工大队，先后任排球运动员、女排二队教练员，多次参加国内外重大比赛和友谊赛，受到贺龙、陈毅等国家领导人接见。1965年，调益都县体委，历任教练、体校校长，兼任山东省排球协会会员、潍坊地区排球协会副主席、顾问。1980—1998年，任青州市政协常委、文教卫生委员会副主任。1998年退休。2010年7月病故。

贾志全（1949.2—2011）　今齐陵街道薛家村人，中共党员。

1969年12月，贾志全入伍。1970年8月，加入中国共产党。1976年，作为军直机关代表参观核试验。1979年，参加对越自卫反击战。1983年，任集团军企业办军工家用电器厂厂长。1988年，被授予中校军衔。立三等功8个，先后获军后勤部战士标兵、党员标兵、干部标兵称号。1994年，转业到齐鲁石化胜利炼油厂。历任炼油厂运输公司党支部书记、炼油厂消防支队政委等职。在扑救大火中立三等功。2009年退休。2011年病逝。

刘玉杰（1928.10.1—2016.10.4）　今齐陵街道宋家村人。

刘玉杰13岁时参加抗日队伍，17岁加入中国共产党。后随部队转战，参加过多次战斗，历任班长、排长、连指导员、营参谋长等。1951年，参加抗美援朝，多次立功，获中华人民共和国三级独立自由勋章、朝鲜民主主义共和国二级自由独立勋章。1955年9月，被授予大尉军衔。后任牡丹江市航校教官、机要科科长等职。1964年，转业到牡丹江市工商银行，历任办公室主任、行长至离休。享受正处级待遇。2016年10月4日病故。

邵长炳（1922.5—2017.6.25）　今齐陵街道南山村人。

1947年12月，邵长炳入伍。后历任机枪连班长、排长。参加淮海战役，立三等功。后参加渡江战役、解放大西南等战役并立功。1949年3月，加入中国共产党。1950年10月，参加抗美援朝，编入高射机枪连。1952年2月，连队击落美军直升侦察机一架。10月，参加上甘岭战役，所在高射机枪连增援黄继光所在营，目睹黄继光堵敌人枪眼的英雄壮举，立三等功。1954年4月，获朝鲜民主主义人民共和国颁发奖章。1955年11月，获解放奖章，转业到地方工作。1980年12月离休。热心于老年工作和对青少年的教育，到学校开展革命传统和爱国主义教育18次，受教育学生3500余人次。2017年6月25日去世。

周振山（1934.11.1—2017.10.17）　今齐陵街道前李村人，曾任临淄区政府区长，临淄区政协主席、党组书记，临淄区政协正县级调研员。

1952年7月，周振山参加工作。1955年10月加入中国共产党。1952年7月至1955年7月，历任临淄县龙池乡文书、团支部书记，六区团委宣传委员。1956年5月至1968年10月，历任临淄县团委部长，益都县团委副部长，临淄县团委组织干事、团县委副书记。1969年3月至1970年12月，历任县革委会群工组副组长、整党办公室负责人。1971年1月至1976年1月，历任临淄团区委副书记，城关公社代理书记、革委会主任，城关公社书记、革委会主任。1976年1月至1979年8月，任博山区委副书记、革委副主任。1979年8月至1981年1月，任临淄区委副书记、革委副主任。1981年1月至1984年3月，任临淄区委副书记、区长。1984年3月至1993年2月，任临淄区政协主席、党组书记。1993年3月至1995年3月，任临淄区政协正县级调研员。2017年病故。

附：

徐振中（1912—1949.8）　原名徐安成，今青州市朱良镇人，朱良镇高等小学毕业。

1929年，北洋军阀孙殿英部路过朱良，徐投入该部军官学校，一年后逃回，后开“大中书店”兼营自行车行。1935年，被国民党中统分子王德禄发展为中统特务，收集中共情报，直报南京中统机关。1937年，被中统特务刘日新、鲁吉山介绍再次参加特务组织，任“调工”，代号“00060”。1938年春，以抗日为名，随其族弟徐琳组织益都县抗日自卫军第一大队。徐琳任大队长，徐振中任第一中队长。不久，徐振中自行投靠国民党第五战区游击队第二十二支队司令侯耀亭，任第一大队长。同年夏，徐又脱离侯部，与岳效鹏、王敬轩等小股部队组成益北抗日游击大队，自任大队长。后遭国民党军杜华梓、王葆团等部倾轧，率所部投靠国民党山东保安十五旅旅长张景月，任五团一营营长。

1938年7月，中共益都县委派彭飞、李荆和、于海东、陈乙斋等共产党人前往徐部，对徐进行抗日民族统一战线的教育和争取工作。1940年4月，徐同意接受共产党领导，将所部编入八路军山东纵队第三支队。9月叛变，率部据守臧台，派孟昭成连驻朱良，与日军勾结。10月9日，三支队副司令员杨国夫率部讨伐。臧台一战，徐振中仅率40余人逃出，继续流窜于益都北部和临淄东部各村，强征壮丁，扩充武装。徐振中不断配合日军“围剿”益寿临广四县边区抗日根据地，疯狂屠杀抗日志士及其家属。多次在齐陵各村催钱粮、抓壮丁，杀害革命干部群众。1941年4月17日凌晨，徐振中所部在望寺村裙带河以南贾氏祖坟以西，残忍杀害望寺村农救会指导员钟志秀、农救会会长贾树棻、村长常景山、妇救会主任李于氏、姊妹团团长于友美、青年团团长李凤彩及从大交流村抓来的一名革命干部。同年冬，被张景月升任为二团团长兼临淄县县长。1943年，徐振中为了进退有靠，参加了日军济南宪兵队特务组织“白铁社”。

1945年8月，徐振中率部护送国民党山东省政府主席何思源由寿光前往济南，晋衔少将，先后任警备四旅旅长、新编三十六师副师长、益寿临广边区警备司令、山东省保安六旅旅长、山东第十行政区专员兼保安司令、济南城防司令等职。截至1948年2月，四县边区被他杀害的革命干部和群众近2000人，被绑架毒打无算，被逼流离失所农民1000余户4000余人。徐振中两次占据临淄期间，共杀害革命干部、群众454人；他积极推行保甲制度，对人民施行法西斯恐怖统治；疯狂抓丁抢粮，全县被抓走青壮年2850人，抢走牛马猪驴480头，粮食1.5万吨。为此，受到王耀武的嘉奖。1948年9月24日，解放济南时被俘。

1949年8月2日，益都县人民政府在阳河村召开益寿临广四县1.5万余人参加的群众大会，徐振中被公审正法。

尹长庚（？—1953.10）　又名尹西光，由于他说话结巴，绰号“尹结巴子”。今皇城镇大马岱人，反动地主分子。

抗日战争初期，他投靠徐振中部，被委任为伪二区区长。他作恶多端，1941年2月19日，制造了“大马岱事件”，当场杀害“两面村长”蔡国俊与其子蔡德芳、村财粮股股长于菊堂、益北行署工作人员张永田等。他带领伪军在二区抓丁、绑架、抢劫，杀害革命干部群众。对二区南部齐陵各村祸害尤多。1942年6月24日黎明，带领伪军包围付辛庄冯云庆家，在院内用砍刀杀死冯云庆的妻子。1946年8月，包围在宋家庄秘密集会的淄东武工队，齐陵联防主任王习诰不幸中弹牺牲在寨墙上。伪军把他的头颅割下，用枪挑着沿途到后李官庄恐吓村民，之后吊挂在柳店村的桑树上。同月15日，在王齐村十字路口小庙前用刺刀杀死革命人士李延堂。解放后，他潜逃东北。1953年，被公安机关缉拿归案。10月，在皇城营村东门外被处决。

尹德新（？—1956.8） 今皇城镇大马岱人。是尹长庚的胞弟，伪临淄二区区队长。

尹德新与尹西光制造“大马岱事件”。1946—1947年，尹德新在聂仙村设伪二区区公所，建立区队。他带领“拉鸡队”“夜袭队”深入解放区，抓人、抢粮、抢劫、抬黄烟，作恶多端。在宋家庄西将四官村农会会长枪杀，杀害郑家村农民郑晓钟等。1947年11月，在交流抓住龙池区区公所文教助理员、中共党员李冠五（今吕家孝陵村人），绑至吕家孝陵村北用长矛刺死。解放后，尹德新潜逃到济南西郊。1956年，被临淄县人民政府抓获归案。8月，在宋家庄西被处决。

人物简介

姜禄甫（？—前698） 即齐僖公，一作齐釐公，庄公（姜购）子，前730—前698年在位。多次主持多国会盟，平息宋、卫争端，与郑、鲁以宋殇公不向周天子朝觐而讨伐宋国，以郕国不听从周天子之命而伐郕国。平定许国，使许庄公出走，立其弟许桓公为君。平定宋国华督之乱，与郑击败狄戎，后讨伐鲁和郑。齐国形成小霸局面，被后世称为春秋三小霸之一。《从征记》载“齐襄王墓在汝水西，墓西有僖公墓。”

姜无诡（？—前643） 又称无亏，桓公子，母卫姬。易牙宠于卫姬，竖刁宠于桓公，桓公许立无诡。前643年，齐桓公病重，易牙、竖刁、卫开方乘机作乱，禁锢桓公于病室，桓公饿死。诸公子结党争夺君位，宫廷大乱。桓公尸体在床上六十七日，蛆出于户外，无人敢葬。易牙、竖刁因内宠杀群吏，立无诡。无诡立三月被杀，无谥。其墓位于今齐陵街道紫荆山北麓。

姜 昭（？—前633） 即齐孝公，桓公子，母郑姬。前642年—前633年在位。早年由桓公和管仲立为太子，并嘱托宋襄公予以照应。桓公去世后另外五子争夺君位，易牙与竖刁拥立无亏为君，姜昭逃奔宋国。前642年春，宋襄公联合曹、卫、邾发兵攻齐，助姜昭归国争位。三月，迫于诸侯军队压力，齐众大夫在国氏、高氏两家率领下诱杀竖刁、无亏，迎立太子昭。但其余四公子的追随者兴兵攻打太子昭，迫使其逃回宋国。五月，宋襄公再度发兵，击败众公子于甗（今济南附近），太子昭即位。此次动乱后，齐国国力衰落，桓公霸业终结。其墓在今齐陵街道吕家孝陵村北。

姜 潘（？—前613） 即齐昭公，桓公子，母葛嬴。前632—前613年在位。孝公死后，其子被卫开方杀死，公子潘夺位，是为昭公。与晋文公联师战楚于城濮，楚国大败。晋文公与齐等八国之君盟于践土，结为同盟。后来齐国遭受狄、翟多次入侵。与鲁国通婚交好。昭公去世后其子姜舍立。昭公弟商人杀舍嗣位。昭公墓在孝公墓附近。

姜 元（？—前599年） 即齐惠公，桓公子，前608—前599年在位。《史记·齐太公世家》载“懿公之立，骄，民不附。齐人废其子而迎公子元于卫，立之，是为惠公。惠公，桓公子也。其母卫女，曰少卫姬，避齐乱，故在卫。”与鲁国交好，多次受到赤狄入侵。前607年，长翟来齐，齐大夫王子城父攻杀长翟，把他埋在北门。惠公墓在孝公墓附近。

姜无野（？—前 582） 即齐顷公，惠公子。前 598—前 582 年在位。继位之初，上卿国、高二氏害怕惠公宠臣崔杼威胁自己，驱逐崔杼，崔杼奔卫。前 592 年（顷公七年）春，晋派遣大臣郤克出使齐国，顷公母亲萧同叔子在帷后，看到郤克跛而登阶而笑。郤克回国后，请求讨伐齐国，晋景公不许。前 589 年春，齐国攻打鲁、卫。晋派郤克讨伐齐国，在鞍地（今济南西北）大败齐军。让齐国归还侵占的鲁、卫领土。前 588 年，顷公朝见晋景公，欲尊晋景公为王，晋景公不敢接受。顷公回国后，废弃猎苑，减轻赋敛，赈济孤寡，体恤百姓，对诸侯厚礼相待。直到顷公去世，百姓悦服，诸侯和睦。顷公墓在孝公墓附近。

姜　环（？—前 554） 即齐灵公，顷公子，前 581—前 554 年在位。名相晏弱、晏婴父子相继辅政，国事清明。灵公喜欢看女扮男装，为晏婴所谏止。灵公即位之初，尊晋为霸主，后来渐渐脱离晋国控制，欲争霸天下。前 575 年，与晋、卫、宋、邾诸国联师伐郑救宋。前 571 年，使晏弱筑东阳城围莱。前 567 年，灵公灭莱，迁莱民于郳，齐大夫高厚、崔杼定其疆土，山东半岛入于齐。前 555 年，晋国以齐国叛晋伐鲁为由，联合鲁、宋、卫、郑、曹、莒、邾、滕、薛、杞、小邾等诸侯兴师伐齐，灵公亲自率师御敌，大败而归。灵公墓在孝公墓附近。

黔　敖（生卒年不详） 原名公孙傲，齐国大夫。齐庄公（姜光）与右卿崔杼之妻棠姜私通，崔杀庄公，黔敖因说情而被杀。他乐善好施，重义气，为历代齐人称颂。《礼记·檀弓下》中"嗟来之食"典故，记述他在大荒之年救济灾民的事迹。其墓在今齐陵街道前李村东 60 米处。

姜　贷（前 455—前 379） 即齐康公，宣公子。前 404 年即位。齐康公沉湎酒色，仅保存齐君之虚名，处处受田氏控制。前 391 年，田和"迁康公于海上，食一城"。后来，一城也被收回，康公只好在陡坡挖洞为灶。前 386 年，田氏代齐。前 379 年康公去世。其墓在今齐陵街道聂仙村西。

田　剡（？—前 375） 即齐废公或田侯剡，太公和长子。前 384—前 375 年在位。《史记》未载其生平。《竹书纪年》载"（齐康公）二十二年，田侯剡立。后十年，齐田午弑其君及孺子喜（剡之子喜）而为公。"其墓为今齐陵街道南部二王冢西侧一座。

田　午（前 406—前 357） 即田齐桓公，太公和子。前 374—前 357 年在位。他杀死兄长田剡而自立，时称"陈侯午"，《竹书纪年》作田侯午，《史记》等后世史料作田齐桓公。多次与燕、卫、赵、魏交恶攻伐。前 370 年，赴洛阳朝见周烈王。在位末期创建稷下学宫。其墓为今齐陵街道南部二王冢东侧一座。

田法章（？—前 265） 即齐襄王，湣王子，前 283—前 265 年在位。前 284 年，湣王被杀。田法章改名换姓在莒城太史敫家做佣人。太史敫之女见他状貌奇伟，便以身相许。莒人与齐国逃亡大臣拥立田法章为君，立太史敫之女为王后，史称君王后。前 279 年，齐人纵反间计于燕。燕惠王使骑劫代乐毅，齐将田单攻破燕军，迎襄王回临淄。之后数年，与赵、秦等国互有攻伐。在位期间复立稷下学宫。其墓为今齐陵街道南部四王冢最东一座。

高秀岩（？—761.8） 齐陵人，唐玄宗、肃宗时期臣将。749 年，因随哥舒翰反击吐蕃有功，授华州万福府别将。安史之乱时，曾为安禄山守备大同。757 年十二月，归附唐朝，晋封云中太守。759 年，任户部尚书兼御史大夫。出谋收复"两京"（唐高宗显庆二年后，合称京城长安和东都洛阳为"两京"），随郭子仪出兵讨伐，颇有战绩，后封为渤海郡王。由于朝廷诛杀不少先追随安史后投诚的官员，便又率部反叛。761 年，史朝义杀死其父史思明，高秀岩死于乱军之中。

许从礼（1911—1938） 今齐陵街道齐家终村人。1937 年 10 月，参加临淄青年学生抗日志愿军训团。1938 年 1 月 5 日，参加矮槐树伏击日军的战斗。历任班长、排长、连长等职。1938

年，在邹平县与日伪军战斗中牺牲。

崔一志（1914—1939.6） 又名心斋，今齐陵街道聂仙村人。1938年3月，参加临淄抗日游击队第三大队，历任班长、排长等职。后任八路军山东纵队第三支队十团炮兵连连长。6月6日，在邹平县刘家井子反击日伪军战斗中牺牲。安葬在聂仙村，后迁葬于临淄烈士陵园。

任锡符（1911—1940.3） 今齐陵街道淄河村人。1939年3月，参加八路军山东纵队第三支队十团，历任班长、排长等职。后任支队基干二营连长。1940年3月，在益都县反击日伪军“扫荡”中牺牲。

闫孟春（1913.6—1941） 今齐陵街道后李村人，中共党员。1938年初，与本村闫乃祥、李西周参军到李人凤十团三连当战士。曾参加攻打临淄城消灭陈瑞符战斗、郑家辛阻击战、岳家庄伏击战等。1941年，在博兴县战斗中牺牲。

李西明（1907.8—1942.1） 今齐陵街道后李村人，中共党员。1933年，黄埔军校毕业，在校期间加入中国共产党。1934年，任青岛城阳高等小学教师。1935年，任龙池高等小学校长。1937年10月，加入临淄青年学生抗日志愿军训团。曾任八路军山东人民抗日游击三支队十团某连连长。参加过矮槐树阻击战、胶济铁路破袭战、郑家辛阻击战、岳家庄伏击战等多次战斗。1942年病故。

杨原田（1897.11—1943.4） 今齐陵街道太平村人。1937年，参加临淄青年学生抗日志愿军训团，同年加入中国共产党。历任班长、排长。1943年4月，任清河军区直属团连指导员时，在蒲台县反击日伪军“扫荡”战斗中牺牲。

胡俊清（1919—1943） 今齐陵街道石庙孝陵村人，中共党员。1938年3月，参加临淄抗日游击队第三大队。历任班长、排长等职。后编入清东独立团任连长。1943年，在寿光县清水泊反击日伪军“扫荡”战斗中牺牲。

李世贞（1872—1943） 字幹亭，邑庠生，今齐陵街道刘家终村人。清末民初中医大夫，时人尊为“临淄十大名医”之一。性情温恭，勤敏好学，随父李和美习医。坚持结合内外经诊治要义，准确把握施治方法，诊病精确，用药合度，尤其于内科、妇科、儿科造诣深厚。整理行医知识与经验，撰写有关伤寒施治、人体经络脉理、脾胃寒热诊治等文稿。曾为青州冯相国裔孙夫人治病，“李半仙”之名由此而获。为知府之女治病，获赠“德艺双馨”牌匾。1943年病故。

冯云升（1919—1944.3） 今齐陵街道付辛村人，黄埔军校毕业，军校学习期间曾用名冯英杰。1938年，参加八路军山东人民抗日游击第三支队十团。历任班长、排长、连长等职。1944年3月，在鲁中军区十二团反击日伪军的“扫荡”中，在临沂县香楼石村牺牲。

张聿荣（1919—1944.5） 今齐陵街道太平村人。1939年，参加抗日工作，同年加入中国共产党。后在渤海军区训练队历任班长、排长、连长等职。1944年5月，在广饶县反日伪军“扫荡”中牺牲。

赵维杰（1918—1945.6） 又名光田，今齐陵街道付辛村人。1942年，参加八路军山东纵队第三旅，后转入鲁中军区十二团。历任班长、排长、副连长等职。1945年6月，在鲁中军区十二团反伪顽战斗中牺牲。

崔一章（1920—1945.12） 又名崔一乐，今齐陵街道聂仙村人。1943年，参加八路军抗日游击队。1945年，整编为胶济大队一中队。8月，一中队配合渤海军区五分队攻克临淄县城，12月攻打普通站。他作战英勇，冲锋在前，中弹负伤后牺牲。

王习诰（1918.7—1946.8） 今齐陵街道王齐村人，胶济大队淄东武工队齐陵联防主任。

1944年3月参加革命。1946年8月，在宋家村秘密集会时，被保安团包围在村内。为掩护其他同志撤退，在阻击敌人时，不幸中弹牺牲在宋家村寨墙上。后被敌人割下头颅，吊挂在柳店村的桑树上。几天后，被本村胡姓村民趁黑夜背回，连同尸体安葬在自家坟茔内。后迁入临淄区烈士陵园。

崔一喜（1923—1947.2）　今齐陵街道聂仙村人。与崔一章是亲兄弟。23岁参加八路军抗日武装淄东武工队，担任机枪手，参加保卫齐陵村战斗，英勇顽强。1947年2月，武工队与胶济大队部分战士在郑家六端休整，被徐振中部十三团包围。崔一喜为掩护战友突围，用机枪猛烈扫射敌人。负伤后，为不拖累部队突围，毅然拉响身上的手榴弹，与敌人同归于尽，壮烈牺牲。

周希武（1918—1947.12）　今齐陵街道聂仙村人。1945年，在垦利参加抗日武装，编入胶济大队一中队。多次参加对日伪军伏击战。1947年12月，在益都臧台（何官乡）与徐振中六旅激战中牺牲。

崔一宽（1918—1948.8）　今齐陵街道聂仙村人。1946年6月，参加胶济大队任战士。8月，参加杨家齐陵伏击战，与淄东武工队配合，消灭伪军2个连。10月，在南荣村毙伤徐振中部抢粮匪徒多人。1947年10月，参加毛家伏击战。1948年8月，在与徐振中匪徒战斗中失踪。1951年，被临淄县政府追认为烈士。

陈象征（1929—1949.6）　又名陈象鉴，今齐陵街道聂仙村人。1947年，参加临淄独立营，后整编到渤海新区十四团任班长。1948年3月，编入解放军山东纵队八十八团，转战在寿光、益都地区。9月参加济南战役，10月随纵队南下兖州、滋阳一带，11月参加淮海战役。1949年6月在战斗牺牲。

孟昭桂（1917—1949.11）　女，今齐陵街道淄河村人，中共党员。1937年参加抗日工作。曾任渤海区党委妇联主任。在抗日战争和解放战争中，她动员亲人参军参战，发动群众做军鞋，征送军粮，发展生产，拥军支前。1949年11月，在阳信县牺牲。

贾培林（1924.8—1951）　今齐陵街道王齐村人。1946年入伍，参加抗美援朝，作战勇敢。在一次作战中，他用爆破筒炸毁敌军坦克3辆。1951年，在美军飞机轰炸中不幸牺牲，年仅27岁，牺牲前任教导营教导员。安葬于丹东志愿军烈士陵园。

李法泉（1932—1953）　今齐陵街道驻佛村人。1949年2月，参加中国人民解放军，后转入中国人民志愿军公安部队第五团第三营任营部通讯员，赴朝鲜战场参加抗美援朝战争。在警卫飞机场仓库和战略桥梁任务中，立二等功一次。1953年5月，在战斗中失踪。6月批准为烈士。

周余三（1912—1961）　今齐陵街道东龙池村人，医学博士。1936年，齐鲁大学医学院毕业后任周村复育医院医师。1947年11月后，历任济南市立医院小儿科主任、医务部主任、副院长等职。1956年，被省人委授予先进工作者称号。1958年，任济南市中心医院副院长兼小儿科主任。1961年病故。

李延寿（1921.4—1976.9）　字秋年，今齐陵街道王齐村人，中共党员。济南师范毕业，在杨家齐陵任教2年。由李人凤介绍参加八路军，在解放临朐时负伤。归队后任渤海军分区三纵七十二团副政委。1950年，转业到山东省政府办公厅。之后任聊城地区专员。后调任小清河航运局局长。1976年9月病故。

贾永周（1935—1977.2）　今齐陵街道王齐村人。1958年3月，参加中国人民解放军空军部队。1960年12月，加入中国共产党。曾任空军86352部队观测气象台副台长，立三等功三次。1977年2月26日，在湖南省耒阳因病殉职。6月10日，总政治部批准为革命烈士。安葬于临淄区烈士陵园。

孙佃安（1920.11—1978.4） 中共党员，今齐陵街道宋家村人。早年参加八路军游击队。抗战期间，参加李人凤领导的抗日武装，曾担任杨国夫警卫员。1942 年，在黄河口一次战斗中，背着负伤的杨国夫冲出敌人包围圈。临淄解放前夕，扮成民工摸清敌情，攻城时任爆破班班长。1964 年 12 月，参加临淄县贫协代表会议期间，与济南军区副司令员杨国夫重逢。1978 年，享受区民政局给予落实的连级待遇。1978 年 4 月病故。

商曰连（1919—1980） 今齐陵街道朱家村人。1940 年 10 月入伍，任八路军渤海支队特务营机枪手。1941 年，加入中国共产党。1944 年 7 月，在与日伪军作战中负伤，为二级荣誉残废军人。1945—1952 年，在渤海军区银行工作。后转任河南省新乡县监委会主任。1969 年 6 月，任新乡县检察院检察长。同年，转任新乡县招待所党支部书记。1980 年病故于新乡县。

刘子浴（1912.1—1985.2） 原名刘耀新，中共党员，今齐陵街道宋家村人。1937 年 12 月，参加临淄青年学生抗日志愿军训团。1938 年，参加矮槐树伏击战。后编入八路军山东人民抗日游击三支队第十团。在解放临淄战斗中负伤，失去右臂，转入地方工作。1949 年 10 月至 1963 年 12 月，历任城关区副区长、临淄县税务局局长、临淄县商业局局长。1985 年 2 月病故。

郭敬增（1904.2—1995.8） 原名郭金山，今齐陵街道北山东村人。1938 年，参加党的地下工作。1945 年，在鲁南军分区工作。1947—1948 年，任胶济铁路张店段抢修大队长。1951 年，任中国人民志愿军铁道兵团抢修大队长，副团级。1953 年底，任济南铁路局回里段副段长。1955 年，任成都铁路局副处长，正团级。1965 年离休。1995 年 8 月病故。

崔英伟（1916—1998.8） 今敬仲镇辛路村人，曾任齐陵公社副社长。1929 年，到济南地毯厂做童工。1930 年回乡务农。1938 年 3 月，参加地方抗日游击队，后编入临淄独立营。1946 年，调临淄县民政科任干事。1948 年 8 月，加入中国共产党。10 月，参加临淄民工支前队，任副营长。1952 年，任临淄县第七区副区长兼民政助理。1954 年 3 月至 1958 年 2 月，任七区（路山区）区长。1960 年 10 月至 1963 年 6 月，任齐陵公社副社长。1998 年 8 月 18 日病故。

刘全胜（1939.12—2003.9） 今齐陵街道宋家村人。1959 年 8 月起，历任莒南四中教师、莒南县委办公室科员。1961 年 8 月入伍，历任警卫排战士、卫生队司务长、师政治部青年干事、团政治处组织股股长。1976 年 2 月至 1993 年 4 月，历任临沭县卫生局副局长，民政局党组成员、副局长，后兼任残疾人联合会理事长，科级调研员。2003 年 9 月病故。

郭金城（1930.2—2004.9） 今齐陵街道北山东村人，中共党员。曾任山东省第六届人大常委会委员、青岛市机械化施工公司党委副书记。1979 年，被评为全国劳动模范。2004 年 9 月病故。2007 年，青岛市人大常委会主任李秉政为其撰写碑文。

马端正（1930.8—2006.2.26） 今齐陵街道南山村人，初中文化。1943 年 1 月，在利津县入伍，任山东渤海纵队供给区卫生员。1947 年 2 月，加入中国共产党。立三等功三次。1975 年 2 月，任福州军区总医院外科主任。1981 年 4 月，任福州军区总医院外科副主任，副师级。1984 年 4 月，离职休养。2006 年 2 月 26 日病故。

贾洪书（1935.2—2008.6） 今齐陵街道王齐村人，中共党员。1954 年入伍，曾派驻朝鲜。1958 年回国。后任济南军区炮兵司令部干事。之后调往长清驻军任团政委。转业到小清河航运局任党委书记至退休。2008 年病逝。

刘继汉（1921.10—2009.8） 今齐陵街道宋家村人。毕业于济南师范学院，后弃教从医，自学中医 5 年，为乡民行医服务 30 余年。1988 年，挂牌“刘氏中医诊所”，凭高超医术与热情服务，吸引方圆百里患者就医。2009年8月，刘继汉行医60年后去世。刘氏中医诊所被市中医药管理局授予淄博市中药特色卫生室称号。

王福田（1928.8—2010.9） 原名洪亭，今齐陵街道北山东村人。1947年入伍，参加过淮海、渡江等战役。在四川剿匪时编入志愿军入朝参战。1953年回东北，以后调到四川。后任临清市统战部部长，正团级。1988年离休。2010年9月病故。

李道修（1928.6—2011.10） 今齐陵街道南齐村人。1946年参加工作。1947年起，先后在临海军分区、山东警备区、二野十四军、云南边防公安二团，历任战士、班长、副排长、排长。1958年转业，先后在昆明市公安局、昆明市中级法院、盘龙区法院、盘龙区工商局、昆明市制锁厂、机修厂工作。1981—1989年，在昆明市缝纫机总厂工作。1989年9月，以副县级干部待遇离休。2011年10月病故。

孙宝正（1933.1—2012.2） 今齐陵街道南山村人，中共党员，中专文化。1952—1965年，历任河南省范县木器厂组织科科长，范县手工业联合总社供销科长、办公室主任。1965年7月，任河南省范县手工业管理局副局长。1974年7月，任临淄区第三农机修造厂党支部副书记。1975年起，历任临淄区上山下乡知识青年办公室副主任、主任，安全生产办公室主任，安全生产委员会副主任，安全生产监督管理局局长。1993年6月退休。2012年2月病故。

于秀兰（1911.5.24—2014.3） 今齐陵街道石庙孝陵村人。1931年在省立第四师范上学时，参加第十五届华北运动会。至1934年10月第十八届华北运动会，蝉联四届运动会女子100米、200米跑冠军，被誉为山东“女中三杰”之一。1936年春，在全国田径运动会上获女子100米第一名。2014年病逝。

王学礼（1937.11—2015.9） 今齐陵街道王齐村人，中共党员。1950年入伍。1956年，考入空军导弹学院。1961年，分配到国防科工委二十基地（今酒泉卫星发射基地）三部工作。后转到空军第二实验基地，历任技术员、工程师、驻厂军代表、司令部副团级参谋、科长等职。1985年，转业到淄博市无线电二厂，任总工程师至退休。2015年9月病故。

徐国祚（1935.10—2015.6） 今齐陵街道淄河村人，曾任齐陵医院正骨科主任20余年，中国医疗保健国际交流促进会中老年保健专业委员会传统医学骨病学科专家委员。出生于祖传中医世家，从小跟父亲徐荣华学习祖传膏药，研究中医正骨与祖传膏药50余年。采用科学配方、科学无污染绿色熬制技术制作膏药。改进骨折固定方法，对锁骨骨折加用“肩背固定板”与“加压固定板”，对掌骨基部骨折采用“餐勺样固定器”，对胸锁关节脱位采用“U形固定夹”，并改进其他部位骨折固定方法。2008年，在山东省企业商业信用评价活动中，淄博“杏林堂”徐氏正骨诊所被确认为“诚信老字号”。2013年11月，徐氏正骨医术载入淄博市非物质文化遗产名录。2015年6月病故。

于世龙（1947.1—2015.7.16） 今齐陵街道高家孝陵村人。中共党员，高级农艺师。毕业于昌潍农校农学专业。1969年，入伍中国人民解放军，在内蒙古军区服役，历任连队文书、军械库管理员。1973年转业，先后在北羊乡、齐都镇工作。1985年，任齐都镇科技副镇长，负责推广蔬菜大棚种植，被评为山东省先进科技工作者。1995—1998年，任齐都镇政协主席。2007年退休。2015年7月病故。

王传道（1940.1—2016.8） 今齐陵街道王齐村人，中共党员，初中文化。1960年12月入伍，历任解放军二〇一师战士、班长。1966年后，历任排长、团见习参谋、团后勤处处长，立三等功一次。1980年，任师部军需处处长。1984年5月，转业淄博市外运十一队任队长。1986年，任中国石化外贸进出口公司供应处处长。2004年退休。2016年8月病故。

人物表

表人物 -1

姓名	生卒时间	籍贯	生平事迹简介
朱同臣	1285—1367	齐家终村	元朝大德十年（1306 年）进士。官至山东总盐巡。
吕鹤翔	不详	吕家孝陵村	明监生。隆庆元年（1567 年）任山西武乡县丞，正八品。
吕鹏翔	不详	吕家孝陵村	明贡生。1569 年任江苏江都县丞，正八品。后迁至莱芜县。
朱云溪	1772.5—1845.10	齐家终村	清代秀才。
李兰阶	1769.5—1854.9	杨西村	清代秀才。
李凤来	1850—1870	杨西村	清同治年间监生。
李寅春	1801—1871	杨西村	清代衍圣公府随朝伴官。
李新春	1805—1873	杨西村	清代内阁典籍。
郭端本	1810.3—1884.9	北山东村	道光七年（1828 年）中秀才。性耿直，热心肠，提倡孝道、清廉，和睦乡邻。立族规、定戒律。后人称赞有加。
许德峻	1802.3—1889.12	齐家终村	道光二年（1822 年）廪生。曾任县学教师。1871 年为朱氏族谱作序。光绪八年（1882 年）恩贡。其祖宅大门中央悬挂一蓝地金字牌匾，正面题“明经进士”，背面题“寿母庆余”。
赵　璔	1818.5—1890.8	北山东村	1834 年中秀才。性格内向随和。曾任临淄县令之子教书先生。向知县建议重视民生、防灾减税、修桥修路等。知县敬其为人，百姓对其感恩。晚年乐于助人，安于贫困。
李凤仪	1844—1901	杨西村	清末从九官职。
李炳符	不详	吕家孝陵村	清光绪秀才。为李毓梅之父。时人佳称为“一门三庠生，父子双秀才”。
李毓梅	不详	吕家孝陵村	清光绪秀才，曾任教于益临书院。民国时期曾任庄长。
李维汉	不详	吕家孝陵村	清光绪秀才。民国时期曾任淄河学堂教师。
吕锦堂	不详	吕家孝陵村	清光绪秀才。曾为乡村医生。
李凤山	1848—1918	杨西村	清末例贡。
朱长法	1842.1—1920.2	齐家终村	清代秀才。
吕敦朴	1867—1936	吕家孝陵村	清光绪秀才。生活简朴，推崇朱子治家格言，让儿孙照格言治家。曾为私塾先生。
吕道同	不详	吕家孝陵村	清光绪秀才。曾为私塾先生。
贾　俊	不详	北苑村	清末秀才。
李殿甲	1872.3—1955.11	杨西村	清代武庠生。
王庆云	1905.7—1963.12	后丁村	青年时期参加八路军，在杨国夫部队担任营长。解放后转业到济南铁路局，任局长。
李春堂	1923.7—1968.8	石庙孝陵村	中共党员，小学文化。曾任临淄区二钢（三农）党委书记。

续表人物 -1-1

姓名	生卒时间	籍贯	生平事迹简介
徐儒学	1917—1970	朱家村	1943 年参军，1958 年为团级干部。1966 年转业。后任潍坊商业局局长。在潍坊病故。
李爱芹	1949—1971.1.13	杨西村	1971 年 1 月 13 日，李爱芹等在储藏井下转移地瓜种时，地瓜井塌方。危急时刻她将生的希望留给别人，自己被埋献出宝贵生命。团区委领导参加为其召开的追悼会。
高志明	1922—1974	朱家村	1948 年 2 月入伍。立二等功一次，三等功二次。1950 年 8 月，在福建西洋城战役中负伤。1953 年，转业在龙池区工作，历任望寺乡指导员、公社副社长。
顾淑惠	1898.10.18—1975.11.12	淄河村	1915 年，毕业于省立第一师范。1919 年，与著名藏学专家、语言学家于道泉结婚。1928 年，任临淄县西关小学校长。1930 年后到北平居住。
代玉荣	1919—1981	朱家村	1941 年入伍，曾立二等功。1948 年，转业到临淄县林业局。后在齐陵公社工作，任党委委员。
许维清	1938.7—1983.4	梁家终村	中共党员，大专学历，曾任炮七师气象站正营级干部，立二等功一次、三等功三次。
王保全	1932—1985	郑家沟村	1950 年中学毕业。后入伍。曾任北京国际饭店保卫科科长。
吕克俭	1922.5—1986.12	石庙孝陵村	中共党员，小学文化。曾任临淄区商业局党委书记。
李华春	1968—1987	刘家终村	1984 年加入共青团。1987 年 10 月，在齐家终村石料厂奋勇救人救火，不幸遇难，被共青团临淄区委追认为优秀青年和模范团员。
任锡才	1932—1988.6	淄河村	中共党员。曾任临淄区孙娄公社党委副书记。
闫克明	1934.2—1989.1	后李村	中共党员。1953年起，先后在齐陵供销社、六区粮库、临淄区粮食局工作。1974 年起，历任临淄区粮油加工厂副厂长、孙娄粮所副所长、临淄区粮食局饲料公司经理。
王明义	1932.9—1991.12	王齐村	中共党员。1951 年入伍。后任解放军 87050 空军后勤处处长，副团级。1971 年，转业到沈阳纺织机械厂供应处任处长。
闫克湘	1926—1994	后李村	1947 年秋参军。任二十三军六十八师二〇三团班长。先后参加过淮海战役、渡江战役，解放南京、杭州、厦门等战役。负伤残废，立二等功三次。1952 年 9 月 15 日复员。
吴昌荣	1952.3—1994.10	北山东村	1970 年入伍。参加对越自卫反击战，正营级。1985 年，转业到临淄市政工作。
贾阴堂	1914.5—?	北苑村	留学德国大学生。胶济铁路工程师。
刘兴章	1923.7—1996	刘营村	1952 年入伍，后参加中国人民志愿军。转业后历任临淄区邮电局职员、副局长、局长，淄博市邮电局副局长、局长。
李复金	1925.10—1997.12	南齐村	1948 年，参加兰烟铁路工务段工作。1956 年，任工务段工会主席。1987 年离休。
郭金铭	1935.3—2000.5	北山东村	1956 年参加工作。曾任济南商校党委书记兼校长。1996 年退休。
闫省三	1939.10—2000.11	后李村	政工师。1963 年 9 月，在后李小学任教。1972 年 6 月起，在今美陵公司工作。1973 年 6 月，加入中国共产党。1992 年 8 月，任美陵公司政工科科长。
李　超	1937.4—2004.8	王齐村	中共党员。1955 年参军。任沈阳陆军军官学校正营级教官。转业至黑龙江机械厅任科员，后任黑龙江特种机械制造公司副经理。

续表人物 -1-2

姓名	生卒时间	籍贯	生平事迹简介
闫桂华	1972.1—2006.7	后李村	中共党员，研究生文化，一级教师。1990 年参加工作。1999 年，任金茵小学副校长。2004 年 9 月，被评为首届齐鲁名师。2005 年 5 月，任临淄区教研室副主任。
马福忠	1944—2006	南山村	中共党员，高中文化。1975 年入伍，曾任广西军区第一野战师营长。对越自卫反击战立三等功。转业后任胜利炼油厂行政科科长、书记。
闫惠荣	1923.6—2007.9	后李村	1949 年 8 月随军南下。1956 年 4 月，在沾化县从事妇联工作。后任沾化县妇联主席。
闫德忠	1928—2007	后李村	1956 年，为天津市日用棉纺厂职工。1958 年，毕业于天津纺织技工学校。回原厂后历任技术员、车间主任。1971 年起，历任技术科长、厂长。1979 年退休。
徐文浩	1933.12—2009.11	淄河村	中共党员，中专文化，副营级转业。曾任淄博汽车大修厂党委书记。
周爱敏	1960.4.21—2010.5.18	前李村	遗体捐献志愿者。2010 年 5 月患阑尾癌去世。根据他生前遗愿，临淄区红十字会与山东省红十字会眼库，帮助逝者捐献角膜，“把光明传递，让生命延续”。为临淄区第一例器官（角膜）捐献，在全市为第二例。
赵悦志	1938.8—2010.6	北山东村	1957 年入伍。后任山东省公安厅九处处长。
于西铭	1924.10—2011	高家孝陵村	原名于世英。中共党员，曾任西安石油学院教授、工会主席。
于景尧	1926.6—2012.8.23	高家孝陵村	中共党员，大专文化。曾任临淄区建设局局长。
贾培荣	1932.8—2012.12	王齐村	1956 年，考入北京钢铁学院，大学文化。分配到山东铝厂工作，历任技术员、助理工程师、工程师、高级工程师。后任山东铝业公司总工办副主任至退休。
刘志敏	1954.6—2013.9	刘营村	1978—1984 年，当选山东省第五届青年联合会委员。1985—2013 年，历任齐陵建筑公司副经理、防腐公司经理，淄博久丰化工设备有限公司经理。曾捐资 3 万元赞助村里安装路灯、硬化道路。
周昌泉	1961.9—2013.12.14	前李村	中共党员，大专文化，处级干部。曾任淄博交通技校校长。
贾之乾	1931—2013	淄河村	中共党员，团级转业。曾任昆明市建筑公司党委书记。
闫学普	1935.1—2014.7	后李村	中共党员，高级教师，山东省人大代表。1954 年参加工作，历任日照中学、淄博七中教师。
王　铁	1949.4—2014.11	王齐村	1968 年参军，1969 年入党。1972 年，转业到淄博市商业局。1988 年，任临淄区外经委科级科员，1990 年后，任临淄区外经委主任。2009 年退休。
李柏荣	1937.2—2014	后李村	中共党员，机械师。1958 年，济南铁路中级专科学校毕业。1966 年，任牡丹江机车厂车轮车间技术员。1976 年后，任洛阳机车厂车轮车间主任。1999 年退休。
刘玉梓	1951.3—2015.4	刘家终村	中共党员，高中文化。曾任临淄区水利局打井队支部书记。
周龙江	1935.12—2015.10.18	东龙池村	中共党员，大专文化。1955 年，毕业于益都师范学校。曾任临淄区召口公社机关干事，历任临淄区皇城镇蔬菜站站长、片总支书记、党委委员。

续表人物 -1-3

姓名	生卒时间	籍贯	生平事迹简介
周承祥	1948.7—2016.6.19	东龙池村	1966 年参加工作，1986 年加入中国共产党。大专文化。曾任临淄百货公司总经理、书记、监事会主席。1993 年 2 月，被区商业局评为先进工作者，记一等功。2008 年 8 月退休。
刘纪文	1931.1—2016.6	淄河村	中专文化，科级。曾任临淄区皇城镇经管站站长。
张守成	1912.2—2016.8.7	石庙孝陵村	1938 年参加八路军，1978 年任驻坦桑尼亚大使武官。后于南京军区信阳陆军学校退休。2016 年在大连病故。
梁继参	1939.4—2016.11	梁家终村	中共党员，高中学历。曾任济南军区防化处正团级干部，荣立三等功一次。
周德温	1932.2—2016.11.30	前李村	中共党员，初中文化。副旅级转业，曾任济南军区第二干休所所长。
任凤云	1950.8—2016	聂仙村	中共党员，大专文化，高级工程师。曾任山东美陵集团全质办主任。
贾思德	1935.10—2017.5	淄河村	中专文化，科级。曾任临淄区财政局科长。
闫德明	1932.8—2017.7	后李村	中共党员，工程师。1950—1994 年，历任哈尔滨汽车齿轮厂工人、技术员、工程师，曾到尼泊尔、苏联支援经济建设。
王书约	1966.1—2017.7	太平村	中共党员，高级工程师，高中文化。曾任淄博齐兴建工有限公司董事长。

革命烈士

表人物 -2

姓名	性别	出生年月	籍贯	参加革命时间	政治面貌	牺牲时所在单位	职务	牺牲时间地点	安葬地点	备注
许从礼	男	1911.2	齐家终村	1937.10		山东纵队三支队十团	连长	1938 邹平县	终村康山	
李长海	男	1916	淄河村	1938.6		山东纵队第三支队十团	班长	1939.1 岳家庄	临淄烈士陵园	
许殿邦	男	1912.7	齐家终村	1937.10		山东纵队三支队十团	班长	1939.1 临淄县	终村康山	
崔一志	男	1914	聂仙村	1938.3		山东纵队三支队十团炮兵连	连长	1939.6 邹平县刘家井子	临淄烈士陵园	又名崔心斋
刘近信	男	1911	望寺村	1939.11		山东纵队三支队十团一营二连	战士	1939.11	临淄烈士陵园	
李曦晨	男	1912.1	齐家终村	1931.5	中共党员 1931	八路军山东人民抗日游击第三支队独立团	团政委	1939.12 莱芜县	临淄烈士陵园	著名烈士
刘锡珍	男	1913	望寺村	1939.11	中共党员	山东纵队三支队十团一营一连	战士	1939.12 博兴县东鲁村	临淄烈士陵园	
周洪祯	男	1918.7	东龙池村	1937.10	中共党员	山东纵队三支队十团特务营二连	副连长	1940 寿光县	临淄区烈士陵园	

续表人物 -2-1

姓名	性别	出生年月	籍贯	参加革命时间	政治面貌	牺牲时所在单位	职务	牺牲时间地点	安葬地点	备注
刘福昌	男	1920	刘营村	1939		胶济大队	战士	1940 辛店站	临淄烈士陵园	
杨乐信	男	1890	太平村	1937	中共党员 1939	清河军区后勤医院	院长	1940 广饶县码头	太平村	又名杨世庵
任锡符	男	1911	淄河村	1939.3	中共党员	山东纵队第三支队基干二营	连长	1940.3 益都县	临淄烈士陵园	
刘来昌	男	1923	刘营村	1940		山东纵队三支队十团	战士	1940.5 清河区	临淄烈士陵园	
刘炳照	男	1922	刘营村	1940		山东纵队三支队十团	战士	1940.5 清河区	临淄烈士陵园	
孙云生	男	1924	刘营村	1940		山东纵队三支队十团	战士	1940.5 清河区	临淄烈士陵园	
刘云昌	男	1920	刘营村	1940		山东纵队三支队十团	战士	1940.5 清河区	临淄烈士陵园	
苏德广	男	1921.1	东刘家村	1939.4		山东纵队三支队基干二营七连	战士	1940.5 清河区	临淄烈士陵园	
刘永华	男	1909	望寺村	1939	中共党员	山东纵队三支队十团一营一连	排长	1940.5 清河区	临淄烈士陵园	
刘守道	男	1915	南山村	1937	中共党员	山东纵队三旅直属团	排长	1941 淄川县	临淄烈士陵园	
周法武	男	1907.9	西龙池村	1937	中共党员	中共馆陶县委	县委秘书	1941 馆陶县	西龙池村	
闫孟春	男	1913.6	后李村	1938.7	中共党员	山东纵队三支队十团三连	排长	1941 博兴县	后李村	
范立德	男	1921	刘营村	1940		山东纵队三支队十团	战士	1941 临淄县	刘营村	
刘云秀	男	1909	刘营村	1937.10	中共党员 1938	山东纵队三支队十团特务队	队长	1941.3 刘营村	刘营村	
苑秉刚	男	1903	西龙池村	1938		山东纵队三支队十团	战士	1941.4 寿光县		
钟志秀	男	1911	望寺村	1938.1	中共党员	望寺村	党支部书记、指导员	1941.4 望寺村	临淄烈士陵园	
于增合	男	1920.2	东刘家村	1940.1		山东纵队三支队基干二营七连	战士	1941.6 广饶县王岗	临淄烈士陵园	
李法成	男	1920	东刘家村	1938.5	中共党员 1939.9	清河军区直属团一营一连	班长	1941.6	临淄烈士陵园	
李守本	男	1919.4	杨西村	1937.10	中共党员 1938.6	山东纵队三旅二团一营	教导员	1941.8 高苑县	临淄烈士陵园	著名烈士
孟庆祥	男	1918	石庙孝陵村	1941.3		山东纵队三支队十团	战士	1941.9 博兴县	石庙孝陵村	

续表人物 -2-2

姓名	性别	出生年月	籍贯	参加革命时间	政治面貌	牺牲时所在单位	职务	牺牲时间地点	安葬地点	备注
孙洪军	男	1911	石庙孝陵村	1939.3	中共党员	山东纵队三支队交通连	战士	1941.10 临淄县	石庙孝陵村	
王清吉	男	1921	石庙孝陵村	1939.3	中共党员 1941.8	渤海军区直属团二营五连	战士	1941.11 广饶县	广饶县	三等功一次
郑书林	男	1915	郑家沟村	1938		山东纵队三支队十团	战士	1942 益都县	临淄烈士陵园	
韩维礼	男	1904	石庙孝陵村	1940	中共党员	渤海军区直属团	排长	1942 惠民县	义和庄	
刘兴伦	男	1917	老刘家村	1940.6		山东纵队三支队十团六连	战士	1942 寿光县	寿光县	
李春梅	男	1919	北山西村	1938		渤海军区四团	战士	1942.4 寿光县	北山西村	
李春兰	男	1921	北山西村	1939		渤海军区四团	排长	1942.4 寿光县	北山西村	
胡俊清	男	1919	石庙孝陵村	1938.3	中共党员	清东独立团	连长	1943 寿光县	广饶县牛家庄	
周炳成	男	1903.5	前李村	1940.12		山东纵队三支队十团团部	饲养员	1943		1943 失踪 1956.12 追认烈士
刘玉林	男	1921.4	淄河村	1937.12	中共党员 1938.12	益寿临广四边县特务大队	中队长	1943.4 皇城营村	临淄烈士陵园	著名烈士
张洪远	男	1920.3	胡家村	1941.12		山东纵队三支队骑兵连	司号员	1943.4 清河区	胡家村	
杨景武	男	1900.1	太平村	1939	中共党员 1940	渤海军区医院	战士	1943.4 清河区	临淄烈士陵园	又名杨如宾
杨原田	男	1897.11	太平村	1937	中共党员	清河军区直属团	连指导员	1943.4 蒲台县	临淄烈士陵园	
冯郡光	男	1921	老刘家村	1940		益寿县独立营	战士	1943.4 清河区	老刘家村	
刘学禹	男	1913	老刘家村	1938		山东纵队三支队十团	战士	1943.6 清河区	桓台县	
韩尚福	男	1911	望寺村	1938.8	中共党员 1939.6	山东纵队三支队十团特务连	班长	1943.7 清河区	临淄烈士陵园	
苏清海	男	1922.2	东刘家村	1939.1	中共党员 1939	清河军区三旅	通讯员	1943.11 清河区	临淄烈士陵园	
冯云升	男	1919	付辛村	1938		鲁中军区十二团	连长	1944.3 临沂香楼石村	临淄烈士陵园	又名冯旭东、冯英杰
马英明	男	1926	南山村	1943		渤海军区直属团二营六连	战士	1944.5 三里庄	临淄烈士陵园	
张聿荣	男	1919	太平村	1939	中共党员 1939	渤海军区训练队	连长	1944.5 广饶县	临淄烈士陵园	
丁爱林	男	1922	后丁村	1938.10		益寿县大队	班长	1944.12 益都县刘家集	临淄烈士陵园	

续表人物 -2-3

姓名	性别	出生年月	籍贯	参加革命时间	政治面貌	牺牲时所在单位	职务	牺牲时间地点	安葬地点	备注
马洪贞	男	1919	南山村	1937.10	中共党员	蒲台县大队	大队长	1945.6 蒲台县	临淄烈士陵园	
赵维杰	男	1918	付辛村	1942		鲁中军区十二团	副连长	1945.6 蒋峪大关村	临淄烈士陵园	又名赵光田
崔一章	男	1920	聂仙村	1943		胶济大队一中队	战士	1945.12 青州普通	临淄烈士陵园	又名崔一乐
朱仁义	男	1922.11	胡家村	1942	中共党员 1945.3	临淄县六区联防大队	班长	1946 临淄县	临淄烈士陵园	
王习诰	男	1918.7	王齐村	1944.3		胶济大队淄东武工队	联防主任	1946.8 宋家村	临淄区烈士陵园	
郭金甲	男	1923.5	北山东村	1943.4		东北野战军	战士	1946.10 四平街	临淄烈士陵园	
张曙若	男	1921.3	薛家村	1938.6	中共党员		司务长	1946.10 四平街	临淄烈士陵园	
梁尧春	男	1920	梁家终村	1945		梁家终村	村长	1947 临淄县城	临淄城北	
崔一喜	男	1923	聂仙村	1946.6		胶济大队一中队	战士	1947.2 郑家六端	临淄烈士陵园	
李广成	男	1921.9	东刘家村	1946.8		胶济大队淄东武工队	战士	1947.3 临淄县	临淄烈士陵园	
李冠五	男	1910.3	吕家孝陵村	1942	中共党员 1947	临淄县龙池区公所	区文教助理员	1947.11 吕家孝陵	临淄烈士陵园	
周希武	男	1918	聂仙村	1945.9		胶济大队一中队	中队文书	1947.12 益都臧台	临淄烈士陵园	
李向荣	男	1922.3	后李村	1947		华野一纵队	战士	1948 临朐县		
刘向荣	男	1925	刘营村	1945		渤海军区十四团一营二连	排长	1948 寿光县	刘营村	
吕孟起	男	1920.2	吕家孝陵村	1938.3		益寿县独立营	排长	1948.1 临淄县	临淄烈士陵园	
马书声	男	1923	南山村	1937	中共党员	第四野战军	连长	1948.3 四平	临淄烈士陵园	
顾邦印	男	1927	南山村	1948		华东军区解放军官训练处	战士	1948.4 淮县	临淄烈士陵园	
刘新民	男	1929	付辛村	1947		华野第九纵队七十三团一营三连	战士	1948.4 潍县	临淄烈士陵园	
陈汉卿	男	1920	太平村	1946				1948.5 太原	太原	
刘明友	男	1930.7	刘家终村	1948.4		华野第七纵队	战士	1948.6 章丘县	刘家终村	
郑保江	男	1920	毛家村	1948.4		华野第七纵队	战士	1948.7 济宁太平镇	临淄烈士陵园	

续表人物 -2-4

姓名	性别	出生年月	籍贯	参加革命时间	政治面貌	牺牲时所在单位	职务	牺牲时间地点	安葬地点	备注
崔一宽	男	1918	聂仙村	1946.6		胶济大队一中队	战士	1948.8	临淄烈士陵园	1948.8 失踪 1951 追认烈士
张洪彬	男	1920.5	胡家村	1942.3		华野十纵特务连	班长	1948.9 济南战役	胡家村	
吕俊士	男	1924.5	吕家孝陵村	1947.4		华野十纵三十师八十八团三营七连	战士	1948.11 淮海战役	临淄烈士陵园	
李其旻	男	1928.2	吕家孝陵村	1947.4		华野十纵三十师八十八团三营八连	战士	1948.11 淮海战役	临淄烈士陵园	
吕国祥	男	1928.5	吕家孝陵村	1947.4		华野十纵三十师八十八团三营七连	战士	1948.11 淮海战役	临淄烈士陵园	
马英三	男	1926	南山村	1949		第十一军	战士	1949 四川	临淄烈士陵园	1949 失踪 1959.1 追认烈士
胡荣芳	男	1924.5	王齐村	1945.10		华野第十纵队	战士	1949.4 渡江战役		1949.4 失踪 1959.1 追认烈士
苏好信	男	1921.3	东刘家村	1945.2		二十八军八十四师二五二团三营八连	班长	1949.5 上海战役	临淄烈士陵园	
陈象征	男	1929	聂仙村	1947.2		山东纵队八十八团	战士	1949.6 淮海战役兖州	临淄烈士陵园	又名陈象鉴
孟昭桂	女	1917	淄河村	1937	中共党员	渤海区党委	妇联主任	1949.11 阳信县	临淄烈士陵园	
马英俊	男	1927	南山村	1949		三野后方医院二大队六中队	战士	1950	临淄烈士陵园	1950 失踪 1959.1 追认烈士
李德顺	男	1930	杨东村	1949.11		华野三十三军九十六师二八四团	战士	1950 福州	福州	
张禹若	男	1923.8	薛家村	1940.10		第三野战军九兵团	战士	1950.10 朝鲜	临淄烈士陵园	1950 失踪 1959.1 追认烈士
贾培林	男	1924.8	王齐村	1946.9	中共党员	志愿军	教导员	1951 朝鲜上甘岭	丹东志愿军烈士陵园	
孟昭谦	男	1923.10	淄河村	1950.2		志愿军六十军	战士	1952 朝鲜	朝鲜	
周景礼	男	1929.2	东龙池村	1951.2		志愿军五四二团六连	班长	1952 仁川	朝鲜仁川	
王佃选	男	1926	郑家沟村	1950.3		志愿军六十军一八一师五四二团二营六连	战士	1952.10 黑龙江绥化县医院	黑龙江绥化县	
李芳梅	男	1905	淄河村	1947.2	中共党员	华野七纵二十一师六十二团	战士	1953 淄河	临淄烈士陵园	1956 年追认烈士
刘孝增	男	1930.3	宋家村	1949.10		志愿军十二军侦察连	战士	1953 朝鲜	临淄烈士陵园	

续表人物 -2-5

姓名	性别	出生年月	籍贯	参加革命时间	政治面貌	牺牲时所在单位	职务	牺牲时间地点	安葬地点	备注
李法泉	男	1932	驻佛村	1949.2		志愿军公安第五团三营营部	通讯员	1953.5 朝鲜		二等功一次。1953.5 失踪 1953.6 批准为烈士
吕善孔	男	1932.4	吕家孝陵村	1949.3		志愿军工兵第七团渡河连	战士	1953.5 朝鲜	朝鲜	
刘海林	男	1933	淄河村	1953.2		志愿军六十军一八一师五四二团五连	战士	1953.6 朝鲜杨口郡	朝鲜	
王乐成	男	1924.1	南齐村	1951.3		志愿军六十军一八一师五四二团二营五连	战士	1953.6 朝鲜	朝鲜	
贾万吉	男	1934.5	薛家村	1952.10		志愿军五四二团三营七连	连部通讯员	1953.6 朝鲜	临淄烈士陵园	
李宝禄	男	1932	驻佛村	1951.3		志愿军炮七师运输连	战士	1953.7 朝鲜		1953.7 失踪 1953.7 批准为烈士
郑保仁	男	1933	毛家村	1951.3		志愿军二八一师一大队三营七连	战士	1953.7 朝鲜	临淄烈士陵园	
刘文才	男	1933	毛家村	1951.3		志愿军六十军一八一师五四二团二营五连	战士	1953.7 朝鲜金成川	临淄烈士陵园	
贾永周	男	1938.2	王齐村	1958.3	中共党员 1959	空军 86352 部队观测气象台	副台长	1977.2 湖南耒阳	临淄区烈士陵园	1977.6 批准为烈士
李凤图	男	1913	望寺村	1939		山东纵队三支队十团基干营	战士	望寺村	临淄烈士陵园	失踪，1981.7 追认烈士

军队干部

表人物 -3

姓名	性别	出生年月	籍贯	政治面貌	学历	级别	单位	备注
李明亮	男	1961.1	王齐村	中共党员	研究生	教授	国防大学	正师级教官
高继河	男	1962.10	高家孝陵村	中共党员	研究生	大校、副院长	中国人民解放军总医院海南分院	三等功一次
郑国生	男	1963.10	郑家沟村	中共党员	大学	副团级	中国人民武装警察部队山东总队	助理员
吕语文	男	1963.11	吕家孝陵村	中共党员	大学	营级	烟台市公安支队	政委

续表人物 -3

姓名	性别	出生年月	籍贯	政治面貌	学历	级别	单位	备注
张维绅	男	1965.2	薛家村	中共党员	大学	正团级	西藏昌都人民武装部部长	三等功三次
王卫昌	男	1965.8	郑家沟村	中共党员	大学	副师级	空军航空大学训练基地	飞行教官
孟庆明	男	1966.5	淄河村	中共党员	大专	中校	第二炮兵部队某部	副团长
贾继刚	男	1968.8	王齐村	中共党员	大学	副师级	中国空军蚌埠干休所	政委
张连军	男	1973.1	薛家村	中共党员	大学	高级技师	解放军中部战区某部	三等功一次
张　伟	男	1986.10	石庙孝陵村	中共党员	大学	营级	解放军某部空军指挥飞行管制	
贾茂岭	男	1976.10	望寺村	中共党员	大学	正团级	西藏军区后勤装备团	参谋长
王　娟	女	1982.4	小交流村	中共党员	研究生	副团级	中国人民解放军某部	技术九级
李晓东	男	1982.6	吕家孝陵村	中共党员	研究生	正营级	陆军装甲兵学院	
刘　征	男	1983.1	刘营村	中共党员	大学	营级	青岛警备区	艇长
贾春鹏	男	1984.7	望寺村	中共党员	大学	营级	河南确山兵器研究所	
周新建	男	1986.1	东龙池村	中共党员	研究生	少校	云南边防支队某机动大队	大队长
贾春波	男	1986.4	望寺村	中共党员	研究生	营级	国防大学教师	
王　波	男	1987.1	淄河村	中共党员	大专	团级	新疆军区某部	团副参谋长

党政干部与科技人员

表人物 -4

姓名	性别	出生年月	原籍	政治面貌	学历	级别职称	工作单位	职务	备注
李延龄	男	1918.7	望寺村	中共党员	大学	总工程师	临沂发电厂	董事长	退休
胡光增	男	1919.6	付辛村	中共党员	初中	厅级	上海市防汛指挥部	部长	离休
张学盛	男	1920.3	付辛村	中共党员	高小	科级	周村区财政局	局长	退休
郗云凤	女	1921.1	青州市五里镇	中共党员	高小	主治医师	齐陵公社卫生院		离休
荣　光	男	1924.6	付辛村	中共党员	中专	高级工程师	中国石化齐鲁分公司机械厂	厂长	退休
朱传仁	男	1924.10	朱家终村	中共党员	初中	科级	蒙阴县高都供销社	书记、主任	离休
刘桂卿	男	1926.8	付辛村	中共党员	大专	科级	淄博市水利局	办公室主任	退休
王春岭	男	1927	小交流村	中共党员	大专	科级	上海市人防工程管理公司供应站	党支部书记	离休
荣晨光	男	1927.6	付辛村	中共党员	中专	工程师	贵州平坝县国营红湖机械厂 011 基地 100 厂	厂长	退休

续表人物 -4-1

姓名	性别	出生年月	原籍	政治面貌	学历	级别职称	工作单位	职务	备注
胡冠卿	男	1927.8	石庙孝陵村	中共党员	高小	副县级	国家农业部		退休
张淄源	男	1927.9	付辛村	中共党员	大学	高级工程师	淄建集团		淄博市科 技拔尖人才。退休
任乐一	男	1928.12	聂仙村	中共党员	中专		临淄工业局工交办	副主任	退休
冯云亮	男	1929.6	付辛村	中共党员	大专	科级	临淄区教育局	副局长	退休
高立本	男	1930.1	高家孝陵村	中共党员	中专	科级	淄博市建材局	厂长	离休
鲁世俊	男	1931.5	石庙孝陵村	中共党员	高小	科级	临淄区百货公司炼厂总门市部	经理	退休
陈象坤	男	1931.9	聂仙村	中共党员	大学		淄博市人大常委会法制室	副主任	退休
王德昌	男	1932.5	郑家沟村		中专	一级教师	博山区实验小学		退休
朱传敏	男	1933.2	齐家终村	中共党员	高中	正县级	潍坊市侨办	主任、党组书记	离休
杨维成	男	1933.5	太平村	中共党员	初中	县级	临淄区人民医院	院长	离休
王习厚	男	1933.11	王齐村		大学	高级工程师	山东水泥厂	总工办副主任	退休
贾英良	男	1934.1	南山村	中共党员	大专	高级工程师	东营市运输总公司	党委书记、总经理	退休
王兰臣	男	1934.7	梁家终村	中共党员	大专	副主任医师	莒南县爱国卫生运动委员会办公室	主任	退休
刘学彦	男	1934.10	刘营村	中共党员	大学	正县级	北京市植保站生物防治科	科长	退休
于继文	男	1935.2	高家孝陵村		大学	高级工程师	潍坊柴油机厂		退休
贾茂彩	男	1935.3	望寺村		大专	总工程师	山东监狱昆仑机械厂	科长	退休
马宝树	男	1935.7	南山村	中共党员	中专	高级农艺师	商河县农业局	副局长	退休
崔裕正	男	1936.1	聂仙村		大学	高级工程师	齐鲁石化机关信息处		退休
李德明	男	1936.2	淄河村		中专	科级	临淄区经委	科长	退休
崔春池	男	1936.2	聂仙村	中共党员	大学	高级工程师	淄博市国土资源局	总工程师	退休
贾光显	男	1936.2	望寺村	中共党员	大学	总工程师	陕西水利工作总站	副处长	退休
徐文礼	男	1936.6	淄河村	中共党员	中专	工程师	地质部山东局第三地质大队	大队长	退休

续表人物 -4-2

姓名	性别	出生年月	原籍	政治面貌	学历	级别职称	工作单位	职务	备注
赵悦礼	男	1936.7	北山东村	中共党员	高中	科级	临淄区人民医院	副院长	退休
张洪祥	男	1936.7	胡家村	中共党员	大专	高级教师	临淄区第八中学	副校长	退休
李金弟	男	1936.8	王齐村	中共党员	初中	经济师	西安航空电气公司办公室	主任	退休
李希明	男	1937	淄河村		中专	科级	周村区商业局	局长	退休
崔光聚	男	1937	聂仙村	中共党员	高中	农艺师	临淄区水资源办公室	主任	退休
任凤亭	男	1937.2	聂仙村	中共党员	大学	科级	临沭县水利局	局长	退休
吕兴华	男	1937.3	吕家孝陵村	中共党员	高小	处级	中国机械部 23 公司汽运公司	队长	退休
杨维屏	男	1937.4	太平村	中共党员	中专	高级教师	淄川区教育局党校办公室	主任	退休
胡守义	男	1937.6	付辛村	中共党员	大专	高级教师	淄博市第七中学	总务处主任	退休
贾冠田	男	1937.9	高家孝陵村	中共党员	大专	科级	徐州市粮食局		退休
李道全	男	1938.3	南齐村	中共党员	高中	科级	淄博市土产工艺品进出口公司	土产科科长	退休
王吉明	男	1938.4	王齐村	中共党员	大专	副县级	淄博市检察院	检察员	退休
李广生	男	1938.5	杨西村	中共党员	中专	工程师	临淄区环保局监测站	站长	退休
周志孝	男	1938.6	东龙池村	中共党员	大专	工程师	潍坊矿务局五井煤矿	副矿长	退休
李新生	男	1938.8	杨西村	中共党员	中专	科级	临淄公安分局	纪委副书记	退休
常兆宽	男	1938.8	毛家村		大专	科级	皇城镇人民政府	副主任科员	退休
李金科	男	1938.10	王齐村	中共党员	高小	医师	齐陵卫生院	院长	退休
李新明	男	1938.11	淄河村	中共党员	中专	科级	临淄区物资局	书记	退休
荣春光	男	1939.2	付辛村	中共党员	大专	高级教师	临淄区永流乡教委	主任	退休
张长晓	男	1939.10	梁家终村	中共党员	大专	科级	临淄区直机关工委	书记	退休
周民兴	男	1939.10	西龙池村	中共党员	大学	正处级	梁山林场	场长	退休
刘金源	男	1939.11	老刘家村	中共党员	大学	高级教师	临淄区教研室	主任	退休
王士君	男	1939.12	郑家沟村	中共党员	大学	工程师	齐鲁石化储运厂	段长	退休
徐文汉	男	1940	淄河村	中共党员	中专	科级	淄博瓷厂保卫科	科长	退休
张春令	男	1940.2	南山村	中共党员	中专	经济师	齐陵街道南山村	支部书记	退休
朱秀美	女	1940.6	付辛村	中共党员	大专	一级教师	临淄区稷下小学		退休

续表人物 -4-3

姓名	性别	出生年月	原籍	政治面貌	学历	级别职称	工作单位	职务	备注
刘建堂	男	1940.6	付辛村		大专	一级教师	皇城镇崖付小学		退休
杨兆春	男	1940.8	太平村	中共党员	初中	科级	临淄区民政局	副科级调研员	退休
李玉美	男	1940.11	南齐村	中共党员		高级兽医师	平度市城关镇兽医站	站长、党支部书记	退休
吕国仁	男	1941.2	吕家孝陵村	中共党员	初中	科级、全国劳模	临淄区经委	副主任	退休
李明新	男	1941.3	淄河村	中共党员	大学	处级	山东水产学院	书记、校长	退休
吕国民	男	1941.3	吕家孝陵村	中共党员	初中	处级	青州卫校	书记	退休
李宜良	男	1941.7	杨东村	中共党员	大专	科级	烟台市司法局	科长	退休
赵忠孝	男	1941.10	王齐村		初中	会计师	山东美陵集团公司	财务主管	退休
于长禄	男	1941.12	宋家村	中共党员	大学	科级	济南铁路局教育委员会	副局长、主任	退休
刘芝田	男	1942.1	高家孝陵村	中共党员	大学	高级工程师	山东工商学院		退休
贾树堂	男	1942.2	望寺村		初中	副县级	胜利油田二大队	党委书记	退休
刘永昌	男	1942.3	宋家村	中共党员	中专	助理工程师	临淄区林业局	局长	退休
王爱云	女	1942.5	太平村		中专	高级教师	临淄区实验小学	工会主席	退休
贾庆福	男	1942.6	淄河村	中共党员	大专	工程师	三门峡钢铁厂	党委书记	退休
刘真德	男	1942.7	付辛村		大专	工程师	齐陵建筑公司		
张胜若	男	1942.12	薛家村	中共党员	大学	科级	临淄公安分局	副局长	退休
贾焕文	男	1943.1	聂仙村	中共党员	大专	高级教师	临淄区教师进修学校		退休
李兴五	男	1943.1	吕家孝陵村	中共党员	大学	处级	淄博市检察院	检察长	退休
王怀玉	男	1943.1	石庙孝陵村	中共党员	大专	正处级	山东省司法厅宣传处	副处长、调研员	退休
李　戎	男	1943.5	北山西村	九三学社	大学	教授	山东师范大学文学院	研究生导师	退休
陈象玫	男	1943.7	聂仙村	中共党员	中专	高级教师	五零一厂子弟学校		退休
任凤岗	男	1943.9	聂仙村	中共党员	大学	高级工程师	中国人民解放军某部	正师级	退休
高新春	男	1944.1	高家孝陵村	中共党员	大专	科级	临淄区城乡建委	书记	退休
魏书元	男	1944.7	淄河村	中共党员	大专	高级经济师	齐鲁石化工程公司民用指挥部	总经济师	退休
王登科	男	1944.8	杨东村	中共党员	中专	科级	临淄公安分局行政科	科长	退休

续表人物 -4-4

姓名	性别	出生年月	原籍	政治面貌	学历	级别职称	工作单位	职务	备注
王文昌	男	1944.9	郑家沟村	中共党员	高中	经济师	山东美陵集团公司	书记	退休
王志军	男	1944.10	北山西村		大专	主任编辑	淄博日报社	高级美术师	退休
王景三	男	1944.10	南齐村	中共党员	大专	科级	南昌市邮电局	科长	退休
李守贵	男	1944.10	杨西村	中共党员	大学	科级	临淄区监察局	副局长	退休
崔春溪	男	1944.12	聂仙村	中共党员	大专	统计师	潍坊市塑料公司	经理	退休
崔一岗	男	1945.3	聂仙村	中共党员	大学	科级	寿光市农委	副局长	退休
刘效文	男	1945.9	王齐村		大学	高级农艺师	临淄区农业局农技推广中心	主任	退休
贾培吉	男	1945.12	王齐村	中共党员	高中	经济师	齐陵镇经委村办企业科	科长	退休
刘方明	男	1945.12	南齐村	中共党员	中专	科级	临淄区雪宫街道人大	主任	退休
尹秀兰	女	1946.1	石庙孝陵村	中共党员	大专	正处级	山东省司法厅劳动教养管理局		退休
屈志新	男	1946.2	高家孝陵村	中共党员	大专	正处级	淄博市开发区公安局	政委	退休
周志学	男	1946.4	东龙池村	中共党员	大专	科级	临淄区稷下街道办事处	党工委委员	退休
胡秉正	男	1946.5	王齐村	中共党员	大学	高级工程师	中国辽宁国际合作集团股份有限公司鞍山公司	总经理	退休
贾化文	男	1946.7	聂仙村	中共党员	大学	高级记者	大众日报	业务总监	退休
周广兴	男	1946.11	前李村	中共党员	大专	正处级	齐鲁石化第二化肥厂消防队	书记	退休
吕克增	男	1946.12	石庙孝陵村	中共党员	中专	科级	淄博市纺织品站	党务书记	退休
张俊杰	男	1947	太平村	中共党员	大学	高级教师	东营市胜利油田第三中学	校长、书记	退休
郭广民	男	1947.2	柳店村	中共党员	研究生	高级经济师	齐鲁淄博石化联营公司	书记	退休
郑守纲	男	1947.5	聂仙村	中共党员	中专	科级	临淄区大武镇人大	副主任	退休
胡守信	男	1947.7	付辛村	中共党员	中专	科级	皇城镇人大	主席	退休
王海清	男	1947.11	梁家终村	中共党员	大专	副厅级	大众报业集团	党委常委、纪检书记	退休
王政权	男	1947.12	胡家村	中共党员	大专	高级经济师	淄博市蔬菜副食品公司	书记、总经理	退休
贾国庆	男	1948	聂仙村	中共党员	大专	科级	临淄区辛店镇街道办公室	主任	退休
于奎元	男	1948.1	宋家村	中共党员	大专	副县级	临淄区委宣传部	常委、部长	退休

续表人物 -4-5

姓名	性别	出生年月	原籍	政治面貌	学历	级别职称	工作单位	职务	备注
贾洪武	男	1948.2	王齐村	中共党员	初中	政工师	临淄区公路站工会	主席	退休
任凤起	男	1948.4	聂仙村		高中	会计师	齐鲁乙烯化工有限公司	会计	退休
杨淑兰	女	1948.5	太平村	中共党员	大学	副处级	山东省体校		退休
周振美	女	1948.6	前李村	中共党员	研究生	教授	山东大学	教授	退休
贾志亮	男	1948.9	薛家村	中共党员	大专	科级	临淄区辛店街道办事处	主任科员	退休
刘洪明	男	1948.10	刘营村	中共党员	中专	科级	临淄水产公司	书记	退休
李明光	男	1948.11	淄河村	中共党员	大专	高级教师	临淄区辛店街道办事处教委	主任	退休
赵来顺	男	1948.12	王齐村	中共党员	初中	会计师	齐陵街道水利站	会计	退休
苑志明	男	1949.1	西龙池村		大专	副主任医师	齐陵卫生院		退休
吕良民	男	1949.1	毛家村	中共党员	大学		淄博市建设委员会市容管理办公室	副主任	退休
王延立	男	1949.3	聂仙村	中共党员	初中	统计师	齐丰工贸集团	原料科科长	退休
李发孔	男	1949.5	王齐村	中共党员	大专	科级	齐鲁石化公安处派出所	所长	退休
孟范杰	男	1949.5	石庙孝陵村	中共党员	大专	副主任医师	临淄区人民医院		退休
孙宝忠	男	1949.7	南山村	中共党员	初中	经济师	齐陵街道安全办公室	主任	退休
王炳祥	男	1949.7	前丁村	中共党员	大学	高级政工师	齐鲁石化氯碱厂	党委书记	退休
郭广太	男	1949.8	柳店村	中共党员	大专	科级	临淄区工商联	主席	退休
崔桂华	女	1949.8	聂仙村	中共党员	中专	科级	临淄区孙娄镇	副镇长	退休
陈文俊	男	1949.10	聂仙村	中共党员	高中	科级	临淄区工商局	科长	退休
赵发胜	男	1949.10	王齐村	中共党员	大专	科级	临淄区外贸公司	工会主席	退休
吕万发	男	1950.4	柳店村	中共党员	大专	科级	齐鲁石化生活管理部	行政科长	退休
孟凡盛	男	1950.5	石庙孝陵村	中共党员	高中	农艺师	齐陵街道林路站	站长	退休
李金章	男	1950.7	王齐村	中共党员	高中	科级	淄博市高新技术产业开发区创业中心	副主任	退休
贾道昌	男	1950.7	薛家村	中共党员	大学	工程师	淄博市大武水源管理处	副处长	退休
贾振国	男	1950.9	王齐村	中共党员	大学	教授	淄博市博物馆	馆长	退休
商友光	男	1950.9	朱家村	中共党员	大学	正处级	河南省交通厅科技处	处长	退休
周承国	男	1950.10	东龙池村	中共党员	大学	正县级	张店区政协	主席	退休

续表人物 -4-6

姓名	性别	出生年月	原籍	政治面貌	学历	级别职称	工作单位	职务	备注
闫学义	男	1950.12	王齐村	中共党员	大学	高级工程师	中国冶金地质总局	局长、党委书记	退休
闫德勤	男	1951	后李村	中共党员	大专	主治医师	临淄区齐都中心卫生院	综合科主任	退休
刘智昌	男	1951.3	刘营村	中共党员	大学	主任医师	中国人民解放军 316 医院	院长	退休
张兆良	男	1951.5	薛家村	中共党员	大学	高级教师	淄博工业学校	副校长	退休
贾长汉	男	1951.7	淄河村	中共党员	大专	科级	临淄区信访科	科长	退休
任曰明	男	1951.7	淄河村	中共党员	中专	科级	中国人民银行临淄支行	人事科长	退休
马福祥	男	1951.7	南山村	中共党员	研究生	会计师	海峡基金	总裁	退休
李守国	男	1951.9	杨西村	中共党员	大学	高级政工师	淄博市公路局临淄分局	副局长、副书记	退休
孙兴友	男	1951.9	石庙孝陵村	中共党员	大专	副县级	淄博市运输公司	副总经理	退休
李守仝	男	1951.11	杨西村	中共党员	大专	高级工程师	临淄区建筑工程公司	董事长、总经理	
杨维太	男	1951.11	太平村	中共党员	大学	科级	临淄区司法局	局长、党组书记	退休
刘凤祥	男	1951.11	付辛村	中共党员	中专	高级教师	淄博市第七中学		退休
王汉清	男	1952.2	梁家终村	中共党员	大学	科级	临淄区委党校	工会主席	退休
李金松	男	1952.4	王齐村	中共党员	大学	高级工程师	临淄区科学技术委员会	主任	退休
刘同信	男	1952.7	刘家终村	中共党员	大学	正县级	临淄区人大常委会	副主任	退休
苑芳亭	男	1952.10	西龙池村	中共党员	大学	正县级	中铁十一局	副总经济师	退休
闫德强	男	1952.10	后李村	中共党员	大专	主任医师、硕士研究生导师	临淄区人民医院	副院长	退休
张兆生	男	1952.10	薛家村	中共党员	大学	副主任医师	临淄区凤凰镇中心卫生院	院长	退休
崔云亮	男	1953.1	聂仙村	中共党员	中专	科级	临淄二中	校长、书记	退休
李明堂	男	1953.2	淄河村	中共党员	中专	科级	临淄区辛店街道工商所	所长	退休
胡光治	男	1953.2	胡家村	中共党员	大专	科级	临淄区地税局	分局长	退休
张效莲	女	1953.7	东刘家村	中共党员	研究生	正县级	淄博市财政局	纪检书记	退休
孙兴贵	男	1953.9	石庙孝陵村	中共党员	大专	正县级	中共淄博市纪委；监察局	常务副书记；局长	退休
陈文春	男	1953.11	聂仙村	中共党员	高中	政工师	淄博合成纤维厂	厂长、书记	退休

续表人物 -4-7

姓名	性别	出生年月	原籍	政治面貌	学历	级别职称	工作单位	职务	备注
闫广勤	男	1954	后李村		大专	副主任医师	临淄区人民医院放射科	主任	退休
刘英春	男	1954.1	刘营村	中共党员	大学	高级教师	淄博市第七中学		退休
冯收田	男	1954.1	付辛村		大专	高级教师	淄博市第七中学		退休
阮政卿	男	1954.1	威海市羊亭镇		大专	工程师	山东美陵集团公司		退休
周先荣	男	1954.2	聂仙村		中专	一级教师	临淄二中		退休
吕志德	男	1954.2	吕家孝陵村	中共党员	高中	科级	临淄区工商局	所长	退休
贾立兴	男	1954.2	后丁村	中共党员	大学	高级政工师	山东金岭铁矿；金岭矿业股份有限公司	党委书记；副董事长	
王淮清	男	1954.3	梁家终村	中共党员	高中	县级	淄博药材采购供应站	总经理	退休
高新江	男	1954.4	高家孝陵村	中共党员	大专	科级	临淄区粮食局面粉厂	厂长	退休
李胜利	男	1954.7	望寺村	中共党员	大专	科级	淄博市人大法制委员会	副主任委员	退休
李　刚	男	1954.9	王齐村	中共党员	高中	科级	临淄区闻韶街道办事处	政协主席	退休
闫滨美	女	1954.9	后李村	中共党员	大专	政工师	临淄区环卫所	党支部书记	退休
王金国	男	1954.10	郑家沟村		大学	工程师	淄博齐兴建工有限公司	科长	
闫宗汉	男	1954.11	后李村	中共党员	高中	政工师	临淄区稷下街道办事处	民政主任	退休
梁荣祥	男	1954.12	梁家终村	中共党员	大学	主任医师、教授	山东省立医院肿瘤研究所诊疗中心		退休
朱兴中	男	1954.12	胡家村	中共党员	高中	科级	淄矿集团党委宣传部	外宣科长、作家	退休
赵金斗	男	1955.1	王齐村	中共党员	高中	工程师	济南军区后勤部黄河三角洲基地车队	队长	退休
冯耕田	男	1955.1	付辛村	中共党员	大专	工程师	中轩生物	副厂长	退休
贾素凤	女	1955.3	聂仙村		中专	主管护师	临淄区人民医院		退休
孙兴福	男	1955.5	石庙孝陵村	中共党员	研究生	科级	临淄区公有资产经营公司		退休
吕春来	男	1955.6	毛家村	中共党员	大学	高级政工师	中国石化第十建设公司	工会主席	退休
周志军	男	1955.7	前李村	中共党员	大专	正处级	山东省食品药品监督管理局	主任	退休
陈崇亮	男	1955.8	聂仙村	中共党员	大学	研究员	煤炭部济南设计研究院	调研员	中国通用技术顶尖人才

续表人物 -4-8

姓名	性别	出生年月	原籍	政治面貌	学历	级别职称	工作单位	职务	备注
崔一海	男	1955.9	聂仙村	中共党员	大专	高级教师	临淄区齐都花园小学	副书记	退休
宋玉新	男	1955.9	小交流村	中共党员	大专	科级	临淄区环卫局	局长	退休
苑振华	男	1955.10	西龙池村	中共党员	高中	副处级	南通市农业资源开发局	主任	退休
刘国昌	男	1955.10	刘营村	中共党员	高中	副县级	临淄区图书馆	书记、馆长	退休
贾万林	男	1955.10	薛家村	中共党员	大学	副厅级	北京市四方房地产公司	党委书记	退休
周景芝	男	1955.12	东龙池村	中共党员	大专	处级	东营市油田公安局巡逻大队	队长	退休
王新军	男	1956	小交流村	中共党员	大学	科级	上海公安高等专科学校后保处管理科	主任科员	退休
贾春林	男	1956.1	聂仙村	中共党员	大专	经济师	潍坊市煤气公司		退休
于大平	男	1956.1	宋家村	中共党员	大学	高级工程师、高级政工师	中国石化催化剂齐鲁分公司	总经理、党委书记	退休
于精忠	男	1956.2	宋家村	中共党员	大学	正处级	淄博市民族宗教事务局；市委统战部	局长、副部长	退休
王传仁	男	1956.4	王齐村	中共党员	大学	高级工程师	山东铝业公司实业公司	董事长、总经理	退休
李曙光	男	1956.6	杨西村	中共党员	大学	工程师	山东高速服务区管理总公司淄博滨州分公司	总经理、书记	退休
吕兴富	男	1956.11	毛家村	中共党员	大学	高级农经师	临淄区农业局		退休
周　刚	男	1956.12	淄河村	中共党员	大专	科级	烟台莱山区法院法警队	大队长	退休
李金旺	男	1956.12	驻佛村	中共党员	大专	科级	临淄区环卫局		退休
周志岩	男	1956.12	东龙池村		大学	高级工程师	太河水库管理局	副局长	退休
刘洪旭	男	1956.12	刘营村		大专	工程师	齐陵街道林路站	站长	退休
王院生	男	1957.2	郑家沟村	中共党员	大学	高级工程师	淄博市建筑设计院、山东同济环境工程设计院	董事长、总经理	退休
王延明	男	1957.2	聂仙村	中共党员	大学	高级教师	临淄区第一中学	校长助理	退休
张乐祥	男	1957.4	淄河村	中共党员	大专	科级	淄博市煤气公司	科长	退休
胡全喜	男	1957.4	王齐村	中共党员	大学	研究员	烟台市国家安全局	纪检书记	退休
钟安顺	男	1957.5	望寺村		大专	科级	桓台县烟草专卖局	局长	退休
于文范	男	1957.6	高家孝陵村	中共党员	大学	正团级	云南省昆明市延安医院	党委副书记	退休
贾益山	男	1957.7	淄河村	中共党员	大专	工程师	淄博二建	董事长	

续表人物 -4-9

姓名	性别	出生年月	原籍	政治面貌	学历	级别职称	工作单位	职务	备注
王志刚	男	1957.8	北山西村	中共党员	大学	科级	济南铁路局安监室		退休
任凤舞	男	1957.9	聂仙村		大学	高级教师	青州市老干部书法协会	副会长	退休
吕良华	男	1957.9	毛家村	中共党员	大学	会计师	淄博晨光有限责任公司会计师事务所		
郑福生	男	1957.12	郑家沟村	中共党员	中专	科级	齐鲁石化事业公司	厂长	退休
孙明义	男	1958.2	临淄区稷下街道		大专	主治医师	齐陵卫生院		
魏传军	男	1958.3	淄河村	中共党员	大专	副处级	兖州矿务局	工会主席	退休
李福聚	男	1958.3	杨东村	中共党员	大专	科级	临淄区广播电视局		
赵永春	男	1958.4	北山东村	中共党员	大专	工程师	山东美陵集团公司		退休
吕怀仁	男	1958.6	吕家孝陵村	中共党员	大专	科级	淄博市物价局	副局长	退休
赵廷立	男	1958.7	柳店村	中共党员	研究生	正县级	淄博工业学校	副书记	
李玉森	男	1958.7	驻佛村	中共党员	大学	县级	博山区政协	主席	退休
周正文	男	1958.8	东龙池村	中共党员	大学	科级、经济师	齐鲁石化汽运公司	办公室主任	退休
周秀娟	女	1958.8	前李村	中共党员	大专	一级教师	临淄区实验小学		
于春祥	男	1958.9	宋家村	中共党员	大学	高级教师	临淄区教研室	副主任	
崔学孟	男	1959.1	聂仙村		初中	工程师	山东省地质勘探队	机长	退休
刘昭树	男	1959.5	刘家终村	中共党员	大学	高级政工师	山东汽车弹簧厂有限公司	党委书记	
周海宾	男	1959.8	前李村		大学	高级教师	淄博工业学校		
刘玉祥	男	1959.8	宋家村	中共党员	大学	正县级	淄博市环境保护局	党组成员、工会主席	
周海会	男	1959.8	前李村	中共党员	大专	工程师	山东美陵集团公司	焊接工程师	
刘　凤	女	1959.10	刘营村	农工党	研究生		滨州市人大常委会	副主任	
李春联	男	1960	小交流村	中共党员	大专	科级	山东冶金勘探第二分公司	办公室主任	
高新平	男	1960.1	高家孝陵村	中共党员	大学	科级	徐州市发展改革委员会基础产业处	处长	
周敦生	男	1960.2	东龙池村	中共党员	大专	科级	济南铁路局	科长	
刘汉明	男	1960.3	刘家终村	中共党员	高中	科级	临淄区工商局朱台工商所		
陈建民	男	1960.5	薛家村	中共党员	研究生	高级政工师	北京工业职业技术学院	院长、党委副书记	

续表人物 -4-10

姓名	性别	出生年月	原籍	政治面貌	学历	级别职称	工作单位	职务	备注
周永江	男	1960.8	聂仙村	中共党员	中专	会计师	山东美陵集团财务处	处长	
马希亮	男	1960.9	南山村	中共党员	大专	工程师	山东同力建设项目管理有限公司		
赵悦杰	男	1960.10	柳店村	中共党员	研究生	正县级	淄博经信委	副书记	
梁继勤	男	1960.11	梁家终村	中共党员	大学	科级	临淄区城乡和住房建设局	党委副书记	
杨和平	男	1960.11	太平村	中共党员	研究生	县级	济南铁路局烟草专卖局	常务副局长、党总支副书记	
王树松	男	1961	郑家沟村		大学	一级教师	临淄区第一中学		
吕兴友	男	1961.2	毛家村	中共党员	研究生	高级工程师	淄博市河道管理处	处长	
郭广全	男	1961.7	柳店村	中共党员	大专	高级教师	淄川昆仑一中	校长	
郑志永	男	1961.9	郑家沟村	中共党员	大学	工程师	淄博广正实业有限公司	站长	
武振国	男	1961.9	聂仙村		中专	工程师	上海青帝工程建设公司		
吕胜军	男	1961.9	吕家孝陵村	中共党员	大学	高级工程师	山东贝亿建设发展有限公司	董事长兼总经理	
徐金福	男	1961.9	吕家孝陵村	中共党员	大专	科级	兖矿赵楼电厂	副厂长	
李政谛	男	1961.10	杨东村	中共党员	大学	副研究馆员	全国文化共享工程临淄支中心	主任	
杨爱华	女	1961.10	太平村	中共党员	大专	科级	齐鲁石化中心医院科教科	科长	退休
吕少强	男	1961.11	吕家孝陵村	中共党员	大学	科级	皇城镇人民政府	副镇长	
王正山	男	1961.11	朱家村	中共党员	大学	副处级	北京市房山区良乡镇		
王西亮	男	1961.11	临淄区敬仲镇		大专	高级工程师	淄博齐兴建工有限公司		
马幸福	男	1961.12	南山村	中共党员	大学	科级	周村区政法委	副书记	
吕良杰	男	1961.12	毛家村	中共党员	大学	科级	临淄区司法局	副主任科员	
李建川	男	1962.1	杨西村	中共党员	大学	主任医师	临淄区人民医院	副院长	
周春华	男	1962.1	东龙池村	中共党员	大专	工程师	淄博炉业公司		
刘洪松	男	1962.1	刘营村	中共党员	大学	正县级	淄博市经济合作局	副局长	
许华东	男	1962.3	齐家终村	中共党员	大学	总会计师	山东省丝绸集团公司	副总经理	
郑春亮	男	1962.3	郑家沟村	中共党员	研究生	科级	临淄区城市管理行政执法局行政执法大队	党委委员、大队长	

续表人物 -4-11

姓名	性别	出生年月	原籍	政治面貌	学历	级别职称	工作单位	职务	备注
吕少玲	女	1962.3	吕家孝陵村	中共党员	大专	科级	临淄区民政局	副局长	
闫佳敏	女	1962.4	后李村	中共党员	大学	县级	淄博市档案局	局长	
闫洪津	男	1962.4	后李村	中共党员	大专	高级教师	临淄益中外语学校	校长	
刘忠昌	男	1962.4	刘营村	中共党员	研究生	科级	青岛市市南区安全监察局	局长	
李　靖	男	1962.4	望寺村	中共党员	研究生	教授	湖南大学	党委书记	
张乐村	男	1962.5	淄河村	中共党员	大专	科级	临淄区雪宫街道办事处	副主任	
闫文忠	男	1962.5	梁家终村	中共党员	大专	科级	淄博市反贪局	局长	
贾传祥	男	1962.6	淄河村	中共党员	大专	副县级	张店区人民政府	常务副区长	
崔云勇	男	1962.7	聂仙村	中共党员	高中	科级	临淄区发展和改革局办公室	主任	
荣若昌	男	1962.7	付辛村	中共党员	大学	科级	临淄公安分局指挥中心	主任科员	
周连勇	男	1962.8	东龙池村	中共党员	大学	高级讲师	淄博市技师学院	系主任	
任曙光	男	1962.9	高家孝陵村	中共党员	研究生	处级	中国石化股份公司油田开发事业部油藏经营管理处	处长	
刘龙海	男	1962.10	老刘家村	中共党员	研究生	教授	山东广播电视大学	党委书记	
周承杨	男	1962.11	东龙池村	中共党员	大学	科级	淄博市公安局张店分局	副局长	
王泮义	男	1962.11	太平村	中共党员	大学	县级	淄博市劳动和社会保障局	党委委员、副调研员	
杨维东	男	1962.11	太平村	中共党员	大专	副主任医师	张店区疾病预防控制中心	副主任	
崔春喜	男	1962.12	聂仙村	中共党员	高中	高级工程师	中国铝业矿业公司	副站长	
任凤森	男	1963	聂仙村	中共党员	大学	高级工程师	济南华瑞铁路机械制造有限公司	党委书记	
李春合	男	1963	小交流村	中共党员	博士	国际注册建筑师	加拿大		
刘宪勇	男	1963.1	刘家终村	中共党员	高中	科级	淄博市国土资源局临淄分局		
李春光	男	1963.1	杨西村	中共党员	大学	科级	临淄区辛店街道办事处	党工委委员	
周兴泉	男	1963.1	前李村	中共党员	大学	副处级	齐鲁石化公司离退休工作部	副部长	
刘汉德	男	1963.1	付辛村		大专	工程师	鄂尔多斯市中轩生化有限公司		

续表人物 -4-12

姓名	性别	出生年月	原籍	政治面貌	学历	级别职称	工作单位	职务	备注
贾培政	男	1963.2	王齐村	中共党员	中专	经济师	齐陵镇水泥厂	副厂长	退休
李德胜	男	1963.3	杨东村	中共党员	大学	科级	临淄区民政局	副局长	
王善杰	男	1963.3	临淄区金山镇	中共党员	大专	会计师	齐陵卫生院	副院长	
刘焕亮	男	1963.5	刘家终村	中共党员	大学	科级	北京市朝阳区豆各庄地区办事处	科长	
任永禄	男	1963.5	聂仙村	中共党员	大专	科级	临淄区建筑工程管理局	副局长	
梁荣海	男	1963.7	梁家终村		大专	高级工程师	淄博市环保局环境监测中心		
丁　伟	男	1963.8	前丁村	中共党员	大学	科级	博山区质量技术监督局	机关党支部专职副书记	
王炳光	男	1963.8	前丁村	中共党员	大学	副主任中药师	临淄区中医院		
梁继民	男	1963.9	梁家终村	中共党员	大学	副处级	临淄区人民法院		
王永勤	男	1963.9	胡家村	中共党员	大学	副县级	淄博市人大内务司法委员会工作室	副主任	
吕语文	男	1963.11	吕家孝陵村	中共党员	大学	营级	烟台市公安支队	政委	
张维汉	男	1963.11	薛家村	中共党员	研究生	主任科员	山东省淄博人民警察训练基地装备财务处	会计	
刘　春	女	1964	淄河村	中共党员	大专	主任医师	临淄区口腔医院	院长	
苏成友	男	1964.5	薛家村	中共党员	大学	正处级	济南市中级人民法院政治部	副主任	
刘永来	男	1964.6	淄河村	中共党员	大专	工程师	山东美陵集团公司		
刘福奎	男	1964.6	高家孝陵村	中共党员	大学	处级	烟台出入国境检验检疫局	处长	
崔云德	男	1964.8	聂仙村	中共党员	大学	科级	王庄煤矿有限公司	党委书记	
王　娟	女	1964.9	王齐村	中共党员	大学	专业技术七级（副师级）	兰州军区空军后勤部人事劳动科	科长	退休
王志勇	男	1964.11	聂仙村	中共党员	大学	高级工程师	中铁十局集团达成铁路工程指挥部	指挥长	
于同进	男	1964.12	凤凰镇中金召村		中专	工程师	山东美陵集团公司	总工办副主任	
贾晓东	男	1965	聂仙村		大专	科级	临淄广播电视局	编辑	
崔一环	男	1965.2	聂仙村	中共党员	大学	高级讲师	临淄区教育中心		
于光兴	男	1965.3	宋家村	中共党员	大学	科级	临淄公安分局治安大队	教导员	

续表人物 -4-13

姓名	性别	出生年月	原籍	政治面貌	学历	级别职称	工作单位	职务	备注
刘建平	男	1965.4	后丁村	中共党员	大学	高级法官	济南市中级人民法院家事少年审判庭		
于新民	男	1965.6	宋家村	中共党员	大专	科级	临淄区看守所	所长	
张学功	男	1965.6	胡家村		大学	一级教师	临淄区实验中学		
周保臣	男	1965.7	前李村		大专	工程师	山东美陵集团公司	副经理	
刘学德	男	1965.9	付辛村	中共党员	大专	高级教师	临淄区教育局基建办公室		
王军昌	男	1965.10	郑家沟村	中共党员	大学	科级	临淄区人民法院执行局	副局长	
宋乐成	男	1965.11	淄河村	中共党员	硕士	高级教师	淄博市教育局		
崔春晓	男	1965.11	聂仙村	中共党员	大学	高级农艺师	临淄区农业局		
徐金勇	男	1965.11	吕家孝陵村		大专	科级	临淄区检察院案件管理中心	主任	
杨美玲	女	1965.11	太平村	中共党员	大学	高级工程师	安丘市园林处	主任	
周敦铎	男	1966	东龙池村	中共党员	大学	工程师	聊城煤矿	副矿长	
李思文	男	1966.1	青州市西三教	中共党员	高中	高级工程师	淄博齐兴建工有限公司	项目经理	
郑玉华	女	1966.2	郑家沟村	中共党员	大学	高级教师	淄博工业学校		
陈　杰	男	1966.2	北苑村	中共党员	大学	一级教师	临淄区稷下街道中心校		
周海刚	男	1966.2	前李村	中共党员	大专	高级教师	淄博工业学校	教务处主任	
刘景国	男	1966.3	淄河村	中共党员	大专	副县级	淄博市人民政府督查室	副主任	
梁荣江	男	1966.3	梁家终村	中共党员	大专	科级	淄博市旅游局		
冯建东	男	1966.4	付辛村	中共党员	大学	科级	临淄区科技局	副局长	
李德胜	男	1966.4	小交流村	中共党员	大学	副县级	临淄区梧台派出所	副所长	
贾志财	男	1966.5	薛家村	中共党员	大学	会计师	山东奥德隆集团有限公司	会计主管	
李　爽	女	1966.8	杨西村	中共党员	大学	高级讲师	临淄区教育中心	副校长	
鲍忠信	男	1966.9	聂仙村	中共党员	大专		张店区人民检察院	副主任	
张金杰	男	1966.9	胡家村	中共党员	大学	科级、经济师	临淄公共就业和人才服务中心	副主任	
王汉东	男	1966.10	北苑村	中共党员	大学	副处级	淄博市纪委	监察员	
周振安	男	1967	杨东村	中共党员	大学	高级工程师	山东华能电厂		

续表人物 -4-14

姓名	性别	出生年月	原籍	政治面貌	学历	级别职称	工作单位	职务	备注
王永平	男	1967.1	聂仙村	中共党员	大学	经济师	济钢销售公司	经理	
张　杰	男	1967.1	枣庄市市中区		大专	工程师	淄博齐兴建工有限公司		
刘刚荣	男	1967.4	刘家终村	中共党员	大学	科级	临淄区人民法院纪检委	组长	
刘民周	男	1967.7	刘家终村	中共党员	大学	科级	临淄区政法委 610 室	主任	
张金华	男	1967.8	胡家村	中共党员	大学	科级	临淄区法院	庭长	
周玉平	男	1967.9	前李村	中共党员	大专	正处级	淄博市教育局社会事业安全生产办公室	主任	
贾立亮	男	1967.11	北苑村	中共党员	大学	正处级	山东理工大学	处长	
李云涛	男	1968	杨东村	中共党员	中专	科级	济南铁路分局机务段	副主任	
郭宗业	男	1968.1	柳店村	中共党员	研究生	科级	北京西城区党校	主任科员	
王立家	男	1968.1	小交流村	中共党员	大学	高级工程师	中国铝业山东分公司研究院研究三所	支部书记、所长	
杨美红	女	1968.4	太平村	中共党员	大学	科级	临淄区科技局、知识产权局	局长	
杨晓磊	女	1968.6	黑龙江绥化市		大学	副主任医师	齐陵卫生院		
周文华	男	1968.9	杨东村	中共党员	大学	高级工程师	烟台龙口	主任	
崔国福	男	1968.9	聂仙村		中专	高级工程师	临淄城建开发公司	项目经理	
刘晓东	男	1968.9	高家孝陵村	中共党员	硕士	副教授	山东工商学院社会科学部	部长	
张美芳	女	1968.10	胡家村		大学	主管护师	齐陵卫生院	护士长	
赵中良	男	1968.10	付辛村	中共党员	大专	科级	临淄区文化出版局	党委委员、工会主席	
郑秀娟	女	1968.11	郑家沟村		大学	高级教师	临淄区遄台中学		
杨巧华	女	1968.11	太平村		大学	主管护师	临淄区人民医院	护士长	
张秀红	女	1969	郑家沟村	中共党员	大学	高级教师	临淄区第一中学		
王　英	女	1969	郑家沟村		大学	一级教师	临淄区实验中学		
吕　丽	女	1969.2	毛家村	中共党员	大学	会计师	淄博中轩生化有限公司	综合办公室主任	
周敦庆	男	1969.3	东龙池村	中共党员	大学	高级讲师	淄博市工业学校		
冀鸿晓	男	1969.3	青州市郑母镇		大学	工程师	山东美陵集团公司	安环办主任	

续表人物 -4-15

姓名	性别	出生年月	原籍	政治面貌	学历	级别职称	工作单位	职务	备注
李春国	男	1969.6	小交流村		大学	副主任医师	临淄区人民医院肾内科	主任	
胡　平	男	1969.6	山西省右玉县		大学	高级工程师	山东美陵集团公司	副总工程师	
付士国	男	1969.7	凤凰镇侯家屯村	中共党员	大学	高级会计师	山东美陵集团公司	副总裁	
李继光	男	1969.9	杨东村		博士	教授	东北工业大学	博士生导师	
李云亮	男	1969.9	杨东村	中共党员	大学	科级	青岛铁路分局	科长	
刘志胜	男	1969.9	山西省原平市	中共党员	大学	高级工程师	山东美陵集团公司	总工程师	
张崇文	男	1969.9	昌乐县白塔镇	中共党员	大学	高级工程师	山东美陵集团公司	风机技术科长	
梁荣芸	女	1969.10	梁家终村	中共党员	大专	科级	临淄区财政局		
王立军	男	1969.10	杨东村	中共党员	大专	科级	临淄区司法局	局长	
郑爱村	女	1969.10	郑家沟村	中共党员	大学	科级	临淄区人民法院稷下法庭	副庭长	
杨翠英	女	1969.10	太平村		大专	工程师	山东美陵集团公司		
王学亮	男	1969.11	梁家终村	民建	大专	高级教师	临淄区实验中学		
贾爱芹	女	1969.11	聂仙村		大学	高级教师	临淄区第八中学		
郑学文	男	1969.11	聂仙村	中共党员	大学	高级会计师	临淄养老保险处	副主任	
贾卫国	男	1969.11	薛家村	中共党员	大学	科级	临淄区城市管理行政执法局工会	主任科员	
赵克强	男	1969.11	甘肃省静宁县	中共党员	大学	高级工程师	山东美陵集团公司	总裁	
许传德	男	1969.12	日照东港	中共党员	大学	主治医师	齐陵卫生院		
李　峰	男	1970.1	杨西村	中共党员	大学	科级	临淄区皇城镇司法所	所长、信访助理	
吕振民	男	1970.1	吕家孝陵村	中共党员	大学	科级	临淄公安分局禁毒大队	副大队长	
冯　波	男	1970.1	付辛村	中共党员	大学	科级	淄博工业学校	教务处主任	
刘宪科	男	1970.3	刘家终村	中共党员	大学	科级	临淄区敬仲镇人大	主任	
周红玉	女	1970.3	前李村		大学	讲师	淄博职业学院		
刘银萍	女	1970.7	付辛村	中共党员	大学	高级教师	临淄区教学研究室	科长	
张树静	女	1970.10	安徽萧县		大学	主治医师	齐陵卫生院		

续表人物 -4-16

姓名	性别	出生年月	原籍	政治面貌	学历	级别职称	工作单位	职务	备注
郭　芸	女	1970.11	北山东村		大专	会计师	山东美陵集团公司	财务科科长	
张翠红	女	1970.11	临淄区皇城镇	中共党员	大专	主管护师	齐陵卫生院		
包焕忠	男	1970.12	吉林梅河口市	中共党员	大学	高级工程师	山东美陵集团公司	副总裁	
王　静	女	1971	郑家沟村		大学	主治医师	淄博市职工医院		
李荣旭	男	1971.1	刘家终村	中共党员	大学	正处级	淄博市政府机关医院	院长	
郑秀丽	女	1971.3	郑家沟村		大学	副主任护师	齐陵卫生院		
宋　强	男	1971.5	小交流村	中共党员	大学	主治医师	齐陵卫生院		
袁淑芹	女	1971.5	临淄区皇城镇		大学	主管护师	齐陵卫生院		
王明泉	男	1971.5	敬仲镇泄柳村		大专	工程师	山东美陵集团公司	生产部部长	
张俊友	男	1971.6	太平村	中共党员	博士	副教授	山东科技大学交通学院交通工程系	主任	
王庆胜	男	1971.8	太平村		大专	工程师	山东美陵集团公司	办公室主任	
陈梅村	女	1971.8	敬仲镇陈家村		大专	工程师	山东美陵集团公司	副经理	
杨素红	女	1971.9	临淄区皇城镇		大学	主管护师	齐陵卫生院		
王玉芹	女	1971.9	临淄区皇城镇		大学	主管护师	齐陵卫生院		
薄振民	男	1971.11	凤凰镇大薄村		大专	工程师	山东美陵集团公司		
朱时升	男	1972.1	齐家终村	中共党员	大专	工程师	山东美陵集团公司	污水站站长	
胡建军	男	1972.3	胡家村	中共党员	大学	副团级	北方战区某训练大队		转业
朱建友	男	1972.3	小交流村		大学	副主任医师	临淄区人民医院病理科	主任	
南兆魁	女	1972.3	潍坊安丘		大学	主治医师	齐陵卫生院		
刘　娟	女	1972.5	刘营村	民盟	大学	国家级拍卖师	山东金正拍卖有限公司	董事长兼总经理	
陈东玲	女	1972.5	黑龙江省望奎县	中共党员	大学	高级工程师	山东美陵集团公司	技质副经理	
李振科	男	1972.8	临朐县白沙乡		大专	会计师	山东美陵集团公司	财务科副科长	
于振东	男	1972.10		中共党员	大专	工程师	山东美陵集团公司	动力部部长	

续表人物 -4-17

姓名	性别	出生年月	原籍	政治面貌	学历	级别职称	工作单位	职务	备注
鲁光花	女	1972.11	青州市高柳镇	中共党员	大学	工程师	山东美陵集团公司	科长	
崔民红	女	1972.12	临淄齐都西古东村	中共党员	大专	工程师	山东美陵集团公司	技质副经理	
贾建胜	男	1973.2	王齐村	中共党员	大专	经济师	山东美陵集团公司	生产副经理	
崔　伟	男	1973.3	聂仙村		大学	会计师、工程师	山东昊华工程监理公司		
任永江	男	1973.3	聂仙村	中共党员	大学	科级	临淄区直机关工委	书记	
周铁军	男	1973.3	前李村		大学	一级教师	临淄区实验中学		
贾秀芳	女	1973.4	聂仙村	中共党员	中专	科级	临淄工商行政管理局		
王　刚	男	1973.4	小交流村	中共党员	大学	科级	临淄公安分局合成作战中心	办公室主任	
武　霞	女	1973.5	聂仙村		大学	一级教师	临淄区实验中学		
吕永起	男	1973.6	石庙孝陵村	中共党员	大学	副县级	中国人民解放军某部团参谋长		转业
王　红	女	1973.6	太平村		大学	主治医师	齐陵卫生院		
程高良	男	1973.7	重庆市		大学	高级工程师	淄博临淄伊阳工贸		
刘伟才	男	1973.9	青州王府街道	中共党员	大专	工程师	青州污水净化公司运营管理科	科长	
李秀芸	女	1973.11	北山西村		大学	高级工程师	山东美陵集团公司		
赵国梁	男	1973.12	太平村	中共党员	研究生	科级	临淄区金山镇	党委副书记	
于　兵	男	1974.1	付辛村	中共党员	大专	科级	齐都公安局康平派出所		
胡光福	男	1974.5	胡家村	中共党员	大学	高级教师	凤凰镇梧台小学	校长	
牛兴强	男	1974.11	辛店街道		大专	工程师	山东美陵集团公司	生产副经理	
徐玉芹	女	1975.2	淄河村		大专	会计师	山东美陵集团公司		
苑建华	男	1975.4	西龙池村	中共党员	大学	科级	淄博高新区工委管委会综合科	科长	
闫　波	男	1975.4	后李村	中共党员	大学	科级	淄博市公安局临淄分局	副主任科员	
周立功	男	1975.6	前李村	中共党员	大学	一级教师	临淄区皇城镇一中		
贾长顺	男	1976.2	聂仙村	中共党员	大学	科级	临淄区政协		
崔云梓	女	1976.3	聂仙村		大学	高级工程师	齐鲁石化研究院		
于慧兰	女	1976.6	宋家村	中共党员	大学	主管护师	齐陵卫生院		

续表人物 -4-18

姓名	性别	出生年月	原籍	政治面貌	学历	级别职称	工作单位	职务	备注
王文斌	男	1976.6	梧台镇辛兴村		大学	工程师	山东美陵集团公司	运行部副部长	
王　蕊	女	1976.8	郑家沟村		中专	主管护师	临淄区人民医院	护士长	
赵国勇	男	1976.8	太平村	中共党员	博士	教授	山东理工大学机械工程学院	副院长	
贾传燕	女	1976.12	淄河村		大学	主治医师	齐陵卫生院		
孙秀梅	女	1977.1	临淄区朱台镇		大学	主管护师	齐陵卫生院		
周金秀	女	1977.2	前李村	中共党员	中专	工程师	山东美陵集团公司	技术副经理	
王文亮	男	1977.3	临淄区皇城镇	中共党员	大学	主管中药师	齐陵卫生院	院长	
吕少学	男	1977.4	吕家孝陵村	中共党员	研究生	一级教师	临淄中学	团委书记	
刘志平	男	1977.4	前丁村	中共党员	大学	科级	临淄区旅游局	副局长	
刘华东	男	1977.6	南齐村	中共党员	研究生	科级	临淄区齐都镇人民政府	党委委员、副镇长	
李秀芹	女	1977.6	临淄区皇城镇	中共党员	大学	会计师	齐陵卫生院		
冯彩慧	女	1977.7	付辛村		大学	高级教师	淄博市第七中学		
曹国强	男	1977.9	朱台镇	中共党员	大学	工程师	山东美陵集团公司	技术副经理	
闫　伟	男	1977.10	后李村	中共党员	大学	科级	中共临淄区委宣传部	副部长	
王立军	男	1977.10	小交流村	中共党员	研究生	副教授	北京化工大学	副处长	
苑振广	男	1978.3	西龙池村	中共党员	大学	科级	山东省渔业厅监督检查中队	主任	
刘彩红	女	1978.3	吕家村		大专	工程师	山东美陵集团公司		
孙艳玲	女	1978.8	金山镇西崖村		中专	工程师	山东美陵集团公司		
李　凤	女	1978.10	临淄区金山镇	中共党员	大学	主管护师	齐陵卫生院		
王　宁	男	1979.1	聂仙村		大学	工程师	中国重汽青岛重工有限公司	副主任	
崔文斌	男	1979.2	聂仙村		大学	科级	临淄区经济开发区经济发展局	局长	
路新峰	男	1979.3	临淄凤凰镇		大专	工程师	临淄污水净化分公司技术科	科长	
李云涛	男	1979.4	杨西村		硕士	讲师	天津美术学院	副主任	

续表人物 -4-19

姓名	性别	出生年月	原籍	政治面貌	学历	级别职称	工作单位	职务	备注
刘　丽	女	1979.11	刘营村	中共党员	研究生	科级	北京开放大学党政办公室		
刘　萍	女	1979.11	宋家村	中共党员	研究生	科级	临淄区妇女联合会	主席	
张　斌	男	1980	太平村	中共党员	大学	讲师	青岛理工大学琴岛学院		
蔺国栋	男	1980.2	淄河村	中共党员	大学	科级	临淄区住建局质检站		
周连明	男	1980.3	东龙池村	中共党员	博士		浙商银行济南浙商银行	行长	
张海玲	女	1980.4	太平村		研究生	一级教师	淄博七中		
杨　利	男	1980.5	太平村	中共党员	大学	讲师	青岛科技大学艺术学院实训中心	主任	
周江涛	男	1980.7	东龙池村	中共党员	博士	教授	滨州学院	副院长	
康海燕	女	1980.7	河北省元氏县	中共党员	大专	工程师	山东美陵集团公司	质量副经理	
宋文通	男	1980.12	淄河村	中共党员	硕士	工程师	中国商业飞机制造有限公司		
蔡英杰	女	1980.12	临淄区凤凰镇		大专	工程师	山东美陵集团公司		
吕红梅	女	1981.1	毛家村	中共党员	研究生	科级	国家体育总局航管中心海模项目主管	主任科员	
丁延龄	男	1981.1	后丁村	中共党员	博士	副教授	山东政法学院		
赵国涛	男	1981.4	太平村	中共党员	大学	一级教师	临淄中学		
任新强	男	1981.5	聂仙村		大学	工程师	广东东莞精密金属有限公司		
杨　超	女	1981.5	太平村	中共党员	大学	科级	临淄区法律援助中心	主任	
杨　玲	女	1981.5	太平村	中共党员	大学	一级教师	淄博七中		
王　涛	男	1981.7	太平村	中共党员	研究生	副主任医师	临淄区人民医院普外科	主任	
贾长吉	男	1981.8	聂仙村		大学	高级工程师	深圳华为公司研发部		
张克勤	男	1981.8	石庙孝陵村	中共党员	博士	主任医师	山东省立医院		
周　鹏	女	1981.11	东龙池村	中共党员	博士	副教授	天津中医药大学		
吕晓丽	女	1981.11	吕家孝陵村	中共党员	研究生	科级	临淄区闻韶街道武装部	部长	
孟繁玉	女	1981.11	毛家村	中共党员	研究生	讲师	山东理工大学电气与电子工程学院		
宋　伟	女	1982	小交流村	中共党员	大学	科级	临淄区公共就业和人才服务中心	副主任	

续表人物 -4-20

姓名	性别	出生年月	原籍	政治面貌	学历	级别职称	工作单位	职务	备注
张　霞	女	1982.2	太平村	中共党员	研究生	主治医师	淄博昌国医院口腔科		
李　嵩	男	1982.2	博山区	中共党员	大专	工程师	山东美陵集团公司	采购业务员	
王丹丹	女	1982.4	闻韶街道		大学	工程师	山东美陵集团公司		
李　静	女	1982.4	博山区		大专	工程师	山东美陵集团公司		
陈　婷	女	1982.5	聂仙村	中共党员	硕士	一级教师	临淄中学		
王　宾	男	1982.6	郑家沟村	中共党员	大学	科级	临淄交通警察大队朱台中队	指导员	
任丽君	女	1982.7	聂仙村	中共党员	大学	科级	淄博食品药品管理局	副科长	
周玮亮	男	1982.7	前李村		研究生	副教授	山东女子学院		
崔丽萍	女	1982.8	聂仙村	中共党员	博士	高级工程师	中石化研究院	副教授	
赵孝全	男	1982.8	闻韶街道		大专	工程师	山东美陵集团公司		
崔秋月	女	1982.8	敬仲镇东王官庄村		大专	会计师	山东美陵集团公司		
梁荣宁	男	1982.9	梁家终村	中共党员	大学	副教授	中科院海洋研究所		
刘曦东	男	1982.9	南齐村	中共党员	研究生	科级	临淄区闻韶街道	党工委委员、办事处副主任	
吕富娟	女	1983.1	吕家孝陵村	中共党员	研究生	科级	淄博市政法委维稳办公室	科长	
杨海庆	男	1983.2	太平村		大学	一级教师	张店区第六中学		
周月领	女	1983.4	前李村		大学	一级教师	临淄区金岭中心小学		
王洪生	男	1983.9	郑家沟村	中共党员	研究生	工程师	维克多汽车上海有限公司	副经理	
陈志光	男	1983.10	聂仙村	中共党员	博士	副教授	天津社会科学院	研究员	
王　钦	男	1983.12	小交流村	中共党员	博士	副教授	南京审计大学信息平台研究所	所长	
崔明明	女	1984.4	齐都镇西古城村		大学	会计师	山东美陵集团公司	财务科长	
王宝刚	男	1984.9	梁家终村	中共党员	大学	副教授	西南石油大学化学化工学院		
任曰宁	男	1984.10	淄河村	中共党员	大专	科级	临淄区纪检委信访室	主任	
杨建波	男	1984.10	太平村		大学	一级教师	广饶县职业中专		
陈文强	男	1985.2	敬仲镇陈家村		大学	工程师	山东美陵集团公司	技质副经理	
刘玉强	男	1985.2	青州市郑母镇	中共党员	大学	工程师	山东美陵集团公司	企管部部长	

续表人物 -4-21

姓名	性别	出生年月	原籍	政治面貌	学历	级别职称	工作单位	职务	备注
王　超	男	1985.4	新泰市楼德镇		大学	工程师	山东美陵集团公司		
马跃进	男	1985.8	寿光市台头镇		大学	工程师	山东美陵集团公司	技术科科长	
吕添丞	男	1986.4	吕家孝陵村	中共党员	研究生	科级	江西安塘乡	副乡长	
李宪亮	男	1986.4	巨野县田桥镇		大学	工程师	山东美陵集团公司		
崔文强	男	1986.5	聂仙村		硕士	经济师	淄博国土资源局开发公司		
郑晓伟	男	1986.9	郑家沟村		研究生	工程师	德国汽车（上海）技术有限公司	大客户经理	
孟　静	女	1986.11	东阿县		大专	工程师	山东美陵集团公司		
孙　伟	男	1987	杨东村	中共党员	博士	工程师	中国航天集团公司		
李　军	男	1987.3	南齐村	中共党员	大学	科级	海关总署人事教育司	主任科员	
钟博刚	男	1987.3	金山镇冯家村		硕士研究生	工程师	山东美陵集团公司	技术部部长	
任永国	男	1987.5	鄄城县富春乡		大学	工程师	山东美陵集团公司		
刘　兵	男	1987.6	肥城市王瓜店镇		大学	工程师	山东美陵集团公司		
张　凯	男	1987.8	薛家村		大学	工程师	山东美陵集团公司	品质部副部长	
刘　立	女	1988.8	沂水县杨庄镇		大学	工程师	山东美陵集团公司		
杨海强	男	1988.10	太平村	中共党员	大学	科级	广东省云浮市人力资源和社会保障局人事考试院	副院长	
栾晓明	女	1989.9	莱阳市沐浴店镇		大学	工程师	山东美陵集团公司		
李洁磊	男	1989.11	杨东村	中共党员	研究生	讲师	山东旅游学院		

齐陵党政机关科级干部

刘梅斋　李玉轩　刘绍九　张闵斋　杨三友　于连东　于　干　刘保文　李华村　霍慎斋
贾淑芹　于新兰　常荣斋　王晓钟　王仲华　张　雨　赵书桥　孙聚奎　王玉普　张维贤
焦鸣国　谢润生　刘化明　徐树德　徐依萍　冯天义　张鹏仞　毕庆春　孟宪太　刘仙洲
王万祥　牟升奎　孟兆宽　刘子云　孙铁夫　周汉卿　张云亭　祁克正　崔乐善　刘斗南
范杰民　杨三仲　张炳昌　于子久　张本晋　齐英三　袁德亭　孙学泽　马文升　李翠荣
宋文举　胡书梅　李丕显　高兰训　王茂德　徐芳园　隋连升　吴承凡　李振声　吴洪吉
李宝瑞　王耀东　丁润富　王兆辉　李太三　桑吾省　李元平　任修智　王永臣　王素兰
石文兰　刘益振　高森明　张华松　徐治国　姜志明　田志成　苏连吉　卢思福　高志明
崔英伟　侯祖武　齐洪武　龙连尧　王德明　王桂书　杜学勤　郑家善　陈广修　李光新
张希纯　高克昌　崔万昌　李俊友　代玉荣　张春槐　王法庆　王桂芬　于志义　陈修堂
王兰桥　孙维友　孙兆锦　任锡恩　高峰岭　贾志亮　昝学贵　吴凤楼　朱文洲　郭树荣
韩志静　张聿成　路百发　于志功　李书林　张树贵　李一新　孙永祥　于奎元　徐炳忠
侯宗祥　胡春友　闫春梅　付丰三　王铭寿　刘方明　张云山　郑春清　张爱英　王令福
李在彪　宋玉新　燕兴俊　房守德　崔东岳　张连河　韩兴柱　王能敦　路百敏　李　刚
苏凤臣　郗继玉　臧洪臣　许福林　刘建勤　王凤舞　董尊福　夏玉增　刘素梅　刘长江
张树学　李胜联　常　青　杜修文　于相禹　王令民　王金清　陈爱国　牛献君　戴　浩
毕方军　路玲秀　魏刚太　刘继林　李光焰　王志臣　马克久　安增东　王万光　王方轶
刘效华　王新荣　李悦诚　王云山　徐玉春　王景华　曹家福　张玉杰　张文建　徐书学
尹兆东　王书贤　贾培国　宋爱国　徐继国　王义朴　王爱花　陈德诚　赵清栋　纪明林
朱永为　罗　锋　孙荣华　李文远　刘其明　邵　民　李洪波　国爱梅　刘　青　赵金川
陈奉亭　于道秀　张连刚　于红梅　张旭东　曹国华　朱东良　陈华君　刘宪红　张洪锦
曹元合　常　民　刘冰祥　李仁安　崔　娜　刘　伟　薄　刚　高　晋　张成刚　王俊涛
张　涛　刘瑞卿　王士强　王文萍　崔永军　贾志勤　郑　峰　陈　涛　赵　阳　路庆锋
刘晓兵　王　刚　李　楠　孙爱彬　刘会平　刘　燕　郭晶晶

·荣 誉·

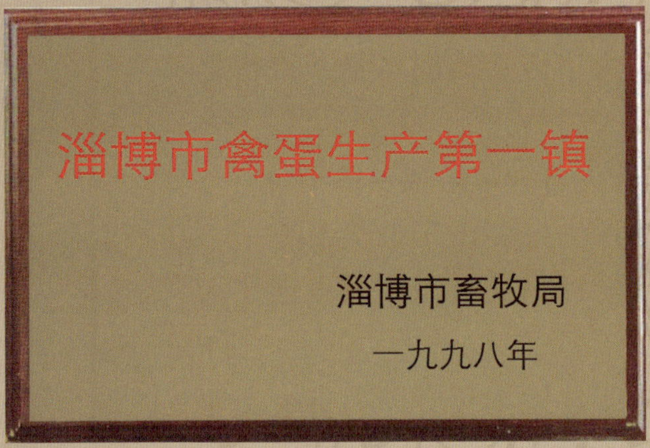

淄博市禽蛋生产第一镇
淄博市畜牧局
一九九八年

2017中国体育旅游博览会
山东淄博蹴鞠小镇
2017中国体育旅游精品景区

1998 年，齐陵镇被淄博市畜牧局命名为禽蛋生产第一镇

2000 年，齐陵镇被淄博市人民政府评为义务教育示范镇

2003 年，齐陵镇被中共淄博市委、淄博市人民政府评为全市“非典”防治工作先进乡镇

2004 年，齐陵街道被淄博市计划生育委员会评为计划生育优质服务乡镇

2005 年，齐陵街道被淄博市人民政府评为全市新型农村合作医疗工作先进单位

2006 年，齐陵街道被中共淄博市委、淄博市人民政府评为全市防范和处理邪教工作四无乡镇

2008 年，齐陵街道被淄博市综治委评为平安淄博建设先进单位

2009 年，齐陵街道被中共淄博市委、淄博市人民政府评为创建全国社会治安综合治理优秀市暨实施固本强基维稳工程先进单位

2011 年，齐陵街道被山东省旅游局评为省级旅游强乡镇单位

2013 年，齐陵街道被山东省旅游局评为好客山东最美乡村

2014 年，齐陵街道被淄博市人民政府评为民族团结进步创建活动示范单位

2015 年，齐陵街道被山东省精神文明建设委员会评为省级文明单位

2017 年，齐陵街道被中国体育旅游博览会组委会评为中国体育旅游精品景区

集体荣誉

表荣誉 -1

单位	时间	荣誉名称	授予单位
齐陵公社驻佛大队	1978	省级林业建设模范村	山东省林业局
齐陵公社齐家终村	1982	全市林业先进单位	淄博市绿化委员会
齐陵公社齐家终村	1983	全国绿化工作明星村	国家绿化委员会
齐陵镇齐家终村	1984	青年之家	共青团山东省委
齐陵镇齐家终村党支部	1984.4	先进党支部	中共淄博市委
齐陵镇第一中学	1985	文明单位	中共淄博市委、淄博市人民政府
齐陵派出所	1985	集体三等功	淄博市公安局
齐陵镇第一中学	1985	教育质量先进单位	淄博市教育局
齐陵派出所	1986	文明单位	中共淄博市委、淄博市人民政府
齐陵镇齐家终村	1986.3	农业战线先进单位	中共淄博市委、淄博市人民政府
齐陵镇齐家终村党支部	1986.6	先进党支部	中共淄博市委
淄博市临淄区石油化工配件厂	1987	重合同守信用企业	山东省工商行政管理局
淄博市临淄区石油化工配件厂	1987	一级信用企业	中国农业银行山东省分行
淄博市临淄区石油化工配件厂	1987	1987 年度安全生产先进单位	淄博市经济委员会
齐陵镇齐家终村	1987.9	尊师重教先进单位	山东省人民政府
齐陵镇淄河村	1988	精神文明建设文明村	淄博市精神文明建设委员会
齐陵镇水利站	1988	“内衬塑料软管外护圬砼料低压输水管道”科技成果三等奖	山东省水利厅
淄博市临淄区石油化工配件厂	1988.3	重合同守信用企业（1987—2002 连续十六年）	淄博市工商行政管理局
齐陵镇刘营村	1988.5	民族团结进步先进集体	山东省人民政府
淄博市临淄区石油化工配件厂	1988.6	一级信用企业	中国农业银行淄博市分行
齐陵镇	1989	林业工作先进单位	淄博市人民政府
淄博市临淄区石油化工配件厂	1989.1	市级先进企业	淄博市人民政府

续表荣誉 -1-1

单位	时间	荣誉名称	授予单位
淄博市临淄区石油化工配件厂	1989.11	F_1、F_1Q-3B 浮阀创市优产品	淄博市经济委员会
齐陵镇王齐村	1990	先进村委会	淄博市人民政府
齐陵镇王齐村	1990	综合治理先进单位	淄博市人民政府
淄博市临淄区石油化工配件厂	1990	省系统级先进企业	山东省乡镇企业管理局
淄博市临淄区石油化工配件厂	1990	安全生产先进企业	淄博市人民政府
齐陵镇	1990	省级体育先进乡镇	山东省人民政府
齐陵镇王齐卫生室	1990	先进行政村卫生室	山东省卫生厅
齐陵镇刘营村	1990.1	民族团结进步先进集体	国家民族事务委员会
淄博市临淄区石油化工配件厂	1990.1	市级先进企业	淄博市人民政府
齐陵镇齐家终村	1990.2	农业战线先进单位	中共淄博市委、淄博市人民政府
齐陵镇刘营村	1990.12	民族团结进步先进集体	淄博市人民政府
齐陵派出所	1991	颁发居民身份证工作先进集体	山东省公安厅
齐陵镇刘营村	1991	西红柿生产专业村	淄博市人民政府
齐陵镇卫生院	1991	精神病防治工作先进单位	淄博市卫生局
齐陵镇农机管理服务站	1991.11	乡镇农机管理服务站一级站	山东省农业机械管理局
淄博美陵公司	1992	文明单位	中共淄博市委、淄博市人民政府
齐陵镇齐家终村	1992.1	市级明星村	中共淄博市委、淄博市人民政府
齐陵镇农机管理服务站	1992.2	农机维修质量信得过单位	山东省农业机械管理局
齐陵镇农机管理服务站	1992.5	农机冬修春检工作先进单位	山东省农业机械管理局
淄博市临淄区石油化工配件厂	1992.5	乡镇企业系统企业管理基础工作壹级单位	山东省乡镇企业管理局
淄博市临淄区石油化工配件厂	1992.7	乡镇骨干企业	淄博市人民政府
淄博美陵公司	1992.12	全面质量管理达标证书	农业部
齐陵镇	1993	科技进步先进乡镇	淄博市人民政府
齐陵镇	1993	“八五”绿化达标合格单位	中共淄博市委、淄博市人民政府
齐陵镇齐家终村	1993.2	小康先进村	中共淄博市委、淄博市人民政府
齐陵镇第一中学	1994	规范化学校	淄博市教育局
齐陵镇	1994	畜牧生产强乡镇	淄博市人民政府

续表荣誉 -1-2

单位	时间	荣誉名称	授予单位
齐陵镇农机管理服务站	1994.3	文明单位	中共淄博市委、淄博市人民政府
齐陵镇	1995	计划生育先进单位	淄博市人民政府
齐陵镇	1995	畜牧生产强乡镇	山东省人民政府
淄博美陵公司	1995.2	安全生产先进企业	淄博市人民政府
齐陵镇第一中学	1995.3	文明单位	中共淄博市委、淄博市人民政府
齐陵镇齐家终村	1995.3	全国造林绿化千佳村	全国绿化委员会
淄博美陵公司	1996	特级信用企业信用等级 AAA	山东省信誉评级委员会、信誉评级总公司
淄博美陵公司	1996	安全文明生产合格单位	淄博市安全生产委员会
齐陵镇	1996	市级卫生乡镇	淄博市人民政府
淄博美陵公司	1996.5	全国乡镇企业建立现代企业制度试点单位	农业部
淄博美陵公司	1996.6	一级信用企业	中国农业银行淄博市分行
淄博美陵公司	1996.7	全国中型一档乡镇企业	农业部
齐陵镇水利站	1996.8	淄博市十佳水利站	淄博市水利水产局
淄博美陵公司	1996.12	高新技术企业	淄博市科学技术委员会
淄河大桥收费处	1997	1996 年度交通规费征收工作先进单位	山东省交通厅
美陵股份公司	1997	山东省乡镇企业综合实力五百强	山东省乡镇企业管理局、统计局、社会经济评价中心
美陵股份公司	1997	乡镇企业安全生产综合治理活动先进单位	山东省乡镇企业管理局、劳动厅
齐陵镇	1997	社会文化先进单位	淄博市人民政府
齐陵镇农机管理服务站	1997.1	淄博市三十强乡镇农机站	淄博市农业机械管理局
淄河大桥收费处	1997.3	文明收费站	山东省公路管理局
淄河大桥收费处	1997.5	青年文明号	共青团淄博市委、淄博市交通委员会
齐陵镇第一中学	1997.6	花园式学校	淄博市人民政府
淄河大桥收费处	1997.10	十佳青年文明号	淄博市青年文明号活动组委会
淄河大桥收费处	1997.10	文明行业示范点	淄博市精神文明建设委员会
美陵股份公司	1997.12	企业设备管理三级单位	山东省经济贸易委员会
淄河大桥收费处	1998	文明单位	中共淄博市委、淄博市人民政府
齐陵镇	1998	淄博市禽蛋生产第一镇	淄博市畜牧局
美陵股份公司	1998	乡镇企业管理示范企业	山东省乡镇企业管理局

续表荣誉 -1-3

单位	时间	荣誉名称	授予单位
美陵股份公司	1998	全省乡镇企业系统现场管理合格（一级）	山东省乡镇企业管理局
美陵股份公司	1998	淄博市重点乡镇企业	淄博市人民政府
淄河大桥收费处	1998.1	文明收费站	山东省公路管理局
淄河大桥收费处	1998.1	交通系统先进单位	山东省人事厅、山东省交通厅
淄河大桥收费处	1998.2	文明收费站	淄博市交通委员会
淄河大桥收费处	1998.4	青年文明号	共青团山东省委、山东省交通厅
美陵股份公司	1998.8	技术创新示范企业	山东省乡镇企业管理局
临淄中国古车博物馆	1998.9	全国青年文明号	国家旅游局、共青团中央
淄河大桥收费处	1998.12	文明建设先进单位	山东省交通厅
齐陵卫生院	1998.12	爱婴卫生院	卫生部
美陵股份公司	1999	高新技术企业	山东省科学技术委员会
美陵股份公司	1999.1	产品质量信得过企业	淄博市质量技术监督局
美陵股份公司	1999.4	标准化工作先进单位	淄博市质量技术监督局
淄河大桥收费处	1999.5	全国青年文明号	交通部、全国创建青年文明号活动组委会
美陵股份公司	1999.12	企业设备管理先进集体	山东省经济贸易委员会
齐陵镇小交流村	2000	青椒生产专业村	淄博市人民政府
齐陵镇	2000	义务教育示范镇	淄博市人民政府
齐陵镇	2000	市级中心镇	淄博市人民政府
美陵矿泉水分公司	2000.1	产品质量信得过企业	淄博市质量技术监督局
淄河大桥收费处	2000.3	全省公路系统文明收费站	山东省公路管理局
齐陵镇	2000.9	体育强乡镇	淄博市人民政府
淄河大桥收费处	2000.12	先进党员活动室	中共山东省委宣传部
齐陵镇第二中学	2001	规范化学校	淄博市教育局
淄河大桥收费处	2001	文明单位	山东省精神文明建设委员会
美陵股份公司	2001	2001 年度锅容管特安全管理先进单位	淄博市技术监督局
美陵股份公司	2001	文明单位	中共淄博市委、淄博市人民政府
淄河大桥收费处	2001.1	全省交通系统文明建设先进单位	山东省交通厅、山东省文明办
美陵股份公司	2001.2	紧固件为质量信得过产品	淄博市质量检定协会
美陵股份公司	2001.2	2000 年度信用企业	淄博市农村金融体制改革领导小组办公室

续表荣誉 -1-4

单位	时间	荣誉名称	授予单位
淄河大桥收费处	2001.3	文明收费站	山东省交通厅公路局
美陵股份公司	2001.12	乡镇企业创名牌重点企业	农业部
齐陵镇第一中学	2002	花园式学校	淄博市人民政府
美陵股份公司	2002	文明单位	中共淄博市委、淄博市人民政府
齐陵镇刘营村	2002.1	民族团结进步模范村	中共淄博市委宣传部、统战部、民综局、民政局
美陵股份公司	2002.2	2001 年度信用企业	淄博市农村金融体制改革领导小组办公室
美陵股份公司	2002.8	“美陵”商标获山东省著名商标	山东省工商行政管理局
美陵股份公司	2002.12	企业设备管理先进集体	山东省设备管理协会
齐陵镇	2003	2003 年度档案管理考核先进单位	淄博市档案局
齐陵镇	2003	全市“非典”防治工作先进乡镇	中共淄博市委、淄博市人民政府
淄河大桥收费处	2003	行风和机关效能建设示范窗口	中共淄博市委、淄博市人民政府
美陵股份公司	2003.1	全国守合同重信用企业	国家工商行政管理总局
美陵股份公司	2003.1	2003 － 2004 年诚信示范单位	淄博市企业信用管理协会、淄博市消费者协会
齐陵镇	2003.3	国土资源基层工作先进单位	淄博市国土资源局
美陵股份公司	2003.4	优秀民营科技企业	山东省科学技术厅、民营科技促进会
淄河大桥收费处	2003.7	交通系统防治非典工作先进集体	淄博市交通局
齐陵街道第一中学	2003.12	首届淄博市中学师生书画作品巡展优秀组织单位	淄博市教育局、淄博市文联
临淄区云尔食用菌研究所	2003.12	蔬菜系统先进单位	淄博市菜篮子工程办公室
齐陵街道第一中学	2003.12	绿色文明家园	淄博市精神文明办、淄博市建委
山东美陵中联环境工程有限公司	2003.12	环境保护骨干企业	中国环保产业协会
山东美陵中联环境工程有限公司	2003.12	环保产业十大品牌	山东环保产业协会
齐陵街道第二中学	2004	教育系统花园式单位	淄博市人民政府
齐陵街道	2004	计划生育优质服务乡镇	淄博市计划生育委员会
齐陵街道计生服务站	2004	计划生育优秀服务站	淄博市计划生育委员会
齐陵街道计划生育办公室	2004	“建设新型生育文化 建设文明幸福家庭”活动先进单位	淄博市计划生育委员会
柳店炉业	2004.1	百佳文明诚信工商户	山东省工商行政管理局

续表荣誉 -1-5

单位	时间	荣誉名称	授予单位
淄河大桥收费处	2004.2	文明收费站	山东省交通厅公路局
美陵股份公司	2004.2	2003 年度特种设备安全工作先进单位	淄博市质量技术监督局
齐陵街道第一中学	2004.3	拓展式阅读验收先进单位	淄博市教研室
山东美陵中联环境工程有限公司	2004.6	环境保护贡献奖	淄博市环境保护局
齐陵街道财政所	2004.7	全市财政系统文明单位	淄博市财政局
美陵股份公司	2004.8	2003 年度工业百强企业	淄博市人民政府
齐陵街道第一中学	2004.12	优秀交通安全示范学校	淄博市教育局
美陵股份公司	2005	先进会计工作集体	淄博市财政局、总工会、中共淄博市委宣传部
齐陵街道	2005.2	高致病性禽流感防治工作先进单位	淄博市人民政府
齐陵街道	2005.2	新型农村合作医疗工作先进单位	淄博市人民政府
美陵股份公司	2005.2	2004 年度工业先进企业	中共淄博市委、淄博市人民政府
齐陵街道第一中学	2005.3	文明单位	中共淄博市委、淄博市人民政府
美陵股份公司	2005.8	AAA 级信用企业	中国农业银行山东分行
美陵股份公司	2005.8	学习型组织先进单位	淄博市总工会、教育局等 8 部门
美陵淄河污水处理厂	2005.10	国家重点环保实用技术示范工程	中国环保产业协会
美陵股份公司	2005.10	“美陵”牌管壳式换热器获山东名牌	山东省名牌战略推进委员会、质量技术监督局
齐陵街道	2006.1	防范和处理邪教工作四无乡镇	中共淄博市委、淄博市人民政府
齐陵街道第一中学	2006.1	纪念抗日战争胜利 60 周年征文集体奖	山东省教育厅基教处、山东教育社
齐陵街道	2006.2	信访工作“三无”乡镇	中共淄博市委、淄博市人民政府
管仲纪念馆	2006.2	AAA 级旅游景点	国家旅游局
齐陵街道法律服务所	2006.2	文明法律服务所	淄博市司法局
美陵股份公司	2006.4	淄博市百强民营企业	中共淄博市委、淄博市人民政府
美陵股份公司	2006.4	2004—2005 年度 A 级纳税信用企业	淄博市国家税务局、市地方税务局
齐陵街道	2006.6	实现村村通自来水乡镇	淄博市人民政府
美陵股份公司	2006.7	优秀民营企业	中共淄博市委、淄博市人民政府

续表荣誉 -1-6

单位	时间	荣誉名称	授予单位
美陵股份公司	2006.12	产品质量国家免检	国家质量监督检验检疫总局
美陵股份公司	2006.12	“美力达”牌空调用离心通风机山获东名牌	山东省名牌战略推进委员会、质量技术监督局
柳店炉业	2007	中国质量满意十佳品牌	中国社会调查所
齐昊炉业	2007	中国消费者满意三 A 企业	中国社会调查所
齐陵街道工会	2007	模范街道工会	淄博市总工会
齐陵街道王齐村党支部	2007	农村优秀基层党组织	中共淄博市委
淄河大桥收费处	2007.1	文明收费站	山东省交通运输厅公路局
齐陵街道	2007.1	县级工商联基层（创业）组织五好商会	淄博市工商联合会、淄博市总商会
美陵股份公司	2007.1	劳动关系和谐企业	淄博市总工会
美陵股份公司	2007.1	振兴淄博劳动奖状	淄博市总工会
齐陵街道第一中学	2007.3	文明单位	中共淄博市委、淄博市人民政府
齐陵街道第一中学	2007.4	全国中小学生“知荣明耻学做人”挑战擂台赛优秀组织奖	团中央少年部、全国少工委、中国少年报社、中国中学生报社
齐陵街道第一中学	2007.6	绿色学校	淄博市人民政府
美陵临淄污水净化分公司	2007.6	环境友好企业	淄博市环境保护局
齐陵宏丰家禽养殖场	2007.7	党员干部现代远程教育示范户	淄博市委组织部
美陵股份公司	2007.9	国家火炬计划重点高新技术企业	科学技术部火炬计划产业开发中心
美陵股份公司	2007.9	“美陵”牌高效节能换热器获中国名牌	国家质量监督检验检疫总局
美陵股份公司	2007.9	“美陵”牌高强度紧固件产品获山东名牌	山东省名牌战略推进委员会、质量技术监督局
柳店炉业	2007.12	市第七届消费者满意单位	淄博市消协
齐陵街道第一中学	2007.12	创建和谐校园知识竞赛优秀组织单位	全国少工委
齐陵街道第二中学	2008	文明单位	淄博市文明办
齐陵街道农机管理服务站	2008.1	农机监理工作先进单位	淄博市农机安全监理站
齐陵街道	2008.1	平安淄博建设先进单位	淄博市综治委
齐陵街道财政所	2008.3	文明单位	中共淄博市委、淄博市人民政府
齐陵街道财政所	2008.3	2007 年度全市财政系统政风行风建设示范窗口	淄博市人事局、财政局、监察局

续表荣誉 -1-7

单位	时间	荣誉名称	授予单位
齐陵街道	2008.3	全市纪检监察案件检查工作先进集体	淄博市纪委、市人事局
美陵股份公司	2008.3	工业优秀企业（2007 年度）	中共淄博市委、淄博市人民政府
淄河大桥收费处	2008.6	先进基层党组织	淄博市交通委员会
美陵股份公司	2008.6	煤矿地面用防爆抽出式对旋轴流通风机获优秀节能成果奖	山东省人民政府
美陵股份公司	2008.8	对旋轴流通风机获优秀节能成果奖	淄博市人民政府
美陵矿泉水分公司	2008.10	消费者满意单位	山东省第七届消费者满意单位评审委员会协会
美陵公司	2008.12	环境保护工作专项行动先进集体	淄博市环境保护工作委员会
山东美陵中联环境工程有限公司	2008.12	环境污染治理设施运营十强企业	中华环境保护友好促进会
美陵股份公司	2008.12	国家高新技术企业（有效期 2020 年 12 月）	山东省科学技术厅、财政厅、国家税务局、地方地税局
美陵股份公司	2008.12	环境保护工作专项行动先进集体	淄博市环境保护工作委员会
美陵股份公司	2009	建设“诚信企业”先进单位	淄博市“诚信企业”信用评价委员会
美陵股份公司	2009.1	“美力达”牌前向多翼离心通风机获山东名牌	山东省名牌战略推进委员会、质量技术监督局
齐陵街道	2009.2	纪检监察机关查办案件工作先进集体	淄博市纪委、监察局
美陵股份公司	2009.2	工业优秀企业（2008 年度）	中共淄博市委、淄博市人民政府
美陵股份公司	2009.2	淄博市“安康杯”竞赛优胜企业	淄博市总工会
齐陵卫生院	2009.3	文明单位	淄博市人民政府
美陵股份公司	2009.4	化工设备分公司技术科获工人先锋号	淄博市总工会
齐陵街道	2009.5	慈善奖慈善工作先进单位	淄博市民政局
临淄中国古车博物馆	2009.8	AAAA 旅游景区	国家旅游局
齐陵街道第二中学	2009.11	档案管理先进单位	山东省档案管理局
齐陵街道	2009.12	创建全国社会治安综合治理优秀市暨实施固本强基维稳工程先进单位	中共淄博市委、淄博市人民政府
淄河大桥收费处	2010	全省交通运输系统文明示范窗口	山东省交通厅

续表荣誉 -1-8

单位	时间	荣誉名称	授予单位
齐陵街道第一中学	2010.1	科技创新先进单位	淄博市教育局
淄河大桥收费处	2010.1	工人先锋号	淄博市交通局工会
齐陵街道第一中学	2010.1	淄博市百灵艺术节优秀组织奖	淄博市教育局
齐陵街道第一中学	2010.1	国防教育先进单位	淄博市教育局
柳店炉业	2010.3	省第八届消费者满意单位	山东省消费者协会
淄博茂隆实业有限公司	2010.3	危险货物运输本质安全建设十佳企业	淄博市交通运输局
齐陵街道农机管理服务站	2010.3	2009 年度农机技术推广工作先进单位	淄博市农业机械化技术推广站
齐陵农机专业服务合作社	2010.3	优秀农机专业合作社	淄博市农业机械管理局
美陵股份公司	2010.3	工业优秀企业（2009 年度）	中共淄博市委、淄博市人民政府
美陵矿泉水分公司	2010.4	山东省第二十二届运动会独家供应商	山东省第二十二届运动会组委会
齐陵街道第一中学	2010.6	歌唱祖国庆六一少先队活动方案设计大赛优秀奖	淄博市教育局
齐陵街道第一中学	2010.6	淄博市第三届青少年科普系列活动“国际数棋”科普竞赛优秀组织奖	淄博市教育局
齐陵街道中心小学	2010.6	淄博市第三届青少年科普系列活动“国际数棋”优秀组织奖	淄博市教育局
美陵股份公司	2010.7	节能降耗优秀成果奖（螺旋波纹管换热器）	淄博市人民政府
山东美陵中联环境工程有限公司	2010.11	国家高新技术企业（有效期至 2019 年 12 月）	山东省科学技术厅、财政厅、国家税务局、地方地税局
美陵矿泉水分公司	2010.12	“天齐渊”牌矿泉水获消费者最喜爱的饮用水品牌	山东省消费者协会
美陵股份公司	2010.12	节能减排示范企业	淄博市中小企业局
美陵股份公司	2010.12	精细化管理示范企业	淄博市中小企业局
美陵股份公司	2010.12	科技统计先进单位（2010 年度）	淄博市统计局
淄河大桥收费处	2011.1	文明收费站	山东省交通运输厅公路局
齐陵宏丰家禽养殖场	2011.1	农业产业化市级重点龙头企业	淄博市人民政府
美陵股份公司	2011.1	首届最具影响力百佳诚信企业	淄博市经济和信息化委员会
齐陵交警中队	2011.1	公安交通管理工作先进单位	淄博市公安局交通警察支队
齐陵街道财政所	2011.2	2010 年度文明单位	中共淄博市委、淄博市人民政府

续表荣誉 -1-9

单位	时间	荣誉名称	授予单位
淄河大桥收费处	2011.2	2010 年度交通运输系统政风行风建设先进集体	淄博市交通运输局
美陵股份公司	2011.2	工业设计大赛优秀奖（QBF 废气高效处理设备）	淄博市经济和信息化委员会
美陵股份公司	2011.3	工业优秀企业（2010 年度）	中共淄博市委、淄博市人民政府
美陵股份公司	2011.4	职工优秀创新成果奖（风力发电机组用高强度紧固件）	淄博市总工会
美陵股份公司	2011.4	职工优秀创新成果奖（SVC 高效自洁浮阀塔盘）	淄博市总工会
美陵股份公司	2011.4	职工优秀创新成果奖（高效微生物处理焦化废水技术）	淄博市总工会
齐陵街道第一中学	2011.6	非物质文化剪纸传承学校	淄博市文化局
淄河大桥收费处	2011.8	“十一五”创建文明行业工作先进单位	山东省交通厅公路局
美陵股份公司	2011.11	科技统计工作先进单位（2011 年度）	淄博市统计局
柳店炉具	2011.12	市第九届消费者满意单位	淄博市消费者协会
齐陵街道第一中学	2011.12	首批全国中小学优秀文化传承学校	教育部办公厅
美陵股份公司	2011.12	工业优秀企业（2011 年度）	中共淄博市委、淄博市人民政府
齐陵街道	2011.12	省级旅游强乡镇单位	山东省旅游局
齐陵街道王齐村	2012	无邪教先进村	淄博市人民政府
齐陵一中团支部	2012	五四红旗团支部	共青团淄博市委
齐陵街道工会	2012	模范街道工会	淄博市总工会
齐陵街道第二中学	2012	平安校园先进单位	淄博市教育局
齐昊炉业	2012.1	省第九届消费者满意单位	山东省消费者协会
淄河大桥收费处	2012.1	公路系统文明收费站	山东省交通厅公路局
柳店炉业	2012.1	省第九届消费者满意单位	山东省消费者协会
淄博茂隆实业公司	2012.3	危险货物运输本质安全建设十佳企业	淄博市交通运输局
美陵集团公司	2012.4	“美陵”商标获中国驰名商标	国家工商行政管理总局商标局
美陵集团团支部	2012.4	五四红旗团支部（总支）	共青团淄博市委
齐陵街道财政所	2012.5	文明单位	中共淄博市委、淄博市人民政府
齐陵街道第一中学	2012.7	淄博市青少年纪念建团 90 周年书画摄影文化作品展评活动组织工作先进集体奖	淄博市教育局

续表荣誉 -1-10

单位	时间	荣誉名称	授予单位
齐陵街道第一中学	2012.8	淄博市 2012 年首届（中小学生）器乐大赛优秀组织奖	淄博市教育局
齐陵街道武装部	2012.11	民兵基层建设先进单位	淄博市人民政府、淄博军分区
齐御牧业公司	2012.11	农业产业化重点龙头企业	山东省农业厅
美陵股份公司	2012.11	行业知名品牌生产企业	中国石油和化学工业联合会
美陵集团公司	2012.11	“美陵”牌高效节能换热器获中国石油和化学工业知名品牌	中国石油和化学工业联合会
美陵股份公司	2012.11	科技统计先进单位（2012 年度）	淄博市统计局
齐陵街道第一中学	2012.12	文明单位	中共淄博市委、淄博市人民政府
齐陵街道第一中学	2012.12	新教育实验优秀学校	全国新教育实验课题组
临淄北山种植专业合作社	2012.12	林业产业龙头企业	淄博市林业局
美陵临淄污水净化分公司	2012.12	十一五主要污染物总量减排目标考核突出贡献企业	淄博市人民政府
齐陵街道第一中学	2013	全国校园文化系列活动优秀单位	教育部语言文字应用管理司、教育部语言报刊社
齐陵街道武装部	2013	民兵基层建设先进单位	淄博市人民政府、淄博军分区
齐陵街道	2013.1	2013 好客山东最美乡村	山东省旅游局
美陵集团公司	2013.1	“美陵”牌高效节能换热器获山东名牌	山东省名牌战略推进委员会
美陵股份公司	2013.2	“守合同重信用”企业公示证明	山东省工商行政管理局
齐陵街道第一中学	2013.3	先进实验学校	全国和谐德育研究与实验总课题组、伦理学会德育专业委员会
美陵股份公司	2013.3	淄博市首届市长质量管理奖	淄博市人民政府
美陵矿泉水分公司	2013.3	桶装水行业推荐品牌	淄博市消费者权益保护委员会
齐陵街道柳店村	2013.6	国家地理标志注册商标	国家工商总局
齐陵街道第一中学	2013.12	教育工会特色活动优秀单位	淄博市教育工会
齐陵街道	2014	民族团结进步创建活动示范单位	淄博市人民政府
齐陵卫生院	2014.1	优秀残疾人托养机构	淄博市残疾人联合会
淄河大桥收费处	2014.3	2013 年度交通运输系统安全生产工作先进单位	淄博市交通运输局
临淄中国古车博物馆	2014.4	山东省三星级科普教育基地	山东省科学技术协会、山东省财政厅
临淄中国古车博物馆	2014.5	山东省社会科学普及教育基地	山东省委宣传部、山东省社会科学界联合会

续表荣誉 -1-11

单位	时间	荣誉名称	授予单位
齐陵街道中心小学	2014.6	淄博市第七届青少年科普系列活动“智力七巧板”竞赛先进集体奖	淄博市教育局、淄博市科学技术协会
美陵股份公司	2014.6	“守合同重信用企业”公示证明	国家工商行政管理总局
齐陵街道中心小学	2014.7	新教育实验优秀实验学校	新教育实验总课题组
齐陵街道北山西村	2014.9	全国生态文化村	中国生态文化协会
齐陵街道中心小学	2014.11	中小学特色课程培育示范校	山东省教育科学研究所、山东省教育学会课程与教学专业委员会
齐陵街道第一中学	2014.12	在淄博市“小手拉大手 平安六加一”活动中获优秀组织单位，	淄博市教育局
齐陵街道第一中学	2014.12	“德艺双馨”剪纸活动特色品牌学校	淄博市教育局
美陵股份公司	2014.12	山东省院士工作站	山东省科技厅
美陵化工设备分公司	2014.12	淄博首批市级工业设计中心	淄博市人民政府
齐陵街道北山西村	2014.12	省级旅游特色村	山东省旅游局
齐陵街道第一中学	2014.12	淄博市第四批数字化校园	淄博市教育局
齐陵街道王齐村	2015	档案管理二级档案室	山东省档案局
临淄中国古车博物馆	2015	优秀博物馆	山东省文化厅
美陵股份公司	2015	厚道鲁商诚信淄博优秀案例第一名	淄博市总工会
齐陵街道中心小学	2015.1	依法治校示范校	淄博市教育局
临淄中国古车博物馆	2015.1	2013—2014 年度诚信旅游示范单位	山东省旅游局
美陵矿泉水分公司	2015.1	山东桶装水行业十大品牌	山东省饮料行业协会、中国建康水产业促进委员会
齐陵街道第一中学	2015.3	第十届中国中学生作文大赛（2014—2015 年度）山东赛区优秀组织奖	山东教育社
齐昊炉业	2015.7	“守合同重信用”企业	淄博市工商行政管理局
山东美陵中联环境工程有限公司	2015.8	创新型高成长企业 50 强	淄博市人民政府
临淄中国古车博物馆	2015.10	敬老文明号	淄博市老龄工作委员会
齐陵街道	2015.12	2015 年度省级文明单位	山东省精神文明建设委员会
齐陵街道第一中学	2015.12	心理健康教育先进单位	淄博市教育局

续表荣誉 -1-12

单位	时间	荣誉名称	授予单位
山东美陵中联环境工程有限公司	2015.12	淄博市第十一批市级企业技术中心	淄博市经济和信息化委员会
齐陵街道第二中学	2016	文明校园	淄博市文明办
临淄中国古车博物馆	2016	爱心支持单位	中华少年儿童联合会山东省管理委员会
临淄中国古车博物馆	2016	青少年参观采风文明单位	中华少年儿童联合会山东省管理委员会
齐陵街道第一中学	2016.1	淄博市第二届“小手拉大手，平安六 + 一”活动优秀组织奖	淄博市教育局
齐陵街道淄河村	2016.2	2015 年度二级档案室	山东省档案局
山东美陵中联环境工程有限公司	2016.2	信用等级被评为 AAA 级	山东省科学技术厅、财政厅、国税局、地税局
齐陵街道第一中学	2016.3	第十一届中国中学生作文大赛（2015—2016 年度）山东赛区优秀组织奖，	山东教育社
柳店炉业	2016.4	节能炉具行业公益贡献奖	中国农村能源行业协会
美陵股份公司	2016.6	“守合同重信用企业”公示证明	国家工商行政管理总局
美陵矿泉水分公司	2016.6	消费者喜爱的饮用水品牌饮用水行业优秀企业	淄博广电新聊斋网、省农副产品质量监督检验中心
淄博齐兴建工有限公司	2016.8	2014—2015 年度“守合同重信用”企业	山东省工商行政管理局
齐御牧业公司	2016.12	淄博市农产品知名品牌	淄博市农业局
齐陵街道第二中学	2016.12	卫生先进单位	山东省爱委会
临淄中国古车博物馆	2016.12	爱国主义教育基地	中共淄博市委、淄博市人民政府
齐陵街道	2017	全国休闲绿道国家标准制定者	国家标准委员会
齐陵街道人民调解委员会	2017.2	全市人民调解工作先进集体	淄博市司法局
美陵股份公司	2017.2	淄博市创新型高成长企业 50 强	淄博市人民政府
齐陵街道第二中学	2017.3	平安和谐校园先进单位	淄博市教育局
齐陵街道第一中学	2017.3	第十二届中国中学生作文大赛（2016—2017 年度）山东赛区比赛优秀组织奖	山东教育社
临淄中国古车博物馆	2017.3	海峡两岸交流示范点	山东省委台湾工作办公室、山东省人民政府台湾事务办公室
临淄中国古车博物馆	2017.3	集体三等功	淄博市公安局
齐昊炉业	2017.4	爱心公益企业	中国农村能源行业协会炉具专业委员会
齐陵街道中心小学	2017.5	全国家长学校建设实验学校	国家学院家庭教育研究中心

续表荣誉 -1-13

单位	时间	荣誉名称	授予单位
齐陵街道	2017.9	中国体育旅游精品景区	中国体育旅游博览会组委会
齐陵街道第二中学	2017.9	民族团结示范学校	淄博市民宗局
淄博齐兴建工有限公司	2017.11	2016 年度市级安全文明工地	淄博市建筑安全与设备管理协会
山东美陵博德化工机械有限公司	2017.11	职工书屋	中华全国总工会
齐昊炉业	2017.12	中国能源行业标准炉具术语参与制定者	国家能源局
齐御牧业公司	2017.12	“食安山东”全省畜牧示范品牌引领企业	山东省畜牧兽医局
齐陵街道第一中学	2017.12	德育科研工作先进实验学校	清华大学教育研究院培育学生核心素养研究与实验总课题组
齐陵街道第一中学	2017.12	2017 年全市模范教工之家	中国教育工会、中共淄博市委
淄博临淄乐采种植专业合作社	2017.12	省级农业标准化生产基地	山东省农业厅

个人荣誉

表荣誉 -2

姓名	工作单位	时间	荣誉名称	授予单位
吕国仁	齐陵公社吕家孝陵	1968.10	全国劳动模范	国务院
于金福	齐陵公社宋家联中	1978.8	优秀教师	中共淄博市委、淄博市人民政府
贾立业	齐陵公社后丁大队	1982.3	植树造林新长征突击手	共青团山东省委、省林业局
贾立业	齐陵公社后丁大队	1982.5	新长征突击手	共青团淄博市委员会
朱军起	齐陵镇人民法庭	1988.6	二等功	山东省高级人民法院
贾培国	齐陵镇水利站	1988.12	全国区乡优秀水利水保员	水利部
王文昌	淄博市临淄区石油化工配件厂	1989.1	优秀厂长	淄博市多种经营乡镇企业局
朱军起	齐陵人民法庭	1989.4	一等功	山东省高级人民法院
刘万福	齐陵镇第二中学	1989.6	优秀班主任	淄博市教育局
王明温	淄博市临淄区石油化工配件厂	1989.8	淄博市乡镇企业青工技术能手	共青团淄博市委、淄博市经委等 4 部门

续表荣誉 -2-1

姓名	工作单位	时间	荣誉名称	授予单位
于春祥	齐陵镇宋家联中	1989.9	优秀教师	国家教育委员会、人事部、中国教育工会全国委员会
王文昌	淄博市临淄区石油化工配件厂	1990.1	乡镇企业职工培训先进工作者	淄博市多种经营乡镇企业局
贾培国	齐陵镇水利站	1990.2	水利先进工作者	淄博市水利水产局
王文昌	淄博市临淄区石油化工配件厂	1991	思想政治工作先进工作者	中共淄博市委宣传部、市乡镇企业局
贾庆平	齐陵镇蔬菜产销服务站	1991.2	蔬菜系统先进工作者	淄博市农业委员会
刘冰祥	齐陵镇政府	1991.5	七五期间农村科普教育工作先进工作者	山东省农业厅、科协、妇联、教委、团省委
贾庆平	齐陵镇蔬菜产销服务站	1992.1	蔬菜系统先进工作者	淄博市蔬菜办公室
刘洪旭	齐陵镇农机管理服务站	1992.3	优秀乡镇农机技术人员	淄博市人事局、农业机械管理局
贾庆平	齐陵镇蔬菜产销服务站	1992.3	优秀乡镇农业技术人员	淄博市人事局，农业局
魏淑芳	淄博市临淄区石油化工配件厂	1992.3	巾帼之星	淄博市农村妇女“双学双比”竞赛活动协调小组
刘效华	淄博市临淄区石油化工配件厂	1992.4	1991 年度优秀厂长（经理）	淄博市乡镇企业局
许炳章	齐陵镇第二中学	1992.9	优秀教师	中共淄博市委、淄博市人民政府
贾培国	齐陵镇水利站	1992.11	优秀基层水利技术人员	山东省人事局
贾志勤	齐陵镇政府	1993.12	农村统计工作先进个人	淄博市统计局
路国秀	齐陵镇第一中学	1993.12	经济腾飞“青春立功”三等功	共青团山东省委
贾培国	齐陵镇水利站	1993.2	水利先进工作者	淄博市水利局、人事局
李继玉	齐陵镇林业站	1993.2	“八五”绿化达标记大功	中共淄博市委、淄博市人民政府
刘效华	淄博美陵公司	1993.4	淄博市乡镇企业家	中共淄博市委、淄博市人民政府
刘效华	山东美陵公司	1993.5	山东省“青年科技星火带头人”	共青团山东省委、山东省科委
刘效华	淄博美陵公司	1993.5	淄博市优秀青年企业家	共青团淄博市委、淄博市经委等 4 部门
刘效华	淄博美陵公司	1993.6	全国农村青年星火带头人	共青团中央、国家科委
于胜田	齐陵镇第二中学	1993.9	优秀教师	中共淄博市委、淄博市人民政府
贾庆平	齐陵镇蔬菜产销服务站	1994.1	蔬菜系统先进工作者	淄博市蔬菜办公室
刘效华	山东美陵公司	1994.4	山东省优秀青年企业家	山东省经委、共青团山东省委等 4 部门

续表荣誉 -2-2

姓名	工作单位	时间	荣誉名称	授予单位
刘效华	山东美陵公司	1994.4	山东省“新长征突击手”	共青团山东省委
刘效华	山东美陵公司	1994.6	山东省优秀共产党员	中共山东省委
刘效华	淄博美陵公司	1994.7	优秀共产党员	中共淄博市委
刘洪旭	齐陵镇农机管理服务站	1994.9	优秀乡镇农机技术人员	淄博市人事局、农业机械管理局
张曰明	淄博美陵公司	1994.12	乡镇企业青年技术能手	淄博市乡镇企业局
李成船	淄博美陵公司	1994.12	乡镇企业青年技术能手	淄博市乡镇企业局
贾培国	齐陵镇水利站	1995.1	农业综合开发先进工作者	淄博市农业综合开发办公室、淄博市财政局
李永春	齐陵镇齐家终村	1995.5	山东省第三次新长征突击手	共青团山东省委
丁永芳	齐陵镇第二中学	1995.9	优秀教师	淄博市教育局、淄博市人事局
贾志勤	齐陵镇政府	1995.12	农村基层统计先进工作者	山东省统计局、农村社会经济调查队
刘效华	山东美陵公司	1995.12	山东省优秀乡镇企业家	山东省人民政府
刘洪旭	齐陵镇农机管理服务站	1996.1	农机安全监理工作先进工作者	淄博市农机安全监理站
贾培国	齐陵镇水利站	1996.2	“淄水杯”劳动竞赛先进个人	淄博市水利水产局、淄博市人事局
朱军起	齐陵人民法庭	1996.4	优秀法官	山东省高级人民法院
徐洪波	淄博美陵公司	1996.5	1995 年度市级优秀厂长（经理）	淄博市人事局、淄博市乡镇企业局
刘效华	淄博美陵公司	1996.7	优秀共产党员	中共淄博市委
李仁安	齐陵镇政府	1997	第三次工业普查先进工作者	淄博市人民政府办公厅
徐继国	齐陵派出所	1997.7	三等功	淄博市公安局
路国秀	齐陵镇第一中学	1997.10	优秀少先队辅导员	共青团淄博市委员会、市教委、市人事局
贾志勤	齐陵镇政府	1998.5	第一次农业普查工作先进个人	淄博市人民政府办公厅
刘效华	山东美陵公司	1998.11	全国优秀乡镇企业厂长(经理)	农业部
刘永来	山东美陵公司	1999	乡镇企业“营销状元”	淄博市乡镇企业局、淄博市乡镇企业营销协会
刘　奇	山东美陵公司	1999	乡镇企业市场营销优秀组织者	淄博市乡镇企业营销协会
孟繁盛	齐陵镇林业站	1999.1	第三批市级优秀乡镇林业技术人员	淄博市人事局、林业局
刘冰祥	齐陵镇计生办	1999.4	计划生育工作先进个人	淄博市人事局、淄博市计生委
赵忠孝	山东美陵公司	1999.6	从事统计工作三十年以上贡献奖	国家统计局

续表荣誉 -2-3

姓名	工作单位	时间	荣誉名称	授予单位
刘洪旭	齐陵镇农机管理服务站	1999.7	第三批省级优秀乡镇农机技术人员	山东省人事厅、山东省农业机械管理局
崔一海	齐陵镇教委	1999.9	优秀教师	淄博市人事局、淄博市教育局
刘效华	山东美陵公司	2000	优秀共产党员	中共淄博市委
刘洪旭	齐陵镇农机管理服务站	2000.1	1999 年度农机管理工作先进个人	山东省农业机械管理局
路国秀	齐陵镇第一中学	2000.10	优秀少先队辅导员	共青团山东省委、省人社厅、省教育厅
刘洪旭	齐陵镇农机管理服务站	2001.1	2000 年度农机工作先进个人	淄博市人事局、淄博市农业机械管理局
于胜田	齐陵街道第二中学	2001.9	优秀教师	中共淄博市委、淄博市人民政府
刘洪旭	齐陵镇农机管理服务站	2001.12	第四批山东省优秀乡镇农机技术人员	山东省人事厅、财政厅、农业机械管理局
路维俊	齐陵镇政府	2001.12	“宣传教育进村、婚育新风进家”活动先进个人	中共淄博市委宣传部、计划生育委员会
刘效华	山东美陵公司	2002.1	全国优秀乡镇企业家	农业部（复查保留）
贾志勤	齐陵镇政府	2002.4	全省第五次人口普查先进个人	山东省统计局
徐峰洲	齐陵镇淄河村	2002.6	优秀村民委员会主任	淄博市人民政府
吴洪斌	齐陵镇王齐村	2002.11	科普示范户	淄博市科学技术协会
李仁安	齐陵镇政府	2003	年度企业发展工作先进个人	淄博市中小企业局
贾志勤	齐陵镇司法所	2003.1	第二次全国基本单位普查工作先进个人	第二次全国基本单位普查领导小组
刘效华	山东美陵公司	2003.1	文明市民	淄博市精神文明建设委员会
刘洪旭	齐陵镇农机管理服务站	2003.4	2002 年度农机工作先进个人	淄博市农业机械管理局
路国秀	齐陵镇第一中学	2003.4	优秀教师	淄博市教育局、淄博市人事局
刘效华	山东美陵公司	2003.5	优秀民营经济带头人	中共淄博市委、淄博市人民政府
刘效华	山东美陵集团	2004	淄博市劳动模范	中共淄博市委、淄博市人民政府
刘效华	山东美陵集团	2004	2004 年度先进企业家	中共淄博市委、淄博市人民政府
王锡宏	齐陵街道第二中学	2004.1	条件装备工作先进个人	淄博市教育局
贾培国	齐陵街道水利站	2004.12	第五批优秀基层水利技术人员	淄博市人事局、财政局、水利与渔业局
李仁安	齐陵街道办事处	2005	全省第一次经济普查工作先进个人	山东省统计局、经济普查领导小组
刘效华	山东美陵集团	2005	2005 年度先进企业家	中共淄博市委、淄博市人民政府

续表荣誉 -2-4

姓名	工作单位	时间	荣誉名称	授予单位
王　伟	齐陵街道办事处	2005.2	全省第一次经济普查工作先进个人	淄博市统计局
路国秀	齐陵街道第一中学	2005.8	教育工作先进个人	淄博市教育局
罗公勋	齐陵派出所	2005.9	政法单位先进个人	中共淄博市委、淄博市人民政府
孙荣华	齐陵街道办事处	2006.2	人口和计划生育工作先进个人	淄博市人民政府
孙荣华	齐陵街道办事处	2006.7	敬老模范个人	淄博市老龄工作委员会
刘效华	山东美陵集团	2006.7	优秀民营企业家	中共淄博市委、淄博市人民政府
刘效华	山东美陵集团	2006.12	优秀市人大代表	淄博市人大常委会
李金松	山东美陵集团	2007	振兴淄博劳动奖章	淄博市总工会
刘效华	山东美陵集团	2007	优秀企业家	中共淄博市委、淄博市人民政府
罗公勋	齐陵派出所	2007.4	公安机关党风廉政建设先进队	淄博市公安局
包焕忠	山东美陵集团	2007.5	扎根基层建功立业优秀人才（记三等功）	山东省人事厅、教育厅
李文强	齐陵街道第一中学	2007.9	骨干教师	淄博市人事局、淄博市教育局
贾培国	齐陵街道水利站	2007.12	第六批优秀基层水利技术人员	淄博市人事局、财政局、水利与渔业局
王锡宏	齐陵街道第二中学	2008.1	教师教育工作先进个人	淄博市教育局
刘永志	齐陵街道宋家村	2008.3	卫生系统优秀乡村医生	淄博市卫生局、人事局
贾培国	齐陵街道水利站	2008.3	水利工作先进工作者	淄博市人事局、水利与渔业局
桑秀芬	齐陵街道第一中学	2008.9	骨干教师	淄博市人事局、淄博市教育局
于建军	淄博茂隆公司	2008.12	省工会工友创业先进个人	山东省总工会
朱东良	齐陵街道办事处	2008.12	环境保护工作专项行动先进个人	淄博市环境保护工作委员会
桑秀芬	齐陵街道第一中学	2008.12	第二批中小学骨干教师	淄博市教育局
刘效华	山东美陵集团	2009.6	淄博首届绿色环保十大杰出人物	淄博市环境保护局
王凤英	齐陵街道第二中学	2009.9	优秀教师	淄博市人民政府
刘效华	山东美陵公司	2009.10	中国环境保护产业优秀企业家	中国环境保护产业协会
刘效华	山东美陵集团	2009.12	2009 年度环境保护产业优秀企业家	山东省环境保护产业协会
李仁安	齐陵街道办事处	2010	第二次经济普查工作先进个人	淄博市统计局、经济普查领导小组
李仁安	齐陵街道办事处	2010	工会系统“五五”普法工作先进个人	淄博市总工会
朱东良	齐陵街道办事处	2010.2	省第二次经济普查先进个人	山东省统计局

续表荣誉 -2-5

姓名	工作单位	时间	荣誉名称	授予单位
王　伟	齐陵街道办事处	2010.2	省第二次经济普查先进个人	山东省统计局
刘效华	山东美陵集团	2010.3	优秀企业家（2009 年度）	中共淄博市委、淄博市人民政府
刘红衍	山东美陵集团	2010.12	科技统计先进统计个人	淄博市统计局
刘效华	山东美陵集团	2011.4	优秀企业家（2010 年度）	中共淄博市委、淄博市人民政府
刘效华	山东美陵公司	2011.5	“我推荐、我评议身边好人”活动，当选为诚实守信好人，荣登“中国好人榜”	中央文明办
刘效华	山东美陵集团	2011.6	优秀共产党员	中共淄博市委
李仁安	齐陵街道办事处	2011.7	省第六次人口普查先进个人	山东省第六次人口普查领导小组
朱东良	齐陵街道办事处	2011.7	省第六次人口普查先进个人	山东省统计局
胡　伟	齐陵街道第二中学	2011.9	优秀教师	淄博市人力资源和社会保障局
杨国清	齐陵街道第一中学	2011.12	德育教育工作先进个人	教育部体育卫生与艺术教育司
路国秀	齐陵街道第一中学	2011.12	德育教育工作先进个人	教育部体育卫生与艺术教育司
刘效华	山东美陵集团	2011.12	优秀企业家（2011 年度）	中共淄博市委、淄博市人民政府
李仁安	齐陵街道办事处	2012	振兴淄博劳动奖章	淄博市总工会
刘红衍	山东美陵集团	2012.11	科技统计先进个人	淄博市统计局
李春祥	齐陵供电所	2013.1	2012 年度优秀农电员工	淄博供电公司
周敦春	齐陵街道法律服务所	2013.2	2012 年度司法行政系统先进个人	淄博市司法局
刘永志	齐陵街道宋家村	2013.2	基层优秀中医药工作者	淄博市中医药管理局
刘　军	齐陵信用社	2013.3	2012 年农村信用社先进工作者	山东省农村信用社联合社淄博办事处
刘建光	齐御牧业	2013.4	淄博市劳动模范	中共淄博市委、淄博市人民政府
李海滨	山东美陵集团	2013.4	淄博市劳动模范	中共淄博市委、淄博市人民政府
张　强	齐陵街道第二中学	2013.9	课堂教学攻坚年先进个人	淄博市教学研究室
范秀玲	齐陵街道第一中学	2013.9	优秀教师	淄博市人民政府、淄博市教育局
桑秀芬	齐陵街道第一中学	2013.9	2012 年度课堂教学攻坚年活动先进个人	淄博市教学研究室
王　娟	齐陵街道办事处	2014.2	第三次全国经济普查先进个人	淄博市统计局
王　伟	齐陵街道办事处	2014.2	第三次全国经济普查先进个人	淄博市统计局
贾德三	齐陵街道淄河村	2014.4	文物保护工作特殊贡献奖	淄博市文化广播新闻出版局、文物事业管理局
刘　燕	齐陵街道办事处	2015	优秀团干部	共青团山东省委

续表荣誉 -2-6

姓名	工作单位	时间	荣誉名称	授予单位
于长安	齐陵派出所	2015.2	三等功	淄博市公安局
陈新燕	齐陵街道第二中学	2015.4	骨干教师	淄博市教学研究室
刘华祥	山东美陵集团	2015.4	富民兴鲁劳动奖章	山东省总工会
贾志勤	齐陵街道司法所	2015.5	平安建设先进个人	中共淄博市委、淄博市人民政府
李海滨	山东美陵集团	2015.5	淄博市十大金牌工人	中共淄博市委、淄博市人民政府
李海滨	山东美陵集团	2015.5	振兴淄博劳动奖章	淄博市总工会
周昌顺	齐陵街道前李村	2015.7	山东省首届名中兽医	山东省中兽医研究会
桑秀芬	齐陵街道第一中学	2015.7	新教育实验先进个人	新教育研究院中国陶行知研究会新教育分会
刘建光	齐御牧业	2015.8	第三届乡村之星	淄博市人民政府
李海滨	山东美陵集团	2015.8	淄博市第六届职工职业技能大赛第八名	中共淄博市委、淄博市人民政府
陈福梅	齐陵街道石庙孝陵	2015.10	第五届孝感淄博模范人物	淄博市宣传部、老龄委、文明办、广电中心，鲁中晨报社
李海滨	山东美陵集团	2015.11	2015 年度淄博市青年岗位能手	中共淄博市委、淄博市人民政府
李海滨	山东美陵集团	2015.11	2015 年度淄博市行业岗位能手	中共淄博市委、淄博市人民政府
刘建芳	齐陵街道办事处	2016.12	残疾人工作先进个人	山东省政府残工委
于莹莹	齐陵街道中心小学	2016.6	优秀科技教师	淄博市教育局、淄博市科学技术协会
桑秀芬	齐陵街道第一中学	2016.7	新教育实验 2016 年度榜样教师	新教育研究院、新教育基金会、中国陶行知研究会新教育分会
吕卫凤	齐陵街道中心小学	2016.12	优秀科技教师	淄博市教育局、淄博市科学技术协会
李仁安	齐陵街道办事处	2017	省第三次农业普查工作先进个人	山东省统计局、农业普查领导小组
于长安	齐陵派出所	2017.3	公安基层工作银盾奖	山东省公安厅
许　潇	齐陵街道中心小学	2017.6	优秀科技教师	淄博市教育局、淄博市科学技术协会
贾志勤	齐陵街道司法所	2017.9	优秀人民调解员	山东省司法厅
陈文强	山东美陵集团	2017.10	淄博市职工创新能手	淄博市总工会
张　强	齐陵街道第二中学	2017.12	骨干教师	淄博市教学研究室

·附　录·

牛山碑（2017 年 摄）

齐景公游于牛山，北临其国城而流涕曰："若何滂滂去此而死乎！"艾孔、梁丘据皆从而泣。晏子独笑于旁，公刷涕而顾晏子曰："寡人今日游悲，孔与据皆从寡人而涕泣，子之独笑，何也？"晏子对曰："使贤者常守之，则太公、桓公将常守之矣；使勇者常守之，则庄公、灵公将常守之矣。数君者将守之，则吾君安得此位而立焉？以其迭处之，迭去之，至于君也，而独为之流涕，是不仁也。不仁之君见一，谄谀之臣见二，此臣之所以独窃笑也。"

注：选自《晏子春秋·谏上》

收藏于青岛市博物馆的龙泉寺丈八佛　　（2017 年摄）

臨淄古物不能返還

濟南日領謂係正式買得

《民国日报》1928 年 8 月 8 日报道《临淄古物不能返还》

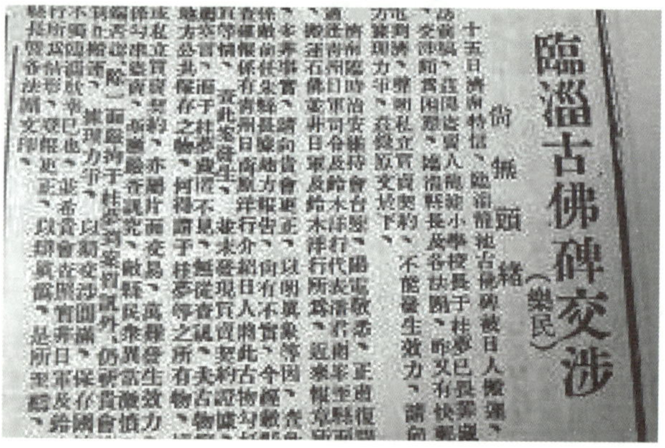

臨淄古佛碑交涉

（樂民）

《民国日报》1928 年 8 月 19 日报道《临淄古佛碑交涉》

文献辑录

在中国共产党齐陵镇第八次代表大会上的报告（摘录）

齐陵镇党委书记　刘长江

（1993 年 4 月）

以市场为导向，加快工业结构调整，坚持以国内外市场为导向，以科技进步为动力，以提高经济效益为中心，逐步实现四个方面的战略转变，即：高耗能低效益向低耗能高效益结构转变，从初级产品为主的结构向高创汇高附加值、高技术含量、高市场占有率的最终产品结构转变，从单纯劳动密集型向劳动技术双密集型结构转变，行业结构调整要与国家产业政策相适应，巩固发展基础工业，积极发展机械、建材、农副产品加工业，并引导侧重于向生物化工、新材料、电子三大产业开发，促进产业结构的高级化，产品结构调整要以市场需求为导向，本着行业微调、产品快调、努力扩大有效供给的原则，积极引进高新技术，尽快形成一批拳头产品，参与国内外产品市场竞争。技术结构调整，要以现有企业为基础，以技术改造、技术引进、技术开发为措施，增强企业技术素质和生产水平，形成齐陵工业新的发展优势。

加快企业经营机制的转换，重点是企业分配制度的改变。要按照按劳分配的原则，政府对企业实行工效挂钩的办法，在挂钩范围内上不封顶、下不保底，挂钩总额内的分配由企业自主决定，企业要结合各自实际，采取灵活多样的分配办法，把个人收入与效益挂紧，搞活分配，要选择部分企业进行工资总额放开试点，并改进企业经营目前的分配形式，采取奖励性收入与经济效益和固定资产增值按比例挂钩提成的办法，以尽快建立起适应市场经济的运行机制。积极推行股份制，今年，政府在石化配件厂进行了股份制企业试点工作，今后，要按照“坚持发展，探索提高”的要求，进一步强化工作措施，加大工作力度，加快推行股份制的步伐。

积极开展争创“三强”活动，加大投入，扩大规模，加快工业发展速度。按照发展社会主义市场经济的要求，在全镇培育树立一批强村、强企业，增强内部生长活力和适应市场机制的能力，为全镇改革开放和经济发展探索路子，创造经验，树立样板，发挥辐射和带动作用，推动全镇经济超常规、跨越式发展。各村、各企业要因地制宜，研究新思路，确立自己的发展模式和赶超目标，打好各自的优势仗，力争早日跨入强村、强企业的行列。

加强横向联合，大力发展镇村工业。联合要向区内外，面向省内外，向全方位、多层次、大跨度的方向发展，当前要继续把联合的重点放在齐鲁石化公司，围绕生产和生活服务两个方面，突出原料深加工、开发高新技术产品、农副产品供应等，利用原料、技术、人才为我镇经济建设服务。目前，我镇尚有三分之一的村无集体工副业，制约着全镇经济发展速度，对这些问题要引起足够的重视，今年要进一步解放思想，明确思路，真抓实干，集中精力发展工业企业，力争尽快消灭无工村。在转轨定向的基础上，政府领导成员将落实责任制，严格奖惩，实行包村包企业的办法，加快镇村工业建设步伐。

加强企业管理，走工贸一体化道路。一是加强企业基础管理，完善监督考核体系。逐步由粗放管理向集约管理转变，由传统管理向科学管理转变。管理基础较好的企业重点是推广应用现代管理办法，提高管理水平。管理基础差的企业从建章立制，强化基础管理入手，杜绝跑、冒、滴、漏，降低成本，提高效益，在加强企业基础管理的基础上，把加强全面质量基础管理作为企业管理的中心环节，建立健全严格的质量保障体系。二是强化行业管理，提高专业管理水平，改变大呼隆的管理办法。三是强化企业经营管理，加强市场调查和预测，强化供销队伍，进一步细化措施，落实责任，搞好企业的扭亏增盈。

在中国共产党齐陵镇第九次代表大会上的报告（摘录）

齐陵镇党委书记　李胜联

（1996 年 1 月 16 日）

积极推行企业改革，为企业发展注入新的生机和活力。一是加强资产管理，积极推行企业资产经营责任制。九六年要结合我镇现有企业形式，组织专门人员，加大工作力度，下决心抓好企业的清产核资工作，摸清家底。在此基础上建立完善一系列规章制度，逐步推行资产经营责任制，切实把资产经营管理工作落到实处。二是改革企业内部分配制度，真正使企业分配与经济效益挂起钩来，在确保集体资产的保值、增值，确保国家利税，确保上交镇财政利润的前提下，对企业负责人的报酬进行大的调整，以调动他们的工作积极性。三是按上级要求，加大改革力度，对长期亏损或严重资不抵债的镇办中、小企业实施关、停、并、转、租赁、破产和拍卖。

加大措施。努力搞好企业内部管理。结合区里出台的一系列企业管理方案，严格按照区政府的要求和部署，把各项管理落到实处，把企业管理作为工业生产的重点，突出提高企业管理水平，向管理要效益。一是开展财务管理规范化达标活动，要健全完善企业内部财务、审计等制度，搞好经济核算和监督检查，堵塞漏洞，节省开支，促进企业财务管理制度化、规范化；二是开展成本管理规范化达标活动，以节能降耗为目标，以科学核定定额为主要内容，建立健全成本管理制度，加强成本核算，努力降低生产成本，坚决克服消耗无定额、成本无核算的现象；三是开展质量管理规范化达标活动。质量是企业的生命，是企业管理的重点，要强化全员质量意识，建立健全质量管理体系和网络，推行质量否决权制度；四是抓好企业的投产达产管理。九六年重点放在抓好锻压厂和生化复合肥的达产管理上，在保障提升正常生产的基础上，力争其稳产、高产。

调整工业内部产业结构，下大力气搞好新项目、新产品开发，积极寻求新的经济增长点。九六年的重点：一是投资 300 万元，进行开发风机系列产品，力争尽快形成批量生产规模，迅速占领国内市场；二是大力开发高技术、高附加值、无污染的精细化工项目，力争在近一、二年内有新的突破，改变我镇化工项目少，规模小、效益差的状况；三是镇经委积极考察和掌握一批工业储备项目，一旦条件成熟迅速投入建设。每个企业都要考察和新上 1-2 个技术含量高，有发展前景的项目，为我镇工业的发展打下基础。

狠抓人才开发，增强企业发展后劲。企业竞争主要是科技和人才的竞争，发展企业，人才是至关重要的因素，九六年要采取引进、招聘、自培、选拔人才到先进企业挂职等手段，加快人才的开发，解决管理人才和专业人才短缺的问题。对企业厂长（经理）等领导干部的任用、调整要打破亲缘、成分、区域及资历等界限，任人唯贤。镇企业主管部门及各企业都要制定出今后三年的人才开发计划，并抓好落实。

在中国共产党齐陵镇第十次代表大会上的报告（摘录）

齐陵镇党委书记 陈德诚

（1999年3月11日）

农业市场化、产业化和现代化，大力实施结构优化战略，全方位，多层次地发展农村经济，形成布局合理、结构协调、多种经营，确保农业增产、农民增收、农村稳定。突出抓好瓜菜生产和畜牧养殖业两个工作重点。

在瓜菜生产方面，以香港广城绿色庄园和交流蔬菜示范园基地为依托，加快蔬菜品种的更新换代，引进推广国际高科技新品种，提高蔬菜质量，增加产量，扩大出口，提高效益，推动农业向商业化、专业化、市场化转变。成立专门班子，重点落实好出口蔬菜种植计划，根据香港广城公司的要求，着重落实好以色列青椒、美国西红柿和甘蓝、春白菜的种植，另外，采取引导、扶持等政策，帮助完善土地承包调整等措施，积极引导、政策扶持、加速我镇旧棚改造的步伐，计划今年新建和改造旧棚5000个，力争利用2—3年时间完成旧棚改造任务。

在畜牧养殖方面，突出抓好畜牧小区的规划建设，坚持高起点、大规模，组织成立畜牧养殖协会，巩固蛋鸡存养规模，大力发展小尾赛羊、梅花鹿、肉食牛和全蝎、养鱼等名优特养殖。

积极鼓励、支持和帮助农民群众发展非种植产业，多形式、全方位地发家致富，使农村多种经营更加活跃，成为支撑农村经济的支柱。要充分利用我镇的特殊地域和交通便利条件，大力发展加工业、运输业和饮食服务业，充分利用文物古迹较多，自然环境优美的优势，积极发展旅游业，并着重培植一批专业户、专业村，走小产品大市场的路子。重点扶持发展蔬菜运销业，大力发展多类专业协会，重点抓好产前、产中、产后的信息，技术、流通服务，为农村多种经营的健康发展创造条件。要积极稳妥的搞好第二轮土地承包工作，把第二轮土地承包和农村经营体制运行有机的结合起来，从战略的高度，用发展的眼光，高度重视加强领导切实搞好，保证按上级要求完成任务。

在中共齐陵镇第十一次代表大会上的工作报告（摘录）

齐陵镇党委书记 李文远

（2001年12月19日）

以发展为主题，以调整为主线，发挥以美陵公司为龙头的带动作用，大力招商引资，调整结构，激活存量，扩大总量，促进规模企业的发展，提高工业经济运行质量和效益。

狠抓发展，大力培育新的经济增长点。全要素引进新项目，发展一批产品新、机制活、市场竞争力强的全新企业。以优化生产要素配置为目标，引进现有企业短缺生产要素，推动企业重组转制。大力发展高新技术企业，抓住国家科技体制改革、科研机构转制的机遇，推进产学研相结合、厂院挂钩和厂校挂钩，开发引进一批高科技项目和产品。积极引导优势骨干企业进行技术改造，走内涵高效发展的路子。大力发展化工设备、炉具、紧固件、空调风机、精细化工、矿泉水、食品加工、污水处理等优势产业。

继续加强招商引资工作。落实区委区政府系列吸引国内外资金、发展本地经济的相关规定，对外来投资者，在用地、税收及各种行政事业性收费等方面实行优惠或减免政策。优化投资环境，为外来投资者提供良好的创业平台，突出以美陵集团为龙头的机械制造、优势炉具行业联合带动作用，拉动项目建设。

把握“入世”机遇，全方位扩大对外开放。鼓励企业增加投资，扩大生产规模，提高利用外资的规模和水平。大力培养和引进外经贸人才，努力造就一支能够适应外向型经济发展的专业人才队伍。扩大对外交流与合作，利用多种渠道，巩固、发展对外友好关系，在经济、技术、文化交流与合作上取得实质性进展。

在产品结构调整中培育新的增长点。以高新技术和先进适用技术改造传统产业，加快企业技术创新步伐，促进产品的更新换代，增加产品科技含量，提高产品市场竞争力，促进工业经济的良性发展。工业企业要按照现代企业制度，全面建立和完善公司法人治理结构，建立以人为本的企业监督、激励机制，确保资产安全与增值，提高企业经济效益。

在二〇〇六年度总结表彰大会上的讲话（摘录）

齐陵街道党工委书记　邵　民

(2007年2月7日)

立足实际，突出重点，以园区建设推动街道经济实现新发展。

中部环保工业园区：一是继续加大园区建设投入，规范园区管理，为项目招商提供良好平台，转变招商理念，注重引进先进技术、现代管理、人才智力，在抓“园区招商”“企业招商”上下功夫，争取更多的项目落户齐陵，拉动经济的快速发展。二是狠抓新上项目的投产和达产工作。竣工项目抓达产，在建项目抓投产，开业项目抓投入，促进新上项目健康发展。三是加大扶持力度，建立健全市场为导向、企业为主体的科技创新体系，引导企业加大投入，使小企业做大，大企业做强。加快实施名牌战略，提高产业、产品的核心竞争力。争取年内过1000万元的企业达到9家。

东部农业综合开发区：坚持优质、高效、生态、安全的现代农业发展方向，加大农业投入力度，提高农业综合生产能力。集中力量，高标准、高质量完成今年16000亩、18个村的二期农业综合开发任务。

北部富民生态区：深化农业结构调整，大力发展无公害蔬菜规模种植，提升农业产业化、标准化水平。以金山家牧养殖基地为龙头，促进养殖业向基地化和专业化转变。

南部餐饮休闲娱乐区：借助我区建设东部齐文化旅游区的发展机遇，加大田齐王陵旅游开发力度，完成13.2平方公里的山水林田路综合治理任务。狠抓山区招商引资，启动牛山寺建设，加快蛟山项目开发和旅游区的水、电、路配套设施建设，把餐饮休闲娱乐区建成集文化旅游、生态观光和餐饮娱乐为一体的休闲度假基地，尽快形成富有特色的齐文化生态旅游线。

街道驻地商务居住区：加快奥林匹克花园和淄河新村建设。同时，围绕新农村建设，对老102省道、北齐路、309国道齐陵段两侧等重点商住区域进行统一规划，规范建设。尽快启动街道办公楼、美陵大厦、齐陵交警中队办公楼建设。

在全街道经济工作会议上的讲话（摘录）

齐陵街道党工委书记　张成刚

（2011 年 2 月 22 日）

一、突出特色，加快齐文化生态旅游区建设。

深入开展“齐文化旅游建设年”活动，以加大齐文化资源保护、开发力度为重点，充分发挥齐文化的优势，倾力打造融文化体验、休闲观光、娱乐健身于一体的精品旅游线路，加快构建齐文化生态旅游区。

（一）全方位打造田齐王陵风景区。强化规划引领，着力在提升旅游规划档次上下功夫，对田齐王陵风景区进行高端设计，启动田齐王陵风景区规划建设。结合山区农业开发建设，打通 17.3 公里景区旅游路，贯通二王冢、四王冢、紫荆山、牛山、康山、马莲台、稷山汉墓、天齐渊遗址、管仲纪念馆等景区景点的道路连接，积极打造全区齐文化旅游、徒步休闲健身的首选路线。实施山区绿化工程。配合旅游路建设，以沿路、沿沟、山头绿化和农田林网建设为重点，启动田齐王陵森林公园建设，打造精品绿化工程，增加森林碳汇。启动康山休闲农业体验园建设。抓好以亲近自然、农耕体验为主要内容的休闲体验园建设。启动马莲台景区餐饮服务业品质提升工程。大力开展旅游招商引资和项目引进，加强文化游乐设施建设，引领绿色生态消费时尚，打响“文化游、生态游、健康游”品牌，实现文化与旅游的相互融合。

（二）构建淄河生态文化观光产业带。以列为市级都市农业示范项目的荷塘月色休闲园建设为重点，倾力打造涵盖天齐渊遗址公园、牛山景区、太公湖体育公园、龙池秋月景区、古车博物馆、后李文化遗址公园的淄河生态文化观光产业带，提升城区东部形象。力争使田齐王陵风景区和淄河生态文化观光产业带连为一体，构建齐文化生态旅游区。为全区及周边区县人民提供休闲场地，使之成为郊区游、节假日游的第一目的地。

二、完善规划，加快宜居东部新城建设。

根据区第十二个五年发展规划和“城区要按照中等城市的标准，重点发展东部和北部，逐步优化南部，努力做大做美做畅”的现代城市的目标，聘请高端设计团队，高标准启动东部新城规划，全力打造齐文化生态旅游区为主要内容的东部新城。同时，积极配合东部新城的规划建设，做好新东外环和省道 102 改线的协调保障工作。加快推进“两区三村”改造工程，完成淄河新村二期 4.5 万平方米住宅楼建设，完善新村配套设施，做好旧村搬迁工作。完成奥林匹克花园三期 4.8 万平方米房产开发，启动龙池新村建设，启动街道办公楼建设。

三、优化结构，加快发展都市农业。

（一）大力实施山区农业综合开发。完成投资 533 万元的一期山区农业综合开发项目，打造全市农业综合开发精品工程，依托“马莲台一太公湖”支农资金整合项目建设启动山区农开二期工程。组织实施好南部山区农业综合开发土地治理和产业化经营项目。

（二）规划并启动循环农业示范园建设。充分发挥“禽蛋第一镇”养殖数量大、品质好的优势，以粪便、垃圾处理等难点问题的解决为龙头，启动循环农业示范园项目建设，逐步建立绿色畜禽养殖 -- 沼气和有机肥利用 -- 绿色蔬菜种植、畜禽养殖的循环农业发展模式，加快推动畜牧养殖业发展。南部山区按照“宜花则花，宜果则果，宜树则树”的原则，调整种植结构，建设景观农业带。北部平原大力扶持绿色蔬菜种植，力争年内新建高标准蔬菜大棚 280 个，全街道蔬菜种植面积稳定在3.1万亩。实施品牌战略，以“齐御”黑土猪繁育场建设和“元丰”绿色品牌效应为带动，大力发展绿色畜禽养殖，不断提高农业综合效益。同时，抓好以农村户用沼气建设为主的生态家园富民工程、以秸秆禁烧和转化利用为主的资源综合利用工程、以节肥节水为主的测土配方施肥工程，力争全年扶持建设“一池三改”农村户用沼气池260个，完成庚源辰奶牛合作社的1000立方沼气工程建设。完成街道3.67万亩玉米秸秆全面禁烧和转化利用，大力推广秸秆生物反应堆技术，力争街道农作物测土配方施肥面积达到3万亩。依托淄河沿岸荷塘月色休闲园、淄江生态农业示范园和太公湖生态景观型都市农业示范园建设，尽快启动山区有机农产品生产基地建设，打造全区乃至全市具有较强影响力的都市农业示范区。

（三）大力扶持农业经济合作组织发展。积极推广粮食种植“十统一”为主要内容的农业服务新模式，规划建设北部5000亩专用良种特色种植基地，大力引进示范推广新品种、新技术，确保统一供种率达到100%。逐步完善和推广“龙头企业+基地+合作社+农户”的产业化经营模式，大力扶持农业专业合作社和农业产业化龙头企业建设，提高农业生产组织化程度，促进农业增效和农民增收。

在齐陵街道2016年度经济工作会议上的讲话（摘录）

齐陵街道办事处主任　刘瑞卿

（2016年2月23日）

为推动2016年街道经济社会工作再上新台阶，街道因时而动、顺势而为，确定了“十大工程”。年前，部分工程已经召开了动员培训会议，现在我利用本次会议，再进行一下强调和部署。

一是党群连心工程。为加强农村党员队伍管理，推动经济社会健康发展，我们将党群连心工程确定为街道2016年度一号工程，前段时间，召开了动员培训会议，搭建了“党群联系”“微信通讯”和“电子地图”三个网络。下一步，各工作片、各村居要切实加强对网络的管理和维护，以此为载体，扎实组织开展走访、代办和服务活动，深入了解民情，充分反映民意，广泛集中民智，密切党群干群关系，不断增强群众的获得感和满意度。

二是电商农业工程。多年来，“农民多而不富、农业大而不强、农村广而不美”一直是困扰齐陵发展的难题。今年，街道抢抓“互联网+农业”的重大机遇，与山东第一电商乐物网、第一采购商众得利集团达成战略合作，率先实施了电商农业工程。各委办、各工作片、各村要积极配合做好以下三方面工作：一是发挥齐御牧业、乐采、祖发、获丰等农业龙头的示范带动作用，组织分散农户“化零为整”，建成10个规模化、标准化、智能化农副产品电商供货基地。二是发挥忆当年农场的优势，建设齐陵农副产品分拣、配送、检验中心，统一LOGO，打造“齐陵放心农产品”品牌。三是依托乐物网等网络营销平台和淄博众得利集团有限公司等农资及农产品龙头企业，打通农副产品线上线下两大销售渠道，实施“农超对接”“农餐对接”“农商对接”，实现富民增收。

三是马莲台综合提升工程。今年，田齐王陵景区迎来了发展的良好机遇，在区委、区政府的多方协调下，街道与北京东方园林股份有限公司合作，启动实施了马莲台综合提升工程。景区范围内的8个村居党员干部要做坚定的土地资源“守护者”和田齐王陵景区“看门人”，带头拆除违建，带头动员亲属拆除违建，带头监督违建，带头遵章守纪，为景区发展创造良好环境。

四是山东省少儿齐文化研学基地工程。众所周知，齐陵人杰地灵，齐文化遗迹灿烂辉煌，历史文化资源丰富。有十大国家级历史文化遗址和十大省级历史文化遗址。打造宜居宜游宜业“风情旅游小镇”是我们东部新城建设的重要内容。“风情旅游小镇”的建设离不开文化的引领、产业的支撑和群众的支持。政府、部门和村居要通力合作，全程服务，整合土地资源，协助办理手续，力求将项目打造为集文化体验、自然教育、户外运动拓展于一体的青少年齐文化体验型教育基地，为“风情旅游小镇”增色添彩。

五是济青高铁、青银高速工程。济青高铁站落户临淄是我区多年来不懈地追求和努力的结果，61 万临淄人民的“高铁梦”即将成为现实。青银高速临淄东入口落户齐陵为我街道加快融入主城区步伐，借力打开齐陵开放发展新格局，提供了难得的机遇。济青高铁、青银高速沿线涉及的村庄要坚决服从大局，积极配合街道完成征地拆迁任务，遇事向指挥部多请示、勤汇报，避免与施工单位发生冲突，影响工程顺利进展。

六是淄河旧村拆迁及驻地开发工程。去年，我街道城镇建设取得了可喜的成绩：打造了系列精品宜居工程和高端服务中心。供热管线、城区公交也跨过淄河，接入齐陵。但是，百尺竿头还需更进一步，欣欣向荣更需再鼓干劲，我们在医疗、教育等公共服务方面与主城区还存在不少差距，驻地商业街还尚未开发。大家要紧紧围绕东部新城建设，加快完成淄河旧村拆迁任务，协助配合驻地开发工作。

七是茂隆高科技创业园工程。造屋要架梁，撒网要抓纲。推动齐陵转型发展，需要聚力供给侧，不断培育发展新动力、厚植发展新优势。今年，街道将茂隆高科技创业园工程列入“十大工程”正是求新、求变、谋发展的通盘考虑，各委办、各部门要全力配合园区建设，全力推动园区项目落地、开工、建成。

八是精准扶贫工程。农村贫困人口脱贫是全面建成小康社会最艰巨的任务，为确保继续“走在前列”，我区提出了“2016 年完成脱贫”的目标任务。相关委办、各工作片、各村居要严格按照规定标准、规定程序、规定方法扎实做好识别认定、系统录入，实行信息化、精准化管理和阳光化运行，不断提高扶贫工作的针对性和实效性。因村制宜、因户制宜、因人制宜，探索养老扶贫、就业扶贫等多种扶贫模式，全面完成街道 209 户贫困户脱贫任务，打赢精准脱贫攻坚战。

九是文化惠民工程。文化历来是齐陵发展的最大资源优势，但我们在文化普惠民生方面做得还不够。文化惠民工程的实施正是补齐基层文化建设“短板”的有效举措。各村居要确定村级文化管理员，建设各具特色的文化人才队伍，配合街道开展文化活动、组织村级活动、整理村史资料以及对农家书屋的管理和维护，携手打造风采齐陵、书香齐陵、人文齐陵。

十是“作风建设年”工程。“说干就干、干就干好”是我们齐陵在工作中形成的优良作风，为让优良作风层层传递，街道启动“作风建设年”工程建设，机关干部要以“作风建设年”为契机，自觉遵守考勤值班等各项规章制度，真诚办理群众事项，扎实开展“夜读、夜访”活动；村居干部要严守坐班值班纪律，严肃对待各级会议，严格村级组织活动场所使用管理，以严的作风和实的成效服务于民、取信于民、造福于民。

高点定位 抢抓机遇
全力打造宜居宜业宜养宜游生态旅游小镇

齐陵街道党工委书记 张 涛

“生态兴则文明兴，生态衰则文明衰”，党的十八大以来，我国把生态文明建设纳入中国特色社会主义事业“五位一体”总体布局，积极推进绿色循环低碳发展，推动形成了人与自然和谐发展的新格局。近年来，齐陵街道牢固树立践行“绿水青山就是金山银山”“宁要绿水青山，不要金山银山”的“两山”理念，紧紧围绕全区建设“家敦民富、大气精美”现代化临淄的总体目标，充分依托区域内良好的自然生态资源和独特的人文生态资源，积极探索生态旅游助推新旧动能转换的“齐陵路径”，全力打造了宜居宜业宜养宜游的生态旅游小镇。

一、齐陵街道发展生态旅游的基础分析

齐陵街道位于淄水之滨，全域与潍坊青州市接壤，因境内坐落着被誉为“东方金字塔”的田齐王陵而得名。齐陵街道人文历史深厚、自然资源丰富，是临淄区重要水源地之一，境内二王陵、四王陵、天齐渊、稷山汉墓、中国古车博物馆、终军墓、牛山禅寺、康山寺、战国二号墓、管仲纪念馆等十大国家级历史遗址和马莲台、牛山、康山、蛟山等风景秀丽的自然文化景观，共同构成了“一山一水一名相，七山七陵七龙脉”的地方特色景观群；交通区位优势明显，济青高铁、胶济铁路、济青高速穿境而过，国道309线、省道102线纵贯南北，距济青高铁临淄北站11公里，距济青高速临淄东互通立交4.5公里，成为撬动生态旅游发展的重要“杠杆”；重点文化项目布点集中，临淄区实施的“一带两翼四极十点”文旅融合发展战略布局中，山东省少儿齐文化研学基地、天齐渊国家森林公园、管子文化产业园等多个项目均位于齐陵街道境内，为发展文化旅游奠定了良好的基础。

二、齐陵街道发展生态旅游的主要做法

近年来，齐陵街道抢抓全区建设“齐文化传承创新示范区核心区”的重要机遇，以“三个结合”为重点，积极打造生态旅游特色鲜明、功能配套齐全完备的全域旅游目的地，有力推动了生态旅游小镇建设提档升级。

（一）坚持“生态修复”与“重点治理”相结合，聚力构建绿色生态环境。一是加快推进生态修复工程。投资2000余万元完成南山矿山复绿、红螺山治理、马莲台地质灾害点整治3大生态修复工程，治理石料矿区11.2万平方米，修复破损山体50万平方米，消除地质灾害点7处。同时，抢抓春秋绿化造林时机，投资3000余万元对牛山、康山、稷山进行绿化提升，造林3000余亩，栽植乔木30万株，森林覆盖率达到63%。二是加快推进环境问题整治。严格落实全区违法建设治理、“散乱污”企业整治、化工产业安全生产转型升级等工作要求，先后拆除违法建设26万平方米，取缔化工储存企业5家、“散乱污”企业36家，关停非法加油站点26家，拆除化工存储立罐1.6万立方米，生态环境得到有力保护。三是加快推进村居环境提升。以绿化提升、村容美化、道路整修等为工作重点，投资1494万元对10个连片村进行了综合治理，清运各类垃圾8200吨，治理堰塘3个，保护古树268棵，道路硬化7.5万平方米、绿化6.5万平方米，粉刷墙面5.2万平方米，再现了“红砖黛瓦流古韵，绿树红墙换新颜”的齐风乡村魅力。

（二）坚持“强化服务”与“培育业态”相结合，聚力打造生态旅游品牌。一是坚持创新服务。牢固树立“墙内的事企业办，墙外的事政府办”的服务理念，积极成立淄博紫荆文化旅游发展有限公司，主动推进项目土地收储、手续办理及施工建设，先后收储土地1万余亩，拆除房屋82个、大棚36个、养殖场16个，搬迁企业6家、坟墓497个，跑办手续200余次，为生态旅游项目落地、融资运营创造了良好条件。二是坚持项目带动。与北京东方园林环境股份有限公司、光合文旅控股股份有限公司合作，积极推进总投资35.5亿元的马莲台生态环境综合整治工程PPP项目、山东省少儿齐文化研学基地建设PPP项目，精心打造了天齐渊公园、蹴鞠小镇等精品项目，以项目为载体，培育发展了乡村旅游、休闲农业、体育产业、影视产业、养老产业等多个新兴业态。三是坚持节会为媒。依托各级重大节会平台，重点打造了齐陵乡村文化旅游节、牛山庙会、帐篷篝火晚会、骑行大赛、摄影大赛、徒步穿越赛、滑雪挑战赛、厨艺大赛等“一节、二会、五赛事”品牌活动，做到了“月月有活动、季季有亮点、全年不间断”。同时，精心策划了古齐文化游、齐风乡村游、生态观光游、体验采摘游、休闲健身游等5条精品旅游线路，进一步打响了齐陵街道生态旅游品牌。

（三）坚持“完善功能”与“厚植潜力”相结合，聚力提升小镇建设品质。一是主动融入一体化发展大局。紧密对接临淄中心城区“东扩”

发展方向，积极推动城市公交齐陵站点、齐陵中小学改建、齐陵医院改造、淄河商业综合体、东郡•璟园等项目建设，加强与中心城区对接互动。二是加强完善社会公共服务。相继实施“同源一网”供水工程、集中供暖工程、电网改造工程、“气代煤”工程、通讯网络优化工程“五统一”工程，集中突破了公建基础设施过河难瓶颈。三是积极畅通交通路网格局。投资4000余万元建成齐王路、莲台路、槐荫路、终村路等景区道路，将二王陵、四王陵、管仲纪念馆、天齐渊遗址、稷山汉墓等齐文化遗址“串珠成链、串点成面”。同时，投资5597万元启动美陵路、东郡路、淄水北路、一中路等道路建设，推动小镇居住区与生态景区路网实现互联互通。

三、齐陵街道发展生态旅游的有益启示

（一）打造宜居宜业宜养宜游生态旅游小镇，必须把高端规划作为前提。齐陵街道按照“一张图规划、一盘棋建设、一体化发展”的思路，在聘请中国城市规划设计研究院编制《齐文化小镇总体规划》基础上，会同北京东方园林专业设计院，精心编制了天齐渊国家森林公园总体规划、天齐渊国家森林公园一期规划、刘家终村旧村改造规划、马莲台景区服务中心规划4个规划，有效解决了景区总规与发展状况相掣肘、宏观规划与微观设计不匹配、文化要素与旅游要素难融合的问题。只有因地制宜、找准特色，充分考虑小镇自然环境和基础设施配套现状，进一步明确功能定位和发展方向，制定科学发展规划，才能打造更高品质的特色小镇。

（二）打造宜居宜业宜养宜游生态旅游小镇，必须把深挖资源作为基础。近年来，齐陵街道注重保护特色景观资源、生态资源，持续加大生态修复和环境治理力度，确保了小镇环境天蓝水清、全面改善。同时，充分挖掘当地丰富的历史人文资源，开展各类节会活动，持续增强了小镇文化旅游的活力和魅力。只有结合实际资源、本土特色，不断挖掘旅游资源内涵，积极培育和创造新的品牌优势，才能打造更有生命力和吸引力的特色小镇。

（三）打造宜居宜业宜养宜游生态旅游小镇，必须把提升质量作为关键。宜居、宜业、宜养、宜游是齐陵街道打造特色小镇的品牌和方向。围绕这一目标，齐陵街道注重统筹布局公共服务设施、持续提升公共服务供给能力，既增强了特色小镇的便利性和舒适度，更催生了生态旅游小镇发展的强劲动力。只有不断完善城镇服务功能，持续优化城镇人居环境，积极提升城镇发展品质，才能打造更有魅力的特色小镇。

（发表于淄博市委办公厅《决策参考》2017年第142期）

报 摘

齐陵街道荣获 2013“好客山东最美乡村”称号

经过历时 4 个月的公众投票与专家评审，由省旅游局和大众日报社联合主办的“大美青州杯”2013 寻找山东最美乡村活动近日公布评选结果。此次评选中全省共有 60 家村镇从 275 家参选单位中脱颖而出，淄博市临淄区齐陵街道以高得票位居前列。

齐陵街道因境内坐落着被誉为“东方金字塔”的田齐王陵而得名。近年来，依托得天独厚的历史自然条件，齐陵街道围绕完善“生态、文化、休闲”功能，全力抓好齐文化生态旅游区和东部新城建设，走出了一条“念山水经，唱优势戏，打特色牌”的特色发展之路。

按照“人车分流、慢行一体”理念建设的旅游路，实现了各景点的有机连接，着重凸显了以太公湖为中心，南有管仲纪念馆、田齐王陵、马莲台、稷山汉墓，北有古车博物馆、齐故城的齐文化旅游黄金线；在发展都市观光农业政策的积极引导下，南部山区农业基础设施不断优化、土地流转稳妥推进，总面积 3000 余亩的众得利“忆当年”农场、齐旺达红枫苗圃基地、牛山生态观光园、新空间苗圃、淄河土地增减挂钩项目复垦区苗圃项目、紫荆山悦会农庄已经建成，蓝溪都市农博园已完成 10 个温室种植大棚、200 亩的樱桃以及占地 30 亩的组培中心等功能园建设；全市最大、最具特色的农家乐餐饮产业集群正在马莲台旅游风景区集中升级，颐康养生院正在实施扩建工程，一个集养老、疗养、休闲度假、生态种植等为一体，可为 2000 多名老人提供舒适生活环境的综合性养老机构呼之欲出；以上述旅游资源为依托，健身休闲游、景区观光游、特色山村游也已在当地发展得有声有色。

（原载于 2013 年 10 月 21 日大众日报）

践行“两学一做” 铸就党群连心

一切为了群众，一切依靠群众，从群众中来，到群众中去。今年来，临淄区齐陵街道认真践行群众路线，严格恪守三严三实，以“两学一做”学习教育为引领，启动实施了党群连心工程。894 名党员联系 9667 户群众，充分发挥基层党员作用，把群众的问题、矛盾解决在萌芽中。

“现在村里每月都会组织召开一次党群联席会议，群众解决不了的问题全部摆到桌面上来谈，我们一起来为居民解决困难，做了实事儿心里也踏实。”临淄区齐陵街道淄河村基层党员宋大哥告诉齐鲁网记者，自党群连心工程开展以来，他负责 7 户居民的联系服务工作。按照上级要求，宋大哥每月都会抽出自己空闲的时间走访联系户，将群众生活上的困难事反映给党支部。

“群众事无小事，通过党群联系，将群众的困难和党的新政策上传下达，这样也对得起自己基层党员的称号。”宋大哥说。据记者了解，齐陵街道为贯彻两学一做，通过梳理三级网络，搭建党员服务体系。通过“党群联系”“微信通讯”“电子地图”，894 名基层党员，联系齐陵街道 9667 名群众，形成了千名党员联系万户的格局。

据了解，自党群连心工程开展以来，党员坚持老干部必访、住房困难户必访、低保户必访、种养大户必访、个体工商户必访、特殊诉求户必访，家庭状况必问、民生诉求必问、邻里关系必问、服务质量必问、意见建议必问的“六必访五必问”，累计夜访群众 3000 余户，代办群众事项 260 余件。通过走访活动，解决矛盾纠纷 396 条，形成了风清气正、思进向上、和谐文明的农村新风尚。

“我们每个党员都有一个小背包，每个包里装有党群连心工程工作日志及相关材料，每月党员要将自己负责的群众走访一遍，并在每月的党群联席会议上作汇报。这样一来，我们党委的工作重点就由走访群众放到了党员的培训上，通过党员的上传下达，既发挥基层党员作用，调动党员积极性，又可以提高党员素质，增强基层党组织凝聚力，让两学一做落到实处，推进党组织工作，让居民享有更多的服务。”临淄区齐陵街道党工委书记张涛告诉记者。

（原载于2016年6月17日齐鲁网）

摘下贫困帽 走上致富路

有这样一份事业关注着逐渐老去的岁月，他给予老人无尽的关爱和倾心的照顾；有这样一个群体每天与命运的不公坚强搏斗，在艰难岁月中艰苦奋斗，在黑暗中满怀希望。在齐陵，一份“养老+扶贫”事业用全新思路和无限爱心守护着他们生活的点滴，一项政策，一份事业，一腔热忱，守护了一分尊严，提供了一份职业，推动着齐陵的“夕阳事业”走向朝阳……

人到中年，丈夫中风，冯大姐一家老小仅靠低保和护理补助过活，“以前也想过带着俺家老公去找份工作，可是人家一看这种情况都不愿意收。原本以为就这样一辈子算了，怎么活不是活。”自从街道实施养老扶贫工程以来，政府给这些贫困户提供了工作岗位，而且还特许她推着因脑中风后遗症行动不便的丈夫去服务对象家中打扫卫生、做饭、洗衣。通过自己的双手参与劳动，既挣到了生活费也让丈夫散散心，冯大姐感觉日子又有了奔头儿。

李大娘的养老服务员叫王大姐，当记者走进李大娘家中时，王大姐正在为他们老两口打扫院子，李大娘和她的丈夫都已80多岁，女儿早年出嫁，一直以来就是老两口互相照顾和扶持，如今这年纪大了，李大娘腿脚哆嗦得厉害，行动也不方便了。“最近这段时间，都是这个闺女来给俺服务，她干活麻利还很有耐心，工作的空当还和俺拉拉呱，真是不错”。李大娘满足地对记者说。大娘嘴里的“闺女”就是齐陵街道宋家村王大姐，丈夫去世，独自一人拉扯两个孩子，还要支付学费，日子过得实在艰难。自从齐陵街道启动精准养老扶贫工程后，王大姐的日子有了盼头，通过培训，她不仅掌握了技能，而且政府还为他提供了岗位，现在王大姐拥有8个服务对象，根据自理能力的不同定期提供不同种类的上门护理服务。“通过自己的劳动来养家糊口，俺觉得很充实也很满足，原来在家憋着心态不好，总觉得日子没有盼头，自从政府帮俺找上工作后，感觉生活充实了，话也比以前多了。”王大姐向大家说道。

在齐陵，像冯大姐、王大姐这样走上工作岗位的养老服务员目前已有14人，他们均是来自各个村的家庭困难户，面对的服务对象是辖区37个村的126户老人。2015年，齐陵街道联合众爱长者养护中心的养老服务员对刘家终村、齐家终村老年人养老情况进行了走访，发现有85%以上的老人独居或者空巢生活，孤独感强烈，缺乏生活的乐趣。分析其原因，主要是不能、不愿与子女长期一起居住，或者是故土难离、不愿离开老家去养老机构。所以农村的老年人，特别是高龄和失能老人，非常需要除子女照顾外，社会的关爱。根据此情况制定的精准养老、精准扶贫试点工作实施方案，精准地将养老对象范围确定为街道精准扶贫对象中的低保户、五保户、失独家庭中70周岁以上的老年人、70周岁以上重点优抚对象、建国前老党员、百岁老人。最终确定16户21人，作为试点服务对象。

每周至少提供服务一次，服务对象若有需要可随时打电话要求上门服务，服务的内容也比较广泛，从家政服务到精神陪伴，从帮助买菜到病床陪护，只要一个电话，随叫随到。通过前期的试点效果来看，每位护工年均可增收3600元以上。护工按家政公司要求参与齐陵街道助老服务工作，为贫困老人提供养老助老服务，政府为每位自理老人提供90元/月的补助，不能自理和半自理老人提供130元/月的补助，超出部分自理。让扶贫对象足不出村就实现了上岗就业，以养老助力脱贫工作。

为了让更多的老人受益，也为了使更多的贫困家庭摆脱贫困，今年8月，在全街道范围内35个村全面铺开精准养老扶贫工作，有14名贫困人员加入到了服务队伍中，经过专业的家政服务公司严格的岗前培训，方可上岗。

项目启动时，也有人质疑，从业人员没有工作经历，水平参差不齐，怎样保证服务的质量？负责此项活动推进的齐陵街道办事处副主任告诉记者：“能否让服务对象享受到高质量的服务是该项工程是否成功的关键，街道经多方考察，选定了一家家政服务公司并签订《齐陵街道精准养老服务协议书》，确保培训到位。家政公司为每名服务人员配备了意见反馈卡，一周服务了几次，服务的质量是否满意都由被服务对象说了算，当然街道每年也会对家政服务公司进行考核，每月对护工护理工作进行抽查，每季度养老服务对象及其配偶子女对护工护理情况进行评议，有效确保服务事项按时保质保量完成。”

授人以渔远比授人以鱼来的更有意义，精准扶贫与精准养老的有机结合让夕阳下的老人获得关爱更让家政服务这份事业迎来朝阳，老人们在自己家中享受专业的服务，贫困家庭靠自己的双手有尊严的脱贫，“养老”“扶贫”这看似生硬的词汇，临淄齐陵街道用新思路赋予了其别样的意义。

（原载于 2016 年 9 月 9 日新华网）

齐陵街道重点项目代表我区接受市点评会点评

4 月 12 日上午，全市一季度“四位一体、组群统筹、全域融合”重点项目现场观摩点评组一行赴我区进行观摩点评，齐陵街道的天齐渊国家森林公园项目作为我区重点项目代表接受了市委、市政府领导的观摩点评。

天齐渊国家森林公园是我区生态创建的龙头项目，也是推动“文旅融合”的重要抓手。项目位于齐陵街道淄河以东、胶济铁路以南，占地 1355 公顷，概算总投资 20 亿元。其中，项目一期占地 280 公顷，计划投资 5 亿元，主要以刘家终村为中心，重点打造“两山一田一乡村”（两山：红螺山公园、蛟山公园，一田：一亩方田农业区，一乡村：刘家终村乡村旅游），依托乡村旅游带动景区各景点发展。二期占地 1075 公顷，计划投资 15 亿元，对齐王陵风景名胜区进行高标准生态环境综合提升。

截至目前，项目已完成立项、环评、土地等前期手续，一期工程已于 2016 年 9 月开工建设，目前已流转土地 5000 亩，拆违拆迁 10 万平（包括大棚 36 个、房屋 48 间、养殖场 16 个，企业 6 个、坟墓 580 个），一期项目已全面开工，完成工程量 50%，预计今年年底完工。二期工程计划 2018 年开工建设，2020 年全部建成。

（原载于 2017 年 4 月 12 日搜狐新闻）

铁腕拆违 齐陵街道 27000 平违章建筑“温情落地”

9 月 16 日，齐陵街道全体机关干部奔赴柳店村进行拆违工作，在挖掘机的轰鸣声与群众的理解配合下，柳店拆违工作顺利进行，此次行动共拆除违建 37 户，拆除建筑面积 27000 平方米，腾空土地近百亩。近期开展的违章建筑集中拆除行动，体现了齐陵街道拆违治污的决心和力度，在群众的理解和配合下彰显了社会的公平正义。

精打细算——一户一策动人心

“我这一户年纪比较大，是个老党员，非常支持街道上的工作，但是限期拆除对于他这种规模养殖户来说太困难，我们想通过街道畜牧兽医站帮他先把猪仔处理掉，把损失降到最低。”这是在每天的调度会上走访小组向副总指挥汇报的情况。

“凡事预则立，不预则废”，此次拆违行动前期安排落脚在“细”字上。细致安排。方案制定前，拆违工作组曾多次深入柳店村，对违章建筑进行了彻底摸排，最终确定了 37 户违章建筑。细在入户。根据先期土地收储情况，召开专题会议，综合分析违建户的个人、家庭状况以及性格特点，因户制宜，安排走访人员，每日反馈情况。细在方案。此次拆除的违建多为小地块，机械进地困难，作业空间狭窄，违建拆除领导小组多次到达现场，具体分析机械进地方案，规划拆除路线。

守护“心门”——户户支持情意重

“违建拆除是全国性的行动，利国利民，我不阻拦，但是我想把门窗拆下来，你们在作业的时候一定帮我们保留”。为了满足群众的要求，将涉地群众的损失降到最低，机关干部和机械操作人员反复商定方案，绣花式拆除，尽最大可能的帮助群众挽回损失。

群众支持是做好基层工作的根本保障。在拆违工作进行中，本着“无情拆违，有情操作”的原则，既将拆违工作进行到底，也充分尊重了群众的意愿，因此也获得了涉地户对拆违工作的极大配合。

此次违建拆除行动进行顺利，期间无一户涉地群众阻挠，除一户有特殊情况没有完成先期搬迁任务外，其他涉地户均早早腾空了房屋，等待拆除小组进地拆除。

青山绿水——点滴守护保蓝天

违建拆除行动维护的是社会的公平正义，更是为了整个城市的发展，此次行动坚持拆违与环保并重的原则，拆除现场调集充足的洒水设备，采取了事前洒水 -- 拆除 + 洒水 -- 洒水降尘的工作方法，有效地抑制了扬尘污染。

拆违，是一项得民心、顺民意的“民心工程”，是实现人与自然和谐发展、提升城市形象的伟大实践，随着拆违工作持续推进，齐陵逐渐改变“犹抱琵琶半遮面”的状态，一个清晰明朗的美丽小镇缓缓走来。

（原载于 2017 年 9 月 16 日搜狐环境）

开启脱贫“加速度”

“一下子感觉毫无希望的生活变得充实起来，能够靠自己获得收入很有成就感。”近日，临淄区齐陵街道多名从贫困家庭中走出来的护理员顺利通过了专业培训、考试，成功进入家政市场，预计每人实现年增收 2 万—3 万元。

自扶贫工作开展以来，齐陵街道以“养老＋扶贫”模式，将扶贫和养老两大工程有机融合，探索实现“养老不离家　岗位送上门”；与众爱长者养护中心合作，免费帮助困难群众培训家政服务技能，并就近安排工作岗位。如今，越来越多的贫困户找到了一份自己的事业，重燃生活的希望。扶贫的同时，把扶勤和扶志结合起来，消除贫困户消极等待的思想，变被动接受帮助为主动争取支持。杨西村李大爷是位独居的困难户，扶贫工作人员了解到他有做撑凳的手艺，鼓励他利用闲暇时间做撑凳，并为其找到销路。“没想到我还能自己养活自己，我现在特别有信心。”李大爷说。

“脱贫‘加速度’让这场扶贫攻坚战变得充满温情和正能量。”齐陵街道党工委书记张涛说。目前，街道 6 名贫困户、困难户、失独户护工，实现年人均增收 5000 元以上；113 位贫困户、五保户、失独家庭、重点优抚对象实现足不出户、居家养老；机关党员干部、村内党员致富能人共帮扶贫困户 208 户，实现了“不落一户、双重帮扶”的既定目标。

（原载于 2017 年 12 月 3 日新华网）

张涛：让偏远小镇成为宜居新城

张涛，临淄区齐陵街道党工委书记。他深知，要想人民群众拥有更多获得感，必须踏踏实实地干好每一项工作。自 2011 年 11 月张涛同志来齐陵工作以来，带领齐陵从最初的偏远落后小镇到今天的东部宜居新城，切实发挥了一名党工委书记“领头雁”的作用。被中共山东省委组织部授予全省“担当作为好书记”荣誉称号。

齐文化小镇设计者

齐陵，因境内坐落着被誉为“东方金字塔”的田齐王陵而得名。“三步走”打造齐文化小镇是张涛同志通过多方考察，结合齐陵实际，“量身打造”的齐陵转型的发展之路。

筑巢引凤，打牢齐文化小镇发展基础。张涛同志上任后，通过矿山修复、山体绿化、路网建设三大工程，累计整治山体 20 余万平方米，完成造林 3000 余亩，建设齐王路 15 公里，将齐文化遗址“串珠成链、串点成面”，打造了 30 里齐文化观光长廊。

高端规划，绘就齐文化小镇发展蓝图。为尽快推进齐文化小镇建设，他数十次与设计院对接，最终破解了田齐王陵景区总体规划与齐文化小镇规划相矛盾、齐文化小镇宏观与微观一致性难、文化与旅游要素融合难等难题。

引水活源，激发齐文化小镇发展活力。张涛带领工作组，奔赴北京、上海等地进行招商，与北京东方园林、光合文旅两大文旅上市公司合作，开工建设总投资 35.5 亿元的天齐渊森林公园和蹴鞠小镇项目。2017 年，天齐渊森林公园被全国休闲标准化技术委员会评定为休闲绿道中国标准，蹴鞠小镇荣获“中国体育旅游精品景区”。

东部新城建设者

近年来，张涛同志坚决落实市委、市政府“四组全”城市发展战略和区委、区政府“城区东扩”战略，拆违建治顽疾、抓项目促城建，打造了一个独具英伦风格的东部新城。

破解新城建设治理顽疾。他带队入户走访违建户，参与设计违建拆除方案，先后 8 次与 109 名机关干部一道，对重点项目区、淄河河道、奥园生活区违建进行了集中拆除，扫清了东部新城建设障碍。如今，整齐划一的英伦式建筑让这个文化底蕴丰厚的小镇凸显着整齐划一的特色。

开创新城发展框架。针对济青高铁项目征地拆迁、济青高速改扩建、胶济铁路沿线整治“三线”工程涉及村多户多占地多、点多面广战线长难题，张涛带领工作组成员逐一深入 16 个村挨家挨户做工作，顺利完成“三线”工作任务，力争做到完成一次拆迁，留下一片美名。

精准农业先行者

2016 年，为破解齐陵农业粗放种植、品质不高、销售渠道不畅等困扰齐陵农业发展的难题，张涛带领齐陵农业走出了一条精准种植、精准管理、精准销售的现代农业发展路径。

培育现代农业技术“孵化器”。张涛同志组织机关干部引导 386 户农户加入合作社，组建了 10 大规模化农产品基地，发挥忆当年水肥一体化科技示范园带动作用，完成水肥一体化推广 2000 亩，积极引领农业向智能化迈进。其中，祖发、乐采、普浩 3 个基地，被农业部认定为“国家级现代农业示范园”。

建立鲜活农产品“中转站”。成立齐陵农产品共配中心，成功帮助当地农户实现“足不出村有市场”。拧紧舌尖安全“铁门栓”，打造了齐陵放心农产品品牌。

“齐文化小镇”“东部新城”“精准农业”三张名片的成功打造，正是张涛同志——一个基层党工委书记用自身的实际行动，一步一个脚印，一年一个台阶，带领齐陵 3.3 万党员群众奋斗来的。

（原载于 2018 年 7 月 4 日《淄博日报》）

以习为常 文明薪火代代传

文明是一个国家和地区进步的象征，从党员志愿服务队的组建到青年突击队的集合，从田间地头的宣讲台到整齐划一的宣讲室，从文明风尚的有序引导到文明行为的主动践行，齐陵，将文明的基因融进了最基层的每一滴血液中，文艺表演，事迹讲述，政策讲读，榜样选树，让传习成为一种工作常态，将文明的薪火在齐陵代代相传。

传悟思想 播洒千家万户

传理论 将理论学习纳入到街道日常工作中。利用机关点名会，支部学习会，党委会、党政联席会等契机组织机关干部特别是机关党员集中进行理论学习。

6 月 14 日，街道组织开展学习习近平新时代中国特色社会主义思想理论宣讲活动，邀请区委党校教务处副主任刘学民同志为机关干部做了一场生动的宣讲。

传政策：齐陵街道机关设立传习中心一处，下设村居传习所，利用党员活动日、党政联席会、社区工作例会等将股份制改革、三夏禁烧、环保整治、违建治理等政策要求进行传达。

传法律：根据机关干部、教师、村干部等职业需要量身定制宣讲方案，邀请法律顾问逐村宣讲法律知识，引导干部群众牢固树立“科学立法、严格执法、公正司法、全民守法”的法治意识。

传文化：组建齐陵街道和谐之声艺术团，将三夏禁烧、扶贫济困、养老助残等街道工作和惠民政策以群众喜闻乐见的形式展现出来，在百姓大舞台，广大群众收获了文化福利的同时，了解了政策。文化，在基层群众和政府之间架起了一座沟通的桥梁。

从我做起 践习文明行为

志愿服务暖人心：组建57支志愿服务团队，根据团队特色开展有针对性的志愿服务活动。

6月14日，齐陵街道红石榴志愿服务队走进王齐村开展“我们的节日 端午节”志愿服务活动，志愿者们与老人们一起包粽子，话家常，祝愿老人们端午安康。

文明新风润民心：制定评选办法，以票选的形式选出各村齐陵好人，并逐户提炼家风家训，组织开展文明村创建等活动，见贤思齐，崇尚美德，通过好人评选等精神文明创建活动，向美向善的力量在齐陵这片沃土上扎根生长，营造了“人人当好人，处处有好人”的良好社会氛围。

努力奋斗 实现美丽梦想

实现乡村振兴，打造“生态、休闲、文化、宜居”的美丽齐陵是每个齐陵人的梦想，股改工作如火如荼进行；散乱污治理持续扎实推进；违建治理有条不紊落实；重点项目美丽雏形初现，丰富的文化生活走进齐陵的家家户户……家敦民富的美好梦想在齐陵人夙兴夜寐的奋斗中逐步实现，奋斗的齐陵人正在谱写着齐陵美好的篇章。

（原载于2018年6月22日搜狐政务）

齐陵：“平凡”的一天

这是平凡的一天，没有波澜不惊的壮举，不讲惊天动地的排场，这一天就是你我人生中再普通不过的一天，他们用坚守实践自己的诺言，用歌声表达他们的忠诚，用认可印证担当的价值，是一滴水，我们就做男儿胸膛上飞洒的汗珠，随着那喷张的血脉和勃发的激情去创造一片壮美的天地。是一颗星，我们就做浩瀚星空下最亮的星辰，随着夜幕的降临在天地之间为人们带来光明和希望。平凡的一天，平凡的我们，沐浴在充满爱的新时代，和万千群众一起奔向幸福新生活……

7月1日，临淄区委书记宋振波，齐陵街道党工委书记张涛，小铁村党支部书记赴济南参加全省新时代激励干部担当新作为暨担当作为好书记、干事创业好班子表彰大会，载誉而归。他们是临淄人民的骄傲，更是全体党员干部的表率。

张涛，齐陵这位70后的党工委书记，用电商的形式让传统农业以现代方式华丽展现，让传统文化融进现代旅游的血脉中，昔日荒山变青山，往日生计成事业，这位头脑中充满着浪漫主义色彩性格里带着刚毅倔强的党委书记用个人气质开创了齐陵气质，并融入了每一位齐陵干部的气质中。

把干事创业视为己任，把百姓冷暖装在心间，靠担当作为走在前列，用创新求索塑造完满，齐陵气质在党的生日这一天盛放。

把最美的歌儿献给党，6月28日晚，来自全区多个艺术团和村居的20余组节目在齐陵街道隆重上演，《学毛选》、《精准扶贫》、《十九大精神放光芒》等紧跟新时代、接地气、正能量的节目赢得了在场观众的阵阵掌声。

齐陵街道机关干部组成了红歌合唱团，刻苦的集中练习，不仅增强了机关的凝聚力更加鼓舞了大家干事创业的劲头，本周，在区行政办公中心广场，街道50余名机关干部将唱响心中对党的赞歌。

他们是刚刚毕业的90后城管新兵，入职第一天便进入角色，开始了朝三暮九的职场生活，为了整顿公路沿线大集，保障人民群众的生命安全，破晓，他们已走在了执勤的路上，正午，他们头顶太阳维护秩序，傍晚， 夜幕下，他们疲惫的身影混进了漆黑的夜里。新生力量在这场异常艰巨的群众安全保卫战中得到了锻炼。吃苦、奉献、智慧、勇敢，他们用干劲树立了齐陵的先锋形象，也赢得了全体机关干部的敬佩和赞扬。

烈日下的向日葵和着刺眼的光芒向阳生长，而这片花海的所在地，昔日贫穷的小山庄如今焕发出了新的活力和生命力。刘家终村人民的深明大义，村党支部的先锋引导，让现在的小山村迎来了美丽的春天。党的生日在即，刘家终村田园综合体暨旧村改造项目正式启动前期走访程序，一个规整、美丽的山村住宅即将在天齐渊景区精彩呈现，终村人民开门见山，四季皆景的美好生活指日可待。

节日前夕，机关干部将温暖、关爱和党的扶贫政策送到了挂包的贫困户家中，坚持定期到挂包群众家中走访，关心未成年孩子的学习状况，尽力满足她的小小心愿，想尽办法为群众谋求致富道路，党员领导干部率先垂范。

7月1日当天，来自全区文教口12家单位的100余名党员志愿者来到齐陵，与街道志愿服务队会和，集中对东郡路、美陵路、淄水路、蹴鞠小镇等地段进行集中清理，爱心、责任心、公德心装扮了城市的形象，文明城市人人创建，文明成果大家共享。

党的生日这天，也是他们最忙碌的日子，把每天都当作今天，把每个生日都当成奋斗的日子，在奋斗中走向成熟，在平凡中见证伟大，年轻的职场新兵，最基层的你我将在平凡的生活中，在艰苦的锤炼下闪亮，散落，燎原……

（原载于2018年7月3日搜狐政务）

诗文辑录

黔敖为食于路

齐大饥，黔敖为食于路，以待饥者食之。有饥者蒙袂辑屦贸贸然来。黔敖左奉食，右执饮，曰：“嗟！来食。”扬其目而视之，曰：“予唯不食嗟来之食，以至于斯也。”从而谢焉，终不食而死。曾子闻之曰：“微与？其嗟也可去，其谢也可食。”

注：选自《礼记·檀弓下》。

齐讴行

西晋·陆机

营丘负海曲，沃野爽且平。
洪川控河济，崇山入高冥。
东被姑尤侧，南界聊摄城。
海物错万类，陆产尚千名。
孟诸吞楚梦，百二侔秦京。
惟师恢东表，桓后定周倾。
天道有迭代，人道无久盈。
鄙哉牛山叹，未及至人情。
爽鸠苟已徂，吾子安得停。
行行将复去，长存非所营。

注：选自《陆士衡文集校注》。

拟古诗八首其五

南朝宋·鲍照

伊昔不治业，倦游观五都。
海岱饶壮士，蒙泗多宿儒。
结发起跃马，垂白对讲书。
呼我升上席，陈觯发瓢壶。
管仲死已久，墓在西北隅。
后面崔嵬者，桓公旧冢庐。
君来诚既晚，不睹崇明初。
玉琬徒见传，交友义渐疏。

注：选自《鲍参军集》。

君子有所思行

唐·李白

紫阁连终南，青冥天倪色。
凭崖望咸阳，宫阙罗北极。
万井惊画出，九衢如弦直。
渭水银河清，横天流不息。
朝野盛文物，衣冠何翕赩。
厩马散连山，军容威绝域。
伊皋运元化，卫霍输筋力。
歌钟乐未休，荣去老还逼。
圆光过满缺，太阳移中昃。
不散东海金，何争西飞匿。
无作牛山悲，恻怆泪沾臆。

注：选自《李太白集》。

古风五十九首其二十三

唐·李白

秋露白如玉，团团下庭绿。
我行忽见之，寒早悲岁促。
人生鸟过目，胡乃自结束。
景公一何愚，牛山泪相续。
物苦不知足，得陇又望蜀。
人心若波澜，世路有屈曲。
三万六千日，夜夜当秉烛。

注：选自《李太白集》。

贫交行

唐·杜甫

翻手作云覆手雨，纷纷轻薄何须数。
君不见管鲍贫时交，此道今人弃如土。

注：选自《杜工部集》。

水调歌头·隐括杜牧之齐山诗

宋·朱熹

江水侵云影，鸿雁欲南飞。携壶结客，何处空翠渺烟霏。尘世难逢一笑，况有紫萸黄菊，堪插满头归。风景今朝是，身世昔人非。

酬佳节，须酩酊，莫相达。人生如寄，何事辛苦怨斜晖。无尽今来古往，多少春花秋月，那更有危机。与问牛山客，何必独沾衣。

注：选自《晦庵词》。

西斋秋感二十首

宋·方回

尼父叹逝川，匪惜岁月流。
斯道未尝绝，是身当自修。
苍姬尚可为，遽已云继周。
代谢理必尔，天命夫何尤。
骚人痛楚亡，哀怨悲凛秋。
汝能护青阳，终不黄落不。
至人尽其心，分外非吾忧。
所以牛山泪，徒为晏子羞。

注：选自《桐江集》。

东武二首

宋·张舜民

景公登牛山，俯阚临邑区。
耕耘被广野，轩冕充脩衢。
斗鸡走狗马，击筑吹笙竽。
鱼盐来海岱，桑柘入青徐。
饶乐曾无敌，弃背复何如。
公乃叹而泣，顾谓诸大夫。
安得千万年，长有此国都。
大夫助公泣，献寿犹欷嘘。
晏子敛袂笑，笑此君臣愚。
世事如轮环，曾不借须臾。
前此十数公，今已成丘墟。
胡不长守此，乃与子孙居。
始知富贵者，喜受庸人谀。
岂独当时笑，后世亦揶揄。

注：选自《画墁集》。

送赵资政（节选）

宋·曾巩

正洽讴歌美，俄更节制雄。
保民追吕尚，分土继逢公。
淄水移幢碧，牛山驻旆红。
鱼盐方舸集，绮绣万箱从。
少憩驱千骑，行归冠百工。
衮衣天下咏，岂独是倥侗。

注：选自《元丰类稿》。

管仲二首

宋·陈造

棠潜俄正鲁封圻，施伯安翔稇载归。
屍授夷吾宁复此，君臣应愧始谋非。

平生勋业载成书，胁制诸侯只霸图。
盍继车攻奏嘉颂，迄今璧帛篚东都。

注：选自《江湖长翁词》。

杂咏一百首·梁丘据

宋·刘克庄

国渐移田氏，人谁悟景公。
牛山两行泪，据与寡人同。

注：选自《后村先生大全集》。

次益都

明·戴良

我行何处所，北海乃其地。
去家万里余，为客九秋际。
白杨夹轨路，黄茅结官第。
陆嫌泥活活，水愁河弥弥。
逐寇骑宵驰，防敌城昼闭。
疲甿已星散，惊尘仍雾起。
长啸指牛山，掩泣望淄水。
进退两难图，徘徊尚谁待。
易戒触藩羝，诗刺离罦雉。
已矣可奈何，愁来但甘寐。

注：选自《九灵山房集》。

临淄感兴

明·谢肃

古人已尽王霸略，荣马还过营丘城。
风低麦垄见羊虎，烧断枣林经甲兵。
田疆冢带牛山碧，王蠋家临澅水清。
世事浮云忠义在，悠悠行路也关情。

注：选自《全明诗》。

嗟来行

明·徐庸

齐饥谷不熟，民庶俱有灾。
黔敖富家翁，设粥呼嗟来。
有士贸贸行，听此以为耻。
谢之复不食，终焉至乎死。
淮阴昔在陈，漂母哀王孙。
丈夫贵立功，小故何足论。

注：选自《全明诗》。

天齐渊

明·邵宝

东方有渊名天齐，一气下上降复跻。
乾坤生意从东肇，何处山川非地窍。
汉家八神宗者渊，有祠称天今几年。
巍巍惟天山岳岳，巫史纷纷不知错。

注：选自《容春堂全集》。

牛山温泉

明·李春阳

夜气牛山怀孟叟，春风沂水忆曾狂。
千秋万古贤人迹，都在齐南鲁北方。

注：选自清康熙《临淄县志》。

长山道中

明·李裕

三月齐川道，暄风马首生。
才临淄水渡，又见益州城。
龙渚烟云黑，牛山草树平。
乾坤春意满，随处有啼莺。

注：选自《全明诗》。李裕，明朝中期大臣。景泰五年进士，曾任山东按察使。

前汉书十七首其四终军

明·郑学醇

终军年少独称才，长揖青州太守来。
奉使东归行建节，关门何事索繻回。

注：选自《全明诗》。

思家

明·韩超然

唤醒晓城长夜梦，（西寺晓钟）
隐归暮野钓鱼船。（淄江晚钓）
水沉皓魄含晶影，（龙池秋月）
云恋晴峰吐石烟。（牛山夜雨）
歌舞四时游客醉，（高阳酒馆）
婆娑满地午荫悬。（矮槐夏荫）
伯桓显婴台空在，（桓台旧址、晏子遗迹）
感慨兴亡夕照前。

注：选自《宦游录》。

咏史

明·归有光

昔在齐威王，选人以治氓。
惟彼阿大夫，籍络日有声。
唯此即墨宰，小人共谗倾。
是非并颠倒，四境交侵兵。
安得召左右，阿党尽为烹？
昔在楚庄王，三年不听政。
膝上置美女，饮酒不曾醒。
有鸟止于阜，不蜚亦不鸣。
安得任伍举，一朝霸名成？
昔在帝武丁，三年不出令。
恭默以思道，殷国未能宁。
安得梦圣人，求之傅岩形？

注：选自《震川先生集》。

送王明府之齐二首其一

明·林大春

长风漠漠洒平芜，千古齐城说霸图。
君去试看淄水上，行人犹自拜夷吾。

注：选自《井丹诗文集》。

青州杂感十首其一

明·王世贞

罢吏白云省，来司青帝丘。
当时爽鸠氏，还作东诸侯。
其乐已千载，吾踪仍九州。
牛山毋雪涕，要使姓名留。

注：选自《弇山堂别集》。王世贞，明代文学家、史学家。嘉靖二十六年进士，曾任山东按察副使青州兵备使。

齐讴行其一

明·王世贞

莫以敖辟讥，听我奏齐讴。
右顾枕岱宗，左负沧海流。
维昔师尚父，建册表营丘。
四履征不庭，一钺奠成周。
烈哉桓公筴，首政举其雠。
九合匪兵车，衣食东诸侯。
妖吕荡氛波，炎烬几不收。
哀王倡大义，绛灌始协谋。
九有提一隅，三勋古无俦。
乱民矜炙輠，养客悲蒯缑。
小惠薄陈常，非和诮梁丘。
愤誂杀士桃，刺促媚姬裘。
鄙矣牛山宴，泣涕言爽鸠。

注：选自《弇山堂别集》。

咏古八绝其三管仲囚齐

明·郭之奇

堂阜曾羁天下才，春秋从此霸图开。
当年九合成何事，空使三薰鲍叔来。

注：选自《宛在堂诗文集》。

牛山

清·周亮工

峦缨皋带足怡颜，有泪应挥广漠间。
此地苍然无所瞩，涕痕何处认牛山？

注：选自民国九年《临淄县志》。周亮工，崇祯十三年进士，曾任山东潍县知县。康熙元年起复为青州海道、江安储粮道。

登牛山

清·谢宾王

有无材美不须讹，万壑沉寥石且波。
仙阙终留全世界，浮生莫负小山河。
雄风挥泪达而诡，撮土埋名才亦魔。
千载沧桑今昔梦，孤城回首暮烟多。

注：选自民国《临淄县志》。谢宾王，临淄人，是临淄唯一被收入《四库全书》的山左（山东）著名诗人。

早行过淄水诗（节选）

清·谢宾王

南山之北东流西，空陴渐曙鸡乱啼。
霜枫古柏何为者，剑气欲拂春凄凄。
山阿云气若回互，敧茅几疃依岸住。
魂摇梦断似江南，白沙满眼潇湘路。

注：选自民国《临淄县志》。

瑞泉记

清·杨端本

壬寅秋，予令临淄。莅任甫十日，闻邑南有数泉涸者，兹忽涌出，里人共传之。予以公西役，假便而南，行十里余，涉淄河，前为牛山。山行迤西三里，崇岩叠折而下。山之麓，一曲盘如椅形，巉岩丛乱石，有四泉。二循西涧，次出一泉，自石板穿窟，圆若盏，喷涌上溢。旁一小窟，沸然吐珠，较他泉奇益甚，潺湲瀑流，水清而冽。予坐石搜览古迹，有残碑湮土，字不可辨。剥苔熟视，则前淄令苏门维骍毛公遗诗也。其诗更有濡温润意，挟纩徧齐编，则毛公仁风遗爱，于今可想，毛公不朽哉。碑之南岩下，勒曰“温泉修禊”。不知为毛笔，抑后贤作耶？始知为温泉。然里老传是泉出则岁丰，盖瑞泉也。予闻海内温泉数十，西者新丰，北者广平为最者。若汤山之瀹鸡，汉水之瘥病，与夫新阳惠泽之云气浮蒸，皆未大著名。兹泉僻处山左，其名曰温，恐不足与诸泉角胜，易其名曰瑞泉。爰以志瑞，且兆丰也。予与棫林巽公王子，郢上賁予姚子，茂苑掠西徐子，各得诗二章。邑人启东谢子，得诗四章。爰勒石以志不朽。后之来者，其视予侪，亦犹予侪视毛公，其将有感于斯言。

注：选自民国九年《临淄县志》。杨端本，顺治十二年进士，曾任临淄县知县。

秋杪温泉

清·杨端本

地势转灵异，枯泉涌石痕。
水新清自冽，岩冷气全温。
自足滋千顷，还期沃万村。
何时等岱岳，天际问真源。

注：选自民国九年《临淄县志》。

始见天齐渊记

清·邵嗣尧

予自丙辰秋，备员稷下，入境问民疾苦。次及佳山水，其父老以牛山淄水应，且曰：“城东五里许有龙池，即古之天齐渊。”尝至其地，盈盈一池水耳。他日涉淄水，登牛山，访景公之旧址，拜管子之故丘，睆彼濯然，令人远想。有人告予，山西北二里有温泉，凡数十年一见，见则年丰。昔杨公来时，兹泉涌出，今闭十余年矣。余即揽辔西行，一带平冈，土色如赭。山尽西北，石磴数盘环抱壁立，玲珑而多窍，下有片石，广数丈。吏指其间石隙，皆泉所出。然沙泥封固，与石无异。旧令毛公维驺，刻石记诗而不勒年次。有摩崖镌温泉，犹辨万历七年，知县黄策数字。又于山半石碣，剥苔划视，则崇祯七年，上党连公元莅所题也。余低徊良久不忍去，盖诚爱之异之，而怅及吾之身，不获一观也。

越明年中秋，邑孝廉朱雨若孙毛伯王公佩，以告予曰：“温泉开矣。”诘朝往视，向所谓壁立环抱，块然片石者，莫不高下大小，瀑布争流。旁有哑人，年可五十余，方牧兹山，从而跣足立水中转石，每见清流通盪，辄左右视，大笑狂呼。余叹赏其人，谓可与游也。问之同牧，盖车其姓云。自泉迤西，复折而南，远可百步，复有两泉，穿石仰出，大小相承，其一如千叶菡萏，花心高映，一则方英之未舒也。中有赤石子，飞旋激射，不溢不沉。南上数十尺，岩下石窟，青草丛生，东西长二尺，阔四寸。余为除草去泥。越三日，清泉并溢，映日金屑，饮之可愈寒疾。又南八九步，怪石嶙峋，泉痕如线，平布石陂，交络如龟背文。又西下即为民田。出水成渠者二，一自南来，绕东崖北下，一自西来，时秋禾蔽野，深不可测。有吏往观，泥深至膝，仅得傍岸，谓中有大池，泉出如沸。东流与南水会为一渠，北入淄河。复东过毛公碑下北五六步，河之中流清澈，小泉盈百，圆若天井，密若列宿，冲泥汎汎，若蚯蚓之堆泥，河流弗能掩也。

九月九日，余偕诸绅士僚吏，携酒登高于兹泉之上，是日士民来游者以千计。有近泉诸民刘之涓者，持盘枣馈余曰：“昔我杨公，来观此泉，劝民植果，今民食枣，且数年矣，敢以遗公。”余以食诸绅士曰：“此杨公甘棠也。”余因之喟然矣。杨公关中人，讳端本，字树滋，康熙二年令此，有瑞泉记。去今已数十载，民食其惠者，念之不忘，且惠及后来者，民亦何负于廉吏哉！余来此期月，斯泉始出，每思小构亭台，以资游宴。时军需方殷，未暇及此。但买柏三十株，栽岩壑间。龙池有竹，移置数杆，杂以野菊，复谕吏民携桃，满山种之。簿书偶间，时一往，至则幕天席地，坐石观流，辄寻旧吏以观诸植。入冬，始得观所谓大池者，周围阔三十步，其气如蒸，泉泡出前后并发，如团月中涌，而群星翼之。每以一泡解，洞洞有声。其中沙砾沉浮，且时有鱼虾十许，鳞须毕具。视自窍中出者，其大倍之说者，谓斯泉与洞庭湖通，湘水涨则泉开。因忆余辛亥夏秋间，两涉洞庭，水及君山之半，而斯泉无闻。比冬归自衡阳，湖水清冷如故，惟石鼓合江亭下，蒸湘环流，其水冬温，岂与其有合欤？

然事涉无稽，未可附会。闻之老人云，兹泉开，主年丰，与前吏所言同，遂易名丰泉。赋以志喜，其词曰：

我闻其泉，出非偶焉。入冬斯温，在秋不然。昔我来斯，往复留连。水涸石枯，疑涉空传。今兹仲秋，始见清源。或穿石坂，或泻石岩。或渍石缝，或汎石田。或如月涌，或如星联。或如玉绳，或如晶簾。或如龟画，或如螺旋。或如珠走，或如金煎。或如霞蒸，或如云连。或如奔骑，或如伏蟾。或如喷雪，或如浮莲。或如吹灰，或如突烟。或如翥砂，或如烹鲜。或如飞盖，或如竖拳。或如戛玉，或如鸣弦。何以乐之，与民同欢。何以记之，勒石其巅。杨令先我，名曰瑞泉。厥瑞伊何，实维丰年。高阳有池，酒人所涎。范公有井，病者斯痊。兆民之利，孰与丰年。命名曰丰，无忘无愆。

是岁十一月，予同学关澹园，以蓬莱之游过我。余嘱以购《山海经》，并得《水经注》。中载此水甚悉。谓淄水发源，自莱芜县原山，东北流，径牛山西，又东径临淄县故城南。东得天齐水口，水出南郊山下，谓之天齐渊。五泉并出，南北三百步，广十步，即山即牛山也。左思《齐都赋》曰，牛岭镇其南者也。水在齐八祠中，齐之得名，起于此矣。《地理风俗记》曰，齐所以为齐者，以天齐渊名也。其水北流，注于淄水。又东径四豪冢北，水南山下有四冢，东西直列，是田氏四王冢也。淄水又北径其城东，城临淄水，故曰临淄。又今临淄城中有丘，在小城内，周围三百步，高九丈，北降丈五，淄水出其前，故有营丘之名，与《尔雅》相符。城对天齐渊，故有齐城之称。以故城视今泉，南北相望，历历皆合。龙池为天齐渊，则在牛山四王冢东北五六里，淄水东一里，又焉得出南郊山下，东径四王冢北，流入淄水哉？

会督学劳公，校士青州，途次淄河，问余以古齐本地，余举天齐渊以对，且告十载扬尘，一朝涌地。公闻而异之。即至其地，坐赏移时，呼童煮茗，作五言古诗，有“流水牛山下，齐城由此传”之句。独以灵源久秘，见者罕有，遂致传记失实耳。余既陋余从前之寡稽，而窃喜经文之有征也，因并以俟博物君子。

注：选自民国九年《临淄县志》。与咸丰《青州府志》记载略有出入。邵嗣尧，康熙九年进士，授临淄知县。

牛山春雨

清 · 邓性

新鸠初唤雨中声，山色烟凝倍觉清。
遥忆登临挥涕者，萋萋芳草尚余情。

注：选自清康熙《临淄县志》。邓性，江西南昌进士，康熙十一年知临淄县。

淄江晚钓

清 · 邓性

断岸潆洄碎石津，波光遥映月生春。
于今偶见垂纶叟，回忆当年钓渭人。

注：选自清康熙《临淄县志》。

齐祭器行

清 · 顾炎武

太公封齐廿八世，春禘秋尝长有事。
犹从三代识遗声，每见九夷朝祭器。
器历商周制度工，相传丁癸及桓公。
花纹不似莱人物，法象仍疑两敦同。
牛山下涕何悲苦，岁久光华方出土。
夏后璜偏入向魋，鲁宫宝又归阳虎。
历下秋风动夕萤，古来神物亦飘零。
谁知柏寝千年器，异日还陈汉武庭。

注：选自《亭林诗文集》。

牛山

清 · 安致远

当年涕泪处，今只此牛山。
千载君臣事，一时儿女颜。
石梁流水急，春色霸图间。
日晚牛羊下，依然樵唱还。

注：选自民国《临淄县志》。安致远，寿光人，贡生。

青玉案·临淄道上

清·朱彝尊

清秋满目临淄水，一半是，牛山泪。此地从来多古意：王侯无数，残碑破冢，禾黍西风里。

青州从事须沈醉，稷下雄谈且休矣！回首吴关二千里。分明记得，先生弹铗，也说归来是。

注：选自《曝书亭集》。

牛山

清·劳之辨

揽辔齐郊外，烟峦纵目收。
山灵无岁月，人寿自蜉蝣。
富贵空千驷，神仙羡爽鸠。
牧童吹短笛，犹带惜时愁。

注：选自民国九年《临淄县志》。劳之辨，康熙三年进士，曾任山东提学道佥事。

临淄道中怀古

清·赵执信

秋骑羸马营丘道，千里齐风入旧闻。
鸡狗有雄还自许，淄渑无味底须分。
原头寒意离离草，海上朝光叠叠云。
几度爽鸠增太息，牛山长傍景公坟。

注：选自《因园集》。赵执信，清代诗人、诗论家、书法家。

牛山道中书所见

清·赵执信

西风吹雾白难收，沙引清淄入地流。
绿树连天村雨暗，牛山何曾见全牛。

注：选自《因园集》。

涉淄水感怀

清·赵执信

鼓瑟吹竽岂自由，少年卤莽长年羞。
而今不作齐门客，才溯清淄最上流。

注：选自《饴山堂诗集》。

淄水

清·赵执信

寒沙小渡远逶迤，淄水东流无尽期。
莫怪田巴清自镜，要将面目示齐儿。

注：选自《因园集》。

温泉

清·赵执信

日照牛山石上泉，琉璃浮动出寒烟。
警心沙路晶明外，泼眼风林摇落前。
沆瀣试尝应不减，清冷可枕岂虚传。
扬鞭却与飞流语，比到东溟孰后先。

注：选自民国九年《临淄县志》。

东阿

清·弘历

治国有常经，旌贤退不肖。
善哉齐威王，赏罚不颠倒。
考政在田野，文饰安能冒。
定人在素行，毁誉岂足较。
即墨应受爵，适当勤劳报。
彼憸阿大夫，烹之不为暴。
即境思古人，惕然识政要。
一国近易察，天下远难照。
所以辟四门，重华垂有耀。

注：选自《御制诗集》。

书管仲传后

清·陈肇兴

不曾会计较锱铢，似此分财信丈夫。
万古难逢唯鲍叔，几人感佩似夷吾。
生成没齿称知己，德礼当年壮霸图。
谁料后来成市道，黄金交结尽模糊。

注：选自《古诗文网》。

温泉雅集

清·邹崇孟

城南山色秀可餐，牛峰郁郁接层峦。
昔年吾曾造其极，纵目一览心胸宽。
回首西望山之麓，有亭如笠枕石盘。
滃然对面五泉出，崖罅石窦激清湍。
喷珠吐玉声何怒，潺潺漱齿冬不寒。
烹茶摩碣少憩息，尘缘顿觉沥胸肝。
屈指此游已数载，光阴迅速如转丸。
昔时裙履半云散，惟我侨寓却偷安。
避秦今有江南客，萍踪契投心洽欢。
重阳修褉兴既阻，今欲携我登巑岏。
驱车遥望山亭上，群贤毕聚相盘桓。
近前携手共一笑，不期而遇同心难。
攀石扪磴造峰顶，山腰微露枫林丹。
亭开四面波如画，佳景难写入毫端。
吾乡桂林山水秀，愧我缘薄不曾看。
今朝登高同列此，群山万壑无遗观。
须臾入座列肴核，举酒一饮千觞干。
觥筹交错复弄笛，狼藉琼杯与玉盘。
诸君怀抱祛俗虑，饮如长鲸吞波澜。
我亦开怀浮大白，颓然一醉夕阳残。

注：选自民国九年《临淄县志》。邹崇孟，道光二十九年知临淄县事。

临淄八景诗

高阳馆外酒旗风，矮矮槐荫夏日浓。
秋入龙池月皎皎，春回牛山雨蒙蒙。
古冢遗迹怀晏相，荒台故址吊桓公。
淄江钓罢归来晚，西寺楼头听晓钟。

注：康熙十一年（1672年）《临淄县志》卷之一《邑八景》载：“龙池秋月，在天齐渊；高阳酒馆，在高阳故城；牛山春雨，牛山；西寺晓钟，西天寺；矮槐夏荫，矮槐亭；淄河晚钓，淄河店；桓台旧址，县北；晏相遗塚，在子城北。”可知，清代的临淄八景是：龙池秋月、高阳酒馆、牛山春雨、西寺晓钟、矮槐夏荫、淄河晚钓、桓台旧址、晏相遗塚。

民国九年（1920年）《临淄县志》之《县志凡例》载：“邑中八景，明清各异。清代去‘愚岭冬雪’‘温泉修褉’‘严矶晚钓’，而易以‘晏冢遗基’‘西寺晓钟’‘淄江晚钓’，不若旧说为雅驯。”意思是，明、清“临淄八景”不尽相同，明代八景有三景，到了清代，被改换成了其他三景。明代的八景文辞优雅，清代的八景有些通俗。依此，明代的临淄八景应是龙池秋月、高阳酒馆、牛山春雨、温泉修褉、矮槐夏荫、严矶晚钓、桓台旧址、愚岭冬雪。

碑碣 考略

刘家营蒙古族碑

窃以子孙繁衍，非人力以能为；家道盛昌，实祖宗而积德。兹以营丘刘公者，系斡罗那歹之人也。念斯宗派其来远矣，追述往事未达其详。创业艰难愧无以报，今采翠岩之片玉，敬书宗派之香名，何叙尊卑，谨录于后。

谱曰：高祖五公，系斡罗那歹之人也，充蒙古军役，念其祖考已经变乱失散他乡，各茔元今无可取，又经李侯兵革，势不能敌，彼虏，鞭之使跪，公曰："莫跪，吾上为国家出力，岂能跪汝乎？"兵怒，遂加刀欲击其胫，终不曲。将见勇而忠孝，留之，随得脱。后之苗裔因"留"曰姓，故曰"刘"。至元八年，蒙圣恩添蒙古军力，每军拨赐草场地七顷以赡军役，适得至于营丘。为是弓马熟娴、累有功效，至元卅年蒙圣恩，公充本翼镇抚，不幸而卒。今创立茔元，尚阙祭石一所。昆仲同议，累思先代之功勋，仍耻后裔之莫企，想其鞠育之恩，昊天罔极，每思克勤于家，终无以报。是以命工采岩，敬诣祖茔，创立祭石一所、石香炉一顶，使先灵有所尚享，香楮有所归依，庶识先灵香名不朽。弟忽都奉承兄命，协力同心，谨舍囊箧之资，敬赎翠岩之玉，洪恩遗后，余庆当酬。呜呼，先人勤孝，宜书不朽之名，后荣祭，当报洪恩之德。不惮不忘，无隐无忽。孤哀次子僧住，家谱不具，请鉴之：

祖父考五公，妣白氏，四子：长曰考捏可罗，妣马氏；次曰考艾也赤，妣周氏；次曰僧住，妻冯氏；次曰忽都，妻冯氏。考捏可罗，妣马氏，三子：长曰达儿卒，妻吕氏；次曰咬儿卒，妻马氏；次曰头口，妻许氏。考艾也赤，妣周氏，一子：囊加歹，妻滑氏。僧住，妻冯氏，二子：长曰完者台，妻王氏；次曰合住。忽都，妻冯氏，二子：长曰百双，妻雷氏；次曰系住马。

时至正丙戌岁中吕月望日祭，僧住、忽都、囊加歹等立

野齐愚叟、前乐安县教谕李居仁

益都县石匠黄义、弟黄让刻

新修马莲台记

尝闻天地之大德曰生。即逢劫运，而造化恻隐之仁，恒有悯苍生而不（灭）之，靡有于遗焉。

粤自明季甲申，神京失守，此日之域中，尚未知谁家之天下。一时奋起逐鹿者，蜂屯蚁聚，割裂土宇。易水、云中、稷下等处，清宁之界，化为战场，此乾坤何等时也。兵燹乱离，城窟涨征魂之水，潼关高战骨之山。凡巨镇名城残毁者，未可胜数。不意我淄邑之南，途行六七里，有高陵峙立，云梯所不能攻。相传以为马莲台焉。及问其由来，皆曰此当年父老避难处也。

余登斯台，北望城廓人民，爽鸠氏之区。则有淄江一带，温泉晶洁，可供徜徉，洵洋洋大国风欤！既而登高东啸，则又见郁然深秀者牛山接壤，其下有管仲古墓在焉。为问太公桓公之遗迹，至今犹有存焉者乎？犹未也。极目骋怀，直抵西南，则有烟火万家，士民错处，弦诵之声不绝，俨然一方胜迹也。于是终村善人李芳春触景兴慈，募化十方，庀材鸠工，建白衣殿一座。不数年，更有善人刘汝吉，建文昌殿一座，至于功果落成，梵宇辉煌。

还思昔日四郊多垒、烽炬告警之时，凡中原老稚，粉于戎马者，不知凡几也。惟登斯台者，如登衽席，保全数百人之生灵安然无恙。始信天地以好生为心，秀气所钟，结此莲台宝地，救此一方民也。迄今登眺其上，巍峨险峻，非惟可以供遗兴，并可以避患难，即百雉金汤，无过于此；

试方之清凉台，不堪媲美并传哉！余遂爰笔书之，以示不朽云。

淄邑乙酉科贡士刘奇芳　熏沐题额
淄邑庠生刘士琴　顿首拜撰书
（后有捐资人姓名若干）
时　大清康熙十四年岁次乙卯六月十九日立

重修双龙桥暨东西驿路碑

夫泽不足利万民，济人终同郑惠；功不能垂数世，履砥难拟周诗。则治道路，通行人，成舆梁，渡客旅，固都人士所引领而望，实良有司所劳心以计者矣。临淄之有淄河古渡也，西抵省垣，东趋渤海，据三齐之孔道，占众郡之通衢。然当群山瀑泻，怒涨吞堤，万壑潮来，惊涛啮岸。雁齿倾斜，致使险成蜀道，马蹄蹀躞，何殊爻系需泥。遵路者悉为寒心，问津者靡弗疾首。前任张邑侯，伤心久矣，刻意为之，道仅可通，桥仍未建也。时同治十年如月吉日，我邑侯子静范公，下车伊始，悯跋涉之艰，承建修之任，捐廉为之倡，鹤俸先分，集众善厥谋。鸠工弥急，采石于牛峰驼岭，匠集如云，庇材者毂击肩摩。功成不日，从此堠连驿远，路平秋水滩头，梁架鼍高，虹落夕阳渡口。齐客三千人，唤渡谁赓苦叶，临淄七万户，颂声直比甘棠。在邑人躬襄盛役，历有春秋，实贤今志切爱民，出诸水火，洵所谓泽及万民，功传数世者欤！鸿功远过前贤，斯为德政，骏惠堪昭来许，爰勒贞珉。是为记。

注：选自民国九年《临淄县志》。崔宝信，临淄人。清咸丰八年堂邑训导。

崔光中墓碑序

崔先生名光中，字正平。他于民国元年六月九日生在临淄聂仙一个农人家里。父亲的名字叫崔庚昌，是一个聪明刚毅的农夫。虽然疾病纠缠着他的体力，然而一生都是挣扎在劳苦的工作里面；对于子女的教养更是不稍放驰的。母亲姓于，是一个沉重而亢爽的妇人，她常在沉默里流露着指示。常在工作中表现着教训。她的处事的大方，尤其是在普通的妇人中所不能见到的。崔先生秉受了他父母的性格，所以一生几乎是生就的一个艰苦卓绝的人物。

他在九年，就入了本村的初级小学。三年的高级小学生活，是在辛庄寺益临小学过的。那时，他直挺了身子就可走过大同学的胁下，然而他的学习成绩，却能压倒任何的同学。因为他学业成绩的优良，所以教师们十分爱他；又因为他的顽皮和冒险，长辈们又都为他担心。这么样，他就在又使人爱又使人恼的天真中，度过了六年的小学生活。

在益临小学毕业后，他又到临淄县第一小学去过了半年。

民国十五年的秋天，他便入了临淄县立初级中学，这时他正是十五岁。身材的短小和过人的聪明，立即博得了才子的称号；同时，他的艰苦、冒险、睿入和求知的精神，也开始翘长起来。他不知道什么叫做困难，不知道什么叫做可怕。

冬天的风带来了盖地的大雪，道路、郊野、河流都被雪积压了二尺多深。淄河两岸雪积得尤其深厚，中间还夹着淙淙的冷的流水。这时候，崔先生正在学校里，他为冒险的精神所冲动，一定要穿过积雪的旷野，穿过冷的寒流回到他的村庄里去。他执拗得没人能够说服他。结果，当他碾过雪窟和寒流以后，周身的血管几乎被冻得停闭了，他开始有了气管炎，而且支配了他的一生。

十八年暑假，他卒业于县立中学。同年秋天，又入了山东省立第四师范，这时，他性格的特点是极端的热情。他最喜欢的功课是历史和地理。十九年秋天，他转学到了青岛市立中学，潜心研究社会科学。因为刚直和率真得不到他人的谅解，遂又转回了第四师范。这时他对于课业的修养更加努力，每天读书总是读到深夜。因此，他又咳嗽得特别厉害。

二十二年暑假，他卒业于第四师范，假后，便在临淄县立闻韶小学开始了他的教学生活。他的真诚和深入的教学态度，深深地感动了儿童的心灵，留下了不可磨灭的使人怀念的种子。

二十三年春，他应朋友陈梅川校长的强邀，就任了县立西关小学的教员。在这里，他流尽了他所有的血，他喘完了他最终的呼吸。

他担任的是国语和社会。因为不喜欢用死板的教科书。所以他在工作的余闲时，编印了一册《我们的东三省》和社会教材，地理、历史编各四册，并且选了小学高级二年用的国语教材。这部繁重的工作，使他丢弃了运动和散步的时间，使他占去了星期日的光阴，使他渡过了一切的假期，使他每天深夜才能就寝，可是他咳嗽的陈病也在这时加剧了。这概是秉受得他母亲的性格吧？ 他不曾用疯狂的体罚来教导过儿童。更不曾喋喋的说些教条。他用爱的眼光，他用热的能度，他用真实的行动，用不响的语言，孩子们就不知不觉驯贴在他的抚育中了。有一回，有个顽劣的儿童，向崔先生递了悔过书：“先生，我不敢看见你慈爱的眼睛。它能叫我心酸、心疼、心冷……”。崔先生是怎样教人的，大概总可以想见了。

崔先生的教学可以说是忘记了自己的生命的。

民国二十四年九月十一日昏夜，忽然下了一阵急雨，雨过后又是一阵尖锐的冷风。崔先生因为挂念着几个没有棉被的学生，于是就不及披上外衣，便跑了出来，明天他就病倒了。

他疲倦地躺着，发烧得很厉害，医生们开了几次药方，他都把苦水咽到肚里去。精神稍一清醒就立刻坐起批改学生的作业，甚而好几次地硬撑着昏烧，到教室里来上班。结果病势更狂暴地袭了上来，他不能坐起来了，他在吐着腥臭的血。

当他转到齐鲁医院的时候，医生们说他的病是急性肺炎，而且宣布他的病已经绝望了。在九月二十八日上午九时，他便在医院里永别了他的朋友。

崔先生的年纪才二十三岁！他唯一的遗脉，便是一个五岁的女儿，他的遗骸，于二十四年十一月二日葬在聂仙庄的东郊，死者的朋友不愿意平凡的淹没了他的一生，所以用条石碑来纪念着这挚爱儿童的英灵。

一九三六年二月八日人凤谨序

中华民国二十六年元月二十一日立

陈齐六冢的年代与墓主

王恩田

临淄齐都故城南郊的鼎足山和牛山上，分别有两个一组和四个一组的高大坟墓，被称为“山上之山”。这是著名的“二王冢”和“四王冢”。《说文》：“冢，高坟也。”高坟虽然也可以称为“陵”，但那是汉代以来对天子坟墓的专有名称。《水经·渭水注》：“秦名天子冢曰山，汉曰陵。”《文选·西征赋》注引《三秦记》曰：“秦名天子冢曰长山，汉曰陵。故通名山陵。”“二王冢”与“四王冢”时代属东周，不是汉墓，也并非天子的墓葬。故不能称为“六陵”，仍应遵照传统习惯合称“六冢”为是。本文认为冢的年代属战国。墓主是陈氏代齐的六位国君，故称“陈齐六冢”。

一、陈齐六冢概况

陈齐六冢位于临淄齐都故城东南约 11.5 公里。北距胶济铁路淄河店车站一公里。牛山偏在西南，鼎足山位于东北，隔胶济路相对峙。四王冢位于牛山上。牛山、康山、火石山等丘峦从西北到东南呈半圆形包围着四王冢。四冢东西并列，总长约 700 米，均方基圆坟。西起第一与第四冢的方基面积相同，都是南北 245 米，东西 155 米。第一冢圆坟高约 8 米。第二、三两冢，南面的方基相连，规模小于一、四冢。第一、三、四冢的北面分别有一小冢，也是方基圆坟，其中以第一冢相对的小冢规模最大。方基四边各长 118 米，圆坟高 10 米。“二王冢”位于鼎足山上。山因紫荆、牛山、菟山三山呈三足鼎立形而得名。“二王冢”即位于三山之间的石灰岩丘岗上。两冢东西并列，方基相连。南北约 190 米，东西总长 320 米。两冢圆坟高约 12 米。东冢圆坟略矮。二王冢西北有小冢，一基二坟，方基东西 150 米、南北 110 米。其东北也有小冢，破坏过甚，已失原貌（《田齐六陵考》，《文物》1984 年第 9 期）。

二、历代有关六冢墓主诸说

关于六冢墓主，历史上异说甚多。为便于讨论，先将诸说罗列于此。

关于“二王冢”的墓主，有以下六说：

1. 桓公与管仲说

《北堂书钞》桓公坟条:“魏武立齐桓祠云:近日路次齐郊,瞻望桓公坟垄,在南山之阿,管仲坟侧。”《括地志》:“管仲冢在青州临淄县南二十一里牛山上,与桓公冢连。”

《太平寰宇记》:“鼎足山,桓公墓在上。按《郡国志》:山上有坟,是管仲陂。”

2. 桓公与其女说

郎蔚之《隋州郡图经》:“齐桓公冢在齐城南二十里鼎足山上,因山为坟,东有女水。或云齐桓公女冢在其上。”

3. 桓公与景公说

《皇览》:“景公冢与桓公冢同处。”(《史记·齐世家》集解引)

4. 桓公与孟尝君说

《皇览·冢墓记》:“齐桓公冢在临淄城二十里淄水南。孟尝君与桓公冢同处。”(《太平御览》卷五百六十引)

5. 齐襄王与僖公说

伍辑之《从征记》:“齐襄王墓在汝水西。墓西有僖公墓。”(《太平御览》卷五百六十引)

6. 太公吕尚与齐桓公说

《皇览》曰:“吕尚冢在县城南,去县十余里。在齐桓公冢南,淄水南。桓公冢西北有晏婴冢。”(《后汉书·郡国志》注引)

按:二王冢系东西并列,故吕尚冢“在齐桓公冢南”一语疑“南”字当“西”字之误。“桓公冢西北有晏婴冢”,当指二王冢西北一基二坟的小冢。

关于四王冢墓主有如下三说:

1. 四豪说

《魏书·地形志》和《水经注》称四王冢为“四豪冢”。“四豪”系何人,则不曾言及。伍辑之《从征记》在谈到二王冢后接着说:“东有四旧墓,传云:倨、荣、黄、市也。墓皆方基圆坟。”倨、荣、黄、市又系何人,前人亦皆失考。疑“四豪”即“四皓”之音讹。而倨、荣、黄、市四人即“四皓”。相传秦代末年,角里、东园公、夏黄公、绮里季等四位老人隐居商山。年皆八十余,“须眉皓白”,时称“商山四皓”。据罗泌《辨四皓》考证:角里先生在孔安国《秘记》及《汉纪仙传》中作“角蠡”。角蠡急言之而为“倨”,园公急言之为“荣”,夏黄省作“黄”,绮,古读见母歌部,市属邦母月部,古音牙喉不甚分晰。喉唇可通转,歌、月对转,绮、市音近可通。故倨、荣、黄、市即“四皓”,音讹而为“四豪”,实无可疑。据《史记·吕后本纪》《汉书·张良传》记载,汉初高祖以“孝惠为人仁弱”,欲废太子。吕后用张良计,使太子“为书卑辞安车”,召四皓与之游。使高祖认识到孝惠有“彼四人为之辅,羽翼已成,难动矣”,从而打消了废太子的念头。罗泌考四皓俱葬于安陵(惠帝陵),可见四皓墓应在西安,不在临淄。疑后人因四皓中的夏黄公,本姓崔,是齐国人,因而把四王冢附会成四皓冢,音讹而成四豪冢。

2. 姜齐五公说

《齐乘》卷五:“五公冢,临淄东南十里,齐昭公、灵公、惠公、顷公、孝公五坟相连。”

按:四王冢北面有三个方基圆坟的小冢,其中以西北角的一个为最大。于钦盖以此小冢与四王冢合称为“五公冢”。

3. 威、宣、湣、襄四王说

《水经·淄水注》淄水“又东迳四豪冢北。水南山上有四冢。方基圆坟,咸高七尺,东西直列,是田氏四王冢也”。顾炎武《四王冢记》进一步论证其说。

按:“高七尺”当为“高七丈”之误。折后16米。今四王冢圆坟最高者8米,二王冢圆坟高12米。估计郦氏所说的高度是指圆坟和方基的总高度。惜目前尚未测量方基高度,不能判断与古代高度相差多少。

三、六冢年代

考证墓主,首先应明确墓葬年代。由于前人无法解决年代问题,因而其考证大都难信。六冢虽未经科学考古发掘,但仍然可以根据墓葬制度,并结合临淄考古发现确定其相对年代。

六冢均有“方基圆坟”的高大封土堆,这对于判断墓葬年代有着重要意义。封土是墓葬地面上的标志。它的出现与夫妻合葬制度密切相关。合葬与封土并不是自古以来就有的。《易·系辞》下:“古之葬者,……不封不树。”《礼记·檀弓》上:“武子曰:‘合葬非古也’。……孔子既得合葬于防，曰：'吾闻之：古也墓而不坟。'" 武子即季孙宿，比孔子略早，都是春秋晚期时人。根据上述记载，合葬与封土制度在春秋晚期还是刚刚出现不久的新生事物。近四十年来的考古发现证明上述记载是可信的。如河南洛阳周墓、浚县卫墓、陕县虢墓、陕西雍城秦墓、山东曲沃晋墓、北京琉璃河燕墓、山东曲阜鲁墓等西周和春秋时期的墓葬，无论是大、中、小型墓，一般都是没有封土的。〔安徽屯溪西周墓有封土，（《安徽屯溪西周墓发掘报告》《考古学报》1959年4期），不过和中原地区的墓葬不同，不挖墓穴，而是平地起坟。属于荆蛮族的特殊葬制，不能作为西周时期已经出现封土的例证。〕目前所发现的属于这一时期的有封土的墓有寿县蔡侯墓(《寿县蔡侯墓出土遗物》，科学出版社 1956 年）和临淄敬仲白兔丘的高子墓。蔡侯墓年代是从蔡昭侯二十六年迁州来（今寿县）至蔡为楚灭，即前493—前 447 年期间的墓葬，相当于春秋战国之际。关于高子墓的年代，有人曾考证为春秋桓公时的高傒之墓，相当于春秋早中期之际，可商。高傒又称高子，谥曰"敬"，又称高敬仲。高子墓中出土有"高子戈"，该墓又在敬仲被发现，前述考证似乎是近情的。应该指出"高子"是一种称号，并非某个人的专名。齐国重臣国子、高子之族的宗子也可以承封继爵、官职、称号，世世代代都可称为国子、高子（《临淄国子墓和郎家墓的年代与墓主问题》，《考古与文物》1985年第 6 期）。除高傒之外，见于经传的高固、高厚、高止、高张、高无丕等人，都可称为"高子"。直到孟子时代，仍有"高子"存在（《孟子·公孙丑》下）。因此不能一见"高子"，就认为一定是高傒。考证墓主，必须与墓葬出土遗物年代相一致。高子戈形制与蔡侯墓出土铜戈相近，而不具有锋部呈直线三角的春秋早中期铜戈特征，与高傒所处时代相左。与高子戈同时出土的还有一大批铜器。1971 年，笔者在临淄阚家寨发掘期间曾目验过与高子戈共存的那批铜器。当时的印象是其年代比临朐公孙造器群略晚。笔者曾考证公孙造即见于经传记载的齐惠公之孙公孙灶。其人于齐景公三年（前 545 年）上台执政，死于景公九年（前 539 年）（《概述山东近年来出土的商周青铜器》，《文物》1972 年第 5 期）。高子墓年代也应是春秋晚期，据报道过"高子戈"（《山东淄博市临淄区出土高子戈》，《考古》1984 年第 9 期）的张龙海同志讲，由于十年动乱，保管人员数度易人，现在已经搞不清高子戈与同时出土的那批铜器的共存关系了。根据上述对高子墓出土遗物的讨论，高子墓应属春秋晚期。春秋晚期的"高子"不止一人。高子墓的墓主究竟是哪位"高子"，目前尚无法确指。否定高子墓墓主是高傒，与"敬仲"的地名也并不矛盾。高子墓在敬仲发现，说明白兔丘一带应是高傒封邑，地名"敬仲"渊源有自。临淄方言"白"字读作 béi。"白兔丘"急言之而成贝丘。《齐世家》作沛丘。齐襄公曾田猎于此。贝丘为高氏封邑，不见于经籍。高子墓的发现可补其阙。根据"族坟墓"制度，同一宗族成员埋葬在同一墓地。今后在白兔丘一带发现高傒和其他各位"高子"的墓葬是完全可能的。

高子墓的封土作圆形馒头状，没有像六冢那样的方墓，也比六冢矮小得多。这种差别并不是年代早晚的因素造成的。也就是说并不是先有圆形馒头状封土，然后才出现方基圆坟状封土，而是等级不同的反映。古代以封土之大表示地位的尊贵。《礼记·礼器》："有以大为贵者。宫室之量、器皿之度、棺椁之厚、丘封之大，此以大为贵也。"高子墓封土矮小而六冢封土高大，说明后者地位较前者尊贵。墓葬年代早晚与封土是否具有方基没有直接联系。秦始皇陵和西安汉代诸陵都和高子墓一样呈圆形馒头状而没有方基，显然不能说其年代都早于六冢。

综上所证，墓葬封土的出现，不早于春秋晚期。因此上举有关六冢墓主考证中的太公吕尚说，春秋桓公、管仲以及春秋早、中期齐国其他国君诸说便都可以排除。

六冢是否属于春秋晚期姜齐国君的坟墓呢？回答也是否定的。这是因为考古发现证明春秋齐国国君墓地在大城城内东北角的河崖头一带。六十年代中期山东省博物馆在临淄齐都故城进行考古勘探，在河崖头一带发现大、中型两周墓葬三十余座，清理了其中的四座中型墓，并发现了五号大墓四面环绕的大型随葬马坑。清理了北侧的一面，长54米，葬马145匹。估计共葬马约六七百匹之多。结合《左传·襄公二十九年》“齐人葬庄公于北郭”的记载，笔者曾指出：“春秋时代齐国的最高统治者的墓地可能就在河崖头一带。”（《概述山东近年来出土的商周青铜器》，《文物》1972年第5期）1972—1973年清理了五号大墓（《齐都城五号东周墓及大型殉马坑的发掘》，《文物》1984年第9期）该墓现存墓口南北长26.3米，东西宽23.35米。其规模在东周各国的墓葬中是比较少见的。其南面有一条斜坡墓道。墓道古称“羡道”，在周代是只有天子和诸侯才能使用的葬制。结合随葬的大批马匹考虑，墓主身份必属齐侯无疑。五号出土的残鬲口沿与曲阜鲁城M202的陶鬲是相同的（《曲阜鲁国故城》图五六：8、图版叁肆：2，齐鲁书社1982年），而M202出土的铜敦形制又与新出鲁归父敦相同（《河北唐县出土西周归父敦》，《文物》1985年第6期）。归父即鲁庄公之孙，东门襄仲之子公孙归父（前599—前591）。因此M202是典型的春秋中期墓（a.《曲阜鲁国故城的年代及其相关问题》，《考古与文物》1988年第2期。b.《从曲阜两周墓葬看鲁文化面貌及楚文化对鲁国的影响》，《楚文化研究论集》，荆楚书社1987年）。五号大墓年代亦应属春秋中期。根据墓葬年代、规模、葬制考虑，五号大墓的墓主很可能是声名显赫的齐桓公。进一步证实河崖头一带必属春秋齐侯墓地无疑。而临淄南郊鼎足山、牛山上的六座方基圆坟的大墓及其周围的中型墓则应是取代姜齐的战国时代陈氏齐国国君的“族坟墓”。

四、六冢墓主

从陈氏太公和立为齐侯到王建时齐为秦灭，陈氏国君共八人。即太公和、侯剡、桓公午、威王因齐、宣王辟彊、湣王地、襄王法章、王建。六冢究竟是哪六位国君的坟墓呢？王建降秦后，被迁于共（今河南辉县），其墓不可能在临淄。可以从中排除。另外四个一组的大冢，自郦道元首先提出“田氏四王”说，经《齐记补遗》特别是顾炎武进一步论证其为威、宣、湣、襄四王的坟墓， 史无异说，可以定论。现在只剩下“二王冢”的墓主需要讨论。有一种意见认为太公和的墓应在益都普通店，“二王冢”应是侯剡和桓公午之墓。可以讨论。

按：侯剡不见于《史记》。《索隐》引《古本竹书纪年》曰：“齐康公五年，田侯午生。二十二年田侯剡立。后十年齐田午弑其君及孺子喜而为公。”又引《春秋后传》曰：“田午弑田侯及其孺子喜而兼齐，是为桓侯。”可补《史记》阙佚。侯剡既为桓侯午所篡杀，连谥号都没曾有过，不可能再为其修建如此规模的大墓。桓侯午死后也不可能和他的冤家对头并穴而葬，故侯剡亦应从二王冢中排除。

太公墓在益都尧山以北普通店之说见于下列记载：

《述征记》曰：“太公冢在尧山西。”（《太平寰宇记》卷十八·益都县条引。恩田按：“西”字当为“北”字之误）

《续述征记》曰：“太公冢在尧山北五里。平地为坟，高十丈。曾有发之者。冢数十仞，得一铜椁。金玉甚多。尚父五世葬周，斯实田和冢也。和迁齐君于海上，而别为诸侯，亦称太公也。”（《太平御览》五百六十引）

《齐乘》卷五：“田和冢，府北二十里普通店。和为田齐之太公。《皇览》作太公吕尚冢。按《檀弓》云：太公封于营丘，比及五世，皆反葬于周。此不应有冢。……东南者谓是齐胡公冢。胡公，献公父，亦反葬于周。”

根据西周时齐国国君“五世反葬于周”的文献记载，证明普通店“太公冢”不是太公吕尚，当然是对的。但未必就是太公和之墓。如上所述古代盛行“族坟墓”制度，太公和系陈氏齐国始封之君，不可能远离六冢为核心的陈氏“族坟墓”而另葬于二三十里之外的益都普通店。假如太公和墓确在普通店，则“二王冢”只能是侯剡和桓公午之墓，前面已经讲过，这是根本不可能的。而且据《齐乘》讲，在普通店“太公墓”东南还有“齐胡公冢”。《水经·淄水注》也谈到尧山祠附近有个“胡公冢”，并说据“孙畅之所云：青州刺史傅弘仁，言得铜棺、隶书处”。这个“胡公冢”既然不可能是西周齐国国君胡公静，那么它又应该是何人之墓呢？如果孙畅之所说确是事实，在“胡公冢”内发现“隶书”，其年代充其量也不会早于秦代。普通店大墓墓主究系何人，可以继续研究，但不大可能是太公和墓，似乎可以定论。

根据上述分析，可以得出如下结论：“二王冢”不可能是侯剡和桓公午之墓，而只能是太公和与桓公午之墓。齐威王时始称王，故严格说只能称为“二公冢”。

（原载《管子学刊》1989 年第 3 期，作者系山东省博物馆研究员）

田齐六陵考

张学海

在临淄齐国故城的东南方，泰沂山脉鲁山的东北麓，有两组宏伟的土墓，这就是临淄地区著名的“四王冢”和“二王冢”。我们认为，这是“田齐六陵”。

“四王冢”俗称“四女坟”，位于临淄齐国故城东南约 11.5 公里，北距胶济铁路淄河店车站 1 公里。牛山、康山、火石山等丘峦从西北到东南成半圆形包围着“四王冢”。半圆的中部有较矮的无名平顶丘向北伸出，“四王冢”坐落在平顶丘的北端。四冢皆就山造墓，方基圆坟，东西并列，总长约 700 米。因长期雨水冲刷和种地等原因，各冢方基、圆坟原来的面积和高度已不清楚。尤其是方基的北面、西起第一冢的西面和第三冢的东面等部位，已经沟壑连绵，坑洼不平。但各冢方基圆坟的轮廓仍很清晰。西起第一冢方基南北约 245 米，东西约 155 米。圆坟现高约 8 米。西起第二冢与第一冢之间相距约 42 米，方基的南面与第三冢相连。第二冢方基南面约 138 米，圆坟比第一冢略显矮小。第三冢方基南面约 145 米，圆坟高度同第二冢。第三冢与第四冢（即最东面的一座）相距 63 米，第四冢方基南北 245 米，东西约 155 米，与第一冢恰好相等。四冢方基的南沿成直线，推测北沿原来也是相齐的。四冢北面现已辟为梯田。这些梯田是否利用了原来墓基台阶地形，现在不能确定。

在第一、三、四冢的前面（北面），各有一小冢，亦皆方基圆坟。西起第一小冢与大冢之间相距 50 米， 墓基东西、南北各 118 米，冢高 10 米，是三小冢中最大的。墓基西边与大冢齐；而大小冢的圆坟南北不相对，最东面小冢与大冢相距 90 米，方基南北 74 米，东西 89 米；大小冢圆坟南北相对。这一小冢与其西面的小冢相距 40 米。西面两个小冢的圆坟顶部都已削去。各小冢所处地势比大冢低。

“四王冢”和向北伸出的无名丘岗同西面的牛山、康山之间有宽广的谷地，在谷地东部和西南方山坡上，另有八冢分布，都是方基圆坟。

“二王冢”俗称“二女坟”，又称“齐王冢”，位于“四王冢”东北约 1 公里的鼎足山上。山因紫荆、牛士、菟头三山呈三足鼎立而得名。紫荆山居西北，牛士山偏东南，两者实际上是一山两峰，菟头山居东。鼎足山虽称为山，其实只是高出周围地面约 60 米的石灰岩丘岗，是南面山地的边沿，山阴即是辽阔无垠的鲁北平原。“二王冢”坐落在牛士山颠，就山造墓。东冢就东山根修筑，紧靠西冢。两冢的方基南北约 190 米，东西总长 320 米。西冢墓基长约 190 米，似有三层，逐层收缩。圆坟高约 12 米。东冢圆坟较西冢矮。东冢东北约 40 米处有小冢，呈东西长方形，但挖土过甚，已失原貌。

在“二王冢”西北，紫荆山北麓，有一冢，一基两坟。墓基东西 150 米，南北 110 米，有三层。第三层东西 105 米，南北 50 米，其上东西并立两方台，相距 30 米，方台之上各有圆坟。东面的方台东西 36 米，南北 38 米，其上圆坟高约 4 米。西面的方台东西 30 米，南北 27 米，其上圆坟高约 4 米。此冢在“二王冢”西冢西北，好似“二王冢”西冢前的小冢。但一基二坟的形制似乎反映出是夫妻并穴葬，此冢是否与其它大冢前的小冢性质相似，尚待考查。

关于“四王冢”与“二王冢”，志书不乏记载。《水经注》淄水条载：“淄水又东迳四豪冢北，水南山下，有四冢，方基圆坟，咸高七尺（按，当是七丈之误），东西直列，是田氏四王冢也。”《魏书·地形志》、嘉靖《青州府志》、康熙《临淄县志》等书皆有记载。从“四王冢”的规模、形制和所处位置考察，说四墓分属田氏四王是可信的。墓依山建造。西面三墓的墓基南部都筑在山岗顶部；最东一墓的墓基已超出岗顶，处于东北坡上。这说明四墓是由西向东顺次修建的，从而推知规模最大的西首墓是田氏四王中最早的威王墓，其余三墓依次为宣王、湣王、襄王墓。威、湣、襄三王墓前的小墓可能是王后墓。宣王墓前无小墓。分布于西部谷地的墓与“四王冢”不知是否有联系。“二王冢”文献多记载为齐桓公墓和齐景公墓。《水经注》淄水条：“（女）水出东安平县之菟头山。”《从征记》曰：“水西有桓公冢，甚高大，墓方七十余丈，高四丈，圆坟围二十余丈，高七丈余。一墓方七丈，二坟……冢东山下女水，原有桓公祠，侍其衡奏魏武王所立，曰：‘近日路次齐郊，瞻望桓公坟垄，在南山之阿，请为立祀，为块然之主。’”郭缘生《述征记》曰：“齐桓公冢在齐城南二十里，因山为坟。大冢东有女水，或云齐桓公女冢在其上，故以名水也”。《括地志》也说：“齐桓公墓在临淄县南二十一里牛山上，山一名鼎足山，一名牛首。一所二坟。晋永嘉末，人发之，初得版，次得水银池，有气不得入，经数日乃牵犬入，中得金蚕数十簿，珠襦、玉匣、缯彩、军器不可胜数。又以人殉葬，骸骨狼籍也。”又《史记·齐太公世家》集解引《皇览》说：“景公冢与桓公冢同处。”可见三国以来已经有人把这两座墓看成春秋齐桓公墓和齐景公墓。以后的《太平寰宇记》、《齐乘》、康熙《临淄县志》等书，都因循其说。其实，历来记载都缺少根据，我们考证“二王冢”并非春秋时期的墓葬。

“二王冢”和战国墓“四王冢”都是方基圆坟，冢前附一小冢。这种墓葬形式，至少春秋中期齐桓公时还没有。齐桓公的上卿高傒（敬仲）墓可以为证。高墓在齐故城以北10公里白兔丘（高傒封邑在此）“文革”中群众在墓中挖出一些青铜兵器，其中一件青铜戈短胡二穿，胡上有铭文：“高子戈”。无论器形和铭文字体都有春秋中期的特点，由此可证此墓是高傒墓。高傒墓高大的封土呈馒头形，不是方基圆坟。所以，方基圆坟的“二王冢”不会是春秋齐桓公的墓。我们认为，田齐“四王冢”的方基圆坟是战国大墓的形制。“二王冢”也是方基圆坟，应当是战国墓。“二王冢”与“四王冢”不仅形制一致，规模也相似，依山造坟，十分雄伟，非临淄地区众多的一般冢子可以比拟。所以“二王冢”同“四王冢”一样，也应当是战国时期的君主墓。同时，“二王冢”与“四王冢”南北相望，距离不远，应当是同一陵地的墓葬。春秋末年之后，齐国田氏秉政，姜齐的平公、宣公和康公在位时间虽然都很长，但平、宣二公实际上成了田氏的傀儡，不一定有如此大规模的陵墓；康公则被迁于海滨，老死当地。因此，“二王冢”应是田齐君主的陵墓。

田氏自田和开始列为诸侯，迁齐康公于海滨，实现了“田氏代齐”，至王建降秦，其间八君。即太公和 ---- 侯剡 ---- 桓公午 ---- 威王因齐 ---- 宣王辟疆 ---- 湣王地 ---- 襄王法章 ---- 王建。其中威、宣、湣、襄四王墓已如上述。齐王建是田齐最后一位国君。史载公元前221年，秦兵击齐。俘王建，迁之共（河内共县，今河南省辉县）松柏间，王建墓当然不会在临淄。

太公田和墓，据《齐乘》记载，在今益都县府北二十里普通店，和为田齐之太公，《皇览》作太公吕尚冢（笔者按《皇览》曰：“吕尚冢在临淄县城南，去县十里。”《齐乘》所引非是，于钦欠考）。按《礼记·檀弓》云：“太公封于营丘，比及五世皆反葬于周。”又《七国考》卷十齐丧制条：“《续从征记》曰：‘太公冢在尧山北五里，平地为坂，高十丈，曾发之得一铜棺，金玉甚多。’尚父五世葬周， 此实田和冢也。和迁齐君于海上，而别为诸侯，亦移太公也。”《七国考》与《齐乘》所指为同一墓，此墓还在，所在地仍然叫普通店。此墓平地夯筑而成，方基圆坟，规模不亚于“二王冢”、“四王冢”，有可能是田和墓。

“二王冢”应该就是侯剡、桓公午墓。前面所列的志书记载，齐桓公墓在鼎足山，有的已经指出“二王冢”东首一墓是桓公墓，但是这个桓公被误解为春秋时期的齐桓公小白。姜齐与田齐都有太公与桓公，田氏代齐未改国号，姜桓公和田桓公都称齐桓公。司马迁在《史记·田敬仲完世家》中，有时就称田午为齐桓公。人们称田午的墓为桓公墓或齐桓公墓，这在当时并不会发生误会。后人未加详察，由于习惯上多称姜桓公为齐桓公，就会误认此墓为春秋齐桓公墓；与桓公墓毗连而形制相同的大墓也附会为齐景公墓。至于桓公女墓之说，“二女冢”之称，可能由于墓东山下有女水而传讹。又晋永嘉未曾经挖掘了桓公墓的记述，似不可信。到目前为止，东周墓内从来没有发现以水银为池的。“玉匣”也不是春秋的葬制。如果墓内确实挖掘出过“玉匣”，那正好证明这是战国田桓公墓，而不是春秋姜桓公墓。

根据“四王冢”的排列顺序，西面的墓早于东面的墓。“二王冢”西边的墓建在牛士山顶部，东边的墓在山坡上，看情况也是西首的墓早建。如果东墓是桓公墓，西墓应是侯剡墓。

田侯剡《史记》不载，《田敬仲完世家》索隐引《竹书纪年》称：“齐康公五年，田侯午生。二十二年，田侯剡立。后十年，齐田午杀其君及孺子喜而为公。”又引《春秋后传》云：“田午杀田侯及孺子喜而兼齐。是为桓侯。”剡确有其人，但是《史记》无载，他被田午所杀的说法也无从考察。

我们认为临淄齐国故城东南的牛山以东，淄河店以南的山麓，是田氏取齐以后田齐陵寝所在。田齐八君除太公田和及王建墓不在此地，其余六君皆葬于此，所以不妨称之为“田齐六陵”。

（原载《文物》1984 年第 9 期，作者系齐国故城遗址博物馆馆长）

《齐陵街道志》供稿人员名单

（按姓氏笔画排列）

丁永芳　于少龙　于好文　于　军　于秀凤　于良斌　于建军　于建良　于金福　于美杰

于晓静　马荣华　马　彦　马　敬　马毓平　王士超　王长松　王文昌　王书娟　王玉芹

王礼昌　王　军　王志臣　王志福　王延军　王延明　王金枝　王炳立　王炳利　王桂凤

王　娟　王振忠　车金刚　左　辉　石秀荣　田明明　田　培　冯延伟　吕长文　吕文书

吕光祖　吕洪仁　吕海刚　吕添富　朱于光　朱于庆　朱于国　朱文君　朱传勤　朱时和

朱学永　任凤国　任玉玲　刘万江　刘万福　刘玉臣　刘玉楠　刘会平　刘会荣　刘志杰

刘建芳　刘洪村　刘庚利　刘洪亮　刘美凤　刘春燕　刘昭利　刘晓君　刘彩娥　刘焕森

闫　山　闫玉东　江建伟　许兰芸　孙玉宝　孙连友　孙兴军　孙光明　孙　丽　孙丽丽

孙宝忠　孙金铭　孙淑萍　孙瑛琪　李仁安　李友民　李元博　李世文　李玉良　李永春

李世芳　李玉明　李正谛　李玉斌　李向华　李连美　李　伟　李　丽　李　俊　肖　勇

李春友　李春林　李洪涛　李春祥　李继玉　李皎明　李德宗　李德荣　陈　平　陈志伟

陈建军　苏成林　杨冬梅　杨　帆　杨振磊　杨维森　宋玉海　宋喜燕　冷传文　张奉林

张向东　张　芸　张春令　张洪波　张素珍　苑文强　苑立军　周昌顺　周敦明　周敦春

周德玉　单　萍　孟繁胜　赵玉娟　赵志春　赵　倩　赵　慧　胡　超　姜　军　贾万洲

贾长贵　贾长富　贾立业　贾玉亮　贾来平　贾良臣　贾志勤　贾丽霞　贾茂年　贾培吉

贾德三　徐宝昌　徐建伟　徐景洲　梁雪梅　高新元　郭晶晶　郭广路　桑艺荣　崔云程

崔立帅　崔永海　崔学忠　崔春增　常　晨　梁荣国　董清华　路维俊　鲍桂林

索 引

J

K

L

Z

编后记

历时近两年，数易其稿，第一部全面反映齐陵街道历史与现状的《齐陵街道志》终于付梓。全志设22篇93章359节，前设序言、概述、大事记，后置人物、荣誉、附录，共150万字，彩页图68幅，随文图片453幅，地图12幅，统计表117个。

2017年3月，齐陵街道党工委、办事处成立《齐陵街道志》编纂委员会及办公室。9日，召开《齐陵街道志》编纂工作动员会，下发编纂工作方案，全面部署街道志编纂工作。会后举办修志业务培训班，相关单位100余人参训。此后，遵照依法修志、实事求是、质量第一原则，按照搜集资料、编纂初稿、通稿修改、征求意见、评审修改、定稿出版既定程序，有条不紊地开展编纂工作。

2017年3—5月，编纂办公室采取多种形式搜集资料，坚持走群众路线，通过上门讲评、以会代训、分片交流、专题研讨等方式，提高各单位、村居征集资料人员业务素质。编发编志工作简报5期，宣传征集资料典型，引导和推动资料征集工作开展。编纂人员多次到有关区局、委办等单位查阅涉及齐陵的资料。采访富有阅历和有专长的干部职工，征集相关原始资料。对搜集到的资料分门别类，建档立卡。

2017年6月起，编纂人员根据既定目录与所征集的资料，撰写志书初稿。在编纂志稿中，编纂人员始终把握政治观和质量关，对初稿反复核实、补充、调整，听取各方面意见。每完成一篇，编纂人员集体通稿、修改一篇。各篇初稿完成后，及时分送街道两委成员审阅，发送相关单位、村居审改，征求修改意见与建议。根据征集的意见和建议，及时核查相关资料，进一步勘误、补充、修改。

2018年7月，形成征求意见稿，印发给各村居、各部门征求意见。9月，编辑人员综合征集到的意见和建议，修改完善，形成评审稿。

2018年10月31日，召开《齐陵街道志》志稿评审会。市、区史志办领导、专家参加，对志稿进行全面评审，给予充分肯定，同时提出修改意见和建议。志书编纂人员对领导和专家提出的意见与建议进行分析、汇总、整理，结合齐陵实际情况，对志稿进行修改，再次进行集体通稿、审稿，做到字斟句酌，精心锤炼。12月，形成终审稿，由党政领导审定签署意见后，送临淄区志编纂委员会审批。经审查合格，批准出版。

在《齐陵街道志》编纂过程中，得到市区史志办领导专家的指导及相关单位、村居和社会各界有识之士帮助。市志办公室领导、专家参加志稿评审会，提出许多指导性意见。区史志办公室领导、专家多次到齐陵进行阶段性指导修志工作。区属各局、委办等相关部门给予大力支持。境内各村居、企事业单位及社会各界为志书的编纂工作做出了积极贡献。在此，谨表示诚挚感谢。

《齐陵街道志》内容纷繁，资料浩瀚，时间跨度大。加之档案时有断缺，资料搜求不易，编纂时间与编纂者学识水平有限，难免有疏漏失当之处，敬请读者批评指正。

编 者

2018年12月